中国半导体照明产业发展年鉴

（2006）

国家半导体照明工程研发及产业联盟
国家新材料行业生产力促进中心　编

科 学 出 版 社
北 京

图书在版编目(CIP)数据

中国半导体照明产业发展年鉴(2006)/国家半导体照明工程研发及产业联盟，国家新材料行业生产力促进中心编. —北京:科学出版社，2007

ISBN 978-7-03-018727-7

Ⅰ.中… Ⅱ.①国… ②国… Ⅲ.半导体技术-应用-照明-经济发展-中国-2006-年鉴 Ⅳ.F426.63-54

中国版本图书馆CIP数据核字(2007)第033517号

责任编辑：杨 凯 崔炳哲 / 责任制作：魏 谨
责任印制：赵德静 / 封面设计：来佳音
北京东方科龙图文有限公司 制作
http://www.okbook.com.cn

科学出版社 出版
北京东黄城根北街16号
邮政编码：100717
http://www.sciencep.com
北京佳信达艺术印刷有限公司 印刷
科学出版社出版发行

*

2007年4月第 一 版 开本：A4(880×1230)
2007年4月第一次印刷 印张：49 1/2 彩插16
印数：1—2000 字数：1 580 000

定 价：498.00元

如有印装质量问题，我社负责调换

《中国半导体照明产业发展年鉴(2006)》
编辑委员会

顾　问

师昌绪　甘子钊　周炳琨　徐建中　陈良惠　王占国　蒋民华
沈家聪　郑厚植　郑有炓　许祖彦　吴以成　牛憨笨　金国藩
秦国刚　张　泽　夏建白　卢　强

主　编

吴　玲

副主编

阮　军

编　委(按拼音排序)

陈皓明　陈燕生　陈明法　陈国祥　程德诗　曹殿生　范玉钵
方志烈　关白玉　郭延生　郝洛西　江风益　姜运政　孔曙光
李秉杰　李　刚　李季达　李晋闽　梁秉文　刘木清　刘升平
刘　胜　刘世平　刘　镇　陆　健　罗　毅　Michael Heuken
潘建根　彭万华　邱　勇　屈素辉　石力开　沈　波　唐国庆
王锦燧　王垚浩　王　钢　王国宏　王东亚　王军喜　吴恩柏
武晓明　肖志国　徐现刚　余彬海　余　杰　曾金穗　张　荣
张国义　张万生　郑敏政　周均铭　庄卫东

编　审

阮　军　梁秉文　吴恩柏

编　辑

屠立玫　耿　博　胡　方　薛景照　樊　龙　林　铁　樊国辉
王滨秋　肖世俊　戚靖斌　赵兴华　刘　辉　岳俊峰　张文军
李志刚

序

半导体照明是一种新型固体光源，其发光效率远高于白炽灯，并在某些特殊照明领域已显现出明显的节能效果。由于其具有低功耗、长寿命等特点，预计于2010年有望进入普通照明领域，从而实现大幅度节能与减少污染的效果。

我国半导体照明的研发起步较晚，“十五”开始急起直追，由科技部联合信息产业部、教育部、建设部、中国科学院与中国轻工业联合会等部门成立了“国家半导体照明工程协调领导小组”，启动了国家半导体照明工程。在有关领导、广大科技人员及企业家共同努力和有关部门、行业、地方政府与相关企业单位积极参与下，国家半导体照明工程取得了令人瞩目的成绩，在人才、技术、产业以及环境建设等方面为我国今后半导体白光照明产业的发展奠定了良好的基础。但是，实现白光照明产业的发展还有很多科学技术问题需要解决，特别价格问题也将是扩大应用的重要考虑因素，除了通过科技创新、体制创新以外，做到规模生产是必由之路。目前，我国在发展半导体照明工程中还有很多不适应的地方，诸如研发力量分散，企业规模太小，核心装备与配套材料国产化等等。为此，国家863计划新材料技术领域在“十一五”设立了“半导体照明工程”重大项目，除了要求如期完成所规定的目标外，希望早日建立一个“国家半导体照明公共研发平台”，以实现产学研的有机结合，提升我国半导体照明产业核心竞争力。

在“半导体照明工程”重大项目管理办公室吴玲主任主持下，通过“国家半导体照明工程研发及产业联盟”和“国家新材料行业生产力促进中心”组织编写了《中国半导体照明产业发展年鉴(2006)》。为此，邀请了一批专家和有关领导既实事求是地评述了过去，又高瞻远瞩地展望了未来；为了产业的健康发展，特别对专利和标准的创新提出了严格要求；为了业界同仁查阅方便，特设索引篇和纪事篇。希望通过《中国半导体照明产业发展年鉴(2006)》的出版，能够进一步加强海内外科技界与产业界的合作与交流，促进我国半导体照明产业的不断升级和国际半导体照明产业的快速发展。

我深信在党中央、国务院正确领导下，坚持科学发展观，中国高技术产业必将有一个更大发展，半导体信息技术已经改变了我们这个世界，半导体照明事业也将有一个更加辉煌的明天！

中国科学院院士 师昌绪
中国工程院院士
2007.2.26

目　录

第一部分　综述篇

第二部分　创新篇

第三部分　产业篇

第四部分　索引篇

第五部分 纪事篇

后记

第一部分

综 述 篇

中国半导体照明产业发展年鉴(2006)
中国半导体照明产业发展年鉴(2006)

第一部分　综述篇

特别评述 1

加强政府引导 支撑半导体照明产业健康发展

戴国强

科技部高新技术发展及产业化司 副司长

国家半导体照明工程协调领导小组 常务副组长

照明光源的革命、世界照明工业的转型及新兴照明产业的崛起，随着半导体照明技术的发展和推广应用已成为国内外学术和产业界的共识。半导体照明节能、环保效果显著，是缓解我国能源紧张的有效途径之一。

半导体照明技术的先进性和产品应用的广泛性，很可能成为21世纪最具发展前景的高技术领域之一。随着技术的不断提升，目前LED发光效率(50 lm/W)已高于白炽灯(15 lm/W)，光通量平均每年提高10～20lm，新的应用也不断涌现，大尺寸液晶电视背光源、汽车、商业、工业用照明已逐步成为LED主要应用领域。在特殊照明领域节能效果已经显现，如景观照明(替代霓虹灯)节能70%、交通信号灯(替代白炽灯)节能80%，如能在2010年进入普通照明，节能的效果将更加显著。预计2010年LED发光效率将达到100 lm/W，超过荧光灯的90 lm/W，开始进入普通照明领域。2006年全球LED的市场超过70亿美元，年均增长率超过20%。2006年我国LED封装产值为146亿元，预计2010年我国半导体照明及相关产业产值将达到1000亿元。

“十五”期间，科技部联合信息产业部、教育部、建设部、中国科学院、中国轻工业联合会等单位，成立了国家半导体照明工程协调领导小组，紧急启动了国家半导体照明工程。经过工程的组织与实施，功率型芯片和功率型白光封装达到国际产业化先进水平，发光功率和发光效率分别达到189 mW和47 lm/W，改变了过去蓝光芯片主要依赖进口的不利局面；包括LED车灯、矿灯等四大类140多个新产品陆续开发成功，大部分已实现了批量生产。2005年国产芯片市场占有率为27%，2001～2005年市场销售额增长率为48%，其中高亮度芯片从无到有，2005年国产高亮芯片市场占有率37%。已经形成了从外延片生产、芯片制备、器件封装到集成应用的比较完整的研发体系，为我国未来半导体普通白光照明产业实现跨越式发展，奠定了较好的基础。

在激烈的国际竞争中，我国的半导体照明技术和产业发展也面临一些突出的问题，如核心专利问题、人才问题、系统集成能力及产业化能力等是当前需急迫解决的问题。同时，其他领域存在一些共性问题，如研发力量分散、低水平重复，缺乏工程化技术的平台；企业规模小，研发投入不够，成熟的产业化技术与管理水平有待提高；核心装备与配套材料的国产化问题急待解决；标准评价体系尚未建立，检测方法与手段缺乏，市场竞争无序，与各产业管理部门的协作还有待加强。半导体普通白光照明技术还远不成熟，还有一系列的科学技术问题有待解决，但是，在困难面前，我们要看到半导体照明白光的自主创新、核心专利还有很大的发展空间，是有可能实现重点跨越的发展领域，同时我们的机制与体制改革也在同步进行，我们面对的发展问题一定会在发展中得到解决。

2006年初，国务院发布了《国家中长期科学和技术发展规划纲要》，党中央、国务院作出关于实施科技规划纲要、增强自主创新能力的决定。“高效节能、长寿命的半导体照明产品”已被列入中长期规划第一重点领域(能源)的第一优先主题(工业节能)，在国内外引起广泛关注，我国半导体照明产业正在进入自主创新、实现跨越式发展的重大历史机遇期。

"十一五"国家半导体照明工程的发展，将重点围绕半导体普通白光照明的目标，强调创新性，突破白光照明技术的部分核心专利，实现重点跨越；强化技术集成，围绕重大战略产品，产学研上下游联合攻关，解决制约产业发展的共性关键技术；实施产业技术联盟与人才培养、基地建设战略，建立完善的技术创新体系与特色产业集群，提升产业持续创新的能力，最终形成有自主知识产权和中国特色的半导体照明新兴产业。

"十一五"期间半导体照明工程的主要任务：一是瞄准白光普通照明部分核心专利，集成各方资源攻克难题，引导建立国家研发平台，形成平台与产业联盟互动机制，实现开放环境下的资源优化配置；二是强化企业为主体，上下游、产学研联合的创新机制，扶持龙头品牌企业，攻克市场急需的共性关键技术，实现特种照明的集成创新，支撑产业发展壮大；三是围绕重大战略产品开发与示范应用，打通单项技术系统集成中的关键技术环节，组织相关学科的联合开发，实现照明系统集成创新与应用技术的示范带动作用；四是发挥行业联盟的作用，开展知识产权联盟及标准体系建设；五是发挥各基地、各地方的作用，统筹项目、人才与产业化基地建设，强化项目实施与能力建设的有机衔接；六是继续完善管理制度，规范管理程序，进一步提高半导体照明工程的组织实施工作质量。

通过半导体照明工程重大项目的实施，力争到 2010 年，突破 GaN、AlN、ZnO 等新型衬底和新型结构的 GaN 基 LED 部分核心技术，实现半导体照明白光发光效率研发水平达到 130 lm/W，产业化水平达到 100 lm/W，进一步降低成本；实现 MOCVD 及关键配套材料的工业化应用；形成 2～3 条年产 10 万片大尺寸 LCD 背光源和年产 3 万套 LED 轿车前照大灯的示范线；实现景观照明集成技术在奥运、世博等重大工程的示范应用；完成标准评价体系建设，以基地为依托建设 2～3 个公共服务平台，形成特色产业集群；国产高亮度芯片市场占有率达到 50%，我国半导体照明及相关产业规模将达到 1000 亿元，广泛进入特殊照明市场，开始进入通用照明市场，年节电 500 亿度以上。

半导体照明产业是一个世界性的产业，我们要坚持开放与合作，主动参与国际分工，充分利用国内外两个市场、两种资源，与巨人同行，在这个新兴的高技术领域有所作为，迅速形成有国际竞争力的中国半导体照明新兴产业。

发展中的思考

马颂德　研究员
中国科学院自动化研究所

现在，大概已经没有多少人怀疑半导体照明巨大的应用和产业前景了。LED作为绿色、节能、长寿的新一代照明和显示器件中的光源，将在5～10年内大规模取代传统光源，已成为世界各国科技界、产业界的共识，一场照明领域的革命已经清晰地显现出它亮丽的晨光。

在作为世界照明器具生产大国和消费大国的中国，在承受着节能、环保的巨大压力下的中国，人们正在翘首以待中国政府、科技界、产业界在这涉及1/6全国能源消耗的照明领域在新技术革命中的表现。虽然中国863计划在"九五"期间就安排了LED的研究开发，虽然"十五"期间已经形成了政府、科技界、产业界的联合推动框架，虽然"十一五"期间半导体照明已经成为863计划的重大项目，虽然中国已经形成了超过100亿元的LED相关产业，人们还是有充分的理由质疑，在未来5～10年可能形成的每年500亿～1000亿美元以上的全球半导体照明产业链中，中国民族产业的份额，尤其是增加值的份额会有多少？激烈的国际竞争和呼之欲出的潜在市场，留给中国科技界和产业界的时间已经不多了，我认为，如果没有极具针对性的、创新性的综合举措，前景是很难预料的。

在研究开发方面，必须形成具有可合作性、可转移性、利益可共享性的高效合作开发机制。形成公司化管理的企业、高校、研究所、第三方中介组织机构组成的近于实体性的合作开发和具有法律合同规范及奖惩机制的技术转移与利益共享。当然，我确实不认为这种方法具有普遍的适用性，大多数由国家支持的研究，尤其是基础研究都不适合这样做。但对于具有应用目标如此明确的竞争性项目，发达国家已经成功采取了政府、企业、院校合作的伙伴模式，并且具有合作各方的战略性共识和完备的包括知识产权保护的法律机制。我们不能再泛泛而谈"联盟"了，也不要再"研究"和"平衡"了，要有带有"强制"性的，又切实可行的举措和特事特批的效率。在中国的科研体制尚不健全，知识产权保护难以落实，龙头企业乏力，政府干预低效等软硬环境约束下，要以1/10甚至更少的研究开发经费去参与竞争，不办几个"特区"，没有一点强制机制，可能吗？因此，必须采取公司化的管理机制和与之适应的一切拨款机制、评审机制、技术转移与利益共享机制，才能参与竞争。对于这种目标明确、竞争剧烈的项目，采取论证一年，评审一年，层层评审，层层"把关"，谁都有权砍一刀，谁都无法负责的实施办法，无疑是慢性自杀。

对于产业发展，必须立即制定针对节能、环保产品的产业政策，引导企业加大研发和加大产业规模的投入。全面制定这方面的政策，无疑又是长期"研"而不"发"，半导体照明能否先走一步，开创一下节能、环保产品优惠待遇的先例？半导体照明产业涵盖国家应予以政策支持的节能、环保、高技术、微电子、基础装备制造等诸多领域。我还真想不出其他能同时涵盖这么多需政策支持的产业。半导体照明要在5～10年后大规模取代传统照明，是5年还是10年，"大规模"究竟多"大"，取决于两大因素：一是进一步提高发光效率，二是降低成本。前者从目前公布的实验室结果看，颇为乐观，可能关键在规模化生产中的许多技术需要解决。当然也不排除有全新的技术途径出现，但从各国公布到达100～200 lm/W的时间表来看，恐怕不会是全新的技术从头开始。后者除了技术因素外，就是规模化生产，需要大的投入和市场需求的适时跟进。从当前节能荧光灯在中国的市场情况看，现状也不甚乐观。一只25W的白炽灯1元多钱，而同样照度的节能荧光灯是近20元，虽然它节能几倍，耐用几倍，你买哪个？所以中国成了世界上最大的节能灯生产国，但80%～90%的产品用于出口。你耗能生产，他节能受益，岂非怪哉？在太阳能电池的生产上也有类似情况，中国目前生产的太阳能电池85%以上出口，因为国外有使用太阳能发电的优惠政策。中国目前节能和环保的压力如此之大，以至层层下达节能环保指标，却不见对生产节能环保产品和使用节能环保产品的政策优惠，也岂非怪哉？因此在产业的成长初期，政府引导下的垂直整合与内部市场的开放，是目前中国企业参与国际竞争的重要保障。

只有实事求是地分析产业链的各个环节，才能形成多层次研发和产业体系，才能在全球化的环境下实现发展共赢。实事求是地进行技术经济评估，看你到底能占领产业链的哪个环节，哪些是具有自主知识产权的，哪些是可以引进的，哪些是可以“以市场换技术”的，哪些是应该采取国际标准而不需另搞一套的。而这些工作，不管是战略研究，还是技术经济评估都是要花钱的，要靠对中国科研实力的深入了解和建立在对工业基础长期积累的数据基础上的，是需长期坚持的课题，靠“大民主”式的申报和评审是评不出来的，如果对这些“软研究”都舍不得花钱，还奢谈什么竞争和赶超?

上述各点，都属“成长的烦恼”，“杞人忧天”而已，更不是几个人、几个机构能左右的事。从这几年的“报告”来看，中国半导体照明研发和产业的发展，已是不争的事实。倘若一定要我写点什么，我只能表达这样一种忧虑：在竞争性极强的领域，效率应该优先，不犯“错误”，“面面俱到”只能走向“平庸”。

作者简介

马颂德 1946年7月生。中共党员，第八、第九届全国政协委员。现任中国科学院自动化所研究员。1968年毕业于清华大学自动控制系飞行器控制专业；1986年在法国巴黎第六大学计算机视觉专业，获法国国家博士学位。历任中国科学院自动化所实验室主任，中国科学院自动化研究所副所长、所长。2000年4月～2006年9月，任科学技术部副部长，党组成员，国家半导体照明工程协调领导小组组长。

着眼未来，加强基础和综合实力

甘子钊

中国科学院院士

半导体照明是新世纪半导体科学技术发展的一个重要方面，我们在考虑半导体照明的发展时，一定要把它放在整个半导体科学技术发展的背景上来认识。特别是如果要把半导体照明推进到千家万户，成为能代替目前普遍使用的白炽灯和荧光灯的相当大的部分，就需要在目前的白光半导体二极管的性能和价格上有大的改进。例如，照明效率到 150 lm/W，价格降到目前的 1/10 或更低一点，而且在显色指数上也有相当的改善，这样的指标在理论上是可能的。从发展现况看，估计在 5～10 年内可基本达到。但是在这个过程中技术上必须要有本质性的进步。

要在技术上有本质性的进步，关键在于在半导体物理、半导体材料和有关的工艺技术上要有突破。这些年来由于种种主客观原因，我国的半导体物理基础研究和半导体材料以及工艺技术的基础性研究在一定程度上有所减弱，而并不是随着整个科研投入得到加强的。这应该说是我国科学技术发展上的一个失误。我们应该结合半导体照明这个产业的发展需求，改变这种状况，推动半导体基础研究的发展。对半导体照明来说，有三个方面是最值得注意的：一是加强对新型衬底的探索。目前半导体照明在效率上存在的问题，本质上主要是由于没有晶格匹配和其他物理性能合适的衬底，我国在硅衬底，铝酸锂衬底，同质衬底等方面也开始了探索，这些工作不仅应该得到加强，而且应该鼓励它向更为深入的方向发展。无论是提高出光效率还是降低成本，都有赖于新的衬底技术的出现。二是加强对器件结构的物理探讨和工艺探索。实际出光效率(外出光效率)低是目前的又一关键问题。通过器件结构的改善提高出光效率，是一个综合工艺技术、封装材料以及光学设计的问题。如何提高器件的使用寿命也与此有关。国内在这些方面有了一定的注意，但系统的深入的工作还很少，需要加强重视。三是在 MOCVD 生长上还有很大潜力，应该研究生长过程，探索图形生长、悬挂生长等方案。这些方面各个单位都有一定基础和经验，但也需要提高。如果我们重视了基础性的工作，同时也紧密地把基础性工作和实际生产发展结合起来，那么我们还是有信心抓住半导体照明这个新的机遇的。

半导体照明的应用，也是综合性的技术课题，同样有许多基础性的研究工作应该得到重视。大家都说，新时代的光学应该是把纳微米级的加工技术和光学结合起来的光学，半导体照明的应用也会遇到许多光学问题。如果不在有关方面加强注意，我国巨大的应用市场优势就难以得到发挥。

还要看到以氮化镓为代表的有时被人称作第三代半导体科学技术的内容决不仅仅限于半导体照明，甚至可能最重要的内容也不是半导体照明。现在看得很清楚，在微波器件、短波长激光器、紫外技术以及宽谱太阳能电池技术等方面，基于 GaN 的半导体器件都有很大的发展前景。在抓半导体照明发展机遇的同时，还应把这些方面的发展充分结合起来考虑。从物理原理、材料和工艺技术来说，发展这些器件和发展半导体照明器件的很多问题是相通的。怎样把各方面的需求结合起来，把共同的基础建设好，把发展的时间表相互配合好，是大家尤其是领导都应该考虑的问题。

当代高技术的发展还表明，一旦技术成熟了，发展的速度、企业规模扩大的速度和价格下跌的速度都是惊人的，如果现在不及时把各个企业组织起来，形成规模，单纯的技术进步是不能换来将来市场的主导权的。所以，产业联盟要实实在在起到把我国的有关企业以各种方式联合起来，共同占领未来市场的作用，这是一个非常困难，需要领导认真研究和下决心支持的任务。

面对半导体照明带来的光明的发展前景，回顾历史上多次错过机遇的教训，我们衷心希望这次一定要抓住机遇，避免再次出现大的失误。

作 者 简 介

甘子钊 1959年10月毕业于北京大学物理系,1959年12月～1963年1月在北京大学物理系攻读研究生,毕业后留校任教至今。现任北京大学物理学院教授,中国科学院院士,中国人民政治协商会议第九届常委,北京大学理学部学术委员会主任,北京现代物理中心副主任,国家超导技术专家委员会首席科学家,国家超导实验室学术委员会主任,《中国物理快报》(《Chinese Physics Letter》)主编,国务院学位委员会物理学科组成员,国家自然科学基金委员会物理学科评议组成员,《Solid State Communication》中国编委,《Modern Physics Letter B》中国编委,中国物理学会出版委员会副主任,中国物理学会学术交流委员会副主任,中国材料科学学会常务理事。

半导体照明——一个科技和产业发展新的纪元：新科技及新产业必须同时满足追求效率、节省能源和保护环境的要求

刘容生

台湾光学工程学会，华美光电学会

从 1997 年的“京都议定书”的签订，到同年日本通产省（MITI：Ministry of International Trade and Industry）宣布的“21 世纪半导体照明计划”，人类在照明技术及产业的发展，出现一个新的契机。

2006 年可以算是迈入半导体照明新世纪的第一个十周年的纪念，也是照明技术及产业发展里程上重要的一年。因为它象征着一个崭新纪元的开始——未来科技及产业发展必须同时满足追求效率、节省能源和保护环境的要求。

在过去的一个世纪，照明科技的发展只是为了照亮我们的周围和世界。随着各国生活水平的提高，照明的普及导致能源的巨大浪费，间接地造成了许多废气的排放，对我们的环境造成了很大的伤害。

爱迪生灯泡的发明一直被认为是人类有文明以来最伟大的发明之一。这个白炽灯的技术被人类广泛应用了 100 多年，但它的发光效率却仅有 5%，比较有效率的荧光灯也不过只有 25%。所以每当我们打开一支 100 W 的白炽灯，就要浪费 90 W 的电力；使用一支 40 W 的荧光灯，就要浪费约 30 W 的电力。而且人类这个行为持续了一个多世纪。

科技在人类文明发展过程中，一直扮演着一个重要的推手角色：内燃机代替了马力、电灯代替了蜡烛、汽车代替了马车。随着发电机、引擎、核子反应堆、冷暖气的发明、摩天大楼的兴建，人类的生活在过去的百年起了革命性的变化。新兴的产业，如石油、化工、钢铁、运输、电机、电子等一波接一波如雨后春笋般的发展，提升了人类的文明，给今日社会带来了前所未有的繁荣。

但是在最近的两个世纪，科技发展的结果，也同时对自然界的生态带来史无前例的冲击：维持地球常温的大气层被破坏、地球平均的气温在逐渐地上升，冰山线在逐渐退缩、全球海洋的水面在升高。许多新兴国家在追赶西方高水平物质生活的过程中，更付出沉重的代价：空气受到严重污染、生态环境受到空前的破坏。这种种都是因为过去科技的发展目标只是为了人类生活得更好、更舒适，而疏忽了对自然环境的保护和对能源节约的承诺。

但在 2006 年，这一切有了重大的转变——半导体照明受到普遍的重视，同时提供了一个新的契机。人类开始对科技发展有了新的期望与要求，而且政府也对人民做了重大的承诺。

2006 年，美国布什总统签订了“国家能源政策”（National Energy Policy）法案，明确地要求美国能源政策，要以“开发可靠的、价格便宜而且符合环境保护的能源”为目标。在此法案中，编列了每年 5000 万美元的预算，来支持未来 7 年的“固态照明计划”（Next Generation Lighting Initiative）。同时美国的能源部（DOE）更具体地说明了此计划的任务：将通过政府和产业的密切合作，以半导体技术为基础，来创造一个美国主导的全新的市场，开发高效通用照明产品，以期达成节省能源、降低成本、改善照明品质的目标。

2006 年，中国也正式宣布将“半导体照明工程”列入第十一个五年计划。中国政府很明确地认识到高科技是国家未来发展的主要基础，而 LED 是不可缺少的一个主要元素。中国政府在“十一五”计划中，投入 3.5 亿元人民币（4400 万美元）用于固态照明技术的开发及推广。这个计划的一个特色是整合政府及民间的力量，同时结合近 30 个研究机构和 2000 多家私人企业来开发外延片、芯片、封装及应用。

中国国家型计划的一个重要的目标是节省能源。中国已快速地成为世界上仅次于美国的能源消耗国家。但若就国民生产总值的单位能源消耗比例来看，中国能源的消耗要远超过日本、欧盟及美国。中

国已设定了一个非常积极的目标：2015 年全国的国民生产总值将增加 4 倍，但能源的消耗必须维持在 2 倍以内。

同时，在海峡的另一岸，一个没有任何天然资源的台湾，为了节省能源，“能源委员会”决定拨 3 亿元新台币的补助经费，将所有的交通信号灯全面改用 LED 光源，预计每年可以节省 11 亿度的电力。

2006 年，台湾 10 家私人企业第一次组成的上、中、下游整合型“白光照明光源技术开发计划”，完成了为期 3 年，投资 4 亿元新台币的第二期计划。这个整合型技术研发联盟，是台湾 20 多年 LED 发展史上，第一次由产业主导，结合工研院光电所研发资源所组成的垂直整合的产业研发联盟，成功地开发出以紫外光 LED 为光源的白光光源，将发光效率提升到 46 lm/W。不但在技术上迎头赶上世界水平，而且透过这种垂直整合的研发联盟，为研发资源缺少的台湾中小型企业，开创了一个成功的资源整合、创新研发模式。

2006 年 12 月 15 日，在台湾新竹清华大学举办的“光学工程学会”年会上，大会的主讲人——台达电子的创始人及董事长郑崇华博士特以《开发洁净能源科技——21 世纪的新机会》为题向与会的光学专家学者呼吁 21 世纪科技发展必须兼顾到对环境可能造成的影响。

2007 年 1 月 21 日，在美国加利副尼亚州圣荷西与世界最大的光电大展“Photonics West 2007”同时举行的“华人光电学会”年会，也特以半导体照明的发展为大会主题，从技术及市场的角度，与海外的光电专家一同探讨半导体照明的前景。大会中特别邀请国家半导体照明推动办公室的负责人吴玲主任报告中国在这方面发展的远景及规划。

透过这一连串的活动，2006 年将在未来半导体照明发展的里程上，成为一个有历史意义，值得纪念的一年。

作者简介

刘容生 (yung-sheng Liu)

台湾清华大学电资学院旺宏讲座教授

台湾清华大学光电工程研究所所长暨光电研究中心主任

台湾大学物理学士，美国 Cornell University 应用物理博士

现任：台湾清华大学旺宏讲座教授，台湾清华大学电资学院光电工程研究所所长和台湾清华大学光电研究中心主任。

曾任：台湾工业技术研究院光电所副所长(1998～2000)和台湾工业技术研究院副院长暨光电所所长(2000～2005)；美国国防部研发总署计划总主持人(1992～1997)，美国 GE 公司研发中心资深研究员和计划主持人(1973～1991)，RPI (Troy, NY)物理研究教授(1995～1997)，德国 Max-Planck Society (Munich, Germany)客座讲师(1989,1992)，联合国中国技术开发顾问(1986)。

专业服务：华美光电学会会长(Photonics Society of Chinese American) (2006)，台湾光学工程学会理事长 (2002 年至今)，台湾物理学会理事(2003 年至今)，台湾电机工程学会理事及光电委员会召集人(2003 年至今)，中国工程师学会第 63 届名誉理事(2003～2004)，台湾区电机电子工业同业公会监事及光电委员会召集人(2001 年至今)，台湾光通信产业联盟会长及创始人(2001 年至今)，台湾半导体照明产业协会创始会长(2003～2005)，台湾大学物理系友会理事(2000 年至今)，厦门大学光电子中心学术委员会委员(2006 年至今)，台湾大学电资学院光电研究所咨议委员会召集人(2006 年至今)，台湾大学教育部研究型大学整合计划咨询委员(2003, 2004)，台湾交通大学 2002 和 2003 学年度卓越光电研究中心指导委员，台湾清华大学与工业技术研究院联合研究中心副主任(2002～2005)，台湾台北科技大学光电研究所咨询委员(2005 年至今)，台湾元智大学电机工程学系咨议委员(2005 年至今)，台湾科技大学电子工程系系务发展咨议委员(2006 年至今)，中国台湾“教育部”高等教育评议中心评议委员(2006 年至今)，中国台湾“教育部”影像显示人才培育咨议委员(2006 年至今)，中国台湾“经济部”技术处产业研发中心评议委员(2006 年至今)，中国台湾“经济部”技术处评审委员(2000 年至今)，中国台湾“经济部”产业科技协进会产业科技评审委员及通信光电组召集人(2004, 2005)，美国物理学会(APS)应用物理委员会委员(1988～1990)。

荣誉及杰出成就：中国台湾“经济部”“光通讯计划”优良大型计划总主持人(2001)，美国光学学会院士 (OSA Fellow) (1998)，华美光电学会院士(PSC Fellow) (2000)，亚太材料学会院士(APMS Fellow) (2002)，台湾工业技术研究院专家(ITRI Fellow) (1999～2006)，国际电机电子工程学会资深会员(IEEE) (1999)，美国工业周刊“50 R&D Stars to Watch” (1998)，美国物理学会会员(APS) (1980 年至今)，SPIE member (1991 年至今)，Cornell Fellow (1969)，AVCO Fellow (1970)。共计提交论文 80 篇，美国专利及发明 26 项。

回顾与展望 2

加强统筹协调　加快发展半导体照明产业

科技部半导体照明工程项目管理办公室

一、“十五”期间我国半导体照明技术和产业取得较大进展

“十五”期间，国家半导体照明工程在有关部门、行业、地方政府和相关企事业单位积极参与下，在有关领导、广大科技人员、企业家的共同努力下，取得了很好的进展，在技术、产业、人才、环境建设等方面取得了阶段性成果。

（一）通过 863 计划整体部署，攻关项目中游切入，以应用促发展，产业化关键技术取得较大突破，开发出市场急需的特殊照明应用产品。完善了从外延到芯片制作、器件封装及应用的研发体系，逐步改变了蓝光芯片主要依赖进口的局面

“十五”期间，863 计划在战略安排中将宽禁带半导体发光器件的研制以及相应的基础材料、在线测量技术和设备、衬底材料、外延设备的研究组成一个重大研究群体。

在外延技术研发方面，研制成功新型 $In_XGa_{1-X}N/GaN$ 多量子阱有源区结构，有效抑制了发光过程中的极化效应，所制成的 LED 芯片在注入电流从 2 mA 变化到 120 mA 时峰值发光波长基本保持不变，达到国际领先水平；生产型 GaN MOCVD 设备开发成功，已投入试运行；MO 源、高纯氨等基础原材料完成研发，部分产品开始进入市场；SiC、GaN 等新型衬底制备技术取得突破，Si 衬底蓝光 LED 芯片发光功率达到 8mW，处于国际领先水平。

通过技术集成创新，在功率型高亮度发光二极管芯片关键技术方面，优化倒装焊芯片的透明电极和反射镜制备工艺、解决芯片与基底的粘接技术，以及激光剥离等技术，不仅实现了功率型蓝光芯片的自主创新，填补了国内空白，而且大幅提升了芯片取光效率，使发光功率达到 189 mW，接近国际产品水平；标准蓝光芯片发光功率也由 2003 年立项之初的 3～4 mW 提高到目前的 8～10 mW，接近国际产品水平；建成 8 条功率型芯片示范生产线。功率型白光封装也取得较大突破，通过增加新的反射处理和布胶工艺、改进荧光粉涂布工艺，并开发出具有自主知识产权的新型金属、陶瓷、金属陶瓷支架，提高了 LED 封装的取光效率和产品稳定性，发光效率从 2003 年立项之初的 20 lm/W 提高到目前的 45～50 lm/W，基本达到国际产业化水平（50 lm/W）；在封装结构、荧光粉方面申请国际专利 4 项，取得了部分核心专利；建成 10 条封装中试线。

通过跨领域联合技术攻关，在半导体照明应用产品的系统技术集成开发方面有较好进展。不仅解决了诸如光学系统设计、灯具散热技术、防静电、密封、可靠性等一系列关键技术，而且形成了满足现行矿灯、防爆灯、铁路信号灯等特殊照明产品的一系列技术规范。新开发的诸如功率型 LED 台灯、汽车灯（7 个新车型上采用）、功率型 LED 太阳能庭院灯、功率型矿灯、功率型防爆灯具等四大类 140 余种市场急需的特殊照明应用产品，均已表现出了良好的节能、健康、绿色、多彩等优点，实现批量生产并有部分产品出口。

(二)企业技术创新的主体作用已经显现,民营资本积极介入,产业化成效显著,逐步显现节能、环保的社会效益

产业化关键技术的攻关均以企业为项目第一承担主体,重点支持有明确产业化目标的项目,以提高产品档次和国际竞争力,以下游应用促进了上游技术创新,替代进口。在项目节点考核等环节上,坚持要求在中试线上现场制作,进行第三方评测,不断强化研发人员重视稳定性与可靠性,以及产业化和市场化意识,逐步形成市场反馈和企业研发间的良性互动,使企业从技术创新中尝到了甜头,自觉开始加大研发投入,如厦门三安、深圳方大、大连路美等企业纷纷加大投资力度。

“十五”期间,通过工程的实施,政府资金引导效果明显,项目共投资4.81亿元,其中攻关3350万元,863计划5590万元,地方、企业投入近3.92亿元(销售收入的15%),带动民间投资40亿元。2005年项目承担单位共建成示范生产线69条,新增产值6.2亿元,利税1.16亿元,出口296万美元。2005年国产高亮芯片已占到国内市场37%的份额,带动行业创收133亿元。

通过半导体照明应用示范工程的推广,特殊照明产品得到了广泛的应用,取得了较好的社会效益。如交通信号灯省电80%,主要城市普及率达90%以上;景观照明可省电70%;无频闪、红外紫外辐射的3W、5W台灯开始进入家庭,矿灯已经在井下应用;奥运示范工程完成初步设计,国家游泳馆(水立方)等已明确采用半导体照明;新光源与新能源结合的太阳能LED灯具开始广泛应用,并在奥运工程现场展示,我国已成为世界最大的太阳能LED灯具生产和出口国,年出口额超过1亿美元。

(三)产业化基地和示范工程建设不断推进

“十五”期间,国内半导体照明产业已初步形成珠三角、长三角、福建及江西、北方地区四个有着较好基础的地区,每个地区已初步形成较完整的产业链。在半导体照明产业的发展过程中,许多地区和企业根据区域的配套条件和自身的优势,注意特色产业的形成,以谋求区域的核心竞争力。区域内的企业在产业链上也开始注重分工与合作,以成为产业链节点上的优势企业,形成核心竞争力。

科技部先后批建了厦门、上海、大连、南昌、深圳五个国家半导体照明工程产业化基地,形成了布局相对合理、有特色产业优势、有配套能力的产业集群。基地发展已初具特色:一是各基地在特色上下了功夫,重视基础工作,重视团队和研发平台工作,几个基地把政府的定位逐渐从过去的投资与项目,投资建设示范的标志性工程,向孵化器、检测平台、服务中心几个方面予以力度倾斜;二是在应用方面,基地以应用带发展,从应用的一些点、示范性工程开始向相关行业扩展,半导体照明需要更多研究材料本身的问题,但不仅仅是材料,而是从材料的研究开发向更深的领域、更广的方向扩展,包括照明应用、计算机辅助设计、检测中心等。同时,花旗银行亚洲总部(上海)、沈阳世界园艺博览会、厦门鼓浪屿等一批示范工程项目已完成建设,对半导体照明产业起到了良好的示范和带动作用。

(四)人才、标准、专利三大战略方面取得一定成效,国家及区域合作全方位展开

广泛开展国际及区域合作,三年来通过引进等多种途径,吸收境外人才近百人,聘请海外顾问8名,通过联盟完成700多人次的专业技术培训;联合信息产业部、照明学会、照明电器协会等上下游部门、行业成立标准工作指导委员会,制定行业标准3项,2项年内将颁布实施;攻关项目共申请专利171项(其中发明专利94项,国际专利4项),是前16年专利申请总量的40%。

通过论坛与展览积极开展交流合作。2004年、2005年、2006年分别在上海、厦门、深圳组织召开三届中国半导体照明国际论坛及展览,近1200人次参会,150多家国内外单位参展,建立了国内外研发机构与企业间的交流与合作平台,使国家半导体照明工程在国内外产生了重要影响。联盟多次参加国际会议,产业界首次出现在国际舞台,确立了我国半导体照明产业的国际地位。

(五)积极探索科学的项目组织管理模式

“十五”期间,办公室对攻关项目坚持开放式、全过程、第三方测评的项目动态管理模式。课题设置分

A、B类课题、节点考核、动态调整、决策客观公正；经费安排按照15%：35%：50%比例分批拨付，实现了资源的相对集中、有效利用和优化配置。如“芯片和封装”课题经费1900万元，参与单位23家，重点支持5家；“应用及示范”课题经费1000万元，参与单位32家，重点支持10家。

面向产业化的攻关项目，坚持以企业为项目第一承担单位的联合组织模式。在解决市场紧迫需求的产业化技术方面，产、学、研联合，立足于企业研发，从而使技术快速被市场验证并缩短产品提升周期。在以应用促发展思路下，引导企业高端应用的开发，以拉动对上游的需求，激发企业技术创新投入的热情。

积极协调部门、地方和各类计划，为政府决策提供参考，加强资源整合。攻关项目实施过程中，向863光电子主题推荐9家单位，5家得到支持；向能源处太阳能专项推荐11家单位，6家得到支持。并与中国科学院知识创新工程、信息产业部“电子专项基金”、北京及上海等地方半导体照明专项进行了有效联动，在产业链不同环节进行了资源的有效集成。

“十五”工程实施过程中，还通过战略研究、信息咨询等工作，为国家有关部门、行业制订相关计划以提供决策参考。在战略研究成果基础上，向国务院上报专报3份；参与制订发改委“十一五”规划1份，两院咨询报告2份；并出版国内首部产业报告——《中国半导体照明产业发展报告(2005)》；为产业稳健投资提供咨询意见，包括9次项目评审会，30余次国内企业咨询，20余次海外投资商访谈等。

总体上来说，通过“十五”半导体照明工程的实施，为我国未来半导体普通白光照明产业实现跨越式发展，奠定了良好的基础。在创新能力建设方面，知识产权有部分突破，白光路线、衬底材料有自主创新机会，形成了一支高素质的研究队伍，完善了产、学、研联合的研发体系；在产业培育方面，传统照明产业需求迫切，民间资本投资热情较高，信息显示、汽车电子、交通、煤炭等相关产业反响较大；在社会关注方面，通过奥运与世博应用研讨、创新大奖赛、媒体宣传与展览展示、各类示范工程建设等，使半导体照明在社会各界引起了广泛关注；在国际地位方面，通过会议交流等方式，引起了国际更多关注，中国半导体照明产业的发展已加快了国际产业发展进程。

目前，来自各方面的信息显示，我国的半导体照明产业随着国家产业政策的支持、科研投入的增加、市场应用领域的拓宽、行业管理的科学化，在技术创新和产业发展方面正迎来快速发展的关键时期。良好的外部经济环境为产业发展提供了广阔空间，新兴产业的特点使行业实现赶超成为可能，全球化的产业趋势为产业发展创造了良好机遇。我国目前面临资源配置不合理、装备制造水平低、科研成果难以转化、资本市场不完善，企业融资难、缺乏龙头企业和品牌产品，产业结构有待合理优化等一系列的问题。这些产业发展中需求与现实间的矛盾，都需要我们在“十一五”期间，以严谨务实的行动和卓有成效的工作来一一化解。下面结合“十五”工作的实施情况，对存在的一些问题进行分析。

二、发展我国半导体照明产业的问题分析

在激烈的国际竞争中，我国的半导体照明技术和产业发展也面临一些突出的问题，重点体现在以下方面：

1. 资源有效配置需要加强

半导体照明具有跨行业、跨部门、跨学科的特点，导致行业内现有人才、资金分散，设备、技术、信息不能有效共享，低水平重复现象普遍，需要整体规划与有效组织。尤其是在引领未来产业发展的半导体白光照明技术方面缺乏国家技术创新平台。

自主创新层面上创新性研发平台的缺乏，使得原创性、原理性、面向未来领先1～3年的下一代技术的研发机构缺位，企业能力不足。核心专利的取得是建立在自主创新基础上的，需要资源、人才、资金的合理配置与集中投入，目前我国在自主创新层面上存在的诸如投入不足、资源分散、低水平重复，以及行业内现有人才、资金分散，设备、技术、信息不能有效共享等问题，使我国在有机会取得白光自主创新的技术路线上，与国外的差距有可能进一步加大。

2. 关键技术有待联合攻关

虽然民间资本介入较快，但与国外研究机构相比规模小、产业竞争力差，特别是上、中游企业普遍亏

损。由于化合物半导体技术工业化生产的不成熟,基础性研究与产业化人才世界性的缺乏,规模化产品的可靠性、稳定性对价格影响巨大。这些亟待产业化的关键技术支撑,上中下游研发与应用的配合,并建立专利战略,形成龙头品牌企业。

通过"十五"攻关课题的实施,上游功率型芯片及中游功率型封装已开始小批量生产并供应市场,但产业化关键技术仍不够成熟,产品的稳定性、可靠性和供应的规模有待进一步提高。进口的功率型芯片和封装产品价格仍然过高,大规模应用市场的形成,需要进一步提高上中游国产化器件的技术水平,以降低下游应用产品的生产成本,提高应用企业的市场竞争力。芯片生产厂家与下游封装厂之间的配合协作不够紧密,仍需加强。"十一五"期间在课题立项时要全盘考虑,加强上下游的联合攻关和产、学、研合作开发。

3. 尽快改变

设备、关键原材料依赖进口,缺乏行业标准和检测平台。目前的大量装备需要进口,导致企业投资成本加大,影响了产品的制造成本和市场竞争力。装备整体制造水平低,从外延生长、芯片制造到器件封装所需的关键装备几乎全部依赖进口。而且国内配套材料行业基础薄弱,产业化用 MO 源、高纯气体等关键原材料依赖进口。如果我国的装备材料完全受制于国外,将会对上游外延核心技术的研发、下游封装和应用产品的开发,以及降低成本带来很大的负面影响。

由于半导体照明技术领域涉及面很广,技术难度较大,普通照明、特种照明等应用产品覆盖了多个行业,又都是行业的热点,组织和协调的工作量和难度都较大。要完成产业链上各环节产品的标准制定工作,需要一个循序渐进的过程。半导体照明标准的归口管理分别属于不同的部门,尽管在"十五"期间成立了跨部门、跨学科的半导体照明标准指导委员会,但在实际工作开展过程中,仍存在协调困难、上下游配合不紧密等问题。

三、"十一五"我国半导体照明产业的发展目标与任务

"高效节能、长寿命的半导体照明产品"已被列入中长期规划第一重点领域(能源)的第一优先主题(工业节能),在国内外引起广泛关注,这无疑将成为我国半导体照明产业自主创新、实现跨越式发展的重大历史机遇。半导体照明的技术目标从科学上讲是合理的,它们与物理极限之间仍保留有相当余地。同时也符合已知的若干相关技术的历史演变规律。一方面,目前我国半导体照明技术及产业的竞争力低的状况更加迫切期待国家通过创新专利战略的实施,突破核心技术空心化的瓶颈。另一方面,由于距离半导体普通白光照明的预定指标尚存在很大的从科学、技术和工艺上实现突破的空间,只要国家重视对基础物理研究、创新专利技术的突破和先进工艺的实施等方面的科技投入,并从产业政策上确保专利战略的有效实施与组织,我国在固态照明技术及其产业发展上仍有很好的参与国际竞争的机会。

"十一五"是我国半导体照明产业能否提升自主创新能力,能否实现重点跨越式发展的关键时期。为了做好"十一五"半导体照明工程的组织和实施工作,在深入分析"十五"战略研究结论和中国科学院、工程院的咨询报告的基础上,多次派专人到珠三角、长三角、河北、山东、大连、厦门等地调研,通过组织院士专家座谈会、研发及产业联盟座谈会、参加 10 余次国际会议;并在广泛征求信息产业部、中国科学院、中国照明学会、中国照明电器协会等相关部门、行业、海内外专家、企业及等各方面的意见和建议后,初步完成了"十一五"半导体照明工程项目建议书的编制工作。

"十一五"发展目标是通过自主创新,突破白光照明部分核心专利,解决半导体照明市场急需的产业化关键技术,完善半导体照明产业链。2010 年白光 LED 的发光效率达到 100～130 lm/W,替代 50%进口高亮芯片,实现 MOCVD 及关键配套材料的国产化,进一步降低成本。申请发明专利 200 项以上,形成一支高素质的技术创新团队,建设国家研发平台,实现自主创新,以基地为依托建设公共服务平台,形成特色产业集群,在产业链各个环节形成 2～3 家龙头品牌企业,实现在重大工程的示范应用。形成我国具有国际竞争力的半导体照明新兴产业。具体工作包括以下几点。

（一）瞄准白光普通照明部分核心专利，集成各方资源，通过探索国家创新平台的建立，及其与产业联盟互动机制，实现开放环境下的最优资源配置

以白光普通照明的自主创新为目标，重点突破引领未来的白光部分核心专利，突出国家在半导体照明领域的自主创新意图，集中资源，面上发动，点上突破，采取政府引导和市场化运作相结合的模式，在对现有产业及研发资源最大力度整合的基础上，建设战略性、基础性、公益性的国家公共研发平台，通过体制机制创新，以产业联盟研发基金等方式调动广大企业参与平台建设的积极性，实现产、学、研的密切合作，促进各类创新要素的有序流动、合理聚集和高效利用。

同时，在确保重点突破的基础上，营造开放创新的环境，鼓励优势研发机构开展围绕第三代宽禁带半导体技术的相关研究，引导、培育原始性创新思路和创新成果。在原有技术开发条件、人才的基础上，形成各具特点的不同路线与途径上的互补，以及整体技术创新工作上的互动，最终实现原始创新，培育产业可持续发展的核心竞争力。

（二）强化企业为主体，上下游及产、学、研联合的创新机制，扶持龙头品牌企业，攻克市场急需的产业化关键共性技术，实现特种照明的集成创新，支撑产业发展壮大

围绕 100 lm/W 功率型白光 LED 制造、MOCVD 核心技术及关键原材料等支撑产业化发展的关键共性技术，建立企业为第一承担主体、上中下游联合，通过目标管理和首席问责，使产、学、研真正形成内在联系的技术团队，实现技术的互动和资源、成果的共享，切实有效地组织各方力量以更加开放的胸怀，集中资源，提高成果的市场反馈速度和技术创新效率，尽快攻克 100 lm/W 的制造产业化关键技术。同时鼓励新机制下的产、学、研联盟，鼓励与国家研发平台的互动，对竞争中的但属于行业共性的关键技术进行联合攻关，成果共享。在进一步夯实特殊照明产业化技术的同时，带动普通照明实现跨越式发展。

（三）围绕重大战略产品开发与示范应用，通过打通各单项技术系统集成中的关键技术环节，组织相关学科的联合开发，实现照明系统集成创新与应用技术的示范带动作用

在重大示范及应用引导方面，通过奥运、世博建立重大应用示范，以基地建设与公共服务平台建设相结合，实现照明系统、应用技术的联合开发和系统集成。围绕重大战略产品开发与示范应用项目在实施过程中的关键技术环节，对涉及许多交叉学科的技术问题，加强技术与市场的互动，以及产学研的联合，开展跨区域、跨部门、跨学科、跨领域的系统集成与联合攻关，着重突出重大应用产品的示范带动与集成创新效应。

（四）发挥行业联盟的作用，开展知识产权及标准体系建设

在知识产权与标准体系建设过程中，注意推动以行业龙头骨干企业为核心的产学研战略联盟的形成，进一步发挥“半导体照明工程研发及产业联盟”的作用，建立行业信息交流平台，畅通政府与行业、企业间的信息沟通渠道，征集和反映企业在知识产权及行业标准体系建设中的需求与建议，在专利战略方面，有针对性地联合国家知识产权局，面对国外核心专利包围的情况，分析提出具体的应对措施，通过联合技术攻关，建立专利池，形成知识产权共享机制。在标准制定方面将多吸纳企业参与，在具有产业化前景的项目中推行和实施标准化的质量认证体系。

（五）发挥各基地各地方的作用，统筹项目、人才与产业化基地建设，强化项目实施与能力建设的有机衔接

在专项实施过程中，坚持以半导体照明外延、芯片、封装及其应用技术的内在联系和上下游关系为依据，注重自上而下与自下而上相结合，发挥地方的积极作用。鼓励和引导地方有基础、有优势、有潜力的

企业及科研机构，积极参与国家计划项目的申请申报工作。在国家层面开展创新研究的同时，注重引导各地方向产业化方向发展，对优势方向和优势技术，尤其是工艺技术、装备技术、产品应用技术方面给予充分重视，引导实现地方发展与国家目标有机衔接。

与此同时，强化项目实施与能力建设的有机衔接，在项目组织实施的同时，统筹人才与基地安排。一方面，完善人才吸引、培养和凝聚的有效机制。优先支持有突出贡献的青年专家、海外优秀留学人员回国牵头承担项目。加强国际合作，通过核心技术的合作研发，鼓励企业/研究机构通过出国进修、交流、到研发中心实习等方式提升人才素质，形成可持续发展的优秀人才梯队。

另一方面，进一步加强产业基地的建设和管理工作，注重市场机制作用的发挥，引导地方政府从注重项目到注重环境建设的转变，逐步形成相对合理的产业布局和不同的基地特色。并以基地为依托，将区域性公共服务平台建设与技术攻关、示范工程等重点项目建设结合起来，加强企业之间联系，不断提高产业集中度，实现产业的区域创新与特色的集群化发展。

（六）规范管理制度和管理程序，建立责权分明的问效问责机制

在国家科技计划管理办法和政策规定的框架内，以目标管理为中心，明确项目各参与主体的职责和权限，建立项目管理决策、实施、监督相互分离、相互制约的新机制。项目管理部门侧重于项目的决策，对项目实施效果负责；项目组织单位进行项目组织及过程管理，对项目目标实现负责；项目承担单位具体承担课题任务，对项目完成情况负责。保证项目任务完成的真实性；坚持以年度审查、中期评估和最后验收相结合的方式进行项目执行情况综合评价。

对以前瞻性、战略性、探索性的原始创新为目标的课题，强调开放宽松与集中攻克相结合的原则，以指南发布与定向发布相结合，择优支持，尽可能营造以源头创新为目的的科学管理方式；对支撑产业发展的共性关键技术课题，以上下游联合开发，招标、邀标和择优支持相结合的方式，坚持以企业为主体，适度竞争，滚动支持，确保任务指标的完成。

大家应该看到，我国半导体照明产业面临历史机遇的同时，也正经历着前所未有的重大挑战。我们必须携手前进，共同努力，紧紧抓住世界新科技革命的机遇，充分利用我国改革开放的有利环境，以只争朝夕精神和改革精神，抓好国家半导体照明工程的实施，不断加强自主创新能力，不断深化体制与机制改革，为“十一五”建设开好局，起好步，为我国半导体照明产业在“十一五”实现更快更好发展，做出我们新的更大的贡献。

充分发挥联盟在实施国家半导体照明工程中的作用

阮　军
国家半导体照明工程研发及产业联盟

一、联盟简介

国家半导体照明工程研发及产业联盟(以下简称“联盟”)成立于2004年10月12日,由国内40余家从事半导体照明行业的骨干企业和科研院所按照“自愿、平等、合作”的原则发起成立。

联盟旨在“联合、创新、求实、发展”,以推进半导体照明的技术进步和产业化为目标,充分利用现有资源,通过建立网站,举办各类活动,探索资源共享机制,以共赢的商业模式提倡上下游企业的联盟合作、集群创新式的区域合作和全球范围内资源整合的国际合作,为政府出台相关产业政策提供决策参考,实现行业自律,促进联盟成员的自身发展,提升中国半导体照明产业的国际竞争力。

联盟促进国内半导体照明研发及产业发展的主要工作包括:

(1) 通过技术交流、培训、人才互访、联合研发等方式,推动研发联盟;

(2) 通过在联盟成员之间建立知识产权共享及专利技术许可优先机制,推动专利联盟;

(3) 根据行业制标工作需求,加强分工与协调,推动标准化联盟;

(4) 疏通业界的资金渠道,推动投资联盟;

(5) 促进全产业链企业的生产与销售合作,推动市场联盟;

(6) 通过全球性的人才招聘渠道,推动人才联盟;

(7) 为国家有关政策的制订以及项目的顺利实施提供决策依据。

二、“十五”期间联盟建设和运行进展

(一) 积极参与半导体照明工程战略研究工作,宣传推广国家半导体照明工程

联盟积极参与“十五”半导体照明工程项目的战略研究工作,联盟常务理事单位的主要负责人分别承担了战略研究的各部分工作。在联盟大会上,以问卷方式征集了成员单位有关产业关键技术选择以及政策和组织方式等方面的意见。联盟还积极参与“十一五”863计划“半导体照明工程”重大项目立项建议和实施方案的研讨与编制工作。

在战略研究成果基础上,联盟编辑出版了第一部全面反映我国半导体照明产业发展状况的《中国半导体照明产业发展报告(2005)》,并支持上海光电子行业协会编著了《半导体照明入门》一书,为企业、科研院所、投资机构、政府部门科学决策提供参考。

“十五”期间联盟与产业链上下游的行业协会、学会、海外机构等建立了长期信息交流渠道,及时了解行业内和相关上下游行业的最新情况。编辑出版了16期“半导体照明工作简报”和30期“半导体照明快报”,及时向政府主管部门、行业内企业、研究机构,以及投资商提供各种动态信息。

联盟在支持重庆联盟举办了重庆市半导体照明应用设计大奖赛之后,成功地承办了首届国家半导体照明工程创新大奖赛,推动了企业技术创新的积极性。并组织联盟单位参加了科技部组织的“十五”科技成果展,有力宣传了半导体照明节能环保的重大意义。

(二) 广泛开展国际及区域间合作,促进人才和信息交流

联盟通过举办会议展览等工作,为业界搭建国际交流合作平台。已在上海、厦门、深圳成功举办三届

国际半导体照明论坛与展览会(CHINA SSL),累计参会人数达到1200多人,成为国内规模最大、内容最全、影响最广的半导体照明专业盛会。联盟还针对行业发展共同关注的问题,与地方政府及协会举办了10余次专题研讨会。

联盟派代表首次出现在产业界的国际舞台上,参加了美国、欧洲、韩国、马来西亚,以及我国台湾地区的10余次半导体照明产业界的国际会议,并联合我国台湾地区电机电子工业同业公会光电委员会、香港光电协会发起成立"两岸三地半导体照明产业联盟",探索两岸三地在人才、技术、产业,以及专利、标准制定等方面的交流与合作。

联盟还分别邀请海外专家、国家知识产权局专家,在北京、南昌、上海等地举行了700余人次专题培训。协助国内企业申请国际专利,代表联盟企业与海外企业谈判专利授权与技术转让。

(三)支持建设中国半导体照明网

联盟秘书处设在"中国半导体照明网"(www.china-led.net)。中国半导体照明网成立于2004年10月,是国家半导体照明工程唯一的网上信息门户。在国家半导体照明工程协调领导小组办公室指导和成员单位的大力支持下,经过3年的飞速发展,中国半导体照明网已经形成了11个主频道、48个子频道,产品数据库涵盖20个大类、180个子类,集资讯、数据、商务三位一体的网络营销互动平台。

中国半导体照明网的资讯库、企业库、产品库、供求库、报价库、专家库等六大专业数据库拥有52000余条权威的数据信息、3300多家厂商可容纳数万件产品的在线报价系统,为众多LED企业和机构营造了资讯传播和产品供求的快捷通道。其原创文章在新华网、人民网、新浪、搜狐、慧聪等门户网站的转载量远远超过所有同类网站,并被中央电视台(CCTV)新闻联播栏目采用进行转发,对国内LED产业的发展产生了重要影响。

如今,中国半导体照明网拥有3362家活跃的LED产业链供需会员企业,约50000人的固定受众群体数据库(主要为负责生产、市场、研发、管理的中高层专业人士),日均点击率(排除重复IP)5000次,月均浏览量357000人次,网站访问量在以每月5%～10%的速度不断增长中,超过半数以上的访问者来自珠三角、长三角、闽三角、环渤海地区等产业成长迅速、企业供求交易活跃的重要区域。

自网络开通以来,中国半导体照明网已形成遍及20多个国家和地区的稳定的浏览群体,成为国内外备受关注的LED专业垂直门户网站之一。

(四)参与国家重大工程照明项目

联盟积极参与奥运、世博等重大工程的示范工作,配合北京市2008工程指挥办公室(08工程办),先后召开四次研讨与产品展示会,并到厦门、重庆、广州等地现场调研LED景观照明,探讨在奥运工程中使用半导体照明的技术可行性,可能存在的主要问题等,还筛选太阳能半导体照明产品参加奥运场馆现场展示。

联盟首次在国内半导体照明行业和奥运工程建设单位之间搭建了供需交流平台,为奥运工程采用成熟可靠、价格合理的先进照明科技产品提供了新的选择空间。在08工程办的协调与配合下,组织行业内的专家、设计单位、骨干企业成立专家工作组,对奥运场馆建设单位的需求进行深入调研,协助完善奥运场馆建设单位、奥运森林公园、奥运中心区的LED景观照明方案,并已开始在国家游泳中心(水立方)等场馆进行现场安装试验。

联盟还联合上海世博会事务协调局、上海世博(集团)有限公司等在上海召开"世博工程半导体照明技术研讨会暨产品发布会",充分研讨和交流半导体照明的特点、优势、产品开发现状与趋势以及工程应用等情况,更全面深入地了解产业的技术需求,以更好地促进2010年上海世博会半导体照明示范工程建设。

(五)积极推进国内半导体照明行业标准的制定与实施

联盟配合国家半导体照明工程协调领导小组办公室的工作,联合信息产业部、中国照明学会、中国照明电器协会等上下游部门、行业成立国家半导体照明工程"半导体照明标准体系建设工作指导委员会"，参与制定了行业标准 3 项，其中两项标准将于 2007 年颁布实施。

联盟还于 2006 年 11 月在杭州承办"LED 产品及应用评价问题研讨会"，深入了解行业发展对于制标工作的需求。并积极参与国家标准的制定和公共测试平台的建设，为"十一五"国家 863 计划"半导体照明工程"重大项目标准与评价体系建设工作提供决策依据，进一步加快制标工作的进行。

三、"十一五"期间联盟主要任务

"十一五"期间联盟的宗旨是：完善联盟组织，提升业界地位，深化合作机制，促进资源共享。主要工作内容包括如下方面：

1. 加强联盟的资源整合能力，增强行业凝聚力

(1)强力推进联盟成员单位的资源共享度：

- 探索资源共享机制，包括研发成果的共享方式和专利技术许可在联盟内部如何优先等内容；
- 组建专利联盟，按产业链不同环节和领域建立工作小组，加强专利的跟踪与研究分析。组织联盟内外技术专家、专利律师，并联合国家知识产权局和海外相关专利研究机构与专家，面对国外核心专利包围的情况提出具体的应对措施，建立专利预警机制，并探索专利共享的专利战略联盟机制。

(2)以多种方式加大对于外部资源整合的力度。讲求国际及区域间交流与合作的实效，办好以下几件事：

- 从 2007 年起，每年一届的 CHINA SSL 将在上海和深圳两地轮流举行；
- 进入"2007 亚洲显示国际会议"，海峡两岸联手举办 3 月 15 日的"LED&OLED 在显示领域应用趋势研讨会"，增进与相关领域及海内外业界人士的交流；
- 海峡两岸联手与扬州市政府合作举办"2007 新光源 & 新能源论坛"——太阳能半导体照明研讨暨展示及招商引资项目发布会，推动半导体照明产业的集聚式发展；
- 举行"中外企业发展战略对话"，增进彼此了解，利于分析产业发展的竞争趋势和加强中外合作的可能性。此会有可能进一步演化为年度性的"中外企业发展高峰论坛"或是"企业家联谊会"；
- 编印《2007 LED&OLED 特色应用集锦》一书；
- 与国际知名公司合作举办技术讲座或培训；
- 组织出国参观考察、合作洽谈活动。

(3)与国内外专业机构建立长期合作关系，加强信息交流和产业合作：

- 做好与中国照明学会、中国照明电器协会、中国光学学会、中国光学光电子行业协会(光电子器件分会、LED 显示屏分会)等在产业宣传推广、标准制定、政策研究、市场研究等方面的合作，完善信息互换机制；
- 探索与 SPIE、SEMI、Compound Semiconductor、韩国 KOPIDA、德国 Plastic Electronics Foundation、北美华人光电协会(PSC)、国际信息显示学会(Society of Information Display)等国外相关协会或专业组织建立信息交流、技术合作、会议展览、出国考察、人才培训等方面的合作关系；
- 加强两岸三地产业联盟的合作，做好与台湾光电科技工业协进会(PIDA)、香港光电协会(HKOEA)、台湾电电公会光电子委员会(TEEMA)等在信息交流、会议展览、市场调查、引导投资等方面的合作。做好与台湾华聚产业共同标准推动基金会等在标准制定和推广方面的工作。

(4)与地方联盟建立合作关系，加强资源共享。积极支持地方联盟的各类活动，使之成为联盟整体工作的一部分。重点做好信息交流、人才培训、招商引资等方面的活动，协助地方制定和完善产业发展规划，推动地方示范工程建设等，加快地方特色产业的形成。

(5)规范与各类媒体的交流与合作。联盟以整体的形象，与各类媒体建立长期合作关系，提供准确翔实的信息，正确引导产业发展，同时做好联盟的品牌建设和各类服务活动的有效推广。

2. 提升联盟的行业引导和服务能力

(1)组建标准化联盟,协调标准的研究与制定工作。在国家半导体照明工程“标准体系建设工作指导委员会”的指导下,联盟标准工作组配合政府主管部门、标准化组织、检测机构、企业和科研机构,通过863项目半导体照明标准类课题的实施,组织协调好产业链上下游标准的研究与制定工作。

结合重大项目的任务实施,鼓励联盟成员单位参与国家标准的制定,以及联盟内部标准的研究与制定,协助联盟成员制定企业标准和成为制标工作的主体。

联盟还将根据行业急需制修订的标准内容,加强产业上、中、下游关于半导体照明产业技术标准和评价体系研究的分工和协调,尽快制定出包含我国自主知识产权、规避外国专利技术的行业标准,并组织联盟企业与专家积极参与国际标准的制定。

加强与标准管理部门和检测机构间的沟通,尽快建立畅捷的沟通渠道,结合863计划“半导体照明工程”重大项目的实施,引导并参与标准体系的建设工作,协助做好公共服务平台的建设。

(2)提供全方位、深层次的信息服务。进一步加强中国半导体照明网的服务功能,做好重大项目的宣传和成果展示工作,建立信息网络平台和技术、人才、市场等数据库,为行业提供全方位、深层次的信息服务。

进一步加强中国半导体照明网的服务功能,建立资讯与商务功能相结合的垂直型专业门户网站。通过借鉴国际同类信息平台和其他行业门户网站的成功经验,实现中国半导体照明网信息服务能力的三步跨越:

- 加强信息质量建设,在不断丰富信息数量的同时,提高信息原创和深加工处理能力,成为国内外权威的LED资讯发布和产业研究咨询平台;
- 利用具有分类检索功能的六大专业数据库,为国家半导体照明产业技术标准、评价体系与专利战略研究提供及时可靠的信息数据保障,为政府、企业进行科学决策提供依据;
- 通过产业链供需关系分析,实现核心企业与科研院所、合作伙伴、供应商、客户的信息共享和业务集成,建立支持产业链业务协作和区域资源共享的公共信息服务平台。

依托中国半导体照明网不断提升的信息整合和处理能力,通过出版书籍、简报、快报,提供咨询服务、国际交流等方式,培育产业环境,为政府、企业、科研机构、投资机构提供科学的决策依据。

(3)注重专业化会展服务的实效。加强各方资源的集成,提高会议展览质量和成效,探索与国际机构的合作。进一步扩大中国国际半导体照明论坛及展览会的影响和品牌知名度,也积极探索各类小型活动的举办。完善会展工作队伍,提高服务质量和水平。

(4)把握需求,为联盟成员单位提供人才培训和国际交流、合作的机会。根据联盟成员单位和行业发展的需求,邀请境内外专家,组织不同类型、面向不同人群的专业人才培训,为产业持续发展提供高素质的人才队伍。重点联合地方联盟,结合地方特色,开展人才培训工作,促进地方特设产业的持续发展。

(5)协助产品的宣传与推广。通过中国半导体照明网和联盟会展工作组,以网上发布、产品发布会、公关等方式开展产品宣传推广。

(6)继续推进奥运、世博等重大示范工程的建设。依托联盟重大示范工作组,围绕奥运、世博等重大示范工程以及地方的示范工程,组织联盟专家和成员单位参加方案设计、实施等工作,进一步协助场馆建设单位完善LED景观照明设计方案。根据场馆建设单位提出的照明方案设计以及对照明产品供应商的具体要求,由联盟在全国范围内组织半导体照明厂商协助场馆照明设计单位尽快完善设计方案和现场安装试验工作,并协助制定LED景观照明产品技术标准与测试规范。

联盟将根据场馆的LED景观照明设计方案,协助建设单位在全国范围内确定产品和主要供应商,以充分展示国内半导体照明的最新技术和应用产品水平。推荐专家参与方案实施,配合场馆建设单位进行招投标、采购、技术评估、监理等工作,并推荐国家级LED照明产品检测机构,确保高质高效完成重大示范工程中的LED景观照明应用。以整体的形象推动示范工程的建设,树立联盟的形象与品牌。

(7)为联盟成员单位参与国家科技计划的制定与实施营造良好环境与条件。在国家科技计划制定过程中,广泛征求联盟成员单位的意见,促进上下游、产学研的联合攻关。在联盟成员内部,积极宣传国家的科技政策。并协助联盟成员单位参与国家科技计划的实施。

3. 完善联盟组织机构建设

(1)调整联盟的成员构成。根据“十一五”国家863计划参与单位的情况,对原有联盟理事单位和常务理事单位进行调整。并增加部分有较好研究和产业基础的企业或科研机构,吸纳地方联盟成为理事单位,增加境外知名企业或研究机构成为客座理事单位。

(2)完善联盟的规章制度。根据联盟的宗旨和发展方向,进一步完善联盟的规章制度,加强联盟会员的管理。对不同层级的理事单位,划分不同的权限和义务。考虑联盟成员的会费缴纳,建立规范的财务管理制度。

(3)认真实施联络员管理制度。认真执行并完善理事单位联络员管理制度,以进一步加强联盟理事单位间的信息统计和交流工作,更好地为联盟成员和行业发展提供服务。

(4)尽快建立相关工作组。设立产业(技术)发展战略研究组、专利战略研究组、标准工作组、信息网络工作组、市场信息工作组、会展(培训)工作组、国际合作组、宣传联络组。并结合863项目奥运、世博示范工程的实施,成立重大示范工作组。工作组成员由技术专家、企业家、专利律师、产业(市场)研究专家等构成,工作组组长以863重大项目总体专家组专家为主,每个工作组在联盟秘书处设立专职联络员。

(5)规范秘书处工作。完善秘书处工作制度,培养专业的工作和服务团队,做好联盟的具体工作,为联盟成员和行业发展提供专业化的优质服务。

希望通过上述工作的深入开展,使半导体照明研发与产业联盟能够实实在在地为理事单位做些事情,为产、学、研深入合作搭建桥梁,成为政府与企业、研发机构之间的纽带;能够在我国半导体照明产业的技术创新与产业发展的重要时期,起到积极地推动和促进作用。为新兴的科技产业如何形成完整的技术创新体系探索可行的建设思路和发展模式,为建设有国际竞争力的中国半导体照明新兴产业贡献一份力量。

作 者 简 介

阮军 男,1973年12月生。1996年毕业于合肥工业大学粉末冶金专业,2003年获清华大学经管学院工商管理硕士学位。现任北京新材料科技促进中心副主任。2003年10月起任国家半导体照明工程攻关项目管理办公室副主任,兼任国家半导体照明工程研发及产业联盟副秘书长。主要从事半导体照明领域的科研项目管理、战略研究、标准制定、联盟建设等工作。参与“十一五”863计划新材料领域“半导体照明工程”重大项目的可行性研究、立项论证、指南编制,以及项目的组织和实施等工作

推动半导体照明与相关技术和产业的协调发展
——泛半导体照明技术与产业发展的思考

陈良惠

中国工程院院士

2006年对于半导体照明的发展是意义重大的一年。发展半导体照明在节能、环保、改善人民生活质量和建设节约型社会的重要战略意义,正逐渐成为人们的共识。在2006年2月9日发布的《国家中长期科学和技术发展规划纲要》中,其重点领域的第一项是能源,而能源的第一个优先主题是工业节能,在工业节能主题中,明确地把"高效节能、寿命长的半导体照明产品"列入其中。事实上,早在2004年国家发改委就发布了《节能中长期专项规划》,提出在"十一五"期间,国家将组织实施十项节能重点工程,包括燃煤锅炉改造、区域热电联产以及绿色照明工程等。

近年来,我国在半导体照明领域,不论是半导体照明灯具、景观照明、矿灯等特殊应用,还是LED封装、管芯制备和外延片生长等生产技术,以及大功率芯片水平,HVPE法GaN衬底生长系统和技术,甚至MOCVD设备的研制等方面都有长足进步,标准和专利研究都已开展,特别是在硅衬底GaN基LED、高效率蓝光LED和硅酸盐基质荧光粉等方面具有自主知识产权的研发,是突破国外专利包围的成功一役,应该给予积极的评价和强力的支持,以期在产业和市场上显示功力和实效。而科技部倡导的半导体照明工程,到2006年863计划重大项目实施方案的发布,现在作为"十一五"国家重大专项的"半导体照明工程"已经启动,这是国家的正确决策,也是学界和产业界盼望已久的好起点。但由于从去年开始的国际白光LED技术和电光转换效率的突飞猛进,我们与国际的差距不但没有缩小反而继续拉大,希望政府、产业界和金融界给予更大的关注和更强力的支持,让半导体照明为国家的节能作出切实的贡献。

一、在下列重大问题上采取有力措施

(1) 鉴于目前光电子技术与产业的现状,举国上下,集中国内外精英,建立固态照明国家公用技术平台,并可与国家光技术研究院联合筹建,首期以泛半导体照明为主攻目标。可由有实力的省市和国家部委共建,引导企业尽早介入,采取共同投资或有偿合作的形式,在公用技术平台建立企业自己的实验室,充分利用资源,也更好为企业发展作出贡献。

(2) 继续支持已卓有成效的绿色照明运动,把半导体照明纳入绿色照明的视野,制定与国际接轨的具有我国自主特色的白光照明标准,有意识地打造技术壁垒,建立符合我国实情的节能照明教育、科普和推广体系。

(3) 以特殊照明为近期主攻方向,以通用照明为持续关注目标。考虑到如果一次性投入较大的半导体照明灯具产品,在家庭推广上比节能灯更加困难,建议在房地产建设中组织"照明节能示范楼盘"建设,加强楼房照明设计工程师的半导体照明知识和技术的培训,为绿色照明楼房建设提供节能补贴,这是LED成为通用半导体照明光源的必要举措。此外,要在景观照明和汽车灯系上狠下功夫,务求达到节能效果。

(4) 由中央政府主导,组织区域力量,打造示范工程,为奥运会和世博会作出重要贡献,并组织成果推广,扩大社会影响。

(5) 加强半导体照明产业关键设备的自主设计和制造。这一点极其重要,是我国相关产业能否自主创新、跨越发展的关键。然而,由于设备制造难度大,我们基础差,在自主培育人才的同时,可以引进人才或开展国际合作,甚至可以考虑引进技术为我所用或者建立合资公司。对国产设备,除对研发给予支持外,建议国家建立应用推广基金,鼓励并奖励用好基金的项目。

(6) 半导体照明是一个市场前景广阔的产业,中国是个极大的市场,非少数企业所能独吞垄断,由政府主管部门建立有效机制和组织,与我国台湾地区的科技界和产业界联手面对世界竞争,以期求得双赢。

(7) 半导体照明终将成为节能照明的主力,未来含有无限商机。但目前半导体照明与传统照明相比,特别是在缺乏核心自主产权的情况下,还远未具备很强的节能能力,建议政府主管部门有意识地引导金融界和企业界理智投资,避免投资过热导致的供求失衡和恶性竞争。

二、推动“泛半导体照明产业”发展

“十一五”期间,在重视半导体照明并决心大力发展的时候,也要看到,目前 LED 作为通用照明光源进入市场,不论性能还是价格在竞争力上都存在相当的差距,为充分发挥投资效益,也为在业界互相推动、互相促进,建议半导体照明专项的启动,不要孤立进行。要协调发展半导体照明和与之关联的科技与产业,推动“泛半导体照明科技和产业”的发展,它包括:

1. 半导体照明工程应与绿色照明工程协同发展,以期为国家照明节能作出切实贡献

绿色照明概念发端于 20 世纪 90 年代初的美、英等发达国家,主要着眼于提高照明电光转换效率、节约电能和改善环境。1996 年国家经贸委发出《“中国绿色照明工程”实施方案》的通知,并正式启动了中国绿色照明工程。据国家发改委透露,中国绿色照明工程实施以来,全国累计照明节电 450 亿千瓦时,相当于减少二氧化碳排放 1300 万吨,其贡献功不可没。目前白光 LED 在实现通用照明的应用上尚存在效率和成本的瓶颈,节能灯的推广在照明节能上的贡献还应给予足够重视,即使在多年后,半导体照明凸显其作用时也仍是如此。我们希望绿色照明工程也要把半导体照明纳入其轨道,事实上,目前绿色照明工程的若干重大举措如节能灯具的政府采购与示范工程,把照明节能作为电力需求管理的重要措施,提高宣传教育力度增强群众节能环保意识等,都为半导体照明的推广打下坚实的基础。

2. 大力发展采用同类技术制备的 DVD 用红光激光器和高存储密度光盘用蓝紫光激光器,并开拓数百亿产值的光存储产业

红橙黄 LED 采用 AlGaInP 材料系,绿、蓝、紫 LED 采用 AlInGaN 材料系。事实上,前者与 DVD 光头用红光激光器的材料系相同,后者则与 HD - DVD 用蓝紫光激光器的材料系相同,两者都采用 MOCVD 生长技术和类似的器件工艺。以晶格匹配衬底的发展为例,因为与 LED 相比,激光器有更强的对衬底价格的承受能力,率先把 GaN 衬底用于 GaN 基蓝紫光激光器发展中,可望在激光器实现工程化和批量生产走向应用后,通过提高性能和成品率,降低成本,使之为用于 LED 生产创造条件。预计通过努力,高质量 2 英寸 GaN 衬底价格在 2010 年前可望降到 1000 美元左右,倘能大量生产,2020 年前有望降至百美元量级。

3. 大力发展宽禁带化合物半导体物理、材料以及电子和光电子器件

同样,用 GaN、SiC 材料制备的电子器件,具备微波输出功率大、开关速度快、工作温度高、抗辐射能力强等特点,是军用通信、雷达、制导、空间防御、高速智能化武器及电子对抗等现代化国防装备的核心部件。在民用的通信基站、民用飞机和高温辐照等领域也有很大的应用前景和市场潜力。

以上两项研究与产业的发展,其自身的经济效益和社会效益也决不容忽视。由于半导体照明已成专项,希望不至于影响对他们的重视和立项,一种可以接受的思路是,作为泛半导体照明体系,增强投入,给予合理安排。

4. 开拓 LED 的广泛应用

LED 作为半导体照明的引擎,要成为通用照明的光源,应该说还任重道远,要在效率、价格和可靠性上狠下功夫。目前手机和大尺寸 LCD 的背光照明、光显示、交通灯、信号灯等仍是高亮度 LED 的主要市场,要继续推动其发展,开发汽车照明和城市景观照明,为固态照明市场的培育打下基础,赢得时间。

5. 发展光伏太阳电池与LED的结合，既开拓新能源，又实现照明节能

由于LED工作电压在6V以下，可更好与太阳电池配合使用。目前高效、低成本的太阳能电池比较成熟的是多晶硅和非晶硅太阳能电池。无锡地方倡导的“用光伏绿色能源结合半导体LED绿色照明”，正是集可再生能源与节能照明于一身的项目。除大力开拓国际市场外，把它特别用于架设电缆困难的部队高山哨所、海岛驻军，以及西部无电而又人口稀疏地区的照明，改变读书郎点蜡烛或煤油灯夜读的状况，这也正符合国家发改委开展的中国光明工程的宗旨。

总之，发展“泛半导体照明科技与产业”就是在发展半导体照明科技与产业的同时，要协调发展照明产业、LED产业、宽禁带半导体产业、制造业、材料产业、节能产业和光电子产业等。这样，可以使各相关产业相互促进相互影响，并最大限度发挥投资的效益，为半导体照明最终为国家节能、环保事业和改善人民生活质量作出切实的贡献。

作者简介

陈良惠 1963年毕业于复旦大学，同年到中国科学院半导体所工作至今。

我国半导体量子阱光电子器件领域的开拓者之一，在国内率先实现量子阱激光器的突破，并开拓不同波长、不同功率、不同应用目标的量子阱激光器和其他光电子器件的研制、开发与工程化，为我国光电子器件进入量子阱光电子的新台阶作出贡献。主持并出色完成中国科学院重大项目，国家攻关、863、自然科学基金等多项国家任务，获中国科学院科技进步奖一等奖三项，国家科技进步奖二等奖两项，国家科技进步奖三等奖两项。担任主任主持筹建光电子器件国家工程研究中心，通过国家验收成为我国国家级光电子器件的研究、开发和工程化产业化基地。近年来，坚持在科研第一线，组织并亲自投身纳米光电子技术研究，使实验室在大功率半导体激光器、近场微小孔激光器、光子晶体激光器、GaN基蓝紫光激光器以及量子阱和量子点红外探测器等领域都有新的突破并取得成果。

曾任中国科学院半导体研究所副所长，863计划光电子主题专家组副组长，中国工程院信息电子工程学部副主任。1999年遴选为中国工程院院士。现任中国科学院半导体研究所研究员、博士生导师、纳米光电子实验室主任，光电子器件国家工程研究中心名誉主任、首席科学家，中国电子学会光电器件专业委员会主任，中国通信学会光通信专业委员会副主任。

建立国家级公共研发平台需要体制创新

王占国
中国科学院院士

半导体照明是近十年来发展起来的一个新兴产业，由于其重要的经济和社会意义，已成为国际上新一轮高技术竞争的一个焦点。世界市场的争夺战已经在全球打响。目前国内企业刚刚起步，与国外的技术差距还比较大，高层次的研发人才薄弱，力量比较分散，加之资金投入的不足，靠单个企业进行技术工艺提升和高端产品的技术突破难度很大。在这种情况下，建立国家研发中心这样的公共研发平台，集中全国的产、学、研优势力量，进行协同攻关，实现重点突破，形成有国际竞争力的中国半导体照明新型产业是非常有必要的，也是非常紧迫的事情。而建立国家研发平台的关键在于要有一个好的机制，以确保其成为国家的公益事业单位，为推动整个产业发展作出贡献，而不是仅为某个或某些利益集团服务。

为此，研发平台的建立不宜依托于某个企业，如果研发平台依托于以赢利为目的的某个企业，就会存在利益分配不公的问题，致使其他企业参与进来的可能性变小，当然这就难以实现优势资源的集成，即使有企业加入，利益冲突也是不可避免和不易解决的。因此，研发平台应该选择一个相对中立、基础条件好的单位作为依托，这个单位可以是科研院所，也可是相关的现有研发中心。平台建设的费用主要由国家投入，要将一流的设备、一流的人才、一流的技术整合到这个平台上来，使其逐渐形成一个具有自主创新能力强、成果不断向企业辐射的研发中心。办好研发中心的另一个关键是如何吸引企业的早期介入，只有这样，才能加快研发成果的转化速度，实现技术与市场的结合。研发中心不仅要有一流的设备，而且还必须有一批国内外引进的一流研发人才，其中对能够掌握、熟练应用和开发先进设备新功能的专业技术人才的引进也要给予应有的重视。研发中心主要是对三、五年后的产业竞争关键技术进行攻关，但也要鼓励前瞻性的研发，以便取得原创性的成果。现阶段，特别要以提高外延材料的质量、大功率器件结构设计和技术集成为重点。尽管每个企业有能力做出单项技术的创新，但多项技术的集成是单个企业难以完成的。企业可以以人才、技术、资金、提供实验条件及场地等形式参与到研发中心来，一旦出现成果，企业就可以按照介入的不同程度优先或优惠享受研发中心的成果。这样就可以将研发中心和企业紧密结合在一起，为企业的二次创新工作奠定基础。

另一方面，研发中心要建立创新的管理机制，特别是在给研发中心负责人授予一定权力的同时，要明确负责人应承担的领导责任，只有这样才能把研发中心办好。

作者简介

王占国 半导体材料和材料物理学家，中国科学院院士，中国科学院半导体所研究员。现任中国电子协会半导体和集成技术分会主任，中国材料研究学会副理事长和多个国际会议顾问委员会委员。长期从事半导体材料和材料物理研究，在人造卫星用硅太阳电池辐照效应和电子材料、器件和组件的静态、动态和核瞬态辐照实验结果，为我国的两弹一星事业发展作出了贡献。在深能级物理和光谱物理研究方面取得了多项国际先进水平的成果。近年来，他领导的实验组又在应变自组装半导体量子点、量子线和量子点、量子线超晶格材料生长和大功率量子点激光器研制方面获得重要进展。上述研究成果曾获国家、中国科学院自然科学和科技进步奖，何梁何利科技进步奖和国家重点科技攻关奖多项。

大力推进我国半导体照明产业的发展

王锦燧
中国照明学会

发光二极管(LED)因其体积小、质量轻、耗能低、寿命长、响应时间短、抗震性能好、使用安全等优点,目前正以迅猛的速度得到发展并成为照明科技界众所瞩目的焦点。在人类生存和发展的过程中,火光的出现让人类结束了"黑暗"的历史。1879 年爱迪生发明白炽灯,使人类的文明得到进一步发展。为了克服白炽灯的弊端,充分利用电能,照明科技工作者从 20 世纪初开始研究和制造了各种气体放电灯(荧光灯、高强度气体放电灯等),使光源的发光效率不断提高,并成为有别于热辐射光源的新一代光源。固态发光材料的发现,也有近一个世纪的历史,但当时的科学家仅把它作为一种发光现象来研究。1968 年发光二极管(LED)出现并首次用于电子显示设备上,直到 20 世纪 80 年代初期,镓铝砷发光二极管研制成功,并广泛应用于交通信号、显示系统等领域。20 世纪 90 年代,随着氮化镓和铝铟镓磷等半导体材料在 LED 照明上的应用,半导体芯片技术的不断改进及封装技术水平的迅速提高,先后出现了一批发光效率高、颜色范围宽的 LED 照明器件。近些年来,氮化镓第三代蓝色发光二极管技术趋于成熟,使得新型白光 LED 固态光源性能不断完善并进入实用阶段。随着大功率白光 LED 的深入研究,照明科技的进步,LED 作为照明光源,越来越显现出它的巨大潜力。

鉴于 LED 在照明领域中具有十分广阔的发展前景,目前,美国、日本、韩国、欧盟等相继推出国家半导体照明计划,投入了巨额资金进行研发并在诸多方面取得进展。值得高兴的是,面对世界照明产业的重大转型和 LED 照明的崛起,我国政府也高度重视这一难得的历史机遇。在国家半导体照明工程协调领导小组的领导下,自 2003 年开始,正式启动"国家半导体照明工程",将"半导体照明产业化技术开发"作为国家"十五"科技攻关的重大项目正式立项,并取得了重大进展。在这几年攻关工作中,国家投入有效的资金,围绕特殊照明市场急需的产业化关键技术,采取中游切入,实现技术集成创新和产业升级,以应用促发展,带动了新型产品的研发,在产业化关键技术方面取得较大突破。并且通过跨领域技术联合攻关,开发出 140 多种市场急需的特殊照明应用产品。完善了从外延到芯片制作、器件封装及应用的研发体系,产业化所取得的成效显著带动了行业的整体发展。几年来,我国还建立了 5 个国家半导体照明工程产业化基地,在人才培养、标准制定、专利战略、整合资源和与国际及区域合作方面都取得了很大进展,并且在节约能源,保护环境方面取得了一定的经济效益和社会效益。

党的十六届六中全会通过的《中共中央关于构建社会主义和谐社会若干重大问题的决定》中指出,以解决危害群众健康和影响可持续发展的环境问题为重点,加快建设资源节约型、环境友好型社会。能源是国民经济发展的基础,也是社会可持续发展的重要制约因素。电力资源是能源的重要组成部分。在我国,照明用电约占总发电量的 12%左右。因此,照明节能是实现节约能源的有效途径。根据预测,2010 年我国照明用电将达到 3500 亿度,专家预测 2005～2015 年间,我国在照明有关领域中广泛应用半导体照明,可累计节电 4000 亿度。同时,它可以大量减少大气污染物的排放,半导体照明器具自身的废弃物少,容易回收,不存在废弃物中的含汞问题。因此,半导体照明技术的发展和应用对节约能源、保护环境,实现社会经济的可持续发展具有重要的意义。同时,它对提升传统照明产业,推动我国从照明电器生产大国向照明电器生产强国迈进及带动相关技术和产业发展方面都具有重大的影响。为此,国务院颁发的《国家中长期科学和技术发展规划纲要》"工业节能"技术中,明确将大力发展"高效节能、长寿命的半导体照明产品"列为重点。我们有理由相信,随着国家半导体照明工程领导小组制定的"十一五"国家半导体照明工程实施方案的落实,我国将会通过自主创新解决半导体照明市场急需的产业化关键技术,进一步完善半导体照明产业链,并且形成一支高素质的技术团队，建立起国家半导体照明研发平台，实现在重大工程上的示范应用，形成具有国际竞争力的半导体照明新兴产业。

虽然我国在发展半导体照明产业中取得了长足的进步，但在发展过程中也存在着不少困难与问题。集中表现在半导体照明产业研发资金投入不足，企业规模小，研发主体弱小，低水平重复。同时，存在基础性研究和管理人才短缺，产业发展环境不够完善等问题。当前，世界各国半导体照明产业正在迅速发展。据统计，半导体照明器件的光效每年平均提高 15～20 lm/W，综合成本每年平均下降 15%，大功率高亮度白光 LED 照明产品已经开始上市。面临国际竞争的日益激烈和严峻的挑战，我们应该重视当前存在的困难与问题，抓住难得的历史机遇，迎头赶上，迅速发展具有我国自主知识产权的半导体照明产业。

为进一步落实国家中长期科技发展规划纲要，促进我国半导体照明产业的迅速发展，我认为，应从以下几方面入手：

(1) 为引领我国未来半导体照明产业的发展，提升学科整体水平，培养和形成一批相关领域自主创新的人才队伍，完成国家半导体照明及其产业化的重大关键技术，我们应努力创造条件，综合利用现有资源，组建国家半导体照明工程研发中心。通过研发平台的建立，争取在白光半导体照明技术、产业化共性关键技术等原始创新上取得突破，在设备、人才方面实现共享，在成果转化、人才培养、信息交流、国际合作等方面提供有力的支撑。

(2) 半导体照明的研发最终在于广泛应用于照明领域。因此，我们除了应该关注如何进一步提高 LED 的发光效率外，还应充分关注如何正确设计 LED 的照明器等问题。当前 LED 应用中，存在着亟待解决的散热问题、二次光学设计问题、高效免干扰抗电子驱动等问题。因此，LED 的封装和应用中的难度不可忽视，它涉及的技术十分复杂，涉及的领域包括材料科学、光学、热力学和微电子学等方面。我们应重视 LED 下游产业的开发和发展，通过产、学、研结合，集成创新，努力开发和发展带动产业提升的半导体照明应用产品。

(3) 照明行业是 LED 照明上游和中游产业的用户，它在推广应用半导体新型材料和开展基础性研究与应用以及标准化工作方面将起着积极的主导作用。我们在重视突破半导体照明关键技术，努力实现自主创新的同时，应加大 LED 下游产业的投入，尤其是 LED 灯具标准的研究，它是产业发展的支撑。我们应打破部门分割，上中下游密切结合，共同研究和制定有关 LED 照明基础性标准，同时通过行业间的合理分工，做好专业标准的制定工作。在研究和制定 LED 照明有关标准同时，应加大对检测方法与手段的投入和研究，从而共同促进我国半导体照明产业的快速发展。

(4)“十一五”期间应加大力度，建立一批 LED 照明示范工程，促进 LED 照明产品的推广与应用。国家在实施“十一五”规划期间，北京将迎来 2008 年奥运会，2010 年世博会将在上海举办，我们应当利用这一难得的历史机遇，通过 LED 照明示范工程的建设，推动 LED 照明产业的发展和应用。同时，还应加大 LED 在信息产业、汽车工业、建筑和太阳能综合利用方面产品的开发和推广，不断扶持龙头品牌企业，从而提高我国照明产品在国际市场的竞争力。

(5) 积极发挥社团组织的作用，加强产业部门与科技社团组织之间的交流与沟通。科技社团应该充分利用自身的优势，努力为发展我国半导体照明产业献计献策，可以通过他们参与产业发展预测、技术评估、新产品鉴定、技术方案审查和产业标准制订等工作，为半导体照明产业发展提供决策咨询意见，从而共同促进我国半导体照明产业的发展。

中国照明学会作为照明领域中的科技社团组织，十分重视 LED 照明的研究与发展动向，2002 年 3 月～2006 年 11 月，学会先后围绕 LED 研制、开发、应用和检测方面召开了 7 次全国性的学术研讨会，对促进我国半导体产业的发展起到了积极的作用。我们相信，在国家半导体照明工程协调领导小组的领导下，通过“十一五”规划的实施，我国半导体照明工程将会得到持续、快速的发展。

作者简介

王锦燧 研究员,1963年1月毕业于北京清华大学精密仪器及制造系。1963年2月～1990年4月在北京工业大学机械工程系任教,助教、讲师、副教授。1990年5月～1999年10月在原轻工业部、中国轻工总会及国家轻工业局工作,历任国际合作司、教育司副司长、人事教育部副主任(正局级)。1999年11月至今在中国照明学会担任第三届理事会副理事长兼秘书长,第四届理事会理事长,从事照明科技与工程管理工作。

我国半导体照明应用领域的发展

陈燕生
中国照明电器协会

LED作为新一代固态光源，近年来在我国得到迅速发展，由于具有工作电压低、功耗小、体积小、寿命长等优点，LED的发展空间极为广阔。LED照明应用产品进入国内较早只是用于仪表指示灯，随后用于进口汽车的高位刹车灯，大规模应用是近几年的事，发展速度之快令人吃惊，其中应用范围比较广的是建筑装饰照明。LED作为显示与照明的光源应用于不同的领域，例如手机等LCD显示屏的背光源、交通信号灯、单色或彩色显示屏等。在照明领域，目前主要用于装饰类照明的彩色LED及少量用于局部照明用的白光LED。

一、我国LED照明的应用状况

（一）屏幕显示

在大屏幕显示方面，国内比较有影响的是广东惠州的德赛、北京的利亚德、西安的青松、北京的星光索莱特、深圳的京东方、深圳的普耐等。其中以德赛的产品水平最高，该公司直接给日本东芝、日立等大公司加工大屏幕，LED芯片进口，由惠州华刚公司封装，并组装成模组，由德赛制成大屏幕。另一家比较有特点的公司是北京索莱特，该公司大屏幕主要针对电视台演播厅背景，同时也可用于舞台演出的背景，这种应用是近年来兴起的，市场前景很好。全彩大屏幕在国内应用逐渐增多，除体育场馆外，室内及室外用量也不断增大。上海浦东陆家嘴金融中心的震旦国际总部，整个朝向黄浦江的建筑立面，镶上了长100 m的超大型LED屏，总计面积达到3600 m^2。另外一个典型例子是震旦旁边的花旗银行大厦，总计面积达到6030 m^2，由于其时间较晚，其效果更优于震旦大厦。这种屏幕同时起到建筑装饰作用。

LED显示屏的应用涉及社会经济各个领域，主要包括：证券交易、金融信息显示，全国各地储蓄所、证券交易所均采用LED显示屏；机场航班的动态信息显示；港口、车站旅客引导信息显示；体育场馆信息显示；调度指挥中心信息显示。电力调度、车辆调度管理、车辆动态跟踪等，也逐步采用LED显示屏；邮政、电信、商场、购物中心等服务领域的业务宣传与信息显示；广告媒体，除大型户外广告，在火车、汽车车厢内也出现了LED显示屏，除播出有关信息外，还插播广告。LED的单色或全彩显示屏方面技术相对已比较成熟，关键是如何保证质量，满足客户的不同需求。

（二）交通信号灯

交通信号灯是LED应用较早，发展较快的一个领域。目前在国内已经相当普及，且技术也已成熟，在相当程度上取代了传统光源。LED在交通诱导信息显示屏中的应用，既可看作显示屏幕，也可以作为交通信号，对于显示路段交通状况和停车场情况等文字信息的显示屏，高亮度是一个重要的发展趋势。LED在交通标志和倒计时显示器中的应用也日益广泛，主要是包括可变交通标志，如可变限速标志、可变车道标志和配合交通信号灯使用的倒计时显示器。

上面讲的是一般城市道路用交通信号灯，实际上广义的交通信号灯还包括航标灯、铁路信号灯、机场相关信号指示灯等。LED铁路信号灯在国内也正处于研究开发之中，目前已经研制出LED手提信号灯，铁路信号灯的研制目前还要解决颜色和光强问题。航空和机场助航灯光系统也在采用LED，由上海东风照明器材公司生产的障碍灯、环视灯，已用于国内机场。机场滑行道边灯采用了蓝光LED，也已通过民航总局的认可，拟投入使用。

(三) 汽车照明

LED 在我国汽车中的应用是从 1998 年大规模生产安装后雾灯开始的，随后应用较多的是高位刹车灯。近三年来汽车灯应用 LED 发展较快，几乎覆盖了除前大灯以外的所有汽车照明灯，包括转向灯、示廓灯、刹车灯、雾灯。LED 在汽车灯领域的发展方兴未艾，新款车进入市场一般均伴随新款 LED 灯，在汽车灯中的应用最为普遍的是刹车灯。

随着白光 LED 发光效率的提高，LED 前照灯的开发越来越受到人们的关注。在汽车展上已经可以看到一些概念车推出 LED 前照灯样品，相信随着 LED 技术的发展，不久的将来 LED 照明将全面进入汽车灯领域。

(四) 建筑装饰

LED 在建筑装饰领域的应用更加广泛，出现了不少创新设计。以往对建筑立面照明主要采用投射方式，但许多建筑物没有地方放置传统的投光灯。LED 由于光源尺寸小，可以水平或垂直安装，与建筑物表面更好的结合，拓展了照明设计师的创作空间。

在景观照明中，LED 在广场、公园、绿地、水面、水下、道路等均有不同的应用，由于 LED 灯具体积小，便于隐藏，因此会产生较好的景观照明效果。由于景观照明的需求，企业开发出品种繁多的 LED 灯具，在造型、款式、色彩、功能等方面均富于变化。同时由于采用智能控制，对色彩、亮度均可控制，使得色彩丰富、变化多姿。

彩色 LED 用作装饰类照明主要将其做成彩虹管、埋地灯、水下灯、圣诞灯串、护栏灯管。这些产品主要用于建筑装饰、立交桥、广场、公园夜景、酒店以及夜总会、酒吧等休闲娱乐场所，LED 在彩虹管中部分取代了米泡(一种小型钨丝灯泡)，在圣诞灯串中部分取代了原有的圣诞灯泡。

(五) 背光源

LED 作为手机显示屏的背光源是 LED 应用最为广泛的领域，约占 LED 应用的 40%以上，近年来 LED 用于 LCD 背光源又有了新的进展，主要是屏幕尺寸不断扩大。国外较成熟的产品可用于 14～17 in 笔记本电脑，取代 CCFL。国内也有企业在开发这方面，未来的方向是向 40 in 以上大屏幕彩电进军。LED 作为 LCD 背光源被国内外业界人士一致看好。

(六) 照明

以上所涉及的应用基本上是作为显示、信号或装饰，真正意义上的照明需要大功率白光 LED。这方面近年来随着大功率白光 LED 光效的提高，也有了明显的进步。

白光 LED 目前由于其光效不够高，且价格偏高，在照明领域的应用还受到一定的局限。手电筒、矿灯、小夜灯已在部分场合应用，台灯和路灯也有少量在试生产并试用，市场接受仍需要一个过程。目前所见到的台灯，相比传统光源在照度水平上还差强人意。路灯则主要用于步行道或庭院，一般高度不超过 8m。路灯还可与太阳能结合，有利于节约能源。

LED 用于普通照明还需要一些时间，目前所处的阶段基本上是用于特殊照明和局部照明。

二、进一步推动 LED 照明技术在我国的应用

自 2003 年科技部启动“国家半导体照明工程”以来，我国 LED 照明应用领域逐渐活跃起来，企业参与热情高涨，尤其以珠三角和长三角地区企业更为集中。三年来，开发出不少新的应用产品。其中一些受到市场的欢迎，特别是在建筑装饰照明方面，应用日益广泛，也取得了较好的社会效益。厦门市和重庆市在 LED 景观照明方面做了大量工作。

LED 照明应用产品是 LED 照明产业链的终端产品，它与终端市场联系最为紧密。目前，LED 在建

筑装饰照明、汽车照明、信号照明以及屏幕显示等领域均已进入实用阶段，并显示出良好的成长性，存在巨大的市场空间和潜力。未来的发展方向是向普通照明领域进军，这还有相当长的一段路要走，但是可以预见前景是光明的。

坚持“抓应用，促发展”的方针。“国家半导体照明工程”协调领导小组成立后，提出了“抓应用，促发展”的方针，笔者认为是合理可行的，LED产品应用范围扩大，应用量增多，会反过来促进LED产业的发展，使LED产业扩大规模，降低成本。对于LED芯片和封装企业而言，要靠规模提高效益，没有规模谈不上效益，因此也无法形成良性循环。因此作为“国家半导体照明工程”的主管部门要对LED应用产品的发展给予足够的重视。从目前情况来看，有关方面对LED外延材料和芯片的研究开发比较重视，对于应用层面重视不够。建议今后对LED应用产品的发展更加关注，并给予积极的支持。

对不同领域的LED应用产品开发采取有针对性的策略。对建筑装饰照明、背光源照明可采用企业自由竞争的市场化运作方式；对于道路、铁路、航空等交通信号照明则需与相关部门配合，做出相应的规范，并给予相关企业支持。对于汽车照明则需要有关的科研机构与汽车生产企业相配合共同研究开发LED汽车照明产品。而对于普通照明用LED应用产品，则需要器件研发企业与照明企业密切合作，首先从局部照明应用入手，逐步扩大应用范围。有关方面对上述各类项目可以给予重点支持，以期在某一领域产生突破，同时对LED应用产品适时制定相应标准，以利于规范市场。

半导体照明应用前景十分广泛，中国在此领域应可以有所作为。

作者简介

陈燕生　1950年5月出生，1969年参加工作，研究生学历，高级工程师。

1975年毕业于西北工业大学，留校任教。1978～1981年三机部303所研究生。1982～1989年航空工业部634所工程师，历任研究室副主任、主任。1989～1994年任轻工业部科技司副处长。1994～1996年任中国照明电器协会秘书长，1996～1999年任中国照明电器协会常务副理事长兼秘书长。1999年至今任中国照明电器协会理事长。2003年6月至今国家半导体照明工程协调领导小组成员。

加快发展我国半导体照明产业

范玉钵
中国光学光电子行业协会光电器件分会

一、引　言

由于LED技术近年来不断有新的突破，从而促进了半导体照明产业的不断升级、发展。我国在2003年启动“国家半导体照明工程”以来，半导体照明产业发展更加迅速，并形成一定的产业规模和较完善的LED产业链。虽与国外相比差距仍然较大，但我国LED技术和产业的发展前景却是十分光明的。现就我国半导体照明产业发展现状作些描述、分析和展望，并提出加速发展我国半导体照明产业的一些建议和意见。

二、半导体照明产业现状、分析与展望

（一）LED技术的进步

由于LED技术上的快速进步，特别在国外，不断有新的技术突破，近期美国和日本分别报道实验室水平：小功率LED的发光效率分别达到133 lm/W和138 lm/W，而1W功率LED分别达到92 lm/W和96 lm/W，并可提供产业化1W功率LED的发光效率为70～80 lm/W产品。我国的LED水平也可达50～60 lm/W，采用进口的1W功率芯片封装的器件，其发光效率可达60～70 lm/W，这些技术指标的进步，大大地推进了半导体照明应用产品的升级和发展。

（二）我国半导体照明产业现状

(1) 半导体照明产业发展迅速。作为半导体照明产业核心部分的高亮度LED，近几年发展非常迅速，我国高亮度LED芯片及器件的近几年产量如下表所示。

高亮度LED芯片和器件产品

年份/产量、增长率/名称	2004年		2005年		2006年	
	产量/(亿块)	增长率/%	产量/亿块	增长率/%	产量/亿块	增长率/%
高亮度LED芯片	25	300	60	140	120	100
高亮度LED器件	80	60	120	50	180	50

（数据来源：中国光学光电子行业协会光电器件分会）

其中2005年蓝、绿芯片为20多亿块，2006年蓝、绿芯片为30多亿块。从表中看出芯片的增长率为100%以上，器件增长率为50%以上。

(2) 已形成较完善的LED产业链。我国现有LED研发、生产、应用、配套的单位约2000多家，有一半以上是近几年才成立的企业。其中前工序外延、芯片研发生产单位有30多家，后工序封装企业有500～600家，应用及配套企业有1000多家。整体封装能力为350亿～400亿块/年，并能封装各种LED产品。在应用方面的发展更是蓬勃迅速，在世界范围内已处于相对领先状态，原来开发生产LED产品和照明产品的企业也纷纷开展LED应用产品的开发和生产。应用产品的品种繁多，应用范围广泛，发展势头强劲。而从整个LED的配套能力来看，除了个别原材料外，大部分原材料、配套件国内均可提供。应该说，目前我国已形成了较完善的LED产业链。

（三）LED 产业快速发展的主要原因

(1) 国家主管部门和地方政府的高度重视。政府主管部门均高度重视半导体照明产业的发展，并给予极大的支持，在我国“十一五”发展规划中，已把发展半导体照明产业列为重点项目。各级地方政府也高度重视和支持半导体照明产业的发展。“国家半导体照明工程协调领导小组”正在有效具体地引导、协调我国半导体照明产业发展。而中国照明协会、中国照明学会、国家半导体照明工程研发及产业联盟、中国光协光电器件分会等各商协会组织也在全力推进国家半导体照明工程建设。

(2) 政府、企事业单位和私营企业加大投资力度。国家主管部门以各种基金形式投入半导体照明产业的研发和产业化工作，部分地方政府也以各种形式投入地方的半导体照明产业，这几年很多企事业单位和私营企业也新增投资发展半导体照明产业，无论是人力、财力均有很大的投入，粗略估计近几年新增投入 LED 产业的资金超过 100 亿元。

(3) 境外 LED 企业加大在中国大陆投资设厂力度，特别是台湾、香港地区相关企业的进入，与大陆 LED 企业形成相互竞争、相互促进的新局面，推动了我国 LED 产业的更快发展。

（四）半导体照明产业发展前景

由于 LED 技术的不断发展，国家主管部门的高度重视，并列为“十一五”发展规划的重点项目，现阶段正是推动半导体照明产业快速发展的极好时机，同时高亮度 LED 技术和产品的应用推广也已全方位展开，并在各领域获得广泛的应用，据行内多数专家估计，随着技术的不断进步，成本的进一步降低，LED 灯在 3～5 年内将逐步进入普通照明领域，届时整个半导体照明产业的潜在市场将超过千亿元，发展前景相当可观。

三、加快发展半导体照明产业的建议和意见

虽然我国高亮度 LED 发展迅速，并形成一定规范，但与国外相比差距较大，还存在不少问题，主要是缺少有自主产权的核心技术、产业化规模偏小、缺乏竞争能力等，为此建议：

(1) 重点加强 LED 前工序外延、芯片的研发投入和相关工作，尤其注意要重点突出，坚决支持有自主产权核心技术的研发。在关键技术突破的组织形式和体制上要适应竞争和发展需要，要有创造性，这是实现重点突破的基本保证。

(2) 突出抓好产业化规模扩大问题。对前工序外延和芯片的规模建设，建议要通过政府引导，整合国内外有效资源形成合力或新的团队，并重点予以支持。对后工序封装企业要选择重点予以扶持，尽快形成产业化规模。只有扩大产业化规模，才能降低成本，参与国际竞争。

(3) 继续扩大在 LED 应用方面的优势，加速应用市场的推进，为我国半导体照明产业技术发展打下更坚实的市场基础。在当前我国 LED 应用发展处于相对优势基础上，通过政府引导扶植和推动企业创新，继续加大力度开发 LED 应用产品和扩大应用市场。需要注意的是，目前要重点开发 LED 在背光源、半导体照明、汽车这三大领域的应用，并积极关注整合规范和推进我国 LED 夜景工程建设。千方百计抓住各种大的发展机遇，推动产业和技术进步。同时要对成熟的应用产品进行规模化生产，以降低成本。

(4) 加快半导体照明技术标准的制定工作和专利建设工作，同时尽快建立半导体照明产品的公共检测平台，这些工作要尽快与国际接轨。

四、小　结

目前我国半导体照明产业发展的态势是好的，但要看到所存在的差距和问题，我们必须随时掌握国内外变化和发展状态，及时形成积极有效的对策，并注意务实求进，一定要真正抓住抓好现阶段发展的大好机遇，努力推动我国半导体照明产业的更快发展，其前景应该是十分乐观的。

作者简介

范玉钵 男，高级经济师，自 1984 年起任厦门华联电子有限公司董事、总经理，2000 年起任全国光学光电子行业协会光电器件分会理事长，2004 年起任国家半导体照明工程研发与产业联盟执行主席，一直从事集成电路、光电子器件和 LED 行业的生产经营工作，其领导的华联电子有限公司近年来在 LED 照明产业发展迅速，对国内 LED 照明产业的发展起到了积极的推动作用。

香港在LED应用及半导体照明领域的前景

刘 杰
香港光电协会

香港在发光二极管(LED)应用,尤其是在消耗品光电子以及光照明方面应用的潜力非常大。过去两年里,香港光电协会配合国家"十一五"规划,以LED为主导,大力推动节约能源及环保能源计划的实施。在香港创新科技署的极力支持下,曾多次联合香港科技园、香港应用科技研究院有限公司及香港工业总会,在本地及国外举办一系列的会议和讲座活动,促进信息交流,其中尤以电视屏幕背光源、一般消费类电子产品、室内与室外光照明显示器等方面为重点。例如2006年10月,香港光电协会连同其他组织举办的"国际光电联会——2006周年大会",有十多个国家和地区代表参加,光照明及LED的应用成为大会的重要议题之一。此外,香港亦有不少公司参与国际市场竞争,如华刚光电(集团)有限公司(COTCO),应用LED去设计广告牌、路灯以及显示器。三年前,香港光电协会成立的"LED应用及光照明委员会",就由华刚光电(集团)有限公司董事总经理施毓燦先生担任主席。

早期的LED只用作显示用途,而如今LED色彩缤纷和高解析度的优势,已经大派用场,广泛应用于巨型视像显示屏幕(如户外屏幕)、信号(如交通信号灯和指示灯)及消费类电子产品(如移动电话和电子游戏机)等。如今香港沙田马场、铜锣湾的时代广场、重庆大厦外墙的大电视、地铁车厢内的显示屏都是用LED制造;而马会的LED显示器,更是全球之最。现时,部分新颜色如蓝、绿和白色发光二极管的生产成本虽然较高,但随着技术日渐成熟,大规模生产将不断降低成本。

LED另一个特性是开关迅速,通电后10^{-3}s即可发光,因此,比灯泡更适合用于电视,亦被广泛应用于汽车的刹车灯上。目前,很多国家的公用场所都已经换用LED灯,如日本(部分的)及新加坡(全部的)交通信号灯已换成LED;国内亦有不少大城市采用了LED交通信号灯,但香港的LED交通信号灯仍在试用阶段,可谓相当后知后觉。

LED在香港属于新兴行业,然而这方面的发展,不但是在香港,甚至在全球都必将是大势所趋。香港应用科技研究院现正开发LED的有效技术平台,力求LED的亮度和均匀性得以大幅提高。其中涉及组件及封装的设计和制作、材料开发,以及光学和热学设计。他们正在研发集成了这些技术的汽车头灯、液晶体电视屏幕的背光及一般照明的应用。香港科学园更有完善的设施去支撑LED在香港未来的发展。香港科大光电科技中心亦在致力开发制造蓝、绿无机发光二极管的新颖技术及从事产品设计研究,并透过技术转移加强本港光电工业在国际市场的竞争力,协助香港工业界在这新领域建立优势,在迅速发展的国际市场占一席位。

全球科技发展迅速,香港的工业界亦不能却步。本港现已致力于降低LED照明生产成本的研究,希望能加速LED照明在本港以至全球的普及化。无可置疑地,这类新一代显示材料会给香港工业界带来新的机遇。故在此通过《中国半导体照明产业发展年鉴(2006)》,衷心希望香港业界能鼎力支持并积极参与国家推广应用LED、节省能源的工作。

作者简介

刘杰博士(Dr. Daniel Lau),自大学开始,主力研究有关光电元器件及系统之课题,于1987年获得University of Glasgow颁发相关之硕士荣衔。其后回港发展,并于多家国际大企业任职,包括在Bio-Rad Asia Pacific的半导体部门任职亚太区经理,1996~2001于IBM微电子部/IBM科技集团负责所有中国大陆及香港的分销业务;2001年加入一所美国新成立的光电公司,负责大中华区的业务。翌年,与伙伴合组飞亚光子有限公司,主要业务范围包括设计及推广光电系统,以及发展光电整合模块,主要市场为光通信行业。

刘博士有广泛及丰富的国际及亚太区拓展高科技业务的经验，此外，他跟中国大陆之客户及学术机构交流甚多。刘博士十分活跃于各专业及学术研究机构，并于2002年成立香港光电协会，成为该协会之创会会长，香港光电协会已得到国际及国内的广泛认可。刘博士于2005年获美国马里兰州大学颁发六西格玛黑带专业资格。刘杰博士是英国电机工程师学会资深会员，于2006年获香港城市大学颁发工程学博士学位。

台湾发光二极管产业新进展

光电科技工业协进会

环保、节能又长寿的 LED 开启了半导体绿色照明新纪元，在响应 2005 年生效的“京都议定书”的号召和 2006 年开始的欧盟 RoHS 环保规定的要求下，LED 照明已经悄悄地进入一个新的时代。发展 30 余年的台湾 LED 产业基本上也随着全球市场的趋势与脉动，在技术的发展与应用产品的开发，以及市场的开拓上持续地不遗余力地进展着。

一、2006 年台湾 LED 产业加速合并

一如 PIDA 在 2005 年所作的预测，台湾 LED 产业由于竞争激烈与市场经营困难等因素，2006 年将会持续 2004 年以来的整并趋势，以增加各自公司之竞争优势。果然 2006 年 9 月晶电、元砷和连勇三家外延厂商宣布合并，其中存续的公司为晶元光电。合并后，晶元光电的四元红光 AlGaInP 和氮化物蓝光 InGaN 的月产能将达到世界第一的水平，同时晶元光电在整合三家的产能和管理资源之后，将使其 LED 的产品线更为完整，并强化了与上游原物料和下游封装厂之间的议价能力。此外，在专利与相互的技术上都可互相支持，并预期成为全球 LED 的制造中心。

二、台湾是全球最大可见光 LED 封装、蓝光和四元 LED 芯片之生产重镇

过去几年，LED 的技术主要掌握在美国、德国、日本等手上，近年来中国大陆、中国台湾、韩国奋起直追，且台湾已经是全球最大可见光 LED 封装以及蓝光和四元 LED 芯片的生产地。

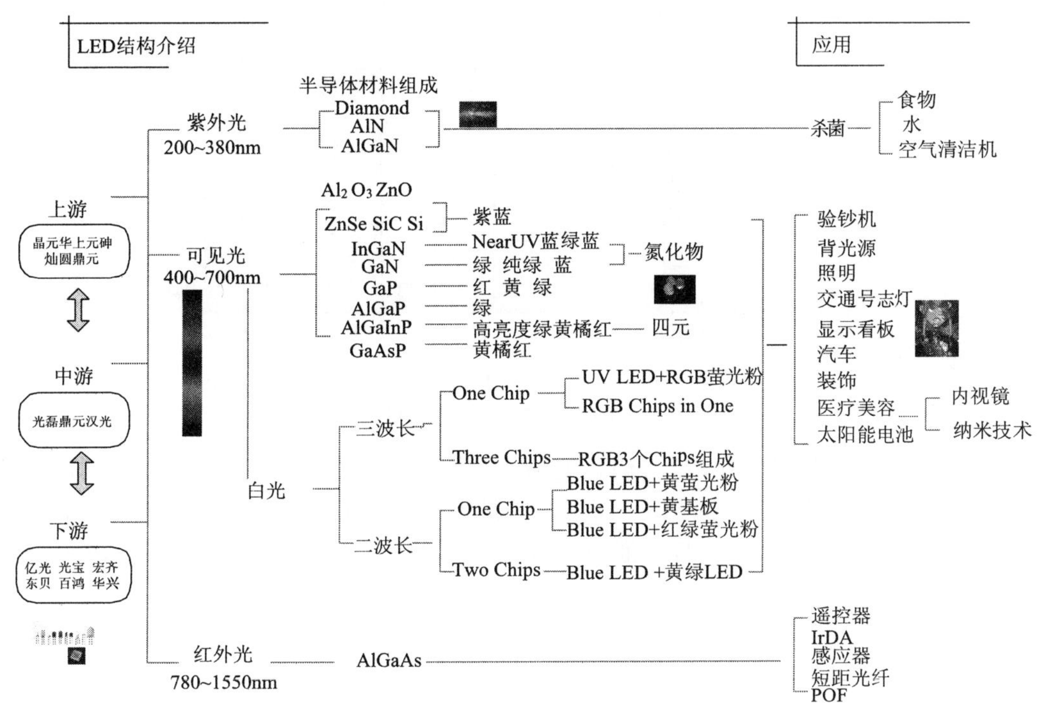

图 1　台湾 LED 主要之中下游厂商与应用产品

（资料来源：PIDA，2006/12）

在蓝光(InGaN) LED芯片方面,2004年6月达到41%的全球市场占有率,成为全球最大的LED生产地区,到2006年为止台湾在外延机台和蓝光的月产能为世界第一,达到11.5亿块。此外,晶电、元砷和连勇三家外延将于2007年3月底完成合并,其中存续的晶元光电在蓝光的月产能将超过9亿块,超越日亚化学的6亿块,成为蓝光月产能世界最大的厂商。

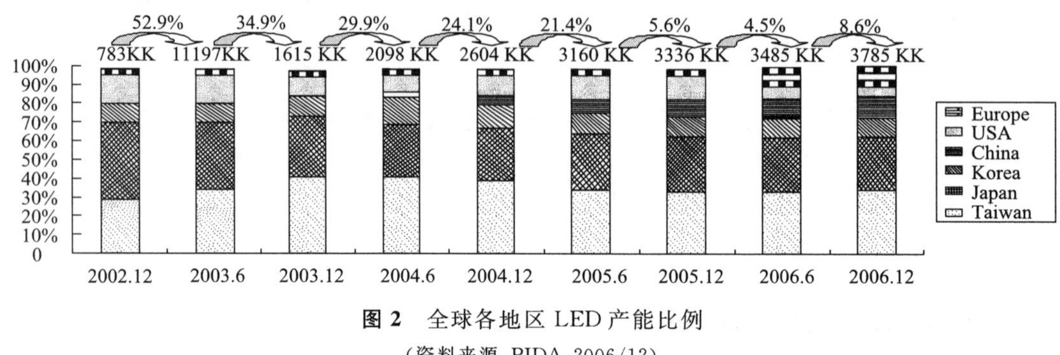

图2 全球各地区LED产能比例

(资料来源:PIDA,2006/12)

台湾四元(AlGaInP) LED芯片产量也持续稳坐全球第一的宝座,囊括83%的市场,2005年1月月产能达12.5亿块,而2006年12月月产能将达到23.6亿块。同样的在晶电合并元砷之后,晶电的四元月产能将达17亿块,成为四元LED月产能世界最大的厂商,而华上光电的四元产品则将在2007年底扩产到10亿块。

三、台湾LED封装产业动态

在LED封装方面,台湾在2005到2009年的年成长率为11%,相较大陆的27%和韩国20%的成长率低,但是较日本的9%高。其原因是台湾的LED产业发展较早,兴华电子于1973年开始投入生产LED封装产品。但是在专利布局方面,还是由美国、德国、日本等国家掌握高亮度LED及其相关应用的专利;且台湾的市场深度不如韩国和中国大陆,因此台湾需要靠以量定价的方式来生产LED相关产品,并营销世界。不过相较于2005年,台湾厂商在2006年的营收相对成长10%~20%不等。

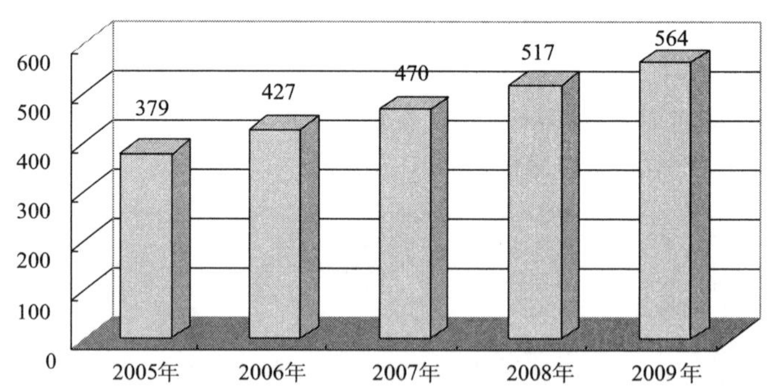

图3 台湾LED封装产值趋势(单位:亿新台币)

(资料来源:PIDA,2006/12)

与台湾公开上市的公司做比较,目前以光宝、亿光和今台为LED营收的领导厂商。从2003年到2006年LED封装厂的营收都稳定成长。而主要的封装产品应用还是以手机的按键和背光,电子产品的指示灯和车用为主。在2007年LED产业目标是笔记本型计算机背光源的新市场;2008年车头灯的应用亦被看好。

四、小　结

台湾在LED芯片的月产能世界第一，而产值世界第二。在日亚化学、欧司朗、Cree和Lumileds大厂的环视之下，有此成绩实属不易。台湾的半导体发展环境完整、人力的素质高，产业上中下游、设备、材料、相关零组件的厂商配合密切，这都是台湾发展LED的优势，尤其在芯片及封装产品的质量和价格上都十分有竞争力。此外，在横向整合方面，晶元光电在合并后，将使台湾LED的产业内部的价格竞争趋缓，有助于台湾LED产业与世界大厂在产品上的竞争。

在欧、美、日等国环保节能意识高涨的情况下，以LED为主的固态照明市场也被各国所重视。近年来，韩国和中国大陆也陆续投入LED产品的市场，这使得日本和中国台湾厂商的领先地位备受挑战。而欧司朗(OSRAM)和飞利浦(Philips Lumileds)也陆续开发以LED照明为主的产品，在这波固态照明的技术与专利的浪潮下，台湾LED产业若能将其技术和质量提升，搭配台湾既有的优势，台湾LED产业将持续发光发热!

回顾爱迪生发明白炽灯泡时，既易烧毁且不够亮，100年后的LED照明，在发光效率、热管理、产品生命周期及价格上的问题仍需克服。但是在目前节能与环保的议题之下，LED照明远比白炽灯泡节省能源，也比荧光灯少了汞的污染。从各国LED发展进程来看，到2010～2015年LED照明将日趋普及。LED There Be Light!!

2006年台湾LED固态照明产业的几件大事

石 修
台湾区电机电子工业同业公会

我认为,2006年台湾LED固态照明产业有5件大事值得关注:

(1) LED产业上游大并购,新晶元光电拥有最多竞争资源。

(2) 10W大功率高光通量LED光源的第一难关——热处理技术及其结温指标。

(3) 大功率500 lm高光通量LED光源的第二难关——有效光子处理技术及其取光效率指标。

(4) 120W大功率6000 lm起始光通量LED照明灯具——结构与其工作寿命表现。

(5) 两岸共同努力制定LED固态照明产业标准。

下面我将进一步说明这几件大事。

一、LED产业上游大并购,新晶元光电拥有最多竞争资源

台湾LED产业发展30多年来堪称良好。自1986年首次引进开发MOCVD(有机金属化学气相沉积)技术,由工业技术研究院扩散到产业,超高亮度AlInGaP四元及InGaN三元LED逐步进展,与下游封装组件厂以及大陆LED产业处于一个互相激励、呼应的稳定合作关系,提升以LPE(液相磊晶)及VPE(气相磊晶)技术为基础的GaAsP、GaP及AlGaAs LED产品。

1997～1998年间,突然一下子冒出十几项以MOCVD技术为基础的磊晶(外延)/芯片创业计划,触动业界对于市场及产业结构合理性的警觉。我们立刻以光电半导体产业技术发展咨询委员会(光咨会)、电机电子工业同业公会(电电公会)以及政府职能机构的名义,召集这些创业人士聚会,就磊晶/芯片市场规模,产业上下游金字塔结构,以及投资合理性等问题进行协调。当时到会企业、专业人士表示,各自募集的资金已经到位,无法中止创业活动。此次协调失效,开启以后七、八年之久上游厂家数目多于下游(规模以上)封装组件厂,一次涌入资金总数与当时高亮度芯片市场规模相当,以致资本、技术密度较高的上游厂商获利反而不及下游的奇特现象。

2006年9月LED产业上游大厂新竹科技园晶元光电继2005年8月合并国联光电后又合并台南科技园的元砷以及新竹的连勇,连同之前元砷合并邻厂联诠,事实上由5家上游厂合并成一家国际大厂级规模的企业——新晶元光电!

这种并购会不会在LED下游发生?或是由照明光源企业跨业跨海并购其他LED组件企业?

新晶电不但AlInGaP四元LED出货居全球第一,InGaN氮化物产能也进入全球前4名,拥有MOCVD机台接近180台,在全球的专利/知识产权超过800件(根据媒体报道)。除了客户互补,销售渠道布局加强深化外,更有能力与高亮度LED知识产权俱乐部的国际大厂进行专利的合作,交叉授权,以及成为国际照明光源大厂的策略伙伴,并在这个基础上成为世界LED组件制造中心。

2005年4月参加厦门“2005中国国际半导体照明论坛”,我提出“并购:LED照明产业增加竞争力的选项?”的报告,就是看到LED照明产业目前核心动力——上游磊晶与芯片产业的国际竞争。台湾地区虽然群雄竞起,人才济济,资金大幅倾入,更有大中华市场的前景,2008奥运会的亮点等等,但在日本、美国、德国在上游基本专利及继续发展高效率组件的技术与创意,以及下游照明组件通用电气(GE)、欧司朗(OSRAM)和飞利浦(Philips & Lumileds)在LED光源及照明技术的投入与累积知识产权压力之下,并购是一项不熟悉、不能回避的选项。除经济规模、产能及资本考虑之外,改善、突破知识产权的瓶颈,取得交叉授权的门坎,跨业策略联盟的筹码,政府能源政策的决心、手法与力度,以及两岸间新兴大中华市

场的谋划，也有赖于两岸企业家以及实业人士的睿智、胸襟及抱负。

二、10W 大功率高光通量 LED 光源的第一难关——热处理技术及其结温指标

要达到大电功率注入，高光通量输出目标，一般主要是对 LED 芯片提出更高电-光转换效能的要求，特别是在次安培级大电流下，还要有高的电-光转换效能。台湾上游企业一直保持着相当快速的进步，然而还未达到世界上突出拔尖的成就。但是五合一以后的壮大企业，可能由量变而质变，但这不是本文要探讨的对象。让我们看另一个观点在台湾的工作成果。

化合物半导体材料对热量敏感，组件受损是不可逆反应。当大电功率注入时，如何构筑小热阻，使 LED 组件产生的热迅速有效地离开活性层，将局部标杆温度——结温（junction temperature）维持在低值，确保高发光效能（conversion efficacy）与长工作寿命，是大家熟知的难题。

在 5W 以下电功率注入时，一般用热沉（heat sink）方式散热，这方面已有众多国际专利绑住发展。但 10W 以上大电功率注入，热沉方式散热则相当困难，目前以热管（heat pipe）及散热鳍片（fins）来解决，成果表明已经可以做到环境温度 Ta 为 25℃时，结温 Tj 可低于 60℃以下。而实验资料 LRC，RPI/Troy，USA）指出，结温保持在 60℃与 70℃状况，照明光源工作寿命有极大差别。后续研发工作的挑战是在大幅缩小热管与鳍片的尺寸至微米精度。另外，热沉方式散热也有达到最高功率 90W 的可能性（见图 1）。

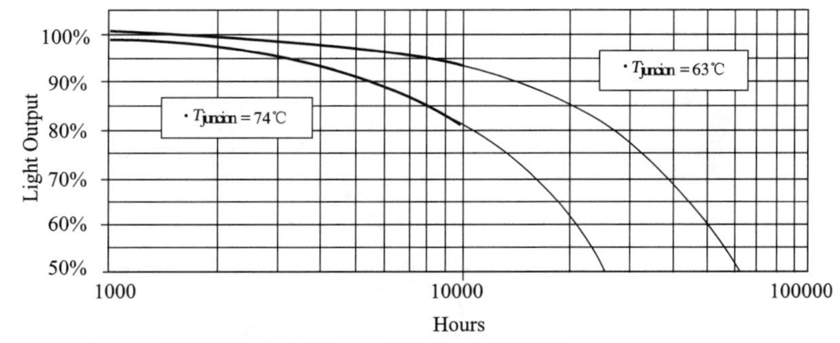

Source：Lighting Research Center, RPI / Troy, NY,USA

以衰退30%为使用寿命定义：T_j =63℃使用寿命为3万小时
：T_j =74℃ 使用寿命为1.2万小时
以衰退50%为使用寿命定义：T_j =63℃使用寿命为5万小时
：T_j =74℃ 使用寿命为2.3万小时

图 1　结温——LED 照明元件使用寿命的关键因素

三、大功率 500 lm 高光通量 LED 光源的第二难关——有效光子处理技术及其取光效率指标

在 LED 芯片活性层中，少数载流子（电子、空穴）结合产生光子随机射往各方向，其中只有很少比例光子未被反射、全反射、吸收和散射而能沿组件设计光轴射出成为有效光子。提高有效光子与总光子之比（取光效率 L. E. E）是有效提高光通量的方法。

其中已有成效的一种方法是以微机电技术在硅芯片上蚀刻加工成为 3D 微结构 4 面反射底座（微型聚光斗，SiOB）。LED 芯片数组以倒装方式在微型聚光斗上，提升有效光子及总光通量，使得每个灯的光通量达到数千流明之实用水平（见图 2）。

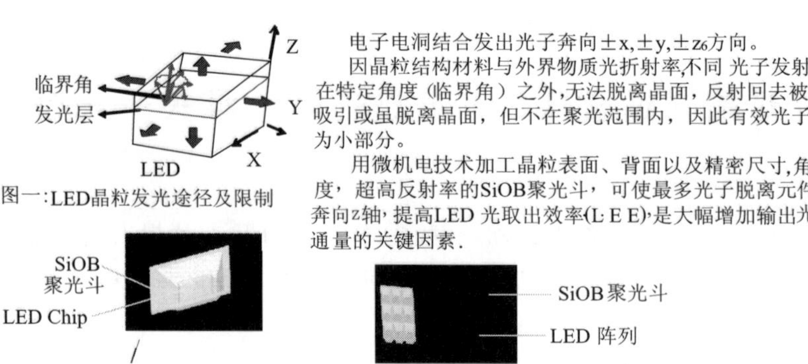

图 2 光取出效率——LED 照明元件使用寿命的关键因素

四、120 W 大功率 6000 lm 起始光通量 LED 照明灯具——结构与其工作寿命表现

本节与上述第 3 节的两大考虑因素放在通用照明 LED 路灯应用上已实现 120 W 大功率,起始光通量为 6000 lm,持续光通量在 5600 lm,灯具光通量 4200 lm 之照明灯具。 输入电压为 220 V,输入电流

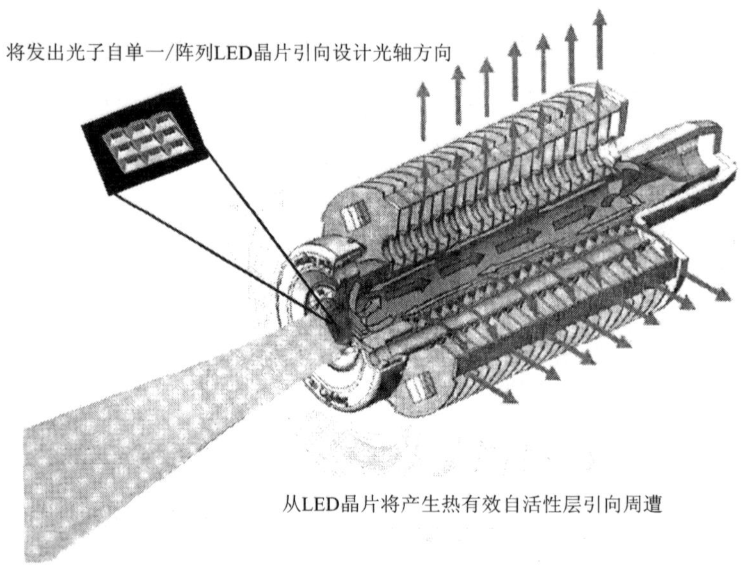

图 3 大功率高光通量 LED 照明技术

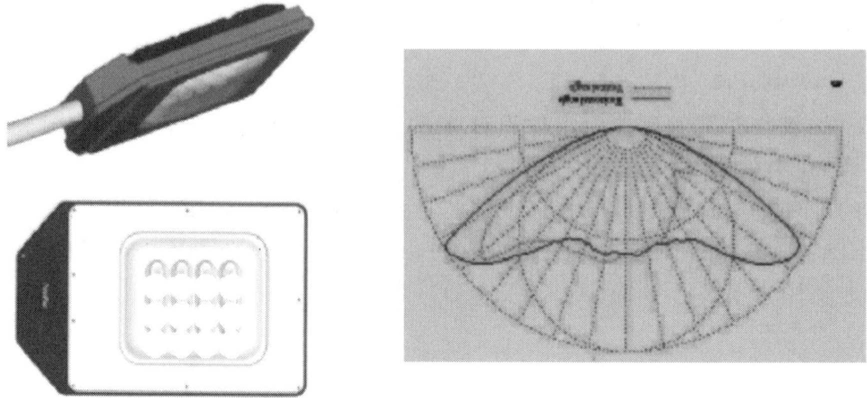

图 4 120 W、6000 lm 起始光通量 LED 照明灯具

电流为0.85 A。环境温度25℃时，结温可维持在53±1℃。冷启动没有问题，最初的1000小时没有可觉察的光衰减，经过二次光学调整，光束分布为蝙蝠翼形，依目前结构能维持在53℃，光衰减50%之工作寿命应可超过5万小时(图3、图4)。

五、两岸共同努力制定LED固态照明产业标准

中国大陆由于“十一五”规划对绿色GDP、新能源政策的推动较为全面、落实和力度大。“国家半导体照明工程协调领导小组”以及“国家半导体照明工程研发及产业联盟”两年来对LED固态照明在技术、产业化发展及政策方面发挥了很大作用，也对制定产业标准给予了重大关注。信息产业部组织成立“半导体照明技术标准工作组”，开展LED照明产业材料、芯片、发光二极管及模块测试方法、名词术语和符号，可靠性试验等方面的标准和相关产品规范的研究、制定等。我们有幸参加2006年11月杭州“LED及其产品应用评价问题研讨会”，目睹近300位代表全程参与两天会议，激昂要求及早制定行业标准，有利工程招标与验收的实际作业。

由于LED固态照明是全球性节能重大课题，又以21世纪新光源身份为城市、公共场合照明提供前所未有的新功能、新面貌。在日本、美国已提出国家标准草案之际，如何为制定国际标准游戏规则提供一个合适、有效的行业标准，已经迫在眉睫。两岸共定产业标准是一项以大中华市场为基础，进而寻求供应全球市场机会，增加国际竞争力的战略作为。对此，两岸三地有识之士都有高度共识。

在台湾“华聚产业共同标准推动基金会”架构下，台湾区电机电子工业同业公会，正成立LED照明标准制定小组，结合产、学、研资源，制定台湾业界标准，进而推动两岸LED照明标准，做一个负责任的共同伙伴。我们预期在2007新的一年中，两岸LED固态照明共定产业标准，是最有意义而有挑战性的工作。

作者简介

石修　博士。1966年台南成功大学物理系毕业。1968年赴德国求学，1976年获阿亨工业大学理学博士。1976～1978年荷兰玉特烈大学博士后研究，1978年回台母校任副教授。1995年赴美国SRI接受技术预测学程结业。1998～2002年在台北金融研究发展基金会讲授企业金融课程。

1979～1990年先后任新竹万邦电子公司顾问、副总兼厂长、总经理、高级顾问、董事，从事小信号硅晶体管、发光二极管、太阳电池组件的设计、制造及销售。并担任工业技术研究院工业材料所化合物半导体部门筹备委员，1986年任光电半导体产业技术发展咨询委员会(光咨会)发起召集人，任委员至今。担任南投环隆电气公司高级顾问，1995年启动微机电感测组件实验室。1998年在新竹科学园区光磊科技公司建立微机电事业部，并自美国FMI公司购得微机电整厂、技术及产品。2003年自光磊公司分出独立为新磊微制造股份有限公司，任董事长。1986年起参与台湾区电机电子工业同业公会，现为常务理事，微机电专业委员会主任委员及前任光电专业主委。

第二部分

创 新 篇

中国半导体照明产业发展年鉴(2006)
中国半导体照明产业发展年鉴(2006)

第二部分 创新篇

科技政策 1

国家中长期科学和技术发展规划纲要（2006～2020）（节选）

一、序　言

新中国成立特别是改革开放以来，我国社会主义现代化建设取得了举世瞩目的伟大成就。同时，必须清醒地看到，我国正处于并将长期处于社会主义初级阶段。全面建设小康社会，既面临难得的历史机遇，又面临一系列严峻的挑战。经济增长过度依赖能源资源消耗，环境污染严重；经济结构不合理，农业基础薄弱，高技术产业和现代服务业发展滞后；自主创新能力较弱，企业核心竞争力不强，经济效益有待提高。在扩大劳动就业、理顺分配关系、提供健康保障和确保国家安全等方面，有诸多困难和问题亟待解决。从国际上看，我国也将长期面临发达国家在经济、科技等方面占有优势的巨大压力。为了抓住机遇、迎接挑战，我们需要进行多方面的努力，包括统筹全局发展，深化体制改革，健全民主法制，加强社会管理等。与此同时，我们比以往任何时候都更加需要紧紧依靠科技进步和创新，带动生产力质的飞跃，推动经济社会的全面、协调、可持续发展。

科学技术是第一生产力，是先进生产力的集中体现和主要标志。进入 21 世纪，新科技革命迅猛发展，正孕育着新的重大突破，将深刻地改变经济和社会的面貌。信息科学和技术发展方兴未艾，依然是经济持续增长的主导力量；生命科学和生物技术迅猛发展，将为改善和提高人类生活质量发挥关键作用；能源科学和技术重新升温，为解决世界性的能源与环境问题开辟新的途径；纳米科学和技术新突破接踵而至，将带来深刻的技术革命。基础研究的重大突破，为技术和经济发展展现了新的前景。科学技术应用转化的速度不断加快，造就新的追赶和跨越机会。因此，我们要站在时代的前列，以世界眼光，迎接新科技革命带来的机遇和挑战。纵观全球，许多国家都把强化科技创新作为国家战略，把科技投资作为战略性投资，大幅度增加科技投入，并超前部署和发展前沿技术及战略产业，实施重大科技计划，着力增强国家创新能力和国际竞争力。面对国际新形势，我们必须增强责任感和紧迫感，更加自觉、更加坚定地把科技进步作为经济社会发展的首要推动力量，把提高自主创新能力作为调整经济结构、转变增长方式、提高国家竞争力的中心环节，把建设创新型国家作为面向未来的重大战略选择。

新中国成立 50 多年来，经过几代人艰苦卓绝的持续奋斗，我国科技事业取得了令人鼓舞的巨大成就。以“两弹一星”、载人航天、杂交水稻、陆相成油理论与应用、高性能计算机等为标志的一大批重大科技成就，极大地增强了我国的综合国力，提高了我国的国际地位，振奋了我们的民族精神。同时，还必须认识到，同发达国家相比，我国科学技术总体水平还有较大差距，主要表现为：关键技术自给率低，发明专利数量少；在一些地区特别是中西部农村，技术水平仍比较落后；科学研究质量不够高，优秀拔尖人才比较匮乏；同时，科技投入不足，体制机制还存在不少弊端。目前，我国虽然是一个经济大国，但还不是一个经济强国，一个根本原因就在于创新能力薄弱。

进入 21 世纪，我国作为一个发展中大国，加快科学技术发展、缩小与发达国家的差距，还需要较长时期的艰苦努力，同时也有着诸多有利条件。一是我国经济持续快速增长和社会进步，对科技发展提出巨大需求，也为科技发展奠定了坚实基础。二是我国已经建立起比较完备的学科体系，拥有丰富的人才资源,部分重要领域的研究开发能力已跻身世界先进行列,具备科学技术大发展的基础和能力。三是坚持对外开放,日趋活跃的国际科技交流与合作,使我们能分享新科技革命成果。四是坚持社会主义制度,能够把集中力量办大事的政治优势和发挥市场机制有效配置资源的基础性作用结合起来,为科技事业的繁荣发展提供重要的制度保证。五是中华民族拥有五千年的文明史,中华文化博大精深、兼容并蓄,更有利于形成独特的创新文化。只要我们增强民族自信心,贯彻落实科学发展观,深入实施科教兴国战略和人才强国战略,奋起直追、迎头赶上,经过15年乃至更长时间坚韧不拔的艰苦奋斗,就一定能够创造出无愧于时代的辉煌科技成就。

二、指导方针、发展目标和总体部署

1. 指导方针

21世纪头20年,是我国经济社会发展的重要战略机遇期,也是科学技术发展的重要战略机遇期。要以邓小平理论、"三个代表"重要思想为指导,贯彻落实科学发展观,全面实施科教兴国战略和人才强国战略,立足国情,以人为本,深化改革,扩大开放,推动我国科技事业的蓬勃发展,为实现全面建设小康社会目标、构建社会主义和谐社会提供强有力的科技支撑。

今后15年,科技工作的指导方针是:自主创新,重点跨越,支撑发展,引领未来。自主创新,就是从增强国家创新能力出发,加强原始创新、集成创新和引进消化吸收再创新。重点跨越,就是坚持有所为、有所不为,选择具有一定基础和优势、关系国计民生和国家安全的关键领域,集中力量、重点突破,实现跨越式发展。支撑发展,就是从现实的紧迫需求出发,着力突破重大关键、共性技术,支撑经济社会的持续协调发展。引领未来,就是着眼长远,超前部署前沿技术和基础研究,创造新的市场需求,培育新兴产业,引领未来经济社会的发展。这一方针是我国半个多世纪科技发展实践经验的概括总结,是面向未来、实现中华民族伟大复兴的重要抉择。

要把提高自主创新能力摆在全部科技工作的突出位置。党和政府历来重视和倡导自主创新。在对外开放条件下推进社会主义现代化建设,必须认真学习和充分借鉴人类一切优秀文明成果。改革开放20多年来,我国引进了大量技术和装备,对提高产业技术水平、促进经济发展起到了重要作用。但是,必须清醒地看到,只引进而不注重技术的消化吸收和再创新,势必削弱自主研究开发的能力,拉大与世界先进水平的差距。事实告诉我们,在关系国民经济命脉和国家安全的关键领域,真正的核心技术是买不来的。我国要在激烈的国际竞争中掌握主动权,就必须提高自主创新能力,在若干重要领域掌握一批核心技术,拥有一批自主知识产权,造就一批具有国际竞争力的企业。总之,必须把提高自主创新能力作为国家战略,贯彻到现代化建设的各个方面,贯彻到各个产业、行业和地区,大幅度提高国家竞争力。

科技人才是提高自主创新能力的关键所在。要把创造良好环境和条件,培养和凝聚各类科技人才特别是优秀拔尖人才,充分调动广大科技人员的积极性和创造性,作为科技工作的首要任务,努力开创人才辈出、人尽其才、才尽其用的良好局面,努力建设一支与经济社会发展和国防建设相适应的规模宏大、结构合理的高素质科技人才队伍,为我国科学技术发展提供充分的人才支撑和智力保证。

2. 发展目标

到2020年,我国科学技术发展的总体目标是:自主创新能力显著增强,科技促进经济社会发展和保障国家安全的能力显著增强,为全面建设小康社会提供强有力的支撑;基础科学和前沿技术研究综合实力显著增强,取得一批在世界具有重大影响的科学技术成果,进入创新型国家行列,为在21世纪中叶成为世界科技强国奠定基础。

经过15年的努力,在我国科学技术的若干重要方面实现以下目标:一是掌握一批事关国家竞争力的装备制造业和信息产业核心技术,制造业和信息产业技术水平进入世界先进行列。二是农业科技整体实力进入世界前列,促进农业综合生产能力的提高,有效保障国家食物安全。三是能源开发、节能技术和清洁能源技术取得突破,促进能源结构优化,主要工业产品单位能耗指标达到或接近世界先进水平。四是在重点行业和重点城市建立循环经济的技术发展模式,为建设资源节约型和环境友好型社会提供科技支持。五是重大疾病防治水平显著提高，艾滋病、肝炎等重大疾病得到遏制，新药创制和关键医疗器械研制取得突破，具备产业发展的技术能力。六是国防科技基本满足现代武器装备自主研制和信息化建设的需要，为维护国家安全提供保障。七是涌现出一批具有世界水平的科学家和研究团队，在科学发展的主流方向上取得一批具有重大影响的创新成果，信息、生物、材料和航天等领域的前沿技术达到世界先进水平。八是建成若干世界一流的科研院所和大学以及具有国际竞争力的企业研究开发机构，形成比较完善的中国特色国家创新体系。

到 2020 年，全社会研究开发投入占国内生产总值的比重提高到 2.5%以上，力争科技进步贡献率达到 60%以上，对外技术依存度降低到 30%以下，本国人发明专利年度授权量和国际科学论文被引用数均进入世界前 5 位。

3. 总体部署

未来 15 年，我国科学技术发展的总体部署：一是立足于我国国情和需求，确定若干重点领域，突破一批重大关键技术，全面提升科技支撑能力。本纲要确定 11 个国民经济和社会发展的重点领域，并从中选择任务明确、有可能在近期获得技术突破的 68 项优先主题进行重点安排。二是瞄准国家目标，实施若干重大专项，实现跨越式发展，填补空白。本纲要共安排 16 个重大专项。三是应对未来挑战，超前部署前沿技术和基础研究，提高持续创新能力，引领经济社会发展。本纲要重点安排 8 个技术领域的 27 项前沿技术，18 个基础科学问题，并提出实施 4 个重大科学研究计划。四是深化体制改革，完善政策措施，增加科技投入，加强人才队伍建设，推进国家创新体系建设，为我国进入创新型国家行列提供可靠保障。

根据全面建设小康社会的紧迫需求、世界科技发展趋势和我国国力，必须把握科技发展的战略重点。一是把发展能源、水资源和环境保护技术放在优先位置，下决心解决制约经济社会发展的重大瓶颈问题。二是抓住未来若干年内信息技术更新换代和新材料技术迅猛发展的难得机遇，把获取装备制造业和信息产业核心技术的自主知识产权，作为提高我国产业竞争力的突破口。三是把生物技术作为未来高技术产业迎头赶上的重点，加强生物技术在农业、工业、人口与健康等领域的应用。四是加快发展空天和海洋技术。五是加强基础科学和前沿技术研究，特别是交叉学科的研究。

三、重点领域及其优先主题

我国科学和技术的发展，要在统筹安排、整体推进的基础上，对重点领域及其优先主题进行规划和布局，为解决经济社会发展中的紧迫问题提供全面有力支撑。

重点领域，是指在国民经济、社会发展和国防安全中重点发展、亟待科技提供支撑的产业和行业。优先主题，是指在重点领域中急需发展、任务明确、技术基础较好、近期能够突破的技术群。确定优先主题的原则：一是有利于突破瓶颈制约，提高经济持续发展能力。二是有利于掌握关键技术和共性技术，提高产业的核心竞争力。三是有利于解决重大公益性科技问题，提高公共服务能力。四是有利于发展军民两用技术，提高国家安全保障能力。

1. 能　源

能源在国民经济中具有特别重要的战略地位。我国目前能源供需矛盾尖锐，结构不合理；能源利用效率低；一次能源消费以煤为主，化石能的大量消费造成严重的环境污染。今后 15 年，满足持续快速增长的能源需求和能源的清洁高效利用，对能源科技发展提出重大挑战。

发展思路：①坚持节能优先，降低能耗。攻克主要耗能领域的节能关键技术，积极发展建筑节能技术，大力提高一次能源利用效率和终端用能效率。②推进能源结构多元化，增加能源供应。在提高油气开发利用及水电技术水平的同时，大力发展核能技术，形成核电系统技术自主开发能力。风能、太阳能、生物质能等可再生能源技术取得突破并实现规模化应用。③促进煤炭的清洁高效利用，降低环境污染。大力发展煤炭清洁、高效、安全开发和利用技术，并力争达到国际先进水平。④加强对能源装备引进技术的消化、吸收和再创新。攻克先进煤电、核电等重大装备制造核心技术。⑤提高能源区域优化配置的技术能力。重点开发安全可靠的先进电力输配技术，实现大容量、远距离、高效率的电力输配。

优先主题:

(1)工业节能

重点研究开发冶金、化工等流程工业和交通运输业等主要高耗能领域的节能技术与装备,机电产品节能技术,高效节能、长寿命的半导体照明产品,能源梯级综合利用技术。

5. 制造业

(32)新一代信息功能材料及器件

四、重大专项

历史上,我国以"两弹一星"、载人航天、杂交水稻等为代表的若干重大项目的实施,对整体提升综合国力起到了至关重要的作用。美国、欧洲、日本、韩国等都把围绕国家目标组织实施重大专项计划作为提高国家竞争力的重要措施。

本纲要在重点领域中确定一批优先主题的同时,围绕国家目标,进一步突出重点,筛选出若干重大战略产品、关键共性技术或重大工程作为重大专项,充分发挥社会主义制度集中力量办大事的优势和市场机制的作用,力争取得突破,努力实现以科技发展的局部跃升带动生产力的跨越发展,并填补国家战略空白。确定重大专项的基本原则:一是紧密结合经济社会发展的重大需求,培育能形成具有核心自主知识产权、对企业自主创新能力的提高具有重大推动作用的战略性产业;二是突出对产业竞争力整体提升具有全局性影响、带动性强的关键共性技术;三是解决制约经济社会发展的重大瓶颈问题;四是体现军民结合、寓军于民,对保障国家安全和增强综合国力具有重大战略意义;五是切合我国国情,国力能够承受。根据上述原则,围绕发展高新技术产业、促进传统产业升级、解决国民经济发展瓶颈问题、提高人民健康水平和保障国家安全等方面,确定了一批重大专项。重大专项的实施,根据国家发展需要和实施条件的成熟程度,逐项论证启动。同时,根据国家战略需求和发展形势的变化,对重大专项进行动态调整,分步实施。对于以战略产品为目标的重大专项,要充分发挥企业在研究开发和投入中的主体作用,以重大装备的研究开发作为企业技术创新的切入点,更有效地利用市场机制配置科技资源,国家的引导性投入主要用于关键核心技术的攻关。

重大专项是为了实现国家目标,通过核心技术突破和资源集成,在一定时限内完成的重大战略产品、关键共性技术和重大工程,是我国科技发展的重中之重。《规划纲要》确定了核心电子器件、高端通用芯片及基础软件,极大规模集成电路制造技术及成套工艺,新一代宽带无线移动通信,高档数控机床与基础制造技术,大型油气田及煤层气开发,大型先进压水堆及高温气冷堆核电站,水体污染控制与治理,转基因生物新品种培育,重大新药创制,艾滋病和病毒性肝炎等重大传染病防治,大型飞机,高分辨率对地观测系统,载人航天与探月工程等16个重大专项,涉及信息、生物等战略产业领域,能源资源环境和人民健康等重大紧迫问题,以及军民两用技术和国防技术。

五、前沿技术

前沿技术是指高技术领域中具有前瞻性、先导性和探索性的重大技术,是未来高技术更新换代和新兴产业发展的重要基础,是国家高技术创新能力的综合体现。选择前沿技术的主要原则:一是代表世界高技术前沿的发展方向。二是对国家未来新兴产业的形成和发展具有引领作用。三是有利于产业技术的更新换代,实现跨越发展。四是具备较好的人才队伍和研究开发基础。根据以上原则,要超前部署一批前沿技术,发挥科技引领未来发展的先导作用,提高我国高技术的研究开发能力和产业的国际竞争力。

3. 新材料技术

新材料技术将向材料的结构功能复合化、功能材料智能化、材料与器件集成化、制备和使用过程绿色化发展。突破现代材料设计、评价、表征与先进制备加工技术,在纳米科学研究的基础上发展纳米材料与器件,开发超导材料、智能材料、能源材料等特种功能材料,开发超级结构材料、新一代光电信息材料等新材料。

前沿技术：

(11)高效能源材料技术

重点研究太阳能电池相关材料及其关键技术、燃料电池关键材料技术、高容量储氢材料技术、高效二次电池材料及关键技术、超级电容器关键材料及制备技术，发展高效能量转换与储能材料体系。

7. 激光技术

六、基础研究

基础研究以深刻认识自然现象、揭示自然规律，获取新知识、新原理、新方法和培养高素质创新人才等为基本使命，是高新技术发展的重要源泉，是培育创新人才的摇篮，是建设先进文化的基础，是未来科学和技术发展的内在动力。发展基础研究要坚持服务国家目标与鼓励自由探索相结合，遵循科学发展的规律，重视科学家的探索精神，突出科学的长远价值，稳定支持，超前部署，并根据科学发展的新动向，进行动态调整。本纲要从学科发展、科学前沿问题、面向国家重大战略需求的基础研究、重大科学研究计划四个方面进行部署。

七、科技体制改革与国家创新体系建设

改革开放以来，我国科技体制改革紧紧围绕促进科技与经济结合，以加强科技创新、促进科技成果转化和产业化为目标，以调整结构、转换机制为重点，采取了一系列重大改革措施，取得了重要突破和实质性进展。同时，必须清楚地看到，我国现行科技体制与社会主义市场经济体制以及经济、科技大发展的要求，还存在着诸多不相适应之处。一是企业尚未真正成为技术创新的主体，自主创新能力不强。二是各方面科技力量自成体系、分散重复，整体运行效率不高，社会公益领域科技创新能力尤其薄弱。三是科技宏观管理各自为政，科技资源配置方式、评价制度等不能适应科技发展新形势和政府职能转变的要求。四是激励优秀人才、鼓励创新创业的机制还不完善。这些问题严重制约了国家整体创新能力的提高。

深化科技体制改革的指导思想是：以服务国家目标和调动广大科技人员的积极性和创造性为出发点，以促进全社会科技资源高效配置和综合集成为重点，以建立企业为主体、产学研结合的技术创新体系为突破口，全面推进中国特色国家创新体系建设，大幅度提高国家自主创新能力。

当前和今后一个时期，科技体制改革的重点任务是：

1. 支持鼓励企业成为技术创新主体

市场竞争是技术创新的重要动力，技术创新是企业提高竞争力的根本途径。随着改革开放的深入，我国企业在技术创新中发挥着越来越重要的作用。要进一步创造条件、优化环境、深化改革，切实增强企业技术创新的动力和活力。一要发挥经济、科技政策的导向作用，使企业成为研究开发投入的主体。加快完善统一、开放、竞争、有序的市场经济环境，通过财税、金融等政策，引导企业增加研究开发投入，推动企业特别是大企业建立研究开发机构。依托具有较强研究开发和技术辐射能力的转制科研机构或大企业，集成高等院校、科研院所等相关力量，组建国家工程实验室和行业工程中心。鼓励企业与高等院校、科研院所建立各类技术创新联合组织，增强技术创新能力。二要改革科技计划支持方式，支持企业承担国家研究开发任务。国家科技计划要更多地反映企业重大科技需求，更多地吸纳企业参与。在具有明确市场应用前景的领域，建立企业牵头组织、高等院校和科研院所共同参与实施的有效机制。三要完善技术转移机制，促进企业的技术集成与应用。建立健全知识产权激励机制和知识产权交易制度。大力发展为企业服务的各类科技中介服务机构，促进企业之间、企业与高等院校和科研院所之间的知识流动和技术转移。国家重点实验室、工程（技术研究）中心要向企业扩大开放。四要加快现代企业制度建设，增强企业技术创新的内在动力。把技术创新能力作为国有企业考核的重要指标，把技术要素参与分配作为高新技术企业产权制度改革的重要内容。坚持应用开发类科研机构企业化转制的方向，深化企业化转制科

研机构产权制度等方面的改革,形成完善的管理体制和合理、有效的激励机制,使之在高新技术产业化和行业技术创新中发挥骨干作用。五要营造良好创新环境,扶持中小企业的技术创新活动。中小企业特别是科技型中小企业是富有创新活力但承受创新风险能力较弱的企业群体。要为中小企业创造更为有利的政策环境,在市场准入、反不正当竞争等方面,起草和制定有利于中小企业发展的相关法律、政策;积极发展支持中小企业的科技投融资体系和创业风险投资机制;加快科技中介服务机构建设,为中小企业技术创新提供服务。

2. 深化科研机构改革,建立现代科研院所制度

从事基础研究、前沿技术研究和社会公益研究的科研机构,是我国科技创新的重要力量。建设一支稳定服务于国家目标、献身科技事业的高水平研究队伍,是发展我国科学技术事业的希望所在。经过多年的结构调整和人才分流等改革,我国已经形成了一批精干的科研机构,国家要给予稳定支持。充分发挥这些科研机构的重要作用,必须以提高创新能力为目标,以健全机制为重点,进一步深化管理体制改革,加快建设"职责明确、评价科学、开放有序、管理规范"的现代科研院所制度。一要按照国家赋予的职责定位加强科研机构建设。要切实改变目前部分科研机构职责定位不清、力量分散、创新能力不强的局面,优化资源配置,集中力量形成优势学科领域和研究基地。社会公益类科研机构要发挥行业技术优势,提高科技创新和服务能力,解决社会发展重大科技问题;基础科学、前沿技术科研机构要发挥学科优势,提高研究水平,取得理论创新和技术突破,解决重大科学技术问题。二要建立稳定支持科研机构创新活动的科技投入机制。学科和队伍建设、重大创新成果是长期持续努力的结果。对从事基础研究、前沿技术研究和社会公益研究的科研机构,国家财政给予相对稳定支持。根据科研机构的不同情况,提高人均事业经费标准,支持需要长期积累的学科建设、基础性工作和队伍建设。三要建立有利于科研机构原始创新的运行机制。自主选题研究对科研机构提高原始创新能力、培养人才队伍非常重要。加强对科研机构开展自主选题研究的支持。完善科研院所长负责制,进一步扩大科研院所在科技经费、人事制度等方面的决策自主权,提高科研机构内部创新活动的协调集成能力。四要建立科研机构整体创新能力评价制度。建立科学合理的综合评价体系,在科研成果质量、人才队伍建设、管理运行机制等方面对科研机构整体创新能力进行综合评价,促进科研机构提高管理水平和创新能力。五要建立科研机构开放合作的有效机制。实行固定人员与流动人员相结合的用人制度。全面实行聘用制和岗位管理,面向全社会公开招聘科研和管理人才。通过建立有效机制,促进科研院所与企业和大学之间多种形式的联合,促进知识流动、人才培养和科技资源共享。

大学是我国培养高层次创新人才的重要基地,是我国基础研究和高技术领域原始创新的主力军之一,是解决国民经济重大科技问题、实现技术转移、成果转化的生力军。加快建设一批高水平大学,特别是一批世界知名的高水平研究型大学,是我国加速科技创新、建设国家创新体系的需要。我国已经形成了一批规模适当、学科综合和人才汇聚的高水平大学,要充分发挥其在科技创新方面的重要作用。积极支持大学在基础研究、前沿技术研究、社会公益研究等领域的原始创新。鼓励、推动大学与企业和科研院所进行全面合作,加大为国家、区域和行业发展服务的力度。加快大学重点学科和科技创新平台建设。培养和汇聚一批具有国际领先水平的学科带头人,建设一支学风优良、富有创新精神和国际竞争力的高校教师队伍。进一步加快大学内部管理体制的改革步伐。优化大学内部的教育结构和科技组织结构,创新运行机制和管理制度,建立科学合理的综合评价体系,建立有利于提高创新人才培养质量和创新能力,人尽其才、人才辈出的运行机制。积极探索建立具有中国特色的现代大学制度。

3. 推进科技管理体制改革

针对当前我国科技宏观管理中存在的突出问题,推进科技管理体制改革,重点是健全国家科技决策机制,努力消除体制机制性障碍,加强部门之间、地方之间、部门与地方之间、军民之间的统筹协调,切实提高整合科技资源、组织重大科技活动的能力。一要建立健全国家科技决策机制。完善国家重大科技决策议事程序,形成规范的咨询和决策机制。强化国家对科技发展的总体部署和宏观管理,加强对重大科技政策制定、重大科技计划实施和科技基础设施建设的统筹。二要建立健全国家科技宏观协调机制。确立科技政策作为国家公共政策的基础地位,按照有利于促进科技创新、增强自主创新能力的目标,形成国

家科技政策与经济政策协调互动的政策体系。建立部门之间统筹配置科技资源的协调机制。加快国家科技行政管理部门职能转变，推进依法行政，提高宏观管理能力和服务水平。改进计划管理方式，充分发挥部门、地方在计划管理和项目实施管理中的作用。三要改革科技评审与评估制度。科技项目的评审要体现公正、公平、公开和鼓励创新的原则，为各类人才特别是青年人才的脱颖而出创造条件。重大项目评审要体现国家目标。完善同行专家评审机制，建立评审专家信用制度，建立国际同行专家参与评议的机制，加强对评审过程的监督，扩大评审活动的公开化程度和被评审人的知情范围。对创新性强的小项目、非共识项目以及学科交叉项目给予特别关注和支持，注重对科技人员和团队素质、能力和研究水平的评价，鼓励原始创新。建立国家重大科技计划、知识创新工程、自然科学基金资助计划等实施情况的独立评估制度。四要改革科技成果评价和奖励制度。要根据科技创新活动的不同特点，按照公开公正、科学规范、精简高效的原则，完善科研评价制度和指标体系，改变评价过多过繁的现象，避免急功近利和短期行为。面向市场的应用研究和试验开发等创新活动，以获得自主知识产权及其对产业竞争力的贡献为评价重点；公益科研活动以满足公众需求和产生的社会效益为评价重点；基础研究和前沿科学探索以科学意义和学术价值为评价重点。建立适应不同性质科技工作的人才评价体系。改革国家科技奖励制度，减少奖励数量和奖励层次，突出政府科技奖励的重点，在实行对项目奖励的同时，注重对人才的奖励。鼓励和规范社会力量设奖。

4. 全面推进中国特色国家创新体系建设

深化科技体制改革的目标是推进和完善国家创新体系建设。国家创新体系是以政府为主导、充分发挥市场配置资源的基础性作用、各类科技创新主体紧密联系和有效互动的社会系统。现阶段，中国特色国家创新体系建设重点：一是建设以企业为主体、产学研结合的技术创新体系，并将其作为全面推进国家创新体系建设的突破口。只有以企业为主体，才能坚持技术创新的市场导向，有效整合产学研的力量，切实增强国家竞争力。只有产学研结合，才能更有效配置科技资源，激发科研机构的创新活力，并使企业获得持续创新的能力。必须在大幅度提高企业自身技术创新能力的同时，建立科研院所与高等院校积极围绕企业技术创新需求服务、产学研多种形式结合的新机制。二是建设科学研究与高等教育有机结合的知识创新体系。以建立开放、流动、竞争、协作的运行机制为中心，促进科研院所之间、科研院所与高等院校之间的结合和资源集成。加强社会公益科研体系建设。发展研究型大学。努力形成一批高水平的、资源共享的基础科学和前沿技术研究基地。三是建设军民结合、寓军于民的国防科技创新体系。从宏观管理、发展战略和计划、研究开发活动、科技产业化等多个方面，促进军民科技的紧密结合，加强军民两用技术的开发，形成全国优秀科技力量服务国防科技创新、国防科技成果迅速向民用转化的良好格局。四是建设各具特色和优势的区域创新体系。充分结合区域经济和社会发展的特色和优势，统筹规划区域创新体系和创新能力建设。深化地方科技体制改革。促进中央与地方科技力量的有机结合。发挥高等院校、科研院所和国家高新技术产业开发区在区域创新体系中的重要作用，增强科技创新对区域经济社会发展的支撑力度。加强中、西部区域科技发展能力建设。切实加强县（市）等基层科技体系建设。五是建设社会化、网络化的科技中介服务体系。针对科技中介服务行业规模小、功能单一、服务能力薄弱等突出问题，大力培育和发展各类科技中介服务机构。充分发挥高等院校、科研院所和各类社团在科技中介服务中的重要作用。引导科技中介服务机构向专业化、规模化和规范化方向发展。

八、若干重要政策和措施

为确保本纲要各项任务的落实，不仅要解决体制和机制问题，还必须制定和完善更加有效的政策与措施。所有政策和措施都必须有利于增强自主创新能力，有利于激发科技人员的积极性和创造性，有利于充分利用国内外科技资源，有利于科技支撑和引领经济社会的发展。本纲要确定的科技政策和措施，是针对当前主要矛盾和突出问题而制定的，随着形势发展和本纲要实施进展情况，将不断加以丰富和完善。

1. 实施激励企业技术创新的财税政策

鼓励企业增加研究开发投入，增强技术创新能力。加快实施消费型增值税，将企业购置的设备已征税款纳入增值税抵扣范围。在进一步落实国家关于促进技术创新、加速科技成果转化以及设备更新等各项税收优惠政策的基础上，积极鼓励和支持企业开发新产品、新工艺和新技术，加大企业研究开发投入的税前扣除等激励政策的力度，实施促进高新技术企业发展的税收优惠政策。结合企业所得税和企业财务制度改革，鼓励企业建立技术研究开发专项资金制度。允许企业加速研究开发仪器设备的折旧。对购买先进科学研究仪器和设备给予必要税收扶持政策。加大对企业设立海外研究开发机构的外汇和融资支持力度，提供对外投资便利和优质服务。

全面贯彻落实《中华人民共和国中小企业促进法》，支持创办各种性质的中小企业，充分发挥中小企业技术创新的活力。鼓励和支持中小企业采取联合出资、共同委托等方式进行合作研究开发，对加快创新成果转化给予政策扶持。制定扶持中小企业技术创新的税收优惠政策。

2. 加强对引进技术的消化、吸收和再创新

完善和调整国家产业技术政策，加强对引进技术的消化、吸收和再创新。制定鼓励自主创新、限制盲目重复引进的政策。

通过调整政府投资结构和重点，设立专项资金，用于支持引进技术的消化、吸收和再创新，支持重大技术装备研制和重大产业关键共性技术的研究开发。采取积极政策措施，多渠道增加投入，支持以企业为主体、产学研联合开展引进技术的消化、吸收和再创新。

把国家重大建设工程作为提升自主创新能力的重要载体。通过国家重大建设工程的实施，消化吸收一批先进技术，攻克一批事关国家战略利益的关键技术，研制一批具有自主知识产权的重大装备和关键产品。

3. 实施促进自主创新的政府采购

制定《中华人民共和国政府采购法》实施细则，鼓励和保护自主创新。建立政府采购自主创新产品协调机制。对国内企业开发的具有自主知识产权的重要高新技术装备和产品，政府实施首购政策。对企业采购国产高新技术设备提供政策支持。通过政府采购，支持形成技术标准。

4. 实施知识产权战略和技术标准战略

保护知识产权，维护权利人利益，不仅是我国完善市场经济体制、促进自主创新的需要，也是树立国际信用、开展国际合作的需要。要进一步完善国家知识产权制度，营造尊重和保护知识产权的法治环境，促进全社会知识产权意识和国家知识产权管理水平的提高，加大知识产权保护力度，依法严厉打击侵犯知识产权的各种行为。同时，要建立对企业并购、技术交易等重大经济活动知识产权特别审查机制，避免自主知识产权流失。防止滥用知识产权而对正常的市场竞争机制造成不正当的限制，阻碍科技创新和科技成果的推广应用。将知识产权管理纳入科技管理全过程，充分利用知识产权制度提高我国科技创新水平。强化科技人员和科技管理人员的知识产权意识，推动企业、科研院所、高等院校重视和加强知识产权管理。充分发挥行业协会在保护知识产权方面的重要作用。建立健全有利于知识产权保护的从业资格制度和社会信用制度。

根据国家战略需求和产业发展要求，以形成自主知识产权为目标，产生一批对经济、社会和科技等发展具有重大意义的发明创造。组织以企业为主体的产学研联合攻关，并在专利申请、标准制定、国际贸易和合作等方面予以支持。

将形成技术标准作为国家科技计划的重要目标。政府主管部门、行业协会等要加强对重要技术标准制定的指导协调，并优先采用。推动技术法规和技术标准体系建设，促使标准制定与科研、开发、设计、制造相结合，保证标准的先进性和效能性。引导产、学、研各方面共同推进国家重要技术标准的研究、制定及优先采用。积极参与国际标准的制定，推动我国技术标准成为国际标准。加强技术性贸易措施体系建设。

5. 实施促进创新创业的金融政策

建立和完善创业风险投资机制，起草和制定促进创业风险投资健康发展的法律法规及相关政策。积极推进创业板市场建设，建立加速科技产业化的多层次资本市场体系。鼓励有条件的高科技企业在国内主板和中小企业板上市。努力为高科技中小企业在海外上市创造便利条件。为高科技创业风险投资企业跨境资金运作创造更加宽松的金融、外汇政策环境。在国家高新技术产业开发区内，开展对未上市高新技术企业股权流通的试点工作。逐步建立技术产权交易市场。探索以政府财政资金为引导，政策性金融、商业性金融资金投入为主的方式，采取积极措施，促进更多资本进入创业风险投资市场。建立全国性的科技创业风险投资行业自律组织。鼓励金融机构对国家重大科技产业化项目、科技成果转化项目等给予优惠的信贷支持，建立健全鼓励中小企业技术创新的知识产权信用担保制度和其他信用担保制度，为中小企业融资创造良好条件。搭建多种形式的科技金融合作平台，政府引导各类金融机构和民间资金参与科技开发。鼓励金融机构改善和加强对高新技术企业，特别是对科技型中小企业的金融服务。鼓励保险公司加大产品和服务创新力度，为科技创新提供全面的风险保障。

6. 加速高新技术产业化和先进适用技术的推广

把推进高新技术产业化作为调整经济结构、转变经济增长方式的一个重点。积极发展对经济增长有突破性重大带动作用的高新技术产业。

优化高新技术产业化环境。继续加强国家高新技术产业开发区等产业化基地建设。制定有利于促进国家高新技术产业开发区发展并带动周边地区发展的政策。构建技术交流与技术交易信息平台，对国家大学科技园、科技企业孵化基地、生产力促进中心、技术转移中心等科技中介服务机构开展的技术开发与服务活动给予政策扶持。

加大对农业技术推广的支持力度。建立面向农村推广先进适用技术的新机制。把农业科技推广成就作为科技奖励的重要内容，建立农业技术推广人员的职业资格认证制度，激励科技人员以多种形式深入农业生产第一线开展技术推广活动。设立农业科技成果转化和推广专项资金，促进农村先进适用技术的推广，支持农村各类人才的技术革新和发明创造。国家对农业科技推广实行分类指导，分类支持，鼓励和支持多种模式的、社会化的农业技术推广组织的发展，建立多元化的农业技术推广体系。

支持面向行业的关键、共性技术的推广应用。制定有效的政策措施，支持产业竞争前技术的研究开发和推广应用，重点加大电子信息、生物、制造业信息化、新材料、环保、节能等关键技术的推广应用，促进传统产业的改造升级。加强技术工程化平台、产业化示范基地和中间试验基地建设。

7. 完善军民结合、寓军于民的机制

加强军民结合的统筹和协调。改革军民分离的科技管理体制，建立军民结合的新的科技管理体制。鼓励军口科研机构承担民用科技任务；国防研究开发工作向民口科研机构和企业开放；扩大军品采购向民口科研机构和企业采购的范围。改革相关管理体制和制度，保障非军工科研企事业单位平等参与军事装备科研和生产的竞争。建立军民结合、军民共用的科技基础条件平台。

建立适应国防科研和军民两用科研活动特点的新机制。统筹部署和协调军民基础研究，加强军民高技术研究开发力量的集成，建立军民有效互动的协作机制，实现军用产品与民用产品研制生产的协调，促进军民科技各环节的有机结合。

8. 扩大国际和地区科技合作与交流

增强国家自主创新能力，必须充分利用对外开放的有利条件，扩大多种形式的国际和地区科技合作与交流。

鼓励科研院所、高等院校与海外研究开发机构建立联合实验室或研究开发中心。支持在双边、多边科技合作协议框架下，实施国际合作项目。建立内地与港、澳、台的科技合作机制，加强沟通与交流。

支持我国企业“走出去”。扩大高新技术及其产品的出口，鼓励和支持企业在海外设立研究开发机构或产业化基地。

积极主动参与国际大科学工程和国际学术组织。支持我国科学家和科研机构参与或牵头组织国际

和区域性大科学工程。建立培训制度,提高我国科学家参与国际学术交流的能力,支持我国科学家在重要国际学术组织中担任领导职务。鼓励跨国公司在华设立研究开发机构。提供优惠条件,在我国设立重要的国际学术组织或办事机构。

9. 提高全民族科学文化素质,营造有利于科技创新的社会环境

实施全民科学素质行动计划。以促进人的全面发展为目标,提高全民科学文化素质。在全社会大力弘扬科学精神,宣传科学思想,推广科学方法,普及科学知识。加强农村科普工作,逐步建立提高农民技术和职业技能的培训体系。组织开展多种形式和系统性的校内外科学探索和科学体验活动,加强创新教育,培养青少年创新意识和能力。加强各级干部和公务员的科技培训。

加强国家科普能力建设。合理布局并切实加强科普场馆建设,提高科普场馆运营质量。建立科研院所、大学定期向社会公众开放制度。在科技计划项目实施中加强与公众沟通交流。繁荣科普创作,打造优秀科普品牌。鼓励著名科学家及其他专家学者参与科普创作。制定重大科普作品选题规划,扶持原创性科普作品。在高校设立科技传播专业,加强对科普的基础性理论研究,培养专业化科普人才。

建立科普事业的良性运行机制。加强政府部门、社会团体、大型企业等各方面的优势集成,促进科技界、教育界和大众媒体之间的协作。鼓励经营性科普文化产业发展,放宽民间和海外资金发展科普产业的准入限制,制定优惠政策,形成科普事业的多元化投入机制。推进公益性科普事业体制与机制改革,激发活力,提高服务意识,增强可持续发展能力。

九、科技投入与科技基础条件平台

科技投入和科技基础条件平台,是科技创新的物质基础,是科技持续发展的重要前提和根本保障。今天的科技投入,就是对未来国家竞争力的投资。改革开放以来,我国科技投入不断增长,但与我国科技事业的大发展和全面建设小康社会的重大需求相比,与发达国家和新兴工业化国家相比,我国科技投入的总量和强度仍显不足,投入结构不尽合理,科技基础条件薄弱。当今发达国家和新兴工业化国家,都把增加科技投入作为提高国家竞争力的战略举措。我国必须审时度势,从增强国家自主创新能力和核心竞争力出发,大幅度增加科技投入,加强科技基础条件平台建设,为完成本纲要提出的各项重大任务提供必要的保障。

1. 建立多元化、多渠道的科技投入体系

充分发挥政府在投入中的引导作用,通过财政直接投入、税收优惠等多种财政投入方式,增强政府投入调动全社会科技资源配置的能力。国家财政投入主要用于支持市场机制不能有效解决的基础研究、前沿技术研究、社会公益研究、重大共性关键技术研究等公共科技活动,并引导企业和全社会的科技投入。中央和地方各级政府要按照《中华人民共和国科学技术进步法》的要求,在编制年初预算和预算执行中的超收分配时,都要体现法定增长的要求,保证科技经费的增长幅度明显高于财政经常性收入的增长幅度,逐步提高国家财政性科技投入占国内生产总值的比例。要结合国家财力情况,统筹安排规划实施所需经费,切实保障重大专项的顺利实施。国家继续加强对重大科技基础设施建设的投入,在中央和地方建设投资中作为重点予以支持。在政府增加科技投入的同时,强化企业科技投入主体的地位。总之,通过多方面的努力,使我国全社会研究开发投入占国内生产总值的比例逐年提高,到 2010 年达到 2%,到 2020 年达到 2.5%以上。

2. 调整和优化投入结构,提高科技经费使用效益

加强对基础研究、前沿技术研究、社会公益研究以及科技基础条件和科学技术普及的支持。合理安排科研机构(基地)正常运转经费、科研项目经费、科技基础条件经费等的比例,加大对基础研究和社会公益类科研机构的稳定投入力度,将科普经费列入同级财政预算,逐步提高科普投入水平。建立和完善适应科学研究规律和科技工作特点的科技经费管理制度,按照国家预算管理的规定,提高财政资金使用的规范性、安全性和有效性。提高国家科技计划管理的公开性、透明度和公正性,逐步建立财政科技经费的预算绩效评价体系，建立健全相应的评估和监督管理机制。

3. 加强科技基础条件平台建设

科技基础条件平台是在信息、网络等技术支撑下，由研究实验基地、大型科学设施和仪器装备、科学数据与信息、自然科技资源等组成，通过有效配置和共享，服务于全社会科技创新的支撑体系。科技基础条件平台建设重点是：

国家研究实验基地。根据国家重大战略需求，在新兴前沿交叉领域和具有我国特色和优势的领域，主要依托国家科研院所和研究型大学，建设若干队伍强、水平高、学科综合交叉的国家实验室和其他科学研究实验基地。加强国家重点实验室建设，不断提高其运行和管理的整体水平。构建国家野外科学观测研究台站网络体系。

大型科学工程和设施。重视科学仪器与设备对科学研究的作用，加强科学仪器设备及检测技术的自主研究开发。建设若干大型科学工程和基础设施，包括在高性能计算、大型空气动力研究试验和极端条件下进行科学实验等方面的大科学工程或大型基础设施。推进大型科学仪器、设备、设施的共享与建设，逐步形成全国性的共享网络。

科学数据与信息平台。充分利用现代信息技术手段，建设基于科技条件资源信息化的数字科技平台，促进科学数据与文献资源的共享，构建网络科研环境，面向全社会提供服务，推动科学研究手段、方式的变革。

自然科技资源服务平台。建立完备的植物、动物种质资源，微生物菌种和人类遗传资源，以及实验材料，标本、岩矿化石等自然科技资源保护与利用体系。

国家标准、计量和检测技术体系。研究制定高精确度和高稳定性的计量基标准和标准物质体系，以及重点领域的技术标准，完善检测实验室体系、认证认可体系及技术性贸易措施体系。

（四）建立科技基础条件平台的共享机制

建立有效的共享制度和机制是科技基础条件平台建设取得成效的关键和前提。根据“整合、共享、完善、提高”的原则，借鉴国外成功经验，制定各类科技资源的标准规范，建立促进科技资源共享的政策法规体系。针对不同类型科技条件资源的特点，采用灵活多样的共享模式，打破当前条块分割、相互封闭、重复分散的格局。

十、人才队伍建设

科技创新，人才为本。人才资源已成为最重要的战略资源。要实施人才强国战略，切实加强科技人才队伍建设，为实施本纲要提供人才保障。

1. 加快培养造就一批具有世界前沿水平的高级专家

要依托重大科研和建设项目、重点学科和科研基地以及国际学术交流与合作项目，加大学科带头人的培养力度，积极推进创新团队建设。注重发现和培养一批战略科学家、科技管理专家。对核心技术领域的高级专家要实行特殊政策。进一步破除科学研究中的论资排辈和急功近利现象，抓紧培养造就一批中青年高级专家。改进和完善职称制度、院士制度、政府特殊津贴制度、博士后制度等高层次人才制度，进一步形成培养选拔高级专家的制度体系，使大批优秀拔尖人才得以脱颖而出。

2. 充分发挥教育在创新人才培养中的重要作用

加强科技创新与人才培养的有机结合，鼓励科研院所与高等院校合作培养研究型人才。支持研究生参与或承担科研项目，鼓励本科生投入科研工作，在创新实践中培养他们的探索兴趣和科学精神。高等院校要适应国家科技发展战略和市场对创新人才的需求，及时合理地设置一些交叉学科、新兴学科并调整专业结构。加强职业教育、继续教育与培训，培养适应经济社会发展需求的各类实用技术专业人才。要深化中小学教学内容和方法的改革，全面推进素质教育，提高科学文化素养。

3. 支持企业培养和吸引科技人才

国家鼓励企业聘用高层次科技人才和培养优秀科技人才,并给予政策支持。鼓励和引导科研院所和高等院校的科技人员进入市场创新创业。允许高等院校和科研院所的科技人员到企业兼职进行技术开发。引导高等院校毕业生到企业就业。鼓励企业与高等院校和科研院所共同培养技术人才。多方式、多渠道培养企业高层次工程技术人才。允许国有高新技术企业对技术骨干和管理骨干实施期权等激励政策,探索建立知识、技术、管理等要素参与分配的具体办法。支持企业吸引和招聘外籍科学家和工程师。

4. 加大吸引留学和海外高层次人才工作力度

制定和实施吸引优秀留学人才回国工作和为国服务计划,重点吸引高层次人才和紧缺人才。采取多种方式,建立符合留学人员特点的引才机制。加大对高层次留学人才回国的资助力度。大力加强留学人员创业基地建设。健全留学人才为国服务的政策措施。加大高层次创新人才公开招聘力度。实验室主任、重点科研机构学术带头人以及其他高级科研岗位,逐步实行海内外公开招聘。实行有吸引力的政策措施,吸引海外高层次优秀科技人才和团队来华工作。

5. 构建有利于创新人才成长的文化环境

倡导拼搏进取、自觉奉献的爱国精神,求真务实、勇于创新的科学精神,团结协作、淡泊名利的团队精神。提倡理性怀疑和批判,尊重个性,宽容失败,倡导学术自由和民主,鼓励敢于探索、勇于冒尖,大胆提出新的理论和学说。激发创新思维,活跃学术气氛,努力形成宽松和谐、健康向上的创新文化氛围。加强科研职业道德建设,遏制科学技术研究中的浮躁风气和学术不良风气。

实施国家中长期科学和技术发展规划纲要,涉及面广、时间跨度大、要求很高,要加强组织领导和统筹协调,采取切实有效措施,确保各项任务的落实。一是加强本纲要与“十一五”国民经济和社会发展规划的衔接。为增强纲要的可操作性,当前要将纲要的有关内容按照轻重缓急,做好与“十一五”国民经济和社会发展规划紧密结合,包括优先主题、重大专项、前沿技术、基础研究、基础条件平台建设和科技体制改革等,从中遴选出需要立即起步或在“十一五”期间急需解决的重点任务,抓紧在“十一五”国民经济和社会发展规划中做出具体安排和部署。二是制定若干配套政策。纲要确定的发展目标、重点任务及政策措施,是带有方向性和指导性的,需要制定若干切实可行、操作性强的配套政策。包括:支持企业成为技术创新主体的政策,促进对引进技术消化、吸收和再创新的政策,激励自主创新的政府采购政策,加大科技投入、提高资金使用效益的政策,深化科技体制改革、推进国家创新体系建设的政策,加速高新技术产业化的政策,加强科技人才队伍建设的政策,促进军民结合、寓军于民的政策等。上述政策要责成有关部门牵头、相关部门参加,在充分调查研究的基础上,使科技政策与产业、金融、财税等经济政策相互协调、紧密结合,并抓紧出台实施。三是建立纲要实施的动态调整机制。鉴于世界科学技术发展迅猛,国内经济社会发展不断变化,要在经济社会分析、技术预测和定期评估的基础上,建立纲要实施的动态调整机制。纲要确定的发展目标和重点任务,要根据国内外科技发展的新趋势、新突破和我国经济社会发展的新需求,进行及时的、必要的调整,有的要充实加强,有的要适当调整。四是加强对纲要实施的组织领导。要在党中央、国务院的统一领导下,充分发挥各地方、各部门、各社会团体的积极性和主动性,大力协同,共同推动纲要的组织实施。特别是国家科技管理部门、发展改革部门、财政部门等综合管理部门要紧密配合,切实负起责任,加强具体指导。各省、自治区、直辖市要结合本地实际,贯彻落实纲要。

本纲要的实施,关系全面建设小康社会目标的实现,关系社会主义现代化建设的成功,关系中华民族的伟大复兴。让我们在以胡锦涛同志为总书记的党中央领导下,以邓小平理论和“三个代表”重要思想为指导,坚定信心,奋发图强,为建设创新型国家,实现我国科学和技术发展的宏伟蓝图而奋斗!

关于国家科技计划管理改革的若干意见

国科发计字[2006]23号

为全面贯彻党的十六届五中全会精神，转变政府职能，加强宏观管理，促进自主创新，落实《国家中长期科学和技术发展规划纲要》（以下简称《纲要》）确定的目标和任务，加快推进国家创新体系建设，建立适应新形势要求的国家科技计划管理体系，现就“十一五”国家科技计划管理改革提出如下意见。

一、指导思想

改革开放以来，我国的科技计划及管理不断调整和完善，基本适应了各个阶段科技发展的要求，反映了不同时期发展和改革的重点，为经济社会发展和科技自身发展作出了重要贡献。我国社会主义市场经济体制的逐步完善和建设和谐社会目标的确定，要求进一步推进政府职能转变，依法行政，对国家科技计划的管理也提出了更高的要求。目前国家科技计划管理中还存在着重复分散、效率不高等一些与发展不相适应的矛盾和问题，必须对科技计划管理进行进一步的改革，以适应新形势发展的要求。

国家科技计划管理改革的指导思想是：全面贯彻党的十六届五中全会精神，坚持科学发展观，落实《纲要》精神，以促进自主创新为核心，以发挥科技对经济和社会发展的支撑和引领作用为宗旨，以提高管理水平和效率为重要目标，转变政府职能，加强宏观管理，强化制度建设，构建符合社会主义市场经济体制和科技发展要求的“权责明确、定位清晰、结构合理、运行高效”的国家科技计划体系，推进国家科技计划管理的公正、公开、规范和高效。

二、基本原则

国家科技计划管理改革要围绕促进自主创新的主题，既要充分吸收和继承现有计划管理中好的经验和做法，更要与时俱进，坚定改革，大胆创新；既要坚持“有所为、有所不为”，重点解决当前国家科技计划管理中的突出问题，求真务实，提出切实有效的改革新思路、新举措，力争取得突破，又要加强总体设计，综合集成配套改革措施，积极有序推进。重点要突出以下几项原则：

1. 体现国家目标

围绕党的十六届五中全会提出的“十一五”国家经济社会发展目标，以《纲要》为指导，以提高自主创新能力为主线，结合经济社会发展对科技提出的重大需求，以解决经济社会发展中的瓶颈制约问题、提升产业竞争力、构建和谐社会、维护国家安全等为重点，充分发挥科技对经济社会发展的支撑和引领作用。

2. 促进自主创新

把促进自主创新摆在全部科技工作的突出位置，把提高自主创新能力作为推进结构调整和提高国家竞争力的中心环节，遵循科学和技术发展规律，实行分类管理，建立有利于促进自主创新的国家科技计划管理模式。基础研究和前沿探索类科技计划要鼓励自由探索，突出原始创新，提高科技的持续创新能力；应用开发及产业化类科技计划要面向市场，突出集成创新，以企业为实施主体，重点解决经济社会发展中的重大科技需求问题，提高科技的支撑能力。

3. 加强统筹协调

围绕国家整体的创新目标，充分发挥各方面的积极性。统筹考虑政府和市场在配置资源中的作用，统筹科技发展与改革，统筹项目、人才和基地建设，统筹基础研究、应用开发和产业化安排，统筹集成各方面的科技资源，充分利用国外的科技资源，促进资源的优化配置和科学利用。

4. 明确权责划分

国家科技计划管理要进一步明确计划、项目决策、管理、实施、咨询、服务等各类主体的权利与责任，强化责任制，加强监督，逐步建立咨询、决策、实施、监督相互独立、相互制约的科技计划管理体制。

5. 完善管理制度

围绕建立有利于自主创新的管理新机制，制定明确的管理流程和办法，规范科技计划管理运行的秩序，强化决策的科学化和民主化，推进依法行政和计划管理的制度化、规范化，保证科技计划管理的公正和公开。

6. 提高管理效率

国家科技计划管理要以提高管理效率和经费使用效益为目标，进一步简化程序，建立科学的评估监督机制和绩效考评制度，完善知识产权保护和成果共享机制，保证国家科技计划各项目标的实现。

三、改革措施

为切实保证“十一五”国家科技计划的有效实施，计划管理改革要结合实际，统筹兼顾，突出重点，并采取以下具体措施：

（一）构建有利于自主创新的国家科技计划体系

1. 发挥国家科技计划对创新活动的导向作用

科技计划是政府组织科技创新活动的基本形式，主要包括国家科技计划、部门（行业）科技计划和地方科技计划等。作为科技计划的主体，国家科技计划要围绕促进自主创新，落实《纲要》提出的目标和任务。对现有的国家科技计划体系进行必要的改革和调整后，“十一五”国家科技计划体系主要由基本计划和重大专项构成：基本计划是国家财政稳定持续支持科技创新活动的基本形式，包括基础研究计划、科技攻关计划、高技术研究发展计划、科技基础条件平台建设计划、政策引导类科技计划等；重大专项是体现国家战略目标，由政府支持并组织实施的重大战略产品开发、关键共性技术攻关或重大工程建设，通过重大专项的实施，在若干重点领域集中突破，实现科技创新的局部跨越式发展。

2. 明确国家科技计划的定位

围绕有利于促进自主创新，各国家科技计划要进一步明确定位和支持重点。基础研究计划要突出原始创新，由国家自然科学基金和973计划构成，主要定位分别为自由探索性基础研究和国家目标导向的战略性基础研究；科技攻关计划要加强对国民经济和社会发展的全面支撑作用，加强集成创新，突出公益技术研究和产业关键共性技术开发；高技术研究发展计划（863计划）以发展高技术、实现产业化为目标，进一步强调自主创新，突出战略性、前瞻性和前沿性，重点加强前沿技术研究开发；科技基础条件平台建设计划要突出资源共享，以研究实验基地、大型科学仪器设备、自然科技资源、科学数据和科技文献等建设为主要内容，为提高科技持续创新能力提供支撑；政策引导类计划要有明确的政策导向和措施，重点加大对企业自主创新、高技术产业化、面向农业、农村的科技成果转化和推广、国际科技合作等的引导和支持。重大专项按照国家发展的战略需求，明确实施的目标，根据需要和条件，成熟一个，实施一个。

3. 把加强自主创新作为优化国家科技计划经费配置的战略重点

根据公共财政要求和创新活动的特点，调整国家科技计划经费的配置和结构，加大对自主创新的支持力度。国家财政科技投入重点加大对基础研究、公益研究、高技术研究、产业共性关键技术开发的稳定支持，加大对科研基地、条件平台和科技队伍建设的支持。国家财政安排专项资金，保障重大专项的顺利实施。充分发挥市场对资源配置的基础性作用，进一步增强政府动员社会资源的能力，引导企业成为科技投入的主体，鼓励金融机构和社会其他力量加大对科技创新的投入，形成全社会投入自主创新的良好局面。

4. 加强科技计划的协调衔接

围绕国家的整体创新目标，加强国家科技计划之间、国家科技计划与部门、地方科技计划之间的协调衔接和集成，整合科技资源。建立制度性的沟通协调机制，适时就国家、部门和地方的各类科技计划当年进展及下一年度安排等情况进行沟通协调，形成科技计划的年度报告制度，以加强集成，避免重复交叉。

（二）进一步推进部门（行业）和地方的自主创新工作

5. 发挥部门（行业）在促进自主创新中的作用

国家科技计划目标的确立及重大项目的确定，要充分听取部门（行业）的意见。把征集部门（行业）等科技需求和重大项目建议，作为科技计划管理的一个重要环节和措施。有效集成部门（行业）的资源，加大对行业共性技术的支持力度，充分发挥部门（行业）在攻关计划项目和863计划重大项目中的组织实施作用。加强部门（行业）的监督作用，推进国家科技计划的有效实施。在有关国家科技计划中设立行业引导项目，由部门（行业）负责管理和实施，重点支持行业科技发展中的前瞻性和创新性的技术储备、应急反应和基础性工作等，提高行业科技发展的持续创新能力。

6. 提高地方科技的自主创新能力

加强对地方科技工作的指导，强化地方科技管理部门的职责，充分发挥其在科技计划项目管理中的统筹协调作用，支持有条件的地方组织实施国家重大科技项目和共建实验研究基地，充分发挥地方资源优势。落实国家区域发展战略，加大对区域科技创新活动的支持力度，统筹区域科技协调发展，在有关国家科技计划中设立区域引导项目，主要由地方负责管理和实施，提高区域的自主创新能力。有效集成中央和地方的科技资源，加大科技成果转化及产业化的支持力度，促进区域经济发展。加强对县（市）科技信息平台等科技基础条件建设的支持力度，增强县（市）科技服务和支撑能力。

（三）加大对企业技术创新的支持力度

7. 加大国家科技计划对企业技术创新的支持

建立与企业的信息沟通机制，充分听取企业的技术创新需求，反映国家产业技术发展方向。应用及产业化类国家科技计划项目的立项要充分听取企业的意见，项目的评审要更多地吸纳企业同行专家参与。加大对企业自主创新活动的支持，鼓励企业参与国家科技计划项目的实施。对于重大专项和基本计划中有产业化前景的重大项目，优先支持有条件的企业集团、企业联盟牵头承担，或由企业与高等学校、科研院所联合承担，建立以企业为主体、产学研联合的项目实施新机制。

8. 支持大型骨干企业的技术创新基地建设

加大对大型骨干企业技术创新基地建设的支持，鼓励并支持有条件的企业独立或联合科研院所、高等院校等建立国家工程中心、科技成果产业化基地等，建设一批企业的研发中心，打造企业技术创新和产业化平台。加大现有研究开发基地与企业的结合，建立面向企业开放和共享的有效机制，提高企业的自主创新能力。

9. 搭建科技型中小企业的创新平台

支持科技型中小企业参与国家科技计划项目的实施，鼓励科技型中小企业整合科技资源，进行技术合作开发，增强科技型中小企业的自主创新能力。国家政策引导类计划要向科技型中小企业倾斜，加大对科技型中小企业创新创业的支持力度。支持生产力促进中心、科技孵化器等中介机构的建设，建设一批服务于科技型中小企业的创新服务平台，形成有利于科技型中小企业成长和创新的新机制和环境。

（四）促进科技自身的持续创新能力建设

10. 加强对项目、人才、基地的统筹安排

国家科技计划从以支持项目为主，逐步转向统筹安排项目、人才、基地，实现从技术突破的单一目标向科技持续创新能力提高的综合目标转变，把人才培养和基地建设作为项目论证和考核的重要指标。加强发展与改革的结合，优先支持改革取得实质成效的科研院所和企业，以及国家(重点)实验室、工程中心等国家科研基地承担国家科技计划项目任务。加强项目实施与能力建设的有机衔接，通过国家科技计划的实施，造就一支创新队伍，建设一批创新基地，提高科技持续创新能力。

11. 加大对创新人才的支持力度

在有关国家科技计划中设立人才专项资金，支持青年创新人才、跨学科复合型人才、优秀创新团队以及“小人物、小团队”的成长。鼓励科学家的自由探索，高度关注具有创新性的“非共识项目”并加大支持力度。提高科技计划项目的人员费用支出比例，鼓励科技人才的流动与交流。建立科学的人才评价指标体系，鼓励和支持青年人才、海外留学人才等参与国家科技计划项目。

12. 加强和统筹创新基地的建设

制定国家创新基地的发展规划，加大对国家(重点)实验室、工程中心等创新基地建设的统筹和支持力度，合理布局创新基地建设。国家科技基础条件平台建设计划把创新基地建设作为重要内容予以支持。改革国家创新基地的管理运行模式，对创新基地实行分类支持和管理，对基础研究类和社会公益类基地实行稳定支持与动态调整相结合的方式；对工程化、产业化性质的基地，实行政府引导、多渠道投入和共建的方式；成果推广示范基地及其他综合性基地通过竞争择优、后补助或项目倾斜等多种方式支持。鼓励共建创新基地或联盟，制定公共科技资源的开放与共享标准与规范，促进资源共享。

(五)加强知识产权管理

13. 加强国家科技计划项目知识产权的管理和保护

开展重点领域知识产权态势分析，建立国家科技计划项目的专利查新制度，并把它作为立项的重要依据。突出自主创新，把创造知识产权和技术标准作为国家科技计划项目实施的重要目标。加强国家科技计划形成的知识产权管理和保护，科技计划项目经费可用于支持重大成果国内外发明专利的申请和保护。

14. 形成有利于自主创新的科技成果鉴定与管理机制

改革科技成果鉴定方式方法，建立科学的科技成果评价指标体系，发挥成果鉴定与管理对自主创新的积极导向作用。完善科技成果的评价评估制度，进一步发挥社会中介机构在科技成果评价中的作用，国家层面不再组织成果鉴定，对技术水平的评价不作为项目验收的内容。制定和完善国家科技计划成果共享机制和办法，建立国家科技计划成果数据库，完善国家科技计划重大创新成果的报告、登记和信息发布制度，促进科技成果的技术转移、转化和共享。

(六)积极推行有利于创新的科技计划管理新机制

15. 加强技术预测工作

建立面向社会和产业需求的技术预测制度。把技术预测作为科技计划管理的基础性工作，建立健全技术预测机构和队伍，完善技术预测方法，建设国家技术预测平台，提高技术预测的科学性和权威性，为国家科技创新政策、发展战略、发展规划、计划的制订和调整、优先发展领域的选择以及研发资金投向和重点等提供决策支撑。

16. 建立和完善独立的评估制度

在国家科技计划及项目管理中引入第三方独立评估的制度。加强科技计划评估专家队伍和独立评估机构的建设和管理，规范评估程序，制定和完善有利于促进自主创新、适应不同科技计划和管理工作特点的评估指标体系。加强对科技计划、重大项目、科研机构、科技人员和基地等的评估工作，为计划项目调整和科技工作的绩效考评提供科学依据。

17. 发挥中介服务机构在计划项目管理中的作用

制定分类管理办法，规范中介机构的服务，提高其服务质量。进一步明确职责，充分发挥中介服务机构在计划项目管理中的作用，通过合同委托等方式参与计划项目评审、评估、监督、成果评价与推广等管理工作。

18. 建立信用管理制度

加快制定科技计划信用评价指标体系，建立信用管理数据库。对项目实施过程中的相关机构、主要承担单位和责任人，以及咨询、评审专家等进行信用记录和信用评价，并将其信用状况作为决策的重要依据。

19. 建立统一的国家科技计划管理服务信息平台

加快国家科技计划管理的信息化建设，充分运用信息技术，构建网上科技计划管理“一站式”服务平台，逐步实现科技计划项目的网上运作和管理。建立重大项目储备数据库、科技计划项目信息数据库等，加强综合信息管理，避免交叉重复，提高科技计划决策与管理的科学性。

（七）进一步提高国家科技计划管理的公开性

20. 完善专家参与国家科技计划管理机制

建立统一的国家科技计划项目咨询、评审和验收专家库。参与项目评审、验收等同行专家，要从专家库中随机抽取，扩大专家遴选的范围。充分发挥专家在战略、技术、经济、经费预算等方面的咨询作用，规范专家参与计划项目管理、咨询、监督的方式和程序，建立回避等制度，完善专家参与管理的机制。

21. 改革完善国家科技计划项目的申报评审机制

规范项目的申报评审程序，严格项目的申报评审要求，国家科技计划项目原则上实行网上申报管理。建立立项决策和评审咨询相互分离的机制，根据计划项目的不同特点，逐步实行网上评审等制度。加大竞争性项目的招投标力度，实现决策的公开、公平与公正。根据科技创新的自身规律和经济社会发展的急迫需求，建立项目立项的快速反应机制。

22. 提高国家科技计划管理的透明度

在严格遵守国家保密规定的前提下，按照政务公开的范围和程序，凡不涉及保密的国家科技计划项目的申报、立项、实施和评价等信息，都要通过电子政务网络系统等及时向社会公开，积极推行项目公告公示制度，提高科技计划管理的透明度。

（八）加强国家科技计划经费的管理与监督

23. 进一步完善科技计划经费管理办法

按照国家公共财政改革要求，完善科技计划项目经费预（决）算制度，建立科技经费预算管理信息系统。建立科学统一的科技计划财务管理制度体系，进一步规范国家科技计划项目经费、管理经费的支出科目、报表体系和使用范围。加强对项目配套资金的监管，保障科技经费的及时拨付和合理使用，提高科技计划经费使用的规范性和有效性。

24. 建立制度化的经费使用监督机制

加强国家科技资产的管理，加强对科技经费使用的监督，逐步形成财政审计部门的专业监督、科技计划主管部门委托的第三方监督和项目组织部门及承担单位的日常监督相结合的监督管理机制。加强科技计划经费的绩效考评，逐步形成制度化，提高经费使用效益。

（九）建立国家科技计划管理的责任机制

25. 建立国家科技计划管理分层责任制

进一步明确国家科技计划项目决策、咨询、管理、实施等各主体的职责和权限，强化目标管理，建立目标责任制，实现分层负责。建立问效问责制度，对按照层级目标确定的各责任主体进行跟踪考核，以绩效评估为基础，对计划项目目标完成不力或管理不善者追究相应的责任。

26. 建立国家科技计划管理咨询、决策、实施、监督相互独立、相互制约的新机制

在完善专家咨询机制的基础上,科技计划主管部门侧重于计划目标的决策;项目组织部门和实施单位加强对项目实施的过程管理,对项目的实施效果负责;加强对科技计划项目的实施监督,积极引入第三方中介机构进行独立的评估监督,重大项目的实施可引入监理制度。逐步形成咨询、决策、实施、监督相互独立、相互制约的科技计划管理机制。

国家高技术研究发展计划(863计划)简介及管理办法

一、简 介

863计划是在世界高技术蓬勃发展、国际竞争日趋激烈的关键时期,我国政府组织实施的一项对国家的长远发展具有重要战略意义的国家高技术研究发展计划,在我国科技事业发展中占有极其重要的位置,肩负着发展高科技、实现产业化的重要历史使命。

二、国家高技术研究发展计划(863计划)管理办法

国科发计字[2006]329号

第一章 总 则

第一条 为贯彻落实《国家中长期科学和技术发展规划纲要(2006~2020)》(以下简称《纲要》),保证国家高技术研究发展计划(以下简称863计划)的顺利实施,实现科学、规范、高效和公正的管理,根据《国家科技计划管理暂行规定》和《国家科技计划项目管理暂行办法》等的要求,制定本办法。

第二条 863计划是解决事关国家长远发展和国家安全的战略性、前沿性和前瞻性高技术问题,发展具有自主知识产权的高技术,统筹高技术的集成和应用,引领未来新兴产业发展的计划,主要支持《纲要》提出的前沿技术和部分重点领域中的重大任务。

第三条 863计划按照研究开发任务的性质,选择若干高技术领域作为发展重点,领域内设置专题和项目,采取分类管理的方式。专题以前沿技术研究为导向,以提高原始性创新能力和获取自主知识产权为目标;项目以国家战略需求为导向,以提高集成创新能力和形成战略产品原型或技术系统为目标。

第四条 科技部、总装备部会同财政部制定计划管理办法,科技部牵头负责,并会同总装备部组织实施。计划分年度落实各领域的战略目标、任务和经费。863计划的管理原则为:

(一)明确目标,突出重点。863计划面向国家重大战略需求,鼓励自主创新,力争重点突破;

(二)明确权责,规范管理。863计划实行政府决策与专家评审相结合的立项制度,建立健全评审专家遴选制度、问责制度、回避制度、信用制度和公告制度,保证项目立项的科学、公正与公平;

(三)统筹协调,联合推进。863计划的实施充分发挥部门、行业、地方、企业和各方面专家的作用,并统筹项目、人才和基地建设;

(四)定期评估,注重绩效。863计划定期对领域、专题和项目的执行情况与绩效进行第三方独立评估,并将评估结果作为研究内容和经费调整的重要依据。

第五条 863计划经费由中央财政专项拨款支持。加强对经费使用的监督检查,计划经费独立核算、专款专用。

第二章 管理机构及职能

第六条 科技部和总装备部是863计划的组织实施部门。主要职责是:

(一)制订计划发展战略、目标和战略任务;

(二)确定技术领域及领域内任务设置;

(三)组建863计划专家委员会和领域专家组;

(四)建立备选项目库,审定项目立项建议,批复立项;

(五)编制年度计划及年度预算;

(六)督促、检查计划的实施，协调并处理项目执行中的重大问题。

第七条 组织实施部门设立863计划联合办公室(以下简称“联办”)。联办的主要职责是：

(一)提出重大事项决策建议；

(二)编制年度计划；

(三)协调计划进度；

(四)组织对计划执行的评估工作；

(五)组织协调跨领域活动；

(六)综合管理计划专家库和基地。

联办设常设办事机构负责处理日常工作。

第八条 各领域设立领域办公室(以下简称“领域办”)，负责本领域的组织实施和监督。领域办设在组织实施部门。民口各领域办吸纳国务院主要相关部门参加。领域办的主要职责是：

(一)研究提出本领域的战略目标和发展重点；

(二)研究提出本领域专题设置和项目立项建议；

(三)编制本领域年度计划；

(四)审核项目和专题课题申请指南(标书)；

(五)批准专题课题立项，审核项目课题立项建议；

(六)提出重大项目主要承担单位、总体专家组人员组成建议，组织对重大项目实施方案的论证；

(七)组织对项目、专题的评估和验收；

(八)签订或委托签订课题任务合同书。

第九条 863计划设立计划专家委员会，对计划的战略决策和实施进行咨询与监督。计划专家委员会成员由组织实施部门聘任，实行任期制，每届任期三年，最多担任两届。计划专家委员会主要职责是：

(一)对计划发展战略和计划目标、战略任务和部署等重大事项的决策提供咨询意见和建议；

(二)对计划的实施进行监督。

第十条 各领域设立领域专家组，为本领域的战略决策和组织实施提供咨询与技术指导。领域专家组由部门和地方推荐，组织实施部门选聘，计划专家委员会成员不参加领域专家组。领域专家组实行任期制，每届任期三年，最多担任三届。领域专家组的主要职责是：

(一)组织本领域技术发展战略与预测研究，对领域的目标和任务提供决策咨询；

(二)参与编制项目和专题课题申请指南(标书)；

(三)审议专题课题和项目立项建议；

(四)参与项目实施方案的论证；

(五)参与对项目(课题)执行情况的检查、评估和验收工作；

(六)承担领域重要技术发展问题的咨询工作。

第十一条 863计划设立专家库。专家库中的专家参与863计划的实施，发挥同行评议的作用。专家库中的专家通过国务院有关部门和地方推荐，由组织实施部门核准后统一入库。专家库中的专家根据需要可参加以下工作：

(一)课题的评议和评审工作；

(二)项目(课题)执行情况的检查、评估和验收工作；

(三)对计划管理提出意见和建议。

第十二条 组织实施部门所属的相关中心(以下简称“相关中心”)接受组织实施部门的委托，在领域办的指导下，承担863计划的过程管理和基础性工作，主要包括：

(一)承担专题课题申请指南的组织编制工作；

(二)承担专题和项目课题申请书的受理和形式审查工作；

(三)承担专题课题评议、评审的组织工作，提出立项建议；

(四)承担项目课题评审或评标的组织工作，提出立项建议；

（五）承担课题任务合同书的审核工作；

（六）承担课题检查和验收的组织工作；

（七）承担项目和专题的信息与文档的管理工作，每年向领域办报告专题和项目的执行情况；

（八）承担领域专家组的支撑和服务工作。

第三章 专题管理

第十三条 各领域下设若干专题，专题以前沿技术的研究开发为主。领域办组织研究提出本领域专题设置、专题目标和主要任务等建议，经联办组织综合审议后，报组织实施部门批准。

第十四条 专题下设课题，课题原则上不设子课题。课题通过公开、公平的竞争机制确定，主要程序如下：

（一）公开发布课题申请指南；

（二）同行专家通讯评议；

（三）同行专家会议评审；

（四）领域办批准。

第十五条 根据领域年度计划和专题战略目标，相关中心每年组织领域专家组成员和同行专家研究编制课题申请指南，由领域办审核发布。

第十六条 相关中心从计划专家库中随机抽取同行专家对课题申请进行通讯评议或会议评审。

第十七条 相关中心根据评议评审结果提出课题立项建议，领域专家组对立项建议进行审议，领域办批准。

第十八条 为了鼓励创新，各领域可安排适当比例的非共识课题。对于在评议过程中出现的非共识课题，由领域专家组成员署名推荐，直接列入课题立项建议，报领域办批准。

第十九条 课题责任人填报课题任务合同书，相关中心负责审核，领域办与课题责任人签订课题任务合同书。

第二十条 课题立项结果向社会公布。对未被批准的课题申请，由相关中心向课题申请者做出书面通知。

第二十一条 相关中心组织领域专家组成员和专家库中的专家，对课题进行检查，并根据检查情况提出课题调整建议，经领域专家组审议后，报领域办批准。

第二十二条 相关中心组织领域专家组成员和专家库中的专家，对课题进行验收，验收结果分为通过验收、不通过验收和结题三种。

课题形成的国家秘密技术，按照《科学技术保密规定》进行管理。

第二十三条 由于不可抗拒的客观原因，需要终止或调整的课题，由课题责任人向相关中心提出书面申请，经领域专家组审核后，报领域办批准。

第二十四条 领域办委托专业评估机构，对专题实施情况进行独立评估，并根据评估结果提出专题调整建议，经联办会签后，报组织实施部门批准。

专题任务结束后，领域办组织对专题进行总结，并进行绩效考评。

第四章 项目管理

第二十五条 863计划各领域的项目包括重大项目和重点项目两类。重大项目以形成原型样机或重大技术系统为目标，重点项目以突破核心技术、开发单项战略产品原型或解决中试中的重要工艺问题为目标。项目一般下设课题，课题由法人单位承担。

第二十六条 根据部门、地方提出的重大科技需求，结合本领域技术发展趋势，以及专题课题成果，领域办组织研究提出项目立项建议。立项建议主要包括：项目的目标和具体指标要求、主要研究内容、技术路线等。重大项目应同时提出主要承担单位建议。

第二十七条 重大项目立项建议由联办组织进行综合审议，由组织实施部门批准；重点项目立项建议经联办会签报组织实施部门批准。

第二十八条 重大项目的任务落实：

（一）项目主要课题承担单位推荐总体专家组人选，经领域办审核后，报组织实施部门批准。总体专家组负责提出项目实施方案建议、项目的总体集成和技术协调，参加项目课题的验收；

(二)总体专家组根据批准的重大项目立项建议，研究提出重大项目实施方案建议。实施方案应包括具体目标、任务分解、进度计划及课题承担单位选择方式建议等内容；

(三)领域办组织领域专家组成员、专家库中的专家和相关产业界专家对重大项目实施方案进行论证，通过论证的实施方案报组织实施部门批复；

(四)项目课题通过招标或择优委托的方式确定承担单位，由总体专家组负责编制课题指南或标书，由领域办审核后发布；

(五)相关中心组织课题承担单位的招标或择优评审，提出课题承担单位建议，在征求总体专家组意见后报领域办审核，由组织实施部门批准。

第二十九条 重点项目的任务落实：

(一)领域办组织领域专家组成员和专家库中的专家编制重点项目指南或标书，经组织实施部门批准后，由领域办发布；

(二)相关中心组织重点项目的评审或评标，提出课题承担单位和项目牵头单位建议；

(三)领域办组织领域专家组对课题承担单位和项目牵头单位建议进行咨询审议，审核后报组织实施部门批复。

第三十条 领域办与课题承担单位签订课题任务合同书，保密课题应同时签订保密协定，按照保密规定进行管理；非保密课题的立项结果向社会公开。

第三十一条 相关中心组织专家库中的专家对项目课题的实施进行检查，提出课题调整建议，经领域办审核后，报组织实施部门批准。

第三十二条 由于不可抗拒的客观原因需要调整或终止的课题，由课题承担单位向相关中心提出书面申请，经领域办审核后，报组织实施部门批准。

第三十三条 对与部门、行业及地方关联度大、示范性强的项目，可以委托有关部门或地方政府作为项目主持单位，负责项目的组织实施。领域办根据项目特点，提出项目主持单位建议，报组织实施部门批准。项目主持单位是项目的责任主体。

(一)项目主持单位组织提出项目实施方案，经领域办组织论证后，报组织实施部门批复；

(二)项目主持单位通过招标或择优委托的方式，确定课题承担单位；

(三)项目主持单位与课题承担单位签订课题任务合同书，报领域办备案；

(四)项目主持单位落实项目约定支付的匹配经费和其他配套条件，协调并处理项目执行过程中的有关事项；

(五)项目主持单位负责督促、检查课题的执行情况，并向领域办提交项目年度执行和进展情况报告；

(六)项目主持单位根据课题执行情况对课题进行调整，报领域办备案；

(七)项目主持单位组织课题验收，并负责准备项目验收相关材料和向领域办提出项目验收申请。

第三十四条 领域办委托专业评估机构对项目执行情况进行中期评估，委托专业监理机构对工程性项目进行全程监理。根据评估结论和监理意见，领域办提出项目调整建议，经联办会签后，报组织实施部门批准。

第三十五条 课题由相关中心或项目主持单位组织验收；项目由领域办组织验收，并进行绩效考评。项目形成的国家秘密技术，按照《科学技术保密规定》进行管理。

第五章 基地管理

第三十六条 863计划统筹考虑项目、人才和基地建设，在通过项目(课题)对创新人才和团队持续支持的同时，形成一批具有国际水平的863计划研究开发基地。863计划研究开发基地是承担863计划研发任务中取得突出成绩、拥有优秀创新团队和较强研发实力的单位。

第三十七条 在计划实施过程中，通过项目(课题)对863计划研究开发基地优先和持续支持，凝聚和培养一批高水平的研究开发人才队伍，形成开放、流动、竞争、协作的机制，实现研究开发资源的有效配置和共享，为我国高技术持续发展奠定良好基础。

第三十八条　联办负责组织基地的认定工作。在领域办推荐或国务院有关部门（地方）组织申报的基础上，联办组织专家评审，提出基地的认定建议，报组织实施部门批准。

第三十九条　基地实行期限制，进行动态管理。联办组织对基地的评估和考核工作。组织实施部门根据评估和考核结果，对基地进行动态调整。联办负责基地的综合管理和协调，并委托部门或地方对基地进行具体管理。

第六章　知识产权和资产管理

第四十条　863 计划管理机构、课题依托单位和课题承担单位要加强知识产权管理，严格执行科技部《关于加强国家科技计划知识产权管理工作的规定》（国科发政字[2003]94 号）。863 计划课题形成的知识产权，其归属、使用和管理按照《关于国家科研计划项目研究成果知识产权管理的若干规定》（国办发[2002]30 号）执行。

第四十一条　建立规范、健全的项目科学数据和科技报告档案。项目（课题）承担单位应按照科技部有关科学数据共享和科技计划项目信息管理的规定和要求，按时上报项目（课题）有关科研资料和数据。

863 计划项目（课题）实施形成的研究成果，包括论文、专著、专利、软件、数据库等，均应标注“863 计划资助”。

第四十二条　课题研究过程中形成的无形资产，由课题依托单位负责管理和使用。课题研究成果转化及无形资产使用产生的经济效益按《中华人民共和国促进科技成果转化法》和国家有关规定执行。

第四十三条　用 863 计划经费购置或试制的固定资产属于国有资产，资产的管理按照国家有关规定执行。

第七章　评估与监督

第四十四条　组织实施部门委托专业评估机构，定期对 863 计划领域、专题和项目的执行情况与绩效进行第三方独立评估。评估结果作为对领域、专题和项目的研究内容和经费进行调整以及改进和完善计划管理的重要依据。

第四十五条　在项目（课题）立项、检查、验收等环节中，对涉及组织管理者、专家自身及单位利益的事项，实行回避制度。

第四十六条　863 计划实行信用管理制度，科学记录、管理和使用信用信息。

（一）对项目（课题）申请者在申报过程中的信用状况进行客观记录；

（二）对课题负责人、课题依托单位、课题承担单位、项目责任主体在项目（课题）执行和验收过程中信用状况进行客观记录；

（三）对专家参与项目（课题）评议、评审、评估、检查和验收等过程中的信用状况进行客观记录。

第四十七条　组织实施部门对在 863 计划研究开发和管理工作中做出突出成绩的人员或单位，给予表彰。

第四十八条　对于在申请、评议、评审、评估、检查、执行和验收过程中发现的弄虚作假、徇私舞弊行为，以及违规操作或因主观原因未能完成合同规定的任务并造成重大损失者，863 计划实行责任追究制度。情节较轻的，公开通报直接责任者，终止相关项目（课题）合同，清理账目与资产；情节较重的，在一定时期内，取消直接责任者承担 863 计划任务的资格；构成违纪的，建议相关管理部门对直接责任者给予行政（纪律）处分。

第八章　附　则

第四十九条　863 计划专项经费管理办法另行制定。

第五十条　本办法自发布之日起施行。《国家高技术研究发展计划（863 计划）管理办法》（国科发计字[2001]632 号）同时废止。

第五十一条　组织实施部门依照本办法制定相应的实施细则。

国家重点基础研究发展计划(973 计划)简介及管理办法

一、简　介

(一) 背景、意义

1997 年 6 月 4 日,原国家科技领导小组第三次会议决定要制定和实施《国家重点基础研究发展规划》,随后由科技部组织实施了国家重点基础研究发展计划(亦称 973 计划)。制定和实施 973 计划是党中央、国务院为实施“科教兴国”和“可持续发展战略”,加强基础研究和科技工作作出的重要决策;是实现 2010 年以至 21 世纪中叶我国经济、科技和社会发展的宏伟目标,提高科技持续创新能力,迎接新世纪挑战的重要举措。

(二) 目标、任务

战略目标:加强原始性创新,在更深的层面和更广泛的领域解决国家经济与社会发展中的重大科学问题,以提高我国自主创新能力和解决重大问题的能力,为国家未来发展提供科学支撑。

主要任务:一是紧紧围绕农业、能源、信息、资源环境、人口与健康、材料等领域国民经济、社会发展和科技自身发展的重大科学问题,开展多学科综合性研究,提供解决问题的理论依据和科学基础;二是部署相关的、重要的、探索性强的前沿基础研究;三是培养和造就适应 21 世纪发展需要的高科学素质、有创新能力的优秀人才;四是重点建设一批高水平、能承担国家重点科技任务的科学研究基地,并形成若干跨学科的综合科学研究中心。

(三) 定　位

973 计划的组织实施,以国家目标为宏观导向确定工作总体部署,形成合理布局,体现为技术创新提供动力和源泉,为经济、社会的可持续发展提供支撑的要求。在 973 计划项目的安排过程中,我们加强对于国家重大需求的分析和战略研究,围绕国民经济产业结构调整与高新技术产业发展、经济和社会信息化、提高人民生活质量和健康水平、自然资源及其有效利用、生态、环境与社会协调发展、西部大开发等国家重大需求,面向未来,面向科学前沿,开展重大关键科学问题的研究。

(四) 遴选原则

973 计划项目是对国家的发展和科学技术的进步具有全局性和带动性、需要国家大力组织和实施的重大基础性研究项目。项目的立项要按照“统观全局,突出重点,有所为,有所不为”的指导思想,在现有基础研究工作部署的基础上,鼓励优秀科学家和研究集体面向我国未来经济建设和科学技术发展的需要,围绕农业、能源、信息、资源环境、人口与健康、材料等国民经济、社会发展及科技自身发展的国家需求和有重大影响、能在世界占有重要一席之地的重点学科领域,瞄准科学前沿和重大科学问题,开展多学科综合研究和学科交叉研究,提供解决重大关键问题的理论依据和形成未来重大新技术的科学基础。

973 计划项目应结合我国经济、社会和科技发展的需要,统一部署,分年度组织实施。项目研究期限一般为五年。973 计划项目按照专家评议、择优支持的工作方法和“择需、择重、择优”、“公开、公平、公正”的原则遴选,强调国家需求与重大科学问题的结合,原则要求为:

(1) 围绕我国社会、经济和科技自身发展的重大需要,解决国家中长期发展中面临的重大关键问题的基础性研究。

(2) 瞄准科学前沿重大问题,体现学科交叉、综合,探索科学基本规律的基础性研究。

(3) 发挥我国的优势与特色，体现我国自然、地理与人文资源特点，能在国际科学前沿占有一席之地的基础性研究。

（五）管理机制

973 计划由科技部负责，会同国家自然科学基金委员会及各有关主管部门共同组织实施。科技部成立专家顾问组，对国家重点基础研究规划的发展战略、政策以及 973 计划项目的立项、评审及组织实施中的重大决策性问题进行咨询、顾问、监督、评议，以保证 973 计划项目立项和管理的科学性与民主性；科技部按相关领域分别组建领域专家咨询组，负责跟踪、了解项目的执行情况，以保证项目的顺利实施。

973 计划项目实行首席科学家领导下的项目专家组负责制，首席科学家对项目的执行全面负责。项目依托单位负责项目的日常管理，提供项目执行的相关条件保障。

973 计划项目实行课题制管理。实行分项目的全额预算、过程控制和全成本核算，预算管理、过程控制、成本核算与决算有机结合，形成科学的经费管理模式。在立项过程中，采取专家评审遴选项目和按项目任务审核经费相结合，在专家评审保证项目研究工作的科学性与可行性的同时，加强了预算编报和审核。科技部和财政部联合成立了 973 计划项目预算审查委员会，通过中介机构对预算的评估、预算委员会审核和媒体公布接受社会监督等步骤加强预算工作，以保证经费安排的科学性与合理性，使 973 计划项目立项和实施管理进一步科学化、规范化。

（六）特　点

973 计划项目实行“2＋3”的管理模式，即项目执行两年后，进行中期评估，重点评估项目的“工作状态”和“研究前景”，围绕项目总体目标，根据“集中目标、突出重点、精干队伍、择优支持”的原则，调整和确定后三年的研究计划；并根据中期评估情况，对有突破前景的重点课题，根据课题的实际需要进行强化支持，从而保证重点工作得到重点支持。

（七）整体部署

科技部在财政部、国家自然科学基金委员会、教育部、中国科学院、中国工程院等有关部门大力支持下，面向国家重大需求，立足科学前沿，统筹规划，突出重点，“有所为，有所不为”，从战略性、前瞻性、科学性和可行性出发，提炼和选择了一批国民经济、社会和科技自身发展中的重大科学问题，进行了国家重点基础研究的战略部署。自 1998 年起至 2002 年，已先后启动了 132 个项目，其中农业领域 17 项，能源领域 15 项，信息领域 17 项，资源环境领域 24 项，人口与健康领域 21 项，材料领域 19 项，重要科学前沿 19 项。

（八）国际合作

973 计划进一步加强国际合作和国际学术交流。根据“中华人民共和国政府与欧洲共同体科学技术合作协定”，科技部已向欧方开放了 973 计划的研究项目，欧盟国家的科学家可与中国科学家联合申请、承担 973 计划项目。目前有 1 个项目已经被批准启动实施（“分子聚集体的化学-有机功能微结构与组装”）。之外，973 计划的大多数项目都在不同程度上建立了与世界各国的广泛、深入的交流与合作。

二、国家重点基础研究发展计划(973 计划)管理办法

第一章　总　则

第一条　为贯彻落实《国家中长期科学和技术发展规划纲要（2006～2020 年）》，规范和加强国家重点基础研究发展计划（以下简称 973 计划）的管理，根据《关于国家科技计划管理改革的若干意见》、《国家科技计划管理暂行规定》和《国家科技计划项目管理暂行办法》，制定本办法。

第二条　973 计划是以国家重大需求为导向，对我国未来发展和科学技术进步具有战略性、前瞻性、

全局性和带动性的基础研究发展计划，主要支持面向国家重大战略需求的基础研究领域和重大科学研究计划。

973计划的主要任务是解决我国经济建设、社会可持续发展、国家公共安全和科技发展中的重大基础科学问题，在世界科学发展的主流方向上取得一批具有重大影响的原始性创新成果，为国民经济和社会可持续发展提供科学基础，为未来高新技术的形成提供源头创新，提升我国基础研究自主创新能力。

第三条 科技部(以下简称“科技部”)会同财政部制订973计划管理办法。科技部负责973计划的组织实施。

第四条 973计划的管理原则：

(一) 坚持面向国家战略需求、强调自主创新、鼓励学科交叉、实现重点突破；

(二) 坚持政府决策与专家咨询相结合的立项制度，坚持“择需、择重、择优”和“公开、公平、公正”的原则；

(三) 坚持项目、基地、人才相结合，优先支持国家重点研究基地及优秀研究团队，围绕国家重大需求开展基础研究工作；

(四) 坚持规范管理，完善各项制度建设，对项目的执行情况及完成结果实施绩效考评。

第五条 973计划由中央财政专项拨款支持。加强对经费的监督检查，计划经费单独核算，专款专用。

第二章 组织管理

第六条 科技部负责973计划的组织实施，主要职责是：

(一) 制定国家重点基础研究发展规划；

(二) 制定实施细则及相关管理规定；

(三) 编制年度计划，发布申报指南；

(四) 负责申报受理、建立备选项目库、立项、评审评估、结题验收等工作，负责实施过程中的调整、协调、监督等工作。

第七条 973计划以重大项目和研究专项的方式组织实施。面向国家重大战略需求的基础研究领域，通过重大项目实施；重大科学研究计划等方面的工作通过研究专项实施，研究专项由若干重大项目组成。重大项目(以下简称项目)由若干课题组成。

第八条 科技部设立专家顾问组对973计划进行学术咨询。专家顾问组的主要职责是：

(一) 开展973计划发展战略研究，对973计划组织实施中的重大问题提出咨询意见和建议；

(二) 对973计划年度申报指南提出咨询意见和建议；

(三) 受科技部委托主持立项综合评审和咨询工作；

(四) 承担科技部委托的其他相关工作。

第九条 科技部设立领域专家咨询组参与973计划项目组织实施的过程管理。领域专家咨询组的主要职责是：

(一) 跟踪了解项目执行情况，定期向科技部提出咨询工作报告；

(二) 对项目实施中存在的问题向科技部提出咨询意见和建议；

(三) 受科技部委托主持项目中期评估工作；

(四) 承担科技部委托的其他相关工作。

第十条 科技部设立973计划联合办公室，加强973计划与国家自然科学基金、863计划等国家科技计划的协调和衔接。

第十一条 在国家科技计划专家库中，采取随机抽取的方式聘请具有良好信誉的专家参与973计划的项目立项、监督验收、经费预算和绩效考评等有关评估评审工作，专家对评估咨询结果的公正性和科学性负责。

第十二条 973计划组织实施过程中实行回避制度。专家顾问组成员和领域专家咨询组成员不相互兼任，不能参与项目申报或承担项目。在项目评审评估和验收等管理环节中利益相关人员应回避。

第十三条　973计划组织实施过程中实行保密制度。在973计划项目评审评估、结题验收和实施过程中，评审评估专家和管理人员未经许可不能复制、透露或引用项目相关内容，不能对外透露评审评估过程中的意见和未公布的评审评估结果。

第十四条　973计划实行公示制度，对立项计划、中期评估和结题验收结果等进行公示，接受社会监督。

第十五条　973计划实行信用制度，对项目承担单位、课题承担单位及课题负责人、专家等在实施973计划中的信用情况进行客观纪录，并作为其参与国家科技计划活动的重要依据。

第三章　立　项

第十六条　科技部征求相关部门重大需求，委托专家顾问组依据国家规划和部门重大需求提出年度项目申报指南的建议。科技部以专家顾问组的建议为基础，研究制定并发布年度申报指南。

第十七条　中国大陆境内具有法人资格的科研机构和高等院校可根据申报指南提出项目申请。申报单位通过主管部门、地方科技主管部门或直接向科技部申报项目。

第十八条　973计划立项的基本要求是：

（一）符合年度申报指南要求，具有创新的学术思想，有明确、先进的研究目标，有科学、可行的研究方案；

（二）具有高水平的学术带头人和研究团队；

（三）利用重点研究基地的研究条件，具有较好的研究工作基础。

第十九条　重大项目立项评审一般需要经过初评、复评和综合评审三个步骤，以定性评价为主，定量评价为辅。

初评是同行评议，相关研究方向的同行专家依据项目申请书进行书面评审，从项目是否体现国家战略需求与科学前沿的结合、学术思路的创新性、研究方案的科学性与可行性、研究队伍的水平和研究工作基础等方面进行评审。

复评是领域评审，本领域同行专家组成评审组进行答辩评审，根据领域发展需求和布局，从项目的重要性、科学性和创新性、研究队伍的水平、研究工作基础等方面进行评审。

综合评审是专家顾问组主持的战略咨询。所有领域的专家组成评审组进行答辩评审，从国家战略需求、项目的创新性及研究队伍的创新能力等方面进行评审。专家顾问组根据评审结果向科技部提出立项建议。

第二十条　研究专项立项评审一般需要经过初评和复评两个步骤。科技部组建研究专项专家组，加强研究专项的总体设计和学术咨询。研究专项的立项程序是：研究专项专家组提出组织实施方案的建议，科技部审定组织实施方案并发布申报指南；科技部可委托专家组或相关专业机构对研究专项项目进行评审，提出立项建议。

第二十一条　涉及国家安全、重大突发性事件等需要国家特殊或紧急部署的有关项目，科技部委托专家顾问组进行学术咨询，专家顾问组向科技部提出立项咨询意见。

第二十二条　科技部根据专家评审结果和专家顾问组提出的立项建议，审议确定立项项目，聘任项目首席科学家，按规定程序批复项目计划任务书。

第四章　项目实施

第二十三条　项目首席科学家负责项目的具体实施。项目首席科学家组建项目专家组，采取民主决策方式组织实施项目。

第二十四条　项目一般设一名首席科学家。项目首席科学家应具备以下条件：

（一）具有较高的学术水平和开拓创新意识；

（二）具有较强的组织、协调能力；

（三）具有良好的信誉，作风民主、严谨；

（四）将主要时间和精力用于项目的组织、协调与研究工作；

（五）在项目立项当年一般不超过60岁。

第二十五条 项目首席科学家的主要职责是:

(一)制定项目研究计划和实施方案;

(二)组织研究队伍,聘任课题负责人;

(三)把握学术方向和研究重点;

(四)开展学术交流,推动基础科学数据共享工作;

(五)接受科技部和财政部组织的检查,支持领域专家咨询组的工作。

在项目实施过程中,涉及研究方向、研究计划、研究经费等方面的重大调整,应由项目专家组民主决策。

第二十六条 项目专家组一般由7～9人组成,其中不承担项目研究任务的同行专家应不少于3人。

第二十七条 项目承担单位的主要职责是:负责项目经费管理,为项目实施提供条件保障,负责项目执行过程中形成的国有固定资产和研究成果的管理。

第二十八条 科技部委托项目承担单位的主管部门或地方科技主管部门等作为项目依托部门,协助进行项目组织实施的监督与管理。项目依托部门的主要职责是:督促项目实施,协助处理项目执行过程中出现的问题,对项目研究计划、调整方案和结题等提出审查意见。

第二十九条 项目计划任务书是项目实施的依据。项目计划任务书由科技部与项目首席科学家和项目第一承担单位签订。项目首席科学家依据项目计划任务书同课题负责人和承担单位签订课题计划任务书,作为课题实施的依据。

第三十条 项目实施实行重大事项报告制度。项目实施过程中,涉及项目研究目标、主要研究内容、课题设置、项目首席科学家等重大事项的变更,项目首席科学家和项目第一承担单位应按程序报科技部审批。

项目或课题在执行过程中存在以下问题的,科技部视情况予以调整或终止:原定研究方案不可行;与国家其他科技计划内容重复;因项目承担单位承诺的配套条件不落实而影响研究工作的开展;有严重弄虚作假行为等。

第三十一条 项目实施实行年度报告制度。项目首席科学家每年年底前应对年度计划执行情况进行检查和总结,并按规定要求向科技部提交年度总结报告。

第三十二条 项目实施实行中期评估制度。项目实施两年左右进行一次中期评估,目的是进一步明确项目的研究计划和目标,调整和优化课题设置、经费和人员配置。中期评估由科技部委托领域专家咨询组主持进行,重点评估项目的工作状态和研究前景。根据中期评估,科技部与项目首席科学家和项目第一承担单位签订项目计划任务书调整方案;项目首席科学家与课题负责人和承担单位签订课题计划任务书调整方案。

第五章 结题验收与成果管理

第三十三条 项目实施期满应进行结题验收。若由于客观原因需要提前或延期结题,项目首席科学家应商项目依托部门向科技部提出提前或延期结题的申请。项目延期结题的时间一般不超过三个月。提前或延期结题项目的结题验收工作由科技部统一安排。

第三十四条 结题验收工作包括课题验收和项目验收两个阶段,项目验收在课题验收的基础上进行。课题验收应在项目结题后一个月内完成,项目验收一般在课题验收后两个月内完成。

第三十五条 项目验收主要依据项目计划任务书、项目计划任务书调整方案和项目结题验收总结报告。课题验收主要依据课题计划任务书、课题计划任务书调整方案和课题结题验收总结报告。

第三十六条 课题验收由项目首席科学家主持,会同项目依托部门组建课题验收专家组,对课题实施情况进行全面总结与评估。

课题验收重点是课题计划任务完成情况、研究成果的水平及创新性、课题对项目总体目标的贡献、研究队伍创新能力、人才培养情况等。

第三十七条 项目验收由科技部负责,委托项目验收专家组分领域对项目研究计划完成情况、实施效果和优秀人才培养情况等方面进行验收。

项目验收的重点是项目研究计划完成情况、项目实施效果、研究成果的水平与创新性、项目首席科学家作用、研究队伍创新能力、优秀人才培养情况，以及项目组织管理等。

第三十八条　在项目验收中，项目实施效果的评价按项目类型有所侧重。对于农业、能源、信息、资源环境、人口与健康、材料、综合交叉等领域的项目，重点评价研究成果预期解决国家重大需求的实质性贡献和作用；对于重要科学前沿领域项目，重点评价研究成果的原创性和科学价值、对学科发展的推动作用及国际影响。

第三十九条　建立规范、健全的项目科学数据和科技报告档案。项目承担单位和课题承担单位按照科技部有关科学数据共享和科技计划项目信息管理的规定和要求，按时上报项目和课题有关数据。科技部委托科技信息服务机构建立973计划项目和成果数据库，实现信息公开、资源共享。

第四十条　项目实施形成的研究成果，包括论文、专著、专利、软件、数据库等，均应标注"国家重点基础研究发展计划资助"及项目编号。英文标注："National Basic Research Program of China"或"973 Program"。项目实施形成的知识产权的归属、使用和转移，按国家有关法规执行。

第六章　附　则

第四十一条　973计划经费管理办法另行制定。

第四十二条　本办法自公布之日起施行。《国家重点基础研究发展规划项目管理暂行办法》(国科发基字[1998]543号)同时废止。

第四十三条　科技部依据本办法制定《国家重点基础研究发展计划管理办法实施细则》，另行发布。

第四十四条　本办法由科技部、财政部负责解释。

三、973计划2006年度项目申报指南(节选)

(六)材料领域重要支持方向

1. 发展高新技术产业的材料科学基础

半导体光电功能材料的基础研究。针对信息技术发展对半导体光电功能材料的需求，围绕功能集成、低维结构(量子结构)等相关基础科学问题开展研究，为下一代信息技术的发展提供理论基础和技术储备。

973计划2006～2007年立项项目清单(部分)

项目编号	项目名称	项目首席科学家	项目第一承担单位	项目依托部门
2006CB302700	纳米尺度硅集成电路器件与工艺基础研究	张兴	北京大学	教育部
2006CB302800	宽带光纤与无线信息网络中的光子集成与微纳光电集成基础研究	罗毅	清华大学	教育部
2006CB604900	半导体光电信息功能材料的基础研究	陈涌海	中国科学院半导体研究所	中国科学院

科技型中小企业技术创新基金简介、项目管理暂行办法、2006年度若干重点项目指南(节选)

一、简　介

(一)科技型中小企业技术创新基金的基本特征及性质

科技型中小企业具有建设所需资金少,建成周期短,决策机制灵活,管理成本低廉,能够适应市场多样性的需求等特点,特别是在创新机制和创新效率方面具有其他企业无法比拟的优势。科技型中小企业既是加快科技成果转化、实现技术创新的有效载体,也是国民经济增长的重要源泉。近年来的发展表明,科技型中小企业无论是在数量上还是在质量上,都已经成为国民经济的重要组成部分,是国家经济发展新的重要的增长点。因此,结合我国科技型中小企业发展的特点和资本市场的现状,建立以政府支持为主的科技型中小企业技术创新基金,是促进我国经济持续、稳定发展的一项重要措施。

科技型中小企业技术创新基金是经国务院批准设立,用于支持科技型中小企业技术创新的政府专项基金。通过拨款资助、贷款贴息和资本金投入等方式扶持和引导科技型中小企业的技术创新活动,促进科技成果的转化,培育一批具有中国特色的科技型中小企业,加快高新技术产业化进程,必将对我国产业和产品结构整体优化,扩大内需,创造新的就业机会,带动和促进国民经济健康、稳定、快速的发展等起到积极的作用。

科技型中小企业技术创新基金作为中央政府的专项基金,将按照市场经济的客观规律进行运作,扶持各种所有制类型的科技型中小企业,并有效地吸引地方政府、企业、风险投资机构和金融机构对科技型中小企业进行投资,逐步推动建立起符合市场经济客观规律的高新技术产业化投资机制,从而进一步优化科技投资资源,营造有利于科技型中小企业创新和发展的良好环境。

(二)科技型中小企业技术创新基金的定位点

基金定位:创新基金作为政府对科技型中小企业技术创新的资助手段,将以贷款贴息、无偿资助和资本金投入等方式,通过支持成果转化和技术创新,培育和扶持科技型中小企业。创新基金将重点支持产业化初期(种子期和初创期)、技术含量高、市场前景好、风险较大、商业性资金进入尚不具备条件、最需要由政府支持的科技型中小企业项目,并将为其进入产业化扩张和商业性资本的介入起到铺垫和引导的作用。因此,创新基金将以创新和产业化为宗旨,以市场为导向,上联“八六三”、“攻关”等国家指令性研究发展计划和科技人员的创新成果,下接“火炬”等高技术产业化指导性计划和商业性创业投资者,在促进科技成果产业化,培育和扶持科技型中小企业的同时,推动建立起符合市场经济客观规律、支持科技型中小企业技术创新的新型投资机制。

二、科技型中小企业技术创新基金项目管理暂行办法

第一章　总　则

第一条　为保证科技型中小企业技术创新基金(以下简称“创新基金”)管理工作的顺利开展,根据《中华人民共和国中小企业促进法》、《国务院办公厅转发科技部、财政部关于科技型中小企业技术创新基金的暂行规定的通知》(国办发[1999]47号)等,制定本办法。

第二条　科技部是创新基金的主管部门,财政部是创新基金的监管部门。科技部科技型中小企业技

术创新基金管理中心(以下简称“管理中心”)负责具体管理工作。

第三条　创新基金的使用和管理遵守国家有关法律、行政法规和相关规章制度,遵循诚实申请、公正受理、科学管理、择优支持、公开透明、专款专用的原则。

第二章　支持条件、范围与支持方式

第四条　申请创新基金支持的项目需符合以下条件:

(一)符合国家产业、技术政策;

(二)技术含量较高,技术创新性较强;

(三)项目产品有较大的市场容量、较强的市场竞争力;

(四)无知识产权纠纷。

第五条　承担项目的企业应具备以下条件:

(一)在中国境内注册,具有独立企业法人资格;

(二)主要从事高新技术产品的研制、开发、生产和服务业务;

(三)企业管理层有较高经营管理水平,有较强的市场开拓能力;

(四)职工人数不超过500人,具有大专以上学历的科技人员占职工总数的比例不低于30%,直接从事研究开发的科技人员占职工总数的比例不低于10%;

(五)有良好的经营业绩,资产负债率合理;每年用于高新技术产品研究开发的经费不低于销售额的5%;

(六)有健全的财务管理机构,有严格的财务管理制度和合格的财务人员。

第六条　创新基金以贷款贴息、无偿资助和资本金投入的方式支持科技型中小企业的技术创新活动。

(一)贷款贴息。

1.主要用于支持产品具有一定水平、规模和效益且银行已经贷款或有贷款意向的项目;

2.项目新增投资在3000万元以下,资金来源基本确定,投资结构合理,项目实施周期不超过3年;

3.创新基金贴息总额一般不超过100万元,个别重大项目不超过200万元。

(二)无偿资助。

1.主要用于科技型中小企业技术创新活动中新技术、新产品研究开发及中试放大等阶段的必要补助;

2.项目新增投资一般在1000万元以下,资金来源基本确定,投资结构合理,项目实施周期不超过2年;

3.企业需有与申请创新基金资助数额等额以上的自有资金匹配;

4.创新基金资助数额一般不超过100万元,个别重大项目不超过200万元。

(三)资本金投入具体办法另行制定。

第七条　在同一年度内,一个企业只能申请一个项目和一种支持方式。申请企业应根据项目所处的阶段,选择一种相应的支持方式。

第三章　项目申请与受理

第八条　科技部每年年初制定并发布年度《科技型中小企业技术创新基金若干重点项目指南》,明确创新基金项目年度重点支持范围。

第九条　科技型中小企业申请创新基金,应按管理中心发布的《科技型中小企业技术创新基金项目申请须知》准备和提供相应的申请材料。

第十条　企业提交的创新基金申请材料必须真实可靠,并经项目推荐单位推荐。推荐单位是指熟悉企业及项目情况的当地省级科技主管部门。推荐单位出具推荐意见之前应征求省级财政部门对项目的意见,并将推荐项目名单抄送省级财政部门备案。

第十一条　项目推荐单位和管理中心要采取公开方式受理申请,并提出审查意见。受理审查内容包括:资格审查、形式审查、内容审查。受理审查合格后,管理中心将组织有关机构和专家进行立项审查。

对受理审查不合格的项目，管理中心自收到项目申请材料之日起三十日内在创新基金网站上发出《不受理通知书》。

第四章　项目立项审查

第十二条　立项审查方式包括专家评审、专家咨询、科技评估等。由管理中心根据项目特点选择相应的立项审查方式。

对技术、产品相近的项目采取专家评审的方式。对跨学科、跨领域、创新性强、技术集成、技术领域分布相对分散的个性化项目，可委托科技评估机构评估。

第十三条　创新基金项目评审专家，包括技术、经济、财务、市场和企业管理等方面的专家，由管理中心聘任或认可，并进入创新基金评审专家库。专家应具备以下条件：

(一) 具有对国家和企业负责的态度，有良好的职业道德，能坚持独立、客观、公正原则；

(二) 对审查项目所属的技术领域有较丰富的专业知识和实践经验，对该技术领域的发展和所涉及经济领域、市场状况有较深的了解，具有权威性；

(三) 一般应具有高级专业技术职务，年龄一般在60岁以下。

第十四条　承担创新基金项目立项评估工作的评估机构须在经科技部和财政部认定的评估机构中选择。评估机构应具备以下条件：

(一) 具有独立企业或事业法人资格，并在有关管理部门注册、登记；

(二) 有相应的专业技术人员和管理人员；

(三) 评估机构应从事过评估或科技咨询等工作，并具有一定经验；

(四) 有良好的业绩和信誉；

(五) 经过相关专业培训。

第十五条　专家应依据评审、评估工作规范和审查标准，对申请项目进行全面的审查，并提出有针对性的审查意见。在审查过程中，专家可通过管理中心要求申请企业补充有关材料或进一步说明情况，但不得与申请企业及有关人员直接联系。必要时管理中心可委托专家组到申请企业进行审查。

第十六条　为保证创新基金项目立项审查的公正性，审查工作实行回避制度。属下列情况之一时，专家应当回避：

(一) 审查专家所在企业的申请项目；

(二) 专家家庭成员或近亲属为所审项目申请企业的负责人；

(三) 有利益关系或直接隶属关系。

第十七条　评估机构和专家对所审项目的技术、经济秘密和审查结论意见负有保密责任和义务。管理中心尊重评估机构和专家的审查结论意见并给予保密。

第十八条　管理中心根据评估机构的工作质量及行为规范情况，对评估机构实行动态管理和科技信用评价管理。管理中心于每年底向科技部、财政部报告有关情况并提出调整意见。

第十九条　管理中心根据项目申请资料和立项审查结论意见提出创新基金立项建议，报科技部、财政部审批。科技部、财政部可对项目进行复审。

第二十条　经科技部、财政部批准的项目，应在创新基金网站以及相关新闻媒体上发布立项项目公告。公告发布之日起2周内为立项项目异议期。

第二十一条　创新基金项目实行合同管理。管理中心在异议期满后应与立项项目承担企业、推荐单位签订合同，确定项目各项技术经济指标、阶段考核目标以及完成期限等条款，同时将合同抄送项目所在地省级财政部门。对于有重大异议的项目，管理中心暂不签订合同，并对项目进行复议。需撤销项目时须报科技部和财政部同意后执行。

第二十二条　立项审查未通过或未获科技部、财政部批准的项目，管理中心将在创新基金网站上发出《不立项通知书》。不立项项目的申请企业当年不得再次申报项目。

第五章　项目监督管理及验收

第二十三条　省级科技主管部门负责本地区项目的日常监督管理和验收工作；省级财政部门负责对

本地区创新基金的运作和使用进行监督、检查，并参与项目的验收工作；管理中心依据本办法负责制订《创新基金项目监督管理和验收工作规范》，并组织实施项目监督管理和验收工作，分析总结项目执行情况。

第二十四条　项目监督管理主要内容包括：

（一）项目资金到位与使用情况；

（二）合同计划进度执行情况；

（三）项目达到的技术、经济、质量指标情况；

（四）项目存在的主要问题和解决措施。

第二十五条　项目监督管理的主要方式：

（一）项目承担企业定期填报监理信息调查表（半年报、年报）；

（二）省级科技主管部门应实地检查项目执行情况，并提出监理意见；省级财政部门应定期抽查项目执行情况，并对创新基金使用管理情况提出报告；

（三）管理中心根据需要，对部分项目进行实地检查。

第二十六条　管理中心根据企业定期报表、地方监理意见、实地检查等，提出项目执行情况分析报告，并报科技部、财政部。

第二十七条　项目承担企业因客观原因需对合同目标调整时，应提出书面申请，经管理中心批准后执行；在合同执行过程中发生重大违约事件的，管理中心可按合同终止执行项目，并采取相应处理措施。

第二十八条　项目验收工作原则上在合同到期后一年内完成。需要提前或延期验收的项目，企业应提出申请报管理中心批准后执行。

第二十九条　创新基金项目验收的主要内容包括：

（一）合同计划进度执行情况；

（二）项目经济、技术指标完成情况；

（三）创新基金项目研究开发取得的成果情况；

（四）资金落实与使用情况；

（五）项目实施前后企业的整体发展变化情况。

第三十条　一般项目由省级科技主管部门组织验收；100 万元以上的项目由管理中心组织验收。管理中心依据《创新基金项目监督管理和验收工作规范》，对项目进行综合评价并分别做出验收合格、验收基本合格、验收不合格的结论意见，报科技部、财政部。

第六章　附　则

第三十一条　本办法自发布之日起施行，创新基金有关规定与本办法相抵触的，按本办法执行。科技部、财政部《关于印发＜科技型中小企业技术创新基金项目实施方案（试行）＞的通知》（国科发计字[1999]260 号）同时废止。

第三十二条　本办法由科技部会同财政部负责解释。

三、2006 年度科技型中小企业技术创新基金若干重点项目指南（节选）

科技部编制

为保持《科技型中小企业技术创新基金若干重点项目指南》（以下简称《指南》）的相对稳定，经科技部、财政部同意，2006 年度《指南》将沿用 2005 年度的《指南》，各领域内的支持重点及相关要求与 2005 年度《指南》中的规定基本保持一致。同时，根据国家中长期科学与技术发展规划纲要提出的增强自主创新能力，建设创新型国家的奋斗目标，以及节约资源、建设环境友好型社会的总体战略部署，更加强调以企业为主体的产学研创新组织的发展，更加关注循环经济和资源综合化利用。为帮助企业使用好 2006 年度《指南》，现就有关事项说明如下：

（1）《指南》是地方组织项目申报并进行初选的重要依据；是企业准备申报材料的重要依据；是创新

基金专家评审工作的重要依据。企业在申请创新基金时须认真阅读《指南》,不符合要求的项目请不要申请。

(2) 为了引导和促进技术转移,特别是"863"计划、攻关计划、重大科技专项相关成果的产业化,鼓励中小企业与研究机构的合作,支持以企业为主体的产学研创新组织的发展,推动产业集群的关键技术升级,2006 年度将增加技术转移项目(STTR)类型,由研究机构向企业输出技术,企业将技术实现产品化或商品化,企业和研究机构联合申请创新基金,申请项目必须符合《指南》中的各项要求。

(3) 为适应科学发展观的要求,今年支持重点有部分补充:

- 在资源环境、新能源与高效节能领域,关注循环经济以及资源综合化利用。在 2005 年项目指南支持重点的基础上,还将重点支持高效节水型、资源节约型的清洁生产工艺与设备;废电池、废电器、废汽车无污染回收利用技术产品与设备;减量化、资源化、无害化处理技术与设备;再生水回用的深度处理技术及关键设备;工业无机、有机固体废物综合利用、资源化处理技术与装置;矿产冶金行业固体废渣综合利用与资源化处理技术与装置等。

  为了促进传统产业升级和产业结构调整,重点支持人才密集、技术关联性强、附加值高并直接服务于产业发展的高技术服务业项目,采用现代管理经营理念和商业模式,运用信息手段和高新技术,为生产和市场发展提供专业化服务。

(4) 没有列入《指南》的项目,若产品符合高新技术重点发展方向和产业发展趋势的,企业也可以提出申请。

(5) 创新基金资助项目是通过一套规范、严格的审查筛选程序,竞争择优而产生,创新水平高和市场前景好的项目才有可能获得创新基金资助。

(一) 电子信息

信息产业是国民经济的基础产业、支柱产业和先导产业,其发展水平已成为衡量一个国家现代化水平与综合国力的重要标志。信息产业的发展,对促进生产力发展、推动先进文化传播、提高人民生活质量,具有十分重要的作用。

近些年来,科技型中小企业在电子信息领域中发挥了巨大的作用,促进了信息产业和产品的整体优化和健康发展,信息产业是最适合科技型中小企业发展和技术创新的领域,也是科技型中小企业技术创新基金重点支持的领域。

2005 年度,科技型中小企业技术创新基金将重点支持电子信息领域中下列八个方面的技术和产品:软件产品;微电子技术;网络及计算机产品;通信产品;广播电视技术产品;新型电子元器件;信息安全产品;智能交通产品。其中将软件产品、微电子技术、信息安全产品列入重中之重项目;不支持网站建设类项目;不支持一般的管理信息系统(MIS)和办公自动化系统(OA)。

申请 2005 年度电子信息领域项目的企业,请注意以下事项:

(1) 信息安全产品:部分项目在申请时要求有资质证(国家有关主管部门的许可),请注意相关条目的提示;项目验收时需要提供权威单位的测试报告和销售许可证。

(2) 软件产品是指向用户提供的计算机软件、信息系统或设备中嵌入的软件、或在提供计算机信息系统集成、应用服务等技术服务时提供的计算机软件。单位或个人自己开发并自用的软件以及委托他人开发的自用专用软件不在基金支持范围内。部分软件产品项目,在申报时,必须具备一些必要条件,请注意相关条目的提示。

(3) 软件产品项目在项目验收时,需提供软件产品登记证书和软件著作权登记证书。

(4) 通信产品项目在申请时要有样机(品)并提供功能测试报告。项目验收时需提供电信设备进网许可证。

(5) 新型电子元器件产品原则上以贷款贴息方式支持。

(6) 为特殊行业配套和服务的产品,要符合该行业管理中的有关规定,请在可行性报告中加以说明,并附相关证明材料。

（二）新型电子元器件

电子元器件是电子信息产业的基础，其发展速度的快慢、技术水平的高低，直接影响信息产业的发展。新型电子元器件的出现不仅为行业本身产业结构、产品结构调整带来了巨大的变化，使之更加适应当前市场的需要，同时为电子整机的发展及更新换代提供了必要的基础和条件。加速开发电子元器件新品种，进行关键技术及工艺攻关，为重点电子整机提供高水平的元器件是本项目内容及目标。本领域 2005 年度原则上以贷款贴息方式支持。本年度重点支持的技术创新项目如下：

1. 半导体发光二极管(含半导体照明用功率发光二极管)

在半导体光电器件中，发光二极管是当前市场需求量最大的一种。发光二极管具有功耗低、体积小、可靠性高、寿命长且光输出响应快等优点，因而得到广泛的应用。目前发光二极管中红色、绿色、黄色已形成大批量生产。普通亮度发光管用单晶材料，外延片及芯片制造技术已用于大批量生产。本年度重点支持：

(1) 外延片制造技术，包括四元系红、橙、黄高亮度发光管用外延片，GaN 基外延片；

(2) 芯片制造技术；

(3)大功率、高亮度发光管封装技术；

(4)研究开发蓝色、纯绿色(波长 525nm)发光管、半导体照明用白光发光管；

(5)半导体照明用长寿命高效荧光粉、封装树脂材料等。

2. 片式半导体器件

为了满足电子整机的小型化、轻量化及组装自动化的要求，表面安装技术(SMT)发展十分迅速，进而推动了片式元器件的快速发展。片式半导体二、三极管生产已初具规模，但在品种及产量方面与市场需求仍有较大差距。本年度重点支持：

(1) 增加封装品种规格，如开发小型、超小型、功率型有引线、无引线等新品种；

(2) 进行封装大生产技术开发，如低弧度键合、封装、可焊性、可靠性等技术开发，保证封装成品率大于 97%，实现大批量生产满足用户要求。

（三）新材料

材料是社会进步的物质基础和先导，对国民经济和国防建设起着关键的支撑作用。新材料是高技术的重要组成部分，与信息、生命、能源并称为现代文明和社会发展的四大支柱。加强新材料的开发对推动高新技术产业发展、促进传统产业升级换代，增强综合国力具有重要的意义。

本年度新材料领域坚持“有限目标，突出重点，支持创新，发展产业”的方针，重点支持新材料领域具有自主知识产权、技术先进、创新程度高、环境友好、市场前景好的新材料项目。同时针对我国加入 WTO 并逐步发展成为国际制造业基地的新形势，新材料领域应与时俱进，抓住机遇，迎接挑战，积极开发高性能新材料，提升基础原材料的产品档次，促进我国制造业的快速发展，提高我国新材料产业参与国际市场的竞争力。

2006 年度，科技型中小企业技术创新基金将重点支持新材料领域中下列六个方面的技术和产品：金属材料；无机非金属材料；高分子材料；材料的先进制备、成型、加工技术及高性能产品；生物医学材料；精细与专用化学品。本年度将具有原创性发明，产业关联度大的新材料及产品列入重中之重项目，鼓励支持有利于促进新兴产业集聚、有利于形成产品链的项目(技术)与产品。将生物医学材料及产品、电子信息材料及产品列入重点支持项目。

本年度不支持无产品检测报告、无用户意见的项目；不支持简单借用纳米概念、不具有明显纳米材料尺寸效应的项目(其他不支持项目详见相关章节)。

申请 2005 年度创新基金新材料领域的项目，除应符合创新基金申报有关规定外，还须注意以下几点要求：

(1) 提交按照项目名称和创新点进行查新的当年度查新报告，报告须由省级或省级以上有资质的科技查新部门完成；

(2) 专利申请被受理的须附受理通知书、专利请求书、专利说明书、摘要附图、权利要求书,已公开或授权的专利须附专利(公开)说明书;

(3) 须提供经权威部门对产品的测试、检测报告;

(4) 须提供的用户报告,应包括产品性能或使用情况的数据;

(5) 对环境有影响的项目,企业须提交地方环保部门的批准文件或环评报告;

(6) 特殊行业的产品须提供符合该行业的管理规定的相关证明材料。

(四) 半导体材料

半导体材料是支撑电子信息产业发展的重要基础材料之一。随着我国产业结构调整、升级,市场对半导体材料的需求越来越大,所以发展具有自主知识产权的半导体产品,对于推动国民经济发展具有重要的现实意义。本年度重点支持:

(1) 大直径砷化镓、氮化镓、硫化锌、磷化镓等化合物半导体材料及外延片和 6 in 以上硅外延片;

(2) 用于太阳能电池免清洗锗片及新型材料;

(3) 低能耗多晶硅生产技术及产品;

(4) 红外光学锗单晶。

2005 年度共支持项目 1 552 项,支持金额 98 848 万元(部分)

序 号	立项代码	项目名称	企业名称	支持方式	支持金额(万元)
700	05C26213300700	光伏电源大功率半导体(LED)照明系统	杭州富阳新颖电子有限公司	无偿资助	75
1086	05C26214201086	复合全彩色 LED 点阵模块及显示屏	武汉市维新光电子有限责任公司	无偿资助	70
1379	05C26215111379	大功率 LED 机动车灯具	重庆市雪伦科技有限责任公司	无偿资助	50
1395	05C26215111395	LED 消防应急照明、标志及控制系统	重庆信德电子有限公司	无偿资助	50
571	05C26213200571	LED 全彩 ARM 嵌入式控制系统	南京德普达电子技术有限公司	无偿资助	75
353	05C26222120353	新型 LED 全彩显示屏及嵌入式控制系统的开发和应用	大连长城光电科技发展有限公司	无偿资助	75
1390	05C26215111390	铁路 LED 信号机系列产品开发与应用	重庆中铁电务器材新技术有限公司	无偿资助	55
354	05C26212120354	光电子关键支撑材料-7N 白氨纯化技术及规模化生产	大连晶元电子气体研究中心有限公司	无偿资助	85
1063	05C26224201063	新型半导体照明高效率白光二极管	武汉宏明科技有限公司	无偿资助	75

2006 年度第 1 批共支持项目 601 项,支持金额 21 253 万元(部分)

序 号	立项代码	项目名称	企业名称	支持方式	支持金额(万元)
169	06C26212300169	2~5 in 蓝宝石半导体晶园工业化生产技术	哈尔滨萨菲尔晶体技术有限公司	创业项目	20
238	06C26223200238	风光互补 LEDs 功率管智能化路灯	无锡中科绿能科技有限公司	创业项目	25
377	06C26224200377	功率型 LED 封装用环氧基杂化树脂	武汉旭化成科技有限公司	创业项目	25
500	06C26215100500	基于水平法生长的蓝宝石晶体加工 LED 外延衬底基片	四川联合晶体新材料有限公司	无偿资助	50
515	06C26225110515	LED 多芯片高效节能光源及应用产品	重庆万道光电科技有限公司	创业项目	40
547	06C26216100547	有机电致蓝光材料	西安近代化学研究所	无偿资助	55
570	06C26226100570	半导体芯片制造用高纯碳化硅制品	西安希朗材料科技有限公司	创业项目	25
571	06C26226100571	半导体分立器件测试系统	西安佰人科技有限公司	创业项目	25

2006 年度第 2 批共支持项目 1 304 项,支持金额 63 035 万元(部分)

序　号	立项代码	项目名称	企业名称	支持方式	支持金额(万元)
98	06C26211200699	轨道交通 LED 信号机及控制系统	天津市凯泽科技有限公司	无偿资助	55
390	06C26213100991	基于 Internet 的 LED 大型全彩幕墙嵌入式控制系统	上海复展照明科技有限公司	无偿资助	20
471	06C26213201072	具有特种显色效果的大功率高效 LED	无锡来德电子有限公司	无偿资助	55
505	06C26223201106	LED 大功率半导体照明器件	无锡新兰光电有限公司	无偿资助	20
605	06C26213311206	多曲面 LED 型汽车组合后灯反射体	宁波博升电器制造有限公司	无偿资助	50
699	06C26113511300	超薄型高光效低热阻表面贴装 LED	厦门市光莆电子有限公司	贷款贴息	60
1121	06C26225101722	高亮度 LED 外延衬底材料-大尺寸蓝宝石晶体中试	成都莱普科技有限公司	无偿资助	55
1154	06C26215111755	高亮度、超节能、大功率 LED 照明产品产业化项目	重庆泰富照明设备制造有限公司	无偿资助	55
665	06C26213401266	光伏太阳能 LED 自动照明系统	铜陵瑞鑫光电有限责任公司	无偿资助	50

国家发改委新材料等高技术产业化专项及国家高技术产业发展项目管理暂行办法

一、国家发改委新材料等高技术产业化专项

国家发展改革委办公厅关于继续新材料等高技术产业化专项组织实施的通知

发改办高技[2005]2876 号

根据国务院关于投资体制改革决定的精神和正在实施的高技术产业化专项的执行情况,发改委决定在 2006 年期间,继续组织实施新材料、新能源、区域特色高技术产业化专项。有关专项的实施原则、总体目标等,仍按照发改委于 2002~2005 年分别发布的有关高技术产业化专项公告(或通知)执行。

(一)专项近期实施重点内容

1. 新材料高技术产业化专项

2006 年产业化重点领域:围绕铝合金预拉伸板、钛及钛合金板材、高温合金、复合材料四类对国防建设、重大工程和产业结构升级具有重要推动作用的大宗材料开展产业化,满足当前航空、航天、交通运输、机械制造领域大型结构件制造对关键材料的需求,努力促使我国上述四大类材料的产品质量与综合性能达到国际先进水平;围绕高端绿色与环保材料,重点开展电器产品所需绿色与环保封装及焊接材料等产业化。

2. 新能源高技术产业化专项

在可再生能源领域,重点围绕 100kW 以上的风电机组及其关键技术与部件、太阳能电池系统及其关键材料等开展产业化;在氢能领域,重点开展氢燃料的制取、存储以及专用燃料电池等产业化;为配合高温气冷堆示范工程建设,开展高温气冷堆示范电站配套技术、材料和装备产业化。

3. 区域特色高技术产业化专项

区域特色高技术产业化专项要以发展具有资源、技术优势的特色产业链为重点,在统筹规划的基础上,由地方编制特色产业链产业化专项总体方案及建议国家支持的重大产业化项目。特色产业链产业化专项总体方案要符合国家相关规划,对当地经济社会发展具有重要带动、辐射作用,对产业结构调整具有重要示范作用,且目标明确、内容集中、产业关联度高。该专项重点支持西部、东北等区域。

(二)专项进度安排和相关要求

项目主管部门应根据投资体制改革精神和新时期高技术产业发展项目管理的有关规定,按照各专项实施重点的要求,结合本部门(单位)、本地区实际情况,认真做好项目组织、项目资金申请报告编写、项目审查和申报工作。各专项的申报数量应按照有关规定执行。

项目主管部门请于 2006 年 3 月 31 日前,将新材料、新能源高技术产业化专项项目资金申请报告和有关附件、项目简介等材料一式三份报送我委,同时提供相应的电子文本。申报区域特色高技术产业化专项,需提供总体方案及建议国家支持的重大产业化项目资金申请报告等材料,我委将采取分别处理、成熟一个办理一个的原则开展审理工作。

在项目主管部门申报的基础上,将按照公正、公平的原则,组织专家评选,择优支持。

二、国家高技术产业发展项目管理暂行办法

国家发展改革委2006年第43号令

第一章　总　则

第一条　为规范管理国家高技术产业发展项目，促进高技术产业健康发展，提高产业核心竞争力，根据《中华人民共和国科学技术进步法》和《中华人民共和国促进科技成果转化法》、《国务院关于投资体制改革的决定》等法律法规，依照《中央预算内投资补助和贴息资金管理暂行办法》等有关规定，制定本办法。

第二条　本办法适用于以增强自主创新能力和促进高技术产业发展为主要任务，经国家发展和改革委员会（以下简称"国家发展改革委"）批准列入国家高技术产业发展项目计划，并给予中央预算内投资补助或贷款贴息，由项目主管部门组织管理，由项目单位具体实施的国家高技术产业发展项目（以下简称"国家高技术项目"）。

对于中央预算内资金采取直接投资和资本金方式注入的国家高技术项目参照国家有关规定进行管理。

第三条　本办法所称国家高技术项目包括：

（一）国家高技术产业化项目（以下简称"产业化项目"），是指以关键技术的工程化集成、示范为主要内容，或以规模化应用为目标的科技自主创新成果转化项目；

（二）国家重大技术装备研制和重大产业技术开发项目（以下简称"研制开发项目"），是指国家重点建设工程需要的重大技术装备研制项目和重点产业结构优化升级所急需的产业共性、关键技术研发项目；

（三）国家产业技术创新能力建设项目，是指以突破产业发展的技术瓶颈、提高重大科技成果工程化、产业化研发及验证能力为目标的国家工程实验室建设项目（以下简称"工程实验室项目"）和国家工程研究中心建设项目（以下简称"工程中心项目"），以及以提高企业技术创新能力为目标的国家认定企业技术中心建设项目（以下简称"技术中心项目"）；

（四）国家高技术产业技术升级和结构调整项目，是指以先进的技术、工艺和设备改造落后的生产条件为主要内容，以推进信息产业、生物产业、民用航空航天产业扩大规模，促进产业结构优化升级和以信息化带动工业化，积极发展电子商务和企业信息化为目标的建设项目（以下简称"升级调整项目"）；

（五）其他国家高技术产业发展项目。

第四条　本办法所称投资补助是指国家发展改革委对符合条件的企业投资项目（含事业单位投资项目，下同）和地方政府投资项目给予的投资资金补助。本办法所称贷款贴息是指国家发展改革委对符合条件、使用了中长期银行贷款的投资项目给予的贷款利息补贴。投资补助和贷款贴息资金（以下简称"国家补贴资金"）均为无偿投入。

第二章　组织管理

第五条　国家发展改革委是国家高技术项目的组织部门，主要履行以下职责：

（一）研究提出国家高技术产业发展规划和有关专项规划，研究提出相关产业的发展政策；

（二）研究确定国家高技术项目的重点领域和重点任务；

（三）组织评审国家高技术项目，批复国家高技术项目的资金申请报告；

（四）编制和下达年度国家高技术产业发展项目计划和投资计划；

（五）协调国家高技术项目的实施工作，组织或委托项目评估工作。

第六条　本办法所称项目主管部门是指国务院有关部门，省、自治区、直辖市、计划单列市及新疆生产建设兵团发展和改革委员会或经济（贸易）委员会。

计划单列企业集团和中央管理企业可直接向国家发展改革委报送资金申请报告，并对项目承担主管责任。具体要求由国家高技术项目公告或通知规定。

对跨地区、跨部门组织的国家高技术项目，可由相关地区或部门协商确定项目主管部门，或由组织部门指定项目主管部门。

项目主管部门应履行以下主要职责：

(一)根据国家发展改革委的国家高技术项目公告或通知，组织本部门、本地区和本企业(集团)的高技术项目申请国家补贴资金的相关工作，对项目的建设条件、招标内容等进行初审，审查通过后向国家发展改革委报送项目资金申请报告，并对初审结果和申报材料负责；

(二)负责国家高技术项目的管理工作和项目实施中重大问题的协调、处理，确保项目按期完成并组织项目验收工作；

(三)配合国家有关部门进行稽查、审计和检查工作；

(四)每年定期将本部门、本地区和本企业(集团)的国家高技术项目执行情况汇总并报国家发展改革委。

第七条 本办法所称项目单位是指依照我国法律登记、注册，申请高技术项目国家补贴资金的企业或事业法人。项目单位应具有较好的经营管理水平，具备承担国家高技术项目所需的技术开发能力和资金筹措、工程建设组织管理能力。

项目单位应履行下列主要职责：

(一)按照本办法和项目公告的要求，编制并向项目主管部门报送高技术项目国家补贴资金申请报告，并对申报材料的真实性承担责任；

(二)按照项目组织部门、主管部门批复的项目资金申请报告确定的内容和要求实施项目；

(三)按要求向项目主管部门报告项目实施情况和经费落实情况，及时报告项目执行中出现的重大事项；

(四)对国家补贴资金要实行专账管理；

(五)接受国家发展改革委及各级财政、审计部门，项目主管部门或上述部门委托的机构所进行的评估、稽查、审计和检查；

(六)项目总体目标达到后，及时按要求进行项目验收。

第三章 申报及审核

第八条 国家发展改革委根据《国家高技术产业发展规划》、《当前优先发展的高技术产业化重点领域指南》、《产业结构调整指导目录》、《国家产业技术政策》及其他相关专项规划和相关产业政策，发布国家高技术项目公告或通知，明确国家支持的重点领域、重点任务、实施时间，以及安排国家补贴资金的方式和标准。

第九条 按有关规定应由地方政府核准或备案的企业投资项目，应在核准或备案后提出资金申请报告。

按有关规定应由地方政府审批的地方政府投资项目，应在可行性研究报告经有权审批单位批准后提出资金申请报告。

按照有关规定应报国务院或国家发展改革委审批、核准的项目，可在报送可行性研究报告或项目申请报告时一并提出资金申请，不再单独报送资金申请报告；也可在项目经审批或核准同意后，根据国家有关投资补助、贴息的政策要求，另行报送资金申请报告。

第十条 申请国家高技术项目应具备以下基本条件：

(一)符合国家发展改革委项目公告或通知的要求；

(二)符合国家产业政策和节能、降耗、环保、安全等要求，项目方案合理可行，具有较好的社会经济效益；

(三)应具有我国自主知识产权，知识产权归属明晰；

(四)项目单位必须具有较强的技术开发、资金筹措、项目实施能力，以及较好的资信等级，资产负债率在合理范围内，项目已基本具备实施条件，项目所需资金已落实；

(五)建设项目应按本办法第九条完成审批、核准或备案，已基本具备开工建设条件，或已经开工建设但审批、核准或备案未超过两年，已通过项目用地预审或用地已经依法批准，具有环保以及其他许可文件。

第十一条 申请国家高技术项目还应具备以下条件：

（一）产业化项目采用的科技成果（包括自主知识产权、消化吸收创新、国内外联合开发的技术等）应具有先进性和良好的推广应用价值、有关成果鉴定、权威机构出具的认证或技术检测报告等证明材料、必要的验证和生产许可；项目单位具有较强的工程建设组织管理能力，具有开展相关产业化项目的生产、经营资格。

（二）研制开发项目的研制开发方案先进、可行，目标明确；项目单位应具有较强的技术创新和装备研制能力，具有前期相关领域的研发基础和研发队伍；重大技术装备研制项目应结合依托工程。

（三）工程实验室项目和工程中心项目的项目单位须为已经国家发展改革委批准组建，并完成相关组建工作的国家工程实验室的依托单位或国家工程研究中心；项目建设内容符合该工程实验室或工程研究中心的发展方向和任务，建设方案合理。

（四）技术中心项目的项目单位须为国家认定企业技术中心所在企业，且该国家认定企业技术中心在最近年度国家认定企业技术中心评价中得分 70 分以上；项目应能够支撑企业关键、核心技术的开发。

（五）升级调整项目应符合产业结构调整指导目录；项目单位具有良好的现代企业运行机制和较好的经营业绩；具有开展相关产品生产的资格，项目必须具有合理的经济规模，产品符合国家和国际有关标准。

第十二条 项目单位应根据第十条和第十一条的相关规定，编制项目资金申请报告。

项目资金申请报告的具体要求由项目公告或通知具体规定，应包括以下主要内容：

（一）项目单位的基本情况和财务状况；

（二）项目的基本情况，包括项目背景、项目建设（研发）内容、总投资及资金来源、技术工艺、各项建设（研发）条件落实情况等；

（三）申请国家补贴资金的主要理由和政策依据；

（四）项目招标内容（适用于申请国家补贴资金 500 万元及以上的投资项目）；

（五）国家发展改革委项目公告或通知要求提供的其他内容。

项目资金申请报告可根据具体情况附以下相关文件：

（一）政府投资项目的可行性研究报告批准文件或企业投资项目的核准或备案的批准文件；

（二）技术来源及技术先进性的有关证明文件；

（三）城市规划部门出具的城市规划选址意见（适用于城市规划区域内的投资项目）；

（四）国土资源部门出具的项目用地预审意见；

（五）环保部门出具的环境影响评价文件的审批意见；

（六）金融机构出具的贷款承诺，申请贴息的项目还须出具项目单位与有关金融机构签订的贷款协议或合同；

（七）项目单位对项目资金申请报告内容和附属文件真实性负责的声明；

（八）国家发展改革委项目公告或通知要求提供的其他文件。

第十三条 项目主管部门应根据第十条至第十二条的相关规定审查项目单位提出的项目资金申请报告，对审查合格的项目资金申请报告报送国家发展改革委。其中，对于工作职能属于省级经济（贸易）委员会的项目，由省级经济（贸易）委员会作为项目主管部门，并由省级经济（贸易）委员会商省级发展和改革委员会后，由省级发展和改革委员会会同省级经济（贸易）委员会联合报送国家发展改革委。

对申报材料不完备的资金申请报告，国家发展改革委及时通知项目主管部门在要求的时限内补充相关材料。

第十四条 对项目主管部门报送的项目资金申请报告，国家发展改革委组织专家组进行专家评审或委托咨询机构进行评估，必要时可征求国务院有关部门或地方政府的意见。

专家组应由专业性、权威性、代表性、中立性，且与项目无重大相关利益的专家组成。专家组应科学、客观、公正地评审项目。

专家评审或咨询机构评估应主要从以下方面对项目进行评审评估：

(一)项目技术的先进性和适用性；

(二)项目对相关产业的优化升级具有的带动作用；

(三)项目单位的经营能力和技术开发能力；

(四)项目的市场前景和经济效益；

(五)项目实施方案的可行性；

(六)国家发展改革委项目公告或通知的其他要求。

第十五条 国家发展改革委按照科学、公平、择优的原则，根据专家评审意见或咨询机构的评估意见，综合考虑国务院有关部门和地方政府的意见，审查批复项目资金申请报告，并将项目的评审评估意见和审批结果以适当的方式告知项目主管部门。项目资金申请报告的批复文件是下达国家补贴资金的依据，应包括项目实施的总体目标、国家补贴资金额度和资金使用方向。批复文件可单独办理，也可集中办理。

国家发展改革委主要从以下方面对项目资金申请报告进行审查：

(一)符合中央预算内资金的使用方向；

(二)符合项目公告或通知的有关要求；

(三)符合国家补贴资金的安排原则；

(四)提交的相关文件齐备、有效；

(五)项目的主要建设(研发)条件基本落实；

(六)符合国家发展改革委要求的其他条件。

第十六条 国家发展改革委安排给单个国家高技术项目的资金最高限额原则上不超过2亿元。

国家发展改革委安排给单个地方政府投资的国家高技术项目的资金在3000万元及以下的，一律按投资补助或贴息方式管理，只审批资金申请报告。国家发展改革委安排给单个企业投资的国家高技术项目的资金在3000万元及以下的，可按投资补助或贷款贴息方式管理，国家发展改革委审批资金申请报告；也可按直接投资或资本金注入方式管理，国家发展改革委审批可行性研究报告。

国家发展改革委安排给单个国家高技术项目的资金在3000万元—2亿元之间且占项目总投资的比例不超过50%的，对于地方政府投资项目可按投资补助或贷款贴息的方式管理，国家发展改革委审批资金申请报告；对于企业投资项目可按投资补助或贷款贴息的方式管理，国家发展改革委审批资金申请报告，也可按直接投资或资本金注入方式管理，国家发展改革委审批可行性研究报告。

国家发展改革委安排给单个国家高技术项目的资金在3000万元—2亿元之间且占项目总投资的比例超过50%的，或超过2亿元的，按直接投资或资本金注入方式管理，由国家发展改革委审批可行性研究报告。

第十七条 单个国家高技术项目的国家补贴资金超过3000万元的，国家发展改革委可要求项目单位报送初步设计概算，并委托咨询机构进行评审，根据评审结果决定国家安排资金的具体数额。

第十八条 单个国家高技术项目的国家补贴资金原则上均为一次性安排。对于已经安排国家补贴资金的国家高技术项目，国家发展改革委不再重复受理其资金申请报告。

第四章　资金管理

第十九条 国家高技术项目的资金来源包括项目单位的自有资金、国家补贴资金、国务院有关部门或地方政府配套资金、银行贷款，以及项目单位筹集的其他资金。项目资金原则上以项目单位自筹为主，国家采用资金补贴的方式予以支持。

第二十条 项目单位筹集的项目资本金或研发项目的自有资金不得低于项目新增投资的30%。项目资本金来源包括项目单位可用于项目的现金、发行股票筹集的资金、新老股东增资扩股资金、资产变现的资金等。

第二十一条 国家补贴资金分为投资补助和贷款贴息补助两类。

国家投资补助应根据项目的重要性、风险程度以及产业发展、区域布局等要求，分档给予补助支持。

贷款贴息补助的贴息率不超过当期银行中长期贷款利率。贴息资金总额根据项目符合贴息条件的银行贷款总额、当年贴息率和贴息年限计算确定，原则上按项目的实施进度和贷款的实际发生额分期安排贴息资金。

第二十二条　国家补贴资金主要用于项目的研究开发、购置研究开发及工程化所需的仪器设备、改善工艺设备和测试条件、建设产业化或工程化验证成套装置和试验装置、建设必要的配套基础设施、购置必要的技术、软件等。

第二十三条　经国家发展改革委批复的国家高技术项目列入国家高技术产业发展项目计划和投资计划。

国家发展改革委根据项目资金申请报告的批复文件、项目建设进度和项目建设资金到位情况，以及项目主管部门提出的项目国家补贴资金的下达申请，可一次或分次下达国家补贴资金投资计划。项目主管部门收到国家补贴资金投资计划后，要按有关规定尽快将国家补贴资金投资计划下达到项目单位，并做好有关协调工作。

对于由省级经济（贸易）委员会作为项目主管部门的项目，国家发展改革委将国家补贴资金投资计划同时下达省级发展和改革委员会及经济（贸易）委员会，由省级发展和改革委员会、省级经济（贸易）委员会联合下达到项目单位。

第二十四条　项目单位对国家补贴资金要专款专用、专账管理；任何部门和单位不得截留、挤占和挪用国家补贴资金；项目主管部门要对国家补贴资金加强监管，督促项目单位按照国家补贴资金使用方向使用国家补贴资金。

第二十五条　项目单位的自筹资金应按计划及时足额投入。鼓励项目主管部门对项目安排必要的配套资金。

第五章　项目实施与管理

第二十六条　国家高技术项目实行项目单位责任制，项目单位依照有关法律法规负责项目的筹划、筹资、建设、运营等，并配合国家有关部门和项目主管部门做好对国家补贴资金使用的稽查、检查和审计工作。

第二十七条　项目主管部门根据国家对项目资金申请报告的批复文件和项目审批、核准或备案文件，对项目实施情况和国家补贴资金的使用情况等进行监管。项目主管部门可根据具体情况要求项目单位编制项目初步设计、建设方案或实施方案。

第二十八条　所有国家高技术项目应按照国家有关招标投标的法律法规做好招标工作。其中，对于使用国家补贴资金500万元及以上的项目，要严格按照国家发展改革委核准的项目招标内容和有关招标投标的法律法规开展招标工作。

第二十九条　项目主管部门应在每年2月底和8月底以前，以正式文件向国家发展改革委提交包括项目进度情况、存在的问题、解决问题的具体措施和处理意见等内容的项目进展情况报告，并提出国家补贴资金的下达申请。项目单位应按照项目主管部门的要求报送有关项目进展情况。

第三十条　项目单位应按照资金申请报告批复的总体目标组织实施。实施过程中，项目出现重大情况需调整的，应向项目主管部门报告。对不能完成总体目标的项目，由项目主管部门提出处理建议报国家发展改革委；对于其他不影响项目总体目标实现的调整，由项目主管部门负责审核调整，并抄报国家发展改革委。

第三十一条　项目实施达到项目总体目标后，项目单位应及时做好项目验收准备工作，并向项目主管部门提出项目验收申请。项目主管部门应及时对项目进行验收，并将验收结论报送国家发展改革委。计划单列企业集团和中央管理企业在验收国家高技术项目时，应邀请第三方人员参加。项目单位要按国家有关规定妥善保管项目有关档案和验收材料。

第三十二条　项目实施过程中和验收后，国家发展改革委可视情况组织或委托项目主管部门、有关中介机构或有关专家组对项目进行中期评估和后评估。

第三十三条 项目实施过程中取得的专利、著作权等知识产权权属，按照有关法律法规执行。

第三十四条 研制开发项目的国家补贴资金财务处理按照科研项目相应的财政拨款有关规定管理。其他国家高技术项目的国家补贴资金的财务处理按照资本公积管理。

第六章 监督管理和法律责任

第三十五条 国家发展改革委负责对国家高技术项目实施情况进行稽查。财政、审计、监察等部门依据职能分工进行监督检查。项目主管部门和项目单位应配合稽查、审计、监察和检查工作。

第三十六条 项目稽查、审计、监察和检查工作应按照有关法律法规和本管理办法进行。

第三十七条 国家高技术项目信息，除涉及国家秘密和国家安全，商业秘密和其他依法不适宜公开的外，应当采取适当方式向社会公开。国家发展改革委和项目主管部门受理单位、个人对国家高技术项目在审批、建设过程中违法违规行为的举报，并按照有关规定予以查处。

第三十八条 对于按项目总体目标和项目内容按期或提前完成、通过验收，取得突出成绩的项目单位，以及在项目组织和管理中工作表现出色的项目主管部门及工作人员，国家发展改革委将给予表彰，并在今后的国家高技术项目评选中，对受表彰的项目主管部门组织申报的项目同等条件下优先安排。

第三十九条 项目单位有下列行为之一的，国家发展改革委可以责令其限期整改，核减、停止拨付或收回国家补贴资金，并可视情节轻重提请或移交有关机关依法追究有关责任人的行政或法律责任：

(一)提供虚假情况，骗取国家补贴资金的；

(二)转移、侵占或者挪用国家补贴资金的；

(三)擅自改变项目总体目标和主要建设内容的；

(四)无违规行为，但无正当理由未按要求完成项目总体目标延期两年未验收的；

(五)其他违反国家法律法规和本办法规定的行为。

第四十条 项目组织部门、项目主管部门和评估、咨询单位及有关责任人在审批、管理、评估、咨询、稽查、检查等过程中弄虚作假、玩忽职守、滥用职权、徇私舞弊、索贿受贿的，国家发展改革委可建议有关部门依法追究有关责任人的行政责任；构成犯罪的，由司法机关依法追究刑事责任。

第七章 附 则

第四十一条 项目主管部门应根据本办法的总体原则，结合本部门、本地区的具体情况，制订相应的实施细则，并报国家发展改革委备案。

第四十二条 本办法由国家发展改革委负责解释。

第四十三条 本办法自二〇〇六年四月一日起施行。

三、国家发展改革委办公厅关于组织实施电子专用设备仪器、新型电子元器件及材料核心基础产业产业化专项有关问题的通知

为贯彻落实“十一五”高技术产业发展规划和信息产业发展规划，加强自主创新，加快产业结构调整，壮大核心基础产业，推动电子信息产业向创新效益型转变，2007年我委将组织实施电子专用设备仪器、新型电子元器件及材料核心基础产业产业化专项。根据《中央预算内投资补助和贴息项目管理暂行办法》(国家发展改革委第31号令)，以及《国家高技术产业发展项目管理办法》(国家发展改革委第43号令)，现将项目申报有关事项通知如下：

(一)专项实施重点

重点任务：加强自主创新，提升产业技术水平，对先进技术特别是具有自主知识产权的技术和产品给予扶持，加快形成生产规模，提高产品附加价值；调整和优化信息产业产品结构和产业结构，壮大核心基础产业，延伸完善产业链，提高产业增长的质量和效益；促进引进国外先进技术，消化吸收与创新，增强自主创新能力，支持企业技术开发环境和手段的改善和提高；培育优势骨干企业和知名品牌，提高国际竞争能力。

电子专用设备仪器：重点是具有自主知识产权的硅片和集成电路生产设备；新型电子元器件生产设备；新型平板显示器件生产设备；高精度高速冲压模具和自动封装塑封模具；光电仪器及测试设备；真空电子器件生产专用设备；表面贴装及无铅工艺整机装联设备；集成电路、通信产品、数字视听产品和新型元器件等的专用测量仪器；高性能通用电子测量仪器。

新型电子元器件及材料：重点是中高档片式元器件；敏感元器件及传感器；光电子器件；新型电力电子器件；小型化高频频率器件；混合集成电路；集成电路封装及测试；中高档机电组件；新型显示器件；新型绿色电池；高密度印制电路板及相关材料；半导体照明关键材料；平板显示器件关键材料等。

（二）具体要求

（1）项目主管部门应根据投资体制改革精神和《国家高技术产业发展项目管理暂行办法》的有关规定，按照专项实施重点的要求，结合本单位、本地区实际情况，认真做好项目组织和备案工作，组织编写项目资金申请报告并协调落实项目建设资金、环保、土地、规划等相关建设条件。

（2）项目主管部门应对资金申请报告及相关附件（如银行贷款承诺、自有资金证明等）进行认真核实，并负责对其真实性予以确认。

（3）项目承担单位应实事求是制定建设方案，严格控制征地、新增建筑面积和投资规模。项目资金申请报告的具体编写要求及所需附件内容参见附件一。

（4）各地申报项目数量原则上不超过8项。请各项目主管部门于2007年4月30日前，将项目的资金申请报告和有关附件、项目简介和基本情况表（见附件二）、项目的备案材料等一式三份（同时须附各项目简介及所有项目汇总表的电子文本）报送我委高技术产业司。

（5）在项目主管部门申报的基础上，我委将按照公正、公平的原则，组织专家评审，择优支持。

国家发展改革委高技术产业化示范工程授牌项目名单（部分）

序　号	项目名称	承担单位	主持部门
17	光电子材料高纯氨高技术产业化示范工程	大连保税区科利德化工科技开发有限公司	大连市发展改革委
28	新型高性能热敏陶瓷元器件产业化	华工科技产业股份有限公司	湖北省发展改革委
94	半导体集成电路专用模具国家高技术产业化示范工程	铜陵三佳科技股份有限公司（原宏光模具有限公司）	安徽省发展改革委
103	半导体瓷介电容器产业化	广东南方宏明电子科技股份有限公司	广东省发展改革委
142	水平砷化镓晶片产业化示范工程	国瑞电子材料有限责任公司	河北省发展改革委

国家发改委“十一五”十大重点节能工程实施意见(节选)

发改环资[2006]1457 号

第一章　指导思想、原则和目标

为贯彻落实《国民经济和社会发展第十一个五年规划纲要》,实现单位 GDP 能耗降低 20%左右的约束性目标,根据《节能中长期专项规划》,特制定本实施意见。

一、指导思想

以科学发展观为指导,落实节约资源基本国策,围绕实现“十一五”GDP 能耗降低 20%左右的目标,以提高能源利用效率为核心,以企业为实施主体,大力调整和优化结构,加快推进节能技术进步,建立严格的管理制度和有效的激励机制,加大政府资金的引导力度,充分发挥市场配置资源的基础性作用,调动市场主体节约能源资源的自觉性,尽快形成稳定可靠的节能能力,为实现国家节能目标奠定坚实的基础。

二、实施原则

(一) 坚持企业为主实施与政府引导推动相结合。

(二) 坚持节能与结构调整、技术进步与环境保护相结合。

(三) 坚持发挥市场机制作用与政府宏观调控相结合。

(四) 坚持依法强化管理与政策激励相结合。

(五) 坚持突出重点、示范带动与统筹兼顾、分类指导相结合。

(六) 坚持整体推进与分年度有效实施相结合。

三、工程目标

通过实施十大重点节能工程,“十一五”期间,可实现节能 2.4 亿吨标准煤(未含替代石油),重点行业主要产品(工作量)单位能耗指标总体达到或接近本世纪初国际先进水平。

第二章　实施内容

八、绿色照明工程

(一) 现状和问题

目前,照明用电占全国用电量的 12%左右。采用高效节能灯替代普通白炽灯可节电 60%～80%,节电潜力巨大。中国绿色照明工程实施 10 年来,取得了明显成效:一是高效照明产品市场占有率不断提高,2004 年高效照明电光源产品国内销售量由 1995 年的 5010 万只增加到 8.2 亿只;二是推动照明电器产业规模不断扩大,产品结构趋于优化,2005 年荧光灯与普通白炽灯的生产比例由 1995 年的 1∶6.25 上升到 1∶1.5;三是行业技术装备水平逐步提高,产品质量不断改善,紧凑型荧光灯产品产量合格率由 1998 年的 49.5%提高到 95.1%,全国有 40 多家照明电器生产企业的 600 多个产品获得了中国节能产品认证;四是中国绿色照明工程应用推广了大宗采购、电力需求侧管理、合同能源管理、质量承诺等多种节能新机制。

存在的主要问题:照明电器行业整体技术水平不高;推广节能照明产品的激励政策不完善;照明产品市场不规范,一些劣质产品流入市场,影响了高效照明产品的推广;缺乏绿色照明宣传、推广资金,节能照明技术、产品信息尚不普及。

(二) 主要内容

(1) 节能照明产品生产线技术改造。以提高产品质量、降低生产成本、增强自主创新能力为主,进行节能灯生产技术设备改造,包括:紧凑型荧光灯自动化生产线改造;采用自动排气机、自动接桥机、自动封口机等关键设备,对紧凑型荧光灯生产线进行局部改造;直管荧光灯自动化生产线改造;金属卤化物灯生产线改造等。

(2) 节能照明产品推广。采用大宗采购、电力需求侧管理、合同能源管理和质量承诺等市场机制和财政补贴激励机制，在政府机关、学校、宾馆饭店、商厦超市、大型工矿企业、医院、铁路车站、城市景观照明及城市居民小区等重点推广高效照明产品。

(3) 采用半导体(LED)灯，改造大中城市交通信号灯系统。开展在景观照明中应用 LED 的示范。

(三) 配套措施

(1) 研究提出进一步加快推广绿色照明的意见。

(2) 完善并实施照明产品能效标准，建立市场准入制度。修订单端荧光灯、高压钠灯和管型荧光灯镇流器能效标准，制定路灯灯具、格栅灯具、卤素灯及其镇流器、LED 灯、磁感应无极灯能效标准。

(3) 加快检测能力建设；各省区市对市场销售产品进行全面检测，建立照明产品能效数据库。

(4) 加强照明产品节能认证，实施节能照明产品质量承诺制，选择自镇流荧光灯、双端荧光灯等产品进行国际认证试点。

(5) 研究实施 2～3 个照明产品的能效标识制度。

(6) 将公用建筑节能照明系统设计和施工的审查，纳入建筑节能审查制度。

(7) 研究并建立废旧照明产品回收与再利用体系，制定并实施《照明器具回收管理办法》、《废旧荧光灯可回收和再利用设计规范》、《废旧荧光灯环境无害化处理技术规范》，研究废旧电子和电感镇流器、高压气体放电灯再利用标准。

(8) 强化绿色照明公众宣传，增加政府对绿色照明宣传的投入，建立绿色照明宣传的政府支持机制。

(四) 组织实施

(1) 组织单位：国家发展改革委、国家质检总局、建设部，各省(自治区、直辖市)发展改革委员会、经(贸)委、建设厅(建委)。

(2) 实施主体：实施绿色照明工程的企业或单位。

(3) 参与单位：中国绿色照明工程办公室、国家发展改革委能源研究所、中国照明电器协会、中国标准化研究院、中标认证中心。

第三章　保障措施

一、加强组织领导

实施十大重点节能工程是一项系统工程，涉及面广、工作量大，需要有关部门和地方政府协同配合，共同推动。国务院有关部门、地方政府和企事业单位要加强对节能工作的组织领导，明确十大重点节能工程的实施机构、人员和经费，并将工程实施进度和绩效纳入各级政府和有关企事业单位年度工作考核体系中。各行业协会要积极发挥桥梁纽带作用，加强本行业节能工作的指导。

根据《节能中长期专项规划》和本《实施意见》，各地发展改革委、经(贸)委、各企事业单位要制订本地区、本单位的重点节能工程实施方案和分年度实施计划，并组织实施。

国务院有关部门和地方政府要积极组织协调和解决十大重点节能工程实施过程中出现的问题，确保各项工程按计划完成。

二、建立严格的节能管理制度

(一) 健全节能法规和标准，为推动十大重点节能工程的实施创造良好的外部环境。修订《节约能源法》，通过立法建立严格的管理制度，完善各行为主体责任，强化政策激励，明确执法主体，加大惩戒力度。要抓紧制定和完善主要耗能行业能耗准入标准、节能设计规范，主要工业耗能设备、机动车、建筑、家用电器、照明器具等能效标准，以及公共建筑用能设备运行标准。各地区要研究制定本地区主要耗能产品和大型公共建筑单位能耗限额。

(二) 强化重点耗能企业节能管理，提高节能降耗改造的积极性。重点耗能企业要开展能源审计，编制节能规划及其实施方案，对标找差距，制定节能目标，建立节能责任制，完善节能管理制度，实施节奖超罚措施。国家采取公报、检查、抽查、通报、交流等方式，对企业节能进行跟踪、指导和监督，对能效水平达不到要求的，政府有关部门依法责令限期整改。

(三) 实施强制性能效标准和标识。对终端用能设备实行强制性最低能效标准，对于不符合最低能效标准的用能设备不允许生产和销售。加快实施强制性能效标识制度，扩大能效标识在家用电器、电动机、汽车和建筑上的应用，建立政府监管、社会监督和企业诚信机制，不断提高能效标识的社会认知度，引导社会消费行为，促进企业加快高效节能产品的研发。

三、加大结构调整和技术进步力度

（一）加快淘汰落后工艺、技术和设备。重点淘汰钢铁、有色、化工、建材、电力等高耗能行业的落后生产能力、工艺装备和产品，如水泥土窑、普通立窑和窑径2.2米及以下机械化立窑生产线，5000千伏安以下(1万吨/年以下)电石炉及开放式电石炉，土法炼焦(含改良焦炉)，300立方米及以下炼铁高炉和20吨以下炼钢转炉、电炉，5000千伏以下铁合金矿热电炉，热轧硅钢片，单机容量5万千瓦及以下常规小火电机组，以发电为主的燃油锅炉及发电机组(5万千瓦及以下)等一大批能耗高、污染重的落后工艺和装备。

（二）加快节能技术开发。各级政府有关部门要把节能技术，尤其是本《实施意见》中急需的关键和共性技术的自主研发和引进消化吸收再创新，作为政府科技投入、推进高新技术产业化的重点领域，加大支持力度，大力开发节能技术和装备。在十大重点节能工程实施过程中，要优先支持采用自主知识产权解决共性和关键技术的示范项目，增强自主创新能力。加快用高新技术和先进适用技术改造提升传统产业。

（三）大力推广应用节能新技术和新产品。各级政府要积极创造条件，采取多种方式，加快高效节能产品的推广应用。有条件的地方可采取财政补贴方式，对达到超前性国家能效标准、经过认证的节能产品给予适当的支持，积极引导用户和消费者购买节能型产品。通过产品质量国家免检制度，鼓励高效节能产品生产企业做大做强。有关部门要制定和发布节能技术政策，组织行业共性技术的推广。

（四）培育节能技术服务体系。各级各类节能技术服务机构要强化服务意识，拓宽服务范围，增强服务能力，提高服务水平，在竞争中不断做大做强，在十大重点节能工程的实施中发挥重要作用。要加快推行合同能源管理，为企业和用户提供诊断、融资、设计、改造、运行、管理"一条龙"服务，以节能效益分享方式回收投资和取得合理利润，推进企业节能技术改造。

四、制定和实施强化节能的政策机制

（一）加大政府对十大重点节能工程的支持力度。中央和地方各级人民政府要对节能技术与产品推广、示范试点、宣传培训、信息服务等工作给予支持，所需节能经费纳入各级政府财政预算。研究建立节能投入机制，按照突出重点，有所为、有所不为的原则，对本《实施意见》中节能效果显著、推广意义较大的示范项目和重大项目，量大面广用能设备的更新改造，高效节能技术和产品的推广，以及节能管理能力建设等，给予一定的支持，推动十大重点节能工程的实施。"十一五"期间，国家每年安排一定的资金，用于支持十大重点节能工程中的重点项目和示范项目及高效节能产品的推广。

（二）建立多渠道节能融资机制。各类金融机构要切实加大对本《实施意见》中节能项目的支持力度，鼓励设立专门的节能贷款业务。推动和引导社会各方面加强对节能的资金投入。鼓励企业运用清洁发展机制，通过市场直接融资，以及争取国际金融组织、外国政府贷款，加大企业节能降耗技术改造。

（三）制定鼓励节能的税收优惠政策。国家制定并公布《节能产品目录》，重点是高效终端用能设备和产品，对生产和使用列入目录的产品给予税收优惠。严格实施控制高耗能、高污染、资源性产品出口的政策措施。研究制定促进能源节约的燃油税收制度，研究制定控制高耗能加工贸易和抑制不合理消费的有关税收政策。针对不同种类能源矿产资源，抓紧研究计税方法改革方案，并在条件成熟时实施。根据资源条件和市场变化情况，适当提高有关资源税征收标准。

（四）深化能源价格改革。逐步理顺不同能源品种的价格，形成有利于节能、提高能效的价格机制。加强和改进电价管理，建立成本约束机制，促进发电企业降低成本、提高效率；完善峰谷、丰枯电价，引导用户合理用电，节约用电；继续实行差别电价，扩大实施范围，抑制高耗能行业盲目扩张，促进结构调整。落实石油综合配套调价方案，理顺国内成品油价格。继续推进天然气价格改革，建立天然气与可替代能源的价格挂钩和动态调整机制。全面推进煤炭价格市场化改革。研究制定能耗超限额加价的政策。

（五）积极推进城镇供热体制改革。实行将采暖补贴由"暗补"变"明补"，加快推进供热商品化、货币化。同步争取供热计量，推进按用热量计量收费制度，已经实施热改的不能再按面积收费，新建建筑必须实行按用热量计量，促进供、用热双方节能。完善供热价格形成机制，研究制定建筑供热采暖按热量收费的政策，培育有利于节能的供热市场。

（六）推广节能新机制。对于涉及多行业、多部门，具有量大面广特点的重点节能工程，如燃煤工业锅炉（窑炉）节能改造、电机系统节能、建筑节能、绿色照明等工程，要因地制宜地推行合同能源管理、电力需求侧管理、节能产品服务质量承诺、节能自愿协议、大宗采购、设备租赁等行之有效的节能新机制。

五、切实加强项目管理

按照有关规定，切实加强本《实施意见》中项目全过程管理。一是严格按照本《实施意见》确定的投资重点组织申报项目。项目申报单位要如实报送有关项目材料，各省（自治区、直辖市）节能主管部门要根据本《实施意见》确定的投资重点、项目实施单位基本情况和项目申报要求认真审核申报材料，并组织有关论证。二是建立项目库，严格实行专家评审制度。凡企业申请、地方审核同意上报的项目统一纳入备选项目库，实行动态管理。严格执行项目专家评审制度，凡需国家支持的项目，必须经过专家评审。专家评审要做到科学、合理和公正。对于应由国家核准而尚未经国家批准的违规项目，其配套节能项目不安排中央财政资金支持。三是严格规范项目的实施。项目实施单位要根据项目主管部门的有关批复，进一步落实项目有关实施条件，认真组织实施项目。项目的土建、安装、监理和材料、设备采购要按照国家有关规定实行招标投标。项目实施要做到质量、投资和工期“三包干”。四是加强项目跟踪和管理。对中央财政资金支持的重大项目，在项目建设过程中要分阶段定期检查，发现问题及时纠正。五是认真做好项目竣工、验收和后评估工作。项目建成后，各地主管部门要认真组织验收。对验收不合格的项目，立即采取措施整改，确保项目建设投产，如期发挥效益，实现节能目标。对于重大项目和示范项目，要进行后评估。各地主管部门要对项目的实施进度、资金投入情况、领导重视程度、人员素质、实施效果等方面进行评价、监督和检查。

中国绿色照明工程及建设部城市绿色照明工程

一、中国绿色照明工程

(一)简　介

中国绿色照明工程是我国实施的一项重点节能示范工程,目的是推广应用高效照明产品,节约用电,保护环境,有益健康。工程实施10年来,受到社会各界的广泛关注,得到联合国开发计划署和全球环境基金的支持,取得了明显成效。目前照明用电占社会总用电的12%左右,采用紧凑型荧光灯替代白炽灯可节电60%~80%,节电潜力巨大。

绿色照明工程是"十一五"期间国家组织实施的10大重点节能工程之一,重点在公用设施、宾馆、商厦、写字楼、体育场馆、居民住宅中推广高效节电照明系统、稀土三基色荧光灯,对高效照明电器产品生产线进行自动化改造。

(二)中国绿色照明工程实施成果发布

为了向全社会介绍中国绿色照明工程实施10年来取得的成果和经验,宣传推广绿色照明的重要意义,不断提高公众的节能意识和参与绿色照明工程的积极性,推动中国绿色照明工程的可持续发展,国家发展改革委于2006年6月17日在北京召开了"中国绿色照明工程实施成果新闻发布会"。

中国绿色照明工程是我国实施的一项重点节能示范工程,目的是推广应用高效照明产品,节约用电,保护环境,有益健康。工程实施10年来,受到社会各界的广泛关注,得到联合国开发计划署和全球环境基金的支持,取得了明显成效。目前照明用电占社会总用电的12%左右,采用紧凑型荧光灯替代白炽灯可节电60%~80%,节电潜力巨大。

中国绿色照明工程取得的成绩主要包括以下四个方面:

第一,高效照明产品市场占有率不断提高,取得显著的经济和社会效益。抽样调查显示,2004年高效照明电光源产品国内销售量由1995年的5010万只增加到8.2亿只。据专家测算,1996~2005年,中国绿色照明工程累计节电590亿千瓦时,削减大量电网峰荷,相当于减少二氧化碳(碳计)排放1700万吨,减少二氧化硫排放53万吨。

第二,推动照明电器产业规模不断扩大,产品结构趋于优化。2005年中国电光源产量达100亿只,居世界第一位,荧光灯与普通白炽灯的生产比例由1995年的1∶6.25上升到1∶1.5,中国照明电器产品出口持续增长,年均增幅超过20%,出口额达到80亿美元;

第三,行业技术装备水平逐步提高,具备了制造不同类型电光源生产设备的能力,并逐步由原来的手工、半自动化操作转向机械化、自动化流水线生产。产品质量不断改善,2003年紧凑型荧光灯的产品产量合格率由1998年的49.5%提高到95.1%,平均光效每瓦提高了5~8 lm;平均寿命提高了4000小时,国内照明企业实力增强,涌现了一批知名品牌。

第四,中国绿色照明工程应用示范了大宗采购、需求侧管理、合同能源管理、质量承诺等多种节能新机制,并在示范中广泛调动了生产商、经销商、消费者以及技术人员的积极性,为深入实施绿色照明工程打下了坚实的社会基础。

绿色照明工程是"十一五"期间国家组织实施的10大重点节能工程之一,重点在公用设施、宾馆、商厦、写字楼、体育场馆、居民住宅中推广高效节电照明系统、稀土三基色荧光灯,对高效照明电器产品生产线进行自动化改造。

我国将在以下几方面继续推动中国绿色照明工程的可持续发展:

第一，加快照明电器行业结构调整，鼓励企业通过联合、兼并以及合资、合作生产等方式做大、做强，推动结构重组和产业升级，提高照明电器行业的整体竞争力。以企业为主体，产学研相结合，加快企业技术创新，促进照明电器行业整体技术水平不断提高。

第二，严格市场准入，加强监督管理。在不断完善照明产品和建筑照明设计有关标准的同时，加大力度开展专项检查和国家监督抽查。达不到强制性能效标准的产品，不得生产、销售。要继续组织实施照明产品节能认证，规范认证行为，同时，积极研究照明产品实施能源效率标识制度的可行性。

第三，建立激励机制，加快推广应用。认真落实财政部和国家发展改革委发布的《节能产品政府采购实施意见》，推动政府机构优先采购高效照明节电产品。要将高效照明产品纳入《节能产品目录》，研究提出鼓励高效照明产品生产、使用的财政税收政策。要在试点的基础上，稳步推进需求侧管理、大宗采购、合同能源管理和质量承诺等基于市场的照明节电新机制。在推广这些新机制的活动中，中央政府将会同地方政府研究支持这些活动的鼓励政策。

第四，加大宣传力度，提高节约意识。继续动员广大新闻媒体利用多种渠道向社会各界展示中国绿色照明工程取得的成果，采用多种形式，宣传绿色照明的重要意义，不断提高公众的节能意识和参与绿色照明工程的积极性。要大力宣传示范项目的经验和典型案例，以点带面，逐步推广，让用户真正了解使用高效照明产品及高效照明系统带来的实惠和好处。

二、建设部城市绿色照明工程

建设部城市建设司 2006 年工作要点(部分)

建城综函[2006]10 号

2006 年是实施“十一五”规划的开局之年，是落实党中央、国务院战略部署的重要一年，做好 2006 年的工作意义重大。按照部党组的要求和全国建设工作会议提出的工作任务，城市建设司 2006 年工作的指导思想和总体思路是：以邓小平理论和“三个代表”重要思想为指导，认真贯彻党的十六届五中全会和中央经济工作会议精神，坚持以科学发展观统领城市建设各项工作，以改革为动力，以加强城市管理为重点，以建设资源节约型、环境友好型、社会和谐型城市为目标，加强调查研究，加强深入指导，促进城镇市政基础设施建设和市政公用事业健康发展。

城市建设司 2006 年的工作要点是：

一、按照完善社会主义市场经济体制的要求，深入推进市政公用事业改革。

二、按照城乡统筹、协调发展的要求，全面推进城镇市政基础设施建设。

三、按照建设资源节约型和环境友好型社会的要求，推动城市建设发展模式的转变。

(十四)推进城市照明节电工作。进一步完善城市功能照明。继续开展城市绿色照明示范工程评选工作。研究制定城市绿色照明“十一五”规划，制定颁布《城市绿色照明示范工程道路照明节能技术标准》，举办首届城市绿色照明展览会。

四、按照构建社会主义和谐社会的要求，加强市政公用事业安全工作，提高城市管理水平。

五、抓好《风景名胜区条例》的宣传贯彻，推动风景名胜区综合整治和监管。

六、按照加强党风廉政建设的要求，抓好行业精神文明建设。

建设部“十一五”城市绿色照明工程规划纲要

建办城[2006]48 号

根据《国民经济和社会发展第十一个五年规划纲要》和建设事业“十一五”规划的要求，为贯彻落实节约资源和保护环境的要求，我部组织编制了“十一五”全国城市绿色照明工程规划纲要。本纲要主要阐明城市照明健康、高效、安全、科学发展的指导原则，提出工作目标和重点，以及落实的措施。是各地实施城市绿色照明工程的依据，是推动我国城市照明行业持续发展的规划蓝图。

一、持续推进城市绿色照明工程的重要性

随着我国经济建设的发展，城市化进程的加速，城市照明得到了长足发展。针对城市照明发展中的能源需求和消耗不断加大，以及光污染等问题。建设部会同国家发改委、科技部等部门，在总结“绿色照明工程”工作经验的基础上，在城市照明行业大力推进绿色照明工程，在“十五”期间取得了积极的进展：明确了城市绿色照明的管理部门；进一步完善城市照明节电管理体制；城市照明法规、绿色照明标准体系建设不断加强；“城市绿色照明示范工程”活动积累了有益的经验；积极推广和采用高效照明电器产品；城市照明日常维护管理工作得到新的加强。“十五”期间，城市绿色照明工作基本上完成了“完善法规、规范市场、典型示范、宣传教育、国际合作”的主要任务，取得了显著的经济效益和社会效益。

但是，从总体看，城市绿色照明工作还刚起步，发展不平衡，还存在不少问题和薄弱环节。如城市照明的宏观指导还不够有力，相关的配套制度还不完善，市场监管制度还不够健全，低效率、高能耗、光污染等问题仍然较为突出，全社会节约用电、保护环境的意识有待进一步加强。

“十一五”期间是全面建设小康社会的关键时期。国家确定了“十一五”时期单位国内生产总值能源消耗降低 20%的目标，强调要落实节约资源和保护环境的要求，建设低投入、高产出、低能耗、少排放、能循环、可持续的国民经济体系和资源节约型、环境友好型社会，并把“绿色照明——在公用设施、宾馆、商厦、写字楼以及住宅中推广高效节电照明系统等”列为十大节能重点工程之一。发展城市绿色照明事业面临着艰巨的任务，也面临着极好的机遇。

二、指导思想、遵循原则和主要目标

(一) 指导思想

全面推进城市绿色照明工程，要以科学发展观统领全局，认真贯彻落实节约资源和保护环境的要求，认真贯彻落实我国“十一五”规划纲要明确的任务和要求。坚持以人为本，坚持节能优先，以高效、节电、环保、安全为核心，以健全法规标准、强化政策导向、优化产业结构、加快技术进步为重点，以依法管理为保障，解放思想，创新机制，健全法规，完善政策，强化管理，加强宣传，努力构建绿色、健康、人文的城市照明环境，切实提高城市照明发展质量和综合效益。

(二) 遵循原则

(1) 立足科学发展，建立健全政策、法规、标准，规范市场竞争，完善管理机制，规范“规划、设计、建设、验收、养护、监控、器材、销售”等管理环节。

(2) 坚持以人为本，努力建立适宜、和谐、友好的照明环境，切实改善人居环境质量，提高公共服务水平，保障社会治安，统筹城乡区域协调发展。

(3) 优化照明产业结构，强化政策导向，优化市场秩序，鼓励使用高效照明器材，实现结构节能。

(4) 着眼建设资源节约型社会,以提高资源利用效率为核心,探索推进可再生能源研究与规模化应用,在生产和使用中,做到节能、节电、节材、环保。

(5) 坚持科技创新,大力推进技术进步,加强国际交流合作,积极开发推广节能技术,实现技术节能。

(三) 主要目标

(1) 以2005年底为基数,年城市照明节电目标5%,5年(2006～2010年)累计节电25%。

(2) 在城市照明建设、改造工程中,全面推行专业管理机构规划、设计论证、专项验收制度。

(3) 2008年前,完成城市照明专项规划编制。

(4) 完善功能照明,基本消灭无灯区。新改扩建的城市道路装灯率达100%,公共区域装灯率达98%以上。

(5) 严格执行照明功率密度值标准。

(6) 灯具效率在80%以上的高效节能灯具应用率达85%以上。

(7) 高光效、长寿命光源的应用率达85%以上。

(8) 使用的高压钠灯能效指标达到或超过GB19573-2004标准,达到或超过节能评价值GB19573-2004标准。

(9) 高压钠灯镇流器能效指标能效因素(BEF)达到或超过GB19574-2004标准,倡议达到或超过节能评价值GB19574-2004标准。400 W高压钠灯镇流器能效指标能效因素(BEF)不低于0.235。

(10) 通过气体放电灯电容补偿,功率因素不小于0.85。

(11) 道路照明主干道亮灯率达98%,次干道、支路亮灯率达96%。

三、工作重点

(一) 加强法制建设,理顺管理体制

修订《城市照明管理规定》,完善规划、设计、施工、材料、验收、安全等方面的监管内容,配套完善实施细则。结合城市照明社会公益性和无偿性的特点,切实加强专业管理。积极推进改革,逐步放开作业市场,严格单位资质管理与个人作业资格管理,修改出台设计施工养护资质,规范市场竞争。坚持建设改造与维护管理并重,进一步理顺完善管理体制,积极将城市照明建设、管理统一到一个部门,集中行使管理职能。专业管理机构要会同有关建设行政主管部门对城市绿色照明初步设计、施工图文件实行动态管理、协同管理,严格执行"三同时"制度,在规划立项、方案设计、建设改造、验收检测、器材选用等各环节中,建立完善联动协调的工作机制。

(二) 深入推进城市绿色照明及节电改造示范工程活动

要在认真总结经验的基础上,深入广泛开展城市绿色照明示范工程活动。通过评价指标、活动原则、具体形式的不断优化,提高示范工程质量,进一步扩大示范效应。同时在一些城市开展现有路灯、景观照明的节能改造,针对城市照明中存在的单纯追求亮度、追求豪华、能耗密度超标、道路照明过多装饰、光污染严重、采用低效能照明器材等问题,积极实施节电改造示范工程,对光源灯具、整个照明供配电系统在内的道路照明和景观照明系统进行全面改造。

(三) 推广采用高效照明电器产品

定期或不定期制定高效照明工艺、技术、设备及产品的推荐目录,适时公布落后工艺、技术、设备及产品的淘汰目录。认真落实国家发展改革委和财政部颁布的《节能产品政府采购实施意见》。在政府采购中,要优先采购绿色产品目录中的产品,优先采购通过绿色节能照明认证、经过专业检测审核或通过环境管理体系认证的企业的产品,通过政府的绿色采购正确引导社会消费意识和行为。努力规范市场行为,帮助扶持城市照明优质、高效电器产品生产企业提高科技水平,鼓励引导他们自主创新,注重提高产品的

科技含量,增强市场竞争力。

(四)加强城市照明产品能效标准体系建设

认真总结实施“中国绿色照明促进项目”经验,建立健全制订能效标准、节能认证、能效标识的工作协调机制。跟踪照明行业新产品的研发与应用情况,加快研究、起草、制订、完善各类新光源、新灯具等照明产品的能效标准。开展照明产品关于能效标准实施与监督机制的专题研究。切实推进城市照明电器领域能效标识、节能认证的市场监督管理机制,尽快建立能效领域的市场准入制度,引导用户使用优质、高效、节能的照明产品,为城市绿色照明提供物资器材保障。

(五)抓好专项规划编制工作

要从实际出发,坚持“以人为本、突出重点、保证功能、经济实用、节约能源、保护环境”的原则,抓紧编制城市照明专项规划,2008 年全面完成。做到合理布局、主次兼顾、重点突出、特色鲜明,明确节电的指标和措施。对不符合城市发展需求和节约用电、保护环境的城市照明专项规划,要抓紧修改。全面推行规划评审和规划管理,突出城市照明专项规划引导资源节约的前瞻性和权威性的作用,从源头上把好资源节约和有效利用关。从严确定规划强制性内容,并实行长效管理。

(六)提高信息网络化水平,增强科技支撑能力

建设和不断完善绿色照明信息网络平台、绿色照明管理业务应用平台和信息资源服务平台。深入开展绿色照明新型节能产品、新工艺、新技术等战略与理论研究。增强自主创新能力,加强重大关键技术的科技攻关、技术开发和应用,加快相关制造业的产业升级。积极引进、消化、吸收国际先进理念和技术。加强科技创新基地和国家重点城市照明专项实验室及检测技术中心建设,重点培养和选拔一批学术或技术带头人,充分发挥科技专家的咨询和技术支持作用,为绿色照明建设管理提供人才保障。

(七)加大宣传力度,提高全社会绿色照明意识

广泛深入持久开展绿色照明宣传,提高全民的资源忧患和节约意识,增强全社会的照明节能意识和可持续发展意识。要充分利用新闻出版、广播影视、文化教育等各种社会宣传阵地,积极开展绿色照明宣传,大力宣传“节约资源和保护环境是基本国策”,大力宣传实施城市绿色照明的意义、目标和任务,大力宣传绿色照明示范工程的成效和经验。要通过知识讲座、经验交流、举办宣传周、现场参观等各种生动活泼的宣传教育活动,吸引社会各界广泛参与,使绿色照明逐步成为全社会的共识。要建立绿色照明宣传专项资金。

四、保障措施

(一)健全法规及标准体系,完善管理机制

切实履行政府职能,强化政策导向。健全和完善法规、标准。规范作业市场管理,结合照明行业实际,统筹道路照明和景观照明,整合资源,节约资源。发挥政府资金的功效,建立统一管理体制,使城市照明规划设计更专业、建设施工更规范、运行监控更科学、产品器材选用更合理。坚持依法管理。充分运用国家现有的质检网络和机制,加强器材市场管理。使各环节科学运作,各参与主体协调配合,整个照明相关产业积极联动。

(二)建立完善节能评价体系,加强节能目标考核

各城市应根据实际建立完善适应本地实际的城市绿色照明节能评价体系,科学综合考虑评价节能效果。要尽快建立健全城市照明节能管理统计、监测制度,严格执行设计、施工、管理等专业标准和单位能耗限额指标,实行城市照明消耗成本管理。建立城市绿色照明、节能目标责任制。把绿色科学合理照明、

节能考核指标、装灯普及率目标、专项经费投入使用情况纳入城市建设管理、生态园林城市等考核内容。通过普查、自查、专项查等不同形式，查找问题，制定落实整改措施，充分挖掘节能潜力，提高各地开展绿色照明的主动性和创造性。

（三）推进城市绿色照明节能产业化

以市场为导向，建立推动和实施节能措施的新机制，推动城市照明节能的产业化进程，提高能源利用效率。按照规范选择确定专业服务机构，不断提升专业服务机构的能力。通过合同能源管理等方式，聘请专业服务机构参与城市照明节能改造，提供能源效率审计、节能项目设计、采购、施工、培训、运行、维护、监测等综合性服务，并通过与客户分享节能效益赢利，实现滚动发展和双赢发展。

（四）综合运用各种手段，加强政府引导与市场调节合力

积极完善政府主导、市场推进、公众参与的城市绿色照明机制。综合运用各种手段，特别是价格、税收等经济手段，促进节约使用和合理利用资源。总结地方实践经验，加强政府引导扶持，探索建立节能奖励政策，加强政府节能采购管理，鼓励市场主体参与高效节电照明产品的研发和生产，推动节能市场化运作，形成节能项目的效益保障机制，提高效率，降低成本，促进节能产业化，保证绿色照明工程的持续推进。

（五）增加投入，保障城市绿色照明工程顺利推进

充分调动各级政府和社会的积极性，采取多渠道筹措资金的办法，积极整合多方面资源，不断加大投入力度，深入推进城市绿色照明工程。将公共公益性城市照明所需经费，纳入公共财政体系；城市照明专项经费做到足额专款专用，为推进城市绿色照明工程提供资金保障。各地要探索建立健全专项照明节能资金，在节能资金中发挥节能效应，在节能效益中扩大资金基数，形成节能的良性互动。

（六）加强组织领导，努力开创城市绿色照明工作新局面

抓好城市绿色照明工作，是市政公用事业贯彻科学发展观的必然要求，各地要切实加强对城市绿色照明工程的组织领导，把这项工作摆上重要议事日程，纳入城市建设和管理的工作部署，认真制订实施方案，明确职能部门，落实有效措施，建立目标管理责任制。要加强调查研究，加强检查督促，及时协调解决实施过程中的问题，保证城市绿色照明工作的顺利推进。

建设部关于实施《节约能源——城市绿色照明示范工程》的通知

建城[2004]97 号

各省、自治区建设厅，北京市政管理委员会，上海市市容卫生管理局，天津市市容环境管理委员会，重庆市市政管理委员会：

为了落实科学的发展观，指导城市照明工作健康发展，进一步提高我国城市照明的总体水平，按照推进《中国绿色照明工程促进项目》的要求，经研究决定，我部将实施《节约能源——城市绿色照明示范工程》。节约能源——城市绿色照明的基本宗旨是：节约能源、保护环境和促进健康；主要目的是：通过该工程的实施，缓解城市照明的快速发展与电力供应紧张之间的矛盾，使城市照明工作科学、健康、可持续发展。现将实施《节约能源——城市绿色照明示范工程》的有关事项通知如下：

一、《节约能源——城市绿色照明示范工程》活动的范围和具体项目

(一)《节约能源——城市绿色照明示范工程》的范围

(1) 由政府部门投资建设的城市户外公共照明，包括功能照明和景观照明；

(2) 由企事业单位投资建设的住宅小区内的功能照明、景观照明，以及自有物业的景观照明；

(3) 旅游风景区的功能和景观照明。

(二) 具体工程项目

(1) 城市道路，街道的功能照明；

(2) 城市广场、公共公园、住宅小区的功能照明；

(3) 城市车站、机场、港口、关口、室外公共空间的功能照明；

(4) 商业区及步行街的功能和景观照明；

(5) 城市标志性建筑物的景观照明；

(6) 城市历史名胜古迹的景观照明；

(7) 城市园林绿化的景观照明；

(8) 城市风景名胜区(滨江，滨海、滨河、山体、丘陵)的功能和景观照明；

(9) 城市照明的集中管理、监控系统。

二、《节约能源——城市绿色照明示范工程》的申报条件

(1) 已完成了城市照明专业规划，并符合城市总体规划要求；

(2) 项目必须是城市中一定范围区域内的景观照明和功能照明，并符合城市照明专业规划；

(3) 设计中充分考虑了有效利用能源，保护生态，防止光污染的技术和措施，并有明确节能环保目标；

(4) 项目规划设计符合《节约能源——城市绿色照明示范工程》评价标准；

(5) 城市已制订了城市照明相关的法规、制度、标准、规范等；

(6) 具有常设的城市照明管理机构和明确的项目管理部门。

三、申报程序

(1) 申报程序：各地城市照明管理部门对本地区新建城市照明项目及改造项目进行推荐或申报，经各省、自治区建设厅资格审定后报建设部，直辖市、副省级城市直接报建设部，最后由建设部组织城市照明专家进行评审确定。

(2) 申报受理和管理机构：建设部城建司；

(3) 申报截止时间：2004 年 8 月 20 日；

(4) 申报材料：①申报表；②推荐表；③项目的所有技术文件(包括：项目背景说明、设计说明、设计参照标准、照度计算、能耗密度计算、布灯及布线图、灯具的技术参数、节能环保措施、动态仿真效果图)。推荐表、申报表、技术图纸以书面形式，图像视频资料以光盘形式上报一式三份。

四、建设部实施《节约能源——城市绿色照明示范工程》的说明

近年来，随着我国城市经济技术的高速发展，人民生活水平不断提高，城市照明在改善城市人居环境质量和城市形象，提高城市整体素质，推动内需，拉动城市夜间经济起到了显著作用。城市照明工作在城市建设及人们生活中的地位也越来越重要，同时也得到了各级政府的高度关注。

但是，我国城市照明的发展尚存在着种种问题。为解决城市照明中出现的问题，正确规范和指导我国城市照明建设工作，特开展《节约能源——城市绿色照明示范工程》活动，以总结和推广我国城市照明工作的经验，使我国城市照明工作尽快走上科学、健康、可持续发展的道路。

(一) 城市绿色照明的科学定义

城市绿色照明是指城市公共空间，通过科学的照明设计，采用高效、节能、环保、安全和性能稳定的照明产品，改善人居环境，提高人们生活质量，从而创造一个安全、舒适、经济、有益的环境并充分体现现代文明的照明。城市绿色照明的宗旨是保护环境、节约能源和促进健康。

(二) 我国绿色照明工作的开展情况

"中国绿色照明工程"是国家经贸委会同国家计委、科技部、建设部、国家质量技术监督局等 13 个部门，在"九五"期间共同组织实施的一项旨在节约电能、保护环境、改善照明质量的重点节能示范工程。在有关各方的共同努力下，工程实施取得了明显的社会效益和经济效益。

在"十五"期间，国家发改委与联合国开发计划署(UNDP)又合作开发了"国家发改委/联合国开发计划署(UNDP)/全球环境基金(GEF)中国绿色照明工程促进项目"。

"中国绿色照明工程促进项目"将在整个"十五"期间实施。为支持项目实施，全球环境基金(GEF)为项目提供赠款 813.5 万美元；中国政府及有关项目承担单位将提供相应的配套资金。

项目的主要内容是针对不同类型建筑物的室内照明，推广、实施绿色照明方案，并力求到 2010 年实现建筑物室内照明节电 10%的目标。

(三) 我国城市照明发展状况

随着我国经济建设的高速发展，城市化进程的加速，城市照明得到了长足发展。城市照明对改善城市人居环境、提高城市整体素质、推动内需、拉动城市夜间经济发挥了积极作用，为城市的社会效益、环境效益、经济效益作出了巨大贡献。

目前城市照明(景观照明和功能照明的统称)的年用电量约占全国总发电量的 4%～5%，2002 年我国总发电量为 16758.2 亿度，城市照明年耗电约为 612.8 亿度，相当于在建三峡水力发电工程投产后的发电能力(840 亿度)，是 1998 年前用电量的 3～4 倍。为此，城市照明节电，具有重要意义。

(四) 开展《节约能源——城市绿色照明示范工程》的宗旨和主要目标

《节约能源——城市绿色照明示范工程》的宗旨是推动节约能源、保护环境、提高城市照明质量、改善城市人居环境，以适应和服务于我国的社会进步和现代化进程。主要目标包括：

(1) 纠正城市照明工作中片面追求高亮度、多色彩、大规模的不正之风；

(2) 提高城市照明工作者的节能环保意识，使城市照明工作者更多地了解高效节能照明系统的益处；

(3) 推进照明节电，到 2008 年实现城市照明节电 15%的目标；

(4) 通过推进城市绿色照明，减少温室气体的排放；

(5) 制定城市照明节能的规范和标准，促进我国城市照明工作科学、健康、可持续发展。

(五)《节约能源——城市绿色照明示范工程》的组织实施

(1) 组织国内外城市照明专家编写城市绿色照明的标准规范和有关文件;

(2) 由各地城市照明主管部门根据示范工程的具体要求,组织示范工程项目的申报;

(3) 由省、自治区建设厅组织初评,并将结果报部;

(4) 由部确定示范工程项目,申请联合国开发计划署(UNDP)/全球环境基金(GEF)的项目资助,并对项目进行全程指导跟踪。

建设部关于贯彻《国务院关于加强节能工作的决定》的实施意见(节选)

建科[2006]231号

为贯彻落实《国务院关于加强节能工作的决定》的精神，加强建筑节能和城市公共交通节能工作，实现“十一五”期间建设领域节能目标，现提出以下实施意见：

一、提高认识，用科学发展观指导建设领域节能工作

(一)指导思想

以邓小平理论和“三个代表”重要思想为指导，全面落实科学发展观，紧紧围绕实现城乡建设方式的根本转变，调整住房供应结构，引导住房合理消费，以提高能源利用效率为核心，以建筑节能和优先发展公共交通为重点，以技术进步为支撑，近期措施与建立长效机制相结合，加大标准的执行监管力度，建立和完善政策法规，实现“十一五”建筑节能、城市公共交通节能目标，促进建设事业走资源节约型、环境友好型的发展道路。

(二)工作目标

建筑节能：到“十一五”期末，实现节约1.1亿吨标准煤的目标。其中：通过加强监管，严格执行节能设计标准，推动直辖市及严寒寒冷地区执行更高水平的节能标准，严寒寒冷地区新建居住建筑实现节能2100万吨标准煤，夏热冬冷地区新建居住建筑实现节能2400万吨标准煤，夏热冬暖地区新建居住建筑实现节能220万吨标准煤，全国新建公共建筑实现节能2280万吨标准煤，共实现节能7000万吨标准煤；通过既有建筑节能改造，深化供热体制改革，加强政府办公建筑和大型公共建筑节能运行管理与改造，实现节能3000万吨标准煤，大城市完成既有建筑节能改造的面积要占既有建筑总面积的25%，中等城市要完成15%，小城市要完成10%；通过推广应用节能型照明器具，实现节能1040万吨标准煤；太阳能、浅层地能等可再生能源应用面积占新建建筑面积比例达25%以上。

城市公共交通节能：通过改善出行结构，加强设施建设，提高城市公共交通效率。到“十一五”期末，城市公共交通出行在城市交通总出行中的比重，特大城市达到20%以上，其他城市在现有基础上增加50%。特大城市中心区公共汽电车平均运营速度达到20公里/小时以上，其他城市达到25公里/小时以上，出租车空驶率控制在30%以下；提高节能环保型汽车的使用率；城市公共交通比“十五”期末节油15%以上。

二、提高城乡规划编制的科学性，从源头上转变城乡建设方式

三、建立新建建筑市场准入门槛制度，做好新建建筑节能工作

四、完善建筑节能标准体系，确保工程质量

五、抓好建筑节能重点工作

六、加快城镇供热体制改革

七、组织实施国家建筑节能重点工程、重大关键技术研究项目

(二十二)实施国家建筑节能重点工程。组织实施建筑节能工程，以新建建筑执行节能设计标准、既有建筑节能改造、配套措施及能力建设为重点，启动更低能耗和绿色建筑示范项目及既有建筑节能改造。配合实施热电联产工程，用热电联产集中供热为主的方式替代城市燃煤供热小锅炉，扩大集中供热范围。适度超前建设城市集中供热管网，为热电联产创造条件。各地应积极配合国家做好重点工程的管理工作，并总结经验，逐步推广。配合实施绿色照明工程，按照《“十一五”城市绿色照明工程规划纲要》的要求，组织实施城市绿色照明工程，指导各地科学、节能发展城市照明。

(二十三)组织实施国家中长期科技发展规划中确定的建筑节能与绿色建筑重大项目。加快对新型建筑节能围护结构、既有建筑节能改造、长江流域住宅室内热湿环境低能耗控制技术、大型公共建筑节能控制与能量管理系统研究、降低大型公共建筑空调系统能耗研究、建筑节能设计方法与模拟分析软件开发等建筑节能关键技术研究，不断增强自主创新能力，推动节能技术进步。组织实施百项建筑节能示范工程和百项绿色建筑示范工程的“双百工程”。发布《建设部“十一五”重点推广技术领域》、《建设部“十一五”技术公告》。

八、加强政策法规建设，建立健全节能保障机制

九、加强国际合作，促进建筑节能实现跨越式发展

十、加强节能工作的宣传和培训

(三十三)加大节能工作宣传力度。各地建设主管部门要充分发挥舆论的导向与监督作用，大力宣传我国能源资源现状及建筑节能、公共交通节能、城市照明节能的重大意义，积极宣传有关政策法规、技术标准、示范项目及典型做法和经验等，扩大影响，努力营造有利于节能的社会氛围。

十一、加强组织领导，建立建筑节能目标考核评价体系

建设部关于进一步加强城市照明节电工作的通知(节选)

建城函[2005]234号

为贯彻落实国务院《关于做好建设节约型社会近期重点工作的通知》精神,建立城市照明节电机制,强化城市照明节电的政策导向,促进城市照明健康发展,现就加强城市照明节电工作的有关问题通知如下:

一、切实提高对城市照明节电工作的认识

二、进一步做好城市照明的规划设计和建设管理工作

三、在城市照明建设与改造中,要保证以道路照明为主的功能照明,严格限制装饰性的景观照明

四、大力推广节电新技术新产品,努力降低城市照明电耗

城市照明的光源、灯具和控制系统的使用,应优先选择通过认证的高效节能产品。鼓励使用太阳能道路照明、庭园照明等绿色能源照明。积极推广高压钠灯、金属卤化物灯、半导体发光二极管(LED)、T8、T5荧光灯、紧凑型荧光灯(CFL),大功率紧凑型荧光灯等高效照明光源产品。功能照明的灯具选用,要严格遵守功能为主装饰为辅的原则,不得在城区主干道大范围使用多光源装饰性庭园灯。景观照明严禁使用强力探照灯、大功率泛光灯、大面积霓虹灯、彩泡、美耐灯等高亮度高能耗灯具。要根据景观元素的要点、照明载体的形体特征、材质特性、艺术特点等选择科学合理的照明方法;慎用大面积泛光照明;合理使用内透光照明、轮廓照明等高效节电照明技术和方法。

五、积极开展城市绿色照明及节电改造示范工程

各地要根据《关于实施〈节约能源——城市绿色照明示范工程〉的通知》(建城[2004]97号)的要求,结合"十一五"十大重点节能工程之一的城市绿色照明工程的实施,继续做好城市绿色照明示范工程,广泛开展对酒店、商厦、写字楼、体育馆场的照明节能改造项目和道路照明及景观照明节电改造。要及时总结推广城市绿色照明示范工程和节电改造示范工程经验,宣传城市绿色照明工程和节电改造工程示范城市。

六、加快建立健全城市照明标准体系

要加快建立健全城市照明标准体系的工作步伐,加强城市照明产品能效研究工作,为城市照明节电提供技术服务。要尽快编制《城市照明规划规范》,完善《城市道路照明设计规程》、《城市道路照明施工及验收规程》,加快制订《城市景观照明设计标准》,组织研究城市照明强制性能耗技术要求,加强城市照明产品能效标准体系建设。

七、加大城市照明节电宣传力度

各地要建立城市照明节电宣传的长效机制,大力提高城市照明节电意识,加大绿色照明公众宣传力度。各行业协会也要积极参与宣传、教育活动,帮助公众和生产企业提高城市照明节能环保意识。

信息产业部电子信息产业发展基金简介及管理暂行办法

一、简　介

电子信息产业发展基金(简称电子发展基金)是中央财政预算安排的,用于支持软件、集成电路产业,以及计算机、通信、网络、数字视听、新型元器件等电子信息产业核心领域技术与产品研究开发和产业化的专项资金。

电子发展基金由财政部、信息产业部各司其职,共同管理。财政部负责基金预算管理,批复基金预算和决算,审批项目安排和资金使用计划,对资金使用情况追踪问效,监督检查。信息产业部负责发布项目指南,组织项目申报和初审工作,对项目实施过程进行检查,组织验收完工项目。财政部、信息产业部联合设立电子发展基金项目审查委员会,主要负责对电子发展基金项目的审查工作,同时在信息产业部设立电子发展基金管理办公室(简称基金管理办公室),负责电子发展基金管理的日常事务。电子发展基金按项目管理,采取公开招标和企业申报相结合的方式征集项目,通过专家评审、中介机构评估的方式辅助选择项目,并对项目实行合同制管理。电子发展基金主要采取无偿资助方式,有条件的可采取资本投资方式。

电子发展基金自1986年国务院批准实施以来,对促进我国电子信息产业持续快速健康发展起到了非常重要的作用,已经成为引导和推动电子信息产业发展的一项十分有效的财政政策和产业政策。20年来,国家累计投入基金39亿元,共资助1859个项目,带动了地方政府、金融机构和企业资金投入超过2000亿元。电子发展基金在推进信息技术核心领域发展、提高产业研发能力、扶持行业骨干企业成长、加快传统产业改造升级、倡导创业投资、促进区域电子信息产业发展方面取得显著成效。

主管部门:信息产业部电子信息产业发展基金管理办公室

通信地址:北京市海淀区万寿路27号

邮政编码:100846

基金网站电话:010—82512089　　传真:010—82512090

项目验收电话:010—68277286　　传真:010—68277286

立项请款电话:010—68208017

二、信息产业部电子信息产业发展基金管理暂行办法

财建[2001]425号

第一章　总　则

第一条　根据国务院《关于印发鼓励软件产业和集成电路产业发展若干政策的通知》(国发[2000]18号)精神,为支持以软件和集成电路为核心的电子信息产业的发展,规范电子信息产业发展基金(以下简称电子发展基金)管理,发挥资金使用效益,特制定本办法。

第二条　本办法所称电子发展基金是中央财政预算安排的,用于支持软件、集成电路产业,以及计算机、通信、网络、数字视听、新型元器件等电子信息产业核心领域技术与产品研究开发和产业化的专项资金。

第三条　电子发展基金安排的基本原则

1. 符合国家产业政策和电子信息产业发展规划;

2. 有利于提高电子信息产业研发能力，加快我国自主知识产权的技术和产品开发；

3. 有利于促进科研成果转化，引导高新技术企业加快技术创新；有利于电子信息技术推广应用，促进产业结构升级，形成规模经济；

4. 公开、公正、公平。

第四条　电子发展基金由财政部、信息产业部各司其职，共同管理。

财政部职责：负责基金预算管理，批复基金预算和决算，审批项目安排和资金使用计划，对资金使用情况追踪问效，监督检查。

信息产业部职责：负责发布项目指南，组织项目申报和初审工作，对项目实施过程进行检查，组织验收完工项目。

财政部、信息产业部联合设立电子发展基金项目审查委员会，主要负责对电子发展基金项目的审查工作，同时在信息产业部设立电子发展基金管理办公室（以下简称基金管理办公室），负责电子发展基金管理的日常事务。

第二章　项目选择与管理

第五条　电子发展基金按项目管理，采取公开招标和企业申报相结合的方式选择承担单位。程序如下：

1. 信息产业部于每年初组织专家确定当年电子发展基金支持项目指南，在全国范围内发布，项目指南主要包括产业名称、技术领域、技术目标和国家重点支持的实行招标管理项目等内容；

2. 符合条件的单位，按要求通过电子发展基金申报专网申报（网址：www.itfund.gov.cn），同时将书面材料报基金管理办公室；

3. 电子发展基金管理办公室整理申报项目材料，并组织中介机构进行评估。中介机构由财政部与信息产业部共同确定；

4. 电子发展基金管理办公室汇总、审核中介机构评估结果，对部分重点项目进行前期论证，制定项目支持计划草案，报项目审查委员会审查；

5. 信息产业部根据项目审查委员会的审查意见确定项目计划，报送财政部；

6. 财政部根据公共财政要求和国家产业扶持政策，批复项目计划和预算；

7. 信息产业部接到财政部的项目批复通知1个月内将项目下达到承担单位。

第六条　项目承担单位应具备以下基本条件：

1. 法人资格；

2. 必要的专业技术人员；

3. 必要的研究与开发或生产设备；

4. 在研究与开发技术领域已取得相关科研成果；

5. 其他应具备的条件。

第七条　电子发展基金由信息产业部授权基金管理办公室与项目承担单位签订合同，对项目实行合同制管理。合同的主要内容：

1. 项目目标及主要内容；

2. 技术经济指标；

3. 年度计划内容及考核目标（跨年度项目）；

4. 项目预算及资金来源；

5. 电子发展基金支持方式；

6. 产权归属；

7. 完成期限；

8. 共同责任；

9. 有关附件。

第八条　项目完成后，由信息产业部根据项目合同组织验收。

第三章　资金及财务管理

第九条　信息产业部按规定程序向财政部请拨电子发展基金，并在收到款项后按项目计划及时足额将资金划拨到项目承担单位。

第十条　电子发展基金开支范围：

项目经费：指用于项目本身所必需的经费支出，主要包括：设备购置、原材料、燃料动力、资料、印刷、租赁费、鉴定验收等费用。

评审和管理费用：评审费用指财政部、信息产业部对项目进行评审论证所发生的费用；管理费用指基金管理办公室在管理电子发展基金工作中发生的调研、会议、咨询、网络运行与维护、信息管理等等必要支出。评审和管理费用按照不超过项目资助金额的3.5%掌握。

经财政部批准的其他支出。

第十一条　电子发展基金主要采取无偿资助、贷款贴息两种方式，有条件的可采取资本投资方式。

无偿资助方式，主要用于中小企业研究与开发及中间试验阶段的必要补助，每个项目的资助数额一般不超过200万元，个别重大项目最高不超过400万元，并且项目承担单位须有等额以上的自有配套资金。

贷款贴息方式，主要对已具备一定技术水平、规模和效益的项目单位采取这种方式以支持其使用银行贷款，扩大生产规模，推广技术应用，一般按照承担企业申请项目贷款额年利息的50%～100%确定贴息额度，每个项目贴息额度一般不超过200万元，个别重大项目最高不超过400万元。

资本投入方式，主要对少数技术起点较高、具有高成长性的电子信息产业项目采用资本投入方式，资本投入以引导其他资本投入为主要目的，投入数额一般不超过企业注册资金的20%。财政部、信息产业部要对国家投资建立严格的责任制度，选择具备条件的合格的投资管理机构行使具体管理职能。

第十二条　电子发展基金项目承担单位收到国家拨付的电子发展基金时，作以下财务处理：

对无偿拨款方式，计入项目承担单位的“补贴收入”；

对贷款贴息方式，冲减项目承担单位的“财务费用”；

对资本投入方式，计入项目承担单位的“实收资本”或“资本公积”；

第十三条　年度终了后，信息产业部需将电子发展基金的年度使用决算报表，于次年3月1日前报送财政部，财政部依据有关国家规定进行批复。

第四章 考核与监督

第十四条　财政部和信息产业部负责对电子发展基金项目承担单位进行考核与监督，项目承担单位要主动将项目执行的有关情况报告财政部和信息产业部。

财政部和信息产业部要对项目执行情况进行考评，考评的内容主要是项目的执行过程、技术水平、经济效益、社会效益等几个方面。

财政部和信息产业部委托中介机构对承担单位实施不定期检查。

第十五条　项目因故撤销或终止，电子发展基金管理办公室应停止拨款，项目承担单位进行项目清算，并将电子发展基金已拨款未用资金如数上交基金管理办公室。

第十六条　电子发展基金项目承担单位必须执行国家有关财务与会计制度，严格执行项目合同预算。对弄虚作假、截留、挪用电子发展基金等违反财经纪律的行为，除按照国家有关法律法规对有关项目单位和责任人进行处罚外，对项目承担单位还给予以下处理：终止项目合同；停止拨款并收回已拨资金；取消项目申报资格。

第五章　附　则

第十七条　本办法自发布之日起施行。财政部1994年12月30日印发的《电子工业生产发展基金管理办法》([94]财工字第477号)同时废止。

第十八条　本办法由财政部和信息产业部负责解释。

三、2005年电子信息产业发展基金项目指南(节选)

(二)中国芯工程

2. 半导体照明功率型高亮度发光二极管封装(招标项目)。
5. 半导体照明用电源电路、驱动电路研发及半导体照明标准研究制定。

注:

有关招标项目、"倍增计划"专项、重大技术发明成果产业化专项的申报要求另行通知。

四、2006年度电子信息产业发展基金招标项目指南(节选)

(二)集成电路

1. 符合国家标准的WLAN射频芯片开发及产业化。
2. 半导体照明用外延片开发及产业化。

信息产业部2006年度电子信息产业发展基金
招标项目中标单位(部分)

序 号	项目名称	中标单位
9	半导体照明用外延片开发及产业化	晶能光电(江西)有限公司等
		西安电子科技大学等

教育部工程研究中心建设及管理办法

一、教育部工程研究中心建设与管理暂行办法

第一章　总　则

第一条　为加强高等学校科技创新能力建设、完善高等学校科技创新体系、强化高等学校社会服务功能，教育部有计划、有步骤地开展了教育部工程研究中心（以下简称工程中心）建设。为加强和规范工程中心的建设与运行管理，促进工程中心持续健康发展，制订本办法。

第二条　工程中心是高等学校科技创新体系的重要组成部分。是高等学校加强资源共享、促进学科建设与发展、组织工程技术研究与开发、加快科技成果转化、培养和聚集高层次科技创新人才和管理人才、组织科技合作与交流的重要基地和平台。

第三条　工程中心建设宗旨是以国家中长期科学与技术发展规划为指导，结合学校学科整体规划，面向国际高新技术发展方向和国家经济建设、社会进步、国家安全的发展战略，将具有重要市场价值的科技成果进行工程化研究和系统集成，转化为适合规模生产所需要的工程化共性、关键技术或具有市场竞争力的技术产品。

第四条　工程中心建设目标是形成科技成果产业化的工程化验证环境和对科技成果进行技术经济分析和工程评估的能力；建成一支一流的技术创新开发与系统集成队伍；形成不断创新的可持续发展能力，推动行业技术进步。

第五条　工程中心主要任务是以国家战略需求为目标，以技术集成创新为核心，持续不断地为社会提供工程化技术成果；研究提出行业技术标准、规范；促进国外引进先进技术的消化、吸收和创新；推动学科交叉，培养科技创新人才及管理人才；为行业和相关领域的发展提供信息和咨询服务；开展国际合作与交流。

第六条　工程中心是依托高等学校开展工程技术创新与系统集成的科研实体，是学校学科建设的重要内涵。高等学校要将其列入重点学科建设和科技创新基地建设与发展规划。工程中心在资源分配上计划单列，是相对独立、与院系平行的依托高等学校的二级机构。

第七条　教育部对工程中心实行定期评估，动态管理，优胜劣汰，滚动发展的管理机制。

第二章　管理职责

第八条　教育部是工程中心的行政主管部门，其主要职责是：

（一）依据国家科技发展战略及行业技术发展状况，编制工程中心发展规划与实施计划，制订有关工程中心建设与管理政策和办法。指导工程中心的运行和管理。

（二）确定工程中心立项，组织工程中心的验收与评估。

（三）聘任工程中心主任，对工程中心技术委员会主任进行备案。

（四）根据情况发展，调整现有工程中心规划布局。

第九条　各省、自治区、直辖市教育行政管理部门对依托地方高等学校建设的工程中心的主要职责是：

（一）配合教育部制订所属地方高等学校工程中心的发展规划与计划；创造条件，将工程中心纳入区域创新规划。

（二）组织地方高等学校工程中心的申报与建设，指导辖区工程中心的运行和管理。

（三）初审地方高等学校推荐的工程中心主任人选，对技术委员会主任进行备案。

（四）落实工程中心建设、运行的配套条件与地方相关政策。

第十条　高等学校是工程中心建设的依托单位，负责工程中心的建设与日常管理。主要职责是：

（一）组织编制工程中心建设项目可行性研究报告，负责工程中心的建设实施。

（二）将工程中心的建设发展纳入学校相关规划，根据工程中心所依托的学科特点、产业背景和学校管理实际情况，制定有利于工程中心发展的管理体制和运行机制；协调并解决工程中心建设发展中的重大问题，落实资金及其他配套条件。

（三）负责遴选推荐和考核工程中心主任，聘任工程中心副主任、技术委员会主任、副主任和委员。

（四）制定有利于工程中心建设与发展的考评体系，负责工程中心日常考核和预评估，并将考核和预评估结果报送上级主管部门。配合主管部门做好工程中心的验收与评估工作。

（五）根据技术委员会建议，及时向教育部报送工程中心建设与发展中的重大问题。

第三章　立项与建设

第十一条　工程中心的立项与建设管理主要包括立项申请、评审、计划实施等。

第十二条　工程中心建设项目应具备以下条件：

（一）依托重点学科或优势学科群，整合各方面资源高起点构建；在相应技术领域中有坚实的工程技术开发与成果转化工作基础、特色和业绩；具有相关支撑学科、技术的系统集成条件，有利于推动学科交叉，可以为学校的长远发展提供有力支撑。

（二）拥有一批自主知识产权和良好市场前景的重大科技成果。

（三）已有科研成果工程化所需要的部分装备和基础设施，并能够为项目的建设、运行提供必要的配套保障。

（四）具有较强市场意识和转化经验的精干管理班子和技术带头人，能够在该领域建成一支结构合理、工程化研究开发与转化素质较高的高水平技术创新队伍。

（五）具有较好的工程化运作管理水平和有效的人才激励机制。

（六）拟申请的工程中心已纳入所在地方和依托高等学校科技创新基地建设规划或相关计划，具有明确的发展目标与建设思路，所提组建方案切实可行，建设配套资金落实。

第十三条　符合工程中心立项申请基本条件的高等学校，根据工程中心建设规划，编写《教育部工程研究中心建设项目可行性研究报告》（附1）一式两份行文报送教育部。

地方高等学校的立项申请由地方省级教育行政管理部门审核后行文报送。

第十四条　教育部对报送的《教育部工程研究中心建设项目可行性研究报告》进行资格审查，审查合格的可行性研究报告将组织专家进行论证（或根据情况采取实地考察）。根据专家论证意见，教育部经综合研究后择优批复立项。

依托地方高等学校立项建设的工程中心采取省部共建方式。

第十五条　依托高等学校依据立项批复，落实资金与建设条件，组织项目具体实施。工程中心建设期间，依托高等学校要加强监督管理，按时报送年度工作总结。教育部将对工程中心建设情况进行检查。

第十六条　依托高等学校应当保证工程中心建设期内负责人的相对稳定。对连续六个月不上岗的工程中心负责人，依托单位应当及时调整并书面报教育部同意。工程中心建设过程中，如对原计划进行重大调整，须经教育部组织专家重新论证并批准后实施。

第十七条　原则上工程中心固定资产新增投资规模不低于1000万元，研发和成果转化用房不低于5000平方米，且相对集中。确有行业或领域特点者，须在立项申请时说明，并按教育部批复的建设规模执行。

第十八条　工程中心建设资金可实行多元化融资，鼓励社会投资机构、企业或个人投资工程中心的成果转化工作。中心建设资金的国家拨款要专款专用，主要用于购置工程化研究开发、试验所必需的设备、仪器，引进必要的技术软件和进行人员培训。

第十九条　工程中心建设期原则二年。通过验收后，转入运行。

第四章 运行与管理

第二十条 工程中心应加强体制创新和机制创新，根据实际情况探索不同的管理模式和运行机制，促进工程中心的建设和发展，取得良好的经济和社会效益。

第二十一条 在依托单位领导下，工程中心实行主任负责制，主持工程中心全面工作，并向依托单位提名推荐工程中心副主任和技术委员会成员人选。

第二十二条 工程中心主任的任职条件是：具有较深的学术造诣、较高的工程技术水平和开拓创新意识；熟悉相关行业国内外的技术发展趋势；有较强的组织管理能力和市场开拓能力；身体健康，精力充沛，年龄原则上不超过 50 岁。

第二十三条 工程中心主任由依托高等学校提名，教育部聘任。工程中心主任任期 5 年，采取“2＋3”考核管理模式，即工程中心主任受聘 2 年后，依托单位对工程中心业绩和工程中心主任进行届中考核并报教育部核准。对考核不通过的教育部将予以解聘。

第二十四条 技术委员会是工程中心的技术咨询机构，其职责是负责审议工程中心的发展战略、研究开发计划，评价工程设计与试验方案，提供技术经济咨询和市场信息，审议工程中心年度工作等。技术委员会会议每年至少召开一次。

第二十五条 技术委员会由工程中心所在领域科技界、工程界和相关企业与经济界专家组成，其中依托单位人员不超过总人数的三分之一，中青年委员不少于总人数的三分之一。技术委员会委员每届任期五年，换届时委员须更换三分之一左右。

第二十六条 工程中心实行项目合同制和人员聘任制。研究开发队伍由固定人员和客座流动人员组成，规模一般在 100 人左右。固定人员由工程中心主任在校内外聘任。客座流动人员由项目负责人根据工作需要和研发项目的实际情况聘任，经工程中心主任核准后作为流动编制，其相关费用在项目经费中支付。

第二十七条 工程中心要建立健全内部管理规章制度，注重工程化开发设施和网络环境建设，提高使用效率，重视知识产权保护，学术道德建设，加强数据、资料、成果的真实性审核及存档工作。

第二十八条 工程中心原则上应实行相对独立的财务核算，按照国家相关法规管理，其成果转化收益主要用于依托高等学校的学科建设和工程中心的可持续发展。

第五章 验收与评估

第二十九条 依托高等学校完成工程中心建设任务后，应及时进行总结并提出验收申请，编写《教育部工程研究中心建设总结报告》(附 2)报送教育部。

省部共建工程中心的验收申请需经地方省级教育行政部门审核同意后报教育部。

第三十条 教育部依据《教育部工程研究中心验收大纲》和批复的《教育部工程研究中心建设项目可行性研究报告》及相关文件组织专家对工程中心进行验收。

第三十一条 教育部对通过验收的工程中心正式命名并授牌，纳入教育部工程中心序列管理，聘任工程中心主任。对于未通过验收的工程中心，教育部责成依托高等学校对验收专家组提出的问题限期加以整改。被责令整改的工程中心一年之内可再申请验收，通过验收后正式命名并授牌，仍未通过验收的将被撤销。

第三十二条 对于建成后运行满三年的工程中心，教育部将组织专家依据《教育部工程研究中心评估大纲》对工程中心进行绩效评估并予以公布。

对建设成绩和评估结果优秀的工程中心教育部将给予支持相关扶持，并视情况推荐申报国家工程(技术)研究中心。对评估绩效不佳的工程中心，教育部给予黄牌警告并责令限期整改，一年内再次评估绩效仍无较大改观的予以撤销。

第三十三条 工程中心建设和运行引入竞争和激励机制，实行动态管理，滚动发展，达到鼓励先进、淘汰落后、调整布局的目的。鼓励高等学校中同现有工程中心技术领域、工作方向相近的技术创新平台，在现有工程中心评估前提出工程中心立项建议，按照优胜劣汰原则，滚动支持。

第六章　附　则

第三十四条　工程中心命名统一为“×××教育部工程研究中心”，英文名称为“Engineering Research Center of ×××，Ministry of Education”。工程中心通过验收后，可根据教育部批复文件刻制工程中心印章。

第三十五条　依托军队和国务院有关部门所属高等学校建设的工程中心，其建设和管理模式，可参照地方高等学校执行。

第三十六条　本办法自发布之日起施行，由教育部负责解释。各高等学校可据此制定相应细则和实施办法。

二、关于组织申报2006年度教育部工程研究中心建设项目的通知

教技司[2005]291号

为全面落实科学发展观、加强高校科技创新能力建设、完善国家科技创新体系(大学)、强化高校社会服务功能，根据“十一五”国家创新体系(大学)规划目标，现将2006年度组织申报教育部工程研究中心(以下简称中心)建设项目的有关事项通知如下：

(一) 指导思想和建设目标

1. 指导思想：紧密结合国家及高等学校中长期科学技术发展规划及国家“十一五”科技发展规划，以提高自主创新能力为核心，坚持以人为本，创新管理体制和运行机制，突破以传统学科分割为特征的科研管理与组织模式，突出重点，体现特色，集成资源，优化配置，推动形成高校科技创新体系的合理布局，提升高校综合创新能力，为高校更好参与国家创新体系建设提供有力支撑。

2. 建设目标：促进高校学科建设与发展，提高高校工程技术研发和系统集成能力，加快科技成果转化和高新技术产业化，培养和聚集高层次科技创新人才和管理人才。

(二) 中心遴选的基本原则

1. 充分体现国家战略目标，符合国民经济和社会发展的重大战略需求以及产业技术发展方向，有利于增强自主创新能力和产业核心竞争力；有利于完善高校创新基地的领域和区域布局；有利于提高高层次人才培养质量，推进高水平大学建设。

2. 拟组建的中心要具备良好的科研、人才队伍和学科交叉融合的条件基础；具有坚实的工程技术研发与成果转化工作基础，具有一定的行业共性技术影响力；有较强的发展潜力，并有建设经费保障。

3. 以“985工程”、“211工程”建设高校为重点，统筹考虑少数水平较高、特色明显的其他高校，注重在西部和东北等地区的规划布局，适当兼顾学校间、领域间的协调，避免与现有国家工程(技术)研究中心、教育部工程研究中心重复建设。

(三) 2006年度工作安排

1. 2006年的申报工作自本通知下发之日开始，通过网上进行申报。请各申报单位按本通知要求和《教育部工程研究中心建设与管理暂行办法》，集中本单位优质资源，突出优势，优先组织成熟度高的基地申报。其中：

教育部直属高校通过学校直接申报；

其他部门所属高校通过主管部门申报；

地方高校采取省部共建方式进行，通过地方教育行政部门申报。

2. 相关文件下载和网上申报工作请登录教育部科技司主页。(http://www.dost.moe.edu.cn，网上申报系统将于1月20日～2月10日开放，没有认证证书的单位请同我司计划处联系。联系电话：66096298，电子邮件：jihuachu@moe.edu.cn)。

3. 请你单位将申报教育部工程研究中心的数量控制在*(具体数目详见邮寄的文件通知)项以内。

4. 请于2006年2月11日前完成网上申报工作(有关部门、地方所属高校由相关主管部门填报),并同时将申报中心的名称行文报送我司(无需报送可行性研究报告等具体材料)。

联系人:钱刚、郃忠智联系电话:66097937、66096733—f

电子邮件:gxc7937@moe.edu.cn、zhongzhi@moe.edu.cn

地址:北京市西城区大木仓胡同37号教育部科技司高新处

邮编:100816

三、2006年度教育部工程研究中心重点建设领域及项目举例

(一)信息电子领域

举例:①下一代计算机网络技术;②宽带无线接入与自组织网络;③通信技术;④语言信息技术;⑤系统集成芯片;⑥射频识别;⑦智能图文处理;⑧高性能计算与复杂系统仿真;⑨半导体器件与集成电路设计;⑩汽车电子;⑪网络与信息安全;⑫显示技术等。

(二)生物医药领域

举例:①现代生物医学;②农业微生物;③中药资源;④纳米药物;⑤新型疫苗;⑥有机毒物控制;⑦数字化诊疗设备等。

(三)现代农业领域

举例:①农业工程与信息化;②旱区农业与生态修复;③现代农业设施;④农业生物治理与生物源农药;⑤农业优良品种选育;⑥农业施工机械;⑦现代林、草业;⑧生物质工程;⑨中国特色农业资源;⑩海水养殖等。

(四)材料领域

举例:①工程结构材料安全服役;②半导体材料;③发光材料与器件;④有色金属先进制备;⑤先进热处理及表面改性;⑥先进冶金工艺与装备;⑦绿色建材;⑧海洋材料与防护等。

(五)制造业领域

举例:①数字制造装备与技术;②产品快速开发;③现代设计与集成制造;④微纳加工与测试;⑤汽车工程;⑥先进船舶技术;⑦科学分析仪器;⑧智能化电器;⑨航空航天复杂产品制造等。

(六)化工轻纺领域

举例:①产业用纺织品;②皮革清洁生产技术;③大型工业反应器;④绿色化工过程;⑤专用化工品;⑥功能食品;⑦糖业等。

(七)能源交通领域

①水利工程与大型结构;②可再生能源;③分布式能源系统;④煤转化技术;⑤轨道交通;⑥电动车辆与电控部件;⑦隧道及地下工程等。

(八)资源环境领域

举例:①城市水资源;②矿产资源高效利用;③深部矿产资源开发与安全预警;④矿山生态修复;⑤企业节能与环保;⑥防沙治沙等。

（九）公共安全领域

①公共安全数字化技术；②民用核技术应用；③公共灾害防控；④城市建设与防灾；⑤工程结构安全等。

（十）服务业领域

举例：①网络与现代服务；②教育信息技术；③广播电视数字化；④电子商务、电子政务等。

（十一）其他（新型、交叉学科）

教育部工程研究中心名单（2004，部分）

序　号	教育部工程研究中心名称	依托单位
4	金属电子信息材料教育部工程研究中心	北京科技大学
11	先进涂料教育部工程研究中心	复旦大学
13	光伏系统教育部工程研究中心	合肥工业大学
21	发光材料与器件教育部工程研究中心	南昌大学
22	计算机网络技术教育部工程研究中心	清华大学
31	材料先进制备技术教育部工程研究中心	东北大学
32	敏感陶瓷教育部工程研究中心	华中科技大学
43	有机硅化合物及材料教育部工程研究中心	武汉大学

四、教育部发光材料与器件工程研究中心

（一）简　介

南昌大学材料科学研究所成立于 1994 年 3 月。2001 年 4 月经教育部批准，依托本所建立了教育部发光材料与器件工程研究中心。“发光材料与器件”研究方向是南昌大学材料物理与化学国家重点学科、材料物理与化学博士点、材料科学与工程博士后科研流动站的研究方向之一。研究工作涵盖发光材料制备、发光器件制作、发光材料生长设备的研制、发光器件应用等方面。

所长和工程研究中心主任为全国杰出专业技术人才（中宣部、中组部和人事部、科技部联合授予）、发光学会副理事长江风益教授。

拥有实验室面积 1200m^2，仪器设备价值近 2000 万元，有进口 MOCVD 系统、自制 MOCVD 系统、X 光双晶衍射仪（进口）、傅里叶红外光谱仪（进口）、发光光谱仪等。

承担过 10 多项科研课题，研究经费近 1000 万元，其中 863 项目 3 项，国家自然科学基金 3 项。取得的成果有：研制成功半导体 GaN 基紫色（近紫外）发光二极管（LED）、蓝色 LED、绿色 LED 外延材料，并完成了铟镓氮蓝光 LED 外延材料生产技术成果的转化；研制成功旋转彩色图文显示屏；研制成功研究型 ZnO-MOCVD 系统；研制成功高质量的 N 型 ZnO 半导体单晶膜。

中国科学院知识创新工程简介及管理办法

一、简　介

1998年6月,国务院决定由中国科学院率先进行国家创新体系建设的试点——中国科学院知识创新工程试点,这是一个为时13年的计划,分为启动阶段(1998～2000年)、全面推进阶段(2001～2005年)和调整完善阶段(2006～2010年)。

知识创新工程的目标:

知识创新工程的根本目的,是要大幅度提高中国科学院以至整个国家的科技创新能力,作出重大科技创新贡献。

中国科学院通过知识创新工程试点的实施,主要实现以下发展目标:

(1)将中国科学院建设成为我国具有国家先进水平的知识创新和技术创新基地,拥有一批具有强大科技创新和可持续发展能力、特色鲜明的国家研究机构,并使其中的一些研究所成为世界公认的著名高水平研究机构。

(2)成为我国宏观决策的科学思想库,为我国经济、社会和科技发展战略与政策的制定提供高水平的科学咨询和评议。

(3)成为中国现代科学文明与创新文化的重要源泉和基地,向全社会普及科学知识、弘扬科学精神、倡导科学方法。

(4)成为我国高级科技创新与创业人才的重要培养基地,拥有与科学研究和高技术发展紧密结合、面向社会、充满生机活力的人才教育培训体系。

(5)成为国家推动我国高技术产业发展的技术源泉和孵化器,形成科技成果和科技人才不断向社会转移的体系和机制。

(6)成为我国在国际科学界的重要代表,形成多层次、有重点、高水平的国际合作交流方式和渠道。

中国科学院将通过科技布局和组织结构调整,形成能够支撑我国走向第三步发展目标的战略需求、适应21世纪科技发展趋势的新的科技布局,作出一批对中国经济和社会发展有重要影响的战略性科技创新成就,作出一些对世界科技发展有重要科学意义的创新贡献。这是检验创新工程是否成功的最根本标准,也是中国科学院实施创新工程的总体目标。

二、中国科学院知识创新工程试点经费管理办法

科发计字〔2004〕51号

第一章　总　则

第一条　根据国家科教领导小组关于在中国科学院开展知识创新工程试点的决定,2001年起中国科学院知识创新工程试点工作进入全面推进阶段。为进一步规范和加强知识创新工程试点专项经费中科学事业费(以下简称:试点经费)的管理,根据国家有关财务规章制度的规定,制定本办法。

第二条　中国科学院知识创新工程试点全面推进阶段的基本任务是:努力攀登世界科学高峰,培养和造就高级科技创新人才,提高我国战略高技术自主创新能力,为我国经济发展、社会进步和国防建设作出基础性、战略性和前瞻性的创新贡献,为实现我国第三步战略目标提供强有力的科技支持。

第三条 试点经费管理的目标是:为知识创新工程试点提供必要的经济保障,充分发挥试点经费对科技布局与组织结构调整的经济杠杆作用,激励院属科研单位通过承担国家和地方科研任务等获得更多的社会资源,促进我院提高持续科技创新能力和增强综合竞争实力。

第四条 试点经费的管理和使用要严格遵守国家有关财务规章制度的规定。针对我院各类科技活动的特点,实行"整体规划、保证重点、择优支持、鼓励竞争、优化配置、动态调整"。

第五条 根据实际情况,我院将试点经费分为经常性经费和专项经费。经常性经费由试点单位根据试点工作目标、任务和批准的预算安排使用;专项经费由院统一安排。原渠道获得的院拨科学事业费与试点经费一并纳入预算,统筹安排,合理使用。

第六条 本办法适用于进入知识创新工程试点工作的院属单位和研究单元;适用于符合知识创新工程试点工作目标的创新项目、结构性调整和支撑系统等专项工作。

第二章 经常性经费的核定和使用

第七条 经常性经费实行一次核定,动态调整。

(一)按照《中国科学院关于全面推进阶段院属科研单位进入知识创新工程试点工作的实施办法》,院分别核定各单位进入试点序列的岗位聘任人员,根据各类岗位聘任人员数额,按科研人员每人每年12万元、管理人员和技术支撑人员每人每年8万元的标准,并参考该单位上年度基本事业费总额及前三年争取院外经费的情况,核定该试点单位经常性经费。按上述办法核定的试点单位经常性经费,原则上不得超过按岗位聘任人员及标准测算的经费数额。

(二)经常性经费将根据对试点单位上年度考核结果和争取院外经费情况,在制定本年度预算时予以调整。对于考核绩效相对较差的单位,在原核定额度的基础上,按照不同的核减比例,调减其经常性经费额度;对考核绩效优秀的单位增拨经费;对于争取院外经费未达到规定比例的单位,在原核定额度的基础上作相应调减。

第八条 经常性经费的核定须严格履行审批程序:

(一)启动阶段已经进入试点序列的院属科研单位,必须在完成启动阶段工作目标并通过总体考核评估、全面推进阶段的试点工作方案获得批准后,转入全面推进阶段,相应核定经常性经费。

(二)对于全面推进阶段新进试点序列的单位,继续坚持"高目标、高起点、高要求"的原则,成熟一个,启动一个。试点单位在试点工作方案获得院批准,填报《中国科学院知识创新工程试点任务书》后,相应核定经常性经费。

第九条 经常性经费主要用于提高试点单位持续创新能力、增强对外竞争能力、吸引人才和博士研究生培养教育等。

第十条 经常性经费的使用由试点单位的法定代表人负责,由单位的财务部门统一管理,专款专用,坚持为试点工作总目标服务,与科技创新战略目标挂钩,与绩效挂钩,与推动资源优化组合挂钩,不搞平均分配。经常性经费支出范围包括:

(一)人员支出。在经常性经费中,用于岗位聘任人员的岗位津贴,按照院核定的创新岗位数量和每人每年3万元的标准严格控制,在单位年度预算中分别核定,明确下达。

(二)公用支出。按照国家有关规定执行,其中设备支出原则上不低于试点单位创新经常性经费的30%。

(三)对个人和家庭的补助支出。博士研究生等在学人员的经费,按照上年末在学人数和财政部核定的标准,在单位年度预算中单列下达。离退休费、退职费、抚恤和生活补助、医疗费等不得列支。

第三章 专项经费的分配与使用

第十一条 院统一安排的专项经费主要包括创新项目经费、结构性调整经费、支撑系统专项经费等。其中用于科研装备以及其他科技支撑系统的经费,不少于院统一安排经费的40%。专项经费要按照国家和院有关规定管理,专款专用。

第十二条 创新项目经费包括重大项目经费、重要方向项目经费。

(一)重大项目的立项原则是:主要以国家战略需求为导向,与国家科技计划或重大任务相衔接;选择有限目标，重点部署；通过跨学科、跨部门的组织实施，综合集成，可望在近期形成有显示度的重大成果。

（二）重要方向项目的立项原则是：根据世界科学技术发展的趋势，面向我国未来经济发展、社会进步和国防建设的战略需求，在有关的重要学科领域开展基础性、战略性和前瞻性研究，以期提出解决重大关键科学问题的理论依据，或形成未来重大新技术的科学基础。

（三）重要方向项目经费由四个专业局按以下比例安排：基础局22%、生物局20%、资源环境局22%、高技术研究与发展局36%。在专业局负责安排的重要方向项目经费中分别提取20%，用于组织跨局跨所跨学科的项目。

（四）项目的组织与管理按照院制定的相应管理办法执行。根据项目的具体情况，承担单位可由进入创新试点工作的单位或其他符合条件的单位承担。

第十三条 结构性调整经费主要用于：

（一）根据国际科技发展态势和国家战略需求，在不同区域或学科交叉前沿部署新的研究机构；

（二）现有研究机构的调整；

（三）根据国家中长期发展需求和世界科技快速发展态势，实施前瞻布局，孕育一批新的科技生长点；

（四）与大学、企业、地方等合作共建，组建新的研究单元等。

第十四条 支撑系统专项经费主要包括科研装备、信息化工程、图书文献情报系统、重点野外台站网络和国家战略性资源植物迁地保护网络等专项经费。

第十五条 科研装备专项经费坚持资源共享、共建、共用原则，在研究所为主体进行装备建设的基础上，优先支持重大科研技术平台和区域性公共技术平台的关键设备建设，以及自主创新研制的科研设备。主要用于匹配支持重点研究机构实施重大科研项目、发展新兴交叉学科、开展前沿领域重大问题研究、高新技术研发与集成的实验技术平台建设。

第十六条 信息化工程专项经费主要用于中国科技网的升级改造、超级计算中心、科学数据库和院管理信息系统建设等，使我院网络及应用的水平达到国内先进水平。院信息化领导小组负责组织信息化工程可行性研究报告的编制、子项目的立项和组织实施等。

第十七条 图书文献情报系统专项经费主要用于信息服务网络与数字化、重点文献资源、科技学术期刊购置等方面。院出版委负责组织图书文献情况系统可行性研究报告的编制，经院长办公会议审核批准后，组织法人单位组织实施。

第十八条 重点野外台站专项经费主要用于建立具有国际水平的长久性科学观测研究网络基础设施和科研观测用房的改造建设及维护运行。资源环境局会同生物局负责组织重点野外台站网络建设可行性研究报告的编制，经院长办公会议审核批准后实施。

第十九条 国家战略性资源植物迁地保护网络专项经费主要用于若干核心植物园和重点植物园的改造以及维护运行。生物局负责组织国家战略性资源植物迁地保护网络建设可行性研究报告的编制，经院长办公会议审核批准后实施。

第二十条 在专项经费的使用中，若出现项目不能继续执行等情况，经综合计划局或主管业务局确认后，提出建议并报主管院领导批准，停止安排该项目预算经费，并将未执行的预算从承担项目单位收回。

第四章 预算管理

第二十一条 试点经费属于国家财政专项资金。各单位必须认真执行国家有关财经法规、制度的规定，根据批准的试点方案确定的目标和预算，确保专款专用。

第二十二条 按照国家财政专项资金管理要求，院属各单位及院有专项资金分配权的管理部门均应按照项目支出预算管理办法，对创新经常性经费中的设备购置、大型修缮、科研项目以及专项经费安排的重大项目、重要方向性项目、支撑系统专项项目实行项目库管理。对项目必须进行充分的可行性论证和严格审核，按照轻重缓急合理排序，视当年财力择优安排，并加强过程管理和滚动管理。

院属单位利用试点经常性经费安排的项目支出，如科研项目、维修改造项目、仪器设备购置等，应分别建立项目库，报院主管部门备案。院利用专项经费安排的项目支出由院有关部门分别建立项目库，实施动态管理，择优支持。

第二十三条　各试点单位应当积极争取承担国家各项科研任务，并主动与大学、企业、地方合作，多层次、多渠道、多形式筹集资金，按照综合预算的原则，对筹集的资金统一纳入单位预算管理。

第二十四条　各试点单位应根据《中国科学院知识创新工程试点工作任务书》规定的任务和创新经费数额，按照部门预算管理的要求，结合本单位试点工作的实际情况，按当年所需支出编制支出预算。项目支出应按照项目年度资金需求编制支出预算。

第二十五条　各试点单位应按照部门预算管理的要求，将试点经费全部纳入单位年度预算，并按照"两上两下"的预算编报程序上报综合计划局。院综合计划局负责院试点经费的总体安排，对各单位预算进行审核、汇总、上报及批复，并对试点经费的使用和管理进行监督检查。

第二十六条　各试点单位应提高预算编制的科学性和预见性，预算一经批准原则上不得自行调整，单位应严格按照批复下达的预算和实际需要编制按季分月用款计划，并在批复的经费额度内合法合理使用，不得超预算编制用款计划，不得违规使用经费。

第二十七条　各单位应将试点经费全部纳入单位财会部门统一管理，并按照财政专项经费管理要求将结余额度全部结转下一年度，经审核批准后继续用于知识创新工程试点工作。

第二十八条　各单位要严格按照国家财务制度和本办法规定的开支范围合理支出，不得任意扩大开支范围，试点经费不得用于支付各种罚款、捐款、赞助、投资等支出，不得列入国家规定禁止列入的其他支出；不得擅自从零余额账户套取试点经费。要按照合法的原始凭证和实际发生数办理支出手续，不得虚报冒领。

第五章　检查与评价

第二十九条　试点单位年末应根据财政部和院财务主管部门年度决算工作的要求，如实将试点经费收支情况纳入单位年度决算报表体系，并应对试点经费预算收入、支出和结存情况、取得成效、存在问题和建议等作出详细的文字说明，一并上报。

第三十条　院综合计划局将根据财政部有关绩效考评的总体要求和部署，会同院有关部门对试点经费使用情况进行绩效考评。重点检查和评价单位试点工作目标的完成情况、创新成果及取得的成效，试点经费的安排、使用和管理情况，以及竞争获得院外经费情况。检查和评价结果将作为以后年度预算安排的参考依据。各单位应按照要求及时提供真实的相关数据和资料。

第三十一条　对试点经费使用情况采取实地检查和报送检查两种方式，即委派检查人员到被检查单位所在地进行检查，或将试点经费收支的有关账簿、报表及其他有关资料送有关部门进行检查。院将根据具体情况，也可通过委派检查组或委托社会中介机构进行检查。

第三十二条　在对试点经费的使用进行检查和评价中发现的弄虚作假、截留、挪用、挤占试点经费等违反财经纪律的行为，院将视具体情况，限期改正，通报批评，或扣减其试点经费；情节严重者，追究单位和有关人员的责任；触犯法律的由司法机关依法追究法律责任。

第六章　附　则

第三十三条　试点经费请款渠道按照国家现行规定执行。

第三十四条　引进国外杰出人才经费管理办法另行制定。

第三十五条　本办法由院综合计划局负责解释。

第三十六条　本办法自公布之日起执行。2001 年印发的《中国科学院知识创新工程试点经费管理办法》同时废止。

三、创新贡献(LED 部分)

(一)半导体所高性能 GaN 外延材料研究取得进展

由中国科学院半导体研究所承担的知识创新工程重要方向项目——"高性能氮化镓(GaN)外延材料

研究”通过了专家鉴定。以氮化镓(GaN)为代表的第三代宽禁带半导体材料,是继半导体第一代硅材料和第二代砷化镓材料之后,在近十年迅速发展起来的新型宽带隙半导体材料,是目前全球半导体研究的前沿热点和各国竞相占领的战略高技术制高点。2002年中国科学院瞄准国家重大战略需求和世界科技前沿,将“新型高频大功率化合物半导体电子器件研究”作为中国科学院知识创新工程重要方向项目,半导体所材料中心氮化镓课题组承担了其第一课题“高性能GaN外延材料研究”。

鉴定专家认为:半导体所科研人员经过不断攻关,在GaN基微电子材料研制方面取得重大进展,该项目发展了高阻GaN外延材料的MOCVD制备技术,用具有自主知识产权的非故意掺杂和生长参数控制新方法,研制出了高性能的高阻GaN外延材料,其室温电阻率$>1\times10^{9}\Omega\cdot cm$,250°C时电阻率$>1\times10^{6}\Omega\cdot cm$。具国内领先水平,达到国际先进水平。为GaN基高温、高频大功率高电子迁移率晶体管(HEMT)结构材料的研制打下了坚实基础。

(二)氮化镓基蓝光发光二极管外延材料和器件产业化

中国科学院物理研究所在氮化镓基蓝光发光二极管外延材料和器件工艺开发研究中,解决了在蓝宝石衬底上生长氮化镓基蓝光LED结构的外延生长、LED器件工艺及减薄、抛光、划裂片器件后工艺方面的一系列关键技术,申请并被受理了4项发明专利,产品已得到了市场的认可,其器件达到国际先进水平。氮化镓基蓝光LED在20mA正向电流下,主波长在460～470nm之间,发光强度典型值处于4180～5860mcd,正向压降小于3.5V;在5V反向电压下,反向电流小于1μA;在10μA反向电流下,反向电压大于10V。外延片片内均匀度优于3nm,炉内6片波长均匀性优于6nm,连续7批外延片炉间波长均匀性优于6nm。该技术已通过中试,产品已在国内市场销售。

(三)半导体所攻克氮化镓基倒装结构功率型LED及关键技术难题

中国科学院半导体所创新项目“氮化镓基倒装结构功率型半导体发光二极管(LED)及关键技术”通过成果鉴定。半导体照明的核心技术是氮化镓和铝镓铟磷等材料为代表的高亮度发光二极管,半导体所在此研究领域有数年研究成果的坚实基础和一支善于攻关的科研队伍,在核心技术上有自己的创新特点。2004年6月,半导体所将“氮化镓基倒装结构功率型半导体发光二极管(LED)及关键技术”列入半导体所知识创新工程项目,并投入资金,围绕氮化镓基大功率蓝光、白光LED的设计、制作以及批量化生产的关键技术等开展攻关。传统小功率LED及功率型LED通常采用正装结构,随着功率、工作电流以及芯片尺寸的增大,该结构存在诸多问题,影响了出光效率和可靠性。经过科研人员的努力攻关,采用了倒装结构功率型LED的设计,解决了正装结构存在的技术难题,使该项目在关键技术取得突破性进展。鉴定委员会认为:“氮化镓基倒装结构功率型半导体发光二极管(LED)及关键技术”成功研制出氮化镓(GaN)基倒装结构功率型蓝光、白光LED。经中国计量科学院测试研制的蓝光功率型LED在350 mA工作电流时,其正向电压小于3.5 V、蓝光最高光功率达189 mW,白光最高发光效率为47.5 lm/W,色坐标(0.335,0.338),色温5413 K,显色指数大于80。综合指标在国内处于领先地位,部分指标超过2005年国际市场上同类器件的产品指标。

专家们认为,该项目开发了具有自我知识产权的光、电、热综合模拟的倒装结构LED的设计方法,在国际上首次提出并实现了一种具有低热阻背孔结构过渡热沉的倒装功率型LED芯片,开发了相应的综合集成技术;优化了等离子体增强化学气相沉积(PECVD)和感应耦合等离子体刻蚀(ICP)P型氮化镓(P-GaN)条件,开发了一种低损伤PECVD掩膜沉积技术及低损伤无沾污ICP刻蚀技术;开发了由非镍金等金属构成的新型低接触电阻,高反射率及高可靠性的P电极金属化体系;开发了高可靠性、低接触电阻的N电极金属化体系。

科技创新 2

中国半导体照明技术创新进展

李晋闽　王国宏　曾一平　王军喜　刘　喆
中国科学院半导体研究所

摘　要

2005～2006年间，中国的半导体照明产业以前所未有的速度蓬勃发展，以大学、研究机构及企业组成的创新团体突破了关键技术问题，取得了一系列科技成果。本文从芯片、封装及荧光粉三个方面来评述近两年国内半导体照明产业涌现的关键技术和重大成果，分析存在的问题并给出相关建议。

关键词： 半导体照明　技术创新　重大科技成果　发光二极管　芯片　封装　荧光粉

"十五"期间，在"国家半导体照明工程"的组织实施过程中，国内的相关企业、研发机构和大学围绕宽禁带半导体材料、大功率LED器件、封装、配套原材料、重大装备等方面，攻克了一系列半导体照明的关键技术，取得了显著进展，在关键技术突破、重大产品与技术系统、重大应用与示范工程方面取得了一系列研发成果。通过自主技术创新，为培育新兴的半导体照明产业奠定了基础。在材料研究与开发方面取得了许多重要突破并达到世界先进或领先水平；在材料的制备、结构与性能表征等基础研究方面取得了一批具有世界先进水平的成果。如成功研制出功率型白光发光二极管(LED)，单管光功率达到160mW以上，发光效率超过50lm/W(白炽灯的3倍以上)，显色指数大于90；开发设计了高发光通量、高可靠性及低热阻的功率型LED照明光源的封装结构；在硅片上成功制备了氮化镓多量子阱材料和蓝光LED，其发光效率在以硅为基片的器件中居世界领先水平。

一、技术创新的主体和代表性的重要成果

（一）主要技术创新主体

半导体照明的技术创新主体包括大学、研发机构及相关企业，主要集中在北京，包括：北京大学、清华大学、北京工业大学、中国科学院半导体研究所、北京有色金属研究总院、中国科学院物理研究所、中国科学院理化技术研究所、中国科学院化学研究所等。

此外，国内具有强大研发能力的大学及研究机构还有：中国电子科技集团第十三研究所、中国电子科技集团第四十八研究所、中国科学院上海光学精密机械研究所、中国科学院长春光学精密机械与物理研究所、中国科学院上海硅酸盐研究所、南京大学、南京工业大学、复旦大学、南昌大学、山东大学、厦门大学、中山大学等。

参与半导体照明技术研发的企业有：上海蓝宝光电材料有限公司、上海蓝光科技有限公司、大连路美芯片科技有限公司、厦门三安电子有限公司、深圳方大集团股份有限公司、佛山市国星光电科技有限公司、厦门华联电子有限公司、杭州创元光电科技有限公司、宁波和谱光电子有限公司、有研稀土新材料股

份有限公司、大连路明发光科技股份有限公司、江苏奥雷光电有限公司、江西联创光电科技股份有限公司、深圳市量子光电有限公司、河北立德电子有限公司、深圳市森浩高新科技开发有限公司、广东亚一光电科技有限公司、江苏南大光电材料股份有限公司等。

2006 年随着国家高技术研究发展计划(863 计划)“半导体照明工程”重大项目的启动实施,又有一些大学、研究机构及企业加入到半导体照明技术创新的研发行列当中,包括:西安电子科技大学、中国电子科技大学、吉林大学、同济大学、中国电子科技集团公司第 46 研究所、华南理工大学、杭州师范学院、中国科学院长春应用化学研究所、南京汉德森科技股份有限公司、中山市木林森电子有限公司、上海鼎晖科技有限公司、宁波升谱光电半导体有限公司、青岛杰生电气有限公司、中国大连保税区科利德化工科技开发有限公司、海信集团有限公司、上海广电(集团)有限公司、京东方科技集团股份有限公司、北京中科镓英半导体有限公司、杭州远方光电信息有限公司等。

(二)代表性的重要成果

此部分的代表性成果主要是由上述技术创新主体取得的阶段性成果汇编而成的。

(1) 深圳方大集团股份有限公司开发出一套完整的拥有自主知识产权的具有优良导电散热性能的倒装焊芯片制作工艺技术,主要包括倒装焊用底板设计和加工技术、倒装焊用芯片设计和制作技术、倒装焊功率型芯片制备技术。所研制的 40mil(1mm×1mm)倒装焊型大功率 LED 芯片,可以工作的额定电流大于 350mA,正向工作电压小于 3.3V,反向漏电电流小于 0.1μA,单块裸芯片轴向发光亮度大于 1800mcd,单块芯片发光功率大于 120mW。

(2) 厦门三安电子有限公司通过优化外延结构,设计合理的芯片台面结构,采用优越的电极制作工艺,降低器件热产生率,提高功率型高亮度 LED 的发光效率及器件的可靠性,保证器件显色指数在不同工作环境下的稳定性,使功率型高亮度 LED 能够更好地用于合成白光和彩色显示。此外,通过对载体的设计,提高了器件的抗静电能力,解决了 GaN LED 特别是大尺寸 GaN LED 抗静电能力差的难题,取得了以下主要技术指标:350mA 电流下的发光波长为 465nm±5nm(蓝光),505nm±5nm(绿光);在 50～350mA 电流下,其蓝光波长漂移<2nm,绿光波长漂移<4nm;蓝、绿光在 350mA 电流下的正向压降 VF ≤3.5V,蓝光光功率达 120mW,绿光光功率达 80mW;白光的发光效率达 30lm/W (IF=350mA);抗静电电压(ESD)≥8000V(人体放电模型);寿命>50 000 小时;成品率≥80%。

(3) 厦门华联电子有限公司采用低电阻率、高导热性能的材料黏结芯片。在芯片下部加铜铝镶嵌合金材料热沉、采用半包封结构,加速散热;通过设计二次散热装置,降低器件热阻。器件热阻≤20℃/W,最好的可达到≤10℃/W。通过优化反射腔,获得了很好的反射效果,减少了射出光的损失,将封装的出光效率提高了 30%～50%。1W 白光功率型 LED 产品的光通量最好的可达到 50lm(使用杭州远方 PMS-50光谱仪的测试值)。研究制定的点光源涂布工艺解决了侧向光学空间分布问题,通过二次光学设计使得器件可以应用到射灯、矿灯、手电筒等类型的灯具之中。在制作功率型白色 LED 时,重点研究解决荧光粉涂布量控制、芯片光电参数配合、荧光粉优选及荧光胶最佳配方等一系列控制白光色温及一致性、显色性方案。获得了良好的色温一致性和显色性:色温可控范围±1000K;低色温下显色指数约 80。针对不同的产品用途,制定适当的热老化、温度循环冲击、负载老化工艺筛选试验,保证产品的可靠性。经过 1000 小时,350mA 的寿命试验,其光通量衰减平均值仅为 10%左右。在产品的生产、使用过程中采取相应的静电防范措施,产品设计时采用了双向的齐纳二极管保护设计,提高了产品静电释放(ESD)等级。现有产品的 ESD≥8000V。

(4) 南昌大学研究发明了一种厚度纳米量级的特殊过渡层和特定的硅表面加工技术,克服了外延层和衬底之间巨大的晶格失配和热失配,在第一代半导体硅材料上,成功制备了高质量的具有量子阱结构的第三代半导体 GaN 材料。突破了支撑衬底的焊接转移技术,研制成功成本低廉和可靠性高的光输出功率大于 10mW 的 LED(20mA)。该研究成果打破了目前日本日亚公司垄断蓝宝石衬底和美国 Cree 公司垄断碳化硅衬底半导体照明技术的局面。

(5) 北京有研稀土新材料股份有限公司针对传统的 YAG 黄色荧光粉已很难提高其发光强度的问

题，研究发明了一种新型的黄色荧光粉，制备工艺简单，其发光强度明显高于YAG。该公司细致研究了采用高温固相法合成黄色荧光粉的产业化技术的关键问题，成功掌握了其产业化的关键技术及设备，形成了年产6t的高效白光LED用黄色荧光粉的生产能力，已能为LED器件生产和开发单位批量提供4种适应不同发射波长芯片的LED用高效低光衰的黄色荧光粉。采用该黄色荧光粉封装后白光LED流明效率≥35 lm/W；色坐标：$x=0.33\pm0.05$，$y=0.33\pm0.05$；显色指数≥82；色温：3000～8000K（白光）；荧光粉使用5000小时，光衰≤15%。

（6）中国科学院半导体研究所和北京大学联合攻关，在大功率LED芯片研究上取得突破，完善了功率型芯片的工艺，提高了工艺的稳定性，使成品率达到80%以上；优化了倒装焊芯片的透明电极和反射镜制备工艺，在保证良好欧姆接触的情况下透射率达到80%以上；成功研制出亚零热阻倒装焊封装热沉，改善了倒装芯片的散热特性，封装LED芯片光饱和电流1.5A以上。在外延技术方面发展了多缓冲层结构，使位错密度降低两个数量级。采用金属有机源气相沉积系统（MOCVD）生长了高质量的InGaN/GaN，InGaN/AlGaN多量子阱的LED外延层，使其成为紫外（UV）LED的高效发光核心，350mA工作电流下输出光功率90mW的390nm UV LED，工作电压小于4V，达到国际先进水平。

研制的蓝光大功率LED芯片在350mA工作电流下，工作电压小于3.5V，最低3.0V；发光功率最高达到189mW；封装白光LED，350mA工作电流下，发光效率达到50lm/W。突破激光剥离技术，在国内首次成功研制出1mm×1mm激光剥离上下电极的紫光LED；对于蓝光LED单管350mA发光功率达到64mW，工作电压4V以下。

二、关键技术的突破

（一）芯片部分

1. 优化外延片的结构设计及其材料生长方面的关键性突破

（1）通过改善外延生长条件，包括新型量子阱内应力调整技术、位错控制技术、高热稳定性功率型GaN基发光二极管用量子阱生长技术、缓冲层技术和高质量厚层P型材料生长技术，能够同时提高内量子效率和注入效率。

（2）通过优化外延结构及掺杂分布，降低器件串联电阻及开启电压，减少器件热产生率，减少LED辐射波长随工作电流及环境温度的迁移。

（3）采用MOCVD方法成功研制出m面和a面非极性InGaN/GaN量子阱材料，并研制出LED原型器件，为发展高量子效率高功率白光LED奠定了重要的技术基础。

（4）单芯片输出白光的技术突破，将GaN基蓝绿光LED和AlGaInP材料系的橙黄光LED通过键合纵向集成，实现蓝绿光和红光在器件内部混合，发出白光；另外一条技术路线为隧道再生红色LED，将隧道再生结构的双波长蓝光绿光LED和红光AlGaInP LED键合，通入电流时发出白光。

2. 电极及反射镜制备工艺的关键性突破

（1）通过变化电流扩展层、透光层和反光层的金属种类及其组合方式、合金条件和分布形式，优化P型GaN和N型GaN材料的欧姆接触、透光层、反光层和倒装焊凸点的组成及合金工艺，获得低阻高透光高反射可焊性好的合金层制备技术。

（2）采用优化的电极制作工艺，取得倒装芯片高金属反射率和优良欧姆接触。实现反射率大于90%，正向工作电压小于4V。在保证良好欧姆接触的情况下，透明电极透射率达到80%以上，有效提高光效达20%。并通过优化功率芯片的电极结构和电流分布，降低了热耗的产生。

（3）对大尺寸LED芯片的电极图案进行了初步设计，基本上解决了电流分布的均匀性及电极的可靠性等方面的问题。

（4）在正极打线盘下面蒸镀了一层增加黏附的金属层，并通过退火或者化学腐蚀等手段使其表面粗糙化，解决了批量生产中芯片正极较易脱落的问题。

3. 刻蚀工艺的关键性技术突破

研制成功了掩膜简单、速率可控、表面光滑、边缘良好的 GaN/AlGaN 材料的非选择性 RIE 干法刻蚀技术。

4. 倒装焊制程的关键性技术突破

(1) 采用超声波热压法,利用机械结构可靠的倒装焊芯片,实现芯片倒装于硅基片制程。降低了发光层的结温,解决了 RGB 三色封装的散热问题。

(2) 成功研制出亚零热阻倒装焊封装热沉,改善了倒装芯片的散热特性,封装 LED 芯片光饱和电流 1.5A 以上。

5. 衬底减薄和激光剥离的关键性技术突破

(1) 对正装功率型 GaN 基 LED 芯片,成功完成了基于国产磨料的减薄技术实验,确立了高成品率的划片工艺。

(2) 突破激光剥离技术:引入 Fresnel 圆环的结构,P-GaN 面的电极上电镀周期性的 Cu 热沉,极大改善了散热,省略了磨片、划片工艺;同时可以避开 wafer bonding 工艺,改进工艺的可重复性并提高成品率。

6. 防抗静电的关键性技术突破

通过提供静电释放回路、延缓放电时间等方法实现了对 LED 的静电保护。

7. 单晶衬底材料技术突破

(1) 2 in SiC 单晶衬底已进入试用阶段,制备的 2 in 晶片已经达到外延要求,成功生长出高亮度的 GaN/SiC 发光二极管。

(2) 采用 HVPE 厚膜 GaN 材料生长技术,在自主研发的生长设备上研制出 2 in 自支撑 GaN 单晶材料,生长速率达到 260μm/h,为突破 GaN 衬底片奠定了重要的技术基础。

(3) 国际上首次研究成功一种生长 ZnO 单晶的新方法,目前可提供最大直径 45mm 的低位错(200cm^{-2})ZnO 单晶衬底,生长速度每小时 10μm,生产成本和价格远低于其他生长方法。

(4) 采用升华法生长出(0001)晶向 AlN 单晶,直径 40~50mm,大尺寸 AlN 单晶材料的研制对加快深紫外发光器件、新型大功率射频器件的发展有着重要的意义。

8. 重大装备及关键原材料方面的技术突破

(1) 完成用于 GaN 生长的 MOCVD 设备,并投入试用。

(2) 研制出具有自主知识产权的用于生长厚膜 GaN 衬底的 HVPE 设备,为实现自支撑 GaN 衬底奠定了基础。

(3) 以金属有机(MO)源、高纯氨、Al_2O_3单晶衬底为代表的一批 GaN 处延用基础材料相继完成产业化关键技术研究并开始逐步进入市场。其中在 MO 源的合成方法、纯化技术、分析方法及灌装技术等方面都取得了很大进展,已研制开发出 20 多种国内迫切需要的 MO 源品种,实现了部分产品的产业化,成功进入韩国及我国台湾地区。

(二) 封装部分

在封装结构上,开发设计了高发光通量、高可靠性及低热阻的功率型 LED 照明光源的封装结构,研发了金属陶瓷管壳的 1W 单芯片功率 LED 封装技术,SiC 衬底 GaN 大功率芯片共晶焊封装技术。

在键合工序上,采用高纯度的微细金丝准确而可靠的对 LED 芯片上的键合点与基板相应的电极之间进行金丝互连,使整个电路能够完成规定的电学功能。

在倒装工艺上,采用在倒装芯片背面增加银、锡镀层的方法,解决了倒装芯片共晶焊接的技术。

在取光效率和光分布上,采用特殊的有机反射处理工艺设计和高射率介质封装材料,改进了封装反射杯的反射效果;采用点光源制备新工艺,解决了侧发光光源的光学空间分布问题;开发出蝙蝠型、聚光型等光束的透镜；通过优选荧光材料和试验确定芯片与荧光胶的最佳配方，改善了产品的显色性；改进了产品量产荧光胶的涂布工艺的控制办法，提高了产品色温的一致性。

在器件散热上，采用高热导芯片工艺技术，把芯片产生的热量迅速传递到铝散热器上，降低了芯片的工作温度；采用荧光粉和芯片分离的涂敷技术降低了荧光粉工作温度；从芯片到引线框架的纵向结构中，采用金属化连接，改进热沉、结构材料，降低了器件热阻；在金属基板底面设置散热槽和采用将热流路径和电流路径分离的 LED 解决方案提高了散热性能。

在器件稳定性上，采用改进的双向静电防护设计，提高了器件的可靠性和抗干扰能力；采用多层封装结构提高器件的可靠性；采用通过塑料外壳在透镜边缘的两个小孔向 LED 芯片所在的空腔注入填充剂的技术，达到吸收压力、保护内部结构的目的。

（三）荧光粉部分

1. 提高用于蓝光激发的黄色 YAG 荧光粉的发光效率及产业化

采用高温固相法合成黄色荧光粉，成功掌握了其产业化的关键技术及设备。

进行了黄色荧光粉的均相沉淀法制备研究，引入有机高分子支架等途径，解决了钇和铝很难进行均相沉淀的难题，掌握了共沉淀法制备 LED 用黄色荧光粉的关键技术。

2. 发展紫光 LED 激发 RGB 荧光粉及蓝光 LED 激发红＋绿荧光粉

(1) 提高红色荧光粉效率。通过合成途径、表面修饰、后处理等方法，解决了稳定性与光衰问题，找到了合成高纯 CaS、SrS 的有效方法。研制了新材料体系的红色荧光粉，如三价铕激活的钼(钨)酸盐白光 LED 用红色荧光粉，Li-Eu-W-O 的红色荧光材料。

(2) 发展蓝光 LED＋非 YAG 组合的白光技术。红、黄、绿光的稀土荧光粉，解决了“蓝管＋非 YAG”组合的白光 LED 的关键技术，获得若干种“紫管＋红色/绿色/蓝色稀土荧光粉”组合的白光 LED 的关键技术方案，避开“蓝光 LED＋YAG”国外专利保护，能够高效吸收紫光特性，显色指数高达 92.2。

3. 荧光粉形貌及均匀性的提高

(1) 对于传统高温固相法生产荧光粉，通过进行表面修饰技术可以改善其颗粒不均匀、形貌不规则等问题，同时开展了粉体的均相共沉淀等软化学合成法来改善产品的粒度及形貌。

(2) 采用气相法制备的荧光体的形貌明显优于传统固相方法及共沉淀法制备的荧光体，在球形荧光体的制备技术上取得突破。

(3) 采用优化助熔剂、灼烧工艺等后工艺也可以制备出结晶良好、松散、体色一致、表观洁净的荧光粉体，得到荧光粉颗粒的中心直径约 4.5μm±0.3μm，并且分布均匀。

4. 研究分析元素掺杂含量等对荧光粉性质的影响

通过研究元素含量及掺杂的影响，实现生产高效荧光粉。

三、重大科技成果

（一）芯片部分

(1) 开发出适用于倒装焊型 GaN 基发光二极管芯片用的外延片结构及其材料生长技术。其中单层 GaN 材料室温迁移率达到 $800cm^2/(V \cdot s)$，电子浓度达到 $1.5\times10^{16}cm^{-3}$，双晶 X 射线表征其半高宽为 4.5arcmin，表明单层材料达到国际先进水平；P-GaN 的有效掺杂浓度 $>5\times10^{17}cm^{-3}$、P-GaN 比接触电阻小于 $1\times10^{-4}\Omega\cdot cm^2$，可以降低器件串联电阻及开启电压，减少器件热产生率。

(2) 研制出 350mA 工作电流下输出光功率 90mW 的 390nm 紫外发光二极管，工作电压小于 4V。

(3) 成功研制出高亮度蓝、绿光 LED，实现了光谱窄线宽。减少了 LED 辐射波长随工作电流及环境温度的迁移：蓝光波长漂移(50～350mA)＜2nm。绿光波长漂移(50～350mA)＜4nm。

(4) 优化了倒装焊芯片的透明电极和反射镜制备工艺，在保证良好欧姆接触的情况下透射率达到

90%以上。实现了芯片倒装于硅基片工艺，降低了发光层的结温，改善电流注入的均匀性，解决了 RGB 三色封装的散热问题。

(5) 成功研制出亚零热阻倒装焊封装热沉，改善了倒装芯片的散热特性，封装 LED 芯片光饱和电流 1.5A 以上。

(6) 突破激光剥离技术，在国内首次成功研制出 1mm×1mm 激光剥离上下电极紫光 LED。

(7) 解决了 LED，特别是大尺寸 LED 抗静电能力差的难题，器件抗静电能力达到了人体放电模型 8000V。

(8) 利用光子晶体、光学微结构、表面粗化等方法减小光的吸收损耗，使白光 LED 出光效率有较大幅度的提高。

(9) 在硅衬底上研制出输出功率大于 10mW 的蓝光 LED，达到国际领先水平，吸引到国际风险投资，正在进行产业化。

(10) 成功研制出功率型白光 LED，白光 LED 的单管光功率达到 160mW 以上，发光效率达到 50lm/W(高于白炽灯)，显色指数大于 90，蓝、绿、白光 LED 和部分 LED 应用产品实现了产业化。

(11) 成功生长出 GaN 用单晶衬底，如 SiC、ZnO、GaN、AlN 等材料。其晶体质量、尺寸、厚度均符合作为衬底的要求；初步掌握 ZnO 的 p 型掺杂技术，与国际同步研究成功氧化锌发光器件，并在国际首先制成氧化锌单晶衬底上同质外延的氧化锌发光器件。

(12) 用于 GaN 生长的国产 MOCVD 设备已投入正常生产线运行，达到进口同类设备的技术水准；研制出多种有自主知识产权的 LED 检测设备，并在国内企业应用。

(二) 封装部分

(1) 在大功率 LED 配套驱动电路和应用产品开发方面取得了实质性的进展，大功率 LED 手电筒、台灯和航标灯等已经研制出产品，开发出了 LED 矿灯。功率型固体照明光源性能指标达到国外同类产品的先进水平。基于 LCD 用的 LED 背光源系统的新型液晶显示技术也在积极研发。

(2) 开发出 1W、5W 样品器件，10W 器件正在开发过程中。

(3) 开发出正装、倒装芯片都适用的功率型 LED 照明光源的封装结构；设计了高性能的功率型 LED 封装的 LTCC 外壳。

(4) 实现了 1mm×1mm 芯片多粒串并集成 10W 以上大功率的 LED。

(5) 通过掌握封装关键技术，解决了倒装芯片共晶焊接的技术难题，提高了产品的光效、稳定性，改善了散热性能，降低了产品光强衰减，改善了产品的显色性，提高了产品色温的一致性。

(6) 此外，参与 LED 产品检测国际标准的制定。标志着我国高科技产业装备自主开发能力的重大提升，将在半导体照明产业的核心竞争力形成中发挥重要作用。

(三) 荧光粉部分

(1) 研制出新型高效黄色 YAG 荧光粉并优化生产工艺，成功解决了高温固相法合成系列 YAG 荧光粉产业化技术的关键问题，提高了发光效率，在相同激发条件下，新型荧光粉的发光强度已超过业界公认最好样 TMT 4-3-2 的 10%。

(2) 已拥有具有自主知识产权的一系列白光 LED 用 YAG 黄色荧光粉产品。产品已供应给国内外等多家白光 LED 器件生产厂，产生了很好的社会和经济效益。用于白光 LED 的荧光粉量子效率超过 95%，实现了产业化。

(3) 研制出多种 LED 用能被蓝光，特别是紫外、紫光 LED 芯片有效激发的红色、绿色、蓝色荧光粉，取得若干种“紫管＋红色/绿色/蓝色稀土荧光粉”组合的白光 LED 的关键技术方案，显色指数高达92.2。新型的三价铕激活的钼(钨)酸盐白光 LED 用红色荧光粉结果发表在《Journal of Alloys and Compounds》(2005，390(1～2))上，这篇文章已被有关专家认为是我国第一篇关于紫外 LED 用红色荧光粉的报道。

(4) 在球形荧光体的制备技术上取得突破。制备出结晶良好、亮度高、粒径均一、松散、体色一致、表观洁净、性质稳定的荧光粉体，得到荧光粉颗粒的中心直径约 4.5μm±0.3μm，并且分布均匀。

四、研发面临的问题和建议

在“国家半导体照明工程”的组织实施过程中，攻克了一系列半导体照明光源产业化所需的关键技术，在 GaN 外延片、白光 LED 器件、蓝光激光器以及 GaN 基础材料与装备方面取得了显著进展，蓝光 LED 产业化关键技术、大功率、高效率 LED 芯片、白光 LED 封装技术和荧光粉技术等成果实现了转化和产业化，吸收了数亿元的社会资金，创建了数家高新技术企业，初步形成了半导体白光照明的产业链，正在培育一个新兴的半导体照明产业。然而，半导体照明的研发仍然存在一些有待解决的问题。半导体照明的核心技术是宽禁带半导体材料与发光器件技术，目前主要面临的是发光效率较低和器件成本偏高这两大关键问题，对我国来说，还存在关键设备和原材料的国产化问题。“十五”期间，将宽禁带半导体材料与发光器件技术列为重点研究方向，围绕技术发展和产业需求进行了系统和纵深布局。

半导体照明的研发具有特殊性，体现在从基本原理、关键技术到上游研发以及产业发展的转化周期非常短，市场牵引力巨大，造成了技术的驱动力相对弱化，容易引起对高端研究的忽视。纵观半导体照明技术的发展，在激烈的国际竞争中，具有国际水平的新结果不断涌现。面对这一现象，我国在这一领域要重视研发的投入、集中力量进行高水平的研发、建立起一支具有竞争力的科研团队，避免出现资源不能共享、低水平重复等问题。目前我国在半导体照明方面的核心技术与国外有较大差距，还有许多科学技术问题需要解决，急需提升自主创新能力；核心装备与配套材料的国产化水平较低；在人才方面存在结构不尽合理、缺少基础性研究人才等问题；此外，需要进一步加强知识产权保护，预防产权纠纷；并需加强研发机构和企业合作，使科研成果快速转化，同时提升企业赢利能力和生产高附加值产品的能力。

因此，在对半导体照明的研究过程中，仍要坚持围绕国家重大计划，以第三代半导体材料和器件工艺研究为切入点，瞄准半导体固态照明产业的高端技术，探索半导体照明技术中的科学问题；突破产业化的共性关键技术，形成自主知识产权；培养和形成一批相关领域自主创新的人才队伍；引领我国未来的半导体照明产业发展；逐步缩短与国际领先水平的差距，带动信息、能源、微电子、光电子材料和器件等相关产业的长期可持续发展，提升学科整体水平。

注：上述内容的参考资料来源于“十五”国家科技攻关计划课题验收报告以及“十一五”国家高技术研究发展计划(863计划)新材料领域“半导体照明工程”重大项目论证报告。

作者简介

李晋闽　1982 年毕业于西安交通大学电子工程系半导体物理与器件专业；1984 年在原电子工业部第十三研究所获硕士学位；1991 年在中国科学院西安光机所获博士学位；同年进入半导体所博士后流动站从事博士后研究。2000～2002 年作为高级访问学者在美国加州大学洛杉矶分校电机工程系从事研究工作。1995 年被中国科学院破格晋升为研究员，同年被评为享受政府特殊津贴专家。

现任中国科学院半导体研究所所长、研究员、博士生导师。同时兼任国家半导体照明工程研发及产业联盟执行主席，“十一五”863 重大项目“半导体照明工程”编制组成员，“十五”国家高技术研究发展计划(863 计划)新材料领域专家委员会成员、中国科学院微电子总体专家组成员、中国材料研究学会常务理事、信息产业部信息产业科技发展中长期规划专家组成员等职务。

技术创新 白光LED吹响了进军通用照明的号角

梁秉文 刘乃涛

南京汉德森科技股份有限公司

摘 要

本文从LED产业链的上、中、下游等不同角度，对近两年来国内外半导体照明行业的产业化技术发展状况进行了总结和阐述，并对其中的关键问题进行了分析，提出随着技术进步的加速，半导体照明将提前进军通用照明领域。

关键词：发光二极管 光效 半导体照明 通用照明

全球经济发展对能源需求越来越大，人类的生存环境每况愈下，节能和环保问题已经引起了各国政府的高度重视。要想解决人类生存与发展所需要的能源供给问题，就要开源节流。尽管开源很重要，但节流是更实际有效的方法。由于白光LED是一种新型高效的发光器件，用LED作为光源的半导体照明产业发展前景已逐渐清晰。半导体照明将给人们带来巨大的经济和社会效益，这个百年一遇的商机吸引了很多企业投入到半导体照明技术和产品开发中。随着在这方面投资力度的加大，2005～2006年度半导体照明产业的技术发展呈加速状态，已远远超出了产业界在几年前的预期，新技术、新工艺、新产品和新应用不断涌现。

可见光LED的光电能量转换效率取决于三个主要方面：一是内量子效率，指产生的光子数与所注入的电子-空穴对数的比；二是取光效率，指由电子-空穴对复合产生的光子有多少能逃逸出LED的结构，成为可以看见的光；三是光子能量与电子能量的比率，也叫电效率，其中考虑了由于电阻引起的焦耳损失和电子需要跨越多余势垒的损失。内量子效率与取光效率的乘积称作外量子效率，而内量子效率、取光效率与电效率三者的乘积为LED光电能量转换效率。内量子效率的提高主要是要增加LED芯片中电子-空穴直接复合的效率，这里涉及改善各外延层材料的质量，减少可能产生非辐射复合的晶格或杂质缺陷，以及设计出合理的外延结构，比如有源层厚度，各层的组分、掺杂浓度和掺杂分布。而取光效率的提高关键在于从电流分布和几何光学的角度，使电子-空穴复合所产生的光能够逃出芯片和封装结构，减少吸收和内反射。电效率的提高方法是减小整体电阻和芯片结构中不必要的电子、空穴势垒，使LED的工作电压到达理想值。无疑，人们在以上三个方面进行了大量的研发工作，解决了一个又一个技术难题，从而使得LED的发光效率不断提高。

2004年年底，用蓝光＋黄色荧光粉制成的标准ϕ5mm白光LED的光效只有60～70 lm/W，而大功率1W白光LED的光效只有25 lm/W左右。在2005～2006年两年期间，ϕ5mm白光LED的光效已经达到130 lm/W，而1W白光LED的光效也已达到70～80 lm/W，是2004年指标的3倍。LED光效的提高主要是通过LED外延与芯片结构优化，改善内、外量子效率得到的。从芯片的取光效率与散热两个主要方面着手，最大限度地提高LED光电转换能力。

为了更好地反映中国半导体照明产业技术的快速发展情况，我们来回顾一下2004年国家半导体照明工程项目管理办公室领导制定的中国第一部半导体照明产业发展路线图，具体内容见表1。

从国内实际发展情况来看，2006年国内生产的半导体照明用LED芯片和大功率LED的技术指标已经超出当初的目标，同时在成本的降低速度上也超出了当时的预期(见图1)。

表2列出了近三年来的国产大功率白光LED发展进程。

半导体照明产业目前仍处于快速发展阶段，新技术、新产品和新应用层出不穷，下面从LED产品的产业链划分的五个方面，分别讨论2005～2006年期间在产业技术上的新进展和值得注意的创新点。

表1 中国半导体照明技术发展路线图(2004年)

技术指标	LED 2004	LED 2006	LED 2008	LED 2010	LED 2012	白炽灯	荧光灯
发光效率/(lm/W)	20	30	60	100	200	16	85
寿命/kh	5	20	30	50	100	1	10
单灯光通量/(lm/lamp)	20	90	300	600	1500	1200	3400
输入功率/(W/lamp)	1	3	5	6	7.5	75	40
单灯成本/(元/lamp)	31.5	41.5	33.2	29.1	24.9	2	14
每千流明成本/元	1575	461.1	110.6	48.4	16.6	1.7	4.1
显色指数/元	75	80	>80	>85	>85	95	75
每百万流明小时总成本/元	374	29.34	11.27	6.17	3.28	40	7.4
可渗透的照明市场	低光通量要求领域	白炽灯	白炽灯	荧光灯	所有照明领域		

注:发光效率数据指的是产品的平均值而非最佳值。

数据来源:《中国半导体照明产业技术发展战略研究报告》。

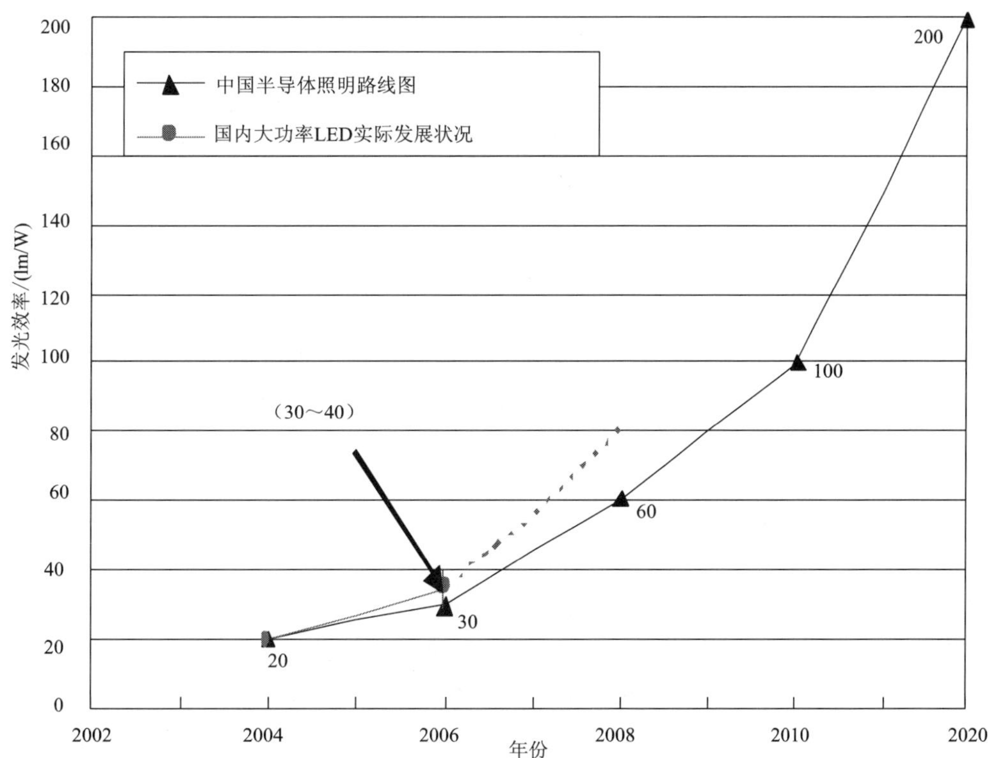

图1 国内大功率LED实际发展状况与中国半导体照明路线图对比

(注:2006,2008,2010和2012年的发光效率指标分别是在3W,5W,6W和7.5W下的数值)

表2 国产大功率LED进展状况(1W白光)

年份	2004年	2005年	2006年(目前)	平均发展速度
发光效率/(lm/W)	~20	~35	~55	66%↑
平均价格/元	~31.5	~25	~15	31%↓
每千流明成本/元	~1575	~630	~250	60%↓

一、GaN材料体系的衬底与外延结构

LED光电转换效率的高低很大程度上取决于LED外延结构设计和质量,而外延结构设计和质量又与衬底密切相关。衬底是外延的基础。由于目前被广泛采用的蓝宝石衬底与GaN材料体系之间存在着严重的晶格和热失配问题,并且蓝宝石的热导率不是很高,人们还在不断地寻找新的更适合于GaN生长

的衬底材料。在2005～2006年度期间,世界各国在GaN、Si、金属、ZnO和非极性蓝宝石表面等衬底材料方面做了大量的研发工作,并取得了可喜的成果。下面是一些例子:

2005年2月,三菱化工宣布将于近期开始量产2 in GaN衬底,主要销售给蓝紫色半导体激光器以及LED等厂商,该衬底是利用自主开发的氢化物气相外延(HVPE)法生产。

美国TDI公司在6 in蓝宝石衬底上长出25μm厚的GaN外延层,此举表明6 in GaN外延材料可以通过TDI公司专利的HVPE设备及工艺大量生产。半导体照明光源应用于普通照明领域的主要障碍是价格较高,向大尺寸衬底技术方向发展是减少成本非常有效的途径之一,下一步的关键是开发出生长大尺寸GaN的MOCVD设备和工艺。

据2005年9月报道,蓝光LED的发明人中村修二(Shuji Nakamura)博士和他在加州大学圣巴巴拉分校(UCSB)的研究团队在生长无极性(non-polar)和半极性(semi-polar)GaN晶体薄膜方面取得了重要进展。据称新的生长技术能使GaN器件的发光效率提高两倍,达到200 lm/W。该研究团队验证了这项新技术的多种优势,如高效、波长范围宽、偏振性能好、高迁移率和更低功耗。该项技术的突破将会给半导体照明的效率提升带来实质性的飞跃,目前关键的问题还是如何尽快开发出能形成产业化规模的技术和工艺。

2006年10月,Rohm公司也展示了通过采用不同GaN生长面制成的蓝光LED。通过将生长面从通常的c(0001)面,改为非极性的m面,减弱了驱动电流大小对发光波长的影响,还能够直接发射较强的偏振光。该项技术的开发成功将会为LED在提升LCD显示质量方面提供广阔的技术发展空间。

中国在Si基GaN LED方面的研发和产业化方面也取得了重大进展。由南昌大学江风益教授主持开发的硅衬底上GaN材料生长及LED器件制备课题取得了突破性进展。通过使用特殊缓冲层和衬底剥离技术,该小组制作的标准蓝光芯片光输出功率大于10 mW,工作电压小于3.5 V,反向电压大于50 V,ESD大于1000 V,目前正在进行商业化工作。该项技术的突破一方面使我国在GaN LED外延、芯片领域赶超世界水平成为可能,另一方面由于生长在硅衬底上,为将来的光电器件实现系统集成开辟了广阔的技术发展空间。

二、芯片结构和制作工艺

芯片结构优化和工艺的改善是另一个提高LED光电转换效率非常重要的因素。在2005～2006年度期间,LED光电效率的提高主要是通过芯片结构优化和工艺完善而获得。芯片方面工作的关键点是提高LED的取光效率。例如通过对注入电流分布的优化,减少电流拥挤和上电极对光的吸收和反射,使得光能够逃逸出来;还有通过优化LED的光学结构和几何形状和尺寸,减少光的内反射和吸收,从而提高取光效率。主要的工作体现在以下几个方面:①垂直结构;②高电导透明电极;③高反射底部金属电极;④表面光学微结构;⑤光子晶体等。

图2是单项取光技术或工艺对垂直结构芯片LED发光效率影响的理论分析。从图2可以看出,对于垂直结构LED的外量子效率提高,光子晶体的潜力最大。理论上它可以使LED取光效率提升300%。当然由于各种条件的限制,实际上无法达到理论值。其次是微芯片阵列结构和GaN表面微结构。它们的应用,理论上分别可以提升LED外量子效率80%和100%。由于各个技术和工艺的相互制约,图2中的各种效果无法简单加和,所以只能选取主要因素来提高LED芯片的取光效率。在过去的两年里,人们利用各种手段来提高大功率芯片的效率,并取得了明显的效果,以下是一些实例:

美国Cree公司在过去的两年里在芯片技术方面取得了飞速发展。输入电流在350 mA下,其光功率2005年时为300 mW,2006年达到360 mW,2007年将提高到400 mW以上。2006年9月,Cree推出了在350 mA电流下,光功率达370 mW的高功率蓝色LED芯片"EZBright1000",如果将通入电流提高到1A,则光功率可增至800 mW。Cree表示如果蓝色LED芯片的光功率达到360 mW左右,则可得到发光效率为100 lm/W的白色LED。由此可以推测,使用此款芯片即可制成100 lm/W的高功率白色LED。图3是Cree公司的芯片技术进展状况及其与2002年OIDA制定的路线图的对比。从图3中的数据可以看出，Cree 公司的芯片技术发展速度已经远远超出了 OIDA 在 2002 年制定的路线图。

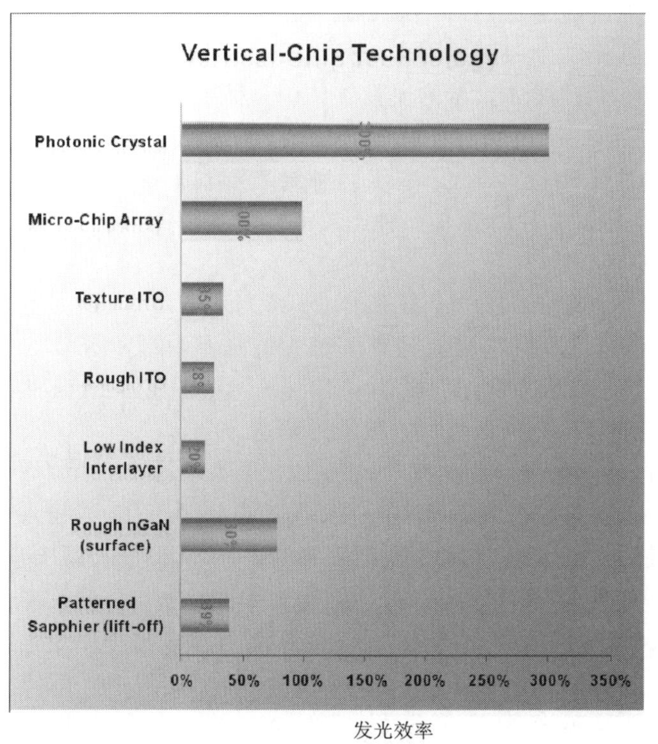

图 2　单项工艺或技术对 LED 发光效率的影响分析
（来源：Chinese Strength in Semiconductor Lighting，Alan G. Li）

图 3　Cree 芯片技术进展状况及与 OIDA Roadmap 对比
（来源：LED Efficiency：The Revolution Starts Now，Christopher M. James）

2006 年 9 月，SemiLEDs 公司推出其垂直金属衬底 LED（VLEDMS）芯片，VLEDMS 以合金衬底为特色，在 350 mA 下发光效率为 75 lm/W。垂直芯片结构改善了器件内的电流分布，并有效地降低了串联电阻。另外，由于铜合金衬底具有较高的热传导性，使得 VLEDMS 与常规倒装 LED 芯片相比散热更高效，从而增大了最大工作电流和输出功率。在 350 mA 下，其正向电压值比传统 LED 低 0.2 V 左右，其亮度随注入电流而增长的趋势也更显著。传统大功率 LED 芯片的饱和电流在 1000 mA 左右，之后虽然电流增大，其光输出却明显下降，这是由于散热不足导致的。而 VLEDMS 的光输出功率在 3000 mA 下还未达到饱和。

近两年，光子晶体技术是一个研究热点，并且取得了实质性突破。日本松下电器已开始将光子晶体应用到蓝光 LED 产品上，并提高发光效率 1.5 倍。他们独特的光子晶体设计使得长周期构造可以实现，而长周期构造使光子晶体在 GaN LED 的应用更容易。另外，通过在光子晶体表面蒸上一层透明电极能够实现大面积出光。

2006 年 2 月，东芝展示了新型 LED 芯片取光技术，LED 出光效率增至 2 倍以上。该技术是在 LED 芯片表面形成凹凸光学微结构来提高 LED 效率的。通过在 LED 芯片表面沿宽度方向以 150～200 nm 间隔形成高 300～500 nm 的凹凸结构，能够防止发光层的光线被发光面反射。利用光的折射效应使得大于临界角的入射光线通过，同时减少小于临界角的入射光线的反射。该技术只需要干法刻蚀和热处理就能形成凹凸结构。

2006 年 7 月，美国 BridgeLux Inc 推出了一款 60 mil 芯片，并实现了批量生产。该款芯片能够承受 1.2 A 驱动电流和 150℃的结温，与荧光粉工艺配合可发出 140 lm 白光。

三、封装设计、材料与工艺

LED 封装方面的工作主要有三个方面：一是提高 LED 器件散热能力；二是在最低光损失的条件下

取得所需要的光学分布；三是对于蓝光＋荧光粉的白光结构，要达到对荧光粉的激发和均匀混光。由于LED芯片性能对温度特别敏感，对于LED工作过程中所产生的焦耳热，吸收产生的热等要迅速地散发出去，否则会使LED的效率下降。对于大功率LED这是一个关键的因素，它直接影响到LED的光电转换效率和使用寿命。因此，全球各个国家和地区在这方面开展了大量的研发工作。具体的工作主要包括以下几个方面：①高导热结构；②高热导封装材料，包括热沉、树脂、焊料、黏合物等；③优化的封装工艺；④高反射膜；⑤新型光学组件等。由于照明需要足够的光通量，人们采取了两种封装形式来取得发出几百流明的光源器件，一是多芯片组合，二是单芯片。当然多芯片组合是一种比较简单和实用的方法，而单芯片的工作则充满了挑战。下面是这方面工作的一些实例：

图 4 LUXEON K2 Emitter

2006年1月30日，Lumileds公司宣布推出K2系列大功率LED如图4所示。K2系列在Luxeon III的基础上又有了很大的提高，单块LED光通量最高达到了140 lm，最大驱动电流为1500 mA，最高允许结温达185℃，1000 mA电流条件下，50 000小时流明维持率达70％。

2006年3月10日，日亚(Nichia)宣布开发出了发光效率为100 lm/W的标准尺寸白色LED，日亚这款白光LED在20 mA的电流下工作，其输入电功率为0.06W，可得到6 lm的光通量。根据日亚的白光LED开发蓝图，2007年前后达到150 lm/W的发光效率。图5是日亚公司未来几年的技术发展路线图。从图中可以看出，2008年公司的技术发展目标已经在2006年提前实现。

2005年5月，欧司朗公司展示了面向汽车前照灯的白色LED光源，该光源是由其名为“Ostar”的白光LED模块所组成。Ostar模块中有4个1mm²的LED芯片，其光通量高达300 lm。2006年5月，欧司朗还推出了10 W额定功率的LED Ostar系列产品，其光通量可达到420 lm，可用作重点照明的光源。

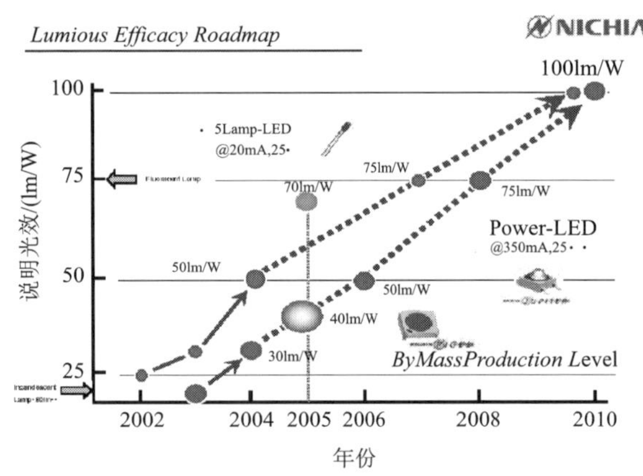

图 5 日亚公司近几年的技术发展路线图

图 6 Osram公司Ostar产品

2006年6月，OPTO科技公司宣布推出波长为365 nm的新型紫外光LED。该紫外光LED采用的是TO-66封装，发光功率达到150 mW，最高额定电流为300 mA。

2005年1月，汉城半导体公司公布交流驱动LED(AC LED)灯，可由市电直接供电。与DC（直流）LED相比，AC LED更节能、更方便、产生的热量也更少。该项技术的发明极大地促进了半导体照明技术在普通照明领域的应用。

在白光LED封装非常重要的荧光粉方面，2005年2月三菱化工成功地开发出可用蓝光激发的红光与绿光的新型荧光材料。目前，人们主要是通过蓝光与蓝光激发的黄光荧光材料，得到“蓝＋黄”混合成的白光。如果使用这种新型荧光材料，就能得到“红＋绿＋蓝”三基色形成的白光。

2006年5月，我国台湾在开发新型LED用荧光材料上有新突破，台湾清华大学王素兰教授领导的研究小组发现，主要成分为磷酸镓锌的纳米孔洞物质可作为发白光及黄光的荧光粉。该材料在紫外光照射下即可激发出白光或黄光，目前仍处于开发初期阶段。

在新型封装材料方面，2006年6月，Dow Corning公司推出专用于LED的硅树脂材料SR-7010，具备耐用和透明度高的特点，很适合制作结构坚固的 LED 透镜及其他 LED 组件，这种硅树脂技术材料可以支持采用无铅焊接的 LED 工艺。

四、应用产品方面

随着 LED 性能的快速提升和成本的迅速下降，LED 新应用不断涌现，带动新的产业不断形成和发展。新的热点应用主要包括 LCD 背光源、LED 汽车前照灯、气氛照明、白光照明以及 LED 在生物、医疗、投影等领域，具体技术进展如下：

在大尺寸 LCD 背光源领域：2005 年 1 月，安捷伦推出了包含一个色彩管理控制器与三基色光感应器所组成的色彩管理系统。安捷伦创新的解决方案通过提供闭环光学反馈系统，解决了 LCD 电视显示器制造商过去在 RGB LED 背光源中一直没有解决的色彩一致性问题。2006 年 1 月，三星电子在拉斯维加斯举行的 2006 CES 上，展示了全球最大的采用 LED 背光的液晶电视(LN-S8297DE)。由于采用了 LED 背光源，该产品的色彩再现较普通液晶电视大幅度提升了 33%，同时液晶电视的使用寿命显著提升，该产品高达 7000∶1 的动态对比度则得益于三星独有的对比度增强技术。目前在大尺寸 LCD 背光源领域关键的技术问题是解决不同光色 LED 衰减的不一致性和散热问题。

图 7 三星 82 in LED 背光源液晶背投电视

在汽车前照灯应用方面：2006 年 7 月，斯坦利电气公司推出与德国海拉公司联合开发的前照灯。该灯具将 4 块 LED 芯片封装成 1 个大功率白光 LED 模块，在近光灯上配备 5 个这种模块、远光灯上配备 2 个，近光灯点亮时的光通量为 700 lm。日本小糸制作所推出的前照灯配备有 11 个白光 LED 模块，包括近光灯 6 个，远光灯时追加 5 个，近光灯点亮时的光通量为 800～1000 lm。目前，LED 在汽车照明方面的推广和使用受限于根据传统光源特性所制定的汽车信号灯具规范和标准。汽车行业正在考虑制定新的标准，从而包含 LED 光源。这样做无疑对于 LED 光源在汽车照明的广泛应用起到积极的推动作用。

LED 在投光系统方面也得到了突破。2004 年 11 月 欧司朗推出了 OSTAR®Projection 系列 LED 光源，适合于投影系统，OSTAR 采用薄膜(Thin-film)技术的红光和 ThinGaN 技术的蓝、绿光制造的 OSTAR®Projection 光源是专为 0.85～0.95 in 成像器、孔径尺寸在 2.0～2.4 之间的系统所开发的。其系统光输出可达 300 lm，满足背投电视(RPTV)的要求。

随着 LED 和激光光源在投影机上投入使用，投影机的体积发生了革命性的变化。2005 年 1 月，TI 公司展出了由三菱电机试制的一款使用 LED 光源的小型 DLP 投影机，重量只有 400 g，这款产品使用了红、绿、蓝三色 LED 和 800×600 分辨率的 DMD 元件，但没有使用色轮。由于 LED 光源可以快速频繁开关，因此只需要通过快速切换三种 LED 的开关状态就可以起到色轮的作用。除此之外，东芝等厂商也开发出了采用 LED 光源的 DLP 投影机，东芝的 TDP-FF1A 在 2006 年 1 月上市，主机重量为 565 g，搭配 200 g 的锂离子电池和专用投影屏幕。精工爱普生在 2005 年 9 月推出了采用 LED 光源的 LCD 投影机，重量大约为 500 g。2005 年 11 月，三洋电机又推出了使用单板透过式 LCD 面板的 LED 光源投影机，使用的光源为红、绿、蓝 LED 各 2 个，总功率为 18 W，产品亮度达到 12ANSI lm。

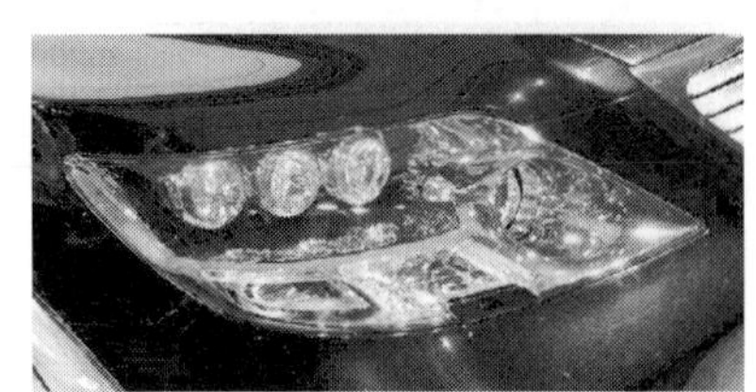

图 8 LED 汽车前照灯

图 9 Samsung 基于 LED 的 56 in 背投电视

2006 年 4 月,日本 Oki 公司推出了应用高亮度 LED 代替激光器来激发打印头上感光鼓的 C3400N 彩色打印机,此款打印机可提供更高的色彩分辨率。

2006 年 2 月,美国 Sensor Electronic Technologies(SET)公司推出了一种新的杀菌灯 UVTop-260L。此灯在 100 mA 下,所发出的 UV 光功率为 5 mW。这款基于 AlGaN LED 的杀菌灯,可发出的紫外线(波长 260～262 nm)能最大程度地被有害微生物、病毒的 DNA 吸收,可以有效地用于水、空气和物体表面的消毒、杀菌、净化。

在白光通用照明领域,南京汉德森公司办公大楼于 2006 年 4 月 30 日竣工投入使用,建筑面积 3280 m^2,整栋大楼内部照明全部使用大功率 LED 灯具,共采用格栅灯 130 盏,筒灯 506 盏,吊灯 69 盏,吸顶灯 20 盏。在全球范围内首次对大规模使用白光大功率 LED 作为主照明进行了探索和尝试,取得了很好的预期效果。

图 10 南京汉德森公司采用大功率白光 LED 作为室内主照明应用

五、其他材料系统方面

在新发光材料体系方面,Rohm 公司声称,预计在 2007 财政年度开始出售新型 ZnO 蓝光 LED。如果能在氧化锌材料领域形成真正的技术突破,在成本方面将会对现有的材料体系形成巨大的冲击。

在 OLED 方面,2006 年 6 月 8 日, Philips 和 Novaled 宣布其高亮白光 OLED 刷新 OLED 光效及寿命纪录。他们共同研发的白光 OLED 光效 32 lm/W、亮度 1000 cd/m^2、彩色坐标(0.47, 0.45)、显色指数 88。而其 2 万小时以上的寿命的指标对未来 OLED 照明技术商业化意义重大。这项研究成果证明,OLED 在照明应用方面具有很大的潜力和光明的前景。

以上只是对近两年来半导体照明产业技术发展状况作了一个简单的总结。半导体照明作为一项革命性技术,它正在深刻改变着我们的照明世界。从其发展速度上看出,虽然大功率 LED 的用途是照明,但其发展规律和速度正如"Haitz 定律"所揭示的更像是半导体 IC 产业。发光二极管的发明者 Holonyak 在 2004 年的 MRS 会议上说:"In principle, the LED or laser, basically a p-n junction, is an ultimate lamp that cannot be exceeded.(原则上讲,由 P-N 结所制成的发光二极管或半导体激光器是无法超越的灯的最终形式)。”可以相信,随着半导体照明技术的飞速发展和成本的快速下降,半导体照明的普及进程会比预期更快。

参考文献

[1] 中国半导体照明产业发展报告(2005)
[2] Compound Semiconductors
[3] LEDs Magazine
[4] 夏冠群. LED汽车灯具标准问题. LED及其产品应用评价问题研讨会. 2006.11
[5] Robert V. Steels. High-Brightness LED World-Wide Market Update. 2006中国国际半导体照明论坛. 2006.7
[6] Young Moon YU. Recent Activities of KOPTI. 2006中国国际半导体照明论坛. 2006.7
[7] 刘容生. 光源的发展与奈米技术的应用. 2006中国国际半导体照明论坛. 2006.7
[8] Christopher M. James. LED Efficiency: The Revolution Starts Now. 2006中国国际半导体照明论坛. 2006.7
[9] Chuong Tran. GaN Based Vertical LED on Metal Substrate for Solid State Lighting. 2006中国国际半导体照明论坛. 2006.7
[10] Alan G. Li (李刚). Chinese Strength in Semiconductor Lighting from Lumens/Watt to Dollars/Lumen. 2006中国国际半导体照明论坛. 2006.7
[11] Nick Holonyak Jr. From Transistors to Lasers and Light-Emitting Diodes. 2004 Materials Research Society Fall Meeting in Boston

作者简介

梁秉文 男,1961年6月出生,1993年获美国UCSD电子工程系博士学位。后在美国HP/Agilent公司工作,任研发部经理,从事半导体超高亮度发光管以及激光器的材料生长和器件设计制作,是HP公司高亮度LED产业化创始人之一。2000年参与建立美国AXT光电公司,并先后担任技术总监,总经理和总裁,领导开发、生产超高亮度LED和VCSEL LD等产品。先后发表各种学术论文60余篇,持有美国专利6项,中国专利20项。2004年作为国家半导体照明产业技术发展战略研究专家组组长,负责制定国家半导体照明产业中长期技术发展规划。2005～2006年参与制定“十一五”国家863半导体照明重大专项。现任国家半导体照明工程重大项目管理办公室顾问,上海半导体照明应用工程中心兼职副主任。

Ⅲ族氮化物半导体外延衬底技术

张荣　修向前
江苏省光电信息功能材料重点实验室　南京大学物理系

摘　要

对高性能器件的追求,造就了发展Ⅲ族氮化物半导体外延衬底技术的根本动力。最近,Ⅲ族氮化物材料和器件进展神速,本文着重介绍2005～2006年Ⅲ族氮化物半导体外延衬底技术方面所取得的最新进展。

关键词:宽禁带半导体　自支撑衬底　氢化物气相外延

一、引　言

以GaN及InGaN、AlGaN合金材料为代表的Ⅲ族氮化物材料是近年来国际上备受重视的半导体固态照明材料。目前应用这一新型宽禁带半导体家族已经制成蓝光、绿光、紫外光、白光发光二极管(LED),并形成大规模生产能力。但现有的LED产品因为受到材料质量、器件结构、散热性能等多方面因素的影响,还远不能满足通用照明的技术要求,特别是发光效率和输出功率还不够高。导致这一现象的重要原因之一是Ⅲ族氮化物外延材料中存在的高密度的位错,这些位错通常和异质衬底与外延膜之间的大晶格失配及热膨胀系数失配有关。

由于GaN体单晶的生长需要极端的物理条件(熔融GaN合成需要在2225°C和6 GPa压力下进行),大尺寸高质量GaN体单晶还不能像用于GaAs和GaP晶体生长的化学计量方法直接合成。在过去很长的时间里,大尺寸高质量GaN薄膜大都是在异质衬底上生长得到。GaN体单晶的生长困难对GaN薄膜的制备和特性产生了很大的影响,其中最突出的是在外延膜中产生了高密度的位错,从而在很大程度上劣化了材料和器件的性能。此外,常用的蓝宝石衬底不导电,导热性能也很差,作为GaN生长衬底时生长平面内晶格30°偏转,也使得应用场合需要解理时影响了外延层的晶面解理效果。解决这一问题的技术关键是发展与Ⅲ族氮化物材料晶体结构、晶格和热膨胀系数都比较匹配,化学、机械、透光、导电、导热、高温等性能优越,价格合理的大面积、高质量衬底材料。衬底是半导体照明器件的重要基础材料,衬底的种类与性能直接决定器件的性能。由于半导体外延和加工的特殊技术要求,一般情况下,不同的衬底材料还要求不同的材料制备和器件加工技术相匹配。换句话说,衬底材料对整个器件的工艺有很强的选择性,因此对整个器件工艺的技术发展有十分重要的影响。

目前几种主要的衬底材料用于GaN生长时的性能比较列于表1。显然,用于GaN生长最理想的衬底是GaN单晶材料,这样有助于降低位错密度,延长器件工作寿命,提高发光效率,增加器件工作电流密度,发展更有效的器件结构,从而改善器件的性能价格比。除GaN衬底外,还存在一些正在研究中的其他外延衬底材料,包括目前最常用的蓝宝石、半导体工业中最常用的硅衬底、晶格匹配性和热膨胀系数匹配较好的碳化硅衬底和同属Ⅲ族氮化物一族的AlN衬底。此外,为了弛豫外延层中的应变,降低位错密度,对衬底表面进行加工,或采取特殊的缓冲层设计,或者结合易得衬底和Ⅲ族氮化物外延层而成的外延模板,也是很有效的措施。从衬底的功能和适用性来说,目前所用的GaN外延衬底大体上可以分为五类:

(1) 匹配衬底,主要包括GaN、AlN、SiC衬底材料。这些衬底材料的共同特点是制备难度大,价格昂贵,现在SiC衬底的产业化技术已经突破,大尺寸的SiC衬底已经完全商品化,但价格仍是制约其获得普遍应用的主要因素。GaN 单晶衬底的获得非常困难。由于热力学性质的限制，人们无法拉制出实用的 GaN 单晶体。目前获得大面积 GaN 单晶衬底的主要方法是氢化物气相外延(HVPE)方法。HVPE 方法因为生长速率高(可达 100 μm/小时)，生长质量优良，被普遍认为是制备 GaN 厚膜、发展自支撑 GaN 衬底的优选方法。在过去的两年内，全世界的研究人员在自支撑 GaN 衬底的研究方面取得了重要的进展，气相方法生长的 GaN 块状单晶体已经进入 cm 量级的厚度，AlN 衬底已经量产。而在未来的1～2年内，适合器件使用的 2 in 甚至更大尺寸的如 3 in、4 in GaN 衬底将会量产。目前蓝宝石衬底上的大面积 GaN 模板和 AlN 模板均已批量供应市场。国际上 SiC 单晶发展较快，目前已有 4 in SiC 衬底片商品供应市场。我国在"十五"863 计划的支持下，SiC 晶体生长研究取得了重要突破，基本掌握了高质量 SiC 的晶体生长和衬底加工技术，初步满足研制光电器件的技术要求，山东大学等单位已形成小批量实验室供片能力。

表 1　用于氮化镓生长的衬底材料性能优劣比较

衬底材料	Al_2O_3	SiC	Si	GaN
晶格失配度	差	中	差	优
界面特性	良	良	良	优
化学稳定性	优	优	良	优
导热性能	差	优	优	优
热失配度	差	中	差	优
导电性	差	优	优	优
光学性能	优	优	差	优
机械性能	差	差	优	中
价格	中	高	低	高
尺寸	中	中	大	小

(2) 通用衬底，主要包括 c 面蓝宝石和硅衬底材料，蓝宝石是当前应用最为广泛的 GaN 外延衬底材料，它的特点是价格适中，生长工艺较为成熟，生长质量优良，而且市面上有大尺寸的蓝宝石衬底供应。当前蓝宝石衬底仍以 2 in 的尺寸为主流，但已经出现了增加衬底尺寸以提高产率、降低成本的趋势。蓝宝石衬底的缺点是与 GaN 间晶格失配和热失配大，衬底本身导电和导热性差，不易与 GaN 一起解理，可加工性能不好，使用 c 面蓝宝石衬底时在外延层中引起的自发极化与压电极化效应会降低器件的发光效率。硅是半导体工业最重要的材料，市场可提供的衬底尺寸已达到 12 in 以上，硅衬底价格低廉、晶格完整性极佳，而且易于加工，同时衬底本身的导电和导热性均好，主要缺点是与 GaN 晶体结构不同，晶格失配和热失配都很大，一般情况下导致外延层中位错密度很高，影响器件性能。但今年来硅衬底上 GaN 外延及 LED 器件研究取得了突破，美国 Nitronex 公司已经可以批量供应 4 in 硅上 GaN 外延片，2007 年将推出 6 in 外延片，同时用硅上Ⅲ族氮化物研制的高电子迁移率晶体管(HEMT)工作频率达到 3.5 GHz，输出功率达到 50 W，已开始批量供应市场。近年我国在应用硅衬底发展Ⅲ族氮化物照明器件方面取得了重大突破，南昌大学成功地研制出硅衬底上高亮度Ⅲ族氮化物蓝光 LED，300 μm×300μm 芯片封装后 3.1～3.5V 工作电压、20mA 驱动电流条件下光输出功率 12 mW，10 V 反向漏电流小于 0.01 μA，10 μA 时反向电压大于 40 V，综合性能居国际前列。

(3) 功能性衬底，主要包括 γ-$LiAlO_2$、a 面蓝宝石等衬底材料，这类材料的特点是以其为衬底生长的Ⅲ族氮化物外延材料具有与 c 面蓝宝石上生长的 c 面Ⅲ族氮化物外延材料不同的晶体取向、极化分布和能带结构，因而制备的器件具有不同的特性。一般来说，衬底在晶体外延过程中发挥两项极其重要的作用，其一是提供外延层生长的仔晶作用，其二便是对外延层的支撑作用。外延层的晶体结构和取向通常对衬底材料的晶体结构和取向有很强的依赖性，因此，选用不同的衬底能实现对外延层生长性质、加工性质、物理性质的调控，从而改变器件的发光性能。当前大多数Ⅲ族氮化物 LED 都是生长在 c 面蓝宝石上的，而这时候外延生长的Ⅲ族氮化物量子阱具有较大的压电极化和自发极化场，导致的一个直接后果就是Ⅲ族氮化物量子阱中电子和空穴的分布重心在空间上分离，降低电子-空穴的复合几率，从而影响 LED 的发光效率。解决这一问题的思路之一就是将量子阱的极化轴从生长方向转置于生长平面内，彻底排除量子阱沿生长方向上的压电极化和自发极化场，使量子阱中的电子和空穴分布在空间上有尽可能大的重叠,增大电子与空穴的复合几率,提高 LED 的发光效率。实现这一技术路线的衬底材料主要是 γ-$LiAlO_2$ 和 a 面蓝宝石衬底。后者在国际上已有较多研究,美国加州大学圣芭芭拉分校最近取得重大突破,实现了 a 面蓝宝石衬底上Ⅲ族氮化物量子阱激光器的室温激射。前者国际上的研究主要集中在 γ-$LiAlO_2$衬底上 GaN 薄膜的外延和自支撑 GaN 材料,目前市面上可以提供的 γ-$LiAlO_2$衬底片尺寸还不到 2 in,与主流的Ⅲ族氮化物 MOCVD 系统不完全兼容。我国上海光机所近年在"十五"863 计划的支持下,研制出有效直径超过 2 in 的大块 γ-$LiAlO_2$晶锭,晶体质量满足生长高质量Ⅲ族氮化物外延层的要求。南京大学在国际上率先在 γ-$LiAlO_2$衬底上外延生长出高质量、无极化的Ⅲ族氮化物量子阱,并研制出蓝、绿光 LED。

(4) 人工衬底,主要指图形化衬底、横向外延衬底和柔性衬底等新型衬底,这里"人工"是指衬底本身并非以晶片的自然形态存在,而是经过了特殊的加工或结构设计。人工衬底的实质是人们根据物理学规律,特别是应变分布和位错产生与运动规律,来对结构和工艺进行精心设计的衬底技术,原则上对不同的外延体系具有一定程度的普适性。我国在柔性衬底的基础理论研究和实验制备方面在国际上独具特色,中科院半导体所应用 MOCVD 方法在硅衬底上外延 γ-Al_2O_3,形成有特定应变分布的柔性衬底,并成功地进行了 GaN 的 MOCVD 生长实验。部分人工衬底技术已经在 LED 产品的制作过程中得到应用,是值得关注的重要方向。

(5) 其他衬底,指上述四类衬底之外的其他衬底材料和衬底技术。由于缺乏Ⅲ族氮化物体单晶材料,人们一直在努力寻找最适合其外延生长的异质衬底,先后尝试过的材料数以百计,大部分材料尝试后就被放弃,目前依然在研究的除上述衬底材料外,尚有少量其他材料。从发展大功率器件的需要出发,有优良散热性能的金属材料是目前有不少研究的方向之一,其最大的好处是集较为匹配的晶格常数、很高的导热系数、天然的导电电极和优良的加工特性于一身,为器件设计和性能改善带来了空间。

由于器件发展的需要,Ⅲ族氮化物衬底近年来得到了空前的重视和迅速的发展,被普遍认为是进一步发展Ⅲ族氮化物照明器件的主要关键技术。通用照明技术要求Ⅲ族氮化物 LED 兼有高发光效率和输出功率,这就从技术上对衬底技术提出了特殊的要求,不但要求衬底本身有很高的质量,同时也要求衬底与外延层的晶格和理化特性有高水平的匹配。围绕这些要求,人们开展了大量卓有成效的研究实践工作,本文在下列内容中将对 2005～2006 年Ⅲ族氮化物衬底技术的主要进展进行回顾和评述。

二、高压 GaN-HVPE 后处理技术

TopGaN 公司副总裁 Izabella Grzegory 宣称,利用该公司的高压熔融法生长的片状和针状 GaN(如图 1 左),可以进一步采用高生长速率氢化物气相外延后处理过程(100μm/h)来扩大 GaN 尺寸(图 1 右),尽管质量比体单晶 GaN 有所下降,从几乎无位错到 1E6/cm^2左右。GaN 晶体尺寸经 HVPE 过程扩大后,去除掉原来的高压生长的 GaN 籽晶,就可以得到均匀的大尺寸 GaN 晶体(典型尺寸可达 100mm),如图 2 所示。如果降低 HVPE 生长速率至 20μm/h,那么在 n 型高压 GaN 衬底上可以外延得到几乎同样无位错的 100mm 的 GaN 体单晶。

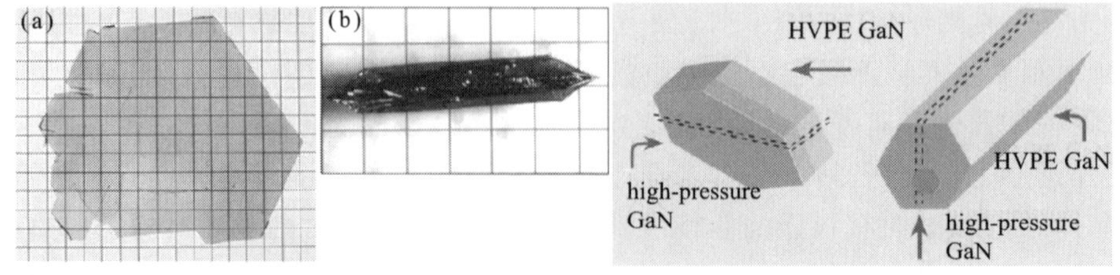

图 1 TopGaN 公司的片状和针状 GaN(左)以及高压 GaN+HVPE 后处理技术示意图

高压生长得到的针状 GaN 虽然具有不确定的表面,但是采用同样的一系列的多个分离的 HVPE 过程,可以稳定晶形并获得透明无色或者微黄的 GaN,如图 3 所示。结构分析表明,GaN 单晶的晶体质量非常高。当然,单次扩大 GaN 尺寸生长的 HVPE 过程更可取,但是那样需要新型的能够连续生长超过

100 h 的 HVPE 生长装置。这是该高压 GaN-HVPE 后处理技术的最大障碍。

对材料的表面分析测试，优化后在几乎无位错高压 GaN 基础上 HVPE 外延得到的 GaN 晶体质量并没有太大的退化，超过一般的晶体质量，位错密度低于 1E4/cm^2。采用高压针状 GaN-HVPE 后处理技术，甚至可以得到非极性 GaN 衬底。具有高电导率的非极性 GaN 衬底在激光二极管和高功率 LED 器件制备方面具有特别的吸引力。

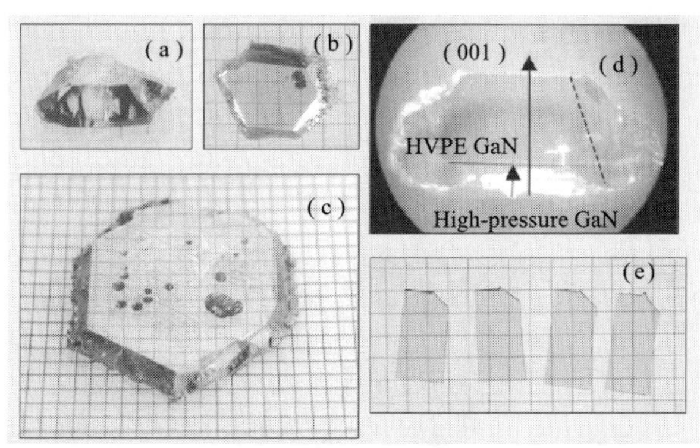

图 2　TopGaN 公司的片状 GaN 经高压 GaN+HVPE 后处理后得到的单晶 GaN 大尺寸

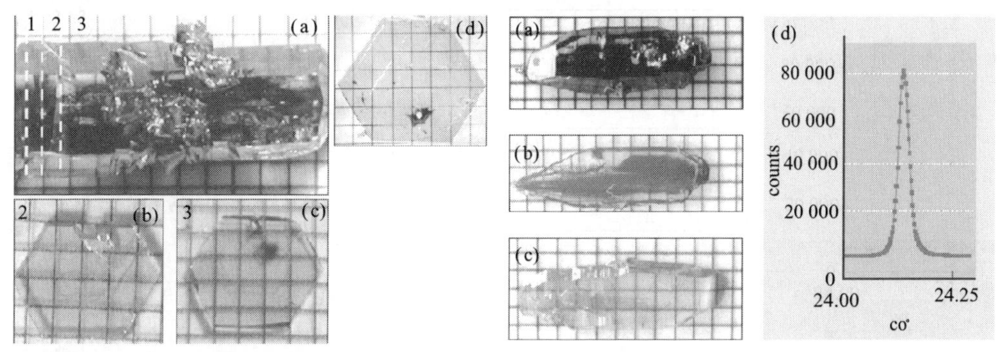

图 3　TopGaN 公司的针状 GaN 经高压 GaN+HVPE 后处理后得到的大尺寸单晶 GaN

三、HVPE-高压液相生长 GaN 单晶

除了前面提到的高压-HVPE 生长技术，也有部分研究机构采用了 HVPE-高压液相外延技术同质生长 GaN 体单晶。大阪大学以 45mm 直径的 HVPE-GaN 晶片为籽晶，在熔融 Na 高温高压(40 大气压，860°C)下液相外延，最终得到厚度 1.1mm、直径 50mm 的 GaN 晶体，如图 4 所示。位错密度由籽晶的 1E8/cm^{2}降低到 2.3E5/cm^2。

四、GaN-HVPE 技术

如前面所述，尽管氨热法和熔融法制备 GaN 体单晶似乎更有生产潜力，但是由于目前这两种方法得到的 GaN 尺寸仍然太小，尚没有竞争力而无法大规模商用。因此，常压氢化物气相外延仍然是获得高质量大尺寸自支撑 GaN 的主要手段。Technologies and Devices International(TDI)，Lumilog 和 Kyma Technologies 等公司纷纷加大了在这方面的投资，并已经能够提供位错密度在 1E6/cm^{2}左右的 2 in 自支撑 GaN 衬底(如图 5)，虽然价格非常的昂贵。采用常压垂直 HVPE 反应器，已经可以获得 2 in 2mm 厚的自支撑 GaN 衬底材料。据称，Aixtron 公司最新设计的立式 HVPE 系统可以生长得到 7cm 长的 GaN 晶锭，并开发出行星式立式 HVPE 系统用于多片 GaN 的同时生长。

2005 年，我国南京大学物理系的研究组在自支撑 GaN 衬底研究方面取得了重要进展。该研究组研制的卧式 HVPE 生长系统稳定运行，GaN 质量可重复。采用横向外延技术，位错密度不超过 1E6/cm^2；

生长速率可以在生长期间一直维持在100～200 μm/h，最快可达300 μm/h。蓝宝石上生长的GaN厚膜可达1.4mm；采用改进的激光剥离技术，已经获得了mm级GaN准体单晶衬底，衬底平整几乎无弯曲(图6)。

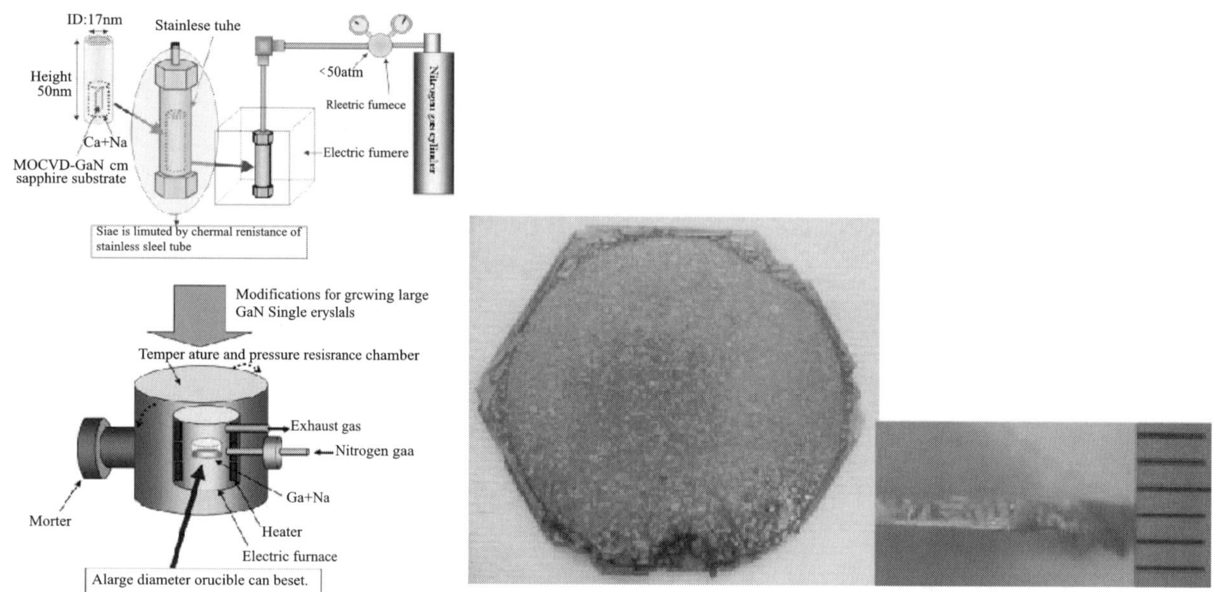

图4 熔融Na高压合成2 in GaN体单晶

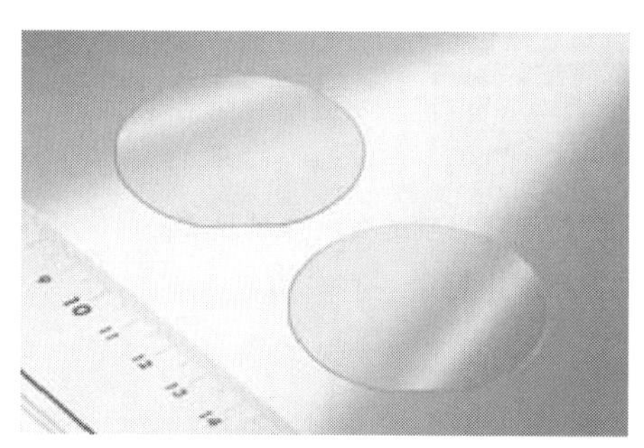

图5 住友电工的2 in自支撑GaN衬底

图6 南京大学采用HVPE+激光剥离技术获得的毫米级2 in自支撑GaN衬底(未抛光)

五、低成本HVPE GaN-on-sapphire模板技术

瑞士开发出仅利用HVPE法在蓝宝石衬底上直接生长GaN模板的低成本工艺流程。使用该方法获得的高质模板上GaN薄膜厚度仅为8μm，远低于同样质量的其他高质GaN-on-sapphire模板的20～300μm以上的GaN薄膜厚度。由于减少了GaN材料的沉淀及MOCVD生长步骤，新工艺流程将大大削减激光器、晶体管用GaN模板的成本。

该研究组使用两步法制备模板：①离位表面处理技术；②在Aixtron的反应室中用HVPE法生长GaN薄膜。研究表明，GaN材料的质量和极性受蓝宝石衬底表面处理的影响很大。首先在氢气中清洗蓝宝石衬底，再将其暴露在1050°C的氨气中氮化处理4min。随后将温度降至600°C在衬底上形成结晶层(AlN)，再将反应室温度升高到1045°C继续完成GaN生长。当衬底氮化后冷却至室温并暴露于周围空气中时，具有镓极性(Ga-polar)的GaN层将形成，而如果再经一次从清洗到高温生长的流程将产生混合性或氮极性的GaN薄膜。镓极性GaN薄膜的主要优点是表面光滑，无须表面处理就可进行随后的生长。用原子力显微镜(AFM)对采用新工艺晶片的 5μm×5μm 区域进行扫描,其表面形貌(粗糙度)为 0.54nm,透射模式下的光学显微镜图像显示晶片无裂纹。而之后的盐酸蚀刻工艺决定了其穿透位错密度仅为 1E8/cm^2。而氮极性 GaN 薄膜除了表面质量问题,其更高的杂质结合使掺杂控制变得困难。

该小组还在其 8μm 厚 HVPE 模板顶部用 MOCVD 法生长 LED 结构,其质量与 MOCVD 模板生长出的 LED 结构相当。

六、AlN 衬底或模板技术

在氮化铝衬底研究方面,Technologies and Devices International (TDI)公司、Crystal IS 和 TheFox-Group 公司等相继取得进展。

2006 年 5 月 11 日,Crystal IS 公司宣称,世界第一个 2 in 低位错密度 AlN 衬底已经面世,并将用于高功率射频电子和紫外光电子器件,借此激活 GaAlN 器件市场,为未来的光电子和微电子市场铺平道路。Crystal IS 公司采用自己的专利技术:升华-再结晶的方式,在钨坩锅中(1800°C)进行棒状 AlN 体单晶的生长,生长速率可达 0.6~0.9mm/h,然后切片得到 2 in AlN 晶片,位错密度可以达到 1E3/cm^2,远低于常规的氢化物气相外延法在非本征衬底上获得的 AlN 材料,后者位错密度一般在 1E8/cm^2。Crystal IS公司的 2 in 本征 AlN 晶片已经可以商业化生产,单晶可用面积超过 50%。该公司预计经过 2006 年的努力可以达到 100%的可用面积。这项进展可以极大地促进深紫外 LED 和高功率射频器件的市场化进程。Crystal IS 公司 CEO Ding Day 先生称,"这项发展具有非常重要的意义,它开启了巨大的市场机会,包括生物传感器,光疗技术,水和空气纯化等"。

出于发展新专利技术的考虑,TDI 公司致力于 AlN 工程模板的研制而非自支撑衬底。这种 AlN 模板是指在异质衬底 Si,蓝宝石或者 SiC 上外延的一层本征 AlN 薄膜,可以在模板上进一步外延 AlGaN 器件。优点是晶片的尺寸可以由基础衬底的尺寸确定。这种模板通过高速率沉积如 HVPE 生长得到 AlN 厚膜,从而降低了位错密度。但是标准的 HVPE 技术生长 AlN 薄膜时,遇到了和 MOCVD、MBE 同样的问题,即随着厚度的增加,当超过几个微米的时候,AlN 薄膜出现了严重的裂纹。因此,TDI 公司开发了一种新型的应力控制 HVPE 沉积技术。利用自有专利的多片 HVPE 生长系统,AlN 模板中 AlN 厚度可以达到 75 μm 而没有裂纹。2 in AlN/SiC 模板中 AlN 厚度可以达到 10~30 μm 而没有裂纹,位错密度约 1E7/cm^2,比不采用该技术的 AlN/SiC 位错密度低一个数量级,如图 7 所示。

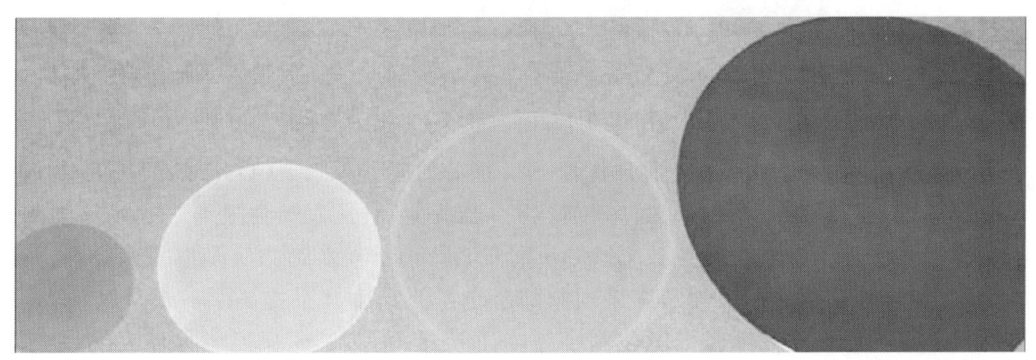

图 7 TDI 公司的 HVPE-AlN 模板,从左至右分别为 2 in AlN-on-sapphire、3 in AlN-on-sapphire、4 in GaN-on-sapphire 和 6 in AlN-on-Si

七、新型 a-Sapph 衬底

2006 年 11 月,美国 Aonex Technologies 推出新型 a-Sapph 衬底,并预言将引领 GaN 基光学器件用大尺寸晶片的高产时代。a-Sapph 衬底由在多晶 AlN 支撑衬底上键合一薄层(< 500 nm)单晶蓝宝石制备而成,为 MOCVD 或 HVPE 法提供了标准的蓝宝石生长表面。Sandia 国家实验室初步研究指出,

a-Sapph的支撑衬底与GaN外延层之间热膨胀系数匹配良好，降低了生长过程中发生衬底弯曲的可能性。而减少晶片弯曲是大规模量产GaN器件、增大晶圆尺寸从而降低高亮LED及蓝紫外激光器成本的一个关键问题，这意味着Aonex将能生产更大尺寸的衬底。

Aonex正与Sandia国家实验室合作使用MOCVD法在a-Sapph衬底上生长GaN外延层，并使用Sandia开发的X射线衍射(XRD)缺陷估计技术分析GaN的生长。XRD显示由a-Sapph上生长的GaN外延的缺陷密度是传统制备方法的60%。在a-Sapph上制备出的430 nm(蓝光)、InGaN多量子阱结构，拥有相当的光致发光性。这表明a-Sapph在制备氮化物LED器件方面具有显著的优势。

Aonex还宣称他们的衬底拥有更高的热传导率、更好的温度、工艺一致性，也更高产。使用a-Sapph衬底无需激光剥离即可制备垂直LED器件。另外，采用类似的方式，Aonex通过在多晶AlN支撑衬底上键合单晶GaN薄膜制造出GaN衬底的替代品—a-GaN衬底。

八、引入SiN层减少GaN缺陷

中村修二认为，提高氮化物材料的质量有两条途径：制造更大尺寸的体单晶；寻找工艺中的细微差别，如非极性GaN材料。非极性GaN材料的出现，将引发一场新的材料革命。

非极性GaN器件由于不受极性电场的影响，正吸引着多方的关注，但现在高缺陷密度制约了它的性能。美国Santa Barbara加州大学的Steven DenBaars工作组可解决这个难题。他们通过插入一层很薄的SiN夹在GaN外延层之间可降低位错密度。该技术将a面非极性薄膜的堆垛层错密度从8E5/cm^{2}降至3E5/cm^2，并且位错密度也从8E10/cm^{2}降到9E9/cm^2(图8)。

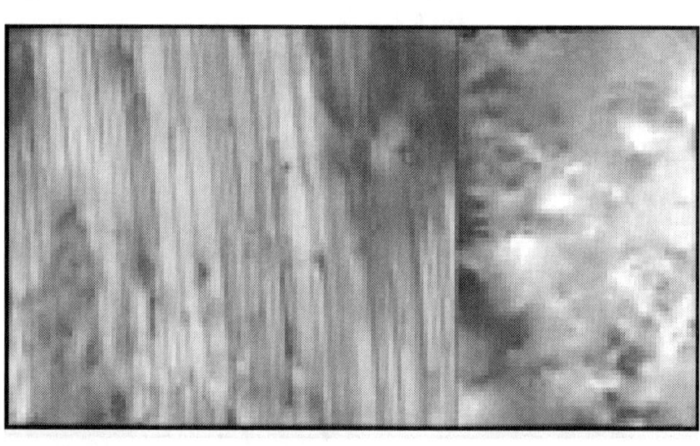

图8 透射电子显微镜图像能显示出由非极性薄膜合并的SiN层的位错密度。
在g=1100和g=0002两种不同的衍射条件下，分别呈现的堆垛层错(左)和线性位错(右)

Chakraborty表示：目前该研究小组通过优化SiN层将之应用到c面GaN的研究当中，它的厚度已达到1.5个单层的理想值。如果沉积层太薄，位错就不会减少，但是太厚会阻碍二次生长的GaN薄膜之间的接合。研究人员用这个方法正在生长GaN LED，Chakraborty强调："从多量子阱标准样品体现出的初始发光数据，非常有希望的。"同时他透露采用新的工艺发光密度几乎提高了一个量级。

自支撑同质外延衬底的研制对发展氮化物半导体激光器、大功率高亮度半导体照明用LED，以及高功率微波器件等是很重要的。总结最近几年氮化物衬底材料的发展，可以看到：本征宽带隙半导体衬底材料的尺寸在不断增大；缺陷密度不断的降低，有的已经达到器件应用的水平。通过使用本征材料的衬底和外延片，氮化物器件开发商和制造商将从氮化物本征衬底中大受其益，用它们来生长外延结构。

参考文献

[1] Skierbiszewski et al. 2006 Appl. Phys. Lett. 88 1

[2] Lucznik et al. 2005 J. Cryst. Growth 281 38～46

[3] H Teisseyre et al. 2005 Appl. Phys. Lett. 86 162112

[4] A Chakraborty et al. 2006 Appl. Phys. Lett. 89 041903

[5] 化合物半导体光电技术,2006 年,9
[6] 化合物半导体光电技术,2006 年,11
[7] K. Gurnett and T. Adams. III-Vs Review, 2006,19(9),39

作者简介

张荣 男,1964 年生,南京大学物理系教授,博士生导师,现任南京大学副校长,教育部"长江学者奖励计划"特聘教授,江苏省光电信息功能材料重点实验室主任,南京大学微加工中心主任。目前兼任《半导体学报》、《微纳电子技术》和《材料科学与工程》编委,《中国物理快报》特约评审,南京市青年科技工作者协会副理事长。

长期从事半导体新材料、器件和物理研究,先后主持国家 973 计划、863 计划、国家自然科学基金重大项目等十余项国家和地方重大研究课题。先后在国内外正式发表学术论文 200 余篇,其中被 SCI 收录的论文 142 篇,被他人 SCI 论文引用 260 篇,主编国际学术论文集 1 部,参著学术著作两章,获得/申请国家专利 24 项,获国家技术发明三等奖一项,国家教委科技进步二等奖、三等奖各一项。曾任国家自然科学基金半导体学科专家评审组成员,第八届国际电子材料会议(2002' IUMRS-ICEM)程序委员会委员兼宽禁带半导体材料与器件分会主席、第二届中日氮化物半导体研讨会程序委员会主席、第一届亚太宽禁带半导体会议副主席等。

硅衬底氮化镓蓝光二极管材料生长与芯片制造

江风益 等
南昌大学

摘　要

在硅衬底上生长了高质量的无裂纹 GaN 薄膜并制备了多量子阱 LED 结构,通过把外延层热压焊到另一个硅衬底上并去除生长衬底,实现了外延层的转移,制备了出光面为 N 型层的垂直结构 LED 芯片。通过对芯片表面进行粗化处理,明显提高了芯片的发光效率。对制备的硅衬底 GaN LED 的光电参数和可靠性进行了全面的测量和分析,综合结果表明,用硅作衬底生长 GaN 基 LED 是一条前景光明的技术路线。

关键词: 硅衬底　氮化镓　**LED**　材料生长　芯片

一、引　言

自 20 世纪 90 年代初 GaN 基 LED 开发成功以来,随着研究的不断推进,其发光亮度不断提高,应用领域也越来越广。随着功率型 GaN 基白光 LED 的效率不断提升,用 GaN 基 LED 半导体灯替代现有的照明光源将成为不可阻挡的趋势。然而半导体照明要想进入千家万户,还有许多问题需要解决,其中最核心的就是成本和发光效率。目前市场上销售的 GaN 基 LED 是使用蓝宝石衬底或 SiC 衬底制备的。碳化硅衬底非常昂贵,用其制备的 LED 成本很高;蓝宝石衬底不导电且加工困难,使用其制造的 LED 成本也较高。为了降低 GaN 基 LED 的制造成本,使用硅衬底制备 LED 成为当前 GaN 研究中最受关注的课题之一。因为硅是最成熟的半导体材料,它不仅价格便宜,而且容易控制其导电类型和电阻率,其加工工艺也很成熟,如果能用于生长氮化镓基材料将可以显著地节约成本。然而,由于硅衬底和氮化镓基材料的晶格失配和热失配都很大,在硅衬底上生长高质量的氮化镓基材料非常困难。世界各地众多的研究组经过多年的研究,虽使硅衬底上生长的铟镓铝氮材质量有了显著提高,但制备的 LED 发光效率仍很低[1,2]。最近网上消息报道,日本一家公司在这方面取得了较好进展。近三年,我们采用独特的缓冲层技术、衬底转移技术和表面粗化技术,在硅衬底上制备出性能良好的 GaN LED,并已完成了试生产工作。

二、硅衬底 GaN 材料生长

由于硅衬底和 GaN 材料之间的晶格失配和热膨胀系数失配都很大,在硅衬底上生长的 GaN 薄膜达到一定厚度后很容易出现龟裂现象,使 LED 器件无法制备。我们使用 MOCVD 在 Si(111)衬底生长 GaN 基材料,通过引入一层含有大量缺陷的 AlN 过渡层,有效地缓解了衬底和外延层之间的失配应力。图 1 中给出了一张我们样品中 AlN 过渡层的高分辨透射电镜照片。从图中可以看出过渡层缺陷密度非常高(它两侧分别为硅衬底和 GaN 层)。

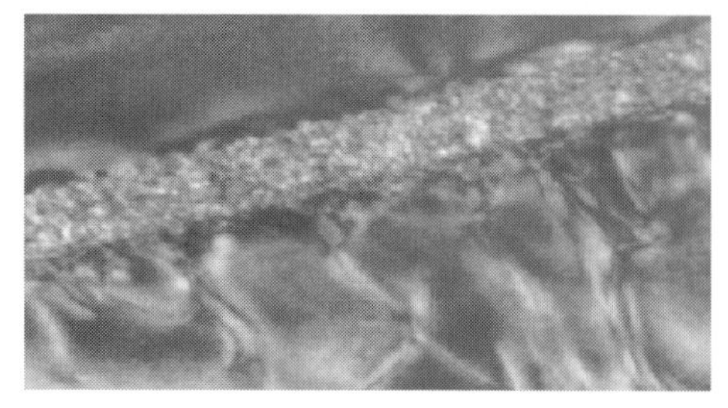

图 1　GaN/Si 界面 TEM 照片

通过该过渡层,我们在硅衬底上制备了无微裂纹的 GaN 薄膜,薄膜厚度为 4 μm。图 2 给出了过渡层优化和未优化的样品表面形貌,图 2(a)是一张典型的硅衬底 GaN 外延膜的表面形貌,龟裂严重,无法进行 LED 芯片制造。

图 3 给出了我们一炉生长的 7 个硅衬底 GaN 外延膜样品的 X 射线衍射摇摆曲线。图中(a)和(b)给出了 7 个样品的(002)和(102)面摇摆曲线半峰宽数值，分别为 350 s 和 460 s 左右。这些数值与在蓝宝石衬底上生长的蓝光 GaN LED 材料相比相差不大，表明我们在硅衬底上制备的 GaN 材料已经具有较高的晶体质量。在此基础上我们在硅衬底上制备了完整的 LED 结构，图 4 给出了我们在硅衬底上生长的 5 个周期 GaN/InGaN 多量子阱的高分辨透射电镜照片，从照片中可以看到阱和垒清晰的界面，并且可以看到阱和垒中都具有完整的晶格。

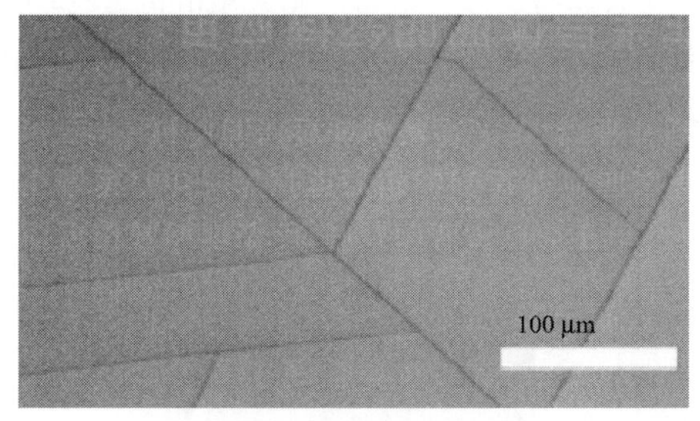

(a)过渡层未优化的硅衬底CaN外延膜表面形貌，表面具有大量裂纹

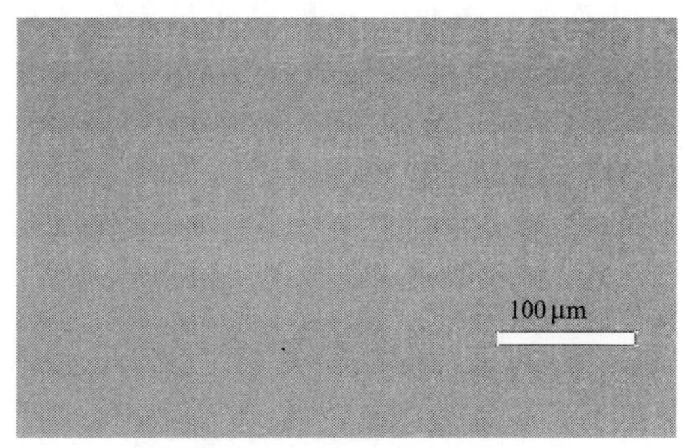

(b)本文制备的无裂纹硅衬底CaN薄膜表面形貌

图 2

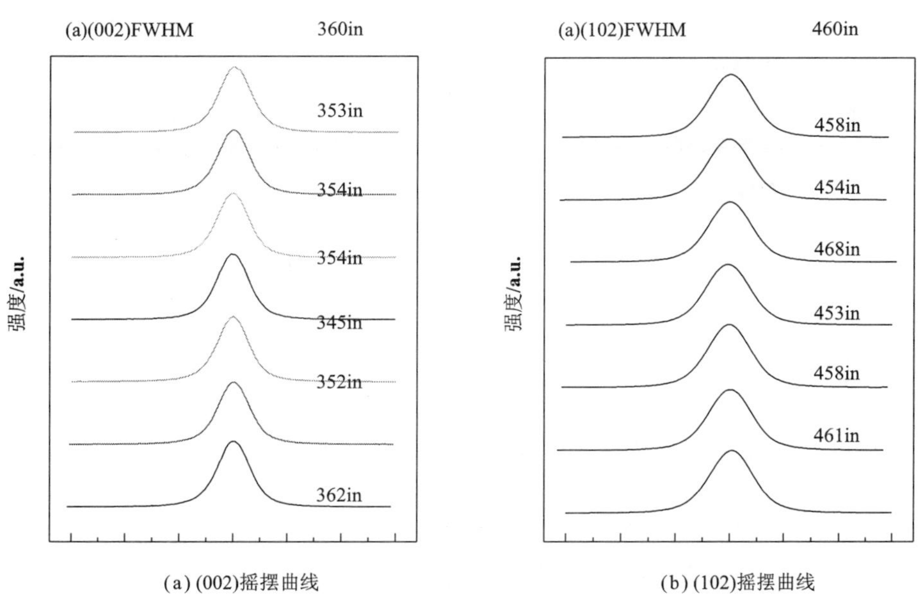

(a) (002)摇摆曲线　　(b) (102)摇摆曲线

图 3　硅衬底 GaN 薄膜的摇摆曲线

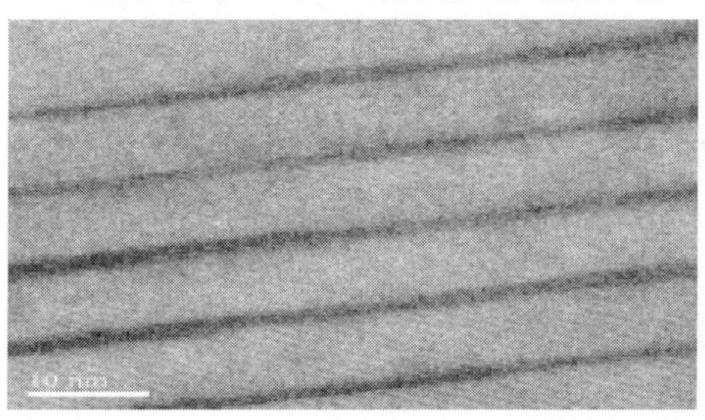

图 4　在硅衬底上制备的 GaN/InGaN 多量子阱高分辨 TEM 图片

三、垂直结构硅衬底 GaN LED 制备

由于硅对可见光不透明,直接在硅上制备的 LED 由于衬底吸光的原因而导致出光效率很低。此外由于硅和 GaN 基材料之间有很大的能带失配,因此直接在硅衬底上制备的 GaN LED 由于衬底/外延层界面势垒的存在而导致工作电压高。为了解决这两个问题,我们开发了一种衬底剥离转移技术。首先在硅衬底上依次生长缓冲层、n 型层、多量子阱、p 型层。接着在 p 型层上制备 p 型欧姆电极,然后沉积一层粘接层。把该外延片倒扣并加温热压到另一个具有粘接层的硅基板上,并用 HNA 溶液把生长衬底腐蚀去除。然后在暴露出来的 n 型 GaN 层上制备 N 型欧姆电极,就形成了垂直结构的硅衬底 LED。图 5 中给出了上述衬底转移技术的工艺流程。

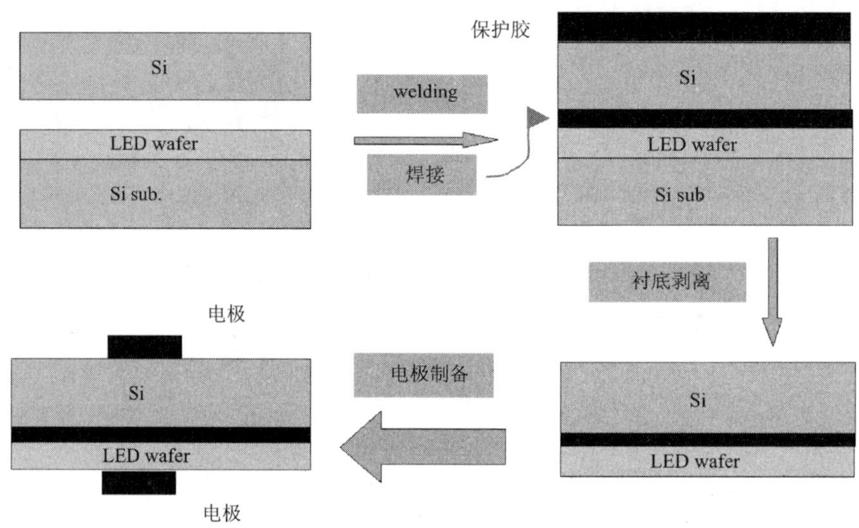

图 5 通过衬底转移制备垂直结构硅衬底 GaN LED 的工艺示意图

四、表面粗化

由于生长衬底剥离后,芯片的表面变成 n 型 InGaAlN 层,该层具有 3～4 μm 的厚度,为表面粗化提供了很大空间。而由于剥离暴露的 n 型层表面为氮极性面,容易用化学溶液腐蚀,因此可以方便地用化学方法进行粗化。我们用一个通过衬底转移制作好芯片的 2 in 样品,先进行光强分布 Mapping 测试,然后用 40%的 NaOH 溶液对表面进行粗化处理 8min,粗化后重新测量光强分布。粗化前后样品的光强分布图显示在图 6 中,从图中可以看到粗化后样品的发光亮大大提高,平均达到了 50%左右。

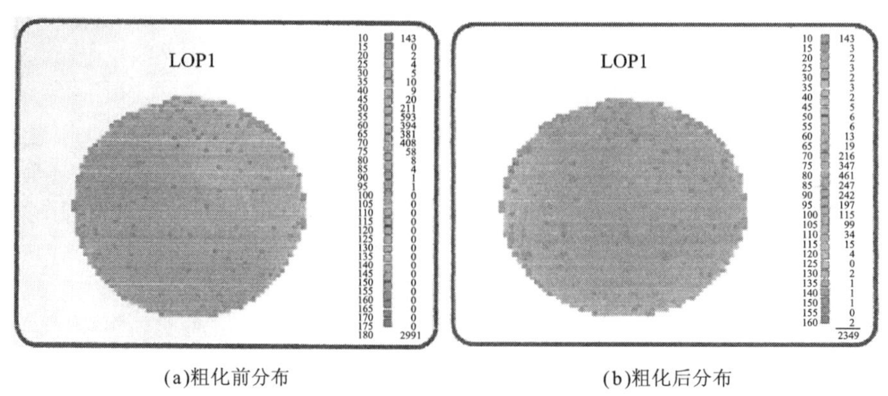

(a)粗化前分布　　(b)粗化后分布

图 6 粗化前后样品的光强分布

五、硅衬底 GaN 发光二极管性能和可靠性

图 7 给出了我们制备的硅衬底 GaN LED 的典型 *I-V* 特性。图中显示该 LED 在 20mA 正向电流下工作电压为 3.04V，10μA 时反向击穿电压大于 50V。表 1 中列出了未粗化和粗化芯片制备的 LED 各 10 只的光电参数。对比两组 LED 的 20mA 下的光输出功率，可以看到粗化芯片制备的 LED 光输出功率明显增强，未粗化的 10 个 LED 的平均光功率为 7.46mW，而粗化后的 10 个 LED 的平均光输出功率上升到了 8.63mW，提高幅度为 15%。众所周知，GaN 在蓝光波段的折射率约为 2.5，由于全内反射的影响，未封装的芯片出光角只有 23.6°。即使使用环氧树脂封装，也只有少部分光能射出到器件外。表面粗化可以减少全反射，理论上可使芯片出光效率提高数倍，我们测量裸芯片光强粗化后提高 50%，而封装后光输出功率只提高 15%，这可能与封装后不同出光线路的出射效果发生改变有关，因此在不同封装形式中会有不同的效果，对此正在进行细致的研究。

我们对制备的硅衬底 GaN LED 进行了大电流加速老化，以研究其使用寿命和可靠性。由于环氧树脂性能退化较快，用环氧树脂封装的 LED 老化容易使芯片表面处环氧变黄而透光性下降，从而影响对芯片本身性能的判断。为排除环氧的影响，我们用银浆把 300 μm×300 μm 的芯片固定在支架中，焊好金线后用环氧固定支架，但环氧不覆盖芯片。然后用这样的样品进行 50mA 和 70mA 加速老化，老化200h 前后测量其光输出功率，结果在图 8 中给出。

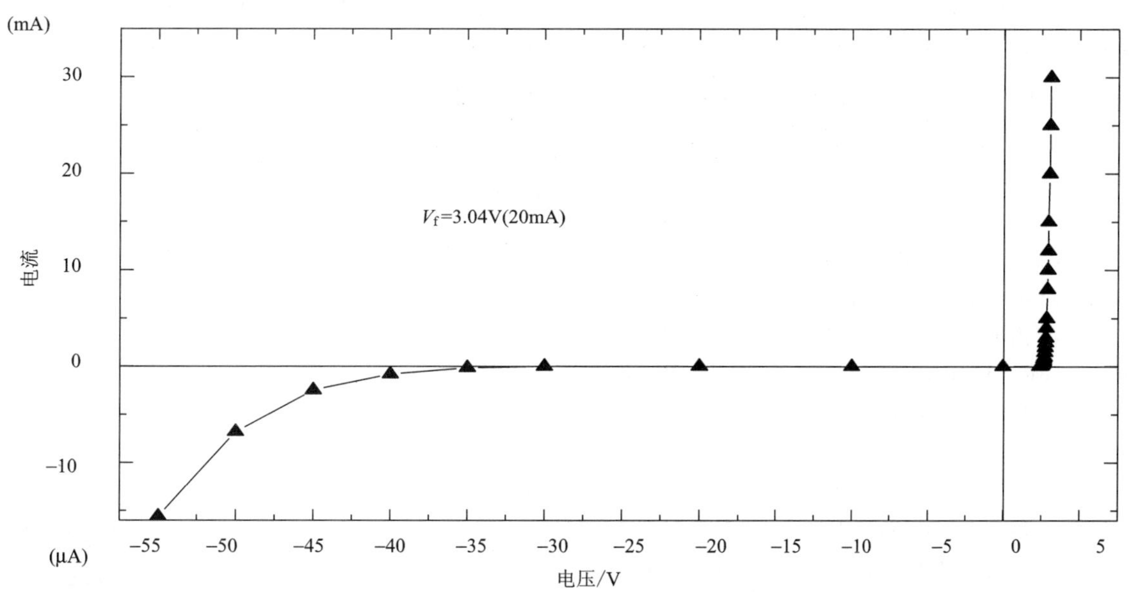

图 7 硅衬底 GaN LED 的典型 *I-V* 特性

表 1 表面粗化与未粗化 Si/GaN LED 光电参数对比

	未粗化				粗 化			
编 号	W_d/nm	V_f/V	V_r/V	P_{out}/mW	W_d/nm	V_f/V	V_r/V	P_{out}/mW
1	458.7	3.40	>50V	7.32	461.7	3.39	>50V	8.30
2	458.9	3.32	>50V	7.58	462.5	3.33	>50V	8.57
3	459.5	3.40	>50V	7.89	462.5	3.36	>50V	8.62
4	458.7	3.38	>50V	7.42	462.1	3.40	>50V	8.62
5	461.4	3.40	>50V	7.23	461.9	3.36	>50V	8.86
6	459.6	3.41	>50V	7.13	463.1	3.32	>50V	8.81
7	458.1	3.43	>50V	7.31	461.9	3.35	>50V	8.58
8	461.4	3.38	>50V	7.79	462.2	3.38	>50V	8.69
9	459.6	3.42	>50V	7.44	461.7	3.37	>50V	8.78
10	458.6	3.43	>50V	7.49	461.9	3.31	>50V	8.47
平均	459.4	3.40	>50V	7.46	462.2	3.36	>50V	8.63

从图 8 中可以看出,无论是 50mA 还是 70mA 老化,200h 后芯片的光输出功率都没有明显下降,表明芯片的使用寿命长。

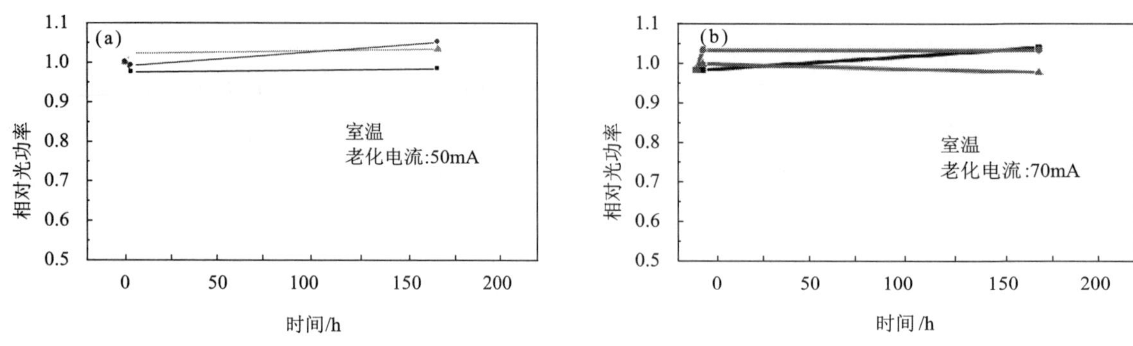

图 8 硅衬底 GaN LED 的加速电老化特性

六、小 结

在硅衬底上制备了高质量的 GaN 外延膜,通过衬底剥离转移制备了高性能的垂直结构 LED。用 KOH 溶液对芯片的表面进行粗化处理,使芯片发光亮度提高了 50%。对尺寸为 300 微米×300 微米的芯片通 70mA 大电流进行老化,200 小时后几乎观察不到芯片光输出功率的下降,表明硅衬底 GaN LED 芯片使用寿命长。本单位有关硅衬底 GaN LED 的 ESD 试验结果也表现出非常乐观的结果。最近通过芯片制造技术优化,光输出功率大幅度提高,表明使用硅作衬底生长 GaN 基 LED 是一条前景光明的技术路线。

参 考 文 献

[1] http://www. compoundsemiconductor. net/articles/magazine/10/11/2/2

[2] T. Egawa, B. Zhang, and H. Ishikawa. IEEE Electron Device Letters, 26, 169 (2005)

[3] 江风益等. 深圳国际半导体照明论坛报告,2006,7

[4] Chunlan Mo, Wenqing Fang, Yong Pu, Hechu Liu and Fengyi Jiang. Journal of Crystal Growth 285, Issue 3, 1 December 2005 312~317

作 者 简 介

江风益 南昌大学教授,发光材料与器件教育部工程研究中心主任,晶能光电(江西)有限公司创始人,全国杰出专业技术人才,“十一五”国家 863 计划重大项目“半导体照明工程”总体专家组成员。坚持“有所为、有所不为”、“技术跟踪和跨越创新相结合”的原则,领导课题组,潜心于 GaN 基蓝光二极管材料与器件研发十多年,研制成功硅衬底 GaN 基蓝光、绿光 LED 外延材料生长及芯片制造技术,并实现了小批量生产,在硅衬底半导体照明技术路线上实现重大突破。

SiC 衬底在半导体照明中的应用

徐现刚 胡小波
山东大学

摘 要

本文回顾了 SiC 单晶的结构和发展历程，介绍了单晶的生长方法，总结了影响 SiC 单晶衬底的主要缺陷，SiC 单晶具有独特的物理性质，在半导体照明领域具有广阔的应用前景。

关键词：SiC 升华法 衬底 热导率

一、SiC 单晶生长技术

（一）SiC 晶体的多型结构

SiC 晶体的基本结构单元为 SiC_4 或 CSi_4 四面体结构，属于密堆积结构，由单向堆积方式的不同产生各种不同的晶型，已经发现的晶型有 200 余种，分为立方结构（Cubic）、六方结构（Hexagonal）、菱方结构（Rhombohedral）。

构型不同的 SiC 晶体具有不同的结构对称性，这取决于硅碳双原子层在一维方向堆垛次序的不同。图 1 给出了不同构型的 SiC 单晶的硅碳双原子层占据三种位置的示意图。密堆积有三种不同的位置，记为 A，B，C。如果第一层依赖于堆积顺序占据 A 位置，根据密排结构原则，第二层将位于 B 位置或 C 位置；如果第二层占据 B 位置，则第三层将占据 A 位置或 C 位置；如果第二层占据 C 位置，则第三层占据 A 位置或 B 位置，依次类推。Si-C 双原子层在这三种位置上的不同排列就形成了不同构型的 SiC 晶体。在所有已发现的多型中，稳定存在的只有 3C、4H、6H 和 15R。可以得到大直径单晶是 6H 和 4H 的 SiC 多型，其物理性质除了带隙不同之外，主要差别是迁移率不同，4H-SiC 的迁移率约是 6H-SiC 的 3 倍，因此前者主要用于电子器件（特别是微波功率器件），后者主要作为 GaN 系列薄膜的衬底；同时两者的单晶生长条件也不相同，4H-SiC 要求的生长温度低，温度范围小，需要精确控制生长温度。

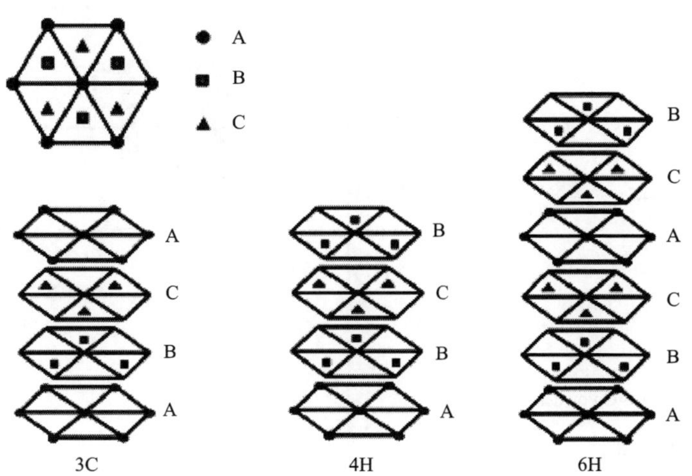

图 1 Si-C 双原子层的排列示意图

(二) Lely 法生长 SiC 单晶

1955 年飞利浦实验室的 Lely 提出了一种生长高质量 SiC 单晶的方法——升华法，Lely 生长法是现在生长体块 SiC 单晶的开创方法，现在多数 SiC 单晶是在以 Lely 法为基础的方法上获得的。

Lely 认为如果建立一个准封闭的容器，在混合物部分分解升华条件下，其中大多数挥发性成分的蒸气压等于该成分在确定温度下平衡状态分解的蒸气压，在这种情况下分解将被拟制，导致物质自容器高温部分向低温部分输送并凝聚结晶，据此 Lely 设计出一个空心圆筒状石墨坩埚，如图 2 所示，最外层是石墨坩埚，内置多孔石墨环。将具有工业级的 SiC 粉放入坩埚与多孔石墨之间加热到 2500℃，在此温度下 SiC 发生分解与升华，产生一系列的气相物种如：Si，Si_2C，SiC_2 等。由于坩埚内壁与多孔石墨之间存在温度梯度，这些气相物种将在多孔石墨内壁上随机地结晶成核长大，得到 SiC 单晶。由于生长的各向异性，采用 Lely 法获得的典型 SiC 晶体沿[0001]方向尺寸较小，垂直于[0001]方向尺寸较大，可以达到 1～2 cm 量级的薄片，总体来说该方法生长的晶体尺寸小、产率低、难以控制自发成核，晶体有各种多型结构，而且生长温度过高，这时期生长的 SiC 单晶，由于尺寸的限制，没有获得较大的应用。

(三) 改进 Lely 法生长 SiC 单晶

改进 Lely 法，有时又称为籽晶升华法或物理气相传输法(physical vapor transport-PVT)，由前苏联科学家 Tairov 和 Tsvetkov 在 1978 年提出，是现在生长体块 SiC 单晶普遍采用的方法，与 Lely 生长法比较，改进的 Lely 法使用了籽晶，该方法使成核的过程得以控制，生长温度在 1800℃ 到 2600℃，外加气体(Ar 气)压力从 10^{-4} 到 760Torr。

改进 Lely 法通常使用的生长设备是中频感应加热单晶炉，如图 3 所示。工作频率一般是 10～100kHz，外围的圆圈代表感应加热线圈，由外向内依次是双层石英管(内通循环冷却水)，隔热材料，坩埚。坩埚一般使用高纯、高密、各向同性石墨。籽晶粘接于坩埚上盖的下表面，源料可使用高纯 SiC 粉末或者多晶，置于坩埚底部。有两个测温窗口，用色温计测定坩埚顶部和底部的温度，从而估计温度梯度。

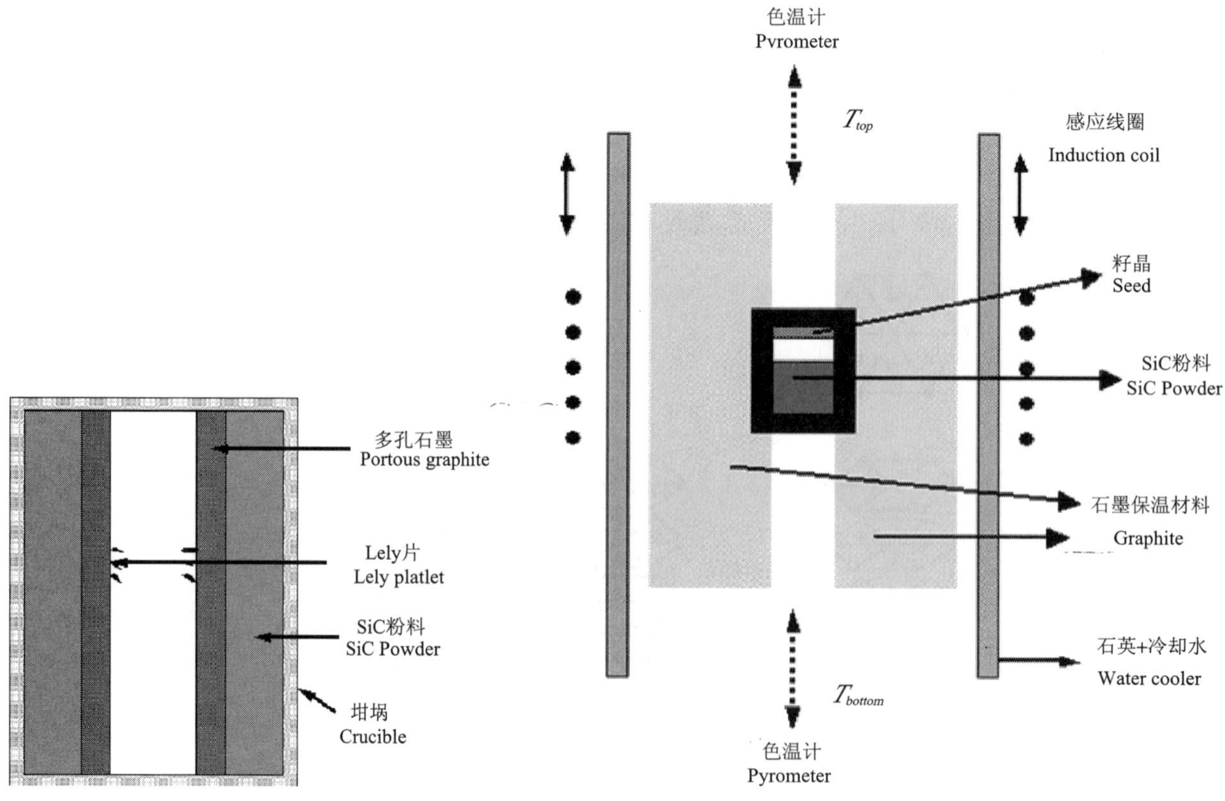

图 2 Lely 法生长 SiC 单晶示意图

图 3 改进 Lely 法 SiC 单晶生长炉炉体示意图

(四) SiC 单晶生长的其他方法

SiC 单晶生长的其他方法包括液相生长法[6]和高温 CVD[7]生长法,但这两种方法不适合大规模生产,目前均未获得实用。

二、SiC 单晶衬底存在的主要问题

SiC 单晶衬底的质量取决于单晶晶棒的质量和衬底加工水平。其中,SiC 单晶中常见的主要缺陷有:微管、位错、空洞、小角晶界、包裹体、多型等。这些缺陷在一定程度上制约了 SiC 材料的应用,例如:实验证明在高电压下等离子体将使高压二极管的反向偏压失效。如果 SiC 晶片的平均微管密度为 $100/cm^2$,那么 MW 级 SiC 器件要求 SiC 晶片无缺陷区达到 $0.4/cm^2$。以下是这些缺陷的主要特征:

(一) 微管、位错

早在 1951 年 Frank[6]就解释了晶体中微管的形成原因。他认为:当位错的 Burgers 矢量超过 1nm 后,其中心就应该是空心的以降低位错能。微管是 SiC 单晶中主要的缺陷之一,而且难于消除。微管芯的直径从数纳米至数十微米,一旦产生将贯穿整个晶棒。而且衬底片中的微管将延伸到外延层直接影响器件的性能。采用光学显微术、AFM、同步辐射反射形貌术,均可观察到微管。图 4 为一幅 6H-SiC 单晶的同步辐射反射形貌照片,照片中的小白点对应 Burgers 矢量为 1c 的螺位错;大白点对应微管。一个微管可以是一个 Burgers 矢量非常大的螺位错,也可由一队同号或异号螺位错构成。通过模拟微管的形态,可以判断其基本性质。目前商用 SiC 单晶衬底片的微管密度一般小于 $100/cm^2$;位错密度为 $10^3 \sim 10^5/cm^2$。

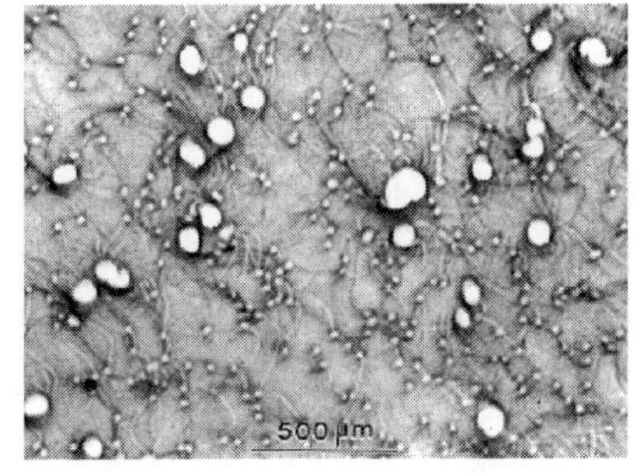

图 4 6H-SiC 单晶中微管的同步辐射反射光形貌像

(二) 空 洞

六边形空洞是 6H-SiC 中另一种比较常见的缺陷,也称为平面宏观缺陷或中空基面缺陷,其沿 c-轴方向的尺寸大小在几微米到几十微米之间,在基面内的横向尺寸为数十到数百微米。R. A. Stein 认为 SiC 籽晶的背面升华是导致平面宏观缺陷形成的因素。T. A. Kuhr 等指出六边形空洞形成于籽晶和坩埚盖之间的界面处;从空洞顶部(靠近生长前沿)的升华台阶到空洞底部(靠近籽晶)的生长台阶证实了在空洞顶部和底部之间存在 SiC 的质量输运,这样在生长着的晶体内部空洞可沿着温度梯度的正方向移动,即向温度升高的方向移动。空洞对 SiC 器件的危害也较大,实验结果表明[8]:采用特殊的籽晶背面处理技术,可以减少空洞的产生。

(三) 小角晶界

小角晶界也称为镶嵌结构间界,是一种在两维尺寸较大、一维尺寸较小的面缺陷。小角晶界两侧晶体有微小的取向差,利用高分辨 X 射线衍射摇摆曲线或应力双折射可检测出小角晶界。图 5 为 SiC 的应力双折射像,很明显左边晶体存在小角晶界,由双折射导致出射光强分布不均匀;右边对应完整晶体的应力双折射像,出射光强度分布均匀。小角晶界也是 6H-SiC 单晶中较为常见的缺陷,对其成因有几种看法。P. Pirouz 和 R. C Glass 等指出 SiC 晶体中的[0001]网状纹理结构起源于螺旋生长机制,认为两个生长螺旋之间的相互作用使它们扭折错向而形成小角度晶界。M. Katsuno 等指出在 6H-SiC 单晶生长过程中其他 SiC 多型体的寄生生长也是导致小角度晶界形成的主要原因。

(四) 包裹体

升华法生长 6H-SiC 晶体过程中最主要的第二相包裹体为碳颗粒和硅滴,主要是由于 Si、Si_2C 和

SiC_2 等气相组分偏离了最佳比例而导致的。因为在生长过程中由于气相组分 Si 的缺失,气相组分偏离了晶体生长的最佳比例,导致生长面上局部区域的 SiC 晶体出现石墨化,即形成碳包裹体。若生长过程中出现大的波动,特别是较大的温度起伏,容易造成组分过冷而产生硅滴。包裹体一经产生,微管将迅速在该处成核,对器件将产生双重的危害。优化生长条件,可以减少或消除包裹体的产生。

(a) 存在小角晶界　　(b) 无小角晶界

图 5　SiC 晶片的应力双折射像

(五)多　型

目前,能获得大尺寸体块 SiC 单晶的多型有:6H-SiC、4H-SiC、15R-SiC。不同生长温度下,三种多型所占比例不同。在较低温度下 15R-SiC 和 4H-SiC 出现的可能性增大;15R-SiC 出现最大的几率在 2400～2500℃之间;而 4H-SiC 会出现在更低的温度。因此,要获得单一多型的体块 SiC 单晶,生长温度的选择十分重要。

(六)衬底加工

另一个制约 SiC 单晶应用的问题是衬底加工质量。由于 SiC 单晶的高硬度、表面的高稳定性,使 SiC 单晶的切、磨、抛光等都十分困难。目前经加工后单晶表面所能达到的粗糙度仅为～nm,远高于宝石的 0.1nm,抛光后造成的亚表面损伤层会导致缺陷延伸到外延层,极大地影响外延层的质量。

三、SiC 单晶衬底的最新进展及其在半导体照明领域应用

随着宽禁带半导体器件的发展,SiC 单晶在沉默了 50 多年后得到快速发展;同时在 SiC 单晶衬底上的同质和异质薄膜外延技术日趋成熟,推动了宽带隙半导体器件的发展,主要有基于 SiC 半导体材料的微波功率器件和 GaN 系列的发光器件。市场需求推动了 SiC 单晶衬底的发展,目前单晶的直径已经发展到 4 in,2 in 的单晶衬底已经商品化。

GaN 体单晶生长难度大,成本高,导致 GaN 薄膜只能采用异质衬底,如蓝宝石、碳化硅等,但使用蓝宝石衬底存在以下几个不利因素:①蓝宝石与 GaN 之间有高达 15%的晶格失配导致薄膜中高位错密度(高达 $1\times10^{8\sim10}/cm^2$),而这些高密度缺陷会降低载流子迁移率,缩短少子寿命,影响 LED 发光效率和寿命;②蓝宝石热膨胀系数大于 GaN,因此温度从薄膜生长温度降低到室温时,热膨胀系数失配将导致薄膜中存在较大压应力,严重时造成衬底和外延薄膜开裂;③蓝宝石热导率低,因此 LED 散热性能差,制备大功率照明用 LED 器件时电光转换效率受到影响;④蓝宝石是电绝缘体,其电极必须做在前端,将降低器件有用面积,并使器件制作复杂化,同时导致静电积累,造成器件使用很不方便。

同蓝宝石衬底比较,使用 SiC 单晶衬底有以下优点:①小的晶格失配,如:对[0001]取向晶格失配仅为 3.1%,同时不同组分的 AlGaN 材料与 SiC 衬底可以有晶格匹配点,有利于降低 GaN 外延膜中的缺陷密度,提高 LED 发光效率和寿命;②高热导率(是蓝宝石的 20 倍)使器件散热容易,特别适合制备大功率的器件以得到足够的亮度;③生长导电 SiC 衬底,电极可做在衬底的背面,从而简化器件结构;④利用 SiC 的极性可有效控制 GaN 外延膜的极性。其不利因素为:SiC 衬底市场价格太高(2 in 的 SiC 衬底售价～500＄/片),技术附加值太高,限制了其大规模应用。随着大功率半导体照明的深入,SiC 衬底的优

势越来越明显，在功率器件中将是首选材料，如何得到价格可以接受的衬底成为问题的关键。分析其成本不难发现，SiC 衬底的技术附加值非常高，限制了其规模应用。

虽然 SiC 衬底与 GaN 薄膜的晶格匹配较好，但是在 SiC 衬底上直接生长 GaN 薄膜还是需要丰富的经验来解决缓冲层生长条件等一系列非匹配外延的核心工艺，即使有了蓝宝石衬底的使用经验，也要经过一段时间的探索，方能掌握 GaN/SiC 薄膜体系的生长。

SiC 单晶衬底在半导体照明工程中主要用于蓝、绿光发光二极管和蓝色激光器的衬底材料，美国的 Cree 公司是单晶生长和应用的领头羊，先后得到美国政府数千万美元的资助。其生长的 SiC 单晶质量最好的衬底在直径为 2 in 的范围内可以达到零微管密度，器件的研究也处国际领先水平[12]。其产品包括：①LED 芯片，主要应用于数码相机闪光灯，汽车仪表灯，交通信号灯，手机背光灯；②白光 LED，2006 年 10 月，Cree 推出最新的 XLamp® 7090 型白光，这种 LED 的流明光效在 350mA 下达到 95lm/W，或在 700mA 下达到 160 lm/W。该 LED 具有较低的热阻(8℃/W)和很高的结温度(145℃)，充分说明 SiC 单晶衬底在大功率白光 LED 中的优势。

国内 SiC 单晶的研究由于投入少导致进展比较缓慢，主要有山东大学、中电集团 46 所、中科院物理所和上海硅酸盐所。除山东大学集中在半导体照明应用领域之外，其他单位主要从事国防建设需要的 SiC 单晶衬底的研发。“十五”期间山东大学承担的 863 项目顺利通过验收，在国内率先建立了 SiC 单晶生长、加工和清洗封装的一条龙研发生产线，攻克了 SiC 单晶研究的各个技术壁垒，其衬底经过了外延生长 GaN 薄膜验证，得到表面原子级台阶，为“十一五”半导体照明应用奠定了基础。

参考文献

[1] F. C. Frank, Acta Crystallogr. 4 (1951) 497

[2] R. A. Stein, Physica B, 185 (1993) 211

[3] A. Lely, Berichte der Deutschen Keramichan Gesellschaft, 32(1995)229

[4] Yu. M. TAIROV, V. F. TSVETKOV, Journal of Crystal Growth, 43(1978)209

[5] Yu. M. TAIROV, V. F. TSVETKOV, Journal of Crystal Growth, 52(1981)146

[6] D. H. Hofmann, Matthias H. Muller, Materials Science and Engineering B 61—62 (1999) 29

[7] O. Kordina, C. Hallin, A. Ellison, Applied Physics Letters, 69 (1996) 1456

[8] E. K. Sanchez, T. A. Kuhr, V. D. heybemann, J. Electronic Materials, 29 (2000) 347

[9] P. Pirouz, Philosophical Magazine A78 (1998) 727

[10] M. Katsuno, N. Ohtani, T. Aigo, Journal of Crystal Growth, 216 (2000) 256

[11] H. Liu, J. H. Edgar, Materials Science and Engineering R37 (2002) 61

[12] Cree Inc. 2006 Annual Report, P4

作者简介

徐现刚 1965 年 1 月生，山东人。1986 年和 1989 年分别获得山东大学物理系学士和硕士学位，1992 年获得山东大学晶体材料研究所博士学位。自 2000 年被山东大学聘为长江学者奖励计划特聘教授，并在山东华光光电子有限公司担任副总经理/总工程师。

自 1989 以来一直从事化合物半导体外延材料(包括砷、磷、锑和氮化物)的 MOCVD 生长和器件制作，并于 2000 年开始从事大直径 SiC 单晶的生长。迄今已发表各类论文 150 多篇。

1995～1997 年获德国洪堡奖学金，在德国亚琛大学半导体技术研究所从事新源 MOCVD 生长，师从 K. Heime 教授。1997 年在加拿大 Simon Fraser 大学物理系助研，主要从事化合物半导体外延材料的 MOCVD 生长和 HBT 应用。1999 年，在美国超延有限公司担任技术部经理，主管化合物外延材料的生产。

曾获多次奖励和荣誉，主要有 1998 年英国 IEE 最佳论文奖，1999 年美国 IEEE 杰出论文奖，2000 年山东省十大杰出留学归国科技专家，2003 年获山东省科学技术进步奖，2004 年山东省十大杰出青年。目前主要承担国家杰出青年科学基金项目，国家 863 项目，军工 973 项目等。

主要对研究生讲授晶体生长、化合物半导体材料与器件、纳米材料科学与技术以及专业英语等课程。

外延和芯片技术创新与发展趋势

李 刚
方大集团股份有限公司

摘 要

本文对半导体照明领域的外延和芯片技术进行了综述。2005～2006 年间，国内外研究的热点主要是非极性外延，全波谱量子阱结构外延，UV-LED 外延，和光子晶体制备技术等；产业化研究的重点是硅衬底外延及芯片制造技术，图形衬底外延，芯片表面和界面粗化或图形化制造技术，激光技术在倒装芯片上应用，以及激光剥离衬底后垂直芯片的表面粗化技术等。2006 年，国际上报道的白色发光二极管最佳发光效率已超过 130 lm/W，国内包括台湾省采用产业化芯片制备的白色发光二极管的发光效率也已超过 65 lm/W。

关键词：半导体照明发光材料　半导体照明发光器件　外延片　发光二极管

一、引 言

2006 年，世界范围内半导体照明(Semiconductor Lighting 或 Solid-state Lighting)技术和产品水平都取得了长足的进步，尤其是中国、美国、日本、韩国和中国台湾地区在各项主要技术和经济指标上均超过或达到各国和地区半导体照明发展路线图中所制定的目标。

半导体照明涉及 III-V 族化合物半导体材料(如 GaN、InGaN，AlInGaP)的外延生长，芯片加工与制造，发光芯片的封装，各种灯具、泛光和景观照明的设计与制造，各种尺寸的背光照明，室内室外的广告显示系统的设计与制造，以及相配套的决定显示和照明品质(如色温、照度、亮度、显色性，以及它们的空间分布)的光源设计，驱动电路，控制系统，导光、散光、聚光设计与制造，防水、防紫外线、防老化和散热设计和制造。半导体照明领域已从过去单一的技术和产品，逐步发展成为向终端客户提供完整的半导体照明系统和产品的高新技术产业。

我国在“十五”后期设立并顺利完成了半导体照明工程重大科技攻关项目。当初，制定了以芯片加工和封装技术及产业化，以及半导体照明应用技术及产业化作为切入点，取得了很好的经济效率和社会效益，使我国大功率半导体照明芯片的发光效率从立项初的 <10 lm/W 提升到项目验收时的 >40 lm/W。国内也同步建立起来了 >30 lm/W 的芯片制造业和相应的封装业，与国外商用产品的差距缩短到一年之内。2006 年，国家制定的“十一五”规划提出了外延、芯片和封装集成攻关的总体思路，明确了在三年内开拓性研究达到 130 lm/W 和产业化产品达到 100 lm/W 的总体目标。在相同条件下，决定半导体照明光源的发光效率和可靠性(如抗静电和抗衰减能力)的半导体发光材料外延生长和芯片加工技术，已成为能否实现“十一五”总体目标的关键，是衡量一个国家和地区半导体照明技术和产业化水平的主要标志，也就成为在未来几年内能否实现并普及半导体照明的核心关键技术。

本文将主要综述 2005～2006 年度，国内外在外延生长和芯片加工技术的最新进展及创新特点，并分析它们的现状、存在的困难、发展趋势与应用前景。

二、外延生长技术和产业化现状，挑战与展望

以 AlInGaP 为基础的长波长可见光半导体发光材料已达到了相当高的内量子效率，2005～2006 年，

外延生长技术和产业化研究与开发主要集中在以 GaN 基为基础的短波长可见光半导体发光材料上。

AlInGaN/AlGaN 量子阱尽管可以部分或完全减少极化效应，但由于点缺陷太多，现阶段还没有得到好的结果。所以，蓝绿光仍采用 InGaN/GaN 多量子阱结构为主，紫光采用 AlGaN/GaN 多量子阱结构为主。研究 InGaN/GaN 多量子阱系统主要是改进量子阱的界面结构，减少量子阱的点缺陷，如台湾联铨公司采用窄阱窄垒的方法形成量子点减少极化效应；Osram 和 Cree 公司等采用先生长低 In 组分的 InGaN 膜助长 InGaN/GaN 量子阱中形成量子点的方法减少极化效应；也有采用部分驰豫 InGaN 的方法减少 InGaN/GaN 量子阱应力来提高发光效率。产业界主要通过微调生长参数，提升生长源（气体和有机金属源）的纯度，使用不同架框的外延炉，以及不断提升单炉外延片产出量来提升外延片的品质（包括发光功率，均匀性、重复性、可控性）和降低外延片的成本。

新型外延炉方面包括 Aixtron 推出 AIX2800-G4HT（42 片机）和 Crius（30 片机）。Cirus 首次实现了外延片生长表面与反应炉进气表面间垂直距离可调。据报道通过调节距离可以节省原材料的消耗，但更重要的是为外延生长技术的研究与开发提供了一种新的除温度、压力、流量、气相组成以外的调控手段，可能有助于研究与开发某些受制于气相反应的新型材料的性能与品质的提升。

在"十五"国家 863 计划支持下，中国科学院半导体所和中国电子集团四十八研究所也研究成功了采用全新反应炉设计的 3 片机和实现了 6 片机的外延生长。可以预期，在"十一五"末期国内外延炉设备有可能进入批量生产并进入国内半导体照明产业。目前，国内外产业界仍以 Aixtron 2600G3（24 片机），Thomas-Swan（19 片机）和 Veeco G1（21 片机）为主要外延设备，而学术单位主要采用 3 片机和 6 片机为主。中国台湾地区如晶元光电已开始采用 42 片机和 30 片机，但进入稳定量产的时间应该在 2007 上半年。

（一）非极性 GaN 基半导体发光材料的研究与开发

目前，无论从技术上还是在成本上尚不能生长和提供高品质大尺寸廉价 GaN 衬底材料，致使 GaN 基半导体发光材料的外延生长只能建立在异质衬底材料上。2006 年主流衬底材料仍然是 c 面偏角蓝宝石衬底。由于高达 14% 的晶格失配和在 c 面蓝宝石上外延生长得到的是极性 InGaN/GaN 量子阱，结果在 InGaN/GaN 量子阱中产生大量位错的同时，沿量子阱垂直方向也同时产生了巨大的压电场和极化效应。虽然量子阱内的富 In 局域态结构限制了位错的影响，但 c 面极性结构产生的量子局域 Stark 效应会大幅降低量子阱的发光效率。为此，人们设想将 GaN 基半导体发光材料外延生长到非极性蓝宝石晶体上如 a 面或 m 面，或其他衬底材料上如 ZnO、$MgAl_2O_4$、$LiAlO_2$ 衬底上。目的是通过减少极化效应来提升内量子效率，减少波长随注入电流的变化，还有可能产生液晶背光所期待的偏振光。

虽然在理论上，非极性 InGaN/GaN 量子阱应该具有更高的内量子效率，但至今尚未有报道其实际效率已达到极性 InGaN/GaN 量子阱的效果。T. Koyama 等报道在 m 面 GaN 衬底上生长的 InGaN/GaN 量子阱内量子效率仅为 34%（c 面通常 >70%）[1]。Kaeding 等报道在 $MgAl_2O_4$ 生长 pGaN 获得 $2.4\times10^{18}\,cm^{-2}$ 空穴浓度和 $8cm^2/Vs$ 迁移率[2]。国内，中国科学院半导体所，上海光机所，南京大学（采用 $LiAlO_2$ 衬底），上海硅酸盐所（ZnO 外延）等已开展研究非极性 InGaN/GaN 量子阱外延生长技术。中国科学院物理所报道 a 面 GaN 层 X 光双晶衍射半峰宽达到了 800～1100 秒，同时在低温下看到了激子发光。目前，要实现非极性 InGaN/GaN 量子阱发光材料尚需要解决晶体生长和掺杂等问题，离产业化距离较远。

（二）硅衬底材料上外延生长 GaN 基半导体发光材料的研究与开发

2006 年 2 in 蓝宝石衬底价格介于 US＄15～US＄20 之间，相比相同尺寸的硅衬底要昂贵许多。硅衬底材料上外延生长 GaN 基半导体发光材料的研究已持续许多年。由于二者间存在更大的晶格失配和热膨胀系数失配，特别是热应力导致的 GaN 材料龟裂，使廉价硅衬底一直未能被广泛使用。不透明硅衬底对短波长光的吸收也局限了芯片正面出光效率的提升。

2006 年主要是在从前工作的基础上，研究开发不同的缓冲层结构（如组分缓变 AlGaN 缓冲层[3]，不同的硅衬底表面处理技术（包括图形化硅表面）[4]，以及中间应力释放层和中和层技术生长较厚的无龟裂

GaN 基发光二极管全结构。为解决硅衬底对蓝绿光的吸收问题,一可以通过腐蚀的方法把 Si 衬底除掉,但往往器件成品率低;二可以在量子阱前生长布拉格全反射层,但由于布拉格全反射层又产生新的晶格失配,产生的缺陷会降低量子阱的发光效率。

与大部分研究采用(111)取向硅衬底不同, Schulze 等报道采用(001) 取向硅衬底和 AlN/AlGaN-Si 组合缓冲层结构,再在 GaN 中插入低温生长之 AlN 中间应力释放层,并成功获得无龟裂电致发光二极管结构,见图 1(a)[5]。日本 Shimei Semiconductor 报道采用适当的缓冲层技术可以克服晶格失配和热失配问题,并计划在 2007 年 4 月向市场提供蓝色发光二极管,波长 450 nm,输出功率 10mW。芯片采用垂直上下电极,包括硅,反射层、缓冲层和 LED 全结构,见图 1(b)。Li 等报道在 6 in 光面(111)硅衬底上通过采用 0.5μm 厚的 AlN 中间层成功生长无龟裂 GaN,AlN 和总厚度达到 3μm 的 LED 全结构。制作成标准 300 μm 见方未封装的裸露芯片功率为 0.35mW (20mA),见图 1(c)[6]。

国内晶能光电江西有限公司采用国家 863 支持下获得的硅衬底发光二极管材料和器件技术,得到了大于 9mW 的蓝色发光二极管。2006 年在国外风险投资公司支持下,于 2006 年进入产业化实施阶段,并计划在 2007 年实现小批量生产。2006 年硅衬底材料上外延生长 GaN 基半导体发光材料取得令人瞩目的成就,相关技术已开始产业化,其成败无疑会对半导体照明技术发展和产业结构产生巨大影响。

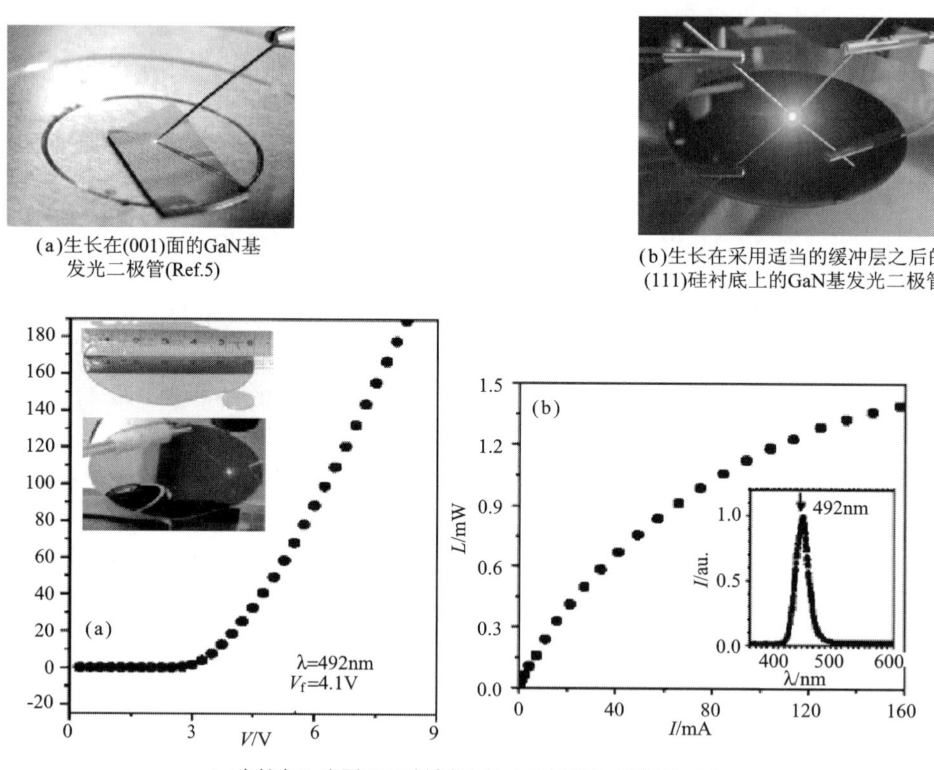

(a)生长在(001)面的GaN基发光二极管(Ref.5)

(b)生长在采用适当的缓冲层之后的(111)硅衬底上的GaN基发光二极管

(c)生长在6in光面(111)硅衬底上的GaN基发光二极管(Ref.6)

图 1

(三) 粗化外延表面或图形化界面技术的研究与开发

由于 GaN 的折射率与空气或封装材料间存在较大的差异,人们借鉴已实用于 AlInGaP 粗化外延表面或图形化界面技术,通过改变满足全反射定律的光的方向,继而在另一表面或反射回原表面时不被全反射而透过界面来提升出光效率。粗化外延表面即粗化 p-GaN 表面可以通过电化学腐蚀光滑 p-GaN 表面(见图 2)[7]或外延生长粗糙 p-GaN 获得。二者证明都能大幅提升正面出光效率。如 Sheu 等报道通过暂定 p-GaN 生长进行 Mg 处理后,再生长 p-GaN 可以形成倒金字塔结构(见图 3),并提升正面出光效率 60%[8]。2006 年,特别是中国台湾外延厂家,通过降低 p-GaN 生长温度已成功实现了 p-GaN 层的无序粗化,提高 GaN 基蓝光芯片输出功率约 50%,也解决了漏电参数不稳定,重复性差,抗静电以及后续相配套的芯片加工和分选技术与设备，并实现了批量生产。2006 年发光效率超过倒装芯片的正装大功率芯片也普遍采用粗化外延片，其发光效率已达到 50～60 lm/W（1mm× 1mm 芯片，350mA 驱动，白色发光二极管）。

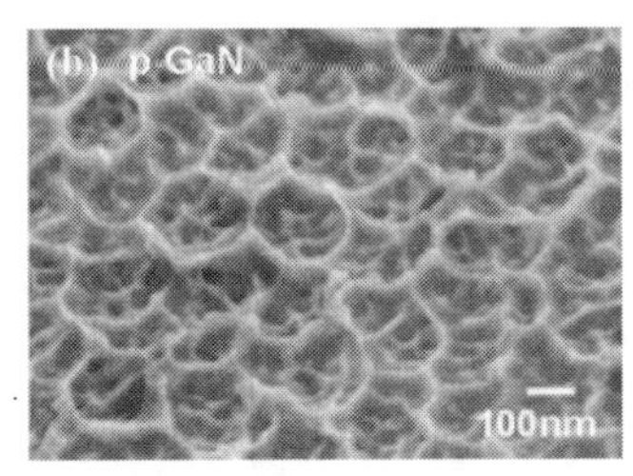

图 2

(a)

(b)

图 3　经特殊外延技术形成的粗化 pGaN 表面（Ref. 8）

图形化界面技术是在图形化蓝宝石衬底上布置 SiO_2 或 Si_3N_4 基不连续几何图形后，通过横向外延生长，实现选择性外延来减少特定区域的位错密度，还能改光线入射到 GaN 与衬底之间界面的反射角度，在一定程度上可以提升出光效率。图形化衬底外延片应用于制造倒装芯片或垂直芯片相比于非图形化衬底外延片具更高的出光效率。

Wang 等报道在微孔衬底上生长外延层，再经激光剥离后所制备的芯片发光功率比光滑衬底高 39%[9]。2006 年 11 月日亚公司采用具六角形突起的图形化蓝宝石衬底外延片和 ITO 工艺制备的正装芯片发光效率达到 138 lm/W（240μm×240μm，色温 5450K，电光效率 41.7%，正向电压 3.11V，20mA），正装大功率芯片发光效率也达到 92 lm/W。国内中国科学院物理所，中国电子科技集团第十三研究所也开展了图形化衬底外延技术的研究。目前，中国台湾、韩国和大陆外延厂家有效控制外延片中的位错密度、分布，以及生长条件的优化尚有困难。由图形化衬底外延片制备的芯片普遍存在漏电大、抗静电差等问题。

图形化衬底外延片 2006 年尚未在产业界广泛使用，但理论和实验均已证明，粗化外延表面或图形化界面技术是目前在提升芯片发光效率方面最实用的技术之一。

（四）全波谱量子阱结构外延生长技术的研究与开发

所谓全波谱量子阱就是在外延过程中通过能带工程和掺杂技术，在电致激发条件下，使按次序先后叠加在一起的不同量子阱同时发出不同波长的光，或相同量子阱在不同的区域同时发出不同波长的光。当不同波长的光混合在一起，并发射离开芯片表面时就构成可控的白色光源或其他颜色的光源。该技术可以避免使用荧光粉，达到自主生成白光的目的。全波谱白光芯片也可实现较高的电光转换效率，可显著提高功率型白色发光二极管寿命，并且在色温、发射方向性、显色指数等发光品质方面有很大优势。

目前制备全波谱白光芯片的原理和技术包括在量子阱区利用 Si、Zn 共掺杂，实现小电流下白光发射；利用两次外延蓝光和黄光量子阱实现白光；两次外延 GaN 基蓝光和 AlGaInP 基黄光结构产生白光等方法。Funato 报道在 SiO_2 条状狭缝中重生长产生的凸起 GaN 上形成的微晶面（如 0001，1122，1120）上可以生长出不同结构的 InGaN 量子阱，在光致激发条件下可同步产生黄、蓝双色光线而形成白光效果。Nishizuka 等研究发现在凸起 GaN 上形成的微观晶面（1122）上不同位置可以产生从 455nm 到 555nm 不同波长，内量子效率达 33%（见图 4）[10]。

对全波谱白光芯片的研究，国内南京大学、中国科学院物理所、北京大学在实验室均已取得原理性验证。中国科学院物理所通过采用特殊的量子阱浸润层带边发射蓝光与同尺寸的量子点发射黄光相结合，得到了白光芯片（见图 5）。目前的困难在于如何提高发光效率，以及，采用各种波谱合成技术的实用性，评估包括白光品质与特性等。总体技术水平和芯片品质离产业化仍存在较大距离。

（五）UV-LED 外延技术的研究与开发

紫外和深紫外LED除了大家熟知的与荧光粉组合在一起产生白光为固态白光照明提供支持外，它

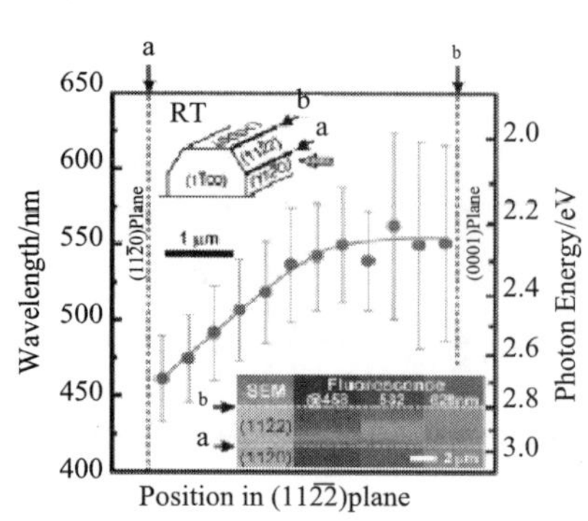

图 4 阴极发光光谱波长与(1122)面上位置的关系(Ref. 10)

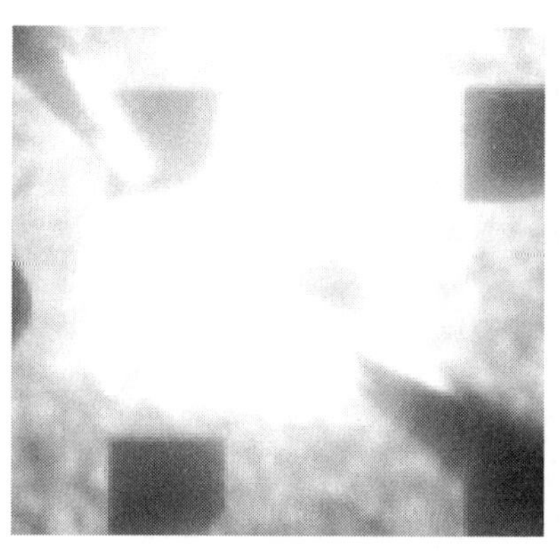

图 5 采用特殊的量子阱浸润层带边发射蓝光与同尺寸的量子点发射黄光相结合得到的白光芯片(由中国科学院物理所贾海强提供)

作为特殊的光源,在紫外消毒、杀菌、生物探测、癌症治疗、光化学反应、UV 光通信等方面有其独特的应用前景和广阔的发展空间。

制备紫外发光材料的困难主要是高 Al 组分 AlGaN 的缺陷密度高导致内量子效率低、p-GaN 掺杂自由空穴密度低导致高的驱动电压。Kyono 等报道用 AlInGaN 代替 AlGaN 结构在 GaN 和蓝宝石衬底上生长 350nm 紫外发光二极管,分别获得 7.4mW (在 400mA 下)和 2.9mW (200mA)。研究结果显示,低缺陷密度同质外延层可大幅提升紫外发光二极管功率[11]。复合缓冲层技术[12],侧向外延和图形化衬底上外延以及它们的组合已被用来降低缺陷缺度[13]。Wuu 等报道用侧向外延加图形化衬底上外延,图形化衬底上外延和平面衬底上外延得到的 388nm 紫外发光二极管的功率分别为 3.3mW,2.9mW 和 2.5mW。研究结果显示,能降低缺陷密度的外延方法也可大幅提升紫外发光二极管功率。

国内开展 UV-LED 研究的单位有中国科学院物理所(采用 AlN 衬底制备 280nm UV-LED 技术),中国科学院半导体所(采用 AlN 衬底制备 365nm UV-LED 技术),中国电子科技集团第十三研究所(< 300nm UV-LED 技术),北京大学(300nm UV-LED 技术)等。目前 UV-LED 外延技术仍存在发光功率低、启动电压高等问题。缺乏高效 UV 荧光粉和抗紫外有机高分子材料也局限了 UV 作为激发光源制备白光光源的应用。

三、芯片加工技术

由于半导体材料和空气折射率差异很大,对没有封装的半导体发光芯片,针对单面发射平滑表面,由于非常强烈的内表面全反射导致芯片的外量子效率非常低。如半导体材料氮化镓的折射率为 2.5,空气的折射率为 1,其内全反射临界角(从法线方向到界面方向)为 23°,忽略背面和边缘出光,大约只有 4%的光可以从芯片正面射出。虽然反射回去的光可以再反射回来,来回往复,再加上一部分光从侧面射出,其总的出光效率相比内量子效率仍非常低(约 10%)。所以,芯片的出光效率几乎决定了半导体照明芯片的发光效率。芯片加工技术的核心是研究如何提升芯片的出光效率(或外量子效率)。

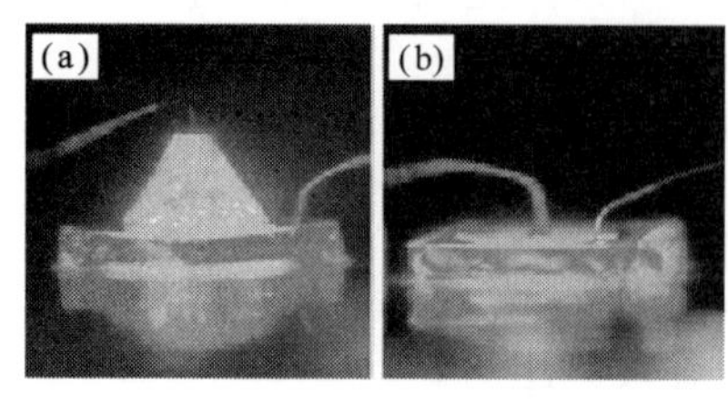

图 6 n-ZnO 键合到 GaN 上,再经选择性属蚀形成金字塔结构(Ref. 14)

(一) 芯片和衬底外形技术

当发射点处于球的中心处时,球形芯片可以获得最佳的出光效率。改变芯片几何形状来提升出光效率早在 20 世纪 60 年代就已经应用到二极管芯片。在实际应用中,往往是制作特殊形状的芯片来提高侧向出光的利用效率。最典型的有 1999 年 HP 公司采用倒金字塔形(TIP)AlInGaP 芯片和衬底外形结构和 Cree 公司采用正梯形衬底结构后,均大幅度地提升了芯片的出光效率。尚未有实用化技术可以实现蓝宝石衬底的形状加工。Murai 等报道通过将 n-

ZnO 键合到 GaN 上，再经选择性属蚀形成金字塔结构，与常规 Ni/Au 结构相比，芯片发光功率可提升 2.2倍(见图 6)[14]。也有报道通过控制 ICP 刻蚀工艺使 GaN 边缘呈倒角形可增加侧面出光 70%左右。2006 年尚未见经外形加工的蓝宝石衬底基芯片技术获产业化应用。

(二) 芯片表面加工技术

通过在表面沉积有利于萃光效率提升的薄膜兼导电层也可以提升发光功率。如采用 Cu 掺杂 ITO 可提升 405nm 透光率至 98.7%，与 p-GaN 接触电阻降到 $10^{-4}\Omega \cdot cm^2$，相比 NiAu 接触，采用 Cu 掺杂 ITO 可提升发光功率 78%[15]。又如采用低折射率 ITO (n=1.34)相比常规 ITO (n=2.06)在覆盖 Ag 反射层后其出光效率可以提升 31%[16]。

通过表面粗糙化主要可将那些满足全反射定律的光改变方向，继而在另一表面或反射回原表面时不被全反射而透过界面，并能起防反射的功能。透射率的增加被认为是表面粗糙化的主要功能，优化的表面粗糙(430nm 球状起伏表面)可使出光效率达到 54%。技术上，除外延粗糙 p-GaN 层直接形成无序凹凸表面，或在图形化衬底上外延直接形成凹凸界面外，也可通过化学腐蚀的方法形成有序或无序粗化的凹凸表面或界面来提升出光效率。

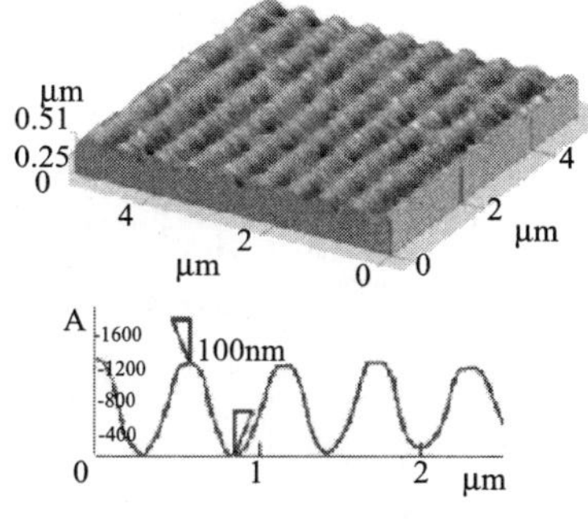

图 7　一维 ITO 条结构(Ref. 18)

Homg 等报道通过 ICP 刻蚀 ITO 形成粗化表面可以增加发光功率 28%[17]。Homg 等报道通过在 Cu 掺杂 ITO 上制备一维条纹(250nm 宽 100nm 深)可以使芯片发光功率比 Ni/Au 结构和单纯沉积 Cu 掺杂 ITO 结构分别增加 63%和 40%(见图 7)[18]。含粗化 p-GaN 外延层和经 KOH 腐蚀粗化n-GaN表面制备的芯片相比常规不含粗化层的芯片，其正面亮度可提升 2.77 倍，背面亮度可提升 2.37 倍[19]。在芯片底部加装 Ag 反射层可加倍正面亮度至 312mcd，芯片发光功率达 11.8mW (20mA)[20]。

微芯片阵列可以增加发光效率，其原理尚不清楚。有人认为是应力释放导致介电电场的减弱，提升了芯片的内量子效率，也有人认为是微芯片阵列提高了外量子效率。外量子效率的提升得益于微芯片阵列中芯片周边面积的增加，一般微芯片直径约 10μm，芯片厚度约 3～4μm，芯片表面积与周边面积之比可达 1∶1.4，显然芯片周边面积提供了更多的出光表面积。微芯片阵列还能降低接触电阻，减弱电流阻塞效，以及提升饱和电流值，3.15A 下未封装 0.3mm×0.3mm 芯片发光功率达 115mW[21]。

(三) 垂直芯片技术

AlGaInP 和 AlGaInN 基二极管外延片所用的衬底分别为 GaAs 和蓝宝石，它们的导热性能都较差。为了更有效地散热和降低结温，可通过除掉原来用于生长外延层的衬底，将外延层键合转移到导电和导热性能良好的衬底上，如铜、铝、金锡合金、氮化铝等。激光剥离技术早在几年就已被广泛研究，2005～2006 年期间，随着产业化量产型 GaN 键合和激光剥离设备开始装备产业界，经激光剥离蓝宝石衬底制备的垂直芯片已开始量产。垂直芯片上进行表面粗化处理也已实用(见图 8)。2006 年研究的热点是在垂直芯片上制备光子晶体。

由于出光效率高、散热佳，用垂直芯片封装的白色发光二极管效率可达 80 lm/W 左右，但垂直芯片的制造成本，特别是良品率，尚无系列报道。大规模实用化尚有待封装和应用端的检验。

(四) 倒装芯片技术

2005 年倒装焊作为主流技术，已广泛应用于大功率 AlInGaN 基芯片。它可以避免电极焊点和引线对出光效率的影响，还可不必考虑 NiAu 欧姆接触层的透光性，其接触层兼反射层的厚度可增至 250nm 以上，改善了电流扩散性，银基反射膜又进一步提升了正面出光效率。通过电极凸点与散热良好的 Si 或陶瓷底板键合，芯片产生的大量热量可通过凸点经由 Si 或陶瓷底板从支架上散去，大大改善了散热性。

金属基全方位反射膜可应用于正装芯片也可应用于倒装芯片。金属基全方位反射膜可有效提升出光效率,但必须解决如何制备低阻欧姆接触,高的全方位反射率和在后续工艺过程中反射膜不会被损害而失去低阻高反射的特性等。

2006 年研究工作主要在如何改善反射层,热稳定性金属基全方位反射膜的反射率和接触电阻。Song 等报道用 Cu 掺杂 In_2O_3/Ag 可降低接触电阻到 1.28×10^{-5} ohm-cm^2,460nm 反射率达 90%[22]。Kim 等报道用 AgAl 代替 Ag 可改善粘着性和热稳定性[23]。对 400nm 倒装芯片,发现由 GaN/岛状 SiO_2/Al 的反射率比 SiO_2/Ag 和 Ag 分别高 16%和 38%[24]。最新报道是将倒装芯片的衬底用激光予以剥离,形成的薄膜芯片的外量子效率可达 38% (350mA)和 60 lm/W (350mA)和 96 lm/W (20mA),如图 9 所示[25]。

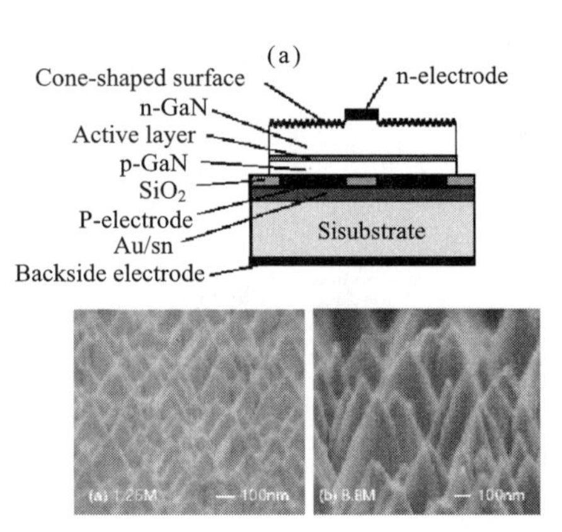

图 8 (上)含表面粗化垂直芯片结构(下)粗化表面形貌

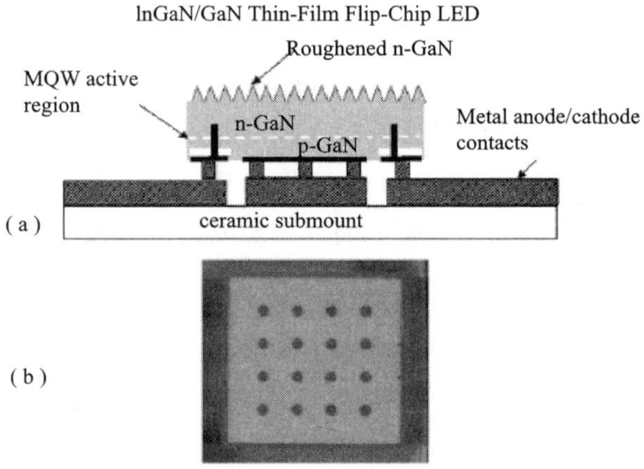

图 9 倒装芯片衬底剥离后的薄膜芯片

2007 年垂直芯片倒装芯片和正装芯片将同时存在,并分别实用于不同领域产品和市场,最终由它们的性价比决定是否继续引领技术与产品的发展。

(五) 光子晶体技术

理论指出,通过合理设计光子晶体的形状和排列,即使采用常规芯片结构,并保持原有的衬底,采用表面光子晶体,其出光效率可以达到 40%[26]。2005～2006 年光子晶体已被应用于不同的芯片结构上,如正装芯片表面(见图 10)[27],激光剥离衬底后垂直芯片表面见图 11。

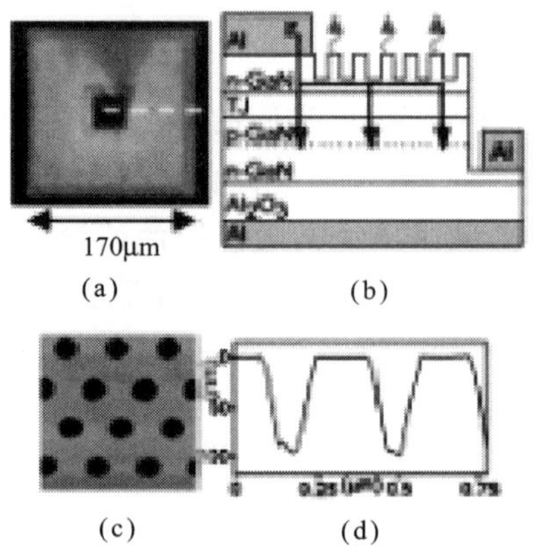

图 10 含光子晶体结构之正装芯片(Ref. 27)

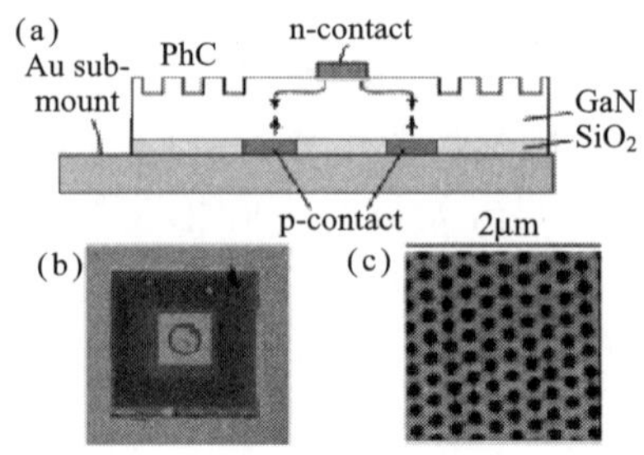

图 11 含光子晶体结构之垂直芯片

如图 10 所示,通过 InGaN 隧道二极管在 P-GaN 上生长厚达 190nm 的 N-GaN 用于制备二维呈三角排列之圆形光子晶体后,其出光功率为无光子晶体芯片的 1.5 倍[28]。呈三角排列二维光子晶体(晶格常数 6000A,孔位直径 2000A,孔径深度 1900A)可以将 UV-发光二极管的发光功率提高 2.5 倍(333nm),且发光效率的提升与晶体的晶格常数孔径直径相关[29]。2003 年 9 月日本松下电器制备出光子晶体的发光二极管，其直径1.5μm，高0.5μm的凹凸可以增加60%的出光。浅二维表面栅格光子晶体可避免对有源区的损伤和在光子晶体制备过程导入太多表面损伤，引发内量子效率的下降，同时又能发挥光子晶体的衍射，改变光的入射角而提升出光效率1.7～2.7倍[30]。理论研究表明，对倒装芯片即使在蓝宝石衬底表面制备光子晶体结构也能提升出光效率[31]。

国内有北京大学[32]、中国科学院半导体所开展了光子晶体技术的研究。由于光子晶体制作过程涉及电子束光刻和刻蚀工艺，设备昂贵，工艺苛刻，目前研究主要在实验室展开。在寻找到实用性技术和发展出替代设备前，光子晶体技术难以实用或产业化。

四、展　望

2006年粗化外延大幅提升了大功率芯片的发光效率和小功率芯片的亮度。图形化衬底外延片应用于制造倒装芯片或垂直芯片相比于非图形化衬底外延片具更高的出光效率，但仍然普遍存在如何有效控制外延片中的位错密度和分布等问题。理论和实验均已证明，粗化外延表面或图形化界面技术是目前在提升芯片发光效率方面最实用的技术之一。

2006年在硅基衬底外延技术的突破和产业化预期将来有可能彻底改变是否建立在蓝宝石和SiC衬底基础上的外延，芯片和封装产业化制造体系。非极性外延、全波谱量子阱外延技术和UV-LED外延技术若在2007年取得实质性进展，也会对半导体照明技术发展和产业结构产生巨大影响。

2006年尚未见经外形加工的蓝宝石衬底基芯片技术获产业化应用。除外延粗糙p-GaN层直接形成无序凹凸表面，或在图形化衬底上外延直接形成凹凸界面外，也可通过化学腐蚀的方法形成有序或无序粗化的凹凸表面或界面来提升出光效率。

2006年，随着产业化量产型GaN键合和激光剥离设备开始装备产业界，经激光剥离蓝宝石衬底制备的垂直芯片已开始量产，垂直芯片上进行表面粗化处理也已投入使用。2006年倒装芯片的研究主要在如何改善反射层，热稳定性金属基全方位反射膜的反射率和接触电阻。无衬底倒装芯片的外量子效率可达38%（350mA）和60lm/W（350mA）和96lm/W（20mA）。2007年垂直芯片、倒装芯片和正装芯片将同时存在，并分别实用于不同领域产品和市场，最终由它们的性价比决定是否继续引领技术与产品的发展。

由于光子晶体制作过程涉及电子束光刻和刻蚀工艺，设备昂贵，工艺苛刻，目前研究主要在实验室展开。在寻找到实用性技术和发展出替代设备前，光子晶体技术难以实用或产业化。

致谢：感谢中国科学院物理研究所贾海强博士提供部分外延技术方面的综述意见。

参考文献

[1] T. Koyama, T. Onuma, H. Masui et al. Appl. Phys. Lett., 89, 91906 (2006)
[2] J. F. Kaeding, H. Asamizu and H. Sato et al. Appl. Phys. Lett., 89, 202104 (2006)
[3] S. Raghavan, X. Weng, E. Dickey and J. M. Redwing, Appl. Phys. Lett., 88, 41904 (2006)
[4] X. Chen and T. Uesug, Appl. Phys. Lett., 88, 31916 (2006)
[5] F. Schulze, A. Dadgar, J. Blasing. A. Diez and A. Krost, Appl. Phys. Lett., 88, 121114 (2006)
[6] J. Li, J. Y. Lin, and H. X. Jiang, Appl. Phys. Lett., 88, 171909 (2006)
[7] C. F. Lin, J. H. Zheng, Z. J. Yamg, J. J. Dai et al., Appl. Phys. Lett., 88, 83121 (2006)
[8] J. K. Sheu, C. M. Tsai, M. C. Lee, S. C. Shei and W. C. Lai, Appl. Phys. Lett., 88, 113505 (2006)
[9] W. K. Wang, S. Y. Huang, S. H. Huang et al. Appl. Phys. Lett., 88, 181113 (2006)
[10] K. Nishizuka, M. Funato, Y. Kawakami, Y. Narukawa and T. Mukai, Appl. Phys. Lett., 87, 231901 (2005)
[11] T. Kyono, H. Hirayama, K. Akita, T. Nakamura and K. Ishibashi, J. Appl. Phys., 98, 113514 (2005)
[12] T. Wang, K. B. Lee, J. Bai et al., Appl. Phys. Lett., 89, 81126 (2006)
[13] D. S. Wuu, W. K. Wang, K. S. Wen et al. Appl. Phys. Lett., 89, 161105 (2006)
[14] A. Murai, D. B. Thompson, H. Masui et al. Appl. Phys. Lett., 89 17116 (2006)
[15] J. O. Song, J. S. Kwak, Y. Park et al. Appl. Phys. Lett., 86, 213505 (2005)

[16] J. K. Kim, T. Gessmann, E. F. Schubert et al. Appl. Phys. Lett., 88, 13501 (2006)
[17] R. H. Homg, C. C. Yang, J. Y. Wu et al., Appl. Phys. Lett., 86, 221101 (2005)
[18] H. G. Hong, S. S. Kim, D. Y. Kim et al., Appl. Phys. Lett., 88, 103505 (2006)
[19] W. C. Peng and Y. C. S. Wu, Appl. Phys. Lett., 89, 41116 (2006)
[20] W. C. Peng and Y. C. S. Wu, Appl. Phys. Lett., 88, 181117 (2006)
[21] A. Chakraborty, L. Shen, H. Masui et al. Appl. Phys. Lett., 88, 181120 (2006)
[22] J. O. Song, J. S. Kwak, and T. Y. Seong, Appl. Phys. Lett., 86, 62103 (2005)
[23] J. Y. Kim, S. I. Na, G. Y. Ha et al. Appl. Phys. Lett., 88, 43507 (2006)
[24] J. K. Kim, J. Q. Xi, H. Luo et al. Appl. Phys. Lett., 89, 141123 (2006)
[25] O. B. Shchekin, J. E. Epler, T. A. Trottier et al. Appl. Phys. Lett., 89, 71109 (2006)
[26] Rattier M., Benisty H., Schwoob E et al. Appl. Phys. Lett., 2003, 83(7): 1283
[27] Z. S. Zhang, B. Zhang, J. Xu et al. Appl. Phys. Lett., 88, 171103 (2006)
[28] Wierer J J,Krames M R, Epler J E et al. Appl. Phys. Lett., 2004, 84(19): 3885
[29] J. Shakya, K. H. Kim, J. Y. Lin et al. Appl. Phys. Lett., 85, 142 (2004)
[30] I. Hiroyuki and B. Toshihiko, Appl. Phys. Lett., 84, 457 (2004)
[31] C. H. Chao, S. L. Chuang, and T. L. Wu, Appl. Phys. Lett., 89, 91116 (2006)
[32] Z. S. Zhang, B. Zhang, J. Xu et al. Appl Phys. Lett., 88,171103 (2006)

作者简介

李刚 男,1962年10月生,博士。方大集团股份有限公司半导体事业部总经理,深圳市方大国科光电技术有限公司总经理。主要研究领域:氮化镓基半导体材料外延生长与发光二极管芯片制造和封装技术。

高亮度发光二极管外延和芯片的发展现况

陈泽澎
晶元光电

摘　要

2006 年高亮度发光二极管不论在外延或芯片工艺上都有显著的进展，原本根据美国光电工业发展协会（英文简称 OIDA）的设定目标，白光发光二极管要到 2012 年才能达到 150 lm/W 的发光效率，但日本的日亚化学却在 2006 年 12 月便达到了此一目标，使得发光二极管在照明的应用上可以提早实现，本文将探讨高亮度发光二极管在外延及芯片工艺的最新发展情形。

关键词：图案化衬底　光子晶体　倒装芯片　自发性极化　压电极化　横向导波

一、外延片和衬底

（一）衬　底

在衬底材料方面，虽然有多种材料可供选择如蓝宝石（Sapphire）、碳化硅（SiC）、氧化锌（ZnO）、氮化镓（GaN）、氮化铝（AlN）及硅（Si）等，但目前仍以蓝宝石及碳化硅为主，且大多以 2 in 衬底为主，目前朝大尺寸发展的趋势已有迹象，如美国 Cree 公司的发光二极管生产线已大部分转换采用 3 in 的碳化硅衬底。碳化硅衬底具有许多优点如晶格常数差异较小，是导电体，导热系数大，但缺点是价格昂贵。目前全世界有美国的 Cree、Caracal 及 Intrinsic Semiconductor（于 2006 年 6 月被 Cree 收购）、德国的 SiCrystal 以及日本的 Hoya 等公司可提供 2 in～4 in 的衬底。在蓝宝石衬底方面，目前也是以 2 in 之衬底为主，但也开始有公司采用 3 in 及 4 in 之衬底。在蓝宝石衬底的供应方面目前有美国的 Rubicon、Honeywell、Crystal Systems、Saint-Gobain、俄罗斯的 Monocrystal、ATLAS Sapphire、日本的京都陶瓷（Kyocera）、Namiki、Mahk、台湾地区的合晶（Wafer Works Corp.）以及兆晶（Tera XTAL）等公司。

但 2006 年开始也有两家公司即中国江西的晶能光电及日本的 Shimei Semiconductor 公司采用硅衬底来生长氮化镓发光二极管，以硅材料来作为衬底有许多优点，硅衬底的优点包含具有良好的导电及导热特性、尺寸大、成本低、易加工等，但由于氮化镓外延材料与硅衬底之间存在着巨大的晶格常数（lattice constant）失配和热膨胀系数（thermo-expansion coefficient）差异，虽然在之前美、德、日等国都先后在硅衬底上研制出氮化镓发光二极管，但输出功率较低。然而在 2006 年于硅衬底上的氮化镓外延材料生长有很大的进展。在硅衬底上生长氮化镓发光二极管的研究，最早以德国 Madberg 大学的 Krost 教授及日本的 Egawa 教授成果最好，但江西南昌大学的江风益教授成功的在硅衬底上研制出氮化镓蓝色发光二极管，且工作电压小于 3.5V，而光输出功率大于 5mW，这一成果于 2005 年 4 月厦门半导体照明国际论坛中发布，被同行专家评价为当时最好的结果。而 2006 年 11 月日本的 Shimei Semiconductor 也宣布将从 2007 年 4 月起开始量产以硅为衬底的氮化镓发光二极管，月产能达到 3 百万颗晶粒，使得硅衬底可能成为继蓝宝石及碳化硅衬底之外的另一种选择。

氮化镓衬底是制造氮化镓发光二极管的最理想材料，由于二者是相同的材料，没有晶格常数失配或热膨胀系数失配的问题，其由于具有较低的差排密度及高的热传导率，因此以氮化镓为衬底生长的氮化镓蓝色发光二极管，晶体的质量非常优异，发光效率高、饱和电流高、光衰小、工作寿命长，且由于导热特性佳，特别适合用于制造高功率发光二极管。目前氮化镓衬底都是以氢化物气相外延法（Hydride Vapor

Phase Epitaxy,简称 HVPE)来生长几百微米的厚膜于其他衬底如砷化镓(GaAs)或蓝宝石衬底上,再以激光剥离、研磨或蚀刻等方式将衬底移除,最后再将衬底研磨及抛光至适当的厚度来形成。在氮化镓衬底的供应方面,目前有日本的住友电气(Sumitomo Electric)、日立电缆(Hitachi Cable)、美国的 Cree、Kyma、波兰的 TopGaN 以及法国的 Lumilog 等公司可提供,但生产规模都很小,且价格非常高,目前只用于激光二极管的生产,其价格需要降低至与蓝宝石衬底差距不能太大,才有机会用于发光二极管之生产制造。台湾的工业技术研究院电光所也有计划从事以氢化物气相外延法生长氮化镓衬底之研究,目前已具有生长 2 in 氮化镓衬底之能力。

氧化锌衬底具有许多优点,其晶体结构与氮化镓相同,晶格常数的差异非常小,且氧化锌材料的质量优异,其位错密度(dislocation density)小于 $10^5 cm^{-2}$,只有质量最好的氮化镓才能达到这个指标。氧化锌晶体可以水热法(hydrothermal method)大量生产且成本低,目前已有公司可以提供 2 in 的衬底。但以氧化锌作为氮化镓外延层生长衬底的缺点是在 MOCVD 生长氮化镓外延层的生长温度和气氛中容易发生分解和被腐融,因此目前的研究大部分是以分子束外延法(Molecular Beam Epitaxy,简称 MBE)来生长氮化镓外延层于氧化锌衬底上。氧化锌材料除了可以当作衬底外,也可以成长氧化锌的三元或四元合金外延层于氧化锌衬底上来制作具有双异质结构(double heterostructure)的蓝、绿光或紫外光发光二极管。日本的 Rohm 公司曾于 2004 年 12 月发表开发出全世界第一颗以氧化锌为衬底的低成本氧化锌蓝色发光二极管。

(二) MOCVD

在有机金属化学气相沉积系统(Metal-organic Chemical Vapor Deposition,简称 MOCVD)方面,主要有德国的 Aixtron 公司,英国的 Thomas Swan 公司(目前已被 Aixtron 公司收购),美国的 Veeco 公司及日本的太阳日酸(Taiyo Nippon Sanso)四家供货商。德国的 Aixtron 公司已开发出可一次成长 42 片 2 in氮化镓外延片或 11 片 4 in 外延片的系统,使得外延片的成本可以大幅降低。在 AlGaInP 发光二极管方面,Aixtron 公司也有可以一次成长 49 片 2 in 或 12 片 4 in 外延片的大型 MOCVD 系统。虽然成本的降低,与一次外延成长可生长的片数有关,但除此之外尚需考虑成长时间,消耗材料的费用,设备的维护费用等因素。

(三) 外延片生长

在外延片方面,2006 年最大的进展是许多公司都成功地将氮化镓发光二极体外延层生长在图形化的衬底(patterned substrate)上,如日本日亚化工(Nichia),丰田合成(Toyoda Gosei)等公司的高亮度氮化镓发光二极管都已采用此技术。氮化镓外延层生长在图形化的衬底上一般认为可以减少差排密度,改善晶体的质量,提升发光二极管的内部量子效率。同时图形化的衬底的凹凸结构也可以散射光线(scattering light),增加光的取出效率(extraction efficiency),因此也可以增加发光二极管的亮度。日本的新能源及工业技术发展机构(New Energy and Industrial Technology Development Organization,简称 NEDO))是最早研究利用横向外延技术将氮化镓外延层生长在图形化衬底(lateral epitaxy on patterned substrate,简称 LEPS)的研究机构,其利用蚀刻技术在蓝宝石衬底上形成条状的凹凸结构,再以横向外延生长技术生长氮化镓外延薄膜在有条状凹凸结构的蓝宝石衬底上。利用此一 LEPS 技术,在 2001 年时其 382nm 波长的紫外 LED 便已经达到 24%的外部量子效率。到了 2004 年其 406nm 波长的紫外 LED 的外部量子效率更进一步提升至 43%。而日本的日亚利用 LEPS 及 ITO 透明导电电极技术,于 2006 年 12 月将白光 LED 的发光效率更提高至 150 lm/W。台湾目前也有几家厂商具有将外延层生长在图形化衬底上的能力,未来大部分高发光效率的 LED 制造将会采用这种技术。

2006 年外延片生长技术的另一项较大的进展是在非极性(non-polar)的面上生长,氮化镓材料由于是离子键合,有很大的电荷不对称性,因此连带着有很强的自发性极化(spontaneous polarization)效应。此外在量子阱层(Quantum well)由于不同的材料晶格常数的差异产生的应变(strain)也会导致压电极化(piezoelectric polarization)效应在材料接口产生。以往氮化镓外延生长是在极性(polar)的面上,以这种晶体方向生长的薄膜由于极化效应产生的内部电场导致电子及空穴的分离，使得其结合而发光的效率降低，而且也会导致波长随着工作电流而漂移。2006 年 5 月美国加州 Santa Barbara (UCSB)大学的中村修二(Nakamura)教授于法国举办的 ISBLED (International Symposium on Blue Lasers and LEDs)发表了他们团队的第一个生长在非极性或半极性(semi-polar)蓝宝石衬底的发光二极管的结果，当时最好的蓝光发光二极管的输出功率在 20mA 的操作电流条件下约只有 1mW。接着于 2006 年 11 月日本的 Rohm 公司也发表成长于非极性的 m 面(1010)的结果，不仅外延层表面平整且没有穿过的螺位错(threading dislocation)及迭差(stacking fault)等缺陷，所制造的蓝色发光二极管在 435nm 发光波长时，输出功率及外部量子效率分别达到 1.79mW 及 3.1%。但随后于 2006 年 12 月在日本的科学与技术代理机构的计划支持下，位于美国加州 Santa Barbara 大学的研发团队宣布开发出目前世界上成长在无极性或半极性衬底上效率最高的发光二极管。UCSB 等此次开发的组件有两种：①尺寸为 300μm 方形、驱动电流 20mA 时输出功率 25mW、外部量子效率最大为 41%的无极性发光二极管；②尺寸与①相同、驱动电流 20mA 时输出功率 18mW、外部量子效率最大为 30%的半极性发光二极管。中村修二教授认为无极性和半极性的发光二极管的外部量子效率估计还会继续提高，应该可以超过 60%。

在以硅为衬底的研究方面，2006 年 11 月德国 Madberg 大学的 Krost 教授发表在 5 in 硅衬底上可以成长 5.4 μm 厚的氮化镓发光二极管，使得在硅衬底上生长低成本的氮化镓蓝色发光二极管的可行性大为增加。由于氮化镓和硅材料之间有很大的热膨胀系数差异，以往生长氮化镓外延层于硅衬底上时，很难生长大于 2μm 以上而没有裂缝(crack)的外延层，Krost 教授的成果，使得以硅为衬底的研究又往前跨越了一大步。随后日本 Shimei Semiconductor 于 2006 年 11 月也发布开发出输出功率 10mW 的蓝光发光二极管，该组件的结构包含一阴极、硅衬底、缓冲层、发光层，以及顶部的阳极，一层在硅衬底上形成的反射薄膜可以反射来自发光层的光，防止其被硅衬底所吸收，因而可改善发光二极管的发光效率。虽然目前以硅衬底形成的氮化镓蓝色发光二极管的效率仍然只有以蓝宝石为衬底的氮化镓蓝色发光二极管效率的一半不到，但从其最近几年发光效率的不断提升来看，应该非常有潜力。台湾地区目前有清华大学从事以分子束外延法生长氮化镓外延层于硅衬底上之研究，长庚大学及中兴大学则是以有机金属化学气相沉积法从事生长氮化镓外延层于硅衬底上之研究，在业界方面则有之前的国联光电及元砷光电在政府的研发经费补助下从事研究，但目前在蓝色 LED 方面，只能达到 1～2mW 的光输出。

二、LED 芯片技艺

(一) 垂直结构

蓝宝石衬底是一绝缘体，因此以蓝宝石为衬底的氮化镓发光二极管便无法垂直导通电流，因此目前所有以蓝宝石为衬底的氮化镓发光二极管，其正负两个电极都是位于蓝宝石衬底的同一侧，是一横向电流导通的结构，碳化硅衬底由于是导电体，因此可以制造成垂直导通的结构，但碳化硅材料要具有低的导电系数，通常需要添加杂质(Dopant)到半导体内，但如此会造成半导体的透光率变差。目前美国的 Cree 及德国的 Osram 公司都是生产以这种碳化硅为衬底的垂直导通结构发光二极管为主。由于碳化硅材料具有非常高的热传导率，因此以碳化硅作为衬底的氮化镓发光二极管在同样的操作电流条件下，光衰较少，且寿命较长。但缺点是衬底会吸光，为了减少吸光，必须改变芯片的外形，如 Cree 的 XB™ Power Chip LEDs 或 Osram 公司的 NOTA 或 ATON 结构，来增加光的取出效率。

第二种垂直导通结构的氮化镓发光二极管是利用芯片黏合及剥离技术来研制而成，其研制过程是首先在一暂时性衬底上如蓝宝石或碳化硅上成长氮化镓外延层，接着在表面的 p 型氮化镓外延层上镀上金属形成欧姆接触(Ohmic contact)及一镜面的光反射层(reflector)，接着以焊料(solder)如 AuSn、AuIn、PdIn 等焊料合金黏接一永久性衬底如硅、Ge、CuW 等，或以金属电镀或电铸方式形成一厚金属层的永久性支撑，再以准分子激光(excimer laser)将暂时性衬底剥离，接着在正背面形成正负电极，便完成了一垂直导通型的氮化镓发光二极管。由于永久性衬底可以选择具高导热性的材料，因此这种结构的氮化镓发光二极管也同样具有低光衰及寿命长的优点，也较适合在较高的电流密度下操作。同时由于其具有一高反射率的金属镜面反射层可以反射朝着永久性衬底方向入射的光，避免其被吸收，再加上其表面可以做粗化处理，光的取出效率可大幅的被提升，约可以达到75%的光取出效率。德国的Osram公司是全世界第一家将这种结构的氮化镓发光二极管商品化的公司，其产品命名为Thin GaN发光二极管。随后美国的Luminous Devices也发表了利用此种芯片黏合及激光剥离技术所制造的垂直导通结构且具有光子晶体(photonic crystal，简称PC)的发光二极管。而台湾的旭明光电(SemiLEDs)则是采用电镀方式形成一以金属为衬底的氮化镓发光二极管，这种以金属为衬底的垂直导通型发光二极管被命名为VLEDMS(Vertical LEDs on metal substrates)。于2006年9月旭明光电也发布以其高功率氮化镓蓝色发光二极管制作的白光发光二极管效率可达到75 lm/W，且工作电流到达3A仍未到饱和点。美国的Cree公司于2006年6月也发布其采用芯片黏合技术所制造的小晶粒EZBright™的氮化镓白光发光二极管的发光效率达到131 lm/W，随后于2006年10月也发布采用其EZBright™1000高功率发光二极管晶粒的白色Cree XLamp@7090高功率发光二极管的光通量及发光效率在350mA的操作电流条件下分别达到95 lm及85 lm/W，当工作电流增加至700mA时，光通量达到160 lm。

第三种垂直导通结构是在硅衬底上成长氮化镓外延层来形成，由于4 in硅衬底的价格只有蓝宝石衬底的十分之一左右，且硅衬底可以用来生产垂直导通结构的氮化镓发光二极管，因此每一片外延片可产出的发光二极管晶粒颗数最多且成本最低。此外以硅为衬底的氮化镓发光二极管，可以很容易以蚀刻法将衬底移除，然后粘贴于另一高导热性衬底上，并于其间插入一高反射率的光反射层来防止衬底的光吸收以提高发光效率，因此是一种非常有潜力的发光二极管结构。

（二）横向电流导通结构

日本的日亚2006年11月于IWN(International Workshop on Nitride Semiconductors) 2006宣布开发出效率达138 lm/W的白光发光二极管，这是自从Cree于2006年6月发表131 lm/W之后白光发光二极体效率的进一步提升。日亚公司这一次效率的提升主要是由于外延生长是在图形化衬底及采用ITO当作透明导电电极二项因素。有图样化的衬底是在(0001)的C平面上形成突起的六角形结构，由于氮化镓薄膜的折射系数较蓝宝石基板及树脂高，因此发光层发出来的光有一大部分是被局限于氮化镓薄膜内行进，利用蓝宝石基板的六角形突起结构来散射光线，可以减少被局限于氮化镓薄膜内行进的光被有源层、缓冲层以及电极再吸收之机会，因而可提升发光二极管之光取出效率。同样在p-型接触电极方面，以往日亚是采用Ni/Au，但Ni/Au金属层厚度即使只有薄薄的几百埃的厚度，便会显著地影响光线的穿透率，p-型欧姆接触电极采用Ni/Au的光穿透率约只有40%左右，改采用光穿透率大于95%的ITO透明导电薄膜，便可以减少光被p-型欧姆接触电极之吸收，而大幅提升发光二极管之亮度。利用图形化衬底及ITO透明电极技术，在黄色YAG荧光粉覆盖的小尺寸($240\times420\mu m^2$)的蓝色发光二极管在20mA的电流驱动下，光输出达35mW，在波长为449nm时是8.6 lm，电压约3.11 V，白光色温是5450K，光效率达138 lm/W，外部量子效率达到63.3%，Wall-plug efficiency(WPE)是56.3%。采用同样的技术，在$1\times1mm^2$的高功率蓝光发光二极管方面，在350mA的工作电流条件下，光输出功率可达458mW，电压约3.29V，在波长448nm时，外部量子效率约47.2%，WPE约39.7%。用此高功率蓝光发光二极管晶粒制作的白光发光二极管，在350mA的电流驱动下光输出可达106 lm，也就是光效率达到91.7 lm/W，且WPE达到27.7%，也超过荧光灯管的25%，当工作电流提升到1A及2A时，光输出分别达到247 lm及402 lm。在2A的工作电流条件下，其光输出相当于一颗30W的白炽钨丝灯泡。因此，这些高功率白光发光二极管在不久的将来被使用于一般照明的可行性将大为增加。

2006年12月20日，日亚发布达到150 lm/W的消息，以lamp形式封装如NSPWR70，在20mA的操作电流条件下，光输出可达9.4 lm，色温约4600K，此发光效率是三波长荧光灯管的1.7倍，白炽灯泡的11.5倍，且比目前高压钠灯的效率还高。日亚在白光发光二极管效率的提升如图1所示，不仅较其原来内部设定的目标来得快，且比美国的光电发展协会(Optoelectronics Industry Development Association，简称OIDA)所设定的目标于2012年达到150 lm/W，提早了六年完成。

目前大部分的台湾发光二极管公司仍以生产横向电流导通的发光二极管结构为主，且都利用外延生长工艺在表面形成粗化的结构,如晶元光电的洞穴(cavity)结构,来提升光的取出效率,同时利用ITO透明导电电极来减少光的吸收,但目前最佳的460nm蓝色发光二极管的输出功率为20~25mW,与世界上最好的水平35mW仍有一段差距。

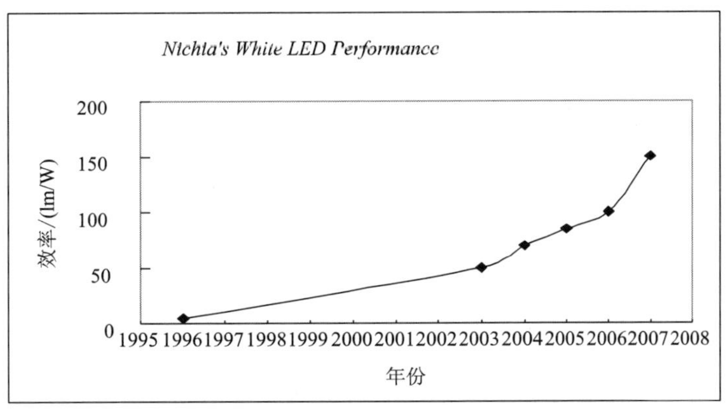

图1 日亚在白光发光二极管效率方面的提升

(三) 倒装(flip chip)结构

在氮化镓倒装结构发光二极管方面,最早是由日本的丰田合成及松下电器(Matsushita Electric)公司所开发出来的,后来美国Lumileds公司的所有氮化镓发光二极管产品也都采用此结构,目前台湾的晶电,光磊及上海蓝宝都有生产此倒装结构的发光二极管。倒装结构的发光二极管是利用蓝宝石衬底面出光,由于出光面没有电极遮光,且正电极是设计成具高反射率的金属反射层,并经由凸点(bump)与散热良好的硅基座(submount)结合,故具有发光效率高,散热能力佳及可在高电流操作等优点,因此在市场上备受瞩目。但随着正装发光二极管采用ITO透光导电薄膜减少光吸收、提升亮度及采用蓝宝石背面镀金属反射层及焊料层(solder layer)来降低热阻,使得正装结构与倒装结构在光及热的特性上差异变小。再加上垂直结构氮化镓发光二极管的技术日趋成熟,不论在发光效率及散热特性都较倒装结构来得优异,更压缩了倒装结构发光二极管的生存空间。为了进一步提升倒装结构的特性,Lumileds将倒装结构的凸点由金锡凸点改成导热性更好的金凸点来改善其散热能力,使得高电流操作的特性更为优异。同时也重新设计了电极图样,在同样的晶粒尺寸下增加了发光面积来提升发光效率。最近在IWN2006会议上更发表了结合以准分子激光剥离蓝宝石衬底及在剥离衬底后的n-型氮化镓层表面以化学蚀刻法粗化表面等技艺来进一步提升发光效率,这种结合衬底剥离及表面粗化的发光二极管被命名为薄膜型倒装结构发光二极管(Thin-film flip-chip LED,简称TFFC LED)。在350mA的操作电流条件下,此TFFC LED的外部量子效率达到38%,发光效率约60 lm/W,较传统倒装结构发光二极管增加了约45%。但不论在发光效率或饱和电流特性上仍较Cree公司的EZBright芯片黏合型垂直导通结构发光二极管的特性来得差。目前台湾的晶元光电也是采用金凸点来制作倒装结构发光二极管,但底部的金属反射层是设计在硅基座上,除了生产倒装结构的蓝、绿光发光二极管外也生产倒装结构的红光发光二极管,是全世界唯一同时生产红、绿、蓝三种颜色倒装结构发光二极管的公司。台湾的光磊也生产倒装结构的蓝、绿光发光二极管,但采用厚度约2 μm的金锡合金来当作焊料取代金锡凸块,虽然金锡合金的热传导率较金来得差,但由于厚度薄,因此散热能力与金凸点差不多一样,但成本会较低。

(四) 光子晶体(photonic crystal)结构

光子晶体具有类似于半导体晶体的周期性结构,是利用周期性结构造成的折射系数(refractive index)或介电常数(dielectric constant)的改变来散射波长。传统的发光二极管结构由于受限于全内反射(total internal reflection)及横向波导(lateral wave-guiding)效应,无法将发光层产生的光全部取出,有一部分光将会被有源层、缓冲层、材料的缺陷以及金属电极等吸收掉。利用光子晶体可以有效地散射横向传导的光,增加光的取出效率。目前应用在发光二极管的光子晶体以二维结构为主,通常是在发光二极管的表面形成二维数组的特定形状结构如柱状或洞状的结构，利用改变其周期、深度及蚀刻后底部与发光层之距离，来得到最佳的光的取出效率或改变光的空间分布。目前制作光子晶体有下列几种方法：

(1) 电子束光刻法(electron-beam lithography)。

(2) 激光全息技艺(holography)。

(3) 纳米压印技术(nano-imprint technology)。

电子束蚀刻法的速度慢，较不适合量产，大量生产以激光全息技艺及纳米压印技术较为适合。目前虽然有许多公司及研究机构都在从事光子晶体在发光二极管上的研究，如美国的 Lumileds、Luminus Devices、Sandia National Lab、德国的 Osram、英国的 Mesophotonics、日本的日亚、松下电器、韩国的三星、台湾的工研院电光所等，但目前只有美国的 Luminous Devices 公司已进入量产，且产品也已经使用于韩国三星的背投电视。

(五) 晶片黏合型磷化铝镓铟(AlGaInP)发光芯片结构

与前面谈到的垂直结构氮化镓发光二极管的制造方法大致上相同，主要的差别是在衬底的移除是用湿式蚀刻方法而不是用激光剥离的方式。另外在芯片黏合的方式各家也有不同的技艺，如美国的 Lumileds 采用外延片与另一永久性衬底在高温高压下直接融合(fusion bonding)的方式，但台湾的厂商大部分是采用间接黏合的方式，如晶电的 MB(metal bonding)型磷化铝镓铟发光二极管是采用一层 AuIn 焊料来黏合外延片与另一永久性衬底，而 GB(glue bonding)型磷化铝镓铟发光二极管则是以胶来黏合。目前全世界有美国的 Lumileds，德国的 Osram，日本的昭和电工(Showa Denko)及东芝(Toshiba)，以及台湾的晶元光电、全新、元砷、华上、联胜等多家公司在生产芯片黏合型磷化铝镓铟发光二极管。

三、未来发展方向

在磷化铝镓铟发光二极体方面，目前在红光部分最佳的发光效率已超过 100 lm/W，美国 Lumileds 的截顶倒金字塔形(Truncated inverted pyramid，简称 TIP)结构发光二极管，德国 Osram 公司的薄膜型发光二极管(Thin-film LED)以及晶元光电的胶结合型(glue bonding，简称 GB)发光二极管在红色波长部分都可以达到 100 lm/W 以上的效率，由于磷化铝镓铟红色发光二极管的内部量子效率已大于 90%甚至接近 100%，但目前最佳的外部量子效率约在 50%左右，也就是目前光的取出效率还不到 50%，因此在磷化铝镓铟红色发光二极管方面未来努力的方向将是如何提高光的取出效率。

在氮化镓发光二极管方面，虽然日亚的氮化镓蓝色发光二极管已达到 63.3%的外部量子效率，且内部量子效率高达 80%。但大部分其他公司的氮化镓蓝色发光二极管的外部量子效率约只有 40%左右，也就是内部量子效率尚小于 50%，因此未来氮化镓蓝色发光二极管努力的方向是在于如何提升内部量子效率。

作 者 简 介

陈泽澎　清华大学材料科学与工程博士，晶元光电资深副总(2005 年至今)，国联光电科技股份有限公司总经理，技术总监，恒嘉光电科技股份有限公司总经理，联钧光电股份有限公司董事长，工业技术研究院光电工业研究所经理，副组长，并曾担任“光电半导体工业技术发展咨询委员会”及“电子显示屏委员会”两个委员会的执行秘书。

半导体照明用LED芯片相关技术进展

张国义　陈志忠

北京大学物理学院　北京大学宽禁带半导体研究中心

摘　要

本文针对半导体照明的主要应用领域的需求，着重介绍了芯片制备的关键技术和相关的研究热点，具体包括光子晶体，表面粗化等提高出光效率的芯片制备技术，倒装焊芯片技术，激光剥离、垂直结构LED芯片技术，同质衬底芯片技术，单芯片直接发白光技术，面向液晶背光源的偏振光LED技术等。简要论述和分析了当前LED芯片技术发展的主流方向和趋势。

关键词：半导体照明　芯片　出光效率　可靠性　散热　背光源

一、引　言

半导体照明，也称之为固态照明(Solid State Lighting)，它采用半导体发光二极管(LED)作为照明光源。从20世纪90年代末开始，氮化物半导体技术开始飞速发展，1997年第一只GaN基白光LED诞生。人们敏锐地发现作为照明产品，这种白光LED具有绿色、节能、环保等多方面的优势。基于此，世界各主要发达国家和地区纷纷制定自己的半导体照明产业计划或科技计划，一场深刻的光源革命正在悄然展开。然而，要将这种传统的、小型的、当作指示用的发光器件作为照明光源，还有很多问题需要解决。其中，最重要的核心问题之一就是LED芯片。无论是当前，还是未来的需求，都要求LED芯片向高效大功率，高可靠性，低成本方向发展。

在近十年的半导体照明地发展过程中，随着白光LED性能的不断改进和提高，应用范围也在不断扩大。反过来，不同应用领域的需求，也极大地促进了LED芯片的发展，不断提出一些新的问题，使LED芯片发展呈现出多样化，系列化，专用化，集成化的发展趋势。下面我们将针对半导体照明的主要应用领域的需求，就提高出光效率，增强散热，提高内量子效率，直接发射白光，偏振光LED等重要问题，简要论述和分析当前LED芯片技术发展的主流方向和趋势。

二、提高出光效率的功率LED芯片

众所周知，GaN的折射率较高($n=2.5$)，和空气形成的全反射角小，由式(1)表示：

$$2\pi\int_0^{\theta_{crit}}\sin\theta d\theta=2\pi(1-\sqrt{1-\sin^2\theta_{crit}})\approx 2\pi\left[1-\left(1-\frac{1}{2}\sin^2\theta_{crit}\right)\right]=\frac{\pi}{n^2} \tag{1}$$

假定光的出射表面是均匀的光学表面，全反射的临界角为23.6°，在不考虑侧面出光的情况下，出射效率可表示为

$$\eta=\theta_{crit}/4\pi=1/4n^2 \tag{2}$$

只有约4%的光能够从有源区出来，如图1所示。当然，由于LED封装使用的材料折射率比空气大，芯片侧面出光和底面反射出光，封装形状的变化，这些都会使出射效率有所提高。但是光学界面全反射的问题仍是影响出光效率的主要问题。

因此提高出光效率仍有很大的发展空间。现在常用的提高出光效率的方法有：表面粗糙化，图形衬

底，光子晶体等方法，其目的都是为了改变光的出射角，达到提高出光效率的目的，如图 2 所示。

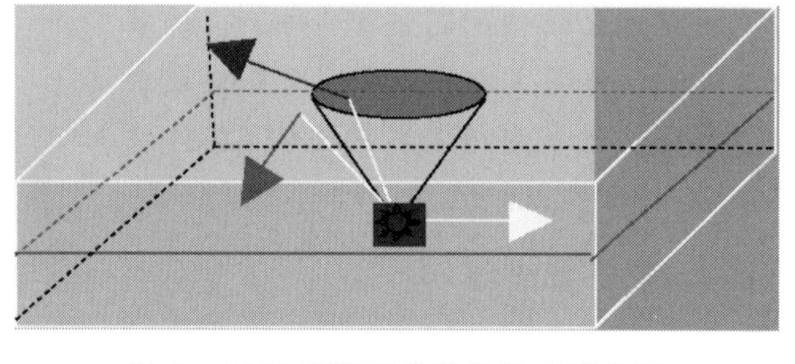

图 1　LED 有源区发光出射角示意图

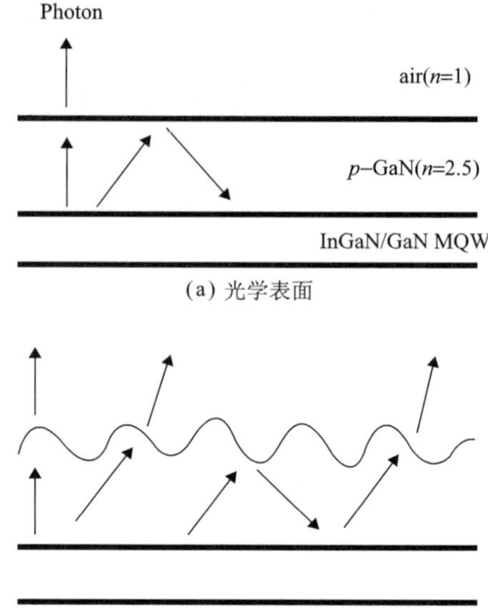

图 2　表示出光示意图

Nakamura 等[1]在 2004 年报道了 InGaN 基 LED 芯片经过激光剥离后，在 n 面粗糙化的结果。器件结构如图 3 所示，表面结构的扫描电镜照片如图 4 所示，其出射功率相对未粗糙化提高了 2～3 倍，如图 5 所示。

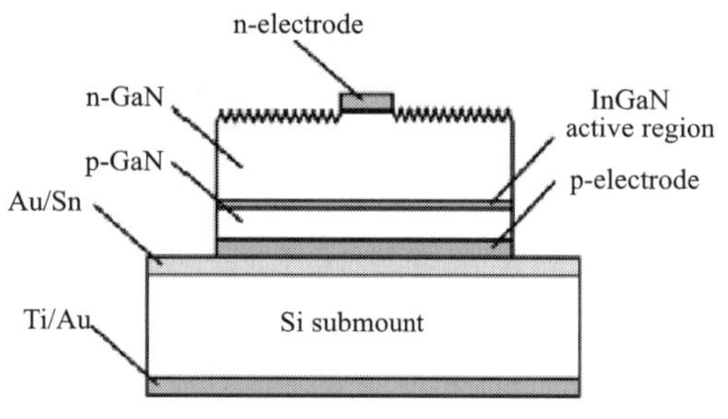

图 3　n 面粗糙化的垂直结构 LED 结构示意图

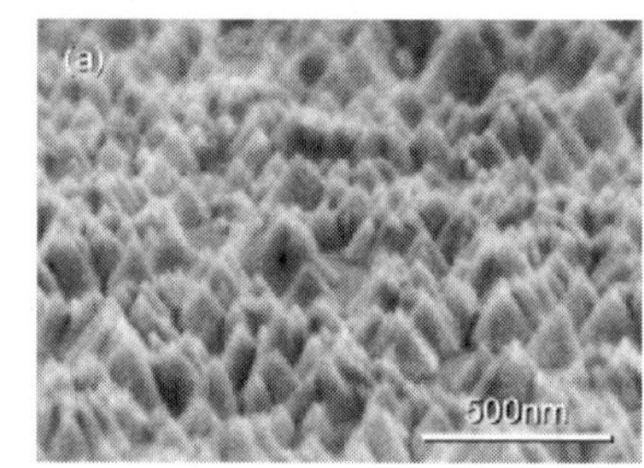

图 4　采用 KOH 腐蚀 2min 后的 n-GaN 表面的 SEM 图

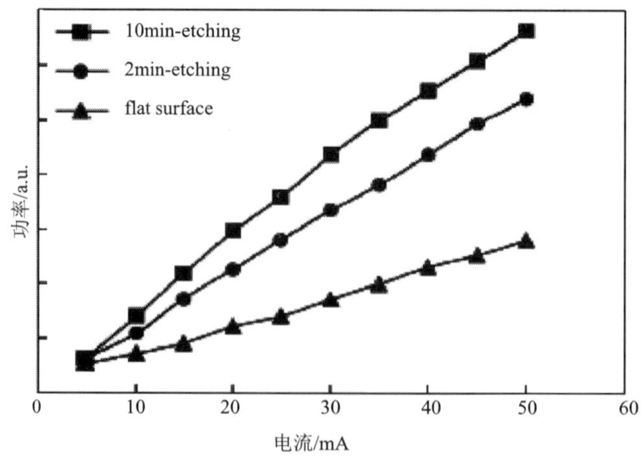

图 5　粗糙化和未经粗糙化光功率比较

表面粗化只是通过改变了光的入射角，达到提高出光效率的目的，表面粗化的角度通常是随机的，工艺可控性差，进一步的提高难度很大。光子晶体的应用，将具有更大的潜在优势。将一维，二维光子晶体应用到 LED 中，利用光子晶体对光的相干散射来提高 LED 的出光效率是行之有效的解决方案。

光子晶体概念由 E. Yablonovitch[2] 于 1987 年提出，光子晶体是具有周期性变化的微结构材料，其介电常数在工作波长的尺度范围产生周期变化。由于周期势场作用，在半导体材料中传播的电子成为布洛赫电子，形成电子能带结构，带与带之间有能隙（如价带与导带）存在。光子的情况其实也非常相似，如果将具有不同介电常数的材料在空间按一定的周期进行排列，由于存在周期性，在其中传播的光波的色散曲线将形成带状结构，带与带之间有可能会出现类似于半导体禁带的光子带隙。频率落在带隙中的光是被严格禁止传播的。我们将具有光子带隙的周期性电介质材料或结构称为光子晶体。光子晶体概念的提出，使人们能像半导体驾驭电子那样在光子晶体中控制光的各种行为，极大扩展了人们控制光波传播的自由度和可行性。利用光子晶体可以控制光的传播方向，让其在某个方向上不能传播，而相应在另外方向上的传播得到增强。

将一维、二维光子晶体应用到 LED 中，一方面周期排列的微纳米阵列的布拉格散射效应（Bragg-scatter）改变了有源区激发的光在半导体空气界面的入射角，降低发生全反射的几率。另一方面，2D 光子晶体的"光子带隙"抑制波导效应，提高光子进入到出射角的几率，如图 6 所示。

对带有光子晶体结构的研究是从发光波长在红-绿波段的 GaAs 基 LED 上开始的，1999 年美国加利福尼亚大学洛杉矶分校利用光注入的方法验证了 GaAs 基 LED 上制作光子晶体结构提高出光效率的可行性[3]。2001 年美国的麻省理工学院在 GaAs 基 LED 上制作光子晶体结构并在光注入条件下使出光效率得到了 6 倍的增强[4]。2003 年日本的 Yokohama National University 制作出了带有二维光子晶体结构的电注入型 GaAs 基 LED 并使出光效率得到了 1 倍的提高[5]。

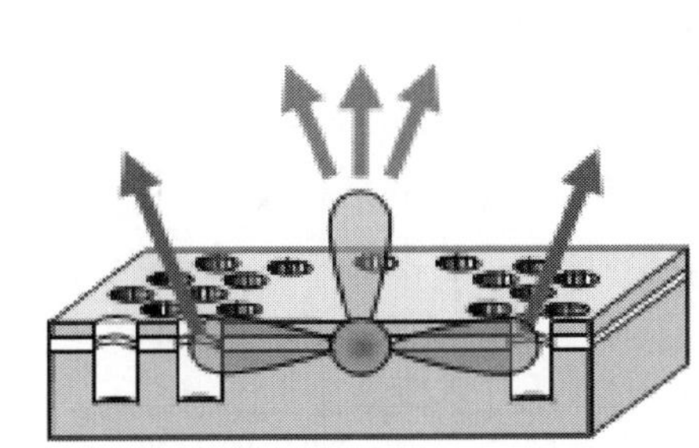

图 6 二维光子晶体提高光出射几率示意图

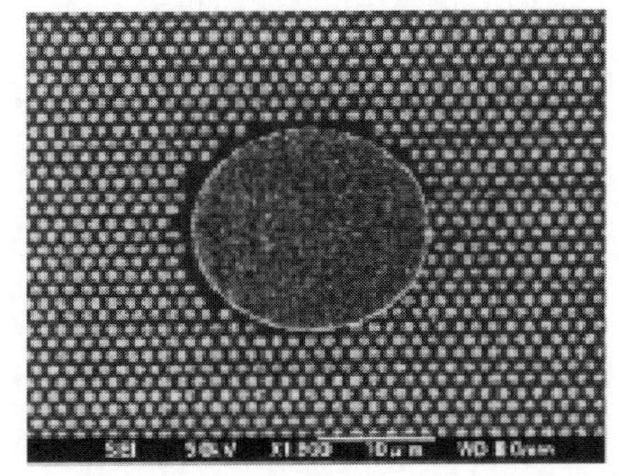

图 7 带有光子晶体结构的 GaAs 基电注入 LED

和 GaAs 材料相比 GaN 基材料发光波长更短、折射率更低，GaN 基 LED 对应的光子晶体周期更小，同时 GaN 基材料化学稳定性更高，加工困难，使得 GaN 基光子晶体的实验研究难度很大。随着电子束曝光，干法刻蚀等技术的逐步成熟，使得带有光子晶体结构的 GaN 基 LED 逐步成为研究的热点。

北京大学宽禁带半导体研究中心利用 FIB 技术在 GaN 基 LED 上制作光子晶体周期结构，使出光效率得到了 2.5 倍的增强，如图 8 所示[6]。

随着实验室领域内证明了光子晶体结构可以大大提高 LED 的发光效率，很多企业就把实现光子晶体 LED 的产业化视为提高现有 LED 亮度的有效途径，把研发的重点转向了带有光子晶体的 LED 上，Luminus 公司仅在 2006 年度，就在美国获得了 6 项基于光子晶体光源理念的专利[7]。

但是，现有的半导体二维光子晶体的加工技术还是以电子束曝光和干法刻蚀为主。依靠现有的技术难于实现大规模生产要求，必须寻找新的，更快捷，廉价的方法。如今，人们正在尝试纳米压印（Nanoimprint）技术应用于 LED 的生产。Nanoimprint 技术是以传统的集成电路制作技术——光刻技术为基础的一种新技术。可以高精度、高重复度、大面积制作常规的微结构，模板可重复利用，具有简单、灵活、高效、廉价的特点。

Imprint 技术应用于 LED 上首先是在有机发光二极管实现的，2004 年，斯坦福大学利用该技术在有机 LED 上压印了纳米尺度光栅提高了有机 LED 的光提取效率[8]。2006 年，韩国 Gwangju 科学技术研究所利用压印技术在 GaN 基 LED 的 ITO 电极上得到了一维、二维的光栅结构。同年，韩国 LG 公司

LED研发实验室实现了在GaN基LED芯片上大面积压印光子晶体结构[9,10]。目前压印技术已经受到LED业界的重视。

(a)为在LED表面制备了光子晶体的地方和原始表面在电注入下发光状况的比较

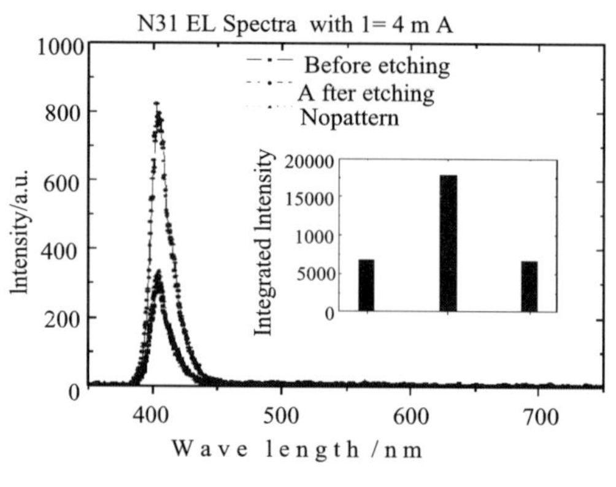

(b)发光强度测量结果的比较

图8

Molecular Imprints公司和Mesophotonics公司都报道了利用e-beam得到的模板实现可重复的高分辨率压印[11,12]。Molecular Imprints公司利用压印技术得到的产率达到20片/h,外延片只增加成本20美元/片(0.01美元/mm^2)。北京大学宽禁带半导体研究中心利用纳米压印技术制备的LED结构及测试效果如图9所示,出光效率提高74%。

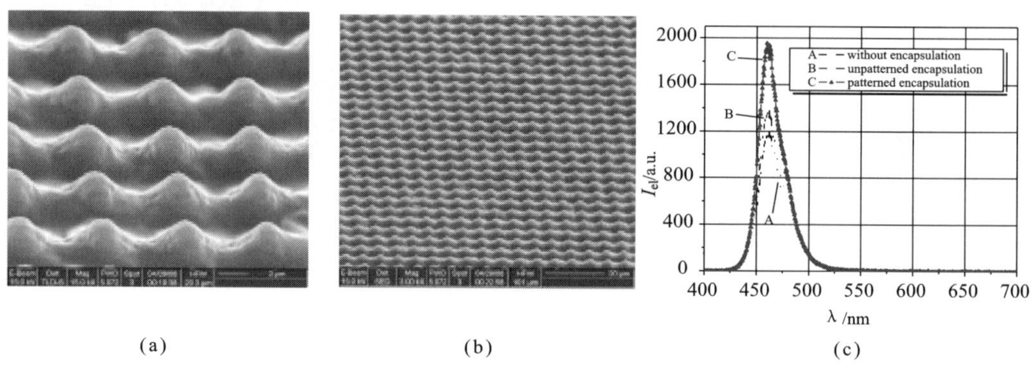

(a) (b) (c)

图9 (a)和(b)分别为采用纳米压印技术制备的图形表面,(c)为测试效果图

另外图形衬底与表面粗化和光子晶体相似,也是提高出光效率的有效途径。表面粗化,图形衬底目前已经在产业化生产方面广泛应用,但是纳米压印光子晶体技术,还处于研发阶段,其良好的可控性和可重复性,以及独特的光学特性,将在今后大功率LED的发展中起到重要作用。

三、增加散热效果的倒装焊结构LED芯片(flip-chip LED)

对于常规的GaN基LED,如图10a所示,由于p型GaN的高电阻率(约1Ω·cm),为使电流在器件内充分扩展,通常会采用半透明的Ni/Au电极或ITO等透明电极作为电流扩展层[13]。有源层发出的光从p-GaN出射,光在穿过半透明的p型电极时会引起吸收,从而强烈限制器件的外量子效率。但为了减少对出射光线的吸收,电流扩展层的厚度被限制在几个纳米,这又使得电流不能够得到充分的扩展,降低了器件的电学性能。常规结构LED必须通过导热性不好的蓝宝石与热沉连接,使得热学性能降低,更加降低了器件的性能[14]。因此,传统结构的GaN基LED在电学、光学以及热学性质上都没有达到最优化结构,特别是对于大功率器件,问题更加突出。

近年来,倒装结构(flip-chip)[14,15]LED的提出解决了电流扩展与出光效率矛盾的问题,为LED器件设计提供了一种新的方案。如图10(b)所示,倒装结构LED是将LED器件翻转键合在导热衬底上,换由高反射率的金属沉积在外延层表面，既充当 LED 器件的 p 电极，同时又作为器件反射镜。在这种结构中，大部分光从蓝宝石面射出，而不再从 p 面出射，从而不再需要经过对光有严重吸收的 p 型电流扩展电极[14]。倒装结构 LED 相较常规 LED，在电学、光学及热学性质上可望做出明显的改善。

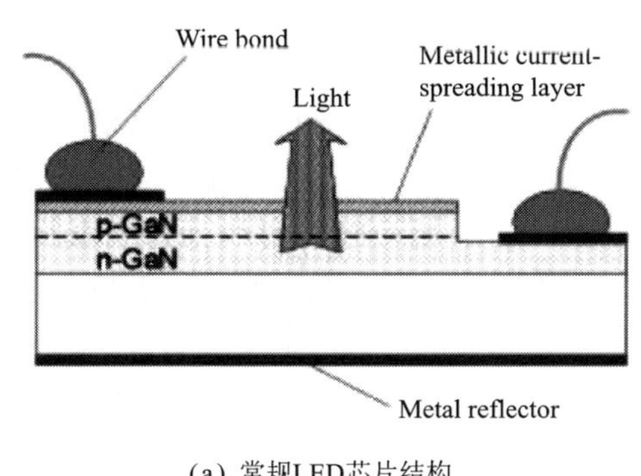

(a) 常规LED芯片结构

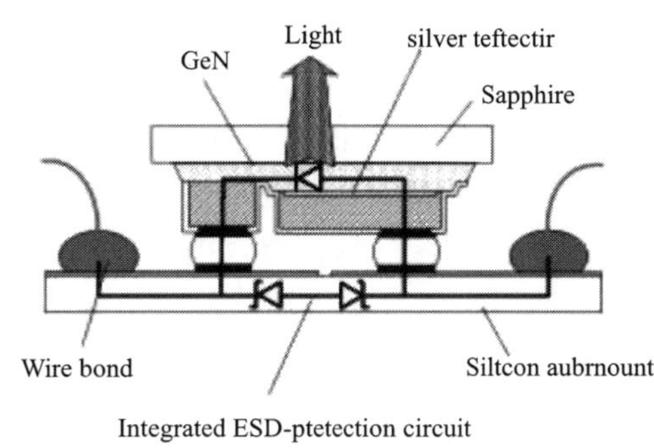

(b) 倒装焊芯片结构示意图

图 10

（一）电学：应用厚电极改善器件的电流扩展

倒装焊 LED 结构中，由于器件出光并不经过 p 型电极，也就不用考虑 p 电极对光的吸收，所以可以用厚的不透明的电极取代传统结构中的薄电流扩展层，这样可以使器件在高电流密度下工作时仍然有高的稳定性，改善器件内部的电流扩展。另外，倒装焊 LED 还有一个潜在优势，在于它可以与防静电保护电路，电子控制电路集成在同一 Si submount 上。这也是倒装焊 LED 的一个发展方向。

（二）光学：背面出光，减少了 p 电极对光的吸收，增加了外量子效率

倒装结构相较于传统结构 LED，外量子效率提高 10%以上[16]，它主要从三个方面提高出光效率：

(1) 倒装焊 LED 结构中的光通过蓝宝石衬底射出，避免了电极的吸收，同时向下的光被高反射率的 p 电极反射上来，提高了外量子效率。

(2) 有源层中的光通过折射率介于 GaN 和空气之间的蓝宝石射出，增加了出射光锥的立体角。

(3) 由于不涉及电极，蓝宝石出光面的粗化将比较容易，这将会进一步增加出光。

（三）热学：直接与热沉相连，提高了散热，提高器件的热稳定性及寿命

传统结构 LED 通过导热性不好的蓝宝石与导热衬底相连，散热性能不好。Flip-chip LED 导热热沉通过 n、p 电极直接与导热热沉相连，改善了器件的散热性能，使得器件可以在大电流下工作而不致因热累积而过早的失效，改善了器件的工作稳定性并提高了器件使用寿命。为 LED 大功率化提供了帮助。

倒装焊 LED 与传统结构 LED 相比其优越性体现在电流扩展、出光以及散热方面。因此，器件 p 电极接触电阻率，p 电极上反射镜的反射率，pn 电极的图形以及连接热沉的焊接材料热导率，散热热沉性质等就成了制约倒装焊 LED 结构发挥其优势的关键因素，如果材料选取或电极设计不当，器件性能可能会比传统结构更差。目前国内这方面的争论很多。倒装焊技术在 LED 方面的应用还需要在热沉材料，倒装结构和工艺上做进一步的研究。

四、激光剥离、垂直结构 LED 芯片[17~23]

衬底剥离技术(Lift-off)首先由美国惠普公司在 AlGaInP/GaAs LED 上实现，因为 GaAs 衬底使得 LED 内部光吸收损失非常大。通过剥离 GaAs 衬底，然后粘接在透明的 GaP 衬底上，可以提高近 2 倍的发光效率。GaN 基材料的激光剥离(LLO)技术是基于 GaN 的同质外延发展的一项技术，是美国 M. K. Kelly 等于 1996 年提出，利用 YAG 的 3 倍频激光剥离在蓝宝石衬底上氢化物气相外延(HVPE)生长的厚膜 GaN。1998 年 W. S. Wong 等利用 LLO 技术制备 GaN 基的 LED 和激光二极管，激光剥离工艺受

到了人们的广泛重视。

LLO技术是利用激光能量分解GaN/蓝宝石界面处的GaN缓冲层,从而实现LED外延片从蓝宝石衬底分离。激光剥离、垂直结构LED技术解决了传统蓝宝石衬底上GaN基LED存在的诸如散热,电流聚集以及出光效率低的一系列问题,是清除上述照明应用障碍的最有潜力的技术。首先,外延片转移到高热导率的热沉上,极大地改进了LED芯片的散热效率,降低LED的结温,结温的降低将大大提高LED的发光效率和可靠性,增加LED的寿命。其次,将传统的n,p电极做在同一面上改为垂直的电极结构,将带来以下的优势:①垂直电极改善了平面电极在大尺寸芯片中电流扩展的问题,将使得发光更加均匀,在有源层中的注入效率提高,有效提高发光效率;②将n面作为出光面,将有效改进p面透明金属电极挡光的问题,p面厚电极减小接触电阻和增加可靠性,同时n面半导体比较厚,可以在上面进行微纳加工,这些都将提高出光效率;③垂直电极还解决了台面刻蚀掉部分有源区,减少发光面积的问题,提高出光效率;④激光剥离技术由于减少刻蚀、磨片、划片等工艺,而且剥离出来的蓝宝石衬底可以重复运用,有效地节约工艺成本。

激光剥离、垂直结构LED具有高出光效率,可靠性,低工艺成本的特点,有可能取代现有的通用LED制备技术而成为主流技术。最近2～3年在GaN基LED器件工艺,物理研究方面,激光剥离、垂直结构技术的研究一直是个热点。主要研究报道集中在美国,台湾,韩国等国家和地区。美国UCSB S. Nakamura研究小组2004年报道了LLO技术结合表面粗化技术,将抽取效率提高2～3倍[1]。美国UC Berkeley W. S. Wong等则是LLO技术的开拓者,他们在1997～2001年的几年里,连续发表了LLO方面的文章,阐述了激光光斑的能量阈值,Pd-In bonding的机制,LLO工艺激光照射对GaN薄膜和LED光学、电学性能的影响,并在LLO Cu转移衬底上制备出连续波InGaN激光器。最近台湾,韩国,新加坡在LLO,垂直结构LED(VLED)方面的报道也较多。

LLO-VLED工艺包含三个关键步骤:外延片键合(wafer bonding),激光剥离和表面粗化。外延片键合是LLO工艺的一个主要难点,不同的研究组尝试了各种键合转移衬底材料和中间粘接材料。键合的转移衬底材料有Si、GaAs、AlN陶瓷、玻璃、聚合物、金属衬底等,而键合的中间材料有Pd/In、Au/Sn、Au、Ni、Ti/Au、In、Ag胶、有机胶体、SOI等。美国W. S. Wong等利用Pd/In在200℃左右的瞬态液相(TLP)反应生成坚固的,热稳定的$PdIn_3$合金,从而完成GaN LED外延片与Si转移衬底的键合,但是完成剥离的样品比较小,尺寸大约在几mm到1cm之间,剥离的LED漏电和串联电阻较大。S. Nakamura等人则利用Au/Sn合金来完成与Si的bonding,在280℃下Au/Sn形成合金,但是他们并没有报道剥离后的电学特性。他们还使用了Au来键合AlN陶瓷衬底,得到的*I-V*特性也不理想,他们认为是在做光子晶体的过程中引起的。Bonding使用Si衬底材料的较为广泛,所用的粘结材料还有有机胶,导电胶,Ti/Au,SOI等。台湾交通大学的W. C. Peng等利用有机胶的高透过率和金属点阵实现与Si的bonding,而且在LLO工艺之前,芯片单元之间已经分割开,最后制备成功的垂直结构LED热阻减少1.9倍,芯片亮度增加1.8倍,漏电和串联电阻也比普通工艺LED小。该大学的另一个小组C. F. Chu等人则报道LLO转移到Cu衬底,粘结材料有In、Ni等,它们的样品尺寸在1～1.5cm之间,他们报道了LLO-V-LED串联电阻较高。

台湾中兴大学的R. H. Horng等则尝试了许多bonding的工艺,他们最初的报道中使用的是导电胶,在150℃下N_2气氛中固化,低温bonding是为了保护Si衬底上的反射层。他们还使用Ti/Au热压的方法完成2英寸外延片与n型Si的Bonding。他们发展了电镀Cu的工艺,克服了金属衬底切割方面导致的漏电和低成品率的问题,同时又得到高热导率的衬底材料。他们先使用传统的工艺做出横向的p、n电极,激光剥离后,对n-GaN进行化学机械抛光,接着蒸镀Ag反射镜,然后选择性电镀60 μm的厚Cu做衬底,既提高了50%的发光效率,又省略了繁杂的切、磨、抛等工艺。目前报道的文献中许多已经使用电镀Cu的工艺。台湾成功大学的S. J. Wang等人则研究了电镀Ni作为转移衬底,因为Ni的机械强度更高,适宜做高温、大功率器件,他们制备的LLO-V-LED,发光效率提高2.3～2.7倍,而饱和电流则由普通芯片的120mA增加到520mA,增加了4.3倍。

激光剥离衬底是整个LLO工艺中另一个关键步骤,虽然许多文献报道他们通过激光剥离获得了改善的出光性能和散热特性，但是常伴随着串联电阻增加和漏电流的增加。C. F. Zhu 等报道当 GaN 缓冲层吸收紫外激光脉冲，温度加热到 900～1000℃时，GaN 将分解生成金属 Ga 和 N_2。目前使用的紫外激光器主要有 2 种，一种为准分子激光器，一种为 Q 开关 Nd：YAG 三倍频激光器。大部分研究小组使用的是 KrF 准分子激光器，波长为 248nm，脉冲宽度在 25～38ns 不等，对于脉冲的能量的报道并不十分一致，有一定结论的是低于能量阈值的脉冲不能成功剥离蓝宝石衬底，而能量过高将会损坏薄的 LED 外延层。W. S. Wong 等报道了 300mJ/cm^2 为其能量阈值，但是在这个能量照射下，GaN 虽发生了分解，仍与蓝宝石紧密相连，不能剥离，在 400mJ/cm^2 下则能够轻松剥离，外延片晶体质量没有变差，但在 600mJ/cm^2 下照射后，PL 谱发射峰变宽，RBS 沟道谱最小量子产额变大，在表面腐蚀掉 50nm 后，性能明显改善，在腐蚀掉 400nm 后，PL 峰宽，RBS 沟道谱最小量子产额则恢复到剥离前的状态，而 PL 峰位红移是因为剥离后 GaN 层应力得到弛豫，XRD 摇摆曲线的结果还发现剥离后的晶体质量得到改善。香港科技大学的 C. P. Chan 等发现激光剥离的分解 GaN 层（牺牲层）厚度与脉冲能量密度有关，他们计算 400mJ/cm^2 牺牲层厚度为 180nm，通过有限元方法和 GaN 的热学参数，在 GaN/蓝宝石界面 200nm 内，温度分布为 1070～1000℃，实验发现，400mJ/cm^2 能量密度下，电学 *I-V* 特性没有明显改变，而在 600mJ/cm^2 能量密度下，漏电流明显增加。C. F. Chu 等也发现了 600mJ/cm^2 能量密度下，结晶质量变差，漏电和串联电阻变大等现象。虽然如此，仍有许多研究组使用了 600mJ/cm^2 能量密度的脉冲，得到了较好的光学、电学效果，原因有几点：激光能量的标定不一致，许多研究小组已经把激光剥离损伤的非掺 GaN 层腐蚀去除了，外延层的样品的厚度，蓝宝石吸收及其和 GaN，空气的界面的散射不一样等。C. F. Chu 等还发现了剥离的气压对剥离的速度有影响，低压下剥离较快，在同一点激光脉冲照射下有累加效应等。

除了 KrF 准分子激光器外，Q 开关的 YAG 三倍频固体激光器也被应用，主要有美国 M. K. Kelly 小组和台湾 R. H. Horng 小组，固体激光器通过 Q 开关技术可以达到较高的脉冲能量，而且维护比较方便。除了激光器外，激光剥离系统的外设设备也很关键。激光的匀化系统，从准分子激光器出射的束斑并不是理想的矩形束斑，能量分布也不均匀。C. H. Chu 等报道了他们的激光匀化系统，束斑内的能量分布均匀性可以达到 5%以内，他们没有详细报道具体的光学结构。英国 BB 科技有限公司的 M2000 激光剥离系统的激光匀化部件包括两个透镜组，各含 9 个光学元件，它的基本原理是将光束在垂直光束方向上细分成很多小块，再将这些小块汇聚到一个矩形范围内，束斑的均匀性可以达到 3%，能量达到 80%。比较简单的方法是通过长焦透镜和光阑实现光束的整形，但是这种方法的均匀性比较差，且能量损失较大。激光扫描的方法也有不同的报道，S. Nakamura 小组和 W. S. Wong 等使用的是光栅移动来实现光束在样品上的扫描，束斑的大小从 0.03～0.25cm^2 不等。使用重装的自动样品位移台，也能完成样品的扫描，光斑的大小调节可以用 Cu 的掩蔽来实现，目前英国 M2000 和日本 JPSA-IX1000 激光剥离设备都是样品位移系统。我们在三维位移的基础上加上了角度的扫描，从而实现旋转扫描，这样对样品的损伤会降低。另外的扫描方式包括振镜扫描，主要是使用在 YAG 固体激光器系统里，通过线形光斑在样品上的照射也能实现激光剥离，我们的合作单位深圳大族激光目前已经使用该技术成功剥离了 2 in GaN 外延片。

激光剥离衬底的技术还包括外延片的工艺处理方面，大面积的激光剥离处理存在着激光束斑重叠的问题，这将容易引起局部质量的变劣，严重的将会引起微裂纹，直接导致漏电的产生或 LED 的损坏。目前台湾的交通大学 C. F. Chu 等和中兴大学的 R. H. Horng 等在激光剥离前用 ICP/RIE 刻蚀把整个有源层刻透，从而形成分立单元，在剥离过程中只要调整合适的束斑大小，就可以避免束斑重叠的问题。但是长时间的刻蚀是否对光学、电学性质产生影响，目前还没有研究，4～5μm 的深刻蚀成本也是需要考虑的问题。图 11 是上下电极垂直结构 LED 制备的主要工艺步骤[19]。图 12 垂直结构 LED 比传统结构 LED 的输出光功率提高八倍以上，而且在高注入电流密度下，垂直结构 LED 比传统结构 LED 的辐射波长的单色性和稳定性要更加优越，如图 13 所示。Compound Semiconductoe. net 2006 年 9 月报道了 SemiLEDs 关于垂直结构 LED 的研究进展。如图 14 所示，归一化发光效率提高近 30%，发光功率在 1000mA 下提高一倍，与蓝宝石相比，热导率提高近 10 倍，显示出巨大的优越性。作为最有潜力成为下一代主流的 LED 制备技术的激光剥离技术，目前虽然取得较大的进展，但是市场上还没有批量的产品出现。总体的技术还处于研发阶段，据目前报道的结果分析，LLO-V-LED 技术的主要趋势是：

(1) 逐片(chip by chip)剥离已经成为提高成品率和可靠性的关键。外延片的大面积剥离难以避免激光束斑重叠的问题。逐片剥离则要经济地解决剥离前芯片分割问题，目前可以实现的是干法刻蚀、激光划片和机械划片等方法。但是芯片分割后的 Si 衬底金属 Bonding，或电镀金属衬底可能是难点。

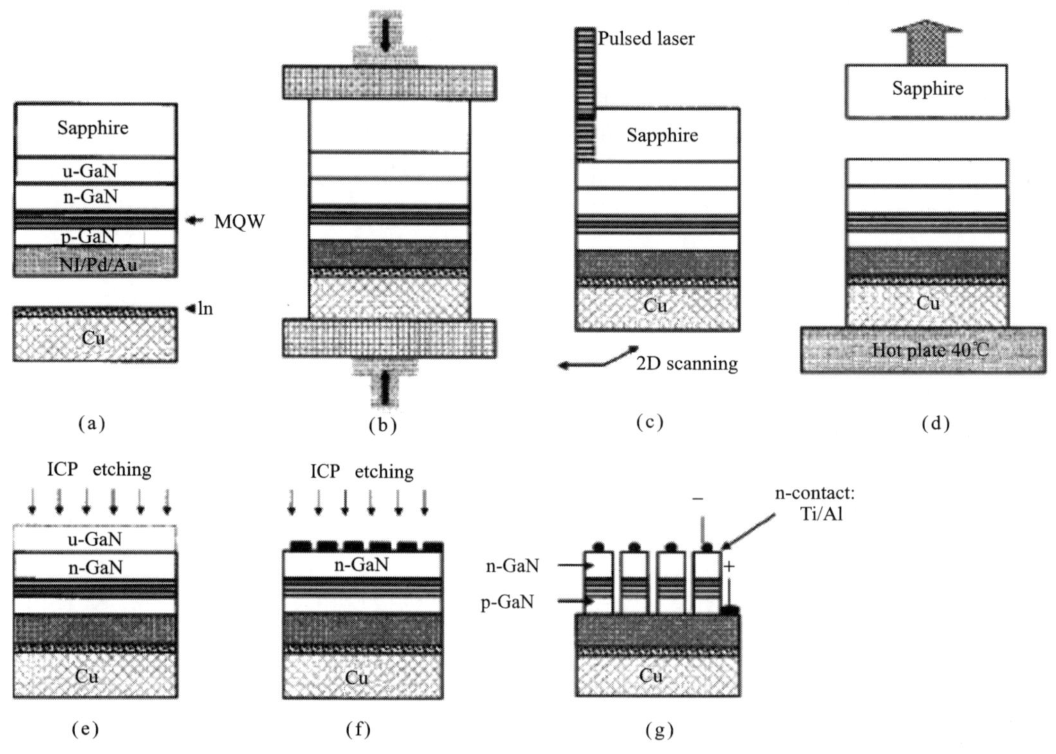

图 11 上下电极垂直结构 LED 制备的主要步骤

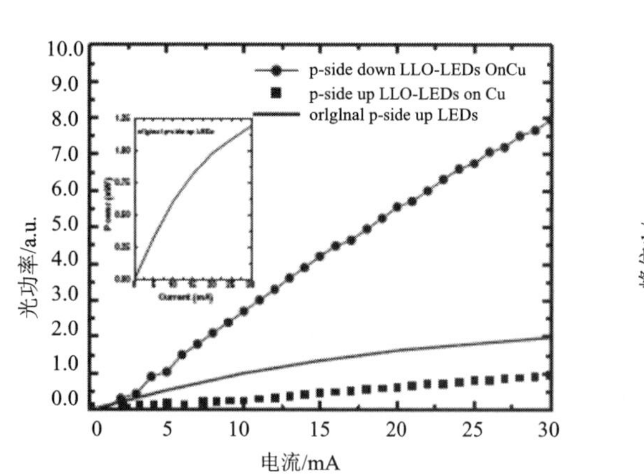

图 12 垂直结构和传统结构 LED 光功率-注入电流特性

图 13 垂直结构和传统结构 LED 峰位和注入电流关系

(2) 高质量、适合 LLO 工艺的 LED 外延片生长。包括选区生长，较厚 Wafer 的生长，电流扩展层的生长。生长的目的避开传统 LED 外延片在 LLO 中的弱点，发挥逐片剥离的优势。

(3) 低成本，高性能的 LED LLO 工艺设备研究，包括外延片键合设备和激光剥离设备，目前市场上的设备价格偏高，性能也没有经过大规模量产的检验。

(4) 电镀 Cu 的转移衬底技术需要完善，包括与 p 电极反射镜的接触，蘑菇形状的消除，以及诱导裂片工艺的完善。

(5) 表面粗糙化的研究，来提高发光效率，ODR 和 SP 等新型的出光结构，大幅度地提高出光效率。

(6)高可靠性,长寿命激光剥离 LED 的研制,包括各种老化机制的研究,更高散热效率的转移衬底的研究等。

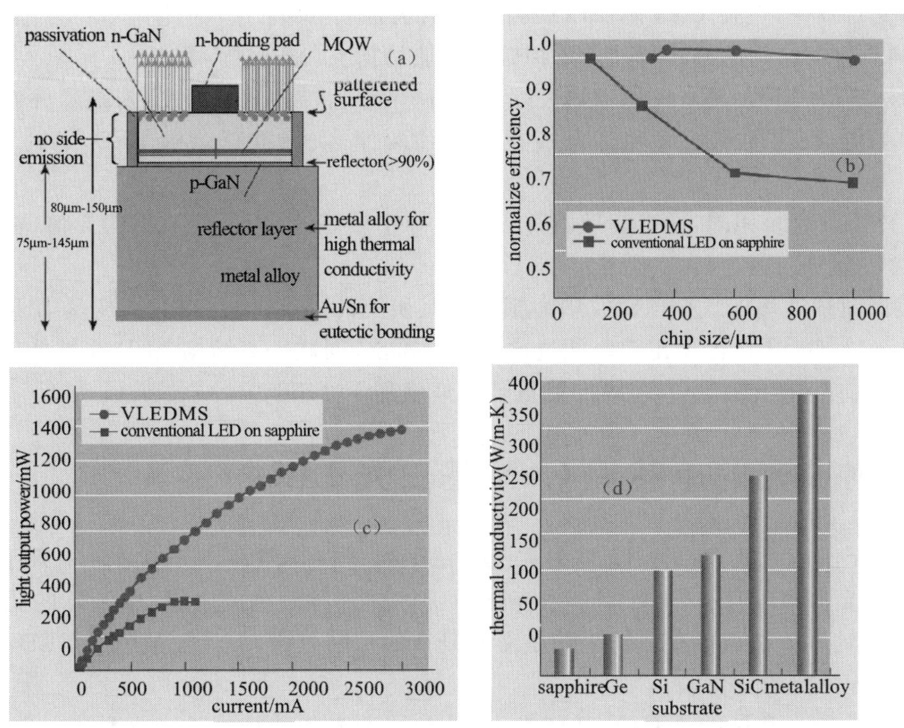

图 14　(a)垂直 LED 的结构,(b)归一化发光效率,(c)发光功率,(d)衬底材料的热导率

五、提高内量子效率的同质衬底结构 LED

目前GaN基半导体发光二极管(LED)大都是在大晶格失配和热失配衬底上制备的,如蓝宝石

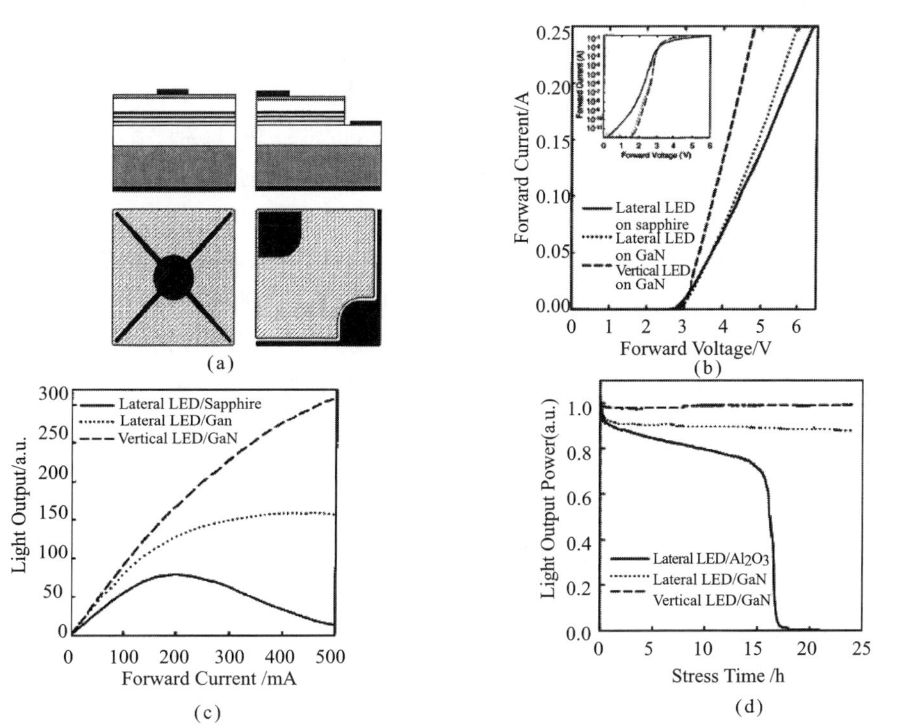

图 15　(a)GaN 衬底上的垂直结构 LED 和蓝宝石衬底上侧向结构 LED 的截面图和俯视图,(b)相应 LED 的正向 *I-V* 特性,(c)相应 LED 的 *P-I* 特性,(d)相应 LED 的寿命老化特性

(sapp-hire)、SiC、Si 等衬底上，造成器件样品的生长中存在开裂、弯曲、高位错密度等问题，使得有源层的位错密度非常高，严重地影响了器件的发光性能和寿命，而且由于存在自发极化和压电效应，产生静电场降低了 LED 的发光效率，使得 GaN 基 LED 器件性能的提高出现瓶颈，因此在 GaN 衬底上进行同质外延前景诱人。同质衬底结构的 GaN 基 LED 相较于异质结构有以下几个优点：

(1)衬底和外延层之间无晶格失配和热失配，有效降低了器件的缺陷密度，提高器件性能。

(2)GaN 可导电，使用同质衬底允许电极置于芯片两侧，实现垂直结构 LED，芯片尺寸减半，降低成本。

(3)衬底与外延层材料相同，便于解理。GaN 的热导率较好，大约为蓝宝石的 5 倍，在大面积大功率器件中有利于解决散热问题。

2004 年，美国纽约通用电气全球研究中心报道了其研究的同质垂直结构 GaN 基 LED 的性能[24]，并与传统的 sapphire 衬底 LED 做了比较。通过比较可以看出，同质垂直结构 LED 在性能上有更小的串联电阻，更好的电流扩展和散热，500mA 时的能量转化率增加了 28 倍。

六、直接发射白光的单芯片 GaN 基白光 LED

目前，国内乃至国际上实现白光 LED 的主流方法仍然是以下两种。其中之一是采用 GaN 基蓝光、绿光和 GaAs 基红光 LED 构成三基色完备发光体系。把这三种颜色的 LED 按一定的比例封装在一起就可以得到白光。这种方法可能存在的问题是需要复杂的控制电路，而且三基色的 LED 光衰不一样，也会导致色度，色温等性能的变化。

另外一种，也是最为常见的是 GaN 基蓝光 LED 利用荧光粉转换方法。这种方法是在高亮度 GaN 基蓝光 LED 的表面均匀涂抹荧光粉，LED 辐射出峰值为 460nm 左右的蓝光，而部分蓝光激发荧光粉发出峰值为 570nm 左右的黄绿光，与另一部分透射出来的蓝光通过微透镜聚焦组成白光。类似于蓝光激发荧光粉的方法，还有用 GaN 基紫外光 LED 辐射的紫外光去激发 RGB 三基色荧光粉得到白光的方法。这些方法存在的主要问题是由于低掺杂效率和低量子效率[25]，以及荧光粉的退化等问题，会影响白光 LED 的退化。毫无疑问，最好的方法是直接发射宽带谱的白光 LED。

隧道级联多有源区发射白光是其中的一种方式。宽带隙Ⅲ-Ⅴ族材料可以通过调整有源区的材料组分或者量子阱的宽度来调整发射波长。级联多有源区合成白光的方法就是基于此原理，将发射不同波长的有源区级联生长，中间通过反向隧道结连接，出射的多个单波长合成后产生白光。电注入后，载流子在第一个有源区复合发出一种波长的可见光后，在电场作用下从价带隧穿过隧道结从而进入下一个有源区的导带，继续复合发出另一种波长的可见光[26]，如果两个有源区发出的两种可见光是互补色，那么合成后就能产生白光。

C. H. Chen 等报道了一种可以得到白光 LED 的方法[27]。这种方法的具体结构是在同一块蓝宝石衬底上用 MOCVD 的方法生长两个 InGaN/GaN 的 LED，它们分别是蓝光 $In_{0.2}Ga_{0.8}N$ 和绿光 $In_{0.49}Ga_{0.51}N$/GaN的 LED，具体结构如图 16 所示。这个“集成的”白光 LED 芯片的面积是一般 LED 芯片面积的 6 倍，达到 2.1×2.1mm^2。由于其结构类似 pnpn 半导体闸流管，为了避免这种“寄生”效应，设计者故意把 LED 的芯片面积做大。这样一来，LED 的驱动电流就也相应变大。这种白光 LED 的工作原理就是$In_{0.2}Ga_{0.8}N$和 $In_{0.49}Ga_{0.51}N$/GaN 分别辐射的蓝光(445.8nm)和绿光(515.3nm)，图 17 是级联型 GaN 基白光 LED 的电致发光光谱结合成色坐标尾(0.2，0.3)的近白光，色温为 9000K。开启电压为 6.56V，在 120mA 驱动电流下(相当于正常面积 LED 的 20mA)，其输出功率和发光效率分别达到了 4.2mW和 8 lm/W。

由于单个有源区产生单色光的光谱很窄，要得到显色指数很好的白光，就需要级联多个有源区以获得丰富的光谱，那么有源区材料的组分就必须在大范围内变化，这样在外延生长芯片时就会面临晶格失配和应变等问题。另外，宽带隙有源区发出的光很容易被窄带隙有源区吸收。

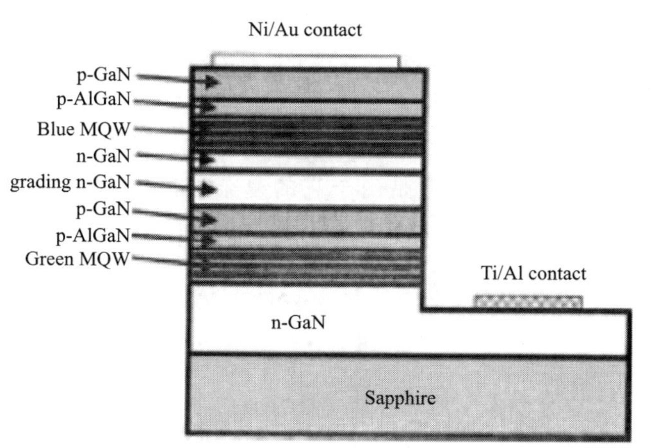

图 16 级联型 GaN 基白光 LED 的设计结

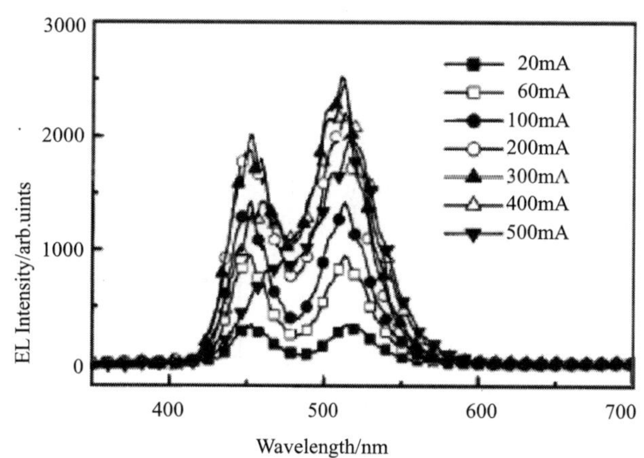

图 17 级联型 GaN 基白光 LED 的电致发光光谱

国内北京工业大学沈光地教授提出了将带有隧道结的红色 AlGaInP LED 与隧道结再生的蓝绿色 LED 通过芯片键合的技术连接，实现白光发射的芯片结构[28]。J. K. Shen 等提出用 Si 和 Zn 对 InGaN 进行同时掺杂制作白光 LED 的想法[29]，当在 GaN 中掺入Ⅳ、Ⅵ族元素作为替位式杂质时，Ⅳ、Ⅵ族元素能够分别接收和施放电子而形成受主能级和施主能级。施主能级位于离导带较近的禁带中，受主能级位于离价带较近的禁带中，它们之间的能级差小于禁带宽度。所以，当施主杂质电离产生的电子和受主杂质电离产生的空穴复合时就能发射长波长可见光。这个长波长可见光如果与导带电子和价带空穴直接复合产生的短波长的光合成就有可能产生白光。在 GaN 基化合物中 Si 将成为施主，而 Zn 将成为深能级受主，它们在禁带中形成的施主-受主对(DAP)发出 500～560nm 的黄绿色荧光。其设计结构如图 18 所示。Si 和 Zn 会发生施主-受主对相关的宽带辐射，而 InGaN 多量子阱 LED 发生带边辐射，二者结合就会产生白光。技术的关键是调节固溶体 $In_xGa_{1-x}N$ 的混晶比 x，调节有源层 Si 和 Zn 的掺杂浓度，以及控制恰当的注入电流。设计者在低于 20mA 的注入电流下得到了色坐标为(0.316，0.312)的白光。但是目前的水平表明其发光效率比 GaN 基蓝光 LED 激发荧光粉得到的白光的发光效率要小得多，注入电流为 10mA 的条件下，这种 LED 的外量子效率仅为 5 lm/W。而在同等注入电流下，一般的蓝光 LED 激励荧光粉的白光 LED 量子效率为 15～20 lm/W。其电致发光光谱如图 19 所示。

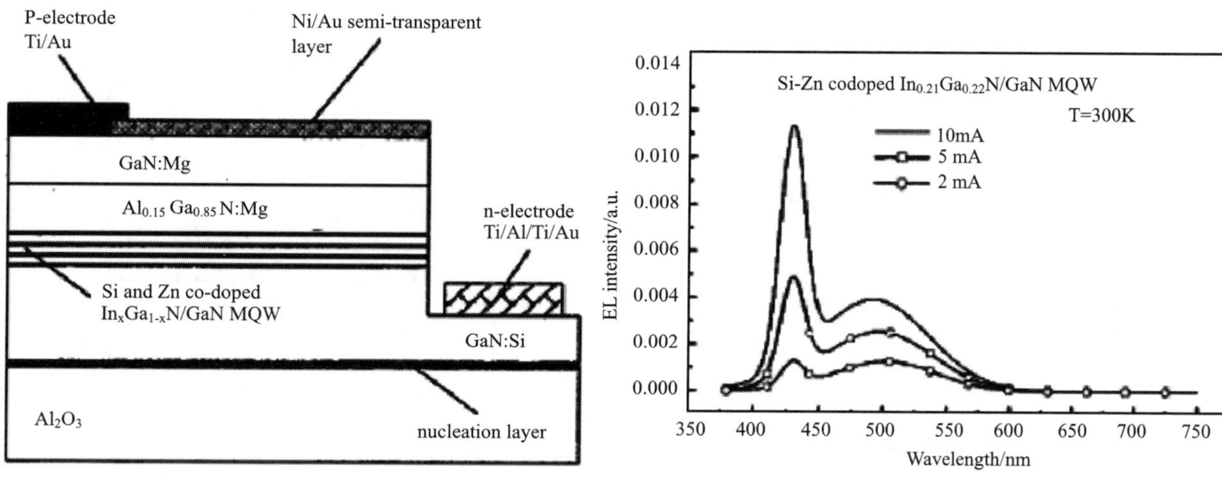

图 18 Si、Zn 共掺型 GaN 基白光 LED 的设计结构

图 19 Si、Zn 共掺型 GaN 基白光 LED 的电致发光光谱

1999 年，美国波士顿大学的 Xiaoyun Guo 等首先提出了光子再生白光 LED[30]。这种 PRS-LED 结构主要利用电注入后，有源区中产生的一部分光子又被有源区吸收，产生低能量光子的现象[31]。而光子再生白光 LED 正是利用这种现象。在 LED 芯片中生长一个有源层和一个荧光层，有源层中发出的部分短波长可见光被荧光层吸收，并发射长波长可见光，未被吸收的短波长可见光和长波长可见光合成产生

白光。这种 PRS-LED 在结构上主要包括一个 GaN 基蓝光 LED 和一块补充颜色的 AlGaInP 半导体。具体制作方法是:将生长于蓝宝石衬底上的 InGaN/GaN 蓝光芯片倒装,然后将移去吸光 GaAs 衬底的 AlGaInP 外延层与蓝宝石衬底键合。主有源区发射 470nm 的蓝光,部分蓝光被次有源层中的 AlGaInP 吸收,再发射出 630nm 的黄光,蓝光和黄光合成从而产生白光。利用蓝光 LED 在理论上发光效率超过了 300 lm/W,比一般的 LED 激发荧光粉得到白光的方法要高得多,但是由于它的复杂工艺以及许多不成熟的技术,目前实现了的发光效率还只有 10 lm/W[32]。

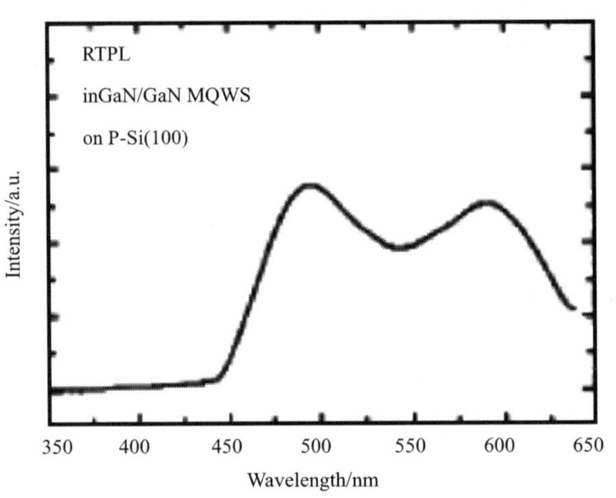

图 20 有源层、InGaN 相分离白光 LED 电致发光光谱

2001 年,韩国 Kwangju 理工学院的 Y. T. Moon 等通过有源层 InGaN 相分离的方式得到了如图 20 所示的类白光光谱曲线[33]。此方式的发光机理主要有两个,其一是在材料外延生长过程中控制生长温度,使 InGaN 薄膜自发分解成含 In 分别为 22%和 78%的两个热力学稳定相以及一个含 In 47%的热力学亚稳态相。这三种不同相由于含有不同的 In 材料组分而具有不同的禁带宽度,从而可发射不同波长的光。另一个形成白光的机理是在热退火过程中由于退火条件的不同,在 InGaN 阱层中形成不同尺寸的类量子点富 In 区,由于量子限制斯塔克效应而使波长产生红移现象,不同尺寸的量子点可发射不同波长的光。从实验中可以看到,形成白光的一个重要因素是相分离产生的量子点富 In 区。

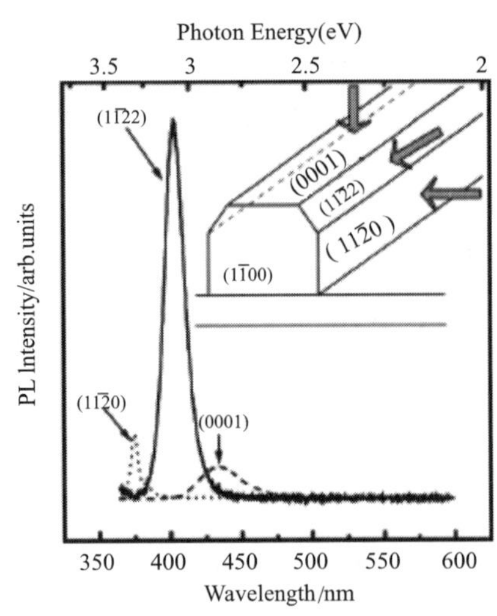

图 21 日亚实验小组在小面上生长量子阱的 PL 谱结果

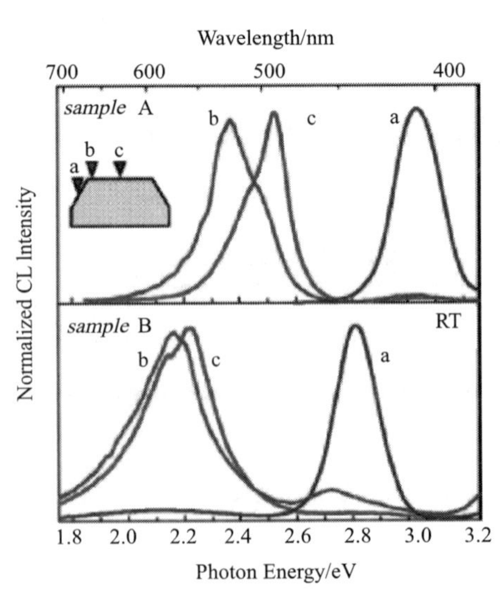

图 22 日亚实验小组在小面上生长量子阱的 CL 谱结果

2004 年，日本日亚公司的研究小组报道了他们在选区生长方面的新近成果[34]。他们的实验是在条形掩膜窗口选区生长 GaN 材料，通过控制生长条件，使外延得到的脊形 GaN 材料除 c 面外还拥有 $\{11\bar{2}2\}$、$\{11\bar{2}0\}$ 等生长小面，在这些晶面上生长 $In_xGa_{1-x}N/GaN$ 量子阱。通过对这些生长小面上的量子阱的一系列研究发现：在相同生长条件下，不同小面上量子阱的发光波长有显著的差异[34,35]；生长过程中在各个晶面上生长增原子的扩散迁移率不同，造成同一生长小面上的量子阱的不同区域的发光波长也不同。如果在脊形的上表面生长 InGaN/GaN 黄光量子阱，则在小面上会生长出波长在蓝光波段的量子阱，同时在两个面的交界处还会出现一个富 In 区，此区域可以发出波长更长的辐射光。进一步的实验表明，通过控制条形掩膜区在外延片中的面积比例，可以得到色坐标为(0.318，0.262)的白光芯片[36]。

实验得到的光谱图，如图 23 所示。此外，由于 GaN 基半导体是一种极性材料，不同小面的极性不同，极化场强度也不同，(11-12)面上量子阱的量子效率比(0001)面上高出数倍[34,37]。

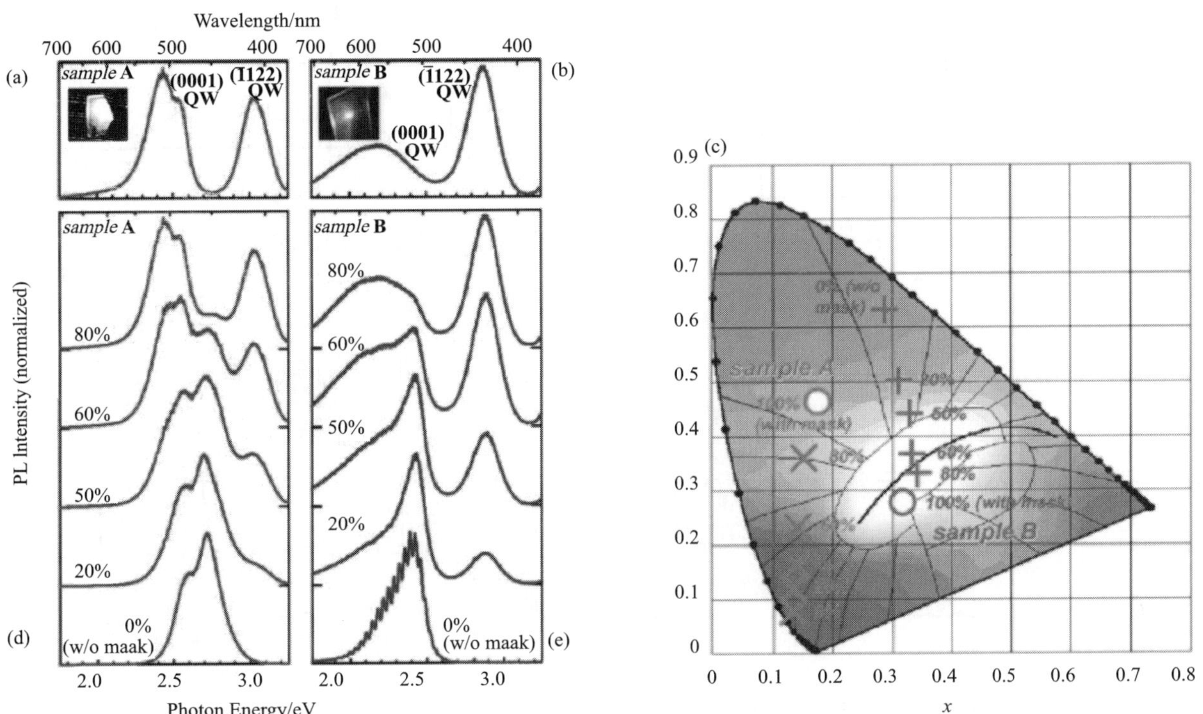

图 23 日亚小组白光芯片实验样品的光谱图((a)和(b)分别是两个样品的光致荧光光谱，(c)是样品所发光的色坐栏)

对于非极性 GaN 基 LED，2005 年，Shuji Nakamura 和他的加州大学圣巴巴拉分校(UCSB)的研究团队在生长无极性(nonpolar)和半极性(semipolar)GaN 晶体薄膜方面取得了重要进展，该团队希望借此提高蓝光 LED 和 LD 的效率。所开发的新型 GaN 晶体薄膜之所以如此重要，是因为 GaN 六方结构的某些晶面能减小甚至消除极化场的影响，而正是这些极化场的存在，降低了电子-空穴对的正常复合几率。基于无极性和半极性 GaN 晶体薄膜的器件有如下的潜在优势，包括：更高的量子阱复合效率、更高的 p 型掺杂效率、更低的开启电压，或者说更低的阈值电流密度，而且从 LED 发出的光可设计为偏振光。经过合适的结构，半极化晶面上的量子阱对应的极化场为零，如非极性晶面。采用这种新的晶体结构，在 p 型掺杂层，发光器件的阳极电阻更低，而低阻会导致更低的焦耳热和更高的发光效率[38~42]。

七、液晶显示背光源用 GaN 基偏振光-LED

(一) 稀磁半导 GaMnN 基 LED

1999 年，H. Ohno 等在 Nature 上发表自旋发光二极管元件，包含了Ⅲ-Ⅴ稀磁性半导体的异质结构，结果表明 GaAs spacer 层厚度在 200nm 内，极化不依赖空间层厚度和注入电流密度，在低于居里温度以及磁场为零时，可清楚地测量到两重极化状态，证实在零磁场下有自旋注入的产生，根据选择定则，可以得到直接的偏振光发射。

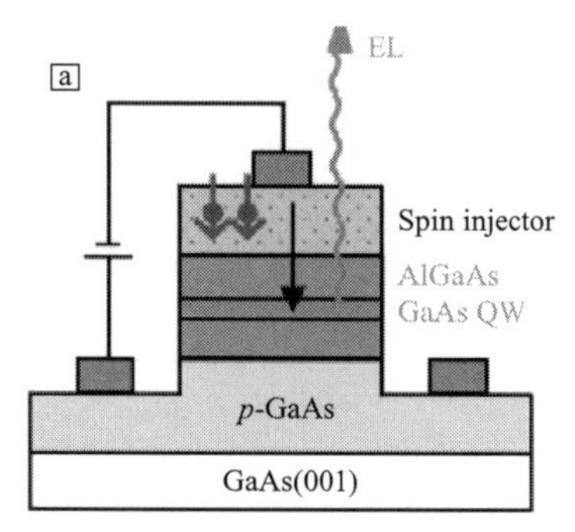

图 24 GaAs/AlGaAs 多量子阱结构的自旋注入偏振光 LED 结构

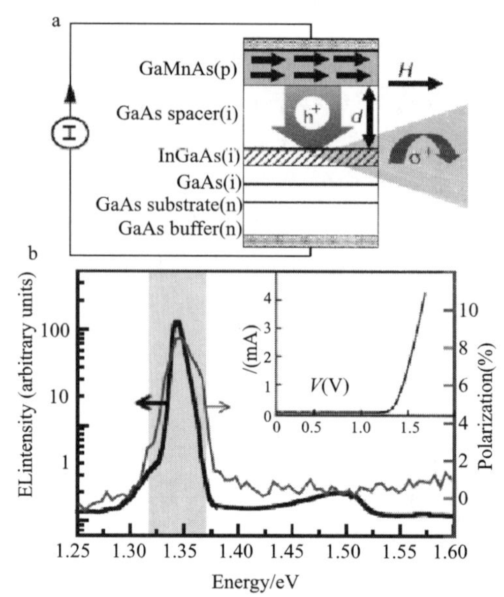

图 25 自旋电子注入与偏振光发射(a),偏振度测量结果(b)

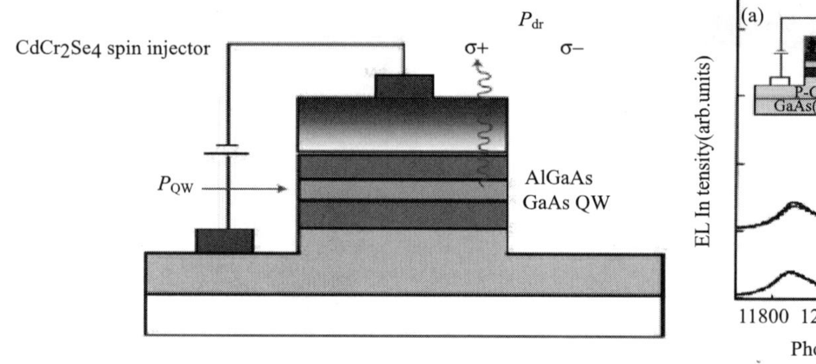

图 26 铁磁材料形成的自旋电子注入 LED 结构及得到的偏振光 LED 结果

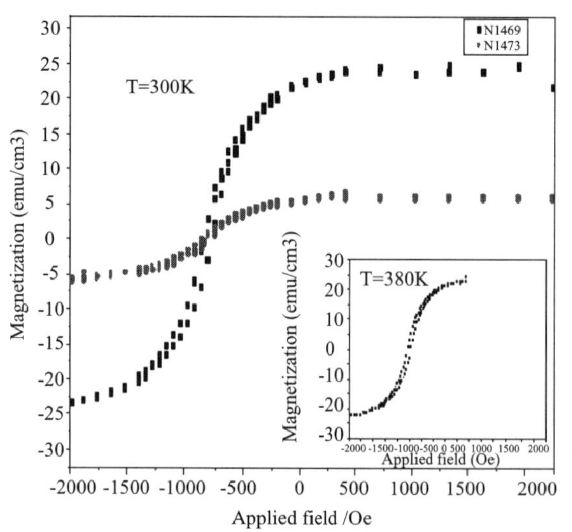

图 27 MOCVD 生长 GaMnN 稀磁材料的磁滞回线

2001 年，M. L. Reed 等通过热扩散的方法获得了室温铁磁性 GaN：Mn 材料之后[43]，在 GaN/InGaN LED的发展中，稀磁材料 GaMnN 为将来自旋电子学器件的发展提供了很好机遇。同时由于在此材料中自旋-轨道相互作用较弱而使自旋寿命较长(20ns)，这种情况下更使器件应用成为可能。

我们在 2005 年采用 MOCVD 方法，制备了 Mn 含量为 3.8%的 GaMnN 材料，居里温度达到 380K(所使用的测量仪器的最高温度)，如图 27 所示。

为此，我们设计一些其他简单结构如 GaMnN/GaN：Mg 结构等来研究它们的性质，例如计算界面的自旋散射，注入效率等。在此基础上再设计自旋发光二极管。具体包括：磁学性质一方面通过生长方面来研究掺入 Mn 的含量和磁性的关系，是否是简单的正比关系，确立磁性和 Mn 杂质带的关系；通过采用新的掺杂方法如 δ 掺杂来提高磁性；另一方面通过退火等后步工艺来改善和研究磁性。

光学性质方面主要是在保证材料晶体质量前提下利用低温 PL 谱来研究 Mn 在 GaN 中形成的杂质能级或杂质中心，更进一步根据器件的发光偏振特性来进行自旋动力学研究。电学性质方面是通过掺杂的浓度和类型来研究，主要是 Mn、Mg 共掺的方法，寻找同时具有良好磁性和电性的最佳掺杂方法。

（二）不同材料和结构的 GaN 基 LED 偏振特性

由于六角密排晶格结构 GaN 在(0001)方向上存在自发极化和压电极化而产生内部晶格场，使其在光学及电学性质显著不同于其他半导体材料，在光学性质方面引起与偏振有关的自发发射。

对于 c 面 GaN，价带顶发生劈裂，在动量空间劈裂成由上到下三个带(K=0)(图 28)。电子由导带到最高价带的跃迁发出的光是 TE 模式的偏振光[44]。若偏振度 P 定义为

$$P=\frac{I_{E||x-}-I_{E||z}}{I_{E||x}+I_{E||z}} \tag{3}$$

Band Structure of Wurzite GaN

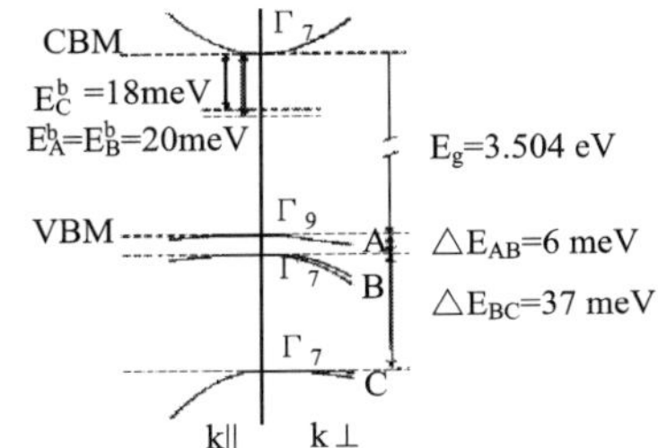

Tiansition	E||*c*	E⊥*c*
E*A*(Γ7C-Γ9*V*)	0	1
E*B*(Γ7C-Γ7*V*)	0.053	0.974
E*C*(Γ7C-Γ7*V*)	1.947	0.026

图 28 c 面 GaN，价带顶发生劈裂，在动量空间劈裂成由上到下三个带(K=0)

对 GaN 外延片在 $T=10\text{K}$ 的低温 PL 谱，得到偏振度 $P=0.8$[45,46]。对处于压应力状态下的 m-plane GaN 的能带结构，$T=5\text{K}$ 下得到 $P=0.9$，室温下理论计算及 PL 谱实验结果[47]如图 29 所示。

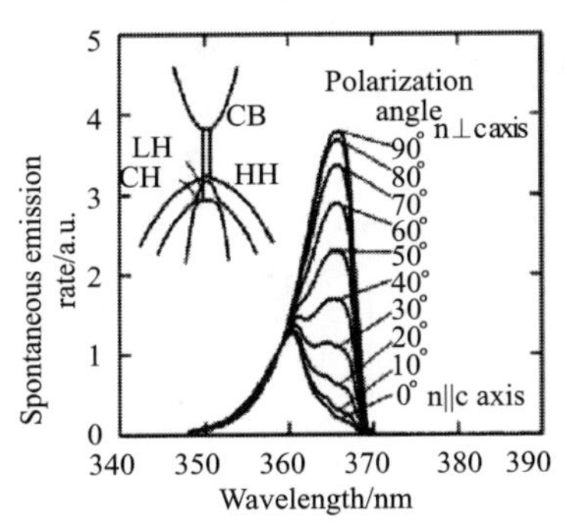

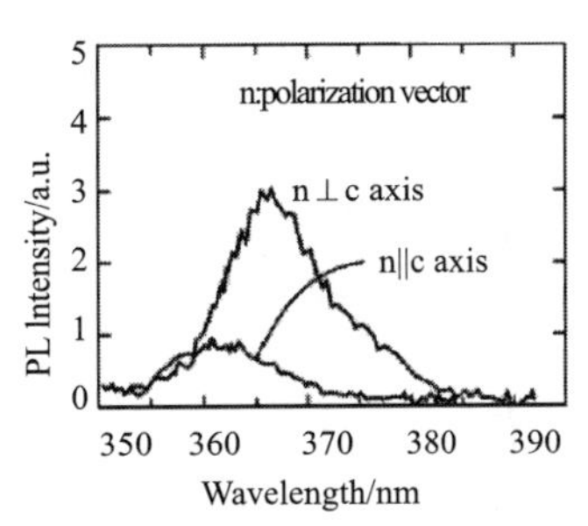

图 29 室温下理论计算及 PL 谱实验结果

GaN 与 AlN 的能带结构相近，主要区别在于价带劈裂后的三个带顶的对称性的顺序不同：对于 GaN 其顺序为 $\Gamma7\Gamma_9\Gamma7$，而对于 AlN 其顺序为 $\Gamma_9\Gamma7\Gamma7$。这种差别会导致两者发光特性上的巨大差异。由图可知，对于 GaN 电子由导带到最高价带的跃迁发出的光是 TE 模式的偏振光，对于 AlN 导带到最高价带的跃迁发出的光是 TM 模式的偏振光[46]。

LED 结构相对于 GaN 外延层的结构复杂的多，对于多量子阱结构同时存在自发极化场和压电场及量子阱和量子点效应的影响，其发光的偏振特性显著不同于 GaN 外延层 PL 谱的结果。在多量子阱结构中，HH，LH 及 CH 进一步发生能带劈裂，形成一系列子带。发光的选择定则为 C-HH1/LH1，为 TE 模式，C-HH2/LH2/CH1 为 TM 模式[48,49]。图 30 显示了量子限制效应对 LED 发光偏振度的影响，量子阱的空间尺寸对量子阱内的子带间距有较大的影响，进而对其发光的偏振态产生相应的影响[50]。

由于 LED 的发光偏振态与电子及空穴的波函数的空间分布有着直接的联系。对于 InGaN QD 其空穴的波函数存在两个集中分布的特殊方向：平行于 In-N 链的方向(垂直于 C 轴的方向)及平行于 C 轴的方向，其相应的跃迁分别对应于 TE 和 TM 模式。空穴的波函数主要分布在平行于 In-N 链的方向(垂直

于 C 轴的方向)上，因此其发光中 TE 模式的光是主要部分[51]。

对于 m 面 InGaN/GaN MQWs 发光偏振特性，如图 31 所示，活性层为 5×(6nm-thick InGaN/12 nm-thick GaN) MQWs 面发射，在室温下发光的线偏振度>90%[52]。

活性层为 5×(4nm-thick In0.17Ga0.83N/16 nm-thick GaN)MQWs 面发射在室温下发光的线偏振度>58%[53]。

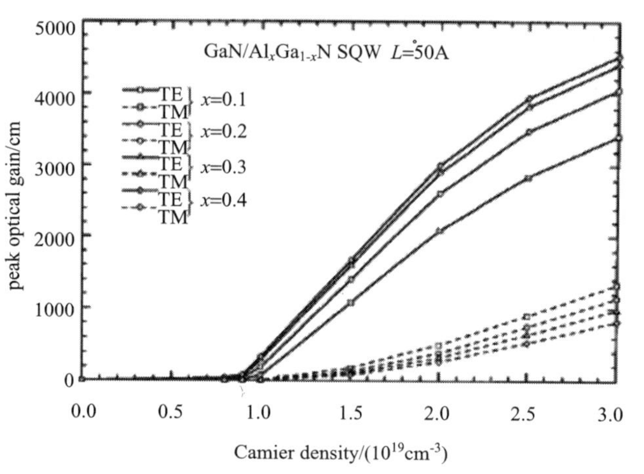

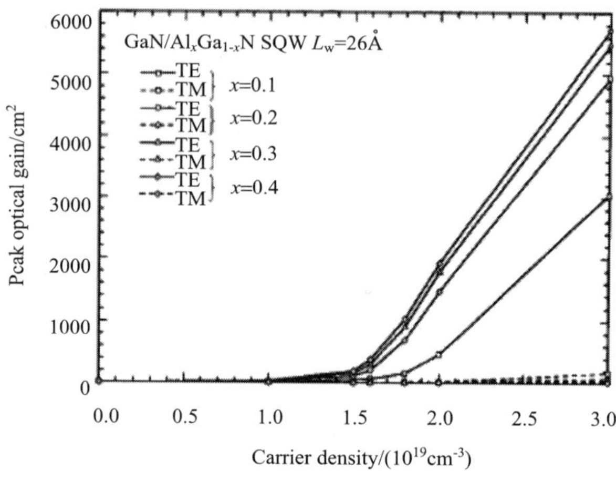

图 30 量子限制效应对 LED 发光偏振度的影响

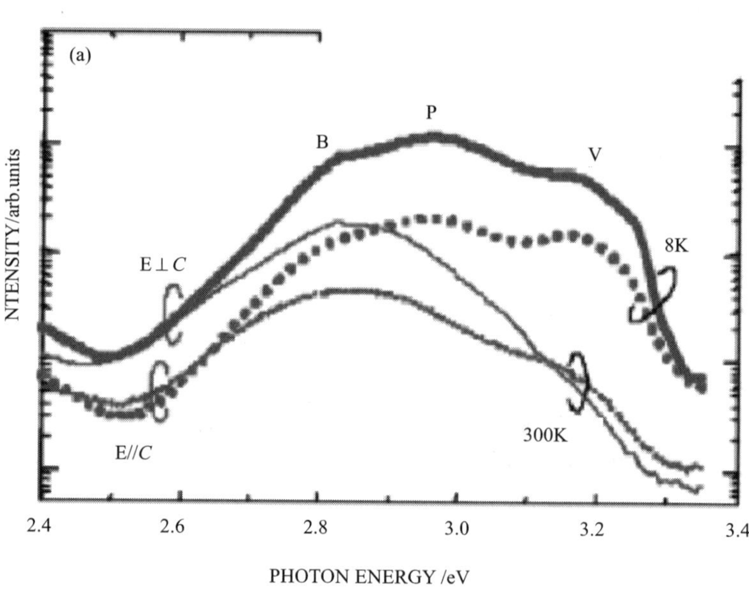

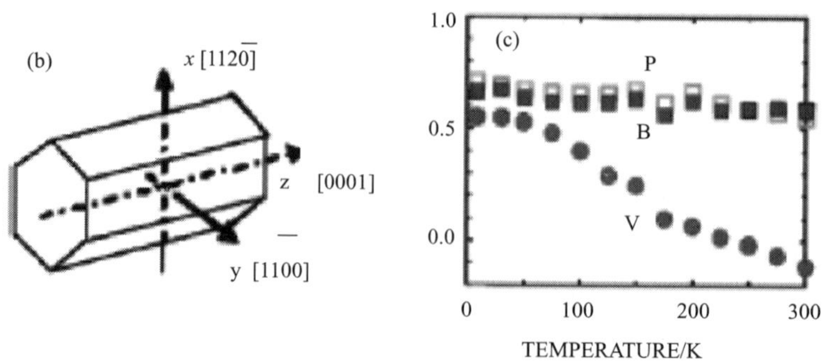

图 31 (a)m 面 InGaN/ MQWLED 外延片 8K、300K 时极化 PL 谱，(b)晶轴的定义，(c)V、P、B 发光峰的偏振率与温度的关系

八、小 结

综上所述，可以看出LED芯片发展呈现出多样化、系列化、专用化、集成化的发展趋势。未来作为照明光源用的理想的LED结构应当是在非极性面的GaN衬底上，制备的垂直结构，具有纳米压印的光子晶体结构，直接发射白光的大功率，长寿命，高亮度的白光LED。作为专用化系列产品的典型代表，应当是作为液晶背光源的偏振光LED，这种偏振光LED结构，除具有上述特征外，其偏振度应当大于90%，以使光源得到最大限度的应用，功耗最大限度地降低。

本文得到潘尧波，方浩，包魁，杨学林，孙永键，赵璐冰，贾传宇等人协助查阅文献资料，在此一并致谢。

参考文献

[1] Nakamura et al. , Appl. Phys. Lett. 84 (2004) 855

[2] E. Yablonovitch, Physical Review Letters58 (1987) 2059—2062

[3]M. Boroditsky, T. F. Krauss, R. Coccioli, R. Vrijen, R. Bhat, and E. Yablonovitch, Appl. Phys. Lett. 75, 01036 (1999)

[4]Alexei A. Erchak, Daniel J. Ripin, Shanhui Fan, Peter Rakich, John D. Joannopoulos, Erich P. Ippen, Gale S. Petrich and Leslie A. Kolodziejski, Appl. Phys. Lett. 78, 00563(2001)

[5] Hiroyuki Ichikawa and Toshihiko Baba, Appl. Phys. Lett. 84, 00457 (2004)

[6] Z. S. Zhang, B. Zhang, J. Xu, K. Xu, Z. J. Yang, Z. X. Qin, T. J. Yu, and D. P. Yu, Appl. Phys. Lett. 88, 171103 (2006)

[7]www. Luminus. com, Luminus NEWS:Luminus Devices Announces Issuance of Core Patents Covering Photonic Lattice Technology (October 16, 2006)

[8]Jonathan M. Ziebarth, Ameen K, Saafir, Shanhui Fan, and Michael D. McGehee, Adv. Mater. 14, 451 (2004)

[9]Hyun-Gi Hong, Seok-Soon Kim, Dong-Yu Kim, Takhee Lee, June-O Song, J H Cho, C Sone, Y Park and Tae-Yeon Seong, Semicond. Sci. Technol. 21, 594 (2006)

[10]Hyun Kyong Cho, Junho Jang, Jeong-Hyeon Choi, Jaewan Choi, Jongwook Kim, Jeong Soo Lee, Optics Express 14 (19), 8654 (2006)

[11] Rob Hershey, www. conpoundsemiconductor. net, imprinting technique offers lowcost photonic crystal LEDs (2006)

[12] Majd Zoorob and Gregory Flinn, LEDs Magazine Review, issue 8, Photonic quasicrystals boost LED emission characteristics (2006)

[13] Steranka FM, Bhat J , Colins D, et al. Phys. S tat. Sol. (a)194 (2) 38023881 (2002)

[14] Daniel A. Steigerwald, Jerome C. Bhat etc JOURNAL ON SELECTED TOPICS IN QUANTUM ELECTRONICS VOL. 8 No. 2 p310(2002)

[15] Masayoshi Koike, Naoki Shibata, Hisaki Kato, and Yuji Takahashi JOURNAL ON SELECTED TOPICS IN QUANTUM ELECTRONICS VOL. 8 No. 2 p271 MARCH/APRIL (2002)

[16] Wierie J J , Steigerwald D A, KramesM R, et al. Appl. Phys. Lett. 78 (22) 3379233811 (2001)

[17] S J Kim, Japanese Jpn. J. Appl. Phys. 44, 2921 (2005)

[18] D S Wuu, S C Hsu, S H Huang, C C Wu, C E Lee and R H Horng, Jpn. J. Appl. Phys. 43, 5239 (2004)

[19] C F Chu, C C Yu, H C Cheng, C F Lin and S C Wang, Jpn. J. Appl. Phys. , 42, L147 (2003)

[20] S J Wang, K M Uang, S L Chen, Y C Yang, S C Chang, T M Chen, and C H Chen, Appl. Phys. Lett. , 87, 011111 (2005)

[21] W K Wang, S Y Huang, S H Huang, K S Wen, D S Wuu and R H Horng, Appl. Phys. Lett. , 88, 181113 (2006)

[22] D W Kim, H Y Lee, M C Yoo and G Y Yeom , Appl. Phys. Lett. , 86, 052108 (2005)

[23] D W Kim, H Y Lee, N Cho, Y J Sung and G Y Yeom, Jpn. J. Appl. Phys. 44, 2005, L18 (2005)

[24] Applied Physics Letter,85,3971(2004)

[25] S Nakamura. III/V nitride-based LEDs and lasers: current status and future opportunities [C]//Electron Devices Meeting. 2000. IDEM Technical Digest. International. Dec. 2000

[26] 郭霞,沈光地,中国科学, 32 (2): 207 (2002)
[27] C H Chen, S J Chang, Y K Su, et al. IEEE Photon. Technol. Lett. 14(7): 908 (2002)
[28] 郭伟玲,沈光地,新材料, 127 (6) (2004) 19
[29] J K Sheu, C J Pan, G C Chi, et al. IEEE Photon. Technol. Lett. 14(4): 450 (2002)
[30] X Y Guo, J Graff, F E Schubert, IDEM Tech. Dig. , 600 (1999)
[31] N Tsutsui, J. Appl. Phys. 88(6): 3613 (2000)
[32] 方志烈,物理学和高新技术, 32 卷(5 期) 295 (2003)
[33] Y T Moon, D-J Kim, SPIE, 4445: 93 (2001)
[34] K. Nishizuka, M. Funato, Y. Kawakami, Sg. Fujita, Y. Narukawa and T. Mukai, Appl. Phys. Lett. , 85, 3122 (2004)
[35] M. Funato, T. Kotani, T. Kondou, Y. Kawakami, Y. Narukawa and T. Mukai, Appl. Phys. Lett. , 88, 261920 (2006)
[36] S. Srinivasan, M. Stevens, F. A. Ponce and T. Mukai, Appl. Phys. Lett. , 87, 131911 (2005)
[37] K. Nishizuka, M. Funato, Y. Kawakani, Y. Narukawa, and T. Mukai, Appl. Phys. Lett. , 87, 231901 (2005)
[38] Applied Physics Letter, 84, 3663(2004)
[39] Applied Physics Letter, 85, 5143(2004)
[40] Applied Physics Letter, 86, 111101(2005)
[41] Japanese Journal of Applied Physics, 44, L945(2005)
[42] Japanese Journal of Applied Physics, 44, L1329(2005)
[43] M. L. Reed, et al. , Material Letter, 51, 500(2001)
[44] G. D. Chen, M. Smith, J. Y. Lin, and H. X. Jiang Appl. Phys. Lett. 68 (20), 13 May (1996)
[45] Yue Jun Sun, Oliver Brandt, Manfred Ramsteiner, Holger T. Grahn, and Klaus H. Ploog, Appl. Phys. Lett. , Vol. 82, No. 22, 2 June 2003
[46] K. B. Nam, J. Li, M. L. Nakarmi, J. Y. Lin, and H. X. Jiang, Appl. Phys. Lett. 84, 5264 (2004)
[47] B. Rau, P. Waltereit, O. Brandt, M. Ramsteiner, K. H. Ploog, J. Puls, and F. Henneberger, Appl. Phys. Lett. 77, 3343 (2000)
[48] Kian-Giap Gan Appl. Phys. Lett. , Vol. 84, No. 23, 7 June 2004
[49] W. J. Fan, M. F. Li, and T. C. Chong J. Appl. Phys. 80 (6), 15 September 1996
[50] Yee Chia Yeo, T. C. Chong, Ming-Fu Li, and Wei Jun Fan IEEE JOURNAL OF QUANTUM ELECTRONICS, Vol. 34, No. 3, MARCH 1998
[51] T. Saitoa , Y. Arakawa, Physica E 15 (2002) 169～181
[52] N. F. Gardner, a! J. C. Kim, J. J. Wierer, Y. C. Shen, and M. R. Krames, APPLIED PHYSICS LETTERS 86, 111101 (2005)
[53] T. Koyama and T. Onuma, Appl. Phys. Lett. 89, 091906 (2006)

作 者 简 介

张国义 理学博士,北京大学物理学院教授,博士生导师。北京大学宽禁带半导体联合研究中心主任。中国物理学会发光分会理事;中国电子学会半导体与集成技术分会委员会委员,中国物理学会半导体专业委员会委员,硅材料国家重点实验室学术委员会委员,集成光电子联合国家重点实验室学术委员会委员。自 1993 年至今,一直从事Ⅲ-Ⅴ氮化物宽禁带半导体材料、器件和物理性能的研究。

大功率 LED 封装技术与发展趋势

刘 胜 陈明祥 罗小兵 甘志银
武汉光电国家实验室 MOEMS 研究部

摘 要

本文从光学、热学、电学、可靠性等方面,详细评述了大功率白光 LED 封装的设计和研究进展,并对大功率 LED 封装的关键技术进行了评述。提出 LED 的封装设计应与芯片设计同时进行,并且需要对光、热、电、结构等性能统一考虑。在封装过程中,虽然材料(散热基板、荧光粉、灌封胶)选择很重要,但封装结构中应尽可能减少热学和光学界面,从而降低封装热阻,提高出光效率。文中最后对 LED 灯具的设计和封装要求进行了阐述。

关键词: 固态照明 大功率 LED 白光 LED 封装

一、引 言

大功率 LED 封装由于结构和工艺复杂,并直接影响到 LED 的使用性能和寿命,一直是近年来的研究热点,特别是大功率白光 LED 封装更是研究热点中的热点。LED 封装的功能主要包括:①机械保护,以提高可靠性;②加强散热,以降低芯片结温,提高 LED 性能;③光学控制,提高出光效率,优化光束分布;④供电管理,包括交流/直流转变,以及电源控制等。

LED 封装方法、材料、结构和工艺的选择主要由芯片结构、光电/机械特性、具体应用和成本等因素决定。经过 40 多年的发展,LED 封装先后经历了支架式(Lamp LED)、贴片式(SMD LED)、功率型 LED (Power LED)等发展阶段。随着芯片功率的增大,特别是固态照明技术发展的需求,对 LED 封装的光学、热学、电学和机械结构等提出了新的、更高的要求。为了有效地降低封装热阻,提高出光效率,必须采用全新的技术思路来进行封装设计。

二、大功率 LED 封装关键技术

大功率 LED 封装主要涉及光、热、电、结构与工艺等方面,如图 1 所示。这些因素彼此既相互独立,又相互影响。其中,光是 LED 封装的目的,热是关键,电、结构与工艺是手段,而性能是封装水平的具体体现。从工艺兼容性及降低生产成本而言,LED 封装设计应与芯片设计同时进行,即芯片设计时就应该考虑到封装结构和工艺。否则,等芯片制造完成后,可能由于封装的需要对芯片结构进行调整,从而延长了产品研发周期和工艺成本,有时甚至不可能。

具体而言,大功率 LED 封装的关键技术包括:

(一) 低热阻封装工艺

对于现有的 LED 光效水平而言,由于输入电能的 80%左右转变成为热量,且 LED 芯片面积小,因此,芯片散热是 LED 封装必须解决的关键问题。主要包括芯片布置、封装材料选择(基板材料、热界面材料)与工艺、热沉设计等。

LED 封装热阻主要包括材料(散热基板和热沉结构)内部热阻和界面热阻。散热基板的作用就是吸收芯片产生的热量,并传导到热沉上,实现与外界的热交换。常用的散热基板材料包括硅、金属(如铝,铜)、陶瓷(如 Al_2O_3,AlN,SiC)和复合材料等。如 Nichia 公司的第三代 LED 采用 CuW 做衬底,将 1mm 芯片倒装在 CuW 衬底上,降低了封装热阻,提高了发光功率和效率;Lamina Ceramics 公司则研制了低温共烧陶瓷金属基板,如图 2(a)所示,并开发了相应的 LED 封装技术。该技术首先制备出适于共晶焊的大功率 LED 芯片和相应的陶瓷基板,然后将 LED 芯片与基板直接焊接在一起。由于该基板上集成了共晶焊层、静电保护电路、驱动电路及控制补偿电路,不仅结构简单,而且由于材料热导率高,热界面少,大大提高了散热性能,为大功率 LED 阵列封装提出了解决方案。德国 Curmilk 公司研制的高导热性覆铜陶瓷板,由陶瓷基板(AlN 或 Al_2O_3)和导电层(Cu)在高温高压下烧结而成,没有使用黏结剂,因此导热性能好、强度高、绝缘性强,如图 2(b)所示。其中氮化铝(AlN)的热导率为 160W/mK,热膨胀系数为 4.0×10^{-6}/℃(与硅的热膨胀系数 3.2×10^{-6}/℃相当),从而降低了封装热应力。

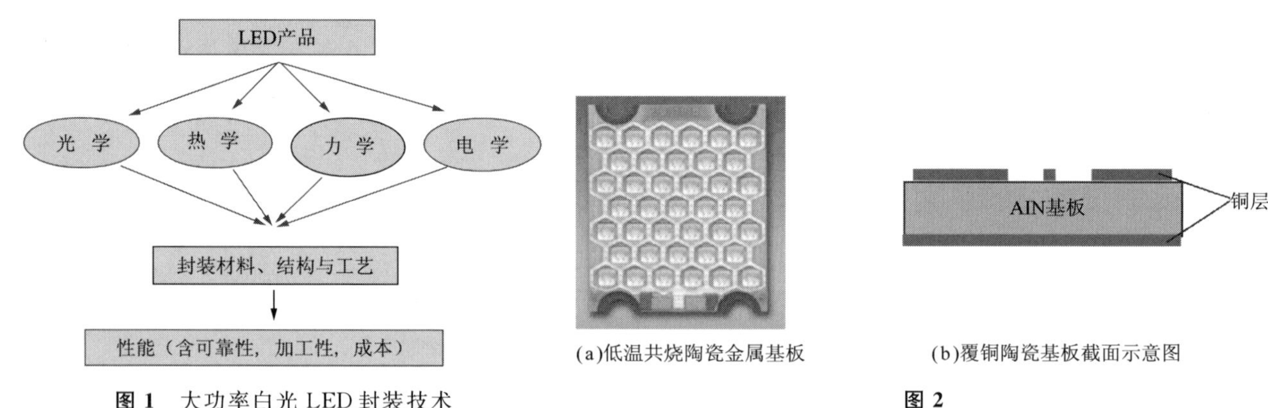

(a)低温共烧陶瓷金属基板

(b)覆铜陶瓷基板截面示意图

图 1 大功率白光 LED 封装技术

图 2

研究表明,封装界面对热阻影响也很大,如果不能正确处理界面,就难以获得良好的散热效果。例如,室温下接触良好的界面在高温下可能存在界面间隙,基板的翘曲也可能会影响键合和局部的散热。改善 LED 封装的关键在于减少界面和界面接触热阻,增强散热。因此,芯片和散热基板间的热界面材料(TIM)选择十分重要。LED 封装常用的 TIM 为导电胶和导热胶,由于热导率较低,一般为 0.5～2.5W/mK,致使界面热阻很高。而采用低温或共晶焊料、焊膏或者内掺纳米颗粒的导电胶作为热界面材料,可大大降低界面热阻。

(二)高取光率封装结构与工艺

在 LED 使用过程中,辐射复合产生的光子在向外发射时产生的损失,主要包括三个方面:芯片内部结构缺陷以及材料的吸收;光子在出射界面由于折射率差引起的反射损失;以及由于入射角大于全反射临界角而引起的全反射损失。因此,很多光线无法从芯片中出射到外部。通过在芯片表面涂覆一层折射率相对较高的透明胶层(灌封胶),由于该胶层处于芯片和空气之间,从而有效减少了光子在界面的损失,提高了取光效率。此外,灌封胶的作用还包括对芯片进行机械保护,应力释放,并作为一种光导结构。因此,要求其透光率高,折射率高,热稳定性好,流动性好,易于喷涂。为提高 LED 封装的可靠性,还要求灌封胶具有低吸湿性、低应力、耐老化等特性。目前常用的灌封胶包括环氧树脂和硅胶。硅胶由于具有透光率高,折射率大,热稳定性好,应力小,吸湿性低等特点,明显优于环氧树脂,在大功率 LED 封装中得到广泛应用,但成本较高。研究表明,提高硅胶折射率可有效减少折射率物理屏障带来的光子损失,提高外量子效率,但硅胶性能受环境温度影响较大。随着温度升高,硅胶内部的热应力加大,导致硅胶的折射率降低,从而影响 LED 光效和光强分布。

荧光粉的作用在于光色复合,形成白光。其特性主要包括粒度、形状、发光效率、转换效率、稳定性(热和化学)等,其中,发光效率和转换效率是关键。研究表明,随着温度上升,荧光粉量子效率降低,出光减少,辐射波长也会发生变化,从而引起白光 LED 色温、色度的变化,较高的温度还会加速荧光粉的老化。原因在于荧光粉涂层是由环氧或硅胶与荧光粉调配而成,散热性能较差,当受到紫光或紫外光的辐射时，易发生温度猝灭和老化，使发光效率降低。此外，高温下灌封胶和荧光粉的热稳定性也存在问题。由于常用荧光粉尺寸在 1μm 以上，折射率大于或等于 1.85，而硅胶折射率一般在 1.5 左右。由于两者间折射率的不匹配，以及荧光粉颗粒尺寸远大于光散射极限(30nm)，因而在荧光粉颗粒表面存在光散射，降低了出光效率。通过在硅胶中掺入纳米荧光粉，可使折射率提高到 1.8 以上，降低光散射，提高 LED 出光效率(10%～20%)，并能有效改善光色质量。

传统的荧光粉涂敷方式是将荧光粉与灌封胶混合，然后点涂在芯片上。由于无法对荧光粉的涂敷厚度和形状进行精确控制，导致出射光色彩不一致，出现偏蓝光或者偏黄光。而 Lumileds 公司开发的保形涂层(Conformal coating)技术可实现荧光粉的均匀涂覆，保障了光色的均匀性，如图 3(b)所示。但研究表明，当荧光粉直接涂覆在芯片表面时，由于光散射的存在，出光效率较低。有鉴于此，美国 Rensselaer 研究所提出了一种光子散射萃取工艺(Scattered Photon Extraction method，SPE)，通过在芯片表面布置一个聚焦透镜，并将含荧光粉的玻璃片置于距芯片一定位置，不仅提高了器件可靠性，而且大大提高了光效(60%)，如图 3(c)所示。

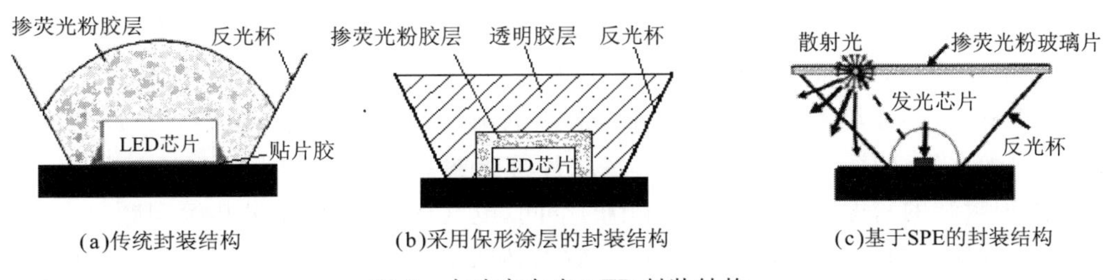

图 3　大功率白光 LED 封装结构

总体而言，为提高 LED 的出光效率和可靠性，封装胶层有逐渐被高折射率透明玻璃或微晶玻璃等取代的趋势，通过将荧光粉内掺或外涂于玻璃表面，不仅提高了荧光粉的均匀度，而且提高了封装效率。此外，减少 LED 出光方向的光学界面数，也是提高出光效率的有效措施。

（三）阵列封装与系统集成技术

经过 40 多年的发展，LED 封装技术和结构先后经历了四个阶段，如图 4 所示。

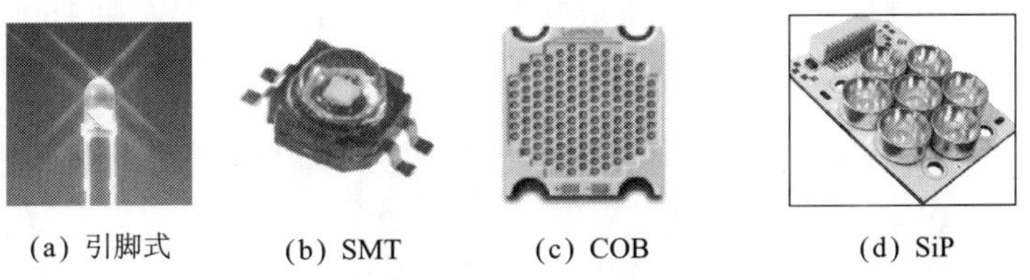

图 4　LED 封装技术和结构发展

1. 引脚式(Lamp)LED 封装

引脚式封装就是常用的 $\phi 3\sim 5$mm 封装结构。一般用于电流较小(20～30mA)，功率较低(小于 0.1W)的 LED 封装。主要用于仪表显示或指示，大规模集成时也可作为显示屏。其缺点在于封装热阻较大(一般高于 100K/W)，寿命较短。

2. 表面组装(贴片)式(SMT-LED)封装

表面组装技术(SMT)是一种可以直接将封装好的器件贴、焊到 PCB 表面指定位置上的一种封装技术。具体而言，就是用特定的工具或设备将芯片引脚对准预先涂覆了黏接剂和焊膏的焊盘图形上，然后直接贴装到未钻安装孔的 PCB 表面上，经过波峰焊或再流焊后，使器件和电路之间建立可靠的机械和电气连接。SMT 技术具有可靠性高、高频特性好、易于实现自动化等优点，是电子行业最流行的一种封装技术和工艺。

3. 板上芯片直装式(COB)LED 封装

COB 是 Chip On Board(板上芯片直装)的英文缩写，是一种通过粘胶剂或焊料将 LED 芯片直接粘贴到PCB板上，再通过引线键合实现芯片与PCB板间电互连的封装技术。PCB板可以是低成本的FR-4材料(玻璃纤维增强的环氧树脂)，也可以是高热导的金属基或陶瓷基复合材料(如铝基板或覆铜陶瓷基板等)。而引线键合可采用高温下的热超声键合(金丝球焊)和常温下的超声波键合(铝劈刀焊接)。COB技术主要用于大功率多芯片阵列的LED封装，同SMT相比，不仅大大提高了封装功率密度，而且降低了封装热阻(一般为6－12W/mK)。

4. 系统封装式(SiP)LED封装

SiP(System in Package)是近几年来为适应整机的便携式发展和系统小型化的要求，在系统芯片System on Chip(SOC)基础上发展起来的一种新型封装集成方式。对SiP-LED而言，不仅可以在一个封装内组装多个发光芯片，还可以将各种不同类型的器件(如电源、控制电路、光学微结构、传感器等)集成在一起，构建成一个更为复杂的、完整的系统。同其他封装结构相比，SiP具有工艺兼容性好(可利用已有的电子封装材料和工艺)，集成度高，成本低，可提供更多新功能，易于分块测试，开发周期短等优点。按照技术类型不同，SiP可分为四种：芯片层叠型，模组型，MCM型和三维(3D)封装型。

目前，高亮度LED器件要代替白炽灯以及高压汞灯，必须提高总的光通量，或者说可以利用的光通量。而光通量的增加可以通过提高集成度、加大电流密度、使用大尺寸芯片等措施来实现。而这些都会增加LED的功率密度，如散热不良，将导致LED芯片的结温升高，从而直接影响LED器件的性能(如发光效率降低、出射光发生红移，寿命降低等)。多芯片阵列封装是目前获得高光通量的一个最可行的方案，但是LED阵列封装的密度受限于价格、可用的空间、电气连接，特别是散热等问题。由于发光芯片的高密度集成，散热基板上的温度很高，必须采用有效的热沉结构和合适的封装工艺。常用的热沉结构分为被动和主动散热。被动散热一般选用具有高肋化系数的翅片，通过翅片和空气间的自然对流将热量耗散到环境中。该方案结构简单，可靠性高，但由于自然对流换热系数较低，只适合于功率密度较低，集成度不高的情况。对于大功率LED封装，则必须采用主动散热，如翅片＋风扇、热管、液体强迫对流、微通道致冷、相变致冷等。

在系统集成方面，台湾新强光电公司采用系统封装技术(SiP)，并通过翅片＋热管的方式搭配高效能散热模块，研制出了72W、80W的高亮度白光LED光源，如图5(a)所示。由于封装热阻较低(4.38℃/W)，当环境温度为25℃时，LED结温控制在60℃以下，从而确保了LED的使用寿命和良好的发光性能。而华中科技大学则采用COB封装和微喷主动散热技术，封装出了220W和1500W的超大功率LED白光光源，如图5(b)所示。

(a) 72W高亮度LED封装模块

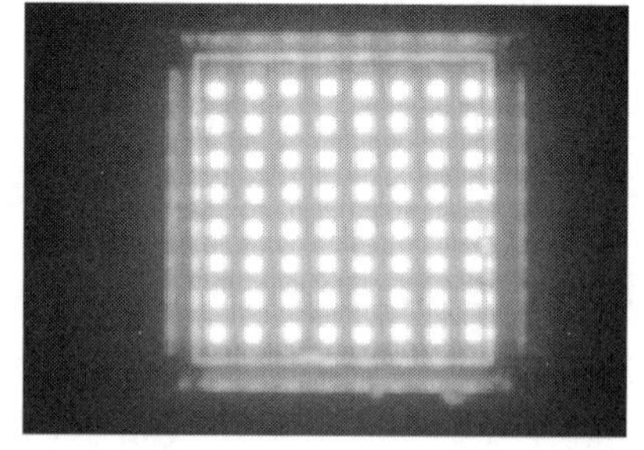

(b) 220W超大功率LED照明模块

图5

(四) 封装大生产技术

晶片键合(Wafer bonding)技术是指芯片结构和电路的制作、封装都在晶片(Wafer)上进行，封装完成后再进行切割，形成单个的芯片(Chip)；与之相对应的芯片键合(Die bonding)是指芯片结构和电路在晶片上完成后，即进行切割形成芯片(Die)，然后对单个芯片进行封装(类似现在的LED封装工艺)，如图6所示。很明显，晶片键合封装的效率和质量更高。由于封装费用在LED器件制造成本中占了很大比例，因此，改变现有的LED封装形式(从芯片键合到晶片键合)，将大大降低封装制造成本。此外，晶片键合封装还可以提高 LED 器件生产的洁净度，防止键合前的划片、分片工艺对器件结构的破坏，提高封装成品率和可靠性，因而是一种降低封装成本的有效手段。

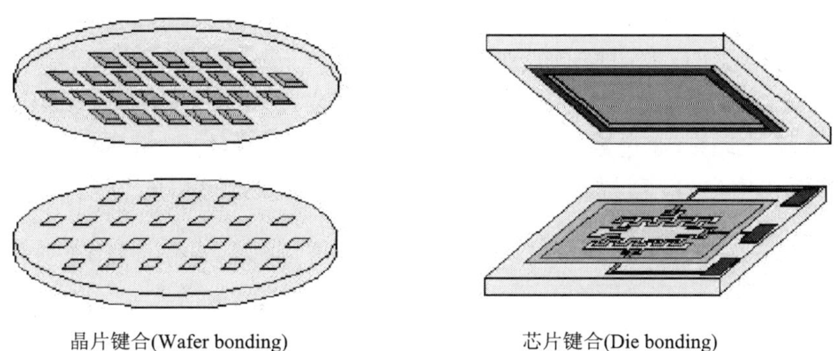

图 6　晶片键合与芯片键合封装对比示意图

此外，对于大功率 LED 封装，必须在芯片设计和封装设计过程中，尽可能采用工艺较少的封装形式(Package-less Packaging)，同时简化封装结构，尽可能减少热学和光学界面数，以降低封装热阻，提高出光效率。

（五）封装可靠性测试与评估

LED 器件的失效模式主要包括电失效(如短路或断路)、光失效(如高温导致的灌封胶黄化、光学性能劣化等)和机械失效(如引线断裂，脱焊等)，而这些因素都与封装结构和工艺有关。LED 的使用寿命以平均失效时间(MTTF)来定义，对于照明用途，一般指 LED 的输出光通量衰减为初始的 70%(对显示用途一般定义为初始值的 50%)的使用时间。由于 LED 寿命长，通常采取加速环境试验的方法进行可靠性测试与评估。测试内容主要包括高温储存(100℃，1000h)、低温储存(－55℃，1000h)、高温高湿(85℃/85%，1000h)、高低温循环(85℃～－55℃)、热冲击、耐腐蚀性、抗溶性、机械冲击等。然而，加速环境试验只是问题的一个方面，对 LED 寿命的预测机理和方法的研究仍是有待研究的难题。

三、固态照明对大功率 LED 封装的要求

与传统照明灯具相比，LED 灯具不需要使用滤光镜或滤光片来产生有色光，不仅效率高、光色纯，而且可以实现动态或渐变的色彩变化。在改变色温的同时保持具有高的显色指数，满足不同的应用需要。但对其封装也提出了新的要求，具体体现在：

1. 模块化

通过多个 LED 灯(或模块)的相互连接可实现良好的流明输出叠加，满足高亮度照明的要求。通过模块化技术，可以将多个点光源或 LED 模块按照随意形状进行组合，满足不同领域的照明要求。

2. 系统效率最大化

为提高 LED 灯具的出光效率，除了需要合适的 LED 电源外，还必须采用高效的散热结构和工艺，以及优化内/外光学设计，以提高整个系统效率。

3. 低成本

LED 灯具要走向市场，必须在成本上具备竞争优势(主要指初期安装成本)，而封装在整个 LED 灯具生产成本中占了很大部分，因此，采用新型封装结构和技术，提高光效/成本比，是实现 LED 灯具商品化的关键。

4. 易于替换和维护

由于 LED 光源寿命长，维护成本低，因此对 LED 灯具的封装可靠性提出了较高的要求。要求 LED 灯具设计易于改进以适应未来效率更高的 LED 芯片封装要求，并且要求 LED 芯片的互换性要好，以便

于灯具厂商自己选择采用何种芯片。

LED灯具光源可由多个分布式点光源组成,由于芯片尺寸小,从而使封装出的灯具重量轻,结构精巧,并可满足各种形状和不同集成度的需求。唯一的不足在于没有现成的设计标准,但同时给设计提供了充分的想象空间。此外,LED照明控制的首要目标是供电。由于一般市电电源是高压交流电(220V,AC),而LED需要恒流或限流电源,因此必须使用转换电路或嵌入式控制电路(ASICs),以实现先进的校准和闭环反馈控制系统。此外,通过数字照明控制技术,对固态光源的使用和控制主要依靠智能控制和管理软件来实现,从而在用户、信息与光源间建立了新的关联,并且可以充分发挥设计者和消费者的想象力。

四、小　结

LED封装是一个涉及多学科(如光学、热学、机械、电学、力学、材料、半导体等)的研究课题。从某种角度而言,LED封装不仅是一门制造技术(Technology),而且也是一门基础科学(Science),良好的封装需要对热学、光学、材料和工艺力学等物理本质的理解和应用。LED封装设计应与芯片设计同时进行,并且需要对光、热、电、结构等性能统一考虑。在封装过程中,虽然材料(散热基板、荧光粉、灌封胶)选择很重要,但封装结构(如热学界面、光学界面)对LED光效和可靠性影响也很大,大功率白光LED封装必须采用新材料,新工艺,新思路。对于LED灯具而言,更是需要将光源、散热、供电和灯具等集成考虑。

衷心感谢马泽涛、袁柳林、周波、陈伟、石雄、宋镜明、刘宗源、王恺、程婷等的辛勤工作与研究成果。

参考文献

[1] Mehmet Arika, Charles Beckerb, Stanton Weaverb, et al.. Thermal Management of LEDs: Package to System. Proc. of SPIE, Vol. 5187, 2004, 64～75

[2] Tim Whitaker. LEDs in the mainstream: technical hurdles and standardization issures. LEDs magazine, Oct., 2005, 11～13

[3] Bill Riegler and Rob Thomaier. Index-matching silicones enable high-brightness LED packaging. LEDs magazine, Feb., 2006, 19～21

[4] N. Taskar, R. Bhargava, J. Barone, et al.. Quantum Confined Atom based Nanophosphors for Solid State Lighting. Proc. of SPIE, Vol. 5187, 2004, 133～141

[5] Daniel A. Steigerwald, Jerome C. Bhat, Dave Collins, et al.. Illumination With Solid State Lighting Technology. IEEE Journal on selected topics in quantum electronics, Vol. 8, No. 2, 2002, 310～320

[6] Nadarajah Narendran. Improved Performance of White LED. Proc. of SPIE, Vol. 5941, 2005, 1～6

[7] 刘胜,陈明祥,罗小兵,甘志银,一种白色发光二极管芯片的制备方法,中国发明专利:200610029858.6(申请号),美国专利申请中

[8] 刘胜,罗小兵,用于发光二极管LED的微喷射流水冷却系统,中国发明专利:200510111104.0(申请号),中国实用新型专利:200520047169.9(申请号)

作者简介

刘胜　男,美国斯坦福大学博士。2002年5月～2005年12月受聘为科技部微机电系统(MEMS)重大专项总体专家组成员;2006年10月起受聘为科技部863计划半导体照明重大项目专家组成员;2004年10月受聘为华中科技大学“长江学者”特聘教授;现为华中科技大学特聘教授,微系统研究中心主任,武汉光电国家实验室微光机电系统(MOEMS)研究部主任。曾获美国白宫/NSF总统教授奖(1995年)、美国NSF青年科学家奖(1995年)、美国ASME青年工程师奖(1996年)、国际微电子及封装学会(IMAPS)技术贡献奖(1997年)等。曾任美国Wayne州立大学机械工程系终身教授,电子封装实验室主任。美国机械工程师学会(ASME)、电机电子工程师学会(IEEE)、国际微电子及封装学会(IMAPS)会员,中国电子封装学会北美联系人;IEEE-CPMT杂志副主编。在国际学术刊物及学术会议上发表论文260余篇,编辑出版论文集5部,发起及组织学术会议20多次,授权和申请专利50余项。主要研

究方向为：微电子、光电子、汽车电子、MEMS、LED 器件及其封装，快速可靠性评估与设计等。

甘志银　男，1990～1995 年在北京、香港从事光电技术研究；1995～2000 年在深圳五洲通激光电子有限公司任总工程师，开发了一系列光电封装模块；2001 年开始，任武汉科地光通信有限责任公司总工程师和常务副总，负责建立了一个光电集成封装平台，并开发了气密与准气密的光电子产品封装技术；2003 年 7 月调入华中科技大学，副教授。先后负责组建了华中科技大学微系统研究中心 MEMS 研发平台，武汉光电国家实验室 $2000m^2$ 净化间研发基地。主持和参与完成国家自然科学基金、863 项目多项，申请和授权专利 8 项，发表学术论文 20 余篇。主要研究方向为：新型 MEMS 器件与封装，LED 芯片设计与封装，IC/PCB 设计等。

罗小兵　男，清华大学博士。2002 年 8 月赴韩国三星电子研发院工作，先后担任研究员、高级研究员、项目经理，研究成果曾获三星公司项目突破奖。2005 年 9 月辞职回国，现任华中科技大学和武汉光电国家实验室副教授。曾先后参与国家自然科学基金、国防预研基金项目多项，主持湖北省科技攻关项目 1 项。在国内外著名期刊和会议上发表论文 17 篇，多篇文章被他人多次索引，论文曾获第七界国际电子封装大会最佳论文奖。授权中国发明专利 3 项，申请和公开美国专利 9 项。主要研究方向为：微电子器件冷却、微流动和传热、微流体传感器、小型燃料电池、生物芯片等。

陈明祥　男，华中科技大学微系统研究中心博士。先后主持和参与 863 计划项目 3 项，省部级项目 2 项。在国内外期刊和会议上发表论文 20 余篇，其中 SCI、EI 检索 12 篇，申请和授权专利 5 项。研究方向为 MEMS/LED 封装工艺与设备、新材料开发等。

发光二极管封装技术最新进展

施毓燦

华刚光电(集团)有限公司

摘　要

本文首先介绍了发光二极管(LED)的封装技术在国内外的最新动态,分析了目前 LED 芯片封装技术研发急需克服的一些问题,继而简述了业界针对上述问题解决的创新思路。最后对 LED 封装技术的发展前景做了进一步预测。

关键字:发光二极管　封装技术　高效

一、LED 芯片封装技术的进展动态和重要特性

(一) LED 芯片封装技术的进展动态

LED 芯片由于其绿色环保、功耗低、寿命长等显著优势而受到国内外众多厂商的青睐。在 2004 年欧盟出台了《有害物质限制使用条引》(RoHS)之后,许多含有害物质的光源都急需替代产品,而 LED 是众多厂商都看好的热门光源之一。传统 LED 器件主要用于指示和信息显示。随着 LED 芯片亮度和效率的不断提高,其应用领域也进一步的扩大。高亮度、大功率 LED 已是众多 LED 厂商研究的热点。在成功攻克亮度、效率等方面的壁垒之后,LED 照明将在汽车灯、大尺寸背光源等照明和平板显示领域一显身手。目前,以 LED 作为背光源的动态显示液晶显示器已有展出,用 LED 做的汽车灯也已出现。LED 在各个应用领域的渗透率已经逐渐增大。

虽然 LED 有其优势,但是目前在效率、光稳定性等方面仍需改进。就大功率而言,大多研究、发明专利和最新突破还是集中于国外几家大厂商。表 1 展示了 2005 年到 2006 年期间他们发布的多款新型高效 LED 的成熟产品。Lumileds 的 LUXEON K2 系列,Nichia 的 JUPITAN 系列,Seoul 的 ZLED 系列,Osram 的 dragon 系列,Cree 的 XLAMP 系列。相对于国外厂商在封装上的争奇斗艳,中国的 LED 厂商在原创技术的研发上有相当的差距。可喜的是已有厂商能与国际同行相行相随,如华刚、亿光、帝光等。值得注意的是对于白光 LED 封装技术,其专利大多掌握在日本和欧美一些大公司手中,目前对于白光封装技术专利有授权也仅限于华刚等为数不多的厂商。

表 1　国内外主要高效 LED 芯片性能比较

产　品	厂　商	产品型号	CIE 色坐标 (x,y)		色温/K	典型光通量 /lm	驱动电压 I_F/V	视角 2θ ½ /degree
	日亚	NS6W083T-E	0.310	0.320		60	350 mA	120
	日亚	NJSW075	0.344	0.355		45	—	120
	欧司朗	ZW W5SG	0.33	0.33		60	500 mA	120

续表

产品	厂商	产品型号	CIE 色坐标 (x,y)		色温/K	典型光通量/lm	驱动电压 I_F/V	视角 2θ ½/degree
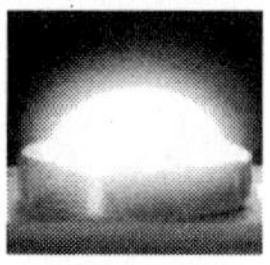	Cree	XLAMP 7090 XR-E	—	—	5000～10000	80	350 mA	
	Lumileds	LXK2_PW12_S00			4500～10000	60	350 mA	140
	华刚	LT2-KS0GWN1-C0	0.30	0.30		50	350 mA	

（二）LED 芯片封装技术的重要特性

LED 芯片封装技术虽然是从分立电子芯片封装技术演变而来，但又有其特殊性。分立电子芯片的管芯通常是被密封在封装体内，封装的作用主要是保护管芯和完成电气互连。而 LED 芯片封装则是完成输入电信号，保护管芯正常工作，同时输出可见光的功能。其中既有电参数，又有光参数的设计及技术要求。所以 LED 芯片封装技术的好坏直接影响到整个芯片的出光效率、稳定性及其寿命等主要性能参数。就市场需求而言，高效稳定、高功率 LED 乃是大势所趋。但是如何达到目标，LED 封装技术是其核心技术之一，在 LED 整个产业链中，对连接材料芯片和应用环节起着决定性的作用。

二、传统 LED 芯片封装工艺

（一）封装工艺过程

LED 芯片封装工艺的主要流程如图 1 所示。

固晶 → 焊线 → 封装 → 切脚 → 分级 → 包装

图 1　封装工艺流程图

LED 封装过程中使用的材料主要包括 LED 芯片，银胶，金线，支架，模粒，封装胶，其中，芯片和封装胶对 LED 最终性能影响较大，为众多研究人员主要研究对象。

（二）传统封装形式

1. 软(模块)封装

所谓软(模块)封装，就是将芯片直接黏合在特定的 PCB 印制板上，通过焊接线连接成特定的字符或阵列形式，并将 LED 芯片和焊线用透明的树脂保护，组装在特定的外壳中。这种软封装常用于数码显示、字符显示或点阵显示的产品中。该类型封装工艺简单，适宜做一些简单的显示产品。

2. 引脚式封装

LED 引脚式封装采用引线架作各种封装外形的引脚，是最先研发成功投放市场的封装结构，品种数量繁多，技术成熟度较高，封装内结构与反射层仍在不断改进。标准 LED 被大多数客户认为是目前显示行业中最方便、最经济的解决方案。典型的传统 LED 在能承受 0.1W 输入功率的包封内，其 90%的热量是由负极的引脚架散发至 PCB 板，再散发到空气中的。如何降低工作时 PN 结的升温是封装与应用必须考虑的。包封材料多采用高温固化环氧树脂，其透光性能优良，工艺适应性好，产品可靠性高，可做成有色透明或无色透明和有色散射或无色散射的透镜封装。不同的透镜形状构成多种外形及尺寸。例如，

圆形按直径分为 ϕ2 mm、ϕ3 mm、ϕ4.4 mm、ϕ5 mm、ϕ7 mm 等数种。含有不同添加剂的环氧树脂可产生不同的发光效果。有多种不同的封装结构:陶瓷底座环氧树脂封装具有较好的工作温度性能,引脚可弯曲成所需形状,体积小;金属底座塑料反射罩式封装是一种节能指示灯,适宜作电源指示用;闪烁式将 CMOS 振荡电路芯片与 LED 管芯组合封装,可自行产生较强视觉冲击的闪烁光;双色型由两种不同发光颜色的管芯组成,封装在同一环氧树脂透镜中,除双色外还可获得第三种的混合色,在大屏幕显示系统中的应用极为广泛,并可封装组成双色显示器件;电压型将恒流源芯片与 LED 管芯组合封装,可直接替代 5～24V 的各种电压指示灯。面光源是多个 LED 管芯粘结在微型 PCB 板的规定位置上,采用塑料反射框罩并灌封环氧树脂而形成,PCB 板的不同设计确定外引线排列和连接方式,有双列直插与单列直插等结构形式。点、面光源现已开发出数百种封装外形及尺寸,供市场及客户选用。

3. 表面贴片封装

在 2002 年,表面贴片封装(SMD)的 LED 逐渐被市场所接受,并获得一定的市场份额,从引脚式封装转向 SMD 符合整个电子行业发展大趋势,很多生产厂商推出此类产品。早期的 SMD LED 大多采用带透明塑料体的 SOT-23 改进型,外形尺寸 3.04mm×1.11mm,卷盘式容器编带包装。在 SOT-23 基础上,研发出带透镜的高亮度 SMD 的 SLM-125 系列,SLM-245 系列 LED,前者为单色发光,后者为双色或三色发光。近些年,SMD LED 成为一个发展热点,很好地解决了亮度、视角、平整度、可靠性、一致性等问题,采用更轻的 PCB 板和反射层材料,在显示反射层需要填充的环氧树脂更少,并去除较重的碳钢材料引脚,通过缩小尺寸,降低重量,可轻易地将产品重量减轻一半,最终使应用更趋完美,尤其适合户内,半户外全彩显示屏应用。

三、LED 芯片封装技术存在瓶颈

1. LED 二极管高亮度与光稳定性之间的矛盾

LED 芯片高亮度的实现,材料是相当重要的一个关键因素。对于 LED 芯片封装来讲,提高发光强度(流明数)是最终目标。但是亮度的增大,LED 芯片的热量肯定也随之增大。尤其对于蓝色 LED 芯片及近紫外线 LED 芯片的高输出功率白色 LED 芯片时,必须采取措施应对芯片发热及短波光造成的不良影响。因此在包装芯片的材料及用于形成透镜的材料上,传统环氧树脂已经不能满足要求,所以寻找透过率高,散热性能好,可靠性高的封装材料是众多商家研究的热点。

2. LED 大功率二极管散热问题

为使 LED 芯片能适用于更多的研究领域,很多研究机构和 LED 芯片大厂商纷纷进入大功率器件的研究。但是众所周知,LED 芯片功率越大,其散热问题就越明显。所以开发耐高温白光 LED 芯片解决散热问题势在必行。然而实际上大功率 LED 芯片的发热量要比小功率 LED 芯片高数倍以上,而且升温积累的热量使 LED 器件在较高的结温条件下工作造成发光效率大幅下跌。所以有效将 LED 芯片的温度传递到外界环境中是当前 LED 封装技术研究的关键内容和主攻方向。

3. LED 芯片发光效率与成本

为提高 LED 芯片效率和亮度,很多研究人员致力于新材料的开发,器件结构的设计,但是效率提高的同时,LED 芯片的成本也随之提高,这给 LED 芯片应用带来了新的问题。例如,为提高出光效率和光学稳定性,很多商家都采用硅胶取代传统封装材料环氧树脂,但是高稳定性、出光效率高的硅胶价格(～10000 RMB/kg)显然比传统环氧树脂(～25 RMB/kg)高许多。对 LED 芯片散热方面而言,底座材料如果用散热性能好的陶瓷材料,其成本又会高出许多。这也是进口的 LED 器件价格居高不下的原因之一。

4. 环保与 LED 芯片工艺成本问题

2004 年欧盟 RoHS 条例的出台,使得 2005 年以后,很多封装厂家对焊接工艺进行了相应的调整,采取无铅焊锡进行焊接,但是这无疑又增加了制作工艺成本(无铅焊锡一般价格为 90 RMB/kg)。

四、LED 芯片封装技术创新之道

(一) 大功率 LED 芯片封装技术

LED 芯片的发热量会随着输入功率的增大而增大，尤其对于蓝色 LED 芯片及近紫外线 LED 芯片的高输出功率白色 LED 芯片，必须采取措施应对芯片发热及短波光造成的不良影响。因此在包装芯片的材料及用于形成透镜的材料上，传统环氧树脂已经不能满足要求，所以寻找透过率高，散热性能好，可靠性高的封装材料是众多商家研究的热点。下面就目前 LED 芯片封装的一些主要方法叙述如下：

1. 提高出光效率和光学稳定性

LED 性能自从 1960 年以来以每 10 年 10 倍的速度递增。LED 性能的提高有赖于内量子效率和外量子效率的综合提高，它已经从 1970 的 0.1 lm/W 增加到 100 lm/W。现在很多器件结构已经将出光效率提高到 70%。

(1) 改变芯片和封装结构。图 2 展示出用不同的方法得到高效的 LED。

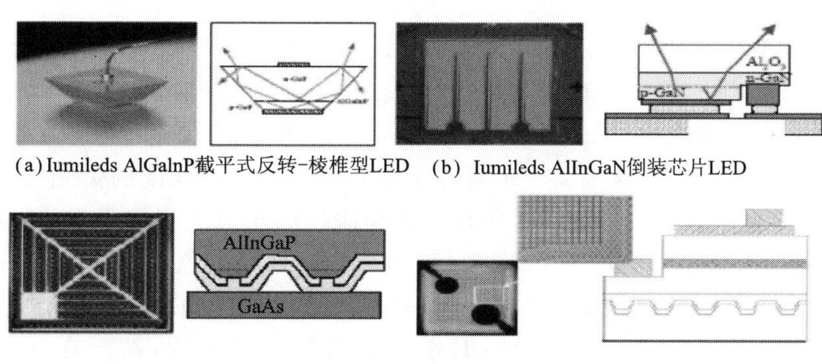

(a) Iumileds AlGalnP截平式反转-棱椎型LED　(b) Iumileds AlInGaN倒装芯片LED

(c) OSRAM AlGalnP微镜面LED　(d) Nichia AlInGaN图纹衬底和网格电极LED

图 2　高出光效率 LED 芯片结构示意图

图 2(a)是 Lumileds 的截平式反转-棱椎型(truncated-inverted-pyramid)LED。芯片的 GaAs 衬底剥离之后，固定在 GaP 基底上。芯片在发光之后出的光束在耗散之前得到最小的损耗。在 Lumileds AlInGaN 的倒装芯片中，透明的 Al_2O_3外延衬底倒过来作为窗口，在其表面沉积高反射率的反射镜，然后安装在靠近热沉的基座上。Osram 则在 AlInGaP 下面镀上一层由薄膜组成的镜子，日亚则将在图案的衬底上外延 AlGaInP，通过制作网格化电极和粗糙衬底来提高出光效率。

(2) 改变封装材料。目前很多研究机构、单位都将目光投向比环氧树脂更耐热、受紫外光影响较小的硅胶。用于填充 LED 芯片的硅胶根据硬度可分为弹性体、胶体和树脂体。弹性体和胶体折射率在 1.41～1.54 之间，后者在 1.5 左右。光透过率方面，上述品种在波长为 350～800 nm 的范围内均越过 95%。不过，高折射率的产品在波长低于 350 nm 时透过率会下降，波长为 300 nm 时的透过率为 75%～80%。而折射率为 1.41 的产品在波长为 300 nm 时仍然保持 95%以上的高透过率。由 GE 推出的新品"InvisiSi1"即使在 180℃的温度下暴露 14 天，光的透过率也几乎不会发生变化。而在相同条件下对环氧树脂进行实验时，对 350 nm 光的透过率会由原来的 90%下降到几乎为零。而且硅胶耐短波旋光性能也较好，即使被波长为 365 nm 的紫外线以 100 mJ/cm^{2}的强度照射 208 小时，光的透过率也没有变化。

树脂体硅胶可适用于 LED 芯片封装填充及在 LED 芯片上形成透镜等用途。在透镜用途方面，支持射出成形的产品。预计在照明设备及车前灯等高输出功率白色 LED 芯片市场有广泛应用。

2. 提高散热效率

主要的方法还是通过改变封装形式、封装过程中各个界面接触截面积的改变，降低热阻，解决芯片散热问题。

散热方面许多国外 LED 芯片厂商将 LED 芯片设在铜与陶瓷材料制成的散热鳍片(heat sink)表面，接着再用焊接方式将印刷电路板上散热用导线，连接到利用冷却风扇强制空冷的散热鳍片上，根据德国

OSRAM Opto Semiconductors Gmb 实验结果证实，上述结构的 LED 芯片到焊接点的热阻可以降低 9℃/W，大约是传统 LED 芯片的 1/6 左右，封装后的 LED 芯片施加 2W 的电力时，LED 芯片的 PN 结温比焊接点高 18℃，即使印刷电路板温度上升到 50℃，PN 结温顶多只有 70℃左右；相较之下以往热阻一旦降低的话，LED 芯片的结温就会受到印刷电路板温度的影响，如此一来必须设法降低 LED 芯片的温度，换句话说降低 LED 芯片到焊接点的热阻，可以有效降低 LED 芯片温度。反过来说即使白光 LED 芯片具备抑制热阻抗的结构，如果热量无法从封装传导到印刷电路板的话，LED 芯片温度上升的结果导致发光效率会急遽下跌。因此松下电工开发印刷电路板与封装一体化技术，该公司将 1 mm×1 mm 正方的蓝光 LED 芯片以 flip chip 方式封装在陶瓷基板上，接着再将陶瓷基板粘贴在铜质印刷电路板表面，根据松下表示包含印刷电路板在内模块整体的热阻抗大约是 15℃/W。

此外华刚利用外露基座设计，散热效果得到大大改善。产品因而获得最佳的散热效果、寿命更长，使一直困扰着一些高电量 LED 用户的过热问题亦得到改善。该款产品通过模压式镜片设计，提高了使用操作性及可靠性，并增强抗冲击性能。

（二）基于白色荧光 LED 芯片封装技术

将 450 nm 处的蓝色发光峰和宽波长的黄色 YAG:Ce 荧光粉复合发光，就可以得到白光。基于白色荧光 LED 芯片封装技术与传统的所有封装形式有所区别，除了考虑散热问题，主要增加了荧光粉的问题。在白色磷光 LED 器件制作中，荧光粉及配粉胶的不同配比，以及荧光粉与芯片发射波长的匹配度都对最后封装的白色 LED 有一定的影响。一定要选用与芯片发光波长匹配的荧光粉材料。除此之外，还要考虑荧光粉涂层的位置摆放。图 3 显示了传统荧光粉涂层涂布方法和等厚度荧光粉涂层涂布的示意图。白光质量可以通过在荧光粉中增加 CaS:Eu 来提高。这种暖白色 LED 能更好地符合黑体辐射性能，但是在蓝色芯片和荧光粉之间的匹配度根据应用的需要而作相应的改变。高质量的白光 LED 的典型效率值为 40 lm/W，现在很多方法已经将其性能提高到 60 lm/W，甚至在低电流密度时可高达 100 lm/W。蓝色器件的典型效率值在 20%左右。Lumileds 的白光 Luxeon 系列白光芯片结构如图 3。

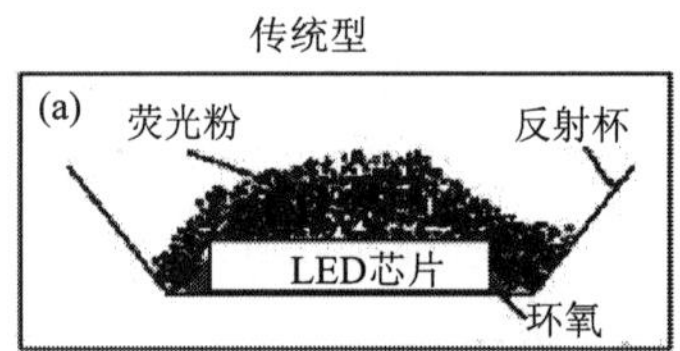

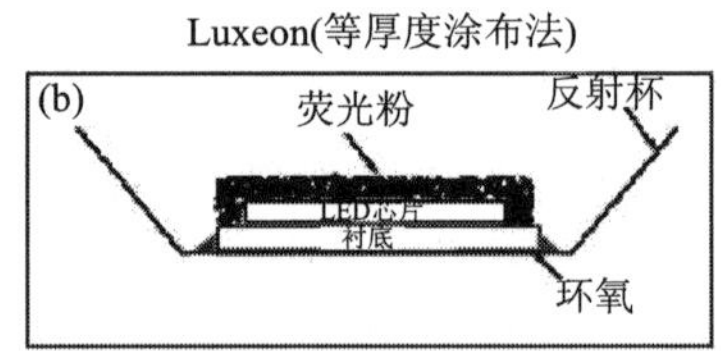

图 3 白色荧光 LED 芯片封装示意图

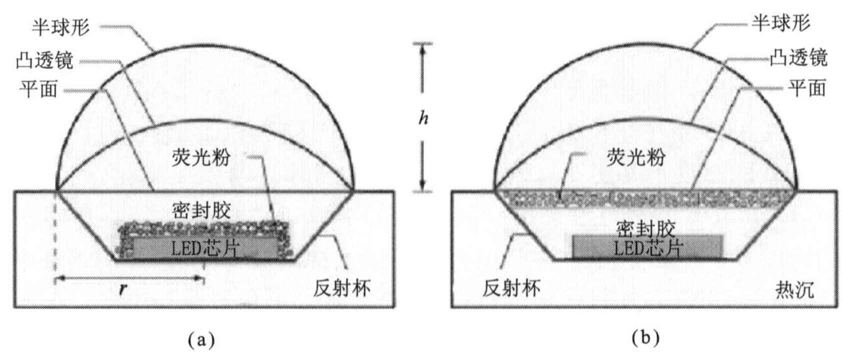

图 4 中空式封装技术

此外，经研究发现，采用图 4(b)中空式荧光粉涂层法有助于提高荧光粉对 LED 芯片的吸收率，减少密封胶中的光学损耗，从而可以提高 15%的发光效率。

五、LED 芯片封装技术发展前景

光电器件在未来几年内，主要的应用领域如图 5 所示。主要包括：前照系统，照明（室内和室外）、显示（平板显示、前端显示照灯），车内信号灯、传感器（车用、外部交通路面状况等）等。现今主要研究热点在车前灯、平板显示（flat panel）两个方面。而 LED 要能在这两个领域中替代传统产品需要在以下方面有所改进，包括：更高的出光效率、更好的亮度均匀性、更精确的发光角度、更小的封装尺寸、更高的散热效率、更好的色稳定性。

1. 车　灯

车厂也选用不同的 LED 光源封装来对应不同的环境要求，依需求亮度不同可简单分为指示用、照明用与投射用三种。指示用光源可见于第三刹车灯、尾灯组（尾灯、刹车灯、转向灯等）、侧灯等；照明用光源其封装功率会相对提高，除了可应用于指示用光源类的产品之外，亦可用于亮度要求较高的日行灯、雾灯、前方向灯等；投射用光源则是光源封装亮度需求最高者，其应用产品以前照系统（远灯、近灯、雾灯等）为主，其单体封装需在 4 W 以上，而在热阻上需小于 5℃/W，以确保在引擎室的高温下能维持散热能力，并保持光源输出效率在可用的范围内。

现如今高亮度 LED 在前照系统（front lighting）中显示着巨大的应用潜能。汽车仪表和按钮内部背光源 LED 已经研发出来，随着 LED 亮度的提高，该技术在外部照明市场中的应用也会越来越广泛。如果 LED 的性能继续改善，那么很快就能替代现在的卤素灯和投射灯（HID），头灯（headlamps）原型已经由 Hella 和大众合作展出，如图 6 所示。

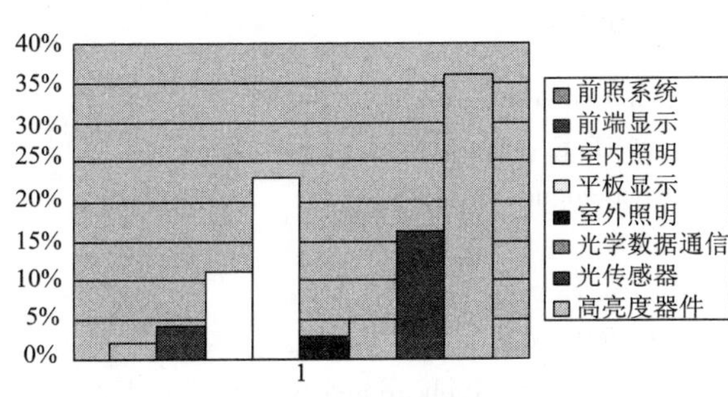

图 5　2009 年光电器件在汽车市场预测
（数据来源 Yole develop）[12]

图 6 全色 LED　头灯原型
（Hella KGaA Hueck & Co.）

利用裁边 LED 技术（cutting-edge），该产品可以实现低光束、高光束，方向指示等功能。它使用标准 LED 和 LED 装配技术，专门为汽车设计其照明功能。头灯的显著部位由七组塑料透镜组成，每组以密梳图案排列。四组密梳透镜一起和铲状自由式反射镜实现低光束功能。而加上其他三组密梳状透镜就可以实现高光束功能。在白天，使用七组密梳透镜可以实现白天在行驶时的照明功能。

2. 大尺寸 LCD 背光源应用

目前，传统的液晶显示器采用冷阴极荧光灯（cold cathode fluorescent lamps，CCFL）作为光源为非环保产品，由于受到 RoHS 条令的限制不能进入欧洲市场。采用集成芯片 LED 液晶显示器的背光，将大大提升液晶显示器的综合品质，突破原有 CCFL 灯的技术瓶颈，满足液晶显示器对高质量背光照明的需求。现在在大尺寸应用方面，LED 光源在与 LCD 彩膜的匹配度在光效和成本上需要进一步提高。

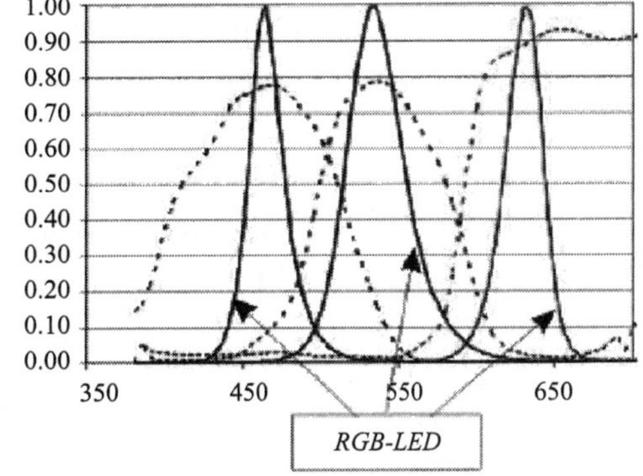

图 7　LCD 彩膜和红、绿、蓝三色 LED 的光谱示意图

在 LCD 应用中，除要考虑散热问题和提高出光效率达到一定的亮度之外，重点要解决的就是提高色域和色稳定性。图 7 为 LCD 彩膜和红、绿、蓝三色 LED 的

光谱示意图。从图中可以看出要取代传统冷阴极光源 CCFL，白光 LED 的 RGB 三基色的光谱要尽可能与 LCD 彩膜匹配，才能进一步提高色域。

3. 环保化发展

LED 照明产品的研发毋庸置疑走的是环保路线，出于现在许多国内国外厂商对环保的注重，LED 必须符合 RoHS 条令才能使 LED 的未来更加光明。在 LED 的焊接工艺中无铅焊锡的使用已经收到业界人士的关注，Cree、Osram、COTCO 等推出了符合 RoHS 的产品。

4. 低成本化发展

目前，普通白光 LED 发光效率 60 lm/W 左右，功率型白光 LED 的光效在 50～80 lm/W 之间。其中，后者以优异的散热特性与光学特性更能适应普通照明领域，被学术界和产业界认为是 LED 进入照明市场的必由之路。为替代荧光灯，白光 LED 需要具有 80～100 lm/W 的光效，且每流明的价格应明显低于 0.015 $，而目前白光 LED 在这一点上仍有一定差距。以白光二极管为例，Cree 的 XLAMP 系列在 0.2 $/lm 左右，国内厂商在同样性能要求下略微价格便宜点，华刚的 DORADO 系列其价格流明比在 0.038 $/lm左右。要实现这一目标仍有很多技术问题需要研究，但解决这些问题并不是十分遥远的事。按固体发光物理学原理，LED 的发光效率能近似 100%，因此，LED 被誉为 21 世纪新光源，有望成为继白炽灯、荧光灯、高强度气体放电灯之后的第四代光源。

总之，就目前 LED 封装工艺而言，相关材料的开发和封装结构是关键，封装的发展趋势还是往高效节能环保的方向在走，另外 LED 的推广和普及还有一个趋势，就是低成本化，当然这不仅是 LED 封装，而且是 LED 整个产业界所要面对的问题。

参考文献

[1] Nichia Corporation. http://www.nichia.com/product/led-smd-powerled.html

[2] Cree, Inc. http://www.cree.com/products/pdf/XLamp7090XR-E.pdf

[3] Osram Opto Semiconductors. http://catalog.osram-os.com/catalogue

[4] Lumileds. http://www.lumileds.com/pdfs/DS51.pdf

[5] Cotco Holding Limited. http://www.cotco.com/en/catalogues_cat.asp

[6] 吴玲，傅文彪，梁秉文等. 半导体照明(LED). 辽宁科学技术出版社. 2006

[7] M. George Craford. LEDs for Solid State Lighting and Other Emerging Applications: Status, Trends, and Challenges. Proc. of SPIE Vol. 5941. 594101, 2006

[8] GE 东芝硅胶公司推出白色 LED 封装用硅胶　瞄准照明和前灯. http://www.hhyxx.com

[9] 黄国瑞. 高功率制程技术[J]. report, http://bbs.lumstar.com

[10] Hong Luo, Jong Kyu Kim and E. Fred Schubert. Analysis of high-power packages for phosphor-based white-light-emitting diodes[J]. Appl. Phys. Lett. 86, 243505, 2005

[11] S. Berlitz, M. Grimm and K. Eichhorn et al. A Technology Roadmap for Photonics in the Automobile, part 1: Innovative Front Lighting[C]. Proc. of SPIE, 6198,:619804, 2006

[12] Yole Développement. Opportunities and Challenges for Photonics in the Automotive, Consulting Report, www.yole.fr, 2005

[13] Stefan Eberle, Leonard Livschitz and Jeffrey Raggio. LED rear-combination lamps: Styling, robustness, life, packaging, installation, and opportunities for Intelligent Signal Lighting[C]., Proc. of SPIE, 5663, 29, 2005

[14] Steve Paolini and Gerard Harbers. High-power LEDs and the organization of light Light-Emitting Diodes[C]., Proc. of SPIE, 6134, 613402, 2006

[15] Dipl.-Ing. (FH) M. Wanninger. LED Light Source for Head-Up Displays[C]. Proc. of SPIE 5663, 225, 2005

作者简介

施毓燦　先生为华刚光电(集团)有限公司董事总经理，负责制订公司策略及业务拓展。施毓燦先生拥有香港大学工程系理学学士学位及香港中文大学工商管理硕士学位。

半导体照明用荧光粉研究进展

庄卫东 胡运生 黄小卫 李红卫
稀土材料国家工程研究中心

摘 要

目前半导体照明技术广泛采用"LED 芯片＋荧光粉"的实现方式，荧光粉已经成为半导体照明的关键配套材料之一。近年来，多种适用于半导体照明的荧光粉被开发出来，在一定程度上推进了半导体照明工程的发展，同时也强化了该领域知识产权的争夺。本文系统总结比较了国内外 LED 荧光粉的知识产权及技术创新情况，希望对业界更好地认识形势、把握发展方向有一定的参考作用。

关键词：半导体照明 荧光粉 发光二极管

一、引 言

半导体照明具有节能、环保等显著优点，已是现代照明的发展趋势。就技术而言，目前半导体照明的产生方式可以分为单芯片型和多芯片型两类，其中多芯片型发展起来的主要有双芯片型、三芯片型和四芯片型三种：双芯片型可由"蓝 LED＋黄 LED"、"蓝 LED＋黄绿 LED"或者"蓝绿 LED＋黄 LED"制成，这种器件由于是两种颜色 LED 形成的白光，显色性较差，只能在显色性要求不高的场合使用；三芯片型方面，Philips 公司用 470nm、540nm 和 610nm 的 LED 芯片制成 Ra 大于 80 的器件，色温可达 3500K，如用 470nm、525nm 和 635nm 的 LED 芯片，则缺少黄色调，Ra 只能达到 20 或 30；四芯片型采用 465nm、535nm、590nm 和 625nm LED 芯片，这种器件的 Ra 可以做到大于 90。然而，不管是几芯片型，它们均需要多套与之相对应的控制电路，这样成本就显著提高，且由于各芯片的衰减速率及寿命不尽相同，这将导致形成的白光光色随时间而产生变化，造成白光 LED 寿命大打折扣。

单芯片型白光 LED 又称为 PC-LED(Phosphor Converted LED)，是利用在紫外或蓝光 LED 芯片上涂覆一定的荧光粉，通过荧光粉的转换产生白光。根据色匹配原理，这种方式又有三种实现途径：蓝光 LED 配合黄色荧光粉，蓝光 LED 配合红色、绿色荧光粉，UV-LED 配合红、绿、蓝三基色荧光粉。不管是哪种途径，荧光粉的引入，使得只需要一种芯片(蓝光或紫外、紫光 LED 芯片)就可以产生白光，大大简化了白光 LED 装置，节约了成本。因此当前的半导体照明技术广泛采用"LED 芯片＋荧光粉"的组合方式。

在 PC-LED 的三种实现方式中，又以"蓝光 LED＋黄色荧光粉"的方式发展最为成熟，目前商品化的白光 LED 多属这种组合方式，铈激活的铝酸盐黄色荧光粉得到了广泛的应用。"蓝光 LED＋红色、绿色荧光粉"的方式虽然可以获得更高的显色指数，但"UV-LED＋红、绿、蓝三基色荧光粉"方式却具有更为广阔的发展前景，这是因为该方式的显色性更好，色温可在 2500～10 000K 范围内任意配制，而且这种白光产生方式可以突破日亚专利的封锁，因而逐渐成为国内外研究的热点，得到了国内外企业的高度重视。但现实情况是适用于这种方式长波紫外光激发的三基色荧光粉一直没有得到很好的解决，虽然各大研究院所、企业提出了许多的组合方案，但均未能达到实用的要求。

概括来说，作为应用于半导体照明的荧光粉必须能被与之匹配的紫外或蓝光 LED 芯片有效激发，并具有高的量子效率，物理化学性质稳定。纵观当前白光 LED 用荧光粉技术，几大核心专利均掌握在日亚、欧司朗、丰田合成、通用电气等大公司手中，但近年来我国也进行了多方面卓有成效的工作，取得了很大的进展，特别是通过“十五”国家科技攻关项目的实施，不仅完成了 YAG:Ce 黄色荧光粉的产业化问题，而且也涌现出了一些新型的半导体照明用发光材料。本文将从几大核心专利涉及的荧光粉出发，简单总结并对比分析我国近年来在该领域的发展情况，希望对业界更好地认识形势、把握发展方向有一定的参考作用。

二、铝酸盐系列荧光粉

比较目前 LED 所有的材料，以日亚所拥有的$(Re_{1-r},Sm_r)_3(Al_{1-s},Ga_s)_5O_{12}$:Ce(以下简称“YAG:Ce”)荧光粉搭配蓝光 LED 方式(专利 US5998925)[2]所表现的发光效率最好。其中 YAG:Ce 是三价稀土铈离子激活的钇铝石榴石，白光 LED 概念的提出使得它成为了幸运儿，但它并不是白光 LED 的产物，它最早开发于 20 世纪 60 年代，并广泛应用于飞点扫描仪。当 LED 蓝光芯片被开发出来以后，YAG:Ce 在 430－480nm 激发下能产生三价铈离子的特征宽谱黄光发射的特性，使得它在半导体照明又得到了广泛应用。因而，单纯的 YAG:Ce 黄色荧光粉并不是日亚的专利，但当 YAG:Ce 与蓝光芯片组合在一起形成白光 LED 时，就属于日亚的专利保护范围。

尽管目前商品化的白光 LED 多数采用“蓝光 LED＋黄色荧光粉”组合方式，YAG:Ce 也已发展成为目前在 LED 芯片上广泛应用的荧光材料，但从 YAG:Ce 本身来说，荧光粉中铈离子的发射光谱尽管较宽，半波宽为 80－100nm，但在红光部分(大于 600nm)严重短缺，造成白光 LED 产品显色性较差，难以满足低色温照明的要求，利用该荧光粉很难实现 4000K 以下，特别是 3000K 以下的低色温的白光 LED。同时，该类荧光粉的发光效率还有待进一步提高。

为此，国内外诸多研究院所与企业等纷纷在 YAG:Ce 的基础上，企图从掺杂、合成方法等方面来改进它的发光特性[3]。比较成功的要算欧司朗的$(Tb_{1-x-y},Re_x,Ce_y)_3(Al,Ga)_5O_{12}$(简称“TAG:Ce”)，它在日亚 YAG:Ce 的基础上，通过稀土 Tb 的掺杂得到了新的黄色荧光粉及相应的白光 LED 专利(专利 US6669866)[4]。专利称 Tb 的掺杂使得产物具有比 YAG:Ce 更为宽广的发射特性，因而可用于低色温白光 LED 的制作，然而效果并不是十分的显著。在发光效率方面，TAG:Ce 较 YAG:Ce 也略逊一筹。

我国在这方面也进行了比较多的工作，在 2003 年国家半导体照明工程启动的时候，LED 荧光粉正式被提上议程，这一时期重点发展了适合蓝光 LED 激发的黄色荧光粉。通过科技攻关，有研稀土新材料股份有限公司开发出了具有自主知识产权的黄色荧光粉(专利 ZL200310113506.5，申请号 200610065812.X，申请号 200610088926.6)[5~7]，并形成了一定的产业化能力，产品质量已经达到国际先进水平，封装后白光 LED 色温在 3000－8000K，显色指数(Ra)≥82，流明效率＞35lm/W。目前该产品正在渗透国内市场，有望改观进口产品一枝独秀的窘况。

此外，中山大学提出采用$(Y_{1-x-y-m-n}Gd_x)_3(Ga_yAl_{1-y})_5O_{12}$:3mCe,3nR 单晶片替代多晶 YAG:Ce 荧光粉来产生白光(专利申请号 200510102388.7)[8]。该技术通过控制单晶片荧光体各种参数，来调节和控制荧光体单晶片转换的黄光与未被转换的蓝光之间的比例，同时利用单晶片自身具有的均匀性来获得均一、高质量白光，从而解决白光 LED 器件的不均匀问题。此外，该项技术也可提高现有白光 LED 器件封装的机械化程度。

在合成方法方面，高温固相法[9~11]、共沉淀法、溶胶-凝胶法、气相法等均有被应用于制备该系列荧光粉，比如中国海洋大学采用高温固相还原法合成了高亮度波长可调的 $Y_{3-x}Al_5O_{12}:xCe$ 或 $(Y_{1-x-y}Ce_xR_y)_3Al_5O_{12}$荧光粉(专利号 ZL03152709.4)[12]；南京工业大学采用气相法合成了球形荧光粉 $aY_2O_3\cdot bGd_2O_3\cdot(1.5-a-b)Re_2O_3\cdot 2.5Al_2O_3\cdot xSiO_2$(申请号 200410041784.9，Re 为 Ce、Eu、Tm、Tb 中的两种或两种以上)[13]。有研稀土采用溶胶-凝胶法制备了颗粒细小、形貌规则的系列铝酸盐荧光粉。

另外，一些非铈离子激活的 YAG 荧光粉也被开发出来。如 Lumileds 的 YAG:Ho、YAG:Pr(专利 US6630691)[14]。有研稀土发明的深红色荧光粉 $R_{a-y}M_{5-x}O_b:Cr_x,R'_y$可与蓝光和红光 LED 匹配(专利号 ZL200310115339.8)[15]。北京大学采用 $Y_{3-x}Al_5O_{12}$:xEu 作为紫外发光二极管激发的红色荧光粉

(ZL02126097.4)[16]。南昌大学采用溶胶-凝胶和燃烧合成相结合的方法制备出石榴石型铝酸钆基荧光粉(专利申请号200510056140.1)[17]:$Gd_{3(1-x)}Al_5O_{12}:RE_x$或$Gd_3Al_{5(1-x)}O_{12}:RE_x$,粉体的粒度为40～100nm,254nm紫外光激发下发光颜色为红色(Eu、Pr)或绿色(Tb),该专利没有涉及粉体在LED上的应用。

对于铝酸盐系列荧光粉,我国的产品质量已经得到了很大的提高,但是仍然还有一定的提升空间。该类荧光粉在LED上的应用,日亚的专利对我们的产品有一定的限制,在提升该类荧光粉性能的同时,需要有的放矢地提出我们自己的专利技术,突破日亚专利的限制。

三、硅酸盐系列荧光粉

$(Ba,Sr)_2SiO_4:Eu^{2+}$是近年来报道得较多的一种LED用黄色荧光粉。但该荧光粉也不是一种新型的荧光粉,早在1968年,Thomas L. Barry就报道这种荧光粉的发光特性[18]。利用碱土金属正硅酸的晶体场作用,使得二价铕离子在280—500nm光的激发下表现出绿光、黄光或橙红光发射。这个激发范围涵盖了目前LED芯片的发射波长范围,因而可以用来与LED芯片搭配使用;同样它也可以用来代替蓝光LED芯片组和使用的YAG:Ce黄色荧光粉,从而突破日亚"蓝光LED+YAG:Ce荧光粉"的专利封锁。

通用电气2002年专利US6429583中采用蓝光LED与发射主峰位于505nm的$Ba_2SiO_4:Eu^{2+}$绿色荧光粉的组合方式来制灯,容易发现,这种组合方式由于严重缺乏红光部分,因而很难实现高显色的白光[19]。

丰田合成在其2001年专利US6809347中将这种硅酸盐荧光粉的特性充分利用起来,化学式归纳为$(2-x-y)SrO \cdot x(Ba_u,Ca_v)O \cdot (1-a-b-c-d)SiO_2 \cdot aP_2O_5 \cdot bAl_2O_3 \cdot cB_2O_3 \cdot dGeO_2:yEu^{2+}$或$(2-x-y)BaO \cdot x(Sr_u,Ca_v)O \cdot (1-a-b-c-d)SiO_2 \cdot aP_2O_5 \cdot bAl_2O_3 \cdot cB_2O_3 \cdot dGeO_2:yEu^{2+}$,专利声明这种荧光粉可以匹配发射波长为300～500nm的紫外或蓝光LED,发射出波段位于430～650nm的黄绿、黄色甚至橙色光[20]。

Philips公司2003申请专利WO03/080763,采用绿色荧光粉$(Ba_{1-x-y}Sr_xCa_y)_2SiO_4:Eu_z$和一种红色荧光粉匹配450～480nm的蓝光LED形成LED灯[21]。

Intematix公司2004年也申请了关于该类荧光粉的专利,专利公开号为US2006/0027781和US2006/0028122,专利申请荧光粉的通式为$A_2SiO_4:Eu,D$,其中A为Ca、Sr、Ba、Mg、Zn、Cd,D为卤素元素或P、S、N;它在280—490nm光的激发下随着A组成的变化而呈现出460—590nm的发射。其中D的引入不仅影响到荧光粉的发光强度,对发射主峰也有影响,特别当D为F时,效果最为明显[22,23]。

大连路明集团1997年申请了硅酸盐荧光粉的专利US6093346,专利申请的荧光粉通式为$aMO \cdot bM'O \cdot cSiO_2 \cdot dR:Eu,Ln$,(M为Ca、Sr、Ba或Zn;M′为Mg、Cd或Be;R为B_2O_3或P_2O_5;Ln为Nd、Dy、Ho、Tm、La、Pr、Th、Ce、Mn、Bi、Sn或Sb),但该专利陈述该荧光粉是一种长余辉发光材料,它可以被250～500nm的短波光激发,发射主峰位于450～580nm,余辉颜色为蓝、蓝绿、绿、绿黄或黄色[24]。

中国科学院长春光机所在紫外LED中植入$M_{2-x}SiO_{2-y}:Eu_x,N_y$黄色荧光粉(M为碱土金属,N为$B_2O_3$或$H_3BO_3$)和$(Ca,Sr)_{3-z}(PO_4)_2 \cdot SrCl_2 \cdot 6H_2O:Eu_z$蓝粉来获得白光(ZL200310115889.X),其中的硅酸盐荧光粉适合于370～430nm的光激发而发射出575nm的光[25]。

中山大学2006年提出一种白光LED用橙黄色荧光粉$xCaO \cdot zCaX_2 \cdot 2SiO_2 \cdot yEu_2O_3$(专利申请号200610035455.2)。该荧光粉是对$(Ba,Sr)_2SiO_4:Eu$的改进,在300～450nm范围内(尤其是400nm)具有强吸收,其发射主峰位于510～585nm,且波长可调谐,适用于紫光LED激发[26]。

有研稀土通过双掺杂或多掺杂,和改变基质组成等方式极大地改善了硅酸盐荧光粉的发光效率(专利申请号200610088926.6)。改性后粉体的通式为$AO \cdot aSiO_2 \cdot bAX_2:mEu^{2+},nR^{3+}$(A为Sr、Ba、Ca、Mg、Zn中的一种或几种;X为F、Cl、Br、I卤素元素中的一种或几种;R为Bi、Y、La、Ce、Pr、Gd、Tb、Dy中的一种或几种),提高了与紫外、紫光或蓝光LED芯片等的匹配性[27]。

此外,除了$(Ba,Sr)_2SiO_4$:Eu,近年来还开发出了几类其他硅酸盐荧光粉,如适合于紫外光、紫光或蓝光 LED 激发的绿色荧光粉有欧司朗的$Ca_{8-x-y}Eu_xMn_yMg(SiO_4)_4Cl_2$(专利 US6504179)[28]和有研稀土$A_xM(SiO_4)_4X_2$:Eu,R(专利 ZL03137335.6)等[29],适合于紫外光、紫光激发的绿色荧光粉有通用电气的$(Ba,Ca,Sr,Eu)_2(Mg,Zn)Si_2O_7$(专利 US6255670)[30]和北京大学$Ca_{8-x}Mg(SiO_4)_4Cl_2:xEu$(专利 ZL03149751.9)[31]等。另外,长春光机所还提出了一种适合于 250～450nm 紫外光激发而发白光的$Eu_{xy}Sr_{y-xy}MgSi_zO_2$荧光粉(专利申请号 200510016743.9)[32]。

总体说来,尽管目前已推出该类荧光粉的产品,然而它们的发光强度与铝酸盐荧光粉相比还有一定的差距,这反映出对粉体的研究还不够深入,因而改进的空间非常大。另外值得注意的是,这些硅酸盐荧光粉的粒度及热稳定性等均亟待改善。

四、氮化物/氮氧化物荧光粉

氮化物/氮氧化物荧光粉也是近年来报道较多的 LED 用荧光粉,因为这类荧光粉的激发光谱非常宽,适用于蓝光、紫外或紫光激发;同时发射光谱也是可调的,并且它们的热稳定性也非常出色,因而逐渐得到 LED 业界的重视。

日亚在其专利 EP1433831、WO2004/039915 中涉及了氮化物荧光粉$L_xM_yN_{((2/3)x+(4/3)y)}$:Eu 及氮氧化物荧光粉$L_xM_yO_zN_{((2/3)x+(4/3)y-(2/3)z)}$:Eu,这些荧光粉可以被 500nm 以下的光有效激发,二价铕离子的宽谱发射从 520nm 一直延伸至 780nm[33,34]。

欧司朗在这方面也有知识产权,其专利 US6649946、EP1413618 分别涉及了M_xSi_yN:Eu、$MSi_{2-x}Al_xO_{2+x}N_{2-x}$:Eu,其中前者可产生黄光-红光发射,适于与被发射主峰位于 420～470nm 的 LED 芯片激发,后者发绿光,适用于被 380～470nm 的波段激发[35,36]。

Lumileds 涉及的氮氧化物荧光粉为 SrSiON:Eu(US6717353),适合于蓝光或紫外 LED 芯片[37]。在后续的专利中,该粉体的化学式又被完善为$(Sr_{1-a-b}Ca_bBa_cMg_dZn_e)Si_xO_yN_z:Eu_a$(WO2004/036962)[38]。

据报道,该类荧光粉通常需要在高温、高压下合成,由于这些合成条件相对苛刻,目前国内尚未掌握这类粉体的制备技术,且其在 LED 中的具体应用效果还有待深入研究。

五、含硫 LED 荧光粉

含硫荧光粉有着非常悠久的历史,尽管它们有着化学性质不稳定等本征缺陷,但优异的发光性能使得它们在 CRT 彩电、夜光制品、X 射线增感屏等方面均有着广泛的应用。由于许多含硫荧光粉的激发光谱基本包含当前 LED 芯片的发射波长,因而在 LED 荧光材料领域它们也得到了一定程度的应用。

LED 含硫荧光粉主要是在红色和绿色荧光粉两个方面,这两种发光颜色的荧光粉与蓝光 LED 组合在一起正好可以实现白光。红色荧光粉主要为二价铕离子激活的碱土金属硫化物[39]和三价铕激活的硫氧化物,绿色荧光粉主要为二价铕离子激活的多硫化物。

欧司朗在其专利 WO02/11173、US2004/0124758 中采用红粉 MS:Eu(M:Sr, Ca, Ba, Mg, Zn)和绿粉$M^*N^*_2S_4$:Eu,Ce(M^*:Mg,Zn;N^*:Al,Ga,In,Y,La,Gd)与 370～480nm 发射波长的 LED 芯片组合来产生白光[40]。

通用电气的众多专利,如 US6252254、WO00/33390、US6357889、US6580097 等均涉及含硫的红色和绿色荧光粉:Y_2O_2S:Eu,Bi, (Ca,Sr)S:Eu, SrS:Eu,Ce,K, SrY_2S_4:Eu, $CaLa_2S_4$:Ce, $(Sr,Ca,Ba)(Al,Ga)_2S_4$:Eu 等。这些荧光粉主要是与蓝光 LED 芯片组合来形成白光,这种方式得到的白光 LED 色温可调,且显色性较好[41,42]。

Lumileds 在这方面也进行了较多的工作,如 US6686691 中采用 CaS:Eu/SrS:Eu 和 CaS:Ce/$SrGa_2S_4$:Ce/$SrGa_2S_4$:Eu 等匹配 450～480nm 的蓝光 LED 来制备 2700～8000K 的白光 LED,其显色指数可达 90 以上[43]。专利 US6603258 采用 485～515nm 的蓝绿光芯片组合发射波长在 600～620nm 的(Sr,Ca,

Ba)S:Eu 红色荧光粉来制造白光 LED[44]。此外，其专利 US6417019、US6682207、US6501102 等多处均涉及采用多硫化物、硫化物荧光粉来制备白光 LED。

国内对含硫荧光粉的研究也进行了不少的工作：如北京大学紫光激发的二组份或三组份白光荧光粉中均采用 $Y_{2-x}O_2S$:xEu 作为红色组份（ZL03149752.7、ZL03149751.9）[45,31]。中山大学在多硫化物绿粉方面取得了一定的进展，如开发的 $(A_xEu_{1-x}S)(B_2S_3)_y$ 或 $(A_xEu_{1-x}S)(B_2S_3)_{y-z}(C_2S_3)_z$（A：二价金属离子；B：Al、Ga、In；C：Gd、Y、La）[46] 或 $(M_{1-x}Eu_x)AGa_3S_6O$（M：Ca、Sr、Ba；A：La、Y、Gd）[47] 在 300～500nm 波长的光（特别是 400nm 和 470nm）激发下发出 510～650nm 的光，适用于制备高亮度的绿色或白色 GaN 基 LED 发光二极管（专利 ZL02152035.6、ZL200310111931.0）。此外，中山大学还将硫化物红粉与多硫化物绿粉结合到一块，得到了 $(Ca_{1-x-y-z}Eu_yRE_z)Ga_2S_{4+x}$ 单组份双波长稀土荧光粉（专利申请号 200510120618.2）[48]。

然而，含硫荧光粉的稳定性问题一直是阻碍它们广泛应用的绊脚石，特别是它们有可能还会毒化 LED 芯片，尽管许多针对粉体进行包膜等改性处理的手段被采用，但也是收效甚微。因此，一旦新型高效、稳定的相应颜色的粉体被开发出来，含硫荧光粉必将退出舞台。但也有可能，随着封装技术的改进，该类荧光粉的稳定性不再成为问题，在这种情况下，该类荧光粉的应用量会出现很大的增长。

六、其他 LED 荧光粉

除了上述主要的 LED 荧光粉类型，还有许多其他类型的 LED 荧光粉近年来也得到了一定的发展，主要涉及的是红色荧光粉和蓝色荧光粉领域。

$A_aMO_b:Eu_x,R_y$（M＝Mo、W 等）是有研稀土开发出来的新型红色荧光粉（专利 ZL200310101629.7），这种荧光粉发射 616nm 的线谱红光，适应于蓝光、紫外或紫光 LED 芯片[49,50]。同时，研究发现其他稀土离子掺杂的 $A_aMO_4:R_y$（M＝Mo、W 等）也具有良好的发光特性，适用于 LED 芯片的使用（专利申请号 200410080483.7）[51]。

中山大学报道了一种发射橘红色光的碱土金属卤磷酸盐荧光粉 $(M_{10-x-y}Mn_xEu_y)(PO_4)_6Cl_2$（M＝Ca、Sr、Ba），它与碱土硼磷酸盐荧光粉 $(Sr_{1-x}Eu_x)_6B_mP_nO_{20}$ 在 370～410nm 近紫外 LED 中组成发射白光的荧光粉（专利申请号 200610035456.7），此外，这篇专利中还提及 $MEu(MoO_4)_2$（M＝Li、Na、K）红色荧光粉[52]。

北京大学公开了一种硼酸盐蓝色荧光粉 $(EuO)_m(MO)_n(B_2O_3)_p(MX_2)_q$（M＝Mg、Ca、Sr、Ba；X：Cl、Br、I）（ZL200310100030.1）[53]，发射光谱主峰在 430～460nm 之间，具有很宽的激发光谱，能满足基于紫外发光二极管的全固体荧光灯的需要。此外，还研究了氯磷酸盐蓝粉 $(Sr/Ca)_{10-x}(PO_4)_6Cl_2:xEu$（ZL02126097.4，ZL03149751.9）[16,31] 和铝酸盐蓝粉 $Ba_{1-x}Mg_{1-y}Al_{10}O_{17}:xEu,yMn$（ZL03149752.7）[45]，这些荧光粉均可以作为紫外 LED 三基色荧光粉中的蓝光组份。

北京交通大学研究了 $2(LnO)\cdot(1-x)P_2O_5\cdot xB_2O_3:yEu,zM$（Ln＝Mg、Ca、Sr，M＝Mn、Ce）硼磷酸盐荧光粉（专利申请号 CN200310116864.1）[54]，这种荧光粉在 370～420nm 的紫外光波段吸收最为强烈，是一种与紫外或者紫光 LED 芯片封装在一起制造白光 LED 的蓝绿色荧光粉。

长春光机所利用 $MMg_2Al_{16}O_{27}\cdot nB_2O_3:Eu,Mn$（M＝Ca、Sr、Ba）匹配紫光二极管来得到绿色发光二极管（专利 ZL01140501.5）[55]。提出可以采用这种绿粉与 $R_{2-x-y}O_2S:Eu_x,N_y$ 红色荧光粉、$M_{3-x-y}(PO_4)_2\cdot(SrCl_2\cdot6H_2O)_x:Eu_y$ 蓝色荧光粉组合成紫外 LED 转换成白光的三基色发光材料（专利申请号 200410011133.5）[56]。

非常明显，近年来越来越多的技术偏向于采用“UV－LED＋荧光粉”来制备白光或彩色 LED。近年来紫外 LED 芯片得到了飞速发展，日亚、Cree 及丰田等均已有高性能的 UV-LED 推出。但荧光粉方面，如前所述，仍然是在那些传统的荧光粉附近徘徊，没有明显的突破。这些荧光粉在低于 365nm 的短波紫外光下有很好的发光效率，但对 370～410nm 的光转换效率普遍较低，与 UV-LED 芯片的匹配性欠佳。因而由它们制作出的白光 LED 尽管 Ra 可以大于 90，但发光效率却非常低。

值得一提的是,中国海洋大学提出了一种应用于白光 LED 的有机白光荧光发光材料,它由共轭化合物核黄素、诺丹明、还原紫、还原黄、还原橙或还原深蓝等和线性低密度聚乙烯(LLDPE)按重量比1∶1000~100000 所组成。把这种有机荧光发光材料制成薄膜封装在蓝芯或绿芯 LED 中,可以产生白光(ZL03138839.6)[57]。

七、小 结

综上所述,目前 LED 荧光粉种类繁多,但真正商品化、较大规模使用的只有铝酸盐黄色荧光粉。硅酸盐荧光粉及氮化物/氮氧化物荧光粉尚处于研究开发阶段,但发展潜力巨大。

我国专门、系统开展对 LED 荧光粉的研制开发起步较晚,导致我国在该领域处于相对落后状态。整体上看,我国在 LED 荧光粉方面取得了一定的成绩,并申请了众多专利,但许多专利申请技术仍然围绕着外国技术路线,缺乏原创型技术专利,这也是目前国内市场仍然依靠进口荧光粉的主要原因,这将成为制约我国半导体照明产业发展的软肋。

因此,必须加紧我国 LED 荧光粉的研发与创新,促进我国半导体照明技术的迅速、良性发展。鉴于我国 LED 及其荧光粉的发展现状,结合半导体照明的发展趋势,笔者认为我们可以从以下几个方面来着手努力[58-60]:

(1) 积极开展非 YAG:Ce 体系黄色荧光粉的开发。

(2) 对于"蓝光 LED+绿色荧光粉+红色荧光粉"的结构,绿色荧光粉已经基本能够满足要求,要着重高效率的非硫化物红色荧光粉的研制开发。

(3) UV-LED 用三基色荧光粉的研究在全球都处于初期阶段,拥有巨大的发展空间,我国应加大研发力度,争取获得原创性知识产权。

(4) 开展半导体照明工程知识产权战略建设,为我国半导体照明工程发展护航。

参考文献

[1] Zhuang W D, et al. Preparation and Luminescent Properties of the Phosphors for White Light Emitting Diodes, Proc. 5th Korea-China Joint Workshop on Advanced Materials, Kyongju Korea, 2001: 89

[2] Shimizu Y, et al. Light emitting device having a nitride compound semiconductor and a phosphor containing a garnet fluorescent material. United States Patent: US 5998925, 1997-7-29

[3] 胡运生等.白光 LED 用 YAG:Ce 及其衍生系荧光材料.中国照明,2006(6):44~47

[4] Franz K, et al. Luminous substance for a light source associates therewith. United States Patent: US6669866, 2000-7-8

[5] 鱼志坚等.含硼的白光 LED 用荧光粉及其制造方法和所制成的电光源.中国发明专利:ZL200310113506.5, 2003-11-13

[6] 庄卫东等.一种荧光粉及其制造方法和所制成的电光源.中国发明专利:申请号 200610065812.X, 2006-3-24

[7] 龙震等.含二价金属元素的铝酸盐荧光粉及制造方法和发光器件.中国发明专利:申请号 200610114519.8,2006-11-13

[8] 苏锵等.一种 YAG 晶片式白光发光二极管及其封装方法.中国发明专利:申请号 200510102388.7, 2005-12-19

[9] 张书生等.助熔剂对 $Y_3Al_5O_{12}$:Ce 荧光粉性能的影响.中国稀土学报,2002, 20(6):605~607

[10] Zhang S S, et al. Study on $(Y,Gd)_3(Al,Ga)_5O_{12}$:Ce Phosphor. J. Rare Earths, 2004: 22(1): 118~121

[11] 庄卫东等.一种蓝光激发的白色 LED 用荧光粉及其制造方法.中国发明专利:申请号 02130949.3,2002-9-13

[12] 王晶等.高亮度波长可调的白光发光二极管荧光粉的制备方法.中国发明专利:ZL03152709.4, 2003-7-10

[13] 王海波等.蓝光激发的白光荧光粉及其用途、制造工艺和制造装置.中国发明专利:申请号 200410041784.9, 2004-8-25

[14] Regina B Nueller-Mach, et al. Light emitting diode device comprising a luminescent substrate that performs phosphor conversion. United States Patent: US6630691, 1999-9-27

[15] 张书生等.深红色荧光粉及其制造方法和所制成的电光源.中国发明专利:ZL200310115339.8, 2003-11-19

[16] 姚光庆等.紫外发光二极管激发的三基色荧光粉和合成方法.中国发明专利:ZL02126097.4, 2002-8-13

[17] 罗岚等. 石榴石型铝酸钆基荧光粉体及其制备方法. 中国发明专利：申请号 200510056140.1，2005-3-21

[18] Thomas L. Barry. Fluorescence of Eu^{2+} —Activated Phases in Binary Alkaline Earth Orthosilicate Systems. J. Electrochem. Soc. 1968：115(11)：75～81

[19] Levinson, et al. Light emitting device with $Ba_2MgSi_2O_7:Eu^{2+}$, $Ba_2SiO_4:Eu^{2+}$, or $(Sr_xCa_yBa_{1-x-y})(Al_zGa_{1-z})_2S_r:Eu^{2+}$ phosphors. US6429583，1998-12-30

[20] Stefan Tasch, et al. Light source comprising a light-emitting element. United States Patent：US6809347，2001-12-19

[21] Juestel Thomas, et al. Tri-color white light LED lamp. World Intellectual Property Organization：WO03/080763，2003-3-25

[22] Yi Dong, et al. Novel phosphor systems for a white light emitting diode. United States Patent：(Pub. No.)US2006/0027781，2004-8-4

[23] Ning Wang, et al. Novel silicate-based yellow-green phosphors. United States Patent：(Pub. No.)US2006/0028122，2004-9-22

[24] Xiao Zhiguo, et al. Long afterglow silicate luminescent material and its manufacturing method. United States Patent：US6093346，1997-12-24

[25] 赵成久等. 用紫光二极管转换成发白光的稀土发光材料. 中国发明专利：ZL200310115889.X，2003-12-5

[26] 苏锵等. 一种白光 LED 用橙黄色荧光粉及其制备方法. 中国发明专利：申请号 200610035455.2，2006-5-12

[27] 庄卫东等. 一种含硅的 LED 荧光粉及其制造方法和所制成的发光器件. 中国发明专利：申请号 200610088926.6，2006-7-26

[28] Andries Ellens, et al. LED-based white-emitting illumination unit. United States Patent：US6504179，2001-5-23

[29] 庄卫东等. 一种白光 LED 用荧光粉及其制造方法和所制成的电光源. 中国发明专利：ZL03137335.6，2003-6-18

[30] Alok Mani Srivastava, et al. Phosphors for light generation from light emitting semiconductors. United States Patent：US6255670，2000-5-26

[31] 杨萍等. 紫光激发的三组分白光荧光粉及其制备方法. 中国发明专利：ZL03149751.9，2003-8-5

[32] 张家骅等. 一种适于紫外光激发的单一白光荧光粉及制备方法. 中国发明专利：申请号 200510016743.9，2005-4-22

[33] Tamaki Hiroto, et al. Nitride phosphor and method for preparation thereof, and light emitting device. European patent：EP1433831，2003-3-20

[34] Tamaki Hiroto, et al. Oxonitride phosphor and method for production thereof, and luminescent device using the oxonitride phosphor. World Intellectual Property Organization：WO2004/039915，2003-10-15

[35] Georg Bogner, et al. Light source using a yellow to-red-emitting phosphor. United States Patent：US6649946，1999-11-30

[36] Hintzen Hubertus T, et al. Luminescent material and light emitting diode using the same. European patent：EP1413618，2002-9-24

[37] Gerd O Mueller, et al. Phosphor converted light emitting device. United States Patent：US6717353，2002-10-14

[38] Schmidt Peter, et al. Light-emitting device comprising an Eu(Ⅱ)-activated phosphor. World Intellectual Property Organization：WO2004/036962，2003-10-7

[39] Hu Y S, Zhuang W D, Ye H Q, et al. Preparation and luminescent properties of $(Ca_{1-x},Sr_x)S:Eu^{2+}$ red-emitting phosphor for white LED. J. Lumin., 2005，111(3)：139～145

[40] Danielson Earl, et al. Luminescence conversion based light emitting diode and phosphor for wavelength conversion. World Intellectual Property Organization：WO02/11173，2001-7-27

[41] Thomas Frederick Soules, et al. Light emitting device with phosphor composition. United States Patent：US6252254，1998-11-30

[42] Anil R Duggal, et al. Color Tunable light source. United States Patent：US6357889，1999-12-1

[43] Gerd O Mueller, et al. Tri-color, white light LED lamps. United States Patent：US6686691，1999-9-27

[44] Regina Mueller-Mach, et al. A light emitting diode device that emits white light. United States Patent：US6603258，2000-4-24

[45] 杨萍等. 紫光激发的二组分三基色荧光粉的制备方法. 中国发明专利：ZL03149752.7，2003-8-5

[46] 苏锵等. GaN 基发光二极管用的荧光粉及其制备方法. 中国发明专利：ZL02152035.6，2002-11-25

[47] 苏锵等. 一种 GaN 基发光二极管用荧光粉及其制备方法. 中国发明专利：ZL200310111931.0，2003-10-29

[48] 苏锵等. 一种白光 LED 器件及其荧光转换用单组份双波长稀土荧光粉与其制备方法. 中国发明专利：申请号

200510120618.2，2005-12-19

[49] 庄卫东等. 一种 LED 用红色荧光粉及其制备方法和所制成的电光源. 中国发明专利：ZL200310101629.7，2003-10-23

[50] Hu Y S, et al. A novel red phosphor for white light emitting diodes. J. alloys and compounds, 2005, 390(1－2)：226－229

[51] 庄卫东等. 白光 LED 用复合氧化物荧光粉及其所制成的电光源. 中国发明专利：申请号 200410080483.7，2004-10-11

[52] 王静等. 一种含有碱土硼磷酸盐荧光粉的 LED 器件. 中国发明专利：申请号 200610035456.7，2006-5-12

[53] 王稼国等. 一种蓝色荧光粉及其应用. 中国发明专利：ZL200310100030.1，2003-10-8

[54] 何大伟等. 一种紫光或紫外激发的硼磷酸盐荧光粉及其制备方法. 中国发明专利：申请号 200310116864.1，2003-12-1

[55] 赵成久等. 用紫光二极管将发光材料变换成绿色发光的方法. 中国发明专利：ZL01140501.5，2001-9-18

[56] 赵成久等. 将紫光二极管的紫光转换成白光的稀土三基色发光材料. 中国发明专利：申请号 200410011133.5，2004-9-27

[57] 苗洪利等. 一种有机白光荧光发光材料及其制备方法. 中国发明专利：ZL03138839.6，2003-7-21

[58] 庄卫东等. 稀土荧光粉及其在半导体照明中的应用. 中国材料科技与设备，2005，2(2)：56～61

[59] Zhuang W D, Cui X Z, Zhao C L, et al. The Research and Development of Phosphors in China, Phosphor Global Summit 2003, Scottsdale USA, Mar. 2003

[60] Zhuang W D, Huang X W, Zhang S S, et al. Rare Earth Phosphors for White LEDs. Light Source 2004, Bristol and Philadelphia: Institute of Physics Publishing, 2004: 167～168

作者简介

庄卫东 教授级高级工程师，博士生导师，有研稀土新材料股份有限公司研发部主任，中南大学兼职教授。十多年来一直从事新型稀土功能材料、材料物理化学的研究和开发工作，共主持二十余项课题的工作，取得部级科技进步奖 3 项，发表论文 68 篇，在国际学术会议上作邀请报告 6 次，获中国发明专利授权 12 项，入选首批“新世纪百千万人才工程国家级人选”，曾被评为中央企业“杰出青年岗位能手”。在稀土发光材料方面，尤其是半导体照明用荧光材料方面，作出了重要贡献。发明了 5 种半导体照明用荧光粉，获得相关授权发明专利 7 项，突破了国外的专利封锁，发明了 3 种等离子显示用荧光粉，2 种稀土长时发光材料，获得相关授权发明专利 5 项。

MOVPE 生长 GaN 基半导体材料的最新进展

Joe Yang, Wei Zhang, Bernd Schineller, Michael Heuken
德国爱思强股份有限公司

摘 要

本文综述了有机金属气相外延(MOVPE)技术近来的发展状态。在光电与电子器件的产业化领域中,MOVPE 已经建立起了它的主导地位。本文介绍了使用实时反射率测量仪与发射率(emissivity)校正的表面温度测量来改善工艺良率,以及生长较大尺寸外延片的最新进展。通过使用创新的非实时测量方法来评估外延生长时蓝宝石衬底的弯曲度,可以帮助优化生长工艺条件,从而使得在 4in 衬底上的蓝光多量子阱(Multi-Quantum Well,MQW)结构可以达到 1.3nm 波长标准差的均匀度。实验结果显示为了取得均匀的外延生长结果,蓝宝石衬底的厚度以及偏轴切割的角度都是必须考虑的因素,并且必须是两者的组合。

关键词:有机金属气相外延 LED 蓝光 绿光 产业化生产 实时测量 弯曲度

一、简 介

过去 20 年来,化合物半导体(compound semiconductors,CS)已经从研发进入生产,并形成了数十亿美元的产业规模。同时,MOVPE 因其较低运行成本和较高的量产能力,它已在化合物半导体材料生长方面建立起它的主导地位。随着化合物半导体器件市场价格的下降,作为化合物半导体产业链上关键步骤之一的 MOVPE 必须不断地降低材料生长的成本。而降低材料生长成本的主要手段是:降低 MOVPE 设备的运行成本以及增加每一炉外延生长的良品率。在先期开发阶段,这些是通过增加每一炉外延生长的容量即外延片数量来达到,也就是从单外延片反应腔到同时容纳多片的反应腔的产业化生产机台。发展到今天,更大尺寸的外延片、反应腔自动化装卸外延片、极好的外延片内及片与片之间的均匀性,以及可自动反馈参数到工艺运行程序的精密实时测量工具等各方面的进步等已极大改善了设备的维护难度和运行状态,增加了设备的运行时间,提高了生产良率。本文将介绍目前 MOVPE 量产机台领域的进展与挑战。

二、MOVPE 实时监控技术

实时监控技术有助于直接观测膜层结构的生长,并可用来推算一些关键参数,例如生长速率、关键生长步骤的时间点与整个膜层质量。最常用到的实时测量技术是依据 Fabry-Perot 干涉的测量,以在蓝宝石衬底上生长氮化镓(GaN)薄膜为例,正向入射膜层接口的光束因为折射率不同,会部分在已生长的 GaN 表面被反射,而部分在氮化镓(GaN)/蓝宝石衬底间的界面被反射,由于这两个被反射的光束相对相位的差异,当膜层越长越厚时,会产生建设性与破坏性的干涉,如果知道膜层材料的折射率,则干涉的频率可以用来计算出生长的速率。

除了生长速率,也可以借此实时测量技术推论出膜层表面的质量。实时测量仪器从宏观的区域收集积分的信号,而该区域远大于表面型态微观的干扰(参见图 1(a)),因为具有不同相位差的信号被结合在一起,这样一来,干涉信号的振幅就会随着逐渐增加的表面型态干扰而减少(参见图 1(b))。

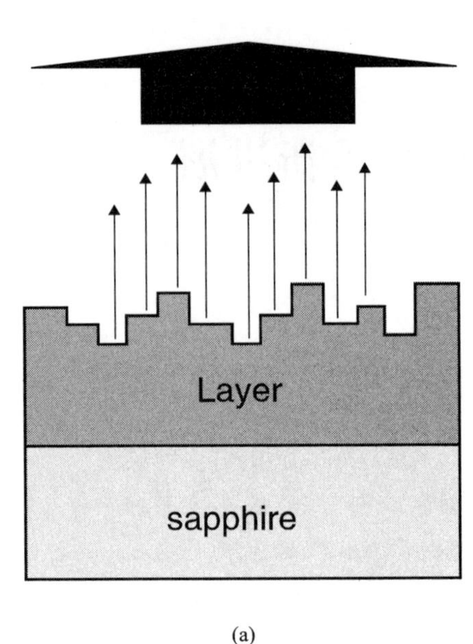

(a)

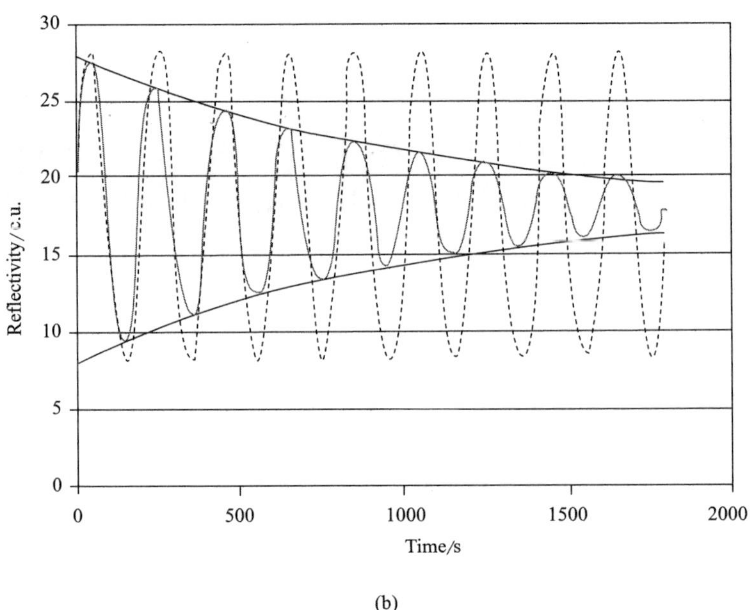

(b)

图 1 从不平整的表面反射而重叠的 Fabry-Perot 干涉经由实时反射率测量仪所收集((a)),产生的反射率信号与理想上的完美震荡相比对,可得出生长速率(信号频率)与表面型态(信号衰减)的信息(b)

另一个重要的实时测量技术是以高温计来测量表面温度,根据黑体辐射原理,只要测得表面的相关波长的发射率,就可以推算出被测表面的温度。然而,发射率会因膜的生长而随着膜层厚度一直改变,这会干扰任何想要用高温计测量外延片表面温度的尝试。因为发射率会直接被耦合到表面的反射率,这使得同时测量反射率与温度变为可能。同时,也使得因膜厚对发射率信号的干扰可以通过处理反射率与膜厚的关系而扣除,从而得到更准确的表面温度。

图 2 是 Epitune® II 测量仪取样头的示意图。光源是频率为 20 Hz (1/20s)的脉冲光源。一个脉冲光源经由棱镜与透镜组合被聚焦在晶圆上,反射的光线经由玻璃光纤被导引到侦测器系统来进行评估,并计算出反射率与发射率。在光源关闭的期间,取样探头会撷取外延片表面黑体辐射(发射率等)信号并将它经由同一条玻璃光纤传送以进行测量分析。因为外延片主样品载台的旋转频率为 1/6 Hz (1 转/6s),低于光源的频率,所以反射率、发射率与高温计的温度可以很实际地在晶圆上的同一个点被测量到。因此,实时扫描可以得到横跨外延片的生长速率与膜层特性,而工艺条件改变的效应也可以被直接观测到。图 3 显示在同一炉的外延生长里、在相同的 4 in 外延片上、手动调整总气体流量后,横跨外延片直径的生长速率的相应变化。为了进行此测量,如图所示,此 4in 外延片的直径上有 7 个扫描点被

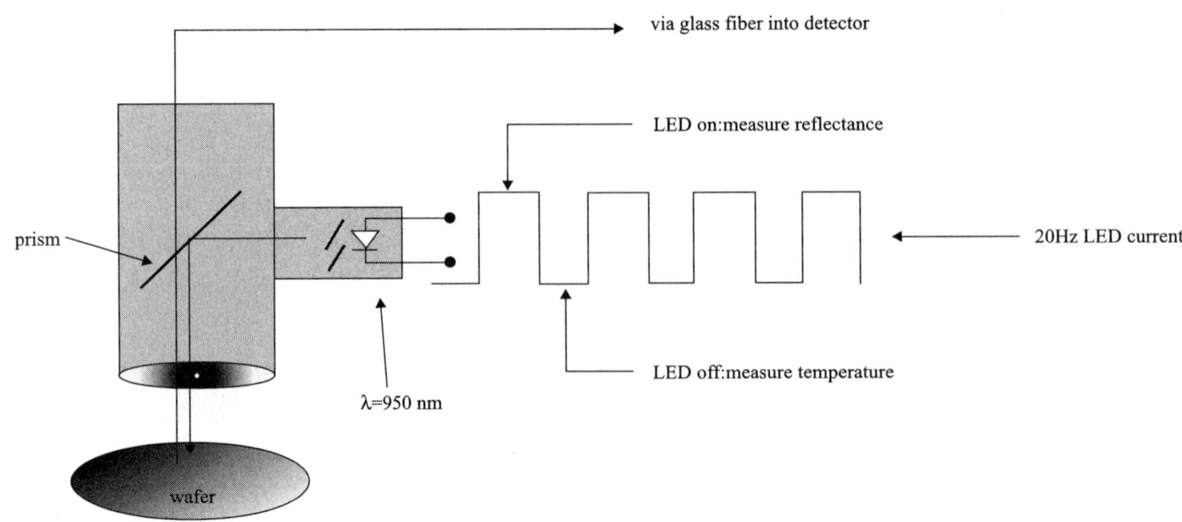

图 2 发射率校正高温计温度测量的工作原理示意图

监控着。手动改变总气体流量可以改变生长速率的分布，从凹下(外延片中央有较低生长速率)变成凸出(外延片中央有较高生长速率)，因此，实时反射率测量工具可以帮助我们获取生长信息，及时调整工艺条件，使生长速率在横跨外延片的分布达到最佳化，而不需要中断生长过程或者将晶圆移出系统外以进行测量。

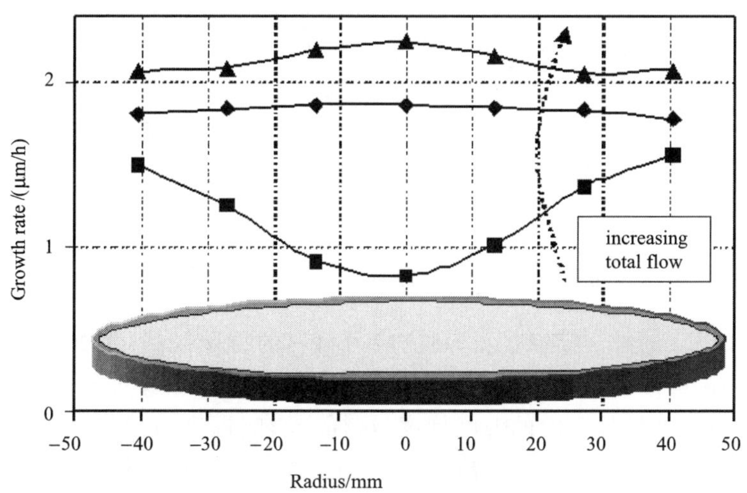

图 3 在 4in 蓝宝石衬底上，GaN 生长速率均匀性调变实验的评估，生长速率的分布图会随着总流量改变，所有数据是从同一炉外延生长里取得

三、GaN 以及相关材料的量产

(一) 光电器件结构

GaN 基的 LED 器件，其量子阱主要为三元铟镓氮(InGaN)材料体系，对于外延生长中的微小温度变化非常敏感，量子阱内铟(Indium，In)的总成分与 In-rich 区域在 Ga-rich InGaN 母体内的分布会被局部生长温度严重影响，因而造成对于外延机台温度稳定度与均匀度的高度需求。有鉴于此，现代外延机台必须依照此一要求来被检验。图 4 显示了沿着 4in 外延片托盘直径测量到的高温计温度分布图，反应腔内的温度控制在 1100°C、压力为 200 mbar、而且在 10 slm 的氨气(NH_3)与 10 slm 的氢气(H_2)的真实气流条件下，横跨托盘可以得到低于±2°C 的温度均匀性。因为这个托盘可以放置一片 4in 的衬底或者 3 片 2in 的衬底，所以对于这两种尺寸的外延片都可以提供极佳的温度均匀性，来进行均匀的外延生长。

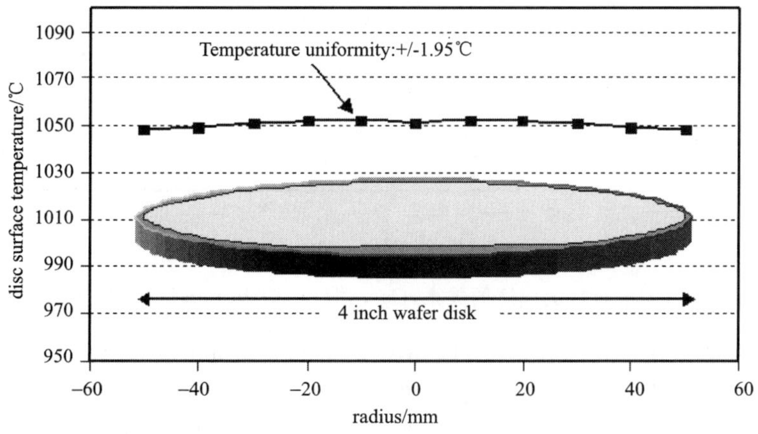

图 4 横跨整个 4in 蓝宝石衬底上经发射率校正的外延片表面温度

(二)大面积外延生长

增加产量与降低生产成本的需求导致多片式大容量反应腔的出现,它可以同时生长更多的外延片,今天的现代化外延系统可以提供容量高达 24 片 2 in(例如爱思强 Aixtron 的 AIX 2600G3 HT 24×2 in)或者 42 片 2 in 的外延片(AIX 2800G4 HT 42×2 in),然而,已经成熟发展的 2 in 量产技术并不是这篇文章所要讨论的内容,相反地,我们将会专注在较大尺寸的外延片上。今天,4 in 蓝宝石衬底已经展现出可替代普遍使用的 2 in 衬底的可行性,将现有的外延工艺,从 24 in×2 in 反应腔转换到 8 in×4 in 反应腔是很容易的,因为以几何形状来说,这两种反应腔体基本上是一样的,因此,相似的工艺气体流量与温度可以直接用来生长4 in晶圆。虽然6 in蓝宝石衬底才刚刚引进市场,但相似的工艺转换也适用在从42in×2in转成6in×6in。

(三)生长大尺寸外延片的特别考虑

4in 或 6in 衬底上的外延生长会遇到生长高度应力材料的特殊挑战,例如 GaN,生长中的 GaN 膜层与蓝宝石衬底间有着不同的热膨胀系数与晶格常数,会导致衬底在生长过程中弯曲,造成衬底无法与石墨托盘密切接触,进而造成外延片表面的温度梯度,这样会影响温度敏感材料的生长,例如 InGaN,对于不同波段的材料,每 1 度生长温度通常会造成 1.5～2 nm 的发光波长偏移,这个效应是因为量子阱内 In-rich 区域的重组所造成的,因此,InGaN MQW 的结构可以用来作为测试工具,以决定在生长过程中外延片上的温度分布的情形。此外,蓝宝石原料、蓝宝石晶柱的切割与表面处理程序等制造过程必须特别注意,以减少材料内含应力与张力的大小,因为这些效应可以导致外延片不可预测的弯曲与变形。一般来说,这些考虑也适用在 2in 衬底的生长上,然而在小尺寸外延片上的效应是可以忽略的。

假设一个衬底具有完全均匀的应力,外延生长引致的弯曲可以经由 InGaN MQW 结构的波长均匀性来非直接地测量,在做实验之前,反应腔里的气相组成与总气体流量等条件,必须微调到使温度分布、前驱体(precursor)的分解与消耗等条件达到完美,也就是说,工艺条件必须保证可以在衬底无弯曲的情况下达成完美的波长均匀性。

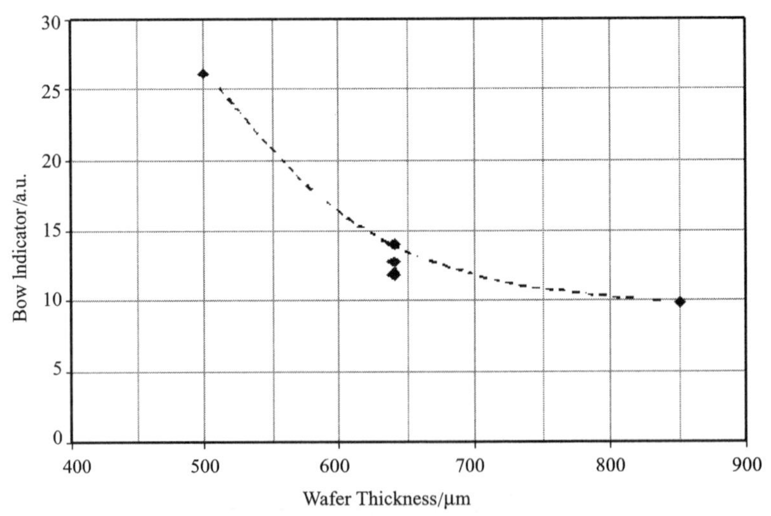

图 5 突出弯曲量与蓝宝石衬底厚度的关系,GaN 器件结构为 5μm 厚,生长于 4in 直径的衬底上

所有外延生长实验都是在 AIX 2600G3 HT MOVPE 机台完成的,反应腔的设置为 8in×4in,标准的前导气体如 TMGa、TMIn、TEGa 以及 NH_3分别和载气 H_2与 N_2一起使用于 GaN 厚膜与 MQW 堆栈的生长,为了使用非即时光致发光(PL)谱来评估在外延生长中的晶圆弯曲程度,我们定义了一个“弯曲指示计”,它是一个定性化定义的优值(figure of merit),根据外延片的波长均匀性,以及考虑当 In 的组成趋向 InGaN 的敏感性互溶间隙(miscibility gap)时,所具有不同的敏感性:

$$BI=\frac{\overline{\lambda}_{edge}-\overline{\lambda}_{center}}{\overline{\lambda}_{map}-370\text{nm}}\times 50$$

这里$\overline{\lambda}_{edge}$,$\overline{\lambda}_{center}$ and $\overline{\lambda}_{map}$分别代表着外延片周围的平均波长、中央数个点的平均波长、以及整片外延片的平均波长，我们依据 PL 谱来评估结果，在外延片的波长标准差为 2 nm 与 3 nm 而平均波长分别为470nm(蓝光)以及 520nm(绿光)的情况下，这个公式会得到数值 1，当外延片边缘的波长较长时(凹洞型弯曲的外延片边缘温度较冷)，得出的数值为正值，而当外延片边缘的波长较短时(凸出型弯曲的外延片边缘温度较热)，得出的数值为负值。图 5 显示“弯曲指示计”与衬底厚度的关系，衬底厚度分别为500μm、640μm 与 850μm，从图中可以看出，在 MQW 结构生长过程中的外延片弯曲度与衬底厚度有非常清楚的关系，只要衬底的厚度与生长的结构固定，这个结果使我们可以借此调整晶圆托盘凹槽的弯曲度，依据“弯曲指示计”来评估生长于一系列具有不同凹槽形状测试托盘的外延片，就可以推测出最佳的凹槽形状。

考虑到衬底弯曲的可能性与因此而导致丧失与托盘的热接触，另外一个需注意的条件是成核(nucleation)与 GaN 厚膜生长的蓝宝石衬底表面工艺温度容许值，过去大家并未针对此点进行彻底的研究。因为影响工艺容许值的是局部表面特性，所以我们研究蓝宝石衬底偏 c-轴切割的影响，这是衬底制造过程中最重要的设计参数之一，以 3 种生长温度(1100°C、1130°C 与 1160°C)在故意偏轴切割的 c-平面衬底(有正 c-轴，0.1°向 m-平面，0.2°向 m 平面，0.3°向 a 平面以及 0.4°向 m 平面)上外延生长 GaN，并且以光学显微镜与 Lehighton 电阻分布计测量片电阻。

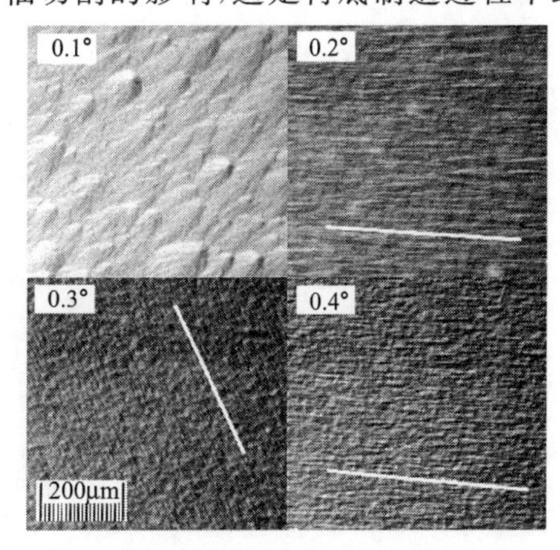

图 6　四种偏轴切割外延片的表面结构光学显微镜照片，从 0.3°向 a 平面的样品可以看出，膜层的阶梯结构顺着蓝宝石衬底的方向

图 6 显示了在 1130°C 生长于四种偏轴切割衬底的 GaN 膜层光学显微镜照片(正 c-轴的样品表面与 0.1°向 m 平面的样品类似)，从图中可以看到，生长于接近 c-轴方向衬底上的样品表面有粗糙的微结构，而偏轴达 0.2°或以上的样品，可以观察到平滑的阶梯状表面，为了方便更清楚地观察，我们将阶梯状结构的方向以白线标示，需注意的是，偏 0.3°样品的阶梯结构方向与其他不同，因为底下蓝宝石衬底是偏向 a 平面的。除了以显微镜观察表面结构，片电阻的测量可以观测到晶体内载子的移动率与分布，图 7 显示了膜层的平均片电阻与生长温度的关系图，从图中可以看到，在整个实验的温度范围内，偏轴0.3°与 0.4°的晶圆具有最低与最一致的方块电阻，偏轴 0.2°的膜层显示了在较低温度时，方块电阻会明显地增加，这表示在这样的衬底上外延生长的温度容许值较低，正 c-轴与偏轴 0.1°

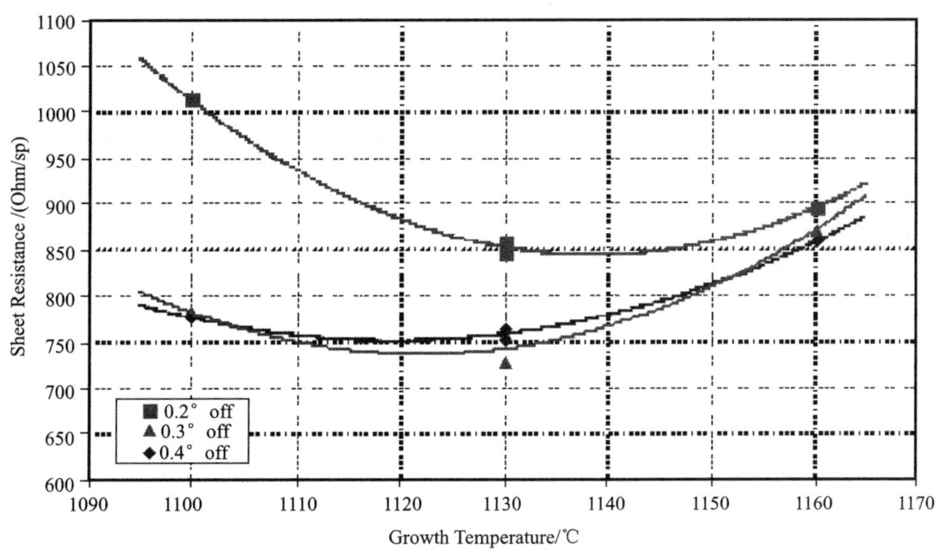

图 7　在三种不同偏轴角度衬底上生长的 GaN 膜层片电阻，共有三种不同的生长温度，其他条件则相同

膜层的结果未显示在此图内，因为它们的片电阻高了 5 到 10 倍，并且与生长温度的关系非常强。

从这些结果，我们可以推论偏轴 0.3°～0.4°的蓝宝石衬底最适合生长 GaN，特别是当我们预期晶圆表面的温度会因为生长过程中衬底变形而产生变化时。

（四）InGaN 结构的生长

如同前文的讨论，在 4in 与 6in 蓝宝石衬底上生长 InGaN 结构需要特别注意蓝宝石的质量与反应腔体内衬底托盘的设计。根据上述的外延片弯曲实验结果推论出设计参数后，我们可以达成很好的膜层结构与非常优异的良率。图 8 显示了在低激发能量下的室温 PL 谱，MQW 样品具有 5 个周期结构，以 4in 衬底生长于 4in 外延片托盘上，分布图的去边是 0 mm，从图中可以看到，我们可以在波长 462.6nm 达成标准差 1.3nm 的优异波长均匀性，在圆边位置的长波长点，可能是在放置衬底时被夹外延片的夹子所影响，些微的非旋转对称是由于蓝宝石衬底的内应力场所造成，可能是来自于衬底抛光过程。在所有因素中，良率对生产成本的影响最大，以此样品为例，如果以±3 nm 为规格，则大于 96%或者 7540mm^2 的面积可以使用于器件制程。

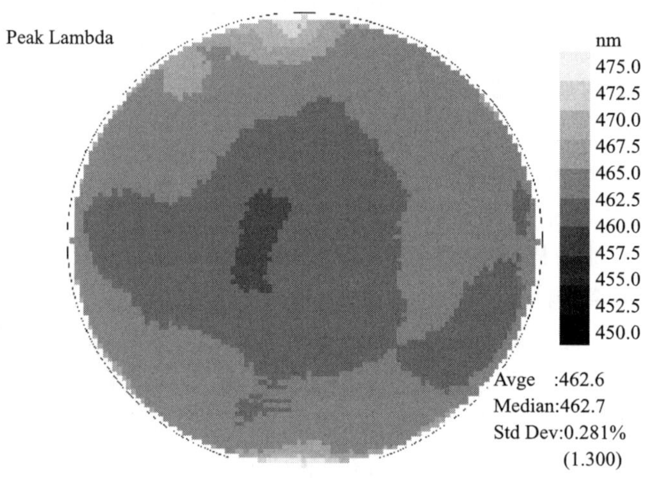

图 8 4in 蓝宝石衬底上 InGaN MQW 结构的 PL 波长分布图，去边：0mm

（五）在量产机台上进行高速率生长

影响外延系统生产成本的主要因素之一为产能，也就是单位时间内能生长出的可用器件面积大小，因此，生长速率变成一个重要的因素，特别是当器件结构需要较厚的膜层时，例如 LED 与高电子移动率晶体管（HEMT），依据不同的结构设计，这些厚膜结构可能占去超过 60%的总生长时间。然而，增加生长速率通常会被表面化学动力能所限制，因而造成错误的晶格原子组成而形成空缺与晶格缝隙（interstitial），这些效应都会产生粗糙的表面。

图 9 显示了 GaN 生长速率对不同三甲基镓（TMGa）摩尔流量的关系图，在 MOVPE 机台上 GaN 一般的生长速率大约为 2μm/h，本实验是在 8 in×4 in 架构的 AIX 2600G3 HT Planetary Reactor® 上进行，显示了生长速率可以超过 10μm/h，所有晶圆表面都是镜面并且具有优良的晶格结构，就沉积 5μm GaN 膜层来说，如此可以将生长时间从 2.5h 减少到 30min。

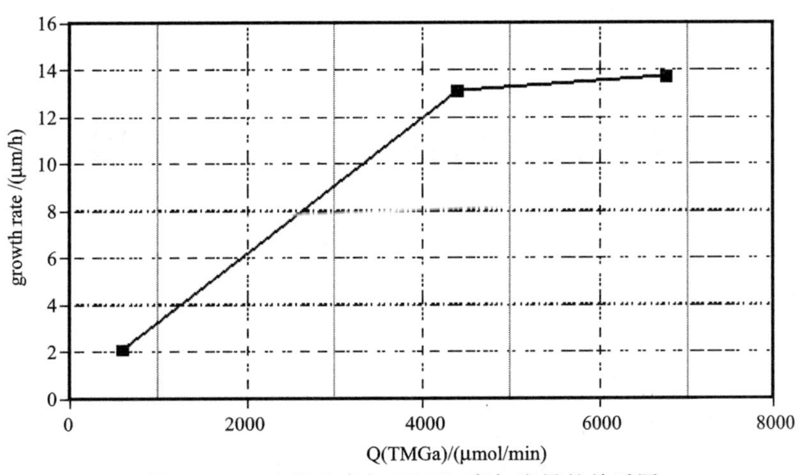

图 9 GaN 生长速率与 TMGa 摩尔流量的关系图

四、小 结

MOVPE 已经从研发阶段发展成为成熟的产业化技术。从 Fabry-Perot 反射率、到发射率温度校正、到弯曲度测量等实时测量技术，使得我们可以直接监控外延生长中的外延片，并依据外延生长中的测量结果来调整制程参数，从而促进工艺的优化，并且减少先进器件进入市场所需的时间。此外，MOVPE 已经妥善处理增加外延面积的挑战，我们清楚地发现了蓝宝石衬底厚度、生长膜层厚度、生长温度以及外延片弯曲度之间的相关性，使得我们可以对衬底托盘凹槽做最佳化设计，来帮助衬底均匀地接触到石墨托盘，因此让 4 吋外延片上的光电器件达成了前所未见的波长均匀性，再加上对于制程条件容忍度与偏轴切割蓝宝石衬底关系的研究，使得 MOVPE 生长 GaN 系列器件的技术可以进展到更大的晶圆尺寸，从而减低了生产成本。借由降低每个器件的平均生产成本，这些发展将会开启新的市场与应用。

参考文献

[1] I. Akasaki, J. of Crystal Growth 237～239, 905 (2002)

[2] Christoph Kirchner and Matthias Seyboth, Annual Report 1999, Dept. of Optoelectronics, University of Ulm, 18 (1999)

[3] C J Deatcher, C Liu, S Pereira, M Lada, A G Cullis, Y J Sun, O Brandt, I MWatson, Semicond. Sci. Technol. 18, 212 (2003)

[4] T. Bergunde, B. Henninger, M. L. unenbürger, M. Heuken, M. Weyers, J.-T. Zettler, J. of Crystal Growth 248, 235 (2003)

[5] R. S. Balmer, C. Pickering, A. J. Pidduck, T. Martin, J. of Crystal Growth 245, 198 (2002)

[6] Z. J. Yang, Y. Z. Tong, Z. X. Qin, X. D. Hu, Z. Z. Chen, X. M. Ding, M. Lu, Z. H. Li, T. J. Yu, B. Zhang, G. Y. Zhang, SODC 2002, Stuttgart, Germany, 100 (2002)

有机白光照明材料与器件进展

沈家骢　马於光

吉林大学超分子结构与材料教育部重点实验室

摘　要

有机发光二极管(OLED)技术在过去的20年中发展迅猛。据统计,1987年～2006年,器件效率改善了几十倍,寿命平均每4.5年就提升10倍。白光照明将成为有机发光领域主题之一。本文对这一迅速发展的领域的进展进行分析,重点介绍中国研究机构在白光材料与器件研究的重要成果。

关键词:有机白光照明　发光二极管

一、引　言

近年来有机电致发光材料与器件在效率与稳定性方面取得一系列重要的突破,特别是磷光材料的利用,器件效率得到大幅度提升。随着有机发光显示屏技术的成熟,拓展到白光照明光源应用成为有机发光领域的新主题。有机白光器件(WOLED)是一种面光源,用于照明更为方便,进一步发展的柔性白光WOLED在国防与民用照明方面应用前景广阔。从目前的进展来看,有机白光照明有可能发展成为下一代的节能型照明技术,符合能源节约型国家建设的战略目标。目前这一领域的研究主要集中在如何提高器件的发光效率、增加器件的稳定性。本文对2005～2006年度中国研究机构在WOLED方面的研究进展进行了评述。

二、高效率红绿蓝(RGB)三基色材料与器件

高效率的红绿蓝三基色材料是实现白光的基础。由于这些材料通常在固态薄膜状态下使用,通过设计分子结构、调控分子的聚集态结构实现高固态发光效率以及较高的载流子迁移率是研究中所涉及的重要问题,也是新材料开发的重要方向。在颜色方面蓝色材料仍然是研究的重点。

吉林大学多年在发展酚基吡啶的铍(Be)[1]和硼(B)[2]的配合物,它们通常具有高效率的蓝色发光和高的电子迁移率。今年的突破性进展是利用含有三苯胺取代基团的吩基吡啶配合物(TPABDPPY,结构见图1)制备的单层有机发光的效率达到5.2cd/A(3.6lm/W),是当前报道的效率最高的单层发光器

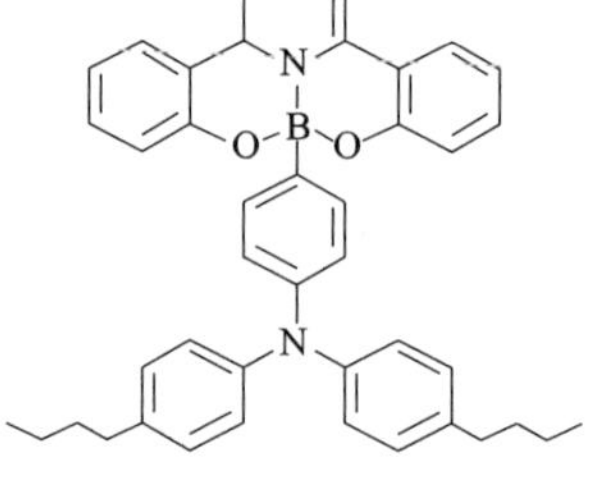

TPABDPPY 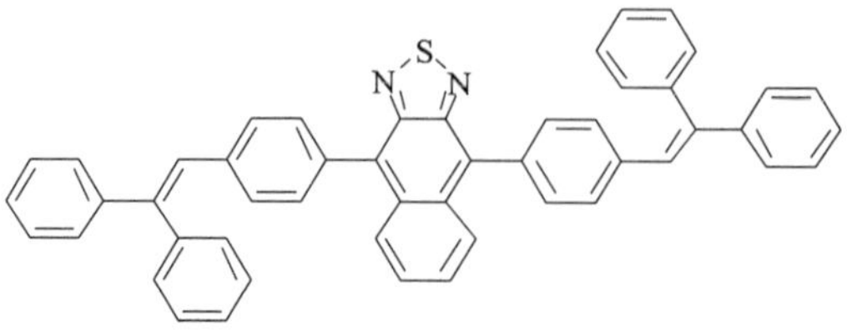　　BDPNTD 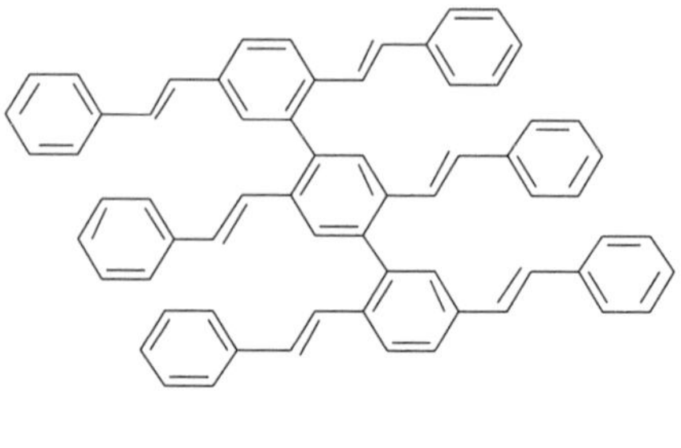　　HSTP

图1　高性能小分子材料的结构

件[3,4]。这个分子的特点是分子设计兼顾了电子与空穴的迁移,表现了平衡的载流子疏运能力。

由于聚集猝灭荧光引起的发光材料在固体状态下的低发光效率是长期困扰人们的问题。在红光材料体系中浓度猝灭效应更为严重,因此通常红光材料需要作为客体分子掺杂到主体分子中使用。清华大学开发了一种具有分子内电荷转移发光特性的红光分子 4,9-二-[4-(2,2-二苯基-乙烯基)-苯基]-萘并噻二唑(BDPNTD,结构见图 1),BDPNTD 分子的端基两个取代苯基使得分子呈非平面的构型,减弱了分子间相互作用,同时提高了材料的成膜质量,这个分子可以单独作为发光层使用,BDPNTD 器件(ITO/NPB(40nm)/BDPNTD(80nm)/Mg:Ag/Ag)具有较高的效率(2.05 cd/A; 1.4 lm/W)和稳定性(寿命超过 10 万小时)[5]。

在蓝光材料体系中聚集除引起效率降低外,聚集引起的光谱红移使色度不纯。吉林大学在高固态效率的蓝色发光材料方面取得重要进展,通过构筑具有交叉结构(cruciform)短链 PPV 齐聚物(HSTP,结构见图 1),获得了一些效率高、色度好、成膜质量高的蓝色发光材料[6]。HSTP 器件(ITO/NPB(40nm)/HSTP(30nm)/Alq(30nm)/LiF/Al)发射纯蓝光(CIE: (0.16, 0.13)),效率达到 5 cd/A,3.8lm/W,最大亮度 16000 cd/m^2[7];这个材料作为母体材料也表现优良的性质,例如一种蓝绿光(DPA-DSB)染料掺杂的器件(ITO/PEDOT/TCTA(40 nm)/TSB:DPA-DSB (V%, 20 nm)/BAlq(30 nm)/LiF(0.5 nm)/Al),器件效率达 18 cd/A,是目前报道的较高水平的蓝光材料与器件[8]。

在高分子发光材料方面中国科学院长春应用化学研究所开发了一系列分子分散型高分子发光材料,将器件设计的“物理掺杂”概念(掺杂剂/主体材料物理共混)成功应用到发光高分子的分子设计,形成“化学掺杂”概念(掺杂剂/主体材料化学键合),发展出具有主客体特征和分子分散特性的新型发光高分子体系[9~11],材料的效率超过了聚合物发光材料主要的供应商 Dow Chem 公司的材料水平。华南理工大学合成了一系列高效率红光材料,其中一些材料显示 800 nm 的近红外发射[12],这意味着有可能将有机发光器件应用到长波长通信领域。磷光材料制备的器件可以有效利用所有激发能量,器件内量子效率可以达到 100%,因此磷光材料是目前发展高效率器件特别是照明用白光器件的首选材料。中国的研究人员在 1998 年报道了国际上第一个室温下实现磷光分子电致发光器件,在磷光材料与器件研究方面有一定的知识产权,但是目前性能最好的磷光铱配合物的知识产权由美国 UDC 公司所有,因此发展高效率的磷光材料新体系成为中国有机发光界的重要任务。

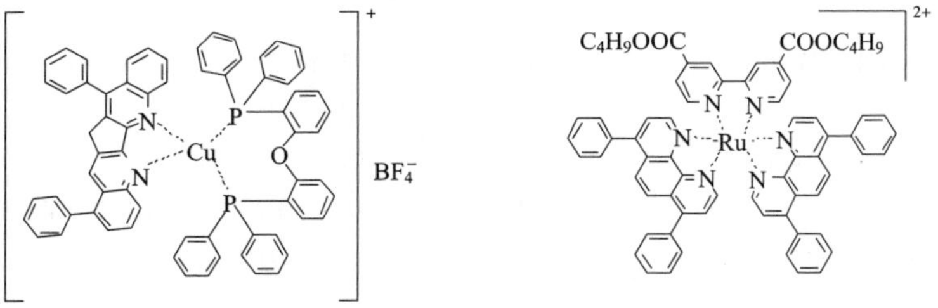

图 2 新型磷光材料

中国科学院长春应用化学研究所合成了一系列 Cu 配合物,发现它们具有非常高的磷光效率,发射黄绿光。将它们掺杂到 PMMA 中制备的器件效率超过 50 cd/A,接近最好的铱配合物的效率水平[13]。吉林大学在多吡啶钌(Ru)配合物研究方面取得一些重要进展,这类多吡啶钌(Ru)配合物具有高的磷光效率、高的电化学与热稳定性,通过配体结构的优化结合器件结构设计,他们实现了纯红的磷光发射,器件效率达到 8.6cd/A, 与最好的红光铱配合物的效率水平相当[14]。

三、高效率白光器件

近年来白光器件工作取得了较大进展。上海大学研发的有机小分子材料白光器件,最大亮度 25000 cd/m^2, 8.9 cd/A, 6.8 lm/W,在 500 cd/m^2亮度下寿命超过了 3300h(在初始亮度 100 cd/m^2下,发光寿命超过 15000h)[15]。

吉林大学对磷光白光器件的结构进行了改进,通过改变发光层沉积顺序以及引入磷光敏化的结构[16]，器件性能达到较高的水平，白光器件的效率达到 27 cd/A(12 lm /W)，亮度为 30000 cd /m^2；色度 CIE：(0.44，0.42)，CRI=81。

高分子白光材料取得突破性进展，长春应用化学研究所制备的单层器件电流效率达到 8.9cd/A，流明效率达到 5.7 lm/W，达到了目前的国际最高值[11]。

高分子化的磷光材料结合了高分子材料加工性质和磷光的高效率特性；在这样的体系中磷光分子嵌入或接枝到高分子链上，高分子主体与磷光客体的能量转移效率比较高；同时磷光客体的分散性比较好，减低了三重态激子的浓度猝灭效应。由于高分子化的磷光材料体系结构的多样性，目前的知识产权还不明确，发展空间很大。华南理工大学在材料设计与器件研究方面取得了一些在国际上领先的结果，他们将双环铱金属配合物引入 PFO 和 PFCz 的主链，得到了一系列主链型电磷光聚合，其中白光器件(色坐标为(0.33,0.34))，最大外量子效率为 3.7%，流明效率为 3.9 cd/A，最大亮度为4180 cd/m^2[17]。最近他们合成的一种侧链型电磷光聚合物，将主链的荧光(绿光、蓝光)与侧链的磷光(红光)结合构成单重态、三重态激子混合的三基色白光聚合物，器件的最大电流效率为 6.1 cd/A@2.2 mA/cm^2，最大亮度为 10100 cd/m^2@345 mA/cm^2，色坐标(CIE)为(0.32，0.44)[18]。

四、展　望

随着人们对有机小分子及聚合物电致发光器件研究的不断深入，白光材料与器件的研究将会着重解决高亮度下的高效率与高稳定性问题。在材料方面需要进一步发展高效率深蓝色发光材料，以解决色度问题；发展降低驱动电压的材料体系，进一步提高器件的功率效率。在器件结构方面，发展提高光耦合输出效率的器件结构。

目前，WOLED 的研究成为国际研究的热点，美国，欧洲，日本等许多国家都启动了对照明用的资助计划，我国科技部 863 计划、国家自然科学基金委先后启动了一些项目支持有机白光照明研究，相信在未来几年中我国的 WOLED 水平一定会有一个整体的提升，达到室内照明需要的水平(1000cd/m^{2}的亮度下功率效率 30～40 lm/W、使用寿命 5000h、显色指数(CRI)大于 85)。

参考文献

[1] Liu Y, Guo JH, Zhang HD, Wang Y, ANGEWANDTE CHEMIE-INTERNATIONAL EDITION 2002, 41 (1): 182～184

[2] Liu Y, Guo JH, Feng J, Zhang HD, Li YQ, Wang Y, APPLIED PHYSICS LETTERS, 2001, 78(16): 2300～2302

[3] Zhang HY, Huo C, Ye KQ, Zhang P, Tian WJ, Wang Y, INORGANIC CHEMISTRY, 2006, 45(7): 2788～2794

[4] Zhang HY, Huo C, Zhang JY, Zhang P, Tian WJ, Wang Y, CHEMICAL COMMUNICATIONS 2006, (3): 281～283

[5] Qiu Y, Peng W, De Z, Juan Q, Lian D, Yin L, Yu G, Li W, ADVANCED FUNCTIONAL MATERIALS, 2006, 18: 1607～1611

[6] He F, Xu H, Yang B, Duan Y, Tian LL, Huang KK, Ma YG, Liu SY, Feng SH, Shen JC , ADVANCED MATERIALS, 2005, 17 (22): 2710

[7] Duan Y, Zhao Y, Chen P, Li J, Liu SY, He F, Ma YG, APPLIED PHYSICS LETTERS, 2006, 88(26): 263503

[8] Zhang Y, Cheng G, Chen S, Li Y, Zhao Y, Liu S, He F, Tian L, Ma Y, APPLIED PHYSICS LETTERS, 2006, 88 (22): 223508

[9] Liu J, Zhou QG, Cheng YX, Geng YH, Wang LX, Ma DG, Jing XB, Wang FS, ADVANCED FUNCTIONAL MATERIALS, 2006, 16 (7): 957～965

[10] Liu J, Zhou QG, Cheng YX, Geng YH, Wang LX, Ma DG, Jing XB, Wang FS, ADVANCED MATERIALS 2005, 17 (24): 2974

[11] Tu GL, Mei CY, Zhou QG, Cheng YX, Geng YH, Wang LX, Ma DG, Jing XB, Wang FS, ADVANCED FUNCTIONAL MATERIALS, 2006, 16 (1): 101～106

[12] Yang R, Tian J. Yan, Y,. Zhang J, Yang Q, Hou, W. Yang, C. Zhang, Cao Y. , MACROMOLECULES, 2005,

38：244

[13] Zhang QS, Zhou QG, Cheng YX, Wang LX, Ma DG, Jing XB, Wang FS, ADVANCED FUNCTIONAL MATERIALS, 2006, 16 (9)：1203～1208

[14] Xia H, Zhu YY, Lu D, Li M, Zhang CB, Yang B, Ma YG, JOURNAL OF PHYSICAL CHEMISTRY B, 2006, 110 (37)：18718～18723

[15] Jiang XY, Zhang ZL, Zhu WQ, Xu SH, DISPLAYS, 2006, 27 (4～5)：161～165

[16] Cheng G, Zhang YF, Zhao Y, Lin YY, Ruan CY, Liu SY, Fei T, Ma YG, Cheng YX, APPLIED PHYSICS LETTERS, 2006, 89 (4)：043504

[17] Hongyu Zhen, Chan Luo, Wei Yang, Yong Cao. MACROMOLECULES, 2006, 39：693～1700

[18] Jiang J, Xu Y, Yang W, Liu Z, Zhen H, Cao Y, ADVANCED MATERIALS, 2006, 18 (13)：1769

作者简介

沈家骢 1931 年 9 月出生于浙江绍兴，高分子化学家，中国科学院院士。现任吉林大学化学学院教授、超分子结构与材料教育部重点实验室学术委员会副主任、兼任浙江大学材料与化学工程学院院长。于 1993 年创建超分子结构与材料教育部重点实验室，并先后任实验室主任、学术委员会主任和副主任。沈家骢院士的研究领域为聚合反应微观动力，超分子组装体系、有机高分子光电信息材料、生物医用材料等。在超分子化学，组装与自组装深入研究基础上，他与他的研究集体开展了有机/高分子光电信息材料与器材，突破荧光发光的局限，提出磷光发光的思路，开展了磷光发光机理及宽禁带半导体的研究，为高效电致发光铺平道路；从有机发光体的凝聚态有序结构出发，提出了设计高传输性发光材料的理念，从而开拓了有机发光晶体的新思路。从 2001 年起一直担任国家自然科学基金委员会光电信息材料与器件重大计划的专家组组长。共发表文章 400 余篇，出版专著 3 部，于 1989 年和 2004 年两次获得国家自然科学二等奖。

白光 OLED 照明研究进展

邱　勇
有机光电子与分子工程教育部重点实验室，清华大学化学系

摘　要

作为一种新型的白光光源，有机发光二极管(Organic light-emitting diodes，OLED)近年来获得了巨大的发展，有望成为下一代高效固态光源。器件结构的改进和优化，新型材料的设计和合成以及电致磷光材料的普遍使用，使得目前白光 OLED 光源的能量效率已经超过了传统的白炽灯。本文将综述近年白光 OLED 光源最新发展，对未来白光 OLED 光源发展存在的挑战和机遇进行客观的分析和评述。

关键词：白光　有机发光二极管　电致磷光

一、引　言

照明消耗了大量的能源，据统计，每年全球发电量的 20%被用于照明。白炽灯和荧光管是目前最为常用的两种传统白光光源，但是它们对能量的利用效率都不高：白炽灯将 95%的能量转化为热能，造成了大量的能源浪费，而荧光灯管也只利用了 30%的能耗用于发光。白炽灯的发光效率一般为 13～20 lm/W，而荧光管为 90 lm/W。为了节约能源，提高能量利用效率，开发新型白光光源具有重要的意义。

有机发光二极管(organic light-emitting diodes，OLED)由于具有高亮度且光线柔和、耐冲压、轻薄(如为柔性衬底则更轻薄且可随意弯曲)以及低能耗等优点，已经吸引了人们越来越多的注意力，各国政府(尤其是美国与欧洲)也是不遗余力地投资推动白光 OLED 光源发展。对于白光 OLED 光源的发展，美国能源部(DOE)给出了规划，总体目标是开发出低成本、低能耗以及柔性可弯曲的白光 OLED 光源，具体如表 1 所示。

表 1　美国 OLED Roadmap

光源特性	单　位	阶段 1	阶段 2	阶段 3	阶段 4
目标达成年份	Year	2004	2007	2010	2013
量子效率	%	5	12.5	20	30
发光效率	lm/W	20	50	80	120
显色指数	CRI	75	80	85	90
寿命($2000cd/m^2$)	hours	1.0 万	2.0 万	4.0 万	5.0 万
最大宽度	m	14	40	40	>40
厚度	mm	2.0	1.0	0.5	0.5
单位面积质量	g/cm^2	0.5	0.25	0.1	0.1
生产成本	$/sqm	120	60	40	30

欧洲方面，由欧洲几大公司共同发起的 OLLA(Organic LEDs for Lighting Applications)计划，目前已有 24 位合作商加入该计划，该计划的目标是在 2008 年使白光 OLED 光源用于普通照明。

自从 1994 年日本的 Kido 等[1]制备了第一块白光 OLED 到现在，白光 OLED 光源无论是从发光材料、发光效率、发光寿命以及发光面积等方面均取得了长足的进步。本文将总结回顾近两年白光 OLED 光源各方面的发展情况，对未来白光 OLED 光源发展存在的挑战和机遇进行客观的分析和评述。

二、白光 OLED 光源近两年进展

（一）用于白光 OLED 光源的有机发光材料发展情况

有机发光材料是白光 OLED 光源发展的核心技术，近两年有机材料发展相当迅速。依据 SID2006 年和 SID2005 年材料性能的报道，在 1000 cd/m^2 的初始亮度下，红、绿、蓝三色荧光材料寿命分别从 2.2 万/4.0 万/1.3 万突破至 10.0 万/16.0 万/1.8 万小时，蓝光寿命提高了 40%，红光和绿光寿命提高更加显著。有机材料分为荧光发光材料（以日本出光兴产 Idemitsu 为主要代表）和磷光发光材料（以美国 UDC 为主要代表），两类材料的发展情况具体如表 2 所示（摘自 OCEL-06(Aug. 7-10，2006，HK)）。

表 2 OLED 发展现状

	颜色	CIE(x,y)	效率(cd/A)	寿命(h)
Idemitsu	深蓝	(0.14,0.16)	7	12000@1000nit
		(0.13,0.22)	9	23000@1000nit
	浅蓝	(0.17,0.32)	12	21000@1000nit
	绿	(0.33,0.63)	30	60000@1000nit
	黄	(0.51,0.48)	11	32000@1000nit
	橙	(0.57,0.42)	13	34000@1000nit
	红	(0.67,0.33)	11	>100000@1000nit
UDC	浅蓝	(0.17,0.38)	22	100000@200nit
	绿	(0.32,0.63)	65	40000@1000nit
	红	(0.65,0.35)	18	40000@500nit

（二）白光 OLED 光源器件性能发展情况

评价白光 OLED 光源性能主要有三个指标：色度、发光效率以及寿命。

1. 色 度

白光 OLED 光源器件色度主要有两个指标，显色指数（Color rendering index）和 CIE 色坐标（Commission Internationale d'Eclairage chromaticity）。对于高质量的白光，要求其 CIE 色坐标（x，y）接近黑体在 2500～6500K 下的辐射，同时满足显色指数大于 80。由于白光 OLED 光源的发光光谱通常能覆盖整个可见光谱，因此这项指标对于目前的白光 OLED 光源来说基本上都可以达到。

2. 发光效率

光源发光效率的高低决定该光源节能程度，光源发光效率越高则意味着光源越节能。白光 OLED 光源器件的发光效率一般有两种表示：量子效率（quantum efficiency）和能量效率（power efficiency）。在过去的十多年研究中，白光 OLED 光源器件的发光效率一直在不断的提升中，尤其是近两年，器件的发光效率更是突飞猛进。

日经 BP 社 2006 年 7 月报道，柯尼卡美能达技术中心成功开发出发光效率高达 64lm/W 的用于照明光源的白光器件，该白光器件采用了柯尼卡美能达技术中心自行开发的蓝色磷光材料和其他公司的绿色、红色磷光材料。

2006 年 8 月 UDC 宣布该公司全磷光发光材料的白光 OLED 光源器件发光效率取得重大突破，发光效率达到 31 lm/W（外量子效率为 29%），为目前一般白炽灯的两倍。

因此，IDTechEx 主席 Peter Harrop 博士预计白光 OLED 光源器件的发光效率能够在 2008 年超过荧光灯。

3. 寿 命

寿命是白光 OLED 光源实用化的一个重要指标。白光 OLED 光源器件的寿命被定义为器件的发光亮度衰减为初始亮度的一半所经历的平均工作时间。传统光源如白炽灯的平均寿命为 750～2500h，而荧光管的平均寿命达到约 20000 小时。

尽管器件寿命是白光 OLED 光源发展的一大困难，但是近两年白光 OLED 光源器件寿命还是得到了比较大的提升。

柯尼卡美能达技术中心开发的白光器件寿命在初始亮度为 1000 cd/m^2 能达到 10000h。在 OCEL'06(Aug.,7-10,2006,HK)上，日本出光兴产报道的白光器件发光寿命在初始亮度为 1000cd/m^2 下能达到 23000h。不久，日本出光兴产又在 Pacific 横滨举办的“FPD International 2006 论坛”演讲会(会议 C-2)上宣布，通过组合最新的蓝、绿、红三色荧光型有机发光材料，可确保白光器件发光寿命在初始亮度为 1000 cd/m^2 下长达 70000h。

(三) 器件结构及机理方面的研究进展

1. 单一化合物发白光

使用单一化合物能得到白光，可使器件的结构变得简单，发光颜色更加稳定。Hamada 等[2]在 1996 年报道了基于锌配合物 bis(2-(2-hydroxyphenyl) benzothiazolate) zinc ($Zn(BTZ)_2$) 的电致发光，得到一种偏绿的白光(greenish-white)，色坐标为(0.246，0.363)，并且在驱动电压 8V 时亮度为10190 cd/m^2。此后，利用小分子的二聚体[3]或共聚物[4]发白光也有报道。但总的来说，单一小分子化合物发白光的效率和亮度都很低。

华南理工大学的曹镛教授的研究组[5]通过将烷基取代的芴(蓝光)和苯并噻二唑(绿光)共聚，并在侧链上引入铱配合物(黄光)，得到了同时具有单线态发光(蓝色和绿色荧光)和三线态发光(黄色磷光)的聚合物(见图 1)，通过调整苯并噻二唑和铱配合物的数量，实现了色纯度(0.31，0.34)、效率 4.6 cd/A 的高效白光。

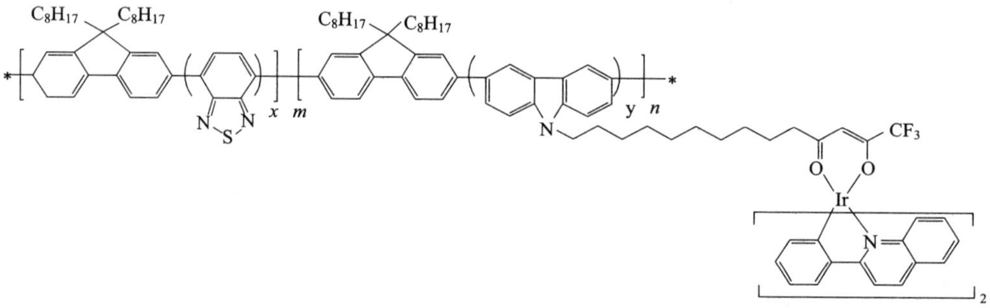

图 1 包含有三种色光发射基团的聚合物材料[5]

2. 单发光层白光 OLED

主体材料掺杂染料是最常见的单发光层白光 OLED 器件结构。在这种结构中，数种染料被掺杂在同一层主体材料中。如果利用主体材料或染料形成的激基复合物，均激基双体(excimer)和非均激基双体(exciplex)，可以减少掺杂染料的数目，达到简化器件结构的目的。

结构最简单的单发光层白光 OLED 是将数种有机高分子或小分子染料掺杂于聚合物主体材料，通过湿法(溶液旋涂[6]、喷墨打印[7]等)制备发光层，最后在真空腔室内蒸镀金属电极，形成白光 OLED。但由于主体材料的限制，电子和空穴的注入往往不平衡而导致器件效率的下降，蒸镀电子传输或空穴阻挡层有利于器件效率的提高[1,8]，但也增加了器件制备的成本。枝状化合物(dendrimer)是另一类有望用于湿法制备白光 OLED 的材料，其绿光单色器件最大能量效率已经达到 27 lm/W[9]。但到目前为止，还没有基于枝状化合物的白光 OLED 的相关报道。

通过真空蒸镀方法制备的小分子白光 OLED 仍然是制备高效率单发光层白光 OLED 的主要途径。在 2006 年的 ICEL16 上，台湾 Chen CH 教授报道的单发光层器件发光效率能达到 13 cd/A，发光寿命在初始亮度 100 尼特下能达到 260 000 小时，色稳定性$<\pm 0.01$，器件结构为：NPB:WO_3/NPB/MADN:DSA-Ph(3%):Rubrene(0.2%)/Alq_3。Holmes 等[10]报道的单发光层白光 OLED，使用 iridium(III) bis(2-phenylquinolyl-N,C$^{2'}$) acetylacetonate (PQIr) 作为红光染料，fac-tris(2-phenylphridine) iridium

[Ir(ppy)$_3$]作为绿光染料，bis(4′,6′-difluorophenylpyridinato)tetrakis(1-pyrazolyl)borate(FIr6)作为蓝光染料，同时掺杂在具有"超宽带隙"的主体材料 p-bis(triphenylsilyly)benzene(UGH2)中，载流子的注入和三线态激子的形成直接发生在蓝光染料 FIr6 上，减少了能量传递过程中的损失，使得器件驱动电压降低，能量效率提高。通常，在三种染料掺杂的单发光层 OLED 器件中，为了降低驱动电压和将载流子和激子限制在发光层内，往往减小发光层的厚度，达到提高能量效率的目的。通过在载流子传输层掺杂提高载流子传输层的传输能力，也能够有效地降低驱动电压，但是掺杂剂(如 Li,Cs,2,3,5,6-tetrafluoro-7,7,8,8-tetracyanoquinodimethane (F_4-TCNQ))等往往作为猝灭中心猝灭发光。

3. 多发光层白光 OLED

多发光层白光 OLED 通过不同的发光层发射的单色光混合成白光，通过调整各个发光层的厚度和掺杂浓度可以有效地调节器件的发光光谱，其典型结构见图 2。Wu 等人[11]报道的不使用空穴阻挡层的白光 OLED，外量子效率达到 3.86%，但发光受到膜厚和驱动电压的强烈影响。这种器件结构最大的不足之处在于，随着驱动电压的升高，器件中的载流子复合区域发生很大变化，从而造成色坐标的漂移。为了提高色纯度的稳定性，必须将多子束缚在发光层中，同时抑制激子的迁移。在 OLED 中，多子一般为空穴，这就要求在器件结构中引入空穴阻挡层，将空穴束缚在发光层中。这样，空穴被束缚在发光层和空穴阻挡层界面处的发光层中，由此形成的空间电荷在空穴阻挡层中产生更大的电场，使得电子注入增加，空穴和电子电流趋于平衡，从而提高量子效率[12]。

1995 年，Kido 首先报道了在空穴传输层和电子传输层之间使用空穴阻挡层来控制不同颜色的发光区域[13]。近年来，D'Andrade 等人[14,15]采用 bathocuproine (BCP)作为空穴/激子阻挡层插入在蓝色磷光和红色磷光发光层之间，获得了外量子效率为 5.2%，流明效率为 6.4 lm/W 的白光。Tokito 等人[16~18]使用 aluminum (III) bis(2-methyl-8-quinolinato) 4-phenylphenolate (BAlq)作为空穴阻挡层，获得了外量子效率为 12%，电流效率为 18 cd/A、能量效率为 10 lm/W 的高效磷光白光 OLED。另一个实现多发光层白光发射的方法是采用多量子阱结构[19](见图 3)，各发光层被载流子阻挡层分开，将载流子复合区域限制在发光层中，同时避免了激子向外层扩散。但这种结构比较复杂，而且需要对每个阻挡层的厚度进行优化，多层结构的引入也造成了驱动电压的升高。

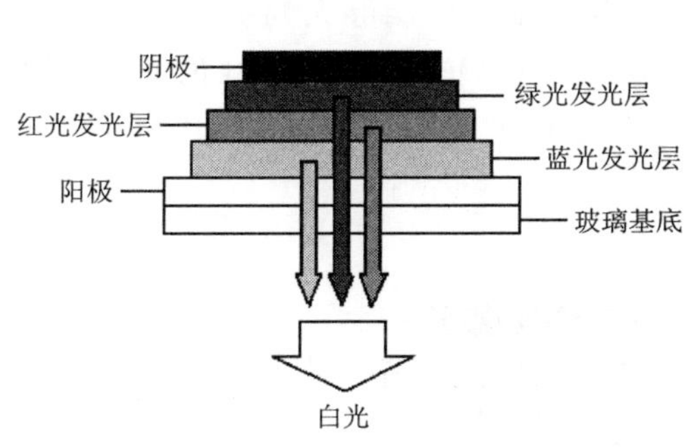

图 2 典型的多发光层白光 OLED 结构

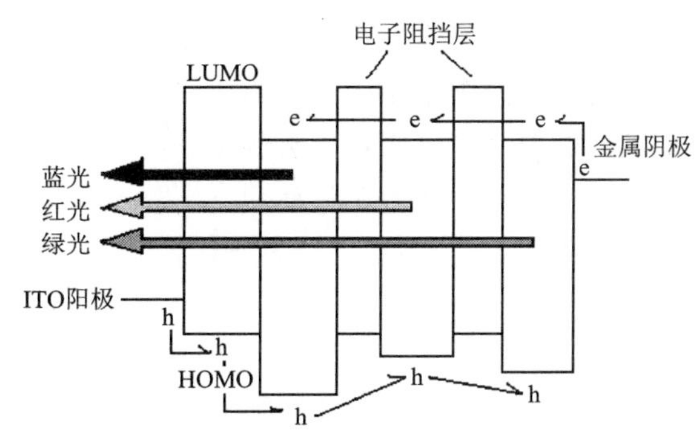

图 3 多量子阱白光 OLED 的典型结构

(图中 e 表示电子，h 表示空穴)

使用空穴传输层能够有效地控制载流子复合区域，但有机材料层厚度的增加也使得驱动电压升高，因此，在这类白光 OLED 中，发光层厚度往往很薄。在载流子传输层中掺杂，如掺入 Li[20]、FeCl、F4-TCNQ[21~24]等，能够有效地降低非辐射层的压降，从而降低驱动电压。但这种方法使得器件结构变得复杂，增加了工艺难度，并可能使器件寿命大幅降低[25]。多发光层白光 OLED 面临的最大难题在于如何控制成本。

4. 基于激基复合物(均激基双体和非均激基双体)的白光 OLED

利用激基复合物(均激基双体和非均激基双体)的发光，可以简化发光层的结构，减少掺杂剂的数量，在简化工艺的同时有效地减少了有机材料层中分子间复杂的相互作用，有利于发光色纯度的稳定。基于激基复合物发光的荧光白光 OLED 已经接近理想白光光源的色纯度(0.33,0.33)，目前已有报道的外量子效率达到 0.3%[26],能量效率 0.58 lm/W,最高亮度为 2000 cd/m^2[27]。但是,目前基于激基复合物发光的荧光白光 OLED 还不能满足实用的需要。与之相反,D′Andrade 等人[28]采用 platinum(II) (2-(4′,6′-difluorophenyl)pyridinato-N,C2′) (2,4-pentanedionato) (FPt1)的均激基双体发磷光,混合 FIrpic 的蓝色磷光,得到了高效宽带的白光发射。

激基复合物只存在于激发态中,基态时分解成单个分子。因此,激基复合物避免了发光层中主体材料和高能染料(蓝光染料)将能量全部转移给低能染料而造成的蓝光猝灭现象,保证了发光层中有效和平衡的能量传递。由于激基复合物的发射谱峰很宽,因此发光层中一般只需掺杂一到两种染料即可以覆盖整个可见光区域,从而实现白光发射。目前一般采用的结构是蓝色单体磷光混合橙红色激基复合物磷光形成白光。Adamovich[29]等人报道的只掺杂一种染料的白光 OLED,1000 cd/m^2 亮度下能量效率达到 4.1 lm/W,低亮度下的最高能量效率高达 11 lm/W。

为了实现激基复合物的发射,控制掺杂剂的浓度非常关键。因为激基复合物能否形成与掺杂剂的浓度直接相关。

5. PIN 结构的白光 OLED

PIN 结构指的是在空穴传输层以及电子传输层中分别掺杂氧化剂和还原剂,从而实现类似无机半导体工艺中的 p 型和 n 型掺杂。这样可以降低白光 OLED 器件的驱动电压,提高器件的能量效率。

经过几年的发展,PIN 结构的单色器件各方面性能得到了很大的提高。最近两年,研究者们又开始将注意力转移到 PIN 结构的白光 OLED 的研究开发上,并取得了一定的进展。

2006 年 SID 上陈金鑫等人公布的 PIN 结构的白光 OLED 在 1000 cd/m^2 时能量效率能达到 9.2lm/W,CIE 色坐标为(0.317,0.426)。

Philips 和 Novaled 共同开发的 PIN 结构的白光 OLED 的发光效率目前已经达到 32 lm/W,CIE 色坐标为(0.47,0.48),CRI 为 88,在初始亮度为 1000 cd/m^2亮度下寿命能达到 20000h。

6. 叠层结构的白光 OLED

白光 OLED 的叠层工艺与液晶平板显示相似,分为水平和垂直叠层两种(见图 4)。每种单色 OLED 由单独的回路控制,将颜色混合在一起实现白光发射。这种结构的优势在于,每种单色 OLED 的结构和性能都能够在最优条件下工作,与单一白光 OLED 器件相比,电流效率能够大幅提高。最近,Sun 等人[30]使用新型的阳极-阴极层(ACL)作为中间电极连接一个蓝色磷光 OLED 和一个红色磷光 OLED,通过调节两个单色 OLED 单元的发光获得白光,在 26 V 下得到最大亮度 40000 cd/m^2,色坐标为(0.32,0.38),最大能量效率为 11.6 cd/A。

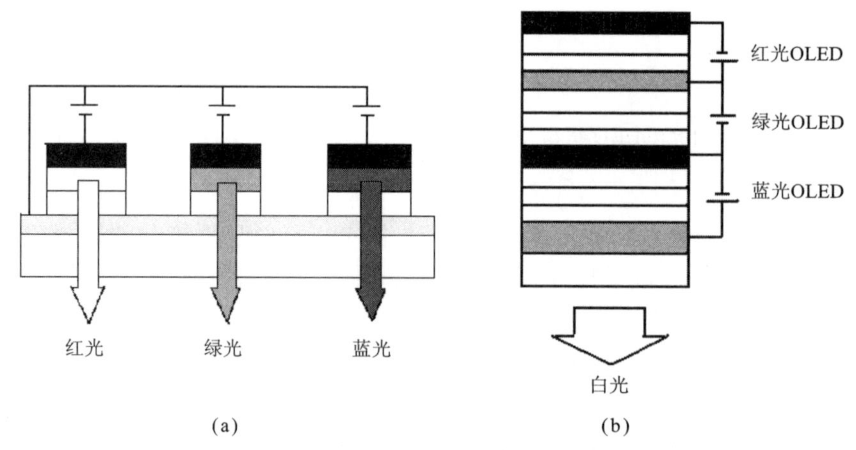

图 4 水平(a)和垂直(b)叠层白光 OLED 的典型结构

Kido 通过实验证明,含有 n 个结构单元的白光 OLED 的亮度将可以达到单个 OLED 的 n 倍,因此叠层结构能够大大地提高白光 OLED 的效率和寿命。Chang 等[31]制备了两种叠层白光 OLED,中间电极

使用 $Mg:Alq_3/WO_3$，发现了增幅效应，由于微腔效应的存在，得到了 22 cd/A 的高效率，几乎是单层 OLED 的三倍。但是，由于微腔效应，叠层白光 OLED 的发射亮度和色纯度伴随视角发生很大变化，因此叠层结构仍然需要更有效的优化。

7. 下转换白光 OLED

下转换实现白光在 LED 中已经得到广泛应用，这种方法也能用于实现白光 OLED。色转换层部分吸收蓝光 OLED 的发光，将其转换为长波长的发光，与未被吸收而透射出来的蓝光混合在一起，形成白光发射(见图 5)。这种方法的优点在于，OLED 器件结构简单；色转换层的发光由蓝光 OLED 激发产生，因此得到的白光光谱相当稳定；能够采用大面积涂布等方式来制备蓝光 OLED 和色转换层，能有效的降低成本。2002 年，GE 公司的 Duggal 等人[32] 报道的下转换白光 OLED，显色指数达到 93，在使用光散射层之后改善了光耦合输出，最高能量效率达到 3.8 lm/W。

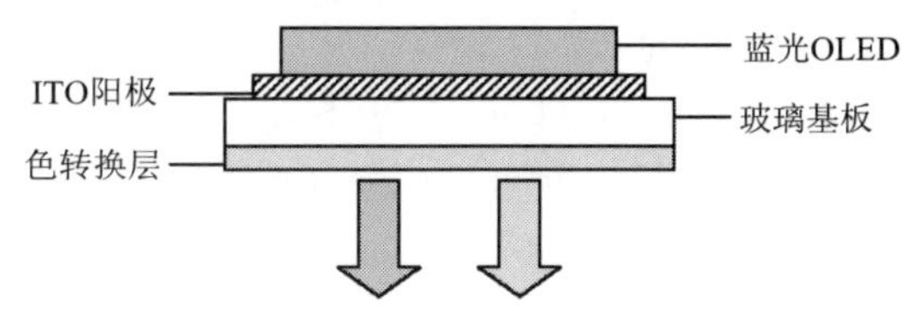

图 5 下转换白光 OLED 的典型结构

三、白光 OLED 光源发展存在的困难

白光 OLED 光源的发展目标，是成为真正的低成本、高效率、长寿命且可任意弯曲的平板白光光源。在近两年的研究工作中，尽管白光 OLED 在效率和寿命方面都取得了长足的进步，但离实用化和商品化还存在一定的距离。

对于白光 OLED 的发光材料，杂质的存在会导致激子的猝灭和器件电阻的增加，从而造成发光效率的降低和寿命的下降。在无机半导体器件中，高纯材料(～99.9999%)已经商业化并得到了广泛的应用。而对典型的有机材料来说，通过两到三次重结晶或分区升华提纯就能达到约 99.95%的纯度[34]。目前常用的检测有机化合物纯度的色谱技术无法检测<0.1%的杂质。

目前为止，绝大多数高效白光 OLED 都采用小分子有机材料，经由真空蒸镀工艺制备，基于聚合物材料的湿法制备工艺被认为是控制白光 OLED 成本的最佳途径，但目前聚合物器件在效率方面还无法于小分子器件相提并论。开发新型的可湿法制膜的小分子材料，将有希望解决这一难题。

而在器件结构设计和优化方面，大部分的研究都基于实验室内的小面积器件，而组装成大型实用器件，由于技术要求高、生产成本高等原因，目前发展缓慢。

在效率和寿命方面，白光 OLED 面临的挑战是如何提高器件在高电流工作状态下的效率和寿命。新材料和新结构的开发和使用有望解决这两方面的困难。

另外，由于柔性 OLED 本身寿命短，一些问题还未得到根本解决，柔性白光 OLED 光源在今后相当一段时间内无法实用化。此外，增大白光 OLED 光源尺寸所带来的发光不均匀也是未来急需解决的问题。

尽管白光 OLED 的发展还面临着诸多挑战，但我们仍然乐观地认为白光 OLED 将在未来不久的时间内成为重要的实用白光光源。

参考文献

[1] J. Kido, K. Hongawa, K. Okuyama, K. Nagai, Appl Phys Lett 64, (1994), 815

[2] Y. Hamada, T. Sang, H. Fujii, Y. Nishio, H. Takanashi, K. Shibata, Jpn J Appl Phys 2 35, (1996), L1339

[3] M. Mazzeo, V. Vitale, F. Della Sala, M. Anni, G. Barbarella, L. Favaretto, G. Sotgiu, R. Cingolani, G. Gigli, Adv Mater 17, (2005), 34

[4] Y. Z. Lee, X. W. Chen, M. C. Chen, S. A. Chen, J. H. Hsu, W. Fann, Appl Phys Lett 79, (2001), 308

[5] J. X. Jiang, Y. H. Xu, W. Yang, R. Guan, Z. Q. Liu, H. Y. Zhen, Y. Cao, Adv Mater 18, (2006), 1769

[6] J. P. J. Markham, S. C. Lo, S. W. Magennis, P. L. Burn, I. D. W. Samuel, Appl Phys Lett 80, (2002), 2645

[7] T. R. Hebner, C. C. Wu, D. Marcy, M. H. Lu, J. C. Sturm, Appl Phys Lett 72, (1998), 519

[8] S. C. Lo, N. A. H. Male, J. P. J. Markham, S. W. Magennis, P. L. Burn, O. V. Salata, I. D. W. Samuel, Adv Mater 14, (2002), 975

[9] T. D. Anthopoulos, J. P. J. Markham, E. B. Namdas, J. R. Lawrence, I. D. W. Samuel, S. C. Lo, P. L. Burn, Org Electron 4, (2003), 71

[10] R. J. Holmes, B. W. D'Andrade, S. R. Forrest, X. Ren, J. Li, M. E. Thompson, Appl Phys Lett 83, (2003), 3818

[11] Y. S. Wu, S. W. Hwang, H. H. Chen, M. T. Lee, W. J. Shen, C. H. Chen, Thin Solid Films 488, (2005), 265

[12] C. Adachi, T. Tsutsui, S. Saito, Appl Phys Lett 57, (1990), 531

[13] J. Kido, M. Kimura, K. Nagai, Science 267, (1995), 1332

[14] B. W. D'Andrade, M. E. Thompson, S. R. Forrest, Adv Mater 14, (2002), 147

[15] B. W. D'Andrade, S. R. Forrest, J Appl Phys 94, (2003), 3101

[16] S. Tokito, T. Iijima, T. Tsuzuki, F. Sato, Appl Phys Lett 83, (2003), 2459

[17] S. Tokito, T. Tsuzuki, F. Sato, T. Iijima, Curr Appl Phys 5, (2005), 331

[18] S. Tokito, J Photopolym Sci Tec 17, (2004), 307

[19] S. Y. Liu, J. S. Huang, Z. Y. Xie, Y. Wang, B. J. Chen, Thin Solid Films 363, (2000), 294

[20] M. Pfeiffer, S. R. Forrest, K. Leo, M. E. Thompson, Adv Mater 14, (2002), 1633

[21] W. Y. Gao, A. Kahn, Appl Phys Lett 82, (2003), 4815

[22] M. Pfeiffer, K. Leo, X. Zhou, J. S. Huang, M. Hofmann, A. Werner, J. Blochwitz-Nimoth, Org Electron 4, (2003), 89

[23] J. S. Huang, M. Pfeiffer, A. Werner, J. Blochwitz, K. Leo, S. Y. Liu, Appl Phys Lett 80, (2002), 139

[24] G. Parthasarathy, C. Shen, A. Kahn, S. R. Forrest, J Appl Phys 89, (2001), 4986

[25] B. W. D'Andrade, S. R. Forrest, A. B. Chwang, Appl Phys Lett 83, (2003), 3858

[26] M. Berggren, G. Gustafsson, O. Inganas, M. R. Andersson, T. Hjertberg, O. Wennerstrom, J Appl Phys 76, (1994), 7530

[27] J. Feng, F. Li, W. B. Gao, S. Y. Liu, Y. Liu, Y. Wang, Appl Phys Lett 78, (2001), 3947

[28] B. W. D'Andrade, J. Brooks, V. Adamovich, M. E. Thompson, S. R. Forrest, Adv Mater 14, (2002), 1032

[29] V. Adamovich, J. Brooks, A. Tamayo, A. M. Alexander, P. I. Djurovich, B. W. D'Andrade, C. Adachi, S. R. Forrest, M. E. Thompson, New J Chem 26, (2002), 1171

[30] J. X. Sun, X. L. . Zhu, H. J. Peng, M. Wong, H. Kwok, EuroDisplay p-55, (2005), 397

[31] C. C. Chang, J. F. Chen, S. W. Hwang, C. H. Chen, Appl Phys Lett 87, (2005)

[32] A. R. Duggal, J. J. Shiang, C. M. Heller, D. F. Foust, Appl Phys Lett 80, (2002), 3470

[33] J. J. Shiang, T. J. Faircloth, A. R. Duggal, J Appl Phys 95, (2004), 2889

[34] S. R. Forrest, Chem Rev 97, (1997), 1793

作者简介

邱勇 教授,1964年出生于四川省荣县,1988年本科毕业于清华大学化学系,1994年毕业于清华大学化学系,获得理学博士学位。毕业后留校任教,从事有机光电材料及器件相关研究工作。2003年获得国家自然科学基金委“杰出青年基金”资助。目前的主要研究领域为有机电子学,研究重点包括有机半导体材料、有机电子学基础理论、有机发光显示材料和器件、有机晶体管等。邱勇教授现任清华大学化学系主任,中国化学会副秘书长,科技部“十五”863“高清晰度平板显示技术”专项专家组组长。

LED背光源应用现况与进展回顾

吴恩柏 蔡振荣 彭华军 陈守龙

香港应用科技研究院

摘 要

因为具有长寿命、省电、低电压、高显色率、低温操作、反应速度快、符合环保（无Hg）等优点，LED背光源成为平板显示产业中相关业者积极开发的新一代环保光源。本文回顾了2005～2006年LED背光源应用现况及最新技术进展，特别对美国SID2006展览及日本FPD2006展览各主要厂商所展示的LED背光源最新技术做了详尽描述。

关键词：发光二极管 背光源 动态背光技术

一、LED大尺寸背光模块的优点发展现况

由于2006年欧盟对于环保所建立的法规，导致目前主流光源的冷阴极灯管(Cold Cathode Fluorescent Lamp，CCFL)可能遭到停用，故平板显示产业中相关业者积极开发新一代环保光源。该类环保光源包括外部电极灯管(External Electrode Fluorescent Lamp，EEFL)、发光二极管(Light Emitting Diode，LED)及平面光源。其中，LED背光模块因为具有超长寿命、省电、低电压、高显色率、低温操作、反应速度快、符合环保(无Hg)的要求，故投入的厂商家数众多，包括韩国三星(Samsung)及乐金飞利浦(LGP)、日商索尼(SONY)、Sharp，台湾厂商中强光电、奇美、友达、华映等，纷纷先后推出了30in以上的LED背光模块样品。其中日本索尼在2004年11月领先推出第一款商品化使用LED作为背光源之大尺寸(40in及46in)液晶电视(QUALIA 005系列，见图1)，随后韩国三星电子在2005年1月美国拉斯维加斯举行的CES展览亦发表其自行开发的46 in LCD TV，为继2004年Sony推出LED背光模块LCD TV之后，又一家进军该领域之公司。两家公司所使用的皆为美国Lumileds公司生产的LED，40in及46in机种分别装设了325及450个LED模块，每个模块依照其所需的演色性排列依序为GRBRG五个LED。在耗电量方面，目前因单块LED的亮度仍低，故须使用较多的LED产品进而导致耗电量无法与CCFL灯管相较。以40 in机种为例，使用CCFL背光源时其耗电量约290W，但使用LED背光源之耗电量则为470W。也因为使用较多的LED、LED组件的选择及结构设计等因素，上述产品(试制品)均需额外增加散热装置(散热鳍，风扇等)，故散热亦是LED背光源待解决之重要课题。

随着LED的效能提升，Osram于2005年展示32in试制品中使用RGB多芯片封装结构，有效减少整体背光模块厚度至40mm，色彩表现范围是NTSC标准的110%，耗电量更降低为140W，同时也摆脱散热风扇的需求；台湾奇美电子在2006年更展示一超薄型32inLED背光模块试制品，其设计采用侧式导光，有效减少整体LCD模块厚度(30mm)，且其耗电量降低至小于100W(450 nits)。最引人瞩目的莫过于三星电子在2005年10月进一步展示无彩色滤光片的32inLCD面板(如图2)，它是以场序方式，即将时间错开依次点亮R(红色)、G(绿色)、B(蓝色)发光二极管(LED)。由于不需使用彩色滤光片，因此能够进一步地削减成本，该面板采用COB方式，响应速度为5ms，采用约数百块LED，分辨率为1366×768像素，亮度为500 cd/m^2，对比度为1000∶1，色彩表现范围是NTSC标准的110%，耗电量为82W。在尺寸大小的进展上Osram分别在SID 2005及SID2006分别展示82吋及102吋的Golden Dragon LED背光原型系统，证明LED背光源可适用于任意尺寸。其他如Sharp展示以CCFL混合RGB LED

作为背光源，来改善影像质量，使得颜色表现更接近真实自然；三菱(Mitsubishi)所展示的样机则使用了多达六种颜色的LED来构成背光光源，分别为B2(410nm)、B1(430nm)、G1(510nm)、G2(540nm)、R2(615nm)、R1(625nm)，有效的增加了背光的色域显示范围。

图1 第一台商品化LED背光源LCD TV (SONY QUALIA 005)

图2 无彩色滤光片LCD TV

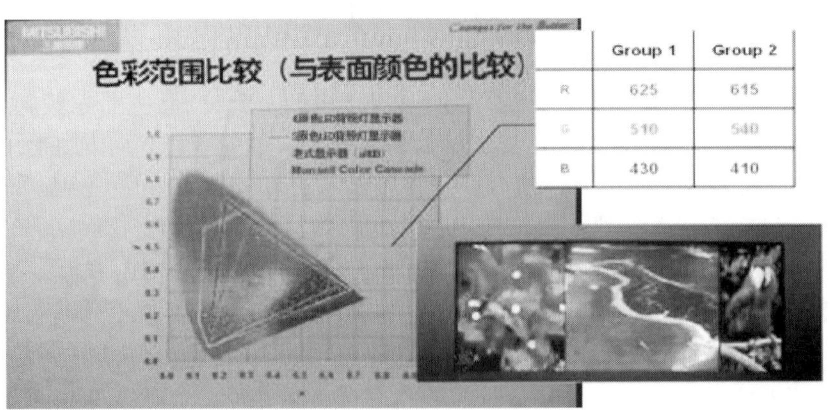

图3 六色LED背光源

二、SID 2006 LED背光源进展

SID 2006于6月4日至9日于美国旧金山(San Francisco)盛大展开。虽然SID为一以技术为主轴之展览会，但由于其为在欧美举办最大的显示相关会展，因此各家厂商无不将最先进的技术与产品展示

于此，而 LED 显示上的应用自然也是各大厂的展示重点之一。

LED 制造厂中，Osram 可谓是在大尺寸 LCD 背光投入最多心力的厂商。不同于在 SID 2006 大多数厂商的设计，Osram 仍是以高功率的 Golden Dragon 为主，进行不同尺寸平面电视背光的设计，图 4 与表 1为 Golden Dragon 的外观与规格，不同于 Lumileds 的 Bat-wing 光学设计，Golden Dragon 是以搭配其特别设计的 Argus 镜片，更可有效地将 Golden Dragon 所发出的不同色光做更好的混光与均匀化。图 5 为 Osram 以 Golden Dragon 所做出的 32in LCD TV 背光，以 RGB 各一共 45 组白单元所组成，其 LED 功耗为 138W@511nits (panel)，而其背光厚度为 40mm，其色域可达 110%NTSC。另外，其更展出一 102in 以 Golden Dragon 所做之背光，而其上所标示的“Any Size You Want”则明白显示 Osram 的目标，展示证明 LED 背光源可适用于任意尺寸。

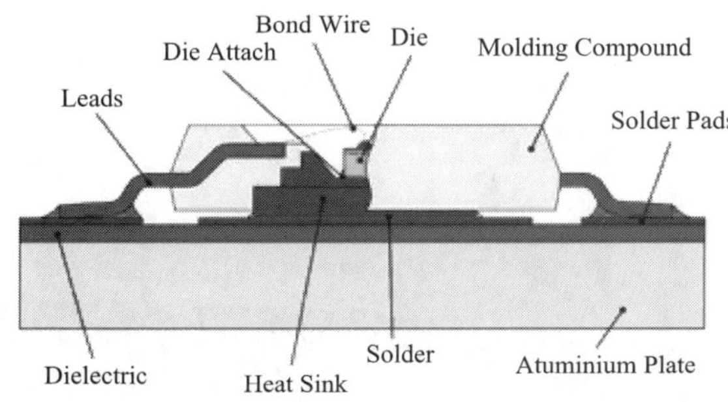

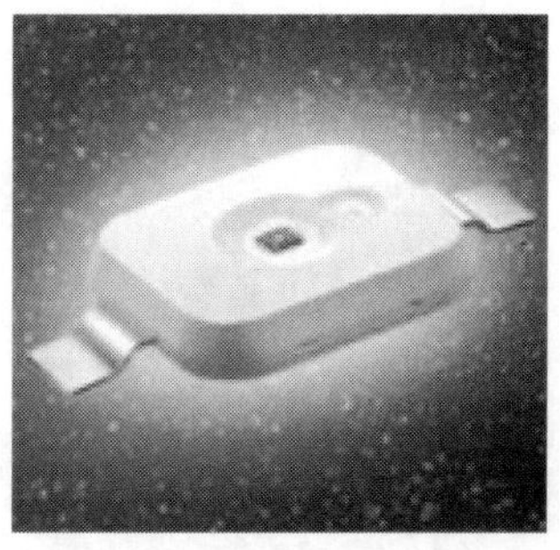

图 4 Osram Golden Dragon

表 1 Osram Golden Dragon Specification

Technical Data	Golden DRAGON@ InGAlP	Golden DRAGON@ Thinfilm
Max. forward current	400mA	500mA
Typ. forw. voltage@350mA	2.2V	2.2V
Max. forw. voltage@350mA	2.6V	2.65V
Thermal resistance R_{thJS}	18K/W	15K/W
Total power consumption	1.2W	1.4W
	Golden DRAGON@ InGaN	Golden DRAGON@ ThinGaN@
Max. forward current	500mA	500mA
Typ. forw. voltage@350mA	3.8V	3.2V
Max. forw. voltage@350mA	4.1V	3.8V
Thermal resistance R_{thJS}	9K/W	15K/W
Total power consumption	2.3W	2.3W

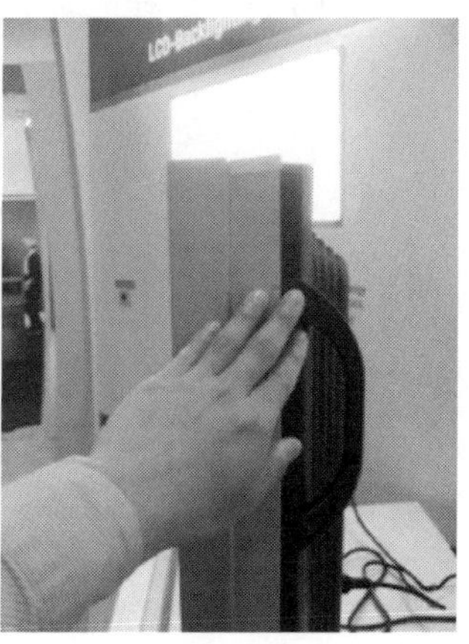

图 5 Osram 32″ LED Backlight LCD TV Prototype

Samsung 则展出两款与 LED 相关之 LCD TV，一为 LED 作为背光之 40in LCD 电视，另一为 32in 以 LED 作为背光源的 Color-sequential LCD TV。图 6 为 LED 背光之 40in TV，不同于 Osram 采用高功率 LED，Samsung 以小尺寸 LED 芯片为主，一共用了 2160 块。40in 只需要 120W@500nits，而其色域可达 105%NTSC，虽然没有明确标明其厚度，但相信应在 25～30mm 之间。而图 7 为 32in Color-sequential LCD TV，其透过 LED 之超短响应速度，搭配其特殊开发之面板，可以色序法实现一 Color-filter less 之低制造成本面板与低功耗(80W@500nits)LED 背光，不过可能是面板响应速度仍稍嫌不足，在观看时仍可发现些许的"雪花"现象，虽然并不严重，但离实际可量产之要求相比仍有需要努力之处。

图 6　Samsung 40″ LED Backlight LCD TV

图 7　Samsung 32″ LED Backlight "color-sequential" LCD TV

GLT(Global Lighting Technologies)与 Luminus 共同制作之 24in 侧射式背光模块(见图 8)。GLT 系一家导光板制造商，其所开发之 MicroLens(见图 9)导光板专利可有提升混光效果外、缩短混光距离

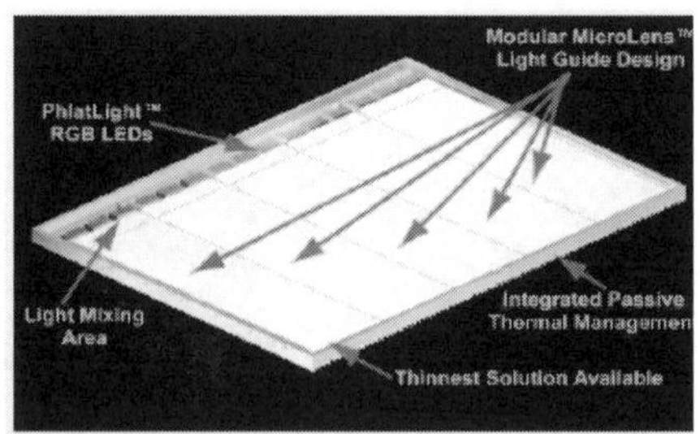

图 8　GLT with Luminus 24″side-emitting type LED backlight unit in SID

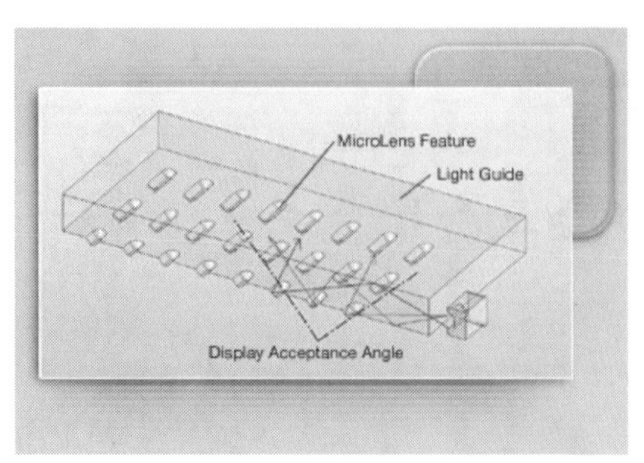

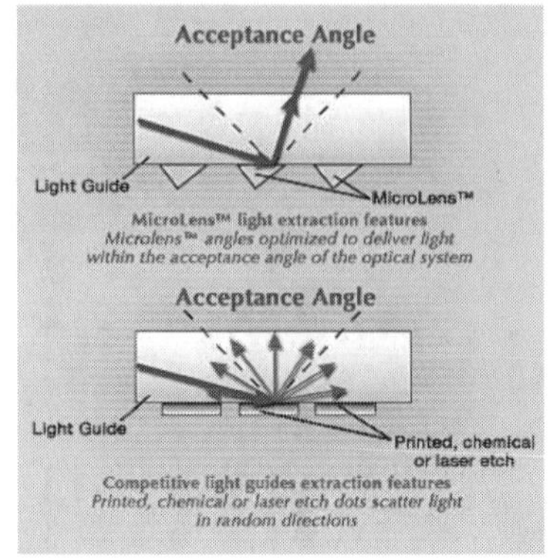

图 9　GLT's MicroLens technology

外，亦可增加光取出效率，在目前大型导光板效率大多在50%～60%下，其光取出效率的提升亦宣告侧射式背光在大尺寸领域的应用可以与直下式背光一较长短，而其间更可发挥其薄型化之优势。而Luminus为一家LED制造商，其所开发之PhlatLight(图10)为一2D光子晶体技术之LED组件，具有高光效率与特殊场形之优点。

图10 Luminus's PhlatLight LED Component

而在会场广泛引起注意另一项与LED相关之技术趋势则为动态背光调变(Dynamic Backlight Dimming)技术的开发，而由节能与提升对比效果为出发点的动态背光调变技术大可分为0-D Dimming、1-D Dimming与2-D Dimming三种。0-D Dimming是将背光作整面性的亮度调控如Apollo Display, American Panel Co., Driven Technologies, IDC, JACO Electronics, Optrex, Osram与PDT等。而1-D Dimming而是将亮度控制的区域由全面改为复数个条状区域，可进一步提升对比度与降低功耗，PHILIPS与GLT等则以此项技术为主。至于2-D Dimming，则是将背光切分为多个数组式区块，透过控制各区块之LED做亮度控制，如加拿大Brightside与香港应科院皆是此法，不同的是，Brightside是控制灰阶亮度，而香港应科院进一步控制的是RGB的个别亮度以达到更有效率的控制，其中Brightside所展示的37in(DR-37-P,见图11)有最高亮度3000nits、16bits per color与200000∶1超高对比度，但其72kg的重量与1,680W的尖锋功耗则是其所付出之代价。香港应科院与国内企业华刚国际及TCL工业研究院所展出的32in主动式动态LED背光源(Active-Dynamic LED backlight，见图12)，在高亮度为标准之500nits，同时亦具备超高对比度且可有效降低最高功耗(120W@500nits)的30%～50%。

图11 Brightside's DR-37-P

透过本次SID 2006的相关参展技术与产品，可确定无论是目前最受瞩目的LCD背光，或者是如投影、3D显示等LED相关应用将逐渐浮出台面，虽然如LED的寿命、Color Shift与相关回馈补偿仍面临些许问题，但确定的是，LED在显示领域的地位已占有绝对重要之地位，不可忽视。

图 12 香港应科院 32in 主动式动态 LED 背光源

三、FPD 2006 LED 背光源进展

随着液晶电视/显示器尺寸的增大，背光源在整个显示器模块中的成本比重越来越大，背光源技术也越来越得到重视。这次横滨 FPD2006 专门设立了 BLU 区，推出了最新的 fluorescent lamp (FL)和 LED 背光技术。本次 FPD 展览中最吸引人注目的技术为利用 LED 动态背光提升影像质量，包括韩国两大 LCD TV 厂商：三星(Samsung)，LG-Philips，台湾三大 LCD 厂商：友达光电(AUO)，奇美电子(CMO)及华映光电(CPT)与香港应用科技研究院(ASTRI)均以 LED 动态背光技术为展示的主轴。

奇美(CMO)以"hyper chameleon"(见图 13)为其动态 LED 技术命名，该产品尺寸为 47in，背光由 8×8共 64 个 LED 模块组成，每个模块使用约 25 块 R，G，B LED。随着视频影像的变化可动态调整每个模块的发光色彩和亮度。因为 LED 背光不用一直保持最高亮度，该技术可以节省电源消耗。奇美表示采用该技术，背光功耗可平均节约 50%。同时，因为可以克服传统背光的暗态漏光的问题，该技术可以大幅度提高对比度，动态对比度可到 50000∶1，与传统静态背光比较，尤其在大视角时图像对比效果突出。不过现场样机演示，似乎感受不到动态对比提升时画质有明显的改进。

图 13 奇美电子 LED 动态背光技术

华映(CPT)也在其展台的显著位置展出使用 LED 背光的面板(见图 14)。面板尺寸也是 47in，该产品也采用动态背光，与奇美不同的是，华映的背光没有模块化所有的区域边界，同时其背光始终为白色，只是随图像有黑白灰度的变化。可以推断该产品只是调节背光亮度的灰度，而不是 R，G，B 分开控制。同样华映也强调该技术可以节约功耗，平均为 170W，明显高于奇美的 125W。因为暗态画面背光可以完全关掉，该产品的技术规格显示对比度可达 800 万，但只是宣传，实质意义不大。

LG-Philips 展出了 32inLED 背光的样品(见图 15)。背光由 29×14 个 RGB 模块组成。在区域控制 LED 背光的同时，对 LCD 信号进行了调整，使得整个画面的对比和图像细节都有明显提高。但据现场技术人员解释，目前还只是静态方法，尚未对视频信号做实时处理。

作为台湾面板第一大厂，友达也开发动态 LED 背光技术，展示在其 37in 的面板上(见图 16)与奇美类似，友达也采用了 8×8 个 RGB LED 模块，根据图像分别调节背光不同区块的亮度和色彩。现场显示背光的功耗可以大比例降低，但采用动态背光的面板的亮度明显不足。估计是 LCD 信号面有相应调整。

Samsung 在此次 FPD 展出 70in 的样品，显示色域高达 105% NTSC，使用区域动态背光控制对比度可达 100000∶1(见图 17)。

除 LED 动态背光技术外，Stanley 在本次展览中推出了高色度的白光 LED，相较传统白光 LED 由蓝光芯片激发 YAG 黄色磷光粉得到白光，该样品使用了两种磷光材料分别激发绿光（峰值 530nm）和红光（峰值 630nm）。用其作为液晶显示器背光，色域可由 70% NTSC 提高到 90%NTSC，同时另一家参展商 Rohm 也展示了类似的产品，由此可见白光 LED（蓝光 LED 配合适当磷光材料）在演色性及色域的表现上有机会应用于大尺寸 LED 背光源，与 RGB LED 背光源相抗衡。

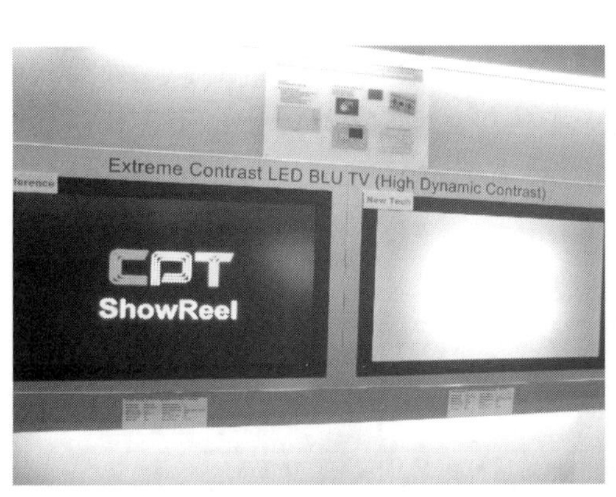

图 14　华映 LED 动态背光技术

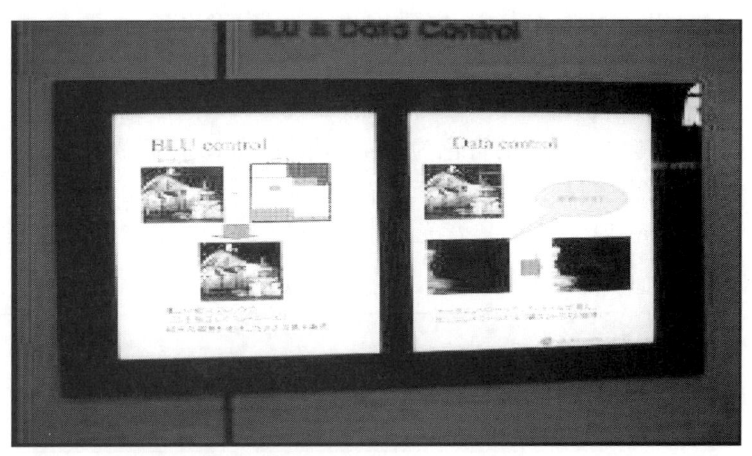

图 15　LG-Philips LED 动态背光技术

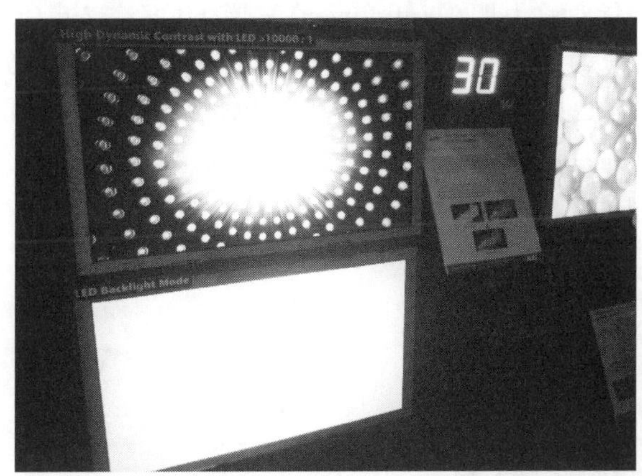

图 16　友达光电 LED 动态背光技术

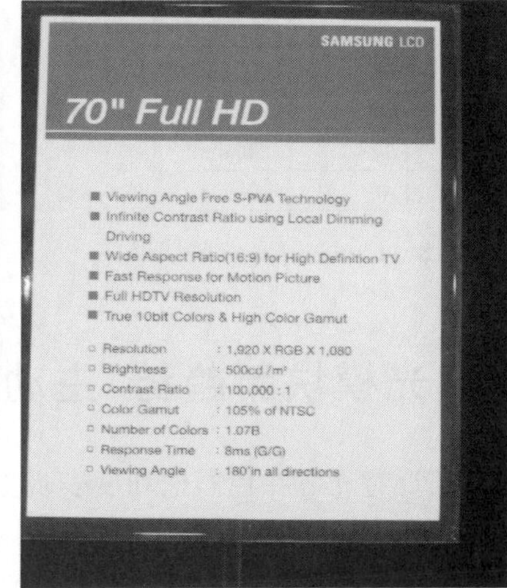

图 17　友达光电 LED 动态背光技术

Enplas 显示器设备公司（Enplas Display Device）开发出了 LED 与发光区域之间的距离为零的 RGB 式 8.4in LED 背照灯，并在“FPD International 2006”参加展出（见图 18）。目标是 2007～2008 年实现量

产。普通背照灯中,LED与发光区域之间大多设置有5mm左右的“助跑距离”,以此防止光的强度不均匀。而此次则通过在导光板方面着重下功夫,即使“助跑距离为零”也不会产生光线的不均匀。这样一来,在相同的外形尺寸下便可实现更大的发光区域。试制品的亮度为7000cd/m^2。Enplas使用了Light Enhance Cap (LEC)技术来缩短“助跑距离”。下图比较了使用LEC技术后效果,图中的模块尺寸为15cm×15cm。

Wooyoung(韩国)主要推出40in LED TV,主要的规格为RGB chip, no fan, low temperature, super ultra slim(10mm), NTSC高达110%, power consumption:150W,并且该公司各推出3种LED发光模式,包括40吋L/R/M等-白光,RGB单芯片,R.G.B.个别芯片发光模式,表2给出了3种模式的规格,其中最主要的特色为一40in侧光式LED背光源,其背光源整体厚度只有10mm。由于多家厂商相继开发出大尺寸侧光式LED背光源(>24in),由此可见侧光式LED背光源将有机会取代直下式背光源应用于一般LCD TV背光源市场,因此这一技术的发展亦值得关注。

表2 Wooyoung LED背光源比较表

	R	M	L
混光方式	直下式	直下式	侧发光
LED组件	1W R,G,B独立封装	RGB三合一封装	R,G,B独立封装
特点	高亮度>10,000nit	LED光学结构简单可区域控制	厚度 10mm
应用	20.8″/22″/32″/40″	20.8″/24″/40″	24″/32″/40″

此外,台湾CCFL灯管供货商威力盟(Wellpower)发展HCR:32in CCFL其NTSC>92%(高演色性,见图19),长度710mm,传统的NTSC约在72%,所以该公司在效能上乃希望能提升至90%以上NTSC与LED相抗衡,另外威力盟也展示出46in LCD TV,也是强调HCR功能。

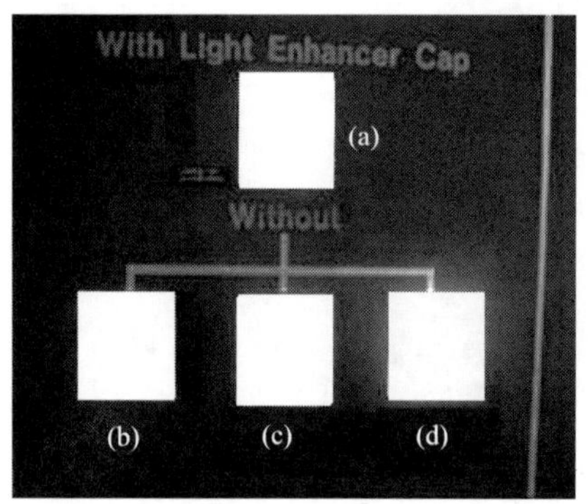

	Led数目	助跑距离
A	12	25 mm
B	12	25 mm
C	12	40 mm
D	48	25 mm

图18 EnplasLED背照灯

图19 威力盟高演色性CCFL背光源

四、LED背光模块新趋势:主动式动态LED背光模块驱动模式

众所皆知,LED背光源在色彩饱和度表现上远优于传统CCFL背光源,整体色彩表现范围可超过NTSC 100%以上(一般CCFL为NTSC 70%~75%)。但不管是传统CCFL背光源模块或目前业界积极研发中的一般(被动式静态)LED背光源模块其背光模块,仅仅是单纯扮演光源角色,消极提供一恒定亮度均匀光源给液晶显示屏显示影像,影像亮度、对比、画质仅由液晶显示屏控制,对于提升影像对比、画质灰阶层次分布并没有进一步帮助,且不论影像内容背光源所消耗功率是固定不变的。

香港应用科技研究院(ASTRI)所发展之主动式动态(Active-Dynamic)LED背光模块模式最大差异

在于整合转换影像讯号及彩电电路设计，以主动式及动态方式最优化驱动 LED 背光源模块（见图 20）。

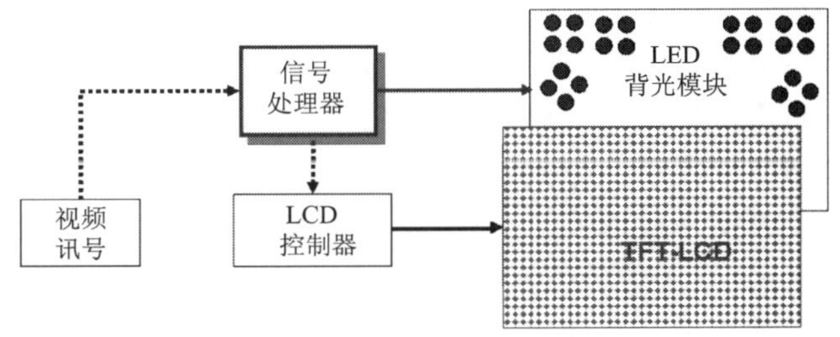

图 20　主动式动态（Active-Dynamic）LED 背光模块模式

此项技术是结合影像优化处理技术，依影像讯号特征结合 LED 背光源模块进行 RGB 亮度调变及液晶面板优化补偿调变驱动（见图 21）。当中包含了两个基本概念，一是面板的 RGB 灰阶层次分布随着影像内容进行调整，使得影像的 RGB 灰阶层次更细致，并且由于明暗的对比增强，大幅提升立体感。另一个概念则是整体背光的亮度随着影像内容个别进行亮度调变，主动式动态背光模块驱动模式所展现并不是一恒定亮度均匀光源，而是提供一类似影像内容调变的主动式动态的背光源，此一模式可有效解决液晶面板暗室漏光问题，大幅提升影像动态对比度。即使用来观赏夜晚的星空夜景或烟火，黑色的背景仍可维持足够的暗黑感。结合以上两个概念，不仅在明亮环境或暗室都能显示出细致的灰阶差异与更鲜明的立体视觉外，更兼具省电环保的效果。

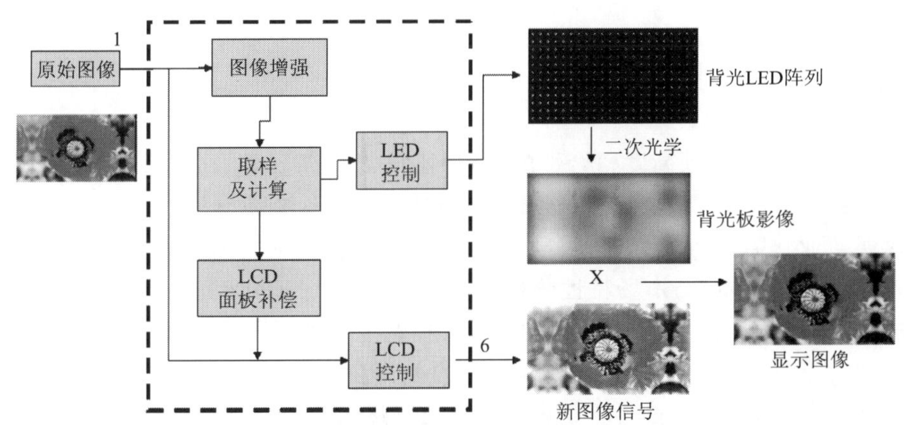

图 21　主动式动态 LED 背光模块影像优化处理技术

由于主动式动态背光模块驱动模式所展现并不是一恒定亮度均匀光源，而是提供一类似影像内容调变的主动式动态的背光源（见图22），因此功耗大小随不同影像内容内容有所差异。因此主动式动态

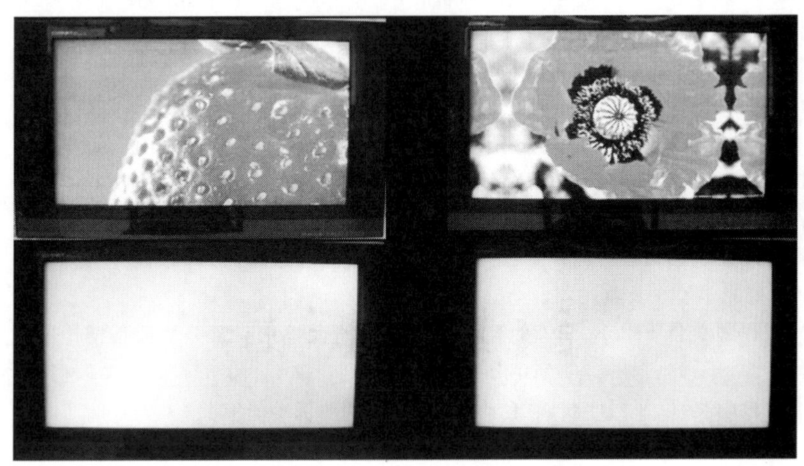

图 22　香港应科院主动式动态 LED 背光

LED背光模块模式在省电功耗最小化的目标下预期可有效降低LED操作功耗30%～50%以上(如表3中32″背光源功耗比较表),因此主动式动态LED背光模块的平均功耗将会比传统CCFL背光模块来得低,达到省电节能的功效,也同时可有效降低LED热源的产生,解决一般LED背光源模块所面临的散热问题,因此设计将有机会不再需要额外的风扇及特殊散热结构(如散热鳍片),可有效降低整体背光模块材料及制造加工成本,同时由于LED低功耗将可进一步提LED产品寿命与可靠度。同时借由主动式动态驱动电路设计,可进一步提升影像画面质量,消除普通液晶显示在显示快速移动物体时出现的拖尾现象,同时更重要的是将可提升LCD影像画面对比度(contrast)从1000∶1突破到大于10000∶1以上,充分展现日后高清LCD彩电画质影像及高动态范围(High Dynamic Range,HDR)影像的需求与优势。

表3　32″背光模块功耗比较表

32″LCD TV Power Consumption Comparison

	LED Driving Current		WhiteEfficiency	LEDNo.	Power Consumption		
					Traditional CCFL BLU	Static LED BLU	Active-Dynamic LED BLU
A	Red	100mA	32lm/W	600	110～120W	−175W	<120W
	Green	100mA					
	Blue	100mA					
B	Red	28mA	46 lm/W	1600	110～120W	−120W	<80W
	Green	30mA					
	Blue	45mA					

五、小　结

LED背光模块的开发是一项高度整合性的项目,不仅需要高质量、高效率LED外延、芯片及封装技术配合,同时也需要整合控制芯片、液晶平板显示(TFT-LCD)及液晶电视相关技术。大尺寸LED背光模块的开发与落实产业化需要低成本、高质量、高效率LED外延、芯片及封装技术与高效率LED封装模块散热技术等,因此就技术领域与市场特性分析分析,在大尺寸LED背光模块庞大市场规模支撑下将可带动LED相关产业与技术迅速发展。此外对LCD彩电业者而言,LED背光源也势将成为下一世代LCD TV产品竞争力指针,如何充分利用LED光源的独特性,为LCD电视创造出更多的附加价值(更高质量画质影像),将是全世界LCD彩电产业积极研发及竞逐的焦点所在。

作者简介

吴恩柏　博士,副总裁/组件及构装技术/材料与构装技术群组/香港应用科技研究院。吴恩柏博士于2005年加入应科院成为材料与构装技术群组副总裁,负责材料及构装范畴的科技发展,包括发光二极管、无线通信模块、医疗电子模块、纺织电子模块的领域及应用等。

吴博士拥有18年从事电子构装、光电构装及精密量测方面的丰富经验。他曾成功建立及带领大型的研发团队,开发及推出电子及光电产品有关的技术。吴博士是台湾工业技术研究院(工研院)电子工业研究所(电子所)先进构装技术中心的创办主任,他带领大型的构装研发团队每年开发数十项具专利保护的技术,协助建立现时台湾位居世界第一的电子构装产业。吴博士在2001年出任电子所副所长期间,亦曾管理台湾最庞大的薄膜晶体管液晶显示器研发团队,利用低温多硅晶技术,制作世界上最高分辨率之一的薄膜晶体管液晶显示器面板。此外,吴博士任职新怡力科技股份公司的研发主管时,开发并成功试量产OC-3至OC-192范围的多个系列光学模块及收发器。

吴博士是美国机械工程师学会Fellow。1988年,吴博士于加州大学柏克莱分校取得博士学位。加入应科院之前,他担任国立台湾大学正教授10年。他刊出超过120份期刊及研讨会论文,合编3本书籍并取得9项专利。吴博士获得由"台湾教育部"颁发的杰出教学奖,以及两度获颁"台湾科学委员会"的优等研究奖。

LED 背光源在 LCD 领域的应用

王刚 等
京东方集团中央研究院

摘 要

本文将讨论 LED 作为背光光源在液晶显示领域的一些重要应用。可以预见，具有诸多突出优势的 LED 将和 CCFL 一样，成为液晶显示器件主要的背光光源之一，并为 LCD 显示带来诸多革命性的进步。

关键词：LED 背光 液晶显示器

一、引 言

虽然，由于成本低廉、技术成熟等原因，CCFL 仍将是未来几年内 LCD 背光源绝对主要的光源。但人们也逐渐认识到 CCFL 本身存在的若干致命弱点，如含有对人体有害的汞蒸汽，色彩还原性差等。因此，随着环保意识的提高以及用户对画面质量越来越高的要求，出现了 CCFL 灯管被其他光源所取代的趋势，这些替代者包括发光二极管(LED)、电极外置荧光灯(EEFL)、场致发光平面光源(EL Flat Lamp)和有机电致发光(OLED)等。其中具有环保、色彩还原性好、寿命长等优点的固体光源 LED 是最被看好的下一代绿色背光光源，被普遍认为是大势所趋。业内认为，一旦 LED 背光的成本降低到可以大范围应用的时候，也就意味着高度节能的 LCD 显示时代将正式到来。在本文中，我们将重点介绍 LED 背光源的发展及相关技术。

二、LED 背光特点

目前的冷阴极荧光管技术已经非常成熟，其寿命在 3 万～5 万小时，但是冷阴极荧光管也存在很多缺点。首先是冷阴极荧光管能够达到的色域(即电视的色彩表现范围)较小，普通的冷阴极荧光管一般只能够达到 NTSC(美国国家电视系统委员会)色域标准的 72%。冷阴极荧光管中含有汞，不符合未来环保的要求，尤其是欧盟颁布的 ROHS 标准中，明令进口欧盟的产品不得含有汞等有毒物质。此外，CCFL 还有在低温条件下启动困难，响应时间太慢等缺点。这些缺点是冷阴极荧光管本身的性质缺陷造成的，再怎么改进技术也很难得到解决，所以人们就想到了新的背光技术——LED 背光技术。

和传统的 CCFL 背光源相比，LED 背光最显著的优点是可提供前所未有的色彩还原性。通过选择适当波长的 LED 和与之匹配的彩膜，LED 背光源的色彩还原范围可达到 NTSC 标准的 105%甚至 120%以上。相比而言，传统的 CRT 电视只有 85%左右，CCFL 背光液晶电视更是只有 65%～75%(见图 1)。

在画质就是生命的显示行业，具有更加鲜艳的色彩将是压倒性的优势。依传统观念而言，液晶显示器尤其是液晶电视由于色彩和响应速度不如 CRT 甚至 PDP 而遭到诟病，但是一旦采用了 LED 背光，在色彩上将压倒主要竞争对手 CRT 和 PDP。此外，LED 背光能够在一定程度上解决由于响应速度慢而造成的拖尾现象。LED 能够瞬间启动，响应速度达到 ns 量级，是 CCFL 的百万倍。具有了这样快速响应的背光源，液晶显示器件可以通过瞬间背光闪烁技术，消除普通液晶显示在显示快速移动物体时出现的拖尾模糊现象，画面质量将显著提升。更为重要的是，利用 LED 背光中不同单色灯的瞬间切换，可以实现场序显色，这样就可以完全拿掉液晶显示器中占成本 30%左右的彩色滤光片。

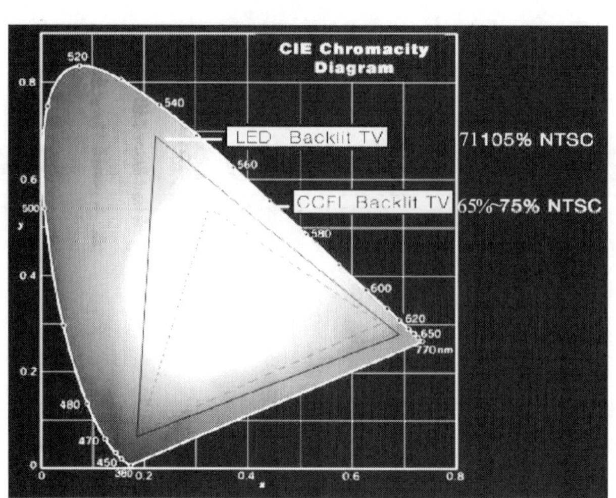

图 1 LED 背光源的色彩还原范围远远超过 CCFL 背光源(来源于:Lumileds)

在使用寿命上,LED 可以达到 10 万小时以上,是最好的 CCFL 的两倍,即使每天看电视 8h,可以看上 30 多年。和 CCFL 内含有致命的汞蒸汽不同,LED 是半导体固体光源,完全是一种理想的绿色光源。由于欧盟已于 2006 年 7 月开始全面限制含有汞等有害元素的电子产品进入,因此,为采用 LED 背光源的液晶产品在这一时期开始替代 CCFL 而走向世界创造了绝佳的机会。冷阴极荧光管需要高压交流电驱动,电源变压整流组复杂,而 LED 所需的辅助光学组件可以做得非常简单,无需很多空间,机身可以做得非常轻薄,重量也减轻了许多。以 Sony 的 TX 系列的笔记本电脑为例,和采用冷阴极荧光管 LCD 的 VAIO T 系列相比,厚度从 9mm 降到了 4.5mm,重量上降低了 26%。三菱电机在 SID2005 上发布的六原色 LED 背光的液晶电视厚度只有 5cm! 此外,LED 可以在低于-40℃的环境下迅速启动,而 CCFL 在这样的环境下已经不能正常工作,对环境良好的适应性使得 LED 背光液晶显示器受到军事、航空和勘探等领域青睐。

当然,目前 LED 背光源也存在一些问题。首先,大家最关心的就是价格,目前,LED 背光源是同类 CCFL 背光源价格的 3~5 倍左右。这样的差异,足以让绝大多数厂家和用户望而却步。其次是散热问题,LED 背光源工作时会发出大量的热量,尤其是对于大尺寸液晶电视来说更为严重。所以往往需要采用某些强制散热措施,如风扇等。此外还有发光效率的问题。目前商用的 RGB 混成白光的 LED 发光效率约为 30~35lm/W,发光效率只有 CCFL 的二分之一左右(CCFL 的发光效率约为 60~70 lm/W),所以 LED 需要更大的功耗以达到和 CCFL 相当的亮度。

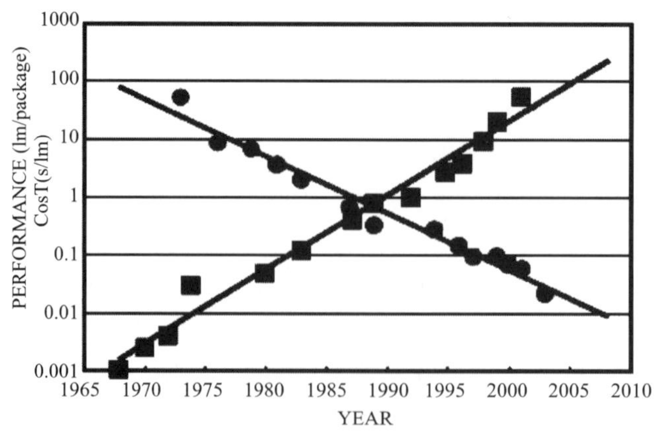

图 2 Haitz 定律

但是,上述问题有望在相对较短的时间内得到解决。在 LED 产业中,有一个类似 IC 产业中摩尔定律的预计——Haitz 定律,如图 2 所示。该定律预测 LED 每十年,价格下降十倍,而性能提高二十倍。那么,在两到三年的时间内,LED 单位亮度的价格和功耗指标都将逼近甚至优于 CCFL,成为适合产业化要求的理想背光光源。实际上，根据最新报告，Nichia 公司已经在实验室制备出了 100 lm/W 的白光 LED，预计 2007 年左右就可以大规模地投放市场。

三、LED 背光在液晶显示技术中的应用

（一）无彩膜技术

场序彩色（Field-Sequential Color）LCD 由三色背光源按时序分别点亮，液晶屏根据显示的信息控制透过光的颜色和亮度而实现时间上的加法混色，不需要彩色滤光膜，像素数目变为普通透过型 LCD 的 1/3，更容易实现高容量、大画面显示，可能成为 LCD 的发展趋势。无彩膜技术的面板生产上将带来革命性的影响，也是 LED 背光在 LCD 领域最为重要的应用。除了成本降低外，制程工序的简化对相关成本（生产和人力等）的降低和生产效率的提高作用不可小视。在 2005 年 10 月，三星展出了如图 3 所示的无彩色滤光片 32in LED 背光液晶电视，并计划于 2006 年或 2007 年量产。这项技术是致命性和轰动性的，这意味着，如果同类电视厂家不能掌握同类技术，那么将根本无法和三星的产品相抗衡，国内的面板和电视产业将岌岌可危。

图 3　三星最新公布的 32 in 无彩色滤光片 LED 背光液晶电视

Hunet 公司应用这一技术开发的 1.5 in 1/4 VGA TFT 驱动的便携电话显示器，像素大小只有 96μm，透过率达 15%，是普通彩色 TFT-LCD 的 3 倍。Hunet 公司在 1999 年初还展出了 12.1 in SVGA 场序彩色显示 TFT-LCD。为实现场序彩色显示，液晶的响应速度最慢要达到帧频的 1/3，而要达到优良的显示质量，响应时间应为 2～3ms。在向列液晶显示模式中，理论计算和实验都表明 OCB（Optically Compensated Bend）模式可以实现 2 ms 的响应速度，可以满足这一要求。又因为 p-Si 可以实现高速驱动，所以，利用低温多晶硅驱动的、OCB 模式的、场序分割显示的液晶显示器已经成为现在研究的热点之一。此外，Hunet 公司还采用高速 TN 模式、富士通研究院开发采用的快速铁电液晶实现了场序彩色显示。

（二）区域亮度调制

点阵式的 LED 背光源可以将整个屏幕分成若干区域，根据显示的影像信号，可单独控制每个区域的发光量。如图 4 所示，区域亮度通过调节把整个显示区分成 4 个部分，通过对视频信号分析，计算出每个区域的辉度值，在辉度小的区域，适当降低相应背光的亮度，在辉度大的区域，则增加相应背光的亮度。这样就有效地降低了暗场时液晶漏光的问题，得到更加黑的黑色，亮度和对比度都得到了提高，而且亮度的范围也更广了。通过 LED 背光技术黑色的光通量能降低到 0.05 lm，对比度高达 10000∶1，可以和等离子电视媲美。LED 在单独控制每个区域的发光量的同时使用 6～40V 的低压电源，供电模块的设计简单，这种采用 LED 背光源的液晶屏比通常用的液晶屏省电 48%。因为产生的光线没有先天不足，LED 背光系统可以实现真实的图像还原，无论色彩还是亮度都远远超过了以往的液晶电视。画面中细腻的肤色、润泽的绿叶和广袤的风光可以产生身临其境的感觉。在 SID2005 上 LG-Philips 就展示了使用 LED

背光光源的超高对比度 47 in 液晶电视,对比度高达 10000∶1。

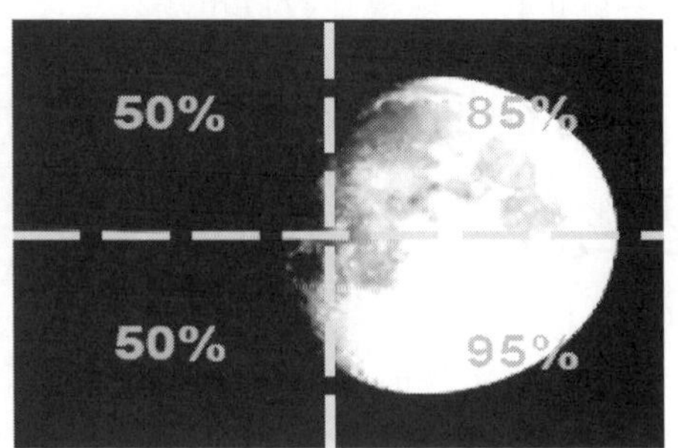

图 4 分区域亮度调节示意图

(三) 闪烁背光和扫描背光技术

液晶显示器作为电视机应用还存在两个主要缺陷:严重的动作赝像(出现在观看运动镜头或是动作片时)以及对比度不足(暗场条件下)。造成动作赝像可能有几个原因,其一是迟缓的屏幕响应速度。但是,即便设计人员把响应时间缩短到预计动作赝像应该消除的时间以下,动作赝像依然完全可见。因为实际上只有在人眼中才会产生图像拖影现象。人的眼睛只能在追踪目标时才可以敏锐地察觉到运动物体,这只有在目标作直线或近似直线运动时才有可能。这就是采用不间断背光源的 LCD 的不利之处。因为 LCD 以帧频输入视频数据并在整个帧周期内保持,屏幕上的物体呈现阶梯状运动而非不间断运动。例如,屏幕上的一物体在 2s 内从左运动到右,这种情况并不罕见。进一步假设每线有 1440 个像素的 LCD 屏,其帧频为 60H z,那么在一帧周期内就有 12 个像素导致图像拖尾的滞留效应!这对于标准电视是不可接受的,对于高清电视就更不妥当了。

黑屏插入技术是常用的缩短响应时间的技术。通过在每个图像帧之间插入黑色帧,可以产生与 CRT 相似的快速脉冲调制效应。人脑可以滤除这种闪烁并自动产生中间图像,这样就可以消除观看快速移动物体而时出现的模糊现象(如图 5 所示)。2006 年 6 月份友达光电发表的 GFI 超高速反应技术已经可以达到小于 4ms 的 GTG 响应时间,于 2006 年第三季度应用于液晶电视面板上。闪烁的 LED 背光也可以起到和黑屏插入相类似的效果,不同的是,该技术利用有规律的熄灭背光达到黑屏的效果。此外,通过对背光进行脉冲调制的背光扫描技术也可以达到很好的效果。目前的趋势是将这几种快速响应技术结合使用,以获得更短的灰阶响应时间。

图 5 利用闪烁背光消除动态核模糊

图 6 表示的是闪烁背光和扫描背光改善动态拖影的原理,即选择在液晶响应曲线适当的位置打开或关闭 LED 背光。当液晶响应曲线处于缓慢上升或下降的阶段(拖尾阶段),就关闭背光源,在液晶响应曲线平稳阶段打开背光源。由于 LED 的响应速度远远超过液晶响应的速度,所以相比 CCFL 背光,LED 背光完全可以胜任。

利用扫描背光源还能有效提高显示对比度。在外部环境亮度较低的情形下使用 LCD 电视时,LCD 屏幕上暗场景的对比度明显不足。因为即便是暗态背光源也会有些漏光,这时候从某一角度看屏特别明显。在暗场景状态，可通过减小背光亮度同时增强屏的透射来提高显示图像的对比度。减小光照占空比可以降低亮度。用扫描背光减低亮度有另外的好处。在没有扫描背光的条件下，帧与帧之间的照明没有明确界限，于是此帧的减暗行为可能会覆盖到下一帧。在有扫描减暗背光的情形下，因为存在与屏上寻址相关的精确照明时序，完全可以寻址一整帧而与前一帧或后一帧无关。与非扫描减暗背光相比，有扫描减暗背光更容易采用快速响应的方法来改变亮度，非常有利于从暗景到亮景的跳变。

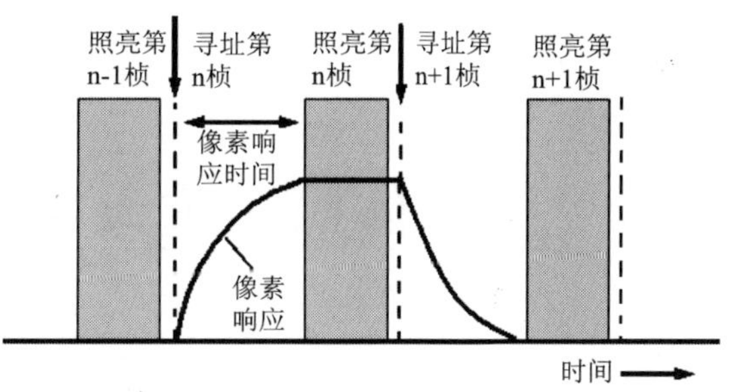

图6　在图像打开和关闭的托尾阶段关闭背光

四、小　结

作为LCD显示器件的重要组成部件，背光源为LCD提供了所有所需之光源。而背光源本身也是集光、电、机械等于一体的系统模块。本文重点介绍了未来新型背光——LED背光源的设计和重要的革命性新型应用。从国内外技术发展和未来趋势来看，LED背光方兴未艾，各种新型的应用层出不穷。LED背光将把背光从以往的被动元件变成可以为LCD显示器提供卓越性能的主动部件。可以预见，在各方面具有突出优点的LED必然在不远的将来，成为背光源的主流光源。

参考文献

[1] 姚柏宏，"高亮度背光模组技术趋势"，工业材料杂志(台湾)210期，1993年6月，pp 156～164

[2] 汪敏，夏咸军"新型LED背光源技术及应用"光电子技术，Vo l. 25，2005，pp267～270

[3] G. Harbers and C. G. A. Hoelen，"High Performance LCD Backlighting using High Intensity Red, Green and Blue Light Emitting Diodes"，SID Intl Symp Digest Tech Papers 702～706 (2001)

[4] Seyno Sluyterman，"动态扫描背光使LCD电视呈现活力"，现代显示，第63期，2006，pp 18～21

[5] 小林骏杰，"下一代液晶显示"，2000，科学出版社，pp99～112

[6] 周晶晶，张永利，李阳等"LED背光源用于场序彩色的研究"，现代显示，总第46期，2004，pp21～26

[7] Stewart Hough，"SID 2006 reinforces emerging role of LEDs in electronic displays"，ledsmagazine. com June 2006，pp29～31

作者简介

王刚　男，博士，现任京东方集团中央研究院副院长。1999年获得博士学位，期间主要从事有源矩阵寻址的液晶显示器的阵列设计制作与研究工作，2000年9月进入长春应用化学研究所高分子物理与化学国家重点实验室开始博士后研究工作，主要从事有机薄膜晶体管(OTFT)的相关基础研究工作及其在有源矩阵显示和有机逻辑电路方面的应用研究工作。期间参与了国家自然科学基金、科技部863、九五重大科研课题等六项国家各部委的重大科研项目。2003年3月博士后出站后，就职于京东方科技集团股份有限公司，参与了京东方北京TFT-LCD五代线的筹建工作。并负责承担了北京市科委2004年重大科研项目"第五代TFT-LCD关键技术研究"，为项目负责人。目前为BOE中央研究院LED B/L开发项目的负责人，完成了笔记本、LCD TV等多款LED B/L样品的开发和制备，并申请专利三项。本人在学习和工作期间，在各种学术刊物及会议上发表学术论文十余篇，在TFT-LCD领域、OTFT-AMLCD(AMOLED)领域以及LED B/L领域共发表发明专利9项。

半导体照明重大应用:液晶显示器背光源技术

卜东生　侯　钢
上海广电(集团)有限公司

摘　要

由平板显示技术入手,讨论了以液晶显示器为主的平板显示技术的历史、近期动态、发展趋势以及市场前景。在此基础上论述了液晶显示器背光源技术的背景、市场前景以及技术发展趋势,进一步论述了半导体照明LED在LCD背光源的应用前景、技术发展动态与趋向。介绍了上广电在LED半导体照明产业的发展战略。

关键词:发光二极管　背光源　液晶显示器　平板显示

一、液晶显示器的巨大市场空间与发展趋势

(一) 平板显示(FPD)正在取代显像管(CRT)成为显示技术的主流

进入21世纪,人类正在异常迅速地发展信息和通信产业,显示器、芯片、软件和网络构成了信息和通信技术的骨干。随着高清晰度数字电视(HDTV)、计算机、各种网络终端设备、移动通讯手机、数码相机等数码产品的发展,对所配套显示器件性能的要求进一步提高。传统的显示器件——阴极射线管(Cathode Ray Tube, CRT)已经不能满足要求,需要开发新型的平板显示器件。从目前消费市场的发展来看,对显示器件的要求一方面向屏幕尺寸更大、平板化的方向发展,另一方面向薄、轻和小的方向发展,对清晰度的要求也越来越高。电视向"大、平、薄、高清"发展,便携产品则要求"小、薄、轻、高清"。因而,平板显示器件正在逐渐占据显示器件的主导地位。2003年以来,平板显示器件(Flat Panel Display, FPD)凭借其在综合技术性能、应用领域以及产业化等方面所具有的较大优势,迎合了当今信息技术、数字家电、通信技术的发展趋势和市场需求,再加之日本、韩国以及我国台湾地区的大手笔投入,在显示领域逐渐取代了CRT的主导地位,发展成为当今主流显示技术(以市场销售额计)。专业市场研究公司Display Search的数据显示,从2002年开始,阴极射线管CRT的市场收入有大幅下跌,2003年CRT与FPD显示器的市场销售额比率为64%,FPD的市场销售额为439亿美元,年增长率约为48%。2006年FPD的市场销售额将超过1000亿美元,达到1141亿美元。市场研究公司Gartner的数据与之趋向一致。

(二) TFT-LCD技术在平板显示技术中占据主导地位,拥有巨大市场和增长潜力

目前平板显示的主流技术是液晶显示器LCD(Liquid Crystal Display),而这之中又以TFT-LCD(Thin Film Transistor Liquid Crystal Display,薄膜晶体管液晶显示器)所占份额最大,TFT-LCD技术目前是最为广泛使用的平板显示器技术,可谓"主流之中的主流"。DisplaySearch预测,2006年TFT-LCD的市场销售额近700亿美元,其中非晶硅(a-Si) TFT-LCD约648亿美元,低温多晶硅LPTS TFT-LCD 50.2亿美元。仅非晶硅(a-Si) TFT-LCD的市场份额(金额)就将占全部平板显示的75%。由于近期TFT-LCD技术的发展,TFT-LCD市场实现了高增长率,使生产商能够以不断下降的成本生产更大尺寸的平板显示器。

TFT-LCD在全球拥有巨大市场并具有巨大增长潜力,根据DisplaySearch的数据,2010年TFT-LCD的市场销售额将超过950亿美元,其中以PC Monitor、Notebook PC、TV用大型面板(≥10 in)所占

比重最大，为 720 亿美元(2006 年为 580 亿美元)。TFT-LCD 市场收入的大幅增长主要来源于 TFT-LCD 显示器和电视市场，TFT-LCD 电视是 TFT-LCD 市场细分中增长最快的部分。TFT-LCD 电视应用市场在 2006～2010 年预计将实现 17%的年均复合增长率(CAGR)，将由 2006 年的 200 亿美元增长为 2010 年的 370 亿美元。由此可见 TFT-LCD 的巨大产业规模和市场空间。

(三) TFT LCD 技术的发展动态

奥地利植物学家 Friedrich Reinitzer 在公元 1888 年首次发现液晶，距今已经一百多年。1968 年美国 RCA 公司首先研制成功液晶显示器，70 年代以后 TN-LCD 产业取得相当大的发展，数字化电子表、计算器、游戏机相继进入人们的生活。80 年代后期 STN-LCD 形成产业，分辨率为 VGA 的 STN-LCD 笔记本电脑开始进入市场。随着硅半导体工艺的成熟，非晶硅 TFT-LCD 在 90 年代初形成产业。屈指算来，TFT-LCD 发展至今已经 25 年。但是，由于 TFT-LCD 是非主动式发光器件，而且工艺复杂、成品率低、成本高，因而其前 10 年在平板显示器的竞争中并没有什么优势。

表 1　液晶显示器重大事件

时期/年	液晶相关事件
1888	奥地利的 Reinitzer 发现液晶
1963	提出在显示器上的应用
1973	夏普开发出世界第一台液晶计算器
1987	开始 STN 液晶屏的量产
1988	开发出面向电视的 14in 液晶屏
1990	开始量产笔记本用的 TFT 液晶屏
1998	反射型 TFT 液晶屏开始量产
1999	Sharp 量产 20 in LCD TV
2001	三星展出了 40 in LCD TV
2006	LG Philips LCD 推出 100 in LCD TV

1995 年之后，随着技术的进步和韩国、台湾的跟进，TFT-LCD 技术得到了很大发展。2001 年 11 月三星电子在日本横滨展出了 40 in 的 LCD TV，宣示了 LCD 技术可以进入大尺寸音视频应用领域，大大鼓舞了 TFT-LCD 厂商，带来了更大的市场空间。TFT-LCD 生产线从最初的第一代 G1(基板尺寸300×400mm)发展到现在的第八代 G8(基板尺寸 2200×2500mm)。

一年一度的国际信息显示协会 SID (Society For Information Display)年会及展会从水平、规模上来讲，是国际显示行业的顶级学术交流会议及展会，是电子显示行业科学家、工程师、制造商、市场销售、用户的盛会。2006 SID 于 6 月在美国旧金山举行，TFT-LCD 技术发表所占比重最大，显示了 TFT-LCD 的重要地位，同时也在不断变革之中适应新的市场需求。从这次展会及论坛上我们可以观察国际上 LCD 及其背光源技术的发展趋势：

(1) 高清晰度、大屏幕 TV 面板。LG-Philips LCD 发表了 100 in 全高清(1920×1080mm)TFT-LCD 电视面板，SHARP 发表了 65 in 全高清 TFT-LCD 电视面板，三星也发表了 40～56 in 系列全高清 TV 面板。这些电视面板做到了高亮度(450～700cd/m^2)、高对比度(3000：1)、宽视角(近 180°)、高响应速度(5ms)，同时也向更好的动态图像质量、更鲜艳、更节能发展。

(2) LCD 的平均尺寸在增大。当前已经比 2000 年增大了近 50%，预计电视用 LCD 尺寸 2010 年将增大 178%。

(3) 移动显示用 LCD 向超高信息容量(分辨率)、更轻薄、更省电发展。LG-Philips LCD、三星分别展示了像素密度达 400ppi 的 2 in 手机屏，东芝也展出了 333ppi 的 2.4 in 屏。

(4) 三星、LG-Philips LCD、Philips 分别推出了采用 LED、HCFL、FFL、EEFL 作为背光源的 TFT-LCD 模组。

国内以"上广电"和"京东方"为主的平板显示龙头企业在 TFT-LCD 技术方面也在积极加强消化吸收与再创新，力争缩小与国际先进水平的差距。2006 年 10 月，上海广电(集团)有限公司成功地开发了 47 in 全高清 TFT-LCD 电视面板和模组，这是我国大陆第一款全部自主设计、试制的大尺寸 TFT-LCD

屏,意义重大,表明我国已经掌握了关键技术,实现了零的突破。

二、LCD 背光源技术

(一) LCD 背光源技术分类

液晶本身并不发光,一般液晶显示器均采用透射式液晶,需要背光源提供光源。目前主流大型背光源一般多采用 CCFL(Cold Cathode Fluorescent Lamp,冷阴极荧光灯),也有采用 HCFL(Hot Cathode Fluorescent Lamp,热阴极荧光灯)、EEFL(External Electrode Fluorescent Lamp,外部电极荧光灯)、FFL(Flat Fluorescent Lamp,平面荧光灯)、LED(Light Emitting Diode,发光二极管)、OLED(Organic Light Emitting Diode,有机发光二极管)、PDP(Plasma Display Panel,等离子)等,如图 1 所示。

表 2 所示为目前水平下各种液晶背光源的比较。

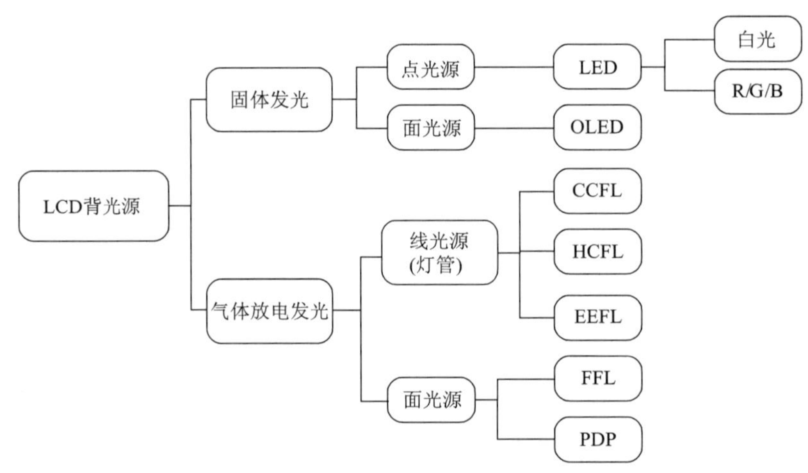

图 1 液晶显示器背光源的分类

表 2 目前水平下各种液晶背光源的比较

	CCFL	EEFL	LED	FFL	HCFL
目前成本	1X	0.9X	2.5～3X	0.9X	1.5X
点亮电压	1～1.2kV	1.5～2kV	<10V	24V	120V
彩色域(NTSC)	60%～72%	68%～72%	110%	80%	100%
彩色均匀性	佳	佳	不佳	佳	佳
寿命(h)	5～6 万	>6 万	>3 万	10 万	6 万+
灯管数量(32 in)	16	20	—	—	8～11
亮度效率(lm/W)	60～80	60～80	60～80	30	30
功耗	平	佳	佳	不佳	不佳
汞含量	4mg	<4mg	无	无	有

(二) 背光源在 TFT-LCD 上游产业链中的重要地位

背光源是 TFT-LCD 的重要部件,在 TFT-LCD 上游产业链中占有很大的比重。

图 2 为 TFT-LCD 模组的 BOM 构成,其中背光源是以 CCFL BLU 计算。可见,背光源在其中占有相当重要的比例,超过 20%。而且尺寸越大所占比例越高,32 in TV 面板模组中所占比例近四分之一。这是因为大型 TV 屏要求更高的亮度和色彩还原度以及对比度、均匀性等。

(三) 近期发展趋势

2006 年 6 月在美国旧金山的 SID2006 上,三星电子发表了采用 EEFL 背光源的42 inTFT-LCD 模组,亮度 500cd/m²,功耗 145W,小于采用 CCFL 的模组;同时发表了采用 FFL 背光源的 32 in 超薄 TFT-LCD 模组,亮度达到 600cd/m²,厚度仅为 1 in;美国通用电气(GE)发表了 110 in CCFL 背光模组,号称世界最大，并称可以按要求做得更大；Philips 发表了 42 in 采用 HCFL 的 120Hz 扫描背光源 TV 面板模组。

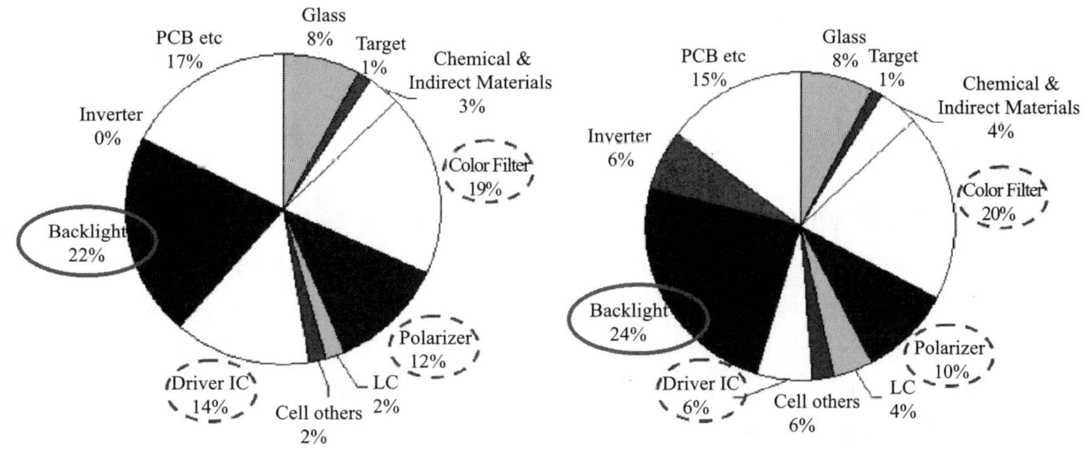

图 2　17 in Monitor（五代线）与 32 in TV（六代线）TFT－LCD 面板的成本构成

（数据来源：Q2′06 DisplaySearch Cost model）

目前 CCFL 由于生产技术成熟、性能稳定、成本价格低，仍然是 TFT-LCD 背光源的主流。但 CCFL 超细灯管的机械强度不足，在大屏幕电视整机中问题很突出，而且三基色荧光粉配合彩膜色彩表现能力欠佳。LED 本身具有的很多优越性弥补了 CCFL 的部分缺陷，与目前主流背光源使用的冷阴极灯管 CCFL 相比，LED 具有很多优点，如，不含有毒物质汞、具有极佳的色域显示、有很好的机械震动稳定性、较长的寿命、控制电路简单、驱动电压低、ns 级的开关时间。过去 LED 的发光强度低，所以主要应用在小尺寸背光源中。但随着半导体技术和新的 LED 封装技术的迅速发展，LED 的发光效率大大提高，LED 作为新的液晶显示器背光源，现在已经开始应用在大型液晶显示器和液晶电视背光源中。未来的趋势之一是 LED 背光源逐步代替 CCFL 背光源。根据 Insight Media 的调查指出，2007 年将出现 LED 在 40～47 in 液晶电视背光源中的商业化应用，初期虽仍以 CCFL 为主，但到 2010 年，LED 背光模块所占比例将超过一半，达 1150 万片。

三、LED-BLU 技术的国内外发展趋势

（一）市场发展

得益于厂商致力于提高 LED 的效率、降低功耗、改进散热的努力，也得益于 LED 本身价格下滑和性能提升，LED 背光源技术近来飞速发展。

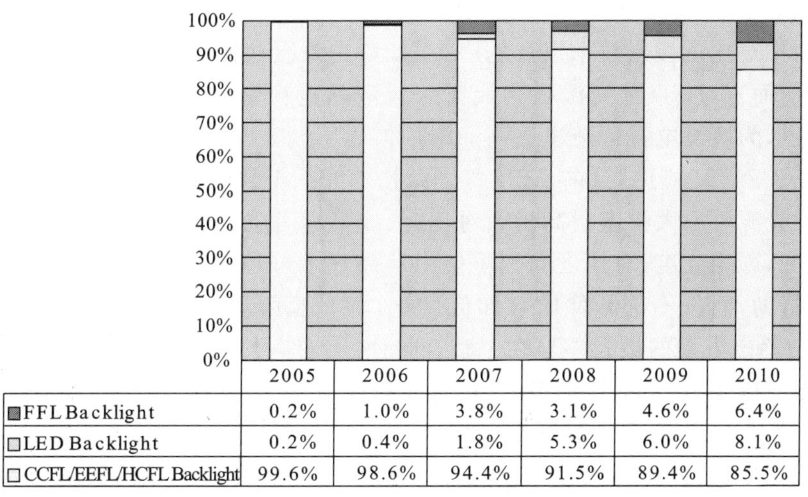

	2005	2006	2007	2008	2009	2010
FFL Backlight	0.2%	1.0%	3.8%	3.1%	4.6%	6.4%
LED Backlight	0.2%	0.4%	1.8%	5.3%	6.0%	8.1%
CCFL/EEFL/HCFL Backlight	99.6%	98.6%	94.4%	91.5%	89.4%	85.5%

图 3　各种背光源技术的市场份额（数据来源：DisplaySearch Q3′06）

图3为著名市场调研公司DisplaySearch 06年Q3所做的背光源发展预测。可以看出,从2006～2008年是LED背光源的快速成长期。如果按照2010年TFT-LCD市场销售额950亿美元,背光模组占其中20%计算,届时背光模组的份额约为190亿美元。据此推算, LED背光模组份额为15.39亿美元,这是比较保守的估计。

(二)技术发展

2004年索尼公司首先推出使用LED背光源的40 in液晶电视。2006年6月美国SID2006展览会上德国欧司朗光电半导体(Osram Opto Semiconductors)展出了102 in液晶电视LED背光源,总共配备了1732个LED模块,其中红色与蓝色LED各433个,绿色LED为866个,亮度为6000cd/m^2,耗电量为770W,色彩表现范围与NTSC规格相比为110%,亮度均匀性为85%,厚度小于40mm。

LG&Philips LCD发表了47 in LED背光源TFT-LCD模组,分辨率为Full HDTV 1920×1080,亮度500cd/m^2,色域范围达到了110%(NTSC),功耗<190W,动态对比度达到25000∶1,液晶模式为Super-IPS;三星电子(Samsung)发表了40 in LED背光源TFT-LCD模组,分辨率HDTV 1366×768,亮度500cd/m^2,色域范围达到105%(NTSC),功耗<120W,对比度2000∶1,S-PVA液晶,采用小型LED芯片,采用LED背光源后,比该公司原来使用CCFL背光源的液晶电视色域范围大幅扩大,也提高了动态视频信号的显示画质。同时三星电子还推出了32 in场序彩色TFT-LCD(无彩色滤光片CF-less),分辨率为1366×768,亮度500cd/m^2,色域范围110%(NTSC),功耗<80W,对比度1000∶1,OCB液晶,动态图像响应时间(MPRT)6ms。

另外在今年的诸多平板显示展会上,如日本"FPD International 2006"、台湾"FPD Taiwan 2006"等都有LED背光源的推出,显示2006年LED背光源已经成为热点。

我国LED光电子产业化及应用的基础相对较好,同时国家将把推进LED半导体照明产业的发展作为实施节能、环保的可持续发展的国策。而LED背光源对LED产业具有巨大的推动作用,如果大型LED背光源能够取代大型CCFL背光源,这将开辟一个LED的高端应用领域,开启一个每年百亿块LED的市场,远远超过其他领域对LED的需求。

近来关于LED背光源的专利大量涌现,国外知名一线面板及LED制造公司均投入庞大人力物力进行LED背光源的设计开发。但我国大陆在LED用于TFT-LCD电视背光源方面的研发投入较少,这迫切要求我们尽快开始大型LED背光技术的开发,现在大型LED背光源还没有商业化,相关技术起步时间较短,技术尚未成熟,尽早投入非常必要,以获得LED背光技术的自主知识产权。

目前,与CCFL背光源相比,LED应用于LCD背光源还存在着一些障碍和问题,面临不少挑战。如:①光学设计,RGB LED点光源如何形成均匀的色度亮度分布;②热学设计,大尺寸、高亮度所产生的散热问题;③降低耗电量;④温度变化和老化色度亮度稳定性,色度亮度衰减、漂移补偿问题;⑤LED专用驱动电路整合,动态对比度控制技术以及场序LED背光源驱动技术;⑥成本偏高,价格的降低空间。

对液晶电视厂商而言,LED背光源是构成下一代液晶电视竞争力的重要一环,可以充分利用LED光源的独特性能特点,为液晶电视创造出更高的附加值。不同于CCFL背光源,LED背光源可以做成主动式背光源。围绕LCD TV应用,目前LED背光源技术的一个趋势是"主动式动态LED背光源技术",主动式动态LED背光源可以大幅度提高画面对比度、改善画面质量。传统CCFL和被动式LED背光源只是提供均匀面光源,影像亮度、对比度和画质仅由液晶显示屏控制,背光源对于提升影像对比、画质灰阶分布没有进一步帮助,而且不论影像内容如何变化,背光源所消耗功率是固定不变的。"主动式动态LED背光源技术"与静态方案的最大差异在于整合转换图像信号以及电路设计,以主动式及动态方式最优化驱动LED背光源模块。"主动式动态LED背光源技术"可以大幅度提高画面对比度,从1000∶1突破到大于10000∶1,满足未来高清液晶彩电画质及高动态范围(High Dynamic Range, HDR)影像的需求,还可以有效降低功耗,减少LED热量的产生,提高LED产品寿命与可靠度,降低背光模组成本,改善动态画面残像。

采用场序驱动法可以实现液晶显示器的彩色化,即时空彩色法。将一帧(frame)彩色图像依次分解为 R、G、B 三色的三基色子场(field),无需使用三基色彩色滤光片,通过按时间次序高速依次切换 RGB 子场,利用人眼的视觉暂留特性,来获得彩色显示。本技术可以实现无彩膜彩色化并可获得超过 NTSC 标准色域范围的色再现,同时可以简化生产工艺,降低材料成本。具有 ns 级开关速度 LED 背光源技术的成熟也促进了最近场序驱动液晶显示器的快速发展。2003 年在日本 International Display Workshops 2003 上日本的青森产业综合支援中心展示了场序(Field Sequential)方式液晶面板。NEC 在 2005SID 上表示成功地开发出了采用“场序方式”,精细度高达 1450ppi 的液晶面板,尺寸为 0.55 in,分辨率为 640×480像素。2006 年 5 月,东芝松下显示器科技研发公司(TMD)宣布成功研发了场序驱动方式的 9 in高分辨率液晶显示器。调研结果表明如果场序驱动液晶显示器商业化成功的话,它所带来的冲击和影响是在未来的 10 年当中,会有每年上百亿美元的商机。

四、上广电在半导体照明产业方面的发展战略

上海广电(集团)有限公司(上广电,SVA)是国有控股大型企业集团,注册资本 34.54 亿元人民币,旗下 160 余家企业。SVA 近几年一直处于全国电子信息百强前列,同时 SVA 也是上海市光电子产业的核心力量并得到政府的全力支持,SVA 在平板显示领域目前已经投入了近 20 亿美元,形成了很强的产业基础,是中国大陆在此领域投资最大的企业,在中国内地平板显示产业中处于领先地位。包括:上海广电 SVA-NEC 液晶显示器有限公司,投资 13 亿美元,是中国内地第一条五代 TFT-LCD 线,经过扩产后目前是大陆产能最大的 TFT-LCD 生产线;上海松下等离子显示器有限公司,投资 2.3 亿美元,中方持股 49%,上广电持股 45%,是中国内地第一条也是目前唯一一条自屏开始的生产线;此外还有 VFD 生产线(1 亿美元)、STN-LCD 生产线(3000 万美元)。同时,上广电在平板显示技术研发方面也有大量投入,取得了一批成果。成立了广电集团中央研究院液晶研究所和广电电子平板显示技术研发中心,建立了国内一流的大规模专用实验室,专门从事 TFT-LCD 以及 OLED、PLED、FED 等新型平板显示技术的研发,在 TFT-LCD 产品设计和工艺技术研发方面,开展了大量工作,奠定了良好的技术基础。

追溯历史,上广电旗下的上海广电电子股份有限公司就是以照明和电真空起家。其原拥有的上海灯泡厂是我国最早的灯泡厂,前身是美国通用电气(GE)公司在华投资的上海 GE 灯泡厂,已经有八十九年的历史。今天,上广电由传统的 CRT 显示器件产业向新型平板显示产业转型,确定了以 TFT-LCD 产业及上下游产业链为主的发展战略。在 TFT-LCD 上游产业链中,LCD 背光源占有很大的比重,因此在 SVA 的 TFT-LCD 产业链建设中背光源(Backlight Unit, BLU)产业建设是集团整体战略的一项重要战略,同时背光源技术的研发也是一项重要的研发内容。综合分析国内外 BLU 技术发展趋势和我们的现状,并考虑国家战略和政策导向,SVA 确定了以 LED 背光源(LED-BLU)为突破口的 BLU 研发战略。通过自主研发 LED-BLU 技术,拓展 LED 技术应用领域,发展 TFT-LCD 上游关键技术,并实现产业化,支撑我国 TFT-LCD 产业发展,同时也带动我国 LED 半导体照明产业的发展。

从 LED 背光模组产业化以及 LED 半导体产业发展思路来讲,上广电确定了以技术研发为引领,由下游向上游推进的原则思路:即首先由背光模组 LED-BLU 的应用进入,由终端市场带动 LED 器件的应用,进而向 LED 封装发展。在此基础上向芯片、外延片发展,最终建立完整的技术体系和产业链体系,掌控 LED 绿色照明产业的核心技术。近期具体的研发目标:开发 26 in、47 in LED 背光源的 TFT-LCD 模组,包括静态式背光源和动态(主动)式背光源,并在两年之后建立 2 条年产大尺寸 TFT-LCD 背光模组 10 万片的示范线。

在研发和产业化过程中,将在上海市科委的支持下,充分发挥上海 LED 产业和技术基础的整体优势,整合上下游资源,组织包括上海华刚光电(LED 封装)、宇体光电(蓝、绿光 LED 外延片和芯片)、上海蓝宝(蓝、绿光 LED 外延片和芯片)、上海蓝光(蓝、绿光 LED 外延片和芯片)、大晨光电(红光 LED 芯片),以及香港应用科技研究院有限公司(动态区域主动控制电路方面)等单位参与研究、开发,以加快研发进度,带动产业发展。

五、思考与建议

液晶显示器，其应用领域广泛，从便携移动产品到大尺寸电视机皆涵盖其中。目前已经发展成为一项主要的平板显示技术，并且未来发展前景广泛、市场巨大，预计到2010年可达950亿美元，是少有的巨大产业之一。在此背景下，LED液晶显示器背光源技术是半导体照明的一项重大应用，也是一项高端应用，将会带动LED技术和产业的发展，有很大的市场发展空间。

LED背光源技术近期成为国际热点，LED在背光源上的应用可以大大提高TV用LCD面板的各项性能指标，提高产品档次，因而深受国际各大面板厂和整机厂商的关注，并投入巨资研发。

国内在LED-BLU方面的研发刚刚起步，有很多单位具有参与热情，但水平参差不齐。为了确保LED-BLU技术的研发成功及产业化，还是希望由国内平板显示行业领先的大企业牵头承担研发任务，相关研究机构、大学参与研究，产学研结合，发挥各自优势，并最终由企业来推进产业化。

平板显示产业和半导体照明产业的投资巨大，风险高，对国家发展的战略意义重大。国外经验，平板显示及半导体照明产业的发展和技术开发一般都有政府支持背景，政府发挥了支持和引导作用。因此，我们在发展LED-BLU技术中也需要政府的大力支持。目前国家863项目中已经将LED-BLU技术列为半导体重大应用课题，给予了支持。但从课题的研发目标来看，希望中央政府和地方政府继续加大支持和资助的力度，希望能分年度、分步骤逐步加大支持力度，体现国家政策导向。

作 者 简 介

卜东生　1983年毕业于浙江大学材料系，获学士学位，后又获得复旦大学材料工程(集成电路制造方向)硕士学位，高级工程师。目前就职于上海广电(集团)有限公司，长期从事平板显示技术研发工作，在半导体光电子、平板显示技术和产业化工程等方面具较深厚造诣。

励志图强,共同开创LED显示的新时代

程德诗
上海三思科技发展有限公司

摘 要

本文简要回顾了中外LED显示屏的技术发展史,着重推出了近两年来业内的两项热点技术:户外表贴三合一LED显示屏和高分辨率高填充因子户内LED显示屏,并分别预测了户内外LED显示屏今后的发展趋势。

关键词:LED显示屏 户外表贴三合一 高填充因子

一、历史回顾

自20世纪80年代诞生了LED显示屏以来,LED显示屏的发展从80年代的启蒙期到90年代的快速发展期再到今天的成熟期,技术上从早期的单色、无灰度文字屏直到今天的具有全面补偿、校正和多种图像处理技术的超高分辨率巨型多媒体彩色显示屏。二十多年来,LED显示屏行业历经了不同的发展阶段,我国的LED显示屏制造商从早期的领跑者,到一度的落后者,再到追赶者,并且我们已经看到:在中国同仁及产业上下游的共同努力下,在不久的将来LED显示屏行业必将全面进入中国时代。

下面让我们简单回顾LED显示屏行业技术发展的历程。

(一)第一阶段(1984~1994年)

主题:中国领跑世界

这一阶段的特点是:中国大陆和台湾主导着LED大屏幕显示的技术发展方向,而欧美和日本等国家仍然以灯泡屏、VFD等为主导,对LED显示屏尤其是户外LED显示屏的研究尚未完全启动。

(1) 20世纪80年代初:以单色、无灰度、文字显示、异步控制为特色。

(2) 1988年:中国大陆和台湾同时研制出与计算机帧频同步的全点阵LED显示屏。

(3) 1989年:北京计算机研究所在国际上第一个推出了带4级灰度的LED显示屏,随后台湾同行也取得突破。

(4) 1992年:中国大陆和台湾均研制出带有16级灰度的VGA同步显示屏,并通过多媒体卡方式实现实时视频显示。

(5) 1994年:在美国华盛顿举行的NESA博览会上(ISA的前身),展示LED视频显示屏的厂家几乎全部来自中国大陆和台湾。

(二)第二阶段(1994~2000年)

主题:狼来了

这一阶段的特点是:日本及欧美国家全面启动对LED显示屏的研究,到1997年在主要技术性能、可靠性、工艺等方面已全面赶超中国大陆和台湾,开始走在了LED显示屏的前列。到1999年中国和欧美、日本等发达国家已出现较明显差距。

(1) 1994年:日本日亚公司研制出基于GaN的LED纯蓝管和纯绿管,引起了LED全彩色显示屏领域的一场革命。

(2) 1997 年:日本索尼公司研制出(TB3281BF) LED 显示屏专用芯片,该芯片在 8BIT 灰度的基础上,加深了信号处理深度,大大提高了图像的灰度层次,降低了 LED 显示屏低灰度存在的严重噪声;并首次引入了 LED 逐点检测(开路、短路)的概念,标志着 LED 显示屏技术发展到了一个新的阶段。同时,也标志着日本和欧美等发达国家开始在技术上领先于中国大陆和台湾。

(3) 2000 年:该年 6 月在广州举办了一届国际性的展览会,国际上和中国大陆的著名 LED 显示屏厂家都参加了本次展览会。展会上中外厂家各展其能、争奇斗艳的同时也让中国企业看到了和发达国家的差距。这些差距主要体现在:

· 图像清晰度:开创了动态像素技术,在同等 LED 密度的情况下,图像分辨率得到了提高。

· 图像的层次:加深了信号处理深度,并进行了合理的灰度校正,图像的层次感获得了极大的提高。

· 图像均匀性:运用逐点亮度校正技术以及生产工艺、管理水平上的优势,使得发达国家的产品在图像均匀性上存在明显的优势。

· 色彩还原度:通过色空间变换技术,进行色彩校正,消除了红绿蓝 LED 色坐标与视频源色坐标的差异,使得图像的色彩还原度得到显著改善。

· 系统稳定性:在整个系统设计、产品工艺性、屏体散热设计以及加工精度等方面,发达国家体现出了整体优势。

(三)第三阶段(2000～2004 年)

主题:奋起直追

这一阶段,中国 LED 显示屏市场呈现了群雄逐鹿、百花齐放的局面。2000 年以来随着全球 LED 显示屏一流制造商纷纷将研发及制造基地迁到中国,一方面抢滩中国市场,另一方面降低这些企业的研发及制造成本,中国已成为世界 LED 显示屏研发及制造中心。

国际一流品牌的涌入,在增加中国市场竞争激烈性的同时,也给中国显示屏行业带来了先进的产品设计理念及新技术、新工艺。中国企业在看到差距后,通过学习、创新,奋起直追,到 2004 年中国最优秀的企业与国际一流品牌相比在主要技术性能方面已相差无几,但在工艺上仍显不足。不过中国企业在价格上有明显优势。因此,中国企业在综合性能价格比上有着明显优势。在这一阶段中国企业出口额近 20 亿元人民币,而同期外资企业在中国的市场占有率仅有不到 1 亿元人民币。当然,中国企业出口的产品主要占据国外的中低端市场,而国际一流品牌在中国主要占据的是高端市场。在高端市场,中国企业与国际第一流品牌的抗衡能力还显不足。

(1) 2000 年:北京中庆公司研制出 9702 LED 显示屏专用芯片。其 LED 显示屏主要性能灰度处理深度超过了日本索尼的 TB3281BF。

(2) 2001 年:

· 南京洛普通过大胆创新,在国际率先将 PLCC 封装的表贴 LED 应用于户内全彩色显示屏,并获得了极大成功。随后全球同行纷纷跟进,该技术如今已成为全球户内全彩色显示屏的主流。

· 广东德赛集团又通过兼并方式控股了美国 Light house 公司,直接将国外先进技术引进中国。

(3) 2002 年:

· 西安青松、上海三思等均研制出自己的视频前端处理器,甩掉了多年羁绊中国企业 LED 显示屏性能提高的多媒体卡。

· 上海三思通过独有的散热技术,实现了外壳防护等级 IP65。

(4) 2003 年:

· 中国部分优秀企业在动态像素技术、色彩校正技术等方面取得突破。

· 比利时巴可与北京利亚德合资组建了北京巴可利亚德,将巴可公司 LED 显示屏的研发及制造基地搬到了中国。

· 光磊等台湾 LED 显示屏制造企业纷纷将研发及制造基地迁入中国大陆。

· 美国 DAKTRONICS 以及日本三菱纷纷在中国寻找研发和制造的合作伙伴。

(5) 2004 年：

· 日本松下、韩国莱茵保将 LED 显示屏产业迁入中国。

· 上海三思向世界推出高填充因子技术室内 LED 全彩屏，开创 LED 显示屏叫板投影电视的先河。

· 上海三思攻克了像素级均匀性校正技术。至此，标志着中国 LED 显示屏制造商在核心技术上又重新回到了国际先进行列。

二、看今天

进入 2005～2006 年，随着中外企业的交流与合作的不断加深，中国成为世界 LED 显示屏研发及制造中心的格局已经形成，在中低端市场，中国企业形成了垄断，而在高端市场中外一流品牌形成了对抗局面。

同时，由于 LED 显示屏技术的不断进步与成熟，以及成本的不断下降，它的应用领域也在不断的拓展，和其他显示媒体之间的竞争也愈演愈烈。

在这一阶段的技术创新热点主要有：①户外表贴三合一 LED 显示屏成功问世；②高分辨率高填充因子户内 LED 全彩色显示屏叫板投影电视组合显示墙。在这两项热点技术中，户外表贴三合一 LED 显示屏的成功问世大大提升了户外 LED 显示屏的图像质量。而高分辨率高填充因子户内 LED 全彩色显示屏的出现不仅改善了图像质量，而且极大地拓展了户内 LED 显示屏的市场空间。

(一) 户外表贴三合一 LED 显示屏成功问世

长期以来户外 LED 显示屏一直采用分立直插式 LED，该技术虽然工艺成熟、性能可靠、亮度高，但同时也存在如下不足：①混色性能差；②像素密度低；③均匀性不理想；④组装精度差，而高亮度表贴三合一 LED 的出现恰恰弥补了上述不足。当然户外表贴三合一 LED 显示屏在制造与使用过程中也存在许多困惑。表 1 对两项技术的优劣做一简单的归纳对比。

表 1

序　号	参　数	A：户外表贴三合一 LED 显示屏	B：户外分立直插式 LED 显示屏	对　比
1	混色性能	优	劣	A 优于 B
2	亮度均匀性	好	差	A 优于 B
3	物理像素密度	高	低	A 优于 B
4	组装精度	高	低	A 优于 B
5	视角	大	小	A 优于 B
6	散热技术	实现手段复杂	实现手段简便	B 优于 A
7	防水措施	复杂、逐渐成熟	简单、成熟	B 优于 A
8	亮度	低	高	B 优于 A
9	功耗	高	低	B 优于 A
10	价格	高	低	B 优于 A

在该项技术的实施与工程应用中，目前国际知名品牌走在了前面，而国内一流品牌企业尚在研发中。但是，由于该项技术的成熟度较低且价格极高，目前在中国市场未见实际应用。

该项技术因为在图像质量方面有着无可比拟的优势，因此，随着技术与工艺的进一步成熟和价格的不断下降，笔者预言：在可以预见的未来，该项技术必定会成为户外 LED 全彩色显示屏高端市场的主流。

(二) LED 显示屏叫板投影电视组合显示墙

LED 大屏幕与投影电视组合显示墙因其各自特点不同，以往各自有着较为分明的应用领域。LED 显示屏在户外大屏幕以及户内 $10m^2$ 以上的大屏幕应用领域有着得天独厚的优势，而投影电视组合显示墙则在户内 $3\sim10m^2$ 的大屏幕的应用领域独领风骚。

LED 大屏幕和投影电视组合显示墙性能对比如表 2 所示。

表 2

	参数	LED 大屏幕	投影电视组合显示墙	对比
图像表现力	最大亮度	2000～8000cd/m^2	400～1000cd/m^2	LED 优于投影
	均匀性	1.1∶1	1.5∶1	LED 优于投影
	视角	水平:160° 垂直:160°	水平:120° 垂直:60°	LED 优于投影
	图像几何失真率	基本无失真	有失真	LED 优于投影
	图像完整性	无拼缝	有拼缝	LED 优于投影
	分辨率	最高可达 3 万像素/m^2	最高可达 80 万像素/m^2	投影优于 LED
	填充因子	5%～20%	50%～80%	投影优于 LED
其他	寿命	100000 h	3000～30000 h	LED 优于投影
	易损件	无	灯泡、色轮等	LED 优于投影
	整屏厚度	150mm	600～1,000mm	LED 优于投影
	系统稳定性	稳定	衰减快、温漂大	LED 优于投影
价格	按面积计算	LED 与投影相差无几		相差无几
	按像素计算	LED 大大高于投影		投影优于 LED

从上表中我们可以看出,LED 大屏幕在大多数性能方面比投影更优越。但是,在图像分辨率、填充因子以及平均像素的价格方面,存在着明显的劣势。因此,LED 显示屏要在容量巨大的投影电视组合显示墙市场分得一杯羹,必须在以下三个方面进一步提高:

1. 分辨率

分辨率是 LED 显示屏的致命弱点,目前在市场上较为成熟 LED 显示屏的物理像素中心距最小为 6mm 左右(27778 像素/m^2)。以户内显示屏最佳观看距离为 5～10m 计算,物理像素中心距为 6mm 的 LED 显示屏不能满足人眼对显示屏分辨率的要求。按人眼的分辨力为 1′～2′计算,只有在 LED 显示屏的物理像素中心距达到 3mm 左右时,5 米才成为最佳观看距离。

2. 填充因子

由于 LED 显示屏发光像素为点光源,发光区域小只占显示屏总体面积的 5%～10%,局部发光点的亮度要求很高,一般是整屏平均亮度的 10～20 倍。导致发光像素刺眼眩目,同时与周围的黑区形成明显的反差,严重影响了观者的舒适度,这是 LED 显示屏在户内应用口碑不佳的重要原因之一。因此,提高填充因子,使之达到 50%以上,对户内 LED 显示屏,尤其是对分辨率相对较低的 LED 显示屏来说有着非常重要的意义。

3. 价　格

我们知道:以往户内全彩色 LED 显示屏的价格为 5～10 元/像素,而 LED 显示屏取代投影电视组合显示墙的基本条件是物理像素密度大于 6 万点/m^2。因此,每平方米的价格高达 30～60 万元。而投影电视组合显示墙每平方米的价格仅为 8～16 万元。尽管 LED 显示屏有众多其他方面的技术优势,但是,如此高价是无法为市场所接受的。

由此,我们总结出 LED 显示屏叫板投影电视组合显示墙的基本门槛为:①物理像素密度大于 6 万点/m^2;②填充因子大于 50%;③价格在 10～20 万元/m^2 左右。

在刚刚走过的 2006 年,我们欣喜地看到户内 LED 显示屏已成功地越过了上述三个门槛。物理像素密度已实现 10 万点/m^2 以上;填充因子最高已达 60%;而价格也接近 3 元/像素。并且,在该项技术攻关中,中国的顶尖品牌在物理像素密度的提升、填充因子的增大以及成本的控制这三个方面的综合水平在国际上处于绝对领先水平。而国际知名品牌仅仅在物理像素密度这一项指标中领先,以至于出现每平方米 100 万元人民币的天价。因而,这样的产品虽然问世多时,却也只能待在闺中,仅供观赏。而同期中国的顶尖品牌却已将该技术应用于实际工程中,取得了良好经济效益和社会效益。

今天,我们更欣喜地看到,以往被投影电视组合显示墙占据的电视演播厅、会展中心等场所如今已逐步被 LED 显示屏所取代。

可以预计，在未来的1至2年内，LED显示屏还将走进各个行业的监控指挥中心和投影电视组合显示墙开展一轮新的竞争。这将是户内LED显示屏一个新的、巨大的舞台。

三、小　结

回顾LED显示屏20多年的发展历程，我们可以看出，由于新技术的层出不穷，LED显示屏经历了一轮又一轮的发展高峰。技术不断成熟、不断出新，应用不断扩大、不断创新。因此，我们只有励志图强、不断学习、不断创新，才能始终站在行业的最高峰。让我们携起手来，共同开创LED显示的新时代，共同开创LED显示的中国时代。

作者简介

程德诗(1959—)，男，高级工程师，1982年毕业于南京工学院(现东南大学)工业电气化专业，获学士学位，现任上海三思科技发展有限公司总经理，多年从事视频技术、光电子技术及计算机控制系统的研究，现主要从事LED显示系统技术、经营及企业管理工作。主持及参与多项行业标准的制定，担任中国光学光电子行业协会LED显示屏分会专家组常务副组长和2006年LED显示屏技术交流会技术委员会主任等职务。

新一代光源LED在汽车灯具中的应用研究

夏冠群

上海汽车电子工程中心

摘　要

本文简要介绍了汽车灯具发展概况,LED汽车灯具设计、制造的特点。以别克君威LED概念车灯研发为例,较详细叙述了LED阵列光源汽车灯具设计、具有散热、导电和支架三位一体的灯具模组制造新工艺和采用单片集成电路技术的驱动电路。

关键词:汽车灯具　发光二极管

一、引　言

中国汽车市场正经历着爆发式的增长,2002年产销量328万辆,2003年为440万辆,2004年为507万辆,2005年超过570万辆,已经跃居世界第四位。由于我国千人拥有量为24辆,只是国际千人拥有量120辆的五分之一,预计2010年中国汽车产量将超过900万辆,进入世界前三位,2013年中国将成为仅次于美国的世界第二大汽车市场。

中国汽车产业正经历着巨大变化,由卖方市场转变为买方市场,私人购车成为市场消费主流,乘用车特别是轿车价格大幅下降,汽车及零部件出口显露强劲势头。

随着全球汽车及零部件制造业大规模地向中国转移,本国汽车及零部件制造业迅速崛起,中国汽车行业竞争日益激烈,不断推出先进、安全、舒适、豪华和绿色环保的新款轿车。今天,轿车主要依靠先进的电子技术,实现推旧出新。汽车的电子化、智能化是现代汽车发展的趋势。

半导体发光二极管(LED)光源具有单色性好、功耗低、响应速度快、寿命长、抗震性能强、体积小等独特性能,应用LED光源设计的LED车灯除一次性投入较高外,其品位和质量是普通白炽灯无法比拟的。在宝马、凯迪拉克、奔驰、丰田、福特等推出的新款轿车上纷纷使用十分耀眼的LED车灯吸引顾客。在国际上,汽车用LED的产值已达到5.46亿美元,占LED用量的14%。

本文简要介绍LED车灯的发展概况,阐述LED车灯的关键技术、规范和标准问题,同时,采用LED光源阵列设计思想成功地研制出除前照灯以外的LED概念车灯。

二、汽车灯具发展概况

世界上有汽车就有车灯,18世纪汽车诞生时,汽车上就挂有蜡烛灯或煤油灯。汽车灯具是为汽车夜间行驶而设置的主要安全装置。汽车灯具可分为两大类:照明装置和指示信号装置。照明装置的功能是在黑暗中照亮汽车行驶前方路面,有前照灯、前雾灯、倒车灯和牌照灯,广意可包括车内灯、仪表灯和行李灯等。信号装置的功能是向其他道路使用者表明本车的存在与行驶状态,有转向信号灯、制动灯、位置灯和后雾灯等。有车灯就有车灯规范与标准,对车灯的光源、光色、光强、光形和安装位置等作出了规定。

汽车灯具随着科学技术的进步、汽车工业的发展、新光源的出现以及人们的审美观等而不断改进,结构越来越复杂、工艺越来越考究、功能越来越完善。现代汽车灯具已经成为一件具有高科技内涵的精美工艺品,是汽车的一双美丽的大眼睛。

汽车灯具的心脏是光源,汽车灯具的演变随着汽车光源的更迭而发生,大体上经过如下四个阶段:

第一代汽车光源是由燃料(蜡烛、煤油或乙炔)直接燃烧发光,它能满足早期车灯的要求,但存在发光效率很低、光强弱、性能不稳定、操作复杂等明显缺点。

第二代汽车光源是白炽灯。1879 年爱迪生发明白炽灯,1913 年美国首先将白炽灯技术应用在凯迪拉克汽车前照灯上,汽车灯具发生了革命性的变化,从此汽车照明进入了电气时代。接着,先后出现汽车反光镜、启动机、发电机和蓄电池等新技术,1925 年开始汽车真正进入白炽灯汽车灯具时代。20 世纪 50 年代又出现卤钨灯,它很快成为汽车强光源的主要灯泡。

第三代汽车光源是气体放电灯(HID)。它具有高发光效率、高亮度和高可靠性等优点,替代白炽灯、卤钨灯成为新型的汽车前照灯的光源。

第四代汽车光源是半导体发光二极管(LED)。LED 是半导体 PN 结二极管,当一个正向偏压施加于 PN 结两端时,使 PN 结系统受到激发,载流子由低能态跃迁到高能态,当处于高能态的不稳连载流子回到低能态复合时,根据能量守恒原理,多余的能量将以光子形式释放,它就是 LED 电致发光原理。它不是通过热能使物体升温而发光,是由电能直接转换为光,因而称之为冷光。发光波长取决于载流子的能量差即高能态与低能态之差。

LED 光源的出现将爆发继爱迪生发明白炽灯之后的又一次照明革命,具有划时代意义。它已经并将进一步影响汽车灯具的变革。

三、LED 汽车灯具

LED 汽车灯具的基本结构由五部分组成:LED 阵列、反光镜、配光镜、散热器和驱动电路五部分组成,见图 1。

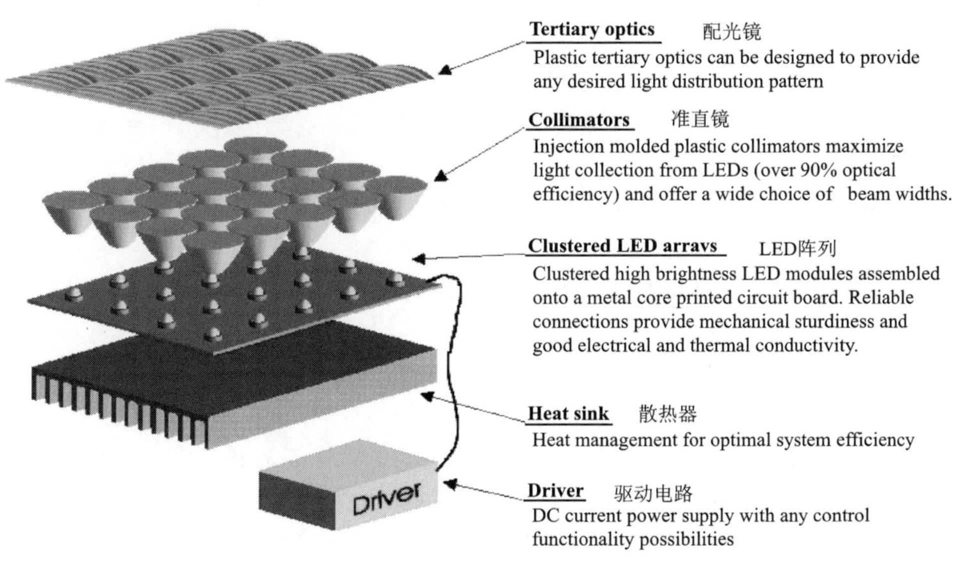

图 1　LED 汽车灯具基本结构示意图

(一) 汽车用 LED 光源

LED 汽车灯具的发展直接与 LED 光源的发展相关联。图 2 给出了 LED 的发展进程。

半导体电致发光现象早在 1907 年就被发现,由于光很弱,批量生产困难而进展缓慢。1968 年以美国孟山都公司推出光强超过 20mcd 的 GaAsp/GaAs 结构的红色 LED 为突破点,大大加快了 LED 的发展,接着相继研制出光强达 1000mcd 的红、黄、绿的 LED,在仪表、电信的信号指示上获得了初步的应用,形成了 LED 早期的应用市场。由于其光强度、光衰减等性能指标问题还无法在汽车灯具中获得广泛应用。直到 1990 年美国 HP 公司、日本东芝公司推出光强超过 1000mcd 的 InGaAlP/GaAs 结构的红、黄色高亮度 LED 和 1993 年日本日亚公司发明 InGaN/Al_2O_3 蓝、绿色高亮度 LED 为标志,从技术上和批量生产上为汽车灯具光源 LED 化铺平了道路。

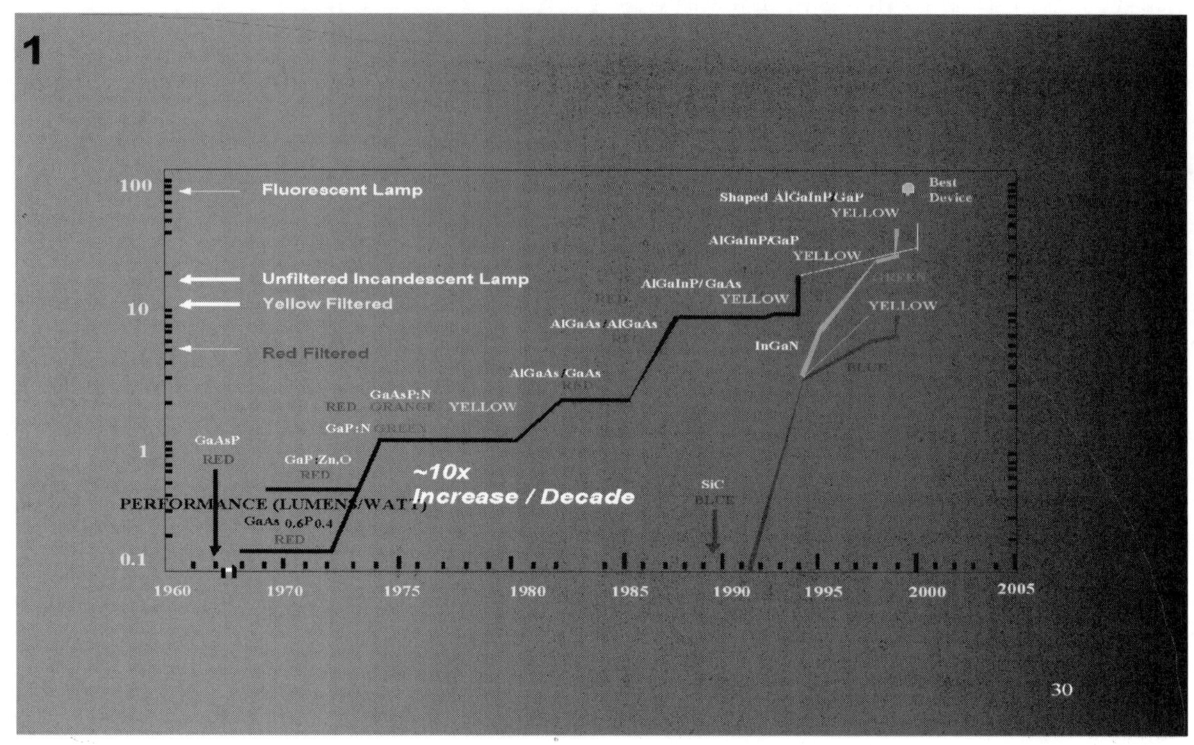

图 2 LED 的发展过程

LED 光源有如下特点：

(1) 单色性好、色彩鲜艳、丰富。颜色饱和度达到 130％全彩色，使灯光更加清晰、柔和。

(2) 寿命长、抗震性好。LED 是与白炽灯不同的半导体元件，没有玻璃、钨丝等易损可动部件，故障极低，可以免维修。

(3) 响应时间短，只有 60 纳秒，特别适合用于汽车灯具的光源，给司机争取了可贵的减小事故的时间。

(4) 高效率、低能耗。LED 光源不需要滤色能直接产生汽车灯具需要的红色、琥珀色等颜色，无损耗，而且半宽较窄，电能利用率高达 80％以上。

(5) 体积小、重量轻。利用其特点可设计又薄、又轻、又紧凑的各种式样的灯具，给汽车造型设计提供空间。

(6) 绿色光源。LED 光谱中单色性好，没有多余红外、紫外等光谱，不含汞有害物质，热量、辐照很少。

(7) 单个 LED 的光通量小。目前单个 LED 的光通量研究水平可达 150lm/W，产品水平≤60lm/W，而且大功率的 LED 往往要增加尺寸很大的散热器，所以 LED 光源一般采用 LED 阵列设计方法。

(8) LED 阵列经光学系统集成可平面发光，且方向性强。它与点光源白炽灯不同，视角度≤180°，设计时一定要注意和利用 LED 光源有不同的视角度和不能大于 180°这一特点。

(9) LED 的发光效率随温度升高而下降，并且一般芯片温度超过 120℃将失效。在灯具总成设计和制造的工艺设计一定要考虑热设计。

(10) LED 属于多元化合物半导体元件。多元化合物半导体元件的特点是其电学、光学、热学和机械等的参数指标离散性很大，在设计时，一定要充分考虑到这一特点，并要求元件生产公司按汽车用 LED 光源要求对元件进行严格分类、分级。

LED 将随着 LED 质量提高，价格下降，在汽车中将获得广泛的应用(见图 3)。

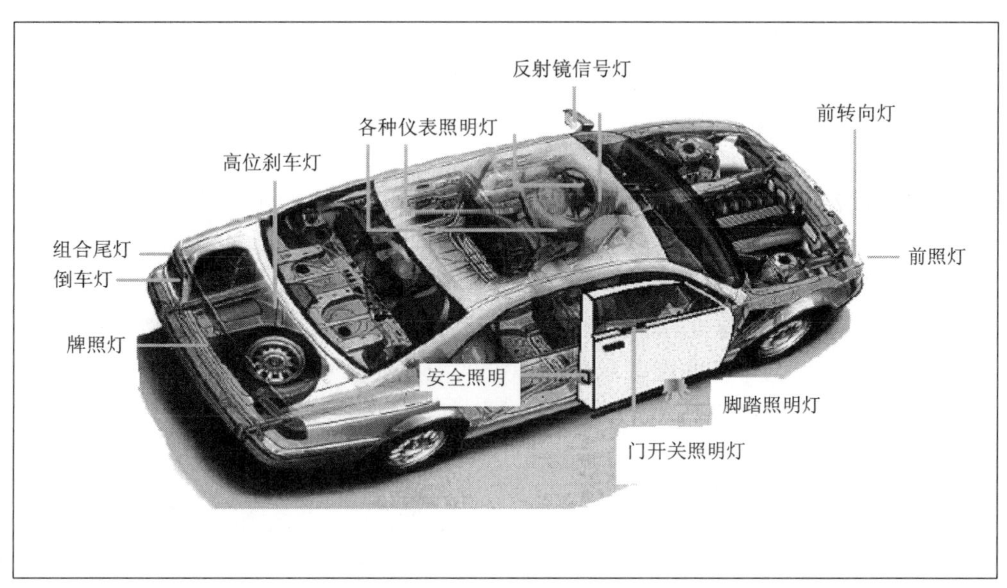

图 3　汽车中使用 LED 照明的情况

（二）LED 汽车灯具设计

直接与光学有关的车灯零件主要有光源、反光镜和配光镜三部分统称灯光组。车灯的光学设计就是车灯的灯光组设计。灯光组的设计首要考虑的原则是：符合整车厂对车灯总体结构、造型设想；达到国家规定的规范和标准的要求。

LED 光源应根据不同灯具对光通量的要求，选用不同功率的 LED 组成 LED 阵列。反光镜是为了提高光源的出光率和达到配光性能要求而专门设计的镜子，其作用是将光源发出的照射到反射镜上的光从灯具开口部按一定分布照射出来。配光镜的作用是将反光镜反射出的光分布经过配光镜上的花纹将灯光偏移或散射到需要的位置，以达到配光的要求。

长期以来汽车灯具以白炽灯点光源为参照物来决定灯具的灯光设计，并形成相应的软件。灯光的规范和标准也是以此来制订的。LED 光源有其自身的特点，LED 汽车灯具的设计与制造不能简单套用常规的方法，必须对其设计和制造方法作修改，同时要制定出与 LED 汽车灯具相适应的规范和标准。为此，要开展相关的研究开发。

（三）LED 汽车灯具的历史

1985 年 LED 汽车信号灯首次出现在客车上，1986 年 Nissan300zx 型汽车上使用 LED 高位制动灯标志着 LED 汽车灯具时代正式开始。国际上著名汽车品牌如宝马、凯迪拉克、别克、大众、福特、奔驰、丰田、三菱、马自达和斯柯达等先后推出采用 LED 灯具的汽车。LED 汽车照明每年以两位数的速度在增长，2005 年产值已达 5.46 亿美元，占世界 LED 应用的 14%。中国于 2000 年上海大众桑塔纳 2000 型车上首先使用 LED 高位制动灯。我国 LED 汽车灯具每年以 70%～80%的速度在增长，估计 2006 年的产值超过亿元。

目前，国际上 LED 汽车前照灯处在研发过程之中，已有概念灯具推出，尚无商品。除 LED 前照灯以外，均已商品化，并已进入车灯的智能化控制时期。我国汽车灯具 LED 化、智能化水平约与国际上差 5 年。

四、别克君威 LED 概念车灯研究开发

在科技部和上海汽车工业基金的资助下，开展了别克君威 LED 概念车灯的研究开发。项目的目标是通过研发除前照灯以外的 LED 汽车概念灯具，显示我们在研发 LED 汽车信号大灯的水平，考察批量

生产的可能性，积累LED汽车灯具的设计和工艺制造的经验。同时，向整车公司展示自主开发的"LED汽车概念灯具"实样，以争取LED汽车灯具得到更广泛的实际应用。

(一) 研究开发方法

本文根据别克君威汽车已有灯具的参数指标，和现有LED光源的水平确定前组合灯具中前转向灯(琥珀色)，后组合灯具所有灯包括后转向灯(琥珀色)、后制动灯(含位置灯)(红色)、后雾灯(红色)和倒车灯(白色)共六类十种灯为对象。

(1) 造型设计以别克君威现有灯具的外形和空间尺寸为准，用三维软件对其造型进行了重新设计。

(2) LED阵列设计。根据车灯的国家规范和标准的配光要求和LED的产品情况选择LED型号、光学、电学参数和数目，并按造型初步确定LED阵列的分布，如下表所示。

	前转向灯	后转向灯	后制动灯	后雾灯	倒车灯
颜色	琥珀色	琥珀色	红色	红色	白色
电流	0.9A	0.3A	0.3A	0.75A	0.56A
光强	30cd	12cd	16cd	50cd	14cd
个数	18	8	8	20	28

(3) 反光镜设计。借用已有的白炽灯点光源的光学CAD软件，又充分考虑到LED阵列光源与白炽灯光源的差异，作必要的分割处理后，进行灯具的光通量和光形分布的模拟计算，并多次与实际样品比较，修改计算方法，同时修改LED阵列分布和反射镜参数以基本符合相关的标准，完成反射镜设计。

(4) 配光镜设计。一般LED灯具的配光镜只作光面处理，以突出LED光源亮点。如果反射镜反射出的光分布未达到相关标准，可通过散射、折射或散折射复合花纹配光镜达到相关配光要求。

(5) LED灯具的热学设计。LED是属于半导体元件，其发光特性随结温升而下降，一般结温超过120℃，LED就失效，因此设计LED灯具时，必须要考虑降低结温，使LED保持良好的光输出特性。

本文在热学设计上采用以下三个措施：

- 选取热阻小的功率LED作为灯具光源。
- 专门设计、研制一种具有散热、导电和支架三位一体功能的铜框架、塑料复合组件。
- 特别研制一台适合于将功率LED光源二端铜翼直接快速焊接到铜框架上的300W激光自动焊接机，激光焊接优点是在实现LED与铜框架焊接过程中不会因热冲击造成LED元件失效。

(6) LED驱动电路设计。汽车灯具LED驱动电路的基本电路模型有四种：电阻、稳压+电阻、恒流、脉冲调制，各有优缺点，不同的场合用不同方式。本项目考虑了光分布稳定性、发热和价格等诸多因素，选择集成电路恒流方式作为驱动电路基本模式。

(二) 实验结果与分析

(1) 图4给出了前、后组合灯具三维CAD造型效果图。图5给出了本项目研制的前、后组合灯具样品亮灯的实际照片(其中前照灯光源为HID)。

图4 "别克君威"前、后组合LED灯具三维造形效果图

(2) 典型的LED汽车灯具模组前转向灯样品照片示于图6中。它包括LED阵列共18只、散热铜框架、塑料托架、驱动模块。

(3) 前转向灯、后转向灯、后制动灯、雾灯和倒车灯的配光测试表明前四种灯均已达到相关的标准，白色的倒车灯的配光结果表明光强还不够，应选光通量更大的 LED 单元光源。

(4) 图 7 为概念灯具装车以后的实况，该车已正常行驶 7 万千米。这表明我们提出的 LED 汽车灯具设计方法、制造工艺等基本可行。

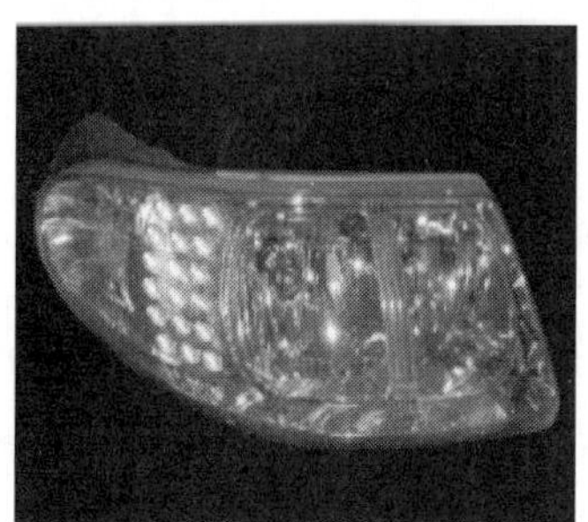

图 5 “别克君威”前、后组合 LED 灯具样品

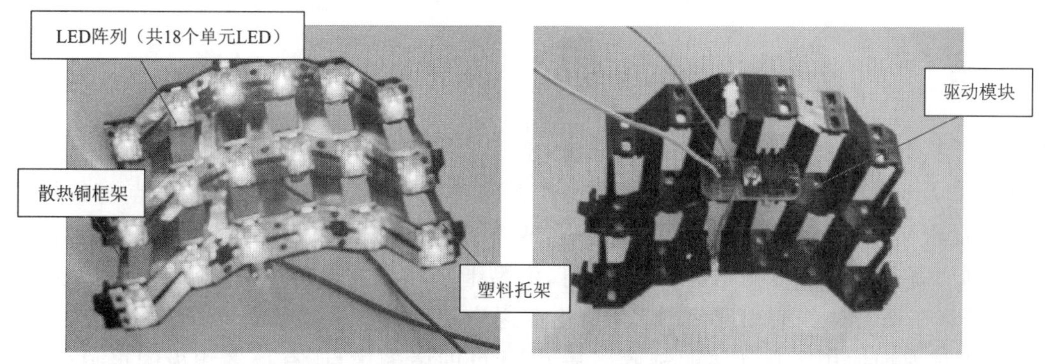

图 6 LED 汽车灯具典型模组正反相应图

图 7 概念灯具装车以后的实况

作 者 简 介

夏冠群 男，1941 年 2 月 4 日生于江苏省江阴县。1966 年 3 月毕业于北京钢铁学院物理化学专业本科，1977 年 2 月毕业于复旦大学半导体专业研究生班。

早期从事化合物半导体材料、器件和电路研究，近年从事汽车电子产品开发与生产。1992 年 7 月通过中国科学院的研究员职称评审，1992 年 10 月获国务院授予的政府特殊津贴与证书。现任中国科学院上海微系统与信息技术研究所博士生导师、上海汽车电子工程中心主任兼上海信耀电子有限公司总经理。

LED在普通照明中的应用前景分析

刘木清

复旦大学光源与照明工程系

摘　要

本文分析了光源的光效及其理论和技术限制。采用高斯模型模拟LED光谱的方法计算了LED光效,并与传统光源作了比较,结果表明,大幅度提高LED的内量子效率以及出光效率对LED用于普通照明领域是十分必要的。

关键词:LED　普通照明　光效

一、引　言

照明用电逐年上升。然而从长远的角度来看,地球上能够用于发电的自然资源面临短缺。在各种不同光源中,LED以其低功耗和低工作电压显现出诱人的应用前景。LED的这些优点与其作为固态电子器件的内在特性密切相关:封装尺寸小,可靠性高,成本低,寿命长等。LED的应用已经延伸到嵌入式照明案例之中,例如商业广告信号指示灯,轿车车灯,大型卡车和公共汽车车灯,应急信号指示灯,交通信号灯,节日彩灯等。在所有这些应用案例中,LED正在逐步替代传统光源。最令人兴奋和关注的一个问题是,LED能否大规模地应用于普通照明领域。基于LED的诸多优点,有很多积极的报道介绍了LED应用于普通照明领域的实际经验。本文分析了传统光源和LED的光效,通过与传统光源作比较,评估了LED在普通照明领域的应用前景。

二、光效的定义

光源的光效是指一个给定光源的总光通量与该光源的总输入功率之比,它的单位是lm/W。当计算荧光灯和高强度气体放电灯的光效时,相配套的镇流器的功率也必须算入总输入功率之中。光效的数学表达式如下:

$$\eta=\frac{F_v}{P_l}=\frac{K_m\int_{380}^{780}P_\lambda V(\lambda)\mathrm{d}\lambda}{P_l}=\frac{P_0}{P_l}\cdot\frac{\int_0^{\infty}P_\lambda\mathrm{d}\lambda}{P_0}\cdot\frac{\int_{380}^{780}P_\lambda\mathrm{d}\lambda}{\int_0^{\infty}P_\lambda\mathrm{d}\lambda}\cdot\frac{K_m\int_{380}^{780}P_\lambda V(\lambda)\mathrm{d}\lambda}{\int_{380}^{780}P_\lambda\mathrm{d}\lambda}=\eta_b\eta_r\eta_v K \tag{1}$$

$$\eta_b=\frac{P_0}{P_l} \tag{2}$$

$$\eta_r=\frac{\int_0^{\infty}P_\lambda\mathrm{d}\lambda}{P_0} \tag{3}$$

$$\eta_v=\frac{\int_{380}^{780}P_\lambda\mathrm{d}\lambda}{\int_0^{\infty}P_\lambda\mathrm{d}\lambda} \tag{4}$$

$$K=\frac{K_m\int_{380}^{780}P_\lambda V(\lambda)\mathrm{d}\lambda}{\int_{380}^{780}P_\lambda\mathrm{d}\lambda} \tag{5}$$

其中，F_v 是总光通量，P_l 是光源和镇流器总共消耗的电功率，P_0 是灯消耗的功率，P_λ 是光谱辐射通量，$V(\lambda)$是明视觉的光谱光效率，K_m 是辐射量与光度量之间的比例系数。$1-\eta_b$ 是指镇流器所消耗的那部分对总光通量，F_v 是没有贡献的功率，η_r 是辐射通量和灯的功率的比值，η_v 是可见光部分的辐射和全光谱辐射之间的比值，K 是辐射发光效率。当满足 $\eta_b\eta_r\eta_v=1$ 时，光效达到理论最大值(K)。这意味着输入功率全部转化成为可见光。η_b 对于荧光灯和 HID 光源约为 0.9，对丁其他的光源 η_b 为 1。所以采用近似值 1 用于计算不会影响分析结果。因而，公式 1 可以简化成以下形式：

$$\eta=\eta_r\eta_v k \tag{6}$$

η，η_v 和 K 的值可由测量得到，而 η_r 的值可由式(6)计算得出。

三、传统光源的光效

目前用于普通照明领域的光源主要是白炽灯，荧光灯，高压钠灯和金卤灯。我们来考察几个来自于不同厂家的不同种类不同色温(T_c)的光源。紧凑型荧光灯 (节能灯)被作为荧光灯光源的代表受测。图 1 显示的是每一种光源的典型光谱能量分布曲线。

我们测量了灯的功率，总光通量，以及可见光波长 380～1700nm 范围内的光谱能量分布曲线。然后根据定义，我们计算了 K，η_v，η 和 η_r 的值。表 1 列出了数据，其中 Ra 是显色指数。

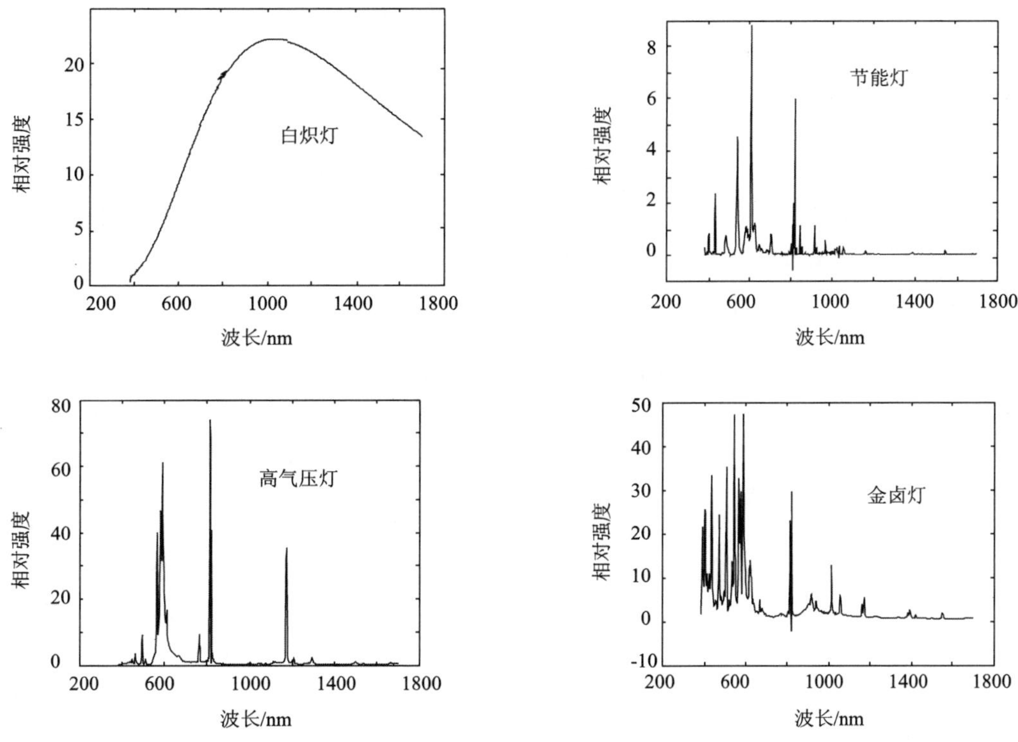

图 1　传统光源的典型光谱能量分布

表 1　传统光源的光效

光　源	功率/W	流明/lm	η/(lm/W)	K /(lm/W)	η_v	η_r	Ra	Tc /K
白炽灯	99.5	1532	15.4	156	20.8%	47.5%	100	2805
节能灯	22.5	1305	58	289	82.7%	24.3%	80.3	2418
高压钠灯	101.5	12383	122	338	76.3%	47.3%	20.2	1482
金卤灯	103.5	9915.3	95.8	288	69.8%	47.7%	72.8	3766

白炽灯的发光机理是热辐射。灯丝的工作温度超过 2600K。这导致了较高的热损失($\eta_r=47.5\%$)以及大约 80%的红外辐射($\eta_v=20.8\%$)，因而可见辐射所占的比例较小，白炽灯的光效较低。通过泡壁

反射红外辐射回到灯丝可以在一定程度上提高光效 η_v。然而，这种方法不能大幅度提高光效。对于荧光灯来说，82.7%的辐射是在可见光范围内，较高的工作温度不是发出可见光的必要条件。但是，提高荧光灯光效的限制在于它的荧光粉转换效率(PCE)。对于高压钠灯和金卤灯而言，大约 70%的辐射是可见光，而它的光效的提高受限于热损失(η_r)，因为它需要在高温下才能正常工作，而温度越高意味着热损失越大。

总而言之，如果没有重大的技术突破，这四种传统光源的光效都难以再显著提高。

四、LED 的光效

对于 LED 而言，η_v 的值是 1。这是因为用于照明的 LED 光源的发光光谱全部在可见光范围之内。η_r 则是外量子效率(EQE)。所以，LED 的光效可表示为

$$\eta = EQE \times K \tag{7}$$

k 可以通过 LED 的光谱计算得到。EQE 是内量子效率(IQE)和出光效率(LEE)的乘积。所以，LED 的光效可表示为

$$\eta = IQE \times LEE \times K \tag{8}$$

(一) LED 光谱的模拟和测量

Yoshi Ohno 提出了一种描述 LED 光谱的数学模型(高斯模型)，和实际的典型蓝光 LED 的光谱能量分布比较误差小于 5%。我们测量了一定数量的 LED，并且用同样的模型来模拟 LED 的光谱。图 2 显示了四种彩色 LED 的实测光谱和模拟光谱图。通过比较实测光谱和模拟光谱，我们计算了 LED 的光效和色度坐标，结果如表 2 所示。下标“实测”指的是从实际测量得到的光谱计算出的数值，下标“模拟”指的是从模拟光谱计算出的数值。从图 2 中我们可以发现模拟光谱和实测的光谱吻合的很好。我们还比较了分别来自于模拟光谱和实测光谱的两组 K 和色坐标的值，他们之间的足够小，所以在进一步的分析中我们可以采用模拟光谱模型来替代实测光谱。

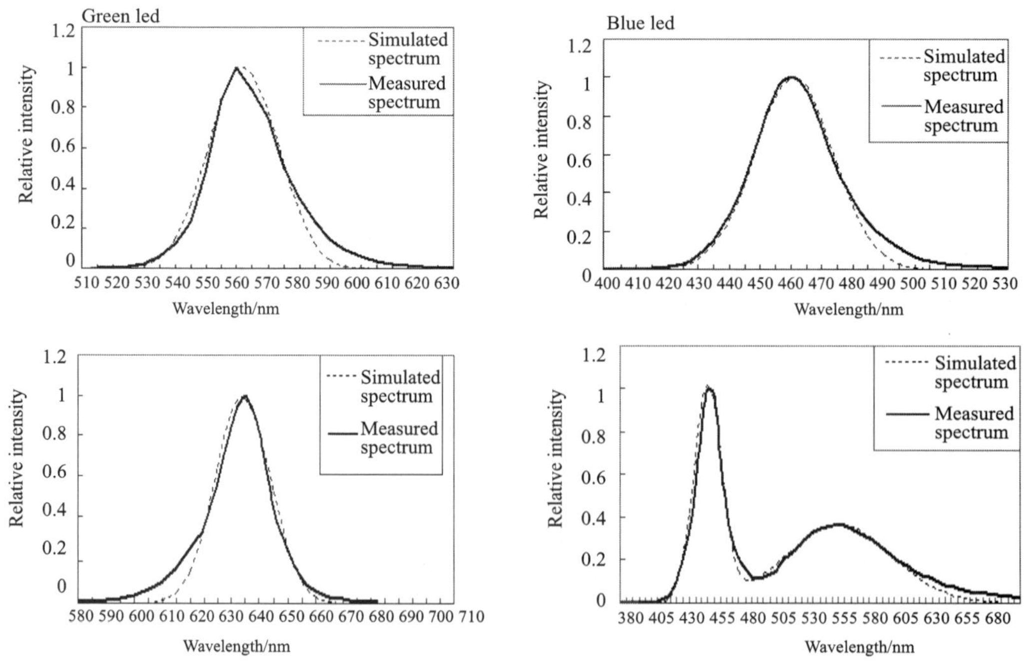

图 2 LED 的光谱能量分布

表 2 模拟光谱和实测光谱的比较

LED(主波长)	K_{real}	K_{simu}	色坐标 X_{real}	色坐标 X_{simu}	色坐标 Y_{real}	色坐标 Y_{simu}
红(640nm)	147	128	0.70	0.71	0.30	0.29
绿(570nm)	593	628	0.47	0.45	0.52	0.55
蓝(460nm)	69	52	0.14	0.14	0.06	0.04
白	275	280	0.29	0.28	0.27	0.27

(二)彩色 LED 的光效

因为内量子效率 *IQE* 很难测得,所以我们使用来自于 Craford 等的数据,如图 3 所示。LEE 依赖于封装技术,我们假定是 50%,因为这是目前技术水平下的最高值。彩色 LED 的光效的计算结果如表 3 所示。这些结果可用于和商业产品数据之间作比较。

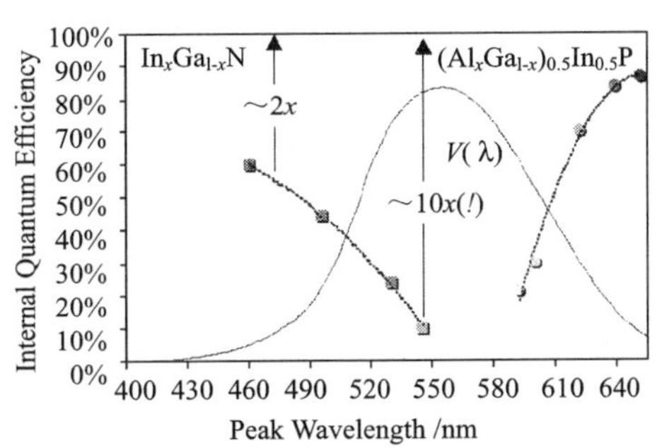

图 3 内量子效率和峰值波长的关系[3]

表 3 彩色 LED 的光效

LED(主波长)	K/(lm/W)	*IQE*	*LEE*	*EQE = IQE×LEE*	光效/(lm/W)
红(640nm)	128	85%	50%	42.5%	54
绿(570nm)	628	10%	50%	5%	31
蓝(460nm)	52	69%	50%	34.5%	18

(三)白光 LED 的光效

大多数照明用的人造光源是白光或近似白光的,目的是模拟自然界的太阳光。所以,我们对白光 LED 做出以下假设:色坐标 x, y, z 都约为 0.33,平均显色指数大约为 80 或更高。以下普通照明白光缩写为 GLW。目前共有三种方法获得白光:

(1)混合红光 LED,绿光 LED 和蓝光 LED。将这三种颜色的 LED 封装在一起,调整每种颜色的 LED 的功率来产生白光。我们称这种 LED 为 RGB-LED。

(2)在蓝光 LED 外面涂上黄色荧光粉。通过适当的设计让一部分蓝光透过荧光粉涂层出射出来构成光谱中的蓝光部分,同时荧光粉将剩下的一部分蓝光转换成光谱中的红绿两部分。这种类型的 LED 我们称之为 PC-LED。

(3)在紫外 LED 的表面涂红,绿,蓝三种荧光粉来混合出白光。我们称之为 UV-LED。Yoshi Ohno et al. 对这种类型的 LED 做了分析[6],他们的结论和我们对 PC-LED 所作分析的结论相类似,下文会详述我们的分析。所以我们在这里不分析 UV-LED 类型的白光 LED。

1. RGB-LED

我们采用了与 Tsao et al.[2]相同的三基色 LED 作为来产生白光,并且运用模拟光谱模型生成相应的 LED 的光谱。我们通过计算得出这三种 LED 的功率之比必须满足(R:G:B)1.0:1.2:1.0 才能产生普通照明所需要的白光(GLW)。RGB-LED 的光效计算结果参见表 4。

这种类型的 LED 的光效低于节能灯、高压钠灯和金卤灯的光效。如表 5 所示,如果我们出光效率 *LEE* 能够从 50%提高到 70%,将绿光 LED 的内量子效率 *IQE* 从 10%提高到 40%,将蓝光 LED 的内量

子效率 *IQE* 从 69%提升到 80%,那么光效将达到一个比较令人满意的数值:146 lm/W。RGB-LED 的色坐标是(0.34, 0.35),显色性是 87,所以它是一种不错的普通照明光源。进一步说,如果每一种单色 LED 的内量子效率 IQE 和出光效率 LEE 都能达到 100%,那么 RGB-LED 的最大光效将达到355lm/W,这是 RGB-LED 的最大理论光效。

表 4 白光 LED 的光效: RGB-LED

LED	波长(光谱宽度)/nm	*K*/(lm/W)	*IQE*	*LEE*	*EQE*	所需的输入功率/W	流 明	光 效
红	614(20)	312	85%	50%	42.5%	2.4	312	39 lm/W
绿	546(30)	641	10%	50%	5%	24.0	769	
蓝	465(20)	55	69%	50%	34.5%	2.9	55	

表 5 白光 LED 的光效: RGB-LED,假定提升了 LEE 和 IQE 的数值

LED	波长/nm	*K*/(lm/W)	*IQE*	*LEE*	*EQE*	*P*/W	流 明	光 效
红	614	312	85%	70%	59.5%	1.7	312	146 lm/W
绿	546	641	40%	70%	28%	4.3	769	
蓝	465	54.5	80%	70%	56%	1.8	54.5	

2. PC-LED

PC-LED 的光谱由蓝光部分和被蓝光激发的荧光粉发出的黄光部分组成。我们模拟了这两部分的光谱来合成普通照明白光 GLW,得到了 PC-LED 的辐射发光效率,如表 6 所示。这里我们假定蓝光的中心波长是 455nm,光谱宽度(Δλ)是 25nm。荧光粉受激发出的黄光的中心波长是 570nm,光谱宽度是 120nm。这一系列数据是这种类型的 LED 的典型值。必须指出的是,蓝光和黄光的比例必须满足 0.36∶1才能混合出白光。这种白光的色坐标是(0.32, 0.32),显色指数是 75,K 的值是 320 lm/W。

表 6 白光 LED 的光效提高:PC-LED

LED	λnm	Δλnm	Klm/W	*IQE*	*LEE*	*PCE*	白光所需的输入功率	所需的蓝光	总的蓝光/W	输入功率/W	光 效
蓝	455	25	36.8	69%	50%		0.36		2.9	8.3	55lm/W
黄	570	120	421			40%	1.00	2.5			
假定				80%	70%	60%			2.0	3.6	127lm/W
理论最大值				100%	100%	80%			1.6	1.6	284lm/W

我们假定蓝光 LED 的内量子效率 IQE 和出光效率 LEE 分别是 69%和 50%。假设这种白光 LED 的一般光效是 55 lm/W (当前最好的商用 LED),荧光粉转换效率能够做 40%。如果我们能够将内量子效率 *IQE* 和出光效率 LEE 分别提高到 80%和 70%,而且假定 PC-LED 中的荧光粉转换效率 *PCE* 是 60%,那么相应的光效将达到 127 lm/W。但是这个数值仍然没有达到理想光效要求。荧光粉转换效率 PCE 的最大值约为 80%。如果内量子效率 *IQE* 和出光效率都达到 100%,那么 PC-LED 的最大光效能做到 284 lm/W。

显然我们必须显著提高 LED 光效才能将其实际应用到普通照明领域。有报道说能够采用光子晶体,更薄的器件层等办法提高光效。但是目前白光 LED 的光效依然太低,难以用于普通照明领域。

五、小　结

我们分析了白炽灯、节能灯、高压钠灯和金卤灯这四种传统光源的光效。他们的辐射机理决定了其光效难以显著提高。作为一种很有潜力的高效固态光源,LED 可能将成为照明历史上的又一个里程碑。然而从我们的 LED 光效分析中可以得出,大幅度提高 LED 的出光效率和内量子效率从而提高其光效,对 LED 在普通照明领域中的应用是十分必要的。

参 考 文 献

[1] U. S. Department of Energy, "Illuminating the challenges-solid state lighting program planning workshop report," (2003)

[2] J. Y. Tsao, "Solid-State Lighting: Lamp Targets and Implications for the Semiconductor Chip," IEEE Circuits and Device magazine 8755－3996/04, 28～37(2004)

[3] M. G. Craford, "LEDs for Solid State Lighting and Other Emerging Applications: Status, Trends, and Challenges" Proc. of SPIE Vol. 5941.01, 1～10 (2005)

[4] N. Narendran and L. Deng, "Performance Characteristics of Lighting Emitting Diodes." Proc. of the IESNA Annual Conference, 157～164 (2002)

[5] Zu-quan Cai. "The Introduction to the Principle of Light Sources." Shanghai: Fudan University Press, (1988)

[6] Yoshi Ohno, "Spectral Design Considerations for White LED Color Rendering", Optical Engineering 44(11), 1～9 (2005)

[7] http://www.lumileds.com, see superflux LEDs

[8] http://www.cree.com, see X- Bright Plus LED specifications.

[9] A. David, T. Fujii, "Photonic-Crystal GaN Light-Emitting Diodes with Tailored Guided Modes Distribution", App. Phy. Lett. 88,061124 , 1～3(2006)

[10] D.-H. Kim, C.-O. Cho, etc. "Enhanced Light Extraction from GaN-Based Light-Emitting Diodes with Holographically Generated Two-dimensional Photonic Crystal Patterns", App. Phy. Lett. 87, 203508 , 1～3(2005)

作 者 简 介

刘木清　教授，1988年从浙江大学光仪系硕士毕业。现任电光源研究所所长、光源与照明工程系系主任，社会兼职包括国际电光源会议执行委员、第十一届国际电光源会议本地委员会秘书长、国家863重大项目半导体照明工程总体专家组成员、中国照明电器协会常务理事、中国照明学会理事、上海照明学会副理事长、上海照明电器协会副会长等。研究方向包括LED等电光源的测试技术、照明自动控制技术与系统开发、LED驱动设计、封装与应用光学设计等。曾完成上海市科技攻关项目、国际合作项目、国内合作项目等数十项。获得上海市科技术进步奖等多项。拥有LED等相关专利10余项。多次受邀在国内外作LED及相关报告。曾于1998～1999年在德国Konstanz大学访问。发表论文二十余篇。

浅析半导体照明在城市景观照明中的应用

林　怡　郝洛西　李勋栋
同济大学建筑与城市规划学院

摘　要

针对目前我国半导体景观照明现状、存在的问题及发展的趋势，从产品制造与城市景观照明设计的角度探讨了如何更好地发展我国的半导体景观照明。

关键词：半导体景观　照明　灯具　设计

近几年，随着技术的突破、应用的拓展，半导体照明(LED)在城市景观照明中的应用也越来越多。半导体照明符合现代社会对城市景观照明的新要求：环保、节能、经济及光色变化，因此作为新型光源——LED 正成为景观照明中最佳选择之一。

一、半导体景观照明工程的发展现状及趋势

近些年我国半导体照明产业快速发展，LED 在景观照明工程中的应用也越来越广泛，呈现出规模大、应用范围广和应用效果参差不齐的一些特点。

(一) 市场规模提升快速

2005 年我国 LED 的产量已经达到 260 亿只，市场规模达到 115 亿元，其中景观照明市场规模占有 7 亿元以上[1]。由于 LED 能耗低，在用电量巨大的景观照明市场中具有很强的节能潜力及市场竞争力，特别近期受到 2008 年北京奥运会和 2010 年上海世博会的影响，预计其在照明工程中的应用规模将进一步迅速提升。有关部门预测因半导体景观照明工程在北京奥运会和上海世博会上的示范作用，半导体景观照明在全国范围内的发展将得到极大的推动，预计 2006～2010 年半导体景观照明销售额年均复合增长率将达到 37.2%[2]。

(二) 应用领域日趋全面

虽然 LED 是近几年才开始在景观照明中加以运用，但其应用的范围却是呈显著扩大的态势。从最初的作为装饰性灯具到现在用作投光功能性灯具，半导体照明随着制造技术的飞速进步也覆盖了愈来愈多的景观照明领域。建筑外立面照明、广场指示性照明、道路景观照明、绿化照明、水下照明都已有半导体照明的身影，甚至在道路照明领域也出现了非常出色的半导体照明产品。可以说 LED 已全面进入城市景观照明领域。

(三) 应用效果参差不齐

半导体照明俨然已成为当今最新照明科技的代名词，人们争相使用半导体灯具进行夜景照明。在短短的一两年里全国各地涌现出了相当数量的 LED 照明工程。出现了不少在产品、设计、施工等方面均具较高质量水准的半导体照明工程，实际应用效果也较为理想。然而，同时存在的大多数半导体照明工程，由于产品质量、设计水平等环节的问题，最终效果差强人意，不但破坏了城市夜景观，造成了光污染，人们甚至由此对 LED 照明本身产生了质疑。

（四）政府引导日见成效

发展半导体照明在节能、环保和建设节约型社会的重要战略意义，正逐渐成为人们的共识，世界各国均加大投入，将LED通用照明作为未来国家能源战略的重点。我国也将把半导体照明作为一个重大工程进行推动。“十五”期间我国半导体照明领域的研究目标主要放在培育LED产业链上。在国家引导经费及政策的支持下，由企业、科研机构和高校参加的“国家半导体照明工程”在外延、芯片和封装研究与开发方面取得了一定成果。目前我国在半导体照明领域已经初步形成从外延片生产、芯片制备、器件封装集成应用的比较完整的产业链。

然而，由于半导体景观照明不同于半导体照明的其他领域，它对最终的实施效果有艺术化的要求，这就涉及如何设计和使用的问题。而以前的研究过多集中在产业上游，忽视了末端应用的方法和模式问题。事实上半导体景观照明工程的实施效果直接影响了人们对于半导体照明的认可程度。而照明设计在很大程度上决定最终效果，缺少对LED照明终端产品的设计研究和应用指导，这将直接导致半导体照明工程的最终实施效果不佳。因此，政府需要对此进行引导，组织人员对半导体景观照明的设计方法、实施规范或标准进行研究和编制工作。

令人欣喜的是，2006年度国家高技术研究发展计划（863计划）新材料技术领域重大项目“半导体照明工程”专门提出了“半导体照明规模化系统集成技术研究”的方向，提出依托北京奥运、上海世博等重大工程，形成半导体景观照明集成应用成套技术，制定LED器件产品技术规范、LED夜景工程监理规程、施工验收技术规范等景观照明技术与测试规范，促进国家级测试平台的建立的构想。相信通过政府的引导，我国的半导体景观照明的设计和应用水平将稳步提高。

二、半导体景观照明灯具的设计与制造

优质的灯具是照明工程的质量保障和基础，由于LED与传统光源的发光原理不同，因此它的灯具设计从内部的结构到外部的造型也都需要从符合LED器件本身的角度出发进行特殊设计与制造。

（一）LED灯具透镜的设计

LED灯具的变色原理在于RGB的LED颗粒的混光效果。然而，如果人们能清楚地看到灯具中LED发光颗粒，其混光的效果就会大打折扣。因此，通常此类灯具的透镜需要进行模糊处理。半透明的材料（如乳白色磨砂玻璃）可以较好地实现混光，但灯具的表面亮度会降低。因此多会采用表面刻花的做法。但是，稀疏的刻花不但不利于混光，有时反而更加突出了单块LED的不同色彩。即便不考虑混光的问题，线状或点状的LED灯具中看到单颗的LED也是令人不悦和不适的。因此，在一些较近距离的视看空间，比如一、二层的建筑外立面、建筑入口广场等区域中选用LED装饰性嵌入式灯具，应着重考虑灯具表面的混光效果。在不确定是否能满足需要的情况下，现场试验是最好的办法。

另一种避免直接看到LED发光点的办法就是将LED安装在灯具的侧向，LED颗粒因此侧向出光，也就避免了眩光。这样的做法在一些近人尺度的空间尤为适合。

透镜的设计还将影响LED灯具的表面亮度，我们曾对实际工程中使用的LED装饰性灯具的表面亮度进行测量，发现直接使用透明玻璃的此类灯具的表面亮度至少在$100cd/m^2$以上，甚至有的灯具达到$600cd/m^2$。作为装饰性灯具，它们与周围环境产生极大的亮度对比，很容易产生眩光。因此从这个角度考虑也需要认真处理表面透镜的问题。

（二）LED灯具的配光设计

灯具市场上现有不少直接将LED颗粒安装在灯盘上作为投光灯使用的案例，或是将多颗LED做成白炽灯泡或PAR灯的形式用来直接替换传统光源。可是LED的发光原理和传统的光源完全不同：传统光源或是点光源或是线光源，它们在做投光使用时其灯具是需要有反射器、透镜等光学元件来进行配光

的;而 LED 是利用固体半导体芯片作为发光材料,在半导体中通过载流子发生复合,放出过剩的能量而引起光子发射,再通过在发光芯片前放置的小透镜将光线调整为平行光。因此,传统光源所用灯具中的反射器对于 LED 光源就失去了意义。但如果认为 LED 发出的是平行光而不使用透镜,不作任何二次光学设计,直接使用成组的 LED 发光颗粒作为投光灯的光源,就很容易在被照物体上形成一个个较为明显,缺少亮度变化生硬的亮斑,投光效果差强人意,更不要说混光变色的投光效果了。

其实,国外具有较高专业水准的灯具生产厂商都充分地认识到了这一问题。不论是德国 ERCO 还是荷兰 PHILIPS 灯具公司,他们推出的 LED 投光灯都带有设计精良的棱镜透镜,对 LED 发出的光线进行二次配光设计,从而实现理想的投光效果。

LED 发光颗粒小,发光特性有别于传统光源,在进行 LED 灯具设计时,形式上、尺寸上可以有更大灵活。我们应突破传统灯具设计的限制,针对这些特性进行创新性的设计。

(三) LED 灯具的模数化

城市景观照明中使用的灯具需要考虑其日间的视觉效果,而 LED 灯具由于更多地被大量用于装饰性嵌入式灯具,与建筑景观相协调的问题就更为突出。在我们调研中发现不少 LED 产品作为装饰性嵌入式灯具在环境中显得较为突兀。这种情况的出现主要是灯具尺寸的问题。通常建筑材料的尺寸是模数化的,灯具生产厂商如果缺少这方面的了解,仅从便于加工的角度出发设计产品,其产品就难以与建筑饰面材料相匹配。在实际工程中,也就因此出现切割拼贴的建筑饰面材料,影响整体效果。因此,LED 装饰性灯具需要在尺寸设置上考虑建筑模数化,与建筑饰面材料的尺寸相配合。当然并不是 LED 灯具才需要考虑模数化问题,主要是 LED 灯具在尺寸设计上相较其他光源有着更大的灵活度来匹配建筑模数。例如用作地面铺装的埋地 LED 灯具尺寸如果能采用地面铺装材料的模数,设计为 150×150;200×200;200×100;300×300 等,就能很好地与其他建筑铺装材料配合使用,便于设计师选用,也给予设计师更大的灵活度和设计空间。一些国内外的灯具厂商已经在做这项工作了,他们从地面铺装的尺寸出发来设计自己的灯具系列,甚至选择某种常用饰面材料作为原型,制作同样大小、同样形式的 LED 埋地灯具,获得了较好的效果。

三、半导体在城市景观照明中的设计与应用

LED 照明工程质量的优劣与照明设计密切相关,设计将会决定最终的效果。作为照明工程中的关键环节,在进行照明设计时就应充分考虑 LED 照明的特点,根据实际情况合理使用 LED 灯具。

(一) 合理选用 LED 灯具

LED 是一种新型光源,代表着最新的照明科技,因此使用 LED 照明目前似乎正逐渐成为一种最为时髦的做法,似乎用了 LED 就贴上了科技领先的标签。然而,不考虑建筑原有风格形态,盲目使用 LED 照明,一味追求色彩变化也成为许多建筑照明设计的通病。

现代建筑立面设计通常强调的大块面的组合,通过匀质肌理的面来形成体量。在现代建筑匀质的面上使用自发光的 LED 能起到丰富立面表情的效果,对于那些不宜使用投光照明的玻璃幕墙建筑来说就更不失为一种夜景照明的好方法。然而古典主义建筑的形体设计手法恰恰相反,它们的立面由丰富的、立体的细部构成,具有强烈的立体感和层次感,并形成体块间的对比关系,强调建筑的体量感和稳重感。如果在这样的建筑立面上安装 LED 线状装饰带或 LED 发光点,虽然 LED 本身色彩的变化和动感很是绚烂,但却破坏了原有建筑的体量感、立体感,将建筑划分成琐碎的部分,构成视觉上多余的构图叠加,反而影响了建筑的细节表现,失去其原有的魅力。如果,建筑照明没能恰如其分地成为建筑物有机的组成部分,再现建筑的美感,再璀璨的“灯饰”最终也只能成为建筑立面上的大广告。我们不禁要问:难道照明设计的目的只是“吸引眼球”这么简单吗?

我们应对 LED 照明的应用保持清醒的认识。LED 是最新的光源,但并不是万能的光源,和其他光

源相比虽有很大的优势，同时也有劣势。例如：LED的芯片技术决定了每颗LED的光色多少都有所差别，以目前的技术在一些对光色统一性要求很高的场合如博物馆、美术馆的展示照明就不宜被采用；LED灯具彩色光的形成多通过红、绿、蓝三种LED混光来实现，因而在不需要全彩变色的场合色彩效果反而不如传统灯具加滤镜；其发光强度有限，很难照亮较远的目标，因而在更多的场合投光灯的光源还是高强气体灯更为适宜；价格昂贵易受到经济预算的限制，在其他传统光源也能实现设计方案的情况下就没必要再执意使用LED了。

（二）设计艺术化色彩变换方案

LED灯具色彩可变、易于控制是其优于其他种类光源和灯具的特性。因此，在实际的工程中采用LED时多会选择使用这一特性，设计变色的照明效果。然而，目前使用LED技术的照明工程实例中，大多数的项目都将LED进行全光谱变化却完全没有在色彩、图式的变化上进行过艺术性设计，或是简单地形成所谓的彩虹追逐效果，或是形成一些简单的超大尺度的图释。这样既没创意也缺乏艺术的色彩变化，“吸引眼球”的能力大概也很有限吧。

此外，LED色彩变化的频率和速度也是应该进行设计的内容。变化过快的色彩方案，容易造成视觉疲劳，缺乏设计的图形色彩更会导致观者的烦躁情绪。尤其在一些重要的交通节点，频繁闪烁变化的LED照明，甚至会影响到道路的交通安全。在我们的调研中发现，上海市区的一幢半导体照明的高层建筑，其装饰性LED灯具的表面亮度并不是很高，而作为高层建筑其灯具的视看距离也比较远，但是路人对其的评价却是“比较刺眼”。很大程度就是因为其每秒3次过快的变化频率。

另外，是否使用LED就一定要其变色呢？这个问题也是很值得商榷的。有些建筑的功能和属性决定其并不适合色彩变化，如政务大楼、文化教育建筑等。某些建筑部位也不适合色彩变化的照明，如一些文字信息的部位就会因为光色的变化使得信息的传达产生阻碍，照明工具也由此失去了它的最基本的功能。LED除了变色还有其他的优势，如寿命长，能耗低，这些同样可成为选用LED的理由。

（三）选择合适的亮度水平

LED技术在近两年发展得非常快，LED发光功率也大幅度地提高。高亮度、超高亮度的LED都已广泛运用到实际工程中。但同样值得反思的是亮度越高就越好吗？我们知道人的眼睛对光线明暗的感知是和环境对比有关。同样的亮度在较暗的背景中会显得比在较亮背景中更亮，因此应根据LED灯具所在环境的亮度来选择更为合理的灯具表面亮度。国际照明委员会(CIE)推荐的环境亮度有三种情况，即较暗地区按4cd/m^{2}考虑，中等亮度地区按6cd/m^{2}考虑，亮地区（如市中心）按12cd/m^{2}考虑，可作为环境亮度的参考值。但我国城市照明可应城市的不同情况有所调整。

我们曾对上海的一幢位于繁华商业区，采用半导体照明的商业建筑进行过亮度测试。测得其LED灯具表面亮度在78.55cd/m^{2}到196.4cd/m^{2}范围内变化（变色），其外墙铝板亮度为0.9745 cd/m^2。路人对此大楼的LED灯具的评价多是“醒目、有些刺眼”。一般认为被视物与背景环境的亮度比达到10∶1～100∶1就能很好地吸引人们的注意，而且两者之间应该有中间亮度，否则就会造成眩光。这样说来，即便是处在环境亮度较高的商业娱乐空间，装饰类LED灯具也不一定需要选用超高亮度LED。除非是安装在高层建筑的立面，考虑到其视看距离较远，可以适当提高亮度。否则，一味追求高亮度，不但容易造成眩光，也会产生视看的不适，不利于建筑的夜间表现。

四、小　结

我国的半导体照明产业目前正面临自主创新和跨越式发展的严峻挑战，如果不考虑具体情况盲目使用LED，或缺少精心的照明设计，这些实际应用问题将会在一定程度上影响国内LED照明向高层次、高端市场的发展，阻碍LED照明产业的健康、有序发展。半导体照明作为新兴技术产业，它的成长需要多个环节的悉心培育。政府的宏观调控措施将有利于引导LED照明产业的健康发展；半导体照明产品厂家引进、消化和吸收国外先进技术，并创造出具有自主知识产权，适合我国市场的半导体灯具产品；通过精心的设计、运用，创造优秀的工程案例，更好地推广半导体照明，从而带动上游产业，将会使我国半导体照明产业进入良性的循环。LED照明的发展不能只求数量而忽视其应用的品质，在高速发展的同时，仍然需要在制造、设计和施工维护各个环节注重品质，才能进一步提升照明工程质量，实现我国半导体照明产业以及整个第三代半导体技术的重点跨越和健康发展。

注　释

[1] 高艳娟. LED产业大放光彩多元化应用拉动市场成长. http://www.chinaem.com.cn/topic/060303.shtm

[2] 王莹. 景观照明、LED显示和LCD背光源成为LED应用的明星市场 http://www.ccidconsulting.com/import/channel/Detail.asp? Content_id=7385

参考文献

[1] 国家新材料行业生产力促进中心，国家半导体照明工程研发及产业联盟编. 中国半导体照明产业发展报告(2005). 北京：机械工业出版社，2006

[2] 国家半导体照明工程协调领导小组办公室. 国家“十一五”半导体照明专项发展战略. 中国半导体照明网，www.China-Led.net

[3] 周太明. 半导体照明的曙光. 照明工程学报，2004年第15卷第2期

[4] 郝洛西，林怡，杨赟等. 国家科技攻关项目《基于城市景观照明的LED灯具研发和相关标准制定》结题报告. 2005年12月

[5] M. Simeonova, R. A., N. Narendran. Colored Light Application in a Retail Display Window. 9th Congress of the International Color Association Proceedings

[6] Royal Philips Electronics. Solid State Lighting - More than just a new lighting technology. Solid State Lighting ISSUE 26

作者简介

郝洛西　博士，副教授。在上海同济大学建筑与城市规划学院任教，主要从事光、颜色、视觉与照明领域的教学、科研和设计工作。多年来致力于本科生和研究生的光、颜色与视觉环境的教学工作。指导的建筑学光与照明专门化毕业设计多次在全国获奖。撰写有《城市照明设计》专著，并发表《实践与发现：走进照明教育》等论文多篇。作为工程项目设计负责人，主要承担了“杭州市主城区城市照明规划与设计”等重大工程项目，并承担了国家863、科技攻关项目和上海市科委相关研究课题。

目前担任中国照协照明工程工作委员会主任，中国建筑学会建筑物理分会理事、采光与照明专业委员会副主任，中国照明学会理事、国际交流工作委员会副主任、室外专业委员会委员、科普工作委员会委员，上海照明学会理事、学术委员会委员，欧洲《照明设计》中国版编委，《照明》杂志编委等。

从新三足鼎立中崛起的中国 LED 产业

李季达 曾奎穗
扬州华夏集成光电有限公司

摘 要

公元 2000 年上市的韩国蓝光 LED 手机，揭开了 GaN LED 市场相互竞争的历史大幕。由此，LED 产业的发展道路有了全球性的坐标。6 年来在 LED 国际市场的大舞台上，除了日亚化学、丰田合成、Lumileds、Cree、Osram Opto Semiconductors 之外，相继出现了几个世界性的大厂，如晶元光电、首尔半导体、华刚光电、真明丽等。他们共同的特色是总部都设在中国大陆、中国台湾、香港、韩国，特别是海峡两岸的 LED 发展史，留下了各具特色的发展策略和经验教训，启迪着全球 LED 产业的今天，也将影响着未来……

关键词：LED 新三足鼎立 产业 机会

一、LED 新三足鼎立局势成形

根据报导，在 2000 年当市场传出韩国三星电子正在为开发手机荧幕发光技术而烦恼时，台湾的晶电得知后，立即动身拜访三星。几个月后，全球第一支“蓝色冷光”手机在三星问世。2000～2003 年期间，台湾晶电所赚取的利润已经是其前 7 年的总和。

正如晶电总经理李秉杰所说的“我们很清楚自己的蓝光 LED 产品不如同业，但手机的性能要求不高，三星要的是成本”。这个事件说明了降低 LED 成本的重要性，而且对于欧、美、日等国的低制造成本的经营目标，只有考虑在中国台湾和大陆等地区设厂时才能得以实现。

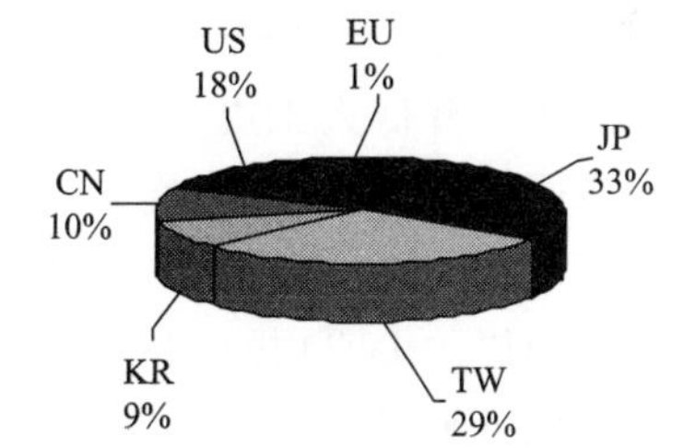

图 1 2006 1Q 全球蓝光 LED 芯片产能分布
（资料来源：PIDA，DWC 整理，2006/3）

根据台湾光电协进会（PIDA）的统计，在 2006 年第一季全球所生产的蓝光 LED 芯片中，有 81％的产能在东亚地区，其中年成长率较高的中国台湾、中国大陆和韩国就占了 48％（见图 1），若再加上四元AlGaInP的产能，东亚地区已经成为世界 LED 生产的中心，而中国台湾、中国大陆和韩国所造就的 LED 产业“新三足鼎立”局势已经形成。

二、2010 年前后会发生的大事

翻开全球 LED 近代史，2000 年的蓝/白光和 2005 年大功率的市场兴起，皆促成了 LED 产业新的商机，至今大部分 LED 厂商仍在杀价竞争的手机市场激烈竞争，尽管预期 3G 手机需求会提高 LED 的使用率，但图 2 显示 2010 年 LED 在手机市场的规模预估将比 2005 年时缩小 60％，厂商不禁要问：下一个新市场是什么？在思考这个问题前，我们先来看看 LED 产业在未来 5 年会发生什么大事。

首先，全球商用白光 LED 效率将超过 60 lm/W 直逼 100 lm/W，这意味着占有照明光源 40％市场的日光灯将有一部分面临被 LED 取代的命运，LED 市场将又一次产生爆炸性的成长。

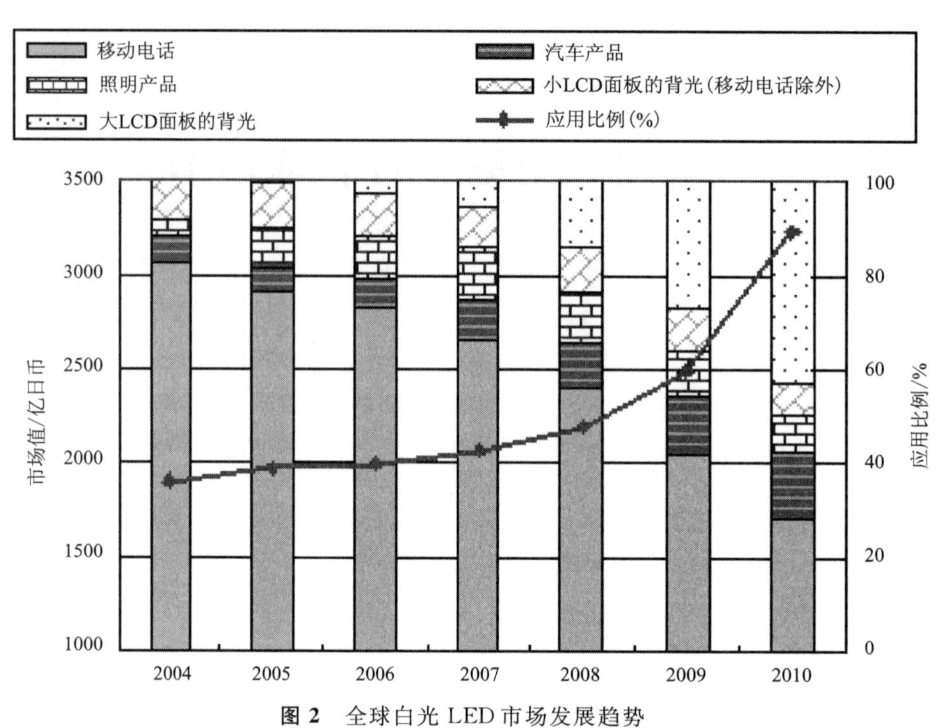

图 2 全球白光 LED 市场发展趋势

(资料来源:Nikkei Electronics Asia,DWC 整理,2006/12)

其次许多在 20 世纪 90 年代初期申请的蓝光和白光 LED 基础性专利将在 20 年后失效,虽然这些较早的 LED 厂商会依据重要专利继续申请延伸性的专利,然而许多基础性专利权是在研发初期就开始生效,其所建立的专利网也将在 2010 年到 2015 年后逐渐丧失效益。

了解全球 LED 产业动向之后,若把目光放在"新三足鼎立"的局势中,则可以发现中国大陆和台湾的 LED 产业互动更加令人瞩目。主要的原因是有几个可以将 LED 应用具体展现在国际舞台的活动即将在中国发生,包括 2008 年的北京奥运会、2010 年的上海世博会和 2010 年的广州亚运会,这给了全球 LED 厂商对中国市场的热切期待。

同时,为了降低人工成本和开拓市场,台湾 LED,厂商早在 20 世纪 90 年代就凭着与其他外国厂商不同的"同文同种"语言文化的优势和丰富的量产技术,开始从下游封装产业深耕中国大陆市场,并从 2005 年开始,台商在中国大陆的投资策略已将生产技术提高到中游芯片的全制程工艺(从蒸镀到目检)。预期未来 5 年,两岸的 LED 投资互动将更加蓬勃发展,也将吸引更多来自全球的材料和设备供应商来中国设厂,以就近服务客户。

三、世纪之交的重大机遇,但市场预测时常是错的

相较于 IC 半导体产业和面对全球激烈竞争而在 2006 年底宣布的上广电、京东方及昆山龙腾的"三合一"液晶平面显示器(LCD)产业,中国发展半导体照明产业是个投资金额不大,而且国内就有庞大内需市场优势的机会。2003 上半年科技部联合信息产业部、中国科学院等部委,启动了"国家半导体照明工程",期望在 2020 年 LED 能引爆 40%的内需照明市场。正当世界各国对中国半导体照明产业发展政策半信半疑时,中国政府先后成立了上海、厦门、大连、南昌和深圳的"半导体照明产业化基地"来宣示发展的决心,并在 2006 年到 2010 年的"十一五"计划中,强化了对 LED 产业的重视和重大项目的落实。

半导体照明产业,这个被喻为中国"21 世纪之交的重大机遇",未来 5 年到 10 年都被中国和全球一致看好,也吸引了来自世界各国的热钱投入,至 2006 年底在中国大陆投入外延片和芯片的生产厂商已超过 15 家,其中有将近一半的厂家有来自包括中国台湾、日本、韩国等的技术团队进驻。

"算命"这个历史悠久的行业,证明人类对于未来的不安和想预测趋势的心理需求。目前 LED 虽被认为是照明光源、大尺寸 LCD 背光和汽车头灯的未来趋势,但在每个趋势的背后都代表一个新的"赚钱"

的观念，并不是每家公司都赚得到钱。通常趋势跟随者在投入市场前，都会等待一个趋势被确认之后才进行，但他们很难知道趋势何时会转变。唯有当技术影响到产业基本面时，"趋势"才会真正发生。

与其预测趋势，不如对产、官、学、研等发展面去深思来得实际。中国土地面积广大，各地方政府也风起云涌地发展半导体照明产业，不仅政府经费对资源投入的重复和分散，光是每年在上海、北京、厦门、深圳、西安、重庆、成都、河南、长春、大连、山东等都市举办的 LED 相关展会，就让 LED 照明相关厂商在有年度预算的限制下，不知要参加哪一个。

同时，中国的 LED 专业人才缺乏，也是厂商长久经营的难题。在多一些收入的短期诱惑下，很多人在经验不足下跳槽和自行创业导致企业内部人才流动率高和技术传承断层，严重影响产品良率。而各地方政府积极推出优惠政策和极力招商外资企业对于"培养公司干部本土化"的规划也一延再延。

另一方面，17％税收过重的影响也导致中国 LED 市场价格的混乱，尤其是在深圳、东莞、广州等华南市场的竞争更为激烈。2006 年 10 月期间，光是华南地区就传出约有八十家 LED 封装厂因资金周转不灵而倒闭。"适者生存，不适者淘汰"的达尔文进化论正说明了中国大陆 LED 产业未来将会遇到跟台湾一样的合并风潮，因为资源（包括资金、人力和物力）总是有限的。

四、白光 LED 普及元年到来，中国的机会在哪

企业在投资新产业时必须先理清投资目标，以降低风险。同样的，当一个国家将有限资源投入在某个新兴产业时，也要制订好所谓的发展目标与里程碑，图 3 的中国半导体照明产业战略目标与进程显示 2010 年将达到市场销售 360 亿人民币、白光发光效率 100 lm/W 和年照明节能 150 亿度电力的预期效益。

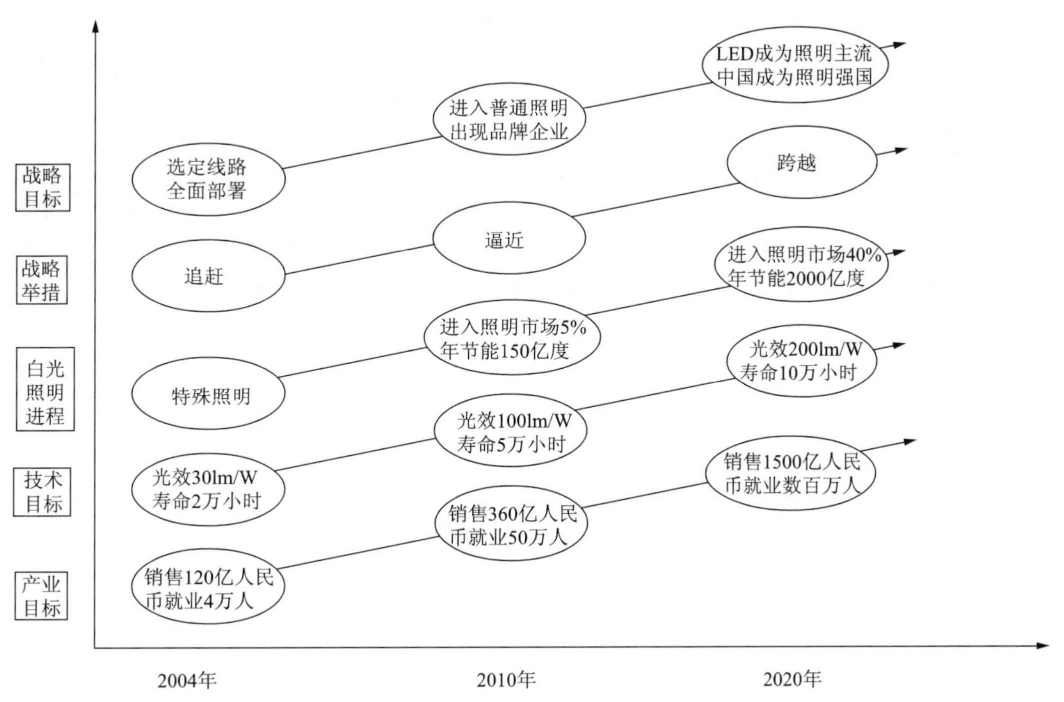

图 3　中国半导体照明产业战略目标与进程

（资料来源：国家半导体照明工程研发及产业联盟，DWC 整理，2006/1）

国家的政策目标必须落实才有实际效益，这可透过公开的讨论制订和资讯传递，让全国的产、学、研单位知道国家的产业发展大目标，再由几家资源较多的企业结合二线厂一起配合国家重点科技计划（如 863 计划等）来响应，并在 2010 年前培养出 2～3 家具有国际实力的大厂，跻身全球市场舞台。

虽然 LED 专业人才养成不易，但近年来中国也培养一批在外延片和芯片等领域有经验的人才，若能结合台湾的量产管理经验，共同设立合资公司，将改变目前中国大陆上中游 LED 产业"一盘散沙"，没有

一家赚钱的窘境。

国际大厂日本日亚化学曾在2006年底表示:每流明(lm)1块日圆的白光LED目标就近在咫尺了。日本业界甚至相信,2007年100 lm/W的白光LED产品可望陆续亮相,企业的开发蓝图(roadmap)也将缩短时程。

为迎接2007年白光LED普及元年的提早到来,在国内市场形成规模经济、建立核心技术与专利及建立行业检测认证标准体系是发展中国半导体照明产业的必经之路,否则有可能与这个历史机遇失之交臂。

从2005年到2010年,中国也将随着世界各国历经LED市场应用、产业结构和专利知识产权的重大变迁与调整,扮演"新三足鼎立"角色中的台湾和中国大陆将有望共同打响"LED世界工厂"的名号。盘点2006年,2007年中国LED产业将传承现有的历史经验,继续写着光荣与梦想……。

作者简介

李季达 现任扬州华夏集成光电有限公司市场部经理,毕业于台湾清华大学原子科学研究所光电物理硕士,对LED产业及市场调研已有九年经验。在台湾光电科技工业协进会(PIDA)担任产业暨技术组项目经理期间,主要负责LED ,LD, OLED, Solar Cell, CMOS Image Sensor, CCD等产业与市场分析工作,并担任"台湾国家科学委员会"(NSC),中山科学研究院,工业技术研究院(ITRI)等LED相关调研委托计划主持人,并完成"推动白光LED照明科技应用发展之研究与评估"、"推动白光LED照明科技示范应用"等研究计划。2001年开始规划PIDA"光电知识产权中心",提供企业"产业专利情报"(Patinformatics),对国内外多家光电厂商以及创投业者之委托专利分析工作已有六年经验,并以丰富的国内外产官学研人脉,协助企业开拓新客户和寻求技术合作商机。目前在国内外杂志发表的文章有76篇,国内外邀请演讲与企业教育训练共32场。

曾金穗 博士,现任扬州华夏集成光电有限公司董事长,华夏半导体照明研究中心主任,在台湾毕业后分别得到美国德州州立大学计算机工程硕士和英国艾登威尔大学(EdenvaleUniversity,UK)计算机科学博士,在IT产业已经有12年经验。曾博士曾担任DTK集团香港公司总经理、北京泰科讯联数码科技有限公司董事长、香港泰科环球有限公司董事长,不仅对国内、国外、港台的市场有很深入的研究,且和当地IT产业界保持良好的关系。2005年开始深耕LED产业,不仅创办扬州华夏集成光电有限公司来生产和代工红、蓝、绿光LED芯片,并获得台湾TFT大厂元太科技和背光源大厂深圳帝光电子的合资支持,同时对扬州市"新光源产业园"的催生也不遗余力,在海峡两岸LED产业的交流上贡献良多。目前也担任扬州市半导体照明产业联盟副会长、扬州市台商协会副会长。

我国 LED 制造装备现状及前景

童志义
中电科技集团第四十五研究所

摘　要

本文针对我国 LED 产业现状和市场需求，提出了提升我国 LED 制造装备自主创新能力的几点思考。

关键词：半导体照明　制造装备　发展目标　政策需求与措施

一、我国 LED 制造装备产业现状

"十五"期间，在国家 863 计划和信息产业发展基金的支持下，开展了国产外延设备如液相外延炉和 MOCVD 设备的研发（中国科学院半导体所、中电科技集团公司第四十八所），通过整机消化吸收、关键技术再创新等措施，填补了国内空白，使长期制约我国 LED 产业发展的装备瓶颈得以突破。

随着 2003 年国家照明工程的启动，国内 LED 芯片设备的巨大需求再次引起了国外半导体设备生产商的积极响应，他们日益重视中国这个巨大的市场。但是，这里面也存在着一个隐忧，国外芯片设备高昂的价格，相对制约了国内企业的规模化、产业化发展，也消耗了国家大量宝贵的外汇，同样也挤占了国内设备生产商的发展空间。

由于 LED 外延片及芯片制造所需的装备要比集成电路芯片制造装备相对简单一些，我国除一些关键装备（如 MOCVD、等离子刻蚀机、光电特性测试分选机）尚存一定差距外，其余大部分装备都能自主生产，装备的技术可靠性已经接近国外同类装备的水平。中电科技集团公司第四十五所、四十八所、二所三个研究所在各自多的专业领域已具备了生产、开发 LED 全线装备的能力。如四十五所生产的切片机、光刻机、清洗甩干机、探针测试台等，四十八所生产的离子注入机等，它们均已在集成电路和电子元器件生产线上中发挥作用。

二、LED 器件封装设备的突破

通过 863 计划等科技计划的支持，我国已经初步形成从外延片生产、芯片制备、器件封装集成应用的比较完整的产业链，现在全国从事半导体 LED 器件及照明系统规模生产的企业有 400 多家，LED 器件封装在国际市场上已占有相当大的份额。为满足 LED 市场需求，中电科技集团第 45 所于 2005 年投入了强大的研发力量进行 DB-8002LED 粘片机、WB-952LED 引线键合机、DB-8002 S 捡片机、TZ-401 自动探针测试台、MS-8203 自动芯片分选机、BG402 LED 曝光机的开发。并同中电集团十三所、鑫谷光电、厦门三安等建立合作联盟，致力于为 LED 生产线提供配套设备和成套工艺的能力。

在 LED 引线键合机、粘片机商品化样机的研制中，通过引进、消化、吸收再创新，取得了关键单元技术突破，掌握了 9 项发明专利技术。LED 芯片键合设备整机研制工作始终与工艺单位紧密结合，首先对设备的工艺要求进行系统的了解，组织设计人员分期分批的到国内的一些大型 LED 生产线进行实习，亲自动手熟悉产品的工艺流程。结合创新，建立工艺平台，并将创新工艺"物化"在制造装备的设计中。在完成样机开发后，为了验证设备工艺性能，与设备使用厂家进行深入沟通，免费提供设备供厂家考核、试用，到生产线上进行工艺调试，并且针对所发现的问题再结合产品工艺对各个部件都进行了不同程度的

改进,改进完成后的样机再次进入生产线进行工艺考核,接下来对已基本达到设计要求和工艺要求的样机,进行稳定性考核,再一次验证机器的整体效能。经过一年半的努力,现已成功开发出了一种适合于垂直式 LED 制程的 DB-8002 粘片机,该机的粘片速度达到了每秒 2 只,生产效率每小时 7000 只以上,粘片精度正负 50μm,其指标全面达到国外同类机型的水平。并且已有两台交付河北廊坊鑫谷光电股份有限公司和国外著名品牌机型并线生产,进行考核试验,已经过了 5 个月的工艺考核,运行情况良好。到 2006 年年底,该机已销售 38 台,提供给国内 LED 封装厂商使用,销售收入 1100 万元,从而使研制的设备实现了真正意义上的自主创新。

三、LED 装备发展存在的主要问题

(一) 缺少扶植与拉动,研发投入不足

国内长期以来一直重产品不重过程,重视引进,不重视消化吸收。过度依赖进口,形成了"引进-落后-再引进"的局面。这方面的问题在 LED 装备业表现也很突出。由于 LED 生产线建设的高投入和高风险,使得生产商不敢轻易使用国产装备。而体制和政策的不完善导致装备制造业缺少必要的扶植和需求拉动。没有市场的支撑,缺少研发的来源,使得制造装备的研发投入严重不足,自主创新能力受到严重制约,难以发展壮大。虽然少数企业和地方政府的科技专项基金有一定的投入,但获得的经费支持力度一直不够,仅能支撑仿制样机层次的研发,很难满足大规模技术研发和技术创新的要求,甚至都无法维持必要的、稳定的研究队伍,长期处于技术跟踪,发展速度相对缓慢。

装备制造业是高投入高产出的技术密集型产业,国外厂商产品高价格高附加值,大量产品利润用于支持新产品研发与技术创新,在研发投入方面非常大,国外公司的研发费占销售收入的 15%左右,用于新品开发的费用高达单台售价的十几倍,一个公司的研发费用可达几亿甚至十几亿美元,其研发经费规模甚至超过我国国家重大专项的经费力度,而且建有自己的工艺实验室。这是国内企业望尘莫及的,仅为国外企业的其十几甚至几十分之一。研发经费投入的巨大差距必然导致创新能力的巨大差距。

(二) 健康发展的产业链尚未建立

由于缺乏 LED 产业与其装备业协调发展的统一战略部署和鼓励产业发展的政策环境,在国外装备的强大攻势下,国产装备业的发展空间越来越小,影响了技术、人才、资金等社会资源对专用装备业的投入,限制了行业的健康发展。现阶段,企业是追求利润的主体,远未成为创新主体。LED 装备业非常弱小,还未完全脱离生存困境。

LED 装备业自主创新能力的形成需要国家的推动,通过政策的推动和资金的拉动来实现。我国要进行 LED 装备的研究开发,进而实现产业化,必须需要组织跨部门、跨领域、跨行业的联合攻关。为此,亟待建立一套符合市场经济规律和产业链特征的有效机制。

(三) 国外技术成熟,创新空间小

国外 LED 装备技术已经相对成熟,大量的技术都通过专利进行保护。国产核心设备的创新空间非常狭窄,甚至可以说步履维艰,到处触雷。这直接导致了对创新能力的制约。

由于我国 LED 装备的研发基础薄弱,缺乏必要的技术积累。而国外已经有了长期的研发历史,并在原有技术基础上不断提出创新和技术提升。因此,我国不可能在几乎没有任何基础的情况下一下子就进行高水平的自主创新,目前阶段以仿制国外设备为主,主要设备产业化水平适应不了生产需要。

(四) 工业基础差,基础配套薄弱

LED 装备制造业对机械制造、材料制造及加工等基础支撑工业依赖性较大。在整机装备的研发与生产中,标准化的基础配套件已实现了国际化采购。但是,涉及装备核心技术的专利模块和关键部件,是国外装备制造商对我们严格封锁的对象。而这些模块国内又没有专业厂商来提供,于是,各装备制造单

位都在自行开发和应用。由于资源分散，规模较小，相关共性技术模块的发展满足不了装备制造发展的需要。据业内专家分析，实现装备本地化制造，配套能力一般要达到30%以上才有其可行性，但全国目前距离此要求尚有不小的差距，导致国内LED装备制造业系统集成能力弱。

（五）税收政策的不合理

为鼓励国内集成电路的发展，目前国家对国内集成电路制造业厂商采购的国外装备实行零关税和免增值税政策，这在一定程度上促进了这一行业的兴旺和发展，大幅缩短我国和发达国家在这些行业之间的差距。

而国内装备制造业企业不享受此待遇，所进口的零部件要交全额关税和增值税。我国基础工业比较薄弱，LED装备又是技术含量很高的产品，所需元器件和部分零部件要大量从国外进口，故而造成了关税倒挂，使国内企业在高端装备制造成本的优势尽失。加之国外大量二手设备的进入，使得国内装备制造业失去了在大工艺生产线一显身手的优势和机会。所有这些，阻碍了我国电子装备的发展。

四、LED制造装备的发展目标

“十一五”期间，建议结合国家半导体照明工程的实施，继续攻关及产业化研究，2008年突破MOCVD、LED芯片制造装备、碳化硅（SiC）和氮化镓（GaN）、蓝宝石等衬底材料划切、磨、抛等加工设备和后封装关键设备及工艺技术，具备此类装备的批量生产能力及技术，实现LED封装设备本土化，接近或初步达到国际先进水平。研发应用于白光照明LED生产的关键装备与工艺，实现产业化，到2008年具备提供半导体照明生产线整线装备与生产工艺的能力，实现国内建线60%的国产设备配置目标。“十一五”关键LED制造装备的攻关及产业化目标见表1。

表1　LED主要生产设备攻关及产业化案一览表

类　别	设备名称	主要技术指标	国内需求量	实施方案
攻关类	多线切割机	切割精度±0.01mm，切割速度0.1～500mm/h	150台	国家经费支持安排攻关；两年内完成样机定型；三年内实现商品化
	MOCVD	蓝宝石、硅衬底上外延生长GaN薄膜，晶片直径2英寸；生产量19～21片/炉；基片温度及精度300－1200℃±1℃；重复性≥95%；均匀性≥95%	300台	
	减薄机	从400μm减薄到100μm，均匀性≪10μm	500台	
	激光划片机	SiC、GaN、蓝宝石等衬底材料划切，划线精度：X方向±5μm；Y方向±10μm；划线节拍：0.5s	1500台	
	键合机	LED引线键合机的产业化和倒装焊接机的攻关	600台	
	粘片机	效率12000片/小时，粘片精度38μm，成品率≫99%	500台	
	芯片测试分类机	XY位置精确度：±38μm；分类周期：300ms	300台	
产业化类	光刻机	分辨率：紫外光2μm；远紫外光0.8μm	50台	国家支持引导；装备制造企业与用户合作；两年内解决工艺适应性、效率、可靠性等问题，具备国内配套及批量供应能力
	探针台	分辨率：1.5μm；速度：260mm/s	150台	
	切片机	SiC、GaN、蓝宝石等衬底材料切割、切割直经：100 mm；切割速度：6～99 mm/min	600台	
	研磨机	SiC、GaN、蓝宝石等衬底材料研磨、研磨盘直径：600mm；研磨盘平面度≤0.015	150台	
	抛光机	SiC、GaN、蓝宝石等衬底材料抛光、最大抛光厚度：20nm	150台	
	冲洗甩干机	工作腔数量1～2个；氮气连滤精度≤0.005μm	100台	
	清洗机	兆声清洗，功率≥350W	100台	
	编带机	8000支/h	600台	

产业化方面，通过装备制造企业与用户的合作，两年内解决工艺适应性、效率、可靠性等问题，具备国内配套及批量供应能力。2008年实现6片型MOCVD、高亮度LED高速芯片键合机、引线键合机的产业化。

技术攻关方面,在国家的支持下,研究 Si 衬底 GaN 基 LED 外延片制造关键技术,突破 4 in 氮化镓基外延片生长技术,进行 21 片 MOCVD、激光划片机、倒装芯片键合机、芯片自动测试分选机攻关;掌握核心技术的自主知识产权,完成样机定型;实现商品化。

到 2012 年,掌握 LED 制造装备尤其是关键的前工序装备先进工艺及技术,拥有核心技术的自主知识产权,研究应用于 100lm/W 功率型白光 LED 器件封装关键技术、装备及产业化技术、研发完成适合硅基材料或其他新型基片材料的半导体照明核心装备并实现产业化,进一步提高白光 LED 发光效率,解决功率型 LED 器件散热封装技术,具备半导体照明制造装备整线配套,达到国际先进水平,具备自主知识产权和创新能力,进一步形成统一的标准。

五、政策需求与建议

(一) 加强规划指导

制定统一、权威、可持续发展的国家 LED 专用装备发展规划,用于指导政府各类相关资金的投入方向。应集中投资,择优扶持,注重产业链的协调发展,从基础抓起,打造装备研发基地。避免因人而异、因时而异,使我国 LED 专用装备制造业在明晰的国家规划指导下健康有序地发展壮大。

(二) 制定产业政策

将经过认定的 LED 专用装备制造企业列入国家优惠政策的享受范围;制定国家 LED 专用装备制造业振兴的鼓励政策,对享受国家优惠政策的项目,鼓励其在同等条件下优先选购国产 LED 专用装备;严格控制旧装备的进口:对进口的二手装备加收高额关税(可称作环境保护税),对出厂时间较长的二手装备建议禁止流入国内。

(三) 加大政府投入力度,引导技术创新

政府对产业的支持不能仅以市场经济为向导,特别是在行业起步阶段,需要政府的大力支持。尽快设立 LED 装备发展专项基金,用于装备制造单位获得国家科研开发及产业化建设项目的补充资助。选择重点产品和重点企业扶持,重点建设若干个与大生产线紧密结合的国家重点半导体和 LED 专用装备的研发基地,形成行业中坚力量,整体提升我国的装备制造水平,实现跨越式发展。

(四) 建立 LED 产业投融资平台,完善多元化投融资机制

以政府引导,民间跟进的模式,通过政府投资带动社会投资,优先安排专用装备企业上市融资,多渠道筹措资金,鼓励 LED 专用装备制造单位自筹资金建设。鼓励国内装备制造企业、专用装备用户企业和资金进入 LED 专用装备制造业。出台投资抵税政策,引导民间及其他行业企业跟进配投。建立产业联盟,帮助解决成员单位发展 LED 产业时的投融资问题。

作者简介

童志义 高级工程师。多年来主要从事半导体设备与工艺的研究,曾多次参与行业规划的起草和制定工作。先后在各种学术会议和专业杂志发表论文 80 余篇。

专 利 3

半导体照明领域国内外专利形势及相关措施建议

武晓明

国家知识产权战略制定工作领导小组办公室

摘 要

本文分析了国外半导体照明领域的专利申请形势，指出半导体照明专利正伴随着产业的发展在全球呈现迅猛增长态势，国外在中国的专利申请体现了国外企业对中国半导体照明产业正在实施专利战略，意欲抢占中国半导体照明市场的制高点。国内半导体照明界的专利申请虽然取得了世界第四的地位，但是存在着专利申请技术领域不均衡，发明专利少、实用新型多，企业申请少，非职务申请多，向国外申请少等问题，解决这些问题，要采取措施充分发挥专利制度的五大机制，这就是对科技创新的激励机制、对配置科技资源的优化机制、对传播利用科技信息的促进机制、对促进科技转化的动力机制及对科技成果不受侵害的保护机制。

关键词： 半导体照明　专利　形势分析　专利制度机制

一、半导体照明领域国外专利申请形势

（一）半导体照明专利伴随着产业的发展在全球呈现迅猛增长态势

自 1990 年以来，日本、美国、欧洲的半导体照明公司申请了大量专利。这些专利不仅涉猎面广，包括大量核心技术，还通过多种形式向境外渗透，有大量专利通过 PCT 形式或者直接向外国申请的形式指向日本、美国、欧洲、中国大陆、中国台湾和韩国等重要市场。

分析专利在全球的增长的原因，我们认为主要存在四个方面的因素：首先是半导体照明技术获得重大突破后相关技术纷纷申请专利，构筑层层专利壁垒，导致专利申请量大幅度增加；其次，伴随半导体照明产业规模的扩大，进入的企业增加，而每个企业为了巩固自己在某一方面的技术优势，都或多或少地申请了专利，而使全球半导体专利申请量大幅度增加；第三，半导体照明各项技术指标的提高是各种工艺路线、工艺参数、材料、结构等不断改进的结果，各种改进伴生了较多的外围技术专利；第四，半导体照明技术应用前景的明朗化也造就了大量的应用层面的专利申请，在景观照明、车用照明、室内外装饰灯、背景灯、巨型显示屏、各种日常照明设备领域层出不穷的专利申请，成为专利申请量猛增的一个重要因素。

（二）国外企业实施专利战略意欲抢占中国半导体照明市场的制高点

国外企业实施专利战略是国外在华专利申请增长的国外因素，首先，国外企业实施的是专利先行战略。在我国实施改革开放、引进外资及技术的政策以来，国外企业纷纷进入中国市场，大量国外的产品、技术、服务涌入我国，与我国的产品、技术、服务进行竞争。在这场竞争中国外企业为了避免受到廉价假冒仿制品的冲击，主要依靠知识产权这个保护伞来保护它们的产品优势及技术优势，以便在中国市场站

稳脚跟。那些希望在中国未来市场中占有一席之地的公司,“兵马未动,粮草先行”,在产品未进入中国之前,就抢先在中国申请专利、商标为其后续的产品出口在中国开辟好垄断的空间。其次,国外企业实施的是专利圈地战略。国外公司在与我国企业进行现实市场产品竞争的同时,不忘对未来市场产品的竞争,他们通过在各个技术领域申请一个又一个的专利,将这些领域里的一个个新技术圈进自己的壁垒,我国的企业在技术创新时,除非具有一定的技术实力跨过这一技术层次,从更高的、更新的层次去寻找和开拓技术上的“新大陆”,否则就只能在他们所圈的技术领地之间,在相对狭小的空间内进行自己的技术创新,而使我国的技术创新空间受到压缩。

(三)中国半导体照明市场的规模、制造能力及发展规划吸引了众多国外厂家前来专利圈地

国外在华专利申请大幅度增长的国内因素主要来自于国外企业对中国的市场规模不断扩大、制造能力不断增强以及政府制定了半导体照明发展规划等因素的影响。首先,根据《中国半导体照明市场调查与投资咨询研究报告》的估计,中国半导体照明的市场规模,从2000年以来在不断快速增长,以2006年已经达到数百亿规模来看,预计到2010年保守估计将达到1000多亿元。其次,我国在半导体照明领域也已具备一定的产业制造能力,已经初步形成从外延片生产、芯片制备、器件封装集成应用的比较完整的产业链,现在全国从事半导体LED器件及照明系统生产的规模以上的企业已有400多家,且产品封装在国际市场上已占有一定的份额。第三,在发达国家政府纷纷制定“下一代照明计划”等国家计划的促进下,我国科技部将“半导体照明”项目列为“十五”及“十一五”科技专项,作为重大工程进行推动。在主要是上述三个因素的吸引下,国外公司出于从中国不断膨胀的市场上分得一杯羹以及限制中国的半导体照明制造能力迅速追赶上的角度,而在中国申请了大量的专利。

(四)主要发达国家是半导体照明领域专利申请的主力

自20世纪90年代日本日亚公司在蓝光LED技术上获得重大技术突破后,日本基本上在半导体照明领域的各国专利数量上处于垄断地位,占世界各国半导体照明专利数量的三分之二左右,而美国和德国不仅在专利申请量总量上,而且在上游技术领域的专利申请量上都位居第二和第三位。形成这一局面的原因,不仅是因为这些发达国家在半导体制造技术领域拥有深厚的技术基础,而且拥有雄厚的财力支持高精尖技术领域的科技研发,更重要的是发达国家具备深远的知识产权保护意识,具有利用专利壁垒垄断、阻碍竞争对手发展的战略思维。例如,日本在半导体照明上游技术领域的专利申请基本上是向美国、德国、韩国提出的,而在下游技术领域的专利申请则是向中国提出的居多。美国在全球半导体照明领域的专利申请虽然比日本少,但是其申请的专利大多数是技术含量较高的核心专利,并同时向各主要国家都申请专利,美国将专利申请重点布向日本、欧洲各国、澳大利亚、韩国及中国,反映了美国公司对上述国家市场的战略指向。

(五)跨国公司是半导体照明领域专利申请的重要支撑

目前在半导体照明技术领域申请专利最多的公司,基本上都是发达国家的跨国公司,其中尤以日本、美国的跨国公司居多,例如日本的日亚公司、松下公司、东芝公司、丰田公司、住友公司等,美国的惠普公司、拉米尔德公司、克里公司、通用电气公司等,此外,像荷兰的飞利浦公司、德国的欧司朗公司等也是申请量较多的公司。目前国外公司在中国申请专利的特点是日亚公司的专利主要集中在外延、荧光材料及LED应用技术领域,松下公司的专利主要集中在衬底技术、外延层技术和封装技术领域,日本住友公司的专利主要集中在衬底技术、外延层技术领域,美国克里公司的专利也主要集中在衬底技术、外延层技术领域,荷兰飞利浦公司的专利主要集中在封装技术和LED应用技术领域,德国欧司朗公司的专利主要集中在芯片结构和荧光粉领域,美国通用电气公司的专利主要集中在荧光材料及LED应用技术领域。

(六)高精尖技术领域是国外专利申请“跑马圈地”的重要目标

目前围绕着生成白光的技术路线各跨国公司已经申请了大量的专利,从早期的多芯片生成白光,到

蓝光加一到多种荧光粉生成白光及近年来的用紫外光加一到多种荧光粉生成白光的基本专利都已被国外跨国公司圈占。在衬底技术领域，氮化物或碳化物材料衬底（如 GaN、SiC、AlN）、氧化物材料衬底（如 MgO、ZnO、$LiAlO_2$、$LiGaO_2$、$MgAlO_4$）、其他材料衬底（如 GaAs、Si、GaP）国外公司也申请了大量专利。在外延层技术领域，国外专利主要集中在缓冲层、接触层、覆盖层、量子阱、超晶格、外延层工艺条件、外延层退火方式这七个技术分支上。在 LED 芯片结构和制造技术方面，表面粗糙化、衬底剥离与键合及光子晶体技术是近年来国外专利申请的热点。此外，在荧光粉组成及施加位置方面国外公司也申请多种技术方案的专利。

二、半导体照明领域国内专利申请形势

（一）国内半导体照明领域的专利申请位居世界第四

近年来国内在半导体照明领域的专利申请有较大发展，使中国半导体照明专利申请总量排到世界第四位。分析国内申请量大幅度增加的原因，我们认为主要存在以下六个方面的因素：首先，建设资源节约型、环境友好型社会已经成为我国的发展目标，以高效、节能的第四代 LED 光源在 21 世纪替代白炽灯和荧光灯，已引起包括中国在内的世界各国的重视；其次，在我国产业结构调整、产品升级换代的过程中，国家有关部委、各地区及相关产业将半导体照明项目列为产业结构调整、产品升级换代的重要方向；第三，国外半导体照明上游关键部件产业化初具规模，使我国下游应用市场开发全面展开；第四，我国在半导体发光领域的技术和制造能力积累，有力地促进了半导体照明领域技术和产业的发展；第五，随着知识产权意识和观念的宣传和逐渐普及，半导体照明技术领域中利用知识产权维护创新成果的人越来越多；第六，非职务发明创造者对在专利保护下收回先期的发明创造投入寄予更高希望，成为专利申请持续增长的中坚支撑力量。

（二）国内半导体照明专利申请涉及的技术领域结构上不均衡

虽然目前国内的专利申请总量已达到了一定的水平，但是从技术领域上看还存在着不均衡的问题，这表现在以下几个方面：首先，从半导体产业链上看，上游产业的专利申请少，下游产业的专利申请多，由于上游产业对整个行业的控制力比下游产业力度大，因此，国内半导体照明领域的专利申请即使具有同样的数量，相对来讲也要比发达国家的专利控制力度小；其次，专利申请在技术领域上的不平衡还反映在部分具体技术领域国内的研究开发处于空白状态，例如在芯片领域，国内的专利申请只涉及了全部技术分支的不到一半，大部分技术领域我们的专利并未涉及，尚需填补空白；第三，在部分具体技术领域虽然基本上各技术分支都有所覆盖，但是力度不够，例如在下游的半导体照明应用领域国内的专利申请量相对较多，各技术分支覆盖面也较宽，但是在显示器照明、背光照明、汽车照明等技术分支，国内的专利比例明显偏少，尤其是发明专利的比例更少；第四，国内半导体专利申请涉及的技术领域与国际半导体照明专利申请热点存在一定的偏离，这虽然可以解释为我国研究人员独辟蹊径，开拓新的突破领域，但作为整体战略，在发达国家关心的热点技术领域部署一些专利，也可改变竞争对手占完全优势的局面。

（三）国内半导体照明领域的专利申请类型存在结构性的偏差

目前中国的专利申请分为三种类型，即：发明专利、实用新型、外观设计。其中发明专利不仅要对专利申请的形式要件进行审查，还要对专利申请的内容进行实质要件的审查，例如，与世界各国的专利相比是否具备新颖性、创造性、实用性，发明的内容是否公开的足够充分等，而实用新型、外观设计则不进行实质性审查，只是进行形式方面及手续方面的条件审查，因此实用新型、外观设计与发明专利相比要求低、权利稳定性差、保护年限短、技术含量较低，而目前国内的半导体照明专利大部分是实用新型及外观设计，尤其是在下游技术领域实用新型及外观设计的比例更高，而国外的半导体照明专利则大多数是发明专利，因此如果考虑到几件实用新型或外观设计才能与一件发明专利的效力等同的话，则国内半导体照明专利的数量要大大“缩水”。对专利申请类型上的结构性偏差，其产生原因主要是国内在半导体照明方

面的技术研发目前大多是跟踪性质的，很少能在技术上产生重大突破，因此对产生的小改小革性质的发明，多是采用实用新型或外观设计进行保护。

（四）在我国半导体照明领域企业不是专利申请的主体

专利对于企业来说是一种进行市场竞争的工具，通过将未来上市的产品纳入自己专属的领地，阻止、阻碍业界同行与自己进行未来产品的竞争，企业可以获得对未来市场竞争的优势地位。在国外包括半导体照明的各个技术领域都是企业作为专利申请的主体，但是在目前国内企业仍然没有成为申请专利的主体。从半导体照明领域整体来说，国内企业占发明专利申请总量的比例不超过5%，占实用新型申请总量的比例不超过10%，在半导体照明领域的上游，由于技术难度较高，科研院所是专利申请的主体，在半导体照明领域的下游，尤其是普通照明应用器具方面，由于技术难度较低，研发所需经费较少，个人是专利申请的主体。由于个人很难具备实施专利技术所必需的资金、市场开发、企业管理等能力，而科研院所从体制机制上来说不具备实施专利技术进行产业化的优势，因此，国内半导体照明领域在专利申请主体方面存在的问题，对我国半导体照明专利的产业化是非常不利的，而且企业不具有对未来产品的专利垄断，会对我国半导体照明领域的市场竞争力产生不利影响。

（五）我国半导体照明领域向国外申请专利极少

目前经济一体化、贸易全球化的趋势越来越强，企业之间的竞争已经超出了国界的范围，产业分工、资源配置已经扩展到全球范围，中国虽然在全球贸易中所占的份额越来越大，但是应当看到我国的出口产品大部分主要集中在低技术产品和高技术产品中的组装加工领域，我国包括半导体照明的各个技术领域向国外申请专利极少，说明我国的出口产品中很少有需要利用专利进行保护的具有原创性的出口产品。然而随着中国产品抢占他国传统产品市场份额越来越大，对他国本地传统产品企业的直接损害越来越大，世界各国对中国的传统产品贸易抵制行为就会越来越多。而我国对外贸易依存度高达70%，必然要求我国的出口产品必须进行产品升级换代、产业结构调整，以避免国外在传统产品领域与我国的贸易纠纷对我国国民经济产生重大影响。因此，以具有自主知识产权的高新技术产品代替我国传统的低技术产品和高技术产品中的组装加工出口产品是我国对外贸易的不断良性发展，维持高出口比率，低对外贸易摩擦的重要出路。

三、对解决上述问题的机制分析及措施建议

（一）专利制度作为科技创新的激励机制并未完全发挥作用

这主要体现在专利权人、发明人并未都因为科技创新的传播和使用而得到物质利益或精神奖励的回报，这已经成为包括半导体照明的各个领域国营企业、大专院校及科研院所的科技成果很多没有申请专利的重要原因之一，因此真正落实“一奖两酬”及创造者和应用者之间的利益分享是发挥专利制度激励科技创新的重要措施。

（二）专利制度作为配置科技资源的优化机制并未完全发挥作用

这主要体现在科技创新是否获得专利并未成为评价科技投入是否取得成果的重要标志，而是否发表论文、是否获奖则成为评价科技投入是否取得成果的重要标志，由此使科技资源的优化配置主要向能否发表论文、能否获奖方面倾斜，因此修改、完善科技成果评价体系是发挥专利制度优化配置科技资源的重要措施。

（三）专利制度作为传播利用科技信息的促进机制并未完全发挥作用

专利制度通过给予科技创新者一段时间的垄断权，让创新者将科技成果尽早公布于众，因此能够促进科技信息的传播和利用，但是如果其他人不主动或者不能利用这些信息于他们的科技创新中，则促进

传播利用的作用也不能完全发挥，因此政府、行业协会、企业联盟投资建立专业专利信息中心及专利分析预警平台等是充分发挥专利制度促进科技信息传播利用的重要措施。

（四）专利制度作为科技转化的动力机制并未完全发挥作用

美国总统林肯曾说过："专利制度是在智慧之火上添加利益之油"，然而对由国家投资的科研项目所产生的科技成果的产权及其收益政策上的不完善，大部分具有潜在生产力的科研成果被束之高阁，没有被转化成现实生产力，因此，制定、修改、完善与国家资助的科研项目有关的产权及其收益政策是充分发挥专利制度促进科技转化的重要措施。

（五）专利制度作为保障科技成果不受侵害的保护机制并未完全发挥作用

专利制度是一种通过给予科技创新者法律保护来促进科技创新的法律制度，但是目前在我国知识产权领域侵权成本低、维权成本高是损害知识产权权利人申请、保护、运用知识产权积极性的一个重要因素，如何进一步完善行政执法、司法执法并行运作，加大刑事处罚力度，简化执法程序、提高审判效率、理顺知识产权司法保护体制、统一知识产权相关案件审判标准是充分发挥专利制度保障科技成果不受侵害的重要措施。

作 者 简 介

武晓明　曾在国家知识产权局从事发明专利申请的审查工作十余年，历任国家知识产权局专利局审查业务管理部综合处副处长，审查业务研究室主任，现任国务院国家知识产权战略制定工作领导小组办公室副秘书长。曾主持科技部"十五"重大科技专项之《奶业科技专利发展战略研究》、《节水农业科技专利发展战略研究》、《中国半导体照明专利战略研究》项目，主持《对国内保护期届满的发明专利的分析》的研究，主持《我国发明专利申请热点分析》的研究，参与《实施 TRIPS 协定对我国药品可及性影响及相关政策研究》项目，参与国家知识产权局《加入 WTO 后的我国知识产权面临的形势及对策》的研究项目，参与《500 家外商投资企业在华专利及其影响的计量研究》项目等。

全球 LED 专利发展与台湾之专利能量

台湾财团法人华聚产业共同标准推动基金会

一、引　言

台湾 LED 的产值以全球排名第二位之姿在 2005 年迈入 500 亿台币大关，并以一成左右的成长率逐步提升，根据"工业局"的预估，2006 年台湾 LED 的产值应该可以达到 640 亿台币的目标，尤其是 LED 背光模块等相关应用题材的兴起，一些非 LED 产业的业者例如友达、奇美等也纷纷开始对此技术领域进行布局，让整个 LED 相关产业一下子热闹了起来；从户外广告牌、手机面板、交通号志到不久将来 LCD TV、车用光源甚至是室内照明的庞大需求，LED 产业摆脱了过去像圣诞灯这种传统外貌，迅速地进入一般大众的日常生活当中，在可预见的未来，LED 将发挥与半导体 IC 产业相同的影响力，并席卷人类的未来生活。

LED 技术发展由来已久，其电光(electro luminescence)转换效应首次被发现是 1955 年由 Rubin Braunstein 在实验室所观察到 GaAs 的发光现象，1961 年由 Bob Biard 发表第一个发光范围在红外线光谱区的 GaAs 二极管组件，并在 1962 年由美国德州仪器公司(TI)生产了第一个商品化红外线 LED；同年，Nick Holonyak Jr. ①使用 GaAsP 的材料成功制作出第一个红光的半导体发光组件，从此造就了新的应用产业发展，例如信号指示、影像显示等，让 LED 往短波长方向朝可见光波段的发展成为整个 LED 产业相关研发单位共同努力的目标，不过当红光、橙光、绿光等随着相关技术的进展陆续被开发出来的时候，蓝光技术却因为在材料与磊晶(外延)层上迟迟无法突破而遇到极大的瓶颈，虽然 1971 年即有 Jacques Pankove 发表了第一个蓝光 GaN 二极管，但由于磊晶层与基板间晶格缺陷的问题使得蓝光 LED 非常脆弱而难以顺利商用化，直到将近 20 年后，日亚化学的中村修二②先生在 1993 年成功以蓝宝石基板(衬底)成长 GaN 的磊晶技术开发出具高可靠度与发光效率的蓝光 LED，才让整个 LED 产业一下子沸腾了起来，而日亚也因此一夕之间成了 LED 产业界中呼风唤雨的霸主之一。

表 1　LED 外延专利主要厂商

色　光	基　板	发光层	磊晶法	波长/nm	光度/mcd	专利厂商
绿光 LED	Al_2O_3	GaN	MOVPE	525	6000	日亚(日本)
蓝光 LED	Al_2O_3	GaN	MOVPE	450	2500	日亚(日本)
蓝光 LED	SiC	SiC	VPE	470	20～30	Cree(美国)
蓝光 LED	SiC	GaN	VPE	460	500	Sumitomo(日本)

(资料来源：怡富投顾)

虽然其他公司在 1995 年开始急起直追，包括 Cree、Sumitomo 用 SiC 作为基板所发展出来的蓝光 LED 技术，以及丰田合成与日木松下合作在 GaN 蓝光 LED 技术中也研发出属于其自有的技术等，但由于主要关键技术的专利仍掌握在日亚手中，因此从 1996 年开始日亚陆续对丰田合成、Cree、Sumitomo 等拥有蓝光技术与专利的公司进行侵权诉讼，展开了一场长达六七年的蓝光专利大战，一直到 2002 年、2003 年日亚与这些公司达成交互授权的协议，不过后续技术的发展却没有因为这场 LED 界的霸主之争

① Nick Holonyak Jr. 先生生于 1928 年，在 1962 年于 GE 公司服务期间开发出第一个红光 LED 与 Laser，并于 1977 年开发出第一个 Quantum Well Laser，为当代发光半导体组件之父，目前 Holonyak 共有 31 项美国专利，并于 2004 年获得 Lemelson-MIT 奖项的荣耀。

② 中村修二(Shuji Nakamura)先生生于 1954 年，为目前商用之 GaN 蓝光 LED、Laser 技术之发明人，其所开发之技术使得日亚(Nichia)一夜间由平凡的荧光粉供货商成为目前全球蓝光光电半导体之龙头，目前中村修二先生于美国 Santa Barbara 的加州大学(University of California, Santa Barbara /UCSB)担任教授。

而有所停顿;在蓝光 LED 技术获得突破后,很自然的白光 LED 的技术就随之而出,虽然显而易知的方法是利用三颗不同色的 R、G、B LED 合成白光,不过利用短波长的光源激发荧光粉混光后发出白光则是最简单的方式之一,其中最著名的例子就是日亚蓝光 LED 加 YAG 荧光粉的技术与专利,至于其他 LED 搭配不同荧光粉配方的技术,相关的研究单位到目前仍一直努力开发,陆续也有这方面专利的发生,因此日亚透过其白光专利垄断市场的情况在未来应该会改善许多。

二、国际主要厂商之专利布局概况

图 1 为 2007 年 LED Magazine 于网络上所发表之 LED 专利授权的调查情形,可以看到虽然目前包括有日亚(Nichia)、欧司朗(Osram)、Cree、Toyoda Gosei、Lumileds① 等业界俗称 Big 5 的公司目前专利交互授权的情况,但是得到某些公司授权的厂商仍免不了会遭遇到其他 Big 5 公司的专利诉讼的威胁,例如日本的 Citizen、台湾的今台(Kingbright)以及韩国的首尔半导体(Seoul Semiconductor)等,追踪调查历年之相关诉讼与授权的情况,得到目前主要可能影响 LED 相关产业之专利如下图所示。另外还有 GELcore② 与 Avago③ 同样也是在业界具有一定影响力的企业,因此以下针对这些公司历年之专利的布局情形进行概况分析。

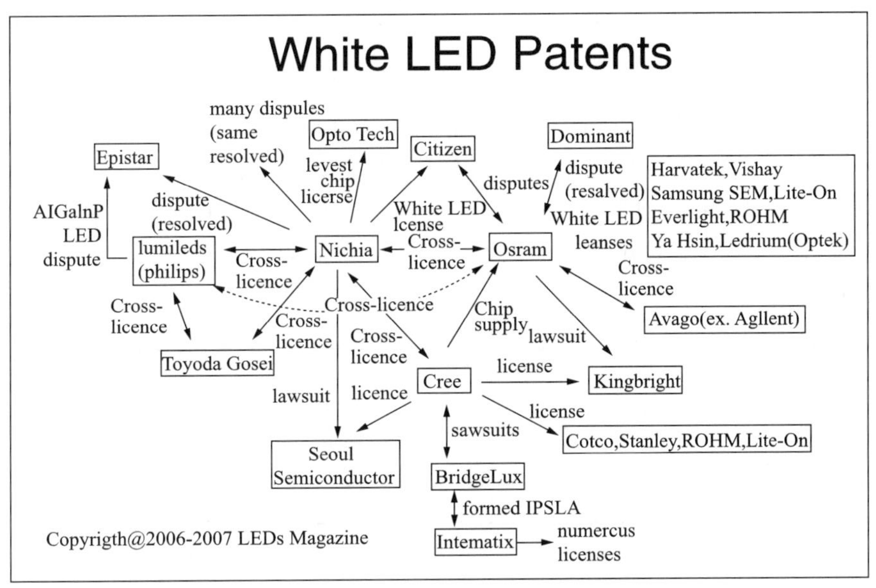

图 1 白光 LED 专利国际关系图

资料来源:LEDs Magazine (2007)

从图 2 历年申请的趋势图来看,这几家主要的公司相关专利的申请件数在 2000 年相较于 1999 年以前有呈倍数的成长,足见这些国际大厂对于 LED 产业前景的看好;根据到 2006 年 7 月以前所搜集到的专利资料统计这些公司在 LED 方面获证的专利已超过千件,从图 3 可以看到目前拥有获证专利数最多的是 Philips,有 447 项;其余依次是 Toyoda Gosei 有 193 项、GE 集团有 165 项、Osram 集团有 93 项、

① Lumileds 为 1999 年 Agilent 与 Philips 集团 LED 相关事业部合并所成立的新公司,在 2005 年 Philips 买回 Agilent 的持股后,Lumileds 正式成为由 Philips 集团百分之百所拥有的子公司,因此在进行相关专利评估时必须将 Agilent(包括 HP)以及 Philips 集团在 LED 专利上的布局一并纳入考虑。

② GELcore 为 1999 年 GE 与 Emcore 所合资成立的公司,不过在 2006 年 Emcore 以经营不善为由出脱持股于 GE,使 GELCore 正式成为由 GE 集团百分之百所拥有的子公司,且该 GE 透过最近之新闻稿宣布为帮助 GELcore 因此与 Nichia 建立策略联盟关系,因此在分析上必须一并纳入考虑。

③ Avago 前身即为 Agilent 公司的半导体事业部,在 2005 年为 KKR 与 Silver Lake Partners 所出资并购而成立,因此也必须纳入考虑。

Nichia 有 71 项、Cree 有 65 项，最后是 Avago 有 12 项。

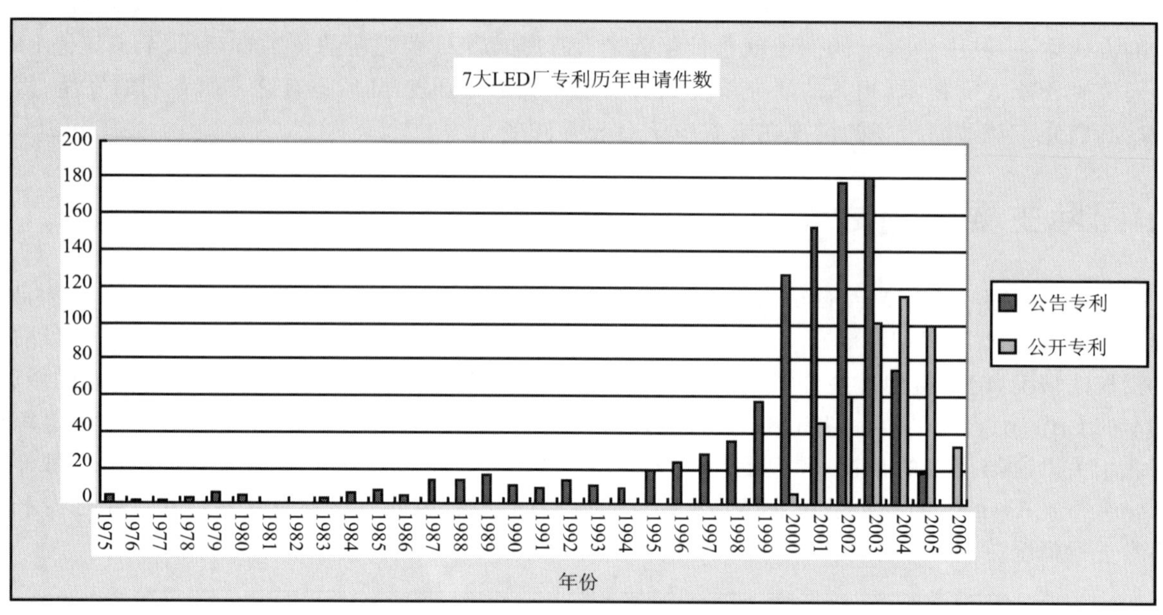

图 2 国际具影响性厂商历年专利申请件数图

以 Big 5 来说，从图 3 可以看到，Philips 集团在 LED 技术上的耕耘是最早的，Nichia 则是在中村修二教授尚在该公司从事 LED 研究时，以首先开发出稳定的蓝光半导体发光组件技术而于 1990 年代发迹。另外 Toyoda Gosei 则在专利申请数量上一直仅次于 Philips 集团维持着高申请数量，不可小觑。不过可以看到 Big 5 从 1998 年开始每年均有一定数量的专利部属，构筑成了一道专利上的高墙而成为市场上进入者所必须面临的挑战。

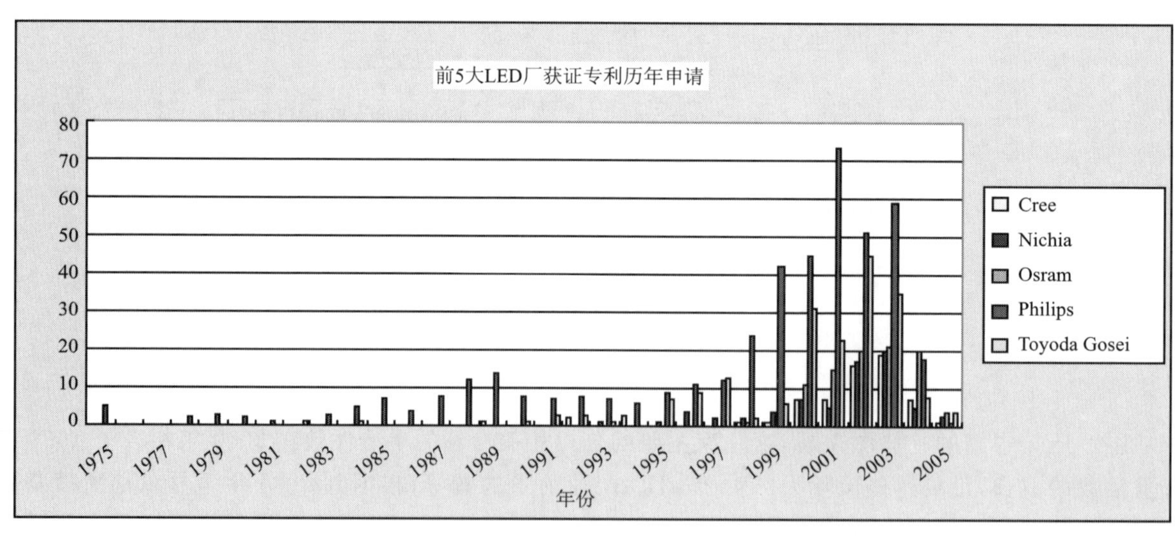

图 3 国际前五大 LED 厂获证专利历年申请情形图

从布局之区域观察，根据是否主张优先权的方式，调查相同技术在不同国家布局专利的情形，如表 2 所示，除美国之外，这些国际大厂在专利布局上所关心的区域除日本、欧洲区域之外，再来就是中国大陆与台湾，最后是韩国与澳洲，在中国大陆崛起以及台湾 LED 厂商产能不断成长的情形下，相关专利诉讼的威胁势必加剧，值得注意与观察。

从各公司对应各技术之专利项数可以大略看出这些公司的布局情形，可以看到各公司均是以主动固态组件技术与半导体制程技术为核心，搭配各项技术包含照明灯具、量测、通信等进行相关的布局，其中又以 Philips 集团是目前各公司当中布局最广的公司，对 Cree 而言可以看出其技术核心仍在基础的 LED

组件设计与制程上，GE、Osram、Philips、Toyoda Gosei 则在照明等相关应用上有较多专利的布局，至于日亚可以看出其核心技术能力仍在 LED 组件设计上，虽然也有照明等相关应用的布局，但在数量上仍比不上已是世界知名照明灯具大厂的 Philips、GE、Osram 等，如图 4 所示。

表 2 LED 专利主要布局区域表

EP	JP	TW	CN	KR	AU
580	783	196	265	112	140

（资料来源：本研究整理）

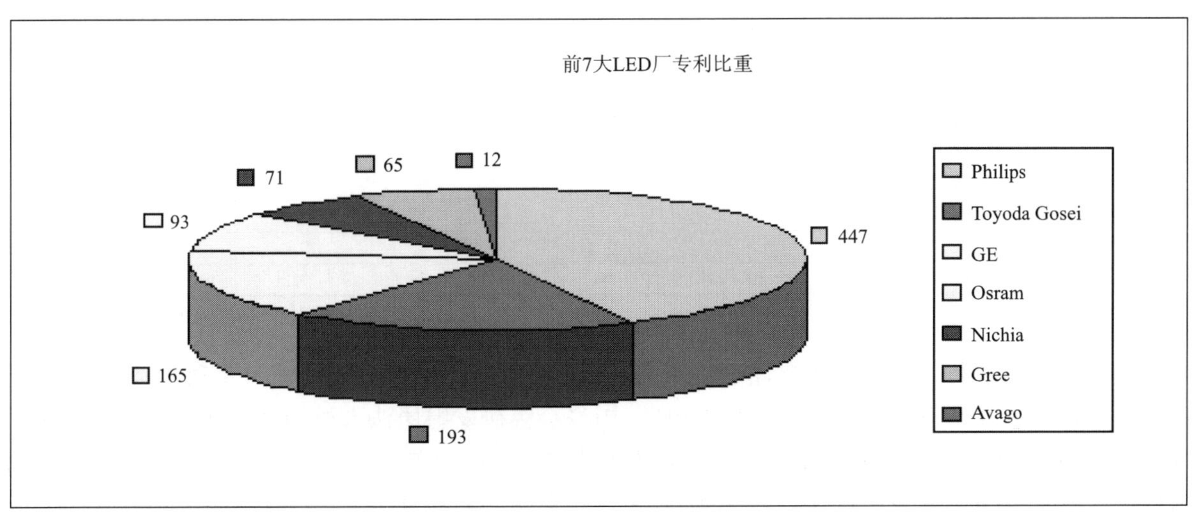

图 4 国际主要 LED 厂商专利件数比重图

三、台湾相关单位之专利布局分析

以台湾地区整体观之，从图 5 可以看到台湾 LED 相关产业涵盖产、学、研历年在美国申请专利的获证情形，并可以发现台湾相关单位到美国申请专利的情形从 1998 年后以每年约多 20 项的专利数量和缓成长①，以总数来说目前台湾在美国的专利约有 789 项，其中实际可运用的专利能量约有 631 项，其余则为公开尚未实际取得专利权之专利②。

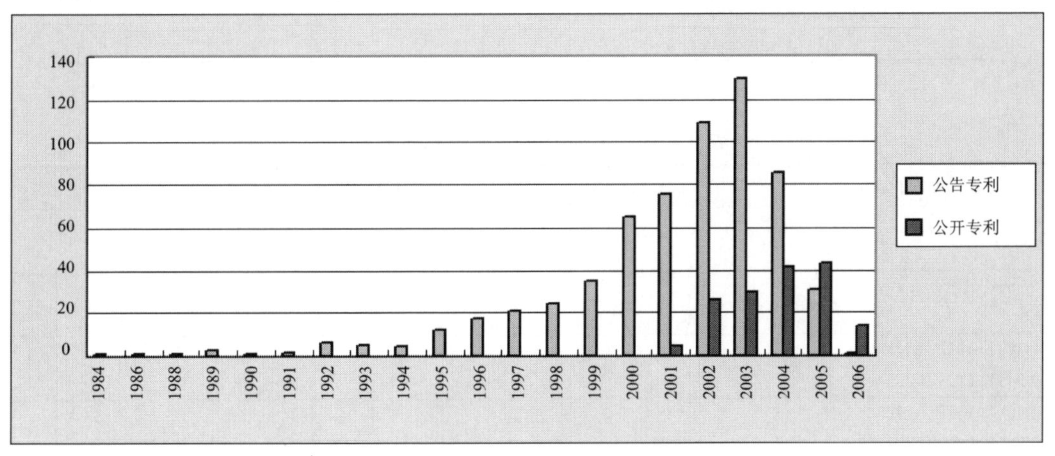

图 5 台湾地区美国专利申请情况

① 2004 年以后的数据则由于专利从申请到获证平均有 3～5 年的时间，所以在统计上会有不准的情形发生而不予以考虑。

② 公开专利难以从专利首页资料上根据实际专利权申请人名称搜集到相关资料，多单纯以发明人表示，因此很容易有遗漏的情形发生，不过由于尚未获证即未有实际专利权，因此在本分析中的影响评估上暂忽略之。

台湾的专利能量以总数而言似乎相当可观，但从表3可以看到在台湾由于投入LED相关研发的单位众多，目前专利数最多者为台湾LED制造业龙头国联光电(已经与晶电合并)，以及台湾产业的研发之母工业技术研究院(工研院，ITRI)，另外如友达、宏齐、璨圆、台积电、光宝等都有部分的专利布局。虽然如此，台湾LED产业依然深受国外公司的专利威胁；因此近来频传台湾LED相关企业合并[①]的情形，其对于台湾整体产业在未来的专利与国际市场上的竞争而言是件好事。

表3　台湾地区相关厂商与机构LED专利数量

权利人(Assignee)	总计
国联光电(United Epitaxy)	30
工研院(ITRI)	29
晶元光电(Epistar)	20
友达(AUO)	19
宏齐(Harvatek)	16
璨圆(Formosa Epitaxy)	14
台积电(TSMC)	14
光宝(Lite-On)	13
Others(专利件数少于10件者)	442

(资料来源：本研究整理)

以整体性观点进行这些资料的整理如表4所示，综合目前相关的产、学、研的专利数量后，可以看到目前新晶电的美国专利有72项，另外包括工研院、国科会等研发财团法人机构共有43项美国专利，大专院校则有12项美国专利。但若再细究其专利所布局技术领域，相关单位与先前所述之国际大厂同样以主动固态组件设计与半导体设计技术为主轴(见表5)，但是与这些主要国际大厂相较下，台湾仍非常缺乏照明方面不管是组件模块或系统装置上的布局，部分原因是由于台湾过去的照明产业由于市场腹地狭小的因素，因此相关产业无法获得充分的发展，但这部分若能搭上中国大陆、俄罗斯、印度等大规模市场成长的契机，在未来相关照明议题与照明标准上或许有机会可以免除这些国际大厂的掣肘，同时对于技术输入国而言，也可以在产业发展与民生福祉上达到双边互惠的结果。

表4　综合整理后之台湾主要法人LED专利件数表

研发单位	总计
新晶电(Epistar)	72
友达(AUO)	19
奇美(CMO)	19
财团法人(Institute)	43
大专院校(University)	12

(资料来源：本研究整理)

表5　对应主要公司之主要技术布局表

Description	Epistar	AUO	CMO	Institute	University	总计
RADIANT ENERGY				3	1	4
ACTIVE SOLID-STATE DEVICES	52	2	12	10	5	81
ELECTRIC LAMP AND DISCHARGE DEVICES	2	2			1	5
ELECTRIC LAMP AND DISCHARGE DEVICES: SYSTEMS		3	1	2		6

① 台湾LED产业先有元砷并联诠、晶元并国联的消息，而在2006年又有新晶电并新元砷、连勇的情形，这使得台湾有第一家四元LED产量世界排名第一的公司出现。

续表

Description	Epistar	AUO	CMO	Institute	University	总计
ELECTRICITY: MEASURING AND TESTING						1
COMPUTER GRAPHICS PROCESSING AND SELECTIVE VISUAL ISPLAY SYSTEMS		2	1	1		4
INCREMENTAL PRINTING OF SYMBOLIC INFORMATION				1		1
OPTICS: MEASURING AND TESTING				4	1	5
ELECTRICITY: ELECTRICAL SYSTEMS AND DEVICES						2
ILLUMINATION		7	1			9
COHERENT LIGHT GENERATORS	1					1
OPTICAL WAVEGUIDES				2	1	3
SEMICONDUCTOR DEVICE MANUFACTURING: PROCESS	16	1	2	5	3	27

（资料来源：本研究整理）

四、小　结

在最近的市场状况中，Philips 与 GE 大动作的发表百分之百拥有各自旗下的 Lumileds、GELcore 公司的新闻稿，以及 GE 发表与日亚达成策略联盟协议，Osram、Philips 相互签署 LED、OLED 专利交互授权的协议，显见 LED 产业的专利战火大有向次级厂商蔓延的可能，台湾地区由于在技术以及市占率上已有相当的影响力，因此在这种战火蔓延的情形下是首当其冲的。也因此可以观察到目前国际间的授权情况台湾厂商的被授权情形是最普遍的，同时由于企业间的整并与不断的研发以及工研院过去研发努力的成果，让台湾厂商的专利能量得以发挥而开始受到重视，在国际大厂所营造的专利网当中或许唯有台湾厂商是最有可能有突破的机会。唯台湾在 LED 相关应用技术的专利布局，由于欠缺载具环境的推动，与主要的国际大厂在专利上的布局相较，显然尚待努力加强；因此如何营造出一应用平台，使得台湾厂商得以借力推动免除国际大厂专利威胁的布局，在目前来说是最迫切需要的。

未雨绸缪,LED 专利事件动向分析

王滨秋
北京麦肯桥资讯有限公司产业研究部

摘　要

作为技术带动型的高科技产业,专利一直是影响半导体照明产业发展的关键因素。随着技术的不断推进和突破,相关专利布局和企业专利策略也在不断改变,诉讼、授权等专利事件出现了新的动向,这种转变将对产业的发展产生决定性的影响。

关键词:半导体照明　专利　诉讼　授权

半导体照明(LED)作为新兴的、潜力巨大的行业,正受到全球的广泛关注。半导体照明技术与应用市场的发展有着极其紧密地联系,技术的发展程度制约着应用市场的拓展,同样应用市场的变化也影响着技术的发展和转移方式,LED 专利授权及纠纷等专利事件的变化就明确反映出了这种关系。由于专利技术在 LED 发展中所起的巨大作用和其独特的专利分布方式,专利的转让、纠纷及授权将极大地影响半导体照明行业未来的发展格局。

半导体照明技术的核心专利基本都被国外几大公司控制,如日本的日亚(Nichia)、丰田合成(Toyoda Gosei)、东芝(Toshiba),美国的 Lumileds、Cree,德国的 Osram 公司等。这些公司利用各自的核心专利,采取横向(同时进入多个国家)和纵向(不断完善设计,进行后续申请)扩展方式,在全世界范围内布置了严密的专利网。其中日亚凭借蓝光和白光专利在手机背光方面一度处于垄断地位,而 Osram 在车灯照明领域具有领先优势。

随着半导体照明技术和应用的不断发展,LED 专利格局也处于不断的变化之中,各主要专利拥有者的策略也在不断调整,导致围绕 LED 的专利纠纷及授权等专利事件也发生了新的变化、呈现出新的特点。这些变化既受到半导体照明产业发展的影响,也影响着产业的发展速度和方式。

一、专利事件重点向应用领域转移

以前的专利纠纷及授权等专利事件绝大多数集中在蓝光外延、芯片及白光 LED 等领域,日亚正是凭借在这些方面的绝对优势,并通过大量的专利侵权诉讼来维护其在 LED 方面的垄断地位。而现在,随着应用市场规模的不断扩大,围绕照明应用系统的专利事件逐渐增多,预计在近几年将成为专利事件的主体。

2006 年的专利事件也反映了这一趋势,如 5 月 12 日,美国法庭判 Color Kinetics 公司在与 Super Vision International 的专利诉讼中胜诉,这两个公司都是半导体照明系统制造商,其专利纠纷也集中在半导体照明应用产品领域;5 月 25 日 Osram 与安华高(Avago)宣布进行专利交互授权,Osram 将同意 Avago 以 Osram 专利进行白光 LED 的制造与销售,而 Avago 则授予 Osram 使用 Avago 专利,投入液晶面板背光用的 LED 系统制造等权利,是以应用产品专利交换 LED 器件基本专利的典型事件。2006 年 12 月,韩国 Baron Tech 与日亚的专利诉讼围绕与白光侧光源 LED 相关的 8 项专利展开,最终日亚败诉。

专利事件的集中领域发生转移还与专利的保护期限有一定关系,如按照日亚的专利策略,将在产品上市 10 年后增加提供授权。日亚蓝色 LED 最初是 1993 年 12 月份上市的,这就是说 2004 年便进入了授权期,相关诉讼也逐步减少;其白色发光二极管是从 1996 年开始上市,2006 年以后也开始进入授权期。但 LCD 背光、车灯、照明等产品都在 2000 以后才进入市场或进行研发,目前正是利用专利维护市场的关键时期,因此专利事件逐步增加也就不足为奇。

LED 相关专利事件的重点领域变化如下表所示。

时间	1996⟶	2002⟶	2004⟶	2006⟶	2010⟶ 2015⟶
专利范围	蓝光	白光	大功率/SMD	背光/车灯/功能照明	通用照明

二、主要专利厂商转向专利授权策略

在 2002 年以前,日亚凭借 1991～2001 年取得的 74 项基本专利,涵盖了 LED 结构、外延、芯片、封装的制造全过程技术及荧光粉等相关原材料,在 LED 领域具有绝对垄断地位。这个时期,日亚主要依靠构建专利壁垒及专利诉讼阻止其他厂商进入市场与其竞争,以获取高额的独占市场利益。日亚曾公布该公司的专利战略方针,表示"专利不是商品",不会为获得收入向其他公司提供该公司拥有的专利的授权。但近年来,日亚挑起的专利纠纷多以和解为主,大多相关厂商也在做出让步并支付专利使用费后,取得了日亚相关产品的生产权。最近与韩国Baron Tech的诉讼中,更是放弃在韩国涉及的专利权,体现了其在专利方面的软化趋势。

全球第二大 LED 制造商 Osram Opto Semiconductors 经过多年的密集研究与发展,已经在荧光粉、白光 LED、一般照明等方面建立了非常强的专利版图。Osram采取了不同于日亚的专利策略,采取了授权为主的灵活专利策略。一方面积极授权亿光、光宝、宏齐、三星电机、Rohm 及 Vishay 等公司专利使用权,同时也积极地对侵害专利权的公司主张权利,如 Osram 已在美国对 Dominant/Malaysia 公司提起 ITC 专利侵权诉讼。

同样,Cree 由于不涉及 LED 封装和应用产业,更加积极地向下游厂商授权使用自己的专利技术,如日本 Stanley Electric 公司和 Rohm 电子,以及香港华刚光电(集团)有限公司(Cotco)都得到了其授权。Cree 的专利策略为"在市场上保护我们的技术和知识产权的同时,继续寻找使 Cree 产品和使用这些产品的合作伙伴更具竞争力的方法"。特别是为打开日本市场,2000 年 12 月,Cree 和日本半导体制造商 Rohm 公司组成蓝光 LED 的技术联盟,并在中村修二的协助下向日亚提起专利战。

丰田合成自 2002 年 9 月与日亚就 GaN 类蓝色 LED 专利之争达成和解以来,从日亚接受了使用 YAG 类材料的白色 LED 相关专利授权,丰田合成也与 Osram、Cree 等公司进行了交叉授权。同时,丰田合成积极向外授权自己的白光 LED 专利,目前全球大约有 20 家公司获得了该公司专利的使用许可。

随着 Osram、丰田合成、Cree、Lumileds 等公司在 LED 领域的专利不断增加,2001 年起日亚在专利诉讼方面遭到挫败,使其不得不更改专利授权的态度,分别与上述公司达成了专利和解和相互授权协议。随着拥有核心专利的公司进一步增多,日亚、Osram、丰田合成、Cree 等专利垄断公司都更加积极地通过专利授权扩大自身在 LED 市场的影响力,并通过我国台湾地区及韩国企业的授权代工来扩大产品的市场份额。

三、外围专利比率逐步扩大,专利诉讼作用明显降低

促使日亚等专利厂商趋向专利授权的另一个原因是,白色 LED 及蓝色 LED 的基础专利于 20 世纪 90 年代提出申请,到 2010 年,按规定"从申请之日起 20 年"的专利有效期就将期满。

当然,因为这些厂商会不断申请新的专利,不能说"初期专利期满就等于专利网崩溃"。不过基本专利期满,外围专利所占比率越大则专利网的漏洞也就越多,触犯专利的可能性就大为减少,利用专利诉讼来维持市场地位的可能性就越低。

同时,随着产业发展,技术标准的开放度与透明度越来越高,未来再难有一家公司,一个国家持有绝对优势的基础专利,这种关键专利的分散化,为交叉许可专利奠定了基础,相互授权使用对方的专利将更加普遍化。

随着 LED 应用前景的明朗,更多企业投入到相关应用产品的研发和制造之中,新的技术和工艺不断出现,很可能再出现垄断性极强的单一技术。在此状况下,专利诉讼维护市场垄断地位的效用明显降低,但诉讼成本却不断提升。预计更多诉讼将发生在少数企业之间,对行业发展的影响明显降低。

技术的快速发展也迫使技术领先企业放弃了独自发展的念头,转而趋向多边技术合作。最明显的是日亚,其在 2002 年还希望只靠自身的技术继续白色 LED 的开发,但现在为了进一步发展白色 LED 市场,转而趋向有效利用多方的专利合作来提高开发速度。日亚在最近宣布放弃 404 专利,在很大程度上也是出于这种考虑。

四、专利关系日趋复杂,知识产权联盟逐步形成

随着半导体照明所涉及领域的不断扩展,进入的公司越来越多,各个公司之间的专利关系也日趋复杂。从 2005 年以前所涉及的专利事件来看,所涉及的公司并不多,主要包括日亚、Osram、丰田合成、Cree、Lumileds 等公司及我国台湾地区、韩国部分厂商,专利授权及纠纷关系也一目了然,如图 1 所示。

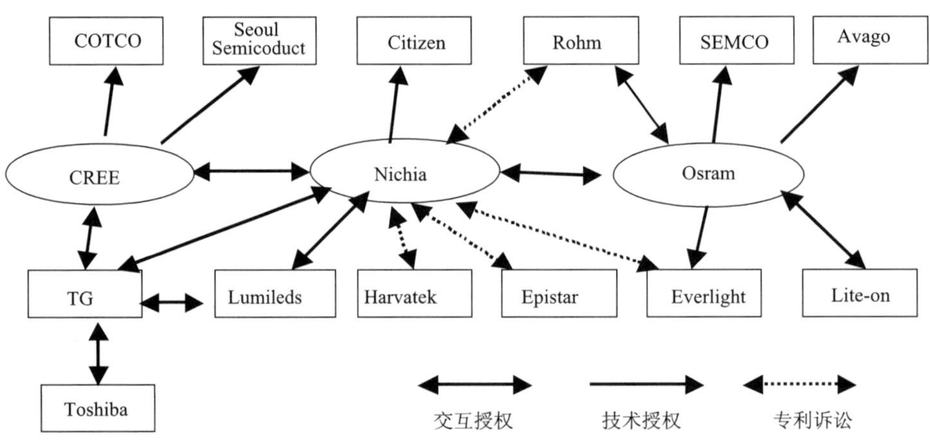

图 1 主要专利事件关系图

2005 年以来,随着技术进步和更多企业、研究机构进入半导体照明领域,以及半导体照明产品范围不断扩大,有更多公司拥有了相关专利,特别是随着半导体照明应用产品种类和生产厂商越来越多、市场规模急剧扩大,专利关系也越来越复杂。

在这种形势下,怎样保证一个公司产品的零配件不会侵犯其他公司的专利权就是一个迫切需要解决的问题。从法律角度来看,单纯听信卖家的承诺显然不够,极有可能要冒侵权的风险;聘请专利律师进行调查可以解决这个问题,但要花费大量的时间和资金,并不是每个企业都有能力采用。

因此成立相关的联盟组织就成为解决这个问题的最佳选择。

2006 年,韩国半导体产业协会和韩国展览设备材料产业协会共同参与,由半导体和展览设备领域包括三星电子、LG 电子等 32 家大、中小企业组成的“专利联盟”。该联盟的成立旨在应对发达国家对韩发起的专利侵权诉讼攻势和保护本行业专利,主要职能与措施是:通过聘用企业、研究机构的专利专家和律师等,制定应对专利纠纷的对策、战略,研究开发确保核心关键技术的保护对策等。

2006 年 5 月美国固态照明公司 Intematix 及 BridgeLux 也采取类似的解决方法:组成知识产权安全照明业联盟(IPSLA)。IPSLA 为半导体照明的零配件供应商提供了一个网络平台,联盟成员的产品及工艺都经由资格专利律师检查证明其在任何方面都不侵权,以保证成员之间购买的零配件不会有违权行为。预计,此类的知识产权联盟会在全球范围内得到发展,以保证半导体照明成为一个成熟的行业,并促进其在各个相关领域的应用。

透视 2006 日亚专利事件

赵兴华
中国半导体照明网

摘　要

随着亚洲 LED 制造商的崛起及 Osram、Cree、Lumileds 等公司不断通过专利授权战略扩大市场渗透率，日亚面临了巨大压力并被迫放弃了 404 专利和在韩国的 294490-2 设计专利。在合作成为大趋势的潮流中，日亚选择了相对缓和的态度。但与 Osram、Cree 等其他公司的专利授权不同，日亚对专利授权还相对保守，诉讼和解只是以被控告公司转为购买日亚产品为结果，却未发生进一步的授权。

关键词：日亚　白光 LED　专利诉讼　年专利策略

半导体白光照明的发展与日本日亚化学（Nichia）公司是分不开的，正是日亚率先突破 GaN 蓝光技术，才推动了半导体照明产业的真正形成和发展，也是其蓝光结合 YAG 荧光粉的白光技术使得白光 LED 走向实际应用。

作为全球技术的领先者，日亚公司认为“专利不是商品”，其专利战略策略定位于“不会为获得收入向其他公司提供本公司拥有的专利的授权”。由于拥有大量 LED 核心专利，这种专利策略将日亚与行业的发展更加紧密地联系在一起。虽然 2006 年，日亚对 LED 的专利垄断有所降低，但与之有关的专利诉讼与授权还在很大程度上直接影响着国际半导体照明产业的发展进程。

作为 LED 业内最专心捍卫自身权益的公司，日亚一直通过专利诉讼来维持自己在蓝光、白光 LED 及背光应用方面的市场，先后与美国 Cree、德国 Osram、日本丰田合成等公司发生过多次专利纠纷，并控告我国台湾地区、韩国等多家公司专利侵权。2006 年，日亚又卷入多起专利事件，但与以往不同，这些专利纠纷的重点和结局都有了很大变化。

2006 年，日亚有关的主要专利诉讼如下：

1. 日亚与韩国首尔半导体之争

日亚以侵犯其拥有的美国设计专利为由，于 2006 年 1 月将首尔半导体（SSC）告上了美国加州北部地区联邦地方法院。围绕着侧面发光型白光 LED（用于手机、数码相机和 PDA 等小型液晶面板背光源）的设计侵权问题，两公司展开了激烈交锋。最初，新加坡创新科技（Creative Technology）及其两美国子公司 Creative Holdings Inc、Creative Labs 因所销 MP3 中整合有 SSC 的 LED，也被日亚一并告上法庭。但在 2006 年 11 月 27 日，日亚宣布与创新科技及其两子公司达成互利的商业和解，而与 SSC 的诉讼仍在继续。

2. 日亚与 Intermatic 之专利诉讼圆满结束

2006 年 1 月 24 日，日亚就前客户 Intermatic（美国室内照明电器制造商）销售的某些白光 LED 产品（如 LZ21813KA）侵犯其美国专利事宜向美国地方法庭提交诉讼，并要求其终止销售此类侵权产品。因 Intermatic 允诺尊重日亚的知识产权，双方达成商业和解。

3. 日亚与台湾晶元握手言和

2006 年 4 月 7 日，经过长期的专利纠纷后，日亚与我国台湾地区晶元（Epistar）握手言和。在东京地方法庭上，晶元指出其最近已与同日亚有多年良好业务合作的我国台湾地区国联光电（UEC）合并，日亚则称晶元已承诺尊重日亚的知识产权。至此，两家间的所有纷争尘埃落定。

4. 日亚继续挥舞专利大棒控告亿光电子

日亚于2006年4月26日在其公司网站上宣布已向台湾法庭提交控告，控诉亿光(Everlight)所生产之型号99-215UWC/TR8及9-115UWC/XXX/TR8 LED产品，涉嫌侵害其手机背光用表面贴装(SMD) LED在台湾地区的专利(专利证书089036号)。对此，亿光表示相关产品已获D104147号专利证书，没有侵害日亚的专利。

5. 日亚与Moeller Electric达成和解协议

在2006年5月22日将Moeller Electric(德国Moeller在日本的子公司)告上大阪地方法庭后，日亚于2006年10月4日宣布与Moeller达成和解协议，撤销诉讼，Moeller同意停止使用可能造成侵权的LED，转向日亚购买。

6. 日亚起诉宏齐侵权

日亚宣称由台湾宏齐(Harvatek)公司推出的一款LED (HT-V135BP)产品侵犯了其表面安装LED专利。这款有争议的LED产品主要用于便携LCD背光。日亚公司表示将会进行必要的行动来保护它的知识产权。而宏齐表示已开始进行调查并没有发现有侵犯日亚专利之嫌，已经将这个案件委托给律师处理。

7. 日亚韩国设计专利战败北

2006年12月12日，在Baron Tech与日亚的设计专利诉讼中，韩国智慧财产权局(KIPO)裁决日亚8项侧面发光LED(用于手机、PDA、数码相机、导航设备)的韩国设计专利无效。日亚声明已向法院递交申请，表示放弃设计专利。日亚解释称，由于韩国设计专利体系的独特性，导致了该专利最终陷入被判无效的状态，因此韩国的专利无效事件并不会影响到其他类似诉讼的判决。此案中涉及的专利，与日亚1月控告韩国首尔半导体及其美国子公司所侵犯设计相同，预计将为SSC带来正面影响，美国北加州地方法庭可能就“日亚的设计专利是否有效”提出质疑。Baron Tech这个不知名的LED背光生产商，成为第一家抵抗并击败日亚专利诉讼的公司。

8. 日亚控告英国ARGOS公司

2006年11月18日，日亚宣布已向伦敦高级法庭(专利法庭)提起诉讼，控告英国ARGOS LIMITED公司的120白光多功能LED灯(在06年秋冬销售)和144多功能白光LED蟹爪灯(Crab Light，在2005年秋冬销售)，至少对日亚的两项欧洲专利造成了侵权。诉讼还包括赔偿损失和未来侵权之永久禁止令的申讼，并已于2006年11月初向ARGOS送达传票。

除以上专利诉讼，日亚在其网站上还宣布与日本Boshisha公司达成和解。

2006年4月18日，日亚发表声明澄清放弃404(有关氮化镓蓝光LED外延专利，日本专利2628404)专利并非意味着其他公司可不违权生产LED。之前，日亚前职员、404专利的发明者中村修二与日亚就此专利归属及赔偿方面的纠纷一度成为焦点。日亚称，此次放弃的国外专利包括404及其相关专利。对其他公司是否可自由生产LED的询问，日亚称虽然放弃了404专利，但仍拥有许多其他关于氮化镓外延生长和LED的专利。

通过2006年的诉讼事件，可以看出日亚的专利策略出现了一些新的特点，在很大程度上，也代表着行业专利策略的发展趋势已经发生转变。

(1) 焦点转移：蓝光到白光。不难看出，日亚与其他公司的专利纠纷重点正由蓝光LED转为白光LED，应用领域也转向LCD用背光照明。最近与韩国Baron Tech的诉讼，更是将外观设计专利炒得火热。以2006年一度成为热点的404专利为例，404专利共在日本、美国、英国、德国、荷兰、意大利、法国等7个国家申请专利并获得批准，但在新年金交纳期限到来后，日亚宣布404专利的专利权将被正式放弃。虽然日亚声称还拥有多项蓝光LED专利，但依蓝光LED的发展估算，蓝光专利也多半面临有效期满的问题。而日亚专利侵权案涉及的白光LED专利却多在2003～2005年获批，再加上近几年其他拥有白光LED专利的国际大厂纷纷开展授权攻势、白光LED应用范围不断扩大，内忧外患，使得日亚逐渐将精力转为保护白光LED专利。

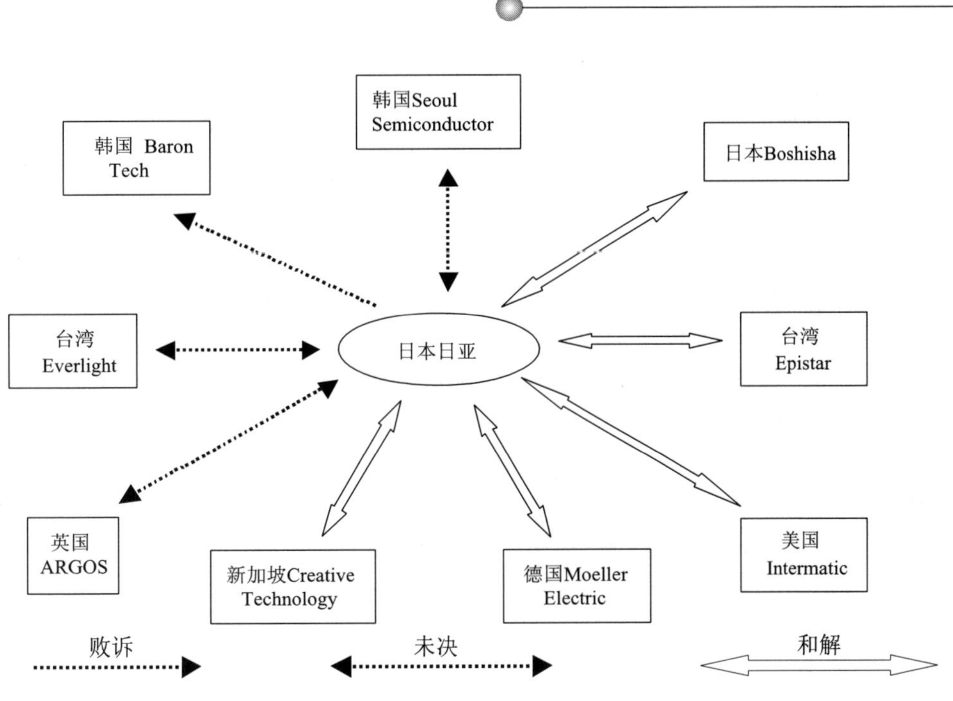

图 1　2006 日亚主要诉讼关系图

(2) 诉讼区域:聚集日美。从与日亚发生纠纷的公司的总部地点分析,以亚洲(我国台湾地区、日本、韩国)居多。亚洲 LED 业起步虽晚但发展迅速,尤其是我国台湾地区,已在全球 AlGaInP 市场居主导地位,蓝光 LED 产能也增长迅速,这无疑对日亚的垄断地位造成了威胁。值得一提的是首尔半导体(SSC)公司,这家韩国公司近些年发展飞速,单 2006 年后几个月就推出 240lm 单芯片白光 LED 和可由家用 AC 电流驱动的 LED,并于 2006 年 12 月末选择 Avnet Electronics 公司负责在美国分销其全部 LED 产品。日本本土及美国是日亚的重要目标市场,其他亚洲厂商的大肆进入势必会抢占日亚的市场份额,面对这一情况,日亚必然要奋起阻击。这也是为什么被告以亚洲公司为主,而诉讼区域却集中在美、日的原因。

(3) 诉讼策略:和解为主。对于专利诉讼,日亚倾向于利益优先、和解为主。在 2006 年所涉及的 9 项诉讼中,除 1 项败诉、3 项未决外,其余 5 项都以和解收场。

日亚先后于 2003 年 9 月及 12 月声称晶元侵犯其蓝光 LED 专利权,这也是日亚对我国台湾地区 LED 制造商的首次发难。而晶元和国联光电(国联与同日亚有多年良好业务合作)在 05 年 8 月 15 日宣布合并后,日亚 06 年选择与晶元握手言和。

最能体现日亚和解策略的案例,当属日亚与首尔半导体(SSC)的专利之争。起先,新加坡厂商 Creative Technology 及其在子公司因其销售的 MP3 中整合有 SSC 的 LED 也一并被日亚起诉。之后,日亚又与 Creative Technology 及其两子公司和解,全力对付 SSC。将矛头直指侵权 LED 出处,而放弃控告其他相关公司,精力集中固然是一方面的考虑,利益的考虑也不该忽视。先对相关公司造成心理压力,让其对涉嫌侵权的产品心存忌惮,再抛出橄榄枝使其成为自己的客户。与日亚和解的公司,确实也多半会转购日亚的产品,这使得日亚的专利诉讼攻略有抢客户之嫌。

(4) 专利授权:依然保守。日亚 2004 年公布其专利战略方针时,曾表示不会为获得收入而向其他公司进行专利授权,以免在专利有效期结束后因专利使用费收入的减少而步入衰退。纵观这两年,日亚除了与专利互补的大厂进行交叉授权并授权台湾光磊科技外,并未见其他举动,当然,日亚门槛高可能也是让制造商望而却步的另一原因。

在蓝光专利捍卫战中,日亚一度强势、所向披靡,但随着一批拥有蓝光自主知识产权制造商的崛起,日亚开始频频受挫,最后选择与丰田合成、Cree、Lumileds、Osram 达成授权协议,并放弃了 404 专利;而在白光 LED 专利战中,日亚又循着老路,频频挑战各大制造商,终于兵败韩国,甚至被迫放弃了专利权。蓝光、白光专利战略如此相似,可以推断,日亚与其他专利大厂进行白光 LED 交叉授权(日亚已与 Cree 签订白光 LED 交叉授权协议)的步伐将会加快,但其对我国台湾地区、韩国等生产厂商的授权将仍然采取谨慎态度。

通过2006年的专利事件及其最终结果,可以看出,随着LED专利集中度的降低和外围专利的增加,特别是随着亚洲LED制造商的崛起及Osram、Cree、Lumileds等公司不断通过专利授权战略扩大市场渗透率,使日亚面临了巨大压力,并被迫放弃了404专利和在韩国的294490-2设计专利,使得日亚的专利垄断性变得松动。

在这些压力下,日亚在专利纠纷上选择了相对缓和的态度,虽与多家公司发生的专利侵权诉讼,多以商业和解拉下帷幕。但从国际专利分布来看,日亚在白光及背光领域仍然拥有较大专利优势,其专利保护期仍然较长,预计日亚对专利授权还会相对保守,近期内不会采取积极授权的行动,其和解策略将以对方购买日亚产品为主。虽然日亚对专利侵权公司的和解要求会逐渐降低,但其专利授权谨慎、专利诉讼维护其市场利益的策略和行动在2010年前将不会发生明显改变。

附录1:2006年日亚专利诉讼一览表

专利纠纷公司	国别	判决地点	专利涉及	用途	日亚专利号	时间(2006)	状况	详情
ARGOS	英国	英国	白光LED	圣诞照明灯		12月	未决	日亚控告ARGOS LIMITED在06、05年秋冬销售的白光LED灯,至少对其两项欧洲专利造成了侵权
Baron Tech	韩国	韩国	侧面发光LED	手机、PDA、数码相机、导航设备	韩国设计专利294490-2	12月	日亚败诉	Baron Tech因所销售MP3中整合有SSC的LED而成为被告。韩国知识产权局判定日亚设计专利无效,日亚放弃该专利
Seoul Semiconductor	韩国	美国北加州	SMD LED	手机、PDA、MP3及其他便携设备	美国设计专利D491538、D490784、D499385、D503388	1月	未决	日亚以SSC侵犯其美国设计专利为由,于2006年1月将SSC告上美国加州北部地区法院
Creative Technology	新加坡	加州北区		MP3		11月	和解	Creative Technology及其在子公司Creative Labs, Inc., Creative Holdings因所销售MP3中整合有SSC的LED而成为被告
Moeller Electric	日本	大阪	蓝光LED		日本专利2770717、3356034及3656456	10月	和解	日亚与Moeller达成和解协议,撤销诉讼,Moeller同意停止使用可能造成侵权的LED,转为向日亚购买
Boshisha	日本	大阪	白光LED	圣诞照明灯	日本专利3503139	1月	和解	Doshisha允诺尊重日亚的知识产权,并向日亚购买LED
亿光Everlight	我国台湾地区	我国台湾地区	SMD LED	手机背光	台湾地区设计专利089036	4月	未决	日亚声称已向我国台湾地区法庭提交控告,控诉亿光所生产之型号99-215UWC/TR8及9-115UWC/XXX/TR8 LED产品涉嫌侵权。亿光声明未收到任何通知
晶元Epistar	我国台湾地区	东京	蓝光LED		台湾地区专利160722	4月	和解	晶元指出最近已与同日亚有多年良好业务合作的我国台湾地区国联光电(UEC)合并。日亚则称晶元已承诺尊重日亚的知识产权
Intermatic	美国	美国	白光LED		美国专利5998925	1月	和解	Intermatic允诺尊重日亚的知识产权,双方达成商业和解

附录 2:部分纠纷专利信息

日本专利 2628404(404 专利):涉及利用垂直、水平气流(双流式)生长 GaN LED 的 MOCVD 系统。

D491538 专利(美国):白光 SMD LED

申请日期:2002-05-1　公布日期:2004-06-15

D503388 专利(美国):白光 SMD LED

申请日期:2003-07-21　公布日期:2005-03-29

D499385 专利(美国):白光 SMD LED

申请日期:2003-10-28　公布日期:2004-12-07

D490784 专利(美国):白光 SMD LED

申请日期:2003-07-21　公布日期:2004-06-01

3503139 专利(日本):白光 LED

申请日期:2003-12-19　公布日期:2004-03-02

摘要:在蓝光 LED 芯片上涂敷能被蓝光激发的 YAG 荧光粉,芯片发出的蓝光与荧光粉发出的黄光互补形成白光。

160722 专利

公告/公开号　00403945

专利名称　具有欧姆电极之 III-V 族氮化镓基化合物半导体装置及其制造方法

公告/公开日期　2000-09-01　申请日期　1994-04-27

发明人/国家　中村修二(日本)、山田孝夫(日本)、妹尾雅之(日本)
山田元量(日本)、板东完治(日本)

申请人/地址/国家　日亚化学工业股份有限公司(日本)

摘要:本发明是有关一种氮化镓系Ⅲ-V 族化合物半导体装置,该半导体装置包含有在基板上形成的氮化镓系Ⅲ-V 族化合物半导体积层构造,及连接在该半导体层而形成的欧姆电极。

上述欧姆电极包含金属材料,并予以 400℃以上温度冶炼。

5998925 专利(美国):白光 LED 专利。在蓝光 LED 芯片上涂敷能被蓝光激发的 YAG 荧光粉,芯片发出的蓝光与荧光粉发出的黄光互补形成白光。

标　准　4

半导体照明技术标准的现状与建议

彭万华

中国光学光电子行业协会光电器件分会

摘　要

本文描述我国LED技术标准现状,国外制定LED标准的动态,对我国制定半导体照明技术标准提些建议。

关键词: LED　技术标准　产品标准　建议

一、引　言

近几年由于半导体发光二极管(LED)在技术上有新的突破,高亮度及白光LED产品的应用面也不断扩大,原来低亮度LED产品的标准远远不能满足新产品的要求。随着半导体照明产品需求的不断增长,市场迫切要求有新的LED产品技术标准。由于LED产业发展迅速,国内外相关部门组织也积极开展制定LED技术标准,特别是近两年已制定或正在制定很多有关LED技术标准。现就有关标准制定情况分四个部分叙述,即早期LED产品标准、国内LED标准现状、国外LED标准动态及建议。

二、早期的LED产品技术标准

早期的LED产品,因为亮度较低,只作显示指示用,在我国的标准制定中,从属于半导体器件标准体系,其顶层标准是GB/T4589.1-1989《半导体器件分立器件和集成电路总规范》,这个总规范下有三个分规范:分立器件、集成电路和光电子器件,LED从属于GB/T12565-1990《半导体器件光电子器件分规范》,这些基础标准有术语、额定值和特性、测试方法和机械/环境试验方法等,其中有一部分标准内容是LED或LED产品可采用的,这些标准见表1。

表1　LED有关的部分标准

序　号	标准编号	标准名称	对应IEC标准	标准分类
1	GB/T2900.66-2004	电工术语半导体器件和集成电路	IEC60050-521:2002	基础标准
2	GB/T4589.1-1989	半导体器件分立器件和集成电路总规范		产品标准
3	GB/T4937-1995	半导体器件机械和气候试验方法		基础标准
4	GB/T11499-2001	半导体分立器件文字符号		基础标准
5	GB/T15651-1995	半导体器件分立器件和集成电路第5部分:光电子器件	IEC60747-5:1992	基础标准
6	GB/T15651.2-2003	半导体器件分立器件和集成电路第5-2部分:光电子器件基本额定值和特性	IEC60747-5-2:1997	基础标准
7	GB/T15651.3-2003	半导体器件分立器件和集成电路第5-3部分:光电子器件测试方法	IEC60747-5-3:1997	基础标准

续表

序　号	标准编号	标准名称	对应 IEC 标准	标准分类
8	GB/T12565-1990	半导体器件光电子器件分规范	IEC60747-12	产品标准
9	GB/T18904.3-2002	半导体器件第 12-3 部分：光电子器件显示用发光二极管空白详细规范	IEC60747-12-3:1998	产品标准
10	SJ/T2355.1～7 1983	半导体发光器件测试方法		方法标准
11	SJ/T2684-1986	半导体发光器件外形尺寸		基础标准
12	SJ/Z9171-1995	录像机用 φ3mm 绿色园顶发光二极管认定规范		产品标准
13	SJ/T10947-1996	电子元器件详细规范 FG341052、FG343053 型半导体绿色发光二极管		产品标准
14	SJ/T10948-1996	电子元器件详细规范 FG313052、FG314053、FG313054、FG314055 型半导体红色发光二极管		产品标准

另外还有荧光粉、蓝宝石、树脂和引线框架等相关标准，这些标准对现有 LED 产品不适用，不作介绍。

三、国内半导体照明技术标准的现状

随着 LED 技术上的突破，不断出现的高亮度 LED、蓝光和白光 LED、功率 LED 和 LED 模块，早期 LED 的技术标准远不能满足要求，特别是近年来发展起来的半导体照明产品，更需要重新制定产品标准。近两年科技部、信息产业部等相关部委均在积极推动 LED 相关标准的制定工作，现将有关内容作如下介绍。

（一）LED 技术标准体系

根据 LED 产品发展的特点，可将 LED 技术标准体系分为两大部分：

(1) 半导体发光二极管器件产品的标准体系。这里主要包含高亮度 LED 的主要原材料、衬底、外延片、芯片、器件、LED 模块、荧光粉等的基础标准、方法标准和产品标准。

(2) LED 应用产品的标准体系。LED 应用产品根据现有产品可分为五大类，如图 1 所示。

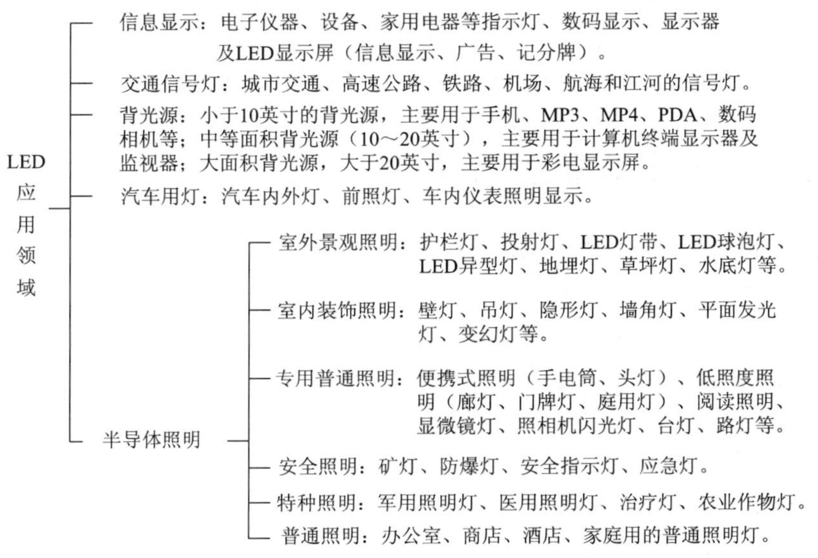

图 1　LED 应用产品分类

针对不同的 LED 应用产品要分别制定相关产品标准，其中半导体照明产品虽然品种繁多，但可先制定通用的基础标准和方法标准，并根据产品的市场需求和成熟程度，分别制定相关产品标准。

(二) 制定LED技术标准的概况

由科技部、信息产业部和相关部委积极推动的LED技术标准制定工作,现已取得一定进展。分叙如下:

信息产业部于2005年11月成立"半导体照明技术标准工作组",其工作组的秘书处设在信息产业部电子技术标准化研究所,工作组由信息产业部、科技部、中国光学光电子行业协会光电器件分会及相关的高校、研究所和企事业单位组成,现有成员单位47个,根据产业发展需要,正在组织制定、送审和报批阶段的LED相关标准共13项,如表2所示。

表2 LED标准制定项目工作进度表

序　号	标准名称	标准分类	工作分类		
			申请立项	送审阶段	报批阶段
1	半导体二极管测试方法	方法标准	√	√	2006/12/30
2	功率发光二极管空白详细规范	产品标准	√	√	2006/12/30
3	半导体照明标准体系框架、框架园及明细表	基础标准	—	2007/6/30	2007/12/30
4	半导体照明术语和定义	基础标准	2006/8/30	2007/6/30	2007/12/30
5	功率发光二极管芯片技术规范	产品标准	2006/11/30	2007/6/30	2007/10/30
6	发光二极管芯片测试方法	基础标准	2006/8/30	2007/8/30	2007/12/30
7	小功率发光二极管空白详细规范	产品标准	2006/8/30	2007/8/30	2007/12/30
8	发光二极管用荧光粉	产品标准	2006/8/30	2007/8/30	2007/12/30
9	发光二极管产品系列型谱	产品标准	—	2007/6/30	2007/12/30
10	发光二极管寿命试验方法	基础标准	—	2007/12/30	2008/6/30
11	半导体照明能效性研究	基础标准	—	2007/6/30	2007/12/30
12	氮化镓基发光二极管蓝宝石衬底片	产品标准	2006/11/30	2007/6/30	2007/12/30
13	发光二极管光辐射安全性研究	基础标准	—	2007/8/30	2007/12/30

部分LED应用产品的标准已由相关部门组织制定:

(1) 信息产业部组织制定的"LED显示屏技术标准"三项已完成。

(2) 公安部组织制定的"LED交通信号灯技术标准"已完成。

(3) 铁道部组织制定的"LED铁路信号灯技术标准"正在制定中。

(4) 煤炭部组织制定的"LED矿灯技术标准"已完成。

全国照明电器标准化技术委员会的相关组织部门,也正在制定LED光源及照明产品技术标准和测试方法。

一些地方相关组织、协会也正在制定适合本地区采用的部分LED应用产品技术规范。

四、国外制定LED技术标准的动态

对早期低亮度LED产品,国外相关标准化组织均制定了LED的相关标准,主要是IEC国际电工委员会属下的SC74E半导体分立器件分技术委员会,已制定一系列相关标准(参见表1)。这里不作详细介绍,现将近几年制定高亮度LED及LED光源的相关标准介绍如下:

(一) 国际电工委员会(IEC)

IEC/ISO TC34灯及相关设备技术委员会,已制定LED应用于照明方面的灯具支架和控制装置的三项标准,并已发表,另有一项标准在制定之中,见表3所示。

(二) 国际照明委员会(CIE)

CIE已制定和正在制定半导体照明技术标准有白光LED光源的颜色重现和LED的强度、光学特性和光度学特性的测量方法。

- TC2-45,"Measurement of LEDs"CIE17X-2006,Revision of CIE 127-1997

表 3 IEC 制定的相关标准

序 号	标准编号	标准名称
1	IEC60838-2-2(2006-05)	Miscellaneous lampholders-Part2-2: Particular requirements-connectors for LED-modules
2	IEC61347-2-13(2006-05)	Lamp controlgear-Part2-13;Particular requirements for d. c. or a. c. Supplied electronic controlgear for LED modules
3	IEC62384(2006-08)	DC or AC Supplied electronic controlgear for LED modules-performance requirements
4	IEC62031ED. 1. 0(OOV)	LED modules for general lighting-Safety specifitions(在制定中)

- TC2-46,CIE/ISO Standard on LED intensitymeasurements
- TC2-50,Measurement of theoptical of LED clusters and arrays
- TC58,Measurement of LED radiance and luminance
- TC1-62,Color rendering of white LED light Sources
- R4-22,Use of LEDs in Visual signaling
- TC6-55,Light Emitting Diode(Photobiological safety)

（三）固态照明系统及科技联盟（ASSIST）

由美国、日本、欧洲八个大集团公司共同组成的 ASSIST，于 2005 年制定的“普通照明用 LED 寿命”技术标准包含三项标准内容：

“LED Life for General Lig 和 ting”

- Definition of Life
- Measurement Method for LED Components
- Measurement Method for LED Systems

（四）日本照明组织系统

日本照明组织系统于 2004 年由日本电球工业会发起，组织日本主要照明集团公司共同制定了“白光 LED 照明测量方法”的标准，主要内容是测量白光 LED 组件、白光 LED 模块的光度学特性和全光束测试方法。现已发表，其标准编号为：

- 日本照明协会技术:JIES009
- 日本照明委员会:CIES001
- 日本照明器具工业会:JIL9003
- 日本电球工业会:JEL311

五、制定我国 LED 技术标准的几点建议

由于 LED 产业迅速发展，而且 LED 产品繁多，制定相关标准涉及面广，为此，如何加快制定 LED 相关标准，提出如下几点建议：

（一）政府相关部门要高度重视 LED 标准的制定

政府相关部门要统筹规划，产业链上下游分工合作，不要重复制定、浪费资源和精力。要调动相关行业、联盟、企业和地方部门或协会组织的积极性，使相关人员能积极参与制定 LED 标准，并给予一定的经费支持。

（二）抓紧高亮度及白光 LED 基础标准和方法标准的制定

以信息产业部组织的“半导体照明技术标准工作组”为主导，尽快完善 LED 技术标准体系、基础标

准、方法标准的制定,对较成熟的LED器件和关键原材料、配套件的产品标准要加紧制定。

(三)积极开展LED主要应用产品技术标准的制定

近期应重点抓紧LED主要的三大应用产品,即LED背光源、汽车用LED灯和半导体照明产品技术标准的制定。对较成熟的LED应用产品,可直接制定产品技术标准。对尚未成熟的系列产品,可开展标准研究,首先制定该系列产品统一的名词、术语、产品分类,以及产品的主要技术指标,并根据不同产品特点提出初步的质量考核指标和考核方法,逐步形成该系列产品的初步技术规范草案,可在行业内或某些地区作为推荐性技术标准规范,并在实际使用中逐步修订。待较成熟时,由主管部门出面组织评审、修订,并形成报批稿申报国家级行业标准(部标)或国标。

(四)大力开展国外LED照明标准的研究

近两年来国外制定或正在制定的有关LED标准已有不少,如上面所提的,国内应该要有专门的组织部门或单位对国外的LED相关标准进行深入研究,提出研究成果,一方面可为我国制定LED相关标准时参考、借鉴,另一方面也可让我国制定的LED相关标准与国际上尽早接轨。

作者简介

彭万华 男,高级工程师,现任厦门华联电子有限公司顾问、中国光学光电子行业协会光电器件分会秘书长、信息产业部"半导体照明技术标准工作组"副组长。曾长期担任厦门华联电子有限公司总工程师,一直从事集成电路、光电子器件和LED的技术研发工作,主持六项国家级项目和几十项LED新产品开发项目并取得很好成果,获省、市科技进步奖和优秀新产品奖十多项。编写论文20多篇,在相关杂志和专业会议上发表。

照明 LED 产品应用标准及其体系建设

屈素辉
北京电光源研究所

摘 要

随着 LED 技术的迅速发展和在特殊照明领域的广泛应用，对照明用 LED 相关标准的关注度日益提高。本文介绍照明 LED 技术标准的国内外发展现状、有关照明用 LED 模块的国际标准的主要内容，以及照明 LED 标准体系建设的情况。

关键词：发光二极管 照明 标准

一、建立照明 LED 标准的目的和意义

LED(发光二极管)是当今照明领域中最具发展前景的照明产品之一。LED 为固态冷光源，具有高效、节能、环保、寿命长、体积小、响应速度快、耐振动、易维护等优点。LED 照明最初用于显示照明，随着技术和性能上的突破，其应用领域也逐步拓展，现已广泛应用于室内外普通照明、装饰照明、城市景观照明、汽车灯、信号灯、背光源等多种照明领域，LED 产品市场需求旺盛。2003 年，我国科技部启动了“国家半导体照明工程”计划，“十一五”国家高技术研究发展计划(863 计划)的“半导体照明工程”重大项目也即将实施，在这些重大项目的大力推动下，我国半导体照明产业规模正不断扩大。

半导体照明作为新兴的高新技术产业，具有发展快、变化快、更新快、技术含量高等显著特点，目前处于迅速发展的阶段，潜力巨大。然而，由于目前缺乏统一的行业标准和管理，产品质量得不到保证，致使市场出现无序竞争的局面。为此，应当加快 LED 产品及其应用的标准化和规范化工作的步伐，为 LED 照明产品制定相关的标准规范和检测方法，规范现有的检测系统，只有这样，才能使产品的研发既有章可循，又有明确的目标和方向，同时，也能规范 LED 照明产品的生产，提高产品质量，让产品的使用更加科学合理。

产品标准化体系是产业发展的重要基础技术平台，是引导产品的生产和研究的重要条件。对于半导体照明的标准化体系，目前国外也尚在建立和研究阶段，我国在半导体照明方面的相关标准和评价体系虽较薄弱，但通过科学决策、高效率组织实施和积极的技术攻关，不断改进和完善标准化工作，将会有效地推进照明半导体产品的技术进步，促进照明 LED 产品的生产和质量的提高，规范市场，引导行业健康发展。

二、照明 LED 标准发展概况

(一) 国外发展现状

目前国际上从事照明 LED 标准化研究的标准组织有国际电工委员会(IEC)、国际照明委员会(CIE)和各国对应的标准化组织及相关企业。国际电工委员会和国际照明委员会都非常关注 LED 的发展及相关 LED 器件的标准化工作。CIE 曾经发表过 LED 检测方法的技术报告，由于近年来 LED 产品的技术发展迅速，CIE 目前正在对测试方法标准进行修订。IEC 近两年也加大了对 LED 标准的研究，相继对 LED 模块、LED 连接件及 LED 控制件提出了标准草案。

由于目前还没有统一的照明 LED 产品性能方面的国际标准，且各国 LED 的研究发展速度不同，因

此发达国家都在积极准备建立自己的LED标准体系。美国正在根据照明LED的特性开展技术标准和测试方法的研究。日本则将研究重点放在照明用白光LED的测试方法和技术标准上。从事LED研究的国外企业如Lumileds、Philips、Osram等在积极参与国家和国际标准化工作的同时,也制定了自己的企业标准,规范了照明LED的光电参数,如电压、电流、光通量、色坐标、色温、显色性、寿命等指标。

(二)国内发展现状

目前我国还没有正式的照明LED产品的国家标准和行业标准。全国照明电器标准化技术委员会(SAC TC224)近两年来一直对半导体照明产品的技术进展及产品质量进行跟踪,搜集了大量有关LED的国内外知名企业的标准信息,掌握了目前照明LED的产品发展特点,现已申报照明LED的国家标准制订计划。国内一些从事照明LED的企业也在积极制定企业标准。另外,国内有关检测部门已经着手开展照明LED测试方法的研究和检测设备的开发。通过对国内外一些产品进行质量检测,获得基础数据,针对LED作为照明光源的具体特点,对其主要性能的检测方法进行分析,为制定标准打下了良好的基础。

目前正在研究的有关LED的标准有:普通照明用LED模块性能要求、普通照明用LED模块安全要求和普通照明用LED测试方法等,并在为今后开展照明LED控制装置、连接件、灯具、照明系统等产品的技术标准制定工作准备了相关的技术资料。

行业标准《普通照明用LED模块 性能要求》现已形成标准草案,正在讨论和修改阶段。该标准为推荐性标准,对普通照明用LED模块的分类、技术要求、试验方式、检验规则、标志、包装、运输、储存等方面分别作出了详细的规定。

在应用领域,国内相关标准化组织已制定了《道路交通信号灯》、《LED矿灯》、《LED显示屏通用规范》和《LED显示屏测试方法》等国家标准和行业标准。

三、照明LED国际标准简介

目前IEC已提出的有关照明LED模块的标准草案有4个,以下是对其技术内容的简要介绍。

(1) IEC 62031:LED modules for general lighting - safety requirements

普通照明LED模块 安全要求

该标准规定了LED模块的一般要求和安全要求。主要技术内容包括:一般要求、试验说明、分类、标志、接线端子、接地保护装置、防止意外接触带电部件的保护、防潮和绝缘、介电强度、故障状态、制造期间合格性试验、结构、爬电距离和电气间隙、螺钉、载流部件及连接件、耐热、防火及耐漏电起痕、耐腐蚀等。

(2) IEC 60838-2-2:Miscellaneous Lampholders Part 2-2:Particular requirements - Connectors for LED Modules

杂类灯座第2-2部分:LED模块用连接器 特殊要求

IEC 60838的该部分适用于杂类内置式连接件(包括LED模块内部连接用连接件),部分引用IEC 60838-1杂类灯座第1部分:一般要求和试验。主要技术内容包括:一般要求、试验的一般条件、标准额定值、分类、标志、防触电保护、接线端子、接地装置、结构、防潮、绝缘电阻和介电强度、机械强度、螺钉、载流部件和连接件、爬电距离和电气间隙、耐久性、耐热与防火、抗剩余应力和抗腐蚀性、抗震动性能等。

标准中规定的特殊安全要求有:最大额定电压、最小额定电流、额定工作温度范围;连接导线的最小截面积;用于连接器的温度变化试验和循环湿热试验的具体方法;连接器触点和连接线电阻的测量方法;连接器的振动试验方法等。

(3) IEC 61347-2-13:Lamp controlgear - Part 2-13: Particular requirements for d. c. or a. c. supplied electronic controlgear for LED modules

灯的控制装置第2-13部分:LED模块用交流/直流电子控制装置 特殊要求

IEC 61347的该部分适用于使用250V以下直流电源和1000V以下、50Hz或60Hz交流电源的LED

模块用电子控制装置。在引用 IEC 61347-1 灯的控制装置第 1 部分:一般要求和安全要求条款时规定了条款的适用范围和各项试验的实施顺序,还规定了必要的补充要求。除给出与 LED 模块用直流或交流电子控制装置有关的术语和定义外,规定了对试验样品数量的补充要求、根据防电击保护措施的分类方法、强制性标志和补充标志、对防止意外接触带电部件的补充要求、防潮与绝缘的补充要求、介电强度的补充要求、变压器加热试验要求、控制装置在异常状态下的检验方法、对结构的补充要求等,并在附录中给出 LED 模块用独立式安全特低电压直流或交流电子控制装置的特殊补充要求。

(4) IEC 62384:Performance of controlgear for LED modules d. c. or a. c. supplied electronic controlgears for LED modules - Performance requirements

发光二极管模块用交流/直流电子控制装置　性能要求

该标准规定了使用 250V 以下直流电源和 50Hz 或 60Hz,1000V 以下交流电源,其工作频率不同于电源频率的电子控制装置的性能要求。主要技术要求包括:试验的说明、分类、标志、输出电压和电流、线路总功率、电源电流、生频阻抗、异常条件下的工作试验、耐久性等。此外,在附录中规定了试验的一般要求、容性负载的测量和声频阻抗的测量等要求。

在这些标准中,IEC 60838-2-2、IEC 61347-2-13 和 IEC 62384 已转换为正式标准出版,IEC 62031 仍在修订中。这四项标准是所有 LED 照明标准的基础,满足这四项要求的产品能可靠工作,在正常使用时不应对用户或周围环境造成危害。

CIE 已制定了一些 LED 测量方面的标准,部分标准将作为 CIE/ISO 以及 CIE/IEC 的联合标准,以统一国际间 LED 的测量问题。CIE 有关 LED 标准的出版物有:CIE 127:Measurement of LEDs(LED 测量方法)、CIE/ISO standards on LED intensity measurements(CIE/ISO LED 强度测试标准)。

四、照明 LED 标准体系

照明半导体标准体系的层次应按照半导体照明工作的总体思路科学地划分,力求完整和全面。标准体系中各个标准之间应互相联系并协调一致,标准中技术指标应具有合理性和实用性。目前半导体照明产业仍处于发展阶段,产品存在很多不确定性,因此,应使标准能够适应并指导我国半导体照明产品的技术发展,而不是限制行业未来的发展。随着半导体照明技术的发展和国际标准的更新,标准体系也将不断变化和完善。

半导体照明产业从产业链角度可以分为上游、中游和下游。LED 用半导体衬底材料、外延片、芯片等的制造是上游产业;LED 的封装是中游产业;基于 LED 的半导体照明光源与灯具的制造是下游产业。照明 LED 标准体系包括 LED 照明产品标准和 LED 照明系统标准。其中,LED 照明产品标准分为基础标准、方法标准、性能标准和安全标准,系统标准分为测量标准、节能设计标准、使用规范标准、节电效益评价标准等。LED 相关产品包括 LED 光源、连接装置、控制装置、灯具等,LED 照明系统按照适用特点分为装饰照明、夜景照明、汽车照明、交通信号、矿灯、背光源、太阳能、路灯等照明系统,照明 LED 产品的标准见表 1。随着今后 LED 照明应用范围的不断扩大,LED 照明系统的标准内容将不断丰富和延伸。

表 1　照明 LED 产品标准项目明细表

序号	标准名称	标准级别	标准类别	相应国际标准
1	照明用 LED 测试方法	GB	方法	CIE127
2	照明用 LED 组件安全要求	GB	安全	IEC62031
3	照明用 LED 组件性能要求	GB	性能	
4	照明用 LED 组件用直流/交流电子控制装置安全要求	GB	安全	IEC61347-2-13
5	照明用 LED 组件用直流/交流电子控制装置性能要求	GB	性能	IEC62384
6	LED 用连接器特殊要求	GB	安全	IEC60838-2-2
7	LED 用连接器型式和尺寸	GB	基础	IEC60061-1
8	LED 用连接器量规	GB	基础	IEC60061-3
9	照明用 LED 灯具一般要求和试验	GB	安全	IEC60598
10	LED 矿灯技术规范	GB	性能	

续表

序　号	标准名称	标准级别	标准类别	相应国际标准
11	LED 显示屏技术规范	GB	性能	
12	LED 照明灯具光度测试	GB	性能	
13	LED 照明系统节能评价方法	GB	方法	
14	LED 照明系统设计规范	GB	性能	
15	LED 装饰照明系统技术规范	GB	性能	
16	LED 夜景照明系统技术规范	GB	性能	
17	LED 汽车照明系统技术规范	GB	性能	
18	LED 交通信号指示系统技术规范	GB	性能	
19	LED 背光源照明系统技术规范	GB	性能	
20	LED 夜景照明系统技术规范	GB	性能	
21	LED 太阳能照明系统技术规范	GB	性能	
22	LED 照明系统安装规范	GB	性能	

五、我国的照明 LED 标准发展思路

随着照明 LED 技术的迅速发展和“半导体照明工程”重大项目的实施，我国将逐步完善照明 LED 标准体系，制定并贯彻实施照明 LED 的相关标准；建立规范的照明 LED 评价与测试中心，为产品测试、评价，以及产业发展提供服务和支撑。预计在今后 2 年内将完成 6 项当前急需制定的照明 LED 国家标准项目，其他产品及应用标准项目也将陆续开展。标准制定工作重点考虑半导体和照明如何结合，如何体现半导体照明自身特性。照明应用方面已经有相当的商业化产品，但目前半导体照明产业仍处于发展阶段，未来的产品仍有许多的不确定性，所以制定半导体照明标准化体系应以指导行业发展为原则，应以目前国内企业的技术发展水平为基础，同时加强对国际标准和国外先进标准的跟踪和分析，使我国的标准水平从开始就与国际标准保持一致，以提高我国标准水平和产品的国际市场竞争力。希望在标准化机构、检测机构、研究机构和生产企业的共同努力下，尽早建立一套既能够适应我国 LED 照明产品的技术发展、又能与国际标准相接轨的照明 LED 的国家标准及体系，使之引导和规范我国半导体照明产业的发展，加速照明 LED 的技术进步及其推广应用。

作 者 简 介

屈素辉　女，毕业于南开大学电子科学系，获硕士学位；现任北京电光源研究所所长，全国照明电器标准化技术委员会秘书长，中国照明学会常务理事、副秘书长，北京照明学会副理事长，高级工程师。承担和参与了多项省部级科研课题和项目开发工作，在国内外学术期刊和会议上发表论文 20 余篇，组织编辑出版专业书籍 4 本，主持制定修订国家标准和行业标准 40 多项。其中《普通照明用双端荧光灯能效限定值及能效等级》等国家标准项目 2006 年获“中国标准创新贡献奖”一等奖。这些成果为我国照明电器事业的发展起到了积极的推动作用。

台湾LED产业发展与标准制定进展

台湾财团法人华聚产业共同标准推动基金会

近年来随着白光LED光输出效率不断提升，LED从低阶的产品应用如数字或讯号仪表、手机按键、到目前高阶的LCD背光源，以及未来受到期待的各种不同潜力的应用领域如：节能照明、车用光源、生物医疗等。由于对LED的光源及应用产品需求日益殷切，因此各种不同之LED材料、制程方式、封装结构也应运而生(参考图1)。

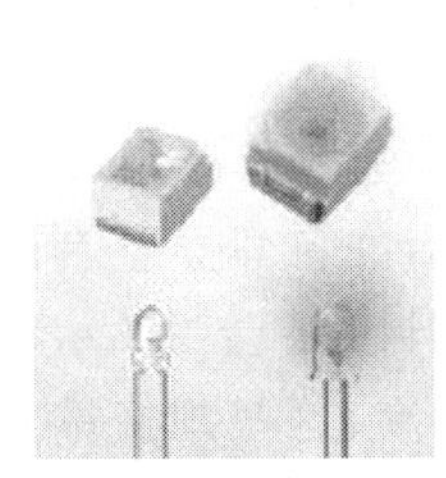

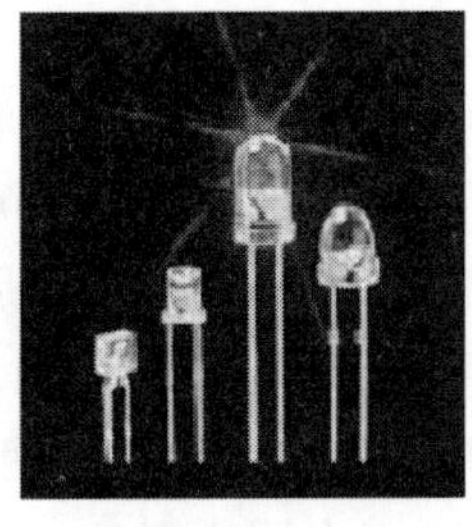

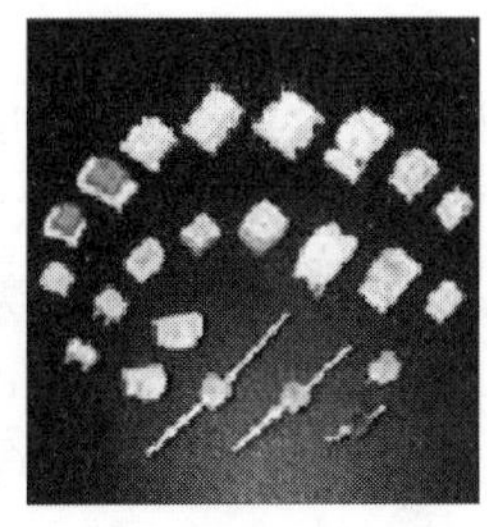

图1 各种不同封装结构之LED

然而，也因为目前LED形态种类繁多，LED的光、电、热特性与传统光源差异甚大，其应用产品的机械与安全性及可靠性亦不同于既有使用传统光源的产品，使得传统光源的量测技术与规范无法完整套用于现有的LED特性量测上。因此国际上各个主要研究机构与标准制定组织如国际照明委员会(Commission Internationale dE l′Eclairage, CIE)、国际电工委员会(International Electrotechnical Commission, IEC)美国国家标准与技术研究所(National Institute of Standards and Technology, NIST)、日本照明学会(JIES)、日本电球工业会(JEL)与中国大陆信息产业部等，纷纷着手进行LED量测技术标准之相关研究与制定工作，期望借由LED量测规范的推动，使得各种不同形式的LED光源能有正确性、可信赖性及一致性的评估标准，并进而将量测规范与LED应用结合加速产业化发展。而所谓加速LED应用产业化发展最被强调的是节能照明。LED光源与照明产品标准和测试规范的建立，将促进半导体技术进步与照明产品的生产和质量的提高达到加乘效果，对LED及照明产业发展将会产生巨大的经济效益和社会效益。

LED最重要的性能指针就是光学特性和电气特性。光学特性包括光通量、光强度、光强度分布、亮度、光谱分布、色度坐标等。在照明使用中除涉及光学性能外，还有其电器附件的特性、机械特性、温度特性和灯具安全特性等。严格说起来，目前国外没有半导体照明的标准，只有一般LED的测试标准和与普通光源有关的照明方面的标准。IEC60747-5：Semiconductor devices Discrete devices and integrated circuits是LED最早被制定的标准，是IEC于1992年制定的。IEC现有的LED标准有：

- IEC60747-5：半导体分离组件及集成电路。
- IEC60747-5-2：光电子组件之分类特征及要素。
- IEC60747-5-3：光电子组件之测试方法。
- IEC60747-12：光电子组件部分规范。
- IEC60747-12-3：光电子组件显示用LED空白详细规范。
- IEC62031：一般照明用LED模块的安规需求。
- IEC60838-2-2：各式灯 Miscellaneous Lampholders - part 2-2：particular requirements - Connectors for Modules。
- IEC 61347-2-13：Lamp controlgear- part 2-13 ：particular requirements for d. c. or a. c. supplied

electronic controlgear for LED modules。

· IEC 62384:Perforamnce of controlgear for LED modules d. c. or a. c. supplied electronic controlgear for LED modules- Perforamnce requirements。

IEC 60747-5-3 在规范中提及 LED 光强度之测量方法。然而只限于传统 5ψ lamp 封装形式之量测方法,时至今日由于 LED 技术不断进步,各种 LED 封装形式与应用需求不断增加,目前现有之 LED 标准已不敷使用。尤其近年 LED 产业受到极度重视,在大量资源投入下,技术成长速度惊人;100lm/W 或 100W package 相继面世,但相关的检验标准却人云亦云,面对 LED 即将进入一般照明的时代,一个可量测的标准平台建置已刻不容缓。

由于 LED 特殊之光电特性,国际照明委员会(CIE)于 1997 年发表了"Measurement of LEDs"(简称为 CIE-127),规范中针对 LED 之特殊光、电特性等作了探讨,并提出以平均 LED 光强度(Averaged LED Intensity;ALI)来规范 LED 的光强度量测。要求制定 LED 量测标准的呼声不断,CIE 已经成立专门的技术委员会 TC 2-45 研究 LED 的测量方法。但是随着技术的快速发展,许多新的 LED 技术特性 CIE 127 LED 测试方法没有涉及。为了修订与制定 LED 相关量测标准,中国大陆、日本及欧美各国对于 LED 照明技术及量测规范的研究亦不遗余力,甚至近年来韩国、俄罗斯等亦纷纷投入于 LED 标准的相关研究。如美国国家标准检测研究所(NIST)正在开展 LED 测试方法的研究,准备建立整套的 LED 测试方法和标准。日本照明学会(JIES)、日本照明委员会(JCIE)、日本照明器具工业会(JIL),以及日本电球工业会(JEL)在 2004 年年底共同制定了一套照明用白光 LED 的量测标准,这些规格编号是 JIES 009、CIE S001、JIL 9003 和 JEL 311。中国大陆也于 2003 年底正式启动 LED 固态照明相关国家型研究计划,进行 LED 关键技术研究开发、LED 应用产品开发示范及标准体系、发展战略研究和知识产权战略研究。

台湾的 LED 产业以封装技术起家,约有 30 年发展历史,20 年前光磊、鼎元等公司相继成立后,开始由下游向中游晶粒发展,而 10 年前左右国联、晶元光电的成立更强化台湾的产业结构、产业的自主性。如此历经 20 多年的发展,台湾建立了完整的上中下游生产供应链。目前台湾发光二极管产业(LED)在全球市场位居第二位并创造出产量全世界第一的全球领先地位,四元红光 LED 的产量已占全球产量的 85%以上。对应台湾 LED 标准制定的情形,台湾标准 CNS 中与 LED 相关的标准共 34 篇,可分成 6 类:指示型 LED、发光二极管户外显示屏、通信用发光二极管、自动控制用红外线发光二极管、LED 磊晶晶粒与封装以及最大宗的交通号志等。指示型 LED 标准制定最早,制定于 20 年前家庭代工的方式就能生产供货、台湾的封装业务最成熟的时期;LED 磊晶晶粒及材料标准于 10 前厂商投入进入上游产业后才制定,但内容只规范规格及检验项目,至于检验方法并未设定。近年来 LED 交通号志已几乎取代传统交通号志,台湾于 2001 年制定一系列行车管制号志、车道管制号志、行人专用号志之标准规范,因牵涉道路人车安全,故又特别针对光源模块之功能特性测试及可靠度测试分别制定标准。自 2001～今,台湾一直没有新的 LED 标准被公告出来,已制定标准因年代久远不合时宜无法引用,且此 34 篇标准大致与 LED 照明相关的产品标准、量测规范完全有待更新。不过由于白光 LED 的节能效率优势受到全球注目,近两年台湾省政府及工协会法人团体以至于企业,开始积极针对将爆发大量商机的产品进行共通性标准的讨论,尤其与公共工程有关者,如紧急照明灯、出口标示灯及避难方向指示灯两件 CNS 标准的修订,已经增列 LED 光源技术规范,正进行审查作业即将公告;LED 路灯灯具标准亦在运作中,即将透过企业的整合,由政府辅导计划进行标准之研究比对及产品测试验证,预计于两年内制定共通性草案,先推动成为企业标准再进入 CNS 系统;另外,既有 34 篇 LED 标准的修订将列为推动工作重点陆续进行。

LED 量测标准制定趋势,已由传统 lamp 封装形式扩大至高功率 LED 量测标准,甚至进一步扩展为 LED 模块量测标准。而整体 LED 标准制定趋势,亦渐由量测规范发展至产品规范、由上游晶粒标准发展至下游应用标准。台湾在提升与国际接轨之 LED 产品质量的发展策略,推动建立 LED 晶粒、组件模块、光源系统到照明应用产品的量测规范与质量改善方案为首要工作重点,除了参与国际 LED 标准制定之领导组织及机构,以厘清 LED 量测规范之重要议题;再则是要建立标准测试实验室,以建立具国际水平的标准测试实验室，为台湾 LED 产业提供良好的测试平台。近几年来由法人机构（工业技术研究院）协助标准检验局制定 LED 交通号志标准，借由工业技术研究院内标准测试环境协助各县市政府在 LED 交通号志的检测进行严格的把关，已建立良好的运作模式并积累了成功的经验，未来 LED 相关标准的制定及推动工作将使政府、工协会法人团体、企业紧密结合，共同为再创台湾白光 LED 产业新天地而努力。

LED 光学特性检测的国内外进展

叶关荣
浙江大学信息学院光电系

摘　要

本文介绍了国内外 LED 光学特性测试技术的最新研究成果，分析了国际 LED 对比测试数据。从光度学、色度学理论基础上，估算白光 LED 最高发光效率。对 LED 光色特性测试仪器提出了相应的技术指标建议，最后介绍了标准 LED 的特性和它应用的范围。

关键词：LED 测试　LED 光源

一、概　述

自 1968 年第一个红光 LED 问世以来，经过近 40 年的发展，LED 已形成各种光谱系列产品，单个 LED 的功率也从最初的零点零几瓦发展至数瓦，乃至数十瓦。1996 年白光 LED 研制成功使人们期待 LED 最终能进入照明领域，甚至进入家庭照明。最新白光 LED 的研究成果更是激动人心：小功率 LED 发光效率已达 100 lm/W，特别是 RGB-LED 的研究结果表明，LED 也可与常规三基色荧光灯一样获得各种不同的色温和均匀的照明环境。

LED 光源的进展和对它在照明领域中应用的期待，对相应的光学检测技术提出了新的要求。由于 LED 的光学特性与传统光源有较大的差别，需要研究适应这种新颖光源的测量方法。

二、国际照明委员会(CIE)、技术委员会(TC)相关 LED 的技术特性研究

国际照明委员会(CIE)有两个分部，即 D1 分部(视觉和颜色分部)和 D2 分部(光和辐射测量分部)。

D1 分部正在研究白光 LED 的显色性和相关的计量问题。D1：TC 1-65，TC 1-62 研究色表的目视测量和 LED 的显色性，并已转发这两个文件草案。TC 1-62 文件“COLOUR RENDERING OF WHITE LED LIGHT SOURCES”可能部分替代 CIE 13.3-1995 出版物，这两个文件已进入投票阶段。

TC 1-62 文件“COLOUR RENDERING OF WHITE LED LIGHT SOURCES”回顾了白光 LED 显色指数 CRI 的目视实验结果。CIE 13.3-1995 出版物中规定了 CRI 的计算方法，如果包含白光 LED 对 CRI 进行计算与目视结果有矛盾，文件确实存在这一矛盾。技术报告的结论是：如果应用包括白光 LED 在内的显色性计算，CIE 的 CRI 并不适用。技术委员会建议 D1 分部建立一组新的显色指数，这些显色指数不立即替代目前的 CIE 显色指数计算方法，这些新的显色指数作为 CIE CRI 的补充，在成功的应用组合新的显色指数后，再确定替代目前 CRI 的计算方法。

D2 分部成立专门的技术委员会 TC 2-45 研究 LED 的测量方法：TC 2-45 文件“MEASUREMENT OF LEDS”正在投票中，它将会替代 CIE 127 出版物。

三、LED 发光效率极限值

长期以来，半导体研究专家探索各种新技术以提高 LED 的内、外量子效率，2006 年已有关于小功率

白光 LED 发光效率超过 100 lm/W 的报导。为确立合理的 LED 发光效率期待值，需要从光度学、色度学基础上计算 LED 发光效率极限值。

1979 年 10 月第十届国际计量大会(CGPM)定义新坎德拉(cd)：坎德拉(cd)为发出单色辐射频率 540.0154×10^{12} Hz(波长 555nm)的光源在给定方向上的发光强度，在该方向上的辐射强度为：

1cd=(1/683)W /sr(波长 555nm)

1cd=1 lm/sr

1W=683 lm(波长 555nm)

如果忽略供电损耗、内量子效率、外量子效率数值，可以计算出各种光源和 LED 的发光效率极限值。

图 1 为理想等能白光在 CIE 1931 色品图上的 x、y 坐标位置，图 2 为人眼光谱光效率 $V(\lambda)$ 及理想等能白光的光谱功率分布。由于人眼的光谱响应特性，理想等能白光经 $V(\lambda)$ 加权计算后，可以得到在可见光谱范围内的理想等能白光极限发光效率为 182.45 lm/W。

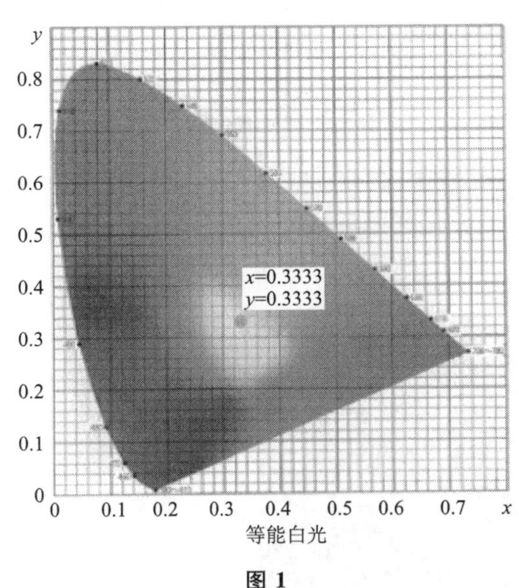

图 1

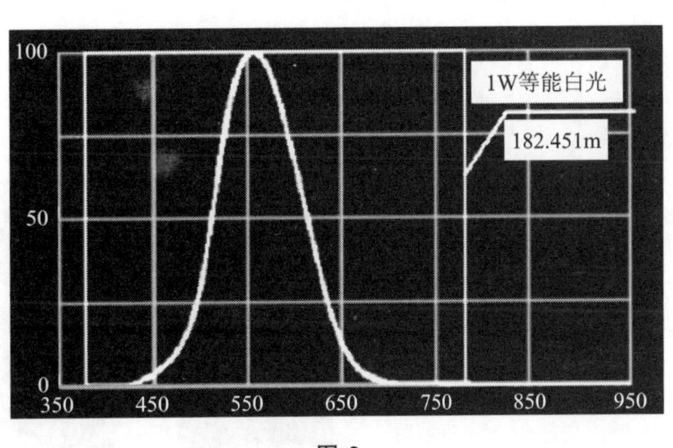

图 2

在照明领域中，一种新颖光源的诞生，寿命、光效是重要的质量指标，它对各种颜色的显色特性是照明光环境的另一重要质量指标。低压钠灯的两条黄色光谱线理论发光效率可达 450 lm/W(图 3)，实际光效超过 200 lm/W。但由于它的显色特性差，它最终被高压钠灯，金卤灯所替代。

考察 LED 这一新颖光源，在牺牲一些显色性指数 Ra 条件下，与理想等能白光比较，白光 LED 极限发光效率还会高一些，大约在 200 lm 左右。对于一个实际应用于照明领域中的白光 LED，发光效率目标值设定在 150～160 lm/W 是合理的。

除了照明应用的白光 LED 外，各种光谱的 LED 发光效率也可用图 3 估算。图 4 是三种红绿蓝(643nm、535nm、460nm)LED 的极限发光效率值。

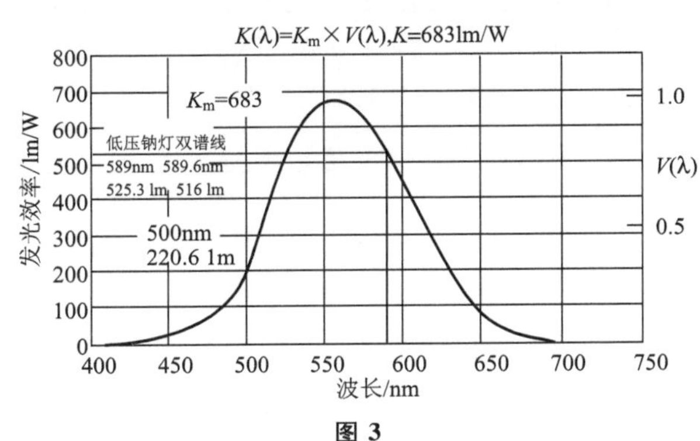

图 3

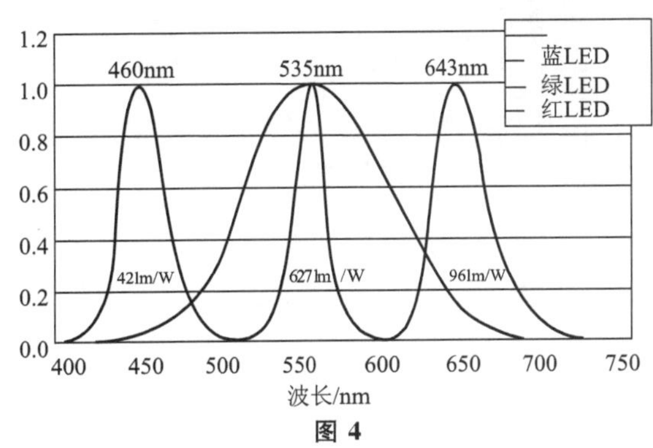

图 4

四、LED与传统光源的差别

LED与传统光源的差别如下(见图5～图11):

(1) 体积小,各种不同的外形尺寸适用于不同应用场合。

(2) 具有多种颜色,从紫外、紫色、绿色、黄色、红色到红外。

(3) 光学参数与温度有关。

(4) 光学参数与观察角度有关。

(5) 各种不同的配光曲线,而且没有确定的光轴。

LED的上述特性,给LED光学特性的测量带来很多问题。

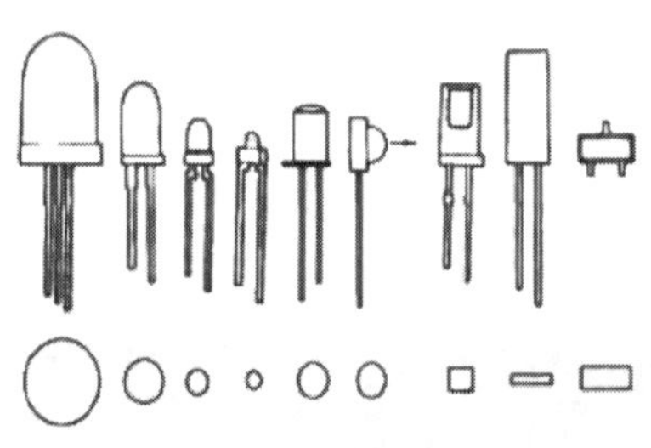

图5 各种不同的外形尺寸

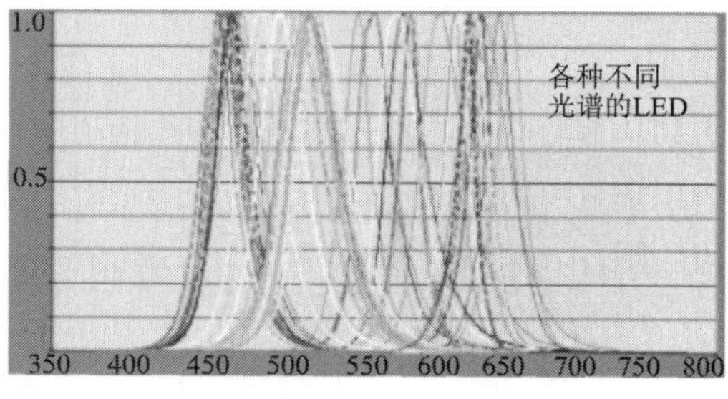

图6 具有多种颜色

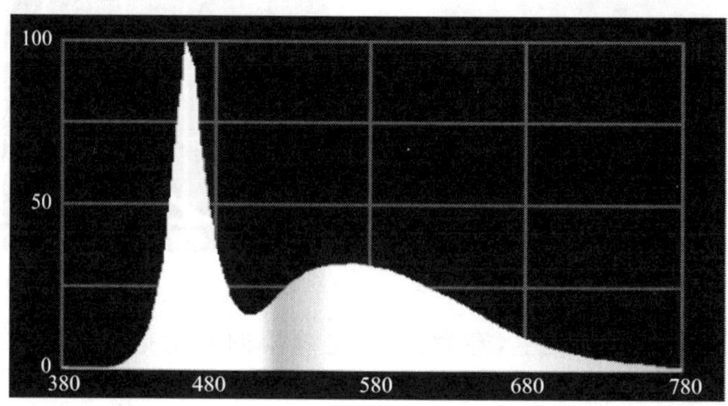

图7 白光LED光谱

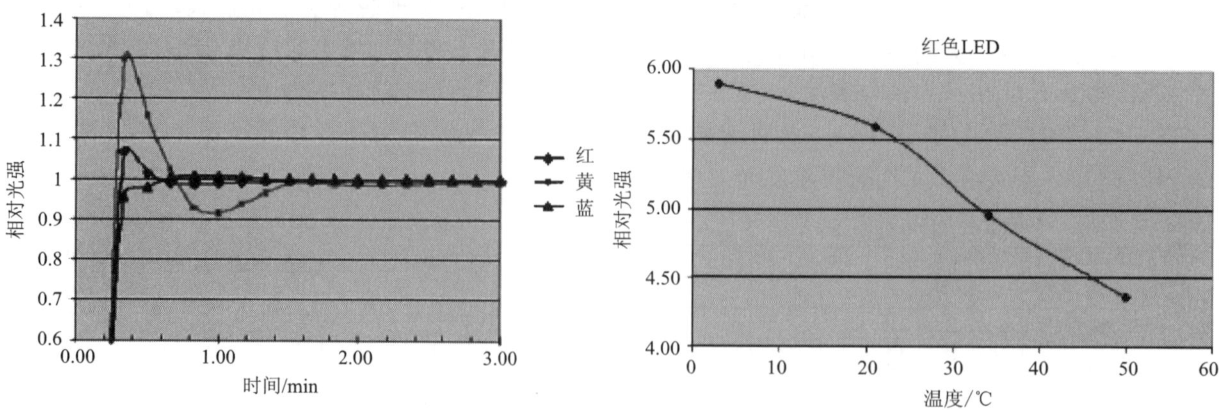

图8 光学参数与温度有关

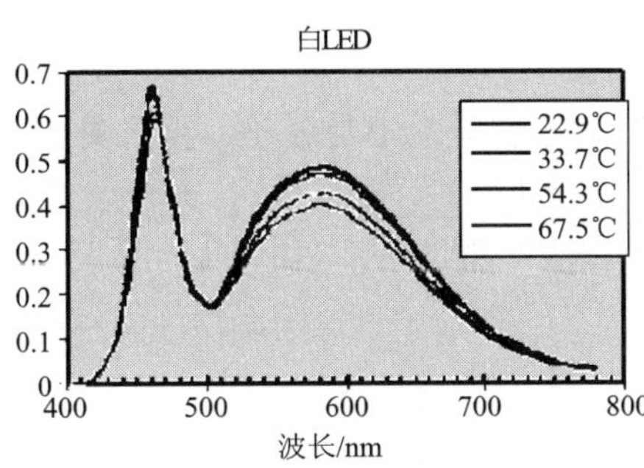

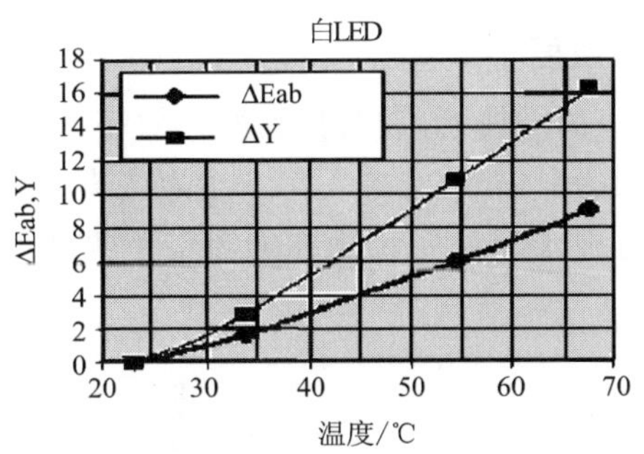

图 9 白光 LED 光谱分布及色品坐标与温度变化的关系

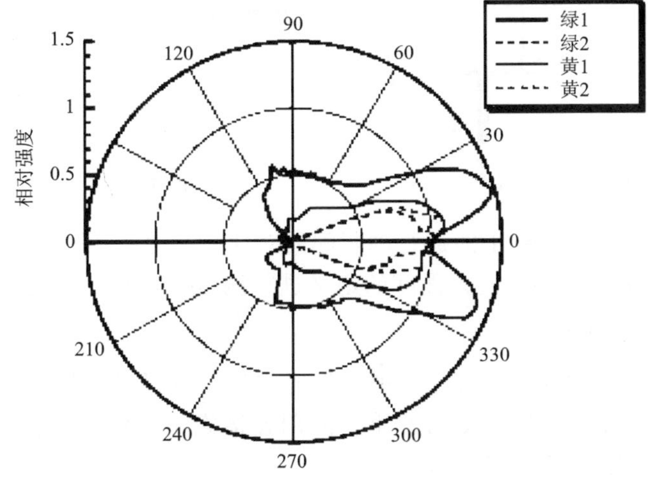

图 10 各种不同的配光曲线

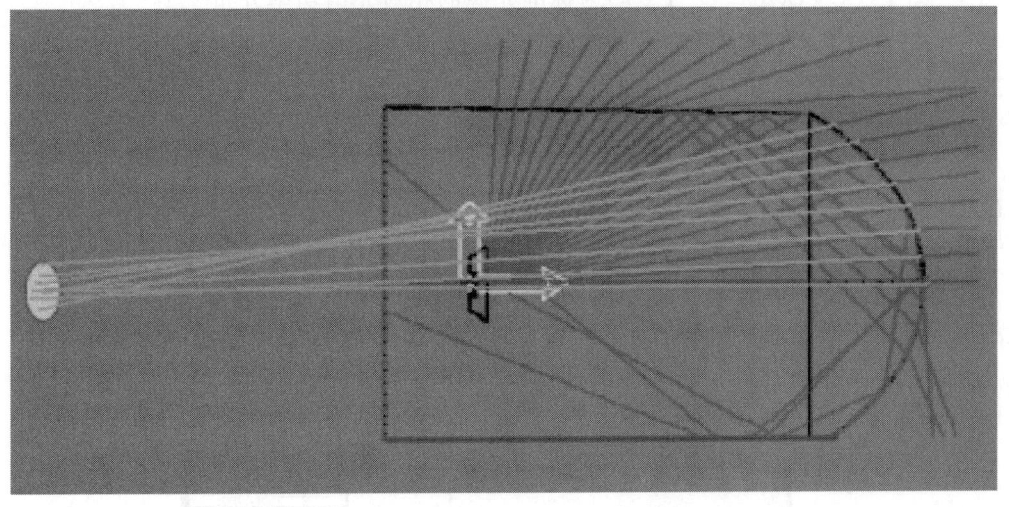

图 11 各个区域发出的光线有不同的聚焦点

五、LED 光学特性的测量

LED 光学特性的检测应从下面介绍的几个特性来考虑：

(1) 发光强度。

(2) 总光通量。

(3) 光谱特性，色品坐标，主波长。

(4) 发光强度的空间分布，总光通量。

1. 发光强度

由于 LED 的结构特点，为提高发光效率，底部配装反射器实际上本身就是一个灯具。各个区域发出的光线有不同的聚焦点，它并不是一个点光源。因此，在评价 LED 发光强度时，光度学中的距离平方反比定律不再适用，CIE 127 出版物中规定了两种目前国际公认的测量条件，如图 12、图 13 所示。

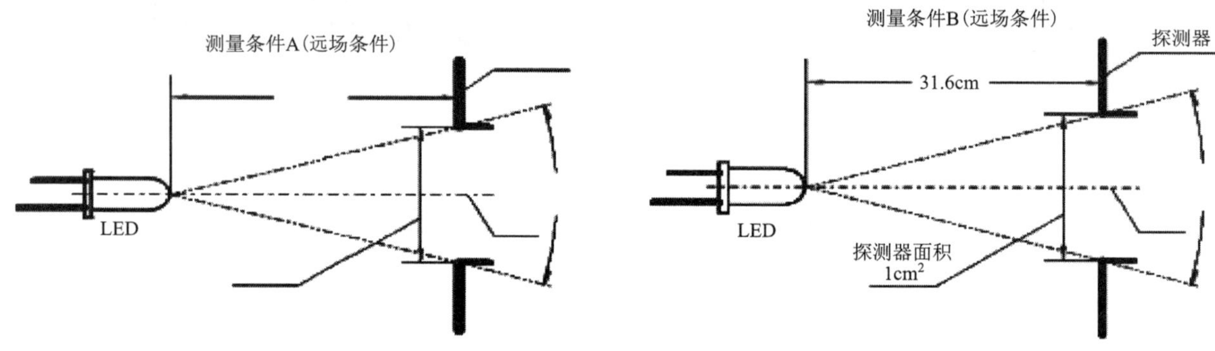

图 12　测量条件 A(平面角 2 度)

图 13　测量条件 B(平面角 6.5 度)

应用上述两种测量条件的测量结果能进行国际间的对比。

A 和 B 测量条件并不是严格按照发光强度的定义进行测量的，因此，称为"平均发光强度"(ALI)。

2. 关于测量探测器的修正

由于测量探测器 $V(\lambda)$ 的配匹误差将造成"平均发光强度"(ALI)的测量误差，如图 14 所示，$V(\lambda)$ 的配匹误差对红、蓝 LED 的测量结果影响更为严重。采用光谱修正方法可以提高测量精度。探测器光谱匹配误差的修正，色校正系数(CCF)的计算：

$$Es = k\int_{380}^{780} Ps(\lambda)V(\lambda)\,d\lambda$$ 　$Ps(\lambda)$ 为标准光源的相对光谱功率分布

$$Ec = k\int_{380}^{780} Pc(\lambda)V(\lambda)\,d\lambda$$ 　$Pc(\lambda)$ 为待测光源的相对光谱功率分布

$$\frac{Ec}{Es} = \frac{ic\int_{380}^{780} Pc(\lambda)V(\lambda)\,d\lambda \int_{380}^{780} Ps(\lambda)S(\lambda)\,d\lambda}{is\int_{380}^{780} Ps(\lambda)V(\lambda)\,d\lambda \int_{380}^{780} Pc(\lambda)S(\lambda)\,d\lambda} = k\frac{ic}{is}$$

$S(\lambda)$ 为探测器的相对光谱灵敏度；is, ic 为测量标准光源和待测光源的信号值。精确的照度值为

$$Ec = k\frac{ic}{is}Es$$

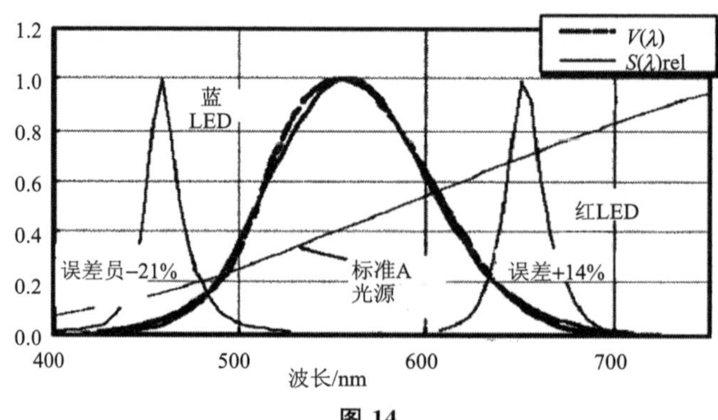

图 14

3. 对 LED 发光强度测量仪器的要求

(1) 测量立体角要正确。

$d\Omega = 0.001\ \mathrm{sr}$ (A 条件)

$d\Omega = 0.01\ \mathrm{sr}$ (B 条件)

(2) 测量机械轴正确。

(3) 有效的防杂散光设计。

(4) 精密的 V(λ)光探测器。

(5) 提供 V(λ)光探测器光谱数据,便于修正测量值。

(6) 配备高稳定性的供电电源。

国内只有少数几家研究和生产单位,如中国计量院、杭州新叶光电、杭州远方等若干单位提供精确的仪器 $V(\lambda)$光探测器光谱数据。应用分布式光度计可对 LED 总光通量进行精确测量(探测器光谱响应曲线已修正的条件下)。这是 LED 总光通量的绝对测量方法,但测试仪器昂贵,工业中常用积分球进行测量,如图 15 和图 16 所示。

(1) 积分球的尺寸尽可能大,可减少挡屏吸收及异物误差。

(2) 镀层表面反射比越大,球内表面的响应率差异越小。目前在 LED 测试中,镀层表面反射比甚至大于 98%。

(3) 注意被测 LED 安装位置,应将发射的光线对准积分球内表面响应均匀的区域。

(4) 应用辅助光源减少挡屏吸收及异物误差。

光谱特性,色品坐标,主波长的测量,根据国际照明委员会(CIE)三次 LED 国际专家会议的技术交流和相关国际对比结果,建议:

(1)国家计量部门应采用双单色仪测量系统。

(2)单单色仪测量系统可满足工业部门应用。

(3)1nm 和 5nm 光谱测量带宽的色度测试结果比较接近,可采用 5nm 带宽测量。

(4)主波长的对比测量差别很小。

(5)CCD 测量仪器相对误差较大。

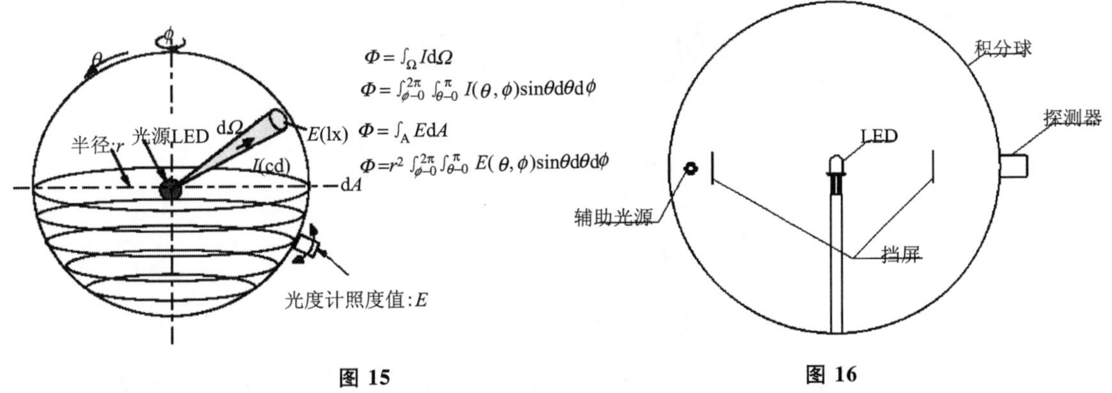

图 15

图 16

图 17 和图 18 显示了一些国际对比结果。

CCD 仪器对白光 LED 的测量对比光谱特性、色品坐标、主波长的测量的结构,图 19 为 CIE 推荐的测量结构。

六 标准 LED

(一) LED 光学特性测量的理论与技术基础

根据以上对 LED 光学特性的分析,国家计量部门和工业界可应用常规的光度、色度及辐射度仪器对 LED 的总光通量、光谱特性、色品坐标、主波长、色温等参数进行测量。

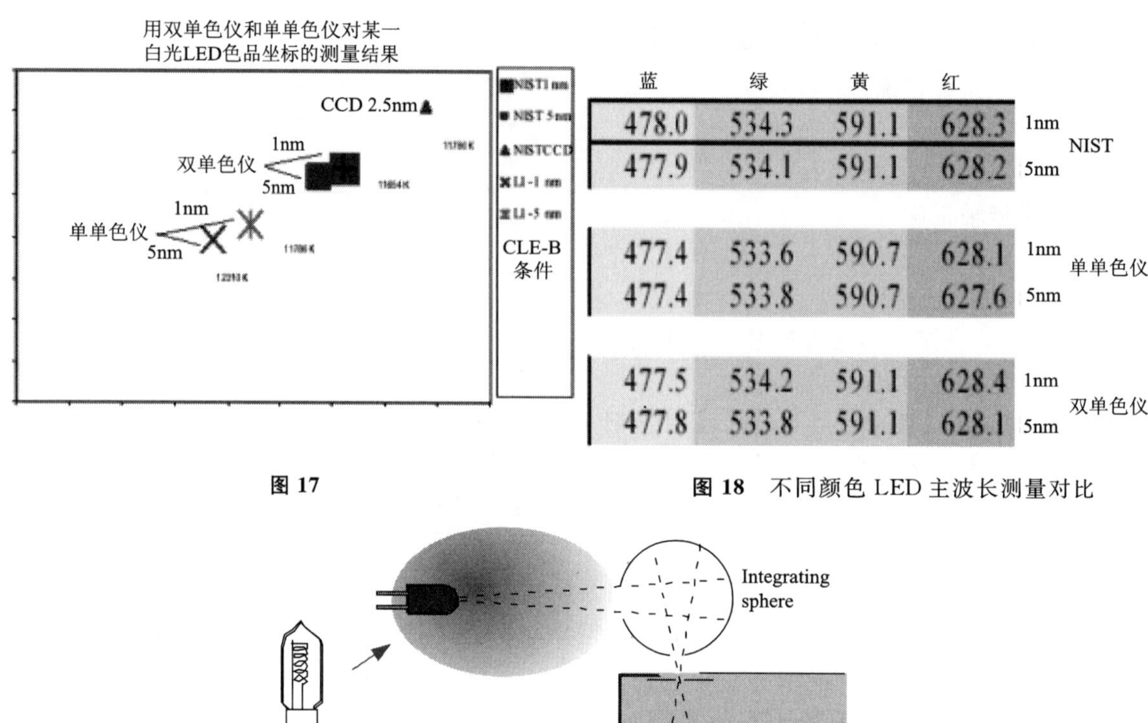

图 17

	蓝	绿	黄	红		
	478.0	534.3	591.1	628.3	1nm	NIST
	477.9	534.1	591.1	628.2	5nm	
	477.4	533.6	590.7	628.1	1nm	单单色仪
	477.4	533.8	590.7	627.6	5nm	
	477.5	534.2	591.1	628.4	1nm	双单色仪
	477.8	533.8	591.1	628.1	5nm	

图 18　不同颜色 LED 主波长测量对比

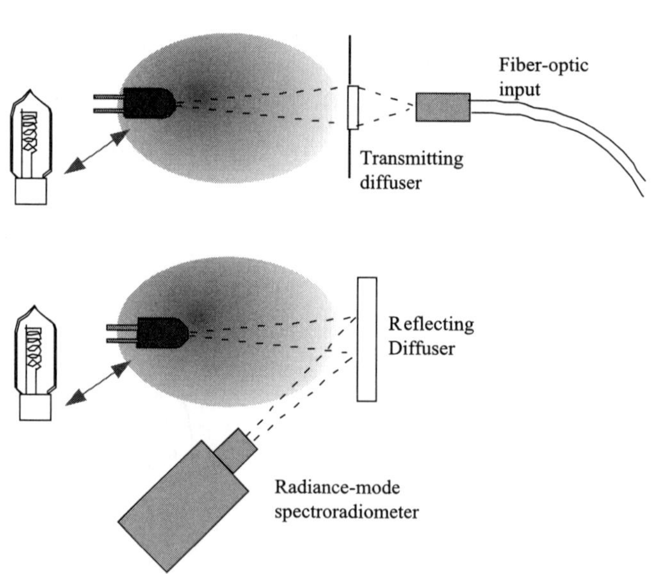

图 19　CIE 推荐的测量结构

对于 LED 发光强度的测量，由于 LED 发光特性不遵循光度学的距离平方反比定律。CIE127 文件推荐采用 A、B 条件测量 LED 平均发光强度(ALI)。

为了提高平均发光强度、光通量等量值传递过程中测量的不确定度和提高测量效率，CIE 建立了 Tc2-45、Tc2-46、Tc2-50 等技术委员会做相关的研究和评价工作，开展对标准 LED 的研究。

光度学、色度学、辐射度学的基本理论是 LED 测量的基础。标准 A 光源是测定标准 LED 光谱功率分布特性的重要基准。

准确的标准 LED 光通量值可用分布式光度计测量确定。

作为一种补充测试方法，美国(NIST)、匈牙利、英国(NPL)、德国(PTB)等国家以及国内都在进行标准 LED 研究工作。

（二）对标准 LED 特性的要求

(1) 标准 LED 的工作温度一般大于环境温度，也有致冷的技术方案。

(2) 作为标准 LED 的样品需要老化几百小时，选择其中稳定的 LED 进行后期标定工作。

(3) 标准 LED 必须与测试样品具有同样的光谱功率分布，需要建立多种不同颜色的标准 LED。特别是白光 LED，由于它可由不同光谱组成，研制通用的白光 LED 标准几乎不太可能。

(4) 标准 LED 必须与测试样品具有同样的发光强度分布曲线（配光曲线），如果待测 LED 的颜色（光谱）与标准 LED（光谱）有差异，则需对光度探器进行光谱校正。

图 20　用标准 LED 测量平均发光强度（ALI）

（三）应用标准 LED 测量的优点

(1) 不需要对光度探头进行光谱校正。

(2) 不需要对光度计参考平面进行严格的定位。

图 20、图 21 是标准 LED 的应用。

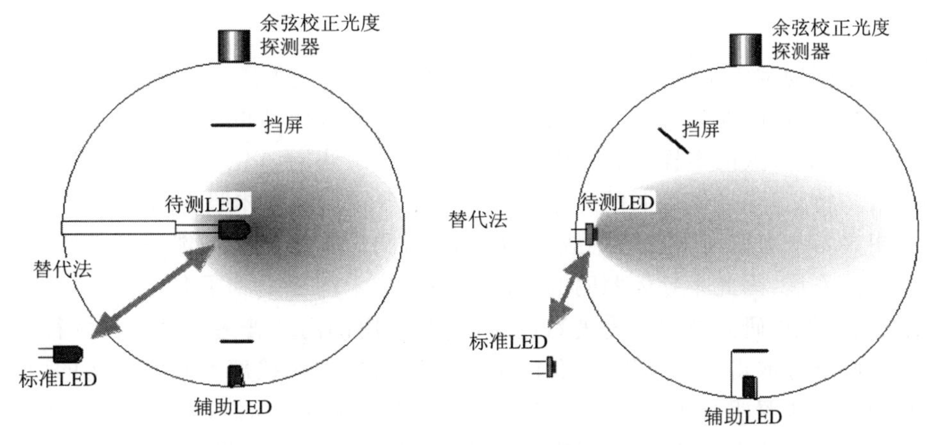

图 21　CIE 推荐替代法中用标准 LED 测量 LED 光通量的方法

参考文献

[1] 吴继宗，叶关荣. 光辐射测量. 机械工业出版社，1992

[2] CIE Publ. 13.3-1995

[3] CIE Publ. 127，1997

[4] CIE Technical Report (Draft)"Colour Rendering of white LED Light sources"，2006

[5] CIE Technical Report (Draft)"Measurement of LEDS"，2006

[6] Dr. Richard Young，"LED Mrasuremenet Instrumentation"，CIE 2nd Expert Symposium on LEDs

[7] Dr. Yochi Ohno，"Spectrorediometer Characterization for Coloeimetryof LEDs"，CIE 2nd Expert Symposium on LEDs

作者简介

叶关荣　浙江大学信息学院，教授，搏士生导师。主要从事光电技术、光度学、色度学、光辐射计量标定技术和仪器研究。国家中青年具有突出贡献专家，浙江省劳动模范，全国高校优秀科技工作者。

国际颜色学会（AIC）执行委员，国际照明学会（CIE）D1 视觉与颜色分部中国代表。中国光学学会颜色专业委员会主任，中国照明学会顾问，视觉与颜色专业委员会主任，中国流行色协会副会长，浙江省照明学会理事长。

半导体照明的标准与测试技术进展

潘建根
杭州远方光电信息有限公司

摘　要

由于技术特殊性,半导体照明的标准化和相应的测试技术给业界提出了全球性的挑战,本文着重介绍了国内外半导体照明的标准化最新进展情况,提出了对我国半导体照明标准化的看法和建议,本文还介绍了与半导体照明标准化紧密相关的测试技术国内外最新进展,并介绍了我国最新取得的与国际接轨的半导体照明测试技术和成果,同时,提出了关于半导体照明测试技术的新的关注热点和挑战。

关键词:半导体照明　标准　测试

标准与测试技术问题常常是每一个产业兴起之初备受关注的热点。半导体照明产品(LED)由于具有明显的温度依赖性、特殊的宽禁带所对应的特有的光谱结构和组成的多样性、输出光束空间分布的独特性和多样性、模组集成方式的多样性、寿命跨度可高达 10 万小时,以及单芯片出光能力跨度可达 3 个数量级或更高等诸多特点,半导体照明的应用又十分丰富多彩。半导体照明的标准与测试技术问题给全世界半导体和照明界带来了前所未有的挑战,假如标准与测试技术问题不能得到妥善解决,势必会严重影响行业的健康良性发展,因此半导体照明的标准与测试技术问题受到了各主要发达国家政府、国际学术组织、标准化组织和先进研究单位与先进制造商,以及应用部门的普遍关注。国际社会在半导体照明标准与测试技术方面已经取得了较大进展,我国半导体照明界在科技部等政府机构的引导和组织下,在充满机遇与挑战的半导体照明行业紧盯国际标准和测试技术的最新动向,力图通过自主创新解决我国的半导体照明的标准与测试技术问题,部署了有关工作,并取得了初步成果。本文概要介绍当前半导体照明标准与测试技术的国内外最新进展情况和研究动向。

一、标准概念的理解

"标准"是大家熟悉的一个词语,但全面了解"标准"一词在不同场合所蕴含的含义,有利于我们各项工作的顺利展开。

"标准"通常是指由参与各方达成的具有法律效力或社会公认的技术性文件,它由权威组织或权威部门发布,有关各方必须遵照执行。在半导体照明中,这里的"标准"一词是指对半导体照明产品性能要求、安全要求、测试方法、名词术语等所形成的具有法律效力或社会公认的技术性文件。一般分为强制标准、推荐性标准和技术报告等。

在计量学上或在产品评价与测试中,也经常会涉及"标准"一词,它通常是指在量值传递或溯源过程中,更高一级或最初源头的标准器具或标准计量测试系统。

由于文件性法规标准和计量测试上器械标准经常同时相生相伴,较容易造成混淆。

二、国际半导体照明标准研究与制定情况

" SOLID-STATE LIGHTING: Where Are We Going, What Are We Doing?",这是日本丰田合成(Toyota Gosei)光电事业部总经理 Bill Kennedy 2006 年 8 月在美国光电子主流期刊上撰文的题目,阐述

了建立 LED 标准对于半导体照明产业的重要性和迫切性，文章的副标题为："Standards are needed to establish the future of solid-state lighting!"，这表明 LED 标准问题是当前全球性的问题，LED 行业（半导体照明）正处于萌芽期，充满机遇与挑战。与 LED 密切相关的两大国际标准化组织为：国际照明委员会（CIE，法文 Commission Internationale dE l'Eclairage 的缩写，英文名为 Interational Commission on Illumination）和国际电工委员会（IEC：International Electrotechnical Commission）。在这两个国际学术和标准化组织中有专业分工，CIE 更关注基础和方法，IEC 则更关注产品安全要求和性能要求。

CIE 多数文件以技术报告形式发布，而 IEC 则一般以正式标准形式颁布。从单纯的法律概念上来讲，只有标准才有强制的法律效力，但由于 CIE 是世界光、辐射以及照明方面的最高权威组织，又是国际标准组织（ISO）的成员，CIE 的技术报告为全世界所公认。在 CIE 和 IEC 内部也有很细的专业分工，在 CIE 中主要关注 LED 的是第二分部（Division 2，简称 D2），即光和辐射测量分部，国内对应中国照明学会计量测试专业委员会；在 IEC 中关注半导体照明的主要是 TC34 LAMPS AND RELATED EQUIPMENT（灯和相关设备），国内对应国家标准化委员会下的全国照明电器标准化委员会（TC224）；当然 CIE 和 IEC 的其他部门和技术委员会也在进行相关标准化工作，也应引起重视。

CIE 2006 年正在制定的有关 LED 的标准、技术报告和研究报告：

(1) TC 2-45，"Measurement of LEDs" CIE 17x-2006，Revision of CIE 127—1997。

(2) TC 2-46，，CIE/ISO standard on LED intensity measurements。

(3) TC 2-50，Measurement of the optical properties of LED clusters and arrays。

(4) TC 2-58，Measurement of LED radiance and luminance。

(5) TC 1-62，Color rendering of white LED light sources。

(6) R4-22，Use of LEDs in visual signalling。

(7) TC 6-55，Light Emitting Diode (photobiological safety)。

其中，TC2-45 已完成了有 CIE127-1997 的再版工作，TC1-62 已完成了"Color rendering of white LED light sources"的制定工作，并均已通过各国表决，2007 年将分别以 CIE17x-2006"Measurement of LEDs"和 CIE17x-2006"Color rendering of white LED light sources"由 CIE 中央局正式出版，目前非常著名的 CIE127-1997 将停止使用。

IEC TC 34 2006 年进入各国表决程序的 LED 标准有：

(1) IEC 60838-2-2 (CDV：Committee Draft for Voting)：Miscellaneous Lampholders-Part 2-2：Particular requirements- Connectors for LED Modules。

(2) IEC 61347-2-13 (CDV)：Lamp controlgear - Part 2-13：Particular requirements for d. c. or a. c. supplied electronic controlgears for LED modules。

(3) IEC 62031 (CDV)：Ed. 1：LED modules for general lighting - Safety specifications。

(4) IEC 62384 (CDV)：Performance of controlgear for LED modules d. c. or a. c. supplied electronic controlgears for LED modules-Performance requirements。

此外，其他国际组织，如国际电子电气工程师协会（IEEE），先进国家行业协会，如北美照明学会（IESNA）、日本电球工业会（JELMA）等均在制定有关半导体照明方面的标准。特别值得一提的是，由于 LED 寿命可长达 10 余年，而现实中 LED 的寿命又良莠不齐，且差距极大，LED 的等效寿命标准评价方法研究成了新近国际关注的热点。

三、我国半导体照明标准研究与制定情况

我国自 2003 年 6 月科技部牵头启动国家半导体照明工程，一开始就十分重视半导体体照明的标准研究和全局设计，信息产业部标准化研究所、全国照明电器标准化技术委员会、中国光学光电子行业协会光电器件分会、全国稀土标准化技术委员会、全国半导体设备和材料标准化技术委员会、中国计量科学研究院等组织和单位迅速组织全国标准化力量，投入到了半导体体照明的标准体系研究和标准制定工作

中,信息产业部还专门成立了半导体照明技术标准工作组。经过“十五”末期业界的共同努力,我国半导体体照明的标准体系研究和标准制定工作取得了明显进展,下列标准已经展开研究、立项、起草或报批。

(一)信息产业部半导体照明技术标准工作组开展的有关标准

(1) 发光二极管测试方法。
(2) 半导体照明名词术语和定义。
(3) 外延片、芯片测试方法。
(4) 小功率发光二极管空白详细规范。
(5) 发光二极管(LED)用黄色荧光粉。

(二)全国照明电器标准化技术委员会开展的有关标准

(1) 普通照明用 LED 测试方法。
(2) 普通照明用 LED 组件安全要求。
(3) 普通照明用 LED 组件性能要求。
(4) 普通照明用 LED 组件用直流/交流电子控制装置安全要求。
(5) 普通照明用 LED 组件用直流/交流电子控制装置性能要求。
(6) LED 用连接器特殊要求。
(7) LED 用连接器形式和尺寸。
(8) LED 用连接器量规。
(9) 普通照明用 LED 灯具一般要求和试验。
(10) LED 照明灯具光度测试。
(11) LED 照明系统节能评价方法。
(12) LED 照明系统设计规范。
(13) LED 装饰照明系统技术规范。
(14) LED 夜景照明系统技术规范。
(15) LED 汽车照明系统技术规范。
(16) LED 交通信号指示系统技术规范。
(17) LED 背光源照明系统技术规范。
(18) LED 夜景照明系统技术规范。
(19) LED 太阳能照明系统技术规范。
(20) LED 照明系统安装规范。

(三)全国稀土标准化技术委员会开展的有关标准

1. 白光 LED 灯用稀土黄色荧光粉

我国其他传统行业因 LED 的独特优异性能,很可能大量使用 LED,如彩电的液晶背光,汽车的信号和照明系统,大屏幕显示和交通信号灯等,也势必纷纷要加入到 LED 的应用标准制定中来。

从上面不难看出,我国半导体照明的标准体系研究和标准制定工作虽已取得了明显进展,但也存在明显问题和矛盾。重复立项、重复建标、多重标准,这种局面带来的损失不只是重复建设自身造成的不必要浪费,更为严重的潜在可能性是,小行业、甚至小团体为己方利益,在自己的影响范围内强行推行不合适的技术标准,在大行业中存在多重标准,并各自为政。如果这种情况发生,我们的半导体照明标准就不能形成完整的体系,不仅对外保护不了民族产业,而且对内也引导不了行业的健康有序发展。管理层和业内有识之士对此应给予高度重视。

业界对我国半导体照明标准化建设工作是极为关注的,以下建议值得参考:

(1) 必须高度重视,它是产业发展的支点。

(2) 全局统一设计、统一协调，变部门分割为上中下游产业密切合作，共同参与制定好基础性标准。

(3) 合理分工，制定好专业标准(或产品标准)，避免重复建标，多重标准。

(4) 标准与检测密不可分，重视标准必须要同时重视相应的检测技术、检测设备和检测平台建设。

(5) 在与国际接轨的前提下，再考虑我国半导体照明标准对我国民族产业的保护和知识产权的保护。

四、半导体照明测试中的标准器具和标准测试系统

计量测试系统均需用标准器具或标准测试系统(或装置)来校准或定标(Calibration)，某一计量测试系统技术越成熟，它的定标往往越简单，量值保持的时间往往也越长。在半导体照明测试中，电学参数测试设备技术比光学测试设备更易于实现，技术成熟程度也相对更高一些。因此电学参数的定标相对较为简单，而光学参数的定标相对较为复杂，所涉及的标准器具和标准测试系统也更为复杂。在光学参数测量仪器中，往往也存在这样的现象，越是技术成熟程度相对较低的仪器，越需要用多种标准器具来频繁定标，并要求被测对象与标准器具特性相近；越是成熟高级的仪器，所需要的定标标准器越靠近国家原始基准，且较易实现较高的测量准确度。用于低档仪器定标的标准器具的标准参数就是由这些高一级的仪器精确测得的。

以 LED CIE 平均光强测量为例，采用图 1(a)路径定标的 LED 测仪器 A 应具备优良的性能，它必须严格满足 CIE 条件 A 或条件 B，探测器孔径必须是严格的 $1cm^2$ (即直径ϕ11.3mm)，严格的探头光谱灵敏度响应 V(λ)修正或加权，良好的被测 LED 机械轴与探测器光轴的对准(同轴)，良好的动态范围和良好的线性范围，这样的测试仪器 A，通过图 1(a)路径来定标，经过最少的中间环节，测试仪器 A 可以实现较高水平的测量不确度，美国 NIST 已能实现的最高水平为$U=1\%(k=2)$。

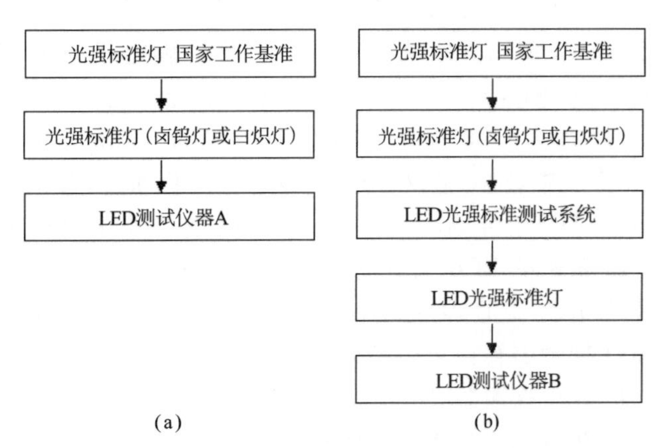

图 1　两种不同途径的 LED 测试仪器定标

从图 1(b)中可以看出，高性能的 LED 测试仪器 A 可以替代其中的 LED 光强标准测试系统。LED 测试仪器 B 则由于经过了较多的量值传递环节，它不可能实现很高的测量不确定度水平，但它可以降低 LED 测试仪器 B 的技术要求和制造成本。它仅适合要求较低的生产车间对同类规格的 LED 产品的批量比较和筛选。因此，半导体照明测试中，LED 标准器具(主要是 LED 标准灯)和标准测试系统(高性能 LED 测试系统)仍扮演较为重要的角色。

五、LED 关键测试技术和仪器设备进展情况与简评

(一) LED 光强测试技术与仪器

传统 LED 主要是用来指示或显示的，也就是说传统 LED 主要是用于人眼直接观察的设备中。人眼最能直接感知的物理量应该是亮度(cd/m^2)，即在某一指定方向光源在单位面积上所发出的光强。由于 LED 的发光面积极难度量，所以人们通常用 LED 在某一特定方向上的光强来表征 LED 的主要光学特性。

光强的测量一般根据距离平方反比定律，由公式(1)，通过测量在一定距离 r 下的光照度来测量光源所发出的光强

$$E=\frac{I}{r^2} \tag{1}$$

上式中,E 为光照度,单位为 lx,I 为光源的光强,单位为 cd,r 为光照度探测器到被测光源的距离,单位为 m。这一公式完全成立的条件是,测量距离 r 要远远大于被测光源的等效发光面尺寸(包括经过光学元件后所产生的表象)和光照度探测器的感光孔径。

对于传统 LED 而言,它发光较弱,测量时如测量距离 r 太大,而光度探测器感光孔径太小,会导致测量仪器灵敏度不足,于是人们通常在近场条件下来测量 LED 的光强,如图 2 所示,在近场条件下测量 LED 的光强往往严重地受 LED 自身的尺寸 d、测量距离 r、探测器孔径 D 和 LED 光强分布状态等诸多因素的影响。

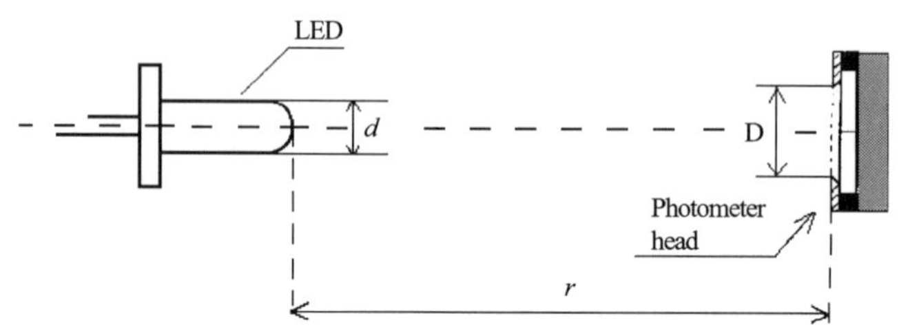

图 2 近场条件下 LED 光强测量示意图

为了统一度量,世界光度专家们在国际照明委员会(CIE)光和辐射测量分部(第二分部,D2)的组织协调下,于 1997 年最终达成共识,并形成 CIE 127 出版物,明确规定了新的物理量,即 LED 平均光强(Averaged LED Intensity,ALI)。它严格规定了光度探测器的孔径为 $1cm^2$ (ϕ11.3mm),规定了被测 LED 的机械轴为参考轴,机械轴与探测器光轴应重合,规定了测量距离为 LED 的顶点到探测器的距离,并分条件 A 为 r=316mm 和条件 B 为 r=100mm,以方便测量和国际间的比对。

在实践中,对测量仪器和 LED 测量过程而言,要特别重视 CIE 文件规定的每一个因素,任何一个条件的偏失都可能导致难以接受的测量误差,为此高精度的 CIE LED 平均光强测量仪必须具有以下特性:

(1) 精密的 LED 夹具使 LED 的机械轴严格与光度接收器孔径的光轴(法线)重合。

(2) 被测 LED 顶点到探测器感光面中心的距离为 316mm(条件 A)或 100mm(条件 B)。

(3) 探测器孔径必须严为 $1cm^2$(即直径为 ϕ11.3mm)。

(4) 光度探测器必须有极好的 $V(\lambda)$ 修正,达到标准级或更高水平,失配系数 f'_1 必须小于 3%。

(5) 测试光路必须有严格的消杂光措施。

我国在 LED 光强测试方面取得了可喜的成绩,高水平的仪器能与国际先进水平接规,测试不确定度可以达到 1.5%～3%的水平。

但我国 LED 平均光强仪也有不尽乐观的一面,为追求价格低廉,市场上的部分光谱测量仪往往不能同时具备上述五大特性,最为突出的问题是测光探测器口径偏小(或表面看起来光敏面满足要求,而实际上内部使用的小尺寸光敏元件)、测光探测器的 $V(\lambda)$ 修正达不到标准级水平,一级水平光度探测器基本能满足普通测光要求,但对 LED 平均光强测量来说,误差太大,有的光度探测器虽标称一级水平,但实际失配系数 f'_1 值可能已大于 6%的水平。

高水平的 $1cm^2$ LED 标准光度探头在国际上也仅极少数公司能制造,为避免使用 LED 标准光度探测器,国内外市场均出现了用光谱仪和 $1cm^2$ 受光口积分球的替代的方法。这种方法在原理上是可行的,但应避免使用一般水平的 CCD 光谱仪,这类价格在 2000 美元左右的光谱仪由于其线性、重复性和相对光谱精度等原因,测量结果不理想。如果使用这一方法必须要使用科学级的高端光谱仪,这样的光谱仪在当前国际市场的价格约为 30 000 美元左右或更高。科学级高精度光谱仪和 $1cm^2$ 受光口积分球可以在全谱段范围内实现最高水平的 LED 光强测量。

(二) LED 光通量测量技术和仪器

大功率 LED 的主要应用目标是照明,对于照明而言,人们所关注的不再是 LED 自身的亮度(为避免人眼受到损害,扩大光源尺寸,降低 LED 发光亮度则更佳),而是 LED 的光效和 LED 所发出的总光通量。

即将出版的 CIE 17x—2007 文件将较详细规定 LED 光通量的测量方法(笔者已收到 CIE 供各国投票表决的文件,CIE 17x—2007 出版后,CIE 127—1997 将自动退出历史舞台)。

LED 总光通量测量有基于分布光度计的(Goniophotometer)绝对测量法和基于积分球(Integrating Sphere)的相对比较测量法。分布光度计绝对测量法适合于所有光源和灯具的光通量的测量,总光通量是国家基准就是用此方法。通过溯源到光强国家基准得到的,此方法要求光强标准灯必须良好对准,要求光度探测器有极好的 $V(\lambda)$ 匹配(要求 $f'_1 < 3\%$ 或更高,即标准级光度探头或实验室级光度探头),要求分布光度计的角度精度优于 0.1°,要求分布光度计运行平稳,分布光度计的运行不能影响被测光源的发光性能。而积分球相对比较法的测试精度,不仅仅取决于测试仪器(光度计和积分球),还取决于光通量标准灯的发光特性和不确定度水平,三个要素均达到了较高水平,才可能实现高水平的光通量精确测量,积分球相对比较法所用的光通量标准灯的总光通量一般由分布光度计绝对测量法测得,当然在不确定度要求不高的简单情况,标准灯的总光通量也可由高一级积分球光度计通过与高一级的光通量标准灯比较测得。由于分布光度计造价昂贵并对实验室提出极高的暗室要求,尽管其测试精度高,但其在工业和商业中的应用相对较少,积分球测总光通量是工业应用的主流。

用积分球测量 LED 的总光通量,要特别注意被测 LED 外形尺寸和光束分布与标准光源的不同所带来的较为明显的误差,此外,对于品质较差的积分球涂层和光度探测器,被测 LED 与标准灯之间的光谱差异也会引入较大误差。消除积分球测 LED 总光通量测量误差的最有效方法是测试系统用同尺寸、同光束分布、同发光颜色(光谱)和相同测量几何条件的标准 LED 进行校准,且无论标准 LED 还是被测 LED 均必须得到很好的温度控制。

事实上,备齐众多品种的 LED 标准灯也并非易事,成本也不低,这需要寻求折中的解决方案:适当数量的标准灯和较高水准的测试系统有机配合。

我国在 LED 总光通量测量方面既有较完善的分布光度计测量系统,也有较高水平的积分球光度计测量系统,但我国市售仪器水平良莠不齐,差距较大。此外,我国应密切注意 CIE 在 2006 年最新提出的部分光通量的测量技术的研究和相应仪器的开发。

(三) LED 光谱(颜色)和显色性的测量技术与仪器

LED 的光谱(颜色)和显色性一般通过光谱分析仪(或称光谱辐射计,光谱仪)来测量,光谱仪有三大常用类型:

(1) 单色仪机械扫描光谱仪。

(2) 普通 CCD 光谱仪。

(3) 高精度(科学级)CCD 光谱仪。

单色仪机械扫描精度最高,价格较贵,测量时间较长(约需数十秒到 100 秒左右),国家实验室标准测量装置和要求较高的场合一般使用此类光谱仪。美国 NIST 就是用此类光谱仪建立国家标准装置的,我国此类光谱仪也较为成熟,已大量应用于各主要实验室、科研院所、大专院校和企事业单位。

普通 CCD 光谱仪可实现毫秒级测量速度,体积可以小到香烟盒甚至火柴盒大水,价格便宜(国际市场仅 1000～3000 USD 不等),但这种光谱仪的致命不足是测量精度较低,存在明显的杂散光、温度依赖性和非线性。尽管如此,由于价格低廉仍较广泛应用于要求不高场合。这类仪器国际市场已推出多年,我国已有少数单位自主研发了此类光谱仪,技术水平达到了国际先进水平,但品种还未有国际市场齐全。

高精度(科学级)CCD 光谱仪的特点是测量精度高(基本接近于单色仪机械扫描光谱仪),测量速度快(可实现毫秒级测量),系统灵敏度极高(在 2.5 m 积分球中可测量 20mA 的 LED),但其造价相对较高,仅 CCD 探测器成本约是前者普通 CCD 的 100 倍之高。国际上仅德国和美国各一家公司能生产此类仪器,并已在 LED 测量实验室和工业企业大量应用,我国也有少量引进。到 2006 年下半年我国杭州远方光电信息有限公司推出此类光谱仪的原形样机,相信在国家 863 计划课题的支持下,迅速实现技术完善,并有望于 2007 年第一季度开始进入市场。

(四) LED光色空间分布测量技术与仪器

LED一般是半球面出光的，且有各异的光束角，因此，LED的光强随角度在空间的分布是其重要的特征参数，这一点众所周知，但LED的颜色也随空间方向的不同而不同就较容易被人们忽视，事实上，不仅白光LED可能存在着较严重的颜色分布不均匀问题，甚至连单色光LED也可能因不同波长的光在媒质中的折射角不同而引起颜色分布的不均匀。

受浙江省科技厅重大科技攻关项目的支持，我国自主研发的LED光色空间分布测量系统已于2006年末在杭州通过专家的鉴定和验收，总体达到了国际先进水平，相关产品获得了国家级重点新产品证书。

(五) LED亮度(或辐亮度)测量技术与仪器

LED亮度(或辐亮度)是LED光度量(或辐射度量)中测量难度最高的量值，其困难主要在于LED光源似点光源而又非点光源，在小小的发光面积内其发光极不均匀，而且由于复杂的透镜效应的存在，LED的等效发光"虚物"源(或称表象)不是一个平面，给测量和评价带来极大挑战，到目前为止，国际社会对LED亮度(或辐亮度)的测量的研究已取得了重要进展，但最终对完整的LED亮度(或辐亮度)测量解决方案的标准化还有待于更深入的研究和各方的认同，而这些研究主要关注的焦点是如何确定LED发光源的尺寸和位置上，对于基本测量设备，则已取得共识，认为瞄点亮度计(或辐亮度计)和CCD成像亮度计(或辐射计)是测量必不可少的基本测量设备。

LED亮度(或辐亮度)测量设备世界上仅极少数国家能生产，中国是继美国、德国、日本后第四个能提供较规范的亮度测量设备商品的国家。代表最新技术水平的CCD成像亮度计商品于2006年在我国远方公司正式面世。CCD成像亮度计完全可像拍照那样方便地测量所观察到的物体的发光亮度，在LED大屏幕显示、CCD背光、交通信号灯、城市景观照明、道路照明、隧道照明以及LED眩光与人眼防辐射危害等领域的分析测量有广泛应用。

(六) LED抗静测量技术与仪器

LED是一个静电敏感器，人体、机器设备和其他与之接触的器件器械均有可能带有静电而对其放电，这种静电的放电的水平在百伏到万伏之间，放电速度在ns量级水平。静电放电导致LED失效的机理十分复杂，我们在日常科研的生产中，LED芯片或器件的许多莫名其妙的损坏源自LED的抗静能力差的可能性极大，因此，LED抗静电能力的测试是LED可靠性评价中的一项重要质量指标。

国际静电协会和美国军标标准推荐了严格规定的静电放电模型、等效电路和相关参数，并主要分人体放电模式(HBM)和机器放电模式(MM)两种，一般LED的抗静电能在HBM模式下在数百伏到上万伏之间，在MM模式下则只有数十伏到400伏之间。静电试验仪器国际上仅少数发达国家的极少数公司能生产，幸运的是我国也已具备了生产这类仪器的能力，到2006年在LED科研单位和生产企业应用已达3年之久，收到良好的效果，某著名LED企业使用静电放电试验仪后其LED产品在短短3个月内，抗静电能力从使用之初的500伏迅速提升到10KV以上。从而使LED的可靠性大大增强。

(七) LED的其他测量技术和仪器设备情况

LED电学性能测试仪器是最常规的测量仪器，2006年的一个发展趋势是电流跨度进一步拓宽，漏电流可实现纳安(nA)级测量，正向驱动电流则可高达2A，测量方式由静态直流恒流向快速脉冲恒流发展，测量精度可达到0.2%的水平。2006年下半年通过的行业标准仅规定了2%的精度要求，是不符合行业实际的，它变相保护了落后，对产业发展不利。

LED芯片测量在我国相对较弱，自动测量仪器我国虽有单位在从事研究开发工作，但产品市场化情况不容乐观，目前较为过关的测试仪器产品仅停留在手工点测水平。这种局面的形成有其较深层的背景，即就是我国的芯片制造设备基本依赖引进，因此芯片测试设备也打包引进。从而使国产芯片测试设备获得较少发展机会。

LED成品在线快速测量和分光分色机我国已有九家企业取得了长足的进步，但目前仅能满足小功率LED的生产需要，大功率LED由于缺乏统一标准，影响了其快速在线测试与分光分色机的研究与开发进度，也影响了市场的推进力度。

LED热学特性是LED重要的性能指标，产业界对此已有十分深刻的认识，虽然相关学术论文十分丰富，但目前国内外均尚无理想仪器可供产业界使用，因此LED热学特性研究的深入、测量评价方法的标准化和测试仪器的研究和开发是当前亟待解决的重要课题。

此外，LED的早期失效评估、LED加速老炼和等效寿命测量评估等给LED标准化和测试技术专家留下了极大的挑战。我国已有研究单位和相关企业开展了这方面的研究。

六、小结与展望

半导体照明标准和测试技术因巨大的产业发展前景受到了全球空前的关注，我国在“十五”末期和“十一五”开局之年，半导体照明标准和测试技术取得了长足进步，基本跟踪了国际先进水平，并开始制订有关标准，但假如我国要在这一新兴产业中形成综合的国际竞争力，标准体系建设和标准具体制订中的深层次问题和矛盾亟待于解决。在测试技术和仪器方面，我国已形成了自己的初步体系，我国产业所需的多数仪器和相关测试技术已能自给，部分测试技术和测试仪器不仅跟踪了国际先进水平，而且实现了完整的自主知识产权，成绩显著，但少数高档次测试仪器和关键测试仪器仍需要进口。此外，检测仪器市场也存在以次充好，误导LED制造和应用部门的情况，当行业高速成长，投资密度加大时，这种现象更应引起业界的警惕。

对于我国半导体照明标准和测试技术不远的将来，我们有理由充满信心，信心主要在于我们的主管部门和业内有识之士已认识到了半导体照明标准制订需要统一协调、强强联合和共同参与；信心在于我国“十一五”国家863计划重大项目“半导体照明工程”已把标准体系研究与建设、关键检测技术研究与设备开发和国家检测平台建设列入了专门的研究方向，部署了攻关课题，调动了我国最强科技力量投入到相关研究和建设工作之中；信心还在于我国和全球半导体照明行业处在高速成长之初，后继潜力更大，发展更良性。

作者简介

潘建根 男，高级工程师，1989年浙江大学光电系研究生毕业，取得硕士学位。现任国际照明委员会(CIE)光和辐射测量分部中国代表(CHINA COUNTRY MEMBER)，CIE D2技术委员会(TC)委员，国家863计划重大项目“半导体照明工程”总体专家组成员，中国照明学会计量测试专业委员会副主任委员，全国照明电器标准化技术委员会技术委员，浙江省照明学会副理事长，浙江工业大学信息学院兼职教授，国家863计划课题组组长，《照明LED模块测试方法》国家标准主要起草人，杭州远方光电信息有限公司董事长兼技术总监。其主要研究领域是光电测试技术，多项研究成果获得专利，并取得国家级新品证书，相关产品出口欧洲、美国、日本等三十余个国家和地区，并被美国ETL国际认证实验室、PHILIPS、GE、OSRAM、SIEMENS、TOSHIBA、NATIONAL等跨国公司所采用。近年来致力于LED标准、测试技术和检测仪器方面的研究，取得较多重要成果，连续多次应国际照明委员会(CIE)邀请，在CIE专家会议上作学术演讲，国内外发表论文数十篇。

照明LED产品测试与评价平台

华树明
国家电光源质量监督检验中心

摘　要

本文从照明LED产品发展入手对我国相应测试方法标准和评价体系的建立进行了分析。

关键词：照明LED　测试方法标准　评价体系

一、引　言

（一）概　述

LED作为第四代电光源产品，被业界看好并被预言在不远的将来会取代传统产品，成为电光源领域的新霸主。LED最先应用于指示性光源。随后，作为电光源领域的新型产品，其发光技术迅猛发展：发光颜色从最初的红光到后来的蓝光，再到目前的白光；光效从0.1 lm/W到超过100 lm/W，LED已经从指示用途顺利发展成为新型节能、最有发展潜力的普通照明用电光源产品。

目前，照明LED产品的发展思路和方向都是多维的。多方向拓展固然有其有利的一面，但是却会消耗过多的精力和资金。制定规范产品的"标准"，可以帮助照明LED产品的走向逐渐统一，减少不必要的弯路。

（二）照明LED标准的研究

1. 国际方面

国际早期针对LED产品制定的标准和参考文件主要有：CIE 127—1997 LED测试方法；IEC60747-5-3，光电子设备测试方法；CIE/ISO LED光强测试标准等。我国早期也制定了一些相关标准，主要包括：Sj2353.3-83：半导体发光二极管测试方法；GB/T15651—1995：半导体器件分立器件和集成电路：光电子器件。这些标准制定年代的LED产品与现今的LED产品有很大的差异，所以当时制定的标准也必然在某种程度上不完全适合现有的产品。

当今LED已经发展成为普通照明用电光源产品，与其最初始的指示性照明用途相差甚远，所以国际和各国都在为其作为照明产品而制定标准。由于产品技术发展快，产品的特性在不断得到完善，所以产品指标标准不容易出台。但是，无论指标如何提高，其检测方法是相对固定的。目前国际电工委员会(IEC)、国际照明委员会(CIE)等国际性组织都开展大量工作研究照明LED产品的检测方法标准。

美国和日本等国家在LED的研究领域处于世界前列，标准制定工作也开展较早。目前日本已经发布并实施了照明用LED产品的检测方法标准；美国也发布了标准草案，同时将照明LED产品列入Energy Star认证范畴，不过具体的认证实施时间和规则仍在制定中。

2. 国内方面

我国作为照明产品生产大国，照明产品生产企业数量多、分布广，不过普遍存在产品质量偏低的情况。在LED还应用于指示性灯具领域时，我国就有许多企业生产相关产品，但通过国家权威检测机构国家电光源质量监督检验中心(北京)的检测结果来看，这些产品普遍存在亮度低、光效低和光衰快的缺点。

当LED在普通照明领域得到应用以后，很多企业已经对照明用LED产品启动了研发、生产工作，但产品仍然存在安全、光性能等问题。国家电光源质量监督检验中心（北京）近两年已接受多起司法仲裁检测任务。

其实，在2003年以前，就有专家预料到这种情况，并提出在国内建立"照明LED产品测试与评价平台"（以下简称"平台"）的想法。"平台"的概念是通过研究测试方法，购买并开发测试设备，建立一个标准化的测试体系，从而制定出我国的测试方法标准；同时，建立"平台"下的网络式"评价中心"，使我国照明LED产品的测试协调统一。

我国目前正在研究制定照明LED产品的测试方法标准，例如：照明用LED模块性能要求，并曾多次举办研讨会来交流意见。但是由于标准中的许多产品指标无法取得统一意见，例如对于照明LED的寿命，有的专家认为30 000小时合适，而有的专家则认为目前由于技术不成熟，应该适当降低这个要求。这很大的影响了标准体系的进展。所以直到目前，虽然部分已经处于征求意见的草稿阶段，还有部分已经打算在2007年开始起草，但仍然还没有发布实施的标准。但随着我国测试方法研究不断的完善，测试设备也将在指标要求上逐渐达到统一，逐步促成标准化的测试体系，从而制定测试方法标准。最后，依据标准在全国范围内建立"平台"。我国的一些权威检测机构，以国家电光源质量监督检验中心（北京）为例，早在2003年参观过美国标准研究院（NIST）后，便开始搜集照明LED样品，进行测试方法研究工作。

二、"平台"的建设

（一）"平台"建设必要性

1. "平台"建设与测试

根据我国权威电光源检测机构国家电光源质量监督检验中心（北京）的检测统计数据，2005～2006年，检测多批照明LED产品，包括单体LED光源、LED模块和LED灯具等，其中LED模块居多，占总测试量的2/3左右。这个检测数量比2000～2005年检测的总量还多。这充分说明了照明LED在近两年里受到越来越多的关注。

根据委托检测的项目和生产商提供的信息，可以了解目前企业对LED产品的光电性能（例如光效）非常重视，同时这也是他们急于突破的测试技术关。而对于温度与发光性能、生物安全和使用寿命等技术含量更高的指标则很少有企业问津。原因是由于技术的不到位，这些问题是目前众多企业所共有的，即便是一些大规模、有实力的跨国企业也没有完全解决问题，所以大家都不予以积极的关注。另一个原因是他们的客户在意的是光电性能，而不是会提高价位的其他指标，所以生产商们也不愿投入科研成本。

从测试结果来看，生产商最关注的光效指标并没有与其关注度匹配。单体照明LED和LED照明器具的光效一般在55～65 lm/W。但是，目前国际上诸多企业已经宣称其产品光效已经超过100 lm/W，甚至达到138 lm/W，那为什么量产的产品光效却远低于这些数字呢？透过这个现象，可以分析得出这种情况的原因很大程度来源于标准体系和测试平台的不完善，而只要这些工作能够及时跟进，高光效照明LED产品量产化可以很快得以实现。

2. 从论文看"平台"建设

随着照明LED受到关注以来，其领域内的论文数量也越来越多。论文内容涉及研究方向广，但没有中心。这证明了很多人员在为照明LED产品做研究，并投入大量精力。这对我国该产业的发展有非常重要的意义。以论文的方式将LED的信息和技术拿出与业界人士分享都是促进产品发展的良策。但应该注意，由于没有标准化的产品指标、测试方法和评价体系，读者采纳这些内容时会有顾虑。如果我们能够加快我国照明LED产品"平台"进程，那么可以提高发展效率，促进产品快速健康发展。

（二）"平台"建设基础

1. 对产品的认识与测试方法的研究

照明LED与传统照明光源比较，有显著的区别，如LED工作一段时间，结温升高，导致光效降低；

LED 的光输出随着时间衰减很快，致使 LED 寿命问题难以确定；LED 的窄光带光谱性质及本身的小尺寸使单体 LED 出光角度较小；LED 的驱动电压和电流的要求异于传统光源等。因此，制定照明用 LED 的检测标准时，需要在现有的照明标准及原有 LED 电子器件标准的基础上，另外考虑 LED 的散热件、使用寿命、光学组件、驱动电路等多种特殊情况。

LED 被归类为冷光源，但实际输入的电能的约 85% 不能有效激发载流子，最终会以热的形式释放。当 LED 工作一段时间后，结温会升高，并严重影响光输出。所以检测 LED 的结温，成为测试的一个重要方面。日本日亚和荷兰飞利浦等公司采用正向电压法测量结温。如果在封装或灯具中设计了能随时监测结温的装置，会极大地方便此方面标准的制定和测试系统的确立。

LED 为窄光束光源，与传统的光源相比，发光角度小，方向性强。光强分布极大的依赖于空间角。只要 LED 的光轴稍微偏离机械轴，或者样品的位置稍稍变动，就会造成产品的光轴与实际探测光路的偏差，入射到探测器的光强会发生很大的变化。基于此，为了准确测试 LED 的光强和光强分布，应当充分考虑如何精确固定 LED 光轴。

LED 有寿命长的优点。除指示用到单体的 LED 外，一般照明用到的是 LED 模组。多个 LED 的光衰速率或老化速率会有差别，即使是同一批次。随着照明 LED 使用时间的推移，整个模组发出的光的一致性会有所降低，严重的，还会影响使用者使用，这样必须重视检测整个模组统一性问题。

2. 现有标准分析

IEC 与 CIE 制定的标准是各国制订自己标准时主要参考的标准。它们主要是针对单体 LED 的测试，项目包括发光强度、光强分布和辐射强度等，并由此计算光通量。

在日本，日本照明学会、日本照明委员会、日本照明器具工业会，以及日本电球工业会在 2004 年年底共同制定完成并发布实施了一套用于照明 LED 的测试方法的标准，采用由测光标准光源校正过的白光 LED 数值作为标准依据，测量照明用白光 LED 及其模块，测定 CIE 平均光度、全光束的光量值、相关色温、配光特性等。并且规范了用于照明上的一些基本参数，如定义了 LED 芯片与模块的结构，色温，光谱，LED 的寿命、输入电流、输入电压、消耗电能等，并确认测量应该在光输出稳定后进行测量。

北美照明工程学会(IESNA)目前也完成了照明 LED 产品的多种参数的测试方法标准，包括：光参数、电参数和寿命等。美国 Energy Star®已经将照明用 LED 列入其认可范围，并于 2006 年底出台了相关产品要求和测试方法草案。

我国标准的制定主要是参考了 IEC 标准。目前发布实施的主要是：照明 LED 产品器件测试方法标准；功率型 LED 的空白详细规范和 LED 芯片规范三个标准，包括名词和文字符号、总规范、分规范、空白详细规范、测试方法、额定值和特性、机械和环境适应性以及具体产品详细规范。但是，这些标准和规范远远不能满足照明 LED 产品发展的需要，所以国内很多机构仍在开展照明用 LED 的检测标准研究，但由于力量分散、大部分机构的测试经验不足，所以制定测试方法标准时考虑比较片面，且造成许多重复性的浪费工作。如果我们能够在全国建设一个照明 LED 测试标准制定平台，给各个机构之间的沟通交流架设一个桥梁，并最终在我国建立起标准化的测试体系，这将对我国照明 LED 产业的发展提供有力的支持。

3. 国际权威测试机构

我国的光源产业在经历了多年的发展后，对于传统照明产品的一般测试方法已经确立并得到广泛的应用。随着近两年照明 LED 的发展，有些检测机构也不断地接受客户的委托检测工作，积累了丰富的相关检测经验。再次以国家电光源质量监督检验中心(北京)为例，在检测的同时，他们不断地对测试方法进行研究，并一直对国际上的标准进行跟踪。他们凭借已经获得了美国实验室认可组织认可的优势，多次参加过国际比对，有丰富的测试经验和良好的国际关系，这都对标准研究交流提供了坚实的基础。另外，凭借丰富的检测经验和技术实力，我国的检测机构也不断开发多种世界先进检测设备，并出口日本、欧洲等地。

以上的分析都说明了我国目前有良好的基础来建立照明 LED 产品的测试平台和评价体系。只要国家政策给予支持和鼓励，再通过权威检测机构的组织和协调，相信我国的照明 LED 产品的测试平台和评价体系可以顺利快速建立起来。

(三)测试设备

单体 LED 的体积小,对于光通量测量的积分球的尺寸要求异于传统光源的光通量测量用积分球。对于照明用 LED 的检测,应该从单体、模组和灯具几方面考虑。

我国目前有多家开发生产或销售照明 LED 产品测试设备的企业,如广州爱斯佩克、杭州远方、杭州星谱光电、深圳鑫华机电、北京先锋科技、广东台山星光电子、深圳长裕科技、深圳安诺得科技和国家电光源质量检验监督中心(北京)等。有些设备可用于企业质量控制;有些尚存在问题。据现有的测试结果,我们需要继续研发更高端精密设备。截至 2006 年,国家电光源质量检验监督中心(北京)已从德国等具有尖端技术的国家引进了一些高端检测设备,并对其加以改进完善。

三、“平台”建设回顾与展望

1995 年后,国家电光源质量监督检验中心(北京)一直开展这方面的检测,1998 年并始终在跟踪 LED 产品的发展动态,积极和国外同行开展了交流,搜集最新研究资料,对光分布测试和颜色测量方面开展了初步研究。曾经起草设计了一个 LED 的光分布测试方案。

2003 年,国内意识到建立测试系统和评估平台的重要性。2005 年起开始国内各单位联合进行,截至 2006 年,国内同行多次深入探讨照明 LED 产品的测试和标准,起草了普通照明用 LED 模块性能要求,主要在发光强度测试、光强分布、额定最高温度、灯头发光面和耐久性方面存在较大分歧。

2007 年在国家政策给予支持和鼓励下,再通过权威检测机构的组织和协调,能够在存在分歧的问题方面,深入分析,建立比较完善合理的照明用 LED 产品性能测试体系,继续修订和完善照明用 LED 产品性能要求标准。

参考文献

[1] Lumileds Technical Documents: Thermal Design Using Luxeon Power Light sources

[2] Nichia Application Note: Thermal Management Design of LEDs

[3] Yoshi Ohno ATP National Meeting, Photonics Manufacturing San Jose, November 15-16, 1999

[4] IEC6 0747-5-3(Optoelectronic devices-measuring methods)

[5] CIE127-1997(Measurement of LEDs)

[6] CIE/ISO Standards on LED Intensity Measurements

[7] 日本照明用白色 LED 测光方法通则

[8] Energy star ® Program Requirements for Solid State Lighting Luminaires Eligibility Criteria Version 1.0 Draft

[9] GB/T 15651-1995 半导体分立器件和集成电路 :光电子器件

[10] GB/T 15651.3-2003 半导体分立器件和集成电路第 5-3 部分:光电子器件测试方法

作者简介

华树明 男,高级工程师,国家电光源质量监督检验中心(北京)主任。自 1982 年,从事照明产品测试方法研究和测试仪器开发,1991 年赴日本培训计算机系统工程。

近年完成的工作和项目有:分布光度计设计。国家重点项目:小功率金属卤化物灯测试系统、《单端荧光灯性能要求》国家标准、《自镇流荧光灯性能要求》国家标准、《灯和灯系统的光生物安全性》、《CIE 标准色度观测者》、《道路交通信号灯 200mm 圆形信号灯的光度特性》、《光度学 CIE 物理光度学系统》、《日光的空间分布 CIE 一般标准天空》、《石英卤钨灯压封部位温度的标准测量方法》、《带灯罩环的 E14 和 E27 灯座用筒形螺纹》。国际合作项目:绿色照明中国国家实验室能力提高、《自镇流荧光灯测试方法》国际标准及自镇流荧光灯国际比对、光伏太阳能直流荧光灯测试标准制订、光伏太阳能直流荧光灯的及时治疗改进。

关于半导体照明公共检测与评估平台建设的思考

黄 杰
国家半导体器件质量监督检验中心

摘 要

通过半导体照明评价公共检测与评估平台的软件和硬件建设，建立具有法定资格和公信力的评价机构，为行业的技术研究、产品评价、交易过程的技术裁定等内容提供服务，通过这些服务可在一定程度上推进整个LED行业建立良好的秩序，促进可持续发展。

关键词：半导体照明　检测　平台

一、总体目标

根据国家主管部门的总体部署，结合"十一五"期间的总体目标，建立完整、科学的半导体照明评价体系框架，确定主体内容，建立具有法定资格和公信力的评价机构以及测量、试验和评价的硬件平台，为行业的技术研究、产品评价、交易过程的技术裁定等内容提供服务，通过这些服务可在一定程度上推进整个LED行业建立良好的秩序，促进可持续发展。

二、实施计划

2006年6月～2007年6月

根据检测标准进行半导体照明测试平台关键技术研究与设备开发。

2007年3月～2007年12月

完成半导体照明测试平台关键设备开发和设计定型；购置必要仪器设备；完成测试装置的研制开发；完成半导体照明测试平台建设。

三、具体内容及实施方案

（一）半导体照明测试关键技术研究

1. 概　述

半导体照明测试关键技术研究是半导体照明国家级检测平台的一项基础工作。假如没有客观、科学的测试方法，那么在国家级检测平台上所完成的关键技术攻关工作的评价就缺乏客观性，有时候会干扰科学研究工作的正常进展，更严重的情况是：不客观、不科学的数据则会误导科技攻关的方向。

我国企业由于规模不大，难以让检测光电专家直接服务于公司，而检测工作是很难被省略或跳过的，因此只能在企业之外，让测试专家从事半导体照明测试方法的研究。在半导体照明国家级检测平台中进行测试方法研究，不仅必要而且科学合理，可以使研究成果直接为国家标准的制定服务，也通过平台为相关研究机构和广大企业服务，同时也为半导体照明检测平台建设提供参考。这项研究对半导体照明的科技攻关和产业良性发展意义重大。

经过"十五"期间的努力，我国半导体照明具备了一定基础，目前正值发展好时机，整个产业正急需较为完备的测试方法理论指导，因此，在半导体照明国家级平台启动之初就启动了测试关键技术研究工作。

2. 研究内容

测试方法研究主要包括三个方面：

(1) 光度学、色度学和辐射度学测试技术研究。包括以下三个方面的研究。① 功率 LED 光度参数测试技术研究；② 功率 LED 色度参数测试技术研究；③ 功率 LED 辐射度参数测试技术研究。

(2) 热学(热阻)测试技术研究。研究 LED 芯片的热场分布特性、功率型 LED 的结温及散热能力的测试技术，为 LED 的封装结构设计、散热器的结构设计提供关键性的分析手段。包括以下两个方面的研究。① 功率 LED 温度系数测试技术研究；② 功率 LED 热学参数测量技术研究。

(3) 功率 LED 器件长期可靠性研究。功率 LED 器件长期可靠性研究在各国的报道中均有区别，研究我国自主知识产权的功率 LED 器件长期可靠性试验方法，为企业提供可靠性设计数据，包括以下三个方面的研究：① 功率 LED 预期寿命(加速试验)的试验技术研究；② 功率 LED 机械强度和环境适应性试验技术研究；③ 功率 LED 质量评定技术研究。

(二) 半导体照明测试仪器和设备开发

1. 半导体照明加速寿命试验关键设备研究

研究功率型照明 LED 的高温寿命加速试验方法，LED 在各种电驱动条件下的高低温可靠性检测方法。研制适用于功率 LED 的加速寿命试验设备，通过加速寿命试验，快速评价照明用 LED 的期望寿命 MTTF。

研究内容及主要指标：

(1) 开发研制具有国际先进水平的功率 LED 加速寿命试验设备。

(2) 开展功率 LED 加速寿命试验专题研究，探讨 LED 的退化规律，加速因子 τ 和激活能 AE，通过阿列尼斯方程外推 LED 的期望寿命 MTTF。

2. 半导体照明热阻测试设备开发

对半导体照明 LED 器件的热阻测试技术进行专题研究，开发出相关满足要求的热阻测试设备，解决 LED 器件的可靠性筛选问题，提高 LED 产品的可靠性。

研究内容：研究 LED 芯片的热场分布特性、功率型 LED 的结温及散热能力的测试方法及相应的检测设备，为 LED 的封装结构设计、散热器的结构设计提供关键性的分析手段。研究计算机程控数据采集和时序控制技术，并利用此技术实现 LED 热阻的自动测试和推算，提高精度和测试效率；研究被测 LED 的参考点温度的高精度测量和恒温控制技术。

热阻测试设备达到主要指标：

(1) 加热电流提供范围 0～5A。

(2) 热敏参数测量范围 0～5V，不确定度≤±(0.6%+3mV)。

(3) 热阻测量不确定度≤±2%。

(三) 半导体照明测试和评价体系建设(含测试平台、检验认证中心等)

1. 半导体照明封装成品的测试和评价体系建设

按一般照明器件现有 IEC 和正在制定的国家标准的要求，根据照明用 LED 器件特殊的光学、色学、电气、温度等性能，针对照明 LED 器件的检测技术研究成果，建立相应的测试平台。主要有下列几方面：

(1) LED 器件的光度、色度和温度性能、辐射安全的检测平台建设。

(2) LED 器件的环境适应性试验平台建设。

(3) LED 器件的机械强度试验平台建设。

(4) LED 器件的寿命加速试验平台建设。

通过测试平台建设，为企业产业化生产的封装成品进行公正、科学地参数检测和可靠性评价，确保企业进入市场的半导体照明产品质量可靠;为国家管理机关提供客观、公正的检测报告和质量可靠性信息。为标准体系的制定与完善提供服务,提升中国照明 LED 器件的研究、设计及应用水平。形成一批具有自主知识产权,适应国际市场规则的照明 LED 器件产品。达到能同时容纳 10 000 只以上照明器件的检测能力;年检测能力达 300 万件以上。2008 年之前为国内半导体照明行业服务。

2. 半导体照明封装应用产品(电光源和灯具)的测试和评价体系建设

按照一般照明灯具现有 IEC 和国家标准的要求和照明 LED 灯/灯具特殊的光学、电气、温度等性能,针对照明 LED 灯/灯具的检测方法进行研究,并建立相应的测试平台。主要有下列几方面内容:

(1) LED 灯/灯具的空间光度和色度分布、辐射安全的检测平台建设。

(2) LED 灯/灯具的电气安全、防火、耐热等安全性能试验平台建设。

(3) LED 灯/灯具的环境适应性试验平台建设。

(4) LED 灯/灯具的机械强度试验平台建设。

通过本项目的研究,为照明 LED 灯/灯具的测试方法标准的制定提供可靠的依据;同时为国内 LED 照明应用产品提供标准的检测和试验平台,提升中国照明 LED 产品的研究、设计及应用水平。形成一批具有自主知识产权,适应国际市场规则的照明 LED 灯/灯具产品。为企业产业化生产的封装应用产品(电光源和灯具)进行公正、科学地检测和可靠性评价,确保企业进入市场的半导体照明应用产品质量可靠;为国家管理机关提供客观、公正的检测报告和质量可靠性信息。年检测能力 300 万件以上。2008 年之前为国内半导体照明行业服务。

四、国家半导体器件质量监督检验中心现有基础和在 LED 评价方面已做的工作

(一)现有基础

国家半导体器件质量监督检验中心同时也是信息产业部半导体器件产品质量监督检验中心、中电科技半导体器件可靠性中心。是最早授权对半导体器件产品质量进行检验试验的第三方中立机构,伴随着行业的发展而壮大起来。

1963 年始建为中心试验室。1989 年经原机械电子工业部批准授权,组建为机械电子工业部半导体器件产品质量监督检验中心(现名为信息产业部半导体器件产品质量监督检验中心),编号为:部质监认字(2001)024 号。1990 年经原国家技术监督局审查认可授权为国家半导体器件质量监督检验中心,编号为:国质监认字(097)号;计量认证/审查认可的编号为:2006 量认(国)字(Z0402)号,最新编号为:200600402Z。1990 年由原国家进出口商品检验局审查授权为国家半导体器件进出口检验认可实验室。2000 年通过中国实验室国家认可委员会评审,批准授权为中国实验室国家认可委员会认可实验室,编号为:NO. 0421 号;2002 年 11 月通过中国实验室国家认可委员会按 GB/T15481－2000 idt ISO/IEC 17025:1999 新的标准换版认证和扩项评审,授权编号为:NO. L0567 号。2005 年 9 月通过由中国电子科技集团公司组成的专家组的现场审核,并授权为中电科技半导体器件可靠性中心,文件号为:电科基〔2005〕395 号。2005 年 10 月通过由中国实验室国家认可委员会按 GB/T15481－2005 idt ISO/IEC 17025:2005 新的标准换版认证,由中国合格评定国家认可委员会最新授权编号为:NO. CNASL0567 号。

检测机构通过中国合格评定国家认可委员会认可和国防科工委实验室认可委员会认可,出具的检测报告得到国际实验室认可合作组织(ILAC)和亚太实验室认可合作组织(APLAC)的多边互认,得到美国、日本、英国、德国等 28 个国家的 45 个实验室认可机构的互认,并且还在不断扩大。

机构人员情况:检测机构现有职工 85 人,其中教授级高工 5 人,高级工程师 13 人,工程师 16 人,助理工程师 17 人,技术员 8 人。成立的可靠性专家组有 11 人。有很多人员已经成为行业内专家。

硬件条件:检测仪器设备 1100 多台套,原值 3500 多万元。检测用房面积 3500m^2,全部采用集中空调,局部环境温度控制精度达 25℃±1℃,相对湿度 50%±2%RH,部分环境采用防静电、防噪声和电磁屏蔽措施。

多年来,中心不断投资引进国际先进实验设备,完善了检验试验手段。能按照 IEC、GB、GJB、行业标准和企业标准对电子信息产品进行鉴定检验和质量一致性检验。曾先后承担了国家产品质量监督抽查、行业产品质量监督抽查,生产许可证确认试验、创优试验、行业评比试验、集中测试、军标验证试验和半导体器件鉴定试验等任务。并在多项国家重点工程会战中作出了贡献。本中心注重技术研究与发展,在许多试验与可靠性技术研究方面取得大量成果报告如微波场效应晶体管电耐久性试验,消除自激振荡研究;加速寿命试验研究;功率晶体管热疲劳试验;抗核加固试验;场效应晶体管抗静电防护研究、专用电耐久性实验设备研究等。对我国半导体器件产品质量检验技术、可靠性技术的提高与发展发挥了积极的作用。

已经确认的检测分析能力范围为:

(1) 半导体分立器件。

(2) 半导体集成电路。

(3) 混合集成电路。

(4) 微波组件。

(5) 微电路模块。

(6) 光电器件(含 LED)。

(7) 光电模块、光电组件。

(8) 电阻器、电容器。

(9) 各种管壳。

(10) DPA 分析等共 32 大类,596 个参数。

(二) 机构在 LED 评价方面已经做了的工作

(1) 国家半导体照明办组织的攻关项目两次测评。

(2) 北京市科委组织的攻关项目测评。

(3) 全程参与 LED 测试标准的制修订工作。

(4) 白光功率 LED 的加速寿命试验研究。

(5) 2004 年按国家质检总局要求进行全国 LED 产品质量状况监督抽查,监督抽查了 32 家企业,有大、中、小型企业包括 13 省市自治区,具有广泛的代表性,摸清了 LED 行业生产分布、规模和质量状况。

五、小　结

在国家半导体器件质量监督检验中心的基础上建立高起点、高定位、高水平的 LED 国家级公共检测与评估平台,能快速满足行业和用户的需要,为行业服务,为半导体照明行业作出贡献。

作 者 简 介

黄杰　1969 年 6 月出生,高级工程师。1990 年毕业于太原机械学院自动化仪表专业和 2002 年毕业于河北科技大学信息管理与信息系统专业,目前担任中国电子科技集团公司第十三研究所检测中心主任,国家半导体器件质量监督检验中心主任。中国质量检验协会高级会员。中国电子质量高级检验师。多年从事半导体器件的标准化、质量管理和可靠性试验工作,先后担任多项国家重点工程电子元器件质量师。

上海半导体照明公共研发和服务平台建设

杨卫桥

上海市半导体照明工程技术研究中心

摘　要

本文详细分析了上海半导体照明产业基地的基本情况,提出了一些上海半导体照明产业发展中存在的问题及其解决方法。详细论述了上海半导体照明公共研发和服务平台建设的迫切性和重要性。并对该平台的建设方案、目标和运行模式提出初步的方案。

关键词:半导体照明　LED 标准　服务平台

一、上海产业化基地基本状况

目前上海已在绿色照明光源领域取得多项技术突破,获得一批具有自主知识产权的核心技术,已形成从装备、工艺、器件到应用的完整研发体系和产业链。科研成果产业化迅速,以应用带动研发及产业发展,取得了良好的经济和社会效益。

上海作为科技部批准的 5 个国家半导体照明工程产业化基地之一,已经形成了以张江高科技园区为核心,辐射嘉定、松江、杨浦、普陀区、漕河泾等区的半导体照明产业群,通过发挥各自优势,形成了从衬底材料、外延、芯片、封装到 LED 光源应用的较为完整的产业链及基于此合理的布局和良性互动的格局,形成了具有上海特色的半导体照明产业。

上海地方政府配合国家半导体照明工程整体战略制定一系列产业政策,营造优良环境,强力推进上海半导体照明产业基地发展。从 2000 年开始,上海市科委开始实施光电子专项行动计划,形成了各类技术配套齐全的产、学、研体系,取得了一些具有自主知识产权的核心技术。从 2005 年开始,市科委专门设立半导体照明专项,以应用为牵引,大力推进半导体照明示范应用。半导体照明已被市科委列入上海"十一五"期间重点发展的十二个战略产品之一。同时,半导体照明也被列入世博科技专项,是世博科技中九个亮点之一。

上海坚持以应用为导向的半导体照明产业发展战略。积极推进半导体照明的示范应用,通过半导体照明示范工程,有效推动 LED 产品的应用和集成,促进相关企业的发展壮大。这些工程的实施将为半导体照明在上海世博会上的大量应用打下良好的基础,也对上海半导体照明产业的发展起到巨大的促进作用。

上海集聚了一批较为雄厚的科技研发机构和大学,创新资源丰富,涉及半导体照明研究的大学和研发机构有二十多家,如华东师范大学、复旦大学、上海大学、中科院等,拥有了一支较高水准的科研队伍。2005 年,上海半导体照明工程技术研究中心(以下简称中心)成立,中心以产学研紧密联合的方式,通过整合技术、人才、设备、市场等资源,为科研、生产构筑高层次开放式的技术支撑服务平台,降低整个产业链技术创新的成本,促进上海半导体照明产业的能级提高,全力推动上海半导体照明产业的发展。中心将服务国家战略,抓住照明产业革命的历史机遇,通过突破一批产业化关键技术,培育一批掌握核心技术的高技术企业,建设一个具有特色的产业基地,形成具有自主知识产权的半导体照明专利与标准体系,发展具有国际竞争力的中国半导体照明新型产业。

二、半导体照明公共研发和服务平台的建设具有重要意义

区域科技资源公共平台是区域科技创新能力和创新体系的重要基础和保障。建立上海半导体照明公共研发和服务平台是落实《2004～2010年国家科技基础条件平台建设纲领》和国家半导体照明工程"十一五"发展规划，解决上海LED照明产业发展瓶颈，推动上海半导体照明产业基地建设的重要举措。

目前，上海半导体照明产业具有产业链相对齐备、拥有大量自主知识产权的高端产品等诸多优势，且依托了上海的多家大学和研究机构，使得该产业在承继、消化和突破国外先进技术上也拥有较强能力，这些都成为促使上海半导体照明产业迅速发展的重要因素。然而，伴随着产业的发展却出现了一个新的瓶颈，这就是在应用层面缺乏体系性、完备性、统一性和应用性的技术平台，难以有效地连贯上游芯片、封装和下游照明应用，难以形成合力解决国内外亟待建立半导体照明材料与器件的检测标准问题。

上海产业化基地有条件、也有能力利用联合、整合、复合的优势，建立半导体照明公共研发和服务平台，并以该平台为纽带，形成合力突破瓶颈，有利于改变上海目前科研设备相对国外比较落后，科技资源共享程度低，相关技术人才短缺的现象，解决国际上该行业在知识产权方面对我国形成的覆盖问题，解决企业急需的专业性技术服务支撑问题，为我国半导体照明工程整体战略服务。

三、半导体照明公共研发和服务平台的建设思路

半导体照明公共研发和服务平台的建设将充分调动和利用上海基地已有研究机构和相关企业的基础积累，以上海半导体照明工程技术研究中心为核心形成一个高效运行的网络式平台。根据"整合、共享、完善、提高"的要求，通过信息化手段和科学的管理运行机制，对上海已有的资源进行系统整合和优化，建立半导体照明产业的研发、测试和信息服务平台。为上海基地、长三角地区半导体照明企事业单位提供公开、公正、公平的检测、评估和其他服务，推动区域的知识产权战略形成与实施，为区域半导体照明产业的发展起到引导和推动的作用。

半导体照明公共研发和服务平台的建设，单凭一个企业或少数企业不可能实现这一目标。因此，该平台应当结合国家半导体照明工程"十一五"规划总体目标、充分利用国家半导体照明工程上海产业化基地特色资源(高端半导体照明产品应用市场大、高亮度功率型半导体照明产品制造能力强和众多科技研发机构及大学的创新资源丰富等)，以上海产业化基地和上海半导体照明工程技术研究中心为依托，以市场为导向，建立一个集区域性、网络式应用系统设计、分析检测、产品评价，信息交流与人才培训等功能的半导体照明公共研发和服务平台。为此，该平台将以"四新"的思路进行建设和运作。

- "新的定位"：区别于国内的其他平台，该平台总体定位在"技术创新"范畴内，针对标准化和产业"三元"技术(设计技术、制造技术和应用技术)需求，直接为这些技术的创新服务。同时为形成高质量服务的"软"基础，与国家的半导体照明"知识创新"平台形成良好的接口。
- "新的模式"：形成网络式中心模式，充分调动已有研究机构中的基础积累，以上海半导体照明工程技术研究中心为核心形成一个高效运行的网络式测试分析中心，工程中心和网络的核心格点，直接面对产业做标准化层面检测分析，提供权威数据，而研究性检测分析将分布在整个网络上。
- "新的布局"：形成标准化与研究性两个层面的测试与分析基本布局，前者是常规和成熟的，仅是需要一个公认的权威性中立机构来实施，后者是适应当前半导体照明产业中许多基本问题还尚未弄清的基本现状，通过研究弄清机理，形成新的标准化测试与规范，再注入到第一层面。这两个层面是相辅相成的，第一层面的标准化工作发展趋势将为第二层面研究性工作明确需求方向，而第二层面的研究性工作成果将推动第一层面标准化工作的发展。
- "新的功能"：该平台将形成支撑半导体照明产业的"三元"技术，至今国内还没有任何一个检测分析中心可以对这"三元"技术进行较全面的支撑，由于半导体照明产业的迅猛崛起，知识-技术-产业三方面的问题强烈地纠缠在一起，为此要实现对"三元"技术的有效支撑，要从"硬"基础(基本设备)和"软"基

础(基本软件和相关知识)两方面进行功能建设。

四、半导体照明公共研发和服务平台建设模式、运行机制

半导体照明公共研发和服务平台建设模式：

依托上海半导体照明工程技术研究中心，采取政府引导、企业化运作的模式组建开放联合的半导体照明公共研发和服务平台。上海半导体照明工程技术研究中心下设的技术专家委员会对半导体照明公共研发和服务平台提供技术支持和保障。

形成网络式模式的平台结构如图1所示，它充分调动已有研究机构中的基础积累，以上海半导体照明工程技术研究中心为核心形成一个高效运行的网络式测试分析中心。网络式支撑单位主要包括：上海理工大学国家光学仪器质量监督检验中心、全国光学和光子学标准化技术委员会；中科院上海技术物理研究所；华东师范大学；上海大学；中科院上海光学精密机械研究所；复旦大学材料科学系、光源与照明工程系(电光源研究所)；上海产品质量监督检验所、国家电光源质量监督检验中心(上海)等。

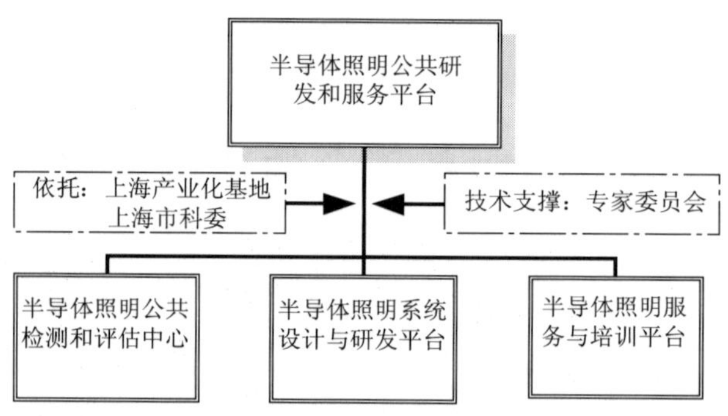

图1 半导体照明公共研发和服务平台结构图

制定一个统一的业务操作规章，严格规范平台各单位的操作流程，确保测试结果的公平性、公正性，严格测试单位的保密责任，确保相关测试数据的保密性。统一对各单位进行认证，授权，并且统一出具测试与评估报告，从而保证测试结果的权威性和同一性。

半导体照明公共研发和服务平台的运行机制：以上海半导体照明工程技术研究中心为主体建立半导体照明公共研发和服务平台。面向上海基地、长三角地区半导体照明企事业单位提供公开、公正、公平的检测、评估和服务。积极整合利用上海现有设备、人才和知识资源，以网络形式建立子平台。平台新建资源和设备将以上海半导体照明工程技术研究中心为依托，产权为上海半导体照明工程技术研究中心所有，与各成员单位已有的基础共同对外提高服务。半导体照明公共研发和服务平台原则上不以赢利为目的，但对具体检测、服务内容收取一定费用以维护平台的正常运行和持续发展。

五、半导体照明公共研发和服务平台建设的最终目标

平台将围绕“十一五”国家半导体照明工程规划总体目标，充分利用国家半导体照明工程上海产业化基地特色资源，以上海产业化基地和上海半导体照明工程技术研究中心为依托，以市场为导向，建立一个区域性、网络式应用系统设计、分析检测、产品评价，信息交流与人才培训等功能的半导体照明公共研发和服务平台。实现为区域企业提供系统研究与分类技术服务的体系，为上海乃至全国的半导体照明企业提供综合研发、检测、分析、评价和服务，有效整合上海半导体照明技术资源与产业资源。

上海产业化基地通过半导体照明公共研发和服务平台这个介于政府和企业之间桥梁及纽带，较好地协调起产、学、研各环节，优化投入产出比。并通过建立全上海的专利联盟，形成专利集群，相互授权，共同抵御外国专利的冲击，确保产业的良性发展。

作者简介

杨卫桥 博士、高级工程师，毕业于中国科学院上海光学精密机械研究所，现任职于上海半导体照明工程技术研究中心。2002～2004年在中国科学院上海光学精密机械研究所激光与光电子材料研究中心工作。主要从事半导体照明技术及标准研究、III族氮化物衬底材料的生长和缺陷、光学晶体窗口材料的研究工作，半导体照明项目组织和管理工作，从事半导体照明研究及测试平台的建立、上海半导体照明相关单位调研等工作。主持过863科技项目(在研中)、上海市光科技项目、上海市技术标准专项(在研中)等项目，并作为主要科研人员参加过十余个科研项目的研究工作。获得了2003年度国家科技进步二等奖。在国内外学术刊物上发表40余篇科技论文，并申请了22项专利。

半导体照明公共检测与评估平台的建设

陈　忠　高玉琳　吕毅军

厦门大学

摘　要

本文论述了半导体照明公共检测与评估平台建设的必要性及现实意义，并以厦门半导体照明检测与认证中心为例，阐述了公共检测与评估平台建设、运行、管理的模式、服务宗旨及风险控制。

关键词：半导体照明　发光二极管　检测与评估

一、建设半导体照明公共检测与评估平台的意义

半导体照明光源具有节能、环保、安全、易驱动、体积小、寿命长、色彩丰富、性能可靠等显著优点，半导体照明技术经过四十多年的发展[1~4]，半导体光源已成为全球最热门、最瞩目的光源，特别是LED的发光效率正在大幅度提高，半导体照明被认为是21世纪最有可能进入普通照明领域的一种新型固态冷光源和最具发展前景的高技术领域之一。半导体照明作为人类照明史上一支新兴的力量，具有巨大的应用市场和发展空间。2003年科技部联合信息产业部、中国科学院等8个部门、行业，以及北京、上海等15个地方政府全面启动我国半导体照明工程，经过几年的努力，国家“十五”半导体照明攻关项目顺利完成。“十一五”期间，国家将把半导体照明工程作为一个重大工程进行推动，目前国家高技术研究发展计划(863计划)新材料技术领域“半导体照明工程”重大项目已经正式启动。然而，目前在国内对半导体照明光源LED性能参数的检测还没有一家设备齐全、公正的检测机构，也没有一家权威的认证机构和统一、规范的检测仪器和方法，这使得LED上、中、下游厂商无所适从、各行其道，造成了许多不必要的重复投入和技术纠纷，增加了企业的成本，损毁了企业的形象，严重影响了半导体照明产业的快速发展，对于我国半导体照明产业的长远发展和与世界接轨相当不利。面对半导体照明的历史机遇，我国应该根据产业的发展、企业的需求和现有基础条件，通过建设高水平的半导体照明公共检测与评估平台，来解决LED产业发展过程中急需的质量检测共性关键技术。

作为半导体照明光源的LED既是半导体器件，又是一种新型光源，检测中既要测量它的电学参数、光学参数、热量参数，又要研究它的光辐射特性对人眼的视觉效果和心理响应，同时作为照明产品还需要有权威的安全认证。由于半导体照明产品的应用尚处于起步阶段，且应用面广、品种繁多，其测试方法和标准在国内外成为业界关注的重点之一。目前国际上可借鉴的LED标准很少，国内也刚刚开始制定相关标准，信息产业部于2005年1月成立“半导体照明技术标准工作组”正在组织、制定、送审、报批阶段的LED相关标准共13项，远不能满足LED应用产品发展的要求。因此在目前的状况下，如何对LED产品的质量进行检测和把关，成为政府和企业亟待解决的问题。

由于我国企业的规模都不大，难以在企业内部进行半导体照明测试方法的研究，而这些工作在标准的制定过程中是无法回避的，因此建立半导体照明公共检测与评估平台，一方面作为一个权威、公正的检测机构为企业的产品进行测试对比，提供令人信服的产品质量检测数据；另一方面，在公共检测与评估平台上进行半导体照明测试方法、仪器的研究，其研究成果可直接为国家制定标准服务。

要建设这样的公共检测与评估平台，国内目前还没有什么成功的案例可供借鉴，但在建设时目标定位一定要明确，必须与企业行为有所区别，定位于公共检测与评估，体现为企业服务、为行业服务。在

2006年的国家高技术研究发展计划(863计划)中明确指出“在全国建立2～3个规范的半导体照明评价与测试中心,探索运行机制,为产品测试、评价,以及贯标和产业发展提供服务与支撑”。平台建设一定要进行体制与机制创新,吸引一流的人才加盟。一方面要有政府的政策和资金支持及人力协调,另一方面要有一个高水平的研发团队。此外,还需要有企业(特别是大企业)的积极参与。在平台的建设中,为了避免低水平的重复建设,需要平台建设的决策者高瞻远瞩,根据我国半导体照明产业发展的区域性,在急需的和具有发展前景的地区首先建立。

平台建成后要能够适应半导体照明产业技术的进步,真正为业界服务:能够为企业提供公共研发、产品检测、测试分析、人才培训等;同时还能为我国半导体照明相关标准的制定提供必要的依据和建议;作为一个先进的公共测试平台,还应跟踪和参与国际标准的制定,与国际公认的检测机构进行测试对比,以提高我国半导体照明产品质量、测试能力和权威性,使我国半导体照明产业真正与国际接轨。在目前的国内形势下,平台的建设模式可采取由政府相关部门牵头,依托于高校或科研机构,鼓励企业(特别是大企业)参与的方式来搭建,使参与平台建设的各方能够优势互补,具有权威性、公正性、先进性和现实性。作为一个公共的检测平台,建成后应是开放式的,知识产权能够共享:首先它能服务于周边地区的企业,随着平台建设的完善,其服务应惠及省内外乃至全国的整个半导体照明行业。

二、厦门市半导体照明公共检测与评估平台建设的现状

2006年我国主要启动了三个半导体照明产业公共检测平台的建设:厦门市的“厦门半导体照明检测与认证中心”、“上海半导体照明工程技术研究中心”[5]和国家半导体器件质量监督检验中心的“半导体照明评价体系建设”[6]。其中,“厦门半导体照明检测与认证中心”和上海的“半导体照明公共检测与评估平台”得到2006年国家863计划半导体照明工程的立项建设支持。根据“十一五”国家半导体照明专项的总体目标、战略定位、研发方向,各公共检测平台均制定了自己的建设目标、建设内容、运行管理机制和服务宗旨等。

(一)厦门市半导体照明检测与认证中心成立背景

厦门市作为2004年全国第一批被批准的“国家半导体照明工程产业化基地”之一,厦门及其周边地区在半导体和照明领域已初步形成上中下游较为完整的产业链。知名企业有国内投资最大的外延材料及芯片生产企业三安电子、全国最大的LED封装及应用企业华联电子、国际知名企业通士达等。厦门市委、市政府对半导体照明产业高度重视,以极大的热情参加“国家半导体照明工程”计划,市新兴产业办组织制定了“厦门半导体照明产业化基地发展规划”。2006年厦门市春节的LED夜景工程成功地起到了示范和带动作用,全国许多城市甚至国外的城市都来厦门取经学习,从而也推动了厦门及周边区LED企业发展,启动了LED产品的应用市场。因此,建立厦门半导体照明公共检测平台,有利于厦门及周边地区半导体照明产业的长远发展。

(二)厦门市半导体照明检测与认证中心建设目标及服务宗旨

在厦门市相关部门的共同努力和协调下,经过从2004～2006年10月的酝酿、调研、体系建设规划,成立了厦门市半导体照明检测与认证中心,该中心的建设目标是建立国内一流、具有国际先进水平的半导体照明及相关产品检测认证中心,预计在2008年基本建成。检测认证中心建成后,测试结果能与国内、国际先进检测中心的测试结果对比验证,为半导体照明产业化的可持续发展提供检测及研发平台,更好地服务于整个行业。其服务内容包括:掌握半导体照明产品质量和发展动态等信息,对政府发展半导体照明产业的规划提出建议、为企业提供公共检测服务平台,以半导体照明为中心,包括LED外延片、芯片、相关材料、器件及应用产品检测,检测服务包括形式试验、仲裁试验以及国内外产品测试比对分析等;积极跟踪并争取参与国际或国家半导体照明相关技术标准和检测方法的研究与制定,开展新标准和新检测技术的培训、推广和交流;与国际认证机构和知名企业建立合作或授权关系;为企业应用新材料、新工

艺、新产品及校准溯源提供技术咨询与服务；成为培养半导体照明专业检测技术人才和科研人才基地。中心立足于厦门产业化基地，成为海峡两岸乃至全国的中性、公正、权威、高水平的半导体照明检测平台，为半导体照明产业化的可持续发展提供技术支撑和服务。

（三）厦门市半导体照明检测与认证中心建设、管理模式

厦门市半导体照明检测与认证中心由厦门市产品质量检验所、厦门大学物理与机电工程学院半导体照明工程技术研究中心、厦门市现代半导体照明产业化促进中心（简称“厦门市 LED 促进中心”）三方共同建设。

厦门市产品质量检验所是依法设立的综合性产品质量监督检验机构，依法承担产（商）品质量监督检验、第三方评价性检验、质量仲裁和接受社会各界的委托检验，同时也承担有关标准的制定、修订任务，是完全独立于开发、生产、使用、销售单位及其主管部门的国家法定的公正检验机构，已有较为完善的环境与可靠性试验室、安全试验室、电磁兼容试验室、有害物质检测试验室。

厦门大学有一支高水平的科研人才队伍，作为全国最早筹建半导体专业的五校之一，其专长和特色就是半导体光电器件及其检测，厦门大学最早建立半导体发光专业，在全国最早研发成功 GaP 发红、黄、绿色的平面 LED 和 ZnS 平板示波器，为厦门的光电产业化基地培养了大量人才。厦门大学“半导体发光器件光学参数测试”成果获 1986 年国家教委科技进步二等奖，有关测量方法被确定为电子工业部部颁标准，在全国执行。同时厦门大学作为信息产业部“半导体照明技术标准工作组”的成员单位，参加四个标准的制定与研究工作。厦门大学还拥有福建省半导体照明工程技术研究中心。厦门大学在“211 工程”和“985 工程”一、二期建设中先后投入了大量的经费，实施了“光电信息材料、器件及其应用”建设项目；与厦门市共同投入了 3000 多万元建设资金，组建了半导体光子学研究中心和半导体材料综合测试评估中心。已经专门为半导体照明检测投入约 200 万元，初步建成 LED 单管光电热性能的检测平台。

厦门市 LED 促进中心是按 WTO 规则建立，政府间接管理的社会公益性机构，以推动厦门光电子和半导体照明产业发展和基地建设为主要任务，促进科技创新与成果转化，培育厦门光电子和半导体照明产业链和产业集群。

在厦门市半导体照明检测与认证中心的建设中，以上三方发挥各自的优势特点，进行有效的分工合作。厦门大学利用其科研技术优势，主要负责测试方法、测试仪器、测试标准的探索等工作，为平台的建设提供技术支持；厦门市产品质量检验所则发挥在半导体照明相关成品检测上的优势与能力以及国家法定检验机构的特殊地位，主要面向企业，对企业的产品质量进行监督检验、质量仲裁。厦门市 LED 促进中心则协调三方做好资源、仪器的共享和技术交流工作。作为服务对象的企业，并不是独立于中心建设以外，要充分发挥企业积极性，特别是龙头企业，例如厦门三安电子有限公司、厦门华联电子有限公司、厦门通士达照明有限公司、明达光电等企业已具有较强的配套检测能力，因此鼓励这些企业参与平台的建设，帮助这些企业完善和提升检测能力以通过国家实验室认可或认证从而成为与本中心共享的实验室。

厦门市半导体照明检测与认证中心建设经费主要由厦门市政府支持约 1800 万，并由厦门大学配套 500 万、厦门市产品质量检验所配套 500 万来共同承担。中心组织机构由领导小组、产品认证部、检测事业部、厦门大学分部、业务部、联络部等组成。中心成员结构从管理、测试分析、理论计算到仪器的日常维护等形成一个合理梯队。

（四）厦门市半导体照明检测与认证中心的建设内容

厦门市半导体照明检测与认证中心的建设内容是依据半导体照明产品检测的实际需要来决定的。半导体照明产品的检测涉及电学特性、光学特性、热学特性等方面。其中电学特性测量技术手段已经很成熟，因此主要的投入是在光学特性和热学特性两个方面。光学特性的检测涉及光度学、辐射度学、色度学等方面，测度差异最大，国内外尚无完整的标准可依。目前普遍以 CIE 推荐测试方法为准，国外仪器较先进，测试方法发展较快，基本上以光谱辐射度学方法为主。LED 热学参数测量主要是指其热阻和结温的测量，国内外尚无标准可依。检测方法包括电学方法、热像仪法、光谱法等。目前国外多以 EIA

(Electronic Industries Alliance)的半导体器件热学测量标准 JEDEC 为依据[7~10]。而对测量方法,国内外的仪器大多采用电学方法,但普遍存在测试复现性差的问题,而且热学测试不能与光学参数测试很好结合,使得器件的热阻测量结果低于实际热阻值(这一点对于大功率 LED 特别重要。对于大功率 LED,其光耗可达 20%以上,因此在热阻的测量和计算中,如果仍然以总的耗散功率代替热耗散功率的话,误差很大)。另外对于外延片的检测,涉及各层材料的组分、浓度(及其分布)、厚度,有源区的迁移率,各种参数的均匀性等;LED 芯片涉及 I-V 特性、发光亮度、暗电流、发射光谱和 XPS 等。外延片、芯片的检测同样无相应标准,但测试方法、设备较齐全,在业界被广泛认同。荧光粉作为目前发白光 LED 除芯片外的主要原料,与 LED 的电致发光不同,它是按光致发光的机理工作。对它的检测涉及吸收光谱、发射光谱、光致发光效率、各种色度学参数和显色指数等。目前国内外也没有用于白光 LED 荧光粉的检测标准。

检测认证中心重点建立 LED 光、电、色、热测量系统及可靠性测试、LED 变角光度测试测量系统、LED 显示屏测量系统、荧光粉检测系统、外延片、芯片检测系统、LED 灯具空间配光分布测试系统、LED 辐射安全测试和标准分级系统,形成有效的半导体照明检测链,这些测量系统依据 IEC、CIE 和国家标准建立,测试系统均采用行业公认的、具有国际先进水平的仪器,在测试原理和方法上有一定的前瞻性,得到专家的肯定和支持。中心是依据厦门及周边地区产业现状和行业发展需求进行配置,可避免低水平的重复建设。

检测认证中心的建设一方面采用成熟的技术保证测试结果的可靠性和可信度;另一方面针对半导体照明检测中存在的问题,加强测试方法、测试标准的研究工作,在研究中既有自身特色,又能保持技术的先进性。

三、半导体照明公共检测与评估平台建设的风险及控制

在目前半导体照明检测标准不完善、测试方法技术不成熟的情况下,平台建设具有一定的风险性。一方面,由于平台建设投入的经费额度巨大,因此对于目前标准还未制定的测试项目,如果建设的方向不准,到时不能满足标准,则必定会形成浪费;另一方面,平台建成后,能否顺利运行则会影响平台服务于行业的宗旨。为了避免或尽可能减少平台建设风险,要求在平台建设中,一方面在指导思想上,要有一定的前瞻性,并及时跟踪或争取参与国际或国家半导体照明的相关标准,使平台建设与国际或国内标准相结合。此外,平台建设除了硬件的建设外,还需要重视人才队伍的建设,平台的运行维护需要从管理、技术支持、测试分析到仪器的日常维护等形成一个有机的团队,其中特别是高端人才、技术力量的支持是保持平台先进性的一个必要条件。总之,半导体照明公共检测与评估平台建设是一项系统工程,必须从资金投入、行业及企业需要、标准要求、人员配备、平台管理等各个环节细致考察,使平台建成后能真正为业界服务、为提升我国半导体照明产业水平服务,发挥其公共测试平台的公正性、权威性、先进性的作用。

感谢"十一五"国家高技术研究发展计划(863 计划):半导体照明评价与测试系统建设(2006AA03A175)、福建省半导体照明技术工程中心建设(2006H0092)和厦门半导体照明检测体系建设项目的支持。

参考文献

[1] O. Pursianen, N. Linder, A. Jaeger et al, Identification of aging mechanisms in the optical and electrical characteristics of light-emitting diodes, [J] Appl. Phys. Lett. 2001, 79(18)

[2] J. S. Kim, P. E. Jeon, Y. H. Park et al, White-light generation through ultraviolet-emitting diodes and white-emitting phosphor, [J] Appl. Phys. Lett. 2004, 85 (17)

[3] G. Garkas, Q. Van Voorst Vader, A. Poppe et al, Thermal investigation of high power optical device by transient testing, Proc. 9th THERMINIC, Aixen-provence, France, Sep. 2003

[4] V. Robert Steele, High-brightness LED worldwide market update, 深圳,中国(深圳)国际半导体照明论坛,2006 年 6 月

[5] 扬卫桥,半导体照明公共检测与评估平台建设,LED及其产品应用评价问题研讨会,杭州,2006年11月
[6] 黄杰,关于半导体照明评价体系建设的实施方案,LED及其产品应用评价问题研讨会,杭州,2006年11月
[7] EIA/JESD51-1 1995, Integrated Circuits Thermal Measurement Method-Electrical Test Method (Single Semiconductor Device)
[8] EIA/JESD51-2 1995, Integrated Circuits Thermal Test Method Environment Conditions-Natural Convention (Still Air)
[9] JESD51-6 1999, Integrated Circuits Thermal Test Method Environment Conditions- Forced Convention (Moving Air)
[10] JESD51-8 1999, Integrated Circuits Thermal Test Method Environment Conditions- Junction-to-Board

作者简介

陈忠 男,博士,教授,博士生导师,厦门大学物理与机电工程学院副院长,福建省半导体照明检测工程研究中心主任。主要从事:精密仪器的研制以及信号与图像处理;温差发电与半导体照明的应用。主持了包括国家自然科学基金重点项目和美国NIH科学基金子课题在内的20余项研究课题;在国内外正式学术刊物上发表论文150余篇,其中80篇为SCI收录、30余篇为EI收录;获授权美国发明专利2项和中国实用新型专利1项;合作出版电子信息类国家统编教材3部。2000年获全国波谱学奖,2002年获福建省青年科技奖,2003年获福建省科学技术奖二等奖(第一完成人)和教育部优秀青年教师资助计划,2004年人选教育部新世纪优秀人才培养计划。

第三部分

产 业 篇

中国半导体照明产业发展年鉴(2006)
中国半导体照明产业发展年鉴(2006)

第三部分　产业篇

产业发展

（北京麦肯桥资讯有限公司产业研究部）

一、产业发展历程回顾

（一）国际发展历程

自 20 世纪 60 年代末由美国惠普（HP）公司首次量产 LED 产品以来，LED 产业近四十年的发展历程，按照发光材料、外延生长技术及发光效率的不同，可概括为以下四个不同阶段：

（1）20 世纪 60 年代末至 80 年代中期，采用 LPE（液相外延技术）、VPE（气相外延技术）生长磷化镓（GaP）、磷化砷镓（GaAsP）等 LED 产品，波长在 550nm 以上，主要发光区域为红、橙、黄、绿等，产品亮度偏低，应用市场以各种指示灯、数字显示灯等为主；

（2）发展至 20 世纪 90 年代初，开始采用 MOCVD 技术制备的 InGaAlP 四元系发光材料，虽发光波长也只能得到红、橙、黄、绿光等，但由于四元是直接能隙的高效能的光转换材料，其亮度较传统 LED 高出许多，使 LED 的应用市场更加宽广，如交通信号灯、汽车刹车灯、尾灯、第三刹车灯等；

（3）1993 年日亚化学（Nichia Chemical）成功量产以氮化镓（InGaN）为材质的 LED，制作出高亮度纯绿光及蓝光 LED，成为全球第一个商业化的蓝光 LED 产品；

（4）1996 年日亚化学采用蓝光 InGaN 激发荧光粉制备出高亮白光 LED，实现 LED 全彩化，已开始应用于背光源、特种照明等领域。

以上 LED 产业的四个发展阶段概括如表 1 所示。

表 1　国际 LED 产业演进历程

阶　段	时　间	发光材料	外延技术	发光效率	发光颜色
第一阶段	1968（HP 量产）	GaP GaAsP	LPE、VPE	很低	红、橙、黄
第二阶段	1985	AlGaAs AlGaInP	VPE、MOCVD	较高	红、橙、黄、红外
第三阶段	1993（日亚开发）	InGaN	MOCVD	较高	黄、绿、蓝、紫外
第四阶段	1996（日亚量产）	InGaN＋荧光粉	MOCVD	高	白光

（二）国内发展历程

自 1965 年我国自主研制出第一个 LED 以来，国内 LED 产业发展可划分初步研究、产业起步、快速

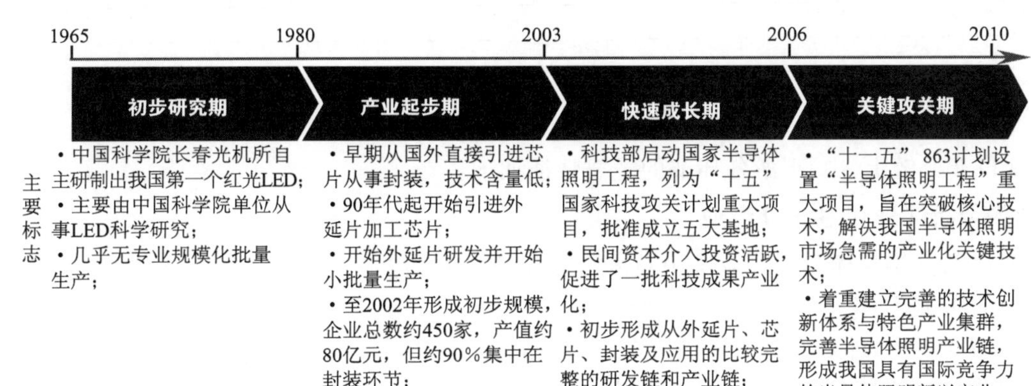

图 1　我国 LED 产业主要发展历程

成长及关键攻关四个阶段,每个阶段主要发展标志简要概括为图1所示。

发展迄今,我国在LED特殊照明的封装和应用方面有良好的技术与产业基础,国内已成为世界最大的LED显示屏、太阳能LED、LED景观照明灯生产和出口国。同时,我国在发展LED产业具有资源优势,为世界Ga(镓)、In(铟)等LED关键原材料最大的资源国,而且集技术、劳动密集与节能环保的LED产业适合我国国情。“十一五”期间是我国走向LED外延与芯片以及装备方面自主创新,实现半导体照明产业跨越式发展的关键攻关阶段。

二、产业链发展状况

(一)产业链结构与特征

LED产业链主要分为上游的原材料、设备及外延生长,中游的芯片制造,下游的LED封装和应用产品三个环节。图2为LED产业链结构详解图,LED产品的制作流程工序主要包括衬底材料在通入气源的反应室生长外延片(上游环节);而后经退火、光刻、刻蚀、磨片、分选等工序制成芯片(中游环节);制备好的芯片经贴片、引线、注胶、热烤、检测等工序封装后,可加工制备成指示灯、背光源及照明等各种终端应用产品。

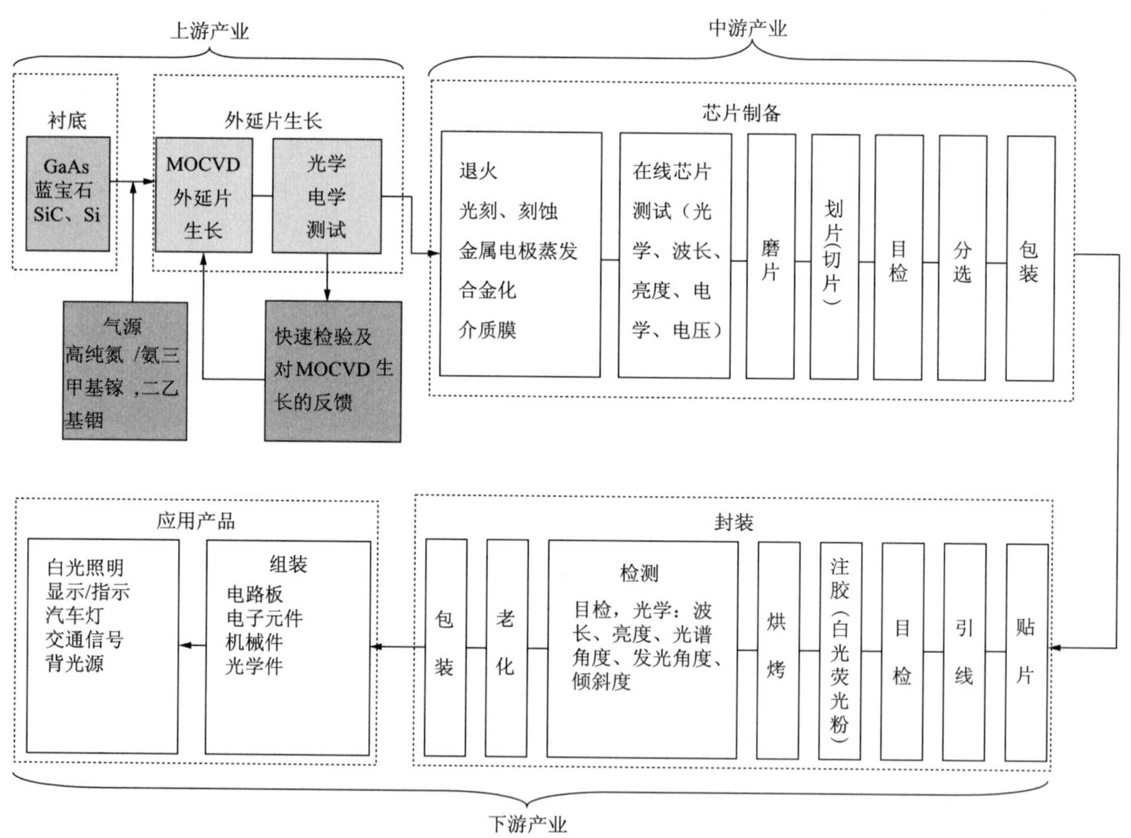

图2 LED产业链结构详解

以上LED产业链上、中、下游各环节的主要特征如下:

1. 上游环节(外延生长)产业

(1) 外延生长是半导体照明产业链中技术含量最高、对最终产品品质影响最大的环节,同时也是原料与成本较为集中的环节;

(2) 在一定程度上,外延的品质直接决定了后续芯片、封装及应用产品的品质和最终应用领域;

(3) MOCVD系统是GaN基LED外延生长的主要设备,技术含量非常高,全球90%以上的市场被德国的Aixtron和美国的Veeco所垄断。

2. 中游环节(芯片制备)产业

(1) 中上游是资金和技术密集型行业,也是投资强度大且投资回收期较长的领域;

(2) 芯片的品质主要取决于外延的质量,而高质量的外延片很难在市场上获得,因此大多数芯片制造商都有外延生长能力;

(3) 外延/芯片的产业集中度较高,主要分布在日本、美国、我国台湾等地,国内相关产业发展迅速;

(4) 检验部分具有劳动力密集性特征,需大量人员检验和分选芯片;

(5) 外延/芯片生产环节是专利竞争最激烈的环节。

3. 下游环节(封装和应用)产业

(1) LED 封装和应用环节技术含量相对较低,是投资强度较低及收效较快的领域;

(2) LED 的封装产品主要包括管脚式(Lamp)、贴片式(SMD)、数字显示(Display)、点矩阵型(Dot Matrix)等封装结构;

(3) 白光 LED 是半导体照明的基础和产业发展重点,也是近几年发展最快的 LED 领域;

(4) 下游是与市场应用联系最为紧密的环节,也是 LED 产业中规模最大并且发展最快的领域;

(5) LED 封装企业主要集中在我国台湾、日本、韩国、中国大陆以及东南亚等国家和地区,台湾产业有向大陆转移的倾向。

(二) 国际分布状况

1. 各产业链环节的企业分布

MOCVD 设备厂商较少,主要以德国的 Aixtron 和美国的 Veeco 两家企业为主,其他具有代表性的企业有日本的 Nippon Sanso,但其设备主要供日本国内使用。

外延和芯片的生产通常在同一家公司完成,也有部分厂商只拥有芯片生产能力,但其上游外延片的供应往往依靠关联公司提供。

封装企业数量较多,主要分布在日本、我国大陆及台湾等国家和地区,通常国际性的 LED 外延和芯片大厂也都有封装生产。

应用产品的开发和生产分散在各个行业领域,数量非常多,分布非常广,重点领域包括手机背光、信号灯、显示屏、仪表、家电、灯具、玩具等行业。

全球外延、芯片及封装的主要厂商如表 2 所示。

表 2　全球主要 LED 公司

<table>
<tr><th>区　域</th><th>上游(外延)</th><th>中游(芯片)</th><th>下游(封装)</th></tr>
<tr><td rowspan="2">日本</td><td colspan="3">Nichia、Toyoda Gosei</td></tr>
<tr><td colspan="2"></td><td>Citizen、Stanley、Rohm、Kagoshima、Toshiba</td></tr>
<tr><td rowspan="2">美国及欧盟</td><td colspan="3">Osram、Lumileds、Cree</td></tr>
<tr><td colspan="2">GelCore、Uniroyal</td><td>Avago</td></tr>
<tr><td rowspan="2">我国台湾地区</td><td colspan="2">晶电、元砷、连勇(三家已宣布合并成新晶电)、璨圆、华上、泰谷、南亚</td><td rowspan="2">光宝、亿光、佰鸿、宏齐、东贝、李洲、先进电、立碁、华兴、艾迪森、光鼎、今台、先益</td></tr>
<tr><td>信越、全新、连威、兴光、联亚</td><td>光磊、鼎元、汉光</td></tr>
<tr><td>韩国</td><td colspan="3">Seoul Semiconductor、LG Innotek、SDI、Epi Valley、Epi Plus</td></tr>
</table>

2. 各产业链环节发展状况

1) 外延生长设备

目前,LED 外延生长方法通常采用 MOCVD(Metal-Organic Chemical Vapor Deposition,金属有机物化学气相沉积法)。MOCVD 是适合于Ⅲ-Ⅴ族、Ⅱ-Ⅳ族化合物半导体薄片晶体的先进生长方法,它是在一定的温度和真空度下通过载流气体将有机金属源和氢化物送进生长炉,以上混合气体流经加热的衬底表面时,在衬底表面发生热分解反应,并外延生长成化合物单晶薄膜。MOCVD 生长的配套设备包括排气设备、废气处理和监测控制设备、恒温恒湿设备和材料测试及分析设备等。

MOCVD自1968年由美国洛克威尔(Rockwell)公司的Manasevit等人提出以来,经过近三十年的发展,MOCVD在20世纪90年代已经成为砷化镓(GaAs)、磷化铟(InP)等光电子材料外延片制备的核心生长技术并得到广泛应用(如发光二极管、激光器、高效太阳能电池、光电阴极等),是光电子等产业不可缺少的设备。20世纪90年代早期日本科学家中村修二(Shuji Nakamura)将MOCVD应用于GaN材料制备,在他自制的MOCVD设备实现了室温下连续激射10 000小时,取得了划时代的进展。

到目前为止,MOCVD是制备GaN发光二极管(LED)和激光器(LD)外延片的主流方法,与其他技术相比,它具有结构生长灵活、成本低、效率高的优势,作为化合物半导体材料研究和生产的手段,特别是作为工业化生产的设备,它的高质量、稳定性、重复性及多功能性越来越为人们所重视。

世界上MOCVD设备制造商主要有两家:德国Aixtron公司(英国Thomas Swan公司已被Aixtron公司收购)和美国Veeco公司(并购美国EMCORE公司Turbo MOCVD分部),Aixtron公司(含Thomas Swan公司)大约占70%~80%的国际市场份额,而Veeco公司约占20%。各厂家的核心技术对比情况如表3所示。

其他厂家主要包括日本的Nippon sanso和Nissin Electric等,其市场基本限于日本国内。如日本日亚公司和丰田合成等公司生产的GaN-MOCVD设备不在市场上销售,仅供自用;而日本Sanso公司生产的GaN-MOCVD设备性能优良,但仅限日本市场销售。

表3 国际主要厂商MOCVD核心技术比较

内容＼厂商	Aixtron	Veeco	Thomas Swan
喷气方式	水平喷气	垂直多点喷气	垂直喷淋头喷气
衬底旋转	公转和自转,其中公转由电机带动,自转由气垫悬浮带动	由电机带动高速公转,无自转	由电机带动低速公转,无自转
加热方式	采用高频感应加热	采用电阻丝加热	采用电阻丝加热
优点	外延材料很均匀,而且节省原料,容易扩充到大规模(24片及以上)的炉子,较适合大规模生产	外延材料很均匀,反应室天棚淀积物很少,无需经常清洗,较适合大规模生产	适合生长含铟的氮化物,适合研究型(作生产稍差),省原料
缺点	石墨损耗大,反应室天棚参与淀积,需经常清洗而增加停机时间	原料利用效率低,浪费很大,炉丝易断、损耗大,不易扩充到大规模(24片及以上)的炉子	喷淋头易堵塞且不易清洗,炉丝易断、损耗大,外延材料均匀性稍差,不易扩充到大规模(24片及以上)的炉子

目前,MOCVD使用比较集中的区域是我国台湾地区和日本。台湾是目前GaN MOCVD最为集中的地区,有300台以上,以较早的6片机和较新型24片机为主,其他11片、19片、21片等机型数量较少。最近,晶元光电引进了Veeco的42片机型,正处于试用阶段。

日本的MOCVD主要集中在Nichia(日亚)和Toyoda Gosei(丰田合成)两家企业,其中Nichia的设备数量最多,达到200多台,但绝大多数为自己改装的单片机。

2) 芯　片

LED产业发展至今,其GaN和InGaAlP材料系芯片已占整个LED芯片市场产值的80%以上,两者已成为LED高亮芯片的统治力量。

从芯片产能的分布来看,中国台湾地区的AlGaInP系、GaN系芯片产能均为全球第一,目前全球市占率分别为75%、37%,年均复合增长率(CAGR)保持20%增长;日本GaN系芯片产能位居全球第二。

其中,全球蓝光芯片产能由2003年1662KK/月增长至2006年的3425KK/月,年均复合增长率达27%。表4为2003~2006年全球蓝光芯片月产能区域分布状况。

图3、图4分别为高亮芯片2005年在不同应用领域的销售状况。从市场销售额来看,手机应用仍然是最大的应用领域,所占份额高达62%;而从应用市场销售数量来看,指示/信号、建筑装饰则成为最大的应用领域,所占份额各自约为23%、28%。

表 4 全球 GaN 芯片月产能分布状况(单位:KK/月)

区域	2003	2004	2005	2006	年均复合增速(CAGR)
台湾地区	670	887	1005	1155	20%
日本	525	589	727	799	15%
美国	210	256	363	399	24%
欧洲	26	34	21	18	-12%
韩国	171	290	385	443	37%
中国大陆	65	160	400	600	110%
总计	1667	2216	2901	3414	27%

(数据来源:麦肯桥资讯整理)

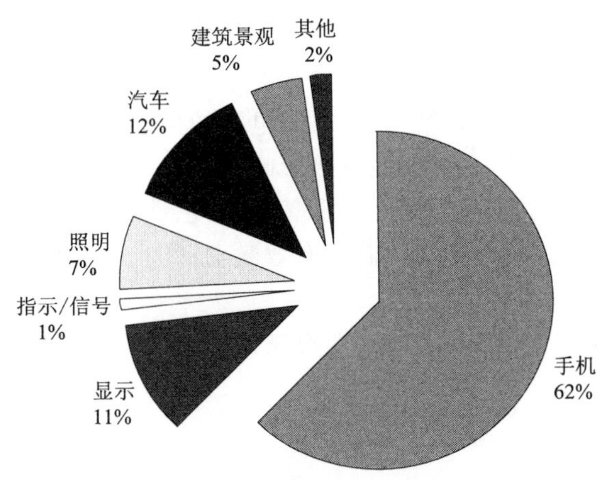

图 3 2005 年全球高亮芯片主要应用领域分布(按销售额统计)

(数据来源:Strategies Unlimited,麦肯桥资讯整理)

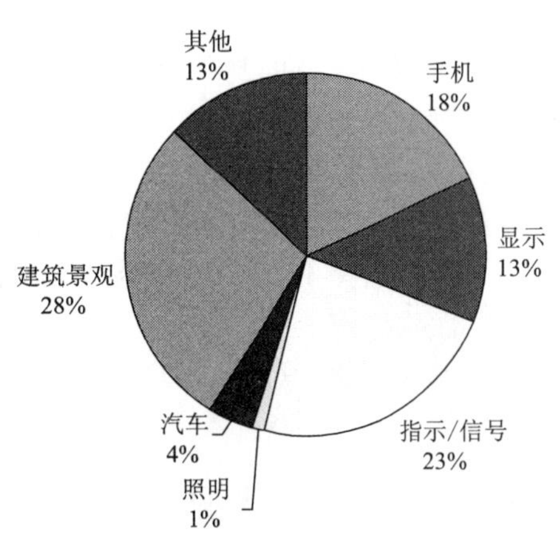

图 4 2005 年全球高亮芯片主要应用领域分布(按销售量统计)

(数据来源:Strategies Unlimited,麦肯桥资讯整理)

3) 封　装

封装产业具有劳动密集型的特点,技术含量相对较低,是投资强度较低且收效较快的领域;LED 具有与应用市场结合非常紧密的特点,是其相对快速成长的关键。目前,LED 封装企业主要集中在日本、中国台湾地区、中国大陆、韩国以及马来西亚等地。

LED 依封装形式的不同,主要可分成灯泡型(Lamp LED)、点阵数字型(Display LED)与表面贴装型(SMD LED),其中各封装形式及其主要应用领域分布见表 5 所示。

表 5 LED 主要封装形式与主要应用领域

封装形式	主要应用领域
LAMP	汽车仪表盘、刹车灯、尾灯、户外看板
DISPLAY	户外大型看板、家电显示、Pachinko(柏青哥)光源
SMD	手机按键与背光源、室内看板、中大尺寸 LCD 面板背光源

从整个封装行业市值来看,2005 年全球 LED 封装总产值达 6 235 百万美元,预计 2006 年增长至6903百万美元,未来几年受中大尺寸 LCD 背光源、汽车照明及白光照明等新兴领域的拉动,预计 2006～2008 年三年内的封装总产值年均复合增长率(CAGR)为 11%,至 2008 年全球 LED 封装市场总产值达8 543百万美元(参见图 5)。

目前封装业者主要致力于解决散热、二次光学设计、静电防护、筛选与可靠性保证等关键技术,并向大面积芯片封装、开发大功率紫外光 LED、开发新的荧光粉和涂敷工艺、多芯片集成封装等方向发展。对于大功率 LED 芯片,低热阻、散热良好及低应力的新的封装结构是功率型 LED 器件的技术关键。

为实现低热阻与高可靠度,LED 封装厂商一方面使用高热导材料或技术,如使用热导数倍优于铝的铜基板、金刚石晶体等散热材质,以及热导管的气体散热技术,也是未来看好的开发技术;另一方面,封装厂商从系统与结构设计上制作低热阻与高亮度 LED。

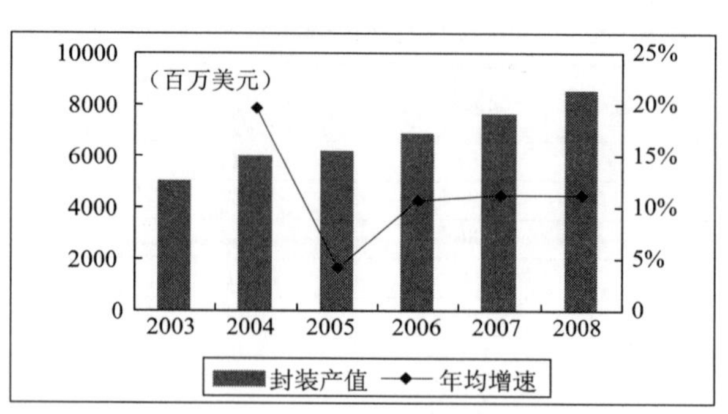

图 5　全球 LED 封装产值变化趋势

(数据来源:台湾 PIDA,麦肯桥资讯整理)

相较于高亮度 LED 的封装,白光 LED 的封装技术还涉及色温、荧光粉、白光技术路线等更为复杂的多个问题,而对于背光或车灯等 LED 模块厂商则需要就光学、色彩、结构、散热与电源的控制进行整合。

在以上白光 LED 的制备中,荧光粉是一个非常关键的材料,它的性能直接影响白光 LED 的亮度、色坐标、色温及显色性等。具有良好发光特性的荧光粉是得到高亮度、高发光效率、高显色性白光 LED 的关键所在。通常,选择 LED 用荧光粉的标准是:①能被与之匹配的 LED 芯片有效激发;②具有高的量子效率;③化学性质稳定。

目前,日本日亚化学(Nichia Chemical)的荧光粉产量居全球首位,其荧光粉在日本国内、全球市场分别约占据 70%、35%的份额。

(三)国内分布状况

1. 各产业链环节的企业分布

经过近几年的快速发展,我国 LED 产业链的完整雏形基本形成,上中下游产业链各环节主要生产厂商的分布状况如表 6 所示。

表 6　中国 LED 产业链分布一览表

	上　游		中　游	下　游	
材料体系	衬底等原材料	外延	芯片	封装	应用
InGaAlP	中科镓英:GaAs	厦门三安、山东华光、河北汇能、广东福地、广东普光、世纪晶源		佛山国星、厦门华联、惠州华刚、宁波升谱、河北鑫谷、江苏稳润、深圳量子、江苏奥雷、杭州创元、杭州中宙、天津天星、福日科光、深圳普耐、宁波安迪、中山木林森、浙江古越龙山	北京利亚德、西安青松、上海三思、惠州德赛、南京洛普、南京汉德森、深圳海洋王、深圳珈伟、江苏鸿联、深圳帝光、深圳伟志、上海小糸、宁波富泰、鹤山真明丽、京东方、上广电、上海信耀电子、桐乡生辉、深圳鸿利、深圳先行、广东伟来
	南大光电:MO 源		南昌欣磊、上海金桥大晨、深圳奥伦德、河北立德、扬州华夏		
GaN	深圳森浩、天津赛法、成都东骏:蓝宝石;中电四十六所:SiC	厦门三安、上海蓝光、深圳方大国科、上海蓝宝、大连路美、杭州仕兰明芯、江西联创、广东福地、广东普光、世纪晶源、扬州华夏、武汉迪源、武汉华灿光电、清华明芯、上海宇体			
	南大光电:MO 源		厦门明达		
	大连光明化工、大连科利德:高纯氨气				
	荧光粉		有研稀土、大连路明、厦门科明达、四川新力		

目前,国内外延芯片规模生产厂商约 30 家,具有一定规模生产能力的封装厂商共计 600 家左右,而应用加工制造企业已达 1500 家以上。

2. 各产业链环节发展状况

国内 LED 制造设备、关键原材料、外延芯片、封装等上中下游产业链环节的发展现状分别阐述如下:

1）生产制造设备

与集成电路（IC）芯片制造设备相比，LED 外延生长及芯片制造所需的设备较为简单一些，目前我国能自主生产其中大部分设备，设备的技术可靠性已经达到国外同类设备的水平，如中电科技集团第四十五研究所生产的切片机、光刻机、清洗甩干机、探针测试台等，以及中电科技集团第四十八研究所生产的离子注入机、外延炉等，均已在集成电路和电子元器件生产线上发挥作用。然而，我国在 MOCVD（金属有机物化学沉积）、等离子刻蚀机、光电特性测试仪等一些关键设备主要还是依赖进口。

对于 LED 最为核心与关键的 MOCVD 设备，我国最早从事 MOCVD 设备研制单位有中国科学院长春物理所和西安光机所等，但这些设备都只是单片科研型 MOCVD 设备，并且不是用于 GaN 材料生长。

“九五”期间，中国科学院半导体所设计了一台用于 GaN-MOCVD 科研型设备；“十五”期间，在 863 计划和北京市科委支持下，该所系统地开展了 MOCVD 生长室、原料输运、电路控制等方面的设计与研究工作，成功自主研制出第一代 MOCVD（3 片 2 in 衬底）的设备样机。目前，第二代 MOCVD 设备（6 片 2 in 衬底）也已成功设计与研制出来，并已与相关企业开展了产业化合作。

此外，中国电子科技集团第四十八研究所“十五”期间，在 863 计划支持下，也成功研制出了一次生长 6 片 2 in 衬底并具有自主知识产权的 GaN-MOCVD 设备样机，正在开始四元化合物材料生长用 MOCVD 设备的研制；南昌大学也开展了 GaN-MOCVD 设备研制，并已研制成功研究型单片 2 in ZnO-MOCVD 系统，其中有三项关键技术已申请国家发明专利，已与沈阳聚智科技有限公司开展设备产业化合作；青岛杰生电气有限公司也已开发出研究型 GaN-MOCVD 设备。

截至 2006 年 12 月，我国有十余家外延芯片厂商已经装备 MOCVD，投入生产的总计数量为 40 台。按照各厂商的扩展计划，2007 年预计另有 15 台 MOCVD 陆续安装投入使用，将使国内的 MOCVD 设备增加到 55 台。

在 LED 封装设备制造及整线配套能力方面，目前我国与国外差距已不大，如中电科技集团第四十五研究所生产的划片机及一些辅助设备，其他国产封装设备如芯片粘片机、引线焊接机、测试机、编带机等自动化设备也开始供应国内封装厂商。

2）关键原材料

在 LED 制备过程中，衬底材料是 LED 技术发展的基石，决定了后续外延生长技术、芯片加工技术和器件封装技术。可以说，衬底材料决定了 LED 技术的发展路线。荧光粉材料的性能直接影响白光 LED 的亮度、色坐标、色温及显色性等性能指标，也是白光 LED 的制备非常关键的材料。

目前国内生产衬底材料的企业相对较少，主要有北京中科镓英半导体有限公司（中国科学院半导体所投资企业）生产 GaAs（砷化镓）单晶衬底材料，天津赛法晶片有限公司及成都东骏的蓝宝石（Al_2O_3）衬底材料，以及山东大学、中电科技集团第四十六研究所正在规模化中试 SiC（碳化硅）单晶衬底材料。

在荧光粉材料方面，北京有色金属研究总院有研稀土新材料股份有限公司制备的 LED 荧光粉粒度细、亮度高，显色指数高、光衰小，综合性能达到一定国际水平，并已申请荧光粉专利 10 余项，产品已批量生产并供应我国台湾地区及内地的 LED 封装厂。此外，长期从事开发和生产稀土发光材料的大连路明发光科技股份有限公司成功开发具有自主知识产权的新型硅酸盐材料体系。中国科学院长春光机与物理研究所承担的“紫光转换纯绿光 LED 的新型稀土发光材料”基础研究项目已通过专家鉴定，属国内首次制备出紫外光激发的绿光 LED。

3）外延芯片

我国外延芯片公司大多是 1999 年后成立，发展时间相对较短，规模普遍也较小。不过，近年来我国外延及芯片公司发展很快，特别是 2003 年后，随着国家半导体照明工程的启动，国内对 LED 芯片需求的迅速提高，很多公司产能扩充很快。海外华人专家的归国创业大大提高了我国 LED 外延及芯片的产业化能力和产品品质。目前，在厦门三安、深圳方大、上海蓝光、大连路美、上海蓝宝等公司中，技术团队中都有具有国外工作经验的技术骨干。

在四元系 AlGaInP 超高亮度 LED 方面，早期投入研究开发的单位有中电科技集团第十三所、山东大学、中国科学院半导体所、北京工业大学等单位，主要在材料外延方面取得突破，同时研发红、橙、黄色高亮度 LED 芯片，现已与企业合作开展产业化工作。

在 GaN 基蓝色、绿色及白光 LED 方面，早期投入研究、开发的单位主要有北京大学、清华大学、南昌大学、中国科学院半导体所、中国科学院物理所、北京工业大学等，分别研制出 GaN 基蓝光、绿光、紫外 LED 芯片。这些研究机构与企业结合或转让科研成果，成果逐步实现了产业化。

从国内 LED 芯片各材料体系的市场分布(按销售额统计)来看，2006 年国内 LED 芯片市场分布如图 6 所示。其中 InGaN 芯片市值约占据 43%，四元 InGaAlP 芯片市值约占据整个国内 LED 芯片的 15%；其他种类 LED 芯片的市值约占据 42%。

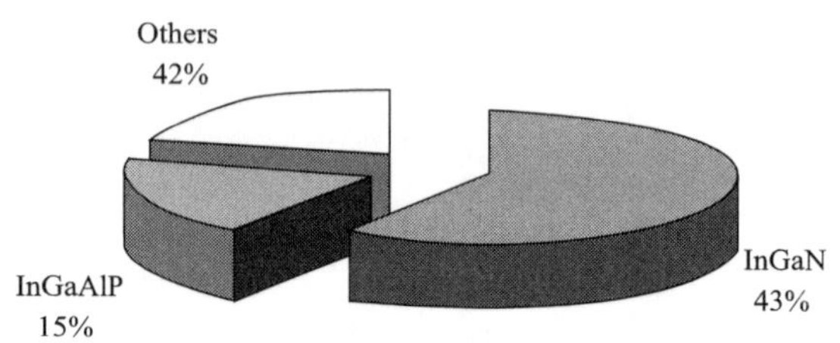

图 6 2006 年国内各材料体系芯片市场销售额分布
(数据来源：麦肯桥资讯)

从国内芯片供需状况来看，2006 年国内 InGaN 芯片产量约 60 亿块，而同期国内对 InGaN 芯片需求总量约达 200 亿块，国内自产 InGaN 芯片约占总需求量 30%；四元 InGaAlP 芯片国内产量约 60 亿块，约占同期国内总需求量 200 亿块的 30%；其他类型的国产芯片 2006 年产量约达 170 亿块，国产率达 65.4%。综合而言，2006 年国内芯片自产量合计 290 亿块，约占总需求量 660 亿块的 43.9%，2006 年国内芯片需求量及自产率如表 7 所示。

表 7 国内芯片需求量及国产率状况(2006 年度)

芯片种类	需求量/亿块	国产量/亿块	国产率/%
四元 LED	200	60	30.0
InGaN LED	200	60	30.0
普亮 LED	260	170	65.4
合计	660	290	43.9

(数据来源：麦肯桥资讯)

目前国内已是全球 GaN 芯片产能增加最快的地区。芯片产能的增加一方面来自前几年所购 MOCVD 设备经过安装调试，陆续投入生产，如上海蓝宝、厦门三安、大连路美、上海蓝光、深圳方大等；另一方面也由于台湾厂商将部分芯片产能向大陆转移或台湾相关人员在大陆投资建厂，加快了国内芯片产能的提高。此外，随着台湾外延生产商对外延片出口的放松，国内部分厂商转而采用进口外延片来进行芯片批量生产，也在一定程度上提高了 InGaN 芯片的产量，如广东普光、仕兰明芯等公司。

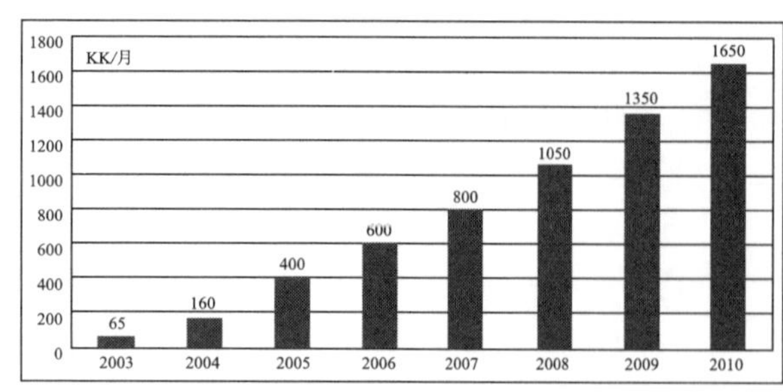

图 7 国内 GaN 芯片产能发展预测
(数据来源：麦肯桥资讯)

随着国内相关企业生产规模的扩大及新的芯片公司的陆续进入，在国内需求市场的推动下，国内 InGaN芯片产能已经由 2003 年的 65KK/月倍增至 2005 年的 400KK/月，国内自产供应率逐年提升。2006 年国内 InGaN 芯片产能较 2005 年增长 50%，已达 600KK/月，预计未来几年国内 InGaN 芯片仍将保持 30%左右的年复合增长率(参见图 7)，至 2010 年国内将超过日本成为全球第二大 GaN 芯片生产基地，产能高达 1650KK/月。

然而，从规模上看，内地全部 GaN 芯片企业的产量仅相当于一家台湾大型芯片公司的产能，就单个企业来讲，规模仍然偏小。如目前国内芯片产能最大的企业约 150KK/月，与日本日亚的 500KK/月 GaN 芯片产能相比，显然还是无法与之抗衡相比的。

目前内地芯片市场主要由台湾芯片厂商主导。国内 InGaN 芯片的国产率仍比较低，为我国芯片厂商的发展提供了广阔的空间和良好机遇。

从国内芯片市场销售总额来看，2005 年国内 GaN 芯片市场销售额为 19.2 亿元，2006 年国内 GaN 芯片市场销售额增长 25％约达 25 亿元。未来几年，国内 GaN 市场年均增速仍将保持 25％～40％的高速发展，预计 2010 年国内 GaN 芯片市场销售总额高达 88.5 亿元（见图 8），为 2005 年销售总额的4.6倍。

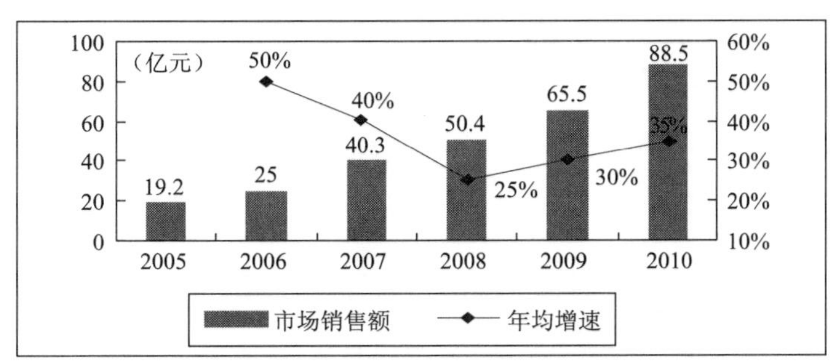

图 8　国内 GaN 芯片市场发展预测

（数据来源：麦肯桥资讯）

4）封装

目前，我国具有一定封装规模的企业约 600 家，各种大大小小封装企业已超过 1000 家。从分布地区来看，主要集中在珠江三角洲、长江三角洲、江西、福建、环渤海等地区。目前国内 LED 器件封装能力约 600 亿只/年。2006 年国内 LED 封装产品的销售额约 146 亿元，比 2005 年的 100 亿元增长 46％。

相对而言，国内传统 LED 封装技术相对成熟，器件封装已实现大批量生产，与国外差距较小，品种比较全，可封装各种外形尺寸和不同颜色的 LED 显示器件，包含各种单管、复合管、数码显示器、专用显示器、背光源和 SMD 器件等产品。在功率型封装方面，正处在中试和小批量生产阶段。目前，随着我国台湾地区及韩国等地的产业模式正由以封装为主转向以芯片生产为主，国际封装业正逐步向中国大陆转移，我国将成为未来全球最大的 LED 封装制造基地。

纵观国内 LED 各种封装企业的发展历程，其发展模式主要可分为三类：一类为产品档次质量与产量规模并重策略，与国家产业攻关项目结合比较紧密，为推动我国封装技术与行业发展的中坚力量；另一类为以手工为主且规模偏小的、分散的小型企业，封装产品种类比较单一且主要集中于低档产品；第三类则主要是以量取胜的大规模企业，制造的产品种类较为齐全，可为不同客户的多元化要求提供一站式配套服务。

三、产业规模发展状况

根据台湾工业研究院（IEK）统计预测，2005 年全球 LED 产值为 57 亿美元，2006～2008 年全球 LED 产值预估分别增长至 62、68、75 亿美元（见图 9），年均增长率（YOY）分别为 8.7％、9.2％、10.9％；其中可见光 LED 产值 2005 年为 48 亿美元，2006～2008 年预计分别约增长至 53、59、66 亿美元，YOY 分别达 9.7％、10.2％、11.8％。

据美国 Strategies Unlimited 公司统计，全球 LED 的产值规模年均增长率超过 20％，2003 年达到 45 亿美元。其中高亮度 LED 增长更加迅速，在 1995～2004 年间年均增长率达到 46％，2005 年产值规模达到 42 亿美元（见图 10）。高亮 LED 占 LED 产品的市场比例由 2001 年的 40％增长到 2005 年的 70％以上。

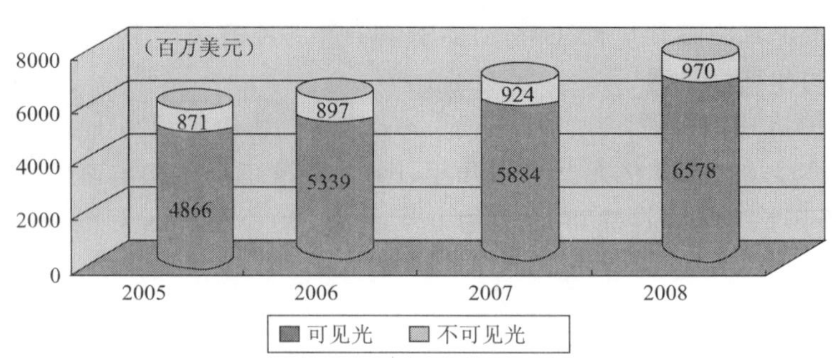

图 9 全球 LED 市场产值变化趋势

(数据来源:台湾工研院,麦肯桥资讯整理)

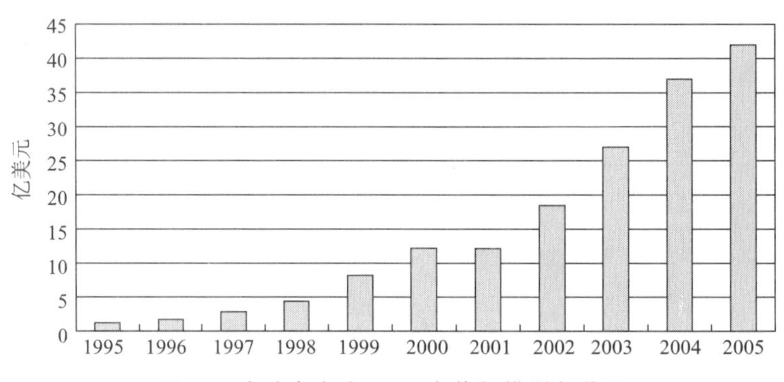

图 10 全球高亮度 LED 产值规模增长状况

(数据来源:Strategies Unlimited)

我国 LED 市场规模的变化趋势如图 11 所示,1995~2005 年销售值平均增长率为 34%。2005 年我国 LED 的生产数量近 500 亿只,封装销售值达到 100 亿元人民币,2006 年销售值提升至 146 亿元。下游器件封装实现大批量生产,已成为世界重要的中低端 LED 封装生产基地。在 LED 产品系列中,我国高亮度、功率型 LED 及白光 LED 应用产品市场正在形成,并快速发展。

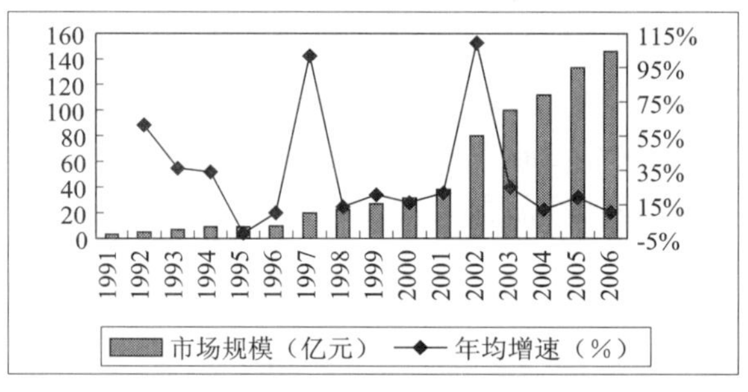

图 11 我国 LED 市场规模及增长率变化

(数据来源:麦肯桥资讯)

四、技术发展状况

(一) 国际技术研发现状及趋势

1. 技术研发现状

半导体照明技术的开发引起了全球研究机构和企业的重视。国外共有近 200 家公司参与 GaN 器件、材料和设备的开发,近 300 所大学和研究所参与 GaN 的研发。目前,功率型白光 LED 发光效率已经达到 100 lm/W,标准型白光 LED 发光效率达到 150 lm/W。

经过技术发展和市场竞争,世界主要 LED 厂商已经形成各自的技术特色。日本日亚化学(Nichia)处于全球技术领先水平,垄断高端蓝、绿光 LED 的市场,丰田合成(Toyoda Gosei)在白光 LED 及车灯照明技术开发领域居国际前端；美国 Cree 的碳化硅(SiC)衬底生长 GaN 外延片国际领先，传统照明巨头飞利浦(Philips)控股的美国 Lumileds 功率型白光 LED 国际领先；传统照明巨头 Osram 控股的德国欧司朗光电半导体(Osram Opto Semiconductors)功率型 LED 封装和车用 LED 灯具开发国际领先。

国际 LED 目前技术指标及主要厂商的技术特点如表 8、表 9 所示。

表 8 国际 LED 技术指标

分 类	2006 年(研发指标)	2006 年(产业化指标)
功率型白光 LED	发光效率 91.7 lm/W @350mA 光通量 106 lm @350mA 光通量 247 lm @1A 光通量 402lm @2A (以上指标选自 Nichia) 发光效率 100 lm/W @350mA (指标选自 Lumileds)	发光效率 85 lm/W @350mA 光通量 95 lm 单芯片最大输入功率 3W (以上指标选自 Cree)
标准蓝光芯片及封装后的白光 LED(0.3mm×0.3mm)	40mW@20mA、150 lm/W(Nichia) 发光效率 131 lm/W @20mA(Cree)	发光功率 20～25mW@20mA (选自 Epistar)

(数据来源：麦肯桥资讯整理)

表 9 国际主要厂商核心技术对比

公司名称	技术优势与特色
日亚 (Nichia)	第一支商品化的 GaN 基蓝光 LED/LD 白光技术：蓝光激发黄色荧光粉技术 蓝宝石衬底外延生长技术
丰田合成 (Toyoda Gosei)	LED 车灯照明 白光 LED 与蓝绿外延芯片
Lumileds Lighting	独特热沉设计和 Si-Submount"Flip-Chip"封装技术；在大功率白光照明管芯方面具有先发优势
Cree	SiC 基 III 族氮化物外延、芯片及封装技术开发
欧司朗光电半导体 (Osram Opto Semiconductors)	SiC 衬底的"Faceting" 在白光 LED 用荧光材料方面具有领先优势 正装功率型封装技术及车用灯具技术开发

(资料来源：麦肯桥资讯整理)

2. 技术发展趋势

国际 LED 技术正在向大功率、高亮度、高效率、低成本方向发展。知识产权和标准已成为全球竞争热点，主要厂商利用专利优势，试图通过设置专利壁垒和制定行业标准来控制市场，阻挠其他国家 LED 产业的快速发展。

国际 LED 产业在材料、芯片、封装与应用方面的技术发展趋势简要概括如表 10 所示。

(二) 国内技术研发现状及重点

1. 技术现状

我国 LED 产业已有近 40 年的技术研发历程，国家 863 计划、国家自然科学基金委、科技攻关计划等对我国 LED 的研发及产业化进行了大力支持。"十五"期间，863 计划、攻关项目、能源项目、信息产业部"电子专项基金"等国家计划项目在产业链各环节相继进行了部署，并在一定程度上实现了有效集成。

"十五"期间，在国家半导体照明工程相关研发计划的推动下，功率型芯片和功率型白光封装达到国际产业化先进水平，发光功率和发光效率分别达到 189 mW 和 47.5 lm/W，建成了 8 条芯片示范生产线和 10 条封装中试线，功率型芯片填补了国内空白。目前攻关课题单位已申请和受理专利 171 项，其中发明专利 94 项，国外专利 4 项。

上中游关键技术的突破促进了下游应用市场的发展，包括 LED 车灯(7 个新车型上采用)、矿灯、功率型台灯、太阳能庭院灯、手电等在内的 4 大类 140 多种新产品陆续开发成功，建成了 46 条应用产品生产线，已实现批量生产并有部分产品出口。

以蓝白光 GaN 系 LED 为例，国内已产业化的产品技术指标及其与国际比较如表 11 所示。

表 10　国际 LED 技术发展趋势

领　域	发展方向或趋势
材料与外延 (上游)	· 发展新型衬底材料，如 GaN、AlN、$LiAl_2O_2$ 等 · 提高外延技术，改善外延片晶体质量，降低极化电场的影响，如 M 面 Al_2O_3 上生长技术、ELOG 等 · 研发新型器件结构，以提高电光转换效率，如 MQW、MQD 等 · 探索新型 p 型掺杂技术，提高 p 型载流子浓度与迁移率
芯片 (中游)	· 设计与研制新型高发光效率芯片器件结构，如垂直结构 LED、光子晶体等微结构的应用，提高侧向出光的利用等 · 大尺寸功率型芯片设计，以实现大功率输出，降低热阻和成本 · OEIC 集成化技术，大功率芯片倒装技术，增大输出功率、降低热阻，提高器件可靠性，发展芯片与控制电路、静电保护的集成化芯片技术 · p 型 GaN 欧姆接触材料以及电极图形的优化设计，使电流注入均匀、发光均匀、透光率高
封装及应用 (下游)	· 蓝光激发的高效荧光粉的研发，提高寿命和改善显色指数，以和 LED 芯片寿命相匹配 · 紫外/深紫外光激发的白光 LED 荧光粉、封装材料与技术 · 具有高热导率的新型支架材料，高折射率、透光率的新型封装材料，以利于大功率、长寿命、高亮度器件封装和应用 · 发展新的封装技术，如用于背光和特殊应用微型化及低成本表面封装技术 · 大尺寸液晶显示背光源、车灯等用功率型 LED 封装及系统集成 · 新型半导体照明理念灯具设计，向人性化、个性化、专业化、多样化方向发展

表 11　国内 GaN 基 LED 产业化主要技术指标

分　类	2006 年(国内产业化指标)	国际比较
外延	种类较少，晶体质量和工艺稳定性仍有差距	总体差距较大
标准蓝光芯片 (0.3mm×0.3mm)	发光效率：5～10mW@20mA	产业化技术差距较大
功率型蓝光芯片 (1mm×1mm)	发光效率： 189mW@350mA，单芯片最大输入功率 1W	
功率型白光 LED 封装	发光效率： 40～50 lm/W @350mA(国产芯片) 60～70 lm/W @350mA(进口芯片)	技术差距不大
应用	生产各档次系列产品	技术相当，有自主知识产权

但国内 LED 的发展也存在一些不可忽视的问题，最重要的是还没有建立起统一的半导体照明产品标准和技术标准。为了规范行业发展、促进产品应用，科技部正在联合信息产业部、中国照明学会、中国照明电器协会及相关研究机构和企业，共同进行标准的制定工作。

2. 国内技术路线图

根据国内外技术发展状况，国家半导体照明工程发展战略研究中提出了我国 LED 发展的路线图，如表 12 所示，其中最关键的为发光效率和成本指标，并对应这些指标提出了相对应的关键市场。

表 12　国家半导体照明工程技术路线图

指　标	2004 年	2006 年	2008 年	2010 年
关键应用	手机背光	汽车应用	大尺寸 LCD 背光	普通照明
发光效率(lm/W)	20	60	80～100	100～130
成本(元/百万流明·小时)	31.5	41.5	33.2	29.1

3. 知识产权状况

半导体照明作为一项新兴的产业，技术尚处于发展之中，其知识产权对产业的发展具有举足轻重的作用。国外半导体照明产业启动早，专利制度运用熟练，在专利制度的利用和保护方面，我国存在较大差距。

国际上 LED 照明技术的发展空间虽然很大，但核心专利基本都被外国几大公司控制，这些公司利用各自核心专利，采取横向(同时进入多个国家)和纵向(不断完善设计，进行后续申请)扩展方式，在全世界范围内布置专利网。在LED领域中专利排名依次为：日本、美国、德国、中国大陆、台湾地区、韩国、英国、法国(具体分布参见表13)。

表13　国际半导体照明专利状况对比

	日　本	美　国	德　国	中国大陆	台湾地区	韩　国
上游	2053	374	120	45	59	55
下游	3815	723	619	347	150	137
总计	5868	1097	739	392	209	192

我国申请人未掌握上游核心技术，发明申请量较少，大都属于外围技术，数量不多的外围专利和下游水平低、效力未定的新型专利无法形成专利网。另外，我国申请人基本未向境外申请专利。这种国内无法形成专利网布局、境外没有专利保护的现状，使得我国半导体照明领域的知识产权成为产业发展的软肋。

但是由于目前半导体照明技术发展非常迅速，产业远没有达到成熟，产业化的白光LED发光效率仅为60～70 lm/W，与普通照明要求的100 lm/W以上指标有较大差距。未来的技术路线在不断发展，白光技术路线在探索，衬底、外延、芯片、封装技术都在不断更新。因此我们还是有很多突破的机会的。

4. 技术发展重点

“十一五”期间，我国LED产业发展的重点目标为：通过自主创新，突破白光照明部分核心专利，解决半导体照明市场急需的产业化关键技术，完善半导体照明产业链；2010年白光LED的发光效率达到国际同期先进水平(100～130 lm/W)，进一步降低成本，替代50%进口高亮芯片，实现MOCVD及关键配套材料的国产化；申请发明专利200项以上，形成一支高素质的技术创新团队，建设国家技术创新平台，实现自主创新，以基地为依托建设公共服务平台，形成特色产业集群，在产业链各个环节形成2～3家龙头品牌企业；实现在奥运、世博等重大工程上的示范应用，形成我国具有国际竞争力的半导体照明产业。

根据“十一五”半导体照明工程发展规划，国内的技术发展重点概括如表14所示。

表14　国内LED技术重点发展方向

领　域	发展方向或趋势
第三代宽禁带半导体外延材料生长及器件技术	· 新型衬底GaN基材料的外延技术 · 高效率大功率LED外延材料制备技术 · GaN基深紫外LED材料的外延技术 · 新型大功率器件技术研究 · 创新性白光技术路线探索
130 lm/W半导体白光照明集成技术	· 研究新型结构的材料制备工艺和器件制备工艺及封装散热和光学设计，形成系列优化结构和工艺条件 · 以半导体照明新的技术路线探索为基础，进行产业链关键技术开发 · 新型衬底材料、外延、芯片及高效低热阻封装等集成技术的开发 · 重大装备和关键原材料国产化、工业化应用示范验证 · 结合其他创新单元，总体集成半导体照明用LED关键技术，实现130lm/W白光技术 · 探索产学研有效结合的体制、机制，促进研发与产业的技术、人才交流，强化研发对产业的支撑能力
100 lm/W功率型LED制造技术	· 基于蓝宝石衬底的功率型GaN基LED制造技术 · 基于硅衬底的功率型GaN基LED制造技术 · RGB三基色白光LED制造技术 · 功率型LED器件封装用关键配套材料产业化关键技术
MOCVD装备核心技术及关键原材料产业化技术	· MOCVD工业化设备反应室的理论模拟、制备和工业化示范 · 规模化生产用HVPE(氢化物气相外延)设备研发 · GaN的HVPE生长技术，衬底的切、磨、抛等处理工艺研究 · SiC单晶生长技术，衬底的切、磨、抛等处理工艺研究 · 6.5N MO源纯化技术，实现工业化应用 · 7N氨气纯化和检测技术，实现工业化应用

续表

领域	发展方向或趋势
半导体照明重大应用开发	· RGB三色LED混光技术研究 · 大尺寸液晶电视背光源LED控制和驱动电路开发 · 大功率LED光源的散热技术设计 · 大功率光源二次光学配光和功率LED光源驱动器设计 · 建立LED器件的光辐射分布模型和热分布模型 · 智能照明系统和集成太阳能光伏系统的设计 · 新型高稳定性能的磷光材料及其主体材料的研究,高性能OLED白光器件结构设计和器件制备技术 · 国产器件的可靠性研究
半导体照明规模化系统集成技术研究	· 场馆用半导体照明效果设计软件 · LED照明光源的设计和开发,研究大功率半导体照明光源内LED的结构设计和二次光学配光设计,满足大面积投光和泛光照明配光需求,功率型LED光源组合的电路设计 · 研究大功率LED在灯具内的散热技术,提高发光效率和安全性 · 集成太阳能光伏系统与照明级白光LED的匹配技术与电学性能 · 照明系统供电和功率LED光源驱动器设计 · 系统硬件的制造和系统控制软件和数据通信网络的设计
半导体照明产业技术标准、评价体系与专利战略研究	· 研究半导体照明标准体系,制定标准体系建设规划 · 研究、制定并实施具有自主知识产权的半导体照明相关标准 · 半导体照明测试平台关键技术研究与设备开发 · 结合基地建设,建立2～3个规范的半导体照明评价与测试中心 · 研究制定中国半导体照明专利战略 · 探索专利共享的专利战略联盟机制 · 持续开展战略研究,编制年度产业发展报告 · 开展信息网络平台、简报、快报、会议展览、技术培训、国际交流等工作,培育产业环境

五、各国与地区产业政策

由于半导体普通白光照明产业潜在的巨大经济和社会效益,许多国家和地区纷纷制订发展计划。这些计划带动了研发、投资力度的不断加大,推动了半导体照明产业的快速发展。如日本"21世纪光计划"、美国"国家半导体照明研究计划"、韩国"GaN半导体开发计划"、我国台湾地区"次世代照明光源开发计划"等。

(一)日　本

日本是世界上最早启动半导体照明计划的国家,"21世纪光计划"于1998年开始,整个计划的财政预算为60亿日元。该计划由日本"新能源和新兴工业技术开发组织(NEDO)"与日本金属研究开发中心联合执行,共有13家公司和4所大学参与该计划。日本"21世纪光计划"发展计划的第一期目标在2004年结束,正在组织实施第二期计划。

日本对于LED产业政策发展,已由过去以协助技术成长为主转向培养需求市场,即通过推进LED标准制定执行与减免税收鼓励采购LED产品,以扩大市场需求与销量。

在标准设立方面,日本近期已组织联合日本72家LED相关厂商,成立LED照明推进协会,进行标准整合与制定,借此产业标准降低买卖双方交易成本,提高日本厂商全球竞争优势。

在减免税收鼓励采购LED产品方面,2005年12月日本出台改善与提高能源使用的促进税法,明确规定2006～2007年间企业或机构使用LED照明装置取代白炽照明装置,可获得投资额130%超额折旧,或者是投资额7%的税率减免,以此缩小LED与传统照明装置的采购成本差距,提高企业使用LED照明积极性,扩大日本国内LED照明需求。

(二)美　国

美国2000年启动"国家半导体照明研究计划"(National Research Program on Semiconductor Lighting)。该计划由能源部(DOE)资助,国防先进研究计划总署(DARPA)和光电工业发展协会(OIDA)联合执行,共有12个国家重点实验室、公司和大学参与其中。2005年8月美国布什政府又批准新的能源政策法案,从2007年到2013财年每年支持5000万美元用于半导体照明计划的技术研发(Next Generation Lighting Initiative,NGLI),计划2007年进入白炽灯市场,2010年进入日光灯市场。

为了保持在全球LED的领先地位,美国能源部、光电子产业发展协会和国家电子制造厂商协会,共同制定了美国2020年前的半导体通用照明(SSL-LED)技术发展规划,并对该计划执行过程中所遇到的技术难题和发展目标进行了综合性的详细论证、修改和提升,确定了其具体的发展性能参数、发展进度、投资成本和使用成本等。在深入广泛研究并达成共识后,就长期基础研究和短期工程开发的各重要课题进行了分类,确立了在衬底、缓冲层和外延生长技术,光电子学、加工过程与器件,以及固态发光装置与系统等几方面的解决途径。

2006年3月美国能源部宣布由国家能源技术实验室选出的16个扶植发展的固态照明核心技术科研项目,以期在2025年实现200 lm/W白光发光效率,包括加利福尼亚大学Santa Barbara分校、Rensselaer工学院、乔治亚州理工大学、普渡大学以及桑迪亚国家实验室(Sandia National Laboratories)等科研院所均承担了相关科研项目。

(三)欧　盟

欧盟于2000年7月,设立"彩虹计划"(Rainbow Project-AlInGaN for multicolor sources),成立执行研究总署,通过欧盟的补助金推广白光LED的应用,委托6家大公司和2所大学执行。2004年7月,"彩虹计划"的后续固态照明研究项目已经正式启动。

(四)韩　国

韩国早在2000年以前就出台了一个关于光产业(Photonics Industry)的发展计划,目标是使韩国光产业在2008年后成为全球光产业前五名国家。2002年,韩国产业资源部又制定光电子产业分支——GaN半导体发光计划,计划在2004～2008年由政府投入1亿美元,企业提供30%的配套资金开发LED产业化技术。

(五)中　国

2003年6月17日,国家科技部联合教育部、信息产业部、建设部、中国科学院、中国轻工联合会、中国照明学会、中国照明电器协会8个部门、行业,以及北京、上海、浙江、广东、江苏、江西、长春等17个地方政府正式宣布成立国家半导体照明工程协调领导小组,标志着我国的半导体照明工程正式启动。国家半导体照明工程整合了国内主要的政府和科研资源,极大的推进了LED产业的研发创新能力和产业化进程。

"十一五"期间,国家863计划"半导体照明工程"重大项目支持的七大专题如图12所示。

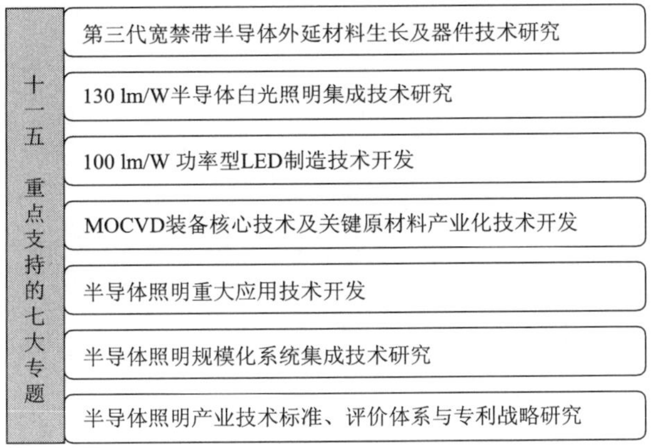

图12　"十一五"863计划"半导体照明工程"重大项目支持的七大专题

（六）中国台湾地区

我国台湾地区于2002年9月由16家企业、科研机构和大学开始实施“次世纪照明光源开发计划”。2002年10月，在台湾“经济部”能源委员会的支持下，启动“高亮度白光LED专案计划”。2004年台湾地区10家相关厂商组成了“白光LED研发联盟”，该联盟是联合台湾地区LED上、中、下游厂商，并与台湾工研院光电所技术合作研发，共同进行半导体照明制造技术的开发。

区域发展 2

(北京麦肯桥资讯有限公司产业研究部)

一、全球分布概况

(一) 产值分布

全球LED产业主要分布在日本、中国大陆、中国台湾地区、欧美及韩国等国家和地区。其中,日本最大,占据约50%的份额,其次是我国台湾地区。各地区LED产值大小及所占份额分布如图1、图2所示。

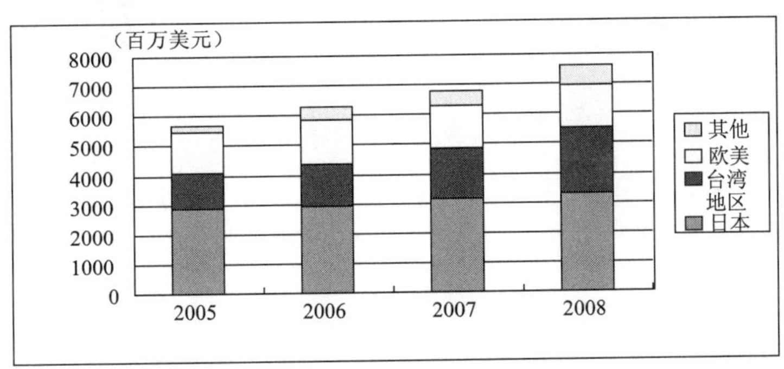

图1 全球LED产值区域分布变化趋势

(数据来源:台湾PIDA,麦肯桥资讯整理)

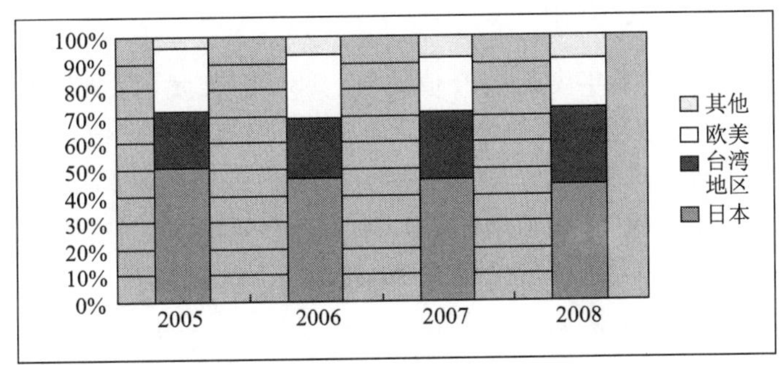

图2 全球LED产值区域份额变化趋势

(数据来源:台湾PIDA,麦肯桥资讯整理)

2005年日本LED产值达28.7亿美元,占据全球LED产值的50%左右,预计2006～2008年间日本LED产值的年均增长约为6%,至2008年日本LED产值约达33亿美元。欧美地区的LED产值2005年约为14亿美元,预计2006约增长9%达15亿美元,而后两年不会有所增长,产值维持在15亿美元附近。

2005年台湾(包括台湾岛内及大陆分厂生产)LED产值达12亿美元,2006年2007年内年均增长约19%,预计2007年产值将首度超越欧美地区,台湾厂商2006年在汽车灯及大尺寸LCD面板背光源方面已开始纷纷投资布局,预计2008年将会大获收益而使得台湾厂商的LED产值大幅成长28%,约达22亿美元,由此台湾占全球LED产值比重由2005年的21%大幅增长至2008年的29%。

(二)芯片需求的区域分布

从芯片的需求市场的区域分布来看,目前主要集中在中国台湾地区、日本、中国大陆等蓝光和白光LED封装产业集中的区域。其中,我国台湾地区和大陆所需求的数量最多,而从芯片需求的市场总值来看,日本仍然处于领先地位,原因在于Nichia、Toyoda Gosei等主要高档GaN芯片生产商并不出售芯片,而是在企业内部完成封装工序。

图3、图4分别为GaN芯片按销售额、销售量统计的区域分布状况,可见日本仍为全球最大的蓝白光需求市场,并且主要集中在高亮高单价的芯片(由销售额明显高于销售量可判断),而随着台湾地区封装企业的转移至大陆及国内封装企业产量的迅速增加,国内GaN市场需求量已占据全球的34%而成为第一大应用市场。

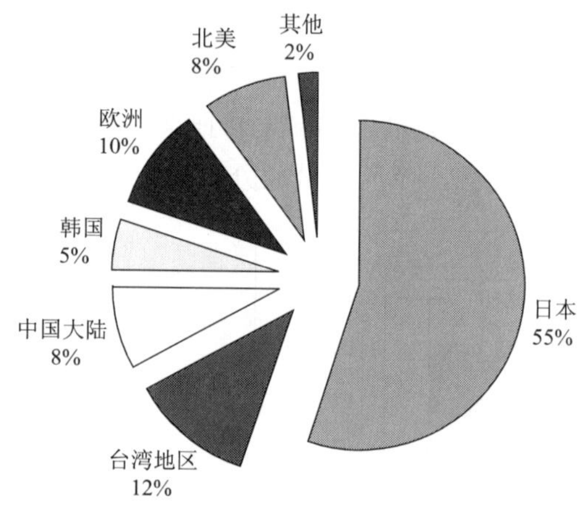

图3 2005年GaN芯片需求的区域分布(按销售额统计)
(数据来源:麦肯桥资讯整理)

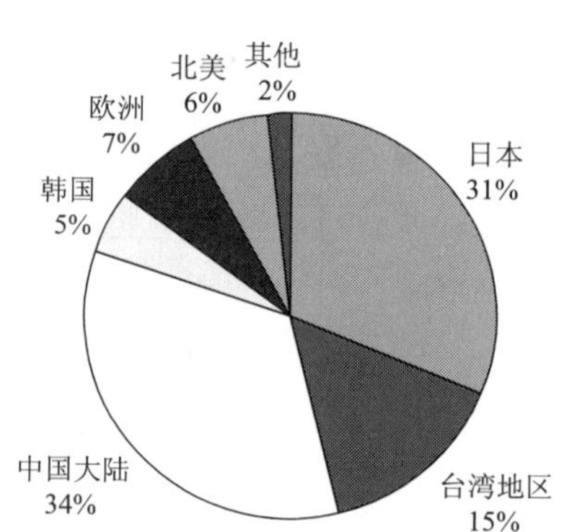

图4 2005年GaN芯片需求的区域分布(按销售数量统计)
(数据来源:麦肯桥资讯整理)

(三)封装产值的区域分布

从封装产值区域分布来看,日本年度封装产值约25~30亿美元,为全球最大封装地区,近几年其全球市占率约40%~50%,但呈现逐年下降趋势,预计至2008年其封装产值约占全球35%;台湾地区封装总产值约达12~16亿美元,居全球第二,全球市占率约18%;近期随着韩国与中国大陆封装厂与产能的快速扩张,未来两年的CAGR均保持20%增长,至2008年中国大陆、韩国与欧洲的全球市占率均约为10%(分别见图5、图6)。综合而言,从区域产值来看,全球LED封装行业正形成日本独大、台湾地区与美国齐进、欧韩中"平分秋色"的分布格局。

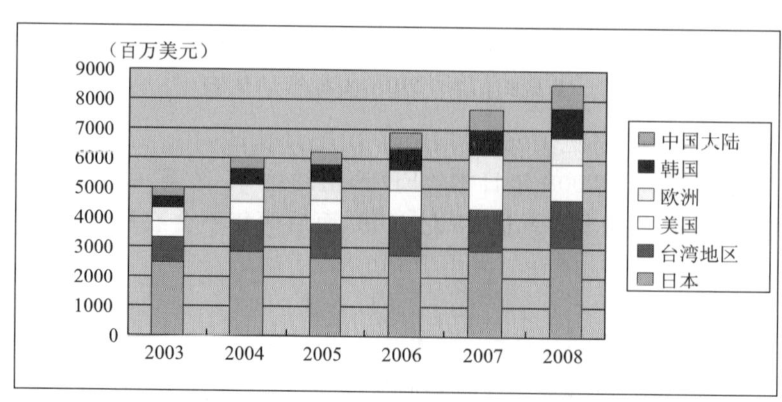

图5 全球LED封装市场区域产值分布趋势
(数据来源:台湾PIDA,麦肯桥资讯整理)

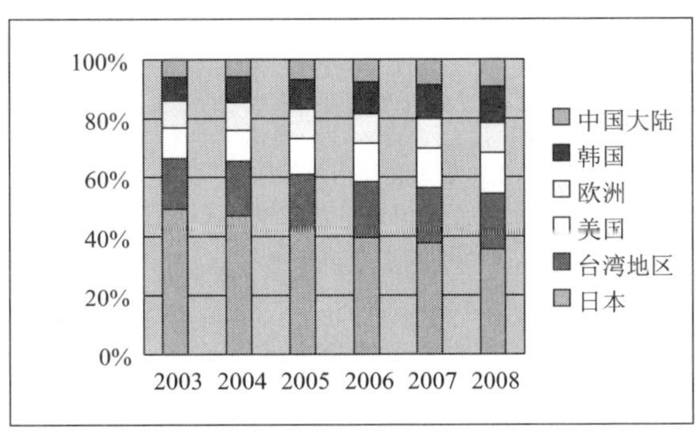

图 6　全球封装市场产值区域份额变化趋势
（数据来源：台湾 PIDA，麦肯桥资讯整理）

（四）区域竞争格局

美国和日本企业利用其在新产品和新技术领域中的创新优势，主要从事最高附加价值产品的生产；欧洲企业则利用其在应用技术领域的开发和善于吸收最新技术的转换优势，主要从事高附加价值产品生产。我国台湾地区 LED 产业近年来迅速崛起，其芯片产量及封装产量占据世界第一，产值位居全球第二。

欧美及日本对前段荧光粉专利授权日趋软化，转向注重后段封装专利。近几年欧洲的蓝光芯片产能逐年减少，2006 年年均衰退 14%，美日两国 2006 年年均增速虽然达 10%左右，仍低于全球的平均成长率 12.9%，亚洲国家将可直接受惠；2003 年开始台湾地区在蓝光芯片扩产能力上高于其他国家和地区，且在制造技术上优于中国大陆及韩国，国际大厂开出的订单大部分流入台湾。

国际几大厂商代表了当今 LED 的最高水平，对产业的发展具有重大的影响。六大企业在产品与市场方面各具特色（详见表 1），日亚化学和丰田合成在 LED 发展中占有重要地位，形成了 LED 完整的产

表 1　全球主要 LED 企业竞争格局

企　业	产业化情况	市场应用
日亚化学（Nichia）	• 自制 MOCVD 设备近 200 台，主要是单片型 • 所用衬底主要是蓝宝石 • 生产蓝、绿、紫、紫外、白光小功率（＜20mW）、中功率（20～50mW），以及大功率（＞50mW）的 LED 产品 • 只出售 LED 以及后续产品，不出售管芯和外延片 • 荧光粉技术非常成熟	• 产品应用广泛，几乎所有与 GaN-LED 相关的领域都有其产品，特别是户外全彩色大屏幕方面，几乎被日亚公司垄断 • 占有全球市场份额约 20%～30%
丰田合成（Toyoda Gosei）	• 自制 MOCVD 设备，产量比日亚公司大。产品质量比日亚公司的产品略差些 • 蓝宝石衬底 • 只出售 LED 以及后续产品，不出售管芯和外延片 • 生产蓝、绿、紫、紫外、白光小功率（＜20mW）、中功率（20～50mW），以及大功率（＞50mW）的 LED 产品	• 产品应用广泛，几乎所有与 GaN-LED 相关的领域都有其产品，但在户外全彩色大屏幕方面无法与日亚公司相比 • 占有全球市场份额约 20%
Cree	• 既有市场上购买的 MOCVD 设备，也有自己研制和改进的 MOCVD 设备，主要是多片型 MOCVD 设备生产 GaN-LED • 所用衬底是 SiC，有非常成熟的 SiC 单晶生产技术，容易获得 SiC 衬底材料 • 可以生产蓝、绿、紫、紫外光小功率、中功率，以及大功率的 LED 外延片	• 产品应用广泛，几乎所有与 GaN-LED 相关的领域都有其产品 • 占有全球市场份额约 10%
GelCore	• 主要用 EMCORE 公司 MOCVD 设备生产 GaN-LED 外延片； • 所用衬底主要是蓝宝石； • 可以生产蓝、绿、紫、紫外、白光小功率、中功率，以及大功率的 LED 产品，但大功率产品目前还相对不成熟 • 关注白光 LED • 灯具设计方面有较强优势	产品应用广泛，几乎所有与 GaN-LED 相关的领域都有其产品，特别是高档的照明市场（如建筑轮廓装饰照明）

续表

企 业	产业化情况	市场应用
Lumileds	·主要是蓝宝石,也用 GaN 衬底 ·只出售 LED 以及后续产品,不出售管芯和外延片 ·生产蓝、绿、紫、紫外、白光小功率、中功率以及大功率的 LED 产品。特别是它能生产功率达到 5W 的大功率 LED 产品 ·关注大功率白光照明	·目前 LUMILEDS 公司的产品产量不是很大,但其大功率产品却供不应求
Osram	·全球超高亮度 LED 大厂之一 ·荧光粉技术全球领先,授权厂商较多 ·大尺寸 LCD 用 LED 背光模组生产技术领先	·高亮度"Golden DRAGON"LED 模块,为各种不同类型的应用要求提供强劲全面的 LED 照明解决方案

业链,其中日亚化学 1994 年第一个生产出蓝光芯片,并在专利技术方面具有垄断优势;Cree、GelCore 等都有自己成熟的技术体系,产品应用广泛,几乎所有与 GaN-LED 相关的领域都有其产品;Lumileds则关注于大功率 LED 的研发,在白光照明领域实力雄厚。

日本、欧美的 LED 产业主要集中在生产规模大、技术垄断性强的集团化企业;而台湾地区的 LED 产业较为分散,企业数量多,相对日本、欧美企业而言大多为中小企业,上中下游分工明确,产业链供销稳定。国际 LED 产业区域分布状况如图 7 所示。

二、国际区域发展状况

(一)日 本

1. 产业发展现状

日本于 1970 年才开始进入 LED 领域,早期是自美国进口外延、芯片,制造加工成主要应用在袖珍型电子计算器上的指示灯。然而,能源自给率低的岛国日本,为降低能源消耗量及对外依存度,对于具有节能环保的 LED 产品开发与市场需求相当积极活跃,刺激了日本在 LED 技术上的快速发展,自 20 世纪 90 年代中期后日本逐步取代美国成为全球 LED 产业第一大国家,可以说,目前日本 LED 无论在技术水平与产值规模均领先于其他国家。

日本 LED 厂商分布较多,尤其以综合实力全球领先的 Nichia(日亚)、Toyoda Gosei(丰田合成)两家厂商为龙头;其他如 Citizen(西铁城)、Rohm(罗姆)、Stanley Electric(斯坦雷电气)、Sharp(夏普)、Panasonic(松下)、Toshiba(东芝)、NEC、Hitachi(日立)、Kodenshi Matsushita、Oki Electric、Sanken 等一批具有国际知名度的 LED 封装器件大厂;在 LED 衬底材料方面,主要有昭和电工、信越半导体及三菱化学等公司生产。

日亚和丰田合成两大 LED 厂商发展状况分别如下。

1) Nichia(日亚)

➢ 公司概况

日亚化学工业有限公司(Nichia Chemical Industries Ltd,简称 Nichia 或日亚)作为 GaN 系蓝光 LED 制造的创始者,在 LED 和激光领域拥有大量核心专利,产业规模居世界首位,在蓝、白光 LED 市场上遥遥领先于其他企业,也是世界上唯一可以同时量产蓝光和紫外 LED 的厂商,其 LED 产品性能一直居于产业最高水平。同时,Nichia 又是全球最大的荧光粉生产商,在全球占有 36%的市场份额,为其白光 LED 产业的发展提供了发展基础。

Nichia 的 LED 产业链涵盖了 LED 生产的上、中、下游各个环节,并在 MOCVD 设备的制造方面具有独有的优势。Nichia 以销售 LED 封装产品为主,并不对外销售外延或芯片产品,并通过对蓝光和白光 LED 专利的垄断来建构进入障碍,几乎独占整个可携式产品的白光 LED 市场,并以此来获得巨大的利润。

2004 年日亚投入 20~30 亿日元用于产能扩充,公司员工约达 3500 人;2006 年 6 月日亚宣布在日本

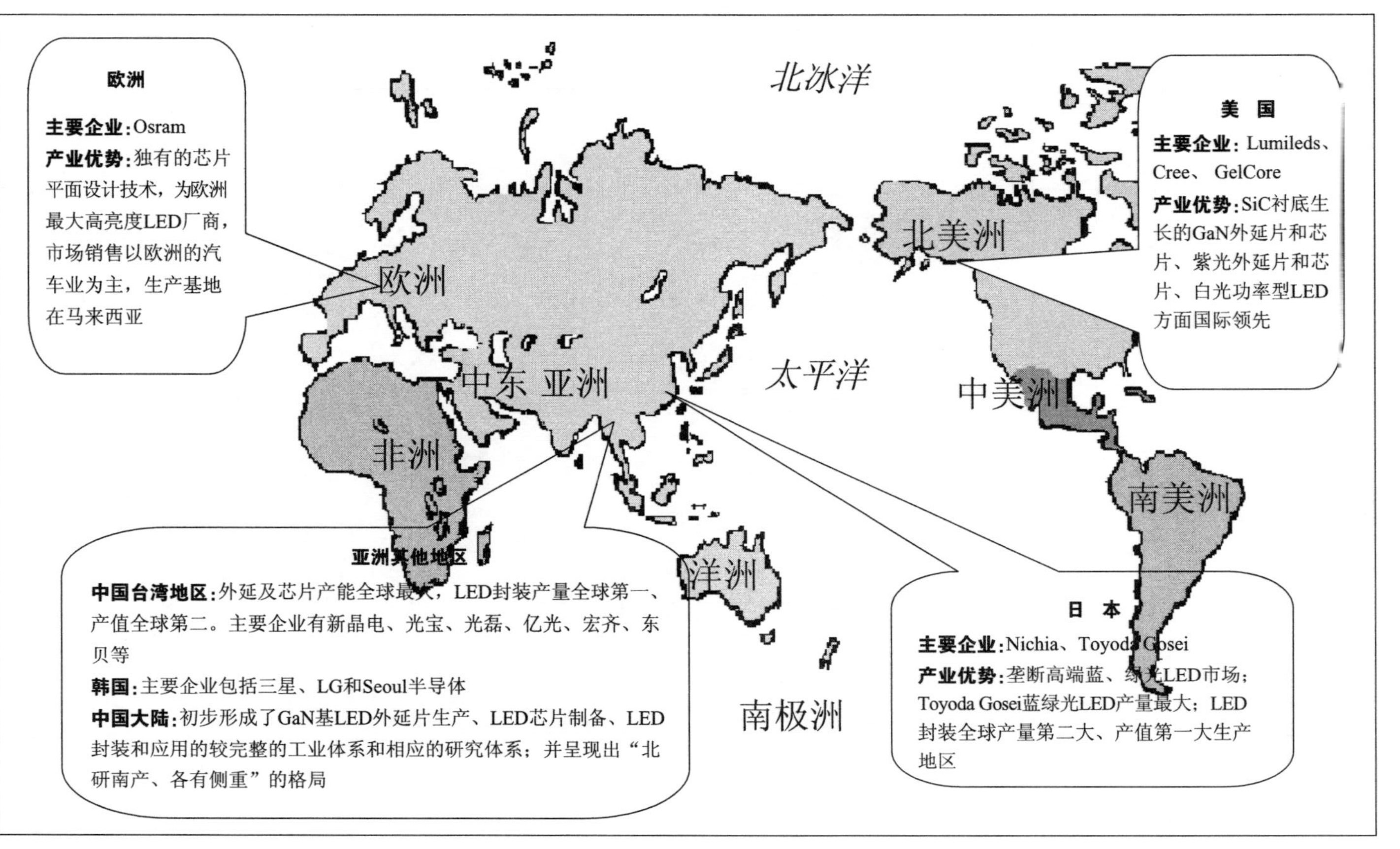

图7　国际LED产业区域分布示意图

鹿儿岛县建设一家显示器和照明设备用 LED 封装厂，月产能约为 20KK。

➢ 运营状况

2003 年以后，由于台湾 LED 产业迅速发展，在亿光、光宝、宏齐相继取得 Osram 白光 LED 生产授权后，加之台湾 LED 产业上下游配套完善、分工协作效率高、成本控制能力具国际竞争力，受台湾厂商产能迅猛扩充造成的低价策略使 LED 价格迅速降低，Nichia 的增长率和盈利能力也随之降低。

表 2 为 1996～2006 年期间日亚总营业额与利润率的变化状况，可见受市场竞争激烈化的影响，作为全球 LED 的龙头企业，日亚的营业收入增长渐缓，营业利润率也呈现逐年下降。

表 2　日亚经营状况(1996—2006)

	1996	2003	2004	2005	2006(e)	2010(f)
总营业额(亿日元)	290	1810	2060	1950	2000	3000
增长率	/	30%	13.81%	-5.34%	2.56%	/
营业利润率	/	/	27.6%	20.5%	/	/

(数据来源：日亚)

➢ 研发状况

日亚作为全球蓝光与白光 LED 的首创者与领导厂商，在技术与新品开发上一直居领先地位。据统计，1991～2001 年日亚化学在日本共取得 76 项 LED 相关专利，其范围涵盖 LED 结构，磊晶、晶粒、封装等制程技术及 LED 相关原材料(如荧光粉)，其中更有数篇专利为生产蓝光 LED 及白光 LED 基础专利。特别是近期日亚通过技术集成创新，改进芯片形状、电极结构、荧光材料以及封装形状等 4 大关键技术，已于 2006 年 6 月推出 100 lm/W 的白光 LED 工程化产品，该产品 20mA 的输入电流下可得到 6lm 的光通量，预计 2006 年底正式投入量产(比计划提前了 3～4 年)，日亚预测 2007 年白光 LED 发光效率可达 150 lm/W，图 8 为日亚白光 LED 技术开发路线图。

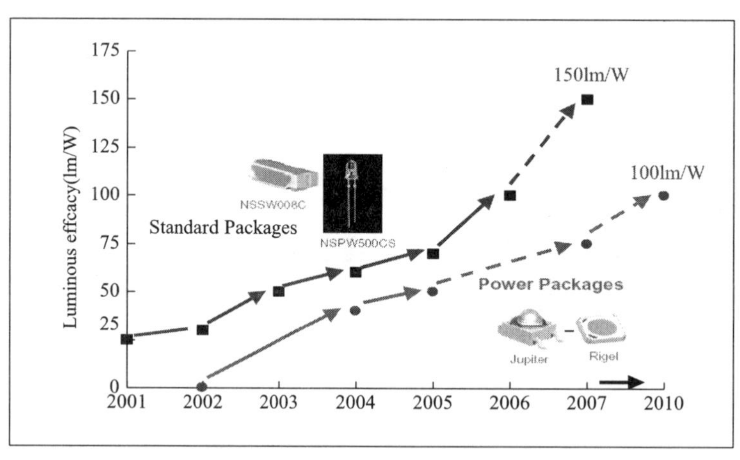

图 8　日亚白光 LED 技术开发路线图

(资料来源：台湾工研院)

为了开拓照明市场应用，近年来日亚也朝向高功率 LED 发展，推出 Jupiter 系列高功率 LED。该产品在 350mA 电流输入下(约 1.33W 输入功率)，最大光输出量亮度达 51 lm，一般亮度输出为 47 lm。

同时，为开拓汽车头灯市场，日亚推出了 Kirameki 系列超高功率白光 LED。其中 5.5W Kirameki 产品，在 700mA 电流输入下(约 5.5W 输入功率)，光输出量亮度达 200 lm；11W Kirameki 产品，在 700mA 电流输入下(约 11W 输入功率)，光输出量亮度达 400 lm，热阻仅有 3℃/W。

2) Toyoda Gosei(丰田合成)

➢ 公司概况

1986 年起丰田合成在日本 Nagoga 大学工程系著名教授 Isamu Akasaki(赤崎勇)先生指导下，利用自身在汽车零部件薄膜技术方面的积累，开始展开 GaN LED 蓝光二极管的自主研发工作。并于 1987 年受日本科技促进组织的赞助成功开发出在蓝宝石衬底 GaN 系蓝光 LED 芯片，借此丰田合成和美国 Cree

成为全球最早商业化生产蓝光LED的公司，被誉为“蓝色LED先锋”。

丰田合成在近年来的发展速度相当快，其中增长最多的是手机面板背光专用的白色LED，由2002年的27亿日元增长为2004年的123亿日元，占总销售额的四成，其余的为蓝色、蓝绿色手机按键、大显示屏用LED，以及3 in液晶面板背光用的白色LED。

丰田合成除主攻手机背光与显示屏外，汽车导航系统和液晶显示器、液晶电视等大尺寸面板背光及照明应用的领域也是公司的目标市场。公司除在爱知县平和町设有制造工厂外，还于2006年初投入160亿日元在佐贺县武雄市建立第二个GaN LED生产基地，芯片月产能规划为130KK，预计2007年中期可投入量产，届时丰田合成的两个工厂的芯片晶粒总产能可达420KK/月，公司计划2008年LED的销售额达到1200亿日元。

➢ 运营状况

2003年，Toyoda Gosei在LED方面的销售额猛增81.7%，达到253亿日元。据此，公司制定了2007年销售额达到700亿日元的目标。2004年由于中国台湾和韩国等地区LED厂的产能大举扩张所带来的低价策略以及欧洲显示屏市场的低迷等诸多原因，致使丰田合成没能完成原计划销售340亿日元的任务，但其销售额和利润均达到历史最高水平(见表3)。

表3　丰田合成运营状况

	2000年	2001年	2002年	2003年	2004年	2005年	2006年
营业额(亿日元)	149	177	139	253	306	223	276
增长率	136.5%	18.8%	−21.5%	81.7%	21.1%	−27%	23.8%

(数据来源：Toyoda Gosei)

➢ 研发状况

· 陶瓷基板的小尺寸大电流白光LED。2004年9月丰田合成成功采用散热性好陶瓷基板，成功封装出体积仅3.4mm×2.8mm×1.2mm的(全球最小)大电流型白色发光二极管。与原产品相比，封装面积和封装厚度大约分别减至1/15和1/5，最大输入电流可高达500mA电流，此白光LED可用于各种照明设备、7～21 in液晶面板背光光源以及汽车灯具等领域。

此款白色LED光束大小为20～30lm，最大额定电流500mA。其内部结构是采用将LED芯片的蓝宝石底板移至上侧进行封装的倒装芯片结构，其发光光谱几乎涵盖从蓝色到红色的“TG HIGH POWER TRUE WHITE II”和由蓝色和黄色组成的“TG HIGH POWER WHITE II”两种。前者在紫外LED芯片上配合使用了红色、绿色和蓝色等多种荧光材料，而后者则由蓝色LED芯片和黄色荧光材料构成。该产品已于2005年上半年投入量产。

· 液晶电视白光LED背光源。丰田合成于2004年10月试制出一款白色发光二极管作为32 in液晶电视背光源。该白光LED由波长约380nm的紫外线LED芯片和将紫外线分别转换为红光、绿光和蓝光的各荧光粉封装而成。该液晶面板配置1200个白光LED，耗电量为140W。此次丰田合成采用紫外线LED芯片合成白光LED，其发光效率在试制阶段已经达到40 lm/W。

· 车载导航面板与室内照明用白光LED。丰田合成在2006年3月“JAPAN SHOP 2006”展会上，展出了驱动电流分别为20mA、150mA和350mA的高亮白光LED，其发光效率分别为65 lm/W、47.9 lm/W和37.8 lm/W。光通量分别为4 lm、23 lm和45 lm。其中150mA的白光LED主要作为车载导航仪液晶面板背光源，350mA产品主要用于室内照明。此前，丰田合成已开发出可使用500mA驱动电流的小尺寸陶瓷基板白色LED。

2. 产业发展模式

日本LED产业的发展主要是采取技术领先的产业发展策略，通过专利权等方式设立壁垒；同时，通过技术垄断的优势获得超额利润。日本LED产业发展模式的具体特点包括以下几点：

1) 在完善的技术研发体系下实行技术领先战略

日本在LED产业发展上实施技术领先型发展战略，而且是以基础技术研发为重点。这与日本以前的通常做法有所区别，日本的国家技术研发体系一般以应用开发为主，而美国则更加侧重于基础技术研发;但在LED产业发展上,日本与美国一样选择了以基础技术研发为基础的技术领先型发展战略。

2) 以大型企业构成健全完整的上下游产业链

日本LED产业结构集中度非常高,都是由几家大型公司领导产业发展。例如,在产业链上游,主要以Nichia及Toyoda Gosei为龙头,近年又有Nitride、星和电机崛起;而在封装及下游应用领域,则由大型专业LED照明厂开发照明市场,如Citizen、Stanley、松下电子、Sharp、东芝等。目前,日本LED产业已经形成了从上游到下游应用的完整的产业链。

3) 强大的政府支撑体系

日本政府一向以灵活有力的产业政策干预经济发展著称于世,在LED产业方面也不例外。日本政府使用大量特定的技术创新政策鼓励、刺激产业技术的发展,其中主要是经济资助政策和组织协调政策。日本的经济资助政策包括财政补贴、税收优惠和贷款优惠三大政策。

(二) 欧美地区

1. 产业发展现状

美国LED产业引领了全球半导体照明产业的发展方向与趋势,尤其是在外延和芯片领域优势非常突出。欧洲地区则发挥其在应用技术领域的开发和善于吸收最新技术的转化优势,主要从事高附加值产品生产,锁定以市场带动产业发展的模式,通过节能法案,来扩大LED应用市场,尤其是汽车市场的开发,来加速LED产业发展,代表企业主要为Osram光电半导体公司。

欧美地区的半导体照明产业集中度比较高,主要代表企业有Osram、Cree、Lumileds、Gelcore(2007年2月已更名为Lumination,本篇报告仍沿用Gelcore)等企业。以下分别从这几大企业来阐述体现欧美地区产业发展状况。

1) Osram Opto(欧司朗光电)

➢ 公司概况

欧司朗光电半导体公司(Osram Opto Semiconductors GmbH,简称欧司朗光电或Osram)是全世界第二大光电半导体制造商和欧洲最大的LED生产商,隶属于国际照明巨头欧司朗,产品应用领域分布于照明、传感和成像等领域。公司全球范围内共有员工超过3500人,公司总部设在德国雷根斯堡(Regensburg),在美国加州的圣何塞(San Jose)和马来西亚的槟城(Bayan Lepas)都有自己的研发和制造基地。

Osram拥有有别于日亚(蓝光+YAG荧光粉)的蓝光+TAG荧光粉白光专利技术,开发出采用SiC衬底的GaN型光电器件,采用蓝光LED芯片和黄荧光粉组合产生白光LED,在大尺寸LCD背光源、白光照明和车用LED产品上具有优势。Osram主要的经营领域在欧洲市场及汽车用白光LED市场,与日亚化学有明显的市场区隔。

➢ 运营状况

2005年财政年度中欧司朗光电的销售总额达到4.52亿欧元。欧司朗光电于2006年6月中旬宣布投资0.65亿欧元(约占Osram2005年营业收入的14%)用于扩大马来西亚槟城工厂的LED后段封装生产能力,产品主要用于智能显示(intelligent displays)的SMD、OLED及高亮LED产品。

➢ 研发状况

· 先进功率型TopLED(Advanced Power TopLED)。2006年9月初Osram光电半导体推出了采用薄片SMT封装技术的先进功率型系列TopLED(Advanced Power TopLED),该系列产品等级包括从功率型LED(Power TopLED)到金龙型(Golden Dragon),具有光输出量高,可以发出蓝色光、绿色光和红色光等多种光色的优点。在140 mA的驱动电流条件下,绿光和琥珀光LED的亮度可以达到19 lm,白光和红光的亮度为15 lm,黄光和蓝光的亮度分别为14 lm和5 lm,该亮度较原先型号高出了近50%,适合用于大面积的广告照明和各种效果照明。

· 汽车前照灯白光LED模块"OSTRA"。欧司朗光电开发出的"OSTAR"白色LED模块,是将4个1×1mm LED芯片封装在一起的产品。每个模块的光束高达300 lm。欧司朗光电试制出了包括驱动白色LED模块的电源IC在内的光源系统,将该系统通上电后,光能转换效率可以达到65%。通用萨博

(Saab)Aero X 的概念车的远光灯用两片欧司朗(Osram)的大功率 Ostar LED 满足照明要求,由尺寸为 13.5×33 mm 的 Ostar LED 集成 5 只芯片,在 700mA 下光通量达 350 lm。

· 车用白光 LED 金龙“Golden Dragon”。欧司朗光电面向车载和相机闪光灯等用途,已开发出发光效率更高的“金龙(Golden Dragon)”系列白色发光二极管(LED)新产品 LWW5SM,发光效率为 40lm/W,外形尺寸为 6×11×1.8mm,正向电压达+3.2V,在驱动电流为 500mA 时,光通量达到 64lm,在室温、驱动电流为 250mA 时,亮度半衰的寿命为 5 万小时以上。作为可容许的最大焊接温度,直流电和脉冲条件下分别为+125℃和+150℃。每个封装配备了 1 个 1cm^2 的蓝色 LED 芯片,结合使用荧光体形成白色,已于 2006 年初投入量产。

· 大尺寸 LCD 背光源及模组。欧司朗光电 2006 年初推出金龙(Golden Dragon)系列的 ARGUS LED,可用于 32～82 in LCD 面板的背光照明。该产品整合了 Osram 公司的 ARGUS 透镜和薄膜 Golden Dragon LED,可提供白、红、绿和蓝等色彩。该 LED 背光模组能为显示器提供均匀的背光照明和高亮度照明效率,主要瞄准当前紧俏的大尺寸液晶电视领域。

目前,Osram 已成功开发出最大至 102 in 的 LED 背光模组,采用 RGGB 三基色混光,配备 433 个 LED 模块(红色与蓝色 LED 各 433 个,绿色 LED 为 866 个),该背光模组的亮度达 6000cd/m^2、耗电量为 770W、色彩饱和度(NTSC)达 110%、亮度均匀性为 85%、厚度不到 40mm。Osram 已完全具备根据面板厂商的要求,提供支持所有 LCD 尺寸大小匹配的 LED 背光模组。

· 汽车夜视系统红外二极管(IRED)。欧司朗光电半导体采用表面封装技术(SMT),将薄膜技术用于红外元件,开发出第一代 850nm 红外发射二极管(IRED),薄膜芯片可通过芯片顶部发射由器件内部产生的所有光线,其发光层很薄,且接近表层,因而几乎没有光线能从侧面逃逸,因而元件的辐射输出强度与芯片的尺寸成正比。由于该新型 IRED 的波长为 850nm,比发射光线波长为 880nm 的常规 IRED 更接近可见光(400 ～780nm),因而适用于现代 CMOS 和 CCD 相机产品、汽车夜视系统以及安全及其相关监视应用,如用于车内不可见光照光、空气气囊的位置控制、停车场视频辅助和交通流量及速度测量等领域。

· OLED 显示屏与照明。欧司朗光电半导体公司宣布将在 OLED 方面加强研发力度,扩大现有的 OLED 显示屏业务,即继续为显示屏开发基于聚合物的解决方案,公司研究的焦点是小分子 OLED 显示和照明技术。将会专注于设计和 OLED 特别元件结构,提高发光效率,寿命和扩大尺寸。初始研究的白光 OLED 发光效率已达到 25 lm/W。

2) Lumileds

➢ 公司概况

Lumileds 公司成立于 1999 年,是由安捷伦(Agilent)技术公司收购惠普(HP)公司光电子事业部,并于同年 11 月由安捷伦和飞利浦(Philips)组建成立的,总部位于美国加州圣何塞(San Jose),在荷兰、马来西亚和日本设有分支机构,并在世界各地设有销售办公室。Lumileds 目前是世界著名的高功率 LED 生产商,在汽车照明、照相机闪光灯、计算机显示、液晶电视、信号灯及通用照明等多种固态照明应用领域中居国际领先地位。

2005 年 8 月,飞利浦以 9.5 亿美元收购安捷伦所持有的 47%的 Lumileds 公司股份,持股数 96.5%;2006 年 12 月,飞利浦以 800 万欧元收购员工持有 3.5%的 Lumileds 公司股份,从而飞利浦对 Lumileds 总持股数达到 100%。飞利浦作为全球照明市场的领导厂商,取得 Lumileds 全部控制权有助于公司的快速发展,Lumileds 负责 LED 芯片及芯片封装,飞利浦则做后续模块以及系统整合,强强联合形成垂直分工、纵向整合的优势体系。

➢ 运营状况

Lumileds 于 2004 财政年度营业额达 2.8 亿美元,年成长率为 43%,净利为 0.62 亿美元,成长超过 2 倍;在 2005 年财政年度中 Lumileds 的营业额为 3.24 亿美元,年增长率近 16%;预估 2006 年财政年度约增长 15%达 3.7 亿美元。

➢ 研发状况

Lumileds 专注研发制造高亮度 LED(包括红、蓝、绿及白光 LED),其 LED 产品主要应用于汽车照明、手机背光源、大尺寸 LCD 面板背光源及通用照明等领域。公司已获得 LED 技术的相关专利近 200 件。

Lumileds 在 AlGaInP 红橙光 LED 的光取出率方面有两个重要发明,一个为透明基板的使用,另外一个则是改变形状,由削角的倒金字塔形状(TIP:Truncated Inverted Pyramid)来增加光取出率。原来的外延层生长在不透光的砷化镓(GaAs)上,发光效率只有 8%,而利用转换制程将基板换成两边均为透明的磷化镓(GaP),发光效率可增加至 23%,但是当整块芯片被切成 TIP 形状时,发光效率则可以达到 55%。

Lumileds 的新型红光、橙光和琥珀光 Luxeon III LED 的辐射量分别达到了 140 lm、190 lm 和 110 lm,200mA 工作电流其寿命可达 2 万小时,远远超过白炽灯的寿命,表明其开发出的 LED 产品性能已经满足了汽车尾灯标准,对于 LED 在汽车照明应用具有里程碑意义。利用飞利浦在汽车照明电源设计和集成技术,Lumileds 与飞利浦合作开发出能简化 LED 汽车照明设计的模块化方案,将加快汽车制造商采用 LED 固态照明解决方案的进程。

在大尺寸 LCD 面板背光源方面,Lumileds 于 2004 年 11 月与日商 Sony 合作推出全球第一款以白光 LED 为背光源的 46 in、40 in 的"QUALIA 005"液晶电视系列,分别使用了 450 块、325 块高亮度白光 LED,亮度达 500nits;2005 年初再次联手韩国三星电子推出了以 RGB 三基色 LED 背光源的 46 in 的 LNR460D 液晶电视,该 LED 背光模组采用 200 个 RGB 模块,亮度达 500nits。

3) Cree

➢ 公司概况

Cree 公司建于 1987 年,总部位于美国北卡罗莱纳州达勒姆市(Durham,North Carolina),公司主要研制开发并生产基于碳化硅(SiC)、氮化镓(GaN)、硅(Si)和相关化合物的材料与设备。Cree 公司产品包括绿光、蓝光和紫外光 LED,近紫外激光、射频和微波半导体设备,电源转换设备和半导体集成芯片。公司大部分利润来自于 LED 产品和 SiC、GaN 材料的生产,产品销往北美、欧洲和亚洲。

Cree 公司在美国 NASDAQ 上市,拥有近 300 项专利,以独有的碳化硅(SiC)专利技术制造世界上独一无二的碳化硅(SiC)衬底的超高亮度蓝色、绿色以及紫色 LED 芯片。Cree 公司的 LED 芯片产品以其高稳定性,高抗静电能力在业内著称,产品被世界很多优秀公司采用,包括 Osram、安捷伦(现为安华高)、斯坦雷(Stanley)、夏普(Sharp)、华刚(Cotco)、光宝(Lite-On)等国际知名公司。

➢ 运营状况

2003 年后,随着台湾厂商产能的大规模增加,LED 价格迅速走低,Cree 的营业额年增长率出现下滑(见表 4)。台湾厂商的竞争使得 Cree 放弃低端市场,并在白光领域取得突破,其利润率也随之提升。

表 4 2001~2005 年 Cree 公司销售及利润

	2001	2002	2003	2004	2005	2006
营业额(亿美元)	1.77	1.55	2.3	3.07	3.89	4.23
增长率(%)	/	−12.4	48.4	33.5	26.7	8.7
利润(亿美元)	0.28	−1.02	0.35	0.58	0.91	0.97
营业利润率%		−65.8%	15.2%	18.9%	23.4%	23.0%

(数据来源:Cree 公司年报)

➢ 研发状况

· 多用途易贴装的新型 EZBright 芯片平台。2006 年 3 月 Cree 推出被誉为"易贴装"的新型 EZBright LED 芯片,该芯片可延用行业标准流程(如环氧胶粘接)进行封装,该 LED 芯片具有 Cree LED 产品中最高的亮度等级,且易于实现裸片粘接(die attach)工艺,这种高亮度芯片也能应用到基于工业标准的封装工艺。该 EZBright 芯片平台采用 Cree 独有的光学设计,具有理想的 Lambertian 发光模式,可降低散射损耗并提高效率,从而能够减小芯片的尺寸。Cree 已推出此芯片的第一款封装产品——EZBright290。EZBright290 目前提供绿、蓝光,应用范围主要面向手机、PDA、电视、显示器、室内外 LED

显示屏、相机闪光灯以及指示牌等领域。

• 131 lm/W 的白光 LED“EZBright”。2006 年 7 月 Cree 对外宣布开发出了发光效率达 131lm/W 的白光 LED(在至今发表的白光 LED 中，该发光效率为最高水平)。该产品的发光效率值已得到美国国立标准技术研究所(NIST)检测证实，将成为 LED 业界新的标杆与基准。该白光 LED 使用 Cree 公司的 GaN LED 芯片“EZBright”试制而成，输入电流 20mA 时其发光效率达 131lm/W，色温度为 6027K。该发光效率的突破提升将加速白光 LED 在照明等领域的应用，并再次表明 Cree 公司在 LED 技术的领先地位。

• 160 lm 的白光高功率 LED。2006 年 10 月 Cree 对外宣布最新高功率白光 XLamp7090 LED 的亮度和效率达到新的基准，也是首个基于 Cree 公司 EZBright(TM)1000 LED 芯片封装而成高功率 LED。在典型输入电流 350 mA 时达到 95lm/W 的发光效率，而在 700 mA 输入电流时光通量达到 160 lm。该款 Xlamp7090 LED 主要面向路灯、高棚照明和停车场低棚照明及手电筒等普通照明应用。该款 LED 产品所达到的能效水平已超过荧光灯，公司下一个目标将持续提高 LED 的亮度和效率来确保 LED 在所有照明应用领域成为富有竞争力的节能绿色照明产品。

4) Lumination

Lumination 是 GE(通用电气)和 EMCORE 合资形成的公司。其中 GE 是世界主要照明产品提供商，在灯具设计方面很有自己的特色；EMCORE 公司是世界重要的 MOCVD 设备提供商(2003 年其 MOCVD 部门已经被美国 Veeco 公司收购)。

在技术方面，Lumination 公司目前处于世界先进水平。Lumination 公司主要用 EMCORE 公司的 MOCVD 设备生产 GaN-LED 外延片，所用衬底主要是蓝宝石；可生产小功率、中功率以及大功率的 LED 产品，但大功率产品目前还相对不够成熟。可生产蓝光、绿光、紫光、紫外光、白光等多种颜色和规格的产品，其中白光可以是蓝光＋黄色荧光粉、紫外光＋三基荧光粉以及红＋绿＋蓝三色 LED 合成等多种方式。

在市场方面，目前 Lumination 公司的产品市场中应用广泛，几乎所有与 GaN-LED 相关的领域都有其产品，特别是高档的照明市场，如建筑轮廓装饰照明方面。

2. 产业发展模式

美国 LED 产业的发展主要是依靠其较成熟的市场体制、完善的技术创新体系以及强大的经济基础，通过掌握 LED 产业核心信息技术来控制全球 LED 产业链的利润流向，占据技术领先者地位。该模式的主要特点如下：

1) 选择科技创新作为产业突破口，成为产业技术领先者

美国发展 LED 产业的核心路线是“通过科技突破带动市场、加速市场渗透速度”。事实上，美国 LED 产业是典型的技术领先者发展模式，其产业技术研发主要集中在 LED 产业链上游，大多属于产业核心技术。作为技术领先者，美国可以通过所控制的核心技术，周期性提升芯片的性能，从而能够基本上控制全球 LED 产业的发展进程，同时也控制了整个市场的利润流向。

因为拥有技术和产品标准的公司，可以利用垄断的优势不断推出新产品；同时，通过协同生产网络，越来越多的公司将生产以及将生产相关程序委托给企业外部的合作方去生产和管理，公司集中力量进行技术开发和市场营销，可以获得产业链中 80%的利润。

2) 垂直整合度高，产业链结构完整

美国 LED 企业在发展初期，基本都是从 LED 产业中一个特定环节开始的，但很快就进入了垂直整合阶段，而且整合程度较高。在 LED 企业个体进行垂直整合的过程中，美国很多企业形成了包括“衬底-外延-芯片-封装-应用产品”的完整 LED 产业链。以 GELCORE 为例，GE 作为其股东之一，是世界主要照明应用产品提供商；EMCORE，作为其另一股东，是世界重要的 MOCVD 设备提供商。在产业组织上，GELCORE 主要用 EMCORE 公司的 MOCVD 设备生产 GaN-LED 外延片，再提供给 GE 公司进行照明应用产品生产，三家关联公司的生产活动涵盖了 LED 整个产业链，这不仅大幅度降低了成本，有利于提供高品质和可靠性高的 LED 最终应用产品，为 R&D 活动提供便利，更将产业发展关键的两环节——核

心技术和营销网络牢牢控制在手中，具有极大的竞争优势。

3) 在市场调节方面，自由竞争和垄断相结合

美国是一个以市场经济为主的国家，通常都鼓励竞争，通过优胜劣汰的市场竞争使美国产业保持旺盛的生命力。以美国电子信息产业为例，IBM 在 1965 年的竞争对手只有 2500 个，但是到了 1992 年，其竞争对手增加到 50000 个，该行业的竞争变得异常激烈。而正是这种激烈的市场竞争使美国电子信息产业一直保持创新能力并稳定发展。然而，在 LED 产业上，美国的市场集中度非常高。产业链上的每一个环节都由一家主要厂商把握着，从而领导着美国 LED 产业的整体发展趋势。在国际市场上，美国 LED 公司利用技术上的领先优势，在国际竞争中占有垄断性的地位，例如，Cree 公司掌握着 LED 衬底两大主流技术之一——SiC 衬底，在全球 LED 产业中占有约 10%的市场份额。

4) 发达的资本市场提供了企业发展所需资金

一个国家产业的发展和其资本市场的发达程度密切相关。除了政府的投入，资本市场也是企业发展资金的重要来源，这对高科技产业尤其重要。美国发达的资本市场为 LED 产业注入了发展资金。以 Cree 公司为例，该公司由两个名不见经传的年轻人在 1987 年成立，到 1993 年就上市，产值从 1994 年的 5000 万美元增长为 2003 年的 3 亿美元。

(三) 韩　国

1. 产业发展现状

韩国 LED 产业自 1993 年起开始投入大量研发资源，主要以三星电机(Samsung Electro-Mechanics, SEM)与 LG Innotek 两大领导企业，以及韩国国家光电所(KOPTI)等三大主要机构，支撑起韩国 LED 产业脊梁。经过 6 年研究开发后，1999 年起三星电机(SEM)及 LG Innotek 两家公司率先进入量产阶段，随即首尔半导体(Seoul Semiconductor)、Epi Valley、Epi Plus、OPTO way、IT's Well 及 Luxpia 等 LED 厂商也雨后春笋般地成立。据 KOPTI 的统计，至 2005 年韩国 LED 相关企业数量已达 300 余家。

三星电机(SEM)、LG、首尔半导体、NiNex、AUK(光电子)、LumiMicro、LUXPIA 等韩国主要 LED 企业，分别在 RGB 三芯片、蓝光加荧光粉、紫外光加荧光粉等方面投入研发或已生产销售；在蓝光 LED 上游外延环节，主要量产公司有三星电机(SEM)、LG Innotek 及 Epiplus 等；在中游芯片环节，主要有三星、LG、NiNex 及 ITSWell 等厂商；下游封装环节以首尔半导体为龙头企业。以上各环节的主要厂商分布如表 5 所示。

表 5　韩国 LED 产业主要厂商分布一览表

产品类别	厂商名称
蓝光 LED 外延片	Samsung Electronic Mechanics(SEM)、LG Innotek、KNK、Epi plus、ProwTech、ATC、ASPI、Epi Valley
	Valley、Optronix、Nanotron
蓝光 LED 芯片	SEM、LG Innotek、KNK、NiNex、Optronix、ASPI、ITSWell、LumiMicro
蓝/白光 LED 封装	SEM、LG Innotek、U-JIN
	Seoul Semiconductor、NiNex、KNK、Physolid、ITSWEll、ETI、WON Semiconductor、Shin Young、NokSan、Hansung Elcomtec、LUXPIA、Apro Systems、Photron、AUK、Kumdong Lamp、Cseng、SSI、Kowon、LumiMicro、Nanotek、LASEMTECH

韩国的手机、液晶显示器及汽车等 LED 关联需求产业已成为全球重要的生产基地。其中 LED 最大的消费市场手机产业约占据全球市场的 20%，主要有三星(全球第三)和 LG(全球第五)；而在未来几年 LED 最具应用潜力的 TFT-LCD(薄膜晶体管液晶显示器)面板产业方面，韩国的三星与 L. G. Philips 共同占据全球 TFT-LCD 产量 40%以上；而以现代(Hyundai)为龙头企业的汽车产量也近达全球的 7%，汽车灯也被业界普遍认为是 LED 即将爆发的应用市场。

韩国政府与相关产业界已立足以上 LED 关联需求产业的基础与优势，已在韩国光州成立了半导体照明光谷(LED Valley)，集中发展 LED 的模块应用，主要锁定背光(Backlight)、电子显示(Electric

Signs)、汽车(Automobiles)及照明(Lighting)几大市场,以促进提升韩国LED产业实力。

2. 产业发展模式

韩国是一个资源贫国,其所需能源约97%依赖进口,能源短缺和油价上涨制约着韩国经济和社会的发展。节能已经成为韩国最重要的国家战略之一。韩国电能大部分由原油转换,节电是韩国国民最为重要的节能行动。因而,具有重大节能和环保意义的LED产业备受韩国政府的重视。

在高科技产业发展上,韩国模式的特点是注重发挥比较优势,善于抓住产业转移机遇,在引进和吸收的过程中,通过实施大公司战略,保护本国市场,推进国产化。同时,政府成立专职机构进行管理、规划和指导产业发展,制定相关的产业和技术发展战略,并在政府协调下高效率进行。韩国的LED产业发展模式主要体现在以下几点:

1) 政府主导下的大企业扩张

韩国政府一直在政府主导下推行大企业战略,通过政府与银行联手为企业提供资金培育大的企业集团。最终大企业集团不仅成为生产经营的主体、对外贸易的中坚,而且是技术开发、引进外资、信息情报收集的核心力量,并且垄断着韩国的各种产业部门,控制韩国的经济命脉。由于LED产业属于技术和资金密集产业,前期研发投入巨大,投资风险高,一般小企业难以满足该产业上中游的资金需求,这种大企业战略对韩国LED产业的发展自然会起到积极的推进作用。例如,韩国目前上中游的技术大多都是由三星集团公司研发成功的。

2) 采取产业集聚加速发展

韩国政府在高科技产业方面,通过"培育全球竞争力的企业群"来强化产业竞争力,主要措施包括:①以支援潜力企业稳健成长,并强化企业之间的整合;②构建企业之间的协作系统,促进地区产业集聚度和特色;③支援核心技术开发,培育优秀人才,对优秀技术、人才进行国家层面的保护和奖励。

例如,在韩国2000年的光产业发展计划中,政府提出利用区域集聚效应、国家扶持以及建立全球合作网络三种方式引导产业发展,并由政府拨款近1亿美元进行产业基地建设。

3) 以应用拉动市场

在高科技产业发展初期,韩国一般都是首先将国内市场作为"创新服务与产品"的试验场,对高科技产业的蓬勃发展以及进入国际市场起到关键的推动。韩国LED产业能在短短的两、三年之内崛起,其内销市场的贡献度相当大,特别是韩国手机厂商对LED产业的带动作用功不可没。韩国作为全球手机重要生产国,其手机背光源的需求不仅带动了本国LED产业发展,同时也促成了台湾LED产业的兴旺。

三、中国区域发展状况

(一) 中国大陆

1. 产业发展现状

自2003年国家半导体照明工程启动以来,我国半导体照明产业正在进入快速发展时期,已经形成了基本完整的产业链。到2006年底,我国共有LED企业2000余家,但大部分企业分布在封装及应用领域,规模较小。其中,上中游的外延及芯片生产商有30家左右,下游封装企业约有600家,应用产品生产企业1500家以上。

从产业链的各环节的发展程度来看,经过近几年的发展,我国LED完整的产业链已基本形成,在上游外延生长、中游芯片、下游封装与应用各环节均已进入量产阶段,不过目前在相应的关键设备方面还非常薄弱。

上游外延材料已实现了量产,但产业化水平不高,而外延和芯片制造的关键设备主要还是依赖进口;中游芯片制造与国外差距不大,GaN基LED芯片依赖进口的局面正在改变,2006年国内GaN基蓝、绿光高亮度芯片年产能已达到60亿只,InGaAlP基高亮度红、橙、黄色芯片年产能已达到60亿只,2006年国产高亮度芯片市场份额已达到30%,但企业规模与国外大公司相比差距较大;下游封装实现了大批量生产,我国正在成为世界重要的中低端LED封装基地;半导体照明光源及灯具已批量出口销售。

从国内LED投资项目的资本结构中,民营和合资企业占到企业总数的75%,并且民间资本已开始积极介入投资LED产业。据不完全统计,“十五”期间,整个国内LED产业投资规模已达到60亿元,其中民间资本约占据了其中的2/3,投资领域涉及上中游外延片及下游封装应用等多种项目。

同时,来自我国台湾地区、香港、韩国及日本的众多投资者都已在我国投资,这将提高我国的半导体照明产业技术水平和产业竞争力,有望与国际公司竞争海外市场。

2. 区域分布状况

我国LED产业分布比较集中,初步形成了珠江三角洲、长江三角洲、北方地区、江西及福建地区四大LED集中区域,各主要区域的产业分布特点见表6、图9所示。每一区域都初步形成了比较完整的产业链,国内85%以上的LED企业分布在这些地区。国家半导体照明工程首批批准的半导体照明工程产业化基地为上海、厦门、大连、南昌和深圳,基本反映了这种产业分布格局。

表6 我国LED四大分布区域及其主要特点

区 域	主要特点
上海、江苏、浙江(长三角)	产业配套能力最强,高端应用突出,人才、资金比较集中
深圳、佛山、广州(珠三角)	封装和应用国内规模最大、离市场最近,投资活跃
北京、大连、河北(环渤海)	研发力量最强,研发机构最集中,拥有外延芯片的国内最好技术
厦门、南昌(闽三角)	外延及芯片产能国内最大,普亮芯片企业规模较大

以下分别对珠江三角洲、长江三角洲、环渤海、江西及福建地区四大LED的集中区域,以及其他具备一定LED产业基础与实力的城市或地区,进行简要阐述如下。

1) 珠江三角洲地区

➢ 发展概况

珠江三角洲(简称珠三角)是全国LED的重要生产基地与应用市场,主要集中于深圳、广州、佛山、东莞等地,最明显的竞争优势就是应用市场较大和中下游企业的集聚,是国内封装规模与投资集中密集区域。该地区有多家全国大型灯饰企业从事LED生产制造,生产的太阳能灯具全部使用LED,其中太阳能草坪灯为全球最大的生产集中区域。

除已形成如方大国科、世纪晶源、帝光、量子光电、国星光电、惠州华刚、德赛光电等一批颇具实力的企业外,珠三角还集中了一批可为LED产业发展提供良好技术支撑的高等院校和科研院所。目前广东在光电子教育与科研方面拥有数名中国科学院院士、3个国家重点实验室、2个国家工程中心、1个光学国家重点学科、7个省厅级重点实验室,以上多家研究机构对LED相关技术进行了长期的研究,拥有一批初步形成自主知识产权的科研成果,并为当地LED企业发展培养储备了专业技术人才。

此外,珠三角发挥毗邻港澳的区位优势,长期以来与港澳台及国外市场建立了密切的联系和合作关系,吸引了大量的港台和海外资本。目前,在珠三角地区的LED相关企业中有不少是港资、台资或合资的形式,这些企业具有较强的海外市场开拓能力,其产品大部分都出口到国外。

➢ 重点城市扫描

目前,长三角LED产业主要集中在深圳、广州两大城市,东莞市主要以台湾的佰鸿、李洲、先益等下游封装企业的加工厂为主,佛山市则主要有佛山国星光电。以下分别对深圳、广州两大重点城市的LED产业发展状况进行介绍。

· 深圳

深圳市半导体照明产业始于20世纪90年代初期,经过十几年的发展,目前已经成为国内LED产业规模最大和企业数量最集中的地区。

深圳市从事半导体照明的企业分布在衬底材料、外延、芯片、封装、应用产品和配套产品(设备、零部件、原辅材料)等各个环节,产品覆盖了产业链的主要部分以及红外、可见光和白光LED等领域。目前深圳的LED封装和特种工业照明领域也已成为国内主要生产地区。其封装产品已包括白光LED、功率型LED、SMD LED等较为先进的LED产品;深圳的LED应用产品涉及的领域十分广泛,包括背光源、显示

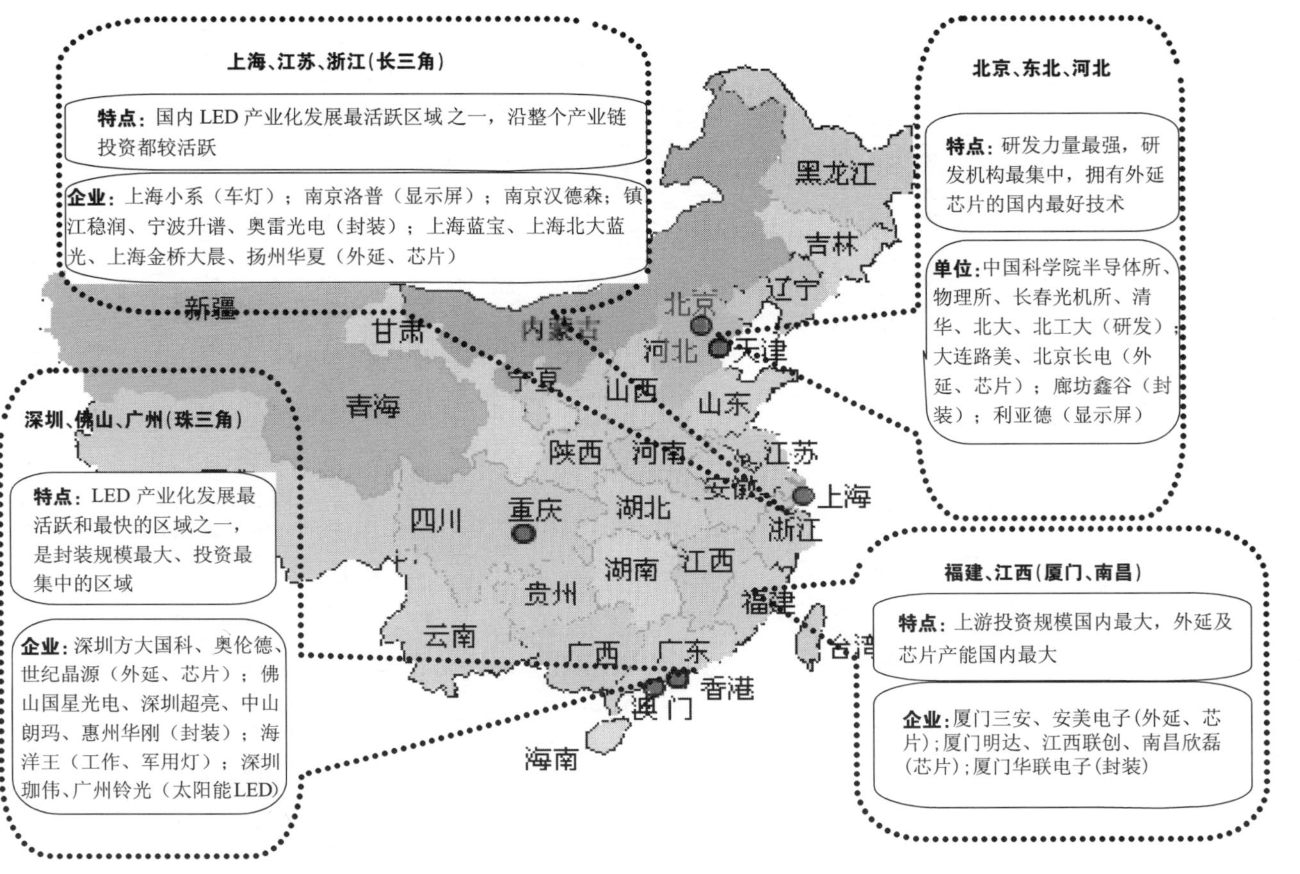

图 9　国内半导体照明产业竞争格局示意图

屏、大面积彩显幕墙、太阳能 LED、景观照明、特种工作灯、信号灯、矿灯、射灯、装饰灯、民用台灯等,尤其是 LCD 背光、太阳能 LED、LED 显示屏已成为深圳 LED 的特色产品,在国内外具有较高的市场占有率与知名度。

通过人才引进、技术合作、参与国家和地方科技计划的实施,深圳半导体照明企业已经具备了一定的技术创新能力,在功率型封装、太阳能 LED 应用、全彩显示屏、LED 特种工业照明应用等领域已处于国内先进水平。如方大集团、量子光电、世纪晶源、帝光、珈伟等一批重点企业注重研发投入,并在自主研发的基础上,积极引进人才,开展与高校、科研机构以及上下游企业之间的合作。

深圳半导体照明产业园设立在宝安光明高新技术产业园区内,作为深圳市未来发展 LED 产业的核心区,引导市内 LED 企业逐步向该园区集中。园区首期开发 3 平方千米,规划引进 100～200 家企业,划分为生产应用、研发与孵化、行政管理、休闲生活等功能区。

此外,深圳利用市、区科技研发资金在基地建立半导体照明公共技术研发平台、检测平台、培训中心,为企业提供公共研发、产品检测、测试分析、人才培训等技术服务。利用政府和企业资金在基地建设半导体照明企业孵化器,培育半导体照明中小企业的发展,培养半导体照明的技术和经营人才。

据最近制定的"十一五"产业规划,深圳市将抓住时机,大力发展半导体照明产业。近期的目标是在继续保持下游封装及应用领域在国内领先地位的基础上,加快培育和发展一批具有较强竞争力的龙头企业,初步建成"全球重要的 LED 生产制造基地"。同时,形成多家产值在 5 亿元以上和一批销售规模在 1 亿元以上的企业,并形成 100～150 亿元产值规模。

· 广州

自 2000 年起广东省人民政府已经决定以广州市为中心、珠三角地区为腹地建设"广东光谷"后,已在广州科学城建立"广东光谷"产业园区,形成了珠三角光电子产业带。"广东光谷"的预期发展目标是以广州为中心,力争在 2010 年把"广东光谷"打造成为国际光电子产业领域中重要的生产制造中心。目前初步形成了以 LED、LCD 为主的光显示产业群和以光盘为主的光存储产业群,在光显示、光存储以及激光加工等领域形成了一定的产业规模和特色。

目前,广州在 LED 芯片开发、有机 LED 材料、太阳能 LED 灯具、稀土荧光粉开发生产、LED 封装和应用等方面形成了初具规模的产业链,尤其在 LED 封装和应用方面较具领先优势,已经集中了约 40 家(包括具有较大规模的台资、合资企业)下游封装企业。

从现有产业本身看,广州市的 LED 产业已具备相当的规模,大大小小的 LED 封装企业、LED 应用开发企业各有几十家,其汽车、照明、显示屏、电子仪器仪表、太阳能灯具等行业在全国大中城市中名列前茅。

此外,广州集中了广东省绝大部分的科研力量,整体实力较强,包括院士领衔的研究所、国家重点实验室等,以及广州在全国的经济地位、地理位置、市场需求、对外贸易、国际合作、劳动力资源等方面也具备很多优势。这些条件为 LED 产业的发展提供了坚实的基础与保障。

2) 长江三角洲地区

➢ 发展概况

长江三角洲(简称长三角)是我国配套产业最为完善的地区,其中半导体照明制造设备、相关原材料和元件等产业齐全,为半导体照明创造了较为完善的产业发展环境。长三角已是我国 LED 产业发展最好的区域之一,整个产业链已经形成了较好的基础和较大的规模,目前长三角的 LED 产业规模约占国内总规模的 40%。长三角 LED 产业的优势是拥有大量的技术和商业人才,产业化经验较丰富,资本力量较为雄厚,高端应用突出。

目前,长三角 LED 产业主要集中在上海,江苏的南京、扬州和浙江的杭州、宁波等城市。上海已经在半导体芯片制造和封装应用方面呈现出良好的产业发展态势,并形成了比较完整的产业链与企业群;江苏则在 LED 封装及应用方面已经初具规模,在关键材料和芯片生产方面也取得了重大突破;浙江的杭州在芯片、仪器设备等方面有一定优势,而宁波已是国内主要的 LED 照明灯具生产基地。

长三角已经形成了一批国内知名的 LED 相关企业,如上海蓝宝、上海蓝光、上海金桥大晨、上海小系、上海三思、扬州华夏、南京汉德森、奥雷光电、镇江稳润、宁波升谱、杭州创元、杭州中宙、杭州仕兰明芯等。

➢ 重点城市扫描

以下分别对长三角地区 LED 主要集中的几个城市，包括上海、扬州、宁波、杭州、南京、苏州、镇江等城市的 LED 产业发展状况进行详细介绍。

· 上海

上海市半导体照明产业起步于 1999 年，自 2000 年启动了“光电子行动计划”，明确提出 LED 产业发展目标：要以产业化为目标，通过以市场带动产品，以技术平台服务企业，以资本推动促进产业，实施政府引导，市场化运作，在产品出口的带动下，最终形成具有上海特色的半导体照明产业群。

目前已经形成了比较完整的产业链与企业群，在半导体芯片制备和封装应用方面呈现出良好的产业发展态势。上海正在形成以张江高科技园区为核心，辐射嘉定、松江、杨浦、漕河泾等区的半导体照明产业群，形成了具有上海特色的半导体照明产业基地。

上海现拥有 200 多家半导体照明相关的企业，形成了以衬底材料、外延材料生长、芯片制造、器件封装及应用为一体的产业链。上海上、中、下游产业均发展较快，特别是下游应用领域的技术和规模上具有很强的优势。

为进一步促进半导体照明产业的协调、快速发展，上海市还组织成立了半导体照明工程研发中心，为上海市相关企业提供科研平台和信息服务。此外，《上海中长期科学和技术发展规划纲要》提出，上海到 2020 年应掌握半导体照明系统、材料、芯片、器件、装备及终端光源产品等方面的核心技术，发展具有自主知识产权的半导体照明终端应用产品，形成上海绿色照明技术产业链。

· 扬州

扬州传统照明产业在国内优势明显，素有“灯具之乡”的美誉，高邮的路灯占据全国 30%以上的市场，同时相关的 LCD 光电显示、太阳能光伏产业、电子制造业及汽车制造业的发展规模日益壮大，这些均为扬州发展半导体照明产业奠定了产业基础与配套环境。

2000 年以来，扬州市通过招商引资，先后引进了以华夏、艾迪森等为代表的台资企业，并且注重产业链上中下游的配套与完善。经过几年的发展，扬州市在 LED 领域的产业化方面取得了一定的进展，从上游的外延材料、到中游的芯片制造，再到下游的器件封装和应用，以及为封装和应用配套的模具、支架与基板等产业环节基本形成了产业规模。

在以川奇、华夏为核心企业的开发区新光源产业园中，逐渐吸引相关一批配套企业落户扬州开发区，如帝豪、艾迪森、金利精密、先丰光电等企业，开发区内已初步显示出半导体照明产业集聚特征；高邮郭集灯具园区主要集中了近 150 家高杆路灯照明企业，目前已积极投入 LED 路灯照明开发生产的核心企业有苏发照明、平安数字等。可以说，扬州市完整的 LED 产业链已经初步形成，产品应用领域涉及 TFT-LCD 背光源、LED 户外看板、半导体照明光源及家电消费电子产品的指示光源，室内显示、灯具的产品等。

为进一步促进半导体照明产业的规模化与集群化发展，扬州市已将新光源产业园规划设立在扬州经济开发区，作为扬州市未来 LED 产业的核心区，目前已将 1000 亩地用于 LED 产业园的建设，同时预留 3000 亩地作为 LED 产业园的未来规划。

此外，由扬州市政府下发的《扶持和促进市经济开发区 LED 产业园发展政策实施办法》也于 2006 年 12 月 1 日正式施行，该《办法》提出扬州市将设立专项发展基金，用于对 LED 产业园区技术平台建设、载体打造和企业技术开发、新产品开发的引导，市级财政三年内每年安排 600 万元。

· 宁波

宁波市是我国 LED 开发、生产起步较早的地区之一，同时也是国内主要的照明灯具生产基地。坚实的产业基础和经济区位优势，使宁波具备了发展半导体照明产业的先机。

目前，宁波 LED 产业链的下游应用环节最为发达，LED 应用产品，如灯具、手电筒等企业总数已过千家，在国内占有重要地位，而在以奇美电子为核心企业的带动下，宁波市的 TFT-LCD 产业也正在迅速发展形成，为LED应用的进一步发展提供了广阔的前景。

在封装环节，宁波已经形成了以升谱、安迪等为代表的封装能力与生产规模较高的企业；针对目前宁波市较为薄弱的外延芯片环节，宁波市也正在积极引进或扶持外延芯片企业的发展，以满足本地下游封装与应用市场的配套需求。

在LED配套产业中，宁波市在引线框架、键合金丝、电源模块、功率控制芯片等方面具有较强实力，灯具生产已经形成非常完备的本地配套体系；此外，宁波的公共技术及检测平台服务体系也在不断发展完善之中。

从LED产业集聚分布来看，宁波市的LED相关产业除灯具产业外都比较集中，LED封装、引线框架、电源驱动、电源模块等产业主要集中于宁波经济技术开发区内；灯具企业中以余姚市和宁海市为最多，约70%的企业集中在这两个区域。以奇美电子为核心的LCD显示器产业主要集中在宁波市出口加工区内。

未来几年，宁波市将以经济开发区和高科技园为主体，建立宁波市LED产业核心区；在以宁海为中心的南部地区和以余姚为中心的北部地区建设LED产业辐射区；在以保税区及出口加工区为主的北仑港区建成国际产业承接区，最终建设成为国内大规模的半导体照明产业化基地。

• 杭州

近几年杭州市LED产业发展迅速，在产业技术引进和创新方面取得了较大进展，杭州市的LED芯片设计-荧光粉-封装-应用-检测等各个环节已经形成了一定的基础与优势，在外延芯片生产、LED封装、LED灯具等方面均有竞争力较强的企业。目前，杭州市LED相关企业约有100多家，其中规模较大的芯片、封装、检测设备、应用企业总共约十几家，其余大部分为生产应用产品的中小型企业。

相对而言，目前杭州市的LED产业比较优势主要在两个方面，其一是GaN外延及芯片的制造能力，杭州市LED外延芯片生产规模在国内已经居于领先水平，2006年其GaN芯片年度产能约达10亿只；其二是LED检测仪器设备制造规模较大，是国产LED设备的主要生产基地，主要包括LED的光电检测设备等。

此外，在LED封装环节，杭州市已形成了以中宙光电、创元光电为代表的国内具有一定影响力的封装企业，目前，杭州市的LED封装年度产能约为18亿只；杭州市的LED景观、LED路灯、LED太阳能灯等产品规模较大，是我国此类灯具的重要生产出口基地。

杭州市作为国内外著名的旅游城市，其LED景观应用示范发展很快，特别是以西湖夜景照明作为半导体照明的夜景亮化工程，起到了很好的示范带动作用。

目前，杭州市的LED产业主要集中于钱江经济开发区，为进一步促进LED产业的相对集中，杭州市政府在钱江经济开发区设立了LED产业化基地，争取成为国内LED与光电产业示范区，半导体产业技术创新示范区和产业集聚区。

• 南京

南京市在光电子技术和产业方面有着较好的基础，东南大学、南京大学、南京邮电学院、南京航空航天大学、南京理工大学等均设立了光电子相关学科，拥有南京熊猫集团、普天集团、联创集团、中兴南京研究所、江苏高信等光电企业。2005年南京光电产业总产值超过700亿元，占全市电子信息产业经济总量近70%，已形成平板显示、光电器材、节能光源、太阳能光电和光通信等五类重点产品为支撑的基础体系。以上基础雄厚的科研资源和光电产业，使南京市的半导体照明产业具有非常大的发展潜力。

目前，南京市半导体照明产业以显示屏、景观产品为主，也是南京产业中最大组成部分和最大亮点。以洛普、汉德森为代表在国内具有一定影响力的企业共有3～5家。此外，南京市也有以外向型贸易为主的台资封装企业。

2006年初南京市出台了《关于加快发展南京新型光电产业的实施意见》，将鼓励和引导国际国内光电大型企业设立生产和研发机构，推进原始创新和集成创新，力争在半导体照明、PDP(等离子体)显示、二维光源等关键技术领域，形成国际领先的自主知识产权技术体系。

根据《实施意见》，“十一五”期间南京市将分别重点在江宁、新港和都市经济圈内，依托重点企业规划建设新型光电产业园。其中江宁开发区重点在节能光源、太阳能光电领域;新港开发区重点在平板显示、光电器材和光通信领域;都市经济圈重点在光电器材、节能光源、太阳能光电产品的研发和管理、决策、投资等方面。在此新型光电产业的产业布局规划下,南京着力打造成为全国乃至世界先进的新型光电产业基地。

· 苏州

苏州市的 LED 产业主要包括 LED 封装、手机背光、小尺寸 LCD 背光等产品。目前,苏州市大部分 LED 相关企业以外资企业为主,如台湾亿光设立的亿光电子、台湾光磊设立的光普电子、日资企业西铁城电子、斯坦雷电器、松下、韩国三星以及飞利浦等国际知名企业。

位于苏州的江苏南大光电材料有限公司,是我国唯一一家能够批量生产 MO 源(高纯金属有机化合物)的企业,其技术来源于南京大学,拥有完全自主知识产权。其产品已经被国内多家外延芯片生产厂商采用,并大量出口到台湾等地区。

此外,苏州市作为国内重要的现代电子信息产品生产基地,集聚了一大批 LCD 显示面板及显示器的生产制造企业,随着 LED 背光在 LCD 中应用的不断渗透扩大,苏州市 LED 产业将更具发展潜力。

· 镇江

目前,镇江市 LED 产业主要以 LED 封装为主,如江苏奥雷光电有限公司、江苏稳润光电有限公司、镇江润光电子有限公司、镇江雷登光电技术有限公司等,基本都是从事封装生产。其他一些较小的公司则主要从事景观、信号灯等产品的生产销售。

为进一步提升镇江市 LED 产业的特色和优势,2005 年 3 月经江苏省政府科技成果转化资金领导小组审定,江苏省镇江市半导体照明项目获得高额转化资金的无偿拨款资助,用于促进项目成果的转化与产业化。

镇江 LED 企业在促进区域产业集群与企业联盟方面,发挥了重要的作用,如 2004 年 6 月成立的"江苏省光电子技术中心"就是依托奥雷光电等八家企业及科研机构成立的,2006 年 2 月,江苏省半导体照明产业联盟也是由奥雷光电等单位发起成立的。

3)环渤海地区

➢ 产业概况

以北京、大连、天津、石家庄、廊坊等城市为主的环渤海地区的 LED 研发机构,在国内最为集中且实力最强,拥有国内外延芯片领先的研发技术。其中北京有中科院半导体所、中科院物理所、北京有研稀土等科研单位,以及清华大学、北京大学、北京工业大学等大学,在 LED 核心技术方面为国内实力最强的地区;大连市的 LED 在产业化方面则具有明显的区位优势和非常强的产业实力,通过技术引进和产业化,大连市已经成为我国重要的 LED 产业基地。

天津市作为国内重要的光电子与微电子产业基地,相关科研机构与大学较多,尤其是在本地下游配套需求的巨大潜力及滨海新区的开发大战略的带动下,其 LED 产业近期也呈现出快速发展势头。

拥有国内 LED 重要的研究机构-中电科技集团第 13 所及河北汇能与立德两家 LED 企业的石家庄市,一直为我国 LED 技术研发与成果转移的重要基地;此外,河北廊坊市拥有国瑞电子、鑫谷光电及最近投资生产的清华科技园(廊坊)明芯光电三家企业,正在形成一条贯通上中下游的 LED 产业链。

环渤海地区的 LED 主要企业有大连路美(GaN 外延、芯片)、大连路明(荧光粉)、北京有研稀土(荧光粉)、廊坊鑫谷光电(封装、应用)、天津天星(封装、应用)、北京利亚德(显示屏及应用)等。

➢ 重点城市扫描

· 北京

北京作为我国科研实力与教育资源最为集中的城市,在 LED 基础研发与产学研合作方面的优势明显,拥有我国最强的 LED 研发力量,如中国科学院半导体所、中国科学院物理所、清华大学、北京大学、北京工业大学等。以上科研院所通过与企业结合或转让科研成果逐步实现了产业化,如北京大学与上海蓝光、清华大学与山东英克莱、中国科学院物理所与上海蓝宝、中国科学院半导体所与深圳方大、北京工业大学与江苏长电科技等,均开展了技术成果的产业化工作。

除了以上各科研院所与企业合作在外地成立 LED 产业化公司之外，目前北京本地也有中科镓英、长电智源、利亚德等 LED 衬底、外延芯片、显示屏等生产制造企业。

在科技创新方面，2006 年 2 月中国科学院半导体所创新项目“氮化镓基倒装结构功率型半导体发光二极管(LED)及关键技术”通过成果鉴定，攻克了氮化镓基大功率蓝光、白光 LED 的设计、制作及批量化生产的关键技术。经中国计量科学院测试研制的蓝光功率型 LED 在 350 mA 工作电流时，其正向电压小于 3.5V、蓝光最高光功率达 189mW，白光最高发光效率为 47.5 lm/W，色坐标(0.335，0.338)，色温 5413K，显色指数大于 80。综合指标在国内处于领先地位，部分指标达到了 2005 年国际市场上同类器件的产品指标。

作为 2008 奥运主办城市，北京奥运中心区 LED 景观照明总体规划工作已正式展开，各主要奥运场馆及场区配合总体规划，已开始积极准备各场馆场区的 LED 应用方案设计的启动工作。借助奥运项目的影响力，将会更好更有效地扩大国内 LED 应用的示范效应，推动我国 LED 产业的更快发展与应用。

· 大连

大连市在轻工业、光电技术及照明产业方面具有良好的基础，在发光材料、导电光材料等领域拥有大连路明集团、大连淡宁实业公司等，在光电产业领域拥有华录、大显等企业。除了具备以上良好的产业基础外，大连还拥有明显的区位优势。作为东北亚经济圈的中心，大连已经在半导体芯片技术和产业领域与日本、韩国、台湾地区等世界多个国家和地区建立了广泛的信息交流和经济技术合作网络。日本、韩国的光电子企业在大连投资的相关企业已达上千家，呈现出将半导体芯片加工与应用产品生产向大连及辽南大量转移的趋势。

在半导体照明领域，大连已初步形成了以大连路明科技集团为核心，以中上游产业为起点的产业分布，初步形成了自己的特色与优势。大连路明在新型发光材料的制备与应用技术方面拥有 60 多项专利，通过收购美国 AXT 半导体照明芯片的核心技术和全套生产工艺，其技术水平进入国际先进行列，处于国内领先地位。大连淡宁主要致力于蓝宝石衬底等半导体照明产业上游原材料的研发与生产；大连科利德从事高纯电子气体的研发与生产。

大连路明具有自主知识产权的户外全彩显示屏，在国内外市场的销量呈几何基数增长，远在中东、欧洲、北美等地区“生根发芽”。特别是其研发制造的超大面积($300m^2$)、超高亮度全彩屏，凭借高亮度、画面清晰、色彩丰富、可靠性强等诸多优势从国际众多强手中胜出，一举赢得 2006 年德国世界杯足球赛赛场播放用 LED 屏的订单。

目前，位于大连经济技术开发区的半导体照明产业基地核心区总规划面积 20 平方千米，基地核心区一期工程建设用地 2.1 平方千米，现已完成了 70 万平方米的七通一平。

· 天津

目前，天津市半导体照明生产企业主要有以蓝宝石衬底材料加工为主的天津赛法晶片，以封装为主的天津天星电子(1991 年成立)、光宝电子(天津)(1995 年成立)等，以及在产品应用领域为主的索恩(天津)照明等。

在半导体照明科研方面，有从事荧光粉研究的天津大学理学院、天津理工大学光电材料及显示器件实验室，有从事 GaN 外延生长用衬底材料的中电科技集团第四十六所及河北工业大学信息功能材料所，有在 GaN 芯片及封装方面即将取得产业化成果的天津工业大学。

在半导体照明工程系统集成商方面，天津已有光电星球阳光显示、沙舟电子灯饰、威凯达等公司参与过国内重大工程建设的服务商。

图 10 为目前天津市半导体照明产业链的分布状况。

作为我国重要的微电子、光电子生产基地，天津市的半导体照明具有雄厚的关联产业基础，包括移动通信、LCD 显示器、汽车电子(车灯为主)、数字家电消费、民用航空及新能源等一系列优势或正大力建设发展的产业为天津市发展半导体照明产业提供了巨大的本地市场消化能力与牵引动力。

天津市“十一五”规划中，半导体照明已被列为重大科技攻关专项，以进行重点突破，通过集成创新全面提升科技支撑能力，抢占技术制高点，培育新的经济增长点。近期重点支持蓝宝石衬底、LED 外延片

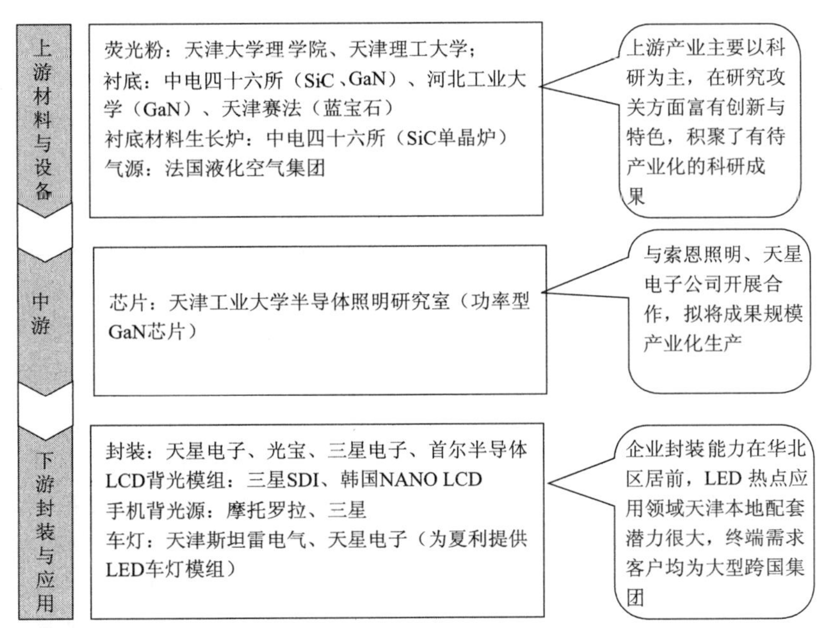

图 10　天津半导体照明产业链分布及其特征

生长关键技术、芯片制造及封装产业化关键技术、照明系统集成技术。

· 石家庄

石家庄市作为六大“国家 863 光电子成果转化产业基地”之一，在以中电科技集团第十三研究所（简称十三所）为骨干带动下，开展了科技成果产业化建设，先后引资成立了汇能公司和立德公司。

十三所是国内最早开展超高亮度 LED 研制的单位，曾于 1996 年率先在国内引进了第一台生产型（2400 型）MOCVD 设备，成立了河北汇能公司光电部，于 1998 年率先在国内建立了高亮度 LED 生产线，建立了河北立德电子有限公司。十三所多年来一直承担国家 863 计划课题，率先实现了 InGaAlP 超高亮度 LED 外延片和芯片的产业化，于 2000 年完成了 InGaAlP 超高亮度 LED 芯片的产品设计定型鉴定，并完成了 863“超高亮度 LED 外延片和芯片的产业化基地”的建设。2001 年十三所又将超高亮度 LED 863 产业化成果转移至厦门三安。

目前，汇能公司已经具备了大规模生产高亮度红、黄、橙发光二极管外延材料的能力；立德电子有限公司主要发展 InGaAlP 高亮芯片和封装，项目一期总投资 7100 万元，产业化基地建设规划投资 1 亿元，厂房建成达 4000m^2，引进海外关键设备近 20 台（套），购进国内配套设备仪器约 70 台（套）。

· 廊坊

廊坊市高新区围绕发展新材料产业，引进和培育半导体照明上、中、下游企业。上游以国瑞电子等公司为龙头，进行砷化镓衬底的研发与生产。中游以廊坊清华科技园光电有限公司为龙头，河北清华发展研究院通过与国外有关企业和研究机构进行了多次接洽，于 2005 年底中外合资成立了廊坊清华科技园光电有限公司。2006 年 8 月该公司在完成厂房建设、关键设备的设计与安装调试后正式落成投产。项目分三期建设完成，预计至 2008 年底三期工程结束后可同时实现蓝光芯片与封装的量产。下游以鑫谷光电等公司为龙头，进行高亮度白光二极管封装、大功率白光 LED 矿灯等产品的研发和生产，初步形成了“外延片—封装—应用”较为完整的半导体照明产业链。

4）江西及福建地区

目前，江西省从上游外延材料、中游芯片制造到下游器件封装都实现了规模化生产，相继成立了半导体照明工程协调领导小组和咨询专家小组，创造性地引入市场机制和首席专家制，以项目公司替代课题组。江西省在促进 LED 产业化方面，通过市场化运作，以政府投入为引导，以企业投入为主体，广泛利用社会资金，形成项目投入多元化、社会化的格局。

福建省的半导体照明产业主要集中在厦门市。目前，厦门已经拥有从事 LED 外延芯片、封装及应用产品研发和生产的企业数十家，其中厦门三安、华联电子实力居国内领先地位。特别是厦门发挥良好的区位优势与投资环境，已吸引世界三大照明集团中的两家投资成立了飞利浦照明电子和通用电气(GE)参资的通士达照明有限公司。特别是在发挥与台湾的地缘优势下，已先后吸引一批相关企业落户投资厦门，如明达光电(蓝光芯片)、趋动科技(触摸显示屏)、星光豪泰科技(材料基片)等大型企业。

以下分别介绍江西与福建地区 LED 产业集中的城市南昌与厦门相关状况。

· 南昌

2001 年起南昌市依托南昌大学建立了教育部发光材料与器件工程研究中心，经过几年建设，该中心在装备条件建设、人才队伍建设、科研开发生产等方面均取得了可观的成绩，已经成为我国发光材料与器件领域一流的研发基地与人才培养基地。目前，中心在 ZnO 半导体发光材料、硅衬底上生长氮化镓外延材料及芯片方面取得突破性进展，成功研制出高亮度硅衬底 GaN-LED 蓝、白光二极管材料及器件，并已具备 GaN 基蓝光、绿光、紫光 LED 外延材料生产技术。

2004 年批准成立的南昌半导体照明产业基地，其建设总体布局是以南昌高新技术产业开发区内的联创光电公司为依托，形成“一个中心、两个园区、多点扩展、众星捧月”的产业发展布局。

“一个中心”——成立“南昌国家半导体照明工程研究中心”，以南昌大学教育部发光材料与器件工程研究中心为龙头，实行政府支持，其他企业、高校、行业管理机构等共同投资，其主要职能为：孵化光电子中小企业，培训光电子专业技术人员，与北京大学、南京大学合作建立光电子专业博士后工作站，开展半导体照明共性及关键技术的研究、光电子产品的检测及标准制定工作。中心面向社会开放，服务于基地内的光电子企业及科研机构，协调及促进基地内光电子产业及技术的发展。

“两个园区”——一个是一期工程已完工并投入使用的以半导体发光材料、芯片及器件封装上中游产品为主的占地面积达 300 亩的“联创光电科技园”，近期园区面积将扩大至 400 亩；另一个是以半导体照明应用为主的联创博雅产业园，占地面积 500 余亩，并预留 1000 亩地作为 2008 年以后半导体照明产业发展用地。

“多点扩展”——在南昌经济技术开发区、小蓝工业园规划一定面积的扩展区。扩展区主要以半导体照明用高性能荧光粉、高性能铜基散热材料、照明灯具各种配件及其他辅助材料为主要发展方向。利用江西丰富的稀土资源、铜矿资源及铜冶炼技术优势及低廉的劳动力成本优势，重点研究、生产半导体照明用高效率荧光粉和高性能铜基散热材料，为国内主要半导体照明产品生产企业配套。同时发展照明光源、灯具配件及辅助材料的生产企业。

“众星捧月”——产业基地建设以重点企业为核心，努力引进和不断做强做大核心企业，带动众多中小企业协作配套发展，形成集聚效应和较为完整的产业链。

目前，基地已初步形成以江西联创光电科技股份有限公司的外延片为上游产业，南昌欣磊光电科技有限公司的芯片制造为中游产业，江西联创光电科技股份有限公司、南昌联众电子有限公司、南昌永兴电子有限公司的芯片封装和联创博雅科技有限公司的光源、灯具、LED 显示屏、联创致光科技有限公司的手机背光源、南昌晶明电子有限公司的 LED 点阵块为下游产业，南昌宏森高科光电子有限公司的 LED 支架为配套产业的一个较为完整的产业链。

2006 年 7 月南昌大学成功开发出具有国际领先水平和自主知识产权的“硅衬底发光二极管材料与器件”，并获得 1000 万美元的风险投资进入产业化实施阶段，在南昌成立了晶能光电(江西)有限公司，实现了硅衬底 GaN 基高亮度 LED 小批量生产。

· 厦门

厦门市作为国内节能灯生产基地，在传统照明领域有良好的工业基础，其 LED 产业在国内起步较早，尤其近几年发展相当迅速。目前，从事半导体照明技术以及产品研究、开发、生产以及应用的单位和企业已达 80 余家，2006 年 LED 产业总值预计突破 20 亿元。厦门市 LED 产品覆盖衬底材料、外延、芯片、荧光粉、封装、应用、驱动 ICs 设计等产业链的各个环节，涉及红外、可见光、紫外和白光 LED 等多个领域，主要应用产品有数码显示、大屏幕显示、背光源、数码显微镜照明、特种军用照明灯、景观装饰照明灯、工作灯具、旅游灯具等。

从产业分布空间来看，基本形成了以思明光电科技园为核心的空间布局，骨干企业有三安、华联(新厂)、安美、光莆;LED应用领域企业,主要分布在火炬高科技工业园,如华联、莱美特、科润、环维、麦克奥迪、联想移动、中桥、戴尔等,并有企业零星分布在湖里工业区(光莆电子、天能电子等)和岛外的海沧区(通士达、厦新手机等)及同安区(龙胜达)。

厦门市目前重点扶植以三安电子、华联电子、通士达照明为首的龙头企业,有目的的培育技术创新项目,对有自主知识产权的重大项目给予重点扶持,并以市场为导向,通过开放集成和对外合作,促进资源共享,培育完善产业链,努力形成有厦门特色的"光源岛"半导体照明产业区域优势。

近期重点发展功率型高亮度红黄光、蓝绿光外延片及芯片,并瞄准LED普通白光照明实现产业化;在封装方面,重点发展先进适用的封装技术和产品,包括贴片式封装、柔性基板式封装、高亮度小芯片封装、功率型倒装式LED封装、组合模块、荧光粉及封装材料研究与生产;在应用产品方面,利用厦门独特的自然环境和城市基础景观,依托区域支柱产业及国际市场渠道,重点培育发展以景观照明、智能信息显示、背光源、汽车照明、蓄能LED灯为特色的LED应用产品,瞄准夏新电子、厦华电子、戴尔电脑液晶显示用背光源,金龙客车、东南汽车照明灯具。

此外,为促进厦门市LED产业健康有序发展,厦门市成立了光电子行业协会和半导体照明生产力促进中心(简称"LED促进中心"),同时以厦门市检测机构和厦门大学为核心搭建公共测试检验与安全认证平台。由LED促进中心负责建立半导体照明网站,促进信息资源共享,提高信息资源的利用度和关联信息的价值。

值得指出的是,厦门市在半导体照明亮化工程方面取得了一定的成就,已成为全国第一个大规模实施的半导体照明夜景亮化工程的城市。2006年1月厦门市首期夜景工程20个建设项目举行了亮灯仪式,分别在商业街区展现了城市的繁荣和富丽特色,而在居住区、办公区、校园等地区营造出了宁静和谐的温馨气氛。目前,厦门市半导体照明夜景工程二期工程也已在建设中,预计一、二期工程共投资2亿多元,届时将把厦门市打造成闻名遐迩的"光源岛"。

5)其他地区与城市

· 重庆

重庆市在LED产业链中的各个方面都有一定科研基础,研发机构有中电科技集团第四十四、第二十六和第二十四研究所,重庆大学、重庆邮电大学和西南师范大学均设光电所,在光电子材料的基础理论研究与工艺技术研究、半导体芯片设计与制作、半导体芯片封装与光电器件开发等多个领域,都有一批专业技术人才。因而,重庆市具有光电技术研发优势和人才优势,并配备了相应的研发成套仪器、工艺设备及配套设施。目前重庆市LED产业形成规模的主要集中在应用领域。

其中,中电科技集团第四十四所拥有4000多平方米的大面积超净厂房及相关二极管生产开发设备和仪器650多台套,并拥有2台MOCVD设备,形成了完整的GaN基发光二极管的研发工艺线;重庆大学成立了半导体照明工程研究中心,在LED外延、芯片及应用产品开发方面有一定的科研实力。

从产业链的角度来看,目前重庆市的LED产业并不完善,主要企业从事应用产品的开发及生产,尚无外延及芯片生产企业,封装企业的量产规模相对不大。目前,重庆市LED主要产品包括灯饰、显示屏、交通信号、铁路信号、矿灯、汽车与摩托车装饰灯等。

截至目前,重庆市内LED相关企业或正在参与投资建设LED产品的主要机构或企业有重庆建设集团、中电科技集团第四十四研究所、重庆光机所、重庆大雁半导体有限公司、重庆灯辉水下光源公司、重庆长星光电子制造公司、重庆易博电子数字技术公司等约15家单位。

· 济南

山东省济南市的LED产业,形成了以山东大学晶体所为依托的晶体材料生长、以山东华光光电子有限公司为基础的外延芯片生产等20余家半导体照明产品生产企业。从衬底、外延芯片到封装,以及下游的半导体照明产品,已经形成了一个完整的产业链,尤其是SiC衬底材料具有国内领先的水平,与国内其他科研单位形成一定的互补,与华光电子等企业的合作和科研成果转化做得比较成功。

目前,主要生产企业有山东华光光电子有限公司(产品以LD及红光LED为主)、济南晶恒集团(产品以LED支架为主)、山东英克莱电子(以生产大功率路灯、显示屏和应用产品为主)。

山东省政府高度重视半导体照明产业发展，以发展半导体照明产业来带动整个山东光电子产业，已由山东省科技厅和信息产业厅联合牵头，组织全省相关企业和金融机构共同参与，通过组建产业联盟的形式来整合地方资源，促进当地 LED 产业的发展。

· 武汉

武汉市作为我国著名的光谷之一，对半导体照明产业的培育发展近期也相当重视，特别以武汉东湖开发区为载体，通过招商引资，已先后引进数家海内外知名 LED 企业落户投资。如 2005 年 9 月台湾先进开发光电(简称先进电或 AOT)股份有限公司总投资 9000 万元人民币，投资生产贴片式二极发光管(SMD-LED)的封装；2005 年 12 月台湾鼎元光电科技股份有限公司落户投资生产红、黄、绿、蓝光 LED 芯片晶粒，项目建设方为元茂光电科技(武汉)有限公司，由台湾鼎元光电科技公司投资，投资总额达 1500 万美元，计划在 2007 年 4 月实现量产。海外留学人员创建的迪源光电、华灿光电等 GaN 外延、芯片企业也正在建设中。

武汉光谷产业园计划到 2010 年，新辟 4000 亩土地用于建设半导体照明产业园，实现半导体照明产业在武汉的集群发展，届时争取培育 3～5 家白光 LED 的芯片制造企业，15～20 家封装企业和一大批工程应用和产业配套企业，发展一批以半导体照明及其相关配套产业为主的企业集团，引进国内外著名的半导体光电子企业来投资，形成产业结构合理的半导体照明企业群。武汉光谷新光源产业的重点发展领域包括 LED 芯片封装生产线，以及汽车照明、手机背光、城市景观以及结合太阳能电池等各种应用产品。

3. 五大基地简要对比

随着国内 LED 产业规模的扩大，特别是 2003 年国家半导体照明工程启动以来，LED 产业的发展呈现出明显的区域集群化发展趋势。凭借技术、市场等方面的诸多优势，多个城市及其周边地区已经形成了具有特色的 LED 产业群，并呈现出良好的发展势头。2004～2005 年间，厦门、上海、南昌、大连和深圳 5 个城市被科技部确认为国家半导体照明工程产业化基地。表 7 为五大基地成立以来发展状况的简要对比。

表 7 半导体照明产业化基地对比(截至 2006 年底)

	深 圳	厦 门	上 海	南 昌	大 连
产业链分布	外延-芯片-封装-应用	外延-芯片-封装-应用	外延-芯片-封装-应用	外延-芯片-封装-应用	外延-芯片-封装-应用
优势领域	外延芯片/封装/应用	外延芯片/封装	外延芯片/应用	外延芯片	芯片/原材料
计划目标	国内半导体照明产业最大和最集中的地区	对厦门特色产业基地的建设统一组织和协调，全力推进厦门半导体照明工程顺利实施	在出口带动下，形成上海特色的半导体照明产业群	半导体产业区的突破，远期达到 100 亿的产业规模	中国北方 LED 产业研究开发中心、加工制造中心和产品交易中心
比较优势	市场规模优势/区位优势	群体优势/人才优势/区位优势	产业链完整/人才优势/区位优势	中上游产业基础优势	技术优势
相关产业及技术组织	深圳市半导体照明工程研究与开发中心	厦门市光电工程技术研究中心、厦门市 LED 促进中心、厦门市光电子行业协会	上海半导体照明工程技术研究中心、光电子行业协会	南昌光电子工程技术中心、半导体照明公共技术服务平台、南昌半导体照明行业生产力促进中心	大连光电子技术研发中心
骨干企业	方大国科、世纪晶源、奥伦德、量子光电、海洋王、帝光电子、普耐	三安、明达、华联、朗星光电、通士达、信华科技、光莆电子	上海蓝光、金桥大晨、上海兰宝、上海三思、上海小系	联创光电、欣磊光电	路美芯片、科利德、长城光电

(二) 中国台湾地区

1. 产业发展历程

台湾 LED 产业发展至今已经近 30 年，由于 LED 下游封装技术与资金壁垒较低，自 1973 年，台湾开始进入该领域发展，主要的技术源自美国德州仪器公司技术扩散。

1975 年到 1980 年中期，台湾大部分厂商集中于 LED 下游封装环节，中游芯片全部从日本进口。之后，随着下游封装产业的高度发展，台湾本地的生产商逐渐具备了供应生产所需的芯片、封装树脂、导线架和模具的能力，开始满足除了 LED 芯片以外的原材料如封装树脂、导线架、模具等本地化供应。

1980 年代，部分企业开始进入芯片研发领域，台湾产业发展步入芯片生产阶段。在政府的资助下，台湾工研院(ITRI)1986 年成立了光学半导体协会。但是，主要的 LED 材料外延芯片仍然以国外进口为主，主要进口国为日本。

1990 年代，通过技术扩散以及从美国回来的海外学子，台湾 LED 产业开始向上游外延生产发展。但上游使用的Ⅲ-Ⅴ等化合物原料除了极少部分由台湾本地日本厂商所设的生产厂供应外，大部分仍然依赖从日本进口。90 年代中后期，高亮度 LED 芯片方面在国联光电、晶元光电相继以 MOCVD 方式批量化生产后，又陆续有 10 多家厂商加入批量生产，使得台湾 LED 产业进入大规模产业化阶段，产能扩充相当快，也形成了完整的上中下游的 LED 产业结构，进入人才、设计、制造、封装、测试、材料、设备的全面发展阶段。

2001 年，充分利用手机市场 LED 的应用扩展时机，凭借本身技术能力提高，以及扩展韩国市场，成功地跨足 GaN 系 LED 市场。2002 年，台湾成为全球 LED 第三大供应商，在 2003 年，又超越美国，成为仅次于日本的全球 LED 第二大供应商。目前，台湾的芯片产能全球最大，并逐渐取得日本等企业的代工订单，成为全球芯片制造中心，在 LED 产业的上中下游已经形成完整的产业链，在全球具有相当强的竞争实力。

2. 产业分布与特征

台湾 LED 厂商主要着重于 LED 制程，包含外延片、芯片切割以及封装作业。在外延片及芯片制备的上中游环节，主要包括新晶电、元砷(将于 2007 年初正式并入新晶电)、光磊、璨圆、华上、泰谷、南亚等厂商；在下游封装环节，主要包含亿光、光宝、宏齐、东贝、佰鸿、立碁、鼎元、李洲等厂商。台湾整个 LED 产业链分布与结构具体见表 8。

表 8　台湾 LED 产业链分布

	产业链	主要厂商
材料	蓝宝石衬底材料	Bicron、Honywell、Kyocera、SHINKOSHA、晶向、金敏精研、汉昌、兆晶
	GaAs 衬底材料	日立电线、住友电气、三菱化学、同和矿业、信越半导体、美商 AXT
	MO 源(有机金属)	Shipley、Akzo Nobel、Epichem、Sumitomo
	荧光粉	Nenoto、Optonix、南帝化工、弘大
	支架	一诠、金利
LED 制备	上游外延	新晶电、元砷、璨圆、华上、泰谷、广稼、洲磊、晶专、连勇、南亚、信越、全新、连威、兴光、联亚、力旭、晶专、新世纪、炬鑫、佳大世界、博友、全新、信越、旭明
	中游芯片	
	中游芯片	光磊、鼎元、汉光
	下游封装	光宝、亿光、宏齐、佰鸿、东贝、立碁、华兴、光鼎、夆典、联钧、艾迪森、李洲、一诠、今台、先益、璨旦、兴华、诠兴、先进电、新强

台湾 LED 产业链呈现以下显著特征：

(1) 整个产业链呈金字塔式分布。台湾 LED 产业经过 30 多年的发展，下游封装厂商数量最多，仅上市上柜企业达 12 家之多，产业产值也最大(约占 60%)，中游次之，上游最小，整合后的上中游上市公司共 7 家，台湾 LED 所形成的整体产业形态属于金字塔结构。近几年上中游的产值逐年稳定成长，比重已达台湾整个 LED 产值的 40%。

(2) 高度专业分工，协作灵活竞争有力。由前述发展模式的分析可知，台湾 LED 产业的上中下游布局完整，专业分工与合作明确，有别于欧美日韩 LED 产业的由少数几家集团总揽、上中下游垂直整合、以扩大规模经济而提高竞争优势的经营方式。台湾这种分工合作的营运模式发展，有助于减少同业竞争造成的供货问题，提高厂商营运的灵活与弹性，且有助于分散与承受行业不景气所带来的风险。

(3) 以下游封装为主纷纷转入产业转移阶段。由于下游封装的技术门槛相对较低,且受大陆下游巨大的应用市场诱惑,吸引台湾下游厂商纷纷赴大陆投资建厂,以取得就近配套与终端市场优势,甚至有些厂商将生产几乎全部外移,台湾地区仅留销售部及研发中心。在降低成本及大陆潜在市场需求的条件下,海峡两岸的 LED 产业链将更加紧密结合,合作商机及科技交流也会随之增加。

(4) 上游高亮度外延片仰赖进口。台湾 LED 上游目前已具备供应一般亮度外延片之能力,但高亮度外延片技术能力不足,因此高亮度外延片仰赖进口,尤其是日本因掌握核心技术,加上经济规模的优势,几乎囊括全世界高亮度外延片 80%的市场,故台湾对日本上游原料之依赖程度仍高。这种状况造成原材料比重较高,且生产与运营的稳定需与国外厂商建立起良好的供货与采购机制。

3. 产业链发展简况

1) 上中游外延芯片

目前台湾 LED 厂商在上中游外延芯片具量产能力的已多达 20～30 家,不过大多数小厂仍以生产一般亮度蓝光芯片为主,主要包括有晶电、元砷(2007 年初将合并至晶电)、璨圆与华上,其中晶电为台湾上游芯片的第一大厂,元砷紧随其后。各主要厂商 2003～2006 年的产品产能状况及截至 2005 年底的 MOCVD 台数见表 9。

表 9 台湾上中游主要厂商的产能规划状况(2003～2006)

	厂商	晶电		元砷		璨圆		华上	
	产品	蓝光	四元	蓝光	四元	蓝光	四元	蓝光	四元
年度产能规划(KK/月)	2003	100	400	45	50	45	—	35	200
	2004	140	500	100	50	100	—	70	350
	2005	150	550	300	150	130	—	130	450
	2006	350	1200	350	200	150	—	200	700
MOCVD 设备数		34	46	39	19	17		12	10

(数据来源:各公司年报,麦肯桥资讯整理)

目前一般蓝光芯片面临供过于求的现象,但高亮度蓝光芯片的需求将在 LCD TV 等大尺寸背光源、汽车内外光源、户外看板等新应用领域的逐渐扩大下,仍呈现供小于求的市场局面。台湾 LED 产业前两次的繁荣发展依序由手机用蓝光背光源与白光背光源所带动,预计 2006 年在应用领域扩展到中小尺寸面板、车用内外光源与户外看板等需求下,LED 厂商可望在量产稳定、良率提高条件下再次迎来繁荣盈利的年景。

在此选取台湾外延芯片龙头企业晶电为例,其发展状况简要阐述如下。

➢ 晶电

晶元光电股份有限公司(简称晶电)于 1996 年成立于台湾新竹科学工业园区,专业生产超高亮度 LED 外延片及晶粒。公司的技术团队主要来自于台湾工研院光电所,公司董事会的主要成员为台湾地区 LED 中下游大型企业及创投公司,如亿光、光宝、鼎元、中亚创业投资与中富创业投资等。

晶电的营业收入已自 2001 年的 5.8 亿新台币增长近 6 倍至 2005 年的 33.6 亿新台币,年均复合增长率(CAGR)约 55%。尤其在手机用蓝光 LED 的需求旺盛的 2002 年,其营业收入年度增长 2 倍有余,其毛利率逐年提升至 2003 年的 40.85%;而自 2004 年起,受海内外 LED 芯片厂商的迅速扩产、竞争激烈导致手机用蓝光 LED 单价下跌严重,且受手机库存调整波动影响,晶电的营业收入增幅趋缓(年均增速约 30%),毛利率回落至 30%左右。

在不到一年的时间内,作为台湾 LED 上中游龙头企业的晶电接连两次大合并,在提高自身竞争力的同时也改变了台湾甚至全球 LED 上中游的产业格局。2005 年 12 月正式合并台湾 LED 外延芯片老厂国联,一举成为全球最大的四元 LED 生产商(高亮四元 LED 月产能 12 亿块,资本额为 30.6 亿新台币),预计 2006 年公司营业收入增长约 90%,达 63.32 亿新台币(参见图 11)。

2006 年 11 月晶电再次合并台湾地区最大的蓝光 LED 芯片厂商元砷(专长于高亮蓝光、红光及高功率芯片)及连勇(专长于高亮绿光 LED)。此次三合一的并购整合,使得存续公司新晶电的专利总数达

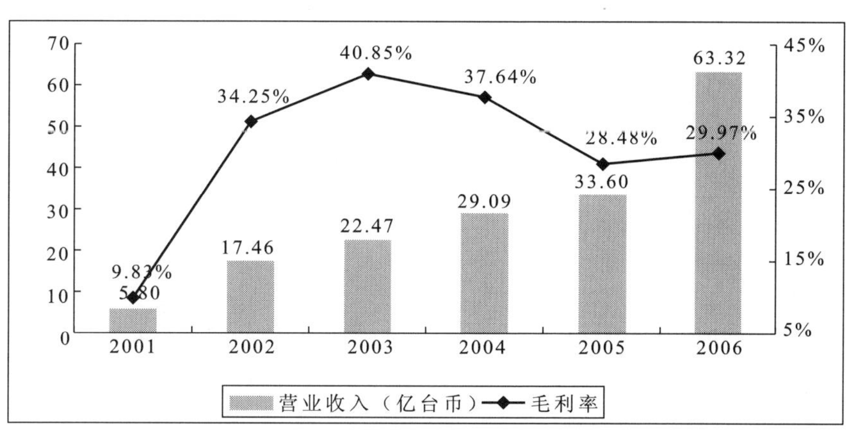

图 11　晶电营业收入与盈利能力变化趋势（2001～2006）
（数据来源：晶电公司 2005 年报，麦肯桥资讯整理）

800 余篇，资本额扩充至 50.8 亿新台币。新晶电的 MOCVD 外延生长设备合计约 160 台，成为全球拥有 MOCVD 台数最多的厂商，其高亮四元 LED 月产能达 15 亿块高居全球榜首，蓝光 LED 产能约 10 亿块也跻身为世界前四名。三家公司合并前后的有关状况如表 10 所示。

在集合三家高亮红、绿、蓝光 LED 的各自专长与强项后，新晶电将在未来中大尺寸 TFT-LCD 面板 RGB 背光市场中占据极其有利的竞争地位。

表 10　新晶电合并前后的运营规模状况

		晶　电	元　砷	连　勇	新晶电
资本额（亿新台币）		30.6	36.8	15.0	50.8
MOCVD 设备数（台）		80	58	19	157
产品及产能（KK/月）	四元高亮	1200	300	—	1500
	蓝（绿）光	350	350	260	960
2006 年上半年实际营收（亿新台币）		29.6	12.8	3.1	45.5

（资料来源：麦肯桥资讯整理）

以晶电为龙头的台湾 LED 外延芯片厂商的整合运动，业内人士认为未来台湾 LED 上中游大厂在量产规模与生产成本优势下，将承接类似台湾 IC 芯片厂商对外代工模式的业务。如近期晶电已取得德国欧司朗与日本丰田合成代工订单，随着中大尺寸背光源、车用 LED、照明市场等 LED 新兴领域的应用渗透，饱受价格困扰的国际大厂将积极向外寻求技术水平较高，产品线齐全、产品品质稳定的代工厂商，届时晶电很有可能将成为最大的受惠者。

2）下游封装

目前台湾 LED 专业封装大厂主要包括亿光、宏齐、佰鸿、东贝与立碁等，LED 前三大封装厂亿光、宏齐、佰鸿的产品结构仍以表面贴装（SMD）为主，且应用面逐渐由手机扩展到 7 in 以上面板背光源。在白光荧光粉方面，亿光与宏齐取得德国 Osram 专利授权，佰鸿与立碁则取得日本厂商的授权。在客户结构方面，亿光已切入 Nokia、Moto、华宝等国际手机大厂，宏齐手机厂商的主要客户包括安捷伦、华宝、韩国等客户，佰鸿手机主要客户包括台湾当地厂商与大陆本地厂商，亿光则以 7 in 面板背光源为发展重点。表 11 为台湾下游上市封装厂商的产能分布与营收状况。

在此选取台湾封装龙头企业亿光为例，其发展状况简要阐述如下。

➢亿　光

亿光电子工业股份有限公司（简称亿光）成立于 1983 年，其发展历程可划分为创业期、奠定基础期、快速扩张期及稳定发展期四个阶段，各阶段内发生的重大事件或标志及主要举措如图 12 所示。

纵观亿光 20 多年的发展历程，其成长主要在于通过技术的不断改进与创新，提高产品品质与档次，获得国际质量认证的肯定并与大厂合作，抓住时机扩大产品种类与生产规模；同时为贴近市场、降低生产成本,适时在海外设立生产工厂与办事处,并善于通过收购合并国际企业以获得高水平的生产线技术与高规格的客户与市场渠道。

表 11　台湾 LED 封装大厂的产能与营收状况(单位:KK/月,百万新台币)

	2005 年					2006 年				
	SMD	Display	Lamp	营收	税后利润	SMD	Display	Lamp	营收	税后利润
亿光	400	70	170	6736	1269	550	115	190	8215	1635
宏齐	300	—	—	2148	223	330	—	—	2790	481
佰鸿	150	40	150	2515	392	180	60	150	3025	536
东贝	50	150	—	2365	211	50	150	—	2813	438
立碁	30	90	70	971	178	30		70	1250	250

(数据来源:各公司 2005 年报,麦肯桥资讯整理)

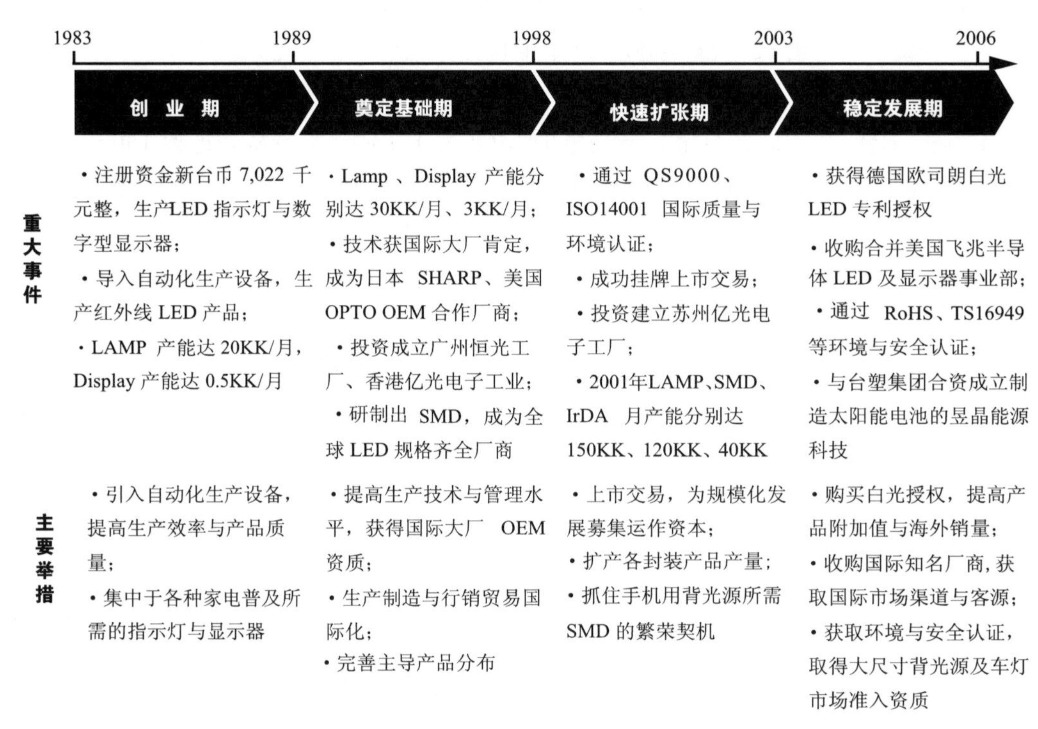

图 12　亿光主要成长阶段及举措

亿光营业收入在过去五年已成长近 2.6 倍,由 2001 年的 25.91 亿新台币增长至 2005 年的 67.36 亿新台币,年均复合增长率(CAGR)约 27%(见图 13)。特别受 2002～2003 年手机大量采用蓝光 LED 作背光源的需求风潮拉动,亿光 2002 年、2003 年连续两年营业收入增长幅度达 47.81%、32.14%之高,而 2004 年起,手机用蓝光 LED 单价下跌严重,且受手机库存调整波动影响,减缓了手机 SMD 约占 60%营收比重的亿光成长幅度,2004 年、2005 营收增幅分别下降至 18%、13%。

虽然亿光营收增幅受市场需求行情波动而出现减缓趋势,但其盈利能力却一直稳定增强,其毛利率由 2001 年的 21%连续稳步攀升至 2005 年的 31%。亿光稳定增长的盈利能力来源主要是公司原料供应稳定,生产成本控制优势较强,尤其是能发挥技术开发优势根据市场需求及时调整推出新兴产品,如抓住手机按键用蓝光 LED 及面板、闪光灯用白光 LED 背光源更迭高潮,加大高附加值的高亮度、大功率产品出货量,从而持续获取较高盈利。

亿光作为台湾 LED 下游封装龙头厂商,其产品也相当齐全,包括 SMD LED(收入比重约 60%)、Lamp(15%)、Display(8%)及红外线传输模组(IRDA,17%)四大类,2005 年各产品的营收比重见图 14 所示。

亿光公司 2002～2006 年 SMD、Lamp、Display 及不可见光 LED 产品的年度产能规划如图 15 所示。受手机按键及面板背光源所需 SMD LED 拉动,以及毛利率达 30%以上的效益驱使,过去四年里亿光的

SMD 产能年均复合增速(CAGR)高达 38.4%，至 2006 年 SMD 产能达 550KK/月；而 Lamp、Display 产品产能扩产幅度相对较小，至 2006 年产能分别维持在 190KK/月、10KK/月左右。

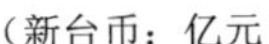

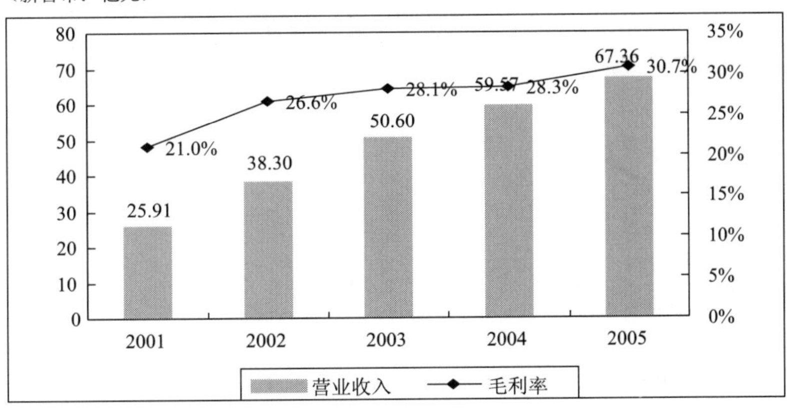

图 13　亿光营业收入与盈利能力变化趋势(2001～2005)
(数据来源：亿光 2005 年报，麦肯桥资讯整理)

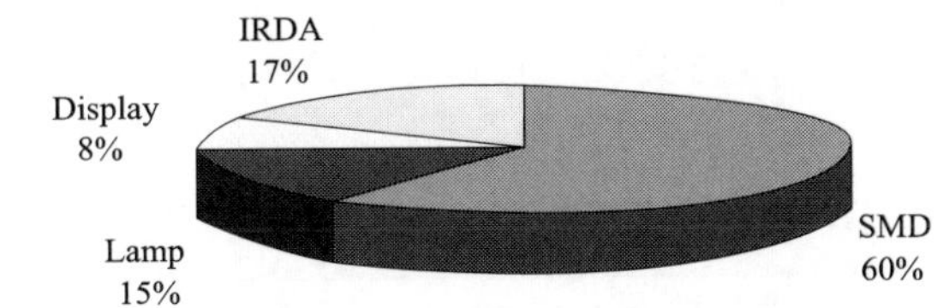

图 14　2005 年亿光各种产品收入比重分布
(数据来源：亿光 2005 年报，麦肯桥资讯整理)

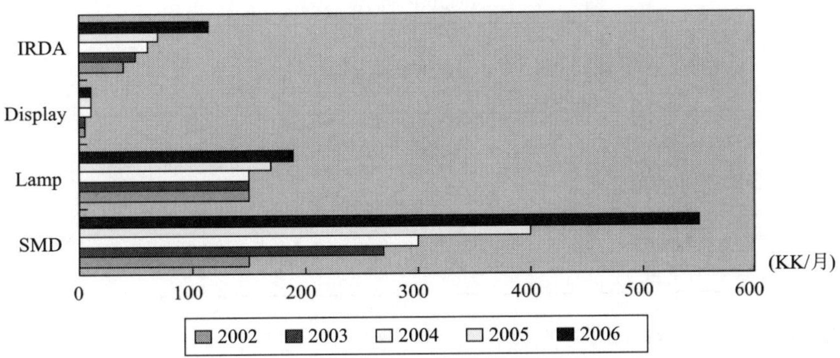

图 15　亿光主要封装产品产能规划变化状况
(数据来源：亿光 2005 年报，麦肯桥资讯整理)

面对蓄势待发的中大尺寸面板背光源，亿光采取参股下游面板与模组厂商劲佳、并与瑞仪光电结成策略联盟，已积极切入中大尺寸 LCD 背光源市场领域，其中 7"面板、笔记本电脑(Notebook)显示屏产品均有规模不等的出货销售，2006 年 10 月亿光已开发出可用于 12.1"、15"笔记本的 1400mcd 的 LED，预计 2007 年第 2 季度进行小批量生产；大尺寸 LCD TV 用 LED 背光模组产品已有 20"的 RGB 产品接到少量订单出货。

市场应用 3

（北京麦肯桥资讯有限公司产业研究部）

一、应用领域商业化历程

按照 LED 发光的波长，可以将其分为可见光 LED(450～780nm)和不可见光 LED(850～1550nm)两大类。

可见光 LED 按亮度又可分为一般亮度 LED 和高亮度 LED。其中一般亮度 LED 主要用 GaP、GaAsP 及 AlGaAs 等材料制成，主要有红、橙、黄光等产品；高亮度 LED 主要用 AlGaInP 及 GaInN 等材料制成，包括红、橙、黄、绿、蓝及白光等，亮度较一般亮度 LED 有明显提高，如表 1 所示。

表 1　LED 分类及其应用领域

LED 分类		材　料	应　用
可见光 LED (450～780nm)	一般亮度 LED	GaP、GaAsP、AlGaAs	3C 家电 消费电子产品 室内显示
	高亮度 LED	AlGaInP(红、橙、黄)	户外全彩看板 交通信号 背光源 汽车第三刹车灯
		InGaN(蓝、绿)	
		GaInN+荧光粉、RGB (白光 LED)	背光源 照明
不可见光 LED (850～1550nm)	短波长红外光 (850～950nm)	GaAs、AlGaAs	IRDA 模块 遥控器
	长波长红外光 (1300～550nm)	AlGaAs	光通信光源

不可见光 LED 可分成红外线 LED、光通信 LED 及 LD。红外线 LED 应用范围比较广泛，除了遥控器、开关等传统应用外，还包括信息设备、无线通信及交通系统等新应用的 IrDA 模块；光通信 LED 及 LD 主要是作为光通信模块、条形码读取头、CD 读取头及半导体电射等用途。

其中，产品附加值高、高亮度 GaN 系蓝/绿、白光 LED 应用市场更是为当代社会信息"增光添彩"之不可或缺的关键元器件，其应用市场涉及现代资讯、通信、家电、照明、交通、汽车、显示、液晶面板、数码照相/摄像机，以及生物医疗等众多领域(见表 2)。

表 2　GaN 系 LED 的应用领域与最终产品

LED 产品	应用领域	终端产品
ITO 蓝/绿光 LED	资讯、交通、汽车及消费电子产业	室内外大型看板、交通信号灯、机场道路夜间指示灯、车身内照明、手机按键背光源等
倒装芯片蓝/绿光 LED	LCD 面板背光源	手机显示屏、PDA、DVD、车载导航系统、液晶显示器、笔记本电脑、液晶电视等
功率芯片蓝/绿光 LED	闪光灯、便携照明系统、固定式彩色照明系统	数码相机/摄像机、矿灯、手电筒、建筑与景观照明
紫外光 LED	医疗、金融、生物、检测	医疗、验钞机/笔、生物农业、杀菌消毒等
蓝紫光 LD	光学存取系统	高容量蓝光 DVD

随着 LED 发光效率的改进及性能的提升，以及在产量扩充与各厂商间竞争加剧而使成本与价格逐年下降趋势下，LED 已在指示灯、交通信号灯、景观装饰灯、显示屏、汽车尾灯、手机背光源等领域相继取得了成熟广泛地应用（见图 1），现正处于攻克有关商业化应用难题，大举进入笔记本电脑、液晶显示器及液晶电视等大尺寸 LCD 面板背光源、车灯及通用白光照明的关键时期。

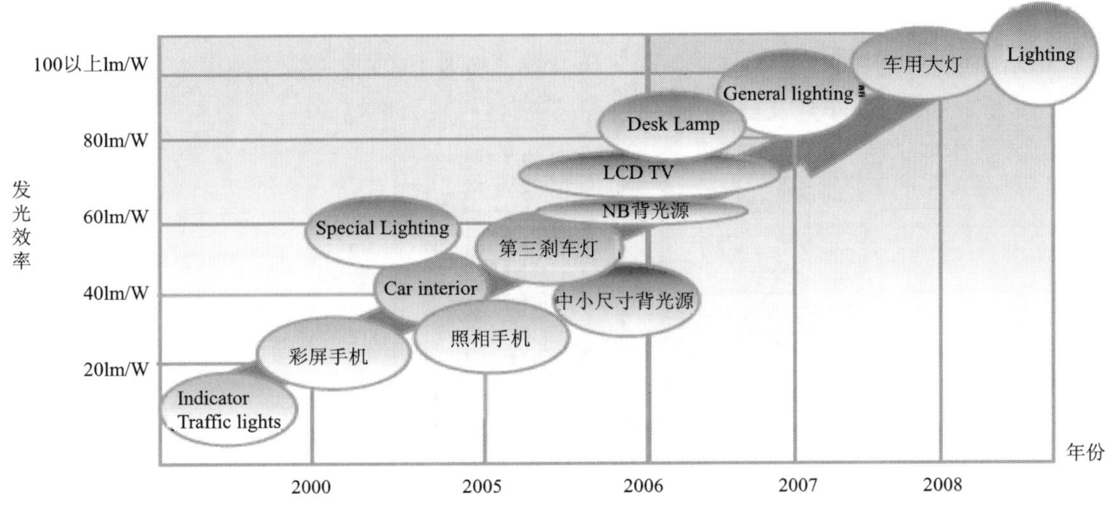

图 1　LED 发光效率与应用领域拓展趋势

二、全球应用市场分布状况

（一）总体市场趋势

1. 高亮 LED 增势迅猛，逐渐成为主流产品

据美国 Strategies Unlimited 公司统计，全球 LED 的市场规模年均增长率超过 20%，2005 年市场规模超过 60 亿美元，其中高亮度 LED 在 1995～2004 年间年均增长率达到 46%，2005 年市场规模达到 42 亿美元，所占整个 LED 产品的市场比例由 2001 年的 40%增长到 2005 年的 70%以上（见图 2）。

1998 年起手机开始使用高亮度 LED 作为手机按键背光源（Keypad），带动全球高亮度 LED 市场呈现第一波成长高峰；2000～2001 年受到全球经济增长迟缓的影响，加上台湾 LED 厂商大幅扩充产能，导致市场供需失调，全球高亮度 LED 市场规模呈现小幅衰退；2002 年起手机开始大量采用蓝光 LED 作为手机面板背光源（side-view），使得高亮度 LED 市场呈现第二波成长高峰。近年来，随着 LED 在照明、小尺寸面板背光源以及室内照明等新应用领域逐渐扩展，高亮度 LED 过去数年一直处于高速增长阶段，在 LED 中的比重将逐步加大，已成为 LED 主流产品。

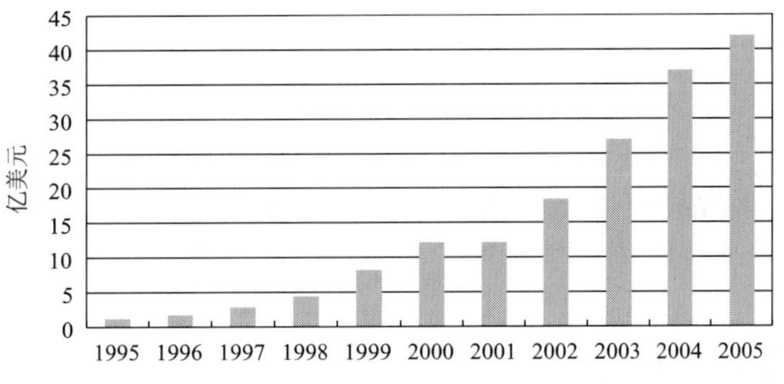

图 2　全球高亮度 LED 的增长趋势

（数据来源：Strategies Unlimited，麦肯桥资讯整理）

2. 高亮 LED 应用市场分布趋势

高亮度 LED 已在手机、显示屏、汽车、交通信号、景观装饰、特种工作照明等多个领域取得了成熟应用。其中手机背光源市场占据主要份额,2002～2005 年所占比重约 40%～45%,占据高亮 LED 应用的半壁江山(见图 3);指示/显示的市场份额在经历 2003 年小幅下降后基本保持稳定(约 16%),汽车照明用目前主要集中在尾灯及第三刹车灯等部分,近几年基本维持在 16%的市场份额,照明(主要为特种照明)呈现逐年小幅增长,预计 2006 年约占据 10%的份额。随着 LED 发光效率与成本的下降,预计未来几年在中大尺寸 LCD 背光源、车灯及照明领域的所占份额将有较大增幅。

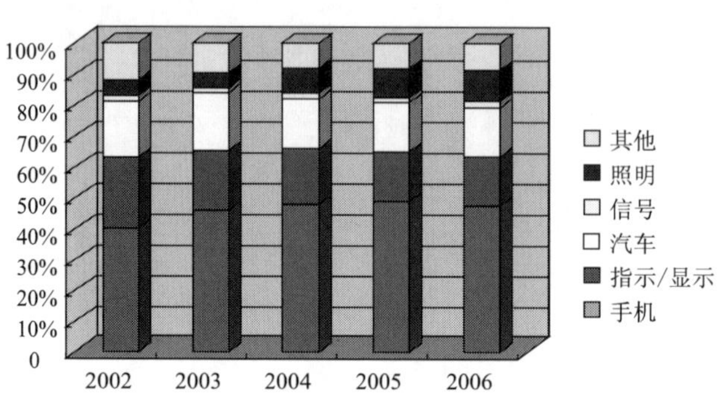

图 3 全球高亮度 LED 应用市场分布趋势

(数据来源:Strategies Unlimited,麦肯桥资讯整理)

3. 未来 LED 应用领域增长趋势

过去几年带动高亮 LED 快速成长的手机应用领域,预估 2006 年之后其应用产值增长趋缓。而大尺寸 LCD 面板背光源、汽车照明、相机用闪光灯以及室内照明市场等新兴应用领域已蓄势待发,未来几年将呈现高速增长。

2005～2010 年间 LCD 液晶背光源、普通照明及汽车用 LED 量增速分别约高达 219%、44%、35%(见图 4),将持续带动高亮 LED 强劲增长;而手机用背光源在经历 2002～2005 年高潮后,预计未来四年内年均增长约 8.6%。预计 2010 年前,大尺寸 LCD 背光用 LED 市场将超越手机等小尺寸背光市场,成为高亮度 LED 的第一大应用市场。

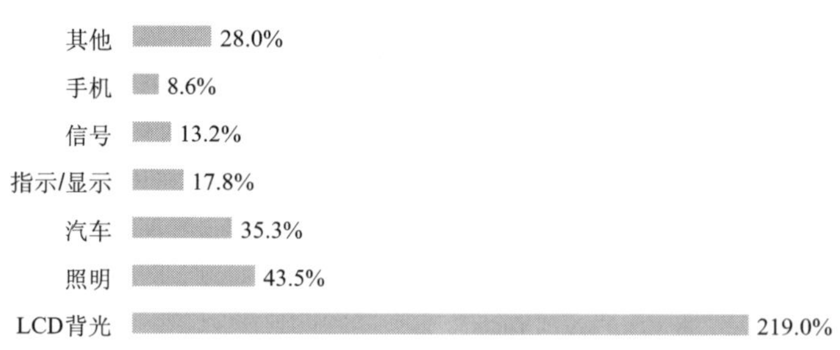

图 4 全球 LED 应用领域增长趋势(2005～2010)

(数据来源:麦肯桥资讯)

在以上几大新兴领域的带动下,未来全球高亮 LED 将会在不同时期、不同领域呈突破性成长,从而持续带动全球高亮 LED 市场产值以 14%的速度增长,预计至 2009 年全球高亮度 LED 市场将达到 72 亿美元(见图 5)。

(二)成熟应用市场状况

由前述应用市场及其规模分布状况可知,目前高亮 LED 在手机、显示屏、交通信号灯、汽车尾灯、特种照明等领域已取得广泛应用,这几大应用领域约占据整个高亮 LED 应用市值的 90%份额(参见图 3),可以说上述应用领域已成为高亮 LED 的成熟市场。以下分别详细阐述手机、显示屏、交通信号灯等成熟应用市场状况。

1. 手　机

由前述全球高亮 LED 应用分布状况可知，2003～2006 年手机用高亮 LED 一直占据 40%～50%市值份额。随着近期高像素拍照手机的盛行以及移动影音多媒体的 3G 手机的即将入市，业内人士普遍认为 LED 在手机应用领域，将继 2003 年彩屏手机强劲拉动蓝光 LED 的发展之后再次迎来对白光 LED 的需求高峰。

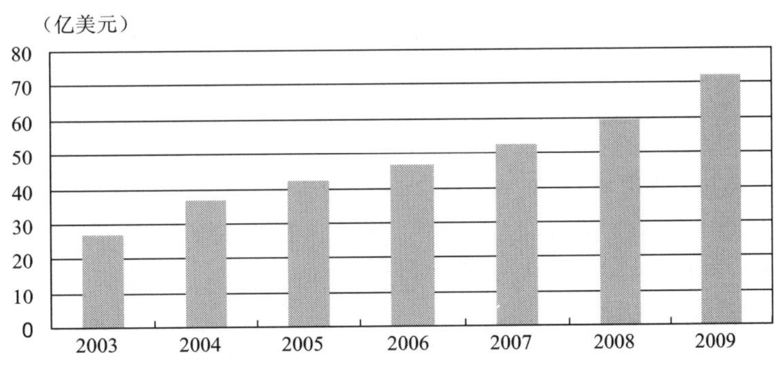

图 5　全球高亮度 LED 市场规模增长趋势

（数据来源：麦肯桥资讯）

按手机功能及屏幕尺寸的不同，合计按键背光源、屏幕背光源、闪光灯及来电指示灯所需 LED 数量，平均每部手机约使用 12～18 块 LED，其中白光 LED 约占 5～6 块。2005 年全球手机总产量达 8.25 亿部，受全球诺基亚、摩托罗拉、三星等六大大手机厂商的相继扩产的影响，预估 2006 年全球手机总产量成长 15.2%，约达 9.5 亿部，特别因 3G 手机的入市、大屏幕手机的增多及搭配影像手机配备闪光灯的比重提升，将持续拉升白光 LED 的需求，预计 2006 年手机用各种 LED 总块数达 120 亿块左右，其中白光 LED 约 50 亿块。

考虑 LED 发光效率的提升及手机功能多样化两方面因素，未来五年全球手机所需 LED 总量的年均增量约 9%，图 6 为 2006～2010 年全球手机对 LED 需求量的年度变化趋势状况，预计至 2010 年全球手机所需 LED 约达 170 亿块，其中高亮白光 LED 约 75 亿块，成为手机背光源的新星产品。

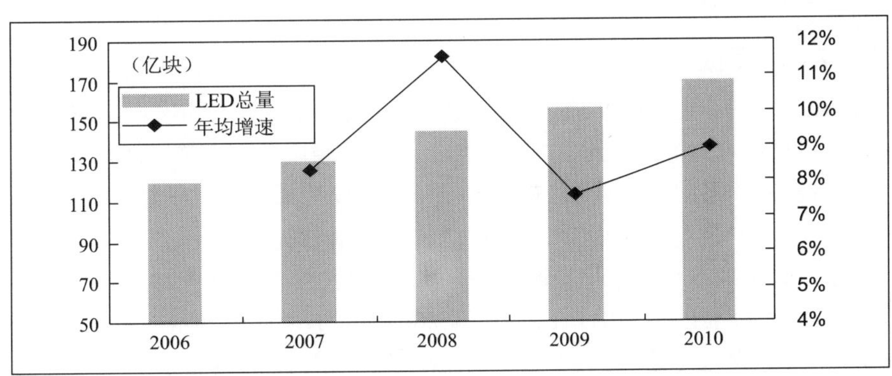

图 6　全球 LED 在手机市场的需求变化趋势

（数据来源：麦肯桥资讯）

2. 显示屏

LED 显示屏的应用范围主要集中在户外广告、体育场馆，交通信息屏、展览演出、金融车站等场合。目前全球至少有 150 家厂商生产全彩屏，主要集中在日本、北美、欧洲、台湾等国家和地区，其中产品齐全、规模较大的公司约有 30 家，国际著名 LED 显示屏厂商有比利时的巴可(Barco)、美国的 Daktronics 和香港兆光科技(Lighthouse Technologies)等。

据专家预测，今后几年全球各类 LED 显示屏需求每年均会达到几十亿美元，估计其市场容量每年以 20%左右的速度增长。

LED显示屏产品的发展方向与趋势为高亮全彩化、标准规范化及结构多样化：

(1) 高亮全彩化。随着LED成本与价格的逐年下降，高亮全彩LED显示屏将是LED显示屏的重要发展方向与增长点；

(2) 结构多样化。大型或超大型LED显示屏的主流产品局面将会发生改变，适合于服务行业特点和专业性要求的大批量、小型化的标准系列LED显示屏在LED显示屏市场总量所占份额逐渐提高，如公共交通、停车场、餐饮、医院等综合服务方面；

(3) 标准规范化。随着产品标准体系的形成和实施，技术性不强、售后服务体系不完善的企业将受到市场的淘汰，预计今后几年内一批小规模LED显示屏厂商将逐步淡出市场。

3. 交通信号灯

LED信号灯以其高亮度、高可靠性、低使用成本、长寿命等特点(见表3)，已在城市交通信号灯方面备受青睐并已得到广泛应用。根据Strategies Unlimited统计，LED交通信号灯从2000年的40万座以下，至2005年估计已增长6倍，多至250万座。目前全球仅新加坡交通信号灯100%采用LED，其他各国采用LED交通信号灯市场仍较大。

表3 各种交通信号灯光源性能比较

类　型	白炽灯	卤素灯	LED灯
耗能	60～135W(单块)	20W(单块)	15～20W(模块)
可视距离	500米	500米	1000米
寿命	半年	1年	5～6年
节能	0%	66%	80%
维护成本	100%	50%	25%

(数据来源：麦肯桥资讯)

随着城市化进程和道路市政建设的发展，新建交通路口数量不断增加，传统交通信号灯也将逐步改造替换成LED信号灯，若目前全球的约2000万座交通信号灯全换成LED，则将产生45亿块的高亮度红、黄、绿LED的市场需求。

(三) 新兴应用市场状况

1. 中大尺寸LCD面板背光

由于LED具有短薄轻小、环保节能、长寿稳定、响应速度快、色彩饱和度(NTSC)高达130%及动态影像显示效果佳等一系列优点，加之欧盟在2006年7月起开始限制电子产品的含汞量，使得CCFL(冷阴极荧光灯)相关产品未来被限制使用，间接带动白光LED成为LCD未来主要背光源，因此LED被认为是未来大尺寸LCD面板中取代传统CCFL、最具增长潜力的背光源。

在此极具增长潜力的新兴市场诱惑下，全球LED厂商均积极切入大尺寸LED背光源，LCD大厂如索尼、三星、友达、奇美等纷纷推出相关的产品。如继2004年11月日商Sony与美商Lumileds合作推出全球第一款以白光LED为背光源之46″/40″ LCD-TV“QUALIA 005”系列后，欧司朗光电半导体公司2006年初推出金龙(Golden Dragon)系列的ARGUS LED，可提供支持所有LCD尺寸大小匹配的LED背光模组。

继推出LED背光源大尺寸LCD TV之后，Sony于2005年11月推出了LED背光源的TX系列超薄(面板厚度约为冷阴极管厚度的1/2～1/3)笔记本电脑，至今东芝、富士通、华硕等厂家也纷纷推出了LED背光笔记本(Notebook)。

随着LED发光效率的提升，若LED发光效率在同样电流下再提高到70lm/W，则LED于15″以下面板背光源的生产成本将低于CCFL。而笔记本电脑所诉求的轻薄省电正好为LED的优势，加之与CCFL的价格相差无几，业内人士认为2007年将是白光LED在笔记本电脑显示屏领域的起飞阶段，也是LED与其相关厂商跨入LCD-TV等大尺寸面板市场的技术与商业模式开发的前期积累阶段。

预计2006～2009年间大尺寸LCD所需高亮LED的产值年均复合增长率(CAGR)高达219%，其中笔记本电脑、液晶显示器及液晶电视用 LED 年均复合增长率分别为 193%、194%、254%(见图 7),至 2009 年全球液晶电视(LCD -TV)、液晶显示器(LCD-MNT)及笔记本电脑(Notebook)等大尺寸液晶面板用高亮度 LED 背光源市场约达 40 亿美元。

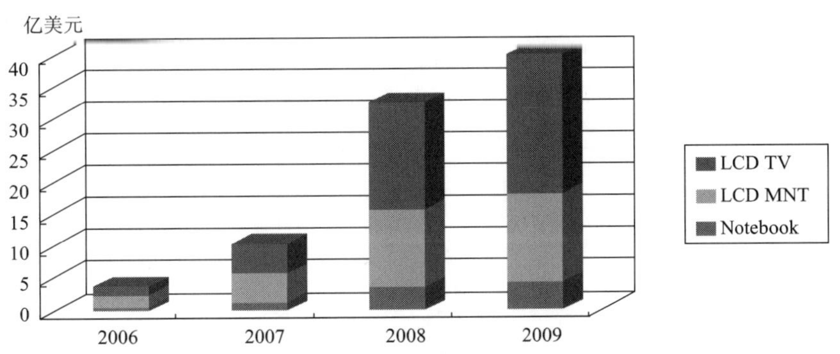

图 7 全球 LED 在大尺寸 LCD 面板的市场需求趋势

(数据来源:麦肯桥资讯)

2. 车 灯

由于 LED 具有响应速度快、低功耗、抗震性强等特点,应用在汽车照明上可缩短安全刹车距离、节约油耗及降低维护成本等,从而可提升汽车的使用安全性、运行经济性及外表美观度。目前国际上高档轿车如凯迪拉克、奔驰、宝马、奥迪、丰田和福特等已纷纷推出配有 LED 灯具的新款轿车吸引顾客,可以说 LED 车灯已成为汽车电子产品中耀眼的新星。车用 LED 照明的应用产品分类、性能要求及关键突破点如图 8 所示。目前,LED 正由要求相对较低的车内照明拓展至要求较高的车外照明(尤其指前照灯)。

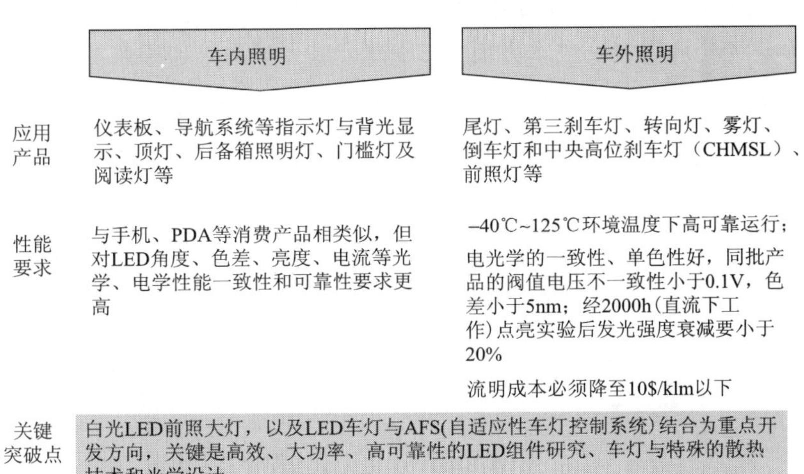

图 8 车用 LED 照明的产品分类、性能要求及关键突破点

目前车用 LED 主要由 Osram、Lumileds 及 Toyoda Gosei 等欧美日系 LED 大厂及德国海拉、日本小糸与斯坦雷等车灯大厂供应。国际一流汽车厂家对 LED 品质要求较高,认证时间一般在三年以上,一般 LED 厂商切入此供应链难度较大。此外,行业安全法规是影响 LED 投入汽车外部照明的重要因素,目前仅有美国准许在前灯照明中使用 LED,预计日本和欧洲将跟随而上,欧洲已预计在 2007 年允许使用 LED 低光线照明。如奥迪已引领了 LED 技术的使用,在 2004 年发布的 A8 新款汽车中,配备了 5 个 Luxeon LED 制成的前灯,灯光总输出为 350 lm,作为日间运作灯具。

目前全球汽车年产量约 5700 万辆,按每辆车需 100~200 块 LED 照明,全球汽车照明每年潜在需要约 100 亿块 LED,2005 年全球汽车照明用高亮度 LED 市场产值达 5.3 亿美元,预计 2006~2010 年间年均增速达 10%~15%(见图 9),至 2010 年,全球汽车照明用高亮 LED 的市值约达 10 亿美元。

3. 白光通用照明

与白炽灯与荧光灯等传统照明光源相比,白光 LED 拥有寿命长、耗电量低、体积小、响应速度快、耐震性强等优点，在未来极有机会取代传统照明产品，成为 LED 最具市场潜力的领域之一。

然而，现阶段白光 LED 在可以进入通用照明市场之前，仍需克服亮度不足以及价格偏高等因素。其中，在亮度方面，目前量产白光 LED 发光效率为 30～60lm/W，与荧光灯管发光效率(80lm/W)仍有差距，若能持续提升达到室内照明 60 lm/W 以上、室外照明 100 lm/W 以上，则有机会进入传统照明市场；至于在白光 LED 价格方面，生产成本仍是影响相关厂商开发生产的重要因素，相较于荧光灯不到 0.01＄/lm的成本，目前白光 LED 约 0.04＄/lm 的成本仍明显偏高。

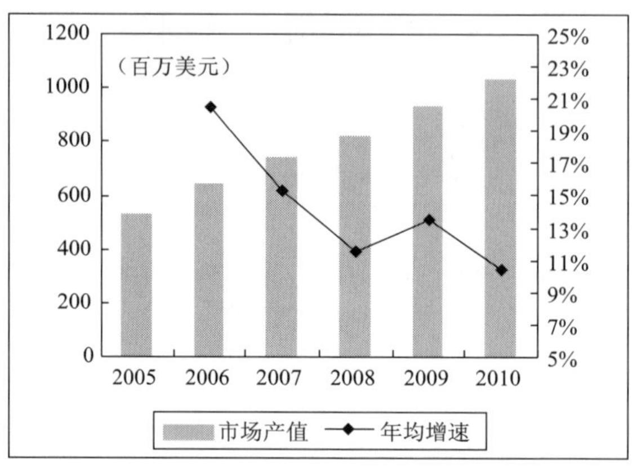

图 9 全球汽车灯用高亮度 LED 的增长预测

(数据来源：麦肯桥资讯)

调研机构 isuppli 认为，LED 可望于 2010 年成为通用照明市场的主要应用领域之一。图 10 为通用照明用 LED 产值增产预测情况，2005 年通用照明市场产值约达 2.3 亿美元，预计 2006 年增长 78.6%达 4.1 亿美元，至 2010 年无论从亮度及成本方面，LED 都可以大举进入通用照明市场，预计产值高达 26 亿美元。

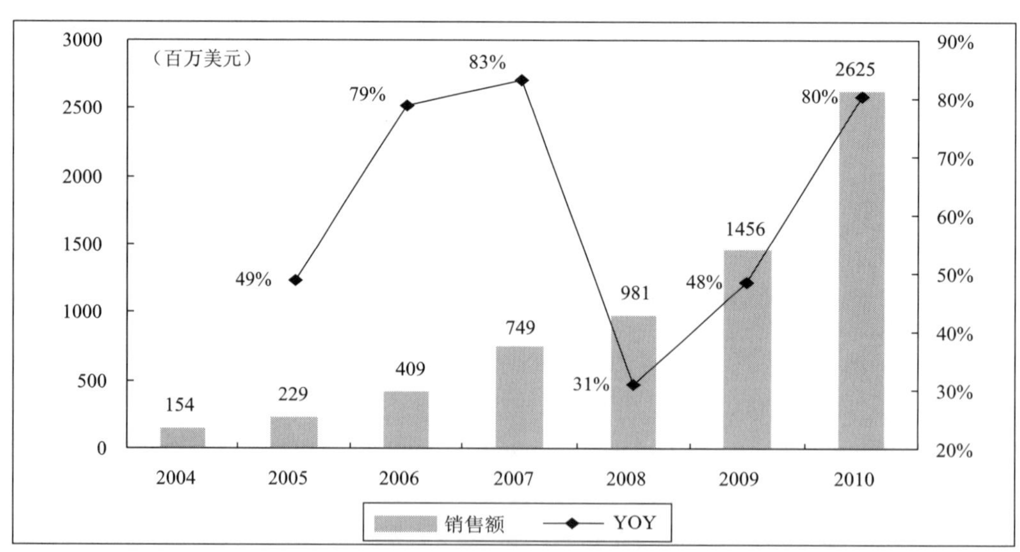

图 10 全球通用照明用 LED 产值增长预测

(数据来源：isuppli，麦肯桥资讯整理)

三、国内应用市场分布状况

(一) 总体分布概况

目前国内 LED 较为成熟的应用领域为建筑景观、大屏幕显示、交通信号灯、指示灯、手机、特种照明及军用、数码相机等用小尺寸背光等。按 2005 年 LED 产品在以上各主要应用领域的销售额的分布统计来看，其中建筑景观仍为我国 LED 最大的应用领域，约占 24%；LED 显示屏约占 20%的市场份额，成为国内 LED 第二大应用领域；交通信号灯、手机、指示灯及特种照明各自约占 10%，成为第三大类应用领域。2005 年国内 LED 在各应用领域的市场销售比例分布见图 11 所示。

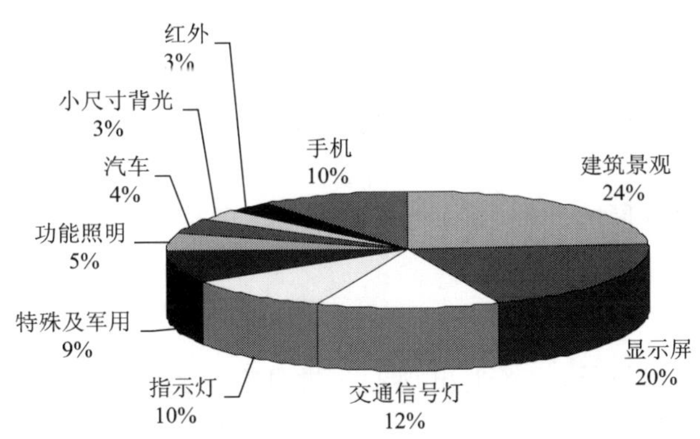

图 11　国内 LED 产品的应用领域分布(2005)

(数据来源：麦肯桥资讯)

（二）各应用领域发展状况

1. 景观装饰照明

由于 LED 光源具有节能环保、轻巧耐用、色彩丰富、简单易控、低压安全等一系列优点，在景观照明中具有广泛的应用市场。

我国景观工程领域所需 LED 市场用量很大，据保守估计，假如全国有 100 座大中城市，每座城市平均花 5000 万元在景观照明上，可达 50 亿人民币的市场规模。

目前，我国景观照明市场主要以街道、广场、风景区等公共场所装饰照明为主，推动力量主要来自于政府示范工程。如北京广外大街 3km 长的道路两侧使用了 300～400 万只 LED 作为景观灯饰，上海东方明珠塔采用 LED 作为景观灯饰，厦门市鼓浪屿亮化工程等。

此外，在奥运会和世博会 LED 亮化示范工程带动下，北京、青岛、上海等地将建成一批 LED 景观照明工程，这些工程扩大示范效应将进一步促进其他中小型城市采用 LED 景观照明，从而加快我国 LED 景观照明在不同地区与城市的大面积使用。

2005 年中国景观照明市场规模已超过 7 亿元，而据保守估计，国内景观照明市场规模约在 200 亿元以上，可见 LED 景观照明的市场发展相当大。受 2008 年北京奥运会和 2010 年上海世博会的影响，景观照明市场会在 2007 年达到 70%以上的高增长率，预计 2010 年前我国景观 LED 照明市场销售额年均复合增速(CAGR)高达 40%左右。

2. 交通信号灯

目前，我国高亮度 LED 城市交通信号灯也已广泛应用。上海市已明确规定，新上交通信号灯一律采用 LED 作为光源。一般城市的市区每个十字路口要有 12 个红、黄、蓝绿信号灯(四套)，加上人行横道警示灯 24 个(8 套)，共 36 个，其中 12 个是蓝绿信号灯，每个路口需要 2400 只高亮蓝绿 LED。按 2000 年统计，全国有 663 个城市，其中特大城市 37 个，大城市 51 个，中等城市 216 个，小城市 359 个，以平均每个城市 500 个路口计，则全国就需要 8 亿只高亮蓝绿 LED。

另外，LED 在铁路信号机上也有广阔的应用前景。目前我国铁路系统约有 20 万个高柱或矮型色灯信号机，传统信号机价格为 3000 多元，目前 LED 信号机价格偏高，一般为 1 万多元，按传统信号机价格计算，其市场规模达 6 亿元以上。传统信号机以双灯丝白炽灯泡为光源，灯泡寿命只有 1000 小时。

从 1998 年起，国内一些单位开始试验与研制 LED 应用于铁路信号领域，发展速度很快。2003 年，铁道部科技司组织有关单位制定了《LED 铁路信号机构技术条件(暂行)》，统一了技术标准，为进一步推广 LED 色灯信号机打下了基础。发展至今，已有多家机构生产或研制的 LED 信号机构通过了铁道部的技术审查，约有千余台 LED 色灯信号机在秦沈客运专线、北京局、青藏线等铁路投入使用，运行效果良好。

特别值得关注的是，我国政府计划未来平均每年新建 1700km 铁路线，至 2020 年我国铁路线总长将达到 10 万千米，同时提高复线率、电气化及提速改造升级，以上铁路建设的改造过程中，高可靠性、安全性及少维护的高亮 LED 将会大有作为。并且，手信号灯、客车床头阅读灯、安全标志灯等铁路信号及照明产品上也开始使用 LED。中国铁道科学研究院通号所已完成了适用于 LED 手信号灯和床头阅读灯的铁道部行业标准制定工作。

此外，我国未来处于高速发展的公路、机场、海港等领域的信号、标识类用灯，以上新兴领域内 LED 也存在着很大的市场潜力。

3. 显示屏

我国 LED 显示屏市场起步较早，市场上出现了一批具有很强实力的 LED 显示屏生产厂商，全国生产显示屏的企业大约为 300 家，已经形成了一个配套齐全的成熟行业。国内企业已经自发成立了 LED 显示屏分会，目前约有 170 家会员企业，全部会员单位的营收占行业总营收的 80%左右。国内主要显示屏企业包括三思、利亚德、洛普、德赛、青松、深圳京东方、四通智能等。

目前我国 LED 显示屏已经广泛应用到车站、银行、证券、医院，LED 全彩显示屏凭借其独特优势，已广泛应用在体育场馆、市政广场、演唱会、车站、机场等公共场所。国内 LED 显示屏市场的国产率接近 100%，如北京西客站、首都机场、浦东机场等重大工程用显示屏均由国内企业中标。

此外，随着智能交通系统的发展与成熟，信息的及时全面发布成为交通领域面向社会公众服务的重要内容，各类信息显示设备成为机场、火车站、码头、公交车站、高速公路、城市道路、停车场等面向公众发布信息的主导手段。其中，LED 显示屏以其高亮度、高可靠性等优点将成为主要显示产品。

值得关注的是，建设部计划在 2008 年北京奥运会开幕前完成全国 187 个重点风景区的 LED 发布系统的建设工作，整个系统是由建设部与台商投资的浙江奇正文化传播公司合作开发建设(先期看板由台湾立碁、李洲等厂商供应)，2006 国庆前夕已在中山陵、黄山、庐山、九寨沟等国内 18 个旅游景点建成数字化风景区，估计工程总共投入约数亿元。

从国内 LED 需求量的大小来看，LED 显示屏仅次于 LED 建筑景观名列第二，2005 年约占 LED 整体销量的 20%。同时，我国 LED 显示屏海外销售额也相当可观，占总销售额的 20%左右，并显示出较强的竞争力。据中国光学光电子行业协会 LED 显示屏分会统计，2005 年国内 LED 显示屏全行业的销售额约为 40 亿元，预计国内市场 LED 全彩屏需求增长率将高达 30%以上。

4. 小尺寸 LCD 背光源

LED 已在手机、MP3、DC/DV 及 PDA 等小尺寸 LCD 面板领域取得了成熟广泛的应用与普及，并且我国已成为这些数码产品的生产制造大国。如我国在 LED 小尺寸 LCD 背光应用第一大户的手机生产方面，2005 年我国共生产手机约 3.03 亿部(占全球总量的 38%)，预估 2006 年全国手机产量将达 3.4 亿部，约占全球手机总产量的 45%。

随着彩屏手机的日益普及，以及未来高像素拍照手机、大屏幕音影手机、多功能 3G 手机的盛行，预计平均每部手机所需 LED 块数高达 12～18 块。因此，预计未来几年国内生产的手机所需 LED 颗数高达 60 亿块左右。

目前，国内能生产手机等小尺寸 LCD 面板所需的 SMD LED(表面贴装发光二极管)厂家较少，当前在我国生产的国际大厂手机或国产手机所需 SMD LED 产品，主要由台湾地区、韩国与日本的 LED 厂商供应。国内封装企业已看到 SMD LED 产品在我国的巨大就近配套商机，正在积极开展技术研发或引进设备，以提高 SMD LED 的生产能力和产品品质。

5. 中大尺寸 LCD 背光源

笔记本电脑(Notebook)、液晶显示器(LCD Monitor)、液晶电视(LCD TV)三大 LCD 面板，已被业界广泛认为是继手机背光的成熟稳定应用后，LED 即将切入爆发的中大尺寸 LCD 背光新兴市场。我国作为手机、电脑与电视生产与消费大国，给国内 LED 厂商提供了巨大的潜在下游需求市场。

根据中国计算机行业协会显示系统专业委员会统计，2005 年中国显示器产量 1.2 亿台，比 2004 年增长了 22.7%，其中 TFT-LCD 显示器产量 8200 万台，占中国显示器产量的 70.9%。2005 年国内 TFT-LCD 显示器的销量比 2004 年增长了 125%，占国内显示器销量的 36.8%。预计 2006 年 TFT-LCD 显示器销量比重将达到 50%左右。此外，根据 IDC（国际数据集团旗下子公司）的预测，2006～2010 年我国液晶显示器的年均复合增长率为 3.1%，至 2010 年国内液晶显示器销售规模将达到 2500 万台。

随着美国微软公司已于 2007 年 1 月正式向全球发布 Vista 下一代操作系统，该系统对电脑硬件要求较目前已成熟使用的 XP 系统高很多，因而会刺激笔记本电脑的升级换代，此外在笔记本电脑价格下降及普及率的逐步提升下，预计未来几年国内笔记本电脑销量将持续旺盛。预计 2006～2010 年间我国笔记本电脑销量的年均复合增长率（CAGR）将高达 40%以上，2010 年我国笔记本市场总销量将达到 1900 万台。

同时，根据国家信息产业部预测 2006 年中国液晶电视（LCD TV）销量将达到 350 万台，较 2005 年的 135 万台约增长 160%。随着液晶电视价格的急速下滑，以及在 2008 年北京奥运会的电视转播收看需求拉动下，预计 2008 年国内液晶销量将猛增至 1000 万台，而发展至 2010 年全国液晶电视出货量将高达 1800 万台。

综合以上国内中大尺寸 LCD 应用领域的发展趋势，预计至 2010 年国内笔记本电脑（Notebook）、液晶显示器（LCD Monitor）、液晶电视（LCD TV）销量分别为 1900 万台、2500 万台、1800 万台，考虑随着尺寸的大型化及 LED 发光效率提升的互补因素，各自对高亮白光 LED 的平均需求量分别为 30 片/台、60 片/台、180 片/台，预计至 2010 年国内 Notebook、LCD Monitor、LCD TV 的 LED 潜在需求量分别达 570KK、1500KK、3200KK，总计约达 53 亿片高亮白光 LED。如此巨大的潜在需求，给国内 LED 厂商的发展提供了巨大的开拓市场空间。

6. 汽车应用

我国于 1999 年开发出了第一只 LED 汽车灯具，是由上海汽车电子工程中心与上海小糸车灯有限公司联合开发而成，并经上海大众汽车公司认证后用于桑塔纳高位制动车灯。自 2002 年我国加入 WTO 后，世界各大汽车公司纷纷在华设厂，国内具有自主产权的民营汽车企业，如奇瑞、吉利、比亚迪等也迅速崛起，国内汽车市场的快速发展也拉动了我国 LED 车灯的发展和应用。

随着我国经济的迅速增长、人民收入的增加和生活水平的提高，国内汽车产量与需求量也呈现迅速增长势头，国内汽车销量已经由 2002 年的 325 万辆增加到 2004 年的 515 万辆，预计 2006 年国内汽车产销量将突破 700 万辆，过去四年间国内汽车销量年均复合增速达 21%。目前我国已超过德国，成为仅次于美国和日本的世界第三大汽车生产国，这为我国 LED 车灯市场的培育发展提供了良好的关联产业基础。

2005 年中国 LED 汽车应用市场规模为 0.29 亿元，其中汽车车灯市场规模为 0.21 亿元。从整个 LED 应用市场看，汽车应用市场还处于萌芽状态，市场规模很小。业内人士普遍认为，未来 3～5 年内汽车用 LED 将成为 LED 增长的主要市场之一。如果 LED 能成为汽车的主要照明灯具，按目前 LED 的技术水平，预计一辆汽车需要 300 多片 LED，其需求量将非常巨大。预计 2008 年前后我国 LED 车灯将有大规模的发展，其年产值将突破 10 亿元大关，而至 2010 年预计国内 LED 车灯市场将进一步快速增长至 30 亿元。

7. 普通白光照明

随着 LED 性能的不断提高和价格持续降低，节能环保的 LED 将逐步进入通用照明领域。由于诉求彰显品位与尊贵品牌的场所，如星级酒店、商务会馆、高档商品展示柜台、高档商用写字楼等商用场所，对于费用较高的装饰成本与价格也能接受，预计这些场所将率先采用白光 LED 作为通用照明。

在我国大力提倡节能环保的形势下，以及在即将到来的 2008 北京奥运会和 2010 上海世博会的政府示范工程推动下，我国 LED 普通照明必将迎来良好的发展契机与前景。

首先，我国对 LED 白光照明有非常大的潜在市场需求。我国是仅次于美国的第二发电大国，美国现在每年照明用电 6000 亿度,约占用电总量的 20%;我国虽然人口是美国的 5 倍,但每年照明用电只有 2000 亿度,仅为美国的 1/3,占全国用电总量的 12%,受能源紧张和环保要求的影响,中国照明必须走节电道路,节能环保的 LED 照明具有巨大的市场应用空间。

其次,中国是世界上第一大照明电器生产国和第二大照明电器出口国,电光源工业在今后一段时间将保持持续、稳健、高速增长趋势,若 LED 技术与成本能满足照明要求,则我国在良好的照明电器基础上,很有可能成为 LED 照明灯具出口大国。

四、前沿市场前景概览

1. 农业生产人工光源

长久以来,农业生产中的植物光照与动物培育生长所用人工光源,主要有荧光灯、高压钠灯、卤素灯以及白炽灯等。人工光源开发应用中,发光效率高、均匀度以及光质好的人工光源一直是业界关注与努力的重点与方向。

与传统人工光源相比,LED 具有绿色节能、直流驱动、体积小、寿命长、波长固定,光强 (Light Intensity)、光质 (Light Quality,红/蓝光比例或红/红外光比例)均可调整,冷却负荷低、单位面积栽培量高等一系列优点。日本栽培研究显示,让蔬菜照射特定波长的 LED 光,单株重量最高可提升 2 倍;间歇性给予马铃薯组织培养苗照射 LED 的红光和蓝光,能增加种苗的生长速率,组合不同波长的 LED 光照射,还可抑制某些植物的病原菌。

特别是随着 LED 的发光效率提高,使得高亮度 LED 光源在农业生产上变得可行,对于封闭的农业生产环境(如植物组织培养室、植物生长箱、动物生长室等)是一种非常适合的人工光源,LED 取代荧光灯等传统光源在农业作物栽培生长上的大量应用也是指日可待。

2. 医疗器械光源

科学试验证实,LED 光源具有消炎、杀菌及诱导促进人体组织变化等医疗效果,因此,迄今已有大量 LED 光源治疗皮肤、视力、伤口以及美容等成功医疗案例,并已纷纷申请专利保护知识产权。

如使用装有蓝光 LED 衣服的黄胆新生儿的光疗法;利用 LED 红光的消炎效用治疗皮肤溃疡与辅助伤口愈合;结合蓝光与红光并用治疗轻微至中度严重的青春痘;采用 LED 红外光治疗关节炎、肌腱炎、背痛等;日本山口大学工学院田口常正教授采用白色 LED 光源内窥镜,再现了对象物的色彩,而且在内窥镜前端配备可击退人体内病原菌的近紫外 LED。

美国宇航总局(NASA)的中小企业创新研究计划与美国 Quantum 公司共同研发一套以 LED 进行光动力皮肤癌及脑肿瘤疗法的设备,已获得美国食品药品管理局(FDA)的批准进行更进一步的人体临床实验。LED 光源在人体诊断与治疗方面存在广泛的应用,预计未来面向医疗器械的 LED 市场将会逐步扩大增长。

3. LED 液晶投影机

利用 LED 为液晶投影机光源,具有小型化、节能环保、电池低压驱动、开关机快速、色彩显示范围宽(NTSC 可达 130%)、使用寿命长(为高压灯泡的 3~6 倍)等一系列性能优势,对于满足更加强调灵活性与显示效果的家庭娱乐或办公室演示需求具有广泛市场前景。2006 年 1 月全球视讯科技领导厂商优派(ViewSonic)公司在美国拉斯维加斯“CES 2006”推出展示了首款 LED 液晶投影机系列产品。

然而,LED 液晶投影机在大量应用前,还需要不断改进其发光效率和光学系统。目前反射型 LED 的效率是最高的,运用很小的空间就能放射射线光的光源,随着可配备大光束发光组件的反射光学系统、高效率的合成白色光源的光学系统的开发应用,LED 液晶投影机的应用将日益广泛。

4. LED 光源 DLP 背投

DLP(Digital Light Processing)技术是以一种微机电 (MEMS)组件为基础,采用速度极快的数字微型反射镜组件 (Digital Micromirror Device,DMD)控制光开关,为真正的数字投影和显示技术。该技术由美商德州仪器(Texas Instruments,TI)于1987年发明。DLP是一种可靠性极高的全数字显示技术,能在各类产品(如大屏幕数字高清电视、公司、家庭、专业会议投影机和数码影院)中提供最佳图像效果。

目前DLP的光源通常为高压水银灯泡,采用三片式结构分别产生RGB基色图像,再通过光学透镜混合在一起形成彩色图像;或使用单片式结构,透过旋转的色轮按时间顺序分别产生RGB三基色图像(因人眼的视觉暂留特性,看到的依然是彩色图像)。前者光路复杂,多用于对色彩要求高的影院系统中,后者结构简单,成本低,多用于商务和家用投影机中。其中三片式结构不仅要用掉三片昂贵的DMD芯片,还要使用更为复杂的光学系统,使得成本相当高昂;而色轮分色的单片式结构,会因为RGB分时的不精确,导致轻微的彩虹效应的发生。

虽然通过提高色轮转速可以避免出现彩虹效应,但是转速的提升还是有上限的。而LED光源模块的出现解决了这一难题,通过RGB三种颜色的LED光源交替发光,最终形成三基色图像。LED光源的开关速度可达纳秒级(相当于目前色轮转速的48倍),使得单片式结构也有了接近于三片式结构的画面效果。

与目前常用高压水银灯泡相比,LED光源作为一种长寿环保新型光源,除具备快速开关、亮度可独立调节改善动态画面效果之外,因LED光源的色纯度极高,显示出的图像色彩范围(NTSC)远比使用高压水银灯泡宽广;此外LED具有发热量低的优点,不需高压水银灯泡的开机预热与关机通电散热过程,可以实现高速启动与快速关机(对于商用很重要)。随着DLP背投的日益普及,LED作为一种取代高压水银灯的新型光源势必大有作为。

5. 航空照明光源

LED照明在航空产业的应用产品种类繁多,如航空灯、飞机内灯、飞机外灯、机场灯、障碍预警灯、闪灯、灯塔灯、跑道信号灯等。基于LED在航空应用方面的先进与广泛性,国际著名波音公司已经指定德国Diehl Luftfahrt Elektronik(DLE)公司作为其LED照明系统供应商,该照明系统将用于全新的波音787梦幻客机(Dreamliner)主舱,为旅客飞行提供更舒适休闲的航空旅行。此外,该系统由完全依靠LED技术的间接天花板洗式、侧墙洗式灯具、入口灯、走廊灯以及重点照明灯组成,提供了较低的维护成本和较长的临时修理间隔等附加优势。加拿大Carmanah Technologies公司已向部署在阿富汗等地的美军出售易于安装的太阳能LED跑道信号灯。

6. 博物馆文物展示照明

传统光源,如荧光灯、金属卤素灯产生的紫外辐射与热量,会对博物馆文物造成不同程度的老化和损害,而LED光源为低压驱动、发热量低,安全防火的要求容易满足,同时LED光源中不含损坏文物的红外线和紫外线,可以对特定的真实色彩显现出来,为新型绿色节能、安全环保的照明光源。

因此,LED光源照明在博物馆、古代建筑照明中具有很大的应用市场。如美国伊利诺斯州的历史博物馆中心2006年7月宣布从Cyberlux公司采购价值11 454美元的Aeon ProHB LED照明产品,正是看好LED照明技术较目前博物馆中传统照明或光纤等更具有成本效益和节能安全两大利好因素。

工程案例 4

大功率LED用于室内照明已成现实

梁秉文
南京汉德森科技股份有限公司

一、引　言

大功率LED问世时间不长，但由于其寿命长、节能、环保、体积小等一系列优点，展现出即将取代传统照明光源的趋势。半导体照明产业的巨大潜力和对建设节约型社会的重大示范效应引起国内各省市政府的高度关注，纷纷制定一系列发展规划，旨在能够促进本地区的半导体照明产业发展，同时能够在全球照明革命的浪潮中抢得先机。

虽然目前价格因素制约了大功率LED的广泛推广应用，但是丝毫不能阻挡其在景观照明和特殊照明行业的应用，因为大功率LED可靠性高，大大节省了以后的维修和更换费用；色彩鲜艳，其他光源无法达到此效果；易控制，可以通过数字化控制技术，达到动感照明的效果；体积小巧，可以使灯具造型更富有创意；另外在一些特殊场所也因为环境需要应用到大功率LED照明，比如工矿、防爆、军事等领域。但是在室内通用照明方面大功率LED还不足以撼动其他光源的主体地位，这主要是因为初次购买LED的单位流明成本还比较高，但是随着LED发光效率的不断提升，其在室内照明总拥有成本方面的优势也初现端倪。

二、大功率LED在室内照明的应用案例

现代化、园林式的汉德森科技园在照明方面定位为“高品位、高科技、高效节能”相结合，以功能性和景观性为一体，利用园区环境的载体展示产品优良的性能，不仅提供员工一个亮化的工作生活氛围，同时塑造了汉德森的企业形象，使其成为江宁科学园众多知名企业中一颗璀璨的明珠。

公司“服务中心”大楼于2006年4月竣工投入使用，整栋大楼内部照明全部使用大功率LED灯具。夜幕降临，通亮的服务中心大楼在花园式园区中特别突出，构成园区亮化的重要组成部分。大楼外观采用LED亚克力字、LED轮廓灯、LED变色地埋灯等一系列产品的装扮，在夜色中显得格外的突出耀眼；室内办公环境完全采用绿色照明，灯光柔和明亮，为员工提供了舒适的工作氛围，如图1所示。

公司致力于LED显示和半导体照明事业，以产品领先战略，不断探索大功率LED光源在新领域的应用实践，争当半导体照明行业的先锋。汉德森科技园园区全部采用大功率LED进行景观亮化的同时，在“服务中心”大楼的室内照明上，也在国内首次采用大功率LED灯具，成为国内首座全部应用半导体照明的大楼，旨在通过照明工程的示范作用，引导大功率LED进入普通照明市场，并且为以后半导体照明在室内通用照明领域的大规模应用总结经验。

图 1　服务中心全貌(见篇后彩页)

图 2　办公室内采用的大功率 LED 格栅灯(见篇后彩页)

图 3　餐厅使用的大功率 LED 吊灯(见篇后彩页)

图 4　大厅使用的大功率 LED 筒灯(见篇后彩页)

整个大楼的室内照明部分一共采用格栅灯130盏,筒灯506盏,吊灯69盏,吸顶灯20盏,详见表1。

根据我们试验和分析,虽然大功率白光LED在发光效率上目前还不如荧光灯、节能灯高,但在制作成LED灯具时,LED光源指向性强的优点很容易体现出来,LED灯具较传统灯具的效率要高,经过测试办公桌面照度达到300 lx,达到国家标准。

表1 整个大楼室内照明采用的灯具

灯具类型	数　量	传统灯具功率/W	LED灯具功率/W
格栅灯	130	54	42
筒灯	506	25	6
吊灯	69	100	18
吸顶灯	20	25	10
合计	725	31570	9938

大功率白光LED的光效为40 lm/W,传统白炽光源光效只有12 lm/W,并且LED灯具效率要高于传统灯具1.5倍以上。初期投入,LED灯具总功率为9938W,要达到同等照明效果,传统白炽光源总功率为31570W。表2分析了"服务中心"大楼使用LED灯具和传统灯具初期投入。

表2 使用LED灯具和传统灯具费用情况比较

	大功率LED灯具	传统白炽灯荧光灯
一次性投入(万元)	424520	87170
总功率(W)	9938	31570
年均耗电费用(元) (300天/年,10小时/天,电费1元/度)	29814	94710
年均维护费用(元)	0	10000
两年总费用(元)	484148	296590
五年总费用(元)	569070	610720
	使用LED灯具费用低于传统灯具	
四年以后使用LED灯具每年节省(元)	76186	

可见使用大功率LED灯具虽然初期投入成本要高出传统灯具很多,但是在使用五年时间时候所消耗总费用已低于传统灯具,之后将每年节省电费和维护费7.6万元。因此在室内照明中采用大功率LED要明显优于传统白炽灯光源。并且由于大功率LED均采用恒流驱动,无频闪,长时间工作环境下眼睛没有疲劳感。

由于目前对于大功率LED室内照明灯具,LED光源部分占了成本非常大的比重,因此降低大功率LED光源的单位流明成本是关键。假如LED的发光效率达到了100lm/W,并且价格降为现在的一半,在传统光源光效不变的情况下,LED灯具总功率为3976W,要达到同等照明效果,传统光源总功率为31570W。我们可以再进行一下对比分析,如表3所示。

表3 使用LED灯具和传统灯具费用情况比较

	大功率LED灯具	传统白炽灯荧光灯
一次性投入(万元)	182960	87170
总功率(W)	3976	31570
年均耗电费用(元) (300天/年,10小时/天,电费1元/度)	11928	94710
年均维护费用(元)	0	10000
两年总费用(元)	206816	296590
	使用LED灯具费用低于传统灯具	
两年以后使用LED灯具每年节省(元)	94072	

注:LED发光效率100lm/W,价格降为现在的一半情况下。

从上面的假设可以看出,当大功率白光LED的发光效率达到100 lm/W,价格降为现在的一半时,在通用白光照明领域的竞争优势就能体现出来,基本上两年时间即可以收回初期的投资。

三、存在的问题与克服

尽管大功率 LED 在取代白炽灯光源方面表现出了明显的节能和长寿命优势，LED 灯具的效率较传统灯具的效率有了明显的提高，但是与荧光灯、节能灯相比，其节能效果并不十分明显。当然白光 LED 灯具与传统灯具在通用照明领域竞争时面临的最大问题还是初次购买成本较高，影响了市场的推广。

但是半导体照明技术的进步是飞速的，目前白光 LED 的光效已经达到 60lm/W，而 Nichia 更是声称 2006 年底将量产 100 lm/W 的白光 LED，此数据可以与性能较好的 T5 荧光灯媲美，而在这之前，人们预计这一目标起码要在 2008 年才能实现。届时白光 LED 进入普通照明市场将更有优势，取代荧光灯、节能灯也将成为可能。

四、展　望

半导体照明作为第三代照明技术，逐步成为照明领域的主流是必然趋势，大功率 LED 在室内外通用照明领域应用是其发展的最终目标。与业界人士共同探索上述问题，笔者认为对提高半导体照明产品的应用水平，加快半导体照明工程的实施进程是非常有意义的。只要行业内的上、中、下游产业链的同仁们共同努力，LED 光源进入千家万户的进程将会比预期的更快。相信随着大功率白光 LED 技术的不断发展，将涌现更多的 LED 室内照明案例。

本文仅为抛砖引玉，如有不妥之处敬请业内专家和同行不吝赐教。

流光溢彩不夜天　跨越发展新厦门

厦门市 LED 促进中心

LED 由于其环保、节能、寿命长、色彩丰富鲜艳、可动态变化等优点，非常适用于城市夜景照明，在许多城市得到广泛应用，提升了城市品位和居民的生活质量。厦门市政府更是把 LED 夜景照明建设作为扶植本地 LED 产业、增强光电产业招商力度的一种重要手段，取得了不错的效果。

一、夜景建设的基本概况

厦门市首期 LED 夜景工程建设自 2005 年 9 月开始启动，2006 年春节前亮灯；第二期 LED 夜景工程从 2006 年 3 月启动，9 月初亮灯。目前正在进行第三期 LED 夜景工程建设，预计 2007 年春节前亮灯。

厦门市 LED 夜景工程建设范围主要包括城市的重要景观地带、商务中心区、繁华商业街区以及位于主要交通干道两侧的重要公共建筑。经过两期的建设，LED 夜景工程已遍布厦门市 5 个行政区，400 多栋高楼大厦、景观地带、繁华商业街区的 LED 夜景，由点到线、由线到面，成线连片地形成一定的气势和氛围。已形成六大 LED 夜景特色区：中山路——“百年老街 流光溢彩”；鼓浪屿——“天风海淘 温馨家园”；嘉禾路——“欣欣向荣 白鹭腾飞”；员当湖畔——“华灯璀璨　仙山琼阁”；集美学村——“灯光阑珊　校园月色”。海沧未来海岸——“流光溢彩不夜天　跨越发展新厦门”。璀璨夺目的厦门夜色已成为崭新的城市名片，受到了国内外嘉宾的好评。

让城市夜景建设与经济建设相互促进、比翼双飞，是厦门大规模进行 LED 夜景建设的初衷。通过一年多的时间，基本达到了预期目的。城市夜色更美了，厦门的 LED 产品也走进包括北京奥运场馆等省内外大中城市的夜景建设，LED 夜景建设也大大推动了厦门光电产业的跨越式发展，吸引台湾光电企业纷纷入驻厦门，引进较大的台资光电企业近 10 家，投资总额五亿美元以上，台湾友达、华映、东元等三家在厦门已落户。厦门抓住机遇，与台湾光电产业的对接正朝着海峡两岸光电产业共建研发生产基地的方向发展。厦门“国家半导体照明工程产业化基地”现已发展成以厦门市为核心，辐射福州、漳州、泉州等整个海峡西岸的大基地格局，拥有 LED 生产企业 80 多家，规模企业 32 家。

二、夜景建设的主要做法与经验

1. 坚持“以应用促发展”的原则，以 LED 夜景工程带动产业发展

厦门市委会议纪要明确指示：“抓好 LED 夜景工程建设，有利于美化厦门、增添厦门城市魅力；有利于扶植和壮大厦门市 LED 产业，为今后向周边地区辐射打好基础；有利于宣传推介厦门市 LED 产品，吸引更多的 LED 生产企业来厦投资办厂……”，这条原则贯彻夜景工程建设之始终。

2. 建立夜景工程建设的领导机制

市委、市政府成立以市委副书记任组长，副市长为副组长的夜景工程建设领导小组，领导小组的主要任务是确定全市夜景工程建设的重点区域和项目，研究确定工程资金安排，以及其他夜景建设和管理过程中的重大事项。领导小组下设办公室(简称“市夜景办”)，负责贯彻落实领导小组的决定，具体组织实施市级夜景建设项目，督促检查市、区合建夜景项目的落实，协调解决夜景建设管理过程中遇到的问题。

各区相应成立区夜景工程建设领导小组，加强对本市辖区夜景建设管理工作的领导。

3. 建立专家指导与质量管理机制

(1) 方案设计评审机制。由市夜景办聘请规划、建筑景观照明和 LED 专家组成“市夜景工程方案设

计评审专家组”。由专家组提出项目设计指导，指导各区和各设计单位因地制宜做好夜景工程景观设计方案。

（2）LED 应用示范指导。由市科技局组建“市 LED 应用示范与指导专家组”，制定 LED 产品的地方性技术规范，将无序的 LED 市场向有序的良性的市场竞争方向引导。指导全市夜景建设工程中 LED 及其他高效节能材料的应用。

（3）质量管理机制。以市产品质量检验所为依托建立 LED 产品质量检测中心，负责我市夜景工程中 LED 产品的检测，市 LED 应用示范与指导专家组加强对 LED 产品的质量监控工作，并在实际安装过程中对现场产品进行检查、指导和抽检。

市、区两级建筑工程质量安全监督部门加强施工检查监督，对施工质量安全问题及时发现、及时整改，严把质量安全关。

（4）建立政府主导、鼓励多方参与的投入机制。LED 夜景工程各个建设项目方案确定后，由市夜景办汇总，按基本建设程序上报市发改委立项，市投资项目评审中心与市财政审核中心对工程概算进行联合会审，其审核数作为财政投资控制金额，原则上不得突破。

在夜景工程建设资金中，市级建设工程的资金由市财政承担；市、区合建项目的建设基金，由市、区财政各承担 50%。公益性项目及居民住宅等夜景工程资金由政府承担；鼓励企事业（商场、宾馆、饭店等）单位自建夜景工程，其建设资金由企事业单位自行负责。若在自筹资金方面确有困难的，根据实际情况，报经夜景工程建设领导小组审批，可适当予以补助，最高不超过实际投资的 50%（市、区财政各占 25%）。今后开建的大中型公共建筑和商贸大楼的 LED 夜景工程应当与建筑同步设计、同步施工、同步验收。

（5）市建项目由市城管办负责维护管理，区级夜景建设项目由各区负责维护管理，维护管理经费分别列入市、区两级年度财政预算。市夜景办负责检查全市夜景灯光的管理工作，对各区域亮灯情况和维护管理情况进行不定期抽查和考评，以促进各区、各单位不断健全夜景灯光长效管理机制。

三、典型夜景工程

1. 中闽大厦（见图 1）

中闽大厦位于湖滨北路，市政府的斜对面 40 层高楼、建筑面积 7 万平方米，呈长方形，属于员当湖景观之一。LED 夜景设计采用蓝色 LED 护栏管勾边，点状 LED 灯点缀楼面，蓝橙色形成鲜明的对比色，不变色、不闪跳，呈现出大厦壮观、肃静、高雅、华丽，给人心理的震撼和美的享受，与周边的市人民政府、人民大会堂 LED 夜景形成庄严、高贵的建筑群。中闽大厦被评为 2006 年十佳夜景工程的第一名。

中闽大厦 LED 夜景工程总投资 210 万元，其中灯具 140 万元，与泛光灯工程比较，灯具造价相差不多，可节电 48.5%，日常维护费节省 60%。

主设计师：陈玄哲

2. 金雁酒店（见图 2）

金雁酒店位于湖滨南路员当湖畔，背面朝向员当湖，视野开阔，比邻白鹭洲公园，是市内主要风景区，向北延伸到大会堂、市政府有 2km 视野。湖滨北路、白鹭洲路主干道清晰可见，酒店楼高百米，楼顶天台用高亮度 LED 像素管组成显示屏，高 8m，长 32m，显示屏面积 $256m^2$，RGB 三色像素用 256 级灰阶控制，主显厦门航空、可动态显示图像、文字、广告等。主体墙身 28 层立面用数码像素管竖向安装成大屏幕墙，可动态显示彩色图像，色彩鲜艳，可做成公益宣传和公共信息传播，总投资 270 万元，与霓虹灯相比，可节电 70%，LED 使用寿命比霓虹灯长 5 倍以上，大大节约了维护成本，将 LED 屏部分时段出租做广告，2 年已回收成本。

主设计师：陈志和

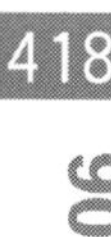

图 1　中闽大厦(见篇后彩页)

图 2　金雁酒店(见篇后彩页)

3. 其他夜景集锦

图 3　厦门集美大学城(见篇后彩页)

图 4　鼓浪屿夜景(见篇后彩页)

图 5　中山路商业广场(见篇后彩页)

图 6　白鹭洲酒店(见篇后彩页)

国家游泳中心 LED 建筑物景观照明及控制系统

李兴林

中建国际(深圳)设计顾问有限公司

摘　要

本文简要介绍了 LED 在国家游泳中心建筑物景观照明上的应用。对"水立方"建筑物景观照明的构思、照明方式、布灯方式、光源选择、亮度指标、控制系统作了概略介绍。

关键词：建筑物景观照明　表面亮度　控制系统　实时以太网　IPv6　FPGA IPcore

国家游泳中心是 2008 年北京奥运会的主要比赛场馆之一，届时将在这里举行游泳、跳水、花样游泳、水球比赛，对 2008 年奥运会的成功举办起着至关重要的作用。

国家游泳中心坐落在奥运公园南端，东临国家体育场，建筑面积 80000m^2，可容纳坐席 17000 座，是迄今为止世界上最大的游泳馆。

经过多方案论证，国家游泳中心建筑物景观照明采用 RGB 型 LED，在固定外层气枕的钢结构框架上布灯、侧向投射，使"水立方"外表面的亮度、色彩、图案达到一定要求，形成一定的场景和模式。这种"空腔内透光"的照明方式及 LED 照明的这种应用方式开创了一个先河。将为建筑物景观照明朝着节能环保的方向发展及 LED 照明向规模化方向发展树立一个新的里程碑。

一、国家游泳中心建筑物景观照明的构思

国家游泳中心建筑物景观照明充分利用 LED 色彩丰富的特点，利用光色的艺术语言和表现力，充分展现、描绘和重塑"水立方"在夜间的优美形象，并赋予广泛、深刻的文化内涵。体现"人文、科技、绿色"奥运的三大理念。

1. 突出"水"的主题

"水立方"的建筑设计以及景观、装饰、结构、环境等设计均是以"水"为主题。其建筑物景观照明设计同样也是以"水"为主题。其最基本的照明效果要求呈现蓝色，体现水的纯净感和整体感，通过光与色的变幻，使"水"形象化和艺术化。

2. 突出奥林匹克精神

"水立方"是 2008 年奥运会的主要场馆之一，其建筑物景观照明的基本构思是使灯光的图案、场景、模式与馆内的比赛、发奖及鸟巢的开幕式、闭幕式等奥林匹克比赛活动有机地联系起来。通过光与色、照明场景的变幻，突出"团结、友谊、进步、和谐"，"同一个世界，同一个梦想"，"更快、更高、更强"的奥林匹克精神，增强世界人民之间的友谊，促进世界和谐。

3. 与鸟巢交相辉映

"水立方"与"鸟巢"相邻，"鸟巢"阳刚、激励、兴奋、外露；"水立方"宁静、娇柔、祥和、内敛；两个建筑的风格迥异，又相互协调，相互陪衬。在景观照明设计上也必须交相辉映、相得益彰。

4. 融入中国、北京的文化特色

中国、北京作为 2008 年奥运会的主办国和主办城市，其建筑物景观照明一定要融入中国、北京的文化特色。

二、照光方式、布灯方式及光源的选择

国家游泳中心采用 ETFE 气枕构成外围护结构。气枕是由 3～4 层 ETFE 膜固定在金属框架上，每二层 ETFE 之间充有空气，内外气枕靠近中间空腔的一层 ETFE 膜，按着建筑热工的要求镀有银色斑点，镀点面积分别为 10%、20%、30%、50%、65%，气枕共 24 种规格。内外气枕中间是钢结构骨架。由于这种外围护结构决定了“水立方”不适合采用“外透光”的建筑物景观照明方式，因为没有良好的反射面；也不适合采用“一般内透光”的照明方式，因为光要透光 6 层膜，光的损失太大；也不适合采用轮廓照明方式，因为“水立方”气枕外立面虽有弧度，但非常平整，不适合外挂灯具。我们采用“空腔内透光”的照明方式。在固定外层气枕的金属框架后面布灯，侧面投射，这样便于隐藏灯具，容易做到见光不见灯。为了节能、环保以及便于形成更多的照明场景，我们选择了 LED 光源。

三、亮度指标和功率指标

(1) 亮度指标。关于建筑物立面照明的亮度，国际照明委员会 CIE 规定：城市繁华地区为 $12cd/m^2$，一般地区为 $6cd/m^2$；北京市关于奥运公园中心区建筑物立面照明亮度规定为不高于 $6cd/m^2$。根据上述规定，我们确定了国家游泳中心建筑物景观照明四个立面亮度不高于 $6cd/m^2$，屋顶为不高于 $3cd/m^2$。

(2) 功率指标的估算。根据公式(1)、公式(2)，可以推出估算公式(3)。

$$L=\rho E/\pi \tag{1}$$

$$E=UP\Phi_W \tag{2}$$

$$P=\frac{\pi L}{\rho \cdot U\Phi_W} \tag{3}$$

式中，ρ 为 ETFE 膜的透射率；U 为利用系数；Φ_W 为每瓦 LED 所发光通量，lm；L 为亮度，cd/m^2；P 为每平方米 ETFE 气枕表面所需 LED 功率，W。

(3) ETFE 膜和气枕的透射率的估算。由于蓝光 LED 光效最低，而且人眼对蓝光最不敏感，所以计算中以蓝光为依据。ETFE 气枕的透视率可以认为三层 ETFE 膜的透视率的乘积。ρ 约为 0.6。

(4) 利用系数 U 的估算。假定利用系数 U 在 0.2～0.3 之间。

(5) 每瓦 LED-光通量。以蓝光为例，取单位功率(每瓦)10～15lm。

(6) ETFE 气枕每平米表面所需功率约为 6～15W，取 6W。经过试验，对于大面积的 ETFE 气枕外立面的亮度控制在 2～4 cd/m^2 为宜。

四、控制系统

控制系统是景观照明系统的核心组成部分。通过比较，我们提出了如下的设计方案：采用基于 IPv6 的实时以太网的组网方案。以 FPGA 为硬件载体，在单一芯片上实现控制节点的所有功能。

1. 采用 IPv6 实时以太网

(1) 以太网是目前应用最广、技术最成熟的计算机网络，兼容性好。基于 TCP/IP 的以太网是一种标准的开放式网络，一直都是计算机网络技术的发展主流。

(2) 具有丰富的软硬件资源，价格低廉。通信速率高。目前以太网的通信速率比现场总线快得多，以太网可以满足对带宽的更高要求。

(3) 可持续发展潜力大。由于以太网的广泛应用，使它吸引大量的技术投入。

(4) IPv6 采用 128 位地址长度，几乎可以不受限制地提供地址，把 IPv6 引入照明控制网，使每个光源具有一个独立的 IP 地址，这将使照明控制网的功能变得特别强大，在传输速率、组网规模、远程控制，系统维护等诸多方面都得到质的提高。

(5) 传统以太网应用于控制时，最主要就是确保实时性问题。传统的以太网采用 CSMA/CD 的介质访问控制机制，具有排队延迟不确定和通信响应不确定的问题。在牺牲一些复杂功能的前提下，对以太网的协议进行一定程度的修改和精简，使以太网具备实时性，以太网将能满足照明控制系统要求。

2. 采用 FPGA 现场可编程的逻辑芯片

网络节点作为网络的基本组成和主要的硬件载体，应具有如下特点和功能：

(1) 自主性。系统上各节点过网络连接起来的，各节点独立自主地完成自己的任务，且节点的容量可扩充，配套软件随时可组态加载，是一个能独立运行的高可靠性子系统。

(2) 协调性。通过实时高可靠的控制局部网络使传输数据实现共享，节点之间从总体功能及优化处理方面具有充分的协调性。

(3) 在线性与实时性。通过大量 I/O 接口，对控制对象进行实时控制和检测，同时可进行网络路由、组态回路的在线修改、局部故障的在线维修。

(4) 可靠性。从结构上采用容错设计，使得在任一个节点失效的情况下，仍然保持系统的完整性；即使全局性通信或管理失效，局部站仍能维持工作。从硬件上包括节点主要功能模块、通讯链路都采用多重化配置和备份。从软件上采用分段与模块化设计，积木式结构，采用程序卷回或指令复执的容错设计。保证系统的高可靠性。

(5) 适应性、灵活性和可扩充性。硬件和软件采用开放式，标准化设计，系统积木式结构，具有灵活的配置可适应不同的需要。

(6) 处理能力。控制节点需在单一芯片上实现控制 LED 光源、运行 IPv6 协议栈、对数据流解压缩、对图像实时处理、自动预存显示内容、故障报告与处理等功能

(7) 友好性。控制节点能及时地报告自身状态，便于故障的及时定位，方便维护。

采用 FPGA，在处理能力、可靠性、体积、成本等方面都能得到很好的满足。

3. 智能照明控制在国内外均是一个快速发展的领域，所以要力求创新

在技术上坚持先进性与实用性紧密结合的研究策略。具体的实现方法如下：基于硬件/软件协同设计方法，开发用于网络控制节点的 SOPC(可编程片上系统)。该 SOPC 包括 LED 光源控制模块、图像处理功能模块、网络媒体接入控制模块、存储器接口模块等，所有模块以 IP Core 的形式开发，并通过 WISHBONE 总线互联，该 SOPC 最终在 FPGA 芯片上实现。

2008 年奥运会开幕时，国家游泳中心 LED 建筑物景观照明将以千变万化的色彩和丰富多彩的场景呈现给世界人民。我国半导体照明产业也必将以崭新的面貌展现在世界人民的面前。我们期待这一天的到来。

作者简介

李兴林　男，教授级高级工程师。1964 年毕业于西安交通大学电机工程系。一直从事工业与民用建筑的电气及智能化工程设计。曾任中国建筑东北设计研究院副总工程师，现任中建国际(深圳)设计顾问有限公司副总工程师。主持电气及智能化设计的项目有：国家游泳中心、奥林匹克网球中心、济南奥体中心、中国凤凰大厦、深圳地铁大厦、中山电力大厦、中山文化艺术中心、大连世贸大厦、大连新玛特购物广场、沈阳中兴商业大厦、沈阳电力调度及负荷控制中心等。主持和参与编制的国家级行业标准有：GB16895-2002 建筑物电气装置、特殊装置和场所的要求、装有浴盆和淋浴盆的场所，GB16895114-2002 建筑物电气装置、特殊装置和场所的要求、装有桑拿浴加热器的场所，JGJ16-83 建筑电气设计技术规程，JGJ/T16-92 民用建筑电气设计规范。主持编制国家标准图集 94D101-5 35kV 及以下电缆敷设。06×701 体育建筑专用弱电系统设计安装。发表学术论文多篇。

2005年广州中山二院夜景照明项目

岳存泽
北京良业照明工程有限公司

摘　要

于2005年广州珠江两岸项目中所包含的中山二院项目,采用美国Lamina LED芯片特制灯具结合建筑特征成功运用于立面,在此过程中解决了LED驱动、光学透镜、灯具结构等相关问题。

关键词:LED、集成芯片、非标灯具、驱动电路、透镜、建筑特征

一、项目背景

自2003年11月开始介入珠江两岸夜景景观系统的设计工作以来,先后于2003年12月和2004年12月完成了珠江两岸主要路段夜景改造工程设计和芳村珠江景观带光亮工程的设计工作。对广州尤其是珠江沿岸的夜景照明体系有了比较深刻的理解。

珠江全长2129km,是我国第三大河。习惯上,人们把流经市区的那段河流称为"珠江"。珠江是广州的名胜所在。"羊城八景"中的"珠海丹心"、"鹅潭夜月","石门返照""珠水晴波",都是对珠江秀美景色的歌颂。珠江两岸星级宾馆、商厦林立:白天鹅宾馆、中山二院、华厦大酒店、江湾大酒店直耸云天;两岸已有的景观照明已经较为丰富,滨江路和沿江路温暖的木棉花灯、常青榕树上绿色灯光的显得树木更加醒目、建筑的暖光投射、结合霓虹灯、部分LED数码管、节日灯串灯共同构建了珠江两岸灯火璀璨的夜景氛围。"珠江夜游"游轮载着满船游客自西向东,轻泛珠江水,共赏珠江两岸美好夜色。

(见篇后彩页)

二、建筑概况

2005年5月珠江两岸整体夜景照明进行了全新设计方案征集,本次介绍案例主体中山二院只是整体方案中的一部分，设计过程中组织设计人员勘查现场、了解分析珠江两岸照明现状，并对珠江的人文特征进行深入学习研究，在此基础上我们的设计团队对珠江进行了全方位的夜景照明改造设计，中山二院的照明设计是基于珠江两岸整体照明效果的相互关系基础上展开的。

“中山大学附属第二医院二院”又叫“孙逸仙纪念医院”，位于珠江北岸人民桥和解放桥之间的临江位置，楼体呈白色、塔状造型，再加上医院的功能特性使得市民对建筑的关注和了解比较充分，在珠江两岸建筑群中显得更加抢眼，成为两岸标志性建筑之一。

（见篇后彩页）

三、表现方案

（见篇后彩页）

虽然整体建筑呈现塔状结构但建筑外墙依然有鲜明的小型结构特色，建筑沿江坐北朝南，窗间墙中央凸起截面十公分见方的墙体结构，横向纵向相交形成十字网状结构。而建筑的东立面的窗间墙中央又有截面十公分见方的凹槽结构，也纵横交错形成十字网格状。

建筑原有灯光仅仅为普通金卤灯投光形式，建筑表面的细腻结构被忽略，也不符合节能环保的新型照明主题。对医院建筑特性的表达也无从谈起。

结合墙面两种小型结构安装特制 LED 灯具。十字结构的主题与医院标示紧密相连，建筑立面的十字结构，加之灯具形式的十字星状，LED 光源通过透镜所发出的十字光斑都充分表达了建筑的标示性特征。把建筑的立面结构特点与 LED 灯光有机结合。还原和突出了建筑立面特征。

5000K 的色温显得纯洁而素净、符合医院的功能性质特点。整体统一的手法使得建筑整体光色效果上有独特的韵味，呼应南江医院、沿江大厦等金卤灯的光色效果，与周边建筑遥相呼应。

通过建筑表面亮度的低调与整体的辉光效果视觉韵律感，小功率 LED 的灯光效果得到淋漓精致的发挥。与周边建筑从照明形式和光影效果上形成对比。

建筑的安静氛围不仅与其自身氛围吻合又和周边邮政博物馆的古朴及解放桥附近的酒吧舞动形成对比；使中山二院在周边建筑群中脱颖而出，又紧紧依托于两岸其他建筑，成为珠江两岸不可或缺的一景。

四、技术支持

在后期深化设计中我方投入更多的工程实施人员对目标建筑逐栋进行实地测量考察，并针对效果设计进行了可实施性的灯具设计、安装位置设计，以及电气设计等，进一步对产品进行优化选配，以便使工程总体更节能，更加节省总体投资。

后期深化设计中灯具设计成为重中之重，非标制作的灯具主要分为芯片、驱动电路、光学控制、灯具散热防护等级、美观性等方面的考虑。

采用美国 Lamina 集成芯片，单片功率达到 4.7W，作为一个发光单元，芯片底面即为导热性能极好的金属材质，通过导热硅胶与灯具外壳相连保证有效散热。

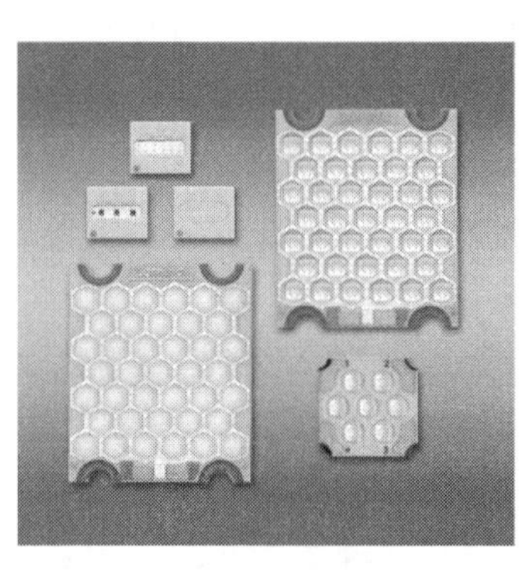

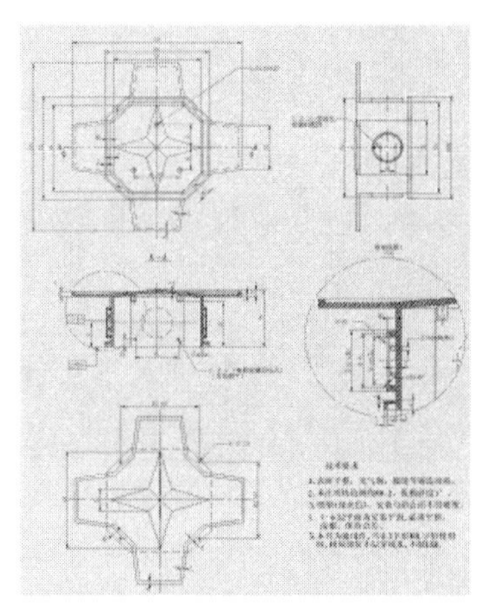

灯具主体的另外一个核心部件是驱动电器部分，由于光源的特性决定没有任何一款市面上的 LED 驱动电路能够适合我们的灯具，在此我方电气工程师、经过精心设计和大量试验为 4.7W Lamina 集成芯片量身打造出了稳定的驱动电路。成为整个工程成功的关键技术保障。与此同时芯片所发出的光如何得到充分利用、怎样提高灯具整体发光效率成为灯具设计过程中的又一大难题，大量的透镜，不同种类的灯具腔体结合芯片产生无数种组合，在试验过程中一次次的失败最终成就了现有的较为高效的灯具，但是我们的研究并未停止，在 2006 年 10 月我们的灯具效率和光束角再次得到提高和修正。

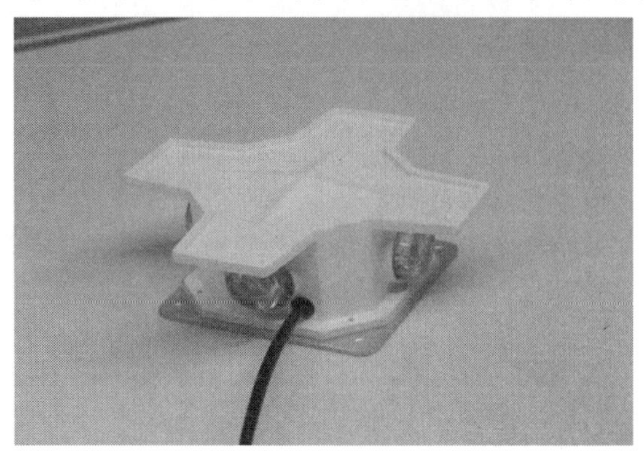

散热、灯具结构等问题也凝聚了我们结构工程师的诸多心血。在我们的项目研究过程中我们的设计团队的作战能力又一次得到了在实战演练中的提升。最终我们使用的灯具分为功率和数量分别为：133 支 4×5W，612 支 3×5W，52 支 2×5W ，LED 部分用电总功率为 9.58 KW。结合建筑的最终综合效果来看我们的方案和灯具充分发挥了 LED 的节能优势，用最少的能量做出了最好的效果。

五、现场实施

工程实施阶段面临的工期短、工地目标分散等问题，中山二院的施工又面临着对医护人员和住院病患者的干扰问题，导致施工时间受到限制等。面对超大型工程项目建立了严密有效的实施班组，最有效最快捷的督导工程。公司在施工现场成立指挥部，并在指挥部下设立、项目经理；针对标段的技术负责人；针对总体工程的电气技术负责；针对总体工程的产品负责；针对总体工程的供货负责等专职管理团队。对施工现场发生的所有问题都在第一时间组织现场会议及时解决，保证了工程总体进度。

（见篇后彩页）

工程从 2005 年 12 月调试亮灯至今已整整一年，其间每晚开启时间是：19:00 点～22:00 点，其间也有部分灯具出现故障现象，概率在 3%以内，整体效果未受到影响，考虑到减少维修对医院工作的影响，楼体 LED 部分灯具至今未做维修。工程整体方案应该是比较成功的，望业界同仁共勉！

作者简介

岳存泽　男，1975 年 6 月 30 日生于山西祁县。1995 年毕业于山西太谷师范普通教育专业、1998 年毕业于山西师大美术教育专业，其间主要学习油画专业课程。毕业后曾在中学任美术教师一年。后于太原某装饰公司任职装修效果设计师。2001 年 2 月于北京海兰齐力照明工程公司就职照明设计师。2002 年 6 月 1 日至今于北京良业照明工程有限公司就职，其间任职效果动画设计师、方案设计师、设计部主管等、现任设计部经理。

上海花旗银行中国总部大厦LED彩显幕墙

深圳沃科半导体照明有限公司

一、工程项目概况

上海花旗银行中国总部大厦LED彩显幕墙系统工程项目是我公司成功典型案例之一，是目前世界上最大的楼宇LED彩显幕墙系统工程(6030平方米)，其超大的LED显示屏面积，堪称“世界之最”。

(见篇后彩页)

这种建筑智能化系统，实现了半导体照明、显示应用与建筑幕墙等技术的完美结合，成为了一种新型大型户外数字传媒载体。我公司拥有其全部自主知识产权，完全把握了其技术核心。系统具有极高的集成性、适应性、可靠性等，同时还具有超大面积、超强视觉冲击、变幻丰富多样等特点，适用于各类数字传媒的实时播放与显示，并可网络互联与远程播控。

此系统是目前最先进的大型建筑智能化系统之一，其出现对传统的景观照明、户外视频载体与幕墙装饰提出了极大的挑战。同时也使这一领域进入了完全崭新的时代，并极大地提高了城市以及建筑的形象和知名度，带来了无可估量的社会与经济效益。本项目被列为“十五”期间国家半导体照明工程科技攻关计划示范项目，并于2006上半年初获得首届国家半导体照明工程创新大赛工程应用创新奖。

二、特色与创新点

上海花旗银行中国总部大厦LED彩显幕墙系统工程项目采用全天候型可拆装式模块化结构，配以高速扫描、残像虚拟、图像预失真、像素分解、非均等局部和抽取像素等先进合理的控制技术，提高显示系统的画像解析度，不仅提供了视频显示功能，而且还保证了楼层采光需求，具有极强的表现力、抗干扰、抗老化、防水、环保、节能和便于安装维护等特性。通过技术攻关与创新，我们有效地解决了超大整体显示面积显示系统中面临的信号传输、压降干扰、系统控制、结构防护、电力传输与建筑物结合等一系列问题，使其很好地与玻璃幕墙以及建筑物结合，显示系统具备了如下特点，满足了实际要求：

(1) 显示系统的设计制造质量可靠技术先进成熟，符合行业规范和技术发展潮流。

(2) 系统的视、音频接口和对视、音频内部处理满足专业电视广播规范，显示屏能够结合广播电视信号的特点，对电视播出信号提供逼真、完整、高质量的LED显示。

(3) 屏幕图像分辨率和清晰度高，屏幕画面清晰不闪烁。

(4) 图像色彩柔和逼真、灰度丰富、层次感和立体感强。

(5) 高色调(8比特内处理可实现10比特输出)。

(6) 色谱3500K～9500K可调，适应电视转播的需要。

(7) 支持颜色空间，适应不同人群观看需要。

(8) 采用灰度级变换技术，增强图像的对比度。

(9) 支持 VGA、SVGA、XGA、SXGA、VSGA(1680×1024)和 SDI 信号输入。

(10) 支持供选项高清晰度(1080i 和 720p)。

(11) 显示屏亮度均匀，1024 级灰度控制。

(12) 具有良好的色平衡，图像空间色彩自然。

(13) 声音满足本系统提供现场播放立体声音响接口的要求。

(14) 系统工作稳定可靠，抗干扰能力强，屏体寿命长，能连续工作 48 小时以上。

(见篇后彩页)

(15) 显示模组安装，维修方便。

(16) 成熟的显示系统软件，操作简单。

(17) 显示系统满足防潮、防腐蚀、防风尘、耐高温、防静电、防火阻燃、抗震的要求并进行相应的防护处理，电气运行时有短路、断路、过流、过压、欠压以及漏电保护措施，当系统发生严重错误时能自动关闭报警，保证系统运行时的安全性和可靠性。

(18) 系统配备音、视频切换矩阵，具有视频切换和编辑能力。

三、应用效果及总结分析

本项目标志着 LED 彩显幕墙系统这一新技术的诞生与应用成功，也证明了我国具有自主设计开发与制造超大型 LED 显示屏系统的能力，从而促进了半导体照明技术在建筑智能化、建筑亮化、城市景观照明、幕墙装饰等工程中的进一步运用。工程完工后各项系统指标完全符合设计要求，达到了国际先进水平，并且一直处于良好的运行状态。同时我公司还提供极其可靠的技术维护支持，有效地确保了系统稳定可靠运行。

同时，超大型 LED 显示屏系统设计实施中应注意考虑如下几方面：

(1) 系统总体结构的合理性、可操作性以及性价比。

(2) 像素点的分配与布局的合理性。

(3) LED 发光管的可靠性、亮度等。

(4) 信号以及电力传输损耗以及抗干扰性。

(5) 结构部分的可靠以及防护性。

(6) 各种电子硬件以及接口的可靠性。

(7) 各类材料的兼容性、可靠性等。

(8) 高效、低耗、安全的施工组织与管理。

(9) 后期可维护的便利性、安全性以及成本。

(10) 软件系统可操作性、易学性等。

白鹤梁古迹照明工程

上海品能光电有限公司

一、工程背景

在涪陵城北靠近南岸、长江与乌江汇合口上游约一公里处的水间，有一道长约1600m、宽约15m的砂石梁。此梁洪水时隐没在水中，枯水时露出水面，水越枯，露越多。这就是名扬中外、被誉为世界水文奇观的“白鹤梁题刻”，1998年国务院颁布为“全国重点文物保护单位”。被联合国教科文组织称誉的“保存完好的世界唯一古代水文站”。

(见篇后彩页)

由于常年受到江水浪潮冲刷，石梁形成了上中下三段，被誉为水下碑林的“白鹤梁题刻”主要分布在220m长的中段上。白鹤梁共有题刻174段，有姓名可考者300余人，留下了唐、宋、元、明、清以及近代、现代1200余年的史迹。

白鹤梁所记载的枯水水文情况，忠实地记录了唐朝广德元年(公元763年)以来1200余年间74个枯水年份的水位，系统的反映了长江中上游枯水年代水位演化的规律。

在三峡工程正式蓄水发电后，白鹤梁将被永远淹没在水下30多米的深处，因此，如何保护好这一“国宝”已成为人们一直关注的焦点；最终采用“无压容器”水下原址保护方案。使用这种领先世界的技术能够使建成后的保护壳体的内外压力相等，即相当于无压。尽管这一技术已经成熟，但用于水下古迹保护工程在世界上还属首例。参观廊道则是由厚24mm的17节船板级钢板按照焊接成的一个直径3m的圆桶虾米节型钢管，而且是按照潜艇的设计原理设计的；在廊道的钢壁上设有23个直径ϕ950mm的观景窗，每个观景窗可供2人同时观看，使用单层厚84mm的双层国产的航空玻璃，每层玻璃都能单独承压且可以水下更换玻璃；观景窗的设计寿命为30年；届时，人们从岸边乘电梯进入参观廊道，再透过观景窗即可欣赏那些具有深刻寓意的题刻。

(见篇后彩页)

二、照明灯具的选择

在早期项目方案中，设计人员计划采用光纤来实现水下项目的照明，但经分析发现有几个因素不适合运用在此工程：第一，光纤功耗太大；第二，光纤导光角度很重要，稍微转动角度，就会影响导光；第三，水下工程的面积对施工安装光纤有一定影响，必须在穹顶上安装设备廊道，这样，壳体的施工难度大幅度增加，而且设备廊道的安装很困难。综上所述光纤导光是一种新技术只是不适合我们这个工程需要。

光源发展已进入新的时代，国际上，包括美国，日本等发达国家都非常重视能源节约，估计再过10年，LED照明将进入普通家庭照明，至于能否普及，还不敢说，但这是发展趋势。目前1W、3W、5W比较成熟，日本丰田2004年实验室研究达到10W。随着LED光效不断提高，半导体照明将由装饰性照明、辅助性照明向功能型照明领域拓展。工程目的是：因常年在水下，更换维修不容易，采用半导体照明，寿命至少5万小时，故节省长期维修费用，虽然，目前半导体照明比较贵，但还是主张采用了半导体照明。

三、实施方案与应用效果

此次选择半导体灯具的要求主要是安装在水下40米深下，要确保灯具在水的4个大气压下，不会损坏，有防水的作用。水中的照明要达到250lx以上照度。最终品能光电的灯具在质量竞争中脱颖而出。

为了此古迹能够完全呈现原状，品能联合上海申乾锐达水下工程有限公司，上海交大海洋水下工程科学研究所，以美国Lumileds大功率高亮度、长寿命、绿色低能耗LED为光源，采用品能光电能承受40米深水压力的防水灯具和低压PVC安全供电系统，设计出了6排共150组灯盘，每组灯盘由9个防水灯具组成，每个灯具里安装了8块1W的大功率半导体光源。在约500平方米的保护体内共安装了10800个大功率高亮度半导体光源组合成照明系统。这是世界公认的最新半导体水下照明系统。

（见篇后彩页）

根据工程对未来白鹤梁水下照明应达到250lx以上照度的要求，设计了350lx的照度标准，品能公司的灯具在交大水下环境模拟实验室里按照灯具的安装间距，模拟了10组灯的区域进行测试，测得的平均照度数据与设计指标相同。此外全部配套灯具在上海交大海洋水下工程科学研究所进行了水下承压试验，每套灯具都顺利通过了高达8个大气压的承压“考验”，以确保今后三峡库区蓄水达到175m水位时所产生的4个大气压的承压要求。

至于灯具多长时间更换，一般是出现故障，需要维修时才更换。更换时需要潜水员下来操作，更换成本很高。因此，在安装施工中尽量保证质量不出现问题。选择LED照明，也是因为它的最大优点是寿命长、节能，理论寿命为10万小时，实际上也能达到3万～5万小时，按照每天开灯8小时计算，寿命也在10年左右。能够满足工程的需要。

四、小　结

历史上的我国劳动人民，用他们的聪明和智慧，用他们勤劳的双手，为现代的我们留下了题刻、石鱼，留下了“兆丰年”的美好祝愿，那是他们对命运的期盼；今天的人们，用先进的科学技术和对美好未来的不懈追求，建设了新的三峡，打造出闪烁着科技之光的白鹤梁，这是对历史的继承与发扬，是对中国古老文明的重新诠释，是现代人创造历史的壮志豪情。

LED设备之于光盒建筑

袁宗南
袁宗南照明设计事务所

摘 要

台北市贸展览馆建筑外观主要以直线条衬托出壮观的造型，由于周遭建筑量体均较为高耸，让台北市贸展览馆广大尺度量体建筑羣产生的压迫感。

为让年代已显久远的台北市贸展览馆展现出其在经贸上的特殊地位，我们规划出以相邻的两条道路的转角为节点，将节能的LED照明设备运用于“色彩盒子”的概念上，企图将转角空间软化，让夜间的照明能随着展览主题的不同变化颜色层次。

当照明将空间的虚实空间感强调出来后，光影的呈现已不同于白天的自然天光，这种光影趣味将描绘出更美好的世贸的地标性与轮廓线，让其经贸地位能呈现。

关键词：LED 泛光照明 光盒子概念 节能意识

坐落于台北市基隆路与信义路路口的世界贸易中心展览大楼是政府因应经济环境需要，加速台湾外贸升级所推动的一项重要建设。

1984年，当时“行政院”为因应台湾经济环境之丕变与全球国际贸易型态之转型所需，于是“行政院”台北贸易中心中心策划推行小组，拟在台北市基隆路一段信义计划区内街廓编号A-24之地点，兴建贸易中心与其展览馆，以能结合展示、交易与比货议价的综合性商场。该案由中兴工程顾问社之建筑师与沈祖海建筑师事务所携手合作，除建筑物本身之设计监造外，同时亦肩负起对同一街廓内开放空间形塑的责任。

于是自1980年代起开始整体规划的信义计划区，在相关商业、办公大楼及住宅等设施均已陆续到位后，整体区块内的空间已成现代化副都市中心，为了有效热络都市，市府期望透过整体夜间照明的改善将活力延续至晚间，借由本区域整体及系统化之夜间照明规划设计，塑造夜间之独特风貌，除原有照明功能改善外，加强夜间美感搭配地区活动，营造夜间轴线视觉特色，同时，针对区域内重要节点及外围空间进行规划设计，均质提升整体夜间照明水平及塑造夜间独特意象。

区块内的台北市贸展览馆与国际会议中心与台北101大楼仅一街之格，但建成年代相距约20年。当101大楼于2000年点亮后，高耸姿态与崭新的建材都将一代建筑大师沈祖海及美国HOK建筑师事务于1989年所合作之的七层楼台北市贸展览馆建筑大作之间拉开距离。尤其当由101俯瞰台北夜景成为一种风潮后，更相对显出世贸夜间没有其地廓性的缺点。

一、引 言

建筑是艺术美学的呈现，而照明在建筑中具有画龙点睛的地位，也让夜里建筑的姿态增添多样性。

展览大楼与国际会议中心，位处基隆路与信义路的黄金地带，兼具了明日之星的挑战，无论是整体外观或是空中鸟瞰，动静之间平衡点的拿捏正是设计师的衡量，意味着谨慎含蓄发挥以用光塑形照明概念。

在照明与建筑相互对话下，光的语汇再次成为主角，照明设计的概念是保留既有的建筑的宏伟和空间接口的层次，透过光颜色的变化，一则带来视觉上的震撼；其次，运用节能LED照明设备创造出的色彩光线将建筑本身机能盒子规划成丰富的“光盒作用的变奏曲”。

由于建筑形象原有的大尺度而产生的具大量体，在照明手法上兼具缓和空间量体的压迫感，让活泼的夜间照明将世贸融入市容整体空间内，不同的照明设计为三时段营造不同的气氛，利用光环境、重点照明和动态的色彩变化效果，如同谱出一段有韵律的节奏，照明设计成为一种最直接的方式。

光环境运用大量色彩光源，和白天自然光相比，更能突出重点，隐藏原有建筑不足的形象，使人们印象出乎意料建构新地标与轮廓，与周遭环境的连接带动整体商机。而建筑外观堆栈的层次可以衬托其高耸壮观的造型，运用光源将空间的虚实感再次强调，相邻道路的转角节点，也因“色彩盒子”概念将转角空间软化，随着平日及假日不同变化颜色层次。

依序四季设定喷水池为“春夏秋冬”，照明与时间、季节的相关颜色的结合，它的作用仿佛时间一样，却能比时间提供更多的信息，借由色温颜色的变化通过水的流动，营造出另一种街道氛围，创造了另一种空间。

二、工程内容

基地内包含国贸大楼、展览大楼、国际会议中心及凯悦大饭店四合一的建筑群，各建筑以其独特功能与多元化服务，提供产品展示、会议、旅馆以及贸易相关设施等各项服务，堪称亚太地区设备最完善的商业活动中心。工程范围如下所示：

(1) 全区造型路灯区。

(2) 会议中心景观区。

(3) 世贸西北角大水池区。

(4) 世贸区。

(5) 世贸会议中心。

(6) 帆布招牌区。

三、设计理念

当夜色降临时，世贸壮丽的外观光源效果将建筑结构更具穿透感，而外围环抱空桥及树木是夜里最诗意的陪衬，而在观景水池入口广场，玻璃衍架经由内部的投射，仿佛形成了“光的波浪”强调了阶梯状量体的韵律感，景观广场也随着光线律动，巨大的世贸空间成了一座艺术新地标。

整体设计概念如下：

(1) City Scale：世贸及国际会议中心有独特的天际线，不规则的造型，来自建筑空间内部需求，因此建筑特点的提出，才能够彰显建筑的地位。

(2) Street Scale：建筑体上不规则的造型，创造出丰富的建筑语汇，同样彰显出建筑内部的空间特色，车潮来往，注目的焦点尽在此处。

(3) Human Scale：人行视觉的考虑。

建筑的照明设计概念与建筑设计应是紧密结合的，照明概念的设计是表达三度空间接口的质感，同时加入创造性及革命性的手法。实际上，也代表着对于照明方式的使用应是谨慎而简洁、含蓄不张扬，即能透出一种冷静的建筑仪态，以免转移对于世贸中心应有的庄重。

世贸展览馆及国际会议厅特有的花岗岩及国产瓷砖拼贴，及尊重街道尺度的层层退缩，尤其对建筑体凹凸面的变化，韵律中带有一点秩序。

而在社会经济快速的带动下，当年醒目视野辽阔的世贸及国际会议厅，相对于周遭的大楼环伺下黯然失色，可以预期的是借由照明设计的方式重现建筑的新风貌与周围商圈融合成完整的都会区。

开放、穿梭、谦虚是世贸中心原有的概念：因此，经过照明的，反射、透射、反光，而产生种种变化，利用光线使白天与黑夜不同，产生立面的新风貌，夜间的世贸建筑不再沉默，是一种包容、开放、接纳与环境周遭互动，俨然形成一个新艺术的地标。

世贸展览中心特有的挑高中庭棚架，白天能吸取自然天光，夜间则能仰望星空的宁静。但在夜间十点之前，我们试图透过内部投光的方式，让桁架及玻璃亮起，创造恢弘气度，同时也局部增加室内的照度(见图1)。

图1 (见篇后彩页)

四、景观广场灯光构想

国际会议中心喷泉位于基隆路与信义路交叉口，地位特殊，视野也较辽阔。

阶梯状的喷泉，带动此区的活力。我们特意将喷泉区设定『春夏秋冬』的季节性色彩意象，让照明与时间、季节的相关颜色的结合，它的作用仿佛时间一样，却能比时间提供更多的信息，借由色温颜色的变化通过水的流动，营造出另一种街道氛围(见图2～图5)。

图2 (见篇后彩页)

图3 (见篇后彩页)

图4 (见篇后彩页)

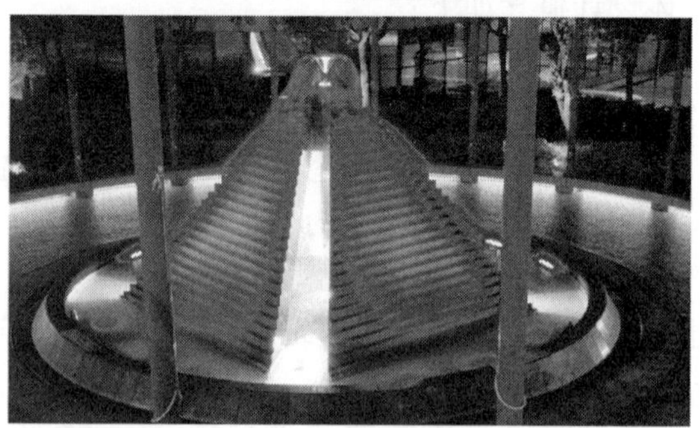

图5 (见篇后彩页)

台北世界贸易中心建筑外观上配合建筑机能的形象与理念，以简洁的垂直线条衬托其高耸壮观的造型。

在平面规划上，将所有电梯、楼梯、管道、厕所、梯厅等服务性质公共空间的设施集中于中央部份，围绕核心四周的办公室，自然采光充裕、对外视野开阔。世贸中心建筑物外观设计以三度空间之设计手法，将原先因内部机能需要的大尺度空间而产生的具大量体，利用楼梯间做阶梯状退缩减缓具大量体的压迫感，使高低变化有致形成一个壮观的天际线，以基地内整体建筑分析，世贸及国际会议中心在周遭环境不断整治后，已略显低矮，但因其建筑体腹地广大，造型独特，仍为基隆路及市府路上明显的地标建物。

尤其为促进世贸及周围饭店及休憩空间的结合，各区块间均有空中走廊及绿带或雨棚廊道来相串连，让整个世贸区的机能更形完整。

世贸展览中心建筑外观呈现了直线条衬托其壮观的造型，因此，借由照明将空间的虚实空间感再次强调，相邻的两条道路的转角节点，「色彩盒子」概念将转角空间软化，随着展览主题的不同变化颜色层次（见图 6 和图 7）。

图 6　（见篇后彩页）

图 7　（见篇后彩页）

五、光源配置

组合成世贸量体的单位，高度多为 6 米及 9 米夹杂，光源采用节能 LED 投光灯，光源分别为高亮度 LED 18W 及高亮度 LED 36W。灯具的选配，除了推广节能概念外，有计划的变色，能让节庆时的信义计划区达到多栋建筑同部变色的成效（见图 8～图 10）。

图 8　（见篇后彩页）

图 9　（见篇后彩页）

图 10　（见篇后彩页）

设计规划之初，原本是要将每个各别推出的建筑块体以灯光洗出其层次，但因建筑体本身并无电源管路，碍于灯具及管路等经费的因素，只将块体的面以投光型 LED 打亮。

其后，在承包单位上电水电工程有限公司与世贸方面多次沟通过后，在块体垂直面上以传统投光灯补强整体照明，这个双方的妥协，让世贸的夜间照明多了一股丰富的内含，也更能凸显出世贸的整体建筑语绘。

六、具体成效

设计工作的规划完成后，预估每月耗电约 8 万元左右。

设计与施工落实之间，面临种种困难，感谢整个施工团队的协助，逐步的修正，让设计整体作业能缓缓落实下来。

夜间灯光的展示，是一种白昼生活的再延伸，人类夜间的活动从热闹到到沉寂，都可借夜间灯光来表现，

随着 18:00 点到 21:00 点的黄金消费时段，将人潮引进到商圈来，除了消费外，更可借灯光重现历史或文化背景，让夜间照明也成为对人潮的一种吸引力，

9 点后，人潮逐渐散去，夜间照明将仅存一种安全或者地标性的引导。

完工后的世贸及国际会议中心，让基隆路及信义路转角亮起，层层堆栈的光盒，象征台北大都会的相容并续。

七、小　结

地球全面的暖化已经让人类开始尝到酷热、严寒、暴雨等越来越严苛的生存环境。近年节能 LED 的发展，不但能降低对电量的需求，也可降低灯具产生的多余热能，这样的发展趋势能有助于减缓地球受伤的程度。

我们也期待见到 LED 朝向更高功率、高演色性迈进。

参 考 文 献

[1] 高功率 LED 组件标准，台湾，半导体照明产业推动联谊会，2006 年

作 者 简 介

袁宗南　台湾中原大学研究所助理教授。北京清华大学建筑学院光环境博士研究生。1990 年投入照明领域，除了照明设计外，也参与照明设备施工过程，2005 年主持西安大雁塔及北广场的照明设计，将中国的传统人文思想结合现代化照明设备进入照明设计，近年更积极将 LED 设备运用到建筑外观照明中，如台北国际世界贸易中心等外观照明。

厦门半导体照明夜景工程务实

何开钧
厦门市 LED 促进中心

半导体照明夜景工程是指用半导体发光二极管（LED）灯具和控制系统从事夜间室外景观装饰照明的工程，LED 光源具有节能、环保、寿命长、色彩丰富色域宽、可数字化网络化控制等特点，能组合成绚丽多彩的图案和景观。变动的色彩最能吸引眼球、打动人心、调节气氛、激发情感。LED 光源带来现代照明技术的新思维、新观念，能将夜景工程提高到一个新的水平，重新塑造城市夜间形象，提高城市的品味和活力，带动旅游和商业的繁荣。近三年来厦门先后实施了两个主干道的 LED 夜景工程，三次全市性 LED 夜景工程，得到了普遍的赞誉和好评。

LED 夜景工程是一项跨学科技术、跨部门领域交叉融合的综合性系统工程，现根据我们的工作实践和体会，总结出一些经验和教训供参考。

一、制定城市夜景建设总体规划

制定城市夜景规划应结合城市建筑风格、景观特点、自然地理环境、人文风格环境和经济发展水平等，夜景规划应包括规划目的、规划依据、基本原则、指导思想、功能分区、系统结构、建设进度、组织管理等，确定城市夜景工程的主色调、色彩及动静的总体分布，建设成有重点、有层次、有动静、有格调、有艺术特色等要素有机组合的系统，创造一个和谐、舒适的光环境。

特别注意的是以往的夜景照明一般用光来表现建筑物，主要采用投光灯、泛光灯等照明灯具，而半导体照明夜景工程可以利用建筑物展现彩色、动静变化的光景观，用夜景工程手段制造色彩、再现色彩、管理色彩，更能展示和发展中国传统的光文化，这比单纯表现建筑物要复杂得多，并且更能控制对环境的光污染。国家建设部限制投光灯、泛光灯等高能耗照明，是 LED 光源切入的大好机会。

二、找对好的设计师和设计团队

设计第一重要，好的夜景工程设计是一件艺术作品，是动态、立体的艺术绘画，给人以美的享受。设计师要懂 LED 的功能和特性，熟悉 LED 及灯具的技术参数，了解照明电器的设计、安装、施工、控制系统及各种标准，懂建筑、艺术和视觉心理等，因此要由一个设计团队才能胜任。

设计是创造性的智力劳动、设计费用要多一些预算，以保证设计质量。

设计中可能存在如下问题：

(1) 设计无依据、无标准、无具体技术参数，画一个艺术性高的动画电脑合成效果图，最后效果大相径庭，业主无法考核验收。

(2) 夸大 LED 的功能和特点，如：LED 寿命达 10 万小时，可节电 90%，RGB 混合色彩变化可达 256×256×256=1667 万种等。

(3) 设计陷阱：自创名词术语，自创试制新灯具，美其名曰技术创新，无技术参数指标，无参考价格。

(4) 设计人员经验不足：知识面不广、不懂 LED 产品、不懂施工工艺技术。

三、编制 LED 夜景工程质量技术标准和管理相关文件

由于 LED 是新光源，相应的行业或国家技术标准和工程质量管理文件正在制定过程中，我们组织专

家在充分调研的基础上,先后编制的主要文件有:

(1) 夜景工程半导体照明产品名词术语规范。

(2) 关于建立厦门市夜景工程质量保证体系的若干意见。

(3) 厦门市夜景工程半导体照明器件部件产品技术规范。

(4) 厦门市半导体照明夜景工程施工质量验收技术规范。

四、夜景工程全过程质量控制与管理

(1) 突出重点,明确技术参数指标。商业街、标志性建筑物、主干道、主要景观点为建设重点,动静快慢、闪动亮跳变化,色彩程序控制等要求明确。

(2) 整个工程全过程控制与监督质量。从整个预算、招投标、设计、采购、生产、施工、监理、维护到管理各个环节都要控制质量,监督质量,检查质量,以保证工程质量。

(3) 由光学、光电子、半导体照明、自动控制、电器、灯具、建筑设计、建筑工程、建筑施工、建筑监理、检验测试等不同行业、不同领域的专家组成 LED 应用示范与指导专家组,厦门专家组由 14 位专家组成,对 LED 夜景工程全过程进行质量指导与监督。

(4) 从源头把关,建立企业准入和产品质量检测制度。厦门对生产企业、装配企业等的资质和规模做了规定,达到规定要求的企业才有投标的资质。所有 LED 产品、灯具、控制器及系统必须达到产品技术规范的质量要求,采购的产品先送以市产品质量检验所为依托的 LED 检测中心检测,对现场应用的产品由市质检所派人到施工现场抽检,专家组成员和科技局干部一起分批次到生产现场查看生产情况,到建设工地巡查施工工程,实现从产品到施工全过程的检查监督。

(5) 防止各个环节弄虚作假。由于建筑行业的特殊性,夜景工程全过程的每个环节都会有人弄虚作假,防不胜防。建议遵循公开、公正、公平原则,全过程各个环节公开、透明,全过程由纪检、监督部门、新闻媒体和公众共同监督。

五、设计、产品生产、施工形成联合体,共同参与投标

设计、产品采购、建筑施工三者互相扯皮、推诿的工程很多,采购的产品不符合技术要求,施工单位不懂设计意图,施工达不到设计质量和效果等等,无法保证工程质量。厦门通士达、科润、华联等单位联合起来,三位一体,联合投标,避免了上述问题。

1. 设计、产品生产、建筑施工单位的技术文件要齐全

设计有技术参数具体指标;产品有说明书、出厂证、使用说明;施工有施工工艺技术文件。

2. 不能用最低价中标的办法

建议一:LED 是新光源,好的夜景工程要求有创意和创新性,如有可能列入科技攻关项目或示范工程项目,不用招投标的方式最好。

建议二:按工程投标单位所有报价的平均值为中标价格,最接近的为中标单位。

建议三:去掉一个最高价,去掉一个最低价,采用中间价中标的原则或用邀标的办法处理。

3. 存在的主要问题

(1) 设计、产品、施工三者的技术文件不齐。

(2) 三无产品、无生产厂家和厂址、无产品合格证、无技术文件。

(3) 建筑施工单位无资质、无相应的技术人员和工人。

(4) 无标准验收产品,产品无检测报告。

(5) 投标单位联合围标。

六、有资质的施工队伍

项目经理应有电器工程施工工程师的水平，施工人员有电器安装施工证或上岗证，高楼工程要由高空作业施工证的技术工人施工，以保证工程质量和安全。

七、工程监理

由有资质和经验，熟悉建筑电器监理标准的监理工程师，认真负责对现场施工进行监理与抽查。

八、维修和日常管理

（1）日常管理由市、区两级夜景办负责，维护由业主负责。
（2）建议按 LED 额定电流的 60%～75%供电，用脉冲电流比较省电。
（3）建议纳入城市路灯管理体系供电与管理。

九、夜景工程的评价问题

1. 人人有评价的权力

城市夜景工程主要是给人看的，夜景工程的评价以人的主观评价为主，由于光的色彩与变化引起人的感觉不同，引发的心理光学效应和情感变化更因人而异，因此不能由少数专家评价算数，而要通过人群的抽样调查来评价。

2. 游客和当地居民分别调查

夜景工程对游客和当地居民的影响和作用是不同的，对游客的影响是正面的、积极的，而对当地居民的影响负面的较多，应特别注意眩光和光污染问题。

十、其他经验教训

（1）LED 发光管本身不易坏，易坏的主要是插头（座）接口，开关电源，控制电路，控制系统等，特别要注意防水等问题。
（2）LED 控制与驱动电路的质量与效率应特别注意，控制电源能耗高，也达不到节能的效果。
（3）夜景工程可以整体联动、网络化控制，可定时进行夜景灯光联合表演，更节能省电，更引人入胜。
（4）大规模夜景工程可采用远程监视控制系统，方便管理，可实时远程监视，控制质量。

服务中心全貌

办公室内采用的大功率LED格栅灯

餐厅使用的大功率LED吊灯

大厅使用的大功率LED筒灯

中闽大厦

金雁酒店

厦门集美大学城

鼓浪屿夜景

中山路商业广场

白鹭洲酒店

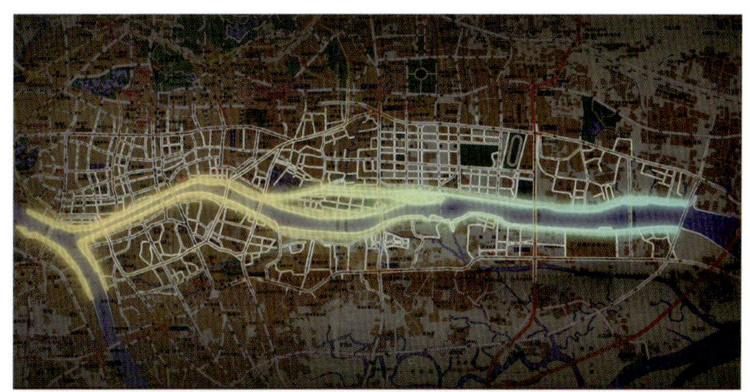

中山二院

citigroup
PHILIPS

第四部分

索引篇

中国半导体照明产业发展年鉴(2006)

中国半导体照明产业发展年鉴(2006)

第四部分　索引篇

福建省泉州紫欣光电有限公司
福建亚明工贸有限公司
福建源光亚明电器有限公司
福州超凡电子有限公司
福州洁特环境新技术有限公司
福州通安电子有限公司
福州展智科技有限公司
环维(厦门)光电有限公司
环维(厦门)照明有限公司
佳晶光电(厦门)有限公司
来美特光电(厦门)有限公司
明达光电(厦门)有限公司
柠檬(厦门)电气有限公司
泉州市马考华誉温差电子有限公司
苏米特电子(厦门)有限公司
厦门凡乐贸易有限公司
厦门高贤电子科技有限公司
厦门高卓立液晶显示器有限公司
厦门哈隆电子有限公司
厦门鸿光电子有限公司
厦门鸿协光通讯科技有限公司
厦门晶欣电子有限公司
厦门靓星光电科技有限公司
厦门炬嘉光电科技有限公司
厦门科润电子技术有限公司
厦门澜天企划设计有限公司
厦门郎星光电有限公司
厦门力腾电气设备有限公司
厦门联创微电子股份有限公司
厦门亮而丽光电科技有限公司
厦门乾照光电有限公司
厦门瑞发莱光电科技有限公司
厦门市东林电子有限公司
厦门市峰光辉光电科技有限公司
厦门市光莆电子有限公司
厦门市华软科技有限公司
厦门市萨珀莱照明技术有限公司
厦门市尚明达机电工业有限公司
厦门市新普龙半导体有限公司
厦门市鑫光源光电科技有限公司
厦门市永华力工贸有限公司
厦门天力源太阳能有限公司
厦门通士达照明有限公司
厦门厦荣达电子有限公司
厦门鑫光大道科技有限公司
厦门依莱光电有限公司
紫欣光电(泉州)有限公司

广东省

LUXPIA CO.,LTD
艾遂恩机电(深圳)有限公司
爱立德光电照明灯饰厂
百家照明电器厂
佰鸿电子厂
长裕科技(深圳)有限公司
超科有限公司
大昌照明有限公司
大雁电子厂
大赢数控设备(深圳)有限公司
东莞横沥大德电子有限公司
东莞立生光电厂
东莞市邦臣光电有限公司
东莞市朝阳电子科技有限公司
东莞市福地电子材料有限公司
东莞市光宇实业有限公司
东莞市虎门明亚电子厂
东莞市华光光点科技有限公司
东莞市晶越电子有限公司
东莞市精源电子有限公司
东莞市科锐德数码光电科技有限公司
东莞市企石鑫光源电子厂
东莞市泰格电子五金有限公司
东莞市旭昶光电科技有限公司
东莞市永辉照明科技有限公司
东莞市兆天灯饰有限公司
东莞源晶光电科技有限公司
非特光电科技有限公司
富士达电子科技有限公司
高盛灯饰配件厂
古镇中昌电器灯饰厂
光博电子(深圳)有限公司
广东百佳百特实业(集团)有限公司
广东济胜科技贸易有限公司
广东省中山市古镇星雨灯饰厂
广东亚一光电科技有限公司
广州达志电子有限公司
广州东方星电子灯具有限公司
广州格瑞灯具有限公司
广州幻彩照明电器有限公司
广州锦图照明电器有限公司
广州科瑞电子有限公司
广州亮而丽灯饰有限公司
广州施佳科技资源管理有限公司
广州市白云区极光电子厂
广州市白云区石井永通电子厂
广州市德昇电子设备有限公司
广州市光辉电子有限公司

深圳市东方红升实业有限公司
深圳市方大国科光电技术有限公司
深圳市丰盈鑫光电科技有限公司
深圳市富安达电子有限公司
深圳市富士新华电子科技有限公司
深圳市富通电子有限公司
深圳市赣虹电子有限公司
深圳市格天光电有限公司
深圳市耕创电子有限公司
深圳市冠亚星光电子有限公司
深圳市光宝实业有限公司
深圳市光博光电科技有限公司
深圳市国兴观点子有限公司
深圳市国冶星光电子有限公司
深圳市翰群科技有限公司
深圳市好品微电子有限公司
深圳市恒冠科技有限公司
深圳市红彩虹显示科技有限公司
深圳市红绿蓝光电科技有限公司
深圳市宏齐科技有限公司
深圳市泓亚光电子有限公司
深圳市华美光电子有限公司
深圳市华仁光电子有限公司
深圳市华鑫泰电子有限公司
深圳市辉锐光电科技有限公司
深圳市汇大光电科技有限公司
深圳市惠达电子有限公司
深圳市惠晟电子有限公司
深圳市佳光电子有限公司
深圳市佳金光电技术有限公司
深圳市佳美光电电子有限公司
深圳市佳讯光电子有限公司
深圳市佳昱光电有限公司
深圳市捷安欧普光电有限公司
深圳市金东方实业发展有限公司-中山光电部
深圳市劲升迪龙科技发展有限公司
深圳市晶微源电子有限公司
深圳市晶之鑫光电科技有限公司
深圳市巨瀚照明技术有限公司
深圳市凯越光电科技有限公司
深圳市坎德拉电子技术开发有限公司
深圳市康利斯电子有限公司
深圳市科信超声焊接设备有限公司
深圳市来田实业有限公司
深圳市蓝宝丽光电科技有限公司
深圳市蓝科电子有限公司
深圳市蓝普科技有限公司
深圳市利丰光电科技有限公司
深圳市联泰电子有限公司
深圳市联兴达科技有限公司
深圳市良晨光电有限公司
深圳市林泰实业有限公司
深圳市隆华光电有限公司
深圳市茂腾科技有限公司
深圳市淼浩高新科技开发有限公司
深圳市明昌光电科技有限公司
深圳市明学光电科技有限公司
深圳市沐昌光电有限公司
深圳市诺佳光电科技有限公司
深圳市磐龙光电技术有限公司
深圳市鹏宇龙光电科技有限公司
深圳市普惠光电子有限公司
深圳市普耐光电科技有限公司
深圳市齐普光电子有限公司
深圳市奇星之光电科技有限公司
深圳市琦鑫源电子有限公司
深圳市祺丰光电科技有限公司
深圳市青虹电子科技有限公司
深圳市清科投资有限公司
深圳市日亚电子有限公司
深圳市瑞丰兴电子有限公司
深圳市瑞能达电子有限公司
深圳市瑞梓光电有限公司
深圳市三明光电子有限公司
深圳市三迅光电有限公司
深圳市山本光电有限公司
深圳市闪亮光电有限公司
深圳市深博照明科技有限公司
深圳市深飞电子有限公司
深圳市神州光电高科技有限公司
深圳市圣迅实业有限公司
深圳市晟鑫宏电子有限公司
深圳市世峰科技有限公司
深圳市世纪光点电子科技有限公司
深圳市双丰电子厂
深圳市顺美达科技有限公司
深圳市顺天光源技术有限公司
深圳市硕洋电子有限公司
深圳市特利达电子有限公司
深圳市通达光电子有限公司
深圳市通用科技有限公司
深圳市同光电子有限公司
深圳市拓锦电子有限公司
深圳市万易达电子有限公司
深圳市旺源观点科技有限公司
深圳市威斯照明技术有限公司
深圳市维霖光电有限公司
深圳市伟光实业有限公司

江苏省

常州永亮电子科技有限公司
江苏奥雷光电有限公司
江苏伯乐达光电科技有限公司
江苏鼎邦光电科技有限公司
江苏宏德电子有限公司
江苏晶正电子有限公司
江苏绿色照明工程有限公司
江苏省金田高科电子有限公司
连云港比斯特光源科技有限公司
连云港市华迪生光电制造有限公司
南京飞洛电子有限公司
南京冠顶光电有限公司
南京汉德森科技股份有限公司
南京华鼎电子有限公司
南京华东电子信息科技股份有限公司
南京洛普股份有限公司
南京尚杰电子有限公司
南京台联光电科技有限公司
启东市杨成电子有限公司
苏州嘉大电子有限公司
苏州吴中区茂达电子电器厂
无锡成田工贸有限公司
宜兴市创业电子有限公司
宜兴市达光电子器件厂
宜兴市亿光电子有限公司
张家港市隆达电子科技有限公司
镇江方正照明电器有限公司
镇江润光电子有限公司
镇江润晟光电有限公司

上海市

OSRAM 中国照明有限公司 LED 照明系统部
德丰杰龙投(上海)创业投资咨询有限公司
德仪国际贸易(上海)有限公司
ENFIS LTD
复旦大学光源与照明工程系
品能光电技术(上海)有限公司
赛星水下照明灯具厂
上海百虹光电技术有限公司
上海伯翰机电科技有限公司
上海大晨光电科技有限公司
上海大峡谷光电科技有限公司
上海灯庆进出口有限公司
上海格徕照明电器有限公司
上海光谷科技有限公司
上海广电电子照明技术研究开发中心
上海广茂达灯光景观工程有限公司
上海宏力半导体制造有限公司
上海今昭灯饰器材有限公司
上海巨光电器有限公司
上海钧朗光电科技发展有限公司
上海浪涛光电科技有限公司
上海泸江照明电器有限公司
上海罗萌光电科技有限公司
上海麦盛数码科技发展有限公司
上海曼斯雷德光电有限公司
上海美方实业有限公司
上海韧峰空压机成套设备有限公司
上海三品照明设备有限公司
上海神亮高科技有限公司
上海唐业照明科技有限公司
上海威宜登光电有限公司
上海新港半导体器件厂
上海兴雨灯饰有限公司
上海殷泉电子有限公司
上海宇体光电有限公司
上海元川电子科技有限公司
上海正冈照明工程有限公司
先锋科技股份有限公司
星喜国际贸易有限公司

浙江省

创基百迪灯饰电器厂
慈溪市英奇集成电路有限公司
杭州彩虹光电有限公司
杭州创惠仪器有限公司
杭州鼎恒电子有限公司
杭州富阳新颖电子有限公司
杭州雷威电器有限公司
杭州三高光电科技有限公司
杭州星谱光电科技有限公司
杭州勇进阻燃电器厂
杭州浙大智能科技有限公司
杭州中港数码技术有限公司
航州浙大三色仪器有限公司
嘉兴市星都照明电子有限公司
兰芯光电测试仪器
乐清市柳市佳诚电子厂
临海市富邦彩灯厂
临海祥瑞灯饰有限公司
宁波埃斯科华龙电子有限公司
宁波艾梯奇灯具有限公司
宁波安迪光电科技有限公司
宁波北仑虎杰电子有限公司
宁波丰驰电子科技有限公司
宁波富诚灯饰电器有限公司
宁波富泰电气有限公司
宁波华星电子有限公司

重庆市

安徽省

广西省

河北省

河南省

湖北省

江西省

山东省

山西省

陕西省

四川省

企业索引 1

部分企业介绍

华刚光电集团有限公司

华刚光电集团有限公司于1982年在香港创立，现已跻身亚太地区领先LED制造商之列。华刚光电拥有十多年设计及生产高亮LED灯、显示屏及模块的经验，并取得授权采用CREE的inGaN Nitride及专利荧光粉转换技术，生产超高亮度白光LED。华刚位于中国的生产厂房均已获取ISO 9001、ISO14001及ISO/TS16949的优质认证；资深的工程人员以最先进的设施，研究及设计多种满足客户需求的应用产品，包括全彩显示屏、信息显示板、交通灯、汽车照明、铁路信号灯、大尺寸液晶电视背光模块及特殊照明。

以香港作为基地，华刚是超高亮度LED业界中之先驱，以最先进的专业封装技术生产全彩以至白光之超高亮度LED。

专利的超高亮度LED：华刚专利的超高亮度1W DORADO™ LED荣获2005香港工商业奖的科技成就优异证书。DORADO™采用QFN(Quad Flat Non-Lead)集成电路技术进行封装，可于300～450mA的正向电流下工作，亮度可达45lm。此外，其7.0mm×7.0mm模压式镜片装置及外露基座设计能把传热效率大大提高，使产品的寿命较长，此设计亦可确保产品使用时的稳定性及可靠性，相对传统灯泡，更能减少受震时对产品所造成的冲击。

大尺寸液晶电视的LED背光模块：华刚以其专利产品0.5W MINI DORADO成功组成了液晶电视的LED背光源。0.5W MINI DORADO是市场上体积最小的LED，由其组成的背光源均能达到其高亮度及高可靠性的表现，为(液晶屏幕)生产商提供最佳之选。华刚与香港应用科技研究院及TCL集团工业研究院携手合作的"主动式动态LED背光模块在大尺寸液晶电视的应用"于2006年获得了"首届国家半导体照明工程创新大赛"的产品创新奖。为业界体积最小的产品。

贴片连镜：华刚的"贴片连镜"(SMD with lens)将表面黏贴封装与放射性LED的窄角度放射相结合。并能为客户提供有聚焦窄角、表面黏贴封装的LED，适应用包括汽车、特殊照明等。

侧发光LED：华刚使用贴片技术的新发展侧发光LED早于2003年全面投产，该产品的光源处于侧面，为贴片LED用户提供更灵活的应用。

功率型贴片：与传统2脚设计比较，功率型贴片采用独特的4脚设计，以达致更佳的散热效能，并能在更高的50mA电流下工作，产生更加光亮的贴片LED。

Screen MasterTM：Screen MasterTM是一种专门为信息显示板及全彩显示屏而开发的椭圆形5mm LED。它提供广阔观看角度、近乎完美的全彩RGB远程图光线分布。

地址：香港沙田科学园科技大道东2号光电子中心6楼

负责人：施毓燦先生

电话：852-2424 8228　　注册时间：1982年

传真：852-2422 2737　　注册资本：6000万港币

电子邮件：devsales@cotco.com　　企业人数：1000人

网址：www.cotco.com　　研发人员数：60人

所属产业链环节：电子零部件供货商

主要经营产品：LED

德国爱思强股份有限公司

AIXTRON 公司是目前全球规模最大和市场占有率最高的化合物半导体外延设备供应商，它在全世界安装了八百多套设备，并在十五个国家有常驻代表。它于 1983 年从德国亚琛工业大学独立出来正式成立。1987 年成立美国 AIXTRON 公司。1997 年公司在 Frankfurt 上市。1999 年收购英国 THOMAS SWAN 公司，并拥有瑞典 EPIGRESS 公司 70%的股份，同年 MOCVD 设备销售占全球 54%的市场份额。2000年拥有法国 J. I. P 电子公司百分之七点四的股份，市场份额增加到 57%。2001 年成立韩国 AIXTRON、台湾 AIXTRON 和日本 AIXTRON 分公司，2002 年在中国成立上海代表处。2005 年合并美国 Genus 公司并在美国 NASDAQ 上市。

AIXTRON 公司是目前全球最主要的化合物半导体外延设备供应商

AIXTRON 制造的生产型和研发型 MOCVD 设备主要应用于生产高电子迁移率晶体管、异质性双极晶体管、超高亮度发光二极管(包括蓝光和绿光)、激光二极管、光数据传输元件以及空间太阳能电池等。

主要技术应用在两方面：光电子和微电子。

微电子领域主要是高温、高频、大功率等材料，可以用在交通运输、石油钻探、空间探索等方面。

在光电子领域里，有发光二极管和激光二极管。发光二极管主要做半导体照明及大屏幕显示等，它给半导体照明技术带来了革命性的变革。不仅耗电量是普通电灯的十分之一，寿命也是普通灯泡的十倍，发光时间达 10 万小时。日常生活应用如手机的背景照明，大屏幕显示，室外全彩照明。而激光二极管主要用在定向、医疗、DVD 光存储方面。

地址：上海市虹桥路 3 号，港汇中心二座 3209 室(200030)

法人代表/负责人：Wolfgang Breme

电话：021-64453226　　注册时间：2002 年

传真：021-64453742　　注册资本(万元)：n/a

电子邮件：info@aixtron. com　　企业人数：> 560 人

网址：www. aixtron. com　　研发人员数：> 50 人

所属产业链环节：www. china-led. net

主要经营产品：金属有机物化学气相沉积系统(MOCVD)

厦门华联电子有限公司

厦门华联电子有限公司成立于 1984 年 8 月 8 日。始终坚持以质取胜，以科技为主导，质量为主线，走高新技术、不断创新之路，取得显著成绩，被列为市百家重点企业、省 20 家重点电子企业、全国重点高新技术企业。中国光学光电子行业协会光电器件专业分会理事长单位、国家半导体照明工程研发与产业联盟主席单位。

公司秉持“高素质、高标准、不断超越”的企业精神，正朝着规模化、集团化、国际化方向发展。引进美国、荷兰、日本等国际先进水平的现代化半导体光电器件、微电脑控制器生产线，拥有一套完整的设计开发系统和高素质的设计队伍，具备软硬件开发能力，被授予“省级技术中心”和“市级技术中心”，截止到目前已开发四大类 35 个系列近 5000 种产品。公司通过管理体系一体化整合认证，亦即 2000 版 ISO9001 质量管理体系、ISO14001 环境管理体系及 GB/T28001 职业健康安全管理体系，建立三者兼容的全面质量管理体系，是国内最具实力的半导体光电器件、微电脑控制器生产企业之一。

承担并完成国家级项目 24 项，其中国家级火炬计划项目 10 项、国家级重点新产品 5 项、国家级技术创新项目 2 项，国家级重点技术创新项目 1 项，信息产业部电子信息发展基金项目 2 项，国家发改委国债项目 2 项，科技部创新基金项目 1 项

地址：厦门市火炬高技术产业开发区华联电子大厦(361006)

法人代表/负责人：程德保

联系电话：0592-6037466　　注册时间：1984 年 8 月 8 日

传真：0592-6021191　　注册资本：8897 万元

电子邮件：office@xmhl. com. cn　　企业人数：1600 人

网址：www. xmhl. cn　　研发人员数：120 人

所属产业链环节：光电子、家电、医疗电子

主要经营产品：半导体光电器件、LED 照明应用产品、医疗电子产品、微电脑控制器、汽车电子

上海蓝宝光电材料有限公司

上海蓝宝光电材料有限公司是 LED 领域高新技术企业，创建于 2000 年 9 月，注册资金 18898 万元人民币。以台湾团队为技术支撑，与科研院所结成产、学、研联盟，先后承担国家“十五”、“十一五”863 重大项目；拥有几十项自主发明专利，

大功率芯片光效达 60lm/W 以上的国内领先水平；规模化产业基地 3.5 万平方米，生产设备近 300 台，年产能 1800KK，雄居国内第一。GaN LED 蓝、绿、紫光外延材料及系列管芯产品畅销国内市场，荣膺国家工程应用创新奖、上海市重点新产品等荣誉。

地址：上海市松江区文俊路 2 号(201616)

法人代表/负责人：周建华

电话：021-57766519　　注册时间：2000.9.21

传真：021-57767928　　注册资本：18898 万元

电子邮件：mfclb@yahoo.com.cn　　企业人数：230 人

网址：www.sh-rainbow.com.cn　　研发人员数：25 人

所属产业链环节：上游、中游

主要经营产品：GaN LED 蓝、绿、紫光外延片及管芯系列

深圳市量子光电子有限公司

深圳市量子光电子有限公司是一家专业的集 LED 研发、生产、销售为一体的民营高科技公司，拥有一支高素质的专业研发队伍和最先进的生产设备，视质量为企业生命，严格执行 ISO9001 质量控制体系，紧随世界之 LED 新光源研发方向，走在高科技产业的前列。我们致力于向客户提供高品质的产品及服务，持续改进，不断创新，力求做到最好，成为最好 LED 照明光源制造商，为世界带来绿色光明。

本公司研制的系列 1W、3W、5W 大功率照明级 LED 产品已处于国内领先水平，超亮白光 DIP LED 各项指标已处于业内领先水平。

一、主要研究方向：

1. Emitter 新产品研发

2. Emitter 新产品量产设备研发

二、主要研究成果：

1. 确定 Emitter 新产品内外部结构，技术，产品工艺流程及选材

2. 确定 Emitter 新产品量产设备共晶设备，压透镜设备，全功率足电流半自动测试分档设备

地址：深圳市华侨城中航南沙河工业区深南电路大厦南座 4 楼(518053)

法人代表/负责人：刘镇

电话：0755-83441280　　注册时间：2003 年 7 月

传真：0755-83303856　　注册资本：200 万元

电子邮件：lilychan@quantum-led.com　　企业人数：200 人

网址：www.quantum-led.com　　研发人员数：20 人

所属产业链环节：封装

主要经营产品：半导体照明 Power LED

深圳雷曼光电科技有限公司

公司主要从事中高端 LED 产品的生产及销售，主要产品可分为：显示屏系列、交通灯、汽车灯系列、灯饰、照明系列、背光源系列，现月产量为 30KK，拥有产品研发部、品质保证部、生产部、国内销售部及国际部产品已在全球销售，未来力争成为行业内领导性企业！

公司重点项目与成果：

<1>公司用于户外全彩显示屏的“Magic Screen” LED 系行业首创，已获众多国内、外客户好评

<2>公司扇形灯系公司自主研发并拥有知识产权的产品，改变了户内屏的竞争格局

地址：深圳市南山区高新科技园北区科苑路旁好易通七 F(518057)

法人代表/负责人：邵以健

电话：0755-86139006　　注册时间：2004 年 7 月 21 日

传真：0755-86139001　　注册资本：1000 万元

电子邮件：Jason-shao@ledman.cn　　企业人数：200 人

网址：www.ledman.cn　　研发人员数：20 人

所属产业链环节：LED 封装

主要经营产品：发光二极管(LED)

方大集团股份有限公司

方大集团股份有限公司成立于1991年,上市于1994年。集团下设幕墙、自动化、半导体和板材事业部。半导体事业部主要从事半导体照明产品的研究、开发与制造,下属深圳市方大国科光电技术有限公司和深圳沃科半导体照明有限公司。1999年,方大作为国内第一家批量生产半导体照明用外延片和芯片企业,在国家和地方政府的大力支持下,经过几年的努力,其核心业务已涵盖从外延生长、芯片制造、光源封装到各种灯具,泛光和景观照明系统设计与制造,各种背光源模组设计与制造,室内室外广告显示系统设计与制造整条产业链,是国内著名企业之一。

主导产品包括用于制造紫、蓝、绿色芯片的外延片,各种尺寸的抗静电正装芯片和倒装芯片,各种规格的照明用大功率发光二极管,用于各种照明场合的标准和非标准照明灯板、灯条以及各种规格的背光模组,各种照明灯具,各种数码控制之户内户外泛光和景观照明系统,各种室内室外广告显示系统和彩显幕墙系统。主要研究方向以外延技术和芯片制造为核心,不断提升芯片发光效率,通过结合封装、灯具、照明、显示、系统设计方面的独特技术,特别是防水、防紫外线和全方位散热技术,开发和生产新一代半导体照明系统及其应用。

未来,方大集团将继续秉持“科技为本,创新为源”的经营理念,坚持“诚实、信任、合作、进取”的企业文化和行为准则,通过市场决定方向,技术引领发展,以“创一流企业、创一流产品,创一流服务”的承诺,把方大半导体事业打造成掌握有核心自主知识产权的著名半导体照明系统供应商之一。

“十五”期间,方大集团承担并完成国家半导体照明产业化重大科技攻关项目,开发并研制成功的Tiger系列半导体照明芯片被列为2006年国家重点新产品。方大国科承担的国家863项目下完成的衬底减薄技术获2004年深圳市科技进步二等奖。由沃科半导体照明设计制造的半导体照明台灯被列为2005年国家重点新产品。由沃科半导体照明设计并完成的上海市花旗大厦LED彩显幕墙系统集半导体光源、全彩显控制、幕墙技术与工程设计施工技术于一身,2006年获首届“国家半导体照明工程创新大赛”工程应用创新奖。方大集团是2006年成立的深圳市半导体照明产业发展促进会理事长单位,建有深圳市企业博士后工作站,市级企业技术中心。方大国科建有深圳市半导体照明工程研究和开发中心。

地址:广东省深圳市南山区西丽龙井方大城　(518055)

法人代表/负责人:熊建明

电话:0755-26788571　　注册时间:1991年12月

传真:0755-26788353　　注册资本:29640万元

电子邮件:alan@fangda.com　　企业人数:180(从事LED)人

网址:www.fangda.com　　研发人员数:26人

所属产业链环节:外延、芯片、封装、应用

主要经营产品:芯片、半导体照明光源和系统

武汉迪源光电科技有限公司

武汉迪源光电科技有限公司是专业从事半导体照明LED外延片、瓦级功率芯片研发和生产的企业。迪源光电引进美国技术和国际知名技术管理团队,由武汉高科国有控股集团有限公司投资,依托武汉光电国家实验室,与美国、加拿大、新加坡及国内的相关研究机构和公司合作,在武汉东湖新技术开发区形成产学研紧密结合和产业链的集聚效应。拥有完整的MOCVD外延炉,芯片生产线包括ICP刻蚀机、电子束蒸发台、PECVD、磨片机、激光划片机、测试分拣机以及先进的表征、材料分析仪器包括SEM、表面轮廓仪、固体高分辨核磁谱仪、拉曼光谱仪等,生产能力达到年产2.4亿只芯片。到2010年,形成年产48亿只芯片的生产能力,成为国际知名的半导体照明公司。

一、武汉迪源光电科技有限公司是国家高技术研究发展计划(863计划)新材料技术领域重大项目“半导体照明工程”的主要承担单位,承担的项目有:

100lm/W功率型白光LED制造技术

合作单位:环球利特

RGB三基色白光LED制造技术

合作单位:国星光电

二、公司拥有以下关键技术,包括4项发明专利核心技术:

1. 粗化电极用于高亮度正装LED芯片和垂直LED芯片的制作工艺

本发明涉及氮化镓(GaN)半导体制作高亮度LED芯片的一种工艺方法,尤其是涉及透明导电薄膜ITO表面的粗糙化以提高LED芯片的出光效率,属于纳米加工和半导体照明技术领域。

2. 有电流扩展限制层的GaN基垂直LED功率芯片制备方法

本发明涉及一种半导体器件的制造工艺方法,特别是涉及一种有电流扩展限制层的GaN基垂直LED功率芯片的制

备方法。

3. 含纯金 Au 的合金键合 LED 倒装工艺方法

本发明涉及一种半导体器件的制造工艺方法，特别是涉及一种含纯金 Au 的合金键合 LED 倒装芯片(Flip-Chip)的制备方法。

4. 准垂直混合式 N 型高掺杂 GaN 基 LED 倒装芯片制备工艺

本发明涉及一种半导体器件的制造工艺方法，特别是涉及一种准垂直混合式 N 型高掺杂 GaN LED 芯片的制备方法。

地址：武汉市武昌喻家湖路 8 号 D5 楼(430074)

法人代表/负责人：董志江

电话：027-87792360　　注册时间：2006 年 4 月

传真：027-87792534　　注册资本：4200 万元

电子邮件：jim8848@sina.com　　企业人数：150 人

研发人员数：30 人

所属产业链环节：LED 外延及芯片

主要经营产品：全色列(AlGaInP 和 GaN)超高亮度 LED(发光二极管)外延、芯片以及其他光电材料的规模生产、研发和应用开发；LED 应用系统工程设计、施工。

宁波宝鑫铁路信号设备制造有限公司

宁波宝鑫铁路信号设备制造有限公司是在象山冶金电器设备厂的基础上于 2002 年引入外资组建而成的。象山冶金电器设备厂创建于 1990 年，公司占地 20000m^2，建筑面积 12000m^2，固定资产原值 1200 万元，现有各类加工、测试设备 182 台套，员工 150 人，其中工程技术人员 21 名，年产值每年以 20%～30%的速度递增，2005 年销售额达到 2500 万元，利税 238 万元(含冶金电器部分)。

公司下设 5 个科室 8 个车间，产品有几大类：①电力成套设备；②冶金电器；③铁路信号产品；④公路信号产品；⑤汽车配件。冶金成套产品销往宝钢、武钢、马钢、梅钢、楼钢、宁波宝新等各大钢铁企业，铁路信号产品销往北京、上海、天津、重庆等大城市的地铁公司，公路信号产品销往国内各大城市。汽车配件产品出口美国、澳大利亚、日本和台湾。

公司以科技创新、质量求精、讲究信誉、服务求诚为质量方针，建立了严格的质量保证体系，于 2002 年通过了 ISO9001-2000 的质量认证，2003 年通过了“3C”认证。公司先后被评为象山县潜力型企业、象山县科技型企业、象山县重点骨干企业、浙江省诚信企业。公司的冶金电器产品获得宝新不锈钢公司最佳设备供应商称号；配电柜获中国著名配电柜十佳品牌；智能信号电源屏列入国家经贸委重点新产品；LED 光源信号机获国家实用新型专利；信号电源屏和 LED 信号机还获得宁波市新产品新技术二等奖。

创建高新技术企业是我公司一直追求的目标。我公司从 2000 年到现在先后从外地引进高级工程师 9 名，应届大专以上的毕业生 12 名，他们有的完成一项任务后离去，有的仍留在公司从事新产品开发工作。为了使老的科技人员知识更新，我们不定期的选派一些技术人员参加各种短期培训，累计达 18 个人次。为了使公司的产品和用户能及时沟通，获取技术信息，我们还聘请了 3 位专家作为公司的长期顾问。因此我们基本上每年有 2～3 项新产品推向市场。公司每年投入的技术改造和新产品开发的费用在 100～180 万元间，约占销售收入的 3%～5%。

地铁用 LED 光源小型信号机构属专利产品，专利号：ZL 02 2 47211.8，宁波市新产品二等奖。

地址：浙江象山丹东街道陆家(315709)

法人代表/负责人：陆文光

电话：0574-65700125　　注册时间：2001 年 12 月 11 日

传真：0574-65701178　　注册资本：730 万港币

电子邮件：cnlwg@xiang3.com　　企业人数：150 人

网址：www.cnlwg.com　　研发人员数：21 人

所属产业链环节：制造业

主要经营产品：LED 光源小型信号机构、太阳能公路信号灯

宁波华联电子科技有限公司

宁波华联电子科技有限公司创建于 1990 年，坐落在杭州湾跨海大桥南端，占地面积 5 万平方米，专业生产高新技术产品 LED 显示器、荧光示屏(VFD)和马达驱动电位器。

华联电子创建之初，专业生产用于高、中档音响的马达驱动电位器及各类编码器，产品性能国内领先，市场占有率达 90%以上。

1998 年开始研发生产荧光显示屏(VFD);2001 年技改扩建引进自动化生产设备;

2004 年公司的"年产 2400 万屏荧光显示屏(VFD)生产线进技改项目"列为"国家重点新产品",同年引进了世界最先进的无排生产线;

2005 年公司投资建造荧光显示屏(VFD)薄膜生产线。

目前,华联电子具有先进的薄膜、厚膜、无排荧光显示屏(VFD)生产线,年生产能力达 2400 万屏(其中,无排产品 50 万屏/月,薄膜产品 20 万屏/月),已成为中国第二大 VFD 生产基地和技术研发中心。

2003 年,引进国际先进的全自动固晶机、全自动焊线机,建成 LED 生产线,可生产结构复杂、功能强大、质量稳定可靠的 LED 数码显示器,年生产能力达到 500KK 点。

公司始终坚定不移地推行实施 ISO 质量管理体系和环境管理体系。

公司的质量方针是:"海龙腾大海,品质创百年",环境方针是"守法降耗预防污染,精彩显示自然和谐"。

2000 年 10 月,公司马达电位器和荧光显示屏的生产和服务 ISO9002:1994 质量体系通过认证注册。

2003 年 5 月,公司荧光显示屏(VFD)产品设计、生产和服务 ISO9001:2000 质量管理体系通过认证注册。

2005 年 7 月,公司荧光显示屏(VFD)、LED 显示器产品设计、生产和服务 ISO9001:2000 质量管理体系通过认证注册。

2005 年 11 月,公司推行 ISO/TS16949 质量管理体系,2005 年以来公司先后通过美国通用电气(GE),美国捷普(Jabil)等国际知名大公司的第二方质量管理体系审核。

2006 年 9 月,公司荧光显示屏(VFD)、LED 显示器设计生产和服务及相关管理活动 ISO14001:2004 环境管理体系通过认证注册。

根据市场需求的多样性和不断升级,公司在不断更新生产设备和生产工艺的同时,加大新产品开发和员工素质的培养。形成了一支不满足现状,勇于开拓创新,设计开发实力雄厚,制作工艺技术精湛、适应市场竞争的员工队伍,为顾客快速开发并提供新产品。"海龙"品牌 VFD、LED 在功率放大器、均衡器、VCD、DVD、家用空调器、脱排油烟机以及车用空调器、车用电器、衡器产品等行业中,因享有"质优价廉、服务周全"美誉而被广泛采用。

在迅猛发展的进程中,华联电子一直致力于追求对产品负责,对环境负责、对社会负责的现代企业形象,从产品的选择、设计开发和生产工艺全面推行环保要求,内部长期开展节能降耗和"5S"管理,积极采用环保设备,确保绿化,厂区绿化面积 1000 多平方米,积极参与社会环保活动。

2006 年公司被宁波市人民政府授予"宁波市高新技术企业"和"宁波市环保模范(绿色)工厂"。

地址:浙江省慈溪市庵东工业园区纬三路(315327)

法人代表/负责人:阮国芬

电话:0574-63471168　　注册时间:1990 年

传真:0574-63472268　　注册资本:1068 万元

市场部电话(Market TEL):86-574-63478899、63479519

技术中心电话(PJE TEL):86-574-63478894(VFD),86-574-63479276(LED)

品质部电话(QC/QA TEL):86-574-63479502、63478975

电子邮件:hle@nbhle.com　　企业人数:1200 人

网址:www.nbhle.com　　研发人员数:120 人

主要经营产品:VFD LED 马达驱动电位器

山西乐百利特科技有限责任公司

乐百利特公司,主要从事光电领域的技术研究、应用,以及相关产品的开发、生产和销售,公司占地面积 250000 平方米,技术来源与世界科技前沿的美国硅谷,麾下拥有 50 多名享誉全球的光电研发人员和技术专家,掌握着 100 多项世界尖端的光电专利技术。承担了国家 863 计划功率型白光 LED 生产、制造的科研项目,成为 2008 奥运之光灯会合作承办商之一,是一家技术和经济实力都非常雄厚的跨国企业集团。

公司主要从事 100lm/W 功率型白光 LED 制造与生产,致力于功率型白光 LED 的封装及相关产品应用,LED 产品发光效率可达 100lm/W,色温达 3000~8000K,具有高显色指数、低热阻、低电压、工作寿命长等特点。建立具有国际、国内均达领先水平的外延、芯片、封装示范生产线。可取得多项国内、国际专利,同时开发出路灯、隧道灯、投光灯、景观灯系列等主要产品,以此带动许多相关的产业。

地址:山西晋城新市东街 438 号(048026)

法人代表/负责人:伍永安

电话:0356-2088799　　注册时间:2006 年 9 月 19 日

传真：0356-2088552　　注册资本：1000 万元
电子邮件：Led@lebelight.com.cn　　企业人数：200 人
网址：www.lebelight.com.cn　　研发人员数：30 人
所属产业链环节：第三、四环节
主要经营产品：LED 光源(70～100 lm/w)、LED 路灯、LED 隧道灯、LED 户内外投光灯、显示屏、LED 景观灯系列等相关产品及配套产品

大连保税区科利德化工科技开发有限公司

科利德公司成立于 2001 年，是我国高纯电子气体、高纯金属有机化合物、高纯金属烷氧基化合物开发、生产的主要厂家，产品广泛应用于化合物半导体材料、集成电路、太阳能电池等微电子、光电子领域。公司地处大连保税区，占地面积 10000 余平方米，建有 600m^2 洁净气体车间，1200m^2 气体纯化车间，650m^2 研究中心。具有一批长期从事高纯物质开发生产的科研人员，具有满足超纯分析的检测仪器及洁净生产环境。拥有满足高纯电子气体、高纯金属有机化合物合成、纯化、检测以及包装的各类实验、生产装置，配备国际上先进的系列产品检测仪器。公司立足国内急需的关键材料的研究、开发，未来目标成为在国内居主导地位的光电子基础材料研制、生产基地。

超高纯氨气(7N)纯化技术和产业化技术开发项目主要是解决金属有机化合物化学气相淀积(MOCVD)技术生产第三代化合物半导体材料氮化镓(GaN)的关键支撑材料高纯氨的需求问题。本项目研制生产的高纯超净氨是利用先进的多级吸附技术和精馏技术而设计生产的，纯度达到 99.99999%，检测控制的有害气体和金属杂质为 ppb 级，工艺技术达到国际先进水平。

地址：大连保税区仓储加工区 IE-33(116600)
法人代表/负责人：赵毅
电话：0411-87318813　　注册时间：2001 年 6 月
传真：0411-87322038　　注册资本：2000 万元
电子邮件：dlcredit@yahoo.com.cn　　企业人数：42 人
网址：www.creditchem.com　　研发人员数：16 人
主要经营产品：高纯电子气体、高纯金属有机化合物、混合气体

厦门北极光光电科技有限公司

厦门北极光光电科技有限公司是从事半导体照明项目设计研发、推广应用的专业公司，由厦门华联电子有限公司、厦门永华夜景照明装饰工程有限公司、厦门市光电工程技术研究中心、厦门市 LED 促进中心、中国轻工国际工程设计院厦门分院、厦门大学艺术研究所等共同倡导成立的。北极光科技和相关的企业为了共同建设国家级半导体产业化基地，确立了企业间的策略联盟关系。

厦门北极光光电科技有限公司凭借着十几年从事光电产业研发应用的专业背景，秉承着几十年从事 LED 产品生产制造的技术经验，已相继研究开发出 LED 城市艺术夜景灯、LED 节日装饰灯、LED 室内装饰灯、LED 安全应急灯、LED 交通信号灯、LED 数字信息屏(板)等六大系列五十多个品种，目前产品已销往欧美、亚洲，并在国内市场享有一定的知名度。

厦门北极光光电科技有限公司拥有一支高素质、专业性强的经营团队，严格按现代企业经营管理模式进行运作，与关联企业建立合作、互利、双赢的机制从而确保了公司快速健康的发展。

厦门北极光光电科技有限公司以研发创新 LED 照明产品为宗旨，以大力推广应用绿色照明产品为己任；追求卓越不断创新，始终坚持用绿色照明产品服务于客户，服务于社会———这就是我们"北极光"人永恒的追求和目标！

厦门北极光光电科技有限公司为设计研发专门成立了设计研发中心，从每款 LED 照明产品的外型、配光反射、LED 集成散热、印刷线路板等环节均进行了科学严格的研发设计、调试测试。

在各大城市的艺术夜景灯光中，北极光光电均大力向各级领导分析倡导应用 LED 灯光的优势，并规划设计出 LED 夜景灯光示范工程加以大力推广、应用，取得良好效果。在设计研发过程中，我们申报了国家科技部"十五"国家科技攻关计划重大项目"半导体照明产业化技术开发"的应用示范课题，并圆满通过国家验收获得专家良好评定，也就相关产品的散热技术、二次配光技术、计算机中心控制线路等申报了专利。

从 2002 年起，我们对半导体照明设计、研发、应用至今，已相继推广应用到几十个工程案例中，并起到了很好的示范效果，也积累了许多宝贵的经验。

经典项目：
2004 年承担了"国家十五半导体照明重大攻关课题－厦门夜景半导体照明应用示范工程项目"；
厦门禾祥西路半导体照明工程设计安装；

厦门环筼筜湖夜景灯光改造工程设计安装,其中中闽大厦获厦门“十佳 LED 夜景”评比第一名;
厦门“海上明珠”气象塔及狐尾山夜景灯光工程设计安装;
厦门思明区 LED 夜景灯光工程设计安装;
厦门湖里区 LED 夜景灯光工程设计;
厦门中山路夜景工程施工安装,其中巴黎春天思明店获“中山路靓楼灯彩谁最好看”评比第一名;
厦门翔鹭国际大酒店夜景工程,获厦门“十佳 LED 夜景”评比第十名;
厦门市市府大楼、人民大会堂夜景第二次方案设计;
合肥市市府广场周边高层建筑 LED 夜景工程;
芜湖镜湖艺术夜景照明规划设计安装;
芜湖中心广场艺术夜景照明设计安装
芜湖市新时代商业街夜景照明工程设计。

地址:厦门软件园二期环湖里在道旁 D2 幢厂房(361000)
法人代表/负责人:夏庆国
电话:0592-5763260/0592-5763262　注册时间:2002 年 1 月 18 日
传真:0592-5902519　注册资本:200 万元
电子邮件:dfcnyh@vip.163.com　企业人数:135 人
网址:www.dfcnyh.com　研发人员数:16 人
所属产业链环节:应用型
主要经营产品:LED 城市艺术夜景灯、LED 节日装饰灯、LED 室内装饰灯、LED 安全应急灯、LED 交通信号灯、LED 数字信息屏(板)

香港应用科技研究院有限公司

香港特别行政区政府于 2001 年成立香港应用科技研究院有限公司(简称“应科院”),期望透过卓越的应用科技研究来为香港建立未来发展所需要的稳固产业科技基础。应科院的使命是要进行高素质的研发工作,积极地把科技成果移转给产业界,同时培养优秀的科技人才,并整合业界及学术界等科研资源,从而为香港的竞争力带来不断向上提升的动力。目前应科院的研发及工业服务项目主要集中于四个技术范畴,分别包括集成电路设计、通信技术、企业与消费电子和材料与封装技术。

自 2005 年起,应科院因应香港及珠三角地区的发展,顺应节能与环保的世界趋势,应科院拓展其研发能量至发光二极管(LEDs)技术领域。为发展 LED 相关技术,应科院依产业链建构芯片、构装及系统设计/制造平台,为了将 LED 技术加快普及到千亿美元产值的照明市场,必须同时解决照明效率、驱动算法、降低成本及散热等问题, LED 团队开发可量产且具专利保障之知识产权技术数十项,借整合组件及封装的设计和制作、材料开发、光学和热学设计以克服技术障碍,可以实现低成本、低功耗、长寿命和快速散热的目标。LED 团队秉持着「发展世界级的创新科技,以缔造顾客导向的产业效益」的组织理念,积极将研发成果整合至液晶显示屏的背光、一般照明及车用照明的应用。

地址:香港新界沙田香港科学园科技大道西二号六座三楼
电话:(852)34062814
传真:(852)34062805
电子邮件:cztsai@astri.org
网址:www. astri.org

北京科化新材料科技有限公司（中国科学院化学所）

北京科化新材料科技有限公司是中国科学院化学所与首钢及若干自然人共同投资合办的公司，当前总资产6000万，年销售收入3000万以上。公司自1984年成立以来，先后推出了20几种新产品。目前的主要产品是微电子和光电子用封装材料，其中包括：环氧塑封料、电子级液体硅橡胶、硅树脂、有机硅环氧树脂、导电胶、LED用封装材料。各类产品的总产量达1000吨/年以上。公司在"十五"期间承担并完成了国家863计划——"用于白光LED封装的透明环氧树脂的研制和产业化"的课题研究，在"十一五"期间将继续推出"高折光指数的LED用有机硅封装材料。

地址：北京市昌平区沙河工业园(102206)

法人代表/负责人：顾里云

电话：010-80729280转5603

传真：010-80729285

电子邮件：yuanyx@263.net

网址：www.bjkehua.com.cn

注册时间：1984年8月

注册资本：4300万元

企业人数：105人

研发人员数：21人

所属产业链环节：LED封装材料

主要经营产品：硅胶、硅树脂、有机硅环氧树脂等

北京良业照明工程有限公司

北京良业照明工程有限公司成立于1996年，是北京市科委认定的高新技术成果转化项目承担单位。多年来与清华大学进行多领域合作，拥有雄厚的技术力量和开发能力。

通过10年的发展，良业公司已研究开发了四大类，18个系列，500多个品种的产品。尤其在LED建筑景观照明，LED光伏庭院、道路照明，LED建筑多媒体显示应用，以及LED声光电系统控制等工程应用领域，居于国内领先地位。

良业秉持"诚信、高效、创新"的企业精神，开放性地吸纳优秀专业人才，多年来公司积累并培养了一批成熟的专业工程技术人员和产品开发、试制技术人员，其中具有高级职称人员占23%，中级以上职称占55%。同时拥有一个国内顶级的资深专业顾问团队，为企业的品牌提升，核心竞争力的塑造，创新性的发展，起到了保驾护航的作用。

近年来公司承接了广州珠江两岸2005～2006亮化工程，累计工程造价1.2亿人民币。在此项工程中成功地将LED应用于几十栋建筑景观、河堤景观照明中，研制开发了100多个品种的不同功率RGB灯具，并成功地研制了LED声光电控制系统，得到了业内一致好评。2006年10月又成功地在温州市建筑景观照明中大量应用LED，并在LED器件的可靠性研发、和数据通信网络和控制系统取得了更深的应用研发经验。

在LED光伏庭院、道路照明中，研发试制了1W、1.5W、7W、13W、18WLED草坪灯、LED庭院灯、LED路灯，在2006北京新农村建设中承揽了海淀区、平谷区等几千套太阳能路灯工程。

地址：北京市朝阳区八里庄西里100号住邦2000商务中心1号楼东区15层(100025)

法人代表/负责人：徐宗朗

电话：010-85862288

传真：010-65880888

网址：www.Landsky.cn

注册时间：2000年12月13日

注册资本：1000万元

企业人数：92人

研发人员数：15人

所属产业链环节：封装及应用

主要经营产品：专业承包，销售照明灯具、机械电子设备，自营和代理各类商品和技术的进出口，但国家限定公司经营或禁止进出口的商品和技术除外

北京市国有资产经营有限责任公司

北京市国有资产经营有限责任公司(简称"北京国资公司")，是经北京市人民政府授权的、专门从事资本运营的大型国有独资公司。成立于1992年，对北京市重要的国有资产进行经营和管理。以市场化的运作方式组织公用事业投资是北京国资公司的投资重点之一。北京国资作为2008年奥运会的重要比赛场馆和标志性建筑-国家体育场(鸟巢)和国家游泳中心(水立方)的业主，努力贯彻"绿色奥运、科技奥运、人文奥运"的三大理念，建设精品工程，为北京奥运会留下宝贵的财富。

地址：北京市西城区金融街19号富凯大厦B座19层(100032)

法人代表/负责人：李爱庆

电话：010-66573366

传真：010-66573398

电子邮件：bjsam@bjsam.com.cn

网址：www.bjsam.com.cn

北京中科镓英半导体有限公司

北京中科镓英半导体有限公司位于通州区北京市光机电一体化产业基地，成立于2001年，注册资本为9384.4万元人民币，占地55322m^2，是从事第二代化合物半导体材料生产开发及应用的高技术企业，主要产品是高质量的2～6in砷化镓开盒即用单晶片。同时中科镓英公司为把半导体固态照明的技术成果更快的推向社会，开展了新型LED照明产品和太阳能产品的工程应用研究与实施，并成功地对厦门、福州等地的LED夜景工程进行了技术监督管理和北京中关村E世界夜景工程的实施。

地址:北京通州区光机电一体化产业基地(101111)
法人代表/负责人:郑厚植
电话:010-81501522
传真:010-81501623
电子邮件:xiaj@cctonline.com.cn
网址:www.cctonline.com.cn
注册时间:2001 年
注册资本:9384 万元
企业人数:125 人
研发人员数:35 人
所属产业链环节:基础材料
主要经营产品:砷化镓晶片

大连长城光电科技发展有限公司

大连长城光电科技发展有限公司是以 LED 光电产品的研制、开发、生产、销售为主营业务的民营高新技术企业,研发中心具有雄厚的科研能力和强大的技术支持能力,已开发了几十个常规品种和多种通用专业显示软件,并且在国内率先掌握了照明光源封装技术,并成功地完成了科研成果的具体实践化,取得了良好的效果。公司现拥有 7 项专利,3 项软件登记产品。经过 5 年的努力,公司将形成以大连为技术研发中心,东北为主要产品生产基地,销售范围遍及全国的阶梯式发展模式,成为全国规模最大、实力最强的半导体照明生产企业之一。

地址:大连市保税区中轻工贸园 6 号楼(116000)
法人代表/负责人:王克
电话:0411-87325657
传真:0411-87328367
电子邮件:Gw-cyc8023@126.com
网址:www.sjcc.com.cn
注册时间:2003 年
注册资本:100 万元
企业人数:100 人
研发人员数:60 人
所属产业链环节:半导体照明
主要经营产品:LED 及相关产品

大连路美芯片科技有限公司

大连路美芯片公司面向全球定位于高科技、高品质、低成本 LED 发光芯片和 LD 激光芯片的规模化生产与新产品开发。公司拥有来自美国的 50 多位博士、硕士组成的高级技术团队。凭借着原美国 AXT 光电公司在技术上的投入和市场影响,结合路明集团发光领域的优势资源,路美芯片一跃居于半导体照明领域国际领先水平,并远远领先于韩国和中国台湾等国家和地区。占领了国内高端芯片市场 70%的份额,实现了中国高品质 LED 发光芯片零的突破。成为世界上仅有的几家能够同时拥有发光材料和发光芯片两大半导体照明产业核心制造技术的行业骄子。

地址:大连市经济技术开发区黄海大道 1 号(116100)
法人代表/负责人:肖志国
电话:0411-84755888
传真:0411-84755858
电子邮件:xzg@luminglight.com
网址:http://www.lumeiopto.com
注册时间:2003 年 11 月
注册资本:400000 万元
企业人数:382 人
研发人员数:92 人
所属产业链环节:上游
主要经营产品:发光器件、芯片、激光器芯片和半导体芯片等

大连路明发光科技股份有限公司

大连路明发光科技股份有限公司是以发光材料及发光制品为主营、集科研、开发、生产、经营为一体的现代高新技术企业,自 1992 年在国际上率先发明高亮度铝酸盐长寿命稀土发光材料以来,一直致力于发光新材料的开发、生产和应用,产品远销美国、日本、欧洲、东南亚等 40 多个国家和地区。作为国内最大的发光材料产业基地,公司拥有经验丰富的科研队伍,课题组全体成员多年来一直从事发光材料及制品的研究,在实际工作中积累了丰富的知识和经验,已申请国内外专利 40 多项。这些专利技术已经进行了批量生产,取得了较好的结果。

地址:大连市高新园区七贤岭高能街 1 号(116025)
法人代表/负责人:肖志国
电话:0411-845755888
传真:0411-84755858
电子邮件:xzg@luminglight.com
网址:http://www.luminggroup.com
注册时间:1998 年 11 月
注册资本:4695 万元
企业人数:332 人
研发人员数:80 人
所属产业链环节:中游
主要经营产品:发光材料及制品、发光膜板、发光玻璃、发光塑料、发光纤维、发光安全标志、发光工艺品、荧光材料等

佛山市国星光电科技有限公司

佛山市国星光电科技有限公司是专业生产半导体光电器件及 LED 应用产品的高新技术企业,是全国最大的光电器件生产和出口基地。本公司占地面积为 1.4 万平方米,厂房面积 3 万平方米,员工 1000 余人,其中博士(后)、硕士学历以上的专业技术人员近 20 人。公司 2003 年出口总额 4000 万美元。

我公司各类产品获国家级新产品、部优产品、国际金奖、银奖、省优新产品等四十多项荣誉,其中 LED 彩色显示

屏、FPS红外接收器、片式发光二极管等获得国家级新产品称号。近年来我公司还承担了十多项国家、广东省以及佛山市的科技专项和产业化项目。

地址:佛山市禅城区汾江北路24号(528000)

法人代表/负责人:王垚浩

电话:0757－83980208

传真:0757－82833616

电子邮件:company@nationstar. com

网址:www. nationstar. com

注册时间:1986年

注册资本:3000万元

企业人数:1200人

研发人员数:150人

所属产业链环节:电子行业

主要经营产品:LED及其应用产品

哈尔滨海格科技发展有限责任公司

哈尔滨海格科技发展有限责任公司成立于1998年,是民营高科技企业,公司的主导产品有遥控用红外接收器、数字化音频光纤驱动器、LED及显示模块、数字电视机顶盒等。主要研究方向为近距离红外接数器件、功率型LED的应用等,企业拥有2项国际专利和23项国内专利。现有厂房1万余平方米,拥有全自动贴片机、全自动压线机、划片机、自动封装系统、镀层测厚仪、工装磨具等设备400余台套。未来将成为全球最大的红外接收器件生产基地,并全方位地开展LED的应用开发。

地址:哈尔滨开发区迎宾路集中区东湖街6号(150078)

法人代表/负责人:杨家象

电话:0451-87617979

传真:0451-87616969

电子邮件:haigekeji@163. com

网址:www. goodtake. com. hk

注册时间:1998年7月

注册资本:5000万元

企业人数:300人

研发人员数:42人

所属产业链环节:封装、测试

主要经营产品:红外接收器、数字化光纤驱动器、LED及显示模块

海信集团有限公司

海信集团是特大型电子信息产业集团公司,成立于1969年,先后涉足家电、通信、信息、地产等领域。拥有海信、科龙、容声三个驰名商标和两家三地上市公司,已经形成了年产1100万台彩电、900万套空调、1000万台冰箱的强大产能。2006年海信实现销售收入435亿元。海信拥有国家级企业技术中心,建有国家一流的博士后科研工作站,是全国高新技术企业、全国技术创新基地。海信致力于电视视频芯片技术、新型液晶显示技术、网络多媒体技术、矢量变频技术、CDMA及3G技术等的开发及应用,并在各领域取得了丰硕成果。海信将继续加大研发投入,实现2010年销售收入1000亿的目标。

地址:青岛市东海西路17号(266071)

法人代表/负责人:周厚健

电话:0532-83878888

传真:0532-83872882

电子邮件:zongcaiban@hisense. com

网址:www. hisense. com

注册时间:1994年8月

注册资本:80817万元

企业人数:15000人

研发人员数:2500人

所属产业链环节:电子信息产业

主要经营产品:家电、通信、信息类产品

杭州远方光电信息有限公司
EVERFINE PHOTO-E-INFO CO., LTD.

远方公司创建于1993年,国际照明委员会(CIE)官方正式会员单位,国家认定的高新技术企业,CMC计量许可证获得企业,IOS9001国际认证通过企业,国家“双软(软件企业及软件产品)认证”企业。远方公司是目前业内唯一一家同时获得此四项认证的企业。

远方公司是全球领先的光电测量公司之一。产品已被全球7000余家企业及七十余家政府质检机构和国际认证实验室所采用。产品销往欧美等30多个国家,内销和出口均业内遥遥领先。

远方公司十分注重技术创新并直接从美国NIST,德国PTB和英国NPL直接获得标准器具及溯源证书,确保基础量值与当今最高水平相同。远方公司关于“LED测试用高精度探头”的科研成果技术论文由国际计量局主办的国际最权威的《Metrologia》杂志发表,该项技术处于国际一流水平。

由“远方公司”承担的国家863项目——半导体照明关键测试技术与设备研究课题,顺利通过专家组验收,并获得最高等级评价——优秀。

早在1997年,国际上刚制定出第一个LED测试标准型技术文件,“远方公司”即凭借雄厚的实力投入到LED系列测试技术和设备的研究中,经过不断创新与完善,“远方公司”已成功开发出一系列成熟的LED测试仪器用于LED芯片、LED单灯及LED灯具的光度、色度、光谱及电性能的测试,并且被众多知名科研生产及质检单位及高校所应用。

远方公司将为用户提供更优质的产品和更专业的服务,“让每一位客户更加满意”。

地址:杭州市滨江高新区滨康路669号(310053)

电话:0571-86698333(10 Lines)

传真:0571-86696433

电子邮件:sales@everfine.cn/service@everfine.cn

网址:http://www.everfine.cn

杭州中宙光电有限公司

杭州中宙光电有限公司是一家专业从事各种波长的LED半导体发光器件和光传感器元件、LED绿色照明光源及应用产品的开发、生产和销售的光电企业,公司年生产各类LED单灯3亿只、各类应用产品2000万只,是目前国内大规模的LED封装企业之一。公司立志成为中国最优秀的LED光电企业,为客户提供高质量的产品及全方位的优质服务。

公司坚持以"诚信、高效、卓越"的理念取信于客户,并严格按照IS09000质量保证体系运作,从材料入库到工艺设计,再到产品制造,每个步骤和工序都有严格的品质控制。公司拥有一大批年富力强、经验丰富的专业管理人才和LED研发、生产、销售人才,并引进了自动固晶机、自动焊线机、自动灌胶机、自动分光机等先进的自动化生产设备。目前,公司生产的LED产品已获得国内主流客户的认可,并已远销欧美、日本、韩国等国家。

地址:杭州市教工路531号保亭工业园A座2楼西(310012)

法人代表/负责人:王保萍

电话:0571-88830060

传真:0571-88800307

电子邮件:zl_sales@vip.163.com

网址:www.z-light.com.cn

注册时间:2004年

注册资本:400万元

企业人数:100人

研发人员数:20人

所属产业链环节:研发生产

主要经营产品:LED半导体发光器件

杭州中为光电技术有限公司

杭州中为光电技术有限公司是集机器视觉自动测量、光电测试仪器、计算机影像分析处理等软硬件产品研发、生产、销售、售后服务于一体的高科技企业。公司研发实力强劲,研发队伍由留美专家领衔,20多位本科以上学历的软硬件研发人员组成。公司每年销售额的25%以上用于研发的投入,以高品质的产品服务于客户、不断推动中国高端产品的发展是中为的核心价值观。

公司在LED测试仪表(主要在LED光强测试、LED光通量测试、LED电参数测量等方面)、机器视觉产品(主要在机械制造行业、印刷包装行业、集成电路生产行业、影像识别等方面)检测及自动化测量领域目前均处于全国领先地位。尤其在机器视觉产品方面,中为通过不断与高校接洽合作,集结了多年的研究成果,结束了国内完全依靠进口视觉设备的神话,国产化尤其在图像处理软件上的国产化大大降低了国内生产厂商的成本投入,极大地推动了国产产品质量的提高。

公司目前主要产品系列包括:

1. 机器视觉产品系列

全自动在线异物灯检机、OCR在线字符识别系统、在线工件自动测量检测系统、在线条码识别系统、瓶口质量自动监测系统、IC生产配套测量检验系统,可根据客户提供的要求较快的为其提供优良的解决方案。

2. 测试仪器系列

光强测试仪、光通量测试仪、电参数分析测试仪、光强分布仪。大功率分光分色系统,LED测试机,芯片计数和外观缺损测试系统

地址:杭州西湖科技园西园四路2号2号楼(310030)

法人代表/负责人:张九六

电话:0571-89905290

传真:0571-88021187

网址:http://www.fast-eyes.com

注册时间:2005年4月7日

注册资本:50万元

企业人数:51～100人

研发人员数:10～25人

所属产业链环节:光学计量标准器具、自动化成套、控制系统、光谱仪、光度计其他光学仪器

主要经营产品:LED测试仪器;LED自动化生产检测;机器视觉系统

吉林东光瑞宝车灯有限责任公司

吉林东光瑞宝车灯有限责任公司原为一汽吉林汽车有限公司零部件厂,2005年资产重组为中国兵器工业集团下属吉林东光集团的全资子公司。公司主要研发和生产汽车灯具产品,具有较强的研发、试验、制造及检测手段,已经成为一汽解放、天津夏利、河北中兴等汽车厂的产品供应商。公司正在以中国兵器工业集团相关产业为基础研发HID及LED汽车灯具产品。

地址:吉林市江湾路154号(132001)

法人代表/负责人:刘延伟

电话:0432-2401501

传真:0432-2453343

电子邮件:jlrainbow@263.com

注册时间:2005年

注册资本:2660万元

企业人数:501人

研发人员数:51人

所属产业链环节:汽车灯具制造

主要经营产品:汽车灯具

江苏南大光电材料股份有限公司

江苏南大光电材料股份有限公司"成立于2000年12月,是以南京大学国家863计划研究成果作为技术支持、共同创建的中国高纯金属有机化合物(MO源)的产业化基

地，是国内唯一生产化合物半导体源材料的公司，坐落于苏州工业园区美丽的金鸡湖畔。公司主要产品有三甲基镓，三甲基铟，三甲基铝，二茂镁等十几种MO源，纯度已达99.999%～99.9999%，在产品的合成、纯化、分析、封装、储运及安全操作等方面已达到国际先进水平。产品已远销日本、韩国、欧洲市场，并占有大陆70%的市场份额。公司在2002年起通过了DNV的ISO9001质量管理体系认证，保证了我们向全球客户提供稳定的高质量的产品。

2002年获"江苏省高新技术企业"称号；

2003年被国家计委列为"高技术产业化示范工程光电子专项项目(MO源)"，同时该产品被列为"国家重点新产品"；

2001～2005年期间承担三项国家"863"项目并顺利完成。

地址：江苏省苏州市苏州工业园区机场路328号国际科技园(215021)

法人代表：孙祥祯

电话：0512-62520998

传真：0512-62527116

电子邮件：chb@natachem.com

网址：www.natachem.com

注册时间：2000年12月28日

注册资本：2770万元

企业人数：33人

研发人员数：6人

所属产业链环节：原材料供应商

主要经营产品：高纯(6N)金属有机化合物(TMGa、TMIn、TMAl、DEZn、CP2Mg等)

江苏稳润光电有限公司

国家级重点高新技术企业——江苏稳润光电有限公司的总部设在江苏省镇江市，是目前国内规模最大、装备最先进、综合效益最好、产品达到国际先进水平的LED封装器件专业制造企业之一，公司总部占地40000余平方米，在国内的深圳、杭州等地，及韩国、法国、埃及等国均设有分公司，员工总数近800人，2006年销售规模超2亿元，其中出口超1000万美元。

公司从1992年至今积累了十余年的专业经验，在LED封装器件的序列化生产能力方面代表国内的最高水平，产品从传统的LED发光二极管、数码显示器到新兴的白光LED、食人鱼LED、表面贴装SMD LED、大功率LED、全彩TOP LED等一应俱全，产品销往世界各地，是500强企业施耐德电气、通用汽车、沃尔玛等的全球优秀合作伙伴。

公司现为中国光协光电器件协会常务理事单位、"江苏省名牌产品"称号获得单位，近年来先后承担了国家火炬计划、国家星火计划、国家重点新产品计划、信息产业部重点招标项目、科技部"创新基金"项目等一系列国家级重点计划和项目，以及大量的省、市级重点项目，拥有多项授权专利和省级以上科技成果鉴定。稳润光电正以发展民族LED产业为己任，努力托起21世纪新光源的希望之星。

地址：镇江市丁卯开发区纬一路88号(212009)

负责人：郭玉国

电话：0511-5510888 5510999 5512111

传真：0511-5512860

电子邮件：wenrun@wenrun.com

网址：www.wenrun.com

注册时间：1992年

注册资本：4000万元

企业人数：800人

研发人员数：70人

所属产业链环节：电子行业

主要经营产品：LED及其应用产品

京东方科技集团股份有限公司

京东方科技集团股份有限公司创立于1993年4月，总部设在北京，是一家在中国深圳证券交易所上市的高科技公司。京东方业务聚焦于显示科技、产品与服务领域，主要产品在各自领域均保持国内或世界领先地位，主要体现在以下几个方面：①TFT-LCD(薄膜晶体管液晶显示器件)业务；②显示器与平板电视业务；③移动显示系统业务；④专业应用显示业务，包括VFD(真空荧光显示屏)、LED(发光二极管)显示屏、LED显示系统等；⑤CRT(彩色显象管)业务；⑥显示应用系统业务；⑦精密电子零件与材料业务。通过实施国际化、培育核心竞争力等策略，京东方正逐步成长为显示领域的全球领先企业，目前拥有5个研发中心、5个制造基地，营销和服务体系覆盖全球各主要地区，员工超过11,000人。

地址：北京市朝阳区酒仙桥路10号(100016)

法人代表/负责人：王东升

电话：010-64318888

传真：010-64363965

网址：www.boe.com.cn

注册时间：1993年4月9日

注册资本：287000万元

企业人数：11000余人

所属产业链环节：上游环节

主要经营产品：薄膜晶体管液晶显示器件

立晶光电(厦门)有限公司

立晶光电(厦门)有限公司创立于2002年12月，系台湾玉晶光电股份有限公司下属子公司。专业从事高精度光学组件设计、开发及生产，在光学组件注塑模设计、光学组件注塑成形方面具有多年的经验，我们为客户提供完整的光学解决方案。除传统玻璃材质和热塑材质的球面或非球面镜片以外，我们已成功开发出并实现量产了采用硅胶材料的各类软硬程度不同的光学镜片，具有高折射率，耐高温，抗UV等特性，并能够保持良好的光学品质。能够广泛运用于高功率LED照明领域中。

我们已成功开发出并实现量产了采用硅胶材料的各类软硬程度不同的光学镜片,具有高折射率,耐高温,抗UV等特性,并能够保持良好的光学品质。能够广泛运用于高功率LED照明领域中。

地址:厦门火炬高新技术产业开发区创新三路9号(361006)

法人代表/负责人:陈天恕

电话:0592-6026011

传真:0592-6026013

电子邮件:markjiang@gseo.com

网址:www.gseo.com

注册时间:2002年12月

注册资本:4800万元

企业人数:60人

研发人员数:15人

所属产业链环节:光学元组件制造

主要经营产品:光学元组件

宁波辰康电子有限公司

宁波辰康电子有限公司是一家研发、制造、销售LED相关产品为主的高科技企业。现主要涉及的产业为:半导体照明模组的应用开发、制造;LED液晶电视、背光模组、监控显示器的研发、制造;建立拓展相关产品的销售市场。将在宁波建立:LCM(LED INSIDE)模组制造、研发中心暨液晶显示LCM制造、维修及环保回收再利用中心,LED封装、芯片、外延片研发以及制造中心。全线产品由台湾博丰光电股份有限公司(ARES)(珠海群智)提供全球优质售后服务,具有自主液晶屏维修技术。

由台湾先进开发光电股份有限公司、Motorola Group Freescale提供核心技术合作,台湾博丰提供全球售后服务。现有的主要产品:LED液晶电视机(19、20.1in)、LED监控器(19in)、LED电视墙、LED照明灯等。

地址:宁波科技园区院士路66号创业大厦2-08室(315040)

法人代表/负责人:陈伟杰

电话:13857822600

传真:0574-87914477

电子邮件:Ck.cwj@163.com

网址:www.crownkingdom.com

注册时间:2006年11月6日

注册资本:150万元

企业人数:10人

研发人员数:5人

所属产业链环节:LED背光模组、半导体照明模组、液晶电视的研发、制造销售

主要经营产品:LED液晶电视机、监控显示器、电视墙、LED照明灯

宁波德洲精密电子有限公司

宁波德洲精密电子有限公司成立于2003年5月6日,位于浙江省宁波市鄞州区钟公庙李花桥新兴工业开发区,占地约80多亩。早在1992年11月就以宁波明洲电子工业有限公司现于科技界,后演变成宁波德洲精密电子有限公司,股东均为台湾科技类股票上市公司,组成最专业的合作团队,现拥有职员工约700名,高级管理人员数十员。

宁波德洲精密电子有限公司是一家专业从事各类LED引线框架,显示屏专用引线框架,汽车食人鱼引线框架,高功率引线框架,SMD引线框架相关套件,IC半导体引线框架,表面贵金属处理,LED、食人鱼、大功率、SMD模粒相关塑胶套件的技术开发及生产;并代理光磊晶芯,力上、川裕环氧胶,颜料,扩散剂等。产品广泛应用于高端光源科技产品,属国家重点鼓励项目,拥有自主知识产权,科技含量高,在国内同行中占领先地位。公司本着质量第一,持续改善,永续经营的宗旨于2000年通过ISO9001品质管理体系,层层落实,使公司品质备受广大客户青睐。

地址:浙江省宁波市鄞州区钟公庙镇李花桥村(315194)

法人代表/负责人:黄忠洲

电话:0574-88469688

传真:0574-88469666

电子邮件:boan2004@163.com

网址:www.dechou.com

注册时间:2003年5月6日

注册资本:800万美元

企业人数:700人

研发人员数:10人

主要经营产品:LED引线框架,LED模粒等

宁波升谱光电半导体有限公司

升谱光电是一家专业从事LED器件及LED相关产品研发,制造及销售的高科技企业,拥有16年的专业制造经验和技术底蕴。通过ISO9001、ISO/TS16949品质管理认证和ISO14001环境体系认证,并导入了ERP管理系统。LED年生产能力15亿只,产品行销全球。

公司拥有强大的技术研发及产业化能力,先后承担过国家信息产业部“数字移动通信产品表面贴装高亮度发光二极管”项目、科技部“十五”攻关计划“功率型高亮度LED封装产业化关键技术开发”项目等,目前正在承担2项国家“十一五”半导体照明重大专项(863计划)课题。

公司致力于打造世界级高品质的LED制造企业,提供最具竞争力的产品及优质专业的服务和技术支持,为我们的客户和合作伙伴创造价值,共同进步。

地址:宁波市科技园区科达路56号(315040)

法人代表/负责人:张日光

电话:0574-87901630

传真:0574-87902332

电子邮件:yh@sunpu-opto.com
网址:www.sunpu-opto.com
注册时间:2003年3月
注册资本:810万美元
企业人数:550人
技术研发人员:80人
所属产业链环节:LED器件封装、应用
主要经营产品:各类LED器件、半导体照明模组、光源等。

宁波盛和灯饰有限公司

本公司是一家从事各类灯具研发、生产、销售为一体的外贸企业。拥有先进的生产设备和优秀的技术力量,有年产300万台灯具的生产规模。产品主要有LED灯、电子变压器、庭院灯、壁灯、嵌灯、泛光灯、太阳节能灯等几大系列,并获得UL、GS、CSA、CE等国际认证。

公司自主研发用LED取代目前的矿灯照明光源,防止瓦斯爆炸事故发生率的井下矿灯现已投入生产及销售,并赢得了用户的高度重视和认可。

地址:浙江省宁波市象山县工业园区蓬莱路311号(315700)
法人代表/负责人:周先也
电话:0574-65783898
传真:0574-65783777
电子邮件:xsshltd@mail.nbptt.zj.cn
网址:www.shenghe.com
注册时间:1997年
注册资本:152万元
企业人数:300人
研发人员数:10人
主要经营产品:LED灯具、花园灯、嵌灯、太阳能灯

青岛杰生电气有限公司

青岛杰生电气有限公司,是由留学回国人员创办的高新技术企业,公司位于青岛高新技术产业开发区,专门研制开发和生产用于"金属有机物化学气相淀积法"半导体材料外延生长设备MOCVD。该设备集精密机械、半导体材料、真空电子、流体力学、光学、化学、计算机多学科为一体,是一种自动化程度高、价格昂贵、技术集成度高的尖端光电子专用设备,我公司的产品主要用于GaN(氮化镓)系半导体材料的外延生长,广泛用于蓝色、绿色或紫外发光二极管芯片的制造,也是光电子行业最有发展前途的专用设备之一。我公司目前研制生产的有2in单片,3片和6片MOCVD设备。欢迎来电来函垂询!

地址:青岛市崂山区株洲路177号惠特工业城5号楼2楼东南单元(266101)
法人代表/负责人:张国华
联系电话:0532-88705613
传真:0532-88705613
电子邮件:qingdaojason@163.com
注册时间:2001年8月
注册资本:100万元
企业人数:12人
研发人员数:10人
所属产业链环节:上游外延片生产关键设备
主要经营产品:MOCVD设备

上海蓝光科技有限公司

上海蓝光科技有限公司成立于2000年4月,注册资金1.2亿元,是国内首家从事氮化镓基蓝光外延片、芯片产业化生产的企业之一。公司主要产品有:氮化镓基高亮度蓝、绿光外延片及芯片。截至目前,公司15项国家发明专利中已授权的5项,已进入实审阶段的5项。共承担了各级科研项目14项。公司已于2005年实施二期扩产计划,新建4.68万平方米厂房,新增4条MOCVD外延生产设备及配套的中游芯片加工生产线,企业生产规模及能力将大幅度提升。

地址:上海浦东张江高科郭守敬路351号1号楼512室(201203)
法人代表/负责人:王洪涛/孙明
电话:021-50809651
传真:021-50801765
电子邮件:sunm2005@163.com
网址:www.shblue.com
注册时间:2000年4月
注册资本:12000万元
企业人数:180人
研发人员数:25人
所属产业链环节:上游、中游
主要经营产品:氮化镓基高亮度蓝、绿光外延片及芯片

上海三思科技发展有限公司

上海三思科技发展有限公司成立至今始终专注探索LED应用技术并使其产品化、规模化和产业化,公司自设LED应用技术研究所成果领先,拥有全套显示屏生产线,LED显示屏生产规模居国内之最。主营各类室内外高档大型LED全彩屏、公路交通类LED系列显示产品和各类新型LED显示应用产品。获上海市重点新产品、上海市名牌产品和中国电子用户满意产品等称号。

C-0401高亮区比例(HFF)视频全彩屏使LED显示屏的填充系数(Fill Factor)首次超过0.5,有效减少黑区,像素不再刺眼眩目,使显示品质大幅提升。被评为上海市重点新产品。

C-0630可变信息标志因其设计合理、功能完备、性能可靠被广泛应用,国内高速公路市场占有率在60%以上。以上两项均获上海市高新技术成果转化认定。大型全彩LED显示屏的亮度逐点校正技术彻底消除显示屏的马赛

克现象,处于国内领先,国际先进。

地址:上海市莘庄疏影路1280号(201100)

法人代表/负责人:陈必寿

电话:021-54883434

传真:021-54883445

电子邮件:sales@sansitech.com

网址:www.sansitech.com

注册时间:1993年2月

注册资本:3000万元

企业人数:460人

研发人员数:73人

所属产业链环节:LED显示应用

主要经营产品:LED全彩屏等显示产品

上海时代之光照明电器检测有限公司

上海时代之光照明电器检测有限公司(SALT)由国内照明电器检测技术先进的“国家电光源质量监督检验中心(上海)”和“国家灯具质量监督检验中心”联合组建而成。公司拥有员工58人,总面积1918m²,其中试验室面积1100m²,恒温面积1702m²,仪器设备381台(套)。

检测能力包括:

①电光源(IEC/TC34/SC34A)

②灯头、灯座(IEC/TC34/SC34B)

③灯的控制装置(IEC/TC34/SC34C)

④通用灯具(IEC/TC34/SC34D)和特殊灯具

⑤照明EMC

⑥环境照明质量现场检测

地址:上海市苍梧路381号C楼(200233)

法人代表/负责人:巢强国

电话:021-51097935

传真:021-54264342

电子邮件:salt@saltnet.com.cn

网址:www.saltnet.com.cn

注册时间:2005年2月4日

注册资本:840万元

企业人数:58人

研发人员数:28人

所属产业链环节:检测行业

主要经营产品:照明电器检测

上海广电(集团)有限公司

上海广电(集团)有限公司是中国大型国有骨干企业,是新颖光电子显示产品制造商和网络信息服务提供商。主要生产和销售的产品包括液晶显示器和液晶电视机、等离子显示器和等离子电视机、阴极射线管和阴极射线管电视机,以及数字光处理投影引擎和数字光处理投影电视机、真空荧光显示器等显示类成品。广电集团还提供其他电子类产品和服务,包括移动和固定电话机、数字照相机和摄像机、数字视盘、空调、冰箱、洗衣机等家用电器;提供卫星双向传输和远程教育等网络增值服务。

TFT-LCD已经成为广电集团核心产业链。广电集团规模产能已成为中国内地第一大TFT-LCD制造商,其主打产品一十五寸液晶屏单线产能已跃居世界第一,且占有全球近百分之四十的市场份额。目前,广电集团周边已吸引了全球上下游众多配套企业争先集聚,初步形成了“上海光电子产业基地”。

地址:上海市金都路3800号(201108)

法人代表/负责人:徐为熄

电话:021-64185050

传真:021-64186237

电子邮件:hou_g@sva.com.cn

网址:http://www.sva.com.cn

深圳帝光电子有限公司

深圳帝光电子有限公司(简称“帝光电子”)创立于1996年。自创立以来,公司一直专门从事于LED/CCFL背光源研发、生产和销售,以“十年磨一剑”的执着精神,发展成为了一家具有全尺寸产品研发和生产优势的高新技术企业。公司拥有厂房43200平方米,员工约2000人,目前产能为20~30万/天。产品广泛应用于通讯、计算机、工业控制、汽车、家用电器和航空航天等高科技领域。产品主要销往欧洲、北美、澳洲、韩国、日本、台湾、香港和中国大陆等国家和地区。

地址:深圳市南山区马家龙工业区64栋8楼(518052)

法人代表/负责人:宋义

电话:0755-26553580

传真:0755-26634369

电子邮件:market@diguang.com

网址:www.diguang.com

注册时间:1996年

注册资本:300万元

企业人数:1000人以上

研发人员数:41—50人

主要经营产品:LED、CCFL背光源

天津赛法晶片技术有限公司

赛法晶片公司前身系美国晶体技术公司(AXT)蓝宝石事业部,目前主要从事蓝宝石晶体的生长和开盒即用蓝宝石晶片的生产。公司装备了国际上先进的生产设备,拥有来自AXT的研发经营团队,掌握着丰富的半导体晶片产业化生产技术和经验。具有蓝宝石晶片生产工艺和生产设备的多项创新,大幅度提高了晶片的产量和质量,产品通过了国外著名LED生产厂家Philips Lumileds Lighting Company的产品质量认证。公司目前生产规模月产1万片,将在2008年初达到月产10万片的规模。

地址:天津市华苑产业区物华道2号B座101(300384)

法人代表/负责人:曹羡平

电话:022-85685176

传真:022-85685175

电子邮件:xianpingcao@yahoo. com

网址:www. spphirewafer. com. cn

注册时间:2003 年 8 月

注册资本:4500 万元

企业人数:216 人

研发人员数:58 人

所属产业链环节:上游-衬底材料

主要经营产品:蓝宝石晶片

桐乡市生辉照明电器有限公司

公司成立于 2000 年 2 月,是一家专业生产照明光源的民营科技型企业,是浙江省省级高新技术企业之一,主要产品为卤钨灯和 LED 灯。公司自成立以来,一直保持了良好的发展势头,2006 年被国家发改委、国家统计局评为全国千家最具成长性中小企业之一。公司目前已建成了年产 6000 万只卤钨灯、120 万套 LED 射灯的生产线。2003 年公司开始研发 LED 产品,2003 年 10 月"功率型发光二极管"项目被国家创新基金立项,2004 年"功率型 LED 射灯"项目列入国家"十五"科技攻关计划,2006 年公司开发的"功率型器件化模块灯具"项目列入了国家"863"科技攻关计划。

地址:浙江桐乡市乌镇镇民合经济园区 88 号(314501)

法人代表/负责人:沈锦祥

电话:0573-8788999

传真:0573-8781689

电子邮件:Shenghui@shenghuilighting. com

网址:Shenghuilighting. com

注册时间:2000 年 2 月

注册资本:350 万元

企业人数:550 人

研发人员数:86 人

所属产业链环节:封装、装配

主要经营产品:卤钨灯、LED 灯

厦门三安电子有限公司

厦门三安电子有限公司是一家主要从事半导体 LED 芯片、PIN 芯片的高科技企业,2000 年 11 月初由福建三安集团有限公司投资组建成立,注册资金 2.0 亿元人民币,截至目前已建成了全国规模最大、品质最优、技术最先进的全色系超高亮度 LED(红、橙、黄、蓝、绿)产业化生产基地。

三安公司以领先的技术水平、雄厚的人才力量和先进的设备基础成长为国内一流的光电子高科技企业,并在国家半导体固体照明材料领域的研发与普及应用中占据重要位置。

地址:厦门市吕岭路 1721 号(361009)

法人代表/负责人:林秀成

电话:0592-5937022

传真:0592-5937019

电子邮件:yangzhengrong@sanan-e. com

网址:www. sanan-e. com

注册时间:2000 年

注册资本:20000 万元

企业人数:530 人

研发人员数:60 人

所属产业链环节:光电行业

主要经营产品:LED 外延、芯片

鑫谷光电股份有限公司

鑫谷光电股份有限公司是经国家外经贸部批准的中外合资股份有限公司,成立于 2001 年 6 月。公司位于北京市和天津市之间的廊坊经济技术开发区。目前,公司已通过了 ISO9001:2000 和 ISO/TS 16949:2002 质量体系认证。

地址:河北省廊坊经济技术开发区祥云道 73 号(065001)

法人代表/负责人:曹殿生

电话:0316-6060700

传真:0316-6065188

电子邮件:Densen. cao@caogronp. com

网址:www. gvopto. com

注册时间:2001 年 6 月 21 日

注册资本:5000 万元

企业人数:180 人

研发人员数:20 人

主要经营产品:LED 其应用产品

扬州华夏集成光电有限公司

扬州华夏光电位于扬州市新光源产业园,是由香港泰科环球、川奇光电科技(扬州)、深圳帝光电子、江苏高新创业投资共同成立的中外合资企业,专业从事高品质发光二极管(LED)芯片研发、生产与代工。

扬州华夏光电以 LED 芯片专业代工和品管的优势,除已帮台湾前三大厂代工之外,产品市场主要定位在 LCD 背光源及半导体照明的应用,包括 AlGaInP 的 570nm~640nm 黄绿、黄、橙、红光及 InGaN 的 450nm~540nm 蓝、绿光标准芯片和功率型芯片。

地址:江苏省扬州市扬子江南路 518 号(225009)

法人代表/负责人:曾金穗

电话:0514-7849588

传真:0514-5880308

电子邮件:sales@darewinchip. com

网址:www. darewinchip. com

注册时间:2002 年

注册资本:2000 万美元

企业人数:300 人

研发人员数:10 人

所属产业链环节:LED芯片制造及代工

主要经营产品:生产及代工超高亮度红蓝绿LED标准及功率型芯片

漳州国绿太阳能科技有限公司

漳州国绿太阳能科技有限公司是一家集科、工、贸为一体,主要从事太阳能电池及其相关产品、太阳能发电站系统、太阳能路灯的研制、开发和生产的专业厂家。公司被中国农业银行授予"AAA"信用企业,通过了ISO9001-2001国际质量体系认证,被福建省科技厅认定为"福建省高新技术企业",被厦门科技局认定为"厦门国家半导体照明工程产业化基地骨干企业",被国家发展改革委员会中国可再生能源发展项目办公室认定为太阳能电池组件合格供应商。

地址:福建省南靖县山城镇江滨路20号(363600)

法人代表/负责人:吴清金

电话:0596-7851829

传真:0596-7851759

电子邮件:fjzzgl@sina. com

网址:www. fjzzgl. com

注册时间:2000.2

注册资本:1000万元

企业人数:165人

研发人员数:23人

所属产业链环节:太阳能电池封装、太阳能供电系统、太阳能路灯设计生产

主要经营产品:太阳能电池组件、太阳能供电系统、太阳能路灯、庭院灯等

中山市木林森电子有限公司

中山市木林森电子有限公司成立于1997年,是专业生产制造全系列LED光电电子产品的高科技民营企业,广东省高新技术企业,公司自成立之日起,一直本着"团结、务实、创新、拼搏"的经营理念,潜心致力于LED半导体封装技术的不断研究和新产品的开发,从传统的发光二极管的封装到红外线产品和大功率产品的开发应用,短短8年时间,公司从原来的几十人发展到一千人。公司近一年间投资近亿元,不断引进世界最先进的全自动生产线与电脑化生产设备,通过与中山大学、中科院半导体所和宇体光电子合作,将开发的硅衬底GaN基LED技术和产品建立一个从材料外延生长、器件制作到研磨抛及切割的上中游生产线,使中山市木林森电子有限公司由原来的LED封装企业,变成一个具有从外延材料生长、芯片制作到封装的上中游全部具备的大型企业。

地址:广东省中山市石歧区东明北路第一创业园一、二栋(528400)

法人代表/负责人:孙清焕

电话:0760-8702172

传真:0760-8702172

电子邮件:Guanlin. yan@163. com

网址:www. zsmls. com

注册时间:1997年3月

注册资本:7000万元

企业人数:1000人

研发人员数:60人

所属产业链环节:Led封装制造

主要经营产品:LED系列产品

真明丽集团有限公司

香港真明丽集团(股票代码:1868. HK)成立于1981年,集团在中国港、澳、台及欧美拥有26家分公司,现有员工25000余人,集团占地面积700多亩,厂房建筑总面积达30多万平方米。迄今为止,公司产品囊括LED灯饰产品、LED照明灯具、装饰灯、光纤灯、舞台灯、激光表演技术系统、多媒体显示系统、、太阳能照明技术应用等多个系列超过一万种产品,销售网络遍布全球100多个国家及地区。

集团研发中心拥有300多位高级研发工程师及技术人员,配备有世界最为先进的研发设备,每年开发出数百系列技术先进、款式新颖、品质优良的新产品。销售网络遍及中国大陆、香港、台湾,东南亚、欧美等一百多个国家及地区,并先后在全球几十个国家取得专利524项,并以平均每2天产生1项新专利的速度增长,从根本上保证了产品科技含量在世界上的领先地位。

地址:九龙尖沙咀科学馆道14号新文华中心A座13楼

电话:852-27862133

传真:852-27316618

电子邮件:hongkong@neo-neon. com

注册时间:1979年

企业人数:15000人

主要经营产品:Neo-NeoN银雨照明、银雨舞台灯及意大利targetti照明装饰灯、舞台灯、光纤及室内外建筑照明

企业名录(按地区、拼音排序)

北京市

北京北方光景照明设备有限公司

地址:北京市朝阳区育慧里一区 4 号 413 室(100101)
电话:010-84624828/84625121
传真:010-64895121-12
电子邮件:head@scapelighting. com
网址:www. scapelighting. com
主要产品:地藏灯、草坪灯、庭院灯、水下灯以及光纤照明系统

北京倍达创意科技发展有限公司

地址:北京市朝阳区农展馆路枣营北里 15 楼 205
法人代表/负责人:郑东洙
电话:010-65019737
传真:010-65019737
主要产品:灯泡式 LED 信号灯;太阳能交通显示屏;LED 交通信号灯;负离子空气净化器

北京伯仲科技有限公司

地址:北京海淀区上地信息路 12 号 A-401 室
法人代表/负责人:赵小姐
电话:010-62967548
传真:010-62971624
电子邮件:sales@hozhong-tech. com
网址:www. hozhong-tech. com
主要产品:半导体照明产品

北京创威纳科技有限公司

地址:北京市海淀区清河龙岗路 27 号(100085)
法人代表/负责人:王长梗
电话:010-62907051 转 802
传真:010-62999722
电子邮件:wnkj@weina. com. cn
网址:www. weina. com. cn
注册时间:2000 年 7 月
注册资本:30 万元
企业人数:30 人
研发人员数:18 人
所属产业链环节:半导体设备
主要经营产品:刻蚀机、溅射台、PECVD、匀胶机、烘胶台、去胶机、键合炉、曝光(光刻)机

北京达尔明灯具厂

地址:北京市顺义区牛栏山镇(101301)
法人代表/负责人:张红伟
电话:010-69411727
传真:010-60411006
电子邮件:sale@bjdem. com
网址:www. hjdem. com
主要产品:景观灯、草坪灯、高杆灯、庭院灯、道路灯、投光灯

北京动力源科技股份有限公司

地址:中国北京丰台科学城星火路 8 号(100070)
法人代表/负责人:何振亚
电话:010-63783087
传真:010-63783091
网址:www. dpc. com. cn
注册时间:1995 年 1 月 21 日
注册资本:10434. 36 万元
企业人数:1200 人
研发人员数:196 人
所属产业链环节:研发、生产、销售
主要经营产品:通信产品、LED 系列照明产品

北京海兰齐力照明设备安装有限公司

地址:北京市三环西路 48 号北京科技会展中心大楼 B 座 4C(100086)
电话:010-62145564
传真:010-62145318
电子邮件:beijing@hailan-lighting. com
网址:www. hailan-lighting. com
主要产品:中国古建筑、园林照明户外灯系列

北京捷高科技发展有限公司

地址:北京市朝阳区望京广顺北大街 222 号星源国际 D 座 1803 室(100102)
法人代表/负责人:李君玉
电话:010-89638178
传真:010-64750936
电子邮件:junyu007789@sohu. com
网址:www. jiegao. com

主要产品:LED水晶灯、室内装饰灯、景观照明灯、建筑物轮廓灯、LED灯泡、射灯、矿灯、便携防爆灯等。

北京科纳特景观灯饰有限公司

地址:北京西城区德胜门外教场口一号(100011)

法人代表/负责人:王先生

电话:010-62380756

传真:010-62380788

电子邮件:connate@263.net

网址:www.connate.net

主要产品:景观灯、庭院灯、草坪灯、景观路灯

北京利亚德电子科技有限公司

地址:北京海淀区颐和园北正红旗西街9#(100091)

法人代表/负责人:李军

电话:010-62888888转201

传真:010-62877624

电子邮件:chenyiman@sina.com

网址:www.leyard.com

注册时间:1995年8月21日

注册资本:365万美元

企业人数:285人

研发人员数:27人

所属产业链环节:应用

主要经营产品:LED显示屏及LED景观照明灯具

北京禄志科技发展有限公司

地址:北京市海淀区知春路56号中航科技大厦四层(100098)

法人代表/负责人:莫志禄

电话:010-82117431

传真:010-82113436

电子邮件:lz@lzkj.cn

网址:www.lzkj.cn

注册时间:2003年2月18日

注册资本:1508万元

企业人数:150人

研发人员数:20人

所属产业链环节:研发、生产、销售

主要经营产品:节电器系列

北京鹏发电子科技有限公司

地址:北京北四环中路211号(100083)

电话:010-86178583

传真:010-51616051

电子邮件:gaoled2004@yahoo.com.cn

网址:www.pengfaled.com

主要产品:LED电子显示屏

北京秦邮灯具制造有限公司

地址:北京市朝阳区南将台路14号

法人代表/负责人:孙立华

电话:010-84561266

传真:010-64360428

电子邮件:webmaster@qydju.com.cn

网址:www.qydju.com.cn

主要产品:各种规格照明灯具、升降式高杆灯、圆锥形、多棱形钢结构灯杆、各种组合灯、道路灯、庭院灯、草坪灯、工矿灯等系列灯具及相配套的照明电器设备。

北京三辰化工有限公司

地址:北京海淀区昆明湖南路62号(世纪城)远大园2区1楼18A(100089)

法人代表/负责人:周红卫/蔡启上

电话:010-51663103

传真:010-51663103-18

电子邮件:Sale@sanchonline.com

网址:www.sanchonline.com

注册时间:2000年11月

注册资本:1556万元

企业人数:160人

研发人员数:10人

所属产业链环节:辅助材料

主要经营产品:RTV硅橡胶系列、LED专业双组份灌封胶系列、加成型灌封胶系列、导热脂、硅脂、导电脂、阻尼脂、灯具胶系列。

北京天虹星月电子产品销售中心

地址:北京市大兴区兴政西里30号楼4-102室(102600)

法人代表/负责人:李玲

电话:010-69249136

传真:010-69249136

电子邮件:dxdzjx@yahoo.com.cn

注册时间:2006年2月22日

网址:www.bjtianhong.com.cn

企业人数:15人

研发人员数:3人

所属产业链环节:电子产品,信息产业

主要经营产品:电子显示屏

北京万源之星照明灯具中心

地址:北京市丰台区宋庄路政馨家园3区5号楼2001室

法人代表/负责人:陆伟清

电话:010-87686142

传真:010-87687855

电子邮件:wyzx@wyzxlighting. com

网址:www. wyzxlighting. com

主要产品:投光灯、泛光灯、路灯、庭院灯、草坪灯、地埋灯、厂矿灯、景观灯、户外广告专用灯、霓虹灯、按照灯

北京无限艺术设计公司

地址:北京通州工业开发区(101113)

电话:010-61503141/61503142

传真:010-61503140

电子邮件:wuxian@sh-mingcheng. com. cn

网址:www. bjwuxian. com

主要产品:从事环境艺术照明、各种景观灯具、道路灯具、庭院灯具、组合灯具、高杆灯具、草坪灯具、投光灯具等设计、制作与安装

北京星光电子设备有限公司

地址:北京大兴西红门星光巷 7 号(100076)

电话:010-60254375

传真:010-60256503

电子邮件:info@bsee. com. cn

网址:www. bsee. com. cn

主要产品:影视舞台灯具,吊挂控制系统、布光控制系统、工业自动化控制系统、舞台机械控制系统、工业激光设备、承接各类演播室、电教室、多功能厅、影剧院的设计、安装、调试及改造工程

北京阳都节能灯具有限公司

地址:北京市大兴区榆垡工业开发区(102602)

电话:010-89214222

传真:010-89213600

网址:www. bj-yangdu. com

主要产品:大、小一体化电子节能灯、霓虹灯、镇流器、应急灯的厂家,开发研制节能灯系列产品,包括直流灯、太阳能灯、太阳能路灯、庭院灯、太阳能地埋灯、太阳能草坪灯。

北京真明丽集团有限公司

地址:北京亚运村汇园公寓 J 座 1220 室

法人代表/负责人:谭梅

电话:010-64395273/84989333

传真:010-64395273

电子邮件:info@hjneo-neon. com

网址:www. bjneo-neon. com

主要产品:舞台灯、光纤、光纤灯、LED 灯、光纤工程、环境艺术照明等灯饰产品。

北京中村宇极科技有限公司

地址:北京市海淀区中关村南大街 5 号理工科技大厦 13 层 1303 室(100081)

法人代表/负责人:张小燕

电话:010-68945152

传真:010-68945695

电子邮件:led@nkyj. com

网址:www. nkyj. com

注册时间:2006 年

注册资本:778 万元

企业人数:30 人

研发人员数:10 人

所属产业链环节:上游

主要经营产品:LED 用荧光粉;半导体材料

田村電子(上海)有限公司北京辦事処

地址:北京市東城区灯市口大街 33 号国中大厦(100006)

法人代表/负责人:李小驪

电话:010-65229967

传真:010-65229963

注册时间:2003 年 7 月

注册资本:20 万元

企业人数:60 人

研发人员数:20 人

所属产业链环节:下游

主要经营产品:LED 照明;電源;電子元器件

英国牛津仪器等离子技术公司(Oxford Instruments Plasma Technology)

地址:北京建国门内大街 18 号,恒基中心办公楼 3 座 714(100005)

法人代表/负责人:孟国英

电话:010-65188160

传真:010-65188155

电子邮件:ptsales@oichina. cn

网址:www. oichina. cn

所属产业链环节:器件生产设备制造厂商

主要经营产品:RIE、ICP 刻蚀机;PECVD 设备

有研稀土新材料股份有限公司

地址:北京市新街口外大街 2 号有研稀土(100088)

法人代表/负责人:李红卫

电话:010-82241180

传真:010-62355408

电子邮件:rdd@chinarem. com

网址:www. grirem. com

注册时间:2001. 12. 28

注册资本:10000 万元

企业人数:200 人

研发人员数:86 人

所属产业链环节:稀土原材料、稀土高新技术材料

主要经营产品:稀土氧化物及盐类、稀土金属及合金、稀土磁性材料、稀土发光材料、稀土生物农用材料等全系列稀土产品。发光材料主要包括:特种荧光粉(LED 荧光粉、PDP 荧光粉、长余辉荧光粉、装饰用彩色荧光粉、X 射线荧光粉),灯用荧光粉(高压汞灯、节能灯、冷阴极灯、晒图灯、紫外灯灯光源使用的荧光粉),灯用金属卤化物颗粒(单一及复合金属卤化物、镝灯系列卤化物颗粒、钪钠系列卤化物颗粒、紫外灯系列卤化物颗粒)

福建省

福建苍乐电子企业有限公司

地址:福建省福州市仓山工业小区(350007)

法人代表/负责人:黄德森

电话:0591-83444234

传真:0591-83444148

电子邮件:joinluck@public. fz. fj. cn

网址:www. joinluck. com

主要产品:LED 系列、吸顶灯、反射镜灯;带灯罩的节能灯系列

福建福日科光电子有限公司

地址:福建福州市金山工业区浦上集中区红江路 6 号市直园 7 号楼(350008)

法人代表/负责人:郑经理

电话:0591-87277762/87277730

传真:0591-83767133

电子邮件:hyh2004key@163. com

网址:www. keyshine. com. cn

主要产品:高亮蓝、绿色 LED

福建富顺电子有限公司

地址:福建省漳州市蓝田工业开发区高科技园区

电话:0596-6182888/2109966

传真:0596-2131288

电子邮件:fushun@fushun. biz

网址:www. fushun. biz

注册时间:1995 年

注册资本:2008 万元

企业人数:600 多人

研发人员数:60 人

主要经营产品:LED 多媒体电子显示屏、利率显示屏、车载显示屏、LED 交通信号灯、智能交通控制系统、LED 景观灯、升降旗系统、窗口对讲机、排队机、回单柜、油价表、公交车报站器、身份证鉴别仪、支票鉴别仪、客户评价器、窗口收费系统等

福建鸿博光电科技有限公司

地址:福建省福州市金山工业区金达路 136 号(350002)

电话:0591-88073088-611/607

传真:0591-83053222

电子邮件:sales@hbled. com. cn

网址:www. hbled. com. cn

主要经营产品:直插式、食人鱼、大功率系列 LED 光源,有高等级景观照明、室内照明、圣诞装饰和显示屏、小家电等系列 LED 应用产品

福建上润精密仪器有限公司

地址:福建省福州市马尾科技园区茶山路 1 号

电话:0591-83969961/13950292549

传真:0591-83969600

电子邮件:Johnny@wideplus. com

网址:www. wideplus. com

注册时间:1991 年

主要经营产品:仪器仪表、全塑石英表机芯、导光板及背光源

福建省泉州紫欣光电有限公司

地址:福建省泉州丰泽区东海东滨工业区紫欣光电科技园(362000)

法人代表/负责人:吴祝玲

电话:0595-28028998

传真:0595-22565079

电子邮件:22998787@163. com

网址:www. ledzx. com. cn

注册时间:2006 年 1 月 16 日

注册资本:300 万元

企业人数:250 人

研发人员数:25 人

所属产业链环节:封装、应用

主要经营产品:LED 发光二极管及应用产品

福建亚明工贸有限公司

地址:漳州市蓝田开发区横三路

法人代表/负责人:陈振杰

电话:0596-2103706/5823833

传真:0596-2108064/0592-5823933

电子邮件:ymgm2005@163. com

网址:www. ymgm. cn

注册时间:1996 年 11 月 14 日

注册资本:1000 万元

企业人数:120 人

研发人员数:20 人

主要经营产品:LED 数码管、LED 点光灯、LED 发光

模块、LED 投光灯等 LED 系列产品

福建源光亚明电器有限公司

地址：福建省南平市高新技术科技园区(353001)
电话：0599-8609048
传真：0599-8609038
电子邮件：fjjkym@fjjk. com
网址：www. fjjk. com
主要产品：LED、触发器、镇流器、电容器、电子镇流器、电器箱、灯具、车用组合电线、低压电器和电子产品等以及各产品的 OEM 服务

福州超凡电子有限公司

地址：福州市鼓楼区东水路 133 号福新苑 8 楼(350001)
法人代表/负责人：吴江凡
电话：0591-22397888/13860629899
传真：0591-87328889
主要产品：各类 LED 发光二极管

福州洁特环境新技术有限公司

地址：福州仓山科技园大厦(350026)
电话：0591-83469206/83469332
传真：0591-83469207
电子邮件：jietefz@163. com
主要经营产品：线流型洁净室系统

福州通安电子有限公司

地址：福州市晋安区福兴投资区鼓山镇四村工业厂房 A 库(350014)
电话：0591-28395147
传真：0591-283951470
电子邮件：sales@fzlan. com
网址：www. fztan. com
主要产品：路障警示牌、透导灯、回转灯、蛇管灯、广告灯、透明 5 号手电、LED 手电、庭院灯、LED 圣诞灯等

福州展智科技有限公司

地址：福州市福光远东花苑 2301 号(350014)
法人代表/负责人：刘承勇
电话：0591-26608709/13774540386
传真：0591-83612782
电子邮件：chengyong_lye@hotmail. com
网址：www. leiyueh. com
主要产品：新型低价位 LED 恒流驱动 IC，型号 IC-ICD201T，LED 灯具

环维(厦门)光电有限公司

地址：中国厦门火炬高新区创业园新业楼 1—3 层
法人代表/负责人：郑海洲
电话：0592-5711888
传真：0592-5712888
电子邮件：info@finewell. com
网址：www. finewell. com. cn
注册时间：2002 年 11 月 29 日
注册资本：66 万美元
企业人数：132 人
研发人员数：45 人
所属产业链环节：电子元器件
主要经营产品：LED、大功率 LED 等

环维(厦门)照明有限公司

地址：中国厦门火炬高新区创业园新业楼 1—3 层
法人代表/负责人：郑海洲
电话：0592-5712888
传真：0592-5712821
电子邮件：info@finewell. com
网址：www. finewell. com
注册时间：2000 年 9 月 19 日
注册资本：500 万美元
企业人数：106 人
研发人员数：42 人
主要经营产品：LED 景观照明产品、LED 特种照明产品和其他 LED 应用产品

佳晶光电(厦门)有限公司

地址：厦门海沧东孚工业区 1 期南(361026)
电话：0592-6885500
传真：0592-6885511
电子邮件：zhanyi73@yahoo. com. cn
网址：www. jjinggd. com
注册时间：2004 年
注册资本：300 万美元
主要经营产品：TN、HTN、STN、C-STN、TFT、FSTN 等显示产品配套材料

来美特光电(厦门)有限公司

地址：厦门市火炬高技术产业开发区光耀楼南栋三楼(361006)
电话：0592-5650089/5650099
传真：0592-5650215
电子邮件：Limate@limate. com 或 bear@limate. com
网址：www. limate. com
主要经营产品：光电产品及高功率 LED 产品，其中包含各种工业模组，镭射指示笔，镭射瞄准器，舞台镭射，高功率 LED 手电筒，LED 头灯，LED 模组等

明达光电(厦门)有限公司

地址：厦门市湖里区枋钟路 2000 号

电话:0592-5767500/5767501
传真:0592-5767215
电子邮件:sales@unitex-opto.com
网址:www.unitex-opto.com
注册时间:2004 年 9 月
注册资本:5000 万美元
主要经营产品:300KK 蓝光芯片

柠檬(厦门)电气有限公司

地址:厦门火炬高新区(翔安)产业区翔岳路 21 号(361101)
法人代表/负责人:李天真
电话:0592-5558077/5558078
传真:0592-5558079
电子邮件:lemon@xmlemon.com
网址:www.lemon-life.com
注册时间:2004 年 6 月 22 日
注册资本:50 万美元
企业人数:200 人
研发人员数:50 人
所属产业链环节:研发、制造、销售
主要经营产品:LED 手摇发电手电、LED 光控小夜灯

泉州市马考华誉温差电子有限公司

地址:福建省泉州市新华北路土产大厦三楼(362000)
电话:0595-22370568
传真:0595-22370879
电子邮件:rfang@melcor.com
主要经营产品:半导体制冷片

苏米特电子(厦门)有限公司

地址:厦门火炬高新区留学人员创业园伟业楼 N302(361006)
法人代表/负责人:杨青山
电话:0592-5773688
传真:0592-5770086
电子邮件:hill@smiko.com
网址:www.smiko.com
注册时间:2004 年 5 月
注册资本:10 万美元
企业人数:50 人
研发人员数:8 人
所属产业链环节:LED 与太阳能
主要经营产品:LED 城市与道路照明、LED 家用及办公照明、太阳能光伏电站、太阳能充电器

厦门凡乐贸易有限公司

地址:厦门思明区龙山南路 211 号五楼南侧之二(361009)
法人代表/负责人:王凡总经理
电话:0592-5593057/13358375292
传真:0592-5557690
主要产品:LED 发光二极管、数码管等光电子产品

厦门高贤电子科技有限公司

地址:福建省厦门市湖里区高殿村高崎工业园(361009)
法人代表/负责人:赵文先
电话:0592-5688618/5622999
传真:0592-5688658/5688789
电子邮件:business@kaoyi.com.cn
网址:www.kaoyi.com
注册时间:2000 年 8 月
注册资本:100 万美元
企业人数:250 人
研发人员数:25 人
所属产业链环节:中间环节
主要经营产品:电子式电压器、LED 灯

厦门高卓立液晶显示器有限公司

地址:中国厦门火炬高技术开发区光厦楼南 5 楼(361006)
电话:0592-6026045
传真:0592-6023021
电子邮件:SALES@LCDCHINA.COM
网址:www.lcdchina.com
注册时间:1992 年
主要经营产品:TN 型、HTN 型、STN 型、FSTN 型笔段式、点阵式液晶显示器及 COB、COG、TAB 液晶显示模块,同时可生产黑膜产品及与 LCD 配套的触摸屏

厦门哈隆电子有限公司

地址:厦门市嘉禾路 808 号(361006)
电话:0592-5657821/5657560
传真:0592-5620068/5657835
电子邮件:xmhello@163.net sales@xmhello.com
网址:www.xmhello.com
注册时间:2001 年
注册资本:600 万元
企业人数:920 余人
主要经营产品:超高亮发光二极管,一体化接收器,红外系列管

厦门鸿光电子有限公司

地址:厦门火炬高新区创业园创业大厦三楼(361009)
法人代表/负责人:张声毅
电话:0592-3921168

传真:0592-3921169

电子邮件:info@greatle. com

网址:www. greatle. com

注册时间:2004 年 4 月 15 日

注册资本:50 万元

企业人数:20 人

研发人员数:10 人

所属产业链环节:LED 应用产品研发生产销售

主要经营产品:LED 电筒,LED 台灯,LED 装饰照明,太阳能 LED 照明产品等

厦门鸿协光通讯科技有限公司

地址:厦门市湖里区湖里大道东段钟宅村村厂房(361009)

电话:0592-3198981

传真:0592-5792446

电子邮件:5792446@xm10000. cn

注册时间:1999 年 3 月

企业人数:108 人

研发人员数:40 人

主要经营产品:光通讯产品,光纤光栅及光纤光栅传感器产品。

厦门晶欣电子有限公司

地址:厦门市湖里大道 40 号 A 栋 6F(361009)

法人代表/负责人:申继峰

电话:0592-5689510/5689511/5689512

传真:0592-5689513

电子邮件:sales@egr-relay. com

网址:www. egr-relay. com

注册时间:2004 年 01 月 17 日

注册资本:157. 5 万元

企业人数:35 人

研发人员数:15 人

主要经营产品:护栏管、柔性灯带、数码显示屏、各种异型模块灯、射灯、草坪灯、水底灯、钮扣灯、洗墙灯、发光砖等

厦门靓星光电科技有限公司

地址:厦门市东浦路浦南二路 11 号(361009)

法人代表/负责人:骆汉辉

电话:0592-5028039/5028037

传真:0592-5973232

电子邮件:luohangdeng@126. com

网址:www. xmliangxing. com

注册时间:2006 年

注册资本:1000 万元

企业人数:130 人

研发人员数:31 人

所属产业链环节:LED 应用

主要经营产品:LED 系列灯具、像素管、LED 彩虹管、大功率投光灯、洗墙灯等

厦门炬嘉光电科技有限公司

地址:厦门市思明区曾厝垵朝日食品大楼五层(361005)

法人代表/负责人:郑少辉

电话:0592-2510569/13859992130

传真:0592-2515029

电子邮件:jujia@jujialed. com

网址:www. jjled. com

注册时间:2004 年 11 月

注册资本:500 万元

所属产业链环节:生产

主要经营产品:大功率 LED 射灯、LED 彩虹灯带、LED 数码管、LED 护栏管、LED 点阵显示屏、LED 圣诞灯、LED 球泡、LED 数码地埋灯、LED 广告标志模组灯、LED 灯杯、LED 小手电等应用产品

厦门科润电子技术有限公司

地址:中国. 福建省. 厦门市湖里区悦华路 145-1 号 6A(361006)

电话:0592-2610089/2610085

传真:0592-2610087

电子邮件:wangjial@VIP. 163. COM

网址:www. KeepRun. com. cn

注册时间:2003 年

主要经营产品:LED 显示屏系列及其他电子产品,1 LED 夜景工程系列产品

厦门澜天企划设计有限公司

地址:厦门市思明区东浦大厝山路 80 号(361006)

电话:0592-5992000/5993000

传真:0592-5993044

电子邮件:Anthony_xie@163. com

网址:www. xmlantian. com

主要经营产品:LED 发光字,LED 灯带,LED 护栏管,压克力吸塑字,吸塑灯箱,激光雕刻,压克力制品、各式标牌等

厦门郎星光电有限公司

地址:厦门市吕岭路 1721 号

法人代表/负责人:钱友林

电话:0592-5907396

传真:0592-5906653

电子邮件:myb@langxing. cn

网址:www. langxing. cn

注册时间:2004 年

注册资本:5000 万元
企业人数:180 人
研发人员数:31 人
所属产业链环节:研发、生产
主要经营产品:全色系各种规格的半导体发光二极管(LED)及相关应用产品

厦门力腾电气设备有限公司

地址:中国厦门火炬高新区创业园伟业楼 S406(361009)
电话:0592-5776147/5776247
传真:0592-5776047
电子邮件:sales@leaton.com.cn
网址:www.leaton.com.cn
主要经营产品:防水型 LED 专用电源;塑壳适配器;AC/DC,DC/DC 金属铝外壳开关电源

厦门联创微电子股份有限公司

地址:中国厦门软件园 3 号楼三层(361005)
法人代表/负责人:徐中佑
电话:0592-3929788
传真:0592-3929799
电子邮件:linktron@public.xm.fj.cn
网址:www.linktron.com.cn
注册时间:1999 年 12 月
主要经营产品:LED 新型电光源控制/驱动芯片

厦门亮而丽光电科技有限公司

地址:厦门火炬高新区火炬园新丰三路 11 号 1 层 S9 之 7(361000)
电话:0592-5881293/13306030825
传真:0592-5815646
注册时间:2006 年 5 月 18 日
主要经营产品:线形大功率 LED 投光灯、圆形大功率 LED 投光灯、LED 迷你数字灯、LED 灯串、LED 变色灯泡、LED 埋地灯、LED 大功率天花灯、新款护栏管、LED 射灯、贴片、LED 广告灯模块、LED 数字变色灯管

厦门乾照光电有限公司

地址:厦门火炬(翔安)产业区翔岳路 19 号
法人代表/负责人:邓电明
电话:0592-3711998
传真:0592-3716922
电子邮件:aysy1216@163.com
网址:www.changelight.cn
注册时间:2006 年 2 月
注册资本:1500 万元
企业人数:150 人
研发人员数:35 人
所属产业链环节:LED 上游企业
主要经营产品:LED 外延片和芯片生产和研发

厦门瑞发莱光电科技有限公司

地址:厦门市湖里区华盛路东方商贸大厦 6 层(361006)
法人代表/负责人:蔡建来
电话:0592-6029727
传真:0592-6020358
电子邮件:cjl@ruifalai.com
网址:www.ruifalai.com
主要产品:LED 背光源

厦门市东林电子有限公司

地址:厦门市湖里区钟宅金中源工业区萤火虫大厦(361006)
法人代表/负责人:何总
电话:0592-5790353/5792327
传真:0592-5790363
电子邮件:chialite@public.xm.fj.cn
网址:www.fireflylighting.com.cn
注册时间:1995 年 2 月
企业人数:800 人
主要经营产品:紧凑型电子节能灯系列

厦门市峰光辉光电科技有限公司

地址:厦门市前埔工业园 55 号思明光电大厦 1 楼
法人代表/负责人:钟波
电话:0592-8282387/8264295
传真:0592-8264275
电子邮件:led-fgh@vip.163.com
注册时间:2006 年 3 月 10 日
注册资本:100 万元
企业人数:200 人
研发人员数:19 人
所属产业链环节:LED 应用
主要经营产品:LED 彩虹管,LED 数码管,LED 水底灯,LED 幕墙灯,LED 地板灯,大功率 LED 投光灯,射灯,洗墙灯等

厦门市光莆电子有限公司

地址:厦门市湖里区高崎新五组(361006)
法人代表/负责人:林文坤
电话:0592-5743661
传真:0592-5621415
电子邮件:GUANGPU@GPELEC.COM
网址:WWW.GPELEC.COM
注册时间:1994 年 12 月
注册资本:1218.8 万元

企业人数:385 人
研发人员数:65 人
所属产业链环节:LED 封装、应用
主要经营产品:各种贴片 LED/直插式 LED/接收器/发射管/LED 照明应用产品

厦门市华软科技有限公司

地址:厦门市天湖路天湖苑大厦 A-26C(361004)
法人代表/负责人:王于南/何勇
电话:0592-2200599/13459005800
传真:0592-2215182
电子邮件:heyongled@163. com
网址:www. heyongled. com
注册时间:2000 年
注册资本:100 万元
企业人数:68 人
研发人员数:15 人
所属产业链环节:生产、安装、销售
主要经营产品:led 显示屏、led 电子看板、led 夜景亮化等应用

厦门市萨珀莱照明技术有限公司

地址:福建厦门市开元区何厝村下何 568 号三楼
法人代表/负责人:黄黎帆
电话:0592-5931521
传真:0592-5931521
主要产品:LED 灯具

厦门市尚明达机电工业有限公司

地址:厦门市海沧新阳工业区新美路 9 号(361022)
法人代表/负责人:陈子明
电话:0592-6512499/6512477
传真:0592-6512400
电子邮件:smd@shangmingda. com
网址:www. shangmingda. com
注册时间:2000 年 7 月
注册资本:2300 万元
企业人数:450 人
研发人员数:18 人
所属产业链环节:电子、半导体
主要经营产品:半导体元器件、精密模具、精密冲压零件、磁性传感器等

厦门市新普龙半导体有限公司

地址:厦门市天湖路天湖苑东座 19D(361004)
法人代表/负责人:洪永志
电话:0592-2225015/2239186/2239286
传真:0592-2225016/2224621
电子邮件:mailto:xmxpl@xmxpl. com xmxpl@sina. com
网址:www. xmxpl. com
注册时间:2001 年
注册资本:160 万元
主要经营产品:二、三极管、集成电路、LED 照明应用产品等配件

厦门市鑫光源光电科技有限公司

地址:厦门市湖里区兴隆路中段(361006)
电话:0592-3890009/3890008
传真:0592-3890668
电子邮件:l_xia_@163. com
网址:www. xmztled. com
注册时间:2001 年 4 月
主要经营产品:LED(发光二极管)封装、LED 应用灯饰、LED 景观工程、LED 交通信号灯及 LED 显示屏系列产品

厦门市永华力工贸有限公司

地址:厦门市湖里区福厦路天丰机械城 C4 区 2 楼(361006)
电话:0592-7129188/5033399
传真:0592-7129388/5123307
网址:www. xmyhl. com
主要经营产品:负离子空气净化节能灯、LED 灯、壁画灯,负离子空气净化漆线雕,扩香仪

厦门天力源太阳能有限公司

地址:厦门同安祥平凤岗中山小区(361100)
电话:0592-7772177/7772178
传真:0592-7772176
电子邮件:teniasolar@china. com
网址:www. teniasolar. com
主要经营产品:太阳能道钉灯、水浮灯、护栏灯、地埋灯、广场灯、警示灯等路桥、构筑物、市政工程的夜景、景观装饰或警示

厦门通士达照明有限公司

地址:厦门海沧新阳工业区霞飞路 18 号(361026)
法人代表/负责人:苏烟源
电话:0592-6518188
传真:0592-6515638
电子邮件:topstarc@topstar. com. cn
网址:www. topstar. com. cn
注册时间:2000 年
注册资本:9040 万元
企业人数:5000 人
研发人员数:200 人
所属产业链环节:研发生产

主要经营产品:LED 像素管、LED 扁四线灯带、LED 异形灯、LED 点光源、太阳能爆光灯、LED 七彩孔型像素管、T5 洗墙灯、投光灯、节能灯、荧光粉

厦门厦荣达电子有限公司

地址:厦门市湖里区禾山镇高殿村第二工业区 11 号厂房 4 楼(361009)
法人代表/负责人:林新忠
电话:0592-3233018
传真:0592-5755511
电子邮件:xiarom@263. net
网址:www. xiarom. com
注册时间:2000 年
注册资本:220 万元
企业人数:250 人
研发人员数:50 人
主要经营产品:发光二极管和数码管

厦门鑫光大道科技有限公司

地址:厦门市湖滨北路新港广场南楼 1106#(361012)
法人代表/负责人:蔡云峰
电话:0592-3115782
传真:0592-3112782
电子邮件:xrl@xgddled. com
网址:www. xgddled. com
主要经营产品:夜景照明工程规划设计,LED 应用产品生产、销售、施工安装和技术支援

厦门依莱光电有限公司

地址:厦门火炬高新区创业园伟业楼 N402-N404,N103(361006)
电话:0592-5701372/5701395
传真:0592-5701373
电子邮件:ELIGHT@public. xm. fj. cn
注册时间:2001 年 4 月
主要经营产品:背光源、超高亮发光二极管、红外光敏器件、红外遥控接收放大器等

紫欣光电(泉州)有限公司

地址:泉州市泉秀路东段(362000)
法人代表/负责人:
电话:0595-22565078/22581801/13805924311
传真:0595-22565078/22563082
电子邮件:22998787@163. com
网址:www. ledzx. com. cn
主要经营产品:常规 LED 发光二极管,超高亮 LED 发光二极管、大功率 LED 产品系列,各种波长 LED 半导体发光器件和光传感元件、LED 信息显示部件、LED 照明应用产品等

广东省

LUXPIA CO. ,LTD

地址:深圳市福田区彩田南路中深花园 A 座 19 楼 1906 室
法人代表/负责人:金日
电话:0755-82998089/82995402
传真:0755-83048660
电子邮件:rijin@luxpialed. com
网址:www. luxpialed. com
主要经营产品:LED 产品。

艾逖恩机电(深圳)有限公司

地址:广东深圳南山区侨香路中航沙河工业区 2 号厂房(518053)
法人代表/负责人:陈卢坤
电话:0755-83305696
传真:0755-26923699
电子邮件:sales@intrat. com. hk
网址:www. intrat. com. hk
注册时间:2003 年
注册资本:300 万元
企业人数:350 人
研发人员数:100 人
所属产业链环节:半导体(IC/COB/LED)后封装
主要经营产品:邦定焊线机、固晶机、点胶机

爱立德光电照明灯饰厂

地址:中山市古镇曹三新工业区
法人代表/负责人:杨振波
电话:0760-2323123
传真:0760-2323128
电子邮件:iled@iledlighting. com
www. iledlighting. com
主要经营产品:LED 系列的轮廓灯、护栏灯、射灯、球泡灯、星星灯、地埋灯、水底灯、草坪灯、彩虹管、幻彩地砖灯、墙脚灯、吸顶灯、装饰灯、景观路灯、景观灯、手电筒等

百家照明电器厂

地址:广东省中山市古镇海洲东岸公路胜利工业区(528422)
法人代表/负责人:徐广
电话:0760-2312199
传真:0760-2312166
电子邮件:flourish@flourish. com. cn
网址:www. haijiawang. com. cn
注册时间:2000 年

主要经营产品:带低压或高压射灯、智能遥控日光灯、不锈钢灯具、防尘、防虫、防火处理环型日光灯具、电子变压器、电子镇流器、多段数码遥控器系列

佰鸿电子厂

地址:深圳市福田去福华路 61 号福田商贸大厦西座 7 楼

法人代表/负责人:廖宗仁

电话:0755-52883777/82883778

传真:0755-82883779

电子邮件:jeff@brten. com

网址:www. vrtled. com

主要经营产品:发光二极体、显示模组、红外线元件模组、贴片型发光二极管及发光二级体应用模组

长裕科技(深圳)有限公司

地址:深圳市宝安区龙华油松水斗村工业区 2 号

法人代表/负责人:蔡忠谚

电话:0755-28135866

传真:0755-28135986

注册时间:2000 年

企业人数:101~200 人

研发人员数:51~60 人

主要经营产品:精密光电量测仪器 LED 自动量测系统各式自动化设备开发

超科有限公司

地址:深圳市福田区滨河路 5020 号证券大厦 1512 室(518033)

法人代表/负责人:曾先生

电话: 13316911761

传真:0755-33348086

电子邮件:qli@supertex. com

网址:www. supertex. com

注册时间:2004 年 8 月

企业人数:300 人

研发人员数:100 人

主要经营产品:LED 驱动、IC

大昌照明有限公司

地址:广东省中山市古镇新兴大道 8 号(528421)

法人代表/负责人:陈顺洪

电话:0760-2391328/2398628/

传真:0760-2397328/2397254

电子邮件:dachang@dachangld. com

www. dachangld. com

注册时间:1992 年

企业人数:301~500 人

主要经营产品:高杆灯、道路灯、球场灯、景观灯、探照灯、庭院灯、草坪灯、椰树灯、烟花灯、LED 灯系列

大雁电子厂

地址:东莞市石碣镇横窑管理区

法人代表/负责人:龙印

电话:0769-86305816

传真:0769-86305826

电子邮件:info@dayanled. com

网址:www. chinaled. cn

主要经营产品:发光管、红外光发射、红外光接收模组、高亮度红、绿、蓝、黄、七彩灯、三色、食人鱼、白色发光管、发光管组装系列、Holoder/Gluster 及户外看板

大赢数控设备(深圳)有限公司

地址:深圳市宝安区福永新和村华发工业园(510138)

法人代表/负责人:李文彬

电话:0755-61500666

传真:0755-61500616

电子邮件:8686@hwincnc. com

网址:www. hwincnc. com

注册时间:2003 年 6 月

注册资本:5000 万港币

企业人数:290 人

研发人员数:43 人

所属产业链环节:设备制造业

主要经营产品:生产经营三轴及以上联动 PCB 数控钻机机床,PCB 激光钻孔机床,LED 参数测定设备,激光加工设备及其相关产品的开发

东莞横沥大德电子有限公司

地址:东莞市横沥镇裕宁工业区(523468)

法人代表/负责人:陈友发

电话:0769-83736924/83406947

传真:0769-83721361/83723424

电子邮件:adriana@midaspower. cn

网址:www. midaspower. cn

主要经营产品:EL 传统式变压器、镇流器、充电器、开关电源、LED 灯等

东莞立生光电厂

地址:东莞市茶山镇孙屋管理区

法人代表/负责人:黄先生

电话:0769-86178063-4/5

传真:0769-86178067

电子邮件:david@lsled. com

网址:www. lsled. com

注册时间:2002 年

主要经营产品:发光二极管、汽车发光二极管、发光二极管照明、数码管、贴片发光二极管、大功率 LED、其他组

装 LED、传统灯泡

东莞市邦臣光电有限公司

地址:东莞市东城区同沙上元村 A 幢(523003)
法人代表/负责人:徐朝丰
电话:0769-22086479/22086456
传真:0769-22086005
网址:www.bco-tech.com
主要经营产品:超高亮白光 LED、大功率红外发射管 IRLED,以及用于照明的 LED 手电筒等

东莞市朝阳电子科技有限公司

地址:东莞市高埗南岸工业区 22 栋(513273)
法人代表/负责人:陈朝春
电话:0769-88788606/88700127
传真:0769-88788658
网址:www.dg-led.com/home/asp
主要经营产品:超高亮发光二极管

东莞市福地电子材料有限公司

地址:广东省东莞市南城科技工业园蛤地(523082)
法人代表/负责人:王约庚
电话:0769-22406000
传真:0769-22402673
电子邮件:wangy@fortune.net.cn
网址:www.fortune.net.cn
注册时间:1998 年 3 月 26 日
注册资本:1000 万元
企业人数:320 人
研发人员数:38 人
所属产业链环节:HB-LED 芯片的研发和生产
主要经营产品:四元系 AlGaInP 红、橙、黄光芯片、GaN 基蓝、绿光芯片、LED 芯片封装和 LED 应用器件

东莞市光宇实业有限公司

地址:东莞市塘夏镇田心工业区田心路
法人代表/负责人:王骞
电话:0769-86950456
传真:0769-86950501
电子邮件:sunny@gy-led.com
网址:www.gy-led.com
主要经营产品:超高亮白光、大功率红外线发射管、食人鱼系列、SMD LED、大功率 LED 以及 LED 应用产品

东莞市虎门明亚电子厂

地址:东莞市虎门
法人代表/负责人:陈志明
电话:0769-85163801
传真:0769-85163809
主要经营产品:LED 白色发光二极管

东莞市华光光点科技有限公司

地址:东莞市厚街镇沙塘管理区景盟工业园
法人代表/负责人:华霖霖
电话:0769-88919266
传真:0769-88919257/85059312
电子邮件:huaguang@hg-led.cn
网址:www.hg-led.cn
主要经营产品:发光二极管以及 LED 系列产品

东莞市晶越电子有限公司

地址:东莞市虎门镇树田村树安工业区树安大道 8 号(523876)
法人代表/负责人:王超群
电话:0769-86233678(8 线)/86233528
传真:0769-86233698
电子邮件:esurpass@126.com
网址:www.e-surpass.com
注册资本:58 万元
企业人数:101~200 人
研发人员数:5~10 人
主要经营产品:超高亮系列 LED、功率型系列 LED、表面贴装式 LED、红外线发射接收系列、数码管、CCFL 冷阴极荧光灯、闪光灯管、LED 灯饰及应用产品等

东莞市精源电子有限公司

地址:东莞漳木头
法人代表/负责人:段俊胜
电话:0769-87430087
传真:0769-87193781
网址:www.jingyuandz.com
注册时间:2001 年
主要经营产品:生产线显示屏、数据采集器、数码管、发光二极管、点阵模块、背光源、时钟板、像素管

东莞市科锐德数码光电科技有限公司

地址:东莞市高布镇振兴路(523270)
法人代表/负责人:欧发文
电话:0769-88782660/88701399
传真:0769-88782661
电子邮件:dgzhanfan@vip.163.com
网址:www.yangfanchina.com
主要经营产品:LED 交通灯、LED 汽车灯、LED 射灯、LED 矿灯、圣诞树灯、椰树灯、烟花灯、LED 光纤灯、小夜灯、显示屏等

东莞市企石鑫光源电子厂

地址:东莞市企石镇杨屋工业区

法人代表/负责人:黄建林
电话:0769-86732602/86736862
传真:0755-86787185
电子邮件:xgy_led@xgydg.cn
网址:www.xgydg.cn
注册时间:2002年09月15日
企业人数:101~200人
主要经营产品:LED系列:红、橙、黄、绿、蓝、白、紫、粉红等发光颜色。LED闪烁系列、单二、三闪七彩变化、全彩三基色、SMT贴片系列、603、0805、1206等

东莞市泰格电子五金有限公司

地址:东莞市万江区霸头第二工业区
法人代表/负责人:郑小平
电话:0769-22786999/22788778/22786678
传真:0769-22783378
电子邮件:metal@ dgtaige.com
网址:www.gdtaige.com
注册时间:2005年03月09日
注册资本:50万元
企业人数:201~300人
研发人员数:5~10人
主要经营产品:大功率LED、1W、2W、3W、及红、黄、白、蓝等全系列发光二极管

东莞市旭昶光电科技有限公司

地址:东莞市长安镇街口村花果山工业区(523880)
法人代表/负责人:傅先生
电话:0769-85308721
传真:0769-85390373
电子邮件:sales@aeti.com.tw
网址:www.aeti.com.tw

东莞市永辉照明科技有限公司

地址:东莞市东城中路恒泰大厦(523109)
法人代表/负责人:梁兰兴
电话:0769-22659665
传真:0769-22658667
电子邮件:iconwf@iconwf.com
网址:www.iconwf.com
注册时间:1998年06月22日
注册资本:100万元
企业人数:120人
研发人员数:12人
所属产业链环节:LED灯具设计、制造、销售
主要经营产品:埋地灯、投光灯、水池灯、庭院灯、草坪灯、轮廓灯等

东莞市兆天灯饰有限公司

地址:东莞市城区运河东三路102号国信大厦501(523001)
法人代表/负责人:朱智民
电话:0769-22504455/22506373
传真:0769-22504499
电子邮件:ssdgs2008@163.com
网址:www.ztds.cn
主要经营产品:冷极管、霓虹灯、LED灯、投光灯、泛光灯

东莞源晶光电科技有限公司

地址:东莞市虎门镇怀德管理区怀德大道(523957)
法人代表/负责人:吴辉
电话:0769-81608082/81608090-3
传真:0769-81608083(自动)
电子邮件:sourcechip@sourcechip.com
网址:www.ledcae.com
主要经营产品:超亮度光电LED

非特光电科技有限公司

地址:深圳市南山区科技园北区园西工业区28栋4楼
法人代表/负责人:黄小姐
电话:0755-26503648/26506941/26503648
传真:0755-26503647
电子邮件:sales-lamp@ft-led.com
网址:www.ft-led.com
注册时间:2004年
注册资本:100万元
企业人数:201~300人
研发人员数:61~70人
主要经营产品:LED产品、发光二极管、数码管、点阵模块、半户外点阵、像素管

富士达电子科技有限公司

地址:东莞市茶山镇曾埗卢屋鲤鱼工业区
法人代表/负责人:赖佳明
电话:0769-88933668
传真:0769-88934699
电子邮件:sales@fsdled.com
网址:www.fsdled.com
主要经营产品:高亮白光、蓝光、全彩、食人鱼系列高档LED

高盛灯饰配件厂

地址:中山市古镇海洲麒麟工业区
法人代表/负责人:程满林
电话:0760-2312856/13549858446
传真:0760-2312438
电子邮件:sale@kaosheng.com.cn

网址:www. kaosheng. com. cn

主要经营产品:电子式变压器、电子式安定器、LED变压器、LED光源

古镇中昌电器灯饰厂

地址:中山古镇曹兴东路58号路口(528421)

法人代表/负责人:邓永春

电话:0760-2393059/2350721/13928155205

传真:0760-2399941

电子邮件:zhongchang@zhongchanglighting. com

网址:www. zhongchanglighting. com

主要经营产品:米泡、LED、星灯、网灯、圣诞灯、烟花灯、图案灯、窗帘灯、树灯、水帘灯、彩虹灯

光博电子(深圳)有限公司

地址:深圳市宝安区观澜镇高尔夫大道园湖工业园A栋四楼(518110)

法人代表/负责人:林政达

电话:0755-81472698

传真:0755-81472628

网址:www. a-bright. com. tw

注册资本:100万元

企业人数:201～300人

研发人员数:21～30人

主要经营产品:红、白、蓝、绿、紫、橙、黄、单色LED。

广东百佳百特实业(集团)有限公司

地址:广东省中山市古镇外海大桥右侧百佳工业大厦(528421)

法人代表/负责人:蔡永林

电话:0760-3388282

传真:0760-2349322/3388281

电子邮件:bt@haite-lighting. com

网址:www. haite-lighting. com

注册时间:1998年8月11日

注册资本:2000万元

企业人数:1850人

研发人员数:130人

主要经营产品:LED灯、庭院灯、路灯、景观灯、吊灯、台灯、落地灯、陶瓷灯、节能灯等各样灯饰

广东济胜科技贸易有限公司

地址:广州市天河路228号广晟大厦1708房(510620)

法人代表/负责人:王子能

电话:020-83265116

传真:020-83265115

电子邮件:sales@dowin-china. com

网址:www. dowin-china. com

注册时间:2004年8月

注册资本:500万元

企业人数:30人

研发人员数:10人

所属产业链环节:LED产品的研发和销售

主要经营产品:LED照明光源和广告类LED产品

广东省中山市古镇星雨灯饰厂

地址:广东省中山市古镇东岸公路胜利灯饰城(528422)

法人代表/负责人:张金明

电话:13302829555

传真:0760-2313120

电子邮件:zjm@xingyulighting. com

网址:www. xingyulighting. com

主要经营产品:烟花灯、椰树灯、太阳能灯、LED灯

广东亚一光电科技有限公司

地址:广州市芳村区龙湾路2号广发大厦22楼(510360)

法人代表/负责人:陈超安

电话:020-81509818

传真:020-81532533

电子邮件:gdyayi@163. com

网址:www. gdyayi. com. cn

注册时间:2002年

注册资本:300万元

企业人数:301～500人

研发人员数:21～30人

主要经营产品:LED数码灯、护栏灯、全彩灯泡、LED太阳能灯具、LED玻璃幕墙装饰灯

广州达志电子有限公司

地址:广州市白云区太和镇营溪村营东路9号(510540)

法人代表/负责人:魏玉琨

电话:020-87438676/88516748/88129739

传真:020-87426621

电子邮件:gz-AW@163. com

注册时间:2004年

注册资本:12万美元

企业人数:101～200人

研发人员数:5～10人

主要经营产品:LED霓彩灯、LED单色管、LED七彩管、LED全彩数码变色管、LED球泡、LED灯杯、LED星星灯、LED网灯、LED发光字模块、频闪灯、各类灯箱用LED光源及LED照明筒灯系列,用LED作发光体的霓虹灯管系列

广州东方星电子灯具有限公司

地址:广州市白云区新市镇嘉禾望岗工业区二路23号(510440)
法人代表/负责人:赵祖定
电话:020-86091298/86091218/86094499
传真:020-86093368
电子邮件:dfx-xyz@x263. com
网址:www. dfx 1688. com
注册时间:1996年
注册资本:18万美元
企业人数:51~100人
研发人员数:5~10人
主要经营产品:应急照明灯系列(LED光源类、电子发光类、荧光管、节能管类、灯珠等)

广州格瑞灯具有限公司

地址:广州市白云区人和镇新联北路7号(510470)
法人代表/负责人:陈居生
电话:020-86031717/35864639/13533990395
传真:020-86031720
电子邮件:clx518@yeah. net
注册时间:2003年
注册资本:50万元
企业人数:51~100人
研发人员数:5~10人
主要经营产品:LED灯饰、灯具、LED彩虹管、LED数码管、LED点光源、LED灯杯、LED水底灯、LED埋地灯、米泡灯串、LED电池盆花灯、LED护栏灯、LED草坪灯

广州幻彩照明电器有限公司

地址:广州市工业大道中宝利花园静雅街44号(510280)
法人代表/负责人:陈岱华
电话:020-34118506
传真:020-34118506
电子邮件:margardt_lighting@yahoo. com. cn
网址:www. yanyulighting. com
注册时间:2005年
企业人数:51~100人
研发人员数:5~10人
主要经营产品:节能灯T4、T5、支架、照明吸顶灯各式台灯、落地灯、吊灯、壁灯、多功能可充电应急灯、标志灯、灭蚊灯、玻璃灯、LED(彩虹管、护栏管、变色球泡灯、变色蜂窝灯、地理灯、泛光灯、水底灯、星星灯、)普通彩虹管、LED(吸顶灯、跑马灯、地转、插地灯、草坪灯、显示屏、工艺灯)

广州锦图照明电器有限公司

地址:番禺区钟村镇胜石工业区钟韦路自编229号(511495)
法人代表/负责人:王能
电话:020-84774939
传真:020-84598460
电子邮件:sales@flesineon. com
网址:www. flesineon. com
主要经营产品:LED圣诞灯、LED星星灯、LED网灯、LED窗帘灯、智慧型数码管、LEDI彩虹管、米泡彩虹管、米泡灯串、光源器、光纤产品、LED球泡、LED埋地灯

广州科瑞电子有限公司

地址:广州经济技术开发区青年路336号科瑞大厦(510730)
法人代表/负责人:孙彦沛
电话:020-82216753/82208476/82089467/13602704781
传真:020-82218937
电子邮件:btsh_green001@163. com
网址:www. btsh-green. cn
注册时间:1993年
注册资本:800万港币
企业人数:201~300人
研发人员数:11~20人
主要经营产品:LED景观灯、LED埋地灯。LED草坪灯、LED水底灯、LED地角灯及LED射灯等

广州亮而丽灯饰有限公司

地址:广东省广州市花都区新和工业区(510800)
法人代表/负责人:刘丹
电话:020-86958328/86789218/13602842286
传真:020-86959451
电子邮件:ldd@lovely-lighting. com
网址:www. lovely-lighting. com
注册时间:1998年
注册资本:700万元
企业人数:201~300人
研发人员数:5~10人
主要经营产品:LED数字变色管、KMX512LED数字变色管、LED线条灯、LED轮廓灯、LEDT5灯、LED炉桥护栏灯、LED广告灯、LED地砖、LED水底灯、LED地灯、LEDMR16、GU10灯杯系列、LED商业装饰照明系列

广州施佳科技资源管理有限公司

地址:广东广州农林下路81号新裕大厦14层D(510180)
法人代表/负责人:裴先生
电话:020-87761656
传真:020-8760292
电子邮件:info@sigmaco. com. cn
网址:www. sigmaco. com. cn

注册时间:2003 年
注册资本:100 万元
企业人数:5~10 人
主要经营产品:彩色 LED 照明灯

广州市白云区极光电子厂

地址:广州市白云区江高镇私企工业区流莲路 30 号 510725
法人代表/负责人:金振华
电话:020-86163695/86163696/86163697/13500018211
传真:020-86163676
网址:www.polarled.com
注册时间:2002 年
企业人数:201~300 人
研发人员数:11~20 人
主要经营产品:超红、超黄 LED;纯蓝、纯绿、纯白超亮 LED;七彩闪烁 LED(分快闪、慢闪两种)四脚三基色 LED、拥有全自动分光分色仪。

广州市白云区石井永通电子厂

地址:广州市白云区同德围横窖清平工业区 C 栋
法人代表/负责人:黄志栋
电话:020-36513172/13112295172
传真:020-36512893
企业人数:201~300 人
研发人员数:11~20 人
主要经营产品:电子元件及灯饰配件;LED 灯饰;护栏灯;灯杯;声光 COB;七彩灯泡;汽摩闪光精品;手机来点闪;城市亮化工程;家居节能照明;IC 绑定;LED 晶片

广州市德昇电子设备有限公司

地址:广州市西湾路岭南花园北街 66 号 502(510010)
法人代表/负责人:艾元平
电话:020-88518955
传真:020 83870285
网址:www.atrtlight.net
注册时间:2004 年
注册资本:50 万元
企业人数:51~100 人
研发人员数:41~50 人
主要经营产品:舞台刷马频闪灯、电脑换色灯、舞台小频闪灯、舞台效果灯、电脑摇头灯、及 LED 认证:CE、UL

广州市光辉电子有限公司

地址:番禺区石基清河路段
法人代表/负责人:刘光雄
电话:020-84615091
传真:020-84616151
主要经营产品:各种超亮白等、纯蓝、纯绿、高红、高橙、红外发射管、鼠标对管、紫色等 LED 二极管、数码管、LED 数码灯护栏灯、LED 节能灯泡、LED 跑马灯、LED 圣诞灯网灯、LED 太阳能灯等

广州市桂达电子科技有限公司

地址:广州市天河区车陂金东花园 A3 栋 1 楼 18 号(510660)
法人代表/负责人:玉达联
电话:020-88263358、82555459
传真:020-82555473
电子邮件:gzgd_ydl@vip.163.com
主要经营产品:LED 灯饰;灯柱、草坪灯、LED 埋地灯、LDE 造型灯柱、LED 埋地灯变色灯、LED 埋地灯水泡灯、LED 数码动感灯、LED 电子显示屏、发光二极管系列

广州市河东电子有限公司

地址:广州市天河高新技术产业开发区建中路 24 号(510665)
法人代表/负责人:梁国芹
电话:020-85521566
传真:020-85520532
电子邮件:hdlmarket@hdlchina.com
网址:www.hdlchina.com
注册时间:1999 年 1 月
注册资本:500 万元
企业人数:200 人
研发人员数:45 人
所属产业链环节:终端产品
主要经营产品:专业环境照明及 LED 照明控制设备

广州市金来发展有限公司

地址:广州市白云区三元里大道 799 号金来大厦十楼(510403)
法人代表/负责人:卢日养
电话:020-36330300
传真:020-36330202
网址:www.jinlai.com.cn
注册时间:2000 年
注册资本:110 万元
企业人数:51~100 人
主要经营产品:LED 发光粒子、智能动感发光砖系列

广州市晶鼎光电子有限公司

地址:广州市白云区永平街集贤庄永泰工业区(514040)
法人代表/负责人:林永清
电话:020-61199911/13802430101
传真:020-61199912
网址:www.jingdingled.com

注册时间:2002 年
注册资本:100 万元
企业人数:101～200 人
研发人员数:11～20 人
主要经营产品:LED 光电元器件、LED 景观照明应用产品

广州市力侬电子有限公司

地址:广州市白云区人和镇东华村达贤街 97 号(510470)
法人代表/负责人:雷霆
电话:020-36040008/36041027
传真:020-36041837
电子邮件:linong@lnled. com
网址:www. lnled. com
注册时间:1996 年
注册资本:50 万元
企业人数:301～500 人
研发人员数:5～10 人
主要经营产品:液晶背光源、发光二极管、数码管、空调多彩屏、LED 电子显示屏、LED 广告灯、象素管灯 LED 电子产品

广州市霓雨灯光科技有限公司

地址:广州市增槎路 58－60 号志金商贸中心 2 楼 205 #(510165)
法人代表/负责人:陈泽云
电话:020-8180090
传真:020-81798385
电子邮件:hydg@hy-dg. com
网址:www. hy-dg. com
主要经营产品:LED 系列:路灯、庭园灯、草坪灯;地理灯系列;城市景观灯系列;烟花灯、椰树灯、动感灯画;造型彩灯系列;空中探照灯;变色灯系列:泛光、投光灯等 6 大户外等系列产品

广州市欧朗电子有限公司

地址:广州市海珠区华村华景大道 42 号
法人代表/负责人:黎淑蕴
电话:020-34080243
传真:020-34082747
电子邮件:olang@126. com
主要经营产品:直插式的各类超高亮白光、蓝光、绵光、黄光、红光及全彩、IC 系列等

广州市天河博光电子器件厂

地址:广州市天河区东圃村黄园东座三楼(510000)
法人代表/负责人:杨道达
电话:020-22649241/13711603716
传真:020-82318611
电子邮件:gzhoguang@yahoo. com. cn
注册时间:2003 年
企业人数:51～100 人
研发人员数:5～10 人
主要经营产品:LED 发光二极管

广州市添鑫光电有限公司

地址:广州市白云区均禾街石马村桃源北西街 90 号(541400)
法人代表/负责人:邓盛松
电话:020-36092180/13302290677
传真:020-36092083
电子邮件:tx@txlighting. com
网址:www. lxlighting. xom
注册时间:2004 年
注册资本:100 万元
企业人数:101～200 人
研发人员数:11～20 人
主要经营产品:各种 LED。LED 数码管、LED 模组、LED 灯饰等

广州市伟光电子有限公司

地址:广州市黄埔区夏园工业区一号楼五楼(510730)
法人代表/负责人:陈永胜
电话:020-82050737/82679581/13316191509
传真:020-82050383/82679580
注册时间:2004 年
注册资本:100 万元
企业人数:101～200 人
研发人员数:5～10 人
主要经营产品:LED 发光二极管、发射管、数码管、LED 灯具

广州市先力光电科技有限公司

地址:广州市云埔(白云)工业区天生路 1 号(510530)
法人代表/负责人:区惠青
电话:020-32066122
传真:020-32066169
网址:www. acpled. com
注册时间:1997 年
注册资本:100 万元
企业人数:301～500 人
研发人员数:31～40 人
主要经营产品:发光二极管、发射、接收管、数码管、点阵管、CIS 光源条、背光板

广州市雅江光电设备有限公司

地址:广州花都区花山镇华侨工业区环镇东路 2 号

(510445)

法人代表/负责人:陈先生

电话:020-86947788

传真:020-86943773

电子邮件:info@yagang.com

网址:www.yagang.com

注册时间:1984年

注册资本:500万元

企业人数:301～500人

研发人员数:100人以上

主要经营产品:舞台灯光、城市亮丽系列产品及LED变色数码管、摇头电脑灯、激光灯

广州市亿光灯饰有限公司

地址:广州市天河区大观中路383号聚宝楼四楼(510663)

法人代表/负责人:梁庄杰

电话:020-32051605/32052615/82372605

传真:020-32052705/82372605

电子邮件:sales@eagle-ledlighting.com

网址:www.eagle-ledlingting.com

注册时间:1992年

注册资本:300万元

企业人数:101～200人

主要经营产品:LED彩虹管、数码管、护栏灯、球泡、射灯杯、发光地砖

广州市益友计算机软件科技有限公司

地址:广州市黄埔大道西273号惠兰阁17楼(510620)

法人代表/负责人:李总

电话:020-87517730

传真:020-87541892

主要经营产品:研究LED灯、霓虹灯等城市夜景景观照明的设计与控制技术、探索软件继续、集成电路技术、新材料技术在照明设计、控制中的应用

广州市泽盛电子有限公司

地址:广州市番禺大石新兴工业区(511430)

法人代表/负责人:姚泽斌

电话:020-34798533/31265768/13928880369

传真:020-34796913

注册时间:2004年

注册资本:50万元

企业人数:101～200人

研发人员数:5～10人

主要经营产品:发光二极管、全彩发光二极管、红外线发射管/接收管、数码管

广州闻达电子有限公司

地址:广州市天河区珠江新城新大厦北路20F、B(510620)

法人代表/负责人:涂滔

电话:020-38296280/13600097765

传真:020-38296199

注册时间:2001年

注册资本:101万元

企业人数:101～200人

研发人员数:5～10人

主要经营产品:电子材料、发光二极管

广州贤记电子科技有限公司

地址:广东省广州市中山大道中38号加悦大厦201(510660)

法人代表/负责人:林栓

电话:020-33004344

传真:020-62809711

电子邮件:waplinhui@21cn.com

网址:www.touchtek.com.tw

注册时间:2006年

注册资本:3万元

企业人数:32人

所属产业链环节:销售

主要经营产品:LED芯片

广州星光光电器材厂

地址:番禺区石基镇榜东村(511450)

法人代表/负责人:袁先生

电话:020-33133718

传真:020-33133718

主要经营产品:LED发光二极管

广州旭照照明有限公司

地址:广州市五羊新城寺右二横路17号广东广告城116室(510600)

法人代表/负责人:林小姐

电话:020-87668317/87679799

传真:020-87664448

电子邮件:xuzjao722@163.com

网址:www.tfc.com.tw

主要经营产品:光源、灯具、光触媒、冷阴极管、LED系列、冷气机

广州悠广新型材料有限公司

地址:广州市增城新塘镇太平洋工业区75号(511340)

法人代表/负责人:戴小姐

电话:020-82705126
传真:020-82705551
电子邮件:vicchen@ahead. com. tw
注册时间:1999 年
企业人数:51～100 人
研发人员数:5～10 人
主要经营产品:LED 应用、全像设备应用

广州展亮电器照明厂

地址:广州市白云区蚌湖镇西湖街 50 号
法人代表/负责人:吴子华
电话:020-61083808/88178587
传真:020-62650517
电子邮件:winstat@china. com
网址:www. china-winatar. com
主要经营产品:LED 系列指示灯、地理灯、各种冷极管系列及电子板、35～70W 电子道轨金卤灯具、35～400W 金卤灯电子镇流器、70～400W 高压纳灯电子镇流器、单、双管日光灯电子镇流器、石英灯电在变压器、HID 汽车氙气灯、电子金卤灯、LED 灯、电子镇流器

海德威科技股份有限公司

地址:深圳市南山区清华信息港 A 栋 11 楼(518057)
法人代表/负责人:Janson
电话:0755-26030596
传真:0755-26030288
电子邮件:alen@starway. com. hk
网址:www. higherway. com. tw
注册资本:100 万元
企业人数:50 人
研发人员数:35 人
所属产业链环节:Wafer/chip/
主要经营产品:Led/LD

昊天星实业有限公司

地址:深圳市龙岗区辅城坳凤歧路 4 号 518111
法人代表/负责人:徐光洪
电话:0755-83662037/84013129/13392829970
传真:0755-84013913
电子邮件:hotn888@yahoo. com. cn
网址:hotn. kmip. net
注册资本:100 万元
企业人数:51～100 人
主要经营产品:各种超高亮发光二极管、各种交通灯、户外显示屏用像素管、点阵、数码管

禾原照明工程有限公司

地址:中山市古镇曹三工业区同兴路 118 号(528421)
电话:0760-2394821-3
传真:0760-2394823
电子邮件:sales@zsnet. net. cn
主要经营产品:树状灯、烟花灯、庭院灯、草坪灯、壁灯、大型路灯、LED

恒创电子(香港)有限公司

地址:深圳市宝安 29 区新玥庭 1 栋
法人代表/负责人:程小波
电话:0755-27802578/27802678/27813392
传真:0755-27813393
电子邮件:Evercreal@21cn. com
网址:www. evercreal. com
注册时间:1999 年
注册资本:1000 万港币
企业人数:1000 人以上
研发人员数:41～50 人
主要经营产品:发光二极管、贴片发光二极管、背光源专用贴片(白光)、光纤接收、发射头;数码管、点阵管、红外线发射管、红外线接收器、红外线接收模组、光藕合器、光遮断器

恒星(东莞)电子有限公司

地址:东莞市长安镇沙头管理区塘夏工业村(523863)
法人代表/负责人:戴波林
电话:0769-85314239/85313241
传真:0769-85311745
电子邮件:lamp@star-god. com
网址:www. star-god. com
主要经营产品:普亮、高亮、超高亮度系列 LED、大功率型 LED、超高亮度系列食人鱼 LED、七色全彩及显烁型 LED、SMD 贴片系列 LED、红外线发射接收系列 LED、照明灯饰用功率型 LED、数码管点阵

花都区炭步鹤丰电子厂

地址:花都区炭步镇四角围 21-23 号 510800
法人代表/负责人:李鹤容
电话:020-86744031/86733233/13424534311
传真:020-86731438
网址:www. hefengled. com
注册时间:2001 年
企业人数:101～200 人
研发人员数:11～20 人
主要经营产品:红、绿、蓝、黄,以及超高亮白灯、蓝灯、纯绿、七彩灯等产品

华宏光电子(深圳)有限公司

地址:深圳市南山区高新科技园北区郎山路北科苑大道西路北区华瀚科技园 D 座 3A 西
法人代表/负责人:李政华

电话:0755-86019190-885/812

传真:0755-86019009

电子邮件:sales@wahwang.com

网址:www.wahwang.com

注册时间:1990年

注册资本:700万港币

企业人数:101~200人

研发人员数:5~10人

主要经营产品:各种发光二极管、大功率LED、食人鱼LED、各种LED数码管、贴片发光二极管

华艺灯饰(集团)有限公司

地址:广东省中山市古镇华艺灯饰广场(528421)

法人代表/负责人:区炳文

电话:0760-2357845

传真:0760-2357732

电子邮件:huayi@pub.zhongshan.gd.cn

网址:www.huayilighting.com

注册时间:1998年

企业人数:1000多人

主要经营产品:水晶灯、吊灯、客房灯、精品灯饰、工程灯饰、户外灯、节能灯、吸顶灯、筒灯、射灯、格栅灯、镇流器、应急灯、支架、泛光灯

环宇国际集团(香港)有限公司

地址:深圳福田区深南中路3037号南光捷佳大厦1816

电话:0755-83980508/83981523

传真:0755-83981671

电子邮件:uniwerse@188.com

主要经营产品:LED头灯、LED手电筒、充电式聚光灯、功率LED手电筒、大功率LED头灯、LED自行车灯

慧明光电(深圳)有限公司

地址:广东深圳市龙岗区平湖镇新南新屋村富新路B栋

法人代表/负责人:区永超

电话:0755-84675017/84675199/84674344

传真:0755-84675633

电子邮件:ph@kindwin.com

网址:www.kindwin.com

注册时间:2002年04月08日

注册资本:360万美元

企业人数:301~500人

研发人员数:51~60人

主要经营产品:发光二极管、贴片型发光二极管、数码管、点阵块、时钟板、背光源、微面板、显示屏专用之发光二极管、全彩像素筒、全彩屏幕模组

金辉电子(深圳)有限公司

地址:深圳市国威路莲塘工业区(518000)

法人代表/负责人:赵先生

电话:0755-21263111

传真:0755-29676829

电子邮件:webmaster@gdjinhui.com

网址:www.gdjinhui.com

注册时间:2002年

注册资本:100万元

企业人数:100~150人

研发人员数:10~20人

所属产业链环节:LED

主要经营产品:LED、大功率LED

晶稳电子灯饰厂

地址:县东平管理区大帽岭村(523519)

法人代表/负责人:陈铁球

电话:0769-86784026/6788360

传真:0769-86786245

电子邮件:jingweng@jingwenglight.com

网址:www.jingwenglight.com

主要经营产品:LED发光二极管、LED发光二极管组装、小迷你泡、汽车灯泡、仪表指示灯、汽车室内灯、各种特殊灯

科普电子技术(深圳)有限公司

地址:深圳横岗荷坳村京铁工业园U型厂房二楼

法人代表/负责人:翁小勇

电话:0755-83849357/83843275

传真:0755-83849597

电子邮件:sales@fujisunwah.com

网址:www.szkepu.com

注册时间:2001年9月17日

注册资本:600万元

主要经营产品:LED发光二极管、数码管、大功率灯采购;环氧树脂、LED芯片、支架

克劳士照明电器(中山)有限公司

地址:中山市古镇古三新工业区

法人代表/负责人:华小姐

电话:0760-3836596

传真:0760-3836811

网址:www.koss-asus.com

主要经营产品:LED护栏灯、LED轮廓灯、LED埋地灯、LED水底灯、LED装饰灯、LED灯杯、吸顶灯、节能灯系列

莱依迪光科科技(深圳)有限公司

地址:广东省宝安市石岩水田工业区鸿兴路1—2栋

电话:0755-27647958

传真:0755-27647066

电子邮件:sales@laiyidi. com

网址:www. laiyidi. com

主要经营产品:高档紫光、纯蓝、纯绿、纯白等发光二极管系列

磊明(香港)有限公司

地址:深圳市蛇口工业区沿山六路佳利泰大厦 8C

法人代表/负责人:马钟鸣

电话:0755-26860746

传真:0755-26860743

电子邮件:ricklin@lite-magie. com

网址:www. lite-magie. com

主要经营产品:LED 灯饰、LED 照明、灯饰控制系统

联创健隆光电科技有限公司

地址:深圳市南山区麒麟路上汽大厦 11 楼

法人代表/负责人:周先生

电话:0755-86111100/86111009/86111007

传真:0755-86111006

电子邮件:mddled@126. com

网址:www. sz-lcjl. com

注册时间:1992 年

注册资本:200 万元

企业人数:1000 人以上

研发人员数:100 人以上

主要经营产品:LED 室内外显示屏各种 LED 照明装饰灯具和 LED 交通信号灯

联欣光电股份有限公司

地址:深圳龙华同富裕工业区 15 栋

法人代表/负责人:丁先生

电话:0755-28140029/28140433/28140933

传真:0755-28141735

电子邮件:Meihua@sboopto. com

网址:www. sboopto. com

注册时间:2000 年

注册资本:1400 万美元

企业人数:501～1000 人

研发人员数:100 人以上

主要经营产品:超高亮度发光二极管、食人鱼、大功率发光二极管、贴片发光二极管、LED 照明工程产品、LED 光源产品

亮采光电科技有限公司

地址:中山市横栏镇穗丰工业区富横西路(528421)

法人代表/负责人:庄连兴

电话:0760-7761531/7761532

传真:0760-7761530

主要经营产品:吸顶灯、射灯、地灯、指示灯、壁灯、LED 及相关应用产品

龙兴光科技有限公司

地址:深圳市福田区林圆东路 9 号

法人代表/负责人:唐勇泉

电话:0755-89783583/21089500

传真:0755-21089500

电子邮件:Lonemscn@yeah. net

网址:www. Lonemscn. com

注册时间:1998 年

企业人数:51～100 人

主要经营产品:EL 冷光片、EL 发光片、EL 背光片、EL 冷光仪表盘、EL 冷光广告、EL 场致发光片、冷光板、EL 片 EL 驱动 IC、EL 冷光片驱动 IC 芯片、EL 发光片驱动 IC 芯片、EL 背光片驱动 IC 芯片、EL 驱动器

美洛菲(东莞)礼品灯饰制品有限公司

地址:东莞市常平镇横江厦管理区(523565)

法人代表/负责人:马驰

电话:0769-83519971

传真:0769-83519972

电子邮件:sale@molofo. com

网址:www. molofo. com

主要经营产品:LED 精美灯饰、礼品装饰灯、木制台灯、铝灯

明润电子公司

地址:深圳市宝安 45 区 518133

法人代表/负责人:罗松

电话:0755-27575506/27575151/13246626042

传真:0755-27575461

注册时间:2003 年

企业人数:51～100 人

研发人员数:少于 5 人

主要经营产品:普通绿、红、黄、白、蓝色 LED 灯和超高亮的绿、红、黄、白、蓝色 LED 灯以及彩色的 LED 灯

普丽提(中山)灯饰制造厂

地址:中山市古镇海洲东岸北路 279 号

电话:0760-3682196/3682197/13148532699

传真:760-3682122/3682196

电子邮件:pretty-marketing@126. com

网址:www. Prettyled. com

主要经营产品:LED 美耐等系列、球泡、灯杯、跑马灯、数码管、护栏灯、地埋灯、星星灯、窗帘灯、网灯及其他灯饰照明产品

奇创电子(深圳)有限公司

地址:深圳市平湖镇白泥坑工业区泥九坑路13-8号
法人代表/负责人:陈良文
电话:0755-84663809/84663812/84660117
传真:0755-84661057
电子邮件:suny@zaiyatech.com
网址:www.zaiyatech.com
注册时间:2001年
注册资本:200万港币
企业人数:201~300人
研发人员数:11~20人
主要经营产品:LED发光二极管、鼠标专用超高亮度红光、LED食人鱼、LED大功率、LED灯饰

强光光电科技有限公司

地址:深圳市宝安区石岩镇玉山工业园旁6号3-5楼
法人代表/负责人:王建国
电话:0755-27151608/27150708/27151808
传真:0755-29820606
电子邮件:qgled@tom.com
网址:www.szqiangguang.com
注册时间:2002年
注册资本:50万元
企业人数:201~300人
研发人员数:21~30人
主要经营产品:LED发光二极管(全彩变色)、发射、接受二极管、背光源、SMD-LED、LED照明应用、汽车LED灯、其特色产品为超高亮白光LED

勤巧电器有限公司

地址:广东省中山市古镇海洲工业区(28000)
法人代表/负责人:马传军
电话:0760-6107710
传真:0760-2360850
电子邮件:qqled88@163.com
注册时间:2005年4月8日
注册资本:50万元
企业人数:50人
研发人员数:10人
所属产业链环节:生产,销售
主要经营产品:LED灯具,大功率LED照明灯具

勤上企业(香港)有限公司(勤上灯饰工程有限公司)

地址:东莞市常平镇横江厦(523565)
法人代表/负责人:柯经理
电话:0755-83986729/3395678-218
传真:0769-83395679
电子邮件:ks-qcdkb@kingsun-china.com
网址:www.kingsun-china.com
主要经营产品:奇彩灯。路桥护栏灯、数码管、LED系列灯、椰树灯、圣诞灯、烟花灯,以及大型的灯饰工程制作

深圳大盛投资有限公司(光电科技分公司)

地址:深圳市南山区科技园南区威新软件园1号楼3层
电话:0755-26716733
传真:0755-26716733
主要经营产品:LED产品研发、生产、销售

深圳东亚光源

地址:中国深圳福田景福大厦27楼(518033)
法人代表/负责人:刘先生
电话:0755-81196569
传真:0755-83613626
电子邮件:njdyliu@163.com
网址:www.ealed.com
主要经营产品:高频无极灯,低压石英卤素灯,LED灯和相关配件

深圳古鼎光电技术有限公司

地址:中国广东深圳宝安区西乡乐园街16栋704房
法人代表/负责人:谢振毅
电话:0755-29988869-805
传真:0755-29988836
电子邮件:goodking@ gkof.com
网址:www.gkof.com
注册时间:2003年07月09日
主要经营产品:光纤光缆、LED照明设计、工程

深圳海联进出口电子有限公司

地址:深圳市南山区蛇口海上世界海景广场10C
电话:0755-26886811
传真:0755-26886820
电子邮件:sales@szhilink.com/emilyfz@homail.com
网址:www.szhilink.com
主要经营产品:LED灯具、LED手电筒、LED礼品等

深圳嘉虹光源科技有限公司

地址:中国广东省深圳市西乡九围簕竹角晨来工业园A栋
法人代表/负责人:王玉梅
电话:0755 21166664/29504080
传真:0755-29504400
电子邮件:zjl@jhgyled.com/jhgyled@163.com
网址:jhgyled.com

注册时间:2002 年
注册资本:人民币 50 万
企业人数:51～100 人
主要经营产品:LED 灯具;LED 多彩变色工程灯;程控无级变色 LED 变色管

深圳金港电子有限公司

地址:深圳市宝安区石岩镇塘头村宏发科技工业园 H1 栋(518108)
法人代表/负责人:杨艳
电话:0755-27650666
传真:0755-27650866
网址:www. jgte. com
企业人数:101～200 人
主要经营产品:LED 显示屏

深圳晶蓝德灯饰有限公司

地址:深圳市石岩镇麻布新村 518108
法人代表/负责人:李福炎
电话:0755-29687377/29686156/13316939818
传真:0755-29686148
网址:www. sz_kingland. com
注册时间:1992 年
注册资本:100 万元
企业人数:201～300 人
研发人员数:5～10 人
主要经营产品:米泡类圣诞灯、LED 圣诞灯

深圳科思贝照明科技有限公司

地址:深圳市南山区科技园方大大厦 1702
法人代表/负责人:曾红卫
电话:0755-26993582
传真:0755-26993653
电子邮件:coloray@vip. 163. com
网址:www. bienlight. com
企业人数:11～50 人
主要经营产品:冷极管、数码管、LED、护栏灯、数码变色光源等

深圳蓝普科技有限公司

地址:深圳市南山区西丽南岗第一工业园四栋、五栋(518055)
法人代表/负责人:常青
电话:0755-27653939
传真:0755-27653206
电子邮件:service@szlamp. net
网址:www. szlamp. net
注册时间:2004 年
注册资本:3100 万元
企业人数:430 人
研发人员数:20 人
所属产业链环节:LED
主要经营产品:LED 显示屏系列、LED 发光二极管、LED 显示屏控制系统系列、LED 交通应用系列、LED 灯饰应用系列

深圳磊明科技有限公司

地址:深圳市南山区沿山路佳利泰大厦 8C(518067)
法人代表/负责人:刘晓光
电话:0755-26895498
传真:0755-26860739
电子邮件:alexye@lite-magic. com
网址:www. lite-magic. com
注册时间:2004 年
注册资本:100 万元
企业人数:192 人
研发人员数:32 人
所属产业链环节:LED 应用
主要经营产品:LED 灯光工程产品及方案提供商。主要产品有 Glamour strip; Magic Painter; Magic Tube 等系列产品(均获深圳市照明新技术产品奖)

深圳玲涛电子厂

地址:深圳市宝安区 71 区华丰工业区 D 栋六楼
法人代表/负责人:王伟健
电话:0755-27865465
传真:0755-27865467
主要经营产品:超高亮白光、蓝光、绿光、发射接收大功率及食人鱼高档 LED 产品。

深圳零奔洋实业有限公司

地址:深圳市宝安区石岩镇应人石村文韬工业园 A 栋
法人代表/负责人:唐明芬
电话:0755-27350555(10 Line) 83056229,83056230
传真:0755-61368278
电子邮件:info@szlby. cn
网址:www. szlby. cn
注册时间:2000 年
注册资本:500 万元
企业人数:201～300 人
研发人员数:11～20 人
主要经营产品:种规格超高亮度,红、橙、黄、绿、蓝、紫、白色发光二极管

深圳罗森照明器材有限公司

地址:深圳市宝安区松岗镇塘下涌工业区
电话:0755-29868173/27067855
传真:0755-29868171/27072357

网址:rosenlite. com

主要经营产品:天花灯、节能灯、电子变压器、电子镇流器及 LED 灯、格栅射灯

深圳明亮光电有限公司

地址:深圳市南山区高新技术产业园北区工业区 2 号路(518057)

法人代表/负责人:胡总

电话:0755-26980938/26994518

传真:0755-26980338/26994538

电子邮件:jianghuixin@topbright. com. cn

网址:www. topbright. com. cn

注册时间:2002 年

企业人数:101～200 人

主要经营产品:LED 光源

深圳挪亚光电科技有限公司

地址:深圳市福田区车公庙泰然公贸园苍松大厦南座 1910 室

法人代表/负责人:龚伟斌

电话:0755-33345650/33345664

传真:0755-33345660

电子邮件:sales@noah-LED. com

网址:www. noah-led. com

主要经营产品:广镓芯片;大功率芯片;led 芯片

深圳启明光电科技有限公司

地址:深圳龙岗区布吉镇坂田五和大道五区五 B 二楼

法人代表/负责人:周昌境

电话:0755-84714721/84714707

传真:0755-84714707

电子邮件:dhq@qi-ming. com

网址:www. qi-ming. com

主要经营产品:LED 照明、球泡灯、卤素灯、埋地灯、水底灯、护栏灯、草坪灯、橱柜灯、夜光灯等系列

深圳青来照明制品有限公司

地址:深圳市莲塘第七工业区 709 栋 1-6 楼(518004)

电话:0755-25820075

传真:0755-25734252

电子邮件:kingland36@163. com

主要经营产品:T4/T5 橱柜灯。衣架灯、厨房用衣架灯、画灯、柜顶灯、LED 吸顶灯、电子镇流器、电子变压器

深圳瑞丰光电子有限公司

地址:深圳龙华镇特发科技园 B2 栋　518000

法人代表/负责人:刘战军

电话:0755-21056809

传真:0755-29675111

电子邮件:sales@ refond-led. com

网址:www. refond-led. com

主要经营产品:0603、0805、1206 系列单色、双色、全彩 PCB 贴片发光二极管。A30、A50 系列单色、双色、全彩 PLCC 表面灌注型发光二极管

深圳世峰科技有限公司

地址:深圳南山区南岗第二工业园一栋三楼　518000

法人代表/负责人:王文峰

电话:0755-27653469/27653471-819

传真:0755-27653033

电子邮件:ying8000@163. com

网址:www. sf-led. com

注册时间:1997 年

注册资本:2500 万元

企业人数:700 余人

主要经营产品:LED 器件产品有食人鱼(汽车专用)、大功率 LED、显示屏专用 LED 以及各种超高亮度纯白、纯蓝、纯绿等高档 LED 产品;LED 应用灯具产品有:建筑类护栏灯、柔性光带、发光地砖灯、水底灯、草坪灯等;装饰类灯具有 MR16、GU10、蜂窝灯、球形灯等

深圳市艾比森实业有限公司

地址:深圳华为工业城金容达科技工业园 2 栋(518129)

法人代表/负责人:丁彦辉

电话:0755-89747399(32 线)/89747872

传真:0755-89747599

电子邮件:absen@263. net

网址:www. absen. cn

注册时间:2001 年

注册资本:100 万元

企业人数:201～300 人

研发人员数:21～30 人

主要经营产品:户内外全彩 LED 显示屏

深圳市艾迪电子有限公司

地址:深圳市宝安区龙华街道办三联老围公路 19 栋 2 楼(518109)

法人代表/负责人:刘海

电话:0755-28131542/28130490/13008803979

传真:0755-28130490/28131542

电子邮件:ideal-led@163. com

网址:www. ideal. b2b. cn

注册时间:2004 年

注册资本:50 万元

企业人数:51～100 人

研发人员数:5～10 人

主要经营产品:LED、食人鱼、大功率发光管

深圳市爱迪星电子科技有限公司

地址:深圳市南山区创业路现代城华庭6栋1单元19E(518054)

法人代表/负责人:曾光明

电话:0755-86171315/86171316/86171316

传真:0755-86171325

电子邮件:led-star@vip.163.com

网址:www.idea-star.net

注册时间:2000年

注册资本:100万元

企业人数:201~300人

主要经营产品:LED系列水底灯、地理灯、草坪灯、LED流星管、LED球泡灯、LED射灯、LED柔霓虹管灯

深圳市奥伦德光电有限公司

地址:深圳市宝安区西乡鹤洲鸿图工业园1栋(518126)

法人代表/负责人:吴质朴

电话:0755-29980661

传真:0755-29980030

电子邮件:bob@orient-intl.com

网址:www.orient-intl.com

注册时间:2001年9月

注册资本:400万元

企业人数:500人

研发人员数:30人

所属产业链环节:光电

主要经营产品:LED芯片,及成品的生产和销售

深圳市百灵光电有限公司(深圳市蓝田电子有限公司)

地址:深圳市西乡银田工业区西发C区6号厂房B座4楼

电话:0755-27929280/27929281

传真:0755-27929381

电子邮件:market@bl-led.com

网址:www.bl-led.com

注册时间:1995年

企业人数:101~500人

主要经营产品:LED数码管、点阵系列、发光二极管系列(纯蓝、纯绿、白色、紫色、红色及普通发光管)LED平光板系列(LCD背光源)、LED扫描器光电器件及发光块系列

深圳市佰晟光电科技有限公司

地址:深圳宝安西乡九围骏亿第二工业区F栋5楼 518000

法人代表/负责人:杨国靖

电话:0755-29975185/29975190

传真:0755-27483242

电子邮件:bs8088@163.com

网址:www.bsled.com

注册时间:2004年06月22日

注册资本:100万元

企业人数:101~200人

研发人员数:21~30人

主要经营产品:LED发光二极管

深圳市邦贝尔电子有限公司

地址:深圳市宝安区西乡镇九围簕竹角村天富安工业园4栋5楼(518102)

法人代表/负责人:李剑

电话:0755-33676001

传真:0755-33676038

电子邮件:lj74@bbeled.com

网址:www.bbeled.com

注册时间:1998年7月

注册资本:500万元

企业人数:100人

研发人员数:18人

所属产业链环节:下游,LED照明应用产品

主要经营产品:LED交通信号灯、LED照明光源

深圳市宝安区福永镇金浩光电子厂

地址:深圳宝安区福永镇凤凰村凤凰第二工业区A04栋三楼

法人代表/负责人:彭小涛

电话:0755-27306786 33677339 27306306

传真:0755-33677330

电子邮件:sunny2008_9@hotmail.com

网址:www.jhg-led.com

注册时间:2000年

企业人数:101~200人

研发人员数:5~10人

主要经营产品:线路板; LED晶片; LED发光管; DVD数码屏

深圳市宝安区龙华高明电子厂

地址:深圳市龙华大浪华盛工业区 518109

法人代表/负责人:刘艳艳

电话:0755-28121501/13510430001

传真:0755-28121479

企业人数:11~50人

主要经营产品:LED数码管、点阵、平面管。电子元器件、LED数码管显示屏

深圳市宝安区石岩华瑞光电电子厂

地址:深圳市宝安区石岩镇第五工业区六栋四

楼 518108

法人代表/负责人:李兵

电话:0755-27632152/27627244/13392830989

传真:0755-27627243

电子邮件:hrlibing@yahoo.com.cn

注册时间:2000 年 11 月

企业人数:101~200 人

研发人员数:11~20 人

主要经营产品:LED 纯白、纯蓝、纯绿等超高亮度 LED 产品

深圳市宝安区新安明景润电子厂

地址:深圳市宝安区 45 区五一队综合楼六楼

法人代表/负责人:罗根平

电话:0755-27575151/61119960/13077886745

传真:0755-27575461

企业人数:301~500 人

研发人员数:11~20 人

主要经营产品:LED 系列产品

深圳市宝安区新安银月光电子厂

地址:深圳宝安 13 区广深路新安段一巷 A 栋四楼(518100)

法人代表/负责人:彭熙文

电话:0755-21135890/13723456900

传真:0755-27830629

电子邮件:pen@szyyg.com

网址:www.szyyg.com

注册时间:2002 年

企业人数:201~300 人

研发人员数:11~20 人

主要经营产品:超高亮度纯白、纯蓝、纯绿、纯紫发光二极管,以及各种大功率发光管、特殊型发光管、各种形状红外发射管、接收管

深圳市宝丽康电器有限公司

地址:深圳市宝安 45 区工业区怡景大厦 B 栋(518113)

法人代表/负责人:苟连凯

电话:0755-27577423/27578428/61280953

传真:0755-27579323

电子邮件:buyfar_6941@byf.com

注册时间:2005 年

注册资本:100 万元

企业人数:101~200 人

研发人员数:11~20 人

主要经营产品:LED 充电器、LED 小台灯、LED 灯杯、LED 灯泡、LED 手电筒

深圳市宝盛电子有限公司

地址:深圳公明镇石围村油麻岗工业大道 11 号 1 栋

法人代表/负责人:黄财镇

电话:0755-27546619/27546629/89985565

传真:0755-27546649/89550112

电子邮件:bosvce@bosvce.com

网址:www.bosvce.com

注册时间:2003 年

注册资本:300 万元

企业人数:301~500 人

研发人员数:51~60 人

主要经营产品:TN、HTN、STN 等液晶显示器

深圳市标准光电子有限公司

地址:深圳宝安西乡固戍园艺园 2 栋 3 楼 518126

法人代表/负责人:刘广

电话:0755-27495945/27471639/27496203

传真:0755-27496220

电子邮件:sales@topline-led.com

网址:www.topline-led.com

注册时间:1998 年

注册资本:100 万元

企业人数:101~200 人

研发人员数:5~10 人

主要经营产品:各种规格的超高亮度粉红色、红色、黄色、橙色、绿色、蓝色、紫色、白色发光二极管

深圳市彩晶电子有限公司

地址:深圳市福田区众孚大厦幸福阁 23D

法人代表/负责人:陈力

电话:0755-83866386/88375383/81840180

传真:0755-88375280

注册时间:2005 年

注册资本:50 万元

企业人数:101~200 人

研发人员数:5~10 人

主要经营产品:各种规格的超高亮度的粉红色、红色、黄色、橙色、绿色、蓝绿色、蓝色、紫色、白色发光二极管。

深圳市彩拓科技开发有限公司

地址:深圳市福田去泰然工贸园 201 栋 7 楼西 518040

法人代表/负责人:安娜

电话:0755-81116290/83441926

传真:0755-83441926

电子邮件:ledpower@163.com

网址:www.led2000.com

注册资本:50 万元

企业人数:11~50 人

主要经营产品:LED 相关应用系统开发

深圳市长方光电科技有限公司

地址:宝安区西乡凤凰岗村第三工业区 B1 栋 5 楼
法人代表/负责人:邓子长
电话:0755-61139188/61139166/61139136
传真:0755-61139199
网址:www.efled.com
注册时间:2000 年
注册资本:100 万元
企业人数:501～1000 人
研发人员数:21～30 人
主要经营产品:各种规格超高亮度、红、橙、黄、绿、蓝、紫、白色 LED 发光二极管、大功率食人鱼 LED 等

深圳市超蓝光电有限公司

地址:深圳市龙华镇工业大道广西工业区 8 栋 5 楼
法人代表/负责人:侯峰
电话:0755-29822180
传真:0755-29822179
网址:www.chaolan.com
主要经营产品:发光二极管、镭射管

深圳市超毅光电子有限公司

地址:中国广东深圳市龙岗镇龙园路九洲家园二四栋三单元 606 室 518116
法人代表/负责人:陈桂花
电话:0755-84847078/84856042/84856044
传真:0755-84841770
电子邮件:irene@exceedleden.com
网址:www. exceedleden.com
注册时间:1999 年 3 月
注册资本:100 万元
企业人数:301～500 人
主要经营产品:发光二极管;Dot,Matrix;Clusters;数码管;贴片式发光二极管;圣诞灯

深圳市成发科电子制品厂

地址:深圳宝安龙华大浪教育二路 8 号
法人代表/负责人:赖良立
电话:0769-87088318/87088338
传真:0769-87088300
电子邮件:Led@fcled.com
网址:www.fcled.com
主要经营产品:LED 七彩产品

深圳市成光兴实业发展有限公司

地址:深圳市宝安区龙华镇油松水斗新村工业区
法人代表/负责人:彭红村
电话:0755-28134868/28134883/28134868-816
传真:0755-28134968
电子邮件:szcgx@szcgx.com
网址:www.szcgx.com
注册资本:200 万元
企业人数:200 余人
主要经营产品:超高亮度纯白、纯蓝、纯绿、发射、接收及食人鱼 LED 等系列 LED 产品

深圳市诚明光电科技有限公司

地址:深圳市宝安区西乡街道固戍园艺园大院 2 栋 5 楼
法人代表/负责人:张华
电话:0755-61113867/61113867/13265561009
传真:0755-61113867-4
网址:www.cmkjled.com
注册时间:2003 年
注册资本:300 万元
企业人数:51～100 人
研发人员数:5～10 人
主要经营产品:红、橙、黄、绿、蓝、紫、白、双色、七彩 LED 灯

深圳市川田照明科技有限公司

地址:深圳市宝安区凤凰岗第一工业区 AC01 栋 (518103)
法人代表/负责人:王有君
电话:89810258(5 线)/27444182/27444192
传真:0755-89810258-803/822
电子邮件:cl-cn@cl-cn.com
网址:www.ct-cn.com
注册时间:2003 年 10 月 29 日
注册资本:50 万元
企业人数:101～200 人
研发人员数:11～20 人
主要经营产品:霓虹灯、彩灯电脑数码灯光控制器、LED 系列灯饰产品

深圳市创鸿光电有限公司

地址:深圳市宝安区福永镇和平村骏丰工业区 B2 栋 5 楼 518103
法人代表/负责人:苏雪根
电话:0755-61501583/61501580/61501586
传真:0755 61501582/61501590
电子邮件:sz@changhongled.com
网址:szchgd.cn.alibaba.com
注册时间:2000 年
注册资本:50 万元
企业人数:201～300 人

研发人员数:11～20 人

主要经营产品:白色超亮 LED;食人鱼 LED;红色超亮 LED;蓝色超亮 LED;绿色超亮 LED;黄色超亮 LED;贴片发光管;背光专用 LED

深圳市创显电子有限公司

地址:深圳市龙华牛栏前工业园二栋

法人代表/负责人:成卓

电话:0755-28148586/28148827/13715253452

传真:0755-28148501

电子邮件:qtdsqmh@163.com

注册时间:2004 年

注册资本:500 万元

企业人数:51～100 人

研发人员数:11～20 人

主要经营产品:LED 室内屏(真彩、双色、单色)

深圳市春发光电科技有限公司

地址:深圳市宝安区沙井镇洪田工业区

电话:0755-33668696/33668697

传真:0755-33668695

电子邮件:chunfa@chunfalight.com

网址:www.chunfaled.com

主要经营产品:普通发光二极管:红光、绿光、黄光、橙光、高红、超红等。高档发光二极管:特亮光、琥珀光、蓝光、白光、纯绿光、紫光、全彩(RGB)、闪烁等 LED、高信号灯 LED、显示屏用 LED、照明灯饰用 LED 等

深圳市大盛投资有限公司

地址:深圳市南山区高新技术产业园区中区深健大厦四楼、五楼、六楼　518057

法人代表/负责人:周家财

电话:0755-26711422/86027100/26710438

传真:0755-26711322

电子邮件:dasheng@sz-dsi.com

网址:www.sz-dsi.com

注册时间:2002 年 2 月 9 日

主要经营产品:LED 投光灯系列(专利产品)、LED 数码灯系列、LED 庭院灯系列、LED 系列等

深圳市德润发贸易有限公司

地址:深圳市福田区上梅林中康路雕塑家园 2130 室(518049)

法人代表/负责人:池圣伟

电话:0755-83953445

传真:0755-83953464

电子邮件:Dulub_randy@vip.163.com

网址:www.dulub.com.tw

注册时间:2004 年 2 月

注册资本:50 万元

企业人数:20 人

研发人员数:10 人

所属产业链环节:辅料

主要经营产品:LED 硅胶

深圳市东方红升实业有限公司

地址:深圳市福田区天安数码城 F2.6 栋天展大厦 5D　518040

法人代表/负责人:苏南茂

电话:0755-8343939/83434406/83434025

传真:0755-83434109

电子邮件:zhou-zhang@tom.com

网址:www.dfhsled.com

注册时间:2001 年

注册资本:200 万元

企业人数:101～200 人

研发人员数:11～20 人

主要经营产品:大功率 LED 及大功率 LED 光源

深圳市方大国科光电技术有限公司

地址:广东省深圳市南山区西丽龙井方大城(518055)

法人代表/负责人:王胜国/李刚

电话:0755-26794299

传真:0755-26798696

电子邮件:alan@fangda.com

网址:www.fangda.com

注册时间:2001 年 05 月

注册资本:1800 万元

企业人数:106 人

研发人员数:12 人

所属产业链环节:外延、芯片、封装

主要经营产品:GaN 外延片和芯片、大功率 LED

深圳市丰盈鑫光电科技有限公司

地址:深圳宝安区西乡银田西发工业区 6 幢 518102

法人代表/负责人:汤林华

电话:0755-29970580/13113668320

传真:0755-29970580-808

网址:www.fyx-led.com

注册时间:2000 年

企业人数:101～200 人

主要经营产品:液晶模块背光、LED 背光源、LCD 液晶显示屏及 IC、灯仔系列。

深圳市富安达电子有限公司

地址:深圳市福田区上步中路 1039 号上步信托大楼中座 507 房[518028]

法人代表/负责人:杨宗森

电话:0755-83200418
传真:0755-83256468
电子邮件:sales@SuperBrightLED. com
网址:www. superbrightled. com
注册时间:2003 年 11 月 25 日
注册资本:100 万元
企业人数:101～200 人
研发人员数:5～10 人
主要经营产品:LED 芯片;LED 支架;环氧树脂;PVC;LED;LED 礼品;LED 灯具

深圳市富士新华电子科技有限公司

地址:深圳市龙岗区横岗镇荷坳京铁科技园 U 型厂房二楼
法人代表/负责人:杨一江
电话:0755-83843275/28626982/83435871
传真:0755-83849597
电子邮件:sales@fujisunwah. com
网址:www. fujisunwah. com
注册时间:2002 年
注册资本:700 万元
企业人数:501～1000 人
研发人员数:31～40 人
主要经营产品:LED 发光二极管、LED 大功率白色光源、LED 数码管、LED 点矩阵

深圳市富通电子有限公司

地址:深圳市福田区红荔西路鲁班大厦 3 区 15 楼
电话:0755-83549361(4 线)/83549357
传真:0755-83549665(2 线)
电子邮件:richteam@sohu. com/Liab270@hotmail. com
网址:www. richteam. com
主要经营产品:LED 恒流驱动芯片

深圳市赣虹电子有限公司

地址:宝安区 13 区邮电大厦 1806 房
法人代表/负责人:张建军
电话:0755-27815429/27675266/13189728469
传真:0755-82812242/27883681
电子邮件:zjh-73@163. com
网址:www. szghdz. com
注册时间:2000 年
注册资本:2000 万元
企业人数:1000 人以上
研发人员数:51～60 人
主要经营产品:高亮度发光二极管系列、红外线发射管系列、背光源系列、数码管系列等

深圳市格天光电有限公司

地址:深圳市宝安区桃花源科技创新园主楼 3 楼
法人代表/负责人:张召魁
电话:0755-29977366/29977215/29656850
传真:0755-29656880
电子邮件:getian@gt-led. com
网址:www. gt-ted. com
注册时间:2000 年
注册资本:50 万元
企业人数:101～200 人
研发人员数:5～10 人
主要经营产品:半导体超高亮度红、黄、蓝、紫、绿、白光、双色、全彩、大功率发光二极管、LED 灯具、灯饰等

深圳市耕创电子有限公司

地址:南山区科技工业园园西工业区 23 栋北 3 楼(518000)
法人代表/负责人:阎文斌
电话:0755-26500822/28070607/13602673550
传真:0755-28070225
电子邮件:wenbinbe@public. szptt. net. cn
网址:www. szgengchuang. com
注册时间:1999 年
注册资本:100 万元
企业人数:51～100 人
研发人员数:5～10 人
主要经营产品:LED 显示屏

深圳市冠亚星光电子有限公司

地址:深圳市宝安区宝田二路莲塘坑工业区 C 栋 518000
法人代表/负责人:曾志宏
电话:0755-71113125/61113115/13689582825
传真:0755-61113132/29
网址:www. 3led. cn
注册时间:2004 年
注册资本:50 万元
企业人数:101～200 人
研发人员数:5～10 人
主要经营产品:LED 手电筒、LED 书灯、LED 圣诞灯、LED 发光礼品、LED 小夜灯等

深圳市光宝实业有限公司

地址:深圳市南山区科技园科智西路 1 号 23 栋 5 楼(518057)
法人代表/负责人:罗艳
电话:0755-29643150/29643182/13316872328
传真:0755-29643176

电子邮件:hdled@vip. 163. com
网址:www. LTO-LED. com
注册资本:100 万元
企业人数:201~300 人
研发人员数:11~20 人
主要经营产品:LED 发光管

深圳市光博光电科技有限公司

地址:深圳市宝安区石岩镇宝石西路宝峰楼
法人代表/负责人:周慧平
电话:0755-81784558/29654585/13316557555
传真:0755-81784600/29654595
注册资本:50 万元
企业人数:201~300 人
研发人员数:71~80 人
主要经营产品:紫光、纯蓝、纯绿、纯白、闪烁灯、七彩灯、SMDLED、食人鱼、大功率等 LED 系列

深圳市国兴观点子有限公司

地址:深圳市南山区龙珠大道桃源区 102-8A
法人代表/负责人:覃生
电话:0755-26961258/26961358/26961100
电子邮件:led800@vip. sina. com/info@gxled. net
网址:www. gxled. net
主要经营产品:LED 显示屏、LED 交通灯及智能化电子产品。

深圳市国冶星光电子有限公司

地址:深圳市蛇口后海大道东角头工业区 C 座 4 楼
电话:0755-26816352/26880399
传真:0755-26686042/26850862
网址:www. gyx-led. com
主要经营产品:表面粘贴 LED、发光二极管、数码管、LED 点阵块、LED 半户外点阵块、钟屏、LED 背光源、像素管及相关部件等

深圳市翰群科技有限公司

地址:深圳市福田区八卦四路利嘉大厦西区 3B 座(518029)
法人代表/负责人:欧先明
电话:0755-25875075/81864548
传真:0755-82408374
电子邮件:shenzhen@contintech. com
网址:www. contintech. com
注册时间:2003 年
注册资本:50 万元
企业人数:51~100 人
研发人员数:11~20 人
主要经营产品:遥控开关、人体感应开关、硅光二极管和三极管等

深圳市好品微电子有限公司

地址:广东深圳市福田区振华路苏发大厦 305 栋 407 室(518031)
法人代表/负责人:曾小刚
电话:0755-83210798/83200442/83948098
传真:0755-83355520/83940033
电子邮件:sales@haopin. com
网址:www. haopin. com
注册时间:1995 年
注册资本:100 万元
企业人数:201~300 人
研发人员数:11~20 人
主要经营产品:单、双向可控硅、二极管、三极管、触发二极管

深圳市恒冠科技有限公司

地址:深圳市高新技术产业园麻岭工业区 M-3 栋 2 楼(518057)
法人代表/负责人:李光志
电话:0755-89691973-83/93/89691188
传真:0755-89691616
电子邮件:lgz@hengguan. com
网址:www. hengguan. com
注册时间:2002 年 03 月 22 日
注册资本:850 万元
企业人数:201~300 人
研发人员数:11~20 人
主要经营产品:LED 全系列应用光源的研发配套;发光条及像素形、背光源及侧光源灯;LED 装饰照明产品;灯杯、灯泡、草坪灯、水底灯、护栏灯、灯柱、庭院灯、太阳能灯、地板灯及幕墙灯等、其他冷光源、冷阴极数码变色管及控制器

深圳市红彩虹显示科技有限公司

地址:深圳市福田区金地工业区 142 栋 3 楼东(518040)
法人代表/负责人:李忠强
电话:0755-83896335/83585509/83583822-8010
传真:0755-83583822-8002
电子邮件:sales@red-rainbow. com
网址:www. red-rainbow. com
注册时间:2005 年
注册资本:50 万元
企业人数:51~100 人
研发人员数:5~10 人
主要经营产品:LED 魔幻背光灯

深圳市红绿蓝光电科技有限公司

地址：深圳市宝安区石岩镇宏发工业园 B 区 D 栋 5 楼
电话：0755-27651008/27651708/27651698
传真：0755-27651108
电子邮件：szsales@sunlight-led. com
网址：www. sunlight-led. com
主要经营产品：LED 光电产品：圆形 LED、椭圆形 LED、子弹头 LED、草帽头 LED、钢盔头 LED、方形 LED、特殊形 LED、食人鱼 LED、SMD 贴片、大功率 LED；LED 照明产品：LED 射灯(GU10)、LED 射灯(MR16)、LED 射灯(MR11)、Par 灯、LED 灯珠、LED 手电筒灯头

深圳市宏齐科技有限公司

地址：深圳市福田区华强北路宝华大厦 A1888 室(518031)
法人代表/负责人：郑丹华
电话：0755-83443369/83742883/13828725588
传真：0755-83744522
电子邮件：sale1@harvatek. cn
网址：www. harvatek. cn
注册时间：1990 年
注册资本：50 万元
企业人数：201～300 人
研发人员数：5～10 人
主要经营产品：SMD 贴片发光管

深圳市泓亚光电子有限公司

地址：深圳市宝安区观澜镇福民丹坑村润塘工业区 8 栋(518110)
法人代表/负责人：叶又保
电话：0755-28018503
传真：0755-28011078
电子邮件：Longteng5182000@yahoo. com. cn
网址：www. hongya. com. cn
注册时间：2002 年
注册资本：500 万元
企业人数：300 人
研发人员数：12 人
所属产业链环节：封装及应用
主要经营产品：LED 发光二极管，LED 应用产品

深圳市华美光电子有限公司

地址：深圳市宝安区四十二区 77 栋 3 楼
电话：0755-27597542
传真：0755-27597542
注册时间：2002 年
主要经营产品：红、绿、蓝、白、黄、紫等各色 LED

深圳市华仁光电子有限公司

地址：深圳市宝安区西乡阵麻布新村第二工业区 1-1 栋 3 楼(518102)
法人代表/负责人：Dewei　　肖先生
电话：0755-81811502
传真：0755-81811502
网址：www. szhrg. com
企业人数：101～200 人
研发人员数：5～10 人
主要经营产品：EL 冷光线、EL 冷光灯、EL 发光车充、EL 弹簧线、EL 光电成品、发光二极管、LED 灯电子发光产品

深圳市华鑫泰电子有限公司

地址：深圳市福田区北环大道 7003 号中宙大厦 1501—1503
法人代表/负责人：刘琦
电话：0755-83940290/83940260/13923805920
传真：0755-83940304
注册时间：1991 年
注册资本：50 万元
企业人数：201～300 人
研发人员数：11～20 人
主要经营产品：LED 系列产品。

深圳市辉锐光电科技有限公司

地址：福田区北环大道 7043 号青海大厦 6 楼
法人代表/负责人：田立辉
电话：0755-83547783/83547783
传真：0755-83547776
电子邮件：hrled@hrled. com
网址：www. hrled. com
注册资本：50 万元
主要经营产品：LED 发光二极管

深圳市汇大光电科技有限公司

地址：深圳市南山区科技园(518193)
法人代表/负责人：李琦
电话：0755-26453895/86020062
传真：0755-26453897/86020061
网址：www. unionled. com
注册时间：2003 年
注册资本：300 万元
企业人数：101～200 人
研发人员数：11～20 人
主要经营产品：LED(发光二极管)

深圳市惠达电子有限公司

地址：深圳市龙华镇民治向南 1 村 9 栋 4 楼

法人代表/负责人:曾小凤

电话:0755-29806609/81752268/13570806082

传真:0775-81751549

网址:www.huidaled.com

注册时间:2004 年

企业人数:201~300 人

研发人员数:5~10 人

主要经营产品:超高亮度红、蓝、白、绿、紫、黄、七彩等发光二极管、LED 灯饰

深圳市惠晟电子有限公司

地址:深圳市龙华镇民治向南村 1 区 9 栋 2 楼

法人代表/负责人:曾海林

电话:0755-28191282/83294199

传真:0755-29813298/83030428

主要经营产品:超高亮白、蓝、绿、红、黄、紫、橙、七彩等发光二极管;各种规格的红外发射接收管;交通灯专用超高亮红、黄、绿发光二极管;各种规格食人鱼发光二极管

深圳市佳光电子有限公司

地址:深圳市福田区八卦四路中浩大厦七楼

法人代表/负责人:潘年刚

电话:0755-82439370/82437500/84613130

传真:0755-25188507

电子邮件:webmaster@luckylight.cn

网址:www.luckylight.cn

注册时间:2001 年 03 月 10 日

注册资本:50 万元

企业人数:1000 人以上

研发人员数:41~50 人

主要经营产品:直插型发光二极管、SMD 发光二极管、数字型数码管、点矩阵、红外发射、接收管、LCD 背光源、发光二极管模块、超高亮度发光二极管、高功率发光二极管

深圳市佳金光电技术有限公司

地址:深圳市福田区八卦四路 12 号中厨第七号厂房利嘉大厦东区 4F/A(581029)

法人代表/负责人:廖桂雄

电话:0755-82433103

传真:0755-82436755

电子邮件:liao@jiajinled.com

网址:www.jiajinled.com

主要经营产品:各类发光二极管。产品包括高亮、超高亮各种档次白光、蓝光、绿光、黄光、粉红光、紫光(可验钞)、七彩灯、食人鱼、各种不同 IC 自闪等各种特殊形状发光二极管

深圳市佳美光电电子有限公司

地址:深圳市宝安区西乡黄田岗背工业区二栋三楼

法人代表/负责人:陈俊华

电话:0755-27518077/27518071

传真:0755-27507912

电子邮件:kefu@ led-china.com

网址:www.led-china.com

注册时间:2004 年

注册资本:50 万元

企业人数:51~100 人

主要经营产品:LED 数码管　LED 发光二极管　LED 像素管/像素模块　LED 点阵

深圳市佳讯光电子有限公司

地址:深圳市宝安区龙华镇嘴村工业区一区三巷二十二栋(518109)

法人代表/负责人:方庆

电话:0755-28118511/13077811388

传真:0755-28103511

电子邮件:fangled@163.com

网址:www.jasional.com

注册时间:2004 年 12 月 23 日

注册资本:50 万元

企业人数:101~200 人

研发人员数:11~20 人

主要经营产品:LED 系列发光二极管。红、黄、蓝、白、紫、七彩全系列;光敏管、发射管、接收管、一体化接收头、闪烁管、数码管、点阵板、背光板、户外筒、草坪灯、LED 圣诞灯串、各种节日装饰灯

深圳市佳昱光电有限公司

地址:深圳市宝安新城 13 区邮电大厦 707

法人代表/负责人:谢水云

电话:0755-27670910-11/12

传真:0755-27967120

电子邮件:sales@jyled.com

网址:www.jyled.com

注册时间:2005 年

注册资本:50 万元

企业人数:201~300 人

研发人员数:11~20 人

主要经营产品:各色系列 LED 观光二极管、红外发射管、红外接收管等半导体光电器件

深圳市捷安欧普光电有限公司

地址:深圳市福田区车公庙泰然苍松大厦 216 栋北座 13A—09 之一

法人代表/负责人:方灵燕

电话:0755-86110350/86110351

传真:0755-86110360

企业人数:51~100 人

研发人员数:11~20 人

主要经营产品:高亮度全系列发光二极管、包括:方形、红、黄、蓝、绿、白;食人鱼及全彩发光二极管;贴片(SMD);侧白光(215、335);TOP LED

深圳市金东方实业发展有限公司-中山光电部

地址:中山市古镇古一灯饰配件市场 8 幢 9 号

法人代表/负责人:何一超

电话:0755-81469849(12Lines)/81469870(RE)

传真:0755-81469951

电子邮件:lian689@sohu. com

网址:www. sz-jdf. com

注册时间:1997 年

主要经营产品: LED(DIP、SMD)大功率 LED 及间隔柱

深圳市劲升迪龙科技发展有限公司

地址:深圳市上沙工业区 5 栋 5 楼(518031)

法人代表/负责人:伍婵珠

电话:0755-83896577/83301507/13802586280

传真:0755-83896109

电子邮件:fxusheng@yahoo. com. cn

注册时间:2005 年 02 月 24 日

注册资本:100 万元

企业人数:51~100 人

研发人员数:11~20 人

主要经营产品:大功率超高亮发光二极管电源模块、直流电机驱动模块、充电器模块、电源变换模块

深圳市晶微源电子有限公司

地址:深圳市龙岗区南联村龙富路 6 号好耐特工业区 2 栋 3 楼

法人代表/负责人:罗秀英

电话:0755-84804887

传真:0755-84804901

网址:www. szjwy. b2b. cn

注册时间:2005 年

注册资本:50 万元

企业人数:101~200 人

主要经营产品:各种类型德 LED 发光二极管、LED 灯饰应用产品

深圳市晶之鑫光电科技有限公司

地址:深圳市南大道华侨城中海深圳湾畔 6 栋 20F 518000

法人代表/负责人:刘晶

电话:0755-26000566/13802273170

传真:0755-26000599

网址:www. jzxled. com

注册资本:100 万元

企业人数:201~300 人

研发人员数:21~30 人

主要经营产品:发光二极管

深圳市巨瀚照明技术有限公司

地址:深圳市宝安 74 区 A7 栋四楼

电话:0755-27871407/27874717

传真:0755-27962807

电子邮件:led668@163. com

网址:led668. com

主要经营产品:照明设计与照明工程、LED 照明灯、LED 护栏灯、LED 投光灯、LED 轮廓灯、LED 投光灯、照明光纤、冷极管、舞厅灯光

深圳市凯越光电科技有限公司

地址:深圳市宝安区宝城工业区 518000

法人代表/负责人:邓华明

电话:0755-27842867/29888953/13824380066

传真:0755-27842857

电子邮件:ky888888@ky888888. com

注册时间:2001 年

企业人数:101~200 人

研发人员数:5~10 人

主要经营产品:LED 点阵、数码管

深圳市坎德拉电子技术开发有限公司

地址:深圳市福田区八卦路众鑫科技大厦 1911 (518029)

电话:0755-25884150

传真:0755-25884659

电子邮件:candela@ditelong. com

网址:www. ditelong. com

主要经营产品:发光二极管系列、数码管系列、点阵系列、像素管系列、背北源系列、汽车灯系列、显示屏系列、红外发射接收管系列及其他学电类产品

深圳市康利斯电子有限公司

地址:深圳市福田区福华路华粤大厦 510 室(518031)

法人代表/负责人:杨永俊

电话:0755-21319391/83976991/83976991

传真:0755-83000005

注册时间:1998 年

注册资本:50 万元

企业人数:101~200 人

研发人员数:5~10 人

主要经营产品:加工 LED、大功率发光管、大功率红外发射管

深圳市科信超声焊接设备有限公司

地址:深圳市龙华大浪华昌北路雅佳时工业园A栋6楼(518109)

法人代表/负责人:刘国清

电话:0755-33876699/81390915/21281775

传真:0755-33876697

电子邮件:szkx@163.com

网址:www.szkx.cn

注册时间:1994年

注册资本:50万元

企业人数:301~500人

研发人员数:5~10人

主要经营产品:绑定机暨LED流水线配套设备、超声波金丝焊机、超声波铝丝压焊机、点胶机、晶片扩张机、刺晶座、数码管点阵板检测仪、发光二极管检测仪等电在制造设备

深圳市来田实业有限公司

地址:深圳福田区滨河大道与益田路交界东南皇都广场1号楼1104

法人代表/负责人:袁灵

电话:0755-61361040/13113603748

传真:0755 29833495

注册时间:2004年10月21日

注册资本:100万元

主要经营产品:370~380紫光、1W3W5W大功率LED、大功率LED手电筒、食人鱼模块

深圳市蓝宝丽光电科技有限公司

地址:广东省深圳市宝安区公明镇蒋石大围沙河工业区B2区13栋(518100)

法人代表/负责人:熊建平

电话:0755-29890698/88354528/13823319358

传真:0755-88354378

电子邮件:sales@yx-led.com marketingy@vip.163.com

网址:www.yx-led.com/www.flashleds.com/www.yxgift.com

注册时间:1998年

注册资本:50万元

企业人数:300余人

主要经营产品:高档紫光纯蓝纯绿纯白闪烁灯七彩灯等发光二极管及背光源数码管及LED应用产品

深圳市蓝科电子有限公司

地址:深圳市宝安区福永镇高新技术工业园3栋

电话:0755-29926886

传真:0755-29926996

电子邮件:market@gdled.com

网址:www.gdled.com

主要经营产品:各种规格的红光、绿光、黄光、蓝色、白色、纯绿等发光二极管、发射接受管、光敏管、SMDJ及LED照明器具等光电产品

深圳市蓝普科技有限公司

地址:深圳市南山区西丽南岗第一工业园五栋(518055)

法人代表/负责人:占总

电话:0755-27653939/29810959/28511100

传真:0755-27653206/28511400

电子邮件:szlamp@263.com

注册时间:2004年

注册资本:3000万元

企业人数:501~1000人

研发人员数:71~80人

主要经营产品:LED室内全彩屏、观点产品

深圳市利丰光电科技有限公司

地址:深圳市福田区车公庙深南中路6031号杭钢富春商务大厦1321-23室(518040)

法人代表/负责人:钟泽南

电话:0755-88359852-53/55

传真:0755-88359887

电子邮件:sales@lflight.com

网址:www.lflight.com

注册时间:2003年09月05日

注册资本:50万元

企业人数:201~300人

研发人员数:31~40人

主要经营产品:高亮度LED(纯红、纯蓝、纯黄、纯绿、纯白)和以LED为光源的发光地砖、发光墙砖、发光地板条、发光方块、发光导向地砖、超高亮手电筒、头灯及其他LED灯饰

深圳市联泰电子有限公司

地址:中国广东深圳市罗湖区爱国路东湖一街1号园林大厦402-404室(518021)

法人代表/负责人:任淑君

电话:0755-25401015/26149808/13798467202

传真:0755-25405645

网址:www.liantai-ec.com

注册时间:2001年10月09日

注册资本:50万元

研发人员数:5~10人

主要经营产品:收音机、激光灯珠锁匙扣、验钞锁匙扣、闪光棒、发光项链、闪光磁力扣、时尚塑胶制品、名片合

深圳市联兴达科技有限公司

地址:深圳市罗湖区松园路 9 号茂源大厦 808 室(518001)

法人代表/负责人:陈红波

电话:0755- 82116211/25589433/25589499

传真:0755-25585011

电子邮件:lxdgao@tom. com

注册时间:2004 年 03 月 30 日

注册资本:50 万元

企业人数:51～100 人

研发人员数:5～10 人

主要经营产品:LED 户外全彩显示屏红绿蓝管，LED 灯饰发光二极管，LED 户外显示屏塑胶套件(PH12-PH36)

深圳市良晨光电有限公司

地址:深圳龙华镇赤领头工业区

法人代表/负责人:梁小斌

电话:0755-81222949 29613495

传真:0755-29613065

电子邮件:led@liangchen-lc. com

网址:www. liangchen-lc. com

主要经营产品:LED 发光二极管系列、红外线发射管系列、LED 灯饰系列、LED 礼品系列、LED 背光源、数码管

深圳市林泰实业有限公司

地址:深圳市龙华镇大浪华昌南路天通工业园 C 栋

法人代表/负责人:陈麟

电话:0755-29821538/29821798/13714711957

传真:0755-29821568

网址:www. jmaled. com

注册时间:1998 年

注册资本:100 万元

企业人数:201～300 人

研发人员数:11～20 人

主要经营产品:全系列常规 LED 产品

深圳市隆华光电有限公司

地址:福田去华强北路都会 100A 座 8D 室

法人代表/负责人:董旭

电话:0755-83957984/13352958718

传真:0755-83957965

电子邮件:lhled@163. com

网址:www. lhled. net

注册时间:2004 年

注册资本:50 万元

企业人数:101～200 人

研发人员数:11～20 人

主要经营产品:各种大功率发光二极管、全波段发光二极管系列;接收系列及各种规格数码管系列、主要光源产品有 CCFL 冷阴极灯管系列、EL 冷光源系列、红外线灯管、紫外紫光灯管、卤素灯系列、卤钨灯管系列及霓虹灯管系列

深圳市茂腾科技有限公司

地址:深圳市宝安区石岩镇园岭村老兵工业区 A 栋 5 楼(518000)

法人代表/负责人:杨显

电话:0755-27641255/83742691

传真:0755-83742691

电子邮件:yangxian2208@163. com

网址:www. leidisk. com

注册资本:50 万元

企业人数:51～100 人

主要经营产品:发光二极管、LED 灯饰、LED 室外装饰照明灯、LED 地埋灯

深圳市淼浩高新科技开发有限公司

地址:深圳市宝安区桃花源科技创新园 0 号研发中心(518102)

法人代表/负责人:陈迎春

电话:0755-27960778

传真:0755-27960858

电子邮件:lmy@microlite. com. cn

注册时间:2002 年 1 月

注册资本:300 万元

企业人数:18 人

研发人员数:8 人

所属产业链环节:蓝宝石衬底

主要经营产品:大尺寸 GaN 基蓝宝石衬底基片

深圳市明昌光电科技有限公司

地址:深圳市南山区中山园路马家龙工业区明江综合楼 3 楼(518052)

法人代表/负责人:李凡

电话:0755-266746167/21101391/26746177

传真:0755-26510026

注册时间:2004 年

注册资本:50 万元

企业人数:51～100 人

研发人员数:5～10 人

主要经营产品:数码管、数码屏、点阵、背光源、像素管、电源板、发光块、箱体、各种 LED 显示屏、发光二极管及 LED 灯饰等

深圳市明学光电科技有限公司

地址:深圳市宝安石岩镇山城工业区宝大洲 4 栋

法人代表/负责人:唐明学
电话:0755-27637866/28093048
传真:0755-27629777/28093048
电子邮件:mingxue@mingxue.cn
网址:www.mingxue.cn
注册时间:1998年
主要经营产品:各种规格的超高亮度粉红色、红色、黄色、橙色、绿色、蓝绿色、蓝色、紫色、白色发光二极管

深圳市沐昌光电有限公司

地址:深圳市福虹路华强花园C座27B室
法人代表/负责人:王磊
电话:0755-83741260/83741339
传真:0755-83741348
电子邮件:wanglei@szmuchang.com
网址:muchang.hqew.com
主要经营产品:冷阴极管、变压器线圈、电容、闪光管。

深圳市诺佳光电科技有限公司

地址:深圳市宝安区西乡银田工业区雍启科技园C区二楼(518102)
法人代表/负责人:颜宏列
电话:0755-29609887/13826588238
传真:0755-29609877
电子邮件:info@nuojia-sz.com
网址:www.nunjia-sz.com
注册时间:2005年
注册资本:50万元
企业人数:101~200人
主要经营产品:LED点阵、数码管背光源、像素管、LED发光二极管及各种室内外单元板、箱体、各种交通指示灯

深圳市磐龙光电技术有限公司

地址:深圳市宝安43区安乐工业区一栋四楼(518101)
法人代表/负责人:徐卫勇
电话:0755-27863493
传真:0755-27863547
电子邮件:lga0595@sina.com
主要经营产品:LED发光广告模块

深圳市鹏宇龙光电科技有限公司

地址:深南中路3037号南光捷佳大厦1024
法人代表/负责人:郭兴龙
电话:0755-83981024/26358802/83981024
传真:0755-83981015
电子邮件:gx11977@yulong-el.com
网址:www.yulong-el.com
企业人数:51~100人
研发人员数:41~50人
主要经营产品:EL冷光线、发光线、冷电霓虹管、背光片、仪器仪表盘、消防指示、安全警示、动感广告片、汽车电脑周边装饰精品、大、中、小型广告片、玩具礼品、胸牌、圣诞灯串、闪光衣服、闪光帽子、闪光书包及手袋、烟酒广告

深圳市普惠光电子有限公司

地址:深圳宝安西乡九围天富安工业园六栋四楼西
法人代表/负责人:邵军
电话:0755-33813630/33813625/33813629
传真:0755-33813633
电子邮件:info@szph.com.cn
网址:www.szph.com.cn
注册时间:2004年
注册资本:50万元
企业人数:101~200人
研发人员数:11~20人
主要经营产品:各种LED发光二极管

深圳市普耐光电科技有限公司

地址:南山区西丽镇红花岭工业区闽利达大厦A栋1-3楼(518055)
法人代表/负责人:胡建伟
电话:0755-86001999/86000268
传真:0755-86000066/86000099
电子邮件:jiu0608525@sohu.com
网址:www.pepnice.com
注册时间:2001年6月
注册资本:6000万元
企业人数:1400多人
主要经营产品:LED显示屏、LED光电产品

深圳市齐普光电子有限公司

地址:深圳市福田区车公庙泰然工贸园210栋西7楼
法人代表/负责人:吴小刚
电话:0755-83894037/83429047/88350045
传真:0755-82975893
电子邮件:smchp@led2000.com
网址:www.chipshow.com
注册时间:2001年04月09日
注册资本:500万元
企业人数:301~500人
主要经营产品:LED光源、LED数码彩虹屏、LED变色球

深圳市奇星之光电科技有限公司

地址:深圳市福永镇白石厦同和工业园(518103)
法人代表/负责人:彭居林

电话:0755-27341266
传真:0755-27341299
电子邮件:ledqx@163.com/qx@ledqx.com
网址:www.ledqx.com
注册时间:1998年6月
注册资本:50万元
企业人数:201～300人
研发人员数:5～10人
主要经营产品:各种规格的白光、蓝光、绿光、红光等高品质LED发光二极管系列产品

深圳市琦鑫源电子有限公司

地址:深圳松岗镇红星温屋村港联工业区第3幢
法人代表/负责人:徐建伟
电话:0755-27538915/27538926
传真:0755-27538913
电子邮件:qxyled@126.com
网址:www.qxyled.com
注册时间:2000年
注册资本:50万元
企业人数:301～500人
研发人员数:41～50人
主要经营产品:高亮度红、绿、蓝、黄、七彩灯、三色(RGB)、食人鱼、白色发光二极管;交通信号灯、户外显示屏(像素灯);红外线发射/接收二极管;套子组件;数码管及点阵;点光源、背光源等

深圳市祺丰光电科技有限公司

地址:深圳市宝安区西乡铁仔路华丰共乐工业园A栋四楼西(518102)
法人代表/负责人:秦新伟
电话:0755-29642191/13302970919
传真:0755-29642194
电子邮件:market@qft.cn
网址:www.qft.cn
注册时间:2003年
注册资本:100万元
企业人数:201～300人
研发人员数:5～10人
主要经营产品:LED单灯、点阵、数码、像素、SMD表贴灯、户内单元板、户外箱体等

深圳市青虹电子科技有限公司

地址:中国广东深圳市福田区车公庙都市阳光名苑3座28B(518040)
法人代表/负责人:罗迅
电话:0755-82048454/82048454/13556869474
传真:0755-82048489
网址:www.newqh.com
注册时间:2003年
注册资本:50万元
企业人数:11～50人
主要经营产品:"冷光琉璃钢"系列产品,雕塑,电子元器件

深圳市清科投资有限公司

地址:深圳市罗湖区泥岗西1004号华日大厦3楼
电话:0755-82663222
传真:0755-82663198
电子邮件:qk@qk.net.cn
网址:www.qk.net.cn
主要经营产品:LED光电

深圳市日亚电子有限公司

地址:深圳市福田区车公庙泰然工业区苍松大厦南座1918室
法人代表/负责人:张锡文
电话:0755-83435098/83435419
传真:0755-83435345
电子邮件:sunasia@yeah.net
网址:www.sunasia-led.com
主要经营产品:LED发光管、LED数码模组、LED照明灯具、LED装饰灯具、LED移动灯具、LED工程专用节能防爆灯具、LED礼品、户内外全彩LED显示屏、大功率LED、LED汽车灯具、内外销彩电加工/OEM、电子及塑料产品德加工/OEM

深圳市瑞丰兴电子有限公司

地址:深圳市福田区振华路苏发大厦305栋501
法人代表/负责人:周海华
电话:0755-83203002/61368795/61368718
传真:0755-61368797
网址:www.ictrade.ie.net.cn
注册资本:50万元
企业人数:51～100人
研发人员数:5～10人
主要经营产品:LED芯片和发光二极管

深圳市瑞能达电子有限公司

地址:深圳市南山区常兴路常兴广场西座17G
法人代表/负责人:张泽祥
电话:0755-61370268/61370268
传真:0755-61370269
电子邮件:hkfuda@hkfuda.com
网址:www.hkfuda.com
注册时间:2003年
注册资本:50万元
企业人数:11～50人

研发人员数:5～10 人

主要经营产品:半导体、IC、MCU、TRANSISTOR、DIODE、被动元器件、可调电容、电感连接器

深圳市瑞梓光电有限公司

地址:深圳市南山区龙珠大道龙珠七路中爱大厦 10 楼(518054)

法人代表/负责人:吕正伟

电话:0755-86094962

传真:0755-26798670

电子邮件:13924666772@163. com

网址:www. rz-led. com

主要经营产品:LED Lamps 数码管、SMD 贴片、点阵、LED 显示器及组合 LED 等

深圳市三明光电子有限公司

地址:深圳市宝安 38 区中南花园 2 栋 B3(518101)

法人代表/负责人:李晓林

电话:0755-27594971/13826579045

传真:0755-27594971-10

电子邮件:wuping8120@126. com

网址:www. sanming. cebiz. cn

注册时间:2003 年

注册资本:50 万元

企业人数:101～200 人

研发人员数:5～10 人

主要经营产品:LED、发光二极管、红外发射管、LED 照明、LED 灯饰、发射管、发光管、LED 灯具

深圳市三迅光电有限公司

地址:深圳市南山区西丽镇大磡二村怡华工业园 B 栋 2 楼(518055)

法人代表/负责人:赫桂清

电话:0755-86020316/86020326/26548184

传真:0755-86020356

电子邮件:sanxun@sanxun. cn

网址:www. sanxun. cn

注册时间:2001 年

注册资本:180 万元

企业人数:201～300 人

研发人员数:21～30 人

主要经营产品:超高亮度纯白、纯蓝、纯绿 LED LAMP;草帽头、食人鱼、七彩、闪烁型 LED、LED 点阵块、数码管、像素管、背光源、各种交通指示、各种规格单元板、显示屏

深圳市山本光电有限公司

地址:深圳市宝安 23 区大宝路 41 号丰盛大厦 A 座三楼(518101)

法人代表/负责人:张伟

电话:0755-27885505/27885018/13510769127

传真:0755-27884816

电子邮件:sales@sanbum. com

网址:www. sanbum. com

注册时间:2002 年

注册资本:620 万元

企业人数:301～500 人

研发人员数:21～30 人

主要经营产品:LED 和 CCFL 背光源

深圳市闪亮光电有限公司

地址:广东深圳市福田区 112 栋 5 楼 518048

法人代表/负责人:吴先生

电话:0755-22069857/13823355490

传真:0755-83893694

电子邮件:manager@ shineled. cn

网址:www. shineled. cn

主要经营产品:LED LAMPS; SMD LED; POWER LED; LED 灯饰; led 照明; led 应用; led 发光二极管销售; led 模块; led 控制系统; led 护栏灯;白光 led; led 手电; led 信号灯; led 灯

深圳市深博照明科技有限公司

地址:广东省深圳市福田区新洲路新洲花园大厦 B 座 1205 室(518048)

法人代表/负责人:施先生

电话:0755-83415751

传真:0755-83415751

电子邮件:feiyue99@163. com

主要经营产品:LED 系列、地埋灯系列、水池灯系列、草坪灯系列、激光灯系列、庭院灯系列

深圳市深飞电子有限公司

地址:深圳市宝安 39 区 35 栋、宝安电子城 2191 柜台

电话:0755-81540308

传真:0755-81540308

电子邮件:szshenfei@126. com

网址:szshenfei. com

主要经营产品:LED 灯系列:各种规格的超高亮度纯蓝、纯绿、纯白、紫色、红色、黄色等发光二极管;LED 邦定系列:LED 美耐灯、LED 阳光灯、LED 广告伞以及 LED 应用于交通、灯饰的众多优质产品

深圳市神州光电高科技有限公司

地址:深圳市南山区科技园科发路 10 号(518057)

法人代表/负责人:于小燕

电话:0755-26585666/26585333/29642133

传真:0755-26954319/26614200

电子邮件:sales@sz-chinaled.com
网址:www.sz-chinaled.com
注册时间:2000年3月13日
注册资本:1020.4万元
企业人数:301~500人
研发人员数:5~10人
主要经营产品:激光、发光二极管、数码管、点阵块、像素管

深圳市圣迅实业有限公司

地址:深圳市西丽珠光第一工业区17栋4楼(518055)
法人代表/负责人:许斌
电话:0755-86230753/86230760/13602600303
传真:0755-86230762
电子邮件:zhangzhan911@126.com
网址:www.ledsunray.com
注册时间:2000年07月31日
注册资本:100万元
企业人数:101~200人
研发人员数:11~20人
主要经营产品:LED照明、LED点阵、LED单灯

深圳市晟鑫宏电子有限公司

地址:深圳市龙岗区布吉镇岗头村亚洲工业园12栋4楼
法人代表/负责人:王德勋
电话:0755-89748373/89748376/89748376
传真:0755-89748379
电子邮件:sales@sxh-led.com
网址:www.sxh-led.com
注册时间:2001年
注册资本:500万元
企业人数:201~300人
研发人员数:5~10人
主要经营产品:圆形LED、方形LED、塔形LED、援助形LED、椭圆形LED、食人鱼LED、数码管LED以及SMD LED等;LED装饰灯球泡灯、LED线条灯、LED埋地灯、LED水底灯、LED轨道灯、LED杯灯等

深圳市世峰科技有限公司

地址:南山区南岗第二工业园1栋3楼(518108)
法人代表/负责人:王文峰
电话:0755-27653469
传真:0755-27653033
电子邮件:sfled@163.com
网址:www.sf-led.com
注册时间:2001年
注册资本:550万元
企业人数:365人
研发人员数:32人
所属产业链环节:设计、生产、销售
主要经营产品:LED器件产品有食人鱼、大功率LED、显示屏专用LED以及各种超高亮纯白、纯蓝、纯绿等高档LED产品;LED应用灯具产品有:建筑类护栏灯、美耐灯、发光地砖灯、水底灯、草坪灯等,装饰类灯MR16、GU10、蜂窝灯、球型灯等

深圳市世纪光点电子科技有限公司

地址:深圳市福田区红荔西路天健名苑A座15B(518034)
法人代表/负责人:王锐勋
电话:0755-88353958
传真:0755-88353956
电子邮件:sales@lightspot.com.cn
网址:www.lightspot.com.cn
注册时间:2004年
注册资本:200万元
企业人数:13人
研发人员数:3人
所属产业链环节:LED
主要经营产品:LED、LED灯具、LED透镜、LED模组

深圳市双丰电子厂

地址:平湖镇信利丰工业村B栋四楼(518111)
法人代表/负责人:林万锡
电话:0755-84019166/21300260/13242086196
传真:0755-84019266
注册时间:2004年
企业人数:51~100人
主要经营产品:各种系列发光管、交通灯红、绿、黄LED发光管、全彩屏用发光管、高中低档蓝、绿、紫色发光管、灯饰用大功率LED发光管。以及食人鱼系列发光管

深圳市顺美达科技有限公司

地址:深圳市南山区西丽镇新围村旺棠工业区H栋五楼(518055)
法人代表/负责人:阳厚生
电话:0755-26984937/13510379296
传真:0755-26018351
电子邮件:houyuan@vip.sina.com
网址:www.szfyel.com
注册时间:2005年
注册资本:50万元
企业人数:101~200人
主要经营产品:EL冷光线、EL冷光片

深圳市顺天光源技术有限公司

地址:深圳市布吉镇莲花山庄芙蓉院107号(518112)

法人代表/负责人:陈健
电话:0755-89972090/84182009
传真:0755-84181151
电子邮件:sales@shtlighting.com
网址:www.shtlighting.com
注册时间:2003年03月27日
注册资本:50万元
主要经营产品:广告屏幕灯系列、LED PAR灯系列、LED灯杯系列、装饰灯系列

深圳市硕洋电子有限公司

地址:深圳市福田区彩田路彩福大厦嘉福阁18M
法人代表/负责人:王华勇
电话:0755-82954094
传真:0755-82954219
电子邮件:szshuoyang@126.com
网址:www.shuoyang.net
注册时间:2005年6月12日
注册资本:50万元
企业人数:51~100人
研发人员数:21~30人
主要经营产品:发光二极管及贴片二极管、低电容的ESD保护元件,以及贴片瞬态抑制二极管(TVS)、发光线等

深圳市特利达电子有限公司

地址:深圳市南山区南油大道新能源大厦A座9楼(518054)
法人代表/负责人:韦义良
电话:0755-26414983/26430865/26650407
传真:0755 26403329
电子邮件:taledtsz@yahoo.com
网址:www.szteleda.com
主要经营产品:LED产品、室内外条屏

深圳市通达光电子有限公司

地址:深圳市石岩镇宝路工业区2栋3楼(518108)
法人代表/负责人:陈伟
电话:0755-27602581/27602023/13392160358
传真:0755-27602821
电子邮件:led8088@163.com
网址:www.sztdg-led.com
注册时间:2004年
注册资本:50万元
企业人数:101~200人
研发人员数:5~10人
主要经营产品:全系列超高LED发光二极管、LED红外发射管、LED数码管、背光源等

深圳市通用科技有限公司

地址:深圳市福田区车公庙泰然工业区205栋(518040)
法人代表/负责人:李中华
电话:0755-26196748/26196815
传真:0755-83421147
电子邮件:szgtgt2005@yahoo.com.cn
主要经营产品:各种户外投光灯、泛光灯、LED光源产品、各种应急照明(含LED手电筒)

深圳市同光电子有限公司

地址:广东省深圳市宝安区龙华镇民治大道汇宝江大厦B502(518131)
法人代表/负责人:晏建军
电话:0755-21304860/28195728/21303481
传真:0755-28199018
电子邮件:m13800@redwoods.cn
网址:www.redwoods.cn/www.tg.haoyl.com
注册时间:2002年
注册资本:50万元
企业人数:51~100人
研发人员数:5~10人
主要经营产品:高档红、黄、蓝、绿、白、红外等发光、发射管红、黄LED、主要以惠普芯片为主、850nm红外发射管主要用于红外摄像机、红外灯、红外投射器、红外音频输出、红外栅栏、倒车雷达、红外对射等产品

深圳市拓锦电子有限公司

地址:深圳市福田区田面花园四栋二单元9D
法人代表/负责人:孙丽霞
电话:0755-83959193/83952823
传真:0755-83959193
电子邮件:sztuojin@21en.com
网址:www.sz-tuojin.com
主要经营产品:二极管和三极管、集成电路、稳压管、保险管、自恢复保险电阻、三端稳压、场效应管、LGBT、快恢复、肖特基、变容管、TVS管、整流桥、压敏电阻、热敏电阻、单双向可控硅、光耦、发光管、钽电容、电容电阻等电子元件

深圳市万易达电子有限公司

地址:深圳市宝安区龙华镇横岭工业区
法人代表/负责人:艾运保
电话:13148875667/81579695/83618627
传真:0755-83641945/83618627
电子邮件:wydled@163.com
网址:www.highsunled.com
注册时间:2001年

注册资本:50 万元

企业人数:11~50 人

主要经营产品:各种规格超高亮度红、橙、黄、绿、蓝、紫、白色 LED 发光二极管、食人鱼、数码管、SMD 贴片、侧面发光 LED

深圳市旺源观点科技有限公司

地址:深圳市福田区滨河路汇港名苑北 3-1108 号(518033)

法人代表/负责人:王道庆

电话:0755-83958636/83954958

传真:0755-83958798

电子邮件:sales@wangyuan.cn

网址:www.wangyuan.cn

主要经营产品:LED 显示屏、背光屏、点阵、数码管、像素管、红外接收头、发射管、光电耦合器、红外传输模组、交通信号灯及各种 LED 彩灯产品及灯光工程等

深圳市威斯照明技术有限公司

地址:深圳宝安西乡鹤洲恒丰工业城 518120

法人代表/负责人:钟再柏

电话:0755-27512660(6 线)/27512832/6108623

传真:0755-27512667

电子邮件:info@viss.cn

网址:www.viss.cn

注册时间:2002 年

企业人数:101~200 人

研发人员数: 21~30 人

主要经营产品:LED 数码灯管全彩控制系统、LED 全彩同步视频控制系统及近百种 LED 全彩数码灯饰产品

深圳市维霖光电有限公司

地址:深圳市深南中路北方大厦 2102-2103 室(518033)

法人代表/负责人:彭林

电话:0755-83278602/83278603/13392160666

传真:0755-83278631

电子邮件:weilin@weilin-led.com

网址:www.weilin-led.com

注册时间:2004 年

注册资本:100 万元

企业人数:101~200 人

研发人员数:11~20 人

主要经营产品:SMD LED、LAMP LED

深圳市伟光实业有限公司

地址:深圳市宝安西像银田工业区西发 C 区 6 栋 B 单元 4 楼南

法人代表/负责人:皮德权

电话:0755-81709702/13613071355

传真:0755-81709707

电子邮件:lt27857608@126.com

注册时间:1995 年

注册资本:100 万元

企业人数:301~500 人

主要经营产品:数码管、点阵及发光管灯 LED 产品

深圳市稳亮电子有限公司

地址:宝安区西乡镇九围村天富安工业园 6 栋 4 楼(518002)

法人代表/负责人:刘美红

电话:0755-29965698/27694498/29965698

传真:0755-29965189

注册资本:100 万元

企业人数:101~200 人

研发人员数:21~30 人

主要经营产品:各种系列发光管、交通灯红、绿、黄 LED 发光管、全彩屏用发光管、高中低档蓝、绿、紫色发光、灯饰用大功率发光管及食人鱼系列发光管系列

深圳市新天电子有限公司

地址:中国广东深圳市深南中路嘉汇新城汇商中心 1019—1020

法人代表/负责人:徐开琴

电话:0755-83013341/83253348

传真:0755-83957310/83252514

注册时间:1992 年

注册资本:300 万元

企业人数:501~1000 人

研发人员数:51~60 人

主要经营产品:LED 发光二极管

深圳市新艺冠实业有限公司

地址:深圳市宝安区前进二路保田工业区恒明珠工业园 8 楼 2 号(518101)

法人代表/负责人:黄选明

电话:0755-27346211/13798388032

传真:0755-27346210

电子邮件:szneon@sm160.net

网址:www.szneon.net

注册时间:2004 年

注册资本:100 万元

企业人数:501~1000 人

研发人员数:11~50 人

主要经营产品:各种颜色规格霓虹灯直管、广告招牌霓虹灯、紫外线黑光管、时钟灯、车底灯、灯牌、喇叭及各种国内外工艺霓虹灯、灯箱、LED 等

深圳市鑫丰源电子有限公司

地址:深圳市龙岗南联刘屋村开发区(518118)

法人代表/负责人:赖艳平

电话:0755-89610306/89610304/13724313815

传真:0755-89610303

注册时间:2004 年

注册资本:50 万元

企业人数:51~100 人

研发人员数:5~10 人

主要经营产品:各种亮度外形的红色、蓝色、绿色、黄色、白色、粉红色、紫色以及红外二极管、红外线发射接收、LED 光源、SMDLED、数码管、背光板、食人鱼型发光二极管、LED 灯饰

深圳市鑫明电子科技有限公司

地址:深圳市观测镇新田村新湖南街 2 号(518000)

法人代表/负责人:谢雪扬女士

电话:0755-27977113/13138879608

传真:0755-27978820

注册资本:50 万元

企业人数:11~50 人

研发人员数:少于 5 人

主要经营产品:各种规格发光二极管、数码管、点阵、时钟板。

深圳市信合光电照明有限公司

地址:深圳市沙井镇洪田工业区

法人代表/负责人:黎杰

电话:0755-27227630/81498591

传真:0755-81498591

电子邮件:xhled@hotmial. com

网址:www. xhled. com

注册时间:2004 年 12 月 21 日

注册资本:50 万元

主要经营产品:LED 变色球泡、LED 射灯、LED 水底灯、LED 护栏管、LED 手电筒、LED 发光字模组

深圳市信源电子有限公司

地址:深圳市南山区南油大道山东大厦 A 座 1901

法人代表/负责人:叶家球

电话:0755-26522815

传真:0755-26522825

电子邮件:sales@sowinled. com

网址:www. sowinled. com

注册时间:2001 年 8 月 8 日

注册资本:50 万元

企业人数:101~200 人

研发人员数:11~20 人

主要经营产品:红外遥控接收放大器、红外发光二极管、大功率 LED、白色及各种超高亮度 LED 灯

深圳市兴辉光电有限公司

法人代表/负责人:张先生

电话:0755-61183468/61183469

传真:0755-27384107

电子邮件:sz@xinhuiled. com

网址:www. xinhuiled. com

主要经营产品:超高亮红、黄、蓝、绿、白、紫、850nm 及 940nm 红外发射管、光敏接收管、食人鱼、大功率等直插式和贴片式发光二极管

深圳市兴隆光电有限公司

地址:宝安区龙华浪口工业园 B 区 7 栋 2 楼(518091)

法人代表/负责人:杨平

电话:0755-88839833/29706851/29706606

传真:0755-29706606/29706636

电子邮件:sales@xl-led. com

网址:www. xl-led. com

注册时间:2005 年

注册资本:100 万元

企业人数: 201~300 人

研发人员数:11~20 人

主要经营产品:红、黄、橙、蓝、绿、白、紫全系列 LED 发光二极管

深圳市星达星光电子有限公司

地址:深圳市宝安区西乡镇劳动二队二巷二号 A 栋八楼(518101)

法人代表/负责人:林先生

电话:0755-27909854/13556856043

传真:0755-27904289

电子邮件:xingdaxing168@163. com

网址:xdxg. ehinaspeaker. net

注册时间:2002 年

注册资本:100 万元

企业人数:101~200 人

研发人员数:5~10 人

主要经营产品:灯管、LED 及装饰性发光材料

深圳市轩凯实业有限公司

地址:深圳市福田区彩田南路中深花园 A 座 2209 室(518026)

法人代表/负责人:常伟明

电话:0755-82996988/82996680

传真:0755-82995645

电子邮件:luoyou_109@sohu. com

网址:xuankailed. 21cpp. com

注册时间:2000 年 10 月 19 日
注册资本:600 万元
企业人数:201～300 人
主要经营产品:发光二极管,整流二极管贴片等电子元器件

深圳市雅佳誉电子有限公司

地址:深圳市宝安 44 区深恒宁综合大楼 8 楼
法人代表/负责人:徐斌
电话:0755-27886231/27886026/87462589
传真:0755-27886423
电子邮件:yajiayu@yajiayu.com
网址:www.jiayanji.com
注册时间:2001 年
注册资本:300 万元
企业人数:301～500 人
研发人员数:5～10 人
主要经营产品:LED 发光二极管

深圳市亚一光电科技有限公司

地址:深圳市横岗镇荷坳村金源工业区容杨电子厂三楼一楼
电话:0755-89767355
传真:0755-83435419
电子邮件:yspyy@163.com
网址:www.ledyayi.com
注册时间:2001 年
企业人数:301～500 人
主要经营产品:LED 显示屏

深圳市艳嵘宝电子有限公司

地址:深圳市龙华镇民治鑫海大楼 A 栋 4 楼
法人代表/负责人:汤华
电话:0755-29676130
传真:0755-27856551
电子邮件:www.th626@163.com
注册时间:1995 年
注册资本:50 万元
企业人数:301～500 人
研发人员数:41～50 人
主要经营产品:LED 发光二极管、SMD 发光二极管

深圳市亿鑫源电子有限公司

地址:深圳市龙岗镇龙东大埔二村打石岭工业区 A 栋(518116)
法人代表/负责人:张小青
电话:0755-33836961/33835285/33835286
传真:0755-33836965
注册时间:2002 年
注册资本:50 万元
企业人数:51～100 人
研发人员数:11～20 人
主要经营产品:SMD LED 及 LED 背光源

深圳市忆佳光电有限公司

地址:深圳市宝安区龙华大浪水围工业区/深圳市龙华龙观东路金龙华广场金龙阁 908 号
法人代表/负责人:程俊
电话:0755-27659298
传真:0755-27659398
电子邮件:yjled@yjled.com/yj@yjled.com
网址:www.yjled.com
主要经营产品:直脚红、橙、黄、绿、蓝、白、七彩 LED 贴片红、橙、黄、绿、蓝、白、七彩 LED;发射管、LED 背光源、SMD 背光源、导光板、LED 灯饰半成品、LED 灯饰

深圳市易世通电子有限公司

地址:福田区泰然工贸园四路劲松大厦 17G
法人代表/负责人:廖晓锋
电话:0755-83899466
传真:0755-83899422
电子邮件:sales@estopto.com
网址:www.estopto.com
注册时间:2000 年
主要经营产品:SMD LED,LED LAMP,驱动 IC

深圳市益瑞电子有限公司

地址:中国广东省深圳市布吉三联和生工业区东座四楼(518112)
法人代表/负责人:罗富豪
电话:0755-84724698/27006292/84723598　84723376
传真:0755-84723503
电子邮件:market@ szyirui.com
网址:www.szyirui.com
注册时间:2001 年
注册资本:100 万元
企业人数:101～200 人
研发人员数:5～10 人
主要经营产品:可见光 LED 器件:高亮度蓝、绿、红、黄光和白光 LED 产品

深圳市永诚盛实业有限公司

地址:深圳市宝安区宝城宝民一路 204 号(518133)
法人代表/负责人:陈振南
电话:0755-27810310/27819533/27803770
传真:0755-27833500
电子邮件:ycs_1994@163.com
网址:www.sz-ycs.com

注册时间:1994 年
注册资本:100 万元
企业人数:101～200 人
研发人员数:11～20 人
主要经营产品:二三极管

深圳市永吉光电科技有限公司

地址:深圳市石岩镇官田村月明街 3 号(518108)
法人代表/负责人:黄永贵
电话:0755-27602190/27602239/27608808
传真:0755-27607374
电子邮件:info@everluck-led. com
注册时间:2003 年
注册资本:50 万元
企业人数:51～100 人
研发人员数:5～10 人
主要经营产品:各种超高亮度 LED 灯

深圳市永亮光电科技有限公司

地址:深圳南山西丽湖畔大学城 4-8 栋 7 楼(518055)
法人代表/负责人:韩淑珍
电话:0755-86002392/86007200
传真:0755-86002392
电子邮件:gu@yl-gd. com
网址:www. yl-gd. com
注册时间:2004 年 08 月 09 日
注册资本:50 万元
企业人数:201～300 人
研发人员数:5～10 人
主要经营产品:LED 户内外显示大屏,LED 单元板,LED 全波段超高度单灯,LED 点阵块,LED 数码管,半户外模组,户外模组、户外箱体及显示屏相关部件

深圳市宇通精密机电设备有限公司

地址:深圳市龙华镇人民南路
法人代表/负责人:陈征宇
电话:0755-28133126/28100080/28133126
传真:0755-28133778/28100093
电子邮件:ytjd@163. com
网址:www. yulongsz. com
企业人数:11～50 人
研发人员数:5～10 人
主要经营产品:YT129 超声波铝丝焊线机、YT168 超声波金丝球焊机、扩晶机、背胶机、点胶机、显微镜座灯半导体系列产品

深圳市宇鑫电子

地址:深圳市宝安区公明镇玉律村东方建富怡景工业城 A5 栋(213456)
法人代表/负责人:黄东梅
电话:0755-27150886/27150889/13723464958
传真:0755-27150698
网址:www. szyuxindz. com
注册时间:2000 年
企业人数:101～200 人
研发人员数:11～20 人
主要经营产品:纯蓝、律、白、紫、红、黄色发光二极管、发射管、接收管、特超高光亮蓝光、白光、全彩等高档 LED 产品

深圳市愿景光电子有限公司

地址:深圳市宝安区龙华镇和平路和平工业区旭兴达富联工业园 B 区三栋
法人代表/负责人:邢总
电话:0755-88841900/33828181-8199(20 条线路)
传真:0755-33828180
电子邮件:sales@szyjgd. com
网址:www. szyjgd. com
注册时间:2005 年
注册资本:1000 万元
企业人数:101～200 人
研发人员数:11～20 人
主要经营产品:LED 显示屏、LED 电子显示屏

深圳市越红电子有限公司

地址:深圳市龙华大浪水围工业区一号 3-4 楼
电话:0755-27853559
传真:0755-27671289
电子邮件:sales@7cled. com
网址:www. 7cled. com
主要经营产品:七彩、大功率、白光、蓝光、绿光等发光二极管(LED LAMPS)

深圳市真彩科技开发有限公司

地址:深圳市福田区泰然工业区泰然九路 212 栋东座 8 楼、西座 6 楼
电话:0755-83423684/83426251
传真:0755-83447812
电子邮件:sales@TC-DS2000. com
网址:www. tc-ds2000. com
主要经营产品:LED 照明系列:户外照明、立体发光字、射灯、球泡、护栏管、埋地灯、地砖灯、水底灯、彩虹管、地角灯、草坪灯

深圳市正东明电子有限公司

地址:深圳市龙岗区坂田吉华路德宝利科技园 D 栋 5 楼
法人代表/负责人:黎鹏

电话:0755-33619780/33619781/33619788/33619786

传真:0755-33619783

电子邮件:lishuijing2000@163.com

网址:www.zhengdongming.com

注册资本:50万元

企业人数:101~200人

研发人员数:5~10人

主要经营产品:超高亮粉红色,红色,黄色,绿色,蓝绿色,蓝色,紫色,白色发光二极管

深圳市智威堡科技有限公司

地址:深圳市福田区皇岗北路彩电工业区402栋西3楼(518035)

法人代表/负责人:陈承志

电话:0755-83616467

传真:0755-83360710

网址:www.chipower.net

注册时间:2002年2月20日

注册资本:320万元

企业人数:35人

研发人员数:5人

主要经营产品:LED芯片及辅料

深圳市中电淼浩固体光源有限公司

地址:深圳市宝安区桃花源科技创新园1号研发中心(518102)

法人代表/负责人:陈刚

电话:0755-27960778

传真:0755-27960858

电子邮件:lmy@microlite.com.cn

网址:www.ce-mawhoy.com

注册时间:2004年12月

注册资本:590万元

企业人数:22人

研发人员数:12人

所属产业链环节:封装、应用

主要经营产品:LED光源及灯具等相关应用产品

深圳市中瑞光电有限责任公司

地址:南山区桃园路1号/西海明珠E-1608(518052)

法人代表/负责人:刘俊山

电话:0755-86069019/86069019/13088876110

传真:0755-86193767

注册时间:1998年

注册资本:100万元

企业人数:101~200人

研发人员数:11~20人

主要经营产品:高端用红光、黄光、纯蓝色、纯绿色、纯白色LED、汽车指示、照明仪表、尾灯用LED、红外发射管、交通灯LED、LED日本纯蓝、纯绿、纯白发光二极管、各种大功率管——白光(1W~5W)850发射管、食人鱼平头、红、蓝、绿、纯白光系列LED

深圳市卓嘉越电子有限公司

地址:深圳深南大道北沙河东路东深圳湾畔6栋33楼B座

法人代表/负责人:邓小军

电话:0755-26000662/25151888/26001076

传真:0755-29657866

电子邮件:rool@zjy-led.com

网址:www.zyj-led.com

注册时间:1993年

企业人数:501~1000人

研发人员数:41~50人

主要经营产品:食人鱼及各种超高亮白光、蓝光、绿光、发射、接收、大功率等高档LED产品和LED灯饰

深圳是朝彩科技有限公司

地址:深圳市福田区福虹路世贸广场C座1705-1706室(518033)

法人代表/负责人:曾榕

电话:0755-83002792

传真:0755-83002788

电子邮件:ketty_12345@163.com

网址:www.zhaocai-tech.com

注册时间:2001年

主要经营产品:贴片、插件LED,贴片全彩LED,1W大功率LED

深圳沃科半导体照明有限公司

地址:广东省深圳市南山区西丽龙井方大城(518055)

法人代表/负责人:王胜国/李刚

电话:0755-26794299

传真:0755-26798696

电子邮件:alan@fangda.com

网址:www.walkoverlighting.com

注册时间:2001年04月

注册资本:1000万元

企业人数:80人

研发人员数:10人

所属产业链环节:应用

主要经营产品:半导体照明光源和系统

深圳鑫辉光电有限公司

地址:深圳市宝安区沙井镇新二村庄村路长埔工业园A2栋(广深高速新桥高速入口旁)

电话:0755-27284552/27250119

传真:0755-27284047

电子邮件:led@led.net.cn
网址:www.led.net.cn
主要经营产品:超高光白色发光二极管(LED)、交通信号灯专用发光二极管、头灯、手电、护栏灯、射灯专用超高亮发光二极管、食人鱼、七彩发光二极管等

深圳鑫蓝光科技有限公司

地址:深圳市罗湖区贝丽北路水贝工业区七栋三楼
法人代表/负责人:涂小平
电话:0755-25616958/25602598/27184838
传真:0755-27184898
电子邮件:tu@gdlight.com
网址:www.gdlight.com
企业人数:301～500人
研发人员数:21～30人
主要经营产品:各种规格的LED发光器件、超高亮度纯蓝、纯绿、白色、紫色发光二极管、发射接收管、光敏管等光电产品

深圳旭翔光电科技有限公司

地址:深圳市宝安区石岩镇塘头村宏发工业园10栋
法人代表/负责人:袁晖军
电话:0755-87709569
传真:0755-28137788
电子邮件:market_b@sunfly.cn
网址:www.sunfly.cn
注册时间:2002年
注册资本:100万元
企业人数:680人
所属产业链环节:研发、生产、销售
主要经营产品:数码管、发光二极管等

深圳异彩光电有限公司

地址:福田区佳和华强大厦B栋2706
法人代表/负责人:高志军
电话:0755-61655938/61655936/61655935
传真:0755-83794023
电子邮件:Sales@Color-LED.com
网址:www.ycled.com.cn
企业人数:101～200人
研发人员数:5～10人
主要经营产品:蓝、白、全彩、食人鱼、SMD等各类LED产品

深圳易事达光电科技有限公司

地址:河西路茶光工业区16栋二层
法人代表/负责人:周继科
电话:0755-26628447/26624317/26623511
传真:0755-26623511
电子邮件:szzjkled@sina.com
网址:www.esdled.com
注册资本:200万元
企业人数:51～100人
主要经营产品:LED显示屏

深圳宇盛鑫机电有限公司

地址:深圳市宝安区龙华镇上塘村西头工业区(518109)
法人代表/负责人:陈从阳
电话:13689556160
传真:0755-28115830
电子邮件:Ligu_0732@yahoo.com.cn
注册时间:2005年
注册资本:500万元
企业人数:100人
研发人员数:20人
所属产业链环节:LED灯配件(下游)
主要经营产品:SMD-LED支架

台湾丰鼎光电股份有限公司(旭弘光点科技有限公司)

地址:虎门镇怀德管理区新沙埔村
法人代表/负责人:林立寰
电话:0769-85704888
传真:0769-85157581
电子邮件:sales@fidinled.com
网址:www.fidinled.com
主要经营产品:LED发光二极管。LED园林灯、LED水底灯、LED礼品灯、LED地理灯、LED景观灯、LED线条灯、LED舞台灯、LED数码柱灯、LED数码管灯、LED地砖灯、发光二极管、LED射灯、LED霓虹灯、大功率LED、灯泡色LED、LED发光字块

台湾杰克照明有限公司

地址:中山市东升镇高沙六顷二经济合作社六顷路5号(528421)
法人代表/负责人:杨景麟
电话:0760-2211959
传真:0760-2211929
电子邮件:jack@jacklighting.com
网址:www.jacklighting.com
主要经营产品:LED墙角灯系列、LED埋地灯系列、LED草坪景观灯、LED水底灯系列、LED景观灯系列

天波电子灯饰有限公司

地址:中山市古镇海洲胜利工业区
电话:0760-2311775/2311765
传真:0760-3838090

主要经营产品：LED 彩虹灯、LED 多变色轮廓灯、LED 同步变色球泡、灯杯、各种灯串

暐晨科技有限公司

地址：广州市东山区淘金坑 66 号侨福苑 1 座 905 (510095)

法人代表/负责人：楊朝欽

电话：0755-83663867/13076991070

传真：020-83507897

注册时间：1999 年

注册资本：100 万元

企业人数：11～50 人

主要经营产品：大功率 LED 光源

祥瑞国际有限公司

地址：中国東莞市黄江镇板湖村板湖大道 4 街 56 号

法人代表/负责人：黄美玲

电话：0769-83601900/13712282368

传真：0769-83601902

电子邮件：aa@observer.com.cn

注册时间：2003 年

注册资本：100 万元

企业人数：150～200 人

研发人员数：15～20 人

所属产业链环节：外资

主要经营产品：大功率 LED，CNC 模具加工设计生产

新忆通电子有限公司

地址：广州市番禺区石基镇茶东路 38 号之一 (511400)

法人代表/负责人：河敏浩

电话：020-34881292/34569578/13316197890

传真：020-34881975

电子邮件：eason@public.guangzhou.gd.cn

网址：www.neasto.com

注册时间：1983 年

注册资本：500 万元

企业人数：101～200 人

研发人员数：11～20 人

主要经营产品：LED 电子照明

星源光电电子科技(深圳)有限公司

地址：深圳市宝安区银田工业区兴科盛工业园

电话：0755-27449927/27449915/27449916

传真：0755-27449710

电子邮件：info@xksen.com/kaiyang@s2-risingsun.com

网址：www.xksen.com/www.sz-risingsun.com

主要经营产品：STN-TFT-LCD 背光源、LED 背光源、CCFL 背光源、手机彩屏背光源

亚达科技(深圳)有限公司

地址：深圳市宝安区西乡固戍一路 137 号 2 座 (518000)

法人代表/负责人：吴开业

电话：0755-27790953/27952417

传真：0755-27952426

电子邮件：gzguanhong@163.com

网址：www.szyadahqew.com

主要经营产品：蓝、白光、红外接收发射管、PCB 帮定、组装发光二极管、背光源、光藕合、鼠标封管、数码点阵、闪烁灯等 LED 发光系列产品

亚太低压照明(香港)有限公司

地址：东莞市大龄山镇杨屋第一工业区

法人代表/负责人：陈陆平

电话：0769-85789525

传真：0769-85782019

电子邮件：luping1608@163.com

网址：www.ytdyl.com

主要经营产品：LED 读书灯、强光 LED 矿灯、超亮小电筒、应急灯、台灯、壁灯、吸顶灯、卧室迷你气氛灯、办公气氛灯、酒吧气氛灯、客房气氛灯、自行车照明灯

一嘉禾电子科技有限公司

地址：深圳市宝安区沙井镇新桥第二工业区 5 排 7-8 栋

法人代表/负责人：雷三仔

电话：0755-26268551/83021001/26938884

传真：0755-26938100

电子邮件：jiaheled@126.com

网址：www.jiaheled.com

注册时间：1998 年

注册资本：100 万元

企业人数：201～300 人

研发人员数：11～20 人

主要经营产品：各种规格德超高亮度蓝色、绿色、白色发光二极管(LED)

贻凯电子有限公司 (贻嘉光电科技有限公司)

地址：东莞市茶山镇塘角管理区霞坑村(523380)

法人代表/负责人：刘红芳

电话：0755-88937688/86418978

传真：0755-86418976

电子邮件：lavender_liu@yikais.com

网址：www.yikais.com

主要经营产品：LED 芯片和 LED 发光二极管。LED

地理灯、射灯、球泡、泛光灯、护栏灯、彩虹管、插地灯、头灯、水底灯、台灯、PAR20 灯、PAR30 灯、E27 球泡、LED 手电筒、MR、GU 大功率、交通警示信号灯、灯串

亿川兴光电有限公司

地址:深圳市横岗六约茶山路 17 号(518173)

法人代表/负责人:王强

电话:0755-28689600/27184796/13824325304

传真:0755-28685961/27184830

注册资本:50 万元

企业人数:51~100 人

研发人员数:11~50 人

主要经营产品:高亮、超高亮各种档次白光、蓝光、绿光、黄光、粉红光、紫光、七彩灯食人鱼等各种特殊形状发光二极管

裔杰科技(香港)有限公司

地址:东莞市东城区怡丰都市广场丰盈阁 A 座 1105(523071)

法人代表/负责人:吴裔兵

电话:0769-22366455

传真:0769-22346272

电子邮件:bingwu@eastwardyj.com.cn/bingwu_eastward@yahoo.com.cn

网址:eastwardyj.com.cn

注册时间:2005 年 01 月 01 日

企业人数:51~100 人

研发人员数:5~10 人

主要经营产品:LED 照明和节能环保系列

永盛电子科技(深圳)有限公司

地址:深圳市宝安西乡镇臣田村东八栋(518102)

法人代表/负责人:张少强

电话:0755-81831605/29709265

传真:0755-29709287

企业人数:101~200 人

研发人员数:5~10 人

主要经营产品:各种直插式电阻、电容、二、三极管、稳压管

俞信电子(香港)有限公司

地址:东莞市横沥镇站前路 6 号

法人代表/负责人:黄先生

电话:0769-83718655

传真:0769-83718665

电子邮件:sales@agt-lighting.com

网址:www.sales@agt-lighting.com

主要经营产品:LED 系列灯

源凯光电制品厂

地址:东莞市东城区梨川第四工业区

电话:0769-22629746

传真:0769-22629745

电子邮件:suncool@ykee.net

网址:www.ykee.net

主要经营产品:LED 及应用 LED 模块

中山恒科数码照明

地址:中山市古镇古一乐丰工业区(528421)

电话:0760-13590904780/2326400/2396269

传真:0760-6985296

电子邮件:hkesm@hkesm.com

网址:www.hkesm.com

主要经营产品:LED 护栏灯、轮廓灯、灯杯、灯球、发光地砖、水底灯、地埋灯、草坪灯、壁灯、台灯、LED 手电筒、灯串、彩虹管、网灯、仿真动物灯、LED 模块灯、地角灯等

中山鸿彩照明科技有限公司

地址:广东省中山市横栏茂辉工业区 B 区(528415)

法人代表/负责人:姚斌

电话:0760-7761243/7761241/7761243

传真:0760-7761242

电子邮件:hcled@vip.163.com

网址:www.hcled.com

主要经营产品:LED 的轮廓灯、LED 泛光灯、LED 幕墙灯、LED 水底灯、LED 太阳能灯等 LED 系列灯具产品

中山金阳光电科技有限公司

地址:中山市小揽大道南 40 号

电话:0760-2262285/2115936

传真:760-2115926

主要经营产品:LED、发光二极管、数码管、点阵模块、红外发射管、红外接收管、光敏管、背光源

中山晶蓝光电器材厂

地址:小榄镇绩东一万和工业区万利楼四楼(528415)

法人代表/负责人:谭顺刚(副总经理)

电话:0760-6960160/6960161/13809878008

传真:0760-6960164

电子邮件:zscyanite@yahoo.com.cn

网址:www.cyanite.com.cn

主要经营产品:LED 发光二极管、数码管等光电系列

中山市帝特灯饰制造厂

地址:中山市横栏镇三沙工业区(528421)

法人代表/负责人:温选荣

电话:0760-761622/7762585

传真:0760-7617531

电子邮件:321@dtllamp.com

网址:www.dtllamp.com

主要经营产品:LED 吸顶灯、吸顶灯、壁灯、镜前灯、应急吸顶灯、红外线人体感应吸顶灯

中山市东凤镇正泰电子电器厂

地址:中山市凤镇兴华中路 124 号 2 楼

法人代表/负责人:廖学明

电话:0760-2621661/13420266800

传真:0760-6172378

网址:www.zsztdz.com

主要经营产品:各类开关、电源插座及 LED 座

中山市东阳光电科技有限公司

地址:中山市南头镇兴业南路 7 号(528427)

法人代表/负责人:邓东成

电话:0760-8103322/13702795623

传真:0760-3110008

注册时间:2004 年 01 月 14 日

注册资本:50 万元

企业人数:51~100 人

主要经营产品:贴片式发光二极管、背光板、数码管等产品系列,SMD,贴片 LED

中山市福特斯照明

地址:中山市古镇新丰二路(曹一村委旁)

法人代表/负责人:王先生

电话:0760-2326286/2326285/13925394150

传真:0760-2326234

电子邮件:postmaster@forteslighting.com

网址:www.forteslighting.com

主要经营产品:光纤照明系列、户外照明系列(路灯、庭院景观灯、草坪灯、埋地灯、水底灯、泛光灯、壁灯)、LED 数码系列

中山市格林曼光电科技有限公司

地址:中山市东明北路科技园第一创业园 1 号(528400)

法人代表/负责人:孔先生、黄小姐

电话:0760-8166601(10 线),

传真:0760-8166316

电子邮件:sales@glamor.cn

网址:www.glamor.cn

主要经营产品:LED 丽彩灯、LED 特丽龙灯管、LED 光源器件、LED 窗帘灯、LED 星星灯、LED 家居灯、LED 工程灯、LED 控制器

中山市古五华灯饰厂

地址:中上市古镇镇海洲沙源顺成工业区 31 号

法人代表/负责人:曹军民

电话:0760-2311517/6106838

传真:0760-2312517

主要经营产品:LED 彩虹灯、LED 护栏灯、数码管、LED 灯串、地埋灯、水下灯、星星灯、LED 球泡、LED 射灯、各种形象规格灯画/建筑图像造型等

中山市古镇创佳电子电器厂

地址:广东省中山市古镇新兴中路古一路段(528421)

法人代表/负责人:周照满

电话:0760-2340443

传真:0760-2342443

电子邮件:chunson@china-chunson.com

网址:www.china-chunson.com

注册资本:100 万元

企业人数:100 多人

主要经营产品:节能灯、环型吸顶灯、支架、吊灯

中山市古镇福尔旺灯饰

地址:中山市古镇东岸中路北 74 号新横琴桥(528421)

法人代表/负责人:朱耀富

电话:0760-2344568/2341456/13802697983

传真:0760-2343133

电子邮件:sales@forever8hy.com

网址:www.forever8hy.com

主要经营产品:LED 路桥护栏灯、景观灯、庭院灯、道路灯、椰树灯、烟花灯等多种灯具

中山市古镇华奥电子厂

地址:广东省中山市古镇冈南工业区(528421)

法人代表/负责人:蔡先生

电话:0760-2340986/2358691

传真:0760-2356018

电子邮件:hudz@pub.zhongshan.gd.cn

网址:www.nevadalamp.com

主要经营产品:电子节能灯、电子镇流器、电子变压、LED 灯

中山市古镇金轩灯饰电器厂

地址:中山市古镇新兴大道古一灯饰城(528421)

法人代表/负责人:蔡先生

电话:0760-2391863

传真:0760-3366108

电子邮件:info@bq-lighting.com

网址:www.bq-lighting.com

主要经营产品:LED 灯泡、LED 埋地灯、LED 水下灯、LED 草坪灯、椰树灯、不锈钢庭院灯、LED 护栏灯

中山市古镇金益宏灯饰厂

地址:中山市火炬开发区科技大道南3号楼(528400)
电话:0760-8280055/8280066/13809879100
传真:760-8287212
电子邮件:info@fahan. com
网址:www. fahan. com
主要经营产品:超高亮纯蓝、纯白、纯绿、纯紫发光二极管。各种形状红外发射、接收管、接收头、数码管、SMD、LED等

中山市古镇太平洋灯饰有限公司

地址:广东省中山市古镇新兴中路181号力堡大厦(528421)
电话:0760-2399755/2392345
传真:0760-2350025/2392567
电子邮件:info@pacificlamps. com
网址:www. pacificlamps. com
注册时间:1992年
企业人数:620人
研发人员数:60人
主要经营产品:室内外照明灯具及各类电光源

中山市古镇显鸿路灯五金配件厂 中山市古镇显隆灯饰电器厂

地址:中山市古镇海洲显龙胜利工业区
法人代表/负责人:张德财
电话:0760-2318249/2313807/13392928087
传真:0760-2318994
电子邮件:xianhong@xianhong. com
网址:www. xianhong. com
主要经营产品:道路灯、高杆灯、庭院灯、景观灯、椰树灯、护栏灯、LED护栏灯、LED幻彩灯等

中山市古镇新泽照明电器厂

地址:中山市古镇曹二工业区
电话:0760-2398681-2/3/2392535
传真:0760-2398683
电子邮件:sales@xinzhe. lighting. com
网址:www. xinzhe-lighting. com
主要经营产品:高杆灯、道路灯、景观灯、庭院灯、草坪灯及低压LED二极管变色护栏灯、各种球泡、水底灯等户外照明产品

中山市古镇雄涛数码灯饰制造厂

地址:中山市古镇镇新兴中路冈东牌坊1号(528400)
法人代表/负责人:郭集宏
电话:0760-2222978/13809871296
传真:0760-2368978
电子邮件:xiongtao100@vip. 163. com
网址:www. xiongtao100. com
注册时间:2003年
主要经营产品:LED系列产品:变色护栏灯、星星灯、网灯、树灯、窗帘灯、圣诞灯串、栏杆灯、埋地灯、地砖灯等

中山市古镇颜宇照明有限公司

地址:中山市古镇海洲显龙东岸北路83号
法人代表/负责人:王先生
电话:0760-2313995/2310550/13925335731
传真:0760-2312819
电子邮件:yanyu@zsnet. com
网址:www. yyl. cn
主要经营产品:LED系列灯饰;LED护栏灯、丽得管、LED变色球泡、LED变色灯杯、LED彩虹管、LED灯串、LED地埋灯、LED水底灯、LED泛光灯、LED射灯、LED小夜灯

中山市古镇艳阳灯饰厂 (丽比特灯饰厂)

地址:中山市古镇曹三工业区(528421)
法人代表/负责人:区其富
电话:0760-2350155/2394410/13702302248
传真:0760-2344317
电子邮件:yanyang@librite. com
网址:www. librite. com
主要经营产品:节能灯、电子镇流器、T5支架及LED

中山市古镇优明灯饰厂

地址:中山市古镇海洲东岸北路156号
法人代表/负责人:邓波
电话:0750-3750628/3750633
传真:0750-3750619/3750636
电子邮件:euminlight@126. com
网址:www. euminlighting. com
主要经营产品:LED彩虹管、LED护栏轮廓灯、LED智能数码管、LEDT5管、LED天花幕墙灯、LED射灯、LED灯泡、LED水底灯、LED埋地灯、LED地砖灯、LED广告标志模块、LED星星灯、网灯、窗帘灯及圣诞灯串、曝光灯、频闪灯泡系列、保险丝灯带等

中山市恒辰光电科技有限公司

地址:中山市火炬开发区民族工业园电子城A8幢4楼
法人代表/负责人:林汉光
电话:0760-6130000/6130009/6933007
传真:0760-6133559
电子邮件:hcdz2006@163. com
网址:www. zshengcheng. com

注册资本：100 万元
企业人数：101～200 人
研发人员数：11～20 人
主要经营产品：LED 护栏灯、LED 幻彩地砖、LED 水底灯、LED 防雾灯、LED 广告灯、LED 埋地灯、LED 吸顶灯、LED 草坪灯、LED 射灯、LED 壁挂灯箱、LED 控制器。

中山市嘉亿光电电子器材厂

地址：中山市小榄镇菊城大道东区十六村工业区
电话：0760-2111042/2111047
传真：0760-2234050
电子邮件：jl@jlled. com
网址：www. jlled. com
主要经营产品：红色、黄色、蓝色、白色、绿色、七彩变色灯系列 LED 产品

中山市晶艺光电科技有限公司

地址：中山市南区城南二路 4 号(528400)
法人代表/负责人：蓝国贤
电话：760-3886633/3886631/13802660704
传真：760-3886658
电子邮件：jinglei@jlul. com
网址：www. jlul. com
主要经营产品：LED 数码管、点阵、发光二极管、LED 彩虹灯、背光源、贴片二极管

中山市镭诺照明有限公司

地址：中山市横栏镇贴边新工业区
法人代表/负责人：张明
电话：0760-7618881(十线)/7610618
传真：0760-7618882
电子邮件：info@leiruolighting. com
网址：www. leiruolighting. com
主要经营产品：LED 彩虹管、星星灯串、照明灯、网灯、灯杯、球泡、护栏管、地板灯、水底灯、投光灯、背光源

中山市利光电子有限公司

地址：中山市西区沙朗彩虹大道 14＃(528400)
法人代表/负责人：喻银芝
电话：0760-8557127/13600344303
传真：760-8557697
电子邮件：sales@ zs-lg. com
网址：www. zs-lg. com
主要经营产品：蓝、白、纯绿、红、绿、黄、紫等颜色发光二极管、数码管、红外发射接收管

中山市利群照明电器厂

地址：中山市古镇海洲显龙村大道 26 号
电话：0760-2312958/2312279
传真：760-2312279
电子邮件：liqun@liqunlighting. com
网址：www. liqunlighting. com
主要经营产品：LED 护栏灯、七彩变色泡、烟花灯、椰树灯、景观灯、庭院灯、地埋灯、草坪灯等各类户外灯具

中山市利荣灯饰电器厂

地址：中山市古镇曹三工业区(528401)
法人代表/负责人：陈先生
电话：0760-2393398/13326900992
传真：760-2396922
电子邮件：zslr@zslirong. com
网址：www. zslirong. com
主要经营产品：LED 灯、护栏管、发光二极管

中山市沙溪镇飞创电子照明厂

地址：中山市沙溪镇下朗工业大道 2 号楼(528471)
法人代表/负责人：雷耀祖
电话：0760-7390501
传真：0760-7390502
电子邮件：philtron@apc-lamps. com
网址：www. apc-lamps. com
注册时间：2005 年
企业人数：301～500 人
研发人员数：21～30 人
主要经营产品：节能灯、镇流器、电子支架、吸顶灯、LED 灯

中山市万普电子科技有限公司

地址：中山市南区恒美园山仔工业园(521400)
法人代表/负责人：肖文玉
电话：0760-8569898/13726055727
传真：0760-3336886
主要经营产品：LED AND SMD LEDS；LED 点阵模块和像素筒；LED 数码管、LED 背光板、LED 时钟板；LED 灯饰

中山市威光科技照明有限公司

地址：中山市南区城南二路 8 号(528472)
电话：0760-3339555
传真：0760-3339588
电子邮件：vgo@263. net
网址：www. wglighting. com
主要经营产品：三防支架、LED 系列灯具

中山市小榄镇川婷五金制品厂

地址：中山市东升镇东成路东锐工业区
法人代表/负责人：沈俊芳
电话：0760-2210491

传真:0760-2210489
电子邮件:chuanting@chuanting. com
网址:www. chuanting. com
主要经营产品:汽车装饰灯、LED灯杯、LED护栏灯、LED球泡、LED彩虹管、LED吸顶灯、LED埋地灯、LED草坪灯、LED墙脚灯、LED水底灯、LED地砖、LED射灯、LED壁灯、LED插地灯、LED星星灯、LED控制器/配件

中山市小榄镇科源光电器材厂

地址:中山小榄镇联丰路13号
电话:0760-2281491/2284192/13702500018
传真:760-2281490
主要经营产品:LED发光二极管。超高亮红、蓝、绿、白色LED及相关灯饰产品

中山市宇泉科技灯饰厂

地址:中山市古镇镇古一德兴路2号(古一小学对面)
法人代表/负责人:袁先生
电话:0760-3682108/6985107
传真:0760-3682109
电子邮件:d@dfkmled. com. cn
网址:www. dfkmled. com. cn
主要经营产品:LED数码护栏灯、LED水池灯、LED地埋灯、LED地砖灯、LED幕墙灯、LED墙脚灯、LED草坪灯、LED彩虹管、LED广告字屏、LED灯串、LED网灯、LED灯杯、LED球泡、LED星星灯等

中山市玉峰照明科技有限公司

地址:中山市古镇东岸北路显龙路段
法人代表/负责人:肖玉
电话:0760-2360288/2321788/13715582268
传真:0760-6988850
主要经营产品:LED彩虹管系列,LED护栏系列,LED球泡系列,LED灯杯系列,LED灯串系列,LED水地球泡系列,LED埋地灯系列、LED草坪庭院灯系列

中山市真本照明有限公司

地址:中山市古镇
法人代表/负责人:张金明
电话:0760-2360000
传真:0760-2313120
电子邮件:kaven@zhenben. com
网址:www. zhenben. com
注册资本:50万元
企业人数:200多人
主要经营产品:LED护栏灯、LED灯转、LED灯带、LED幕墙灯、LED曝光灯、LED走马灯、LED水底灯、LED地埋灯以及其他LED非标灯具

珠海南科集成电子有限公司

地址:广东珠海吉大九洲大道中建业五路号南科大厦(519020)
法人代表/负责人:吴纬国
电话:0756-8128017
传真:0756-8128077
电子邮件:info@ nanker. com
网址:www. nanker. com
注册时间:1989年
注册资本:3000万元
企业人数:1000人
研发人员数:100人
所属产业链环节:研发、生产
主要经营产品:集成电路、晶硅

江苏省

常州市锐高工业检测设备有限公司

地址:常州市高新科技园2号楼C-336(213000)
法人代表/负责人:查忠
电话:0519-8011211
传真:0519-5195251
电子邮件:chahui@ruigao. net
网址:www. ruigao. net
注册时间:2005年1月4日
注册资本:20万元
企业人数:30人
研发人员数:15人
所属产业链环节:LED灯具及控制技术
主要经营产品:激光检测产品、LED照明产品

常州永亮电子科技有限公司

地址:中国江苏常州市木梳路11号
法人代表/负责人:马小良
电话:0519-8015255/13776870588
传真:0519-8016355 6975290
电子邮件:czyldz@alibaba. com. cn
注册时间:2003年10月27日
注册资本:100万元
企业人数:51~100人
主要经营产品:LED类发光模块;LED护栏管

江苏奥雷光电有限公司

地址:江苏省镇江市丁卯开发区经五路(212009)
法人代表/负责人:黄振春
电话:0511-8885688
传真:0511-8888651

电子邮件：huang@allrayinc. com
网址：www. allrayinc. com
注册时间：2001 年 8 月
注册资本：8000 万元
企业人数：250 人
研发人员数：50 人
所属产业链环节：封装、应用
主要经营产品：大功率 LED

江苏伯乐达光电科技有限公司

地址：江苏省盐城市亭湖区伯乐达大道 6 号(224001)
法人代表/负责人：陆一峰
电话：0515-8182777-8382
传真：0515-8551021
电子邮件：ycbyq@263. net
网址：www. lamp-cn. com
注册时间：2006 年 12 月 7 日
注册资本：800 万元
企业人数：1200 人
研发人员数：150 人
所属产业链环节：电子
主要经营产品：LED 数码光源、太阳能灯具生产、销售及售后服务

江苏鼎邦光电科技有限公司

地址：南京白下区光华东街 6 号(210000)
电话：025-84471132/85997549
传真：025-84473047
电子邮件：service@jsdemands. com
主要经营产品：大功率超高亮 LED 模组、驱动器、全彩控制系统整合、庭院灯、景观灯

江苏宏德电子有限公司

地址：江苏省宜兴市金张渚工业园(214231)
法人代表/负责人：杨晓芳
电话：0510-87396808
传真：0510-87390818
电子邮件：RQRQ_2005@yahoo.
网址：www. hdled. cn
注册时间：2006 年 11 月 18 日
注册资本：505 万元
企业人数：400 人
研发人员数：25 人
所属产业链环节：中底端产品
主要经营产品：LED 及其衍生产品(彩虹管、路灯)

江苏晶正电子有限公司

地址：宜兴市金张渚工业园
法人代表/负责人：杨晓芳
电话：0510-87330055
传真：0510-87330055
电子邮件：sales@jzled. cn
网址：www. jzled. cn
注册时间：2005 年
注册资本：505 万元
主要经营产品：LED 芯片；支架；模条；各类线缆，控制器，PVC 粒子等；彩虹灯带

江苏绿色照明工程有限公司

地址：南京市石鼓路 193 号 A 楼二层(210029)
电话：025-86601795
传真：025-86609259
电子邮件：wys@jslszmgc. com
网址：www. jslszmgc. com
主要经营产品：LED 电子发光产品(景观装饰、水体景观、室内长明、舞台艺术、广告字牌、太阳能等多个系列)

江苏省金田高科电子有限公司

地址：中国江苏张家港市江苏省张家港市暨阳东路 278 号
法人代表/负责人：吴为标
电话：0512-58911533
传真：0512-58911530
电子邮件：jt@jtgkdz. com
网址：www. jtgkdz. com
注册时间：2003 年
主要经营产品：LED 射灯系列；球泡系列；跑马灯系列；护栏灯系列；彩虹带系列；埋地灯系列；水底灯系列；幻彩地砖系列；水晶射灯系列；吸顶灯系列；台灯系列；草坪灯系列；立体发光字

连云港比斯特光源科技有限公司

地址：江苏赣榆县环东路环东市场 62 号
法人代表/负责人：李家强
电话：0518-7110098
传真：0518-6343337
电子邮件：bstzm@163. com
网址：www. bestzm. com
注册资本：50 万元
主要经营产品：led 变色景观灯系列代表产品有"led 地埋灯"、"led 护栏灯"、"led 桥梁轮廓灯"、"led 楼台轮廓灯"、"led 路跨灯"、各种 led 景观灯；太阳能灯系列主要有"led 太阳能草坪灯"、"led 太阳能庭院灯"、各种 led 太阳能广告灯、各种 led 太阳能景观灯、各种太阳能与风力发电 led 景观灯

连云港市华迪生光电制造有限公司

地址：江苏省连云港市新海路 26 号(222023)

法人代表/负责人:李文丁
电话:0518-5256098
传真:0518-5256198
电子邮件:Jingrong_li@163.com
网址:www.wadison.com
注册时间:2006年10月17日
注册资本:3000万元
企业人数:20人
研发人员数:6人
所属产业链环节:中间环节
主要经营产品:生产高亮度发光二极管(LED)和光电封装材料;销售自产产品

南京飞洛电子有限公司

地址:南京市白下区大石山6号
法人代表/负责人:李先生
电话:025-84296791/13182957226
传真:025-51742227
电子邮件:follow@flled.com
网址:www.flled.com
主要经营产品:全系列各种规格LED电子显示屏幕及LED亮化灯具

南京冠顶光电有限公司

地址:南京市建邺区金洲路6号
法人代表/负责人:王强
电话:025-86780850
传真:025-86780851
电子邮件:alex-wang@163.com
注册时间:2003年
主要经营产品:发光二极管的研发与生产,及LED轮廓灯、七彩变色灯、LED地埋灯、LED水下灯、LED投光灯、LED光源超薄灯箱

南京汉德森科技股份有限公司

地址:南京市江宁区科宁路777号(211100)
法人代表/负责人:周鸣
电话:025-52178007
传真:025-52175666
电子邮件:liunaitao@handson.cc
网址:www.handson.cc
注册时间:1999年3月
注册资本:2000万元
企业人数:395人
研发人员数:96人
所属产业链环节:封装和应用
主要经营产品:大功率LED、LED显示屏、LED照明

南京华鼎电子有限公司

地址:南京市江宁区汤山镇华鼎电子园(211131)
电话:025-84107685
传真:025-84107684
电子邮件:jiangxin@para-nj.com.cn
网址:www.para.com.tw
注册时间:1993年2月
企业人数:1400余人
研发人员数:200多人
主要经营产品:LED发光二极管、数码管、LED发光显示器、LCD用背光板及SMD,LED等

南京华东电子信息科技股份有限公司

地址:南京市华电路1号(210028)
法人代表/负责人:赵竟成
电话:025-85318884/85317842/85338831
传真:025-85316518/85325691
电子邮件:info@elighting.com.cn
网址:www.elighting.com.cn
主要经营产品:电光源、电器、灯具、LED、照明工程

南京洛普股份有限公司

地址:江苏省南京市浦口高新技术开发区洛普大厦(210061)
法人代表/负责人:罗群
电话:025-58841155-3363
传真:025-58843325
电子邮件:xub@lopu.com.cn
网址:www.lopu.com.cn
注册时间:1994年
注册资本:3000万元
企业人数:466人
研发人员数:86人
所属产业链环节:LED半导体下游厂家
主要经营产品:太阳能LED照明工程及太阳能LED亮化产品

南京尚杰电子有限公司

地址:江苏南京市江宁区仓波门宝善寺1号
法人代表/负责人:Scott先生
电话:025-84190106
传真:025-84190206
电子邮件:guojun@sun-sj.com
网址:www.sun-sj.com
企业人数:300多人
研发人员数:20多人
主要经营产品:发光二极体、数字显示器、SMD贴片发光体、红外发射接收管、模组、背光源、食人鱼、发光带等

南京台联光电科技有限公司

地址:南京市莫愁湖东路16号

法人代表/负责人：黄春兰
电话：025-86530282
传真：025-86532487
电子邮件：tlgd@tlgd. com. cn
网址：www. tlgd. com. cn
注册时间：2003 年
注册资本：50 万元
企业人数：11～50 人
主要经营产品：发光管；数码管；SMD；IRM；大功率发光管；大功率红外管；发射接收管；LED 应用光源；护栏灯；节日灯；刹车灯；防雾灯；音乐灯；蜡烛灯；交通标志光源；LED 芯片；背光板；迷你灯；跑马灯

启东市杨成电子有限公司

地址：江苏省启东市秦潭(226246)
电话：0513-83405888/83402999/83407777
传真：0513-83405460
电子邮件：deming@chinademing. com
网址：www. chinademing. com
主要经营产品：发光二极管及电子节能网标灯、塑料产品加工、五金产品制造、光电科技产品制造

苏州嘉大电子有限公司

地址：苏州市吴中区东山镇洞庭路七号(215107)
法人代表/负责人：久保进
电话：0512-66396882
传真：0512-66396881
电子邮件：renyan@garter. com. cn
网址：www. garter. com. cn
注册时间：2001 年 12 月 29 日
注册资本：151 万美元
企业人数：48 人
研发人员数：12 人
主要经营产品：LED 封装\测试分选设备、电子元器件封装载带

苏州吴中区茂达电子电器厂

地址：中国江苏苏州市苏州市东吴南路 147 号(215128)
法人代表/负责人：康真
电话：0512-65613517
传真：0512-65257743
电子邮件：mintex@sina. com
网址：www. led-mt. com
主要经营产品：LED 光电器件

无锡成田工贸有限公司

地址：中国江苏无锡市兴源北路 401 号北塘科技创业中心(214041)
法人代表/负责人：姜静
电话：0510-82601168/13338778898
传真：0510-82602168
电子邮件：ctgm@sina. com
网址：www. chengtiankeji. cn. alibaba. com
注册时间：2002 年 7 月 5 日
注册资本：50 万元
企业人数：106 人
研发人员数：21 人
主要经营产品：LED 数码灯饰、灯具及城市景观、亮化工程；LED 发光二极管及芯片；太阳能交通警示灯；道路交通安全设施

宜兴市创业电子有限公司

地址：江苏宜兴市宜兴市张渚镇龙池村
法人代表/负责人：张陆军
电话：0510-87348118/13961583696
传真：0510-87349147
电子邮件：web@cydzc. com
网址：www. cydzc. com
注册时间：2005 年
注册资本：52 万元
企业人数：51～100 人
研发人员数：5～10 人
主要经营产品：发光二极管，其他光电子、激光器件

宜兴市达光电子器件厂

地址：江苏省宜兴市茗岭镇岭东路 8 号(214234)
法人代表/负责人：张爱军
电话：0510-87343368/13906157703
传真：0510-87345220
电子邮件：888@dgdz. com
网址：www. dgdz. com
注册时间：1998 年
企业人数：100 多名
研发人员数：20 多名
主要经营产品：蓝、白、全彩、食人鱼、大功率、SMD 等各类 LED 产品

宜兴市亿光电子有限公司

地址：宜兴市环科园 104 国道西(214204)
法人代表/负责人：张建兵
电话：0510-87071008
传真：0510-87071007
电子邮件：yg@ygele. com
网址：www. ygele. com
注册时间：2003 年
注册资本：100 万元
主要经营产品：发光二极管；数码管；点阵管；全彩屏

用发光管;纯蓝、纯绿、纯白系列

张家港市隆达电子科技有限公司

地址:江苏省张家港市经济开发区国泰北路 1 号创业园 A 座 137-138(215600)

法人代表/负责人:张哲

电话:0512-58546096

传真:0512-58546095

电子邮件:zjglddz@163.com

注册时间:2006 年 3 月

注册资本:100 万元

企业人数:20 人

研发人员数:8 人

所属产业链环节:LED 中游产业

主要经营产品:LED 芯片,防静电产品及设备

镇江方正照明电器有限公司

地址:江苏省镇江市宗泽路上仇 1 号

法人代表/负责人:彭华强

电话:0511-8781614

传真:0511-8796342

电子邮件:penghuaqiang@fzlighting.com

网址:www.fzlighting.com

注册时间:1993 年 6 月

企业人数:300 人以上

研发人员数:60 人以上

主要经营产品:普通荧光灯启辉器;特殊启辉器及 LED 民用照明电器

镇江润光电子有限公司

地址:江苏镇江市丁卯开发区健力宝路(212009)

法人代表/负责人:倪洪良

电话:0511-8895266/8895366/13952805996

传真:0511 8895166

电子邮件:sales@runguang-elec.com

网址:www.runguang-elec.com

注册时间:2003 年

主要经营产品:各种超高亮白光、蓝光、绿光、发射、接收、大功率等高档 LED 发光管、数码管及 LED 延伸产品等,其广泛应用于汽车灯、广告灯箱、信号灯、灯饰及城市亮化工程

镇江润晟光电有限公司

地址:镇江市谏壁镇月湖花园 79 号(212006)

法人代表/负责人:唐振国

电话:0511-3354590

传真:0511-3361956

电子邮件:rsgd@runsheng-led.com

网址:www.runsheng-led.com

注册时间:2004 年

注册资本:50 万元

企业人数:51～100 人

主要经营产品:LED 发光管;数码显示器;LED 灯具

上海市

OSRAM 中国照明有限公司 LED 照明系统部

地址:上海市西藏中路 18 号港陆广场 2802 室(200001)

法人代表/负责人:陈旭峰

电话:021-53852031

传真:021-64821219

电子邮件:Xf.chen@osram.com.cn

网址:www.OSRAM.com

主要经营产品:LED 照明系统

德丰杰龙投(上海)创业投资咨询有限公司

地址:上海张江高科技园区松涛路 560 号张江大厦 A 座 301 室(201203)

法人代表/负责人:KWANGDOU BOBBY CHAO

电话:021-51312388

传真:021-51312366

电子邮件:chris@dfjdragon.com

网址:www.dfjdragon.com

注册时间:2006 年 07 月

注册资本:14 万美元

企业人数:10 人

主要经营产品:风险投资

德仪国际贸易(上海)有限公司

地址:上海市徐汇区中山西路 2025 号永升大厦 2112 室(200235)

法人代表/负责人:程礼寰

电话:021-64813366

传真:021-64813369

电子邮件:sales@quatek.com.cn

网址:www.quatek.com.cn

注册时间:2001 年 4 月 12 日

企业人数:32 人

所属产业链环节:LED 设备

主要经营产品:LED 测试机

ENFIS LTD

地址:TECHNIUM 2, SWANSEA, WALES, UNITED KINGDOM SA1 8PJ

法人代表/负责人：黄向鹏博士
电话：13701757506
电子邮件：siang@enfis. com
网址：www. enfis. com
注册时间：2001 年
所属产业链环节：生产
主要经营产品：超高亮度单块 LED(36～200W)三位一体 LED 模组：光源、控制和散热

复旦大学光源与照明工程系

地址：上海市邯郸路 220 号(200433)
法人代表/负责人：刘木清
电话：021-55664116
传真：021-65646818
电子邮件：mqliu@fudan. edu. cn
注册时间：1984 年
研发人员数：30 人
所属产业链环节：照明、节能
主要经营产品：光源与照明产品的研发、推广

品能光电技术(上海)有限公司

地址：上海市闵行区莘朱路 918 号(201100)
电话：021-54382122
传真：021-54387960
电子邮件：charis. mu@ ledavenue. com. cn
网址：www. ledavenue. com. cn
主要经营产品：LED 照明模组，LED 电源供应器，电子镇流器，电子变压器，LED 灯具，LED 驱动和控制电器

赛星水下照明灯具厂

地址：胶州路 699 号恒森广场 B 栋 2304 室(200090)
法人代表/负责人：许总
传真：021-52280923
电子邮件：sanaks@163. com
网址：www. cn3x. com
主要经营产品：彩色光源、卤素灯、卤钨灯、派灯、PAR38、PAR56、LED 灯太阳能灯、变色灯；水下照明、水下彩灯、水下灯、水底灯、安全水下灯、光导纤维；园林照明、地埋灯、埋地灯、亭园灯射灯；景观照明、泛光照明、城市照明；配件、变压器、防水电缆

上海百虹光电技术有限公司

地址：上海市零陵路 585 号爱邦大厦 22 楼 F 座(200000)
法人代表/负责人：张成骏
电话：021-64810510/13901605602
传真：021-64810512
电子邮件：market@optorainbow. com
主要经营产品：超高亮 LED 灯泡、LED 护栏灯、照明灯饰、显示屏、电子元器件生产(限分支机构经营)，照明灯具、新型节能光源的技术开发、技术转让、技术咨询、技术服务。

上海伯翰机电科技有限公司

地址：上海市五里桥路 219 号 306 室
法人代表/负责人：郑晓东
电话：13311861278
传真：021-53028083
电子邮件：13311861278. 133sh. com
注册时间：2006 年 3 月
注册资本：100 万元
企业人数：30 人
研发人员数：10 人
所属产业链环节：工程应用
主要经营产品：LED 特殊灯具，灯光控制器

上海大晨光电科技有限公司

地址：上海市浦东新区金桥出口加工区云桥路 946 号(201206)
法人代表/负责人：高汝森
电话：021-58547878
传真：021-50315688
电子邮件：info@shapc. com. cn
网址：www. shapc. com. cn
注册时间：1999 年 10 月
注册资本：4000 万元
企业人数：200 人
研发人员数：20 人
所属产业链环节：中、下游
主要经营产品：LED 器件系列、LED 器件系列、LED 光源与灯具系列、LED 显示屏

上海大峡谷光电科技有限公司

地址：上海市田林路 300 号 18 号楼西座
法人代表/负责人：张家瑞
电话：021-64659597
传真：021-64659596
电子邮件：gc@strong-hand. com. cn
网址：www. strong-hand. com. cn
注册时间：1986 年
主要经营产品：LED 照明产品；波导管；建筑景观照明系统；LED 视觉模组；LED 光源系统；T5 数码管；LED 商业艺术

上海灯庆进出口有限公司

地址：上海浦东新区川沙镇川周公路 8865 弄 66 号(201200)
法人代表/负责人：余佩洪

电话:021-58904330
传真:021-58904973
电子邮件:webmaster@neonneon.com
主要经营产品:主要产品有LED彩虹管、LED数码管、LED小米灯、LED护栏灯、LED变色灯泡、光纤、光源发生器、保险丝灯、跑马灯(二線、五線)、彩虹管、圣诞灯、节日彩灯、满天星、小米灯、C71/2灯、网灯、星星灯、窗帘灯、礼花灯、椰树灯、佛光灯、万向舞台灯、彩灯控制器(大、中、小功率)、跑马灯控制器等。

上海格徕照明电器有限公司

地址:上海崇明县新河镇新建村
法人代表/负责人:胡振荣
电话:021-59375040/13386059680
传真:021-51062339
电子邮件:g_lite@vip.163.com
主要经营产品:LED灯、低压卤素灯用变压器,荧光灯用电子镇流器以及节能灯

上海光谷科技有限公司

地址:上海浦东金桥出口加工区云桥路946号(201206)
电话:021-50551446
传真:021-58342361
电子邮件:webmaster@advanced.photonics.com
网址:www.sal.com.cn
主要经营产品:LED芯片和深加工电子产品及照明工程

上海广电电子照明技术研究开发中心

地址:上海市朱梅路1号(200237)
电话:021-64100266
传真:021-64108800
网址:www.sh-vsls.com
主要经营产品:无极灯系列、LED交通灯系列、光线可控灯具系列

上海广茂达灯光景观工程有限公司

地址:上海钦州北路1122号90幢(200233)
法人代表/负责人:恽为民
电话:021-64952827
传真:021-64953936
电子邮件:Sheny@grandar.com
网址:www.grandar.com
注册时间:1996年7月
注册资本:1000万元
企业人数:130人
研发人员数:30人
主要经营产品:电子和软件开发、灯光景观设计、灯光产品等

上海宏力半导体制造有限公司

地址:张江高科技园区郭守敬路818号(201203)
电话:021-50808888
传真:021-50803660
电子邮件:customerservice@gsmcthw.com
网址:www.gsmcthw.com
注册时间:2000年11月
主要经营产品:存储器(DRAM、SRAM、FLASH等)、CPU、单片微控制器、门阵列电路等,而这些芯片将广泛应用于计算机、网络设备、通信设备器材、消费类电器设备与IC卡等产品

上海今昭灯饰器材有限公司

地址:上海青浦区华新镇新凤北路938号(201708)
法人代表/负责人:诸镕芬
电话:021-59795551-8015
传真:021-59795550
电子邮件:shjinzhao@vip.163.com
网址:www.jzlighting.com
注册时间:1998年
注册资本:300万元
企业人数:100人
研发人员数:10人
所属产业链环节:设计制造
主要经营产品:户外地埋灯系列

上海巨光电器有限公司

地址:上海浦东新区浦东大道1588弄20号
法人代表/负责人:顾培中
电话:021-58517099/58219871/13901903574
传真:021-58517099
电子邮件:jglec@jglec.com
网址:www.jglec.com
主要经营产品:设计制造以传统光源、LED特殊光源为主的艺术景观灯具及工程配套

上海钧朗光电科技发展有限公司

地址:上海市西藏南路748号惠达大厦1208室
电话:021-33080578
传真:021-53067059
网址:www.dreamlight.com.cn
主要经营产品:SLED发光地砖、LED柔光灯、T-5柔光灯、JLS变色数码管

上海浪涛光电科技有限公司

地址:上海陆家嘴荣城路荣城大厦2号楼24D(200120)

法人代表/负责人:周恩慧
电话:021-50326839
传真:021-52288021-16
电子邮件:lt@langtao. cn
网址:www. langtao. cn
主要经营产品:EL冷光线;冷光片;新型多彩霓虹灯;通体发光字;七彩管;霓虹书写板;发光礼品;椰子树灯;礼烟花灯;GK晶体霓虹发光片

上海泸江照明电器有限公司

地址:上海市中山北路45号(200083)
电话:021-56972245
传真:021-56971461
电子邮件:webmaster@sh-lujiang. com
网址:www. sh-lujiang. com
主要经营产品:LED轮廓灯系列、埋地灯具、投光灯具、水下灯具、庭院照明灯具、金属卤化灯用镇流器高压钠灯用镇流器

上海罗萌光电科技有限公司

地址:中国上海浦东新区上南路1500号(200126)
电话:021-58868470-1808
传真:021-58868470-1606
电子邮件:shanghailed@163. com:
网址:www. shanghailed. com
主要经营产品:LED音乐声控灯系列、LED护栏灯轮廓灯系列、LED视频彩幕灯系列、LED全彩灯屏系列、LED发光字模块系列、LED大功率灯系列、LED数码投光灯系列、LED埋地灯系列、LED幻彩水底灯系列、LED幻彩球泡系列、LED幻彩幕墙灯系列、LED灯杯系列、LED草坪灯系列

上海麦盛数码科技发展有限公司

地址:上海安波路800弄5号102室(200433)
电话:021-65381676/65334238
传真:021-65334238
网址:www. sh-maisheng. com
主要经营产品:冷阴极管、护栏管、轮廓灯、冷阴极数码变色、单色光源(发明专利号:ZLD2136540. 7适用新型专利号:ZL02266363. 0)和LED(上海LED)系列装饰照明工程产品

上海曼斯雷德光电有限公司

地址:上海长阳路235号申茂大厦708室
法人代表/负责人:施伟力
电话:021-65860268
传真:021-65376311
电子邮件:Weilishi-fq@126. com
网址:www. marsleds. com
注册时间:2005年7月
注册资本:100万元
企业人数:10人
研发人员数:3人
主要经营产品:LED产品

上海美方实业有限公司

地址:上海市漕溪路250号(银海大厦)A902室(200235)
电话:021-54645488
传真:021-64836082
电子邮件:contact@meifang. cn
网址:www. meifang. cn
注册时间:2004年3月24日
主要经营产品:LED美耐灯;光纤;投光;泛光;舞台灯光音响;路灯;户内外灯饰产品设计;户内外灯饰产品安装;户内外灯饰产品调试;户内外灯饰产品制造

上海韧峰空压机成套设备有限公司

地址:上海市双阳路50弄2栋2304(200090)
法人代表/负责人:任建伟
电话:021-35080012
传真:021-65185946
电子邮件:gongdishangmao@sohu. com
注册时间:2004年
注册资本:50万元
企业人数:10人
主要经营产品:空压机

上海三品照明设备有限公司

地址:上海市闵行区虹梅南路3509弄298号A1栋(201100)
法人代表/负责人:黄钦正
电话:021-64974301
传真:021-64974273
电子邮件:dar13289@ms47. hinet. net
网址:www. splighting. com
注册时间:2003年4月9日
主要经营产品:生产LED照明器具、稳定器、发光二极体及配件,销售公司自产产品

上海神亮高科技有限公司

地址:上海市奉贤区西渡镇水闸路[水帘洞18幢36号](201401)
法人代表/负责人:李仁良
电话:021-57151397
传真:021-57151397
电子邮件:E-mail:shenliang@shenliang. com
网址:www. shenliang. com

注册时间:1995 年

注册资本:100 万元

企业人数:51～100 人

主要经营产品:声光控灯及开关;两用声光控开关;路灯光控开关;声光控定时开关;光控定时开关;红外线开关;水位水温控制仪;各种设备控制仪;楼宇对讲系统;红外线报警器

上海唐业照明科技有限公司

地址:上海市真南路 1809-69 号

法人代表/负责人:唐文一

电话:021-62504810/13905772735

传真:021-62504810

电子邮件:root@tangda.com

网址:www.tangda.com

主要经营产品:消防应急灯、航空障碍灯、LED 装饰灯、太阳能灯具、疏散标志灯

上海威宜登光电有限公司

地址:上海市闵行区合川路 3136 号 3 栋 2 楼

电话:021-64065462

传真:021-64065709

电子邮件:vedon@vedon.com

网址:www.vedon.com

注册时间:2003 年

注册资本:400 万元

主要经营产品:LED 照明灯、LED 车灯、LED 圣诞灯串、LED 发光三极体、LED 圣诞灯、铝电解电容器

上海新港半导体器件厂

地址:上海天镇路 157 弄 28 号(200086)

法人代表/负责人:隆振亚

电话:021-65013028

传真:021-65018878

电子邮件:xingang@xgled.com

网址:www.xgled.com

注册时间:1979 年

注册资本:120 万元

企业人数:110 人

研发人员数:15 人

所属产业链环节:制造业

主要经营产品:发光二极管,发光数码管,LED 景观灯

上海兴雨灯饰有限公司

地址:上海浦东成山路 618 号(200126)

法人代表/负责人:方先生

电话:021-58813967/13916330672

传真:021-58451555

电子邮件:fyq@ xyds.com.cn

网址:www.xyds.com.cn

主要经营产品:LED 系列户外照明灯具;LED 变色灯泡;激光灯;LED 发光字;户外景观灯;LED 水底灯;LED 墙面灯

上海殷泉电子有限公司

地址:上海市新市路 242 号圣达商务楼 118 室

法人代表/负责人:蒋双喜

电话:021-55510012

传真:021-65174033

电子邮件:jacky@top-spring.net

网址:www.top-spring.net

注册时间:2000 年

主要经营产品:电解电容、CBB、SMD 电容、LED 发光二极管、数码管、点阵模块等

上海宇体光电有限公司

地址:上海市浦东新区张江高科技园区祖冲之路 2639 号(201203)

法人代表/负责人:周家斌

电话:021-50792586

传真:021-50792576

电子邮件:cecy0827@yahoo.com.cn

注册时间:2005 年 1 月

注册资本:5000 万元

企业人数:50 人

研发人员数:3 人

所属产业链环节:LED 外延、芯片

主要经营产品:蓝色、绿色 LED 芯片

上海元川电子科技有限公司

地址:上海浦东新区东方路 1363 号海富花园 11 楼 B 座(200127)

法人代表/负责人:吴刚

电话:13958102050

传真:021-68739099

电子邮件:wugang0571@vip.sina.com

网址:www.riture.com

注册时间:2006 年 3 月 30 日

注册资本:100 万元

企业人数:36 人

研发人员数:8 人

所属产业链环节:研发、制造、销售

主要经营产品:大功率 LED 路灯、景观灯、隧道灯、投射灯、MR16、GU10 等

上海正冈照明工程有限公司

地址:中国上海市浦东新区成山路 220 号

法人代表/负责人:王先生

电话:021-68585508/13391059697

传真:021-68587765

电子邮件:shzg2000@163.com

网址:www.ledzm.com

主要经营产品:LED护栏灯系列、LED变色数码光源、LED电子显示屏系列、舞台效果灯光、冷阴极护栏灯、探照灯、空中玫瑰、椰树灯、烟花灯、埋地灯、草坪灯、大型不锈钢景观灯、路灯、投光灯等全系列灯饰照明产品

先锋科技股份有限公司

地址:上海市普陀区武宁路501号港鸿大酒店15A楼01-04室(200063)

电话:021-62227575

传真:021-62227911

电子邮件:sales-sh@teo.com.cn

网址:www.teo.com.cn

主要经营产品:电光源测试系统、LED测试设备、电光源特殊气体

星喜国际贸易有限公司

地址:上海市徐汇区钦州路108弄1号901室(200233)

法人代表/负责人:张新芳

电话:021-54487267

传真:021-54487265

电子邮件:hsutungyuan@impstar.com.cn

网址:www.liteon.com

注册时间:2000年

注册资本:300万元

主要经营产品:台湾光宝LED产品

浙江省

创基百迪灯饰电器厂

地址:浙江省宁波市鄞州区下应镇林家工业区

法人代表/负责人:陈德荣(法人)陈剑(总经理)

电话:0574-88240667/88241167/13336681777

传真:0574-88242011

电子邮件:buddy168@chuangjibai.com

网址:chuangjibaidi.trade51.cn/www.chuangjibaidi.com

注册时间:2002年

企业人数:101~200人

研发人员数:5~10人

主要经营产品:马灯(野营灯)、电筒、摇充手电筒、鹅头灯、门铃,头灯-系列照明,及充电器

慈溪市英奇集成电路有限公司

地址:浙江省慈溪市担山北路358号(315300)

法人代表/负责人:楼鹏飞

电话:0574-63038199

传真:0574-63038699

电子邮件:inge@inge-ic.com

网址:www.inge-ic.com

注册时间:2002年6月3日

注册资本:80万元

企业人数:90人

研发人员数:16人

所属产业链环节:LED照明产品

主要经营产品:LED手摇灯、LED工作灯、LED射灯、LED壁灯等

杭州彩虹光电有限公司

地址:浙江杭州市拱墅区祥符镇孔家埭村160号(310000)

法人代表/负责人:徐云秀

电话:0571-28968139

传真:0571-28968152

电子邮件:zgled@yahoo.com.cn

网址:www.hzled.com

注册时间:1996年

注册资本:100万元

主要经营产品:LED白光、大功率白光、食人鱼白光、超高亮蓝光、绿光、红光、黄光等高档LED产品

杭州创惠仪器有限公司

地址:中国浙江杭州市拱墅科技园祥园路37号D座2楼(310015)

电话:0571-88185400/88091262/88262180

传真:0571-88262100

电子邮件:chyq2k@mail.hz.zj.cn

网址:www.ch-hui.com

注册时间:2000年5月

主要经营产品:照明专业光色电综合检测仪器、LED专用测试仪器、电子镇流器专用测试仪器、EMC测试仪器、电学计量测试仪器、交直流精密测试稳压电源等专业光学和电学测试仪器

杭州鼎恒电子有限公司

地址:浙江杭州市莫干山路之江饭店商务楼1楼2楼、时代电子城A211

法人代表/负责人:詹英英(法人)

电话:0571-56789211

传真:0571-56789168

电子邮件:zyl@dian08.com

注册时间:2002年

注册资本:50万元

主要经营产品:LED光电系列产品:红、黄、蓝、绿、白、

紫色、粉红、翠绿、水晶紫等各种发光颜色直式插点接触型LED;贴片LED;食人鱼;数码管;红外发射接收管;光敏接收管

杭州富阳新颖电子有限公司

地址:杭州市黄姑山路48号科研楼201
电话:0571-63255507/63257766
传真:0571-63250738
电子邮件:sales@solar-semiconductor. com
网址:www. solar-semiconductor. com
主要经营产品:大功率高亮度发光二级管(LED),LED光源元器件

杭州雷威电器有限公司

地址:浙江省临安经济开发区(311300)
法人代表/负责人:童安江
电话:0571-63819360
传真:0571-63785986
电子邮件:vivi111111@hotmail. com
网址:www. globallinghtingnet. com
注册时间:2003年
注册资本:250万美元
企业人数:420多人
主要经营产品:LED景观灯系列、太阳能LED灯系列等

杭州三高光电科技有限公司

地址:杭州市拱墅区登云路525号四号楼
电话:0571-88092998
传真:0571-88180562
电子邮件:hzsangao@hzsangao. com
网址:www. hzsangao. com
企业人数:200余人
主要经营产品:LED、数码管、点阵、平面管、钟表屏、背光源和各种显示屏

杭州星谱光电科技有限公司

地址:杭州市文三西路2号文苑楼6楼(310012)
法人代表/负责人:金尚忠
电话:0571-85124909
传真:0571-85028409
电子邮件:xpgd@xpgd. com
网址:www. xpgd. com
注册时间:2002年
注册资本:200万元
企业人数:50人
研发人员数:15人
所属产业链环节:LED灯的光学与热学设计,芯片结构的光学设计与出光率提高的研究,LED测试仪器研发与生产,LED照明新应用研究
主要经营产品:LED照明灯杯设计,大功率LED测试仪器,大功率LED分光仪器,LED(立体)角分布测试仪,JF-2系列、SSP3000系列LED测试仪器

杭州勇进阻燃电器厂

地址:杭州拱宸桥西三里洋(310015)
法人代表/负责人:沈玉林
电话:0571-88171096
传真:0571-88172265
电子邮件:Hz-yongjin@163. net
网址:www. china-yd. com
主要经营产品:霓虹灯材料系列,冷阴极灯具系列,LED系列:欧格LED变色灯、LED灯泡、LED轮廓灯、LED内发光字模块等LED系列产品,亮化工程灯具系列

杭州浙大智能科技有限公司

地址:杭州市西湖区文三路398号1311室(310012)
法人代表/负责人:高建中
电话:0571-87985982
传真:0571-88863850
电子邮件:hzzdzn@163. com
网址:www. zdzn. com
注册时间:2001年4月25日
注册资本:500万元
企业人数:18人
研发人员数:12人
所属产业链环节:生产、经销
主要经营产品:LED灯具、智能交通设备、软件

杭州中港数码技术有限公司

地址:浙江临安钱王大街968号
法人代表/负责人:黄静
电话:0571-63965892
传真:0571-63965881
电子邮件:zgsm2006@163. com
网址:www. zgsm. net. cn
注册时间:2005年06月06日
注册资本:600万元
主要经营产品:LED交通信号灯;LED装饰灯;LED车灯

杭州浙大三色仪器有限公司

地址:杭州市西溪路525号A座西区222室(310013)
法人代表/负责人:牟同升
电话:0571-28860611
传真:0571-28860610
电子邮件:sensing@sensing. net. cn
网址:www. sensing. net. cn

注册时间:2001 年 2 月

注册资本:256 万元

企业人数:55 人

研发人员数:30 人

所属产业链环节:检测设备开发制造

主要经营产品:LED 光谱和色度测量仪器、LED 光强分布测试仪器、LED 热性能测试仪器、LED IP 等级及安全性能测试仪器、LED 辐射危害测试仪器

嘉兴市星都照明电子有限公司

地址:中国浙江海盐县浙江省嘉兴市海盐石泉镇星都工业区(314000)

法人代表/负责人:舒真观

电话:0673-8080808/6988888/6161888

传真:0673-8080808/6161588/6161388

电子邮件:sindoo@china. com

网址:www. sindoo. com

主要经营产品:LED 灯、灯泡,灯管,节能灯,灯具,照明电,电光源产品,太阳能灯

兰芯光电测试仪器

地址:浙江时代电子市场 2B293(310011)

法人代表/负责人:施方挺

电话:0571-81959175 85508335

传真:0571-81959175

电子邮件:lnsun888@163. com

网址:www. lnsun. com

主要经营产品:led 测试仪器,CCD 快速光谱测试系统,led 光强分布测试仪,led 背光源光色测试分选仪,大功率 led 食人鱼光谱测试系统,积分球,光度计,电子镇流器综合测试仪,高频功率源,EMC 传导干扰测试系统

乐清市柳市佳诚电子厂

地址:乐清市柳市镇湖东工业区(325604)

法人代表/负责人:黄赞楠

电话:0577-62703645-627/13695713790

传真:0577-62704130-627

电子邮件:hzane@163. com

网址:www. wz-led. com

注册时间:2004 年

主要经营产品:led 生产所需的各种原料;数码管;发光二极管;拨动式波段开关;拨码开关

临海市富邦彩灯厂

地址:中国浙江临海市城南贺家(317000)

法人代表/负责人:王可撑(法人)

电话:0576-5198766/5196508/13058889160

传真:0576-5196509

电子邮件:fubang766@163. com

网址:www. chinafb. com

企业人数:51～100 人

研发人员数:5～10 人

主要经营产品:线灯、网灯、冰条灯、米灯、窗帘灯、蛇灯、蜡烛灯、电池灯、LED 灯等不同规格的圣诞灯

临海祥瑞灯饰有限公司

地址:浙江省临海市靖江南路 75 号-2(317000)

法人代表/负责人:丁尤足

电话:0576-5386171/5386173/13606653839

传真:0576-5386172

电子邮件:dingyouzu@mail. tzptt. zj. cn

网址:www. lightzj. cn

主要经营产品:圣诞灯和圣诞树,包括直线灯,网灯,冰条灯,窗帘灯,软管灯,蜡烛灯,电池灯,LED 灯,花园灯,光纤圣诞树

宁波埃斯科华龙电子有限公司

地址:宁波经济技术开发区联合区域小港 G6 区(315803)

法人代表/负责人:孙国放

电话:0574-86233151

传真:0574-86224333

电子邮件:nbescal@mail. nbptt. zj. cn

网址:www. eschl. com

注册时间:1995 年 7 月 27 日

注册资本:303 万美元

企业人数:250 人

研发人员数:60 人

所属产业链环节:电子元件制造

主要经营产品:半导体接插件、LED 框架

宁波艾梯奇灯具有限公司

地址:浙江省宁波市鄞州区邱隘镇沈家村(315010)

电话:0574-66115925

传真:0574-88364186

电子邮件:sunny@itglight. com

网址:www. reggiani. net

主要经营产品:射灯、LED 灯

宁波安迪光电科技有限公司

地址:中国浙江省余姚市西南街道工业功能

电话:86-0574-22690022

传真:0574-22690020

电子邮件:manager@ledlighting. cc

网址:www. ledlighting. cc

注册资本:1400 万美元

主要经营产品:超高亮的 LED 发光管:纯白光、蓝光、纯绿光、紫光、LED 发光管、灯饰照明、太阳能灯、草坪灯、

地埋灯、汽车尾灯、手电筒、显微镜等超高亮发光二极管。食人鱼 LED 发光管系列、全彩 LED 发光管、Power-Led 大功率发光管

宁波北仑虎杰电子有限公司

地址:宁波市北仑区小港江南中路 48 号
法人代表/负责人:孙建平
电话: 13805872233
传真:0574-86173251
电子邮件:nbhj@china_hjdz.com
网址:www.china_hjdz.com
注册时间:2006 年 4 月 17 日
注册资本:50 万元
企业人数:72 人
研发人员数:5 人
所属产业链环节:电子光学
主要经营产品:LED 数码屏

宁波丰驰电子科技有限公司

地址:中国浙江宁波市江北科技园 B 区　315000
法人代表/负责人:吴先生
电话:0574-63807737/13250985898
传真:0574-63807739
电子邮件:sales@fc1688.cn
网址:www.nbfc1688.com
主要经营产品:LED 显示屏、数码管、护栏管、酒吧灯、彩虹灯管等

宁波富诚灯饰电器有限公司

地址:浙江余姚市西南街道工业园区　315400
法人代表/负责人:黄杰峰
电话:0574-62598978
传真:0574-62597789
电子邮件:taurus@fucheng-china.com
网址:www. fucheng-china.com
注册资本:250 万美元
主要经营产品:卤素灯,LED 灯,电子变压器及配件

宁波富泰电气有限公司

地址:宁波市中山西路念九巷 6 号世纪伟业 B 座 705 室(315016)
法人代表/负责人:仇富军
电话:0574-87506521
传真:0574-87506531
电子邮件:qiufujun@futailite.com
网址:www.futailite.com
企业人数:300 人
主要经营产品:LED 手电筒

宁波华星电子有限公司

地址:中国浙江宁波市科技园区商都大厦 911 室(315040)
法人代表/负责人:陈永耀
电话:0574-27821077
传真:0574-87907760
电子邮件:gangge1000@163.com
注册时间:2004 年
主要经营产品:led 模条;模具;锌合金;塑料制品;五金件;原材料

宁波经济技术开发区科技创业园

地址:宁波北仑明州西路 477 号科技创业大厦(315800)
联系人:张亮
电话:0574-86783587
传真:0574-86783589
电子邮件:zhangliang@mail.netd.gov.cn
网址:www.nbcyy.com
注册时间:2000 年
所属产业链环节:培育半导体照明企业
主要经营产品:科技企业孵化器

宁波燎原灯具股份有限公司

地址:浙江省余姚市肖东工业园区(315408)
法人代表/负责人:邵运蒸
电话:0574-62598680
传真:0574-62599289
电子邮件:liaoyuan@nbliaoyuan.com
网址:www.nbliaoyuan.com
注册时间:1999 年
注册资本:6000 万元
企业人数:1414 人
研发人员数:142 人
所属产业链环节:工业
主要经营产品:道路照明灯具及特种钢杆

宁波明昕微电子有限公司

地址:浙江省宁波市科技园区沧海路 168 号(315040)
法人代表/负责人:张善国
电话:0574-87904123
传真:0574-87905123
电子邮件:sdes@china-mingxin.com
网址:www.china-mingxin.com
注册资本:18000 万元
企业人数:800 人
研发人员数:50 人
所属产业链环节:半导体封装

主要经营产品：双极型功率器件(1300x 系列)、MOS-FET、芯片背面金属化

宁波赛尔富电子有限公司

地址：宁波市科技园区冬青路 389 号(315103)
法人代表/负责人：林万炯
电话：0574-28805705
传真：0574-28805757
网址：WWW. SELF. CN
注册时间：2006 年 8 月
注册资本：3000 万元
企业人数：1200 人
研发人员数：47 人
所属产业链环节：电子行业
主要经营产品：电子变压器、LED 灯

宁波市兴易电器有限公司

地址：宁波市慈城城南东路 18 号(315400)
电话：0574-87222352
传真：0574-87578826
电子邮件：jackgao @ xyledbulb. com jackgao @ nbxy. net
网址：www. nbxy. net/www. xyledulb. com
主要经营产品：LED 灯泡；LED 汽车灯；LED 钥匙灯；LED 小夜灯

宁波市昭阳光电科技有限公司

地址：浙江宁波市中兴路 269 号世纪龙腾南楼 325 号(315101)
法人代表/负责人：温赛群
电话：0574-87781331/13957432613
传真：0574-87782775
电子邮件：sales@zyoe. com
网址：www. zyoe. com
注册时间：2005 年
主要经营产品：数码管；LED 草坪灯；LED 手电筒；LED 圣诞灯；LED 彩虹灯；食人鱼；大功率 LED 等产品

宁波市众辉光电灯业有限公司

地址：中国浙江宁波市鄞州区望春工业区迎春路 6 号(315174)
法人代表/负责人：齐文兵
电话：0574-8808981/88089700
传真：0574-88089992
电子邮件：neoledlighting@gmail. com
网址：www. neo-led. com. cn
注册时间：2004 年
主要经营产品：LED 产品；跑马灯；频闪灯；LED 彩虹管

宁波太阳能电源有限公司

地址：宁波市前丰街 80 号(315012)
法人代表/负责人：周建宏
电话：0574-87135088
传真：0574-87131333
电子邮件：RD@NBSOLAR. COM
网址：WWW. NBSOLAR. COM
注册时间：1997 年
注册资本：1 亿
企业人数：600 人
研发人员数：150 人
所属产业链环节：新能源\半导体

宁波欣光光电科技有限公司

地址：浙江宁波市江东百宁街 99 号矮柳工业区 2 幢 2 楼(315040)
法人代表/负责人：袁文豪
电话：0574-27859993/13906685019
传真：0574-27859989
电子邮件：sale2@ brightech-opto. com
网址：www. brightech-opto. com
注册时间：2003 年
主要经营产品：超高亮、蓝、白、食人鱼、SMD 等各类 LED 产品

宁波振康电子科技有限公司

地址：宁波科技园区创业大厦 5-11(315040)
法人代表/负责人：陶忠康
电话：0754-87910035
传真：0574-87910039
电子邮件：kaif_xie@nbicc. com
网址：www. cn-zk. com
注册时间：2006 年 2 月 17 日
注册资本：200 万元
企业人数：50 人
研发人员数：10 人
所属产业链环节：LED 应用
主要经营产品：大功率 LED 灯杯、大功率 LED 恒流驱动、大功率 LED 灯具

宁波中策电子有限公司

地址：宁波市中山东路 384 弄 6 号(315040)
法人代表/负责人：王建华
电话：0574-88156718
传真：0574-88156733
电子邮件：Qcdd2003@163. com
注册时间：1992 年 9 月
注册资本：1400 万元

企业人数:209 人
研发人员数:38 人
主要经营产品:电子仪器、控制器、交直流稳压电源

宁波卓明电子有限公司

地址:宁波市科技园区杨木碶路 709 号(315040)
法人代表/负责人:严建国
电话:0574-87907778
传真:0574-87907776
电子邮件:timz@stll. net
网址:www. stll. com
注册时间:2002 年 4 月 1 日
注册资本:7000 万港币
企业人数:1500 人
研发人员数:50 人
主要经营产品:节能灯、卤素灯、装饰灯等光源照明产品

衢州三成照明电器有限公司

地址:浙江省开化工业园区园一路 5 号
法人代表/负责人:刘成功
电话:0570-6121615/6121555/6121979
传真:0570-6121518
电子邮件:sales@cnsancheng. com
网址:www. cnsancheng. com
企业人数:300 多人
研发人员数:50 多人
主要经营产品:LED 及食人鱼超高亮白光、蓝光、纯绿光、红光、黄光等高等级光源二极管;LED 全色系列光源管;LED 照明级光源模块

瑞安市温尔泰灯艺有限公司

地址:浙江省瑞安市仙降镇金山工业区(325207)
法人代表/负责人:苏志培　曾周挺
电话:0577-65584368/13353395881
传真:0577-65584358
电子邮件:master@cnsushi. com
网址:www. cnsushi. com/www. cng8. cn
企业人数:500 多名
主要经营产品:彩虹管灯系列、LED 花球灯系列、LED 烟花灯系列、灯画系列,另有各种规格黄铜丝、镀锡铜丝、电源控制配件及各色彩虹管灯 PVC 塑料粒子

善银节能科技(嘉善)有限公司

地址:浙江省嘉善县晋阳东路 568 号科技创业园 2301 座(314100)
法人代表/负责人:陶峰
电话:0573-4291030
传真:0573-4291031
电子邮件:webmaster@saving. com. cn
网址:www. saving. com. cn
注册时间:2005 年 4 月
主要经营产品:电子镇流器、LED 节能光源系列

上虞市曹娥亚发电子元件厂

地址:中国浙江上虞市曹娥街道蒿庄(312300)
法人代表/负责人:潜水钢
电话:0575-2151865/13357586601
传真:0575-2151865
注册时间:1999 年
主要经营产品:发光二极管

绍兴县鑫福电子有限公司

地址:中国浙江绍兴县福全镇胜利村
法人代表/负责人:张利国
电话:0575-4621524
传真:0575-4022137
电子邮件:xinfu@163. com
主要经营产品:纯红,纯黄,纯蓝,纯白的 LED 发光二极管和发射管等电子产品

台州润升实业有限公司

地址:浙江台州椒江下陈镇镇前路 1 号(318010)
法人代表/负责人:解金兴
电话:0576-8159600
传真:0576-8158831/8224876
电子邮件:service@rain-sun. com
网址:www. rain-sun. com
注册时间:2000 年
主要经营产品:圣诞灯、彩虹管灯、米灯、桥灯、LED 灯

台州市天正灯饰有限公司

地址:浙江台州市椒江三甲石柱工业区(318000)
法人代表/负责人:徐正标
电话:0576 8129681/8129818
传真:0576-8129682
网址:www. tz-light. com
注册时间:2001 年
主要经营产品:普通灯、冰条灯、支架灯、循环灯、米泡灯、LED 灯

温州大益电子科技有限公司

地址:浙江省乐清市柳市镇环城东路 11 号 5 楼(325604)
法人代表/负责人:叶卫国
电话:0577-27892588
传真:0577-27892587
电子邮件:yeronaldo @ gmail. com wzdydz @

wzdydz. com
网址：www. wzdydz. com
注册时间：2005 年 11 月
注册资本：500 万元
企业人数：30 人
研发人员数：8 人
所属产业链环节：Led 应用产业
主要经营产品：道路、景观和室内的 LED 照明

温州三元科技电子有限公司

地址：中国浙江省温州市瓯海经济开发区梧慈路 508 号(325014)
法人代表/负责人：枣翀鹤
电话：0577-86727337/13906646110
传真：0577-86727337
电子邮件：zch927 @ vip. sina. com/wzsykj @ wzsykj. com
网址：www. wzsykj. com
主要经营产品：卤素灯、节能灯、金卤灯、钠灯、发光二极管(LED)、光源配件

温州市真光电子有限公司

地址：中国浙江温州市瓯北镇龙桥工业区解南路 34 号(325102)
法人代表/负责人：唐旭敏
电话：0577-67355778
传真：0577-67353567
电子邮件：zg@wzgled. com
网址：wzgled. com
注册时间：2005 年
注册资本：100 万元
企业人数：51～100 人
主要经营产品：发光二极管

温州太阳能雨光电有限公司

地址：浙江省瑞安市仙降镇翁垟工业区 2 号厂房
法人代表/负责人：韩子豪
电话：0577-65057775/65588758
传真：0577-65058959
电子邮件：market@ sunrainlighting. com
网址：www. sunrainlighting. com
主要经营产品：普通彩虹管，LED 彩虹管、(可塑霓虹灯)、节日灯等产品

鄞州锦一灯光音响有限公司

地址：浙江宁波市集仕港开发区集发路(315171)
电话：0574-87394400
传真：0574-87851281
电子邮件：info@stage-light. com
网址：www. stage-light. com
主要经营产品：舞台灯光、LED

余姚荣华灯具厂

地址：浙江省余姚市东溪工业园区(315430)
法人代表/负责人：冯焕荣
电话：0574-62369806/13386671558
传真：0574-62369806
注册时间：2002 年 12 月 26 日
企业人数：101～200 人
研发人员数：5～10 人
主要经营产品：LED 地埋灯、防潮灯、草坪灯、不锈钢水下灯、庭院灯、景观灯

余姚市耀华金属材料有限公司

地址：中国浙江宁波市江东沧海路 818 号
法人代表/负责人：王培
电话：0574-87934802
传真：0574-87934832
注册时间：2000 年 10 月 11 日
注册资本：50 万元
主要经营产品：LED 二极管

余姚市雨浓照明电器厂

地址：余姚市陆埠镇环镇南路 118 号(315400)
法人代表/负责人：殷光胜
电话：0574-66261896
传真：0574-62384500
电子邮件：ynzmdq@126. com
网址：ynzm318. cebiz. cn
注册时间：2002 年
注册资本：30 万元
主要经营产品：12V 直流节能灯，12V 直流荧光灯，LED 路灯、庭院灯系列

余姚舜发电器有限公司

地址：浙江省余姚市老方桥工业开发区(315455)
电话：0574-62470207/62478088
传真：0574-62478083
电子邮件：info@zjshunfa. com
网址：www. zjshunfa. com
注册时间：1990 年
主要经营产品：随身电源、LED 手电、超亮聚光 LED 手电

浙江古越龙山电子科技发展有限公司

地址：浙江绍兴经济开发区东山路一号(312000)
法人代表/负责人：丁申冬

电话:0575-8600306
传真:0575-8600326
电子邮件:business@longsum. com
网址:www. longsum. com
注册时间:2001 年 12 月
注册资本:4800 万元
企业人数:150 人
研发人员数:19 人
所属产业链环节:电子元器件
主要经营产品:贴片式发光二极管 SMD LED、Top-view LED、大功率 LED 及太阳能草坪灯等相关应用产品

浙江恒森光电科技有限公司

地址:浙江省瑞安市仙降镇横街工业区(325207)
法人代表/负责人:周步德
电话:0577-65580587/65051333
传真:0577-65580960
电子邮件:hengsen@huaxingneon. com
网址:www. huaxingneon. com
主要经营产品:霓虹灯彩虹管霓虹灯工艺造型、LED 彩虹管、配件、光纤树、其他圣诞灯饰

浙江金华广恒光电有限公司

地址:浙江省金华市双溪西路 620 号开发区大楼 10 楼
法人代表/负责人:陈新
电话:0579-2390058
传真:0579-2397518
电子邮件:chenxin@jhgh. zjbnet. com
网址:www. jhghgd. cn. alibaba. com
注册时间:2006 年 6 月
注册资本:880 万元
企业人数:160 人
研发人员数:8 人
所属产业链环节:生产、销售
主要经营产品:LDE 发光二极管及应用产品

浙江省临海星瑛电子有限公司

地址:浙江省临海市大洋工业园 17 幢 3 楼(317000)
法人代表/负责人:陈乾南
电话:0576-5133280/13867665917
传真:0576-5133355
电子邮件:lsh2006110@yahoo. com. cn
网址:www. zjxingshuo. com
注册时间:2000 年
主要经营产品:LED 发光二极管

浙江星碧照明科技有限公司

地址:浙江省浦江县经济开发区星碧大道 88 号(322000)
法人代表/负责人:王元成
电话:0579-4193188
传真:0579-4193301
电子邮件:singbeeled@126. com
网址:www. singbeeled. com
注册时间:1992 年
注册资本:5000 万元
企业人数:1600 人
研发人员数:200 人
所属产业链环节:封装、应用
主要经营产品:LED 户外、商业照明、电光源产品

重庆市

重庆长星光电子制造有限公司

地址:重庆市南岸区四公里街 131 号(400067)
法人代表/负责人:王国忠
电话:023-62750769
传真:023-62762544
电子邮件:Ledls@163. com
网址:www. leldls. com
注册时间:1997 年 2 月
注册资本:500 万元
企业人数:73 人
研发人员数:18 人
所属产业链环节:LED 封装及应用
主要经营产品:公交车载电子产品、铁路信号灯

重庆大雁半导体有限公司

地址:重庆市铜梁县太平镇白云路(402561)
法人代表/负责人:龙印
电话:023-45621888
传真:023-45621678
电子邮件:cqdylongled@sina. com
网址:www. dayanled. com
注册时间:2005 年 4 月 1 日
注册资本:50 万元
企业人数:130 人
研发人员数:24 人
所属产业链环节:研发、生产、销售
主要经营产品:半导体 LED 元器件、照明灯具、灯饰

重庆灯辉水下光源有限公司

地址:重庆九龙坡走马开发区走新路 1 号(401329)
法人代表/负责人:郭晓云
电话:023-65771188
传真:023-65771188

电子邮件:gxy@cqwlight.com

网址:www.cqwlight.com

主要经营产品:公司近几年研发出的 LED 水下灯多达 60 余个品种。2004 年国庆期间天安门广场中央大型程控喷泉、重庆江北商圈大型系列音乐喷泉均采用灯辉 LED 水下灯。目前,灯辉水下灯在全国数百个城市得到了广泛应用

重庆航伟光电科技有限公司

地址:重庆南坪花园路 14 号(400060)

法人代表/负责人:汤兴华/蒋兴亚

电话:023-62925588-223

传真:023-62925588

电子邮件:luojuan@aoecq.com

网址:www.aoecq.com

注册时间:1999 年

注册资本:5000 万元

企业人数:100 人左右

研发人员数:20～30 人

主要经营产品:半导体激光器,光电探测器,光收发模块和大功率 LED 的封装和应用

重庆经纬灯饰有限公司

地址:重庆市渝中区新华路 429 号 402(400010)

法人代表/负责人:谭庆伟

电话:023-63705868

传真:023-61606091

电子邮件:cnjwds@126.com

注册时间:2004 年 5 月

注册资本:50 万元

企业人数:25 人

研发人员数:4 人

主要经营产品:LED 造型装饰灯

重庆市星河电气有限公司

地址:重庆市高新区石桥铺二郎创业路 105 号(400039)

法人代表/负责人:裴勇

电话:023-68460958

传真:023-68460951

电子邮件:Bjw8088@163.net

注册时间:2004 年 8 月 17 日

注册资本:1010 万元

企业人数:68 人

研发人员数:23 人

主要经营产品:LED 护栏管及 LED 灯具

重庆市雪伦科技有限责任公司

地址:重庆市高新区科园三路 67-2 号 H 幢 7 层(400039)

法人代表/负责人:刘立芬

电话:023-68888088

传真:023-68629663

电子邮件:Liu_lifen2004@sina.com

网址:www.xuelun.net

注册时间:2001 年 2 月 5 日

注册资本:300 万元

企业人数:46 人

研发人员数:12 人

所属产业链环节:工程

主要经营产品:EL、LED 灯具

重庆市易博数字技术有限公司

地址:重庆市南岸区花园八村 9 栋 5 楼(400060)

法人代表/负责人:薛平

电话:023-62798988

传真:023-62822156

电子邮件:Ebos@sina.com

网址:www.ebos.com

注册时间:2000 年 4 月 3 日

注册资本:200 万元

企业人数:84 人

研发人员数:23 人

主要经营产品:LED 电子显示系统、交通信号控制机、LED 灯饰、智能美元鉴别仪、消防应急灯等电子产品

重庆天海医疗设备有限公司

地址:重庆市石桥铺高新区金果园 D2-5(400039)

法人代表/负责人:鲁广洲

电话:023-89080339

传真:023-68615187

电子邮件:tianhai@public.cta.cq.cn

网址:www.c-THME.com

注册时间:1998 年

注册资本:500 万元

企业人数:87 人

研发人员数:26 人

所属产业链环节:生物医学工程

主要经营产品:医疗设备

重庆万道光电科技有限公司

地址:重庆市北部新区高新园海王星科技大厦 5 区 9 层

法人代表/负责人:郭林

电话:023-67512123

传真:023-67511328

电子邮件:cqwdgd@163.com

网址:www.cqwd.com.cn
注册时间:2004 年 7 月 7 日
注册资本:230 万元
企业人数:42 人
研发人员数:12 人
所属产业链环节:封装、应用
主要经营产品:光源模块、杯灯、球灯、背光源、车用灯等应用产品

重庆信德电子有限公司

地址:重庆江北观音桥花园村第五工业区(400020)
法人代表/负责人:鲁永忠
电话:023-67950527
传真:023-67956376
电子邮件:XDLYZ@126.COM
网址:WWW.XD-DZ.COM
注册时间:1996 年 12 月
注册资本:200 万元
企业人数:70 人
研发人员数:12 人
所属产业链环节:LED 应用
主要经营产品:消防灯具、景观灯饰产品及工程

重庆正全电子科技发展有限公司

地址:重庆市南坪东路 7 号 B 楼 5F(400060)
法人代表/负责人:王军
电话:023-62910937
传真:023-62813268
电子邮件:zqled@vip.163.com
网址:www.zqled.com
注册时间:2003 年 3 月 4 日
注册资本:300 万元
企业人数:20 人
研发人员数:3 人
主要经营产品:研究开发、生产、销售:工控产品及配套设备,制冷设备,LED 电子显示屏;销售电子元器件,电子计算机元件

重庆珠江光电科技有限公司

地址:重庆南坪光电路 18 号(400060)
法人代表/负责人:李真诚
电话:023-61902730
传真:023-62805030
电子邮件:jianshepgq@163.com
网址:www.cqzjgd.com
注册时间:2002 年 8 月 30 日
注册资本:740 万元
企业人数:800 人
研发人员数:150 人
所属产业链环节:生产、销售
主要经营产品:各类光电产品、LED 及其应用产品

重庆卓为电子技术有限公司

地址:重庆南岸区南坪花园路 14 号航伟光电大楼(400060)
法人代表/负责人:韦柳青
电话:023-62839726
传真:023-62836650
电子邮件:drawway@126.com
网址:www.drawway.com
注册时间:2001 年 7 月
企业人数:30 人
研发人员数:5 人
主要经营产品:LED 驱动电源模块、陶瓷薄膜基板

安徽省

铜陵市瑞华光电有限公司

地址:安徽省铜陵市桥南工业区古圣(244011)
法人代表/负责人:朱怀信
电话:0562-5120138
传真:0562-3826682
电子邮件:ahzhx168@yahoo.com.cn
主要经营产品:低压灯泡;矿灯灯泡,LED 和 LED 灯泡;仪表指示灯泡,卤素灯泡,氪气灯泡

合肥四通科技有限公司

地址:安徽省合肥市金寨路 185 号(230022)
法人代表/负责人:朱献龙
电话:0551-3621570
传真:0551-3621572
电子邮件:chuzou8@yahoo.com.cn
网址:http://www.hfstone.net
注册时间:2005 年
注册资本:500 万元
企业人数:51~100 人
研发人员数:11~20 人
主要经营产品:LED 显示屏

滁州康泓科技有限公司

地址:安徽省滁州市环山路 3 号(239000)
法人代表/负责人:蔡重清
电话:0550-3042263
传真:0550-3042263
电子邮件:caichongw@qianlong.com
主要经营产品:LED 光源

蚌埠市英路商务科技有限公司

地址：安徽省蚌埠市高新区华光大道 1193 号(233000)
法人代表/负责人：刘孝峰
电话：0552-4087286
传真：0552-4087286
电子邮件：inroll@hotmail.com
网址：http://www.inroll.sqw.cn
主要经营产品：LED 显示屏；LED 护栏管

蚌埠立群电子有限公司

法人代表/负责人：左元成
地址：安徽省蚌埠市高新区友谊路 1 号(233010)
电话：0552-3970702
传真：0552-4089461
电子邮件：yourse2006@126.com
网址：http://www.liqundz.com

合肥源辉光电子有限公司

地址：安徽合肥市霍山路 82 号(230061)
法人代表/负责人：吕晓峰
电话：0551-5151743
传真：0551-5151743
电子邮件：heifeilv@sohu.com
网址：www.yuanhui.com.cn
主要经营产品：led 大功率灯具

铜陵市毅远电光源有限责任公司

地址：安徽铜陵市东市开发区(244051)
法人代表/负责人：洪伟
电话：0562-6820196
电传：0562-6820195
电子邮件：sunmoon@mail.ahwhptt.net.cn
网址：http://www.tlight.com
主要经营产品：LED 灯泡：LED 汽车灯泡、LED 装饰灯泡、LED 圣诞灯泡、LED 射灯等

合肥吉泰电子通信设备有限公司

地址：安徽合肥新站区康乐新村 9 幢 4F(230041)
法人代表/负责人：周经理
电话：0551-4249867/3798179
传真：0551-4249867
电子邮件：sales@ahjitai.com
网址：http://www.ahjitai.com
主要经营产品：LED 电子显示屏

广西

广西南宁市青松照明电器有限责任公司

地址：广西南宁市北大南路 12-16 号(530000)
法人代表/负责人：蔡青松
电话：0771-2412839
传真：0771-2413215
电子邮件：qszm@eyou.com
主要产品：LED 光源灯具

河北

河北立德电子有限公司

地址：河北省石家庄市合作路 113 号 179 信箱 75 分箱(050051)
法人代表/负责人：杨克武
电话：0311-87091823
传真：0311-87091854
电子邮件：xmy@lede-cn.com
网址：www.lede-cn.com
注册时间：1999 年 12 月 31 日
注册资本：2900 万元
企业人数：200 人
研发人员数：40 人
所属产业链环节：Led 芯片、封装、应用
主要经营产品：Led 芯片，大功率 led、led 灯具、控制系统及系统集成等

河南

河南平原光电有限公司

地址：河南省焦作市工业路 1 号(454001)
法人代表/负责人：浮德海
电话：0391-2609315
传真：0391-2625782
电子邮件：dd9541@sohu.com
网址：www.pyoe.com.cn
注册时间：2001 年
注册资本：10800 万元
企业人数：2012 人
研发人员数：601 人
所属产业链环节：应用产品
主要经营产品：矿灯头灯、巷道照明等防爆灯具

慧东光电有限公司

地址：河南省新乡市百泉镇楼根综合大楼(453600)

电话:0373-6261676
传真:0373-6261667
电子邮件:huidonggd@126.com
网址:www.xxhuidong.com
主要产品:发光管系列、食人鱼系列、贴片发光管系列、背光源系列、数码管系列、LED模块、LED灯系列、LED水管灯系列

正大数码技术有限公司

地址:郑州市花园路27号省计算机中心309
法人代表/负责人:程林莆
电话:0371-65708931
传真:0371-65708932-803
电子邮件:zdsmw@126.com
注册时间:2003年2月
注册资本:810万元
企业人数:86人
研发人员数:38人
主要经营产品:发光二极管、电子显示屏、DLP背投大屏幕

商丘阳光电子

地址:商丘市新城大厦5F(火车站南50米)(476000)
法人代表/负责人:吴向东
电话:0370-2217559
传真:0370-2217569
电子邮件:wu-xd@126.com
网址:www.sun110.net.cn
注册时间:2005年
注册资本:30万元
企业人数:20人
研发人员数:5人
所属产业链环节:研发、生产
主要经营产品:节电产品、变频器、PLC、LED

湖北

武汉华灿光电有限公司

地址:湖北省武汉东湖新技术开发区武大科技园创业楼2015室(430000)
法人代表/负责人:陈长清
电话:027-87196205
传真:027-87196319
电子邮件:rzheng@HCSemiTek.com
注册时间:2005年11月
注册资本:4000万元
企业人数:250人
研发人员数:25人
所属产业链环节:处于LED产业链上中游
主要经营产品:研发及生产LED外延片及芯片

武汉光谷电子有限公司

地址:湖北省武汉市东湖开发区大学园路光存储工业园3号楼(430070)
法人代表/负责人:张海澎
电话:027-87920903
传真:027-87920901
注册时间:2004年3月25日
注册资本:6000万元
电子邮件:david_chen1300@163.com
网址:www.ove.com.cn
企业人数:300人
研发人员数:15人
主要经营产品:全色列超高亮度LED外延、芯片以及其他光电材料的规模生产、研发和应用开发;LED应用系统工程设计、施工;各种户内、外LED全彩屏、条屏、图文屏等

江西

江西联创光电科技股份有限公司

地址:江西省南昌市高新开发区京东大道168号
法人代表/负责人:杨柳
电话:0791-8162003
传真:0791-8161938
电子邮件:xxh1967@163.com
网址:www.lianchuang.com.cn
注册时间:1999年6月
注册资本:24720万元
企业人数:7631人
研发人员数:866人
所属产业链环节:外延、芯片、器件封装、应用产品等
主要经营产品:光电子材料、器件及应用产品、光电线缆、继电器、电声器件、通信和信息服务等

江西中天景观灯有限公司

地址:江西抚州市抚临路七号(33400)
电话:0794-8227654
传真:0794-8219112
电子邮件:fzzgz818@sohu.com
网址:www.zt2008.com
主要产品:注阳极灯管、LED光源系列、护栏灯系列、景观灯系列。

晶能光电(江西)有限公司

地址:江西省南昌市南京东路235号南昌大学北区

(330047)

法人代表/负责人:江风益

电话:0791-8190099-206

传真:0791-8190011

电子邮件:lp@latticepower.com

网址:www.latticepower.com

注册时间:2006 年 2 月 13 日

注册资本:780 万美元

企业人数:120 人

研发人员数:10 人

所属产业链环节:上游(外延片)、中游(芯片)

主要经营产品:硅衬底氮化镓基 LED 芯片(蓝、绿)、LED 应用产品

南昌欣磊光电科技有限公司

地址:江西省南昌市第 42 号信箱(330012)

法人代表/负责人:蒋国忠

电话:0791-8171571

传真:0791-8171584

电子邮件:sunriseoptech@tom.com

网址:www. sunriseled.com

注册时间:1993 年 02 月 18 日

注册资本:672 万美元

企业人数:270 人

研发人员数:23 人

所属产业链环节:LED 产业中游芯片制造

主要经营产品:LED 芯片

山东

山东华光光电子有限公司

地址:山东省济南市高新技术开发区天辰大街 1835 号(250101)

法人代表/负责人:张成山

电话:0531-88877515

传真:0531-88877510

电子邮件:Zhangchengshan@sdhggd.com

网址:www.hggd.cn

注册时间:1999 年 11 月 12 日

注册资本:5000 万元

企业人数:279 人

研发人员数:83 人

所属产业链环节:LED 上/中游产品

主要经营产品:外延片、管芯

淄博市博山大明光电有限公司

地址:博山青龙山北路 9 号(255200)

法人代表/负责人:李国鹏

电话:0533-4281454/13355299588

传真:0533-4280830

电子邮件:dmgd@china315.com

网址:www.dmgd.china315.com

主要产品:LED 灯泡、水池灯广场灯地埋灯、栏杆灯护栏灯、LED 光砖、LED 轮廓灯、LED 装饰灯、庭院灯草坪灯等

山西

山西至诚科技有限公司

地址:山西省太原市高新区产业路 48 号(030006)

法人代表/负责人:卢英兰

电话:0351-7030649

传真:0351-7030292

电子邮件:Yinglan_lu@yahoo.com.cn

网址:www.sxzckg.com

注册时间:1997 年

注册资本:100 万元

企业人数:36 人

研发人员数:22 人

所属产业链环节:封装、灯具生产

主要经营产品:LED 照明灯具

陕西

西安电子科技大学创新数码股份有限公司

地址:西安高新技术开发区高新六路 52 号 B 座 6 楼(710065)

法人代表/负责人:李锦峰

电话:029-88328986

传真:029-88326355

电子邮件:Liangge03@tom.com

网址:www.cxsmled.com

注册时间:2002 年

注册资本:2800 万元

企业人数:120 人

研发人员数:20 人

所属产业链环节:Led

主要经营产品:高亮度 led

西安龙诚科技有限公司

地址:西安市高新区科技 4 路(710000)

法人代表/负责人:韩恒春

电话:029-83091513

传真:029-88455427

电子邮件:dragonled@16.com

网址:www.xa-lc.com;www.dragonled.com;www.dragonled.cn

注册时间:2003 年

注册资本:50 万元

企业人数:50 人

研发人员数:8 人

主要经营产品:LED 灯饰、LED 相关产品

四川

成都海莱特电子信息技术有限责任公司

地址:成都高新西区西芯大道雅驰工业园 5 幢 2 号(611732)

法人代表/负责人:陈中浩

电话:028-66259257

传真:028-66259260

电子邮件:Service@cdhilite.com

网址:www.cdhilite.com

注册时间:2005 年 2 月

注册资本:100 万元

企业人数:45 人

研发人员数:10 人

所属产业链环节:电子产品

主要经营产品:LED 电子显示屏、计算机板卡及接口

四川瑞诚科技实业公司

地址:四川省成都市武侯区武侯大道顺江段 96 号(610043)

法人代表/负责人:黄志刚

电话:028-85037178-801

传真:028-85037138

电子邮件:scrc@scrc-tech.com

网址:www.scrc-tech.com

注册时间:1994 年 4 月 11 日

注册资本:100 万元

企业人数:200 人

研发人员数:30 人

所属产业链环节:普通/LED 照明、显示器件、显示设备、光学器件及设备

主要经营产品:单 LCD/3LCD 投影机、LED 投影机、LCOS 投影机

四川新力光源有限公司

地址:成都市高新西区新达路 2 号(611731)

法人代表/负责人:张立

电话:028-87688826/87828899

传真:028-87659266/87826661

电子邮件:xiao.bi@tom.com　myxinli@163.com

网址:www.sunfor.com.cn

注册时间:2004 年 4 月 12 日

注册资本:1000 万元

企业人数:135 人

研发人员数:27 人

所属产业链环节:稀土新材料领域

主要经营产品:LED 半导体节能光源产品、LED 照明灯用稀土荧光粉;PDP 显示荧光粉;稀土超长余辉蓄光发光原材料(发光粉、发光油墨、发光塑料粒、发光膜等);稀土超长余辉蓄光发光地名标牌、公共信息牌;稀土超长余辉蓄光发光地铁安全逃生系统产品

台湾

The Bergquist Company (Asian Headquarters & Greater China Operations)

地址:台北市大安区光復南路 180 巷 10 号 4 楼 106

法人代表/负责人:David Liang

电话:886-921-033-440/13600178188

传真:886-2-2778-1048

电子邮件:davidliangusa@yahoo.com

网址:www.bergquistcompany.com

注册时间:1962 年

企业人数:1500 人

研发人员数:45 人

所属产业链环节:LED

主要经营产品:MC PCB, LED & Thermal Material

阿啰哈光电科技有限公司

地址:台北县三重市兴德路 86 号 1 楼

法人代表/负责人:洪先生

电话:886-2-85112555

传真:886-2-85112551

电子邮件:service@aloha-light.com

网址:www.aloha-light.com

企业人数:6 人

璨圆光电股份有限公司

地址:台北县新市乡台南科学园去创业路 12 号 2 楼

法人代表/负责人:傅小姐

电话:886-3-4994555

传真:886-3-4994548

网址:www.forepi.com.tw

注册时间:1999 年 11 月 4 日

企业人数:390 人

主要经营产品:氮化镓(GaN)蓝光、绿光及紫外光磊晶片、晶粒及相关应用零组件的研发、制造及销售

昌春电子企业有限公司

地址:台北县中和市建八路 121 号 2 楼

法人代表/负责人:杨森贵

电话:886-2-22259706

传真:886-2-22233798

企业人数:50 人

主要经营产品:汽机车 LED 灯饰;NEON 灯;第三刹车灯;灯泡;汽嘴灯;喷水头;天线;闪光灯;脚踏板;牌照框

大世纪光电科技股份有限公司

地址:台北县八里乡工业区观海大道 241 号

法人代表/负责人:杨先生

电话:886-7-7227292

传真:886-7-7113742

网址:www.gcoled.com

企业人数:20 人

主要经营产品:户外广告招牌、LED 租赁、广告代理、LED 字幕机、LED 广告电视墙、LED 多媒体屏幕、LED 景观照明系统

登骐有限公司

地址:台北市中山区中山北路三段 30 号 9 楼之 3

电话:886-2-25993393

传真:886-2-25993545

网址:www.dollar.king.com.tw

主要经营产品:生产 LED 灯画、LED 夜灯等礼品

狄斯耐无线电公司

地址:台中市南区复兴路二段三十之十号

法人代表/负责人:汤先生

电话:886-4-22628127

传真:886-4-2628464

电子邮件:a654321321@yahoo.com.tw/dis@distw.com

网址:www.distw.com

主要经营产品:科技产品(LED 科技灯等)

点晶科技股份有限公司

地址:新竹市展业一路 9 号 4 楼之 3

法人代表/负责人:李淑惠小姐

传真:886-3-5645700

网址:www.siti.com.tw

注册时间:1985 年 12 月 10 日

企业人数:138 人

主要经营产品:理芯片、光电接口芯片;LED 显影广告牌驱动芯片;步进马达驱动芯片

鼎元光电科技股份有限公司

地址:新竹市工业东四路 16 号(300)

法人代表/负责人:李莉静

电话:886-3-7582997

传真:886-3-7582908

电子邮件:service@serv.tyntek.com.tw

网址:www.tyntek.com.tw

注册时间:1976 年

企业人数:600 人

主要经营产品:化合物半道体元件——可见光 LED 晶粒、红外光 LED 晶粒、光通讯产品矽(Si)元件——光敏二极体(Photo diode)、光电晶体(Photo transistor)、功率电晶体(Power transistor)无線滑鼠、无線智慧型防盗器 GPRS 车载主机

东贝光电科技股份有限公司

地址:台北县三重市光复路一段 88-8 号 10 楼(241)

法人代表/负责人:张自明

电话:886-2-29993988

传真:886-2-29993910

电子邮件:mkt@serv.unityopto.com.tw

网址:www.unityopto.com.tw

注册时间:1993 年 5 月

企业人数:355 人

主要经营产品:可见光元件:家电,通讯,电脑,汽车等产品之背光源及指示光源不可光元件:家电,通讯,汽车,滑鼠,遥控器之发射与接收元件通讯及红外線接收模组:光通讯与资讯传输之发射与接收模组

敦意股份有限公司

地址:台北市松山区复兴北路

法人代表/负责人:谢经理

电话:886-2-27318199

传真:886-2-27402705

网址:www.twinhill.com.tw

企业人数:20 人

主要经营产品:GaN 系蓝光/绿光/白光/紫外光 LED(发光二极管)及 CHIP

飞迅特科技股份有限公司

地址:新竹市金山一街 9 号(300)

法人代表/负责人:张少贡先生

电话:886-3-5794901

传真:886-3-5777249

企业人数:20 人

主要经营产品:半导体工厂自动化系统开发及整合服务;LCD 及 OLED 工厂自动化软件开发及应用服务;半导体设备 SECS/GEM/300mm 通讯接口开发及整合服务知

识管理(KM)、决策支持及专家系统开发及整合服务半导体制程设备工程数据分析系统(APC, EES)开发及整合服务

富泰科技股份有限公司

地址:台中市南区 581 号 1 楼
法人代表/负责人:罗惠铃
电话:886-4-22630805
传真:886-4-22632042
网址:www.ledomars.com.tw
企业人数:9 人
主要经营产品:主要销售产品为 LEDOMARS 点矩阵打印机

光磊科技股份有限公司

地址:新竹市力行五路 1 号
法人代表/负责人:范先生
电话:886-3-5638951
传真:886-3-5779576
电子邮件:1658@opto.com.tw
网址:www.opto.com.tw
注册时间:1972 年 12 月
企业人数:1200 人
主要经营产品:发光元件,如发光二极体,感测元件,如检光二极体、系统产品、包括发光二极体大型显示幕、光远场分布测试仪

海特科技股份有限公司

地址:新竹市东区光复路一段 371 号 5 楼之 2
法人代表/负责人:庄健崇
电话:886-3-6660109
传真:886-3-6660108
注册时间:1992 年
企业人数:10 人
主要经营产品:主要产品为超电容、金电容、电感、LED 等项目

恒杰光电科技股份有限公司

法人代表/负责人:陈倩琪小姐
电话:886-2-27990899
传真:886-2-27985727
网址:www.landc.com.tw/index.htm
注册时间:1989 年
企业人数:1500 人
主要经营产品:商业照明及相关外围产品,电子式产品,嵌灯,轨道灯,公园灯

华上光电股份有限公司

地址:桃园县大溪镇仁和路二段 349 号 7 楼
法人代表/负责人:黄小姐
电话:886-3-3803801
传真:886-3-3803786
电子邮件:Ledsales@aocepi.com.tw
网址:www.aocepi.com.tw
企业人数:800 人
主要经营产品:发光二极体磊晶片及磊粒、雷射二极体封装测试 LED 背光模组及照明系统

晖盛科技股份有限公司

地址:台南市南区新义路 7 号之 1
法人代表/负责人:吕泰宏
电话:886-6-2915500
传真:886-6-2917710
电子邮件:klchiu@nemstek.com.tw
网址:www.nemstek.com.tw
注册时间:1999 年
企业人数:30 人
主要经营产品:等离子体去胶渣机、等离子体钻孔机,封装产业应用为主之等离子体清洗机,LCD/OLED 产业应用之 ITO 制程等离子体处理机,LED 前段制程应用之等离子体去光阻机,IC 半导体产业应用为主之全氟化物等离子体分解处理机等真空等离子体设备

佳大世界股份有限公司高雄分公司

地址:高雄市前镇区新生路 248-2 号 7 楼
法人代表/负责人:郑乃弘
电话:886-9-25231048
传真:886-7-8134481
企业人数:200 人
主要经营产品:钢线钢缆、预力钢线、镀锌钢线光电 LED 产品(高雄分公司)计算机外设电子产品

嘉笙企业有限公司

地址:台北市内湖区新明路 86 巷 1 号 2 楼(114)
法人代表/负责人:郭先生
电话:886-2-27962733
传真:886-2-27928891
电子邮件:ymh@ymh.com.tw
网址:www.ymh.com.tw
企业人数:50 人
主要经营产品:目前代理有欧、美、日各国名牌视听、音响器材设备,并专业于 DLP 电视墙监控系统、(户内/户外)LED 及 LCD 全彩显示广告牌、超高亮度户外用内投影电视、视听简报系统会议设备、舞台音响设备、大屏幕投影机、中央群控系统、监视系统等工程之规划设计承包、施工、批发

金一丞实业股份有限公司

地址:高雄市前镇区广西路 49 号

法人代表/负责人:李尹彰先生
电话:886-7-7154285
传真:886-7-7112811
网址:www.gictec.com.tw
企业人数:21 人
主要经营产品:停车场自动收费系统(PAS),全彩LED计算机显示广告牌(DISPLAY),运动精密计时系统

晶伟电子股份有限公司

地址:台北市信义区忠孝东路四560段号10楼(110)
法人代表/负责人:张文玲小姐
电话:886-2-27589669
传真:886-2-27589668
企业人数:36 人
主要经营产品:Renesas代理商现货经营规模最大,范围广,各类型样品提供最快速、最齐全。其他厂牌代理线多,可配合产品广泛

晶元光电股份有限公司

地址:新竹市力行五路5号
法人代表/负责人:蔡小姐
电话:886-3-5783078
传真:886-3-5790801
电子邮件:sales@epistar.com.tw
网址:www.epistar.com.tw
企业人数:1650 人

聚美光科技股份有限公司

地址:台南市南区新平路22号
法人代表/负责人:黄小姐
电话:886-6-2636162
传真:886-6-2636133
网址:www.gmktech.com.tw
注册时间:2000 年
企业人数:30 人
主要经营产品:光学膜,产品应用项目涵盖TN/STN及TFT-LCD背光模块,使用于液晶显示器、笔记型计算机、液晶电视、手机、LED仪表、电子钟的数字/图案显示、灯箱及背光型电子相框等

聚耀科技股份有限公司

地址:台北市中山区德惠街22号7楼
法人代表/负责人:宋盈蕙小姐
电话:886-2-25854636
传真:886-2-25964388
网址:www.joinglory.com.tw
主要经营产品:自动印贴卷标机,LED显示广告牌,自动化堆栈设备,物流输送设备等

联嘉光电股份有限公司

地址:新竹市新竹科学园区研新二路1号5楼
法人代表/负责人:商小姐
电话:886-3-5679000
传真:886-3-5679079
网址:www.eoi.com.tw
企业人数:185 人
主要经营产品:光电量测系统设备及其零组件镭射二极管零组件及其应用产品超高亮度发光二极管(LED)及其光电应用产品氮化镓覆晶发光二极管及封装白光发光二极管照明组件与设备LED号志灯

罗姆电子股份有限公司

地址:台北市中山区民权东路三段6号11楼
法人代表/负责人:王小姐
电话:886-2-25156657
传真:886-2-25159106
网址:www.rohm.com.tw
企业人数:125 人
主要经营产品:营销、应用半导体组件、电阻、电容、二极管

茂宣企业股份有限公司

地址:台北市松山区复兴北路57号8楼之5
法人代表/负责人:胡小姐
电话:886-2-27522200
传真:886-2-27414690
电子邮件:support@morrihan.com
网址:www.morrihan.com
注册时间:1981 年
企业人数:82 人
主要经营产品:光纤收发模块IrDA红外线通信模块CMOS影像感测组件高速串行/解串行(Serdes) IC;光耦合器(Optocoupler)高亮度LED & 七段显示器微波通信组件

美创企业股份有限公司

地址:台北市大安区敦化南路二段104号7楼
法人代表/负责人:张筱钰小姐
电话:886-2-27097626
传真:886-2-27553394
网址:www.mitronics.com.tw
企业人数:25 人
主要经营产品:EMI Reduction IC; Zero Delay Buffer; Power Supply Monitor and Reset IC; HyperTransport to PCI/PCI-X Bridge IC; Chip PLLs; CMOS SRAM; White LED Driver

欧普特光电科技股份有限公司

地址:台北县中和市连成路222巷2弄4号4楼
法人代表/负责人:王佩蓁小姐
电话:886-2-82421696
传真:886-2-82421697
主要经营产品:LED汽/机车车灯、LED第三刹车灯、LED警示灯、LED号志灯及其他LED相关应用产品之设计制造与销售。

全新光电科技股份有限公司

地址:桃园县平镇市工业一路16号(324)
法人代表/负责人:人资行政部
电话:886-3-4192969
传真:886-3-4192968
电子邮件:sales@vpec.com.tw
网址:www.vpec.com.tw
注册时间:1996年11月
企业人数:310人
主要经营产品:異质接面双载子电晶体磊晶片HBT 镭射二极体磊晶片 Laser Diode Epi-wafer 高速电子移动率电晶体 PHEMT Epi-wafer 超高亮度发光二极体磊晶片 HB-LED

日商华祥股份有限公司

地址:台北市大安区信义路四段6号17楼之2
法人代表/负责人:徐小姐
电话:886-2-27093538
传真:886-2-27048907
注册时间:1984年
主要经营产品:半导体设备IC及LED打线机

商喬科技有限公司

地址:台北市大安区罗斯福路三段69号8楼
电话:886-2-23682286
传真:886-2-23682119
企业人数:10人
主要经营产品:外销镭射笔、数字相机、LED灯笔及其相关产品

世益电子工业股份有限公司

地址:台北市内湖区阳光街256号2楼
法人代表/负责人:张芝菁小姐
电话:886-2-25679395
传真:886-2-2567908
网址:www.seii.com.tw
企业人数:100人
主要经营产品:专业制造设计发光二极管(LED)模块。LED数字化汽机车仪表板。LED HUD抬头显示器。LED数字显示器。全系列LED应用模块设计代工。车载LCD Display之多媒体及监控系统。车载或移动之卫星导航系统。中央空调、无尘室设计安装工程

台钦股份有限公司

地址:台北市中山区松江路185号11楼之1
法人代表/负责人:罗小姐
电话:886-2-25036357
传真:886-2-25017809
电子邮件:johnson@lebro.com.tw/sandy@lebro.com.tw
网址:www.lebro.com.tw
企业人数:16人
主要经营产品:DRIVER IC for Panel、components、LED、IMAGE IC、CMOS SENSOR、LCD PANEL

台湾光宝电子股份有限公司

地址:台北县中和市建一路90号
法人代表/负责人:人力發展處
传真:886-2-22210191
网址:www.liten.com.tw
主要经营产品:光电及电源供应器产品之发展、制造、行销※主要产品:多用途电源供应器、红外線光耦合器、红外線接收器、发光二极体等

崴而仕股份有限公司

地址:台北市中山区通北街111号1楼
法人代表/负责人:林小姐
电话:886-2-25320129
传真:886-2-25320300
企业人数:6人
主要经营产品:光纤与LED特殊灯具设计绘图、施工、整套一系统流程运作

微晶股份有限公司

地址:台北市士林区承德路四段12巷42号
法人代表/负责人:郭小姐
电话:886-2-28861177
传真:886-2-28867338
网址:www.wei-jing.com
主要经营产品:LED LAMP、DISPLAY、SMD、CHIP

惟昌企业股份有限公司

地址:台北县中和市中山路2段
电话:886-2-22465566
电子邮件:power.mach@msa.hinet.net
主要经营产品:发光二极管(LED)自动化机器制造,LED整厂生产设备,精密模具,自动化封胶线,LED发光二极管业测试机,专用机设计制造,LED模条制造

纬昌有限公司

地址：台北县新莊市建国二路86巷15号2楼
法人代表/负责人：罗俊人
电话：886-2-22052352
传真：886-2-22052192
网址：www. wellpack. com. tw
企业人数：24人
主要经营产品：合成纸相关产品之贩卖，其中包含防水抗菌礼袋、PE发泡手提袋、购物袋、LED背光板缓冲片、瓶盖垫片、多层贴合复材

先益电子工业股份有限公司

地址：台中市南屯区工业二十四路22号(40850)
法人代表/负责人：何小姐
电话：886-4-23590111
传真：886-4-23590646
网址：www. shianyih. com
注册时间：1968年
主要经营产品：TFT LCD及STN LCD用背光模块精密光学级塑料射出成形精密光学机构设计LED背光源与显示器IR,PD,PT等光电二极管

义丰科技股份有限公司

地址：台中市北屯区河北三街82号
法人代表/负责人：李芳足小姐
电话：886-4-22379229
传真：886-4-22372130
网址：www. informed. com. tw
企业人数：25人
主要经营产品：工厂自动化系统、流程管控系统、实时信息管理系统、LED字幕机/广告牌系列产品、柜台自动叫号管理系统、IC卡/门禁管理应用系统、开刀房自动化管理系统

亿尚精密工业股份有限公司

地址：高雄县凤山市镇北北巷20之13号
法人代表/负责人：洪小姐
电话：886-7-7314748
传真：886-7-7315549
企业人数：180人
主要经营产品：TN,STN,TFT,OLED等各段设备设计制造；半导体制程设备

亿光电子工业股份有限公司

地址：台北县土城市中央路三段76巷25号
法人代表/负责人：蔡先生
电话：886-2-22672000
传真：886-2-22698197
网址：www. everlight. com
企业人数：1100人
主要经营产品：LED发光元件及感测元件，发光元件有发光二极体灯泡、发光二极体显示器、发光二极体组件、红外光二极体灯泡；感测元件有光电晶体、光二极体、光敏电阻、光感测组件

银品科技股份有限公司

地址：台南市安南区安和路四段36巷256号
法人代表/负责人：陈美华小姐
电话：886-6-3557305
传真：886-6-3567378
网址：www. agpro. com. tw
注册时间：1990年
企业人数：16人
主要经营产品：陶瓷组件(NTC、varistor)、IC封装、LED、石英震荡器、元组件导电接合、散热、FPC软式电路板

涌杰企业股份有限公司

地址：台北市松山区敦化南路一段2号5楼之一
法人代表/负责人：王小姐
电话：886-2-27788315
传真：886-2-27110802
电子部件：yongchieh@ms93. url. com. tw
注册时间：1993年
企业人数：40人
主要经营产品：印模材料、全功能卤素光机、高科技LED聚光机

友达光电股份有限公司

地址：新竹市力行二路1号
法人代表/负责人：何小姐
电话：886-3-5632899
网址：www. auo. com
注册时间：1996年
主要经营产品：TFT-LCD(薄膜电晶体液晶显示器模块)OLED(有机发光二极管)LTPS TFT-LCD(低温多晶硅)。

袁宗南照明设计有限公司

地址：台北市内湖区成功路四段30巷22号2楼(11459)
法人代表/负责人：袁宗南
电话：886-2-87917996
传真：886-2-87917997
电子邮件：james. yuan168@msa. hinet. net
注册时间：2001年7月
企业人数：8人

研发人员数:2 人

所属产业链环节:建筑相关产业

主要经营产品:室内建物术观、景观照明设计

志函电子科技股份有限公司

地址:高雄市左营区曾子路 396 号

法人代表/负责人:李素贞小姐

电话:886-7-3478166

传真:886-7-3478181

网址:www. jyharn. com. tw

企业人数:50 人

主要经营产品:本公司代理台湾光宝科技(LITEON)的光电产品、美台(DIODES)半导体、敦南(LITE-ON POWER)二极管等产品。目前有高雄、台北、新竹以及大陆深圳,苏州等五个业务据点、负责台湾,香港及大陆地区之销售工作

仲鼎科技

地址:台北县新莊市五权一路 3 号 7 楼 707 室

法人代表/负责人:叶小姐

电话:886-2-22995071

传真:886-2-22995070

网址:www. giantek. com

企业人数:40 人

主要经营产品:产品涵盖各种 LED 室内、户外全彩电子显示系统、LED 动画编辑传送电子显示系统、LED 跑马灯、RDS 无线电副载波信息显示广告牌、金融、汇率、证券行情 LED 显示广告牌、机场、捷运旅客信息显示屏

资腾科技股份有限公司

地址:新竹市光复路二段 2 巷 47 号三楼之 1(300)

法人代表/负责人:吴易达

电话:886-3-5750305

传真:886-3-5750308

网址:www. stc. tw

注册时间:1988 年 4 月

企业人数:80 人

主要经营产品:半导体制程薄膜材料总代理;LED/LD 用 III-V 族基总代理;特殊晶圆制造总代理

香港

super light 光电实业有限公司

地址:九龍觀塘海濱道 151-153 號廣生行中心 12 樓 15 室

电话:852-27711665

传真:852-27839543

电子邮件:sales@led. com. hk

注册时间:1986 年

主要经营产品:發光二極管指示燈、超光及超強光發光二極管微型及表面焊接、像素管、紅外線發射及接收

超亮国际(海港)有限公司

地址:香港九龙旺角登打士街 56 号柏裕商业中心 1018 室

电话:852-21579666

传真:852-27820079

电子邮件:simonc@reech. com. hk

网址:www. sboopto. com

主要产品:超高亮发光二极管、高功率发光地极管、红外线传输模组及发射元件

飞思卡尔半导体公司

地址:香港大埔工业村大景街 2 号(563000)

电话:852-26666123

传真:852-26668333/26617736

电子邮件:support. asia@freescale. com

网址:www. frescale. com. cn

主要经营产品:半导体领域。通信处理器通用微控制器

格兰图照明电气有限公司

电话:852-24109338

传真:852-24805251

主要产品:节能灯、各式灯泡、干电池、发光二极管(LED)等

光宝实业(国际)有限公司

地址:香港九龙宫塘鸿图道 37-39 号,鸿泰工业大厦 9 楼 8 室

电话:852-27932121

传真:852-27932140

主要产品:LED 发光二极管、超高亮度发光管、红黄蓝绿白、食人鱼 LED、交通灯、显示屏、大功率 LED 车灯

光鼎电子(香港)股份有限公司

地址:香港新界荃湾镇青山道三八八号中国染厂大厦十四楼

电话:852-28948650

传真:852-28825794

电子邮件:wayne@parahk. com

网址:www. para. com. tw

主要产品:LED 发光二极管、LED 发光数字显示器、LED 点矩阵

华宏集团(香港)有限公司

地址:香港观塘巧明街 115 号柏秀中心 12 楼 C,D,

E 室

电话:852-25129939

传真:852-23442398

电子邮件:sales@wahwang. com

网址:www. wahwang. com

主要产品:各种发光二极管、大功率 LED、食人鱼 LED、各种 LED 数码管、贴片发光二极管

华强电子有限公司

地址:九龙观塘道 472 号～478 号观塘工业中心第一期 12 楼 G 室

电话:852-82084545/23432595

传真:852-82084141/23438966

电子邮件:rooby@micon. com. hk

网址:www. micon-ic. com

主要经营产品:54 全系列电路、军级二极管和三极管、军级晶振级继电器等

慧明科技(香港)有限公司

地址:香港火炭穗禾路一号丰利工业中心十二楼五室

电话:852-24934838

传真:852-24131786

电子邮件:sales@kindwin. com

网址:www. kindwin. com

注册时间:1993 年

主要经营产品:发光二极管、贴片型发光二极管、数码管、点阵块、时钟板、背光源、微面板、显示屏专用之发光二极管、全彩像素筒、全彩屏幕模组。

锦骏微电子有限公司

电话:852-24806238

传真:852-24251965

网址:www. vtk. com. hk

主要产品:护栏灯、水底灯、射灯、等以 LED 为光源的带控制灯

科导電子有限公司

地址:中国香港九龙大埔道 14-16 号,华都大厦,1 楼 1 室

法人代表/负责人:Ms. Jenny / Mr. Dicky / Ms Emily

电话:852-27783038

传真:852-27882206

电子邮件:hk4d@hknet. com

网址:www. 4d. com. hk

注册时间:1978 年

主要经营产品:LED 芯片;LED 灯;银胶等

良晨光香港有限公司

地址:香港湾仔轩尼诗道 250 号卓能 21 世纪广场 25 层 D 室

电话:852-31045111

传真:852-21873930

网址:www. liangchen-com

主要产品:LED 发光二极系列、红外线发射管系列、LED 灯饰系列、LED 礼品系列、IC 系列产品、LED 背光源、数码管

美国莱特耐特国际光电集团(香港)有限公司

地址:香港 MCQ2073 旺角花园街 2-16 号好景商业中心十楼 1007 室

电话:852-27400778

传真:852-27400780

电子邮件:office@lightelite. com

主要经营产品:LED 在照明领域的开发和应用

美隆电子有限公司

地址:中国香港 Flat E, 17/F. Houston Ind., Bldg., 32—40 Wang Lung St., Tsuen Wan

法人代表/负责人:Mr. Thay-Kin Lauw(Peter Lau)

电话:852-24089788/0755-83350636

传真:852-24069983/0755-83221659

网址:www. mayloon. com

注册时间:1990 年 10 月 1 日

企业人数:501～1000 人

主要经营产品:原料;电子元器件;半导体;电阻系列;贴片热敏电阻;贴片电感

适发工业科技有限公司

地址:香港观塘巧明街 95 号世达中心 7 字楼 H 座

法人代表/负责人:肖海平

电话:852-23437563

传真:852-27978115

电子邮件:mail@suffice. com. hk

网址:www. suffice. com. cn

注册时间:1986 年

注册资本:300 万元

企业人数:51～100 人

主要经营产品:LED 元器件及材料

泰思科香港有限公司

地址:九龙湾启祥道 26 号同力工业中心 A 座 1 楼 A8 室

电话:852-27591106

传真:852-27591160

电子邮件:sales@tescon-hk. com

主要经营产品:LED 元器件及材料

伟志电子有限公司

地址:香港九龙官开塘源 52-54 号丰利中心 1004 室(116001)

法人代表/负责人:黄冠升

电话:852-23421238

传真:852-23418144

电子邮件:info@waichi.com.hk

网址:www.waichi.com.hk

注册时间:1985 年

注册资本:6500 万元

企业人数:3200 多人

主要经营产品:LED 背光源、CCFL 背光源、LED 多色背光源、发光二极管灯、汽车尾灯配件和 LED 数码管等 3000 余种产品

喜万年照明国际集团

地址:香港九龙红磡鹤园街十三号康力投资大厦 1008-9 室

法人代表/负责人:沈先生

电话:852-23695531

传真:852-27218621

电子邮件:alsd@999v.cn

网址:http://www.sli-lighting.com

注册资本:50 万元

主要经营产品:有光学设备用卤素灯泡,石英灯杯,米泡,环型灯管,紫外线 UV 固化灯,晒版灯,曝光灯,杀菌消毒灯

香港迪信电子有限公司

地址:九龙观塘成运工业大厦 12 楼 27 室

电话:852-34262732

传真:852-34262739

注册时间:1988 年

电子邮件:frankie@dictionelec.com

主要经营产品:超高亮度纯白、纯蓝、纯绿、纯紫系列高档 LED

香港国际光电有限公司

地址:中国香港荃湾沙咀道 362 号全发商业大厦 1011 室

法人代表/负责人:林秋河先生(总经理) Mr. Chau-ho Lam

电话:852-24072251

传真:852-24158221

网址:www.963.com.hk

企业人数:101~200 人

主要经营产品:超高亮度全色系 LED 发光二极管、交通信号灯、交通信号标志、智能全彩屏、智能景观照明、LED 灯饰产品及 LED 环保手摇应急灯系列相关产品

香港健隆集团

地址:香港九龙官塘开源道 54 号丰利中心 11 楼 17 室

电话:852-27933293

传真:852-27933096

电子邮件:Inquiry@strongbase.com

主要经营产品:LED 元器件、LED 灯光、LED 显示屏、LED 应用产品

香港明辉商品发展有限公司

地址:中国香港葵涌葵丰街 1-15 号盈业工业大厦 A 座 7 字楼 10 号室

法人代表/负责人:Mr. James Chan 温胜华 Mr. Awen Wen 先生

电话:852-24191690

传真:852-24191656

电子邮件:info@mainfair.com

网址:www.powerinpocket.com

注册时间:1990 年

企业人数:51~100 人

主要经营产品:产品开发;太阳能充电器

香港润华科技有限公司

地址:香港荃湾柴湾角街 73 号荣兴工业大厦 1504 室

电子邮件:marketingservice@recotek.com.cn

网址:www.recotek.com.cn

注册时间:2001 年

香港泰利科技發展有限公司

地址:中国香港荃湾青山道 264-298 号南丰中心 1919 室

电话:852-27813499

传真:852-27831690

电子邮件:Sales@led-lenser.hk

网址:www.led-lenser.hk

香港天波电子灯饰国际有限公司

地址:九龙尖沙咀柯士甸道 152 号好兆年行 13 字楼 1313 室

法人代表/负责人:tianbodz 先生(经理)

电话:0760-3837262

传真:0760-3837261

电子邮件:skyball-tb@vip.163.com/fzled@yaho.com.cn

注册时间:2002 年

企业人数:600 人

主要经营产品:LED 柔性霓虹灯;LED 护栏灯;LED

蜂窝灯系列

香港微晶先进封装技术有限公司

地址:香港九龙清水湾道香港科技大学新翼 4585 室
电话:852-35280572/35280574
传真:852-35210372
电子邮件:info@apt-hk. com
网址:www. apt-hk. com/www. apthk. com,
主要经营产品:超高亮度、高可靠性发光二极管

香港银威集团有限公司

地址:香港湾仔告士打道 178 号华懋世纪广场 30 楼
电话:852-28383620
传真:852-25678130
电子邮件:info@silverwing. com. hk
网址:www. silverwing. com. hk
注册时间:1997 年

主要经营产品:有 TFT LCD 模组、照相机模组、高亮度的蓝色/白色 LED、LTCC(低温共火陶瓷)模组、微波组件、无线、无线 Modem(数据机)、LCD 视窗、电路保护器件和高频陶瓷组件等

岩崎电气(香港)有限公司

地址:香港九龙尖沙咀宝勒巷 21-23A 宝利商业大厦 8 字楼
电话:852-23688782
传真:852-24812661

主要经营产品:各种光源、各种照明机器、信息显示装置、照明控制系统、超促进耐候试验机、紫外线洗净、改质装置、高能量紫外线杀菌系统、水质净化装置、电子线照射装置、紫外线硬化装置、太阳光模拟系统

英德电子制造厂

地址:中国香港北角英皇道 89 号桂洪集团大厦 6 楼 601(518109)
法人代表/负责人:吴永焕 Mr. Wing-woon Ng
电话:852-29155628
传真:852-29155638
电子邮件:eltec@tom. com
网址:www. eltec-alder. com
注册时间:1987 年
企业人数:51～100 人

主要经营产品:线圈厂;车载 DVD;CD/MP3;车载显示屏

机构索引 2

政府机构

科技部高新技术产业司材料处

电话:010-58881575
传真:010-58881576
地址及邮编:北京复兴路乙15号

信息产业部科技司

电话:010-66014765
传真:010-66089046
地址及邮编:北京西长安街13号(100804)

中科院高技术研究与发展局

电话:010-68597220 010-68597205
传真:010-68597218
地址及邮编:北京西城区三里河路52号(100864)

建设部科学技术司合作开发处

电话:010-68393845 010-68393151
传真:010-68394530
地址及邮编:北京海淀区三里河路9号(100835)

教育部科技司

电话:010-66096733 010-66097374
传真:010-66096733
地址及邮编:北京西单大木仓胡同37号(100816)

中国轻工业联合会科技办

电话:010-68396445 010-68396445
传真:010-68396445
地址及邮编:北京西城区阜成门外大街乙22号(100833)

江苏省科学技术厅高新处

电话:025-83359254
传真:025-57715440
地址及邮编:南京市北京东路39号(210008)

浙江省科学技术厅高新处

电话:0571-87054026
传真:0571-85056702
地址及邮编:杭州市环城西路33号(310007)

江西省信息产业厅

电话:0791-6301588
地址及邮编:南昌市省府大院北2路102号(330046)

北京市科学技术委员会生物医药与新材料处

电话:010-82382257
传真:010-62333998
地址及邮编:北京市海淀区学院路30号方兴大厦611室(100083)

重庆市科学技术委员会高新处

电话:023-67606001
传真:023-67605932
地址及邮编:重庆市渝北区龙溪华莹路380号(401147)

广东省科学技术厅高新处

电话:020-83516617
传真:020-83549853
地址及邮编:广州市府前路市政府大院5号楼407(510032)

江西省科学技术厅高新处

电话:0791-6285364
传真:0791-6265355
地址及邮编:南昌市省府大院北1路014号(330046)

河北省科技厅高新处

电话:0311-5829145
传真:0311-5891859
地址及邮编:河北省石家庄市东风路159号(050021)

山西省科技厅高新处

电话:0351-4069298

传真:0351-4068009/9298

地址及邮编:山西太原迎泽大街 336 号(030001)

上海市科学技术委员会高新处

电话:021-23119309;

传真:021-63267474

地址及邮编:上海市人民大道 200 号(200003)

广州市科技局高新处

电话:020-83124705

传真:020-83332382

地址及邮编:广州市政府大院内(510032)

深圳市科技局高新处

电话:0755-82104937

传真:0755-82104937

地址及邮编:深圳上步路 1023 号市政府二办 143 室(518031)

大连市科技局高新处

电话:0411-83635353

传真:0411-83684522

地址及邮编:大连市人民广场 1 号(116012)

厦门市科技局高新处

电话:0592-2020373

传真:0592-2024555

地址及邮编:厦门市虎园路 2 号(361003)

宁波市科技局高新处

电话:0574-87282690

传真:0574-87283033

地址及邮编:宁波市解放北路 91 号(315010)

长春市科技局高新处

电话:0431-8929996

传真:0431-8948011

地址及邮编:长春市人民大街 75 号(130056)

江西省南昌市科技局高新处

电话:0791-3884249

传真:0791-3884238

地址及邮编:南昌市红谷滩政府大楼四楼(330038)

科研机构(按拼音排序)

北京大学宽禁带半导体研究中心

北京大学宽禁带半导体研究中心成立于2001年，前身是北京大学物理学院MOCVD课题组。1993年该中心在国内率先开展氮化物半导体的研究，主要研究方向为半导体照明的相关技术研究，短波长半导体激光器，深紫外探测器，微波电子器件，GaN基稀磁半导体，自旋电子学和偏振光LED等。十多年来，承担并出色完成了多项氮化物半导体相关的863,973计划，国家自然科学基金等重大科研项目，形成了一支国内一流的老中青结合的科研队伍，积累了深厚的理论基础和大量的实验经验，拥有先进的MOCVD,HVPE等材料生长设备和器件加工，样品测试等设备，培养了一大批科研人员和生产技术人员，并积极进行科技成果的转化，先后以技术入股和技术支持等形式，建立了上海蓝光科技有限公司，北京光泉科技有限公司，山东天一科技有限公司，形成了上中下游较完整的产业链，同时形成了产学研结合的体系。该中心将进一步在激光剥离、光子晶体、偏振光LED、衬底材料以及重大的半导体照明方面的基础课题开展研究，进一步开拓LED的应用领域，以促进中国的半导体照明事业的发展。

地址：北京大学物理学院(100871)

法人代表/负责人：张国义

电话：010-62752585　　电子邮件：gyzhang@pku.edu.cn

传真：010-62752585　　研发人员数：15人

北京工业大学北京光电子技术实验室

北京光电子技术实验室于1993年成立，是北京市高技术实验室，教育部和北京市共建的国家重点实验室，在国内较早从事光电子技术研究的科研单位，拥有较完整的材料生长、器件制备工艺线。拥有多项自主知识产权，其中“高效逐级增强高亮度发光二极管及其设计方法(专利号：ZL 99 1 00397.7)”获得国家重点新产品奖。发表论文近500篇。实验室的主要研究方向有：1、信息光电子学及光通讯领域中的各类半导体激光器、光电探测器及其应用系统；2、半导体照明工程中的各类高效高亮度发光二极管及其应用系统；

地址：北京工业大学北京光电子技术实验室(100022)

法人代表/负责人：沈光地

电话：010-67392123　　电子邮件：gdshen@bjut.edu.cn

传真：010-67392123-822　　研发人员数：100人

北京有色金属研究总院
国家有色金属复合材料工程技术研究中心

北京有色金属研究总院创建于1952年，是我国有色金属行业规模最大的综合性研究开发机构。国家有色金属复合材料工程技术研究中心依托于北京有色金属研究总院，是国内从事有色金属复合材料研究开发与中试生产的重要基地。近年来，针对功率型LED芯片热沉和基板散热性能要求，开展了高导率低热膨胀铝基、铜基复合材料的研究，先后制备了SiC/Al、SiC+Diamond复合增强Al基复合材料、Diamond/Cu复合材料和具有复合式结构的高导热复合材料，可实现材料导热性和热膨胀系数的可设计性，材料的热导率达到390W/m·k，热膨胀系数＜9PPm/k。

地址：北京市新街口外大街2号(100088)

法人代表/负责人：屠海令

电话：010-82241826　　注册时间：2000.1.26

传真：010-62055412　　注册资本：22665万元

电子邮件：xiangy@grinm.com　　企业人数：2000人

网址：www.grinm.com　　研发人员数：1500人

所属产业链环节：开发、加工、制备

主要经营产品：金属、稀土、热管理材料

电子科技大学

电子科技大学是以电子信息科学技术为核心的、国家“211”和“985”工程重点建设的全国性重点大学。其半导体照明领域的研究始于2002年，饶海波教授的课题组在国家“十五”“211工程”项目的支持下，首先从有机电致发光(OLED)角度切入到相关领域，研制出30′38mm分辨率128′160线可实现白光输出的全彩色PMOLED屏。该课题组同时积极致力于GaN基功率型白光LED封装关键技术-荧光粉平面涂层技术的研发，该课题获2006年度国家“863”计划半导体照明工程专题经费支助。

地址：四川省成都市建设北路二段四号(610054)
法人代表/项目负责人：邹寿彬/饶海波
电话：028-83202108　　注册时间：1956.09.26
传真：028-83201745　　企业人数：3000人
电子邮件：rhb@uestc.edu.cn　　研发人员数：1500人
网址：www.uestc.edu.cn
所属产业链环节：研究

国家半导体器件质量监督检验中心 中国电子科技集团公司第十三研究所试验中心

国家半导体器件质量监督检验中心暨信息产业部半导体器件产品质量监督检验中心、中电科技半导体器件可靠性中心、中国电子科技集团公司第十三研究所试验中心共四块牌子，是我国最早从事半导体器件质量检测和可靠性研究的机构。具备对电子信息产品按照SJ、GB、GJB、IEC、MIL或企业标准开展各种测试、试验和分析能力。实验室科研与试验面积3500平方米，固定资产原值4000多万元，拥有分析、测试和试验设备1100多台套。实验室有一支好的科研队伍，现有固定研究人员20人，其中高级工程师以上占45%，工程师占35%，有不少人员已经成为行业内专家。

在LED评价方面主要工作有：①国家照明办组织的攻关项目两次测评；②北京市科委组织的攻关项目测评；③全程参与LED测试标准的制修订工作；④白光功率LED的加速寿命试验研究；⑤2004年按国家质检总局要求进行全国LED产品质量状况监督抽查，监督抽查了32家企业，有大、中、小型企业包括13省市自治区，具有广泛的代表性，摸清了LED行业生产分布、规模和质量状况。认可的检测分析能力范围有：①半导体分立器件；②半导体集成电路；③混合集成电路；④微波组件；

地址：河北省石家庄市合作路113号179信箱45分箱(050051)
法人代表/负责人：杨克武
联系人：童亮/曹耀龙
电话：0311-87091512
传真：0311-87091460
电子邮件：ectc_sammy@sina.com

杭州师范学院有机硅化学及材料技术 教育部重点实验室

杭州师范学院有机硅化学及材料技术实验室是专门从事有机硅化学及材料技术的研究与开发的杭州市、浙江省和教育部重点实验室，是教育部系统最早为国防军工配套的民口研制单位之一、中国氟硅材料工业协会常务理事单位、中国材料网副理事长单位。实验室场地面积总计达1万余平方米，配备有300多台套、原值近5000余万元的国内外一流的仪器设备，可进行有机硅橡胶、胶粘剂、偶联剂、特种硅油、硅树脂及硅酮塑料等有机硅材料的研制、开发，也可进行由原材料到产品的性能检测以及结构和性能关系分析等工作。实验室还建立了“863”项目转化基地，设有中试车间，可进行产业化技术开发批量生产，为用户提供有机硅材料、制件、产品技术。

地址：浙江省杭州市文一路222号(310012)
负责人：来国桥
电话：0571-28868081
传真：0571-28865138　　网址：www.yjg.edu.cn
电子邮件：yjg@hztc.edu.cn　　研发人员数：60人
所属产业链环节：封装材料
主要经营产品：有机硅材料

华南理工大学高分子光电材料与器件研究所

华南理工大学高分子光电材料与器件研究所,是教育部"特种功能材料重点实验室"重要组成部分,国家外国专家局与教育部联合设立的"高分子塑料光电材料研究学科创新引智基地",国家重点基础研究发展规划("973"计划)项目"有机/高分子发光材料重大基础问题的研究"的首席科学家单位,中国高技术研究发展计划("863"计划)项目"高分子发光平板显示器技术研究"、"全彩色高分子发光显示屏技术研究"、"有机半导体照明光源开发"的承担单位,是我国高分子光电材料与器件领域有影响的专业研究机构。研究所实验室分为高分子光电材料设计、合成与表征和器件制备与性能检测实验室两大组成部分,拥有相关配套完善的多种先进仪器设备总值近3000万元。研究所主要依托"材料学"、"材料加工工程学"两个国家重点学科,开展高分子发光材料及器件、高分子光伏材料与器件、高分子场效应管材料及器件、有机/高分子半导体照明材料与技术,以及其他新型有机/高分子功能器件的探索等方向研究工作。

地址:广州市华南理工大学高分子光电材料与器件研究所(510641)
负责人:曹镛/彭俊彪
电话:020-87114535　　注册时间:1999年1月
传真:020-87110606　　企业人数:80余人
电子邮件:psjbpeng@scut. edu. cn　　研发人员数:80余人
网址:www. scut. edu. cn
所属产业链环节:研发

吉林大学

有机白光发光器件(WOLED)是下一代节能型照明技术之一,WOLED具有以下特点:是一种面光源,实用于高性能照明设备的制备;进一步发展的柔性WOLED在民用与国防照明方面应用前景更为广阔;工艺简单、有益环保、原料丰富、与无机LED有互补性。吉林大学在有机白光材料与器件方面取得了一系列有意义的研究成果,得到了亮度超过30000 cd/m^2,最大电流效率为27 cd/A的白光发光器件,在亮度为1000 cd/m^2时效率可达7 lm/W。在WOLED研究与开发方面具有完善的实验条件,计划在未来1—2年内研究开发出具有实用意义的有机白光技术。

地址:长春市吉林大学超分子结构与材料实验室(130012)
负责人:王悦
电话:0431-85168484　　网址:htpp//supramol. jlu. edu. cn
传真:0431-85193421　　研发人员数:15人
电子邮件:yuewang@jlu. edu. cn
所属产业链环节:关键材料及产品制备工艺

江苏省光电信息功能材料重点实验室

本实验室成立于2003年,以我国最早(1956年)设立的半导体学科之一、南京大学微电子学与固体电子学国家重点学科为主干学科,近年来获得国家自然科学二等奖2项及其他国家级奖4项。宽禁带半导体材料与器件的研究是本实验室重点发展的研究方向之一。主要研究Ⅲ族氮化物金属有机化学气相淀积、氢化物气相外延材料生长和器件制备,包括制备用于短波长半导体发光器件和高功率微波电子器件的异质结构、量子阱结构材料及大面积、自支撑、低位错密度GaN衬底材料,设计并研制Ⅲ族氮化物半导体LED器件、微波器件、紫外光电探测器等。

地址:南京市汉口路22号,南京大学物理系(210093)
法人代表/负责人:张荣
电话:025-83685367
传真:025-83685476　　注册时间:2003年
电子邮件:rzhang@nju. edu. cn　　研发人员数:46人
网址:www. nju. edu. cn/cps/site/pemst/
所属产业链环节:Ⅲ族氮化物材料与器件
主要经营产品:宽禁带半导体材料与器件

南京农业大学

本课题组一直从事植物照明光源的研究。近10年来追踪国际研究热点,开展LED在植物和植物组培照明的研究,并承担科研课题，获取LED在植物组培中应用特性和关键参数，研制植物组培专业照明LED光源。本课题组还致力于LED光源在温室作物栽培、害虫诱杀和养殖业中的应用研究，开发相应的LED光源。

地址：南京卫岗1号南京农业大学(210095)
法人代表/负责人：徐志刚(课题负责人)
电话：025-81581355
电子邮件：xuzhigang@njau.edu.cn　　研发人员数：8人
所属产业链环节：科研

清华大学电子工程系集成光电子学国家重点实验室

自1999年10月起，清华大学电子工程系集成光电子学国家重点实验室在罗毅教授的带领下，开始从事GaN基蓝绿光LED的研究，先后承担了国家“十五”、“十一五”863计划项目、北京市科委项目等多项研究任务，在GaN基LED材料的MOVPE外延生长、器件制备、管芯封装以及系统应用技术的研究等方面积累了丰富的经验，已申请中国发明专利10余项，获得授权专利2项。目前，基本建成了设备较完善的高水平的实验室。本实验室将继续为中国半导体照明事业的发展做出应有的贡献。

地址：清华大学电子工程系(100084)
法人代表/负责人：罗毅教授
电话：010-62782734　　电子邮件：luoy@tsinghua.edu.cn
传真：010-62784900　　研发人员数：30人
所属产业链环节：上、中、下游

山东大学晶体材料国家重点实验室

山东大学晶体材料国家重点实验室在国家863项目的支持下，2002年开始从事SiC单晶的生长、加工等研究工作。经4年多的努力，建立了SiC单晶生长和加工的完整基地，解决了SiC单晶生长和加工的技术难题。目前实验室生长的6H-SiC单晶的微管密度小于50/cm^2，无明显空洞，导电类型有n型和半绝缘；经机械化学抛光后衬底的表面粗糙度小于1nm；经过清洗、封装后衬底已经达到开盒即用。

地址：济南市山大南路27号山东大学晶(科技处)材料研究所(250100)
法人代表/负责人：徐现刚
电话：0531-88366329
传真：0531-88364260　　电子邮件：xxu@sdu.edu.cn
主要经营产品：SiC衬底

同济大学

同济大学是教育部直属重点大学，是首批被国务院批准成立研究生院的高校之一，并被列入国家财政立项资助的“211工程”和国家教育振兴行动计划与地方重点共建的高水平大学行列。同济大学非常重视高新技术领域产业发展研究，“九五”以来，围绕信息、生物、新材料、能源、汽车制造、机电一体化、环保等高新技术领域，取得了一大批高新技术重大科研成果。同济正在承担着近百项“863”项目及国家攻关项目，一大批高新技术和科研成果实现了产业化，取得了巨大的社会效益和经济效益。

地址：上海四平路1239号建筑与城市规划学院(200092)
法人代表/负责人：万钢
电话：021-65982873
传真：021-65986707
电子邮件：xzxx@mail.tongji.edu.cn　　企业人数：7874人
网址：http://www.tongji.edu.cn/　　研发人员数：4278人
所属产业链环节：研发

厦门大学

厦门大学的半导体物理是1956—1958年五校(北大、复旦、南大、吉林大学、厦大)联合创办的学科。曾经在晶体管收音机、平面LED、平板示波器、ZnS场致发光、LED测量、半导体材料设计等研究方面取得重大成果，为国家半导体科学的发展作出重要的贡献。在半导体材料和器件研发方面具有很强的实力,尤其在具有光电子功能的半导体研究上,形成了IV族、III-V族、II-VI族材料和器件门类齐全的研究力量。

地址:福建省厦门市思明南路422号厦门大学物理系(361005)
法人代表/负责人:朱崇实
电话:0592-2183408
传真:0592-2183408　　网址:http://www.xmu.edu.cn
注册时间:1921年　　企业人数:2213人
电子邮件:std@xmu.edu.cn　　研发人员数:1308人
所属产业链环节:上游产品

中国科学院半导体照明研发中心

中科院2004年开始筹建并于2006年4月依托中科院半导体所正式成立"中国科学院半导体照明研发中心"(科发人教字〔2006〕99号)非法人研究单元。"中心"在半导体照明核心技术方面取得了重大突破,形成了一系列成果和知识产权。目前申请、受理国际专利各14项,研究器件综合指标在国内处于领先地位。

HVPE GaN厚膜材料生长、新型宽禁带半导体体材料单晶、薄膜和器件制备取得突破性进展。高温升华法生长出直径37mm厚10mm的AlN晶体;国际上首次研究成功一种生长ZnO单晶的CVT新方法,位错密度低达200cm^{-2};基于蓝宝石衬底的非极性面薄膜外延生长技术处于国际领先地位;HFET材料电子迁移率超过2000 cm^2/V·s,并依此研制成功X波段功率放大器;光子学材料已研制成国际先进水平的大功率LED和脉冲激射LD;在国际上首次提出并实现了一种低热阻背孔结构的倒装功率型LED芯片。

"中心"具备从材料制备、芯片工艺、封装测试完整的研发工艺线。已建成1500平方米的超净工艺环境,装备方面总体完成投入3915万元。

"中心"组建了强有力的研发团队,由18位留学回国人员、29名博士及高级职称和近30余名工程技术人员组成;建成国际先进水平的研发平台,与美、日、德等国建立了国际合作关系,聘请了8位外籍客座研究员;在半导体照明重大装备、材料生长、器件工艺、重大应用等方面与国内外相关研发产业机构建立了良好的关系。

地址:北京海淀区清华东路甲35号　(100083)
电话:010-82304958　　电子邮件:ping-ran@red.semi.ac.cn
传真:010-82305052　　网址:www.semi.ac.cn
研发人员数:40人

中国电子科技集团公司第四十六研究所

中国电子科技集团公司第四十六研究所是电子材料专业研究所,始建于1958年,是国内最早从事半导体材料和光纤研究、开发和生产的单位之一。经过四十多年的发展壮大,目前已形成了砷化镓单晶材料、硅单晶材料、特种光纤及光纤器件、专用材料检测分析等专业领域,技术力量雄厚。本所于1999年通过ISO9001－1994质量体系认证,并于2003年4月通过了LEGB/T19001-2000质量管理体系换版认证。

地址:天津412信箱(300220)
法人代表/负责人:何耀洪
电话:022-88111259
传真:022-88111026
注册资本:7402
电子邮件:plan@emri.com.cn　　企业人数:670人
网址:www.emri.com.cn　　研发人员数:210人
主要经营产品:硅单晶及抛光片、砷化镓单晶及抛光片、锗单晶及抛光片、碳化硅单晶、特种光纤及光纤器件、电子材料质量检测分析、设备及仪器仪表

中国科学院长春光学精密机械与物理研究所

研究所是由原中科院长春光学精密机械研究所和原中科院长春物理研究所于1999年7月整合组建而成,以知识创新和高技术创新为主线,从事基础、应用基础研究、工程技术研究和高新技术产业化的多学科综合性基地型研究所。先后

取得了 1666 项科研成果，研制出了中国第一台红宝石激光器、第一台大型经纬仪等十多项“中国第一”，为中国的科技进步、经济发展和国防建设作出了一系列突出贡献，被誉为“中国光学的摇篮”。新世纪里，新一代长光人将秉承先辈的光荣传统，锐意创新、开拓进取，努力创造无愧于历史，无愧于时代的伟大业绩。

地址：长春市东南湖大路 16 号（130033）

法人代表/负责人：宣明

电话：0431-85686367　　注册时间：1999 年

传真：0431-85682346　　注册资本：20000 万元

电子邮件：ciomp@ciomp. ac. cn　　企业人数：2000 人

网址：www. ciomp. ac. cn　　研发人员数：500 人

所属产业链环节：工程和高新技术研发

主要经营产品：光学材料，光学仪器

中国科学院长春应用化学研究所

中国科学院长春应用化学研究所是集基础研究、应用研究和高技术创新研究为一体的综合性化学研究所，主要研究集中在二氧化碳资源、玉米资源、稀土资源、先进结构材料、先进复合材料和先进光电功能材料等领域。

在“光电功能高分子与塑料电子学”方向，以发展光电功能高分子的可控合成、微加工与器件应用为主题，以解决设计与合成、微加工和器件组装涉及的关键科学问题为核心，围绕平板显示、照明光源、光通讯组件等应用目标，以“分子工程-凝聚态调控-微加工方法-器件工程”研究链条为主线，将在高分子设计与合成、高分子薄膜生长与调控、微加工方法学、器件工程等方面开展具有重大科学目标导向的基础研究，为发展高分子科学和塑料光电子学科做出创新贡献。目前我们已经具备了开发和生产公斤级有机电致发光材料的能力和基础设施，有先进的研发设备，开发出了具有自主知识产权的有机电致发光材料、单一白光高分子材料和界面注入材料，实现了高效率白光有机发光器件（16. 8 cd/A 11. 6 lm/W），并在寿命上取得了突破性进展，未来将集中在材料产业化、高效率白光有机发光器件的设计与优化、产业化关键技术等方面，为有机发光器件在显示与照明应用提供技术基础，推动产业化。

地址：长春市人民大街 5625 号（130022）

法人代表/负责人：王利祥

电话：0431-85262357

传真：0431-85262873　　注册时间：1948. 12

电子邮件：lxw@ciac. jl. cn　　企业人数：796 人

网址：www. ciac. jl. cn　　研发人员数：300 人

所属产业链环节：基础研究与应用开发

中国科学院物理研究所

物理所是以物理学基础研究与应用基础研究为主的多学科、综合性研究机构。研究方向以凝聚态物理为主。拥有磁学、超导、表面物理等 3 个国家重点实验室。现有中国科学院院士 13 人，中国工程院院士 2 人。物理所新型化合物材料实验室利用 MOCVD 设备进行超高亮度 GaN 基发光二极管关键技术研发，具有完善的研发和测试设备。近几年出色完成了多项国家 863 计划、973 计划、科学院创新计划等项目。目前正致力于提高 LED 材料发光效率、深紫外材料、非极性材料、单芯片白光材料等领域研究。

地址：北京市海淀区中关村南三街 8 号（100080）

法人代表/负责人：王恩哥

电话：01082648149　　注册时间：2001 年 1 月 11 日

传真：01082649457　　注册资本：20777 万元

电子邮件：hchen@aphy. iphy. ac. cn　　企业人数：400 余人

网址：http://www. iphy. ac. cn　　研发人员数：180 余人

所属产业链环节：半导体照明领域外延与芯片技术研发

主要经营产品：LED 外延材料、光电子 & 微电子外延材料

中山大学化学学院稀土与光电子信息材料研究中心

地址:广州市新港西路135号(510275)
法人代表/负责人:王静
电话:020-84111038
传真:020-84111038
电子邮件:ceswj@mail.sysu.edu.cn
研发人员数:10人
所属产业链环节:荧光粉
主要经营产品:紫光或蓝光芯片用稀土三色荧光粉
微电路模块;光电器件;光电模块;光电组件;电阻器、电容器;各种管壳;DPA试验等32大项596个参数

武汉光电国家实验室微光机电系统研究部

地址:武汉华中科技大学珞瑜路1037号F区101(430074)
法人代表/负责人:刘胜
电话:027-87542604
传真:027-87547074
电子邮件:hustqiqi@gmail.com
网址:www.wnlo.net
研发人员数:60人

中国地质大学(武汉)纳米材料研究所

地址:湖北省武汉市洪山区鲁磨路中国地质大学(430074)
法人代表/负责人:袁曦明
电话:13212726638
传真:027-67885201
电子邮件:xmyuan@public.wh.hb.cn
注册时间:2001年11月
注册资本:285万元
研发人员数:12人
所属产业链环节:白光LED用小颗粒荧光粉
主要经营产品:白光LED用黄色荧光粉,红色荧光粉,绿色荧光粉,蓝色荧光粉,白色荧光粉等

中国电子科技集团公司第四十五研究所

地址:北京东燕郊经济技术开发区海油大街20号(065201)
法人代表/负责人:郭永兴
电话:010-61598218
传真:010-61598221
电子邮件:sales@cetc-45inst.com
网址:www.45inst.com
企业人数:1450人
研发人员数:786人
所属产业链环节:设备制造
主要经营产品:半导体制造设备,电子元器件制造设备,光电器件设备,LED制造设备

中国计量学院信息工程学院

地址:杭州市下沙学源路(310018)
法人代表/负责人:金尚忠
电话:0571-86914581
传真:0571-86914581
电子邮件:jinsz@cjlu.edu.cn
网址:www.cjlu.edu.cn
注册时间:2000年
注册资本:3000万元
企业人数:150人
研发人员数:30人
所属产业链环节:LED灯的光学与热学设计,芯片结构的光学设计与出光率提高的研究,LED测试仪器研发与生产,LED照明新应用研究
主要经营产品:LED照明灯杯设计,大功率LED测试仪器,大功率LED分光仪器,LED植物生长灯,LED泳池灯,帐篷灯,JF-2系列、SSP3000系列LED测试仪器

中国科学院上海光学精密机械研究所

地址:上海市8211信箱(201800)
法人代表:朱健强　　项目负责:徐军
电话:021-69918000
传真:021-69918606
电子邮件:xujun@mail.shcnc.ac.cn
网址:www.siom.ac.cn
注册时间:1964年5月20日
企业人数:718人
研发人员数:328人
所属产业链环节:衬底材料
主要经营产品:蓝宝石、$LiAlO_2$等衬底材料

检测机构(按拼音排序)

国家半导体器件质量监督检验中心

负责人:徐立生

认可(验收)证书编号:国质监认字 097 号

地址:石家庄 179 信箱 45 分箱 9 新华区合作路 13 号)

邮政编码:050051

电话:0311-7041921-343

承检单位:电子第 13 研究所

授权检验的主要产品范围:半导体器件

网址:http://www.cetc-hb.com

国家电光源质量监督检验中心(北京)

负责人:肖友才

认可(验收)证书编号:国质监认字 164 号

地址:北京市朝阳门外呼家楼

邮政编码:10002

电话:010-67746544/67787300

承检单位:北京市电光源研究所

授权检验的主要产品范围:电光源

网址:http://www.bjlight.com

国家电光源质量监督检验中心(上海)

负责人:张永富/沈明阳

认可(验收)证书编号:国质监认字 163 号

地址:上海市苍梧路 381 号

邮政编码:200233

电话:021-64369597/64850058

承检单位:上海市产品质量监督检验所

授权检验的主要产品范围:电光源

网址:http://www.cnsist.com/indexl.asp

国家灯具质量监督检验中心

负责人:姚志尚

认可(验收)证书编号:国质监认字 162 号

地址:上海市北宝兴路 75 号

邮政编码:200083

电话:021-56383662/56381793

承检单位:上海市照明灯具研究所

授权检验的主要产品范围:灯具

网址:http://www.cltcnet.org/

国家通用电子元器件质量监督检验中心

负责人:张建/吴江

认可(验收)证书编号:国质监认字 004 号

地址:广州市天河区东莞庄路 1 号

邮政编码:510610

电话:020-87237667

承检单位:信息产业部第五研究所

授权检验的主要产品范围:电阻、电容、半导体器件、中小规模数字电路

网址:http://www.necitl.com/intro.asp

国家有色金属电子材料质量监督检验中心

负责人:韩振京

认可(验收)证书编号:国质监认字 095 号

地址:北京市新街口外大街 2 号

邮政编码:100088

电话:010-62012094/62054704

承检单位:北京有色金属研究总院

授权检验的主要产品范围:有色金属加工材料,稀有金属和电子材料

网址:http://www.grinm.com.cn/

广州电气安全检验所
广东省产品质量监督检验中心
国家电器产品安全质量监督检验中心

地址:广州市海珠区新港东路海诚东街 6 号(510330)

法人代表/负责人:张理中

电话:020-89232810

传真:020-89232876

电子邮件:cest@cest.cn

网址:www.cest.cn

注册时间:1983 年 9 月

注册资本:11776 万元

企业人数:357 人

研发人员数:223 人

主要检测项目:灯具及控制装置的安全项目及性能要求,电光源的光通量、色温、色坐标及紫外辐射等项目。

公安部交通安全产品质量监督检测中心

地址:江苏省无锡市钱荣路88号(214151)
法人代表/负责人:罗俊仪
电话:0510-85505281
传真:0510-85503152
电子邮件:jczx@ctstc.org.cn
网址:www.ctstc.org.cn
注册时间:1993年
注册资本:1000万元
企业人数:25人
所属产业链环节:LED应用产品的测试
主要经营产品:LRD、LRD交通信号灯、LED灯具

中介机构

国家半导体照明工程研发及产业联盟

国家半导体照明工程研发及产业联盟(以下简称“联盟”)成立于2004年10月12日,由国内40余家从事半导体照明行业的骨干企业和强势科研院所按照“自愿、平等、合作”的原则发起成立。

联盟旨在“联合、创新、求实、发展”,以推进半导体照明的技术进步和产业化为目标,充分利用现有资源,通过建立各类信息、知识产权等资源共享机制,探索搭建公共技术服务平台,以共赢的商业模式提倡上下游企业的联盟合作、集聚创新式的区域合作和全球范围内资源整合的国际合作,为政府出台相关产业政策提供决策参考,实现行业自律,促进联盟成员的自身发展,从而提升中国半导体照明产业的国际竞争力。

联盟主要工作内容如下:

1. 推动研发联盟:通过技术交流、培训、人才互访、联合研发等方式,促进企业与研发机构间的技术合作,探索建立公共技术服务平台和有效的产、学、研相结合的技术创新机制,提高企业发展后劲,使之真正成为技术创新的主体,研发机构更贴近市场,提高成果转化率。

2. 推动知识产权联盟:通过在联盟成员之间建立知识产权共享机制,探索突破国外在知识产权方面形成的强大技术壁垒的渠道与途径,在全球范围内寻求突破并占据应有的地位,提高我国半导体照明技术的国际竞争力。

3. 推动投资联盟:疏通业界的资金渠道,及时通报各类投资信息,定期举办项目发布;推介风险投资、投资担保、投行(企业并购重组)机构给会员单位,解决企业发展的资金需求。

4. 推动市场联盟:促进全产业链企业的生产与销售合作,通过市场价格发布、建立行业标准等手段,规范市场,建立健康、有序的竞争环境,避免恶性竞争,协同对外。

5. 推动人才联盟:通过全球性的人才招聘渠道,交流相关人才信息,建立上下游和区域性的人才合作机制,通过人才信息公开、流动监督等手段,建立行业内人才合理流动的机制,解决企业发展的人才需求。

6. 推动国家有关政策的制订以及项目的顺利实施。

联盟采取常务理事会领导下的执行主席负责制,常务理事会由11家常务理事单位组成(包括3家科研院所、3家外延与芯片企业和5家封装及应用企业),常务理事会设1名产业执行主席、1名研发执行主席和1名秘书长,秘书处设在“中国半导体照明网”(www.china-led.net)

国家半导体照明工程研发及产业联盟秘书处

地址:北京市海淀区中关村南大街2号数码大厦B座1002C室(100086)

电话:010-82512307/51727119

传真:010-51727120

邮箱:liuhui@techcn.com

网址:www.china-led.net

国家新材料行业生产力促进中心

为推动面向高技术产业和区域特色经济服务的专业性生产力促进中心的发展,科技部国科高字[2003]12号文批准依托北京麦肯桥资讯有限公司组建新材料行业生产力促进中心,中心作为民办非营利的专业性科技中介机构,于2004年1月被科技部认定为国家重点生产力促进中心试点单位。

中心作为面向全国新材料产业的专业性生产力促进中心和高新司在材料领域的重要支撑机构,在围绕发展高新技术产业和区域经济方面,为材料企业、科研院所提供60多项技术咨询、战略咨询、项目投融资、并购重组等咨询服务,为各级政府提供10余项行业发展战略与规划、工业园区发展战略与规划等咨询服务,为促进材料科技成果转化及产业化发挥了重要的推动作用。

地址:北京海淀区中关村南大街2号数码大厦B座702室(100086)

电话:010-82512801

传真:010-82512803

中国照明电器协会

中国照明电器协会(China Association of Lighting Industry)是由照明电器行业的企业、事业单位自愿组成的社会团体,是经中华人民共和国民政部正式注册的全国唯一的照明电器行业的社团组织,具有社会团体法人资格。中国照明电器协会成立于1989年,是全国性的,不受地区、部门和所有制限制的非营利性社会团体,协会的上级主管部门是国家经贸委。

协会的宗旨是遵守宪法、法律、法规和国家政策,遵守社会道德风尚,沟通企业之间、行业之间、企业与政府之间的关系,协调同行业利益,维护会员的合法权益和行业的整体利益,促进行业发展,繁荣社会主义市场经济。

协会下设电光源、灯具、灯头灯座、电器附件、专用材料、霓虹灯六个专业委员会以及信息服务、人才培训和照明工程三个工作委员会。

协会的主要业务范围包括:

①开展对国内外同行业发展状况的调查研究,向政府部门反映会员的愿望和要求,提出制定行业规划、政策、立法等方面的建议。

②开展行业调查统计,收集和发布行业信息。

③创办行业协会出版物。

④参与制订和修订行业的产品标准。

⑤组织本行业的产品展览和订货,开展技术交流和合作。

⑥开展咨询服务,为会员提供国内外技术、经济、管理、市场等方面的信息。

⑦组织管理与技术方面的人才培训。

⑧与国外同行业及相关组织建立联系,开展国际交流与合作。

⑨维护会员合法权益,协调会员关系,商定行规行约。

⑩承办政府及有关部门委托的工作。

根据协会宗旨和业务范围,十几年来协会在全行业开展了大量工作。目前协会拥有1000余名会员,会员中几乎包括了所有行业内的骨干企业。照明电器行业“八五”、“九五”、“十五”、“十一五”的发展计划均出自协会;行业权威的统计也全部出自协会;协会目前办有三个刊物,即《中国照明电器》、《照明电器简报》和《照明》;协会组织行业标准和国家标准的制定工作,协会理事长任全国照明电器标准化技术委员会主任;协会连续十年每年在国内组织照明电器展览会,连续十几年每年组织全行业订货会,连续七年每年组织行业内企业参加在国外举办的国际照明展。同时协会每年均举办不同形式的学术研讨会、市场研讨会、产品发布会,以促进企业间的交流与合作。协会每年为国内外照明界包括PHILIPS、GE、OSRAM等大型跨国公司提供大量咨询。协会的人才培训工作委员会每年均举办技术培训;协会与国外同行业组织和企业建立了密切的联系;协会经常营会员企业的要求,为会员企业提供免费服务,在会员企业中具有很高威信。

协会的优势是全面、细致地了解行业企业的生产、经营状况,产品的标准、认证、质量状况,企业技术、设备、原材料供应状况,市场销售状况。

中国照明电器协会愿同国内外同行一起努力,共促行业发展!

地址:中国北京东长安街6号230室(100740)

电话/传真:8610-65135873、65234757、65276109

电子邮箱:cali@chineselighting.org

网址:www.chineselighting.org

中国照明学会

中国照明学会(China Illuminating Engineering Society)成立于1987年6月1日。同年,即以中华人民共和国照明委员会(China National Commission on Illumination)的名义加入国际照明委员会(CIE)。

中国照明学会拥有一批照明领域的专家、学者,主要从事照明技术的科研、教学、设计、生产、开发以及推广应用工作。学会的宗旨是:组织和团结广大照明科技工作者及会员,积极开展学术交流活动;关心和维护照明科技工作者及会员的合法权益,为繁荣和发展我国照明事业,加速实现我国社会主义现代化建设作出贡献。其主要任务是,在照明领域开展学术交流、技术咨询、技术培训,编辑出版照明科学技术书刊、普及照明科技知识,促进国内外学术交流活动和科技工作者之间的联系,并通过科技项目评估论证和举办照明科技博览会,积极为企业服务。学会现有团体会员578名,《照明工程学报》为其主办的刊物,面向全国发行。

学会设有组织、学术、国际交流、编辑、科普、咨询、教育培训等七个工作委员会及视觉和颜色、计量测试、室内照明、交通运输照明和光信号、室外照明、光生物和光化学、电光源、灯具、舞台影视照明、图像技术、霓虹技术等11个专业委员会。

常设机构:中国照明学会办公室
电话:010-65815905
传真:010-65812194
网址:http://www.lightingchina.com.cn

中国光学光电子行业协会
光电器件分会

中国光学光电子行业协会光电器件分会成立于1989年,是全国从事LED光电器件研究、生产和教学的企事业单位自愿组合并经民政部批准的社会团体分支机构。中国光学光电子行业协会光电器件分会由中国光电子行业协会归口管理,接受信息产业部的业务指导和民政部的监督管理,是政府部门在LED光电行业管理的参谋和助手。

中国光学光电子行业协会光电器件分会的宗旨是为全国LED光电子行业的共同利益服务,维护会员单位和本行业的合法权益,推动和加速行业间的联系和经济技术水平的不断提高,促进行业发展。

业务范围:行业管理、信息交流、业务培训、国际合作、咨询服务。

目前,光电器件分会有注册团体会员160余家,会员单位涵盖国内LED行业著名科研院所和企事业单位,并聘请工程院院士陈良惠等18位业内有影响力的著名专家和学者担任协会技术顾问。第五届理事会主要成员有:

理事长:厦门华联电子有限公司　范玉钵
副理事长:中国电子科技集团第十三研究所　杨克武
副理事长:佛山市国星光电科技有限公司　王垚浩
副理事长:江西联创光电科技股份有限公司　蒋国忠
副理事长:南昌大学材料科学研究所　江风益
副理事长:厦门三安电子有限公司　林科闯
秘书长:彭万华　　副秘书长:胡爱华

欢迎全国LED光电行业内的企业、研究所、学校及相关单位加入中国光学光电子行业协会光电器件分会,并请与秘书处联络。

地址:厦门火炬高技术产业开发区华联电子大厦(361006)
法人代表/负责人:范玉钵
联系电话:0592-6037472
传真:0592-6021191
电子邮件:huaihua@xmhl.com.cn
注册时间:1986年
会员单位:160个

上海半导体照明工程技术研究中心

主要包括单位历史沿革、发展现状(主导产品、主要研究方向及成果、生产及研发条件)、未来计划等

为了推进国家半导体照明工程上海产业化基地建设,培育和支持上海半导体照明企业的高速成长,完善半导体照明公共研发服务体系,在上海市科学技术委员会领导下,由上海张江(集团)有限公司等17家单位发起,以产学研紧密联合的方式,成立了上海半导体照明工程技术研究中心。

中心将充分发挥企业、高校及科研机构的整体资源优势,把握国际、国内新一代半导体照明技术发展趋势,重点承担国家、地方和企业在半导体照明领域应用技术方面的研究和开发课题、任务,形成一批具有自主知识产权的核心技术;为该领域的科研院所、中小企业的技术研发提供服务,针对产业中的重大关键和共性技术,组织联合攻关,通过技术创新形成自主知识产权;积极开展多种形式的国内外合作与交流;承担行业发展规划和产品技术标准制定、项目管理、行业评估认证、技能资历考核和行业统计等工作。

2005年至今,市科委对光电子重大专项投入经费累计达3000万以上。在市科委的领导下,中心组织上海市科研院所、企业对光电子重大专项进行联合攻关,并承担了专项的协调和管理工作。2007年,中心将继续投入巨资建设对产业服务的半导体照明公共研发和服务平台,包括科技部863支持的"半导体照明公共检测与评估系统集成"体系、"半导体照明系统设计与研发平台"和"半导体服务与培训平台"等。

地址:上海市张江高科技园区祖冲之路887弄78号5楼(201203)
法人代表/负责人:郭延生
电话:021-50806699-526

传真:021-50806699-522
注册时间:2006 年 7 月 26 日
注册资本:840 万元
所属产业链环节:公共服务平台

上海市光电子行业协会

上海市光电子行业协会成立于 2003 年 1 月 17 日,是经上海市民政局注册登记的具有社会团体法人资格的行业社团组织,英文名称为:Shanghai Opto-electronics Trade Association,英文缩写为:SOTA. 本会的业务主管部门为上海市信息化办公室和上海市行业协会发展署,同时接受上海市民政局的指导和监督管理:

一、协会宗旨

本会的宗旨是遵守中华人民共和国宪法和法律作为政府与企事业单间的桥梁与纽带,为加快上海光电子产业的振兴和发展献计献力。

二、业务范围

协会的业务范围是:咨询服务、中介、行业标准制订、组织展览、培训、交流,政府委托的工作及其他相关业务。

三、会员条件

凡经正式工商注册,具有独立法人资格,在上海地区从事光电子研究、开发、设计、制造、测试、应用投资、管理、中介服务等各种所有制的企事业单位,承认协会章程,履行会员义务,均可成为本会会员。

四、协会组成

目前,上海市光电子行业协会有首批会员单位 60 余家. 按专业领域划分:其中,从事光电子研究与开发的有:中科院上海光机所、中科院上海微系统与信息研究所、中科院上海硅酸盐研究所中试基地、863 上海光电子技术研发开发中心、上海光学仪器研究所等;从事 LED 产品生产的有:上海金桥大晨光电科技有限公司、北大蓝光科技有限公司、上海兰宝光电材料有限公司等企业;从事光显示产业的有:上海广电电子股份有限公司、上海海晶电子有限公司等公司;从事光存储产业的有上海新汇时代光盘技术有限公司等;从事光纤光缆产业的企业有:上海光通信公司、上海华源光纤通讯有限公司、上海常华光纤通信设备有限公司、上海华新电线电缆有限公司等;从事光网络、光器件的有上海全光网络科技股份有限公司、翔光(上海)光通讯器材有限公司、上海奥普光电技术有限公司、信息产业部第 23 研究所等;从事激光设备制造的有上海大恒光学精密机械有限公司,上海团结百超数据激光设备有限公司等;还有从事投资的企业有上海民创投资管理有限公司、上海湘财贯通投资管理有限公司等以及社团法人浦东光电子学会、复旦大学信息学院、张江高科技园区开发公司、上海市漕河泾新技术开发区发展总公司、上海中科高科技工业园发展有限公司、等单位,以上这些会员单位组成了"上海市光电子行业协会"。

五、组织机构

协会的最高权利机构是会员大会,由大会选举产生的理事会是执行机构,理事会设理事长 1 名和副理事长 6 名负责协会工作. 理事会下设秘书处为协会常设机构,主持日常工作,秘书处实行秘书长负责制. 协会下设 POF 与光纤光缆专业委员会、光网络专业委员会、光显示专业委员会、光存储专业委员会、光器件与光纤传感专业委员会、光电子技术标准化产业委员会,秘书处下设办公室,研究咨询部,海外交流部,联络协调部,招商融资部,市场开发部等部门。

较强的行业代表面和扎实的行业基础,又有政府有关部门,业内企业领导及资深专家的指导和支持. 这些优势将为今后的工作开展提供了有利条件和强大的推动力. 本协会诚邀业内企业加盟,共同促进上海光电子行业的发展和进步。

办公地址:上海市张江高科技园碧波路 518 号 B 座 205 室(201203)
电话:021-50805489
传真:021-50805486
网址:http:// www. chinasoia. org
电子邮件: sota@chinasoia. org

广东省照明电器协会

广东省照明电器协会成立于 1992 年,是由广东省照明电器行业的企业、事业单位组成的跨地区、跨所有制单位构成,经广东省民政厅注册登记、由广东省经济贸易委员会主管的具有法人资格的行业协会,现有会员单位 500 多家,理事单位 86 家。下设半导体照明(LED)专业委员会和照明设计专业委员会。

近年来,随着政府职能的转变,广东省照明电器协会在照明电器行业的影响越来越大。为了更好地发挥协会在政府与行业、企业之间的桥梁和纽带作用,协会自成立以来,严格按照上级精神和协会章程开展工作,并且先后以各种方式参与了全国各地的照明展览、研讨会和企业技术培训等活动,同时得到了企业的大力支持,企业参与协会举办的各种活动的积极性也不断提高。

一、参与展览会情况介绍：

①1992 年至 1996 年，广东省照明电器协会协助国家建设部驻深圳机构，举办了深圳国际装饰、照明展览会；

②1996 年，以主办单位形式，参与了第一届广州照明展览会；

③从 1994 年开始，广东省照明电器协会以协办单位形式，先后参与了上海国际照明展览会、广州照明展览会、重庆照明展览会、杭州照明展览会；

④1995 年，以主办单位形式，举办了中国(南方)照明配件展销洽谈订货会；

二、近年来参与研讨、培训情况介绍

①2001 年，承办了全国节能电感镇流器研讨会；

②2001 年，牵头举办了美国 UL 认证会；

③2002 年，受香港高盛集团委托，筹办了广东省照明展览研讨会。

④2004 年，举办了广东省照明电器首届十佳企业评选活动。

⑤2005 年，与国家半导体项目办公室联合在广州举办了全国大功率 LED 照明技术研讨会。

⑥2005 年，主办品牌照明 · 2005 年最受欢迎品牌调查活动

⑦2006 年，主办广东省节能宣传周活动，以及照明节能产品“十强企业”、“十佳企业”和“先进单位”的评选；同年举办了东莞灯具配件展。

此外，为了更好地传递行业资讯，宣传企业形象，推广品牌理念，从 2001 年开始，广东省照明电器协会与广州市召唤公益文化有限公司合作，建立了中国照明商务网(www. china-lighting. net)，并出版发行全国首家全彩色协会会刊《照明电器》(月刊)，形成了独具特色的媒体网络，在全国照明行业具有较高的知名度和较大影响力。

厦门市现代半导体照明产业化促进中心
厦门市 LED 促进中心

厦门市 LED 促进中心是按 WTO 规则建立的社会公益性机构，以推动厦门半导体照明产业化和基地建设为主要任务。

在厦门市科技局和厦门市半导体照明产业化基地协调领导小组办公室的领导下，厦门市 LED 促进中心承担以下职能：

参与“厦门国家级半导体照明工程产业化基地”的规划、建设、组织与实施。

参与 LED 夜景工程全过程质量管理、跟踪以及质量标准的制订工作。

以客观、公正、中立的立场进行项目的策划和协调、招标和监理工作。

跟踪国内外光电产业的发展动态，为政府和企业提供最新产业信息。

负责建设并运营光电行业网站，实时对外发布与光电产业相关的信息。

组织相关单位参加各种学术交流会议、研讨会、展览会等活动，加强与台湾、香港光电产业的交流与合作。

开展光电应用推广和科普工作。

协助政府和企业开展招商引资工作。

地址：厦门市虎园路 2 号科技交流中心 405(361003)

法人代表/负责人：何开钧

联系电话：0592-2020375

传真：0592-2028645

电子邮件：hekj@ledxm. com

网址：www. ledxm. com

注册时间：2004 年 2 月 2 日

注册资本：6 万元

企业人数：10 人

研发人员数：5 人

宁波电子行业协会

宁波电子行业协会成立于 2002 年 4 月 16 日，是宁波电子信息产业的自律性行业管理组织，是依法注册的非营利性社会团体法人。协会现有会员单位 118 家；会长 1 人，副会长 9 人，理事单位 37 家；协会会员企业主要产品有通信、集成电路、计算机、智能、数字家电、组件、器件、新材料等八大类 200 多个品种；2005 年协会会员企业工业总产值 230 亿元，出口

交货值86.70亿元,创利税11.3亿元。在"十一五"期间宁波电子信息产业列入市重点发展产业。宁波保税区2005年荣膺国家集成电路产业基地,会员企业现有驰名商标4个,中国名牌产品6个,上市公司5家,为宁波荣获品牌之都等作出较大贡献。此外为了推进宁波半导体照明产业快速发展,2006年协会还专门成立了"半导体照明分会",现有会员企业40余家,且在半导体封装、配套和应用方面有良好的行业基础和优势。如在封装行业已形成数家水平较高且有一定规模骨干企业;在LED配套产业中,引线框架、键合金丝、电源模块、功率控制芯片等方面具有较强实力;LED应用产品如灯具、手电筒在国内占有重要地位,并已形成以模具、注塑件为依托强大灯具生产区域配套能力和专业大型市场,宁波保税区以奇美电子为核心LCD产业集群发展迅速,已成为我国最重要的LCD产业集中地之一,未来背光源潜在应用市场前景广阔,均为创建国家半导体照明产业基地创造良好的条件和基础。

地址:宁波市龙湾新村27号(315010)

联系人:任奉波秘书长

电话:0574-87324829/87294643

传真:0574-87292158

电子邮件:rfb@nbelec.com

网址:www.nbelec.com

深圳市半导体照明产业发展促进会

深圳市半导体照明产业发展促进会(以下简称促进会)英文名称为:Shenzhen Semiconductor Lighting Association,缩写为SSLA。于2006年经深圳市民政局批准成立,社团登记管理机关为深圳市民政局,业务主管单位为深圳市科技和信息局。

本促进会的性质:由深圳地区从事半导体照明及相关LED元器件研究、开发、制造、测试、应用及其他相关业务领域的企业单位、科研单位自愿组成的行业性组织,是属非营利性的社会团体;本促进会的宗旨:在遵守国家宪法、法律、法规,国家政策和社会道德风尚的前提下,对上协助政府,对下服务企业,做企业和政府间的忠实纽带和可靠桥梁,促进本行业的不断发展。

现有会员单位37家,覆盖了半导体照明产业链的上、中、下游单位。

地址:广东省深圳市南山区西丽龙井方大城

电话:0755-26788571-7787

传真:0755-26798696

联系人:王小姐

广东省照明电器协会半导体照明(LED)专业委员会

随着LED的科技进步,将在行业内外引发一场激烈的争夺战,包括上中下游产品的开发热,为了引领行业健康有序、持续稳定的发展,规范自身经营行为,加大自主创新力度,经报广东省民政厅社团管理局同意,广东省照明电器协会批准,由学术单位、企业等发起成立了广东省照明电器协会半导体照明(LED)专业委员会,并于2006年11月8日在广州正式成立。

广东省照明电器协会半导体照明专业委员会的宗旨在于致力于加强广东地区LED生产企业、学术单位、政府之间的合作、联系与交流;通过有效的沟通和资源整合,提高企业的竞争能力。

根据LED行业发展形势,专业委员会将主要开展以下方面工作:

①积极做好政府部门委托委员会经办的有关行业及企业的各项工作。同时将政府各个时期对行业企业颁布、实施的方针政策措施及有关的国内外商情信息迅速传递到会员企业,使会员企业把握好企业的生产经营方向,提高经营战略和策略水平。

②将加强与省经贸委等产业规划部门沟通,推动我省半导体照明产业在"十一五"期间的产业规划和产业升级,争取各级政府对半导体照明产业的扶持与推动政策。

③主动加强与广东省名牌战略推进委员会的深入沟通与合作,做好半导体照明领域省级名牌产品的评选规划。

④主动做好与省工商部门的沟通工作,协助企业做好广东省著名商标的评选工作。

⑤努力通过各种渠道,加强委员会与省级和国家级科技厅(部)、发改委等政府部门的沟通,及时掌握各级政府对半导体照明领域的政策走向及科技立项信息,提出行业新技术、新工艺、新产品、新材料开发规划建议;组织重大科技项目攻关和成果鉴定、推广工作;

专业委员会将在重点扶持和培养中小型企业方面倾注更多热忱,帮助企业提高产品质量,加强企业经营管理,促进产业链之间的互动，搞好对外宣传，促进企业更好、更快地发展。

协会办公地址：广州市珠江新城花城大道1号七楼

电话：020-22223380

传真：020-22223398

重庆LED照明研发与产业联盟
光德半导体照明生产力促进中心

主要包括单位历史沿革、发展现状(主导产品、主要研究方向及成果、生产及研发条件、未来计划等

为促进重庆LED产业的发展与繁荣，满足山城巨大的市场需求，在重庆市科委倡议与指导下，重庆市多家民营企业与部分科研、生产、应用单位自愿发起成立了重庆LED照明研发与产业联盟。

联盟宗旨：充分利用现有资源，以共赢的商业模式，促进联盟成员自身发展；推进LED照明的技术进步和产业化为目标，促进联盟内成员联合创新，形成产业群合力；倡导和维护有序的市场竞争。

联盟任务：1、围绕市场需求，组织、协调联盟成员完成LED产业化及市场推广等工作，针对各成员在技术、制造、市场等方面不同优势，协调各成员合理分工，完成LED新产品开发、应用配套、系统集成等工作。2、积极推进LED技术研究开发，逐步形成上、中、下游产品完整体系；迅速推进LED的应用开发，不断扩大市场影响力和占有率。3、协助政府有关部门推进LED产业发展，协调联盟成员单位围绕产业不同课题，申请政府部门相关项目研发经费，开展项目合作，达到产业化目的。4、宣传贯彻产业政策、方针，发挥联盟自律职能，向主管部门反映联盟成员的愿望和要求，对有关产业发展的新法规、新政策的制订进行研讨和建议。5、开展技术交流、培训，推动成果转化，促进多种形式经济与技术合作，创造公平竞争、协同发展的良好产业环境。

现已入盟企业30余家，联盟内企业间广泛开展了技术与商务合作，已取得显着成果。

重庆LED照明研发与产业联盟成员名单：

建设工业(集团)有限责任公司

中国电子科技集团第四十四研究所

重庆大学

重庆灯辉水下光源有限公司

重庆长星光电子制造有限公司

重庆南岸稳庆光电厂

重庆航伟光电科技有限公司

重庆市光学机械研究所

重庆雪伦科技有限责任公司

重庆卓为电子技术有限公司

重庆市易博数字技术有限公司

重庆邮信半导体有限公司

星河电器有限公司

重庆万道光电有限公司

重庆大雁半导体有限公司

重庆晟昊科技有限公司

深圳伯爵王照明设计重庆分公司

重庆天海医疗设备有限公司

重庆泰富照明电器公司

重庆经纬灯饰有限公司

重庆正全电子科技发展有限公司

重庆万州安多数码灯厂

重庆市新恒科技有限公司

重庆海洲电子有限公司

重庆风华现代教育设备有限公司

重庆市光德半导体照明生产力促进中心

重庆运达机电设备制造有限公司

重庆信德电子有限公司

重庆运达机电设备制造有限公司
重庆惠尔照明电器有限公司
重庆光电工程研究中心

联络处:重庆市光德半导体照明生产力促进中心
地址:重庆大学科技园广场二楼(400030)
法人代表/负责人:陈伟民
电话:023-65111173
传真:023-65111174
电子邮件:office@cqled.com
网址:www.cqled.com
注册时间:2004年11月25日
企业人数:8人
主要经营产品:中介服务

台湾财团法人光电科技工业协进会

财团法人光电科技工业协进会(Photonics Industry & Technology Development Association,简称PIDA)乃由国家科学委员会创立于1993年的一个非营利机构,组织的宗旨是结合产业、政府、学术、研究等各界,借由产业研究、信息服务、国际交流、推广活动等方法,共同加速推动台湾光电科技与工业之发展。其各项任务包括了进行光电产业研究,以协助政府研拟发展策略、提供光电相关信息,以有利业界市场的掌握、出版光电相关信息,以普及光电技术的认知、举办光电技术与经营人才培训课程,以加速光电工业之升级与转型等。

十余年来光电科技工业协进会(PIDA)每年均对全球光电市场与台湾光电产业做调查和分析,其报告已经成为政府和业界作为策略拟定的重要参考。此外,年年所举办的「台北国际光电大展」(Opto Taiwan)、「LED照明展」(LED Lighting Taiwan)、Display Expo Taiwan等「台北光电周」系列展览更是台湾光电业界的年度盛事,也是亚洲乃至全球的重要光电展览!PIDA并每年定期地与美国OIDA、日本OITDA等全球十余个光电组织做信息交流,并参加全球十余个展览,以保持知识与信息的前瞻。

地址:10093台北市中正区罗斯福路二段9号5楼
光电科技工业协进会联系人:蔡镇懋
电话:+886-2-23967780 Ext. 804
传真:+886-2-23968513
电子邮件:bon@mail.pida.org.tw
网址:http://www.pida.org.tw

香港光电协会(HKOEA)

一、香港光电协会成立背景

光电行业是21世纪最重要的行业之一,同当今社会有重大关联。于2001年,有超过三万人次参加深圳第三届中国国际光电博览会,超过三百家公司展出了他们的产品。在中国,政府积极推动光电行业的发展,并在十多个省市发展建立"中国光谷",形成一个全国性"光谷"联盟。

光电行业是一个兴旺的行业,有许多研究机构已积极在各个领域进行探索。2002年初,一群实业家和研究机构举办一个信息会议,讨论香港地区未来发展前途,他们认为成立一个光电协会将有利于香港工业及推动华南地区光电事业的发展。并确定出主要的日程安排和其他的会务,经过多次见面商讨。在2002年3月6日会议期间,推动出创会主席和理事会成员,并决定协会成立时间为2002年4月9日。本会自2002年成立至今,得到香港特别行政区政府、国家光电子同行及国际上各团体的广泛认可。至今,香港光电协会已积极推动香港成为亚太区光电子的重要中心之一。

二、香港光电协会是实业家群体遵循以下目标创立的

①提高香港光电行业的认识和形象及将香港发展成为光电的地区中心,尤其是在珠江三角洲地区。

②在香港、中国大陆和亚洲地区创造行业群体。

③担任本地光电行业的代表团体。

④促进科技发展及工业和研究团体之间的互相合作。

⑤对有兴趣的团体发展教育和人力资源培训,焦点集中在给学生和年轻的工程师,培养新一代的本地光电工程师和行业专业人士。

⑥担任本地和地区光电行业的商业和科技发展的咨询和市场信息服务中心。

三、为什么要光电？

光电－光学和电子的概念越来越多地出现在我们每天的日常生活中，通过家庭科技，例如电视、光电播放机、光纤信息系统、超级市场条形码扫描机、手提电话等。

然而这仅仅只是冰山一角，因为科技已渗透到各种领域，例如显示器、运输工具、医疗、环境监控、计算机和建筑等。光电科技将以全方位渗透在新的一个世纪里，它将持续推进发展。

四、宗旨

通过了解，制造和应用光电产品刺激香港经济增长，并覆盖本地区和全世界。

北京麦肯桥资讯有限公司
Beijing Materials Consulting Co. ,Ltd

北京麦肯桥资讯有限公司成立于 2001 年 8 月 18 日，致力于为新材料产业及企业提供产业研究、财务顾问、技术咨询等增值服务。公司是国家新材料行业生产力促进中心(全国十家重点生产力促进中心试点单位之一)的依托单位，以“国家新材料产业发展战略咨询委员会”为后盾，围绕发展高新技术产业和区域经济，立足于材料及新材料领域，为各级政府、各类高新技术企业和科研机构提供科技成果转化及产业化的专业性咨询服务。公司先后承担了“我国材料领域中长期科技发展战略研究”、“我国新材料产业基地发展战略研究”等 10 余项国家部委机关委托的课题，以及厦门、大连、柳州、攀枝花、马鞍山、上海浦东等政府委托的 16 项区域战略研究与规划课题，为彩虹集团、建设集团、侨兴集团等 60 余家企业提供财务顾问与技术咨询等专业服务。

公司主导业务：

- 产业研究：为各级政府提供产业发展战略与规划、区域发展战略与规划服务，为企业提供技术战略、资本战略和国际战略咨询服务。
- 资本服务：为高新技术企业提供项目投融资、并购重组、企业改制、技术资本化等咨询服务。
- 国际合作：为企业和研究机构提供技术引进、投资合作、海外业务拓展、国际会议、培训、国际专利申请等服务。

地址：北京海淀区中关村南大街 2 号数码大厦 B 座 702 室(100086)

电话：010-82512801

传真：010-82512803

中国半导体照明网

中国半导体照明网(CHINA-LED. NET)是中国最具权威性和影响力的 LED 垂直互动门户网站之一，自 2003 年 10 月创立以来始终致力于 LED 产业的资讯传播和产品的价值创造。

中国半导体照明网(CHINA-LED. NET)作为“国家半导体照明工程研发及产业联盟(CSA)”秘书处的依托机构，在“国家半导体照明工程协调领导小组”的管理和指导下，肩负着构建国内 LED 产业电子商务互动平台和国家半导体照明网络数据平台的双重使命。

目前，中国半导体照明网(CHINA-LED. NET)拥有 3362 家活跃的 LED 产业链供需会员企业，约 50000 人的固定受众群体数据库(主要为负责生产、市场、研发、管理的中高层专业人士)，日均点击率(排除重复 IP)5000 次，月均浏览量 357000 人次，网站访问量在以每月 5-10%的速度不断增长中，超过半数以上的访问者来自珠三角、长三角、闽三角、北京地区等产业成长迅速、企业供求交易活跃的重要区域。

经过 3 年的飞速发展，中国半导体照明网(CHINA-LED. NET)已经形成了 11 个主频道、48 个子频道，产品数据库涵盖 20 个大类、180 个子类，集资讯、数据、商务三位一体的网络营销互动平台。

地址：北京市海淀区中关村南大街 2 号数码大厦 B 座 702 室(100086)

电话：010-82512802

传真：010-82512803

电子邮件：info@china-led. net

网址：www. china-led. net

中国照明电器协会《照明》杂志

中国照明电器协会主办，面向全国发行的照明专业媒体。旨在促进照明科技的产业化及其应用与推广。杂志本着“致力于照明科技的发展与进步，传播业界信息，推广名优产品，服务经济建设”的办刊宗旨，以科技研讨、标准法规、工程设计以及市场推广为内容，在技术文章、行业管理和产品推广上，都力争科学、严谨、实效。刊物的发行量、阅读率及在业界内的影响非常广泛。通过参加全国专业展览、会议及各种技术与产品交流活动,与各有关方面建立密切、友好的合作。以免费赠阅为主要方式向业界读者介绍《照明》杂志,每年参加北京、上海、广州、深圳、南京、成都、重庆、沈阳、大连、济南、港澳等地举办的展会二十多次。在光源、灯具、照明电器配件、智能控制、实施绿色照明具有积极宣传、推广作用。

地址:北京市海淀区长春桥路5号4-1603室(100089)

电话:010-82564065/66/67

传真:010-82564070

电子邮件:zhao-ming@vip.sina.com

《半导体科技》

■ 出身名门

《半导体科技》于2000年创刊,是美国PennWell媒体集团具有50年历史的国际知名品牌《Solid State Technology》和《Advanced Packaging》的中国版,并且与日本NIKKEI媒体集团的《Nikkei MicroDevices》版权合作,为中国读者提供国内外半导体晶圆制造前后道、封装与测试,以及纳米技术、微机电、平板显示等领域的先进技术信息、最新产品和市场动向。

■ 资源充足

每期内容主要翻译自这些发行已久并获国际认可的优秀品牌,加上我们的编辑人员在全国各地(上海、北京、深圳、香港)及时报导和撰写的本地行业活动和厂商信息等,为中国的晶圆厂、IC设计和封装业内的专业人士提供有用的技术资料。

■ 办刊特色

立足半导体产业,整合全球资源,多角度,全方位报道,为读者和客户提供权威资讯和实用解决方案是我们的专长,配合广泛的发行(9000册,经过BPA认证)保证我们的读者能及时阅读到有用的行业资料。

电子邮件: act_info@actintl.com.hk

网址:www.san-china.com

《中国照明》

《中国照明》创刊于2004年;国际标准刊号:ISSN1727-2890;由广东深圳市节能协会(深圳市照明电器协会)、平凡国际传媒有限公司主办,浙江省照明学会、北京照明电器协会、河南省照明学会协办。是迄今为止中国照明行业最具影响力的主打媒体之一。杂志为大16开本、月刊;月发行量3万册,面向全国发行。

事业导向:前瞻、整合、传播、价值

办刊理念:中国照明行业经营者、决策者的参考书

办刊宗旨:全心全意为行业大众服务

主要栏目:市场前沿、热点透视、照明企业家、特别报道、照明设计、LED集锦、技术纵横、精品看台、抛砖引玉等。

发行对象:照明产品生产制造商、原材料及配件供应商、经销商、照明工程商、设计院、科研机构、高校院所及相关组织。

读者群体:各类照明企业经营者、采购经理、生产经理、制造工程师、研发经理、设计师、技术人员、行业专家、学者……

发行方式:订阅发行、免费邮寄赠阅(DM直邮)、行业展会赠阅、网刊传播……

专业网站:www.cn-zgzm.com

网络实名:中国照明信息网

网络关联通道:平凡传媒、制造业博览

地址:深圳市罗湖区泥岗西路1004号华日花园三楼

邮编:518029

电话:0755-83127811 83127911

传真:0755-83106852

电子邮件:szpfcm@126.com

《现代显示》

《现代显示》创刊于1994年,是具有十余年产业经验,中国显示行业内公认的著名的权威性出版物。

《现代显示》服务于显示行业工程技术人员,真实报道各类显示技术,包括冷阴极射线管(CRT);电致发光显示器(EL);场致发射显示器(FED);液晶显示器和模块(LCD/ LCM);等离子显示面板(PDP)投影显示(PROJECTION)以及其他显示器;显示器件;硬件组件;显示器生产制造的设备、材料以及服务;色彩服务和系统;电脑监视器及外围设备;医用图像及电子设备;军事、航空、航天及其地面支持系统的电子设备和导航设备;海洋学研究机器支持设备;商业、办公设备;广

电系统机器设备；电视机及其他电子消费产品及其应用；测试设备；交通商业信息终端产品和服务以及其他信息显示领域的重点资讯。每月，《现代显示》为超过 5000 名专业的设计和生产工程师、项目经理、业务经理以及高层决策者提供有关新技术、新产品、新工艺、新方案以及新的产业政策等重要资讯。

作为权威、领先的显示技术出版物，《现代显示》杂志一贯坚持最高标准的出版风格，为从事显示和图像设计的专业认识呈现极具可读性的、阅读性强且可靠性高的原创文章。

《现代显示》杂志登载的文章不但探讨显示技术、图像以及图形系统技术不同的应用以及艺术。为显示设计人员提供权威的信息来源

当关键性的决策者寻求显示设计和系统应用的信息时，他们会求助于《现代显示》，只有这本杂志编辑的文章能够为显示和图像系统应用以及原始设备制造应用提供独特的信息……从头至尾，每一页都是。《现代显示》编辑的文章涉及上述技术的理论和工程等各方面

主编：温景梧　社长：赵勤

执行主编：侯江澜（xdys2004@vip.163.com）

责任编辑：朱秀岩（sheila_ayan@163.com）

发行经理：杜志宏（zhihongdu@163.com）

广告经理：朱昌元（xdxs_zcy@163.com）

电话：010-83681155

传真：010-83681009

地址：北京市丰台科技园海鹰路 9 号金汤大厦南 2 层（100070）

深圳办事处：深圳市福田区新洲大厦 B2403（518000）

朱昌元 TEL：0755-83896197

FAX：0755-83896197

上海办事处：上海市徐汇区宛平南路 590 弄 1 号 203 室（200050）

黄樱 TEL：021-64391060

FAX：021-64391060

台湾：陈淑玲（jill_ictrade@hotmail.com）

TEL：886 2 22732340

FAX：886 2 22732153

《LED 技术》

业务主要辐射 LCD、OLED、PDP、VFD、LED 等平板显示及应用领域、IT 领域、房地产领域、汽车消费领域、安防领域、环保领域、展览领域、尖端技术与学术交流领域。拥有两本亚太地区极具权威性，发行量巨大，在行业内极具影响力，辐射面极广的两大强势媒体《光电显示技术》和，同时为专业性市场提供展览服务、尖端技术与学术交流会议。

《LED 技术》月刊目前是亚太区惟一以传播 LED、照明等新技术及介绍相关配套设备、新材料为主题的国际性专业刊物，主要面向 LED 产品生产商、使用商及相关配套厂商的企业领导者、科研开发者、工程人员、采购人员和行销人员以及行业内上中下游客户发行。发行区域涵盖中国大陆、中国香港、中国澳门、台湾、日本、韩国、东南亚、美国、加拿大、英国、法国、意大利、南美及东欧部分地区。同时也得到中国光学协会、中国光电子协会、中国照明协会、江西光电基地、武汉光谷、厦门光电产业研究基地、香港光电协会、台湾光电协会、日本光学协会、美国光电子协会及东欧光电协会的支持。

月刊是亚太区首家传播 LCD、OLED、PDP、VFD 等平板显示新技术及介绍相关配套设备、材料的国际性专业刊物，杂志主要面向光电显示产品生产商和采购商的企业领导者、科研开发者、工程人员、采购人员和行销人员以及行业内上中下游客户发行，范围涵盖中国大陆、中国香港、中国澳门、台湾、日本、韩国、东南亚、美国、加拿大、英国、法国、意大利、南美及东欧部分地区。

公司秉承“塑造企业品牌，推动行业前进”的服务宗旨，诚意为广大厂商提供市场推广和产品宣传服务，为供需双方创造高品质交流平台，为推动中国电子产业的发展与繁荣倾尽全力。

联系人：苏伟楠

深圳市国通广告有限公司

地址：中国深圳市福田区振华路苏发大厦 306 栋东 706 室（518031）

电话：0755-83205380

传真：0755-83243201

电子邮件：yahuhasu@gmail.com/GT5000@126.com

《中国 LED 专刊》

《中国 LED 专刊》是 LED 行业内面向生产,应用,具有较强实用性和信息参考价值的综合性专业刊物,作为 LED 行业内极具知名度和影响力的信息刊物,《中国 LED 专刊》主要向业界人士介绍国内外 LED 产业的新产品,新技术,发展现状及应用实例,积极沟通供需,为厂商及采购商提供更便利的信息服务交流平台。

基本特色:

栏目结构简索,内容充实、发行量大(35000/期)、覆盖面广、网上网下信息互动更紧密、传递更快、更准确、更有影响力。《中国 LED 专刊》将通过网络、专业杂志、专业展会等多种渠道推广发行,让客户充分感受到高效、快捷信息带来的快速发展。

栏目内容:

《技术交流》《市场分析》《新品推荐》《业界动态》《热点追踪》《信息超市》《精品展台》《企业之声》《招聘信息》《展会信息》《企业专访》

发行领域:

1. 城市亮化工程单位、照明工程公司、照明工程设计及顾问公司、大中型物业管理单位、园林设计管理单位、市政工程公司、政府机构、市政管理机构。

2. 文化体育场馆、机场、港口、铁路、车站、交通、金融、证券、酒店、宾馆、汽车、房地产、通讯、邮政、商场、购物中心、连锁超市、大型饮食业机构、娱乐机构等。

3. 医院、学校、部队、矿山、潜水、探险、电子、电器工厂、展览馆、调度指挥中心等单位。

4. 广告公司、建筑装饰设计院所、建筑装修设计公司、建筑工程承包商、广告装饰工程公司、装饰材料市场、照明产品批发零售商、出口商、代理商等。

5. 国内外 LED 行业相关生产研发单位、行业协会、供应商、贸易商、经销商等。

发行方式:

邮局邮递、市场专员派送、相关网上订阅、国内所有专业展会现场派发。全国各大城市设代发点。

《中国 LED 专刊》编辑部

联系人:周越

手机:13381485371

电话:010-64799075/84771918

传真:010-84771611

电子邮件:ledzk@163.com

专家索引 3

专业组织(按拼音排序)

陈燕生

1950年5月出生,1969年参加工作,研究生学历,高级工程师。1975年毕业于西北工业大学,留校任教。1978年至1981年三机部303所研究生。1982年至1989年航空工业部634所工程师,历任研究室副主任、主任。1989年至1994年轻工业部科技司副处长。1994年至1996年中国照明电器协会秘书长,1996年至1999年中国照明电器协会常务副理事长兼秘书长。1999年至今中国照明电器协会理事长。2003年6月至今国家半导体照明工程协调领导小组成员。

陈伟民

陈伟民,男,1955年生,博士教授现任重庆大学光电与测控技术研究中心主任;重庆大学半导体照明工程研究中心副主任;重庆市半导体照明研发及产业化联盟负责人;重庆市半导体照明生产力促进中心主任。国际光学与光电子学会(SPIE)会员;中国光学学会理事;中国仪器仪表学会光机电一体化及系统集成分会常务理事;重庆市光学学会常务副理事长;重庆市电子学会光电子专委会主任;重庆光电工程研究中心副主任。

范玉钵

范玉钵,1965年8月获得哈尔滨军事工程学院无线电通讯专业学士学位,现为高级经济师。范玉钵先生现为厦门华联电子有限公司总经理,他领导的厦门华联电子有限公司于2004年获信息产业部电子工业质量管理小组活动先进单位称号、2002年、2003年连续两年荣获福建省用户满意企业称号,2003年获全国用户满意企业称号。熟悉国内外电子行业发展趋势,长于企业经营管理。现任全国光协光电子行业协会理事长、国家半导体照明工程研发及产业联盟执行主席等职务。

何开钧

何开钧,1940年11月生,教授级高工,现任厦门市LED促进中心主任、厦门市光电子行业协会副会长兼秘书长、厦门市留学生联谊会副会长、厦门市人大科技参事、政协特邀研究员等职务。现具体负责厦门国家半导体照明工程产业化基地的组织、实施与管理、半导体照明测试技术研究等工作。

1960年9月~1965年7月南开大学物理系学习;1965年8月~1966年12月中科院长春光机所技术员;1967年1月~1989年5月新天精密光学仪器公司技术员、副总工程师兼研究所所长、总经理,西德福利德利希—阿利桑达大学应用光学研究所访问学者(师从于世界光学学会主席罗曼教授,从事光学概念新应用和眼睛光学研究);1990年11月~2001年1月期间担任厦门火炬公司法人代表、厦门火炬开发区管委会副主任、创业中心主任等职。

胡爱华

胡爱华,女,高级工程师,1982年毕业于西北工业大学电气工程专业,工学学士。1982年~1984年,在南昌飞机制造公司,从事强五飞机武器控制系统设计工作,1984年~1994年,在电子部七四六厂,从事COMS集成电路、结型场效应管产品设计与工艺技术工作,1994年至今,在厦门华联电子有限公司从事半导体光电器件的工艺技术、新产品开发、技术与标准化管理等工作,目前担任公司技术进步办公室主任,并兼任中国光协光电器件分会副秘书长。主持参与多项国家火炬项目和国家级新产品的研究开发工作,主持研究的国家级新产品"HRM红外遥控接收放大器",其结构和工艺设计属国内首创,取得两项专利授权。发表多篇论文,并多次获厦门市科技进步奖、福建省优秀新产品奖。

刘 杰

刘杰博士(Dr. Daniel Lau),主力研究有关光电元器件及系统之课题,于1987年获得University of Glasgow颁发相关之硕士荣衔。英国电机工程师学会资深会员,2005年获美国玛莉兰州大学颁发六西格玛黑带专业资格,2006年获香港城市大学颁发工程学博士学

位。2002年发起成立香港光电协会，担任创会会长，香港光电协会已受国际及国内的广泛认可。

刘升平

刘升平，女，中国照明电器协会副理事长兼秘书长、高级经济师。1957年生于北京市，中国社会科学院研究生班毕业；1990年始，在中华人民共和国轻工业部行业管理指导司工作；1990～1998年在轻工业部、中国轻工总会任主任科员、处长；1994～1999年在中国照明电器协会任副秘书长；1999年至今任中国照明电器协会任副理事长兼秘书长。参与组织我国照明电器行业“九五”、“十五”和“十一五”发展规划的编制和专家审定工作；主持召开第11届至第22届“全国照明电器材料大会”；组织召开各类“全国灯具质量分析会”、“电光源发展研讨会”等；撰写1994年～2006年《中国轻工业年鉴—照明电器行业篇》；在多家综合类及专业类报刊、杂志上发表几十篇署名文章。

刘世平

刘世平，中国照明学会秘书长、教授级高工。1962年入中国科学技术大学无线电电子学系学习。毕业后到北京市机电研究院，从事可控硅元件及其测试仪器的研制、数控机床的机电调试工作。1975年到北京市电光源研究所，从事卤钨灯、氙灯、紫外线灯、金属卤化物灯等新光源的研制并多次获奖。1994年到中国照明学会，负责国内外照明科技和学术交流工作，多次赴国外参加会议和考察，1999年获国际照明委员会主席表彰证书。参加国内重大项目的评审和评标工作；参加中国工程院“我国固态白光照明技术及产业研究”咨询项目专家组；参与CIE第26届大会的成功申办和筹备等工作。

陆荣庆

陆荣庆(1961－)，上海人，高级工程师，中科院上海冶金所信茂新技术公司常务副总经理，中国光学光电子行业协会LED显示屏分会副秘书长，上海LED半导体照明研发应用中心专家指导委员会成员，LED显示屏行业协会专家组成员，国家信息产业部平板显示技术标准工作组成员。1984年毕业于中国纺织大学自动化系，1984年至1992年在中科院上海冶金研究所第十二室从事电子技术的研究工作。从1992年起进入LED显示屏行业，参与组织实施了多个省市级项目，二十多篇论文(第一作者)在国内专业刊物上发表，是LED显示屏国家行业标准《LED显示屏通用规范》、《LED显示屏测试方法》的主要起草人之一。

彭万华

彭万华，1939年生，大学学历，高级工程师。现任中国光学光电子行业协会光电器件分会秘书长、信息产业部“半导体照明技术标准工作组”副组长、中国发光物理学会常务理事，中国光协副秘书长，厦门市光电专家组组长、厦门华联电子有限公司顾问。曾长期担任厦门华联电子有限公司总工程师，一直从事集成电路、光电子器件和LED的技术研发工作，主持六项国家级项目和几十项LED新产品开发项目并取得很好成果，获省、市科技进步奖和优秀新产品奖十多项。编写论文20多篇，在相关杂志和专业会议上发表。

任奉波

任奉波，女，1952年生。经济师，毕业于中国人民大学企业管理、经济管理专业。现任宁波电子信息集团有限公司处长；1995年至今，建设银行宁波分行，电子行业专家；2002年至今，宁波电子行业协会，秘书长；2006年至今，宁波市科技局，创新基金评审专家。参与宁波电子产业“八五”、“九五”、“十五”、“十一五”发展规划，以及“宁波半导体照明产业发展战略研究”。

阮军

男，1973年12月生。1996年毕业于合肥工业大学粉末冶金专业，2003年获清华大学经管学院工商管理硕士学位。现任北京新材料科技促进中心副主任。2003年10月起任国家半导体照明工程攻关项目管理办公室副主任，兼任国家半导体照明工程研发及产业联盟副秘书长。主要从事半导体照明领域的科研项目管理、战略研究、标准制定、联盟建设等工作。参与“十一五”863计划新材料领域“半导体照明工程”重大项目的可行性研究、立项论证、指南编制，以及项目的组织和实施等工作。

唐国庆

唐国庆，中共党员，1956年2月4日出生于上海。现任上海市光电子行业协会社团法人代表兼秘书长；(华刚国际)惠州华刚光电零件有限公司中国市场拓展总经理；三井高科技(上海)公司顾问(连任)。先后历任：上海合金厂车间主任、团委书记、党支部书记；上海自动化仪表四厂党总支书记、副厂长；上海仪表电讯工业局团委书记；上海半导体器件公司副总经理；上海惠亚电镀科技有限公司(沪港台资)董事长(兼)；上海无线电十厂厂长(兼)；上海金桥(集团)公司招商部经理；国家“909”工程金桥(集团)公司首席代表；三井高科技(上海)公司(日本独资)总经理特别助理兼管理部长和营业部长；上海金桥大晨光电科技有限公司董事总经理。曾参与编辑出版《企业文化研究》(于光远主编,编委之一)、《半导体照明知识百题问答》等著作。现被聘任为山西省新材料研究中心研究员、上海市信息化委员会专家组成员等研究职务。

吴玲

女,1982年毕业于哈尔滨医科大学,留校任教;1992年留学加拿大攻读工商管理专业并获硕士学位;1995任美国宏桥信托投资集团董事及驻华首席代表、"中国技术与投资网"CEO。2003年任北京麦肯桥资讯有限公司总经理及国家新材料行业生产力促进中心主任,负责国家"十五"科技攻关计划半导体照明产业化技术开发重大项目;现任国家半导体照明工程协调领导小组办公室副主任;国家半导体照明工程研发及产业联盟秘书长。

参与完成的项目还有:国家中长期科技发展规划第七专题组负责"中国咨询服务业发展科技问题研究"、"中国材料领域中长期科技发展战略研究"、"中国半导体照明产业发展战略研究"、"中国西部材料产业发展战略研究"、"东北材料产业科技支撑战略研究"、"中国循环经济发展——材料产业发展篇"等项目。

王锦燧

王锦燧,研究员,1963年1月毕业于清华大学精密仪器及制造系。1963年2月~1990年4月在北京工业大学机械工程系任教,助教、讲师、副教授。1990年5月~1999年10月在原轻工业部、中国轻工总会及国家轻工业局工作,历任国际合作司、教育司副司长、人事教育部副主任(正局级)。1999年11月至今在中国照明学会担任第三届理事会副理事长兼秘书长,第四届理事会理事长,从事照明科技与工程管理工作。

武晓明

武晓明,曾在国家知识产权局从事发明专利申请的审查工作十余年,历任国家知识产权局专利局审查业务管理部综合处副处长,审查业务研究室主任,现任国务院国家知识产权战略制定工作领导小组办公室副秘书长。曾主持科技部"十五"重大科技专项之《奶业科技专利发展战略研究》、《节水农业科技专利发展战略研究》、《中国半导体照明专利战略研究》项目,主持《对国内保护期届满的发明专利的分析》的研究,主持《我国发明专利申请热点分析》的研究,参与《实施 TRIPS 协定对我国药品可及性影响及相关政策研究》项目,参与《加入 WTO 后的我国知识产权面临的形势及对策》的研究项目,参与《500家外商投资企业在华专利及其影响的计量研究》项目等。

薛景照

中国人民大学区域经济专业硕士,现任北京麦肯桥资讯有限公司产业研究部经理。自2000年开始,一直从事战略研究、区域规划与产业咨询的实务操作和理论研究工作,曾参与了"国家中长期科技发展规划"第七专题组战略研究工作,负责组织"我国新材料产业基地发展战略"等十余项区域规划工作;参与了"十一五"国家现代服务业信息化专项研究。自2003年开始,在半导体照明领域从事产业研究工作,参与并完成《中国半导体照明发展报告(2005)》、"中国半导体照明产业发展战略研究"等研究工作,以及半导体照明领域市场、投资等方面的产业咨询项目。

张文军

西安交通大学管理工程专业硕士,1997年~2001年任教于西安交通大学,2002年进入北京麦肯桥资讯有限公司,现任公司副总经理、国家新材料生产力促进中心副主任,先后从事产业研究、发展战略与区域规划研究、企业战略、并购重组、股权融资及公司改制等工作,曾参与了"国家中长期科技发展规划"第七专题组战略研究工作,负责组织了"我国西部材料产业发展战略研究"、"我国新材料产业基地发展战略"等十余项区域规划的研究工作,参与多家上市公司及企业集团的财务顾问工作;公开发表论文14篇,多篇获奖。

科研机构(按拼音排序)

鲍　超

鲍超,浙江大学光电系教授。从事光电转换、探测和光电系统设计及光度和色度学的教学和科研工作,从事生物医学光子学和正电子发射层析术及其应用研究。曾在德国卡尔斯斯卢厄大学照明工程研究所从事照明视觉基础研究,开展和日本滨松光子学株式会社的国际科技合作项目,筹建并负责双方共建的浙大国际光子学实验室。申请、参与多项国家和省自然科学基金研究工作,发表论文六十余篇,开发了一批光电测试仪器。担任中国光学光电子行业协会光电器件专业分会理事和学术委员,测试和标准组以及检测中心负责人,起草了"半导体发光二极管测试方法"等标准。

蔡树军

蔡树军,1964 年生,博士,教授级高工,1985 年毕业于武汉大学物理系半导体专业,2002 获美国加州大学洛杉矶分校电子工程系博士。现任中国电子科技集团公司十三研究所副所长;香港科技大学电子工程系兼职助理教授,博导;中国电子学会半导体分会副理事。目前承担 973 国防重大安全基础课题"宽禁带半导体材料器件研究",863 重大课题"TD-SCDMA 用射频功放"。在国际刊物已发表文章 25 篇。2006 年入选国防科工委 511 工程学术技术带头人;1995 年河北省青年科技标兵;1994 年电子工业部科技成果奖二等奖;1993 年光华科学基金三等奖。

蔡振荣

蔡振荣,1995 于台湾大学取得博士学位。资深经理/显示系统组/LED 项目/材料与构装技术群组/香港应用科技研究院。蔡振荣博士于 2005 年加入香港应用科技研究院材料与构装技术群组发光二极管技术组,目前负责发光二极管在显示领域的应用及高动态范围显示技术的开发与研究。加入应科院之前,蔡博士拥有超过十年从事半导体电子构装、光电构装及光电精密量测方面的研发及生产丰富经验,并曾联合指导硕士生与博士生从事相关学位论文研究。他刊出超过 50 份期刊及研讨会论文,合编 2 本书籍,并取得 19 项美国、中国台湾及中国大陆专利。

曹　镛

曹镛,男,1941 年 10 月生,高分子化学家,日本东京大学理学博士学位(1987),2001 年当选中国科学院院士(化学学部)。现任职务华南理工大学教授,华南理工大学高分子光电材料与器件研究所所长。曾获中国科学院科技进步三等奖(1991);中国国家自然科学二等奖(1988);中国国家科委"有突出贡献的优秀中青年科技专家"称号(1988)。中国最早从事导电高分子研究的科学家之一。曹教授与他人合作用稀土催化剂合成了有新的结构和形貌特色的聚乙炔。率先合成苯胺及噻吩的齐聚物,并对其进行掺杂和研究其结构与性能关系。在用有机质子酸掺杂聚苯胺制备可溶性的聚合物的基础上,提出"对阴离子诱导加工性"的概念,解决了导电高分子的高导电性与加工性不能同时并存的难题,其研究结果已得到实际应用。此外,成功地研制出可弯曲的塑料片基发光二极管;使铝阴极 LED 的电荧光量子效率达到甚至超过钙阴极器件等。

陈良惠

陈良惠,研究员,中国工程院院士。1963 年毕业于复旦大学,同年到中国科学院半导体所工作至今。曾任中国科学院半导体研究所副所长,863 计划光电子主题专家组副组长,中国工程院信息电子工程学部副主任。1999 年遴选为中国工程院院士。现任中国科学院半导体研究所研究员、博士生导师、纳米光电子实验室主任,光电子器件国家工程研究中心名誉主任、首席科学家,中国电子学会光电器件专业委员会主任,中国通信学会光通信专业委员会副主任。

我国半导体量子阱光电子器件领域的开拓者之一,在国内率先实现量子阱激光器的突破,并开拓不同波长,不同功率,不同应用目标的量子阱激光器和其他光电子器件的的研制、开发与工程化。为我国光电子器件进入量子阱光电子的新台阶作出贡献。主持并出色完成中科院重大项目,国家攻关、863、自然科学基金等多项国家任务,获中国科学院科技进步奖一等奖三项,国家科技进步奖二等奖两项,国家科技进步奖三等奖两项。担任主任主持筹建光电子器件国家工程研究中心,通过国家验收成为我国国家级光电子器件的研究、开发和工程化产业化基地。近年来,坚持在科研第一线,组织并亲自投身纳米光电子技术研究,使实验室在大功率半导体激光器、近场微小孔激光器、光子晶体激光器、GaN 基蓝紫光激光器以及量子阱和量子点红外探测器等领域都有新的突破并取得成果。

陈弘达

陈弘达，男，1960 年生，研究员，博士生导师，现任中国科学院半导体研究所所长助理、科技开发处处长；国家 863 计划新材料领域专家组成员，中国科学院研究生院教授，《半导体科学与技术丛书》副主编，中国材料研究学会青年委员会理事。

简历：1978 年至 1982 年天津大学电子工程系获学士学位；1987 年至 1990 年天津大学电子工程系获硕士学位；1993 年至 1996 年天津大学精密仪器与光电子工程学院获博士学位；1982 年至 1993 年天津市仪表无线电工业学校讲师；1996 年至 1998 年中国科学院半导体研究所博士后；1998 年博士后出站后留所工作。1998 年曾赴日本名古屋工业大学做访问学者，2003 年曾赴德国维尔茨堡大学做高级访问学者。

主要学术成就：目前研究方向为新型光电信息材料与器件、光电子与微电子集成技术等。承担的国家 863 项目包括“SEED 灵巧像素”、“灵巧像素功能模块及应用技术”、“30 Gbit/s 高速率并行光发射模块研制”；承担的国家自然科学基金项目包括重大项目子项目“半导体量子阱激子非线性效应及其应用”、重点项目“硅基单片光电子集成回路（OEIC）的关键技术及相关理论研究”、面上项目“二维半导体光子晶体微腔面发射激光器”。在国内外学术刊物和会议上发表论文 50 余篇，编写专著一本《甚短距离光传输技术》，申请发明专利 18 项。

陈　忠

陈忠，博士，教授，博士生导师，厦门大学物理与机电工程学院副院长，福建省半导体照明检测工程研究中心主任。主要从事精密仪器的研制以及信号与图像处理，以及温差发电与半导体照明的应用。主持了包括国家自然科学基金重点项目和美国 NIH 科学基金子课题在内的 20 余项研究课题；在国内外正式学术刊物上发表论文 150 余篇，其中 80 篇为 SCI 收录、30 余篇为 EI 收录；获授权美国发明专利 2 项和中国实用新型专利 1 项；合作出版电子信息类国家统编教材 3 部。2000 年获全国波谱学奖，2002 年获福建省青年科技奖，2003 年获福建省科学技术奖二等奖（第一完成人）和教育部优秀青年教师资助计划，2004 年入选教育部新世纪优秀人才培养计划。

陈泽澎

陈泽澎，台湾清华大学材料科学与工程博士，晶元光电资深副总（2005 年至今），国联光电科技股份有限公司总经理，技术总监，恒嘉光电科技股份有限公司总经理，联钧光电股份有限公司董事长，工业技术研究院光电工业研究所经理，副组长，并曾担任“光电半导体工业技术发展咨询委员会”及“电子显示屏委员会”两个委员会的执行秘书。

崔　波

崔波，女，1968 年生，高工，现任中国电子科技集团公司第十三研究所质量处副处长、计量管理办公室主任，全国半导体器件标准化技术委员会秘书长，中国电子标准化协会理事，信息产业部半导体照明技术标准工作组成员单位联系人。从事半导体器件检验和质量、标准化管理工作，承担全国半导体器件标准化技术委员会秘书处工作，承担 IEC TC47、TC47/SC47E 技术归口单位的技术管理工作。撰写《塑封器件的贮存环境和使用可靠性》等多篇学术论文。

方志烈

方志烈，1938 年 2 月生，1961 年毕业于复旦大学化学系，复旦大学教授。中国发光学会理事。上海市光电子行业协会专家委员会顾问组专家，上海半导体照明研发应用中心专家顾问委员会专家，南昌大学兼职教授，生辉照明电器公司首席顾问。长期从事半导体发光材料和器件及其应用的科研和教学工作，目前主要研究半导体照明大功率器件和主应用。

曾承担国家七五攻关项目、国家高技术发展计划（863 计划）项目和上海重大攻关项目，共主持完成科研任务二十余项。获得国家教委、电子工业部和上海市的科学技术进步奖二等奖四项，三等奖两项；并获得 92 年度光华科技基金三等奖。获准国家专利 8 项；发表学术论文 60 余篇；出版专著＜半导体发光材料和器件＞，合著＜半导体材料＞、＜半导体照明＞，担任大型光学专著＜光子学技术与应用＞编委和第十二编＜光照明技术＞主编。

甘子钊

甘子钊，北京大学物理学院教授，中国科学院院士。1959 年 10 月毕业于北京大学物理系，1959 年 12 月至 1963 年 1 月在北京大学物理系攻读研究生，毕业后留校任教至今。现任中国人民政治协商会议第九届常委，北京大学理学部学术委员会主任。北京现代物理中心副主任，国家超导技术专家委员会首席科学家，国家超导实验室学术委员会主任，《中国物理快报》（《Chinese Physics Letter》）主编，国务院学位委员会物理学科组成员，国家自然科学基金委员会物理学科评议组成员，《Solid State Communication》中国编委，《Modern Physics Letter B》中国编委，中国物理学会出版委员会副主任，中国物理学会学术交流委员会副主任，中国材料科学学会常务理事。

郝洛西

郝洛西,女,博士,上海同济大学建筑与城市规划学院副教授。主要从事光、颜色、视觉与照明领域的教学、科研和设计工作。多年来致力于本科生和研究生的光、颜色与视觉环境的教学工作。指导的建筑学光与照明专门化毕业设计多次在全国获奖。撰写有《城市照明设计》专著,并发表《实践与发现:走进照明教育》等论文多篇。作为工程项目设计负责人,要承担了“杭州市主城区城市照明规划与设计”等重大工程项目。并承担了国家863、科技攻关项目和上海市科委相关研究课题。目前担任中国照协照明工程工作委员会主任,中国建筑学会建筑物理分会理事、采光与照明专业委员会副主任,中国照明学会理事、国际交流工作委员会副主任、室外专业委员会委员、科普工作委员会委员,上海照明学会理事、学术委员会委员,欧洲《照明设计》中国版编委,《照明》杂志编委等。

华树明

华树明,男,高级工程师,国家电光源质量监督检验中心(北京)主任。自1982年,从事照明产品测试方法研究和测试仪器开发,1991年赴日本培训计算机系统工程。

近年完成的工作和项目有:分布光度计设计。国家重点项目:小功率金属卤化物灯测试系统、《单端荧光灯性能要求》国家标准、《自镇流荧光灯性能要求》国家标准、《灯和灯系统的光生物安全性》、《CIE标准色度观测者》、《道路交通信号灯200mm圆形信号灯的光度特性》、《光度学 CIE物理光度学系统》、《日光的空间分布 CIE一般标准天空》、《石英卤钨灯压封部位温度的标准测量方法》、《带灯罩环的E14和E27灯座用筒形螺纹》。国际合作项目:绿色照明中国国家实验室能力提高、《自镇流荧光灯测试方法》国际标准及自镇流荧光灯国际比对、光伏太阳能直流荧光灯测试标准制订、光伏太阳能直流荧光灯的及时治疗改进。

黄　杰

黄杰,1969年6月出生,高级工程师。1990年毕业于太原机械学院自动化仪表专业和2002年毕业于河北科技大学信息管理与信息系统专业,目前担任中国电子科技集团公司第十三研究所检测中心主任,国家半导体器件质量监督检验中心主任。中国质量检验协会高级会员。中国电子质量高级检验师。多年从事半导体器件的标准化、质量管理和可靠性试验工作,先后担任多项国家重点工程电子元器件质量师。

蒋民华

蒋民华,1935年生,中国科学院院士,现任山东大学教授、晶体材料国家重点实验室学术委员会主任。1952—1956就读于山东大学化学系;1956毕业留校。历任讲师(1964)、副教授(1978)、教授(1983);1964—1978山东大学晶体生长研究室主任;1978—1993山东大学晶体材料研究所所长;1987—1998晶体材料国家重点实验室主任;1989—1996山东大学副校长;1991.11当选为中国科学院院士;1991—1996国家863新材料领域专家委员会专家组长、首席科学家。中国硅酸盐学会晶体生长和材料分会理事长;中国仪表材料学会理事长;山东省硅酸盐学会理事长;国际晶体生长组织理事和执委会委员;第十届全国人大代表。

从事功能晶体研究40余年,发表学术论文300余篇,出版了《晶体物理》、《功能材料科学概论》等专著。主持研制了数十种高技术单晶,先后获国家发明一等奖1项。国家科技进步二等奖1项,国家教委科技进步一等奖3项,山东省科技成果一等奖1项。曾获得全国“五一”劳动奖章(1987)、全国先进工作者称号(1989),1996年获何梁何利科学技术进步奖,2003年获得首届山东省科学技术最高奖。

金国藩

金国藩,1929年生,教授,中国工程院院士。现任世界光学学会副主席,美国光学学会(OSA)、国际光学工程学会(SPIE)、中美光电子学会资深会员。曾任清华大学精密仪器与机械学系主任,国家自然科学基金委员会副主任,国家教委科学与技术部副主任,中国光学学会副理事长,亚太区仪器与控制学会主席等职。简历:1950年毕业于北京大学机械系并留校任教;1952年到清华大学机械系工作;1983年晋升为教授;1994年当选中国工程院院士;2002年当选世界光学学会副主席;曾先后赴美国、英国、德国、芬兰等国多所院校任客座教授并讲授多门课程。

主持并参加国防工业重点项目“劈锥三坐标光栅测量机”,获全国科学大会奖;率先开展光信息处理及微光学领域的研究,先后完成国家863、973等多项重大项目;出版专著3本、译著2本,获第四届国家图书奖提名奖、全国优秀科技图书奖暨科技进步奖二等奖、国家教委科技进步二等奖、国家科技进步三等奖等奖项;提出应用双折射实现频率分裂的新技术,获国内及美国专利各一项,获国家教委科技进步一等奖。

江风益

江风益,1963年生,中科院长春物理所研究生毕业,现任南昌大学教授、博导、教育部发光材料与器件工程研究中心主任，晶能光电(江西)有限公司董事长。兼任中国物理学会发光学会副理事长；中国光学光电子行业协会光电器件分会副理事长；半导体学报》、《发光学报》、《物理》等杂志编委。

潜心于 GaN 基蓝光二极管材料与器件研发十多年，研制成功硅衬底 GaN 基蓝光、绿光 LED 外延材料生长及芯片制造技术，并实现了小批量生产。先后主持 863 计划课题 3 项、国家自然科学基金课题 3 项等 20 余项研究课题，曾入选国家百千万人才工程(第一、二层次)，曾获江西省科技进步一等奖，中国优秀青年科技创新奖，被评为全国先进工作者、全国优秀教师，国家有突出贡献的中青年专家，获中组部、中宣部、人事部和科技部联合授予“全国杰出专业技术人才”称号。10 余次应邀在国内外学术会议上作特邀报告，在国内外刊物上发表学术论文 60 余篇。申请国家发明专利 16 项，发表 SCI、EI 收录论文 40 多篇。

蒋大鹏

蒋大鹏，男，1963 年生，研究员、现任中新光电子有限责任公司副总经理；曾任中国科学院长春光学精密机械与物理研究所发光材料与器件研究室主任、政协吉林省第九届委员会委员、吉林省政府决策咨询委员会委员、吉林省照明学会副理事长。简历：1978 年至 1983 年中国科学技术大学；1983 年至 1999 年中国科学院长春物理研究所；1999 年至 2003 年中国科学院长春光学精密机械与物理研究所；2003 年至 2006 年长春中新光电子有限责任公司经理。主持和承担国家级项目十余项；获得国家教委科技进步奖 1 项；获得中国科学院自然科学奖 1 项；吉林省青年科学技术奖 1 项；申请和授权专利 10 余项。

李述汤

李述汤，男，1947 年生，中国科学院院士。1969 年于香港中文大学化学系毕业获学士学位，1974 年在加拿大 BritishColumbia 大学化学系获博士学位。1974～1976 在美国加州大学伯克利分校做博士后研究。1976～1994 年在美国 EastmanKodak 公司任研究员。1994 年到香港城市大学工作，任物理与材料学系讲座教授及“超金刚石及先进薄膜研究中心”主任至今。主要从事有机电致发光材料和器件(OLED)的研究；纳米材料及器件的研究；金刚石及类金刚石超硬涂层材料研究等。

2001 年被聘为中国科学院理化技术研究所教授及“纳米有机光电子实验室”主任。长期致力于光电子材料如有机电致发光材料、纳米材料以及金刚石和相关材料领域的研究。在《Science》、《Nature》等国际重要期刊发表论文 550 余篇，获美国专利 15 项，撰写专著 6 部，论文被他人引用 5000 余次。2001—2005 年相继荣获德国洪堡基金会研究成就奖(HumboldtResearchAward)、香港裘槎基金会高级研究成就奖(CroucherSeniorResearchFellowship)和 2 项国家自然科学二等奖(2002、2005)。目前担任多种国际期刊的编辑及编委，包括《AppliedPhysicsLetters》和《Diamond&RelatedMaterials》的副总编辑、《PhysicaStatus-Solidi》国际杂志亚太区主编。

李晋闽

李晋闽，1957 年生，研究员、博士生导师。现任中国科学院半导体研究所所长。兼任中国科学院微电子总体专家组成员、中国材料研究学会青年理事会常务理事、信息产业部新型电子元器件和电子专用材料专家组成员、科技部科技经济专家委员会成员等职务。

半导体材料及其应用研究领域的一位年轻的学术带头人，近年来作为项目负责人，主持并承担了多项国家重大建设专项、国家重点科技攻关项目、国家自然科学基金重点项目和中国科学院军工预研等任务。在 MBEGaAs/AlGaAs 多量子阱红外探测器的研究、高温微电子材料及其器件应用等研究工作中做出了显著成绩，取得了一系列重要成果。在国内外学术刊物和会议上发表有关论文 70 余篇，并由科学出版社出版了一本专著，1995 年享受国务院政府津贴并被中国科学院破格晋升为研究员。

李克健

李克健，1939 年生，研究员。1965 年毕业于清华大学工程化学系，1965—1973 年在天津大学化工系从事教学和科研工作。1973 年调燃化部从事国防化工新材料生产管理，1978 年调国家科委从事新材料科技管理，1981 年调国防科委(国防科工委)从事军用材料协作和重大国防技术预先研究。1987 年转业到新成立的国家自然科学基金委员会，先后担任计划局副局长，工程与材料科学部常务副主任。长期担任《新型炭材料》、《材料导报》、《高科技纤维与应用》等杂志编委、顾问。1999—2001 年担任《材料导报》常务副主编，2001 年任北京麦肯桥咨询公司顾问、国家新材料产业发展战略咨询委员会委员副秘书长，参加多项地区、企业新材料规划调查、制定工作。2003 年任中国新材料生产力促进中心专家委员会委员，参与国家中长期科技规划新材料发展战略研究，同时参加中科院“未来 20 年技术预见研究新材料专家组”，参与课题征集和起草。另外，还担任《新材料产业》指导委员会副主任、国家开发银行新材料专家咨询委员会秘书长、贵州省政府科技顾问等。先后发表科技管理类文章 20 余篇，参与《新材料年度报告》、《中国材料发展现状及迈入新世纪对策》、《新材料年鉴》等的编写。曾获科技部科技进步一等奖、二等奖各一项，科技部 863 计划管理三等奖一项。

李铁楠

李铁楠，1960 年生，研究员。现任中国建筑科学研究院室主任，中国照明学会理事兼照明灯具委员会副主任、中国建筑学会建筑物理分会理事、北京照明学会常务理事兼灯具及照明附件专业委员会主任、《照明技术与管理》《照明设计》等刊物的编委。

1986年毕业于哈尔滨工业大学建筑学院，获得建筑光学硕士学位；1986年到中国建筑科学研究院，在该院建筑物理所建筑光学研究室工作至今；主要从事建筑光学、城市照明(城市景观照明、城市道路照明)等的研究和设计工作。先后发表了40余篇论文。完成的专著及译著包括《景观照明创意和设计》、《建筑照明设计及案例分析》、《光和色的环境设计》、《城市道路照明设计》等，参加编写了《城市夜景照明技术指南》、《照明设计手册》等。《野营住房空间及环境参数限值》获中国人民解放军总后勤部科技进步二等奖，《中国古典建筑色彩标准》等多项课题获院科技进步的各级奖项。

刘　胜

刘胜，1963年生，长江学者特聘教授。1992年在美国斯坦福(Stanford)大学获得博士学位。1998年到2001年任美国Wayne州立大学机械工程系和制造研究所终身教授，电子封装实验室主任。2001年5月到现在任长江学者特聘教授、华中科技大学特聘教授、微系统研究中心主任。2002年5月到2006年受聘为科技部微机电系统重大专项总体专家组成员。主要研究方向为微电子、光电子、LED、MEMS、汽车电子系统封装和组装、快速可靠性评估及设计，微电子机械系统的微尺度检测和计算机辅助设计，IC及PCB设计，先进材料及力学等。

在国内国际发表文章290多篇，申请和授权中国发明专利、美国专利达到50多项，组织和主办国际会议6次，参与编写的专著4本。先后获得美国白宫总统教授奖(1995)，中国杰出青年基金(B)(1999)，NSF青年科学家奖(1995)，长江学者特聘教授(2004)、浦江学者(2006)。近年在研究重点放在LED/MEMS项目上，其所领导的集体拥有从LED芯片到封装的核心专利9项。

刘纪美

刘纪美，女，讲座教授，香港科技大学电子及计算机工程学系。国际电气和电子工程师协会(IEEE)院士，刘纪美教授是光电中心的创立者和现任主管。明尼苏达大学(University of Minnesota at Minneapolis)物理学士和硕士，德萨斯州莱斯大学(Rice University)电机工程博士。曾在微波联合通讯公司(M/A-COM)从事于砷化镓微波器件的外延生长。1982年加入马萨诸萨大学(University of Massachusetts at Amherst)电机工程系，开始了金属有机物气相外延(MOCVD)化合物半导体材料和器件等科研项目。1989工作于麻省理工学院林肯国家实验室(MIT Lincoln Lab)。1995在特拉华州的杜邦实验室(DuPont Central R&D Lab)主持声学传感器的开发。2000年加了香港科技大学电子学系并创建光电技术中心，从事于氮化镓器件和半导体照明的研究。曾获美国国家科学基金会(NSF)杰出女性科学家和工程师奖(FAW)。1996—2002年度担任国际电气和电子工程师协会电子器件学报(IEEE Transactions of Electron Devices)编辑。

刘木清

刘木清，教授。1988年从浙江大学光仪系硕士毕业。现任电光源研究所所长、光源与照明工程系主任，国际电光源会议执行委员、第十一届国际电光源会议本地委员会秘书长、“十一五”国家863重大项目半导体照明工程总体专家组成员、中国照明电器协会常务理事、中国照明学会理事、上海照明学会副理事长、上海照明电器协会副会长等。研究方向包括LED等电光源的测试技术、照明自动控制技术与系统开发、LED驱动设计、封装与应用光学设计等。曾完成上海市科技攻关项目、国际合作项目、国内合作项目等数十项。获得上海市科技术进步奖等多项。拥有LED等相关专利10余项。多次受邀在国内外作LED及相关报告。曾于1998—1999年在德国Konstanz大学访问。发表论文20余篇。

刘容生

刘容生，台湾清华大学电资学院旺宏讲座教授，台湾清华大学光电工程研究所所长暨光电研究中心主任，美国光学学会院士。台湾大学物理学士，美国Cornell University应用物理博士。

曾任台湾工业技术研究院副院长暨光电所所长(2000～2005)，台湾工业技术研究院光电所副所长(1998～2000)；美国国防部研发总署计划总主持人(1992～1997)，美国GE公司研发中心资深研究员和计划主持人(1973～1991)，台湾区电机电子工业同业公会(TEEMA)监事及光电委员会召集人(2001～)，台湾半导体照明产业协会(SLIA)创始会长(2003～2005)。共计提交论文80篇，美国专利及发明26件。

刘如熹

刘如熹，1981年东吴大学学士，1983年清华大学硕士，1990年清华大学博士。1992年英国剑桥大学博士。1983～1995年工业技术研究院工业材料研究所副研究员、研究员、正研究员及主任；1989年获青年奖章及工研院科技成果个人贡献奖；1995年获第四届发明银牌个人奖。1995年7月～1999年7月任台湾大学副教授；1998获杰出青年化学奖章；1999年8月起任台湾大学教授。

陆　卫

陆卫，男，1962年生，现任红外物理国家重点实验室主任，博士生导师、研究员。复旦大学物理系激光专业学士；上海技术物理研究所凝聚态物理博士；1991年获德国布伦端克技术大学德国洪堡基金会的洪堡学者博士后。

从事IV族、II-VI族、III-V族、IV-VI族半导体材料和反铁磁材料的光学性质研究20多年。近10多年来主要从事分子束外延半导体材料生长；GaN基材料的特性研究，在国际上首先将量子点概念引入到了GaN基的LED器件设计中。发展了进行GaN基LED照明器件在空间应用方面的器件筛选的结温精确测量方法。发表论文150多篇，国家发明专利授权24项，科学院科技进步奖和国家自然科学奖等6项，光电子学领域专著1本。

罗　毅

罗毅，1960年生，工学博士，教授。1983年毕业于清华大学无线电电子学系电子物理与激光专业，1990年在日本国东京大学工学部电子工学科获工学博士学位，1990年4月～1992年3月在日本国光计测技术开发株式会社中央研究所任研究员。1997年起担任集成光电子学国家重点联合实验室主任，现为清华信息国家实验室副主任和教育部长江特聘教授。1996～1998年担任国际电机电子工程师学会量子电子学杂志编委（AssociateEditorofIEEEJournalofQuantumElectronic），现为Japanese Journal of Applied Physics编委。

长期从事新一代高性能光纤通信用有源光电子器件、信息显示、半导体照明的器件物理设计、GaN基、InP基和GaAs基材料的外延生长、新型器件结构工艺实现等的研究工作。开创了增益耦合分布反馈（DFB）半导体激光器的研究领域，并将其应用于光子集成中，从而为高速、密集波分复用光纤通信提供了新一代优异光源。曾获山东省科技进步一等奖，总计发表各类论文200余篇，分别被SCI收录50篇，SCI他人引用次数总计316次以上。申请与获得国内外发明专利30余项，其中与半导体照明有关的专利10余项。

牛憨笨

牛憨笨，男，1940年2月生，教授，中国工程院院士。1966年毕业于清华大学无线电电子学系，1979年至1981年在英国帝国理工学院物理系进修。1991年获国务院特殊政府津贴，1992年被授予国家有突出贡献的中青年专家，1997年当选为中国工程院院士。

一直从事国防军工研究，专业光电子学，主要研究变像管超快诊断基技术、微光夜视技术和生物医学成像技术等。研制成功我国第一个获得重大应用的静电聚焦、静电偏转变像管。有关论文被英、美、俄、法、日等学者引用近90次。近年来还开展了多维成像和生物医学成像技术的研究工作。曾应邀到美、英、俄、法和台湾地区进行合作研究和讲学。曾获国家发明二等奖2项，三等奖1项。国家科技进步特等奖（主要参加者）1项和三等奖2项，获中国科学院科技进步一等奖5项，并获第二届王丹萍科学奖金。

秦国刚

秦国刚，男，1934年生，中共党员。北京大学物理学院教授、博士生导师、中国科学院院士。长期从事半导体材料与器件物理研究；获得中国物理学会2000—2001年度叶企孙物理奖。1961年2月于北京大学物理学专业研究生毕业；1961～1962年于山东海洋学院从事教学工作；1962～1979年于北京大学无线电系从事科研、教学工作；1979年至今于北京大学物理系从事科研、教学工作；1986年至今担任北京大学物理系博士生导师；2001年当选中国科学院院士。

邱　勇

邱勇，1964年生，教授，1988年本科毕业于清华大学化学系，1994年毕业于清华大学化学系，获得理学博士学位。毕业后留校任教，从事有机光电材料及器件相关研究工作。2003年获得国家自然科学基金委“杰出青年基金”资助。目前的主要研究领域为有机电子学，研究重点包括有机半导体材料、有机电子学基础理论、有机发光显示材料和器件、有机晶体管等。现任清华大学化学系主任，中国化学会副秘书长，科技部“十五”863“高清晰度平板显示技术”专项专家组组长。

屈素辉

屈素辉，女，1966年生，硕士，现任北京电光源研究所所长。中国照明学会副秘书长；北京照明学会副理事长；中国照明电器协会常务理事。1983.9～1987.7：南开大学电子科学系，本科；1987.9～1990.6：南开大学电子科学系，硕士；1990.6～至今：北京电光源研究所。长期从事照明产品的研究开发、标准信息工作，对照明产品的性能及应用较为熟悉。曾负责国家及省市级科研开发项目10余项，其中《普通照明用双端荧光灯能效限定值及能效等级》等国家标准项目2006年获“中国标准创新贡献奖”一等奖。发表论文20多篇，编辑出版著作4本，负责制定照明产品的国家标准40多项。

沈家骢

沈家骢1931年9月生，高分子化学家，中国科学院院士。现任吉林大学化学学院教授、超分子结构与材料教育部重点实验室学术委员会副主任、兼任浙江大学材料与化学工程学院院长。于1993年创建超分子结构与材料教育部重点实验室，并先后任实验室主任、学术委员会主任和副主任。沈家骢院士的研究领域为聚合反应微观动力，超分子组装体系、有机高分子光电信息材料、生物医用材料等。在超分子化学，组装与自组装深入研究基础上，他与他的研究集体开展了有机/高分子光电信息材料与器材，突破荧光发光的局限，提出磷光发光的思路，开展了磷光发光机理及宽禁带半导体的研究，为高效电致发光铺平道路；从有机发光体的凝聚态有序结构出发,提出了设计高传输性发光材料的理念,从而开拓了有机发光晶体的新思路。从2001年起他一直担任国家自然科学基金委员会光电信息材料与器件重大计划的专家组组长。共发表文章400余篇,出版专著3部,于1989年和2004年两次获得国家自然科学二等奖。

沈光地

沈光地,男,1939年生,博士,教授,博士生导师。现任北京工业大学电子信息与控制工程学院院学术委员会主任,北京光电子技术实验室室主任,北京工业大学固态电子学研究所所长,教育部国家重点实验室北京光电子技术实验室首席科学家,实验室主任。中国物理学会理事,半导体器件与集成技术分会委员。

1962年北京大学物理系大学毕业,1966年中科院半导体所研究生毕业,毕业后留所工作。1981～1985年兼任中国科技大学半导体专业主任,1985～1992年在瑞典等欧美国家留学讲学。回国后,创建北京市光电子技术实验室和北京工业大学半导体器件与集成电路博士点。在国内外从事光电子学和超高速微电子学研究30余年,在国内外主持过40多项重大科研课题研究,已发表学术论文200多篇,其中被SCI、EI收录100多篇,出版专著1部,国家发明专利4项获得授权,10多项正在审查;获国家级科技奖励3项,省部级科技奖3项;已培养近百名硕士、博士研究生。2003年被授予"全国模范教师"的荣誉称号,培养一名"教育部百篇优秀博士论文"获得者。

沈　波

沈波,男,1963年生,教授。曾担任"十五""863"计划新材料领域光电子主题项目验收专家,现为北京大学物理学院长江特聘教授、分管科研工作的副院长。1985年毕业于南京大学物理系半导体专业,1995年于日本东北大学材料科学研究所获博士学位。1998－1999年任日本东京大学产业技术研究所客座研究员,2000－2004年任南京大学物理系教授,2003年获国家杰出青年基金,曾短期担任日本东京大学先端科技研究中心、千叶大学电子学与光子学研究中心客座教授。

1995年以来一直从事GaN基宽禁带半导体材料、物理与器件研究,先后主持和作为核心成员参加国家"973"计划项目、国家863计划项目、国家自然科学基金重点项目、国防科工委重大基础研究计划项目、教育部重大研究计划项目、教育部优秀青年教师基金、北京市自然科学基金等10多项科研项目。迄今在国际刊物上发表学术论文90多篇,论文被引用超过300次,在国际学术会议上做邀请报告4次,获国际学术会议"最佳论文奖"1次和全国学术会议"优秀论文奖"3次,获得国家发明专利3项、申请5项,获国家自然科学二等奖(2004年)、国家技术发明三等奖(1999年)以及省部级科技进步奖2项。

沈　辉

沈辉,教授,博士生导师,中山大学物理科学与工程技术学院,太阳能系统研究所副所长。国际太阳能学会会员、中国可再生能源学会理事、广东省太阳能协会副理事长、深圳市太阳能学会理事长、《太阳能学报》与《太阳能》杂志编委。

1982年南京理工大学工程光学专业毕业。1996年获得德国德累斯顿大学材料科学博士学位。先后在中国科学院固体物理研究所、民主德国科学院、联邦德国大郎霍费应用材料研究所、华南理工大学、中国科学院广州能源所从事研究工作。1998年获得中国科学院"太阳能光电转换及功能材料"为主题的"百人计划"项目。主要著作有《太阳能光伏发电技术》。研究课题主要涉及太阳能材料与纳米材料、太阳电池、光伏理论与技术应用。目前承担国家自然科学基金、科技部863和广东省及广州市等多项科研项目。

孙　卓

孙卓,男,1967年生,教授,博士生导师,现任华东师大纳米功能材料与器件应用研究中心主任,纳光电集成与先进装备教育部工程研究中心主任。兼任上海半导体照明工程研究中心副主任和上海市光电子协会半导体照明(LED)专业委员会主任。1989年毕业于兰州大学物理系半导体专业,1995年获兰州大学现代物理系核物理专业(薄膜物理方向)博士学位,1996年上海交通大学博士后;1997年新加坡南洋理工大学电器电子工程学院微电子中心博士后;1997年至2003年在新加坡南洋理工大学微电子中心工作。

长期从事纳米光电薄膜材料与器件及装备系统的研究和产业化应用,包括新型平板显示、半导体照明、半导体装备等重点方向的研发和产业化。在国内外已申请20多项发明专利,发表论文180余篇,其中SCI收录100余篇,EI收录50余篇,被引用400余次。在国际会议上做特邀报告多次,目前为国际信息显示学会(SID)所主办的亚洲显示"Asia Display'07"国际会议的执行主席。

王占国

王占国,中国科学院半导体所研究员,半导体材料和材料物理学家,中国科学院院士。现任中国电子协会半导体和集成技术分会主任,中国材料研究学会副理事长和多个国际会议顾问委员会委员。长期从事半导体材料和材料物理研究,在人造卫星用硅太阳电池辐照效应和电子材料、器件和组件的静态、动态和核瞬态辐照实验结果,为我国的两弹一星事业发展作出了贡献。在深能级物理和光谱物理研究方面取得了多项国际先进水平的成果。近年来领导的实验组又在应变自组装半导体量子点、量子线和量子点、量子线超晶格材料生长和大功率量子点激光器研制方面获得重要进展。研究成果曾获国家、中科院自然科学和科技进步奖,何梁何利科技进步奖和国家重点科技攻关奖多项。

王国宏

王国宏，1964年生，研究员，博士生导师。现任中科院半导体所所长助理，中科院半导体照明研发中心副主任。曾任光电子器件国家工程中心副主任，北京睿源固态照明科技有限公司常务副总经理。1991—1993年郑州大学物理系，获硕士学位；1995—1998年中科院半导体所，获博士学位。主要从事半导体发光管、激光器、探测器材料的MOCVD生长及工艺研究。“九五”、“十五”期间承担、参与并完成多项863计划项目。在国内首先研制出高亮度橙黄色AlGaInP发光二极管。获得国家发明专利2项，发表相关学术论文10余篇。

王 钢

王钢，男，1968年生，教授，中山大学光电材料与技术国家重点实验室，“百人计划”2类人才。1991年8月毕业于中国吉林大学电子科学系半导体物理与器件专业；师从日本国立名古屋工业大学神保孝志教授，2001年3月取得工学博士学位。

先后从事与GaAs基，GaN基等III-V族化合物半导体材料的MOCVD生长与相关光电子器件的制作方面的研究；10Gp/s，40Gp/s超高速光通讯系统用InP基光电探测器的芯片与模块设计，量产方面的研发工作。目前在中山大学从事光电化合物半导体材料制作及相关元器件机理方面的研究，负责组建中山大学半导体照明系统研究中心。

2002年，首次提出了一个全电路小信号等价模型来对高速PIN型光电二极管的光电转换行为进行模拟，文章获得当年富士通量子器件公司的最佳论文奖。负责组建中山大学半导体照明系统研究中心的工作。经过两年多的努力，该中心从无到有，目前初具规模：已经有固定研究人员10余名，建设了GaN材料MOCVD生长、LED封装及应用和LED光源标准检测三个技术平台，承担了多项省市科技计划项目，在Si衬底LED、大功率白光LED封装技术、太阳能LED路灯等研究方面取得多项技术突破。

王良臣

王良臣，研究员，中国科学院半导体研究所博士生导师。近四十年来，主要从事半导体器件(包括微电子，光电子，有源及无源)及其集成电路的设计和制备技术等多项研究工作。90年代初，作为高级访问学者在美国UCSB从事激光器的研究。作为课题主要负责人曾承担国家基金委、国家863、973、军工及国家攻关项目等多项科研任务，多次获得中科院科技进步奖及科技部重大成果奖。申请多项国际与国家发明专利，在国内外期刊发表文章30余篇，培养博士研究生十多名。现任中科院研究生院和北京邮电大学客座教授，具有丰富的教学与科研经验。“九五”和“十五”期间开展了GaN基功率型LED的研制，在国家半导体照明中心办公室和北京科委组织的多次评比考核中均位居前列，该成果在2006年2月通过中科院的院级鉴定。目前正围绕“十一五”国家半导体照明规划积极开展工作。

王晓亮

王晓亮，博士，研究员，博士生导师。中国科学院半导体研究所材料中心氮化镓课题组负责人；中科院研究生院教授，西安交通大学兼职教授，中国材料研究学会青年委员会理事，全国专业标准化技术委员会委员，中国电子学会理事，中国电子学会半导体集成技术分会秘书长。曾赴美国、瑞典、德国、日本、法国等国家进行学术交流和研发考察。

长期从事氮化镓基光电子、微电子材料和器件研发工作。在“九五”期间作为骨干研究人员之一，率先研制成功了压电极化效应诱导的高质量AlGaN/GaN二维电子气结构材料并用所研制的材料与中电集团十三所合作研制出我国第一只氮化物高温HEMT器件。“十五”期间，主持多项有关氮化镓材料和器件的国家项目，包括自然科学基金重点项目、863、973以及中科院知识创新工程重要方向项目，所主持的“高性能氮化镓外延材料”项目已通过中科院组织的专家鉴定，鉴定结果认为氮化镓外延材料为国内领先、达到国际先进水平；2006年获中科院科研先进个人荣誉称号；从1997年至今在国内外主要学术刊物上发表氮化镓基材料和器件研究相关论文70余篇，申请国家发明专利20余项。目前负责国家863“半导体照明工程”项目“MOCVD生长关键设备”等多项国家研究课题。

吴以成

吴以成，男，1946年11月生，1969年毕业于中国科学技术大学近代化学系，中国科学院理化技术研究所研究员、中国工程院院士。光电功能晶体是光电子技术领域的重要基础材料，在信息、能源、医疗、国防等领域有重大应用价值。主要研究新型非线性光学材料探索；晶体生长及非线性光学特性研究；晶体结构与非线性光学性能关系研究及无机非线性光学晶体分子设计；其他光电功能晶体材料。

吴恩柏

吴恩柏，博士，副总裁，组件及构装技术/材料与构装技术群组/香港应用科技研究院，美国机械工程师学会Fellow。1988年于加州大学伯克利分校取得博士学位，吴恩柏博士于2005年加入应科院成为材料与构装技术群组副总裁，负责材料及构装范畴的科技发展，包括发光二极管、无线通讯模块、医疗电子模块、纺织电子模块的领域及应用等。

拥有18年从事电子构装、光电构装及精密量测方面的丰富经验。台湾工业技术研究院(工研院)电子工业研究所(电子所)先进构装技术中心的创办主任,带领大型的构装研发团队协助建立现时台湾位居世界第一的电子构装产业。2001 年出任电子所副所长期间,亦曾管理台湾最庞大的薄膜晶体管液晶显示器研发团队,利用低温多硅晶技术,制作世界上最高分辨率之一的薄膜晶体管液晶显示器面板。加入应科院之前,担任国立台湾大学正教授 10 年。刊出超过 120 份期刊及研讨会论文,合编 3 本书籍并取得 9 项专利。获得由台湾“教育部”颁发的杰出教学奖,以及两度获颁台湾“科学委员会”的优等研究奖。

夏建白

夏建白,男,1939 年生,半导体物理专家,中国科学院院士。现任职务中国科学院半导体研究所研究员。1965 年北京大学物理系研究生毕业。在低维半导体微结构电子态的量子理论及其应用方面进行了系统的研究。提出量子球空穴态的张量模型,获得重轻空穴混合的本征态,并给出正确的光跃迁选择定则;提出介观系统的一维量子波导理论,对任意复杂的一维介观系统给出了直观、简单的物理图像和解析结果;提出(11N)取向衬底上生长超晶格的有效质量理论,解决了一大类非(001)取向衬底生长超晶格的空穴子带的理论问题;提出计算超晶格电子态的有限平面波展开方法,用赝势理论研究了长周期超晶格,解决了用平面波方法计算大元胞晶体电子态的困难;提出半导体双势垒结构的空穴隧穿理论,发展了多通道的传输矩阵方法。

徐建中

徐建中,男,研究员,中国科学院院士。1963 年毕业于中国科学技术大学,1967 年中国科学院力学研究所研究生毕业。先后在中科院力学所、工程热物理所从事叶轮机械气动热力学、计算流体力学、多相流动、燃气轮机、分布式能源系统、能源清洁高效利用等领域的应用基础研究和应用、开发工作,在国内外发表论文一百余篇,曾获国家自然科学二等奖、中科院重大科技成果一等奖等多项奖励。1984 年被批准为首批国家级“有突出贡献中青年科技专家”,1995 年当选为中国科学院院士。现为中科院工程热物理研究所研究员、中科院技术科学部主任、国家自然科学奖评审委员会委员、中国工程热物理学会理事长;《工程热物理学报》副主编,《中国科学》、《航空学报》和《计算力学学报》编委,美国 AIAA Journal of Propulsion and Power 的顾问编委;我国多所大学的兼职教授。

长期从事内部流动气动热力学基础研究与应用研究,提出了叶轮机械三维激波关系,发展了三元流动理论,提出了一系列行之有效的跨声速流动和拈性流动的数值解法,如跨声速流函数方法、非等熵势函数方法、拟流函数方法、相干粘性层模型、略微简化 Navier-Stokes(SRNS)方程等;将科研成果成功地用于工程实践。现承担国家重大基础研究发展规划项目、国家安全重大基础研究项目、863 高技术项目,以及国家自然科学基金项目与有关部门委托课题。

徐现刚

1965 年 1 月生,山东人。1986 和 1989 年分别获得山东大学物理系学士和硕士学位,1992 年获得山东大学晶体材料研究所博士学位。自 2000 年被山东大学聘为长江学者奖励计划特聘教授,并在山东华光光电子有限公司担任副总经理/总工程师。

自 1989 以来一直从事化合物半导体外延材料(包括砷、磷、锑和氮化物)的 MOCVD 生长和器件制作,并于 2000 年开始从事大直径 SiC 单晶的生长。迄今已发表各类论文 150 多篇。1995～1997 年获德国洪堡奖学金,在德国亚琛大学半导体技术研究所从事新源 MOCVD 生长,师从 K. Heime 教授。曾获多次奖励和荣誉,主要有 1998 年英国 IEE 最佳论文奖,1999 年美国 IEEE 杰出论文奖,2000 年山东省十大杰出留学归国科技专家,2003 年获山东省科学技术进步奖,2004 年山东省十大杰出青年。目前主要承担国家杰出青年科学基金项目,国家 863 项目,军工 973 项目等。

叶关荣

叶关荣,浙江大学信息学院,教授,博士生导师。中国光学学会颜色专业委员会主任,中国照明学会顾问,视觉与颜色专业委员会主任,中国流行色协会副会长,浙江省照明学会理事长。国家中青年具有突出贡献专家,浙江省劳动模范,全国高校优秀科技工作者。国际颜色学会(AIC)执行委员,国际照明学会(CIE)D1 视觉与颜色分部中国代表。主要从事光电技术、光度学、色度学、光辐射计量标定技术和仪器研究。

曾一平

曾一平,1961 年出生,研究员。现任中国科学院半导体研究所材料科学中心主任,中国科学院半导体照明研发中心副主任。1978－1983 年,在中国科学技术大学电子系学习、1983 年至今在中科院半导体研究所工作。

长期从事化合物半导体材料的研究工作,包括:GaAs 及 InP 基微结构材料的研究;高应变、大失配材料的生长及性能研究;ZnO 外延材料的生长及性能研究;HVPE 厚膜 GaN 材料的研究等。曾在国内首次研制出室温连续激射的 AlGaAs/GaAs 量子阱激光器材料和具有室温光双稳性能的自电光效应器件材料;研制出实用化的、具有国际先进水平的 GaAs 和 InP 基微电子材料;先后发表论文 40 余篇,曾获国家科技进步二等奖 2 项,中科院科技进步一等奖 2 项,三等奖 1 项,“八五”攻关个人成果奖 1 项。

袁宗南

袁宗南,台湾中原大学研究所助理教授。北京清华大学建筑学院光环境博士研究生。1990

年投入照明领域，除了照明设计外，也参与照明设备施工过程，2005 年主持西安大雁塔及北广场的照明设计，将中国人的传统人文思想结合现代化照明设备进入照明设计，近年更积极将 LED 设备运用到建筑外观照明中，如台北国际世界贸易中心等外观照明。

詹庆旋

詹庆旋，1936 年生，教授，现任清华大学建筑学院所长。1953～1959 在清华大学建筑系学习；1959 年清华大学建筑系毕业后留校任教，至 2004 年退休；2003 年任北京清华城市规划设计研究院光环境设计研究所所长。建设部专家委员会委员、城市照明专家；中国照明学会、北京照明学会顾问（两学会前任副理事长）；北京市“2008 环境建设指挥部”专家组专家；《照明设计》杂志主编。

参加并完成“建筑采光设计标准”（GB/T 50033－2001）编写；现主持编写“城市照明规划规范”（国标）；科研项目获部级科技进步奖三项；“建筑光环境”等三本著作（其中两本为合著）均获建设部优秀图书二等奖；近年发表论文 40 余篇；指导完成城市景观照明规划设计、建筑照明设计 30 余项，6 项获奖。

张　荣

张荣，男，1964 年生，南京大学物理系教授，博士生导师，现任南京大学副校长，教育部“长江学者奖励计划”特聘教授，江苏省光电信息功能材料重点实验室主任，南京大学微加工中心主任。目前兼任《半导体学报》、《微纳电子技术》和《材料科学与工程》编委，《中国物理快报》特约评审，南京市青年科技工作者协会副理事长。

1979 年进入南京大学物理系学习，1995 年在南京大学获得理学博士学位，1995 年 10 月至 1998 年 7 月及 1999 年 6 月至 9 月在美国马里兰大学和威斯康星大学开展合作研究。长期从事半导体新材料、器件和物理研究，先后主持国家 973 计划、863 计划、国家自然科学基金重大项目等十余项国家和地方重大研究课题。先后在国内外正式发表学术论文 200 余篇，其中被 SCI 收录的论文 142 篇，被他人 SCI 论文引用 260 篇，主编国际学术论文集 1 部，参著学术著作二章，获得/申请国家专利 24 项，获国家技术发明三等奖一项，国家教委科技进步二等奖、三等奖各一项，1999 年被聘为教育部“长江学者奖励计划”微电子学与固体电子学特聘教授，2000 年获得国家杰出青年基金和霍英东高校优秀青年教师研究基金。曾任国家自然科学基金半导体学科专家评审组成员，第八届国际电子材料会议（2002’IUMRS-ICEM）程序委员会委员兼宽禁带半导体材料与器件分会主席、第二届中日氮化物半导体研讨会程序委员会主席、第一届亚太宽禁带半导体会议副主席等。

张国义

张国义，1950 年生，理学博士，现任北京大学物理学院教授，半导体光电子学专业博士生导师，北京大学宽禁带半导体联合研究中心主任。兼任中国物理学会发光分科

学会理事；中国电子学会信息光电子分会理事，中国物理学会半导体专业委员会委员，中国光学协会 LED 行业协会专家顾问；《半导体学报》，《发光学报》，《液晶和显示》编委，硅材料国家重点实验室学术委员会委员，集成光电子联合国家重点实验室学术委员会委员。“九五”国家“863”信息光电子主题专家组专家，“十五”国家半导体照明专家组成员。

长期从事半导体物理与器件物理，半导体光电子学，MOCVD 生长技术的研究。自 1993 年至今，从事 III-V 氮化物宽禁带半导体材料、器件和物理性能的研究。领导的课题组承担并完成了与上述研究领域相关的国家“863”高技术计划重大项目，并于 2001 年获得科技部“863”计划先进集体和先进个人奖；申请国家发明专利 20 多项，其中 5 项已经获得批准，并获得 2000 年香港国际发明展览会银奖，2005 年全国发明展览会银奖，发表论文 100 多篇；作为会议主席，在 1998 年和 2001 年两次在中国主持召开了中美和中日 III-V 氮化物半导体专题研讨会，一次组织全国氮化物半导体讲习班，均获好评. 作为第一发明人，曾获得国家发明四等奖，国家教委科技进步二等奖。先后在美国堪萨斯州立大学，日本千叶大学，澳大利亚新南威尔士大学，比利时鲁汶大学开展合作研究。

张万生

张万生，研究员，中国电子科技集团公司第十三研究所。1962 年毕业于成都电子科技大学半导体器件设计与制造专业，一直在河北半导体所（中国电子科技集团公司第十三研究所）工作至今。主要从事半导体光电器件研制。曾任光电专业部主任，负责 InGaAsP 光电器件的研制和生产，获长波长发光管国家科技进步二等奖和国家发明三等奖，被评为享受国务院特殊津贴的专家，1996 年曾为河北汇能公司负责引进国内第一台生产型 MOCVD 设备（2400 型），1998 年负责筹建国内第一条 InGaAlP 超高亮度 LED 芯片生产线，建立河北立德公司，曾任河北立德公司总工程师、副总经理。2000 年被派往厦门三安电子公司筹建国内规模最大的超高亮度 LED 生产线。曾发表论文多篇，现主要从事超高亮度功率型 LED 光源的研制，现为中国光协光电器件（LED）分会专家组成员。

赵　英

赵英，女，1967 年 4 月生，高级工程师，信息产业部半导体照明技术标准工作组秘书长、信息产业部平板显示技术标准工作组秘书长。1989 年毕业于浙江大学信息与电子工程学系光电子技术专业；1996 年至今在信息产业部电子工业标准化研究

所，从事半导体器件和光电子器件的标准化工作。

曾承担科技部重要技术标准研究项目"光电子技术标准研究"，撰写《光电子技术标准体系》研究报告；参加科技部重要技术标准研究项目"高清晰度平板显示技术标准研究"，撰写《平板显示技术标准体系》研究报告；作为主要起草人，编写了国家标准、国家军用标准、电子行业标准、电子行业军用标准30余项。

郑有炓

郑有炓，1935年生，南京大学物理系教授、博士生导师，中国科学院院士。1953年至1956年，南京大学物理系学习；1956年至1957年，北京大学物理系五校联合半导体专业学习、毕业。1984年至1986年，美国纽约州立大学(Buffalo)物理系访问学者。

主持国家863、国家自然科学重点基金等科研项目，从事宽禁带半导体、Ⅳ族半导体异质结构材料与器件物理研究。发表学术论文400余篇；获发明专利4项，申请受理发明专利10多项；主编"宽禁带半导体及其应用"(中国材料工程大典第11卷：信息功能材料工程上册第六篇)；获国家自然科学奖二等奖1项，国家技术发明奖三等奖1项，省部级奖8项及国防科工委光华科技基金一等奖、国家863计划先进工作者一等奖、江苏省人才培养教学成果一等奖。

郑晓光

郑晓光，男，1963年生，高级工程师，现任中国电子科技集团公司第十三研究所任副所长，负责该所光电子方面的科研管理工作，并担任该所的半导体照明研究中心主任和光电专业部主任。1985年毕业于北京理工大学电子工程系半导体物理与器件专业，2004年美国得克萨斯大学奥斯汀分校电气与计算机工程工程系光电子学博士。

长期从事化合物半导体材料与器件的研究工作，1991年完成了国内第一支砷化镓超高速模数转换电路的设计及制造。2002年在世界上首先报道了超低噪声的铝镓砷雪崩光电探测器，并提出相应的物理模型。2004年实现了高增益(－29.5dBmatBER1E-10)铟镓砷/铟铝砷(InGaAs/InAlAs)雪崩光电探测器光接收机的世界领先结果。曾获得1996年电子工业部颁发的"科学技术进步奖"一等奖；1996年电子工业部颁发的"国家八五科技攻关奖"。发表国际期刊论文30余篇；国际会议文章10余篇。

周炳锟

周炳锟，男，教授，激光与光电子技术专家，中国科学院院士。清华大学无线电电子学研究所所长。1956年清华大学无线电系毕业。1984年在国际上率先研制出半导体激光泵浦固体YAG激光器，实现了当时世界上效率最高(6.5%)、线宽最窄、频率最稳定的固体激光器。发明单片单模环形YAG微型激光器。主持开展了晶体纤维生长与晶体光纤器件研究，建成激光加热基座法单晶纤维材料生长设备，应用设备对各种纤维材料的生长规律进行了研究。主持开展了"单模窄线宽可调谐外腔半导体激光器及其相关技术的研究"、"光纤环形腔与掺杂光纤激光器和放大器研究"以及"光纤高温传感器"的研制，取得了一系列高水平的研究成果。1991年当选为中国科学院院士。

周均铭

周均铭，1943年生，研究员，博士生导师。1965年毕业于上海复旦大学物理系半导体专业，1983年1月获东京大学博士学位。1967年至今工作于中国科学院物理研究所，1984－2004年任化合物半导体研究组组长。

长期充实化合物半导体异质结和量子阱材料的MBE和MOCVD方法的生长，电性及光学性质的研究.以及在器件上的应用。研制成功了中国第一台分子束外延设备，获1985年国家科学技术进步二等奖，1987年、1991年分别获得中科院科技进步三等奖，1992年获中国科学院科技进步一等奖(1993年评为国家科学技术进步二等奖)"MBE-1V分子束外延和金属有机分子束外延"。研制成功国内第一支红外探测器，1993年获中国科学院科学技术进步一等奖(1995年国家科技进步三等奖)"多量子阱红外探测器单管与阵列"，1996年获中国科学院科技进步三等奖。还从事Si衬底上生长GaAs，Si/SiGe异质结材料生长及物性研究。1991年获人事部及教育委员会颁发的"在工作中作出突出贡献的回国留学人员"称号，1992年获"中国科学院有突出贡献中青年专家"称号。在SCI收录的杂志上发表论文200余篇。

朱晓东

朱晓东，1962年生，高级工程师。1982年毕业于北京工业学院(北京理工大学)电子工程系。现任中国电子科技集团公司第十三研究所河北立德电子有限公司任总经理。曾任工程师、高级工程师、质量标准处处长、综合处处长、国家军用电子元器件可靠性专家组成员、国家半导体器件标准化技术委员会委员、任石家庄市城管专家咨询团成员、863专家。

多年从事微电子、微波电路研究，承担多项国家级纵向课题任务，其成果获得过电子工业部科技成果一等奖。曾任"863－307"项目LED规模化生产技术的研究和"863－307"项目LED产业化基地建设课题负责人。参加"863－715"项目AlGaInP橙光、黄光高亮度LED外延片研制课题工作。并承担半导体照明科技攻关计划及电子发展基金课题多项。主持开发和设计了多种LED照明灯具和大型照明控制系统，参与建设了多项大型建筑、景观和道路照明工程。曾参与了厦门三安电子LED项目的策划和前期建设工作。

企业单位(按拼音排序)

曹殿生

曹殿生，1991 年获得美国犹他大学材料工程博士。2000 年创建 CAO GROUP，INC，并在国内投资廊坊鑫谷光电股份有限公司。主要从事 LED 封装、医疗设备、齿科设备材料、刑侦设备、光电器件、标识和照明事业。目前为止发表了 20 多篇技术论文，获得了 30 多项美国专利。

陈明法

陈明法，1946 年 10 月生，高级工程师。现任上海蓝宝光电材料有限公司常务副总经理。简历：1989 年至 1992 年上海第二工业大学；1969 年至 1984 年九三八三军工厂工会副主席；1985 年至 1994 年上海柴油机厂工会生产部长、销售处副处长；1995 年至 1999 年上海起重工具厂厂长；2000 年至今上海蓝宝光电材料有限公司常务副总经理。

2002 年至 2004 年承担国家十五“863 计划”高亮度氮化镓 LED 产业化关键技术项目，担任课题组副组长；2006 年获得科技部 LED 照明“工程应用创新奖”；参与一种提高芯片亮度的方法(申请号 200510027184.1)、红绿蓝三芯片集成于硅芯片的方法(200510027183.7)、外量子效率增强型发光二极管(200410084792.1)等 14 项发明专利。

程德诗

程德诗，1959 年生，高级工程师。1982 年毕业于南京工学院(现东南大学)工业电气化专业，获学士学位，现任上海三思科技发展有限公司总经理，“中国光学光电子行业协会、LED 显示屏分会”专家测试组组长；担任“中国光学光电子行业协会、LED 显示屏分会”技术委员会常务副组长；任 2004、2006 年“全国 LED 显示学术讨论会”技术委员会主任。

多年从事视频技术、光电子技术及计算机控制系统的研究，现主要从事 LED 显示系统技术、经营及企业管理工作。主持及参与多项行业标准的制定。LED 器件及 LED 显示屏等方面的专利 7 项，主持撰写《LED 显示屏测试方法》(SJ/T11281－2003)和参加编写《LED 显示屏通用规范》(SJ/T11141－2003)两项标准。撰写关于 LED 显示屏方面的均匀性、分辨率、色度处理技术等方面论文三篇。

董志江

董志江，男，1963 年生，现任武汉迪源光电科技有限公司董事、总经理。1984 年获得复旦大学学士学位，于 1987 年获得复旦大学硕士学位，1995 年在美国 UCIrvine 加州大学欧文分校电机工程系任研究专家；1996 年，在美国 AlphaPhotonics 股份有限公司蓝光外延开发部任经理，科学家。1999 年，在美国上市公司 AXT 股份有限公司任高级经理。2003 年在上海蓝光科技有限公司任董事、常务副总经理，代总经理。

曾主持七项国家及部委重点研究发展项目，曾获得邮电部有突出贡献的科学，技术，管理专家，邮电部科技进步奖一等奖两项，三等奖一项，国家科委“863”计划先进工作者二等奖，国家科委“863”计划先进个人，湖北省科委杰出青年科学家奖；曾获得美国专利 1 项，国家发明专利 5 项；曾发表过国内外论文 30 余篇。

关积珍

关积珍，男，1965 年生，高级工程师。1987 年北方交大研究生毕业留校任教，1992－1998 年历任蓝通公司副总经理、总经理。现任北京四通智能交通系统集成有限公司总经理。中国电子学会量子电子学与光电子学分会委员，中国光学光电子行业协会 LED 显示分会副理事长，《现代显示》杂志编委，《国际光电显示》LED 专栏顾问。全国 ITS 标委会委员、北京交通工程学会常务理事，中国交通运输系统工程学会常务理事、副秘书长，《交通运输系统工程与信息》副主编，《道路交通与安全》编委。

负责实施了多项国内代表性的 LED 显示屏项目，承担科技部“十五”半导体照明攻关计划“高亮度 LED 在交通信息显示中的应用”、北京市科委“大功率 LED 及其在 ITS 中的应用”等课题研究。完成多项 ITS 项目的研究设计和实施，主持科技部创新基金“交通流实时诱导信息生成及管理系统”项目，参与科技部和北京市的攻关计划、自然科学基金、973 等交通研究项目。在相关刊物和会议公开发表论文 40 余篇。

郭玉国

郭玉国，1961 年 8 月生，中共党员，高级经济师。1999 年任：镇江稳润电子有限公司总经理；2002 年至今任江苏稳润光电有限公司，董事、总经理。先后承担了大量部、省级重点项目，拥有多项授权专利和省级以上科技成果鉴定。2006年,公司完成占地75亩的新厂区建设,也为企业下一步更快速的发展搭就了一个更高的平台。

何晓光

何晓光,男,1964年生,博士,现任大连路美芯片科技有限公司代总经理。大连理工大学兼职教授;厦门大学客座教授。1985年毕业于厦门大学物理系;1995获美国西北大学电子工程系博士学位。发表论文50多篇。是5项美国发明专利及1项中国发明专利的发明者,另外有14项发明专利申请在审理中。大连市科技进步一等奖;厦门市开元区科技进步一等奖。

黄振春

黄振春,男,1963年生,教授,博士,现任江苏奥雷光电有限公司CEO。南京大学教授、校董;科技部火炬高新技术海外咨询专家;中国侨商总会常务理事;江苏省光电子技术中心主任;江苏省半导体照明产业联盟理事长。1987年毕业于南京大学物理系,1993年获美国纽约州立大学布法罗分校电子工程博士学位;1994年美国马里兰大学电子工程系做博士后;1995—2001年就职于美国宇航局哥达飞行中心,回国前任美国雷神信息系统公司首席科学家。

2001年回国创办江苏奥雷光电有限公司,从事光器件和半导体照明产品的研发和生产,先后获得国家计委光电子产业化示范工程,负责承担了国家863项目、国家重大科技攻关项目、江苏省重大科技成果推广项目等。发表各种论文60余篇,专利7项。1997年获得国家杰出青年科学家基金奖励;2003年江苏省青春创业风云人物;2005国务院侨办华侨华人专业人士杰出创业奖。

简奉任

简奉任,1962年,博士,现任璨圆光电股份有限公司董事长,总经理。1985年台湾清华大学化工系学士;1994年美国布朗大学工学(材料)博士;1995年美国3M研发中心研究员(开发蓝绿光激光器);2002年光电半导体工业技术发展咨询委员会召集人;2003年台湾次世代LED照明研发联盟总计划主持人。第十二届产业科技奖。

蒋国忠

蒋国忠,男,1961年生,1982年7月毕业于南京大学物理系晶体物理专业,获学士学位,1990年7月南京大学物理系固体物理专业研究生毕业,获理学硕士学位。现为江西联创光电科技股份有限公司副总裁兼总工程师,江西省政府特殊津贴获得者。

长期从事声表面波器件、压电晶体材料、半导体发光材料与器件的研究开发工作。承担过“聚片多畴BNN晶体的生长及电畴组态研究”863计划项目;组织实施过国防科工委军事电子“双加”工程、信息产业部移动通信配套元器件本地化技术改造项目、总装备部“核弹引爆系统用贮能电容器预先技术”等研究项目。承担了“紫光、绿光高亮度发光二极管外延材料芯片及器件”863计划引导项目,组织实施了国家计委“铟镓氮LED外延片及芯片产业化项目”,国家经贸委“高亮度、超高亮度及片式发光二极管”重点技术改造项目。正在承担江西省科技厅“半导体照明用LED芯片、器件和光源技术攻关”项目;江西省科技厅“功率型LED器件封装技术攻关”项目。

金 波

金波,研究员,上海广电光电子有限公司科技中心副总监。1989年北京大学化学系高分子化学专业理学学士;1992年清华大学化学系有机化学专业理学硕士;1997年东京工业大学有机材料工学专业工学博士。

长期从事TFT LCD应用研究,先后任职于上海广电中央研究院,上海广电NEC液晶显示器有限公司。发表论文20余篇,正在主持或参加的科研项目:“TFT-LCD屏关键技术——快速响应速度技术的攻关和产业化”,以及科技部863项目“大尺寸LCD背光源”。

靳彩霞

靳彩霞,女,1969年生,教授,现任武汉迪源光电科技有限公司总工程师;曾任上海蓝光科技有限公司总工程师。1991年兰州大学物理系学士;1997年复旦大学物理系博士学位;1997年至2001年,美国德州技术大学电子工程系攻读博士后。2001年至2003年任美国AXT外延部高级研发专家,负责GaN高亮度蓝/绿发光二极管(LED)的金属有机化学汽相沉积(MOCVD)的生长及新产品研发。

长期从事高失配的InGaN/GaN多量子阱器件结构的设计和外延生长有精通的研究。曾获德国Alexander von Humboldt Foundation奖学金,复旦大学茅思成奖学金,兰州大学优秀生奖学金。在国际学术刊物及会议上共发表论文23篇,其中SCI收录21余篇。在LED领域申请专利8项。承担并完成了科技部半导体照明工程的重大攻关项目、上海市纳米专项、上海市信息化委员会的产业化发展专项资金项目等相关课题。

李 刚

李刚,1962年生,博士,研究员,现任深圳市方大国科光电技术有限公司总经理。深圳市科学技术和信息局专家组成员;信息产业部半导体照明标准工作小组成员;美国物理学会(AIP)会员;美国材料学会(MRS)会员;深圳市半导体照明产业发展促进会理事;深圳市半导体照明工程研究与开发中心主任。1982年浙江大学无机材料学士;1995年澳大利亚国立大学半导体材料工学博士。

主要研究氮化镓基半导体材料外延生长与发光二极

管芯片制造和封装技术。先后承担"十五"国家科技攻关计划和"十一五"863计划课题。2004年深圳市科技进步二等奖。2002年获"台湾大发工业区杰出经理人金奖"荣誉称号，已在国外著名杂志上发表了七十余篇论文，其中AppliedPhysicsLetters：29篇、PhysicsReviewB：4篇、J. AppliedPhysics：13篇、J. CrystalGrowth：6篇、综述性文章2篇，申请和核准专利36项，国际会议发表文章60篇。

李季达

李季达，现任扬州华夏集成光电有限公司市场部经理，毕业于台湾清华大学原子科学研究所光电物理硕士，对LED产业及市场调研已有九年经验。在台湾光电科技工业协进会(PIDA)担任产业暨技术组项目经理期间，主要负责LED、LD、OLED、Solar Cell、CMOS Image Sensor、CCD等产业与市场分析工作，并担任台湾"科学委员会(NSC)"，中山科学研究院、工业技术研究院(ITRI)等LED相关调研委托计划主持人，并完成"推动白光LED照明科技应用发展之研究与评估"、"推动白光LED照明科技示范应用"等研究课题。2001年开始规划PIDA"光电知识产权中心"，提供企业"产业专利情报"(Patinformatics)，对国内外多家光电厂商以及创投业者之委托专利分析工作已有6年经验，并以丰富的国内外产官学研人脉，协助企业开拓新客户和寻求技术合作商机。目前在国内外杂志发表的文章有76篇，国内外邀请演讲与企业教育培训32场。

梁秉文

梁秉文，1961年6月出生，1993年获美国UCSD电子工程系博士学位。后在美国HP/Agilent公司工作，任研发部经理，从事半导体超高亮度发光管以及激光器的材料生长和器件设计制作，是HP公司高亮度LED产业化创始人之一。2000年参与建立美国AXT光电公司，并先后担任技术总监，总经理和总裁，领导开发、生产超高亮度LED和VCSEL，LD等产品。先后发表各种学术论文60余篇，持有美国专利6项，中国专利20项。2004年作为国家半导体照明产业技术发展战略研究专家组组长，负责制定国家半导体照明产业中长期技术发展规划。2005－2006年参与制定"十一五"国家863半导体照明重大专项。现任国家半导体照明工程重大项目管理办公室顾问，上海半导体照明应用工程中心兼职副主任。

刘　镇

刘镇，1974年生，浙江大学物理系学士，高级工程师。国家半导体照明工程研发即产业联盟常务理事；深圳市半导体照明产业促进会筹委会小组成员；深圳市节能协会会员；深圳市照明学会高级专家；2006深圳市照明行业优秀企业家；《国际光电与显示》专栏顾问；历届中国国际半导体照明论坛特邀专题报告嘉宾。

1993年起，一直致力于LED产业材料、器件及应用产品的研究和产业化工作。2003年度"深圳市优秀照明新科技和新节能节品"；04年深圳市优秀照明新科技、新节能产品奖；05年深圳市优秀照明新科技产品奖；06年深圳市优秀照明新科技产品奖；2006国家半导体照明工程创新大赛优秀奖；"十一五"国家半导体照明工程参与单位；已申请相关21项新型发明专利。

牟同升

牟同升，副教授，浙江大学光电子研究所副所长。1986年毕业于浙江大学光电系光电精密测试技术及计量仪器专业，获硕士学位。现兼任杭州浙大三色仪器有限公司董事长、技术总监。IEC TC110 液晶显示 LCD(WG2)、等离子体显示PDP(WG4)、有机发光OLED(WG5)三个国际标准专家组的成员。全国照明电器标准化技术委员会电光源专业委员、信息产业部半导体照明技术标准工作组成员、信息产业部平板显示技术标准工作组成员，中国照明学会高级会员，北美照明工程师学会(IESNA)会员，中国照明电器协会理事。

在照明和显示测试技术领域从事光学和颜色测试技术研究20余年，尤其是LED领域的光电色、热性能和寿命的测试，光辐射安全评价等。并在OLED光学和光电性能测试方法的国际标准制订中，建立了新的亮室对比度测试方法，已成为国际标准的首选方法。获得国家发明专利6项，实用新型专利9项；编写著作2本，发表专业论文30余篇。负责起草完成了3项国家标准，参与制定和审定国家标准30多项。目前正在参与制订的国际标准6项。

潘建根

潘建根，1965年3月生，教授级高级工程师，1989年浙江大学光电系研究生毕业，取得硕士学位。现任杭州远方光电信息有限公司董事长兼技术总监。兼任国际照明委员会(CIE)第二分部中国代表，CIE第二分部技术委员会委员，国际照明委员会(CIE)2007年(第26届)大会中国组委会委员，中国照明学会计量测试专业委员会副主任，全国照明电器标准化委员会委员，浙江省照明学会副理事长，浙江工业大学兼职教授。

主要研究集光、机、电、算于一体的精密计量测试技术和标准评价方法。主持完成的包括863课题在内的三十余项科研成果已产业化，主要研究成果和相关产品已被美国ETL(美国电子测试实验室)国际认证实验室和飞利浦、通用电气、欧司朗、西门子、东芝、松下等跨国企业所采用，近年来在LED测量技术和测量仪器方面取得较多重要成果，多次应国际照明委员会(CIE)邀请作学术演讲。发表论文30余篇。获专利10余件,其中2件为发明专利。

裴小明

裴小明,男,1964年生,高级工程师。现任广州鸿利光电子有限公司技术总监,大功率事业部总经理。兼任深圳市照明学会高级专家、深圳市科技专家委员会专家库专家。1987年毕业于武汉大学物理系半导体专业,2001年至2006年任深圳量子光电子有限公司技术总监。长期从事与其专业对口的半导体发光器件的研发与技术管理工作,近5年在全国性技术论坛上发表了数十篇论文,6次被邀请参加大会报告。2003年"直插式照明级白光LED"获2003年度深圳市照明学会"优秀照明新科技和节能新产品奖";2004年1W大功率照明级白光LED荣获"深圳市优秀照明新科技、新节能产品"奖;2005年3W白光ultra-brightPowerLED光源荣获2005年度"深圳市优秀照明新科技产品"奖。

邵春林

邵春林,博士。江苏南通市人。1980年先后在名古屋工业大学和名古屋大学深造,1986年3月获日本帝国大学——名古屋大学工学博士学位,2002年获名古屋工业大学博士导师资格。曾在世界一流的日本国"先端研究中心"和大型企业中央研究所从事过包括化合物半导体材料、发光器件和半导体工艺的研发和教学工作。著译书6册,发表论文及科研报告100多篇次,主持和参与科研项目20多项。现任国家半导体照明工程上海研究中心专家、山西省新材料工程技术研究中心研究员、中国太原理工大学客座教授、上海宇体光电有限公司首席科学家。

施毓燦

施毓燦,香港大学工程系理学学士学位及香港中文大学工商管理硕士学位。华刚光电(集团)有限公司董事总经理,负责制订公司策略及业务拓展。

石　修

1966年台南成功大学物理毕业。1968年赴德国求学,1976年获阿亨工业大学理学博士。

1976—1978荷兰玉特烈大学博士后研究,1978年回台母校任副教授。

1995年赴美国SRI接受技术预测学程结业。1998至2002在台北金融研究发展基金会授企业金融课程。

1979至1990任新竹万邦电子公司顾问、副总兼厂长、总经理、高级顾问、董事,从事小讯号硅晶体管、发光二极管、太阳电池组件之设计、制造及销售。并担任工业技术研究院工业材料所化合物半导体部门筹备委员,1986年任光电半导体产业技术发展咨询委员会(光谘会)发起召集人,任委员至今。担任南投环隆电气公司高级顾问,1995年启动微机电感测组件实验室。1998年在新竹科学园区光磊科技公司建立微机电事业部,并自美国FMI公司购得微机电整厂、技术及产品。2003年自光磊公司分出独立为新磊微制造股份有限公司,任董事长。

1986年起参与台湾区电机电子工业同业公会。现为常务理事,微机电专业委员会主任委员及前任光电专业主委。

宋恒毅

宋恒毅,1958年3月生,高级工程师,工商管理硕士。深圳帝光电子有限公司董事长兼总经理,1996年1月创立了帝光电子,于2006年3月在美国上市。SID会员,中国光学光电子行业协会液晶分会理事,深圳市电子通讯专家工作委员会副主任,深圳市光学光电子行业协会副会长,深圳市电子行业协会会员,深圳市平板显示器行业协会会员

1994年以来,已申报背光源领域的各类专利37项,其中已被授权的11项、发明专利20项、台湾专利5项、欧盟专利2项、美国专利2项。2003年获深圳市科技进步奖1项,同年帝光电子被评为深圳市高新技术企业,产品被评为国家重点新产品,深圳市优秀企业家。2006年承担国家863计划1项,粤港关键领域重点突破项目1项。

孙　明

孙明,1970年7月28日生,中共党员,MBA、高级会计师、现任上海蓝光科技有限公司总经理。历任上海雪龙饮料食品厂财务部经理、总经理,黑龙江省财政证券公司财务部经理,黑龙江省大正投资集团计财部、产业投资部总经理,黑龙江大正教育产业公司总经理;2005年10月加盟上海蓝光科技有限公司,同期兼任上海光电子行业协会副理事长。

作为项目负责人,主要承担上海市软件和集成电路产业发展专项基金项目"ITO透明电极高亮度蓝光芯片的研究与产业化";上海市科研计划项目(科技攻关)"蓝光LED芯片ITO电极的研究与开发";上海市浦东新区科技发展基金科技专项资助资金项目"准照明级LED光源产业化关键技术攻关";上海市科委科研计划项目"半导体照明用外延片开发及产业化"等项目。

孙润光

孙润光,1963年生,博士,教授,博士生导师,现任上海广电NEC液晶显示器有限公司研发部部长。2006年3月起兼任上海大学材料科学与工程学院教授,新型显示技术与应用集成教育部重点实验室(上海大学)主任,博士导师。1985年毕业于东北师范大

学物理系学习；1997 年获日本东京大学光学专业博士学位。

中国大陆唯一参与了第一条（SVA-NEC）与第二条 5 代线（BOE）建设的技术专家，拥有跨国公司工作经验，平板显示大生产经验。科技部“高清晰度平板显示重大专项”战略专家。信息产业部“十一五计划和 2020 年中长期规划”信息显示技术专家。获国家自然基金委主任基金资助；科技部 863“高性能有机发光显示技术研究”重大专项资助。科技部 973 有机/高分子发光材料重大基础问题的研究资助。至今共发表了 50 多篇论文；获得 1 项中国专利，美国专利 1 项，有 7 项中国专利和 5 项美国专利申请/审查中。多次邀请出席国际会议。

王垚浩

王垚浩，男，1964 年 10 月生，博士，高级工程师。现任佛山市政协委员，佛山市国星光电科技有限公司任董事长、总经理。兼任中国青年科技工作者代表，广东省科协委员，佛山市科协副主席，佛山市青年联合会副主席，佛山市博士联谊会会长。

2005 年 10 月，被评为“全国百名优秀博士后”，在北京受到了温家宝、曾庆红、贺国强、陈至立等党和国家领导人的接见。先后在国内外学术期刊上发表 20 余篇学术论文，曾主持了国家“863”计划引导项目“大功率白光 LED 器件产业化关键技术研究与开发”、“十五”科技攻关项目“半导体照明产业化技术开发”、广东省关键领域重点突破项目“新型发光与显示器件”等 6 个重大项目，申请专利 8 项，包括发明专利 1 项“功率发光二极管及其制造方法”，PCT 申请 1 项“金属外壳封装 LED 光源模块”。“半导体照明灯具”荣获广东省科学进步二等奖、佛山市科学进步一等奖，“半导体照明光源模块”获佛山市科学进步二等奖。

王　刚

王刚，博士，现任京东方集团中央研究院副院长。1999 年获得博士学位，期间主要从事有源矩阵寻址的液晶显示器的阵列设计制作与研究工作，2000 年 9 月进入长春应用化学研究所高分子物理与化学国家重点实验室开始博士后研究工作，主要从事有机薄膜晶体管（OTFT）的相关基础研究工作及其在有源矩阵显示和有机逻辑电路方面的应用研究工作。期间参与了国家自然科学基金、科技部 863、九五重大科研课题等六项国家各部委的重大科研项目。2003 年 3 月博士后出站后，就职于京东方科技集团股份有限公司，参与了京东方北京 TFT-LCD 五代线的筹建工作。并负责承担了北京市科委 04 年重大科研项目“第五代 TFT-LCD 关键技术研究”，为项目负责人。目前为 BOE 中央研究院 LED B/L 开发项目的负责人，完成了笔记本、LCD TV 等多款 LED B/L 样品的开发和制备，并申请专利三项。本人在学习和工作期间，在各种学术刊物及会议上发表学术论文十余篇，在 TFT-LCD 领域、OTFT-AMLCD（AMOLED）领域以及 LED B/L 领域共发表发明专利 9 项。

王明杰

王明杰，1972 生，1992 年本科毕业于大连理工大学，1995 年进入中国人民大学工业经济硕士研究生班学习。现任深圳雷曼光电科技有限公司常务副总经理。

夏冠群

夏冠群，1941 年 2 月生，研究员，博士生导师。现任中国科学院上海微系统与信息技术研究所博士生导师、上海汽车电子工程中心主任兼上海信耀电子有限公司总经理。1966 年 3 月毕业于北京钢铁学院物理化学专业本科，1977 年 2 月毕业于复旦大学半导体专业研究生班。早期从事化合物半导体材料、器件和电路研究，近年从事汽车电子产品开发与生产。1992 年 7 月通过中国科学院的研究员职称评审，1992 年 10 月获国务院授予的政府特殊津贴与证书。1990—1997 年期间获中科院科技进步项 7 项，上海市科技奖 1 项。

肖志国

肖志国，1962 年生，教授级高级工程师。1988 年毕业于中科院长春物理研究所固体物理专业，取得硕士学历。1994 年成立大连路明光源有限公司，担任总工程师兼总经理；1998 年成立大连路明科技集团有限公司，担任总工程师兼总经理；2003 年成立中美合资的大连路美芯片科技有限公司，担任总工程师兼总经理；2005 年成立中美合资的大连美明外延片科技有限公司，担任总工程师兼总经理。

多年来一直致力于稀土蓄光自发光材料、新型白光 LED 用荧光粉技术的研究，并将研究领域不断拓宽。1992 年在国际上首创发明了无害、无放射性的多种稀土离子激活的碱土铝酸盐蓄光型发光材料，使我国在这一行业处于国际领先水平。现已申请国内外专利 68 项，授权 48 项，其中，国内发明专利 31 项，授权 19 项，国际发明专利 9 项，授权 7 项，形成了从发光材料到应用的知识产权保护网。发表论文 25 篇，专著一部。2006 年获国家技术发明二等奖《新型稀土激活新型硅酸盐发光材料及应用》；辽宁省科技进步一等奖《高亮度 GaN 基芯片产业化》。

徐国芳

徐国芳，1954 年生，高级工程师。现任宁波和谐光电子有限公司总经理。1999 年至 2001 年底主要参与“信息产业部数字移动通信产品国产化专项表面贴装高亮度发光二极管国产化项目”管理及实施;2004 年至 2005 年底担任科技部十五半导体照明工程攻关项目“功率型发光二极管封装产业化关键技术”项目课题组组长,并申请两项实用新型专利;2005 年至 2006 年底重点参与国家发改委“信息产业企业技术进步和产业升级专项”管理;2006 年起重点参与国家十一五半导体照明工程 863 计划“RGB 三基色白光 LED 制造技术”项目。

杨树人

杨树人,1939 年生,教授。现任鑫谷光电股份有限公司常务副总经理。1958.9~1969.7 吉林大学,半导体材料专业;1963~2003 吉林大学任教;2003~今鑫谷光电股份有限公司常务副总经理。廊坊市电子学会副会长,廊坊信息产业协会副会长。主持 863 项目,国家重大基金项目子项目,国家自然科学基金项目,国防基金项目等;著作九部:超晶格量子阱材料、半导体材料、半导体材料及其应用等。在国内外杂志发表论文 120 多篇。

姚志图

姚志图,男,伟志集团执行董事长。美国 Newport University MBA,担任香港经贸商会副会长、香港内坑镇联乡总会常务副会长、广东省博罗县政协委员、广东省工商联晋江商会副会长、深圳市宝安区企业联合会常务副会长、晋江市内坑镇归国华侨联合会顾问。

荣获 8 项国家专利包括:“双面发光背光源”“平面上置光源”“底侧两用高效 LED 白灯”“色变换型亚白色 LED 背光源”“扩散型 LED 照明光源”“带散热功能的 LED”“手拉充电式电筒”“新型医用观片灯”。

余彬海

余彬海,1965 生,教授级高级工程师。现任佛山市国星光电科技有限公司副总经理,兼任广东省电子学会常务理事、广东省机电第四高评委副主任委员、佛山市电子学会理事长。1982 年至 1986 年华中理工大学攻读学士,1991 年至 1996 年华中理工大学攻读硕士、博士,1996 年至 1997 年香港科技大学访问学者,1999 年至 2001 年华南理工大学暨佛山市博士后工作站从事博士后研究。作为项目负责人或主要研究者,先后承担或完成包括国家“863”计划跟踪项目、“863”计划引导项目、国家“十五攻关”重大项目在内的科研项目 28 项。申请发明专利 2 项、实用新型专利 6 项、外观专利 4 项;在科学研究和项目开发中获广东省“科学技术进步奖二等奖”(第二完成人)一项,国家教育委员会“科学技术进步奖二等奖”一项,湖北省“自然科学三等奖”一项。作为第一作者先后在中文核心期刊《高技术通讯》、《发光学报》等刊物上发表学术论文 30 篇。作为主要编著者参加编写学术专著 1 部。

曾金穗

曾金穗,1958 年生,1991 年获英国艾登威尔大学(Edenvale University)计算机科学博士学位。现任扬州华夏集成光电有限公司董事长,华夏半导体照明研究中心主任。在 IT 产业已经有 12 年经验。曾担任 DTK 集团香港公司总经理、北京泰科讯聯數码科技有限公司董事长、香港泰科环球有限公司董事长,不仅对国内、国外、港台的市场有很深入的研究,且和当地 IT 产业界保持良好的关系。2005 年开始深耕 LED 产业,不仅创办扬州华夏集成光电有限公司来生产和代工红、蓝、绿光 LED 芯片,并获得台湾 TFT 大厂元太科技和背光源大厂深圳帝光电子的合资支持,同时对扬州市“新光源产业园”的催生也不遗余力,在海峡两岸 LED 产业的交流上贡献良多。目前担任扬州市半导体照明产业联盟副会长、扬州市台商协会副会长。

张日光

张日光,1967 年生,工程师。现任宁波升谱光电半导体有限公司总经理、宁波爱米达半导体照明有限公司总经理、宁波市电子行业协会半导体照明分会理事长、中国光电子行业协会常务理事。1999 年至 2001 年底负责“信息产业部数字移动通信产品国产化专项表面贴装高亮度发光二极管国产化项目”;2004 年至 2005 年底负责科技部“十五”半导体照明工程攻关项目“功率型发光二极管封装产业化关键技术”项目,并申请两项实用新型专利;2005 年至 2006 年底负责国家发改委“信息产业企业技术进步和产业升级专项”;2006 年起负责国家“十一五”半导体照明工程 863 计划“RGB 三基色白光 LED 制造技术”项目。

庄卫东

庄卫东,教授级高级工程师,博士生导师。有研稀土新材料股份有限公司研发部主任;中国稀土学会专家组成员;《中国稀土学报》(中、英文版)编委;中南大学兼职教授。十多年来一直从事新型稀土功能材料、材料物理化学的研究和开发工作,共主持二十余项课题的工作,取得部级科技进步奖 3 项,发表论文 68 篇,在国际学术会议上作邀请报告 6 次,获中国发明专利授权 12 项,入选首批“新世纪百千万人才工程国家级人选”,曾被评为中央企业“杰出青年岗位能手”。在稀土发光材料方面,尤其是半导体照明用荧光材料方面,作出了重要贡献。发明了 5 种半导体照明用荧光粉,获得相关授权发明专利 7 项,突破了国外的专利封锁,发明了 3 种等离子显示用荧光粉,2 种稀土长时发光材料,获得相关授权发明专利 5 项。

专利索引 4

LED专利申请情况简析(2005～2006)

王军喜
中国科学院半导体研究所
余彬海
佛山国星光电科技有限公司
庄卫东
有研稀土新材料股份有限公司

摘　要

本文在专利检索的基础上,分析了2005～2006年国内外LED衬底、外延、芯片、封装、应用、荧光粉的申请情况,供国内企业、科研机构、大学等作为研究和产业化工作的参考,以加快国内半导体照明产业的发展进程。

关键词:LED　衬底　外延　芯片　封装　应用　荧光粉　专利分析

虽然半导体照明新兴产业仍处于快速发展的初期,但知识产权已成为世界各国竞争的焦点。蓝光LED一问世,目光敏锐的厂家和研究机构就纷纷申请专利,提出了各具特色的技术方案,发起了一场半导体照明技术领域的"圈地"运动,以期在未来最具潜力的新型照明光源市场占有一席之地。今后几年将是专利争夺的关键时期。

目前半导体照明专利集中在日本、美国、欧洲、我国台湾等国家和地区。核心专利被日本Nichia,美国Lumileds、Cree,德国Osram等几大公司控制,这些公司利用各自核心专利,采取横向(同时进入多个国家)和纵向(完善设计,后续申请)扩展方式,在世界范围内布置专利网。我国专利申请主要以实用新型为主,发明专利较少,在申请数量、时间、类型及涉及面等方面均处于劣势,再加上专利制度运用与专利保护范围不恰当、不注意利用专利文献、研发人员专利意识不足等问题,致使目前我国在专利方面与国外差距较大。核心专利缺乏与不能很好地保护利用并存的不利局面,已成为我国半导体照明产业发展的软肋。

目前半导体照明技术发展非常迅速,产业远没有达到成熟,产业化的功率型芯片发光效率仅为50～60 lm/W,与普通照明要求的100 lm/W以上指标有很大差距。白光普通照明技术路线仍在探索,衬底、外延、芯片、封装等技术领域正在不断更新。因此我国半导体照明技术还是有很多突破机会的。

国家半导体照明工程自2003年启动以来,国内申请的专利数量是以前16年的40%。我国在每个技术领域都有申请量超过或接近外国申请量的技术分支,尤其是在上游产业上拥有一些外围发明专利,这为日后我国应对可能打响的专利诉讼战提供了谈判筹码。目前"十一五"国家863计划半导体照明工程重大项目已顺利启动,我国半导体照明产业发展正在迎来自主创新、实现跨越式发展的关键时期,为了更好地引导国内的研究和产业化工作,通过美国专利局、欧洲专利局及中国专利局等网站,对2005－2006年国内外申请和授权的主要专利沿产业链主要环节进行了检索和分析,供国内企业、科研机构、大学等作为今后研究和产业化工作的参考。

一、新型衬底材料制备加工

为了制备出合适的氮化物,尤其是氮化镓(GaN)生长匹配的衬底,许多机构在研究相关材料的生长和后续加工问题。从国内外2005至2006年的专利申请来看,内容包括了GaN、SiC、AlN、ZnO等单晶衬底的生长及加工,使其成为可用的衬底片。

(一) HVPE方法生长GaN单晶衬底技术

同质外延是理想外延技术,GaN衬底被认为是GaN基发光二极管技术的理想衬底,这样可以大大提高外延膜的晶体质量,降低位错密度,提高器件工作寿命,提高发光效率,提高器件工作电流密度。该方法生长GaN单晶衬底可以直接与未来的产业化紧密联系,因此该方向的核心专利在多个国家都进行了申请,如专利JP2006511432,同时在美国、日本、中国台湾、澳大利亚、欧洲等多国进行了申请;而其余大部分的专利是在已有核心专利的基础上进行的局部变动。

最近两年在中国的HVPE专利申请共14项。总体看来,国内申请的专利多数是在国外专利的基础上进行的局部修改,突破性影响的核心专利较少。其中中国科学院半导体所申请了具有自主知识产权的立式HVPE生长设备专利(200510076325.9),从衬底放置、生长腔设计、反应源设计等方面进行了权利要求;此外,中国科学院上海微系统所较多,申请6项,包括插入金属W(申请号200510028366.0)、多孔阳极氧化铝模板(申请号200510028366.0)、In辅助外延(申请号200410053350.0)、AlN低温缓冲层(申请号200410053351.5)、多孔GaN缓冲层(申请号200610023732.8)以及HCl中断生长(申请号200610024155.4)。南京大学两项,为图形衬底(申请号200410065676.5)和Si基HVPE外延GaN(申请号200410041443.1)。此外还有北大的激光剥离(申请号200410009840.0)和中国科学院半导体所的MOCVD-HVPE原位复合外延(申请号200410098993.7)。国外在中国申请的有日本的农工大TLO株式会社(申请号03808002.8)和日立电缆(申请号03815842.6)各一项,还有韩国三星a面非极性GaN(申请号200510071276.X)一项。

最近两年HVPE在日本的专利共20项。申请者为美日韩三国的公司和研究单位,主要集中在衬底图案化、外延炉结构改进和载气等工艺条件上,较以前的专利并没有出现大的变化。美国的Technologies & Device Inter公司申请了美国专利,同时也申请了2项日本的专利(专利号JP2005225756),他们的工作主要集中在新结构的外延炉上;日本的Toyoda Gosei引入MOCVD法Si上生长$Al_{0.2}Ga_{0.8}N$插入层,然后外延用MOCVD和HVPE外延薄层GaN,经高温下HCl腐蚀后,再生长厚膜GaN(专利号JP20030291758 20030811和JP20030294574 20030818);日本的SUMITOMO ELECTRIC INDUSTRIES公司提出在GaAs衬底上外延n型GaN,未采用Si掺杂,而是采用氧添加到HCl中,最后腐蚀去掉GaAs衬底,得到自支撑衬底(专利号JP2006193422)。他们还做成图案化衬底,产生位错聚集区作为牺牲层,减少了裂纹的产生(专利号JP2006066496),还在GaAs衬底制备了Z型图案,采用低温GaN缓冲层(专利号JP2006148159和JP2006151805);韩国的三星提出了采用高掺杂的Si外延结构的GaN无裂纹厚膜(专利号JP2006143581),三星也申请了非极性a面GaN的专利,这个专利同时也在中国进行了申请;日本东京大学HVPE外延AlN体系的化合物,采用氩气作为载气带动卤化铝(专利号JP2006114845);日本的Nokodai TLO在Si衬底上外延AlGaN,使用氢气和惰性气体作为载气,通过改变他们的比例来调整AlGaN中的Ga和Al的比(专利号JP2006073578);日本的NAT Inst of Adv & Technol对衬底进行处理,产生一些台阶,然后外延厚膜(专利号JP2006060164)。

2005至2006年两年的美国专利中涉及HVPE的共有21项.主要还是日本的日立电缆、日亚,韩国的三星,美国的Cree,法国的S.O.I(Tec Silicon on Insulator Technologies)等几家大公司申请的。内容主要包括金属插入层、热处理、衬底图案化以及非极性等方面,一些重要专利已经在日本专利中同时申请。如Samsung提出了采用Si掺杂浓度梯度变化的方式来释放应力,得到无裂纹的衬底(专利号US 6933213),以及先外延GaN,然后在衬底上做V形槽,最后再激光剥离,这样得到大尺寸无应力的衬底

(专利号 US 6902989);通常采用的 ELO 和 FIELO 虽能降低外延层位错密度,但 n 面和 Ga 面位错密度特别是刃位错密度的巨大差异会导致自支撑的外延片弯曲,日立电缆公司对自支撑 GaN 衬底进行热退火,有效消除了衬底的弯曲(专利号 US 7097920),首先沉积一层金属 Ti 在衬底上,然后氮化产生网格,再进行外延(专利号 US 2006046325),这个专利也申请了中国专利;日本的 Sumitomo Electric Industries 提出了在衬底上制 V 形沟槽控制位错密度的扩散,从而降低外延层的外延密度(专利号 US 7087114);

法国的 S. O. I 公司通过键合方式在衬底上键合一层与外延层热膨胀系数有较大差异的成核层,如 SiO_2、SiN,这样外延厚膜后就会发生衬底与外延层的自剥离,得到自支撑衬底,为了提高晶体质量,在成核层和外延层之间也可以加一层缓冲层(专利号 US 6964914);Cree 公司提出一种新的思路,提供一种合适的 sacrificial 模板生长(Al, Ga, In)N,得到自支撑衬底(专利号 US 6958093),Cree 公司还采用低压 HVPE 生长系统,生长出位错密度低于 $3\times10^6 cm^{-2}$ 的(Al, Ga, In)N(专利号 US 6943095);日亚化学采用多种比例的条纹进行选区外延,制备高质量外延层(专利号 US 6940103);美国的 TDI 公司(Technologies and Devices International, Inc.)采用改良的 HVPE 系统,采用多路 Ga 源和 Al 源以及多温区,生长时采取中断生长多个循环的方式,得到高质量 GaN 和 AlGaN 衬底(专利号 US 6936357);美国 BASF AG (DE)公司主要集中在非极性 a 面 GaN 厚膜的制备上(专利号 US2006008941);加州大学 UCSB 也申请了非极性 a 面 GaN 厚膜的专利,他们是结合非极性面横向外延进行的(专利号 US2006128124)。

近两年的韩国专利中,检索到 HVPE2 项。他们把 Ga 和 Al 合并在一起,控制反应条件来改变 Ga、Al 比,具有一定的新颖性。韩国的 LIFE AND LED CO LTD 设计了新型的 HVPE 系统外延 AlGaN,他们把 Ga 源和 Al 源合并,控制不同试验条件得到不同比例的 AlGaN(专利号 KR20050009340)。

(二) AlN 单晶衬底制备

AlN 与高 Al 组份 AlGaN 材料具有良好的导热性,被认为是制备深紫外光 LED 的理想衬底。虽然 AlN 是生长氮化物重要的衬底,但是具有一定的技术难度,由少数几家公司控制。美国的 CRYSTAL IS 公司利用改进的高压炉在籽晶上生长高质量的 AlN(专利号 JP2006511432、US2006005763),该专利是重要专利,同时在美国、日本、台湾、欧洲等都申请了。还有采用立式 HVPE 外延氮化铝的专利(专利号 JP2006016294),以及使用升华法对籽晶二次外延专利(专利号 JP2005343722)。美国的 FOX GROUP INC 公司,改进了 AlN 生长过程中的坩锅,采用 tantalum 处理过的坩埚,使用寿命大大提高(专利号 US2006174826)。

(三) SiC 衬底

SiC 晶体本身硬度很高,结构比较稳定,制备和衬底加工比较困难,技术主要控制在美国 Cree 公司,基本上处于垄断地位;Cree 公司为代表的 SiC 体单晶的研制已取得突破性进展,2in 的 4H、6H 晶型 SiC 单晶与外延片,以及 3in 的 4H 晶型 SiC 单晶已有商品出售。因此,SiC 衬底外延技术专利主要为美国拥有。国内近年来在 SiC 单晶生长及其后加工方面取得了较大的进步,目前国内从事 SiC 单晶研究的机构有山东大学、中科院物理所、中科院半导体所等。山东大学在 2005 年至 2006 年申请了关于切割、抛光的 2 项专利,大大缩短了实用距离,首先是大直径 SiC 单晶的切割方法(200510044587.7)。使用线切割机,采用直径为 150～450μm、外层镀有金刚石颗粒的金刚石切割线,利用金刚石切割线的高速往复运动,实现对大直径 SiC 单晶棒的切割。另外还申请了直径高硬度 6H-SiC 单晶片的表面抛光方法专利(200610043816.8)。将表面经过研磨的碳化硅晶片,进行粗抛光和精抛光两次抛光。该方法加工精度高,工艺流程简单,效率高。通过以上对单晶片的处理,为实现高质量衬底奠定了后加工基础。

(四) ZnO 衬底制备

ZnO 具有 GaN 相同的钎锌矿结构,并且可以与蓝光 LED 相关的 InGaN 材料基本上晶格匹配,是作为 InGaN 材料外延的较理想衬底,同时由于 ZnO 具有直接带隙,本身是很好的发光材料。主要专利申请状况如表 1 所示。

表 1 ZnO 衬底及器件专利申请情况

ZnO-LED	器件工艺	单晶生长技术	p 型掺杂
中国	3(cn)	2(cn)+1(jp)	10(cn)
台湾		1(tw)+1(jp)	1(tw)
日本	2(jp)	8(jp)	2(jp)
美国	2(jp)	1(us)+2(jp)	2(us)+1(jp)
欧洲		1(jp)	1(us)
韩国	3(kr)	1(kr)+1(jp)	2(kr)

注:数字后面的括号内所表示的是专利申请者所属的国家地区

在 p 型掺杂方面,这两年中国专利局申请的专利较多,其中主要是浙江大学基于 Al-N 共掺(CN1588623)和 Li-N 共掺(CN1772974)技术的申请专利,另外还有大连理工大学(CN1686818)和吉林大学(CN1776009)等单位基于 CVD 技术的专利申请。美国、日本和韩国分别有两个专利申请,相对来说较少。到目前为止,这方面还未出现具有突破性的专利技术,所用的技术路线也比较集中。

单晶生长方面,多集中在水热法上。日本申请专利最多,其中比较典型的有三菱公司和丰田公司的专利(JP2004315361,这个专利还分别在美国(US2006124051)、中国(CN1768165)、韩国(KR20050110708)、欧洲(EP1616981)申请了专利,这个专利主要优化了水热法的生长工艺,可以生长出大尺寸的 ZnO 单晶。个人专利 JP2005335985 也提供了一个改进水热法生长工艺的方法。我国上海光机所(CN1721582)也对水热法生长工艺做了自己的改进,提高了晶体质量和生长速度。另外,在水热法生长工艺上还有好几个专利申请(如,JP2005350283、TW591133B、JP2006225213、JP2006182592、US6841000 等),它们的主要特点是对水热法的矿化剂进行优化。因为水热法本身对生长条件要求高,生长速度慢等特点,不适合工业化量产。个人专利 JP2005272282 提供了一种用一氧化碳和二氧化碳作为载气的气相传输法 ZnO 单晶生长工艺。上海硅酸盐所(CN1844488)用坩埚下降法生长 ZnO 单晶,其主要特点是工艺设备简单,操作方便,可一炉生长多个晶体,有利于实现晶体生长的工业化。还有一些 ZnO 单晶薄膜的专利申请(JP2005154157,CN1818145,CN1772975 等),这些主要是利用 CVD 技术在不同的衬底上长 ZnO 单晶薄膜。从目前研究的总体来看,助溶剂法有可能成为 ZnO 生长技术创新的一个突破口,探索合适的助熔剂和生长工艺,如果能够成功,将充分发挥坩埚下降法的优势,为 ZnO 单晶的产业化生产提供一条可行的途径。

由于目前 ZnO 单晶材料生长技术还很不成熟以及 p 型掺杂问题没有得到真正解决,使得以 ZnO 材料为基的发光器件结果还很少,相应的专利也很少。主要的专利有日本国立高等工业科技研究院的 National Institute of Advanced Industrial Science and Technology)和 Rohm 公司(US663884、US6674098)、大连理工大学(CN1787248)、浙江大学(CN1787246、CN1825634、韩国 MOX Tronix 公司(KR20050106882)、韩国 Gwangju Inst OF Science & Tech (KR20050024078、KR100589645B)等机构申请的 ZnO 基发光器件专利。总体来说,所申请专利的器件性能都还很低。这方面的技术突破首先需要单晶生长技术和 p 型掺杂技术的突破。

总体来看,ZnO 基 LED 的研究还处于初始阶段,主要的技术路线还很不明朗,有很大技术创新空间。

二、新型 LED 外延技术

为了避开蓝宝石衬底的专利保护,开辟新的研究途径,许多研究机构开展了在新型衬底上外延氮化物的探索。包括紫外 LED 外延技术;SiC、Si 衬底 LED 外延技术;新型衬底上的氮化物生长,如纳米图形衬底、非极性衬底以及其他一些新型衬底。

(一) 紫外 LEDs

对于蓝宝石衬底 AlGaN 或者 AlInGaN 体系 UV-LED 的外延和芯片技术的专利大概可划分为两部分:一是波长在 365nm 以上的近紫外/紫外 LED,大多采用 AlGaN 材料和 InGaN 材料的结合,这一部分可以说是国外在蓝光 LED 技术上的延伸。因为国外的机构在专利保护的范围上申请得非常宽泛，他们在申请 InGaN 体系外延技术的专利的时候，很多就已经覆盖到了近紫外、紫外的范围。美、日在这一领域拥有几百项专利，其中包括很多重要的外延技术，如低温缓冲层、选区外延、激光剥离、晶片键合等。

在 2005 年至 2006 年获得授权的紫外 LED 的专利大概有 120 余项，专利申请的时间基本上在 2001～2004 年间，而在这两年内新申请的专利并不多。其中，日美两国的专利占大部分，且以公司申请为主。比如 Sumitomo Chemical Company（住友化学）、Toyoda Gosei（丰田合成）、Toshiba（东芝）、Nichia（日亚）、Sony（索尼）、Sensor Electronic Technology、Lumileds 等公司。韩国和我国台湾专利数量较少。

没查到中国大陆的申请的相关核心技术专利。仅查到台湾研究机构在大陆申请的一项低 Al 组分的 UV-LED 相关专利（200510002199.2）。在中国大陆，这两年内国外各大研究机构和公司尚没有在 UV-LED 研究领域开展“大规模圈地”。该领域技术的有待完善可能是其主要原因，目前国外所采用的技术方式所实现的结果尚未达到商用要求，因此基本上他们只是在日美申请了相应专利。这为国内 UV-LED 的技术发展留有了相当的空间和机遇。

从内容上来看，在 365nm 以上近紫外 LED 方面的专利占绝大部分，数目上超过 80%。这主要源于在近紫外波长范围内，LED 外延片所需的 Al 组分较低，主要还是通过 InGaN 量子阱发光。相比于 350nm 以下乃至 300nm 以下的深紫外 LED，技术门槛较低。而 Toyoda Gosei、Nichia、Lumileds 等大公司在蓝光 LED 研究中积累的丰富经验和领先技术使得他们更容易将研究范围扩展到这个波长内，申请了 AlN 缓冲层、组分梯度渐变 AlGaN 层、侧向外延、选择性外延等重要技术专利及许多外延结构专利。在许多专利中可以看到，他们申请的技术保护范围对应从蓝光到紫外光，相应的 Al 组分一般低于 0.3。重点专利如：US7148518、7129107、7141444、7128846。

对于 350nm 以下的紫外、深紫外 LED 的技术专利相当较少。根本原因还在于这一波长范围内的技术难度较大，门槛较高，远不如蓝紫光的成熟。国际上在这一领域比较突出的研究机构和公司主要为：美国南卡罗来纳大学及其合作公司 Sensor Electronic Technology，日本理化研究所及其合作公司 Sumitomo Chemical Company 等。美国南卡大学和 SET 公司在高 Al 组分深紫外 LED 的研究中处于最为领先的地位，他们在这方面申请并获得了相应的技术专利。日本住友化学和理化研究所在 InAlGaN 四元合金的研究中成果卓著，在该方面申请和获得了一系列的专利。重点专利如：US6943377、US6903385、US6844574、US7098484、US6946308。

（二）Si 衬底氮化物外延

关于 Si 基 GaN 及其 LEDs 相关的专利，国外专利申请机构主要为公司，从申请专利国家来看，日本公司最多，不仅在本国申请了相关专利，在其他国家了也加强了专利保护力度，尤其申请了很多美国专利，在中国申请的专利量也开始呈增加态势。除日本公司外，美国的 Nitronex 公司在 Si 基氮化物生长及其器件研制方面处于领先地位，也申请了相关专利。

美国 Nitronex 早期申请的 Si 基 GaN 专利侧重于材料质量提高方面；在此基础上于 2005 年开始销售 GaN/Si template 和器件。不过该公司主要精力投入在微波器件方面，如 HEFT、HEMT 等，因此申请的专利也重在解决这类器件的散热、电极等方面问题，2005～2006 年间，获得美国专利授权三项（US7135720、US7071498、US6956250）。

相比之下，美国关于 LEDs 器件方面的专利基本由日本公司申请到，如 Rohm 公司，在 2003 年申请了研制 Si 衬底上 GaN 体系 LEDs 专利，2006 年获得授权（US7071015）。除了申请 Si 基氮化物 LEDs 结构专利，还申请了 Si 基氧化锌 LEDs 的专利（US6987029）；另外，该公司还进行了与发光相关的结构研究和电极问题研究（US6898340、7129103）；日本 Sanken 电子公司申请了 Si 基生长氮化物使用低阻衬底以及特殊缓冲层及其对位错乃至 LEDs 器件的影响的相关专利，这样生长的材料结构具有很好的电导率，并可以将电极做在两侧，形成垂直结构器件，使载流子进行有效的传输，解决同侧电极导致的电流阻塞等问题。这些专利在 2005 年获得授权（US6890791、US 6979844）。该公司在专利中明确表示，采用 Si 衬底最大目的就是可以降低生产成本。

丰田合成(Toyoda Gosei)公司在日本和美国同时申请了较多的专利,包括提出采用 Si 图形衬底和 SiO_2 掩模有效的缓解应力,从而避免裂纹,提高外延层质量(US 6930329、US 6893945、US 6881651、JP 2005-060227、JP 2005-020027;JP 2005-020026);在 Si 衬底生长的 GaN 基 LEDs 结构,有源区为 InGaN/AlGaN 量子阱,发光波长在 360~550nm(US 6838706);将 MOCVD 与 HVPE 结合,在 HCl 气氛中,Si 衬底会被腐蚀掉,从而生长出自支撑的厚 GaN(JP 2005-064204);另外,该公司申请的其他 GaN 相关技术的专利要求中也包含了使用包括 Si 在内的 SiC、蓝宝石、AlN 等衬底(US 6861305、US 6872965、US 6967122、US 6979584、US 7084421)。

日本东芝(Toshiba)公司 2005 申请了在 Si 衬底上采用厚度为 0.02~5μm 的 3C-SiC 作为缓冲层来缓解晶格失配,提高 GaN 质量(JP 2005-036945)。此外,还有解决散热问题的专利(JP 2005-026295)。

日立电缆(Hitachi Cable)通过优化 AlN 缓冲层的温度、反应物 V/III 比来获得低位错、表面平整的高质量 GaN 外延层(JP 2005-036028、JP 2005-036027)。

在国内近两年申请 Si 基生长氮化物较多相关专利的重要机构为南昌大学,申请国内发明专利 10 项:[200510025179.7]——在硅衬底上制备铟镓铝氮膜及发光器件的方法;[200510026306.5]——具有上下电极结的铟镓铝氮发光器件及制造方法;[200510027807.5]——具有内陷电极的半导体发光元件;[200510027808.X]——在硅衬底上制备高质量铟镓铝氮材料的方法;[200510030319.X]——在硅衬底上制备铟镓铝氮膜的方法;[200510030321.7]——半导体发光器件及其制造方法;[200510030320.2]——铟镓铝氮发光器件;[200510030868.7]——含有金锗镍姆电极、铟镓铝氮半导体发光元件及制造方法;[200510030874.2]——含金属铬基板的铟镓铝氮半导体发光元件及制造方法;[200510110566.0]——在硅衬底上制备高质量发光半导体薄膜的方法。其中,涉及 Si 衬底的方面如下:在 Si 上使用金属钛为过渡层,再生长低温 AlN 插入层,然后生长 InGaAlN 系化合物,金属钛层可以避免 Si 氮化及其回熔,生长高质量的 InGaAlN;另外,对 Si 衬底处理,在硅衬底上形成台面和沟槽组成的图形结构。沟槽两侧台面上生长的 InGaAlN 薄膜互不相连。在生长完发光器件的叠层薄膜后,在每个台面的薄膜上或 Si 衬底背面制备欧姆电极。然后沿着沟槽将衬底划开,就得到分离的发光芯片。该发明是通过分割衬底表面的办法来减小应力。由于衬底表面被分割成许多区域,因此在每个区域内生长的 InGaAlN 材料在空间上就是分离的,具有多个自由面且尺寸相对较小,因此应力能够有效释放而不至于出现裂纹。

中科院半导体研究所在 2003 年至 2004 年申请了多项关于 Si 基 GaN 的专利。在 2005 年申请了如下专利:[200510009509.3]——一种在硅衬底上生长无裂纹Ⅲ族氮化物的方法,首先在单晶硅衬底上沉积 20nm 左右铝化的高温氮化铝缓冲层,然后在其上再沉积一层晶格常数远小于 III 族氮化物的六方相物质(如低温氮化铝,氮化镓铝,氮化硼等),形成具有应力补偿作用的缓冲层结构;加入一种活化剂使应力补偿层易于在低温下形成,同时表面平整晶体质量高;预沉积的六方相物质由于晶格常数小于 III 族氮化物,可在其上生长的 III 族氮化物薄膜中引入压应力,从而补偿与硅衬底热失配引入的拉应力。

其他申请专利的国内研究机构还有上海微系统与信息技术研究所(一种用于氮化镓外延生长的图形化衬底材料 200610023694)。

另外,日本夏普公司 2002 年在中国申请的专利(半导体发光器件及其制造方法、氮化物半导体光发射装置及其制造方法)已经在 2005 年获得授权。三星公司申请的专利也即将结束公示(硅衬底上的氮化物半导体及其制造方法)。

通过查阅专利来看,Si 基氮化物材料或器件的专利数量相比蓝宝石基的少很多,基本集中于不同的插入层或者对 Si 衬底掩膜等方法,并不具有独创性和垄断性。

(三) SiC 衬底外延氮化物

除了蓝宝石衬底外,目前用于 GaN 外延商品化的衬底就是 SiC,它在市场上的占有率位居第二,由于 SiC 衬底优异的导电性能和导热性能,不需要像 Al_2O_3 衬底上功率型 GaN LED 器件采用倒装焊技术解决散热问题,而是采用上下电极结构,可以比较好地解决功率型 GaN LED 器件的散热问题,在半导体照明技术领域占有重要的地位。美国主要发展的是 SiC 衬底技术,重点研发的是 GaN 衬底技术。以 Cree

为代表的公司因为拥有完善的 SiC 单晶生长技术，故采用衬底 SiC 衬底进行 GaN 的 MOCVD 异质外延生长，并相应地发展了基于 SiC 衬底的封装技术等后工艺，Cree 公司在 2005 年至 2006 年度获得多项授权的 LEDs 用 SiC 衬底的美国专利，内容包括利用多孔 SiC 衬底提高 LEDs 的光效和出射角（US 6972438）；SiC 衬底上加入具有渐变反射系数的抗反射层，减小材料对光的吸收（US7087936）；具有一定偏角的 SiC 衬底上生长材料（US 7109521）；在 SiC 衬底上实现氮化物的悬挂（pendeo-）和横向（lateral-）外延（US 6955977）等。

除了 Cree 公司外，Osram 公司在 SiC 衬底上制造 LEDs 芯片，使其纵向长度大于横向长度，可以提高光提取效率，这里 SiC 起到透明衬底作用（US6891199）。

路美（Lumei）光电子公司申请了以非故意掺杂 SiC 为衬底的 LEDs 结构，包括了电极的制作和表面粗糙化等工艺（US6919585），发光波长为 400 到 550nm。该公司在 2003 年在中国申请了同样的专利保护，并且已经获得了授权（03814255.4）。

日本富士通公司（Fujitsu Limited）在 n 型 SiC 衬底上采用 n 型渐变 AlGaN 为缓冲层，目的是实现垂直结构 LEDs 器件，n 型 SiC 侧做成 n 型电极，n 型 AlGaN 缓冲层减小电阻（US6984840）。

SiC 衬底 LEDs 尚未授权的美国专利主要侧重于器件结构和工艺的优化：如改变衬底形状改变出光、增加结构的电导率、表面处理、SiC 剥离（20050130390、20050194584、20050208686、20060186418）等。

在中国专利申请方面，Cree 公司也占据了重要地位。早在 1994 年美国 Cree 公司就率先申请了关于 SiC 衬底专利（94194481.6 碳化硅与氮化镓间的缓冲结构及由此得到的半导体器件）；1998～2003 年申请的关于 LEDs 结构的专利（98811065.2 碳化硅衬底上具有导电缓冲中间层结构的Ⅲ族氮化物光子器件；99812273.4 垂直结构 lnGaN 发光二极管；02809205.8 在 SiC 衬底上形成的 GaN 基 LED）均已获得授权。国内最早申请与 LEDs 相关的 SiC 衬底专利的研究机构是中科院半导体所（03120597.6 氮化镓基发光二极管管芯的制作方法）。之后从 2003 到 2004 年申请的相关专利有十余项，但近两年公示的专利较少。

（四）非极性衬底外延

该方法最先由蓝光发明人 Nakamura（中村修二）在美国开发成功，取得显著效果，目前可以预测到的发光效率可提高 50%以上，具有很大发展空间。查询 2005 年 1 月到 2006 年 12 月在中国大陆，台湾地区，日本，美国，欧洲申请非极性专利（US20060278865、US20060270087、US20060205199、US7091514、US20050245095、US20050214992、US20050040385、US2006128124、US2006008941、US2003230235；TW231321B；JP2005-320237、2005-286338、2005-075651；KR20050088437、KR100593936B；WO2005112123、WO2006130622、WO2006099138、WO03089696），如表 2 所示。

表 2 非极性衬底外延专利申请情况

非极性	m 面	a 面	半极性	块单晶切割	合　计
中国大陆	1			1	2
台湾地区				1	1
日本		3			3
美国	2	8	1		11
韩国		2			2
欧洲	1	2	1		4
合计	5	14	2	2	23

从上表可以看出目前非极性主要以 a 面居多，都是在 r 面蓝宝石衬底上生长。m 面分为铝酸锂或铝酸镓衬底和 m 面 SiC 上生长。半极性主要是从 m 面蓝宝石上生长。也有生长厚膜 GaN，然后沿特定方向切割出非极性面。

非极性方面的专利美国的单位申请最多，达到 15 项，但也主要是在美国申请。非极性 a 面的专利主要由美国 UCSB 申请，范围涵盖非极性衬底，非极性量子阱，非极性 ELO 降低位错密度，以及非极性的 HVPE 生长。

中国在非极性上申请的专利较少，只有南京大学在中国申请的 m 面的专利(CN1599031)。但国外在中国申请的专利也很少，只有波兰的一家单位在中国申请的块单晶切割出非极性面的专利(CN1575357)。

从上面两个表可以看出在非极性研究上美国占据主要的地位，其中主要是 UCSB 中村修二领导的研究组申请的专利。从申请的专利上还可以看出非极性研究目前还处在初级阶段。

(五) 微纳米图形衬底专利分析

2005 年 1 月到 2006 年 12 月在中国大陆申请的微纳米图形衬底专利 3 项，都是国内科研单位申请的，其中同济大学 1 项(CN1588622)，中国科学院微系统所 1 项(200610023732.8)，中国科学院半导体所 1 项(CN1755954)。有湿法腐蚀也有干法刻蚀，掩膜有 SiN，也有阳极氧化铝。

在美国申请的专利有 3 项，包括新加坡 1 项，日本 1 项，美国 1 项。有空气桥侧向外延技术，Si 基刻槽技术等(US2006270201、US2005260781、US2005001245)。

在日本申请的专利有 3 项，包括日本 2 项，韩国 1 项，有 Si 基侧向外延技术，V 形槽技术等(JP2005020026、JP2006196918、JP2005286291)。

微米图形衬底技术近两年申请的不多，因为侧向外延(ELOG)技术，衬底上的微米图形制作技术已经提出来很长时间了。最近又有一些在纳米级尺度上的进一步发展，但还处于发展的初级阶段。因此纳米级尺度上的图形衬底对于微米图形衬底可以起到规避的作用。目前需要发展新型的更小尺寸上的制作方法来降低应力，降低位错密度，提高外延层质量。

三、蓝宝石基 LED 的相关外延和器件技术

蓝宝石衬底是目前 GaN 基 LED 外延中最常采用、最成熟的衬底，也是商品化产品的主流。针对蓝宝石衬底技术较为成熟的特点，目前国内外所提出的专利申请大多是围绕着如何进一步优化材料晶体质量和器件结构，以提高器件的发光效率，实现半导体通用照明这一最终目标来展开的，主要研究领域包括外延技术、器件结构、ITO 技术、外延片的表面处理以及其他配套工艺技术。

(一) 相关技术

1. 外延技术

蓝宝石衬底的一个主要问题就是其与 GaN 材料的晶格失配度很大，这会使外延材料具有高的位错密度。而在蓝宝石上的外延技术的主要目标就是定位在如何降低外延材料的缺陷密度之上的。针对蓝宝石衬底开发的外延核心技术主要有图形衬底外延技术、横向外延技术和悬挂外延技术。几种方法的大致原理相同，都是在宝石衬底形成沟槽，使得随后的生长更倾向于横向生长，达到降低位错密度的效果。目前的主流做法是采用 SiO_2 做掩模，再采用湿法腐蚀形成沟槽，但这会大大增加工艺成本。而台湾璨圆光电公司提出可以采用原位生长 $Si_{1-x}N_x$ 形成掩模进行横向外延生长，因为此种方法为原位生长，不增加工艺程序，但降低位错密度的效果可能稍差。

2. 器件结构

目前，很多研究机构都在尝试进行器件结构的优化，来提高器件的内量子效率。如采用多层缓冲层结构可以提高材料的晶体质量；采用间隔层(spacer layer)可以降低量子阱的极化效应；采用超晶格结构做接触层可以降低接触电阻；采用纳米阵列结构的量子阱来提高光的提取。

3. ITO 技术

ITO 技术最初是以红光 LED 为基础所发展而来的，现在已广泛应用在白光以及蓝光 LED。这种技术是采用了一个铟锡氧化物作为透明电极来取代金属膜层，同时解决了接触电阻与发光效率间两难的问题，使其可具备较大面积与较低电阻，电流扩散效果更佳，发光效率也更为提升。

三星和丰田合成在P型电极技术，特别是ITO技术上申请了诸多专利，并将其专利申请深入到各个国家地区，如三星的P型电极专利KR20030075219，其同时申请了美国US2005087758，日本JP2005136415，欧洲EP1536481，中国CN1612300专利。

台湾璨圆光电股份有限公司在中国大陆申请的诸多专利中，均采用铟锡氧化物ITO透明电极作P型接触层，具体专利号如下：200410078343.6，200410078347.4，200410098518.X，200410080143.4，其在台湾和美国也申请了相同的专利，如TW20040124816和US2006038193。

但通常P-GaN与ITO的接触也存在问题，有时接触不够牢固，有时形成肖特基接触，因此通常可采用过渡层来改善P型层和ITO的接触特性。例如韩国三星在接触层和ITO之间插入一层金属Ni，Ti，Pt，Au，Mg，Se，Pd或W薄膜以增加ITO与外延片结合的牢固程度；日本ROHM公司则采用Ga或B掺杂的MgZnO薄膜作过渡层来获得欧姆接触。

国内在ITO电极方面申请的专利只有2项，其中杭州士兰以ITO为P电极的两次光刻形成P电极；而厦门大学的专利只是提到采用ITO透明电极取代合金电极，提高了电极的透光率。相反的是，三星和丰田合成均在中国大陆申请了专利，三星的专利涉及P型电极的各种材料，丰田合成的专利具体介绍了ITO电极的制作方法。

4. 表面处理

由于GaN和空气的折射率差很大，这样光会在界面处形成光全反射，而表面处理的目的就是为了降低全反射作用，使得光更好的被提取出来。目前常见的方法有表面粗化，表面制作纳米尺寸的图形以及光子晶体结构等。

5. 配套工艺

除上述领域的专利外，最近申请的专利还有很多是关于激光剥离，芯片键合等相关的配套工艺技术。随着这些工艺的成熟，可以制作垂直结构以提高光的提取效率，并能改善器件的散热问题，可以进一步推动LED的发展，特别是大功率LED的发展。

（二）专利分析

蓝宝石衬底的LED制造技术相对较成熟，1993年日亚就将蓝宝石基的蓝光GaN-LED产业化。近年来，随着制造技术的迅猛发展，而其专利非常多，核心专利多数为日本、美国、韩国、德国等国家的公司所掌握，如日本的Nichia和Toyoda Gosei，美国的Lumileds和Cree，韩国的Samsung和LG，德国的Osram。其中，按关键词GaN搜索的2005至2006年已经授权的美国专利一共195项，日本占到了一半以上为103项，美国28项，韩国15项。

从技术角度去考虑，专利的分布已经从对前些年的如图形衬底、多缓冲层、表面粗化等技术的关注转移到垂直结构、非极性和半极性生长以及纳米结构等先进技术上来。特别是垂直结构，在大功率LED上有重要的应用前景。2005年1月到2006年12月在中国大陆申请的垂直结构与金属衬底专利3项，都是国内科研单位申请的(200510000296.8、200610089338.4、CN1632958)，并且都是通过现在衬底上生长一层金属插入层，然后在金属上生长器件结构，最后刻蚀到金属制作电极形成垂直结构。在美国申请的专利有5项，包括台湾地区2项，韩国2项，美国1项。有空气桥侧向外延技术，Si基刻槽技术等。都是通过剥离衬底实现垂直结构制作的，有用激光剥离的，也有先生长一层特殊结构的插入层，然后再生长结构，最后通过插入层剥离衬底。（US2005042845、US2005186783、US2006273341、US2005186783、US2006273341）。在台湾地区申请的专利有3项，都是台湾地区企业申请的。通过分离衬底和外延层实现垂直结构(TW231055、TW232016B、TW255518Y)。在日本申请的专利有2项，包括日本1项，韩国1项，都是通过分离蓝宝石衬底实现垂直结构的(JP2005268635、JP2005108863)。在欧洲申请的专利有3项，包括美国1项，日本1项，韩国1项。通过剥离衬底或通过金属性的支撑衬底实现垂直结构(WO2005008740、WO2006093174、WO2006043796)。

查询发现大都还是通过激光剥离衬底或通过隔离蓝宝石衬底实现垂直结构。激光剥离实现垂直结构的技术提出了很长时间了。通过金属衬底或金属隔离层实现垂直结构可能会是一个很好的技术思路。

从申请的机构来看,美国的 Supergate、韩国的 Samsung、LG 公司在这方面申请了很多专利,如 20060273341, 20050214965, 20050242365, 20060097277, 20060094207, 20060091420, 20060071230, 20060154391,20060148115,20060124939,20060121702。此外,台湾的公司在 2004 年底也在中国大陆申请了大量专利,包括璨圆光电、友达光电、炬鑫科技等公司。特别是璨圆光电,在外延结构,特别是 P 型接触层的制作上,申请了大量的专利。

(三)蓝宝石衬底外延技术特点及发展空间

蓝宝石衬底技术相对来讲比较成熟,目前市场上产业化的发光器件多为蓝宝石衬底上生长的,这依赖于其化学稳定性好、不吸收可见光、价格适中、制造技术比较成熟等优点。但其也有限制其自身发展的瓶颈。其一是蓝宝石衬底的导热性能很差($\sigma=0.35W/cmK$),这会导致器件的自加热效应严重。其二就是蓝宝石和 GaN 的失配度较大,这会带来很高的位错密度。研究工作主要围绕着两个难题,通过蓝宝石衬底的剥离、芯片键和、横向外延生长、图形衬底等技术的发展,将会使蓝宝石基 LED 发光功率进一步提高,最终满足通用照明的要求。

从应用市场来看,蓝宝石基 GaN LED 由于其发光效率和强度都比较高,其在高端市场有较强竞争实力。最新的报道,Nichia 公司采用图形衬底和 ITO 技术使得小芯片白光 LED 的出光效率能够达到 150 lm/W,但还是其实验室水平。应该说随着其他技术的成熟,蓝宝石基 GaN LED 发光效率达到 200 lm/W指日可待。

国内申请专利的单位还是以大学(北京大学、清华大学、厦门大学、华中科技大学等)和研究所(中科院半导体所、物理所等)为主,当然也有公司,如深圳方大,厦门三安、大连路美等申请专利,但其申请数量还是较少。

北京大学申请的专利包括横向外延、芯片表面处理、倒装焊、光子晶体结构和垂直结构方面:[200510073285.2]——采用纳米压制技术制作光子晶体;[200510011135.9, 200410101833.3, 200410009841.5]——垂直结构;[200410098902.X]——倒装焊;[200510125516.X]——横向外延。中国科学院半导体所也申请了相当多的专利,主要专利有:[200510011901.1]——采用刻蚀方法制备光子晶体;[200510076327.8]——P 型表面处理;[200510066898.3]——衬底上制作全角度反射镜,提高正面出光;[200410057150.2]——蓝光、黄光量子阱堆叠结构以实现单芯片白光。

应该说,目前国内科研单位在外延技术方面申请核心专利较为困难,但在器件结构和表面处理方面还是可以在专利领域占据一席之地的。除此外,在一些核心的配套工艺,如激光剥离、芯片键合等方面,外国的公司还没有将其触角伸入中国,国内的研究单位应该在这些方面投入力量,以获得在未来的竞争中的主动权。

四、LED 封装与应用

近年来,半导体照明技术与应用市场的不断扩大,与新型半导体封装技术的发展有紧密联系,LED 封装、应用类相关专利申请重点范围,已完全从蓝光、白光转向大功率和 SMD,并延伸到通用照明、汽车照明等多个领域。纵观 2006 年世界各国及各大 LED 生产企业在封装、应用类专利授权情况,主要特点表现在以下四个方面:

(一)拥有核心专利的公司数目进一步增多

2002 年以前 LED 相关专利在蓝光外延、芯片及白光 LED 等领域,绝大多数集中于日本日亚(Nichia)手中,日亚凭借 1991 年至 2001 年间取得的 74 件基本专利,涵盖了 LED 结构、外延、芯片、封装的制造全过程技术及荧光粉等相关原材料,在 LED 领域具有绝对垄断地位。

随着封装技术不断完善和 LED 发光效率的提高,尤其是大功率 LED 的出现,应用市场规模和领域日趋壮大,Osram、丰田合成(Toyoda Gosei)、Lumileds、三星(Samsung)、Color Kinetics 等公司在 LED

应用领域拥有的专利数不断增加，2006年世界各大公司申请专利公布情况如下：Osram57项、三星（Samsung）37项、Lumileds10项、丰田合成（Toyoda Gosei）5项。而日亚（Nichia）在应用领域公开专利仅6项，其专利绝大多数属于封装领域。

除此之外，各大公司更加积极地通过专利授权扩大自身在LED市场的影响力，并通过台湾地区及韩国企业的授权代工来扩大产品的市场份额，逐渐改变日亚（Nichia）在LED领域的绝对垄断地位。表3是2006年LED封装领域获得专利授权排名前八名的公司。

表3 2006年封装领域获得专利授权排名前八名的公司

公 司	专利数	百分比	国家/地区	排 名
Nichia	35	16.06%	日本	1
Sumsung	26	11.93%	韩国	2
Toyoda Gosei	21	9.63%	日本	3
Stanley	15	6.88%	日本	4
Agilent	12	5.50%	美国	5
Harvatek	10	4.59%	我国台湾地区	6
Osram	10	4.59%	德国	7
Lumileds	7	3.21%	美国	8
Other	82	37.60%		

（二）专利涵盖范围进一步扩大

1996～2004年，专利的申请范围集中于蓝光、白光、SMD、大功率LED这几个范围。自2004年以来，随着大功率LED的不断完善和LED发光效率的提高，应用市场规模和领域日趋壮大，世界各大公司在LED应用领域拥有的专利数不断增加，远远超过LED封装类专利的申请数量，主要集中于灯具照明、平板显示、液晶背光、显示屏、投影、灯具照明、景观照明、汽车、闪光灯等领域，具体分布见表4。其中，灯具照明占整个应用领域专利申请数量的50%左右，成为2006年专利申请的主要内容，这一信息也正说明了通用照明技术将成为今后发展的重点。

表4 LED应用产品专利按应用领域分类统计

国 家	项 目										合 计
	背光	灯具照明	控制电路	汽车	FLASH	手机	投影	显示装置	信号指示	仪器照明	
CN	11	51	0	9	1	0	2	3	6	9	92
JP	41	39	1	48	6	5	14	43	7	12	216
USA	4	43	3	6	1	0	3	13	12	4	89
合计	56	133	4	63	8	5	19	59	25	25	397

统计数据表明，应用领域内各大公司申请专利重点各有差异，Osram申请专利倾向于灯具照明，而三星（Samsung）则倾向于平板显示及液晶背光方面。

（三）封装类专利推陈出新

与2005年相比，2006年LED封装类专利申请情况无明显变化，仍以器件的结构和封装工艺为主要导向，涉及直插式LED、Chip LED、TOP LED、Side View LED、High power LED等多个封装类型，表5、表6分别是2006年美国、日本授权专利按封装材料、结构的统计列表。

表5 2006年美国公开授权专利统计列表

国 家	透镜、支架	白光工艺	封装材料	High Power	散热	其 他	合 计
USA	5	6	2	2	2	26	43
百分比	11.63%	13.95%	4.65%	4.65%	4.65%	60.47%	

表6 2006年日本公开授权专利统计列表

国 家	工艺改良	透镜、支架	白光工艺	封装材料	side view	其 他	合 计
JP	34	7	7	2	5	15	70
百分比	48.57%	10.00%	10.00%	2.86%	7.14%	21.43%	

High power LED在2006年申请专利中占据主要地位，专利的申请内容主要包括提高可靠性、改善散热能力、提高发光效率、改善出光效果、新型器件结构几个方面。不难看出，自1998年lumileds推出power LED以来，大功率LED有了翻天覆地的变化，为通用照明技术的发展奠定了良好的基础。直插式LED、Chip LED、TOP LED、Side View LED等在已有专利的基础上，从器件结构及特殊应用的角度考虑申请了部分专利，使LED有了更广阔的应用空间。此外，芯片键合、硅脂封装、白光封装等封装工艺方面也有不少专利产生，一定程度上提供了更高可靠性的器件以及更高效的生产方法。

(四)国内拥有专利数量与国外差距明显

从2006年整体专利查询统计数据来看，国内拥有专利数量(包括台湾)与国外差距明显，尤其是发明专利，核心数量更是微乎其微，绝大多数被日亚(Nichia)、Osram、三星(Samsung)等大公司垄断。

从专利检索的情况来看，LED封装与应用领域专利申请仍十分活跃，在美国、日本、中国大陆申请的封装类专利达到218项，封装领域专利以大功率器件为主，世界LED大公司为主要的专利所有人，如日亚、丰田合成等；随着半导体照明技术的不断发展，应用产品种类与生产厂家越来越多，从统计可以看出2006年应用类专利主要集中在各类灯具、显示指示、汽车照明以及背光照明等领域，其中通用照明领域的专利申请持续成为热点，是各厂家申请的重点。世界各国正在加紧相关技术的研究，中国必须加快自己的步伐，以封装工艺、结构的研究为基础，以应用领域为导向，尽快发展自己的生产技术专利技术，提高知识产权保护意识，为适应今后的发展做好充分准备。

五、LED荧光粉

根据网站检索的结果，筛选出比较重要的98项专利进行分析，这些专利基本上代表了2005－2006年度国内外LED荧光粉的发展情况。从这些专利不难看出，尽管它们所涉及的LED荧光粉种类繁多，但这些粉体多为在原先已经广为了解的荧光粉的基础上或直接借用或改进而来，真正有突破性的荧光粉及相关专利为数不多。

(一)铝酸盐系列荧光材料

铝酸盐黄色荧光粉仍然是当前白光LED的首选荧光材料，尽管日亚化学早在其1996年专利JP19960198585中涉及了这类荧光粉，但国内外众多单位仍然在围绕这种粉体进行专利突破。从文中列出的2005年至2006年国内外申请的20个有关这类荧光粉的专利来看，主要的突破手段有三种：

(1)通过掺杂其他离子来调整其组成，如Lu或Pr掺杂的专利US2005/0269582、US2006/0006366、CN1761835，Si、Fe等掺杂的WO2006041249、CN1597841、CN1861745，Ba等掺杂的CN1876756，Li掺杂的CN1733865。

(2)通过合成方法来定义，如ZL03152709.4、CN1715366、CN1597841、CN1827734、CN1664063、ZL200510071958.0、CN1718669、CN1730607、CN1733865。

(3)由荧光粉末改用晶片或陶瓷材料，如CN1815765、CN1879229、US2005/0269582等。

(二)硅酸盐系列荧光材料

硅酸盐由于构型复杂，故其荧光粉有很多种类，而目前被业界所认同的是二价铕激活的碱土金属正硅酸盐荧光粉。这类荧光粉早在1968年Thomas L. Barry就曾报道过，我国大连路明集团1997年申请了这种荧光粉的专利US6093346，但是它基于的是长余辉发光材料领域；通用电气最早拿到该类荧光粉在 LED 应用方面的专利(2002 年专利 US6429583),然而它也只是涉及 $Ba_2SiO_4:Eu^{2+}$ 这一单一组成,对该类材料的组成与发光特性的关联并未进行详尽的发挥与利用;2001 年,丰田合成将这类荧光粉在其专利 US6809347 中作了详细的定义和说明。近年来,许多单位纷纷围绕该类荧光粉进行技术突破,上述列出的 21 个涉及硅酸盐荧光粉的专利中,有 US6982045、US2006/012284、JP2006124422、WO2006/022792、WO2006/043745、JP2006080565、US2006/0261309、CN1853283、CN1800301、CN1810923、CN1730605、CN1775905、CN1786108、CN1827735、CN1844303、CN1851918 等 16 个专利均涉及了这类荧光粉,其受推崇程度及研究热度可见一斑。另一方面,这也可能是因为这类荧光粉相对于技术成熟的铝酸盐荧光粉,其研究还不够透彻,仍然还有许多的工作可做,因而较为容易突破,这也是我国当前可能寻求的突破口之一。

(三)氮化物/氮氧化物系列荧光材料

氮化物/氮氧化物荧光粉也是日亚化学最早拿到专利(JP20020080879),由于其优良的发光特性,该类荧光粉近年来得到了广泛关注;近年来含氮荧光粉的发展非常迅速,陆续开发出在可见光内具有各种颜色发射的粉体,然而由于合成条件要求比较高,我国在该领域的技术尚未成熟,专利也是微乎其微,专利索引中列出的 13 个近两年申请的含氮荧光粉中,我国只有 2006 年 7 月中科院理化技术研究所申请了一篇轻稀土离子稳定的氮氧化物陶瓷荧光粉(CN1876755),发射位于绿光至黄光区。

(四)含硫荧光材料

含氮荧光粉按有无氧元素来区分,其中有氧元素的为 SiAlON,原为一种耐火材料,当其中掺杂进稀土铕离子等后就产生了荧光发射,由于其可以被紫外到蓝光等波段的光激发,因而适用于 LED。US7144524、JP2006045271、US2006/0197443、CN1818012、CN1839193、CN1839192、CN1839191、CN1876755 等 8 个专利均涉及了这一类荧光粉。专利 JP2006028295、US2006017365、CN1818012、CN1721500、CN1872948 等涉及了一些不含氧元素的氮化物荧光粉,但由于本文涉及的是 2005－2006 年的 LED 荧光粉专利,尚有许多这类氮化物荧光粉的专利未被收录进来,实际上,目前已经被开发出来的含氮荧光粉中,不含氧元素的氮化物荧光粉的种类远比含氧元素的含氮荧光粉丰富,它们可以呈现出可见光内从蓝光到红光所有光色的发射。诚然如此,含氮荧光粉的研究尚处于初期阶段,尽管日本在这方面掌握了关键技术,但由于合成条件苛刻,大批量的产品尚未出现。另一方面,合成条件的苛刻直接导致对这类粉体的研究远未达到深层次,因而这块领域将会是未来一定时间内 LED 荧光粉知识产权争夺的焦点。我国必须加强对这一领域的投入及研发力度,争取掌握其关键技术,并形成核心知识产权。

含硫荧光粉的开发非常早,属于已有荧光粉的新应用,因此国内外在这方面的专利多是围绕白光的实现方式等来着手;16 个相关专利中,涉及的含硫(硒)荧光粉主要有:铕激活的碱土金属硫(硒)化物、过渡离子激活的 ZnS、ZnSe 等,$CaGa_2S_4:Ce$,$BaGa_4S_7:Eu$,ZnS,ZnSe,CdSe 以及硫氧化物等,这些发光材料由于其中含有硫,化学稳定性不高,硫容易析出,这不仅会在一定程度上毒化芯片,而且硫的析出还会使得发光材料失效,从而导致光色等的偏移。因而现在众多 LED 封装厂商均已不再选用含硫的荧光粉,这也就使得这一块的专利失去了很多实际的意义。

(五)其他荧光材料

至于其他类型荧光粉,多半与含硫荧光粉一样,集中于已有荧光粉的新应用,各大公司也是从白光的实现方式等来抢占这些荧光粉的知识产权,然而由于 LED 芯片特有的发光特性,使得原有荧光粉应用在 LED 中时的效率将大打折扣。在这类荧光粉中,尤以红色荧光粉的专利最多,US7077979、EP1528095、US2006/0164004、US2006231849、US2006/0244358、US2006/0169998、WO2006113656、ZL03149751.9、ZL03149752.7、ZL200310101629.7、CN1719630、CN1725517、CN1730608、CN1760326、CN1841794、CN1855558、CN1702144、CN1876754 等 18 个专利中纷纷强调或提及红色荧光粉,这也反映了当前 LED 荧光粉在红色荧光粉这一领域的难题。这些专利涉及的红色荧光粉包括硫化物、硫氧化物、钼(钨)酸盐、氧化物等，种类繁多，然而对于二价铕激活的红色荧光粉，如硫化物，其稳定性亟待改善；对于三价铕离子激活的粉体，如氧化物，不但发光效率需要改善，且激发范围也亟待拓宽。因而这方面我们仍然很有提升的空间，但难度大是显而易见的。

此外，在其他类荧光粉的专利中，我们不难看出，除了通过单一粉体来申请专利之外，许多研究者、封装厂商采取另一种方式来获取知识产权，他们利用白光 LED 实现方式的不同，通过采用不同芯片与不同粉体间的搭配来撰写专利，如在“蓝光 LED＋黄色荧光粉”中再引入红色荧光粉，这样不但与前者有着明显的区别，而且还有可能降低封装产品的色温。另外两种方式：“蓝光 LED＋绿色荧光粉＋红色荧光粉”、“紫外或紫光 LED＋红色荧光粉＋绿色荧光粉＋蓝色荧光粉”，对于这两种白光产生方式，只要所采用荧光粉种类的不同，即可撰写出不同的专利，因而目前采取这种方式的专利比较多；然而现实情况是，适合于这两类芯片激发的红色荧光粉效率低，因此这类专利的现实意义也不是非常大。

由于我国专门、系统开展对 LED 荧光粉的研制开发起步较晚，导致我国在该领域处于相对落后状态。整体上看，我国在 LED 荧光粉方面取得了一定的成绩，并申请了众多专利，但许多专利申请技术仍然围绕着外国技术路线，缺乏原创性技术专利，许多专利多为从合成方法等来定义产品，缺乏很好的约束价值，这也是目前国内市场仍然依靠进口荧光粉的主要原因，这将成为制约我国半导体照明产业发展的软肋。

因此，必须加紧我国 LED 荧光粉的研发与创新，促进我国半导体照明技术的迅速、良性发展。鉴于我国 LED 及其荧光粉的发展现状，结合半导体照明的发展趋势，笔者认为我们可以从以下三方面来着手：

(1)积极开展非 YAG:Ce 体系黄色荧光粉的开发，如硅酸盐、氮化物、氮氧化物等。

(2)对于“蓝光 LED＋绿色荧光粉＋红色荧光粉”的结构，绿色荧光粉已经基本能够满足要求，要着重高效率的非硫化物红色荧光粉的研制开发。

(3)UV-LED 用三基色荧光粉的研究在全球都处于初期阶段，拥有巨大的发展空间，我国应加大研发力度，争取获得原创性知识产权。

作者简介

王军喜　博士，副研究员。分别于 1998 年和 2000 年获得西北大学学士学位和硕士学位，2003 年获得中国科学院半导体研究所工学博士学位，自 2003 年至今在中国科学院半导体研究所工作。曾作为骨干科研人员，进行 AlGaN/GaN 二维电子气结构材料研究和 Si 基 GaN 材料研究工作，并自主研发了一台 HVPE 厚膜 GaN 材料生长设备。目前主要研究方向为氮化物光电子材料的 MOCVD 生长研究及器件制备。在国内外高质量学术期刊上发表研究论文二十余篇。

LED 专利索引(2005～2006)

(以下专利的摘要请浏览 www.china-Led.com)

一、新型衬底材料制备加工

(一) HVPE 方法生长 GaN 单晶衬底技术

001. 申请号:200510076325.9
申请日:2005.06.14
公告日:2006.12.20
发明名称:制造厚膜氮化物材料的氢化物气相外延装置
申请人:中国科学院半导体研究所

002. 申请号:200510028366.0
申请日:2005.07.29
公告日:2006.2.22
发明名称:氢化物气相外延生长氮化镓膜中的金属插入层及制备方法
申请人:中国科学院上海微系统与信息技术研究所

003. 申请号:200510028370.7
申请日:2005.07.29
公告日:2006.03.08
发明名称:氢化物气相外延生长氮化镓膜中的氧化铝掩膜及制备方法
申请人:中国科学院上海微系统与信息技术研究所

004. 申请号:200510071276.X
申请日:2005.05.08
公告日:2005.11.30
发明名称:非极性单晶 A-面氮化物半导体晶圆及其制备
申请人:三星康宁株式会社

005. 申请号:03808002.8
申请日:2003.04.07
公告日:2005.07.27
发明名称:Al 系Ⅲ-V 族化合物半导体的气相生长方法、Al 系Ⅲ-V 族化合物半导体的制造方法与制造装置
申请人:农工大 TLO 株式会社(日本东京)

006. 申请号:200410065676.5
申请日:2004.11.12
公告日:2005.06.29
发明名称:无掩膜横向外延生长高质量氮化镓
申请人:南京大学

007. 申请号:200410041443.1
申请日:2004.07.21
公告日:2005.03.23
发明名称:利用氢化物汽相外延方法在硅衬底上生长 GaN 薄膜
申请人:南京大学

008. 申请号:200410053350.0
申请日:2004.07.30
公告日:2005.03.02
发明名称:改进氢化物气相外延生长氮化镓结晶膜表面质量的方法
申请人:中国科学院上海微系统与信息技术研究所

009. 申请号:200410053351.5
申请日:2004.07.30
公告日:2005.03.02
发明名称:氢化物气相外延生长氮化镓膜中的低温插入层及制备方法
申请人:中国科学院上海微系统与信息技术研究所

010. 申请号:03815842.6
申请日:2003.07.01
公告日:2005.09.07
发明名称:Ⅲ族氮化物半导体衬底及其生产工艺
申请人:日本电气株式会社;日立电线株式会社

011. 申请号:200380105625.4
申请日:2003.12.11
公告日:2006.01.18
发明名称:外延衬底及其制造方法
申请人:阿莫诺公司

012. 申请号:200380105624.X
申请日:2003.12.11
公告日:2006.01.18

发明名称:模板型衬底及其制造方法

申请人:阿莫诺公司;日亚化学工业株式会社

013. 申请号:200410009840.0

申请日:2004.11.23

公告日:2006.05.31

发明名称:GaN基外延层的大面积、低功率激光剥离方法

申请人:北京大学

014. 申请号:200410098993.7

申请日:2004.12.23

公告日:2006.07.05

发明名称:一种III族氮化物衬底的生产设备

申请人:中国科学院半导体研究所

015. 申请号:200610023732.8

申请日:2006.01.27

公告日:2006.09.06

发明名称:以多孔氮化镓作为衬底的氮化镓膜的生长方法

申请人:中国科学院上海微系统与信息技术研究所

016. 申请号:200610024155.4

申请日:2006.02.24

公告日:2006.09.13

发明名称:一种改变氢化物气相外延法生长的氮化镓外延层极性的方法

申请人:中国科学院上海微系统与信息技术研究所

017. 申请号:200480001328.X

申请日:2004.08.11

公告日:2005.12.07

发明名称:氮化物半导体生长用衬底

申请人:日本电信电话株式会社

018. 申请号:200480001580.0

申请日:2004.07.28

公告日:2006.01.04

发明名称:用于有气体可渗透坩埚壁的AIN单晶生产的方法和设备

申请人:Si晶体股份公司

019. Title: Nitride semiconductor growth method, nitride semiconductor substrate, and nitride semiconductor device

Inventors: Kiyoku; Hiroyuki (Anan, JP), Nakamura; Shuji (Anan, JP), Kozaki; Tokuya (Anan, JP), Iwasa; Naruhito (Anan, JP), Chocho; Kazuyuki (Anan, JP)

Assignee: Nichia Chemical Industries, Limited (Tokushima-ken, JP)

Filed: February 9, 2005 Appl. No.: 11/052,835

020. Title: Group III nitride based semiconductor substrate and process for manufacture thereof

Inventors: Usui; Akira (Tokyo, JP), Shibata; Masatomo (Tsuchiura, JP), Oshima; Yuichi (Tsuchiura, JP)

Assignee: NEC Corporation (JP) Hitachi Cable, Ltd. (JP)

Appl. No.: 10/395,766 Filed: March 24, 2003

021. Title: Single crystal GaN substrate, method of growing single crystal GaN and method of producing single crystal GaN substrate

Inventors: Motoki; Kensaku (Hyogo, JP), Hirota; Ryu (Hyogo, JP), Okahisa; Takuji (Hyogo, JP), Nakahata; Seiji (Hyogo, JP)

Assignee: Sumitomo Electric Industries, Ltd. (Osaka, JP)

Filed: October 8, 2002 Appl. No.: 10/265,719

022. United States Patent 7,083,679

Title: Nitride semiconductor growth method, nitride semiconductor substrate, and nitride semiconductor device

Inventors: Kiyoku; Hiroyuki (Anan, JP), Nakamura; Shuji (Anan, JP), Kozaki; Tokuya (Anan, JP), Iwasa; Naruhito (Anan, JP), Chocho; Kazuyuki (Anan, JP)

Assignee: Nichia Corporation (Tokushima-ken, JP)

Filed: November 8, 2001 Appl. No.: 09/986,332

023. Title: Method of manufacturing a free-standing substrate made of monocrystalline semi-conductor material

Inventors: Ghyselen; Bruno (Seyssinet-Pariset, FR), Letertre; Fabrice (Grenoble, FR), Mazure; Carlos (Saint-Nazaire les Eymes, FR)

Assignee: S. O. I. Tec Silicon on Insulator Technologies S. A. (Bernin, FR)

Filed: January 22, 2003 Appl. No.: 10/349,295

024. Title: Free-standing (Al, Ga, In) N and parting method for forming same

Inventors: Vaudo; Robert P. (New Milford, CT), Brandes; George R. (Southbury, CT), Tischler; Michael A. (Phoenix, AZ), Kelly; Michael K. (Leonberg, DE)

Assignee: Cree, Inc. (Durham, NC)

Filed: September 5, 2001 Appl. No.: 09/947,253

025. United States Patent 6,943,095

Title: Low defect density (Ga, Al, In) N and HVPE process for making same

Date of Publication: September 13, 2005

Inventors: Vaudo; Robert P. (New Milford, CT), Phanse; Vivek M. (Cambridge, MA), Tischler; Michael A. (Phoenix, AZ)

Assignee: Cree, Inc. (Durham, NC)

Filed: March 21, 2002 Appl. No.: 10/103,226

026. United States Patent 6,940,103

Title: Nitride semiconductor growth method, nitride semiconductor substrate and nitride semiconductor device

Inventors: Kiyoku; Hiroyuki (Anan, JP), Nakamura; Shuji (Anan, JP), Kozaki; Tokuya (Anan, JP), Iwasa; Naruhito (Anan, JP), Chocho; Kazuyuki (Anan, JP)

Assignee: Nichia Chemical Industries, Ltd. (Tokushima-Ken, JP)

Filed: June 23, 2003 Appl. No.: 10/600,833

027. United States Patent 6,936,357

Title: Bulk GaN and ALGaN single crystals

Date of Publication: August 30, 2005

Inventors: Melnik; Yuri V. (Rockville, MD), Soukhoveev; Vitali (Gaithersburg, MD), Ivantsov; Vladimir (Gaithersburg, MD), Tsvetkov; Katie (North Potomac, MD), Dmitriev; Vladimir A. (Gaithersburg, MD)

Assignee: Technologies and Devices International, Inc. (Silver Springs, MD)

Filed: January 31, 2003 Appl. No.: 10/355,426

028. United States Patent 6,933,213

Title: Method for fabricating group III-V compound semiconductor substrate

Inventors: Lee; Kyo-yeol (Kyungki-do, KR)

Assignee: Samsung Corning Co., Ltd. (Suwon, KR)

Filed: March 4, 2002 Appl. No.: 10/086,892

029. Title: Method for manufacturing gallium nitride (GaN) based single crystalline substrate that include separating from a growth substrate

Inventors: Na; Jeong Seok (Seoul, KR), Yoo; Seung Jin (Kyungki-do, KR), Park; Young Ho (Kyungki-do, KR)

Assignee: Samsung Electro-Mechanics Co., Ltd. (Kyungki-Do, KR)

Filed: July 21, 2003 Appl. No.: 10/622,466

030. Publication number: US2006128124

Date of Publication: 2006-06-15

Inventors: HASKELL BENJAMIN A (US); CRAVEN MICHAEL D (US); FINI PAUL T (US); DENBAARS STEVEN P (US); SPECK JAMES S (US); NAKAMURA SHUJI (US)

Application number: US20050537644 20050606

Priority number (s): US20050537644 20050606; US20020433843P 20021216; US20020433844P 20021216; WO2003US21918 20030715

031. Publication number: US2006160345

Date of Publication: 2006-07-20

Inventors: LIU XING-QUAN (US); XIN HUOPING (US); SONG JIN J (US); CHOO THOMAS K (US)

Application number: US20050036081 20050114

Priority number(s): US20050036081 20050114

032. Publication number: US2006128124

Date of Publication: 2006-06-15

Application number: US20050537644 20050606

Priority number (s): US20050537644 20050606; US20020433843P 20021216; US20020433844P 20021216; WO2003US21918 20030715

Inventors: HASKELL BENJAMIN A (US); CRAVEN MICHAEL D (US); FINI PAUL T (US); DENBAARS STEVEN P (US); SPECK JAMES S (US); NAKAMURA SHUJI (US)

033. Publication number: JP2006148159

Date of Publication: 2006-06-08

Inventors: MOTOKI KENSAKU; NISHIMOTO TATSUYA; OKAHISA TAKUJI; MATSUMOTO NAOKI

Application number: JP20060034698 20060213

Priority number(s): JP20060034698 20060213

Applicant: SUMITOMO ELECTRIC INDUSTRIES

034. Publication number: US2005212001

Date of Publication: 2005-09-29

Inventors: MELNIK YURI V (US); SOUKHOVEEV VITALI (US); IVANTSOV VLADIMIR (US); TSVETKOV KATIE (US); DMITRIEV VLADIMIR A (US)

Applicant: TECHNOLOGIES AND DEVICES INTER

Application number: US20050134200 20050520

Priority number (s): US20050134200 20050520; US19980093047 19980608

035. Publication number: US2005244997

Date of Publication: 2005-11-03

Inventors: MELNIK YURI V (US); SOUKHOVEEV VITALI (US); IVANTSOV VLADIMIR (US); TSVETKOV KATIE (US); DMITRIEV VLADIMIR A (US)

Applicant: TECHNOLOGIES AND DEVICES INTER

Application number: US20050114414 20050426

Priority number(s): US20050114414 20050426; US20030355426 20030131; US20010900833 20010706

036. Publication number: US2006046325

Date of Publication: 2006-03-02

Inventors: USUI AKIRA (JP); SHIBATA MASATOMO (JP); OSHIMA YUICHI (JP)

Applicant: HITACHI CABLE (JP)

Application number: US20050519571 20050309

Priority number(s): JP20020193733 20020702; WO2003JP08360 20030701

037. Publication number: US2005056222

Date of Publication: 2005-03-17

Inventors: MELNIK YURI V (US); SOUKHOVEEV VITALI (US); IVANTSOV VLADIMIR (US); TSVETKOV KATIE (US); DMITRIEV VLADIMIR A (US)

Application number: US20030632736 20030801

Priority number(s): US20030632736 20030801; US20010903299 20010711; US20010900833 20010706

Applicant: TECHNOLOGIES AND DEVICES INTER (US)

038. Publication number: JP2006060164

Date of Publication: 2006-03-02

Application number: JP20040243242 20040824

Priority number(s): JP20040243242 20040824

Inventors: CHIN KYOKUKYO; OKUMURA HAJIME

Applicant: NAT INST OF ADV IND & TECHNOL

039. Publication number: JP2006073578

Date of Publication: 2006-03-16

Application number: JP20040251810 20040831

Priority number(s): JP20040251810 20040831

Inventors: KOKETSU AKINORI; KUMAGAI YOSHINAO

Applicant: NOKODAI TLO KK

040. Publication number: JP2006114845

Date of Publication: 2006-04-27

Application number: JP20040303320 20041018

Priority number(s): JP20040303320 20041018

Inventors: KOKETSU AKINORI; KUMAGAI YOSHINAO; NAGASHIMA TORU

Applicant: TOKYO UNIV OF AGRICULTURE & TE; TOKUYAMA CORP

041. Publication number: JP2005064204

Date of Publication: 2005-03-10

Application number: JP20030291758 20030811

Priority number(s): JP20030291758 20030811

Inventors: ASAI MAKOTO; YAMAZAKI SHIRO; NAGAI SEIJI; KOJIMA AKIRA; TOMITA KAZUYOSHI

Applicant: TOYODA GOSEI KK

042. Publication number: JP2005064336

Date of Publication: 2005-03-10

Application number: JP20030294574 20030818

Priority number(s): JP20030294574 20030818

Inventors: NAGAI SEIJI; KOJIMA AKIRA; KATO HISAYOSHI; YAMAZAKI SHIRO; TOMITA KAZUYOSHI

Applicant: TOYODA GOSEI KK; TOYOTA CENTRAL RES & DEV

043. Publication number: US2005142391

Date of Publication: 2005-06-30

Application number: US20040778633 20040213

Priority number(s): US20040778633 20040213; US20030355426 20030131; US20010900833 20010706; US20010903047 20010711; US20030632736 20030801; US20030449085P 20030221

Inventors: DMITRIEV VLADIMIR A (US); MELNIK YURI V (US)

Applicant: TECHNOLOGIES AND DEVICES INTER

044. Publication number: US2006280668

Date of Publication: 2006-12-14

Application number: US20060483455 20060710

Priority number(s): US20060483455 20060710; US20040778633 20040213; US20030355426 20030131; US20010900833 20010706; US20010903047 20010711; US20030632736 20030801; US20010903299 20010711; US20030449085P 20030221

Inventors: DMITRIEV VLADIMIR A (US); MELNIK YURI V (US)

Applicant: TECHNOLOGIES AND DEVICES INTER

045. Publication number: JP2006193422

Date of Publication: 2006-07-27
Application number: JP20060027926 20060206
Priority number(s): JP19980147716 19980528; JP20060027926 20060206
Inventors: MOTOKI KENSAKU; OKAHISA TAKUJI; MATSUMOTO NAOKI; MATSUSHIMA MASATO
Applicant: SUMITOMO ELECTRIC INDUSTRIES

046. Publication number: JP2006143581
Date of Publication: 2006-06-08
Application number: JP20050338774 20051124
Priority number(s): KR20040096077 20041123
Inventors: LEE CHANG-HO; SHIN HYUN-MIN; KONG SUN-HWAN; LEE HAE-YONG
Applicant: SAMSUNG CORNING CO LTD

047. Publication number: JP2006066496
Date of Publication: 2006-03-09
Application number: JP20040244889 20040825
Priority number(s): JP20040244889 20040825
Inventors: MOTOKI KENSAKU; OKAHISA TAKUJI; HIROTA TATSU; NAKAHATA SEIJI; UEMATSU KOJI
Applicant: SUMITOMO ELECTRIC INDUSTRIES

048. Publication number: US2006008941
Date of Publication: 2006-01-12
Application number: US20050537385 20050603
Priority number(s): US20050537385 20050603; US20020433844P 20021216; US20020433843P 20021216; WO2003US21916 20030715
Inventor: HASKELL BENJAMIN A (US); FINI PAUL T (US); MATSUDA SHIGEMASA (JP); CRAVEN MICHAEL D (US); DENBAARS STEVEN P (US); SPECK JAMES S (US); NAKAMURA SHUJI (US)
Applicant: BASF AG (DE)

049. Publication number: KR20050009340
Date of Publication: 2005-01-25
Application number: KR20030048571 20030716
Priority number(s): KR20030048571 20030716
Inventors: AHN HYUNG SOO; CHANG JI HO; YANG MIN; YI SAM NYUNG

050. Publication number: WO2006003381
Date of Publication: 2006-01-12
Application number: WO2005GB02529 20050627
Priority number(s): GB20040014607 20040630
Inventors: WANG WANG NANG (GB); STEPANOV SERGEY IGOREVICH (RU)
Applicant: WANG WANG NANG (GB); STEPANOV SERGEY IGOREVICH (RU)

051. Publication number: JP2005320237
Date of Publication: 2005-11-17
Application number: JP20050136017 20050509
Priority number(s): KR20040032195 20040507
Inventors: SHIN HYUN-MIN; LEE HAE-YONG; LEE CHANG-HO; KIM HYUN-SUK; KIM CHONG-DON; KONG SUN-HWAN

（二）AlN 单晶衬底制备

052. Publication number: JP2006016294
Date of Publication: 2006-01-19
Application number: JP20050149690 20050523
Priority number(s): JP20040161492 20040531; JP20050149690 20050523
Inventors: FUJIWARA SHINSUKE; MIYANAGA TOMOMASA; SHIMAZU MITSURU
Applicant: SUMITOMO ELECTRIC INDUSTRIES

053. Publication number: JP2005343722
Date of Publication: 2005-12-15
Application number: JP20040163500 20040601
Priority number(s): JP20040163500 20040601
Inventors: FUJIWARA SHINSUKE; MIYANAGA TOMOMASA; SHIMAZU MITSURU
Applicant: SUMITOMO ELECTRIC INDUSTRIES

054. Publication number: WO2006110512
Date of Publication: 2006-10-19
Application number: WO2006US12968 20060406
Priority number(s): US20050669254P 20050407
Inventors: SCHLESSER RAOUL (US); NOVESKI VLADIMIR (US); SITAR ZLATKO (US)
Applicant: UNIV NORTH CAROLINA (US); SCHLESSER RAOUL (US); NOVESKI VLADIMIR (US); SITAR ZLATKO (US)

055. Publication number: EP1587971
Date of Publication: 2005-10-26
Application number: EP20030808366 20030507
Priority number(s): WO2003US14579 20030507; US20020324998 20021220
Inventors: SCHOWALTER LEO J (US); SLACK GLEN A (US); ROJO J CARLOS (US)
Applicant: CRYSTAL IS INC (US)

056. Publication number: US2006005763

Date of Publication: 2006-01-12

Application number: US20040910162 20040803

Priority number (s): US20040910162 20040803; US20020324998 20021220; US20010344672P 20011224

Inventors: SCHOWALTER LEO J (US); SLACK GLEN A (US); ROJO J C (US)

Applicant: CRYSTAL IS INC (US)

(三) SiC 衬底

057. 申请号:200610043816.8

发明名称:大直径高硬度 6H-SiC 单晶片的表面抛光方法

申请人:山东大学

058. 申请号:200510044587.7

发明名称:大直径 SiC 单晶的切割方法

申请人:山东大学

(四) ZnO 衬底制备

059. 专利号:CN1588623

发明名称:两步法生长 N-Al 共掺杂 p 型 ZnO 晶体薄膜的方法

申请人:浙江大学

060. 专利号:CN1772974

发明名称:一种 Li-N 共掺杂生长 p 型 ZnO 晶体薄膜的方法

申请人:浙江大学

061. 专利号:CN1686818

发明名称:p 型 ZnO 薄膜外排氮元素的溶胶-凝胶制备方法

申请人:浙江大学

062. 专利号:CN1776009

发明名称:ZnO 薄膜生长用光照 MOCVD 设备及其 p 型掺杂工艺

申请人:吉林大学

063. 专利号:CN1721582

发明名称:提高水热法生长 ZnO 晶体生长效率和质量的方法

申请人:中国科学院上海光学精密机械研究所

064. 专利号:CN1844488

发明名称:氧化锌单晶的通气坩埚下降生长方法

申请人:中国科学院上海硅酸盐研究所

065. 专利号:CN1818145

发明名称:纳米晶锌镀层的制备方法

申请人:上海大学

066. 专利号:CN1772975

发明名称:Li 掺杂生长 p 型 ZnO 晶体薄膜的方法

申请人:浙江大学

067. 专利号:CN1787248

发明名称:一种氧化锌材料发光二极管的制备方法

申请人:大连理工大学

068. 专利号:CN1787246

发明名称:一种硅基氧化锌紫外电致发光器件及其制备方法

申请人:浙江大学

069. 专利号:CN1825634

发明名称:制备氧化锌/p 型硅异质结紫外电致发光器件的方法

申请人:浙江大学

070. 专利号:CN1768165

发明名称:氧化锌单晶

申请人:三菱化学株式会社;东京电波株式会社

071. JP2005335985

Title: SINGLE CRYSTAL GROWING APPARATUS AND ZINC OXIDE SINGLE CRYSTAL GROWING METHOD

072. TW591133B

Title: Method for growing zinc oxide crystal by hydrothermal synthesis and autoclave

073. JP2005350283

Title: ZINC OXIDE SINGLE CRYSTAL AND ITS PRODUCING METHOD

Applicant: TAKADA MASASUKE; TAIHEIYO CEMENT CORP

074. JP2006225213

Title: ZINC OXIDE SINGLE CRYSTAL, SUBSTRATE FOR EPITAXIAL GROWTH OBTAINED FROM THE SAME, AND METHODS FOR MANUFACTURING THEM

Applicant: TOSOH CORP

075. JP2006182592

Title: SINGLE CRYSTAL ZINC SELENIDE SUBMICROMETER TUBE AND ITS MANUFACTURING METHOD

Applicant: NAT INST FOR MATERIALS SCIENCE

076. JP2005154157

Title: Mineralizer composition and method for growing zinc oxide crystals, films and powders

Inventors: MCCANDLISH LARRY EUGENE (US); UHRIN ROBERT (US)

Applicant: NAT INST FOR MATERIALS SCIENCE

077. JP2005272282

Title: GROWTH METHOD FOR ZINC OXIDE CRYSTAL

Applicant: ISSHIKI MINORU; O YOSHITOYO; SUMITOMO METAL MINING CO

078. US6674098

Title: ZnO compound semiconductor light emitting element

Applicant: NAT INST OF ADVANCED IND SCIEN (JP); ROHM CO LTD (JP)

079. KR20050024078

Title: METHOD OF MANUFACTURING ZnO SHORT WAVELENGTH LIGHT EMITTING DEVICE USING P TYPE ZnO SEMICONDUCTOR TO ACQUIRE STABLE ELECTRICAL

Applicant: GWANGJU INST OF SCIENCE AND TE

080. US6806503

Title: Light-emitting diode and laser diode having n-type ZnO layer and p-type semiconductor laser

Applicant: Japan Science and Technology Agency (Kawagchi, JP)

081. US6987029

Title: ZnO based compound semiconductor light emitting device and method for manufacturing the same

Applicant: National Institute of Advanced Industrial Science and Technology (Tokyo, JP): Rohm Co., Ltd. (Kyoto, JP)

082. US6638846

Title: Method of growing p-type ZnO based oxide semiconductor layer and method of manufacturing semiconductor light emitting device

Applicant: National Institute of Advanced Industrial Science and Technology and Rohm Co., Ltd. (Tokyo, JP)

二、新型衬底上氮化物的生长

(一) 紫外 LEDs

001. 申请号:200510002199.2

申请日:2005.01.14

发明名称:发光二极管

公开(公告)号:CN1805157

公开(公告)日:2006.07.19

申请(专利权)人:财团法人工业技术研究院

002. United States Patent 7,151,283

Title: Light-radiating semiconductor component with a luminescence conversion element

Date of Publication: December 19, 2006

Filed: November 2, 2004 Appl. No.: 10/979,778

Inventors: Reeh; Ulrike (Munchen, DE), Hohn; Klaus (Forchheim, DE), Stath; Norbert (Regensburg, DE), Waitl; Gu (Regensburg, DE), Schlotter; Peter (Freiburg, DE), Schneider; Ju (Freiburg, DE), Schmidt; Ralf (Vorstetten, DE)

Assignee: Osram GmbH (DE)

003. United States Patent 7,148,521

Title: Semiconductor light emitting device and method of manufacturing the same

Date of Publlication: December 12, 2006

Appl. No.: 11/047,666 Filed: February 2, 2005

Inventors: Yasuda; Hidefumi (Kanagawa-ken, JP), Kato; Yuko (Kanagawa-ken, JP), Furukawa; Kazuyoshi (Kanagawa-ken, JP)

Assignee: Kabushiki Kaisha Toshiba (Tokyo, JP)

004. United States Patent 7,148,518

Title: Group-III nitride semiconductor stack, method of manufacturing the same, and group-III nitride semiconductor device

Date of Publication: December 12, 2006

Appl. No.: 10/806,681 Filed: March 23, 2004

Inventors: Sugawara; Hideto (Kanagawa-ken, JP), Hiratsuka; Tsunenori (Kanagawa-ken, JP)

Assignee: Toshiba; Kabushiki Kaisha (Tokyo, JP)

005. United States Patent 7,148,149

Title: Method for fabricating nitride-based compound semiconductor element

Date of Publication: December 12, 2006

Appl. No.: 11/017,681 Filed: December 22, 2004

Inventors: Ohno; Hiroshi (Osaka, JP), Tamura; Satoshi (Osaka, JP), Ueda; Tetsuzo (Osaka, JP)

Assignee: Matsushita Electric Industrial Co., Ltd. (Osaka, JP)

006. United States Patent 7,145,178

Title: Methods and apparatus for a semiconductor device

Date of Publication: December 5, 2006

Filed: December 14, 2004 Appl. No.: 11/011,729

Inventors: Stokes; Edward Brittain (Niskayuna, NY), Walker; Danielle Marie (Clifton Park, NY), Cao; Xian-an (Clifton Park, NY), LeBoeuf; Steven Francis (Schenectady, NY)

Assignee: General Electric Company (Niskayuna, NY)

007. United States Patent 7,144,763

Title: Epoxy resin compositions, solid state devices encapsulated therewith and method

Date of Publication: December 5, 2006

Appl. No.: 11/137,996 Filed: May 27, 2005

Inventors: Rubinsztajn; Malgorzata Iwona (Niskayuna, NY), Rubinsztajn; Slawomir (Niskayuna, NY)

Assignee: General Electric Company (Niskayuna, NY)

008. United States Patent 7,141,444

Title: Production method of III nitride compound semiconductor and III nitride compound semiconductor element

Date of Publication: November 28, 2006

Filed: March 12, 2001 Appl. No.: 10/221,486

PCT Filed: March 12, 2001

PCT No.: PCT/JP01/01928

371(c)(1),(2),(4) Date: December 23, 2002

PCT Pub. No.: WO01/69663

PCT Pub. Date: September 20, 2001

Inventors: Koike; Masayoshi (Aichi, JP), Tezen; Yuta (Aichi, JP), Yamashita; Hiroshi (Aichi, JP), Nagai; Seiji (Aichi, JP), Hiramatsu; Toshio (Aichi, JP)

Assignee: Toyoda Gosei Co., Ltd. (Aichi-ken, JP)

009. United States Patent 7,138,660

Title: Light emitting device

Date of Publication: November 21, 2006

Filed: March 24, 2005 Appl. No.: 11/087,579

Inventors: Ota; Koichi (Aichi-ken, JP), Hirano; Atsuo (Aichi-ken, JP), Ota; Akihito (Aichi-ken, JP), Tasch; Stefan (Jennersdorf, AT), Pachler; Peter (Graz, AT), Roth; Gundula (Levenhagen, DE), Tews; Walter (Greifswald, DE), Kempfert; Wolfgang (Bad Liebenstein, DE), Starick; Detlef (Bad Liebenstein, DE)

Assignee: Toyoda Gosei Co., Ltd. (Aichi, JP), Tridonic Optoelectronics GmbH (Jennersdorf, AT), Litec GBR (Greifswald, DE), Leuchstoffwerk Breitungen GmbH (Breitunge, DE)

010. United States Patent 7,138,286

Title: Light-emitting semiconductor device using group III nitrogen compound

Date of Publication: November 21, 2006

Filed: June 3, 2005 Appl. No.: 11/143,664

Inventors: Manabe; Katsuhide (Aichi-ken, JP), Kato; Hisaki (Aichi-ken, JP), Sassa; Michinari (Aichi-ken, JP), Yamazaki; Shiro (Aichi-ken, JP), Asai; Makoto (Aichi-ken, JP), Shibata; Naoki (Aichi-ken, JP), Koike; Masayoshi (Nakashima-gun, JP)

Assignee: Toyoda Gosei Co., Ltd. (Aichi-ken, JP)

011. United States Patent 7,129,528

Title: Electromagnetic radiation emitting semiconductor chip and procedure for its production

Date of Publication: October 31, 2006

Filed: September 25, 2003 Appl. No.: 10/671,854

Inventors: Bader; Stefan (Eilsbrunn, DE), Eisert; Dominik (Regensburg, DE), Hahn; Berthold (Hemau, DE), Kaiser; Stephan (Regensburg, DE)

Assignee: Osram GmbH (Munich, DE)

012. United States Patent 7,129,525

Title: Semiconductor light-emitting device

Date of Publication: October 31, 2006

Filed: April 28, 2005 Appl. No.: 10/908,116

Inventors: Uematsu; Koji (Itami, JP), Ueno; Masaki (Itami, JP), Hirota; Ryu (Itami, JP), Nakahata; Hideaki (Itami, JP), Okui; Manabu (Itami, JP)

Assignee: Sumitomo Electric Industries, Ltd. (Osaka, JP)

013. United States Patent 7,129,515

Title: Lighting system

Date of Publication: October 31, 2006

Filed: March 31, 2005 Appl. No.: 11/098,302

Inventors: Okuyama; Hiroyuki (Kanagawa, JP), Doi;

Masato (Kanagawa, JP), Biwa; Goshi (Kanagawa, JP), Oohata; Toyoharu (Kanagawa, JP), Kikutani; Tomoyuki (Kanagawa, JP)

Assignee: Sony Corporation (Tokyo, JP)

014. United States Patent 7,129,107

Title: Process for producing a semiconductor light-emitting device

Date of Publication: October 31, 2006

Filed: March 31, 2005 Appl. No.: 11/096,381

Inventors: Okuyama; Hiroyuki (Kanagawa, JP), Doi; Masato (Kanagawa, JP), Biwa; Goshi (Kanagawa, JP), Oohata; Toyoharu (Kanagawa, JP), Kikutani; Tomoyuki (Kanagawa, JP)

Assignee: Sony Corporation (Tokyo, JP)

015. United States Patent 7,128,846

Title: Process for producing group III nitride compound semiconductor

Date of Publication: October 31, 2006

Filed: February 24, 2003 Appl. No.: 10/505,948

PCT Filed: February 24, 2003

PCT No.: PCT/JP03/01990

371(c)(1),(2),(4) Date: August 27, 2004

PCT Pub. No.: WO03/072856

PCT Pub. Date: September 04, 2003

Inventors: Nishijima; Kazuki (Aichi, JP), Senda; Masanobu (Aichi, JP), Chiyo; Toshiaki (Aichi, JP), Ito; Jun (Aichi, JP), Shibata; Naoki (Aichi, JP), Hayashi; Toshimasa (Aichi, JP)

Assignee: Toyoda Gosei Co., Ltd. (Aichi, JP)

016. United States Patent 6,838,693

Title: Nitride semiconductor device

Date of Publication: January 4, 2005

Filed: May 22, 2003 Appl. No.: 10/443,083

Inventors: Kozaki; Tokuya (Anan, JP)

Assignee: Nichia Corporation (Tokushima, JP)

017. United States Patent 6,841,406

Title: Methods and apparatus for a semiconductor device

Date of Publication: January 11, 2005

Filed: November 6, 2001 Appl. No.: 09/682,998

Inventors: Stokes; Edward Brittain (Niskayuma, NY), Walker; Danielle Marie (Clifton Park, NY), Cao; Xian-an (Clifton Park, NY), LeBoeuf; Steven Francis (Schenectady, NY)

018. United States Patent 6,844,084

Title: Spinel substrate and heteroepitaxial growth of III-V materials thereon

Date of Publication: January 18, 2005

Filed: April 3, 2002 Appl. No.: 10/115,719

Inventors: Kokta; Milan R. (Washougal, WA), Ong; Hung T. (Vancouver, WA)

Assignee: Saint-Gobain Ceramics & Plastics, Inc. (Worcester, MA)

019. United States Patent 6,844,246

Title: Production method of III nitride compound semiconductor, and III nitride compound semiconductor element based on it

Date of Publication: January 18, 2005

Filed: November 5, 2003 Appl. No.: 10/472,261

PCT Filed: March 19, 2002

PCT No.: PCT/JP02/02628

371(c)(1),(2),(4) Date: November 05, 2003

PCT Pub. No.: WO02/08024

PCT Pub. Date: October 10, 2002

Inventors: Nagai; Seiji (Aichi, JP), Tomita; Kazuyoshi (Aichi, JP), Kodama; Masahito (Aichi, JP)

Assignee: Toyoda Gosei Co., Ltd. (Aichi-ken, JP)

020. United States Patent 6,844,565

Title: Semiconductor component for the emission of electromagnetic radiation and method for production thereof

Date of Publication: January 18, 2005

Filed: November 13, 2002 Appl. No.: 10/204,500

PCT Filed: February 23, 2001

PCT No.: PCT/DE01/00706

371(c)(1),(2),(4) Date: November 13, 2002

PCT Pub. No.: WO01/63709

PCT Pub. Date: August 30, 2001

Inventors: Lell; Alfred (Maxhutte-Haidhof, DE), Harle; Volker (Laaber, DE), Hahn; Berthold (Hemau, DE), Luft; Johann (Wolfsegg, DE)

Assignee: Osram Opto Semiconductors GmbH (DE)

021. United States Patent 6,844,574

Title: III-V compound semiconductor

Date of Pubilcation: January 18, 2005

Filed: March 10, 2000 Appl. No.: 09/522,707

Inventors: Hiramatsu; Kazumasa (Yokkaichi, JP), Miyake; Hideto (Hisai, JP), Maeda; Takayoshi (Nabari, JP), Iyechika; Yasushi (Tsukuba, JP)

Assignee: Sumitomo Chemical Company, Limited (Osaka, JP)

022. United States Patent 6,847,057

Title:Semiconductor light emitting devices

Date of Publication:January 25, 2005

Filed: August 1, 2003 Appl. No.: 10/633,058

Inventors: Gardner; Nathan F. (Mountain View, CA), Wierer, Jr.;Jonathan J. (Fremont, CA), Mueller; Gerd O. (San Jose, CA), Krames;Michael R. (Mountain View, CA)

Assignee: Lumileds Lighting U.S., LLC (San Jose, CA)

023. United States Patent 6,903,385

Title: Semiconductor structure having a textured nitride-based layer

Date of Publication:June 7, 2005

Filed: October 1, 2003 Appl. No.: 10/676,963

Inventors: Gaska; Remigijus (Columbia, SC), Hu; Xuhong (Lexington, SC), Shur;Michael (Latham, NY)

Assignee: Sensor Electronic Technology, Inc. (Latham, NY)

024. United States Patent 6,943,377

Title:Light emitting heterostructure

Date of Publication:September 13, 2005

Filed: October 22, 2003 Appl. No.: 10/690,760

Inventors: Gaska;Remigijus (Columbia, SC), Shur; Michael S. (Latham, NY)

Assignee: Sensor Electronic Technology, Inc. (Latham, NY)

025. United States Patent 7,098,484

Title:Epitaxial substrate for compound semiconductor light-emitting device, method for producing the same and light-emitting device

Date of Publication:August 29, 2006

Filed: July 8, 2003 Appl. No.: 10/614,062

Inventors: Yamanaka; Sadanori (Tsukuba, JP), Tsuchida; Yoshihiko (Tsukuba, JP), Ono; Yoshinobu (Yawara-mura, JP), Iyechika;Yasushi (Matsudo, JP)

Assignee: Sumitomo Chemical Company Limited (Osaka, JP)

026. United States Patent 6,946,308

Title:Method of manufacturing III-V group compound semiconductor

Date of Publication:September 20, 2005

Filed: March 26, 2003 Appl. No.: 10/396,565

Inventors: Hiramatsu; Kazumasa (Yokkaichi, JP), Miyake;Hideto (Hisai, JP), Bohyama;Shinya (Mie, JP), Maeda;Takayoshi (Nabari, JP), Iyechika; Yasushi (Matsudo, JP)

Assignee: Sumitomo Chemical Company, Limited (Osaka, JP)

(二) Si 衬底氮化物外延

027. 申请号:200510025179.7

申请人:南昌大学

028. 申请号:200510026306.5

申请人:南昌大学

029. 申请号:200510027807.5

申请人:南昌大学

030. 申请号:200510027808.X

申请人:南昌大学

031. 申请号:200510009509.3

申请(专利权)人:中国科学院半导体研究所

032. 申请号:200610023694.6

申请(专利权)人:中国科学院上海微系统与信息技术研究所

033. 7,135,720

Title:Gallium nitride material transistors and methods associated with the same

Date of Publication:November 14, 2006

Filed:August 5, 2004 Appl. No.:10/913,297

Inventors:Nagy; Walter H. (Raleigh, NC), Borges; Ricardo M. (Morrisville, NC), Brown;Jeffrey D. (Charlotte, NC), Chaudhari;Apurva D. (Raleigh, NC), Cook, Jr.;James W. (Raleigh, NC), Hanson; Allen W. (Cary, NC), Johnson;Jerry W. (Raleigh, NC), Linthicum;Kevin J. (Cary, NC), Piner;Edwin L. (Cary, NC), Rajagopal; Pradeep(Raleigh, NC), Roberts;John C. (Hillsborough, NC), Singhal; Sameer(Apex, NC), Therrien; Robert J. (Apex, NC), Vescan;Andrei(Herzogenrath, DE)

Assignee:Nitronex Corporation(Raleigh, NC)

034. 7,071,498

Title:Gallium nitride material devices including an electrode-defining layer and methods of forming the same

Date of Publication:July 4, 2006

Inventors: Johnson; Jerry W. (Raleigh, NC), Therrien; Robert J. (Apex, NC), Vescan; Andrei (Aachen, NC), Brown;Jeffrey D. (Garner, NC)

Assignee: Nitronex Corporation(Releigh, NC)

Filed: December 17, 2003 Appl. No. : 10/740,376

035. 6,956,250

Title: Gallium nitride materials including thermally conductive regions

Date of Publication:October 18, 2005

Filed: February 23, 2001 Appl. No. :09/792,409

Inventors:Borges;Ricardo(Morrisville, NC), Linthicum;Kevin J. (Angier, NC), Weeks;T. Warren(Raleigh, NC), Gehrke;Thomas(Apex, NC)

Assignee:Nitronex Corporation(Raleigh, NC)

036. 7,071,015

Title:Semiconductor light emitting device and method for producing the same

Date of Publication:July 4, 2006

Inventors:Shakuda;Yukio(Kyoto, JP)

Assignee:Rohm Co. , Ltd. (Kyoto, JP)

Filed:October 23, 2003 Appl. No. :10/690,624

037. 6,987,029

Date of Publication:January 17, 2006

Title:ZnO based compound semiconductor light emitting device and method for manufacturing the same

Inventors: Niki; Shigeru (Tsukuba, JP), Fons; Paul (Tsukuba, JP), Iwata;Kakuya(Tsukuba, JP), Tanabe; Tetsuhiro(Kyoto, JP), Takasu;Hidemi(Kyoto, JP), Nakahara;Ken(Kyoto, JP)

Assignee: National Institute of Advanced Industrial Science and Technology(Tokyo, JP) ,Rohm Co. , Ltd. (Kyoto, JP)

Filed: November 17, 2003 Appl. No. :10/713,205

038. 6,898,340

Title:Semiconductor light emitting element and method of making the same

Date of Publication:May 24, 2005

Filed: February 25, 2003 Appl. No. : 10/375,941

Inventors:Tanaka;Haruo(Kyoto, JP)

Assignee:Rohm Co. , Ltd. (Kyoto, JP)

039. 7,129,103

Title:Semiconductor light emitting element and method of making the same

Date of Publication:October 31, 2006

Inventors:Tanaka;Haruo(Kyoto, JP)

Assignee:Rohm Co. , Ltd. (Kyoto, JP)

Filed:April 28, 2005 Appl. No. :11/116,817

040. 6,890,791

Date of Publication:May 10, 2005

Title:Compound semiconductor substrates and method of fabrication

Inventors:Ohtsuka;Koji(Niiza, JP), Sato;Junji(Niiza, JP), Moku;Tetsuji(Niiza, JP), Sato;Masahiro(Niiza, JP)

Assignee:Sanken Electric Co. , Ltd. (JP)

Filed:March 30, 2004 Appl. No. :10/813,488

041. 6,979,844

Title:Light-emitting semiconductor device and method of fabrication

Date of Publication:December 27, 2005

Inventors: Moku;Tetsuji(Asaka, JP), Ohtsuka;Kohji(Kawagoe, JP), Yanagihara;Masataka(Fujimi, JP), Kikuchi;Masaaki(Kofu, JP)

Assignee: Sanken Electric Co. , Ltd. (JP)

Filed: March 21, 2003 Appl. No. : 10/394,687

042. 6,930,329

Title:Method for manufacturing gallium nitride compound semiconductor

Date of Publication:August 16, 2005

Inventors: Koide;Norikatsu(Nara-ken, JP)

Assignee: Toyoda Gosei Co. , Ltd. (Aichi, JP)

Filed: October 15, 2003 Appl. No. : 10/685,005

043. 6,893,945

Title:Method for manufacturing gallium nitride group compound semiconductor

Date of Publication:May 17, 2005

Inventors: Koide;Norikatsu(Nara-ken, JP)

Assignee: Toyoda Gosei Co. , Ltd. (Aichi-ken, JP)

Filed: July 27, 2004 Appl. No. : 10/899,024

044. 6,881,651

Title:Methods and devices using group III nitride compound semiconductor

Date of Publication:April 19, 2005

Inventors: Koide; Norikatsu(Nara-ken, JP), Kato; Hisaki(Aichi-ken, JP)

Assignee: Toyoda Gosei Co. , Ltd. (Aichi-ken, JP)

Filed: March 7, 2003 Appl. No. : 10/382,647

045. 6,838,706

Title:Group III nitride compound semiconductor light-emitting device which emits light having a wavelength in a range from 360 to 550 NM

Date of Publication: January 4, 2005

Inventors: Watanabe; Hiroshi (Aichi, JP), Ito; Jun (Aichi, JP), Asami; Shinya (Aichi, JP), Shibata; Naoki (Aichi, JP)

Assignee: Toyoda Gosei Co., Ltd. (Aichi, JP)

Filed: January 2, 2003 Appl. No.: 10/332,024

PCT Filed: July 03, 2001

PCT No.: PCT/JP01/05769

371(c)(1),(2),(4) Date: January 02, 2003

PCT Pub. No.: WO02/03517

PCT Pub. Date: January 10, 2002

046. 6,861,305

Date of Publication: March 1, 2005

Title: Methods for fabricating group III nitride compound semiconductors and group III nitride compound semiconductor devices

Inventors: Koike; Masayoshi (Aichi, JP), Tezen; Yuta (Aichi, JP), Hiramatsu; Toshio (Aichi, JP), Nagai; Seiji (Aichi, JP)

Assignee: Toyoda Gosei Co., Ltd. (Aichi-ken, JP)

Filed: September 30, 2002 Appl. No.: 10/240,249

047. 6,872,965

Title: Group III nitride compound semiconductor device

Date of Publication: March 29, 2005

Inventors: Ito; Jun (Inazawa, JP), Chiyo; Toshiaki (Ama-gun, JP), Shibata; Naoki (Bisai, JP), Watanabe; Hiroshi (Ichinomiya, JP), Asami; Shizuyo (Inazawa, JP), Asami; Shinya (Inazawa, JP)

Assignee: Toyoda Gosei Co., Ltd. (Aichi, JP)

Filed: December 18, 2001 Appl. No.: 10/020,460

048. 6,967,122

Title: Group III nitride compound semiconductor and method for manufacturing the same

Date of Publication: November 22, 2005

Inventors: Tezen; Yuta (Aichi, JP)

Assignee: Toyoda Gosei Co., Ltd. (Aichi, JP)

Filed: March 18, 2003 Appl. No.: 10/221,528

PCT Filed: February 23, 2001

049. 6,979,584

Title: Method for producing group III nitride compound semiconductor and group III nitride compound semiconductor device

Date of Publication: December 27, 2005

Inventors: Koike; Masayoshi (Aichi, JP), Tezen; Yuta (Aichi, JP), Hiramatsu; Toshio (Aichi, JP)

Assignee: Toyoda Gosei Co, Ltd. (Aichi-ken, JP)

Filed: September 12, 2002 Appl. No.: 10/168,617

050. 7,084,421

Title: Light-emitting device using group III nitride group compound semiconductor

Date of Publication: August 1, 2006

Inventors: Koike; Masayoshi (Aichi, JP), Yamazaki; Shiro (Aichi, JP), Kojima; Akira (Aichi, JP)

Assignee: Toyoda Gosei Co., Ltd. (Aichi-ken, JP)

Filed: November 30, 2000 Appl. No.: 09/725,496

(三) SiC 衬底外延氮化物

051. 6,972,438

Title: Light emitting diode with porous SiC substrate and method for fabricating

Date of Publication: December 6, 2005

Inventors: Li; Ting (Ventura, CA), Ibbetson; James (Santa Barbara, CA), Keller; Bernd (Santa Barbara, CA)

Assignee: Cree, Inc. (Goleta, CA)

Filed: September 30, 2003 Appl. No.: 10/676,953

052. 7,087,936

Title: Methods of forming light-emitting devices having an antireflective layer that has a graded index of refraction

Date of Publication: August 8, 2006

Inventors: Negley; Gerald H. (Carrboro, NC)

Assignee: Cree, Inc. (Durham, NC)

Filed: April 6, 2004 Appl. No.: 10/818,620

053. 7,109,521

Title: Silicon carbide semiconductor structures including multiple epitaxial layers having sidewalls

Date of Publication: September 19, 2006

Inventors: Hallin; Christer (Linkoping, SE), Lendenmann; Heinz (Stocksund, SE), Sumakeris; Joseph John (Apex, NC)

Assignee: Cree, Inc. (Durham, NC)

Filed: August 30, 2004 Appl. No.: 10/929,911

054. 6,955,977

Title: Single step pendeo-and lateral epitaxial overgrowth of group III-nitride epitaxial layers with group III-nitride buffer layer and resulting structures

Date of Publication: October 18, 2005

Inventors: Kong; Hua-Shuang (Raleigh, NC), Edmond; John Adam (Cary, NC), Haberern; Kevin Ward (Cary, NC), Emerson; David Todd (Durham, NC)

Assignee: Cree, Inc. (Durham, NC)

Filed: October 16, 2003 Appl. No.: 10/685,597

055. 6,891,199

Title: Radiation-emitting semiconductor chip and light-emitting diode

Date of Publication: May 10, 2005

Inventors: Baur; Johannes (Deuerling, DE), Eisert; Dominik (Regensburg, DE), Fehrer; Michael (Bad Abbach, DE), Hahn; Berthold (Hemau, DE), Harle; Volker (Laaber, DE), Jacob; Ulrich (Regensburg, DE), Plass; Werner (Regensburg, DE), Strauss; Uwe (Bad Abbach, DE), Volkl; Johannes (Erlangen, DE), Zehnder; Ulrich (Regensburg, DE)

Assignee: Osram GmbH (DE)

Filed: September 11, 2003 Appl. No.: 10/343,851

056. 6,919,585

Title: Light-emitting diode with silicon carbide substrate

Date of Publication: July 19, 2005

Inventors: Liu; Heng (Arcadia, CA)

Assignee: Lumei Optoelectronics, Inc. (El Monte, CA)

Filed: May 17, 2002 Appl. No.: 10/147,078

057. 6,984,840

Title: Optical semiconductor device having an epitaxial layer of III-V compound semiconductor material containing N as a group V element

Date of Publication: January 10, 2006

Inventors: Kuramata; Akito (Kawasaki, JP), Kubota; Shinichi (Kawasaki, JP), Horino; Kazuhiko (Kawasaki, JP), Soejima; Reiko (Kawasaki, JP)

Assignee: Fujitsu Limited (Kawasaki, JP)

Filed: May 18, 1999 Appl. No.: 09/313,764

058. 20050130390

Title: Semiconductor substrate assemblies and methods for preparing and dicing the same

059. 20050194584

Title: LED fabrication via ion implant isolation

060. 20050208686

Title: Nitride semiconductor LED improved in lighting efficiency and fabrication method thereof

061. 20060186418

Title: External extraction light emitting diode based upon crystallographic faceted surfaces

（四）非极性衬底外延

062. 申请号:02821236.3

申请日:2002.10.25

发明名称:取向生长用基底

公开(公告)号:CN1575357

公开(公告)日:2005.02.02

主分类号:C30B9/00

分类号:C30B9/00;C30B29/40

优先权:2001.10.26 PL P—350375;2002.6.26 PL P—354740

申请(专利权)人:波兰商艾蒙诺公司;日亚化学工业株式会社

国际公布:WO2003/035945 英 2003.5.1

国际申请:PCT/PL2002/000077 2002.10.25

进入国家日期:2004.04.26

063. CN1599031

Title: Method of preparing high quality non-polar GaN self-support substrate

Date of Publication: 2005-03-23

Inventors: ZHANG RONG (CN); XIU XIANGQIAN (CN); YU HUIQIANG (CN)

Applicant: UNIV NANJING (CN)

Application number: CN20041041436 20040721

Priority number(s): CN20041041436 20040721

064. 20060278865

Title: Non-polar (Al, B, In, Ga) N quantum well and heterostructure materials and devices

Date of Publication: December 14, 2006

Kind Code: A1

Inventors: Craven; Michael D.; (Goleta, CA); Keller; Stacia; (Goleta, CA); DenBaars; Steven P.; (Goleta, CA); Margalith; Tal; (Santa Barbara, CA); Speck; James Stephen; (Goleta, CA); Nakamura; Shuji; (Santa Barbara, CA); Mishra; Umesh K.; (Santa Barbara, CA)

Correspondence Name and Address: Attention of George H. Gates; Gates & Cooper LLP Howard Hughes Center, Suite 1050 6701 Center Drive West Los Angeles CA 90045 US

Serial No.: 472033

Series Code: 11

Filed: June 21, 2006

U.S. Current Class: 257/14

U. S. Class at Publication:257/014

Intern'l Class:H01L 31/00 20060101 H01L031/00

065. 20060270087

Title:Growth of planar non-polar {1 -1 0 0} m-plane gallium nitride with metalorganic chemical vapor deposition (MOCVD)

Date of Publication:November 30, 2006

Kind Code:A1

Inventors:Imer; Bilge M. ; (Goleta, CA) ; Speck; James S. ; (Goleta, CA) ; DenBaars; Steven P. ; (Goleta, CA)

Correspondence Name and Address: GATES & COOPER LLP; HOWARD HUGHES CENTER 6701 CENTER DRIVE WEST, SUITE 1050 LOS ANGELES CA 90045 US

Assignee Name and Adress:The Regents of the University of California

Serial No. :444083

Series Code:11

Filed:May 31, 2006

U. S. Current Class:438/46

U. S. Class at Publication:438/046

Intern'l Class:H01L 21/00 20060101 H01L021/00

066. 20060205199

Kind Code:A1

Title:Technique for the growth of planar semi-polar gallium nitride

Baker;Troy J. ;et al. September 14, 2006

Inventors:Baker; Troy J. ; (Santa Barbara, CA) ; Haskell;Benjamin A. ; (Santa Barbara, CA) ; Fini; Paul T. ;(Santa Barbara, CA) ;DenBaars;Steven P. ;(Goleta, CA) ;Speck;James S. ;(Goleta, CA) ;Nakamura;Shuji;(Santa Barbara, CA)

Correspondence Name and Address: GATES & COOPER LLP; HOWARD HUGHES CENTER 6701 CENTER DRIVE WEST, SUITE 1050 LOS ANGELES CA 90045 US

Assignee Name and Adress:The Regents of the University of California

Serial No. :372914 Series Code:11

Filed:March 10, 2006

U. S. Current Class:438/604;438/606

U. S. Class at Publication:438/604;438/606

Intern'l Class: H01L 21/28 20060101 H01L021/28; H01L 21/3205 20060101 H01L021/3205

067. 7,091,514,

Tittle:Non-polar (Al, B, In, Ga) N quantum well and heterostructure materials and devices

Inventors:Date of Publication: August 15, 2006

Assignee:The Regents of the University of California (Oakland, CA)

Filed:April 15, 2003 Appl. No. :10/413,690

Current U. S. Class:257/14;257/11

Current International Class:H01L 31/072(20060101)

Field of Search:257/14,11,12,19,347

068. 20050245095

Kind Code:A1

Title:Growth of planar reduced dislocation density m-plane gallium nitride by hydride vapor phase epitaxy

Date of Publication:Haskell, Benjamin A. ;et al. November 3, 2005

Inventors: Haskell, Benjamin A. ; (Santa Barbara, CA) ; McLaurin, Melvin B. ; (Goleta, CA) ; DenBaars, Steven P. ;(Goleta, CA) ;Speck, James Stephen;(Goleta, CA) ;Nakamura, Shuji;(Santa Barbara, CA)

Correspondence Name and Address: GATES & COOPER LLP HOWARD HUGHES CENTER 6701 CENTER DRIVE WEST, SUITE 1050 LOS ANGELES CA 90045 US

Assignee Name and Adress:The Regents of the University of California,(Oakland CA)

Serial No. :140893 Series Code:11

Filed:May 31, 2005

U. S. Current Class: 438/767; 257/E21. 112; 257/E21. 113;257/E21. 121;257/E21. 131;257/E21. 132

U. S. Class at Publication:438/767

Intern'l Class: H01L 021/00; H01L 021/31; H01L 021/469

069. 6,900,070

Title:Dislocation reduction in non-polar gallium nitride thin films

Date of Publication: May 31, 2005

Inventors:Craven; Michael D. (Goleta, CA), Denbaars;Steven P. (Goleta, CA), Speck;James Stephen(Goleta, CA)

Assignee:The Regents of the University of California (Oakland, CA)

Filed:April 15, 2003 Appl. No. :10/413,913

Current U. S. Class:438/41;257/E21. 108;257/E21. 113;438/481

Current International Class:C30B 29/00 (20060101); C30B 29/60(20060101); C30B 25/18 (20060101); C30B 25/02(20060101); C30B 25/10(20060101); C30B 25/04

(20060101); H01L 21/205 (20060101); H01L 21/02 (20060101)

Field of Search:438/41,46,48,71,481,584,590,778, 786 257/E21.108, E21.112-3,E21.117,E21.125-7

070. 20050214992

Kind Code:A1

Title: Fabrication of nonpolar indium gallium nitride thin films, heterostructures and devices by metalorganic chemical vapor deposition

Date of Publication: September 29, 2005

Inventors:Chakraborty, Arpan;(Isla Vista, CA); Haskell, Benjamin A.;(Goleta, CA);Keller, Stacia;(Goleta, CA);Speck, James;(Goleta, CA);Denbaars, Steven P.;(Goleta, CA);Nakamura, Shuji;(Santa Barbara, CA);Mishra, Umesh Kumar;(Santa Barbara, CA)

Correspondence Name and Address: GATES & COOPER LLP HOWARD HUGHES CENTER 6701 CENTER DRIVE WEST, SUITE 1050 LOS ANGELES CA 90045 US

Assignee Name and Address:The Regents of the University of California

Serial No.:123805 Series Code:11

Filed:May 6, 2005

U.S. Current Class: 438/172; 257/E21.108; 257/E21.11;257/E21.113;257/E21.126;257/E21.131

U.S. Class at Publication:438/172

Intern'l Class:H01L 029/15;H01L 031/0312

071. 20050040385

Kind Code:A1

Title:Non-polar (Al,B,In,Ga)N quantum well and heterostructure materials and devices

Date of Publication: February 24, 2005

Inventors:Craven, Michael D.;(Goleta, CA);Keller, Stacia;(Goleta, CA);Denbaars, Steven P.;(Goleta, CA);Margalith, Tal;(Santa Barbara, CA);Speck, James Stephen;(Goleta, CA);Nakamura, Shuji;(Santa Barbara, CA);Mishra, Umesh K.;(Santa Barbara, CA)

Correspondence Name and Address: GATES & COOPER LLP HOWARD HUGHES CENTER 6701 CENTER DRIVE WEST, SUITE 1050 LOS ANGELES CA 90045 US

Serial No.:413690

Series Code:10

Filed:April 15, 2003

U.S. Current Class:257/14

U.S. Class at Publication:257/014

Intern'l Class:H01L 031/072

072. Publication number:US2006128124

Title:Growth of reduced dislocation density non-polar gallium nitride by hydride vapor phase epitaxy

Date of Publication:2006-06-15

Inventors: HASKELL BENJAMIN A (US); CRAVEN MICHAEL D (US); FINI PAUL T (US); DENBAARS STEVEN P (US);SPECK JAMES S (US);NAKAMURA SHUJI (US)

Applicant:

Classification:

International:H01L21/20;H01L21/02;

European:H01L21/20C;H01L21/20C2

Application number:US20050537644 20050606

Priority number(s): US20050537644 20050606; US20020433843P 20021216; US20020433844P 20021216; WO2003US21918 20030715

073. Publication number:US2006008941

Title:Growth of planar, non-polar a-plane gallium nitride by hydride vapor phase epitaxy

Date of Publication:2006.01.12

Inventors: HASKELL BENJAMIN A (US); FINI PAUL T (US); MATSUDA SHIGEMASA (JP); CRAVEN MICHAEL D (US);DENBAARS STEVEN P (US); SPECK JAMES S (US);NAKAMURA SHUJI (US)

Applicant:BASF AG (DE)

Classification:

- International:H01L21/00;H01L21/00;

- European:H01L21/205C;C30B25/02;C30B29140

Application number:US20050537385 20050603

Priority number(s): US20050537385 20050603; US20020433844P 20021216; US20020433843P 20021216; WO2003US21916 20030715

074. Publication number:US2003230235

Title:Dislocation reduction in non-polar gallium nitride thin films

Date of Publication:2003-12-18

Inventors: CRAVEN MICHAEL D (US); DENBAARS STEVEN P (US); SPECK JAMES STEPHEN (US)

Applicant:

Classification:

international: C30B25/02; C30B25/04; C30B25/10; C30B25/18; C30B29/60; H01L21/205; C30B25/02; C30B25/04;C30B25/10;C30B25/18;C30B29/00;H01L21/02; (IPC1-7): C30B23/00; C30B25/00; C30B28/12; C30B28/14

European: C30B25/02; C30B25/04; C30B25/10B; C30B25/18;C30B29/60D;H01L21/205C3

Application number:US20030413913 20030415

Priority number (s): US20030413913 20030415; US20020372909P 20020415

075. Publication number:TW231321B

Title:Substrate for epitaxy

Date of Publication:2005-04-21

Inventors:DWILINSKI ROBERT (PL);DORADZINSKI ROMAN (PL);GARCZYNSKI JERZY (PL);SIERZPUTOWSKI LESZEK P (PL);KANBARA YASUO (JP)

Applicant:AMMONO SP ZO O (PL);NICHIA CORP (JP)

Classification:

International: C01B21/06; C30B7/00; C30B7/10; C30B9/00; C30B29/38; C30B29/40; H01S5/028; H01S5/323; C01B21/00; C30B7/00; C30B9/00; C30B29/10; H01S5/00;(IPC1-7):C30B35/00

-European:C30B7/00;C30B7/10;C30B9/00;C30B29/40

Application number:TW20020125039 20021025

Priority number (s): PL20010350375 20011026; PL20020354740 20020626

076. Publication number:2005-320237

Title: NON-POLAR SINGLE CRYSTALLINE a-PLANE NITRIDE SEMICONDUCTOR WAFER AND ITS MANUFACTURING METHOD

Date of publication of application:17. 11. 2005

Int. Cl. C30B 29/38 C23C 16/34 H01L 21/205

Application number:2005-136017

Applicant:SAMSUNG CORNING CO LTD

Date of filing:09. 05. 2005

Inventors: SHIN HYUN-MIN, LEE HAE-YONG, LEE CHANG-HO, KIM HYUN-SUK, KIM CHONG-DON, KONG SUN-HWAN

Priority number:2004 200432195 Priority date:07. 05. 2004Priority country:KR

077. Publication number:2005-286338

Title:4 H-TYPE POLYTYPE GALLIUM NITRIDE-BASED SEMICONDUCTOR ELEMENT FORMED ON 4 H-TYPE POLYTYPE SUBSTRATE

Date of publication of application:13. 10. 2005

Int. Cl. H01L 29/26 H01L 21/20 H01L 21/338 H01L 29/778 H01L 29/812 H01L 33/00 H01S5/323

Application number:2005-095658

Applicant:MATSUSHITA ELECTRIC IND CO LTD ONOSHIMA NORIO SUDA ATSUSHI KIMOTO TSUNENOBU MATSUNAMI HIROYUKI

Date of filing:29. 03. 2005

Inventors:UEDA TETSUZO, ONOSHIMA NORIO, SUDA ATSUSHI, KIMOTO TSUNENOBU, MATSUNAMI HIROYUKI

Priority number: 2004 812416 Priority date: 30. 03. 2004Priority country:US

078. Publication number:2005-075651

Title: WURTZITE-TYPE GROUP III-V NITRIDE THIN FILM AND METHOD FOR PRODUCING THE SAME

Date of publication of application:24. 03. 2005

Int. Cl. C30B 29/38 H01L 21/203

Application number:2003-209806

Applicant:NATIONAL INSTITUTE FOR MATERIALS SCIENCE

Date of filing:29. 08. 2003

Inventors: OGAKI TAKESHI, OHASHI NAOKI, HANEDA HAJIME

079. Publication number:KR20050088437

Title: GROWTH OF PLANAR, NON-POLAR A-PLANE GALLIUM NITRIDE BY HYDRIDE VAPOR PHASE EPITAXY

Date of Publication:2005-09-06

Inventors: HASKELL BENJAMIN A (US); FINI PAUL T (US);MATSUDA SHIGENMASA (JP);CRAVEN MICHAEL D (US);DENBAARS STEVEN P (US); SPECK JAME S (US);NAKAMURA SHUJI (JP)

Applicant:UNIV CALIFORNIA (US);JAPAN SCIENCE & TECH AGENCY (JP)

Classification:

International: C30B25/02; H01L21/20; H01L21/205; C30B25/02;H01L21/02;(IPC1-7):H01L21/205;H01L29/22;H01L33/00

European: H01L21/205C3; C30B25/02; H01L21/20B4;H01L21/205C

Application number:KR20057011014 20050615

Priority number (s): US20020433843P 20021216; US20020433844P 20021216

080. Publication number:KR100593936B

Title: METHOD OF GROWING NON-POLAR A-PLANE GALLIUM NITRIDE

Date of Publication:2006-06-20

Inventors:LEE SOO MIN (KR);CHOI RAK JUN (KR); YOSHIKI NAOI (JP); SHIRO SAKAI (JP);

KOIKE MASAYOSHI (JP)

Applicant: SAMSUNG ELECTRO MECH (KR); UNIV TOKUSHIMA (JP)

Classification:

International: H01L21/318; H01L21/84; H01L33/00; H01L21/02; H01L21/70; H01L33/00;

European:

Application number: KR20050025184 20050325

Priority number(s): KR20050025184 20050325

Abstract not available for KR100593936B

081. Publication number: WO2005112123

Title: FABRICATION OF NONPOLAR INDIUM GALLIUM NITRIDE THIN FILMS, HETEROSTRUCTURES AND DEVICES BY METALORGANIC CHEMICAL VAPOR DEPOSITION

Date of Publication: 2005-11-24

Inventors: CHAKRABORTY ARPAN (US); HASKELL BENJAMIN A (US); KELLER STACIA (US); SPECK JAMES S (US); DENBAARS STEVEN P (US); NAKAMURA SHUJI (US); MISHRA UMESH K (US)

Applicant: UNIV CALIFORNIA (US); CHAKRABORTY ARPAN (US); HASKELL BENJAMIN A (US); KELLER STACIA (US); SPECK JAMES S (US); DENBAARS STEVEN P (US); NAKAMURA SHUJI (US); MISHRA UMESH K (US)

Classification:

-international: H01L21/205; H01L29/15; H01L29/20; H01L31/0312; H01L21/02; H01L29/02; H01L31/0264; (IPC1-7): H01L29/15; H01L31/0312

- European: H01L21/205C3; H01L29/20B; H01L33/00G3C; H01S51343G; Y01N10100

Application number: WO2005US15774 20050506

Priority number(s): US20040569749P 20040510

082. Publication number: WO2006130622

Tittle: GROWTH OF PLANAR NON-POLAR{1-1 0 0} M-PLANE GALLIUM NITRIDE WITH METALORGANIC CHEMICAL VAPOR DEPOSITION (MOCVD)

Date of Publication: 2006-12-07

Inventors: IMER BILGE M (US); SPECK JAMES S (US); DENBAARS STEVEN P (US)

Applicant: UNIV CALIFORNIA (US); IMER BILGE M (US); SPECK JAMES S (US); DENBAARS STEVEN P (US)

Classification:

International:

European:

Application number: WO2006US20995 20060531

Priority number(s): US20050685908P 20050531

083. Publication number: WO2006099138

Title: TECHNIQUE FOR THE GROWTH OF PLANAR SEMI-POLAR GALLIUM NITRIDE

Date of Publication: 2006-09-21

Inventors: BAKER TROY J (US); HASKELL BENJAMIN A (US); FINI PAUL T (US); DENBAARS STEVEN P (US); SPECK JAMES S (US); NAKAMURA SHUJI (US)

Applicant: UNIV CALIFORNIA (US); BAKER TROY J (US); HASKELL BENJAMIN A (US); FINI PAUL T (US); DENBAARS STEVEN P (US); SPECK JAMES S (US); NAKAMURA SHUJI (US)

Classification:

International: H01L29/15; H01L31/0312; H01L29/02; H01L31/0264;

European: C30B25/02; C30B25/18; C30B29/40

Application number: WO2006US08595 20060310

Priority number(s): US20050660283P 20050310

Abstract not available for WO2006099138

084. Publication number: WO03089696

Title: DISLOCATION REDUCTION IN NON-POLAR GALLIUM NITRIDE THIN FILMS

Date of Publication: 2003-10-30

Inventors: CRAVEN MICHAEL D (US); DENBAARS STEVEN P (US); SPECK JAMES S (US)

Applicant: UNIV CALIFORNIA (US); CRAVEN MICHAEL D (US); DENBAARS STEVEN P (US); SPECK JAMES S (US)

Classification:

International: C23C16/04; C30B25/02; C30B25/04; C30B25/10; C30B25/18; C30B29/38; C30B29/60; H01L21/205; H01L33/00; H01S5/343; H01L33/00; C23C16/04; C30B25/02; C30B25/04; C30B25/10; C30B25/18; C30B29/00; C30B29/10; H01L21/02; H01S5/00; (IPC1-7): C30B25/12; H01L21/00; H01L21/20; H01L33/00

European: C30B25/02; C30B25/04; C30B25/10B; C30B25/18; C30B29/60D; H01L21/205C3

Application number: WO2003US11177 20030415

Priority number(s): US20020372909P 20020415

（五）微纳米图形衬底专利分析

085. 申请号:200610023732.8 申请日:2006.01.27

名称:以多孔氮化镓作为衬底的氮化镓膜的生长方法

公开(公告)号:CN1828837

公开(公告)日:2006.09.06

主分类号:H01L21/205(2006.01)I 分案原申请号:

分类号:H01L21/205(2006.01)I 优先权:

申请(专利权)人:中国科学院上海微系统与信息技术研究所

地址:200050 上海市长宁区长宁路865号

发明(设计)人:雷本亮;于广辉;王笑龙;齐鸣;孟胜;李爱珍

国际申请:

国际公布:

进入国家日期:

专利代理机构:上海智信专利代理有限公司

代理人:潘振甦

086. 申请号:200410038260.4

申请日:2004.05.18

名称:一种湿法腐蚀蓝宝石图形衬底的方法

公开(公告)号:CN1700449

公开(公告)日:2005.11.23

主分类号:H01L21/84

分案原申请号:

分类号:H01L21/84;H01L21/02;H01L33/00;H01L31/18;H01S5/00

颁证日:优先权:

申请(专利权)人:中国科学院物理研究所

地址:100080 北京市海淀区中关村南三街8号

发明(设计)人:陈弘;王晶;贾海强;郭丽伟;周均铭;李卫;汪洋;邢志刚

国际申请:

国际公布:

进入国家日期:

专利代理机构:北京泛华伟业知识产权代理有限公司

代理人:王凤华

087. 申请号:200410037945.7

申请日:2004.05.14

名称:一种利用SiN膜原位制备图形衬底的方法

公开(公告)号:CN1697134

公开(公告)日:2005.11.16

主分类号:H01L21/20

分案原申请号:

分类号:H01L21/20;H01L21/205;H01L33/00

颁证日:

优先权:

申请(专利权)人:中国科学院物理研究所

地址:100080 北京市海淀区中关村南三街8号

发明(设计)人:陈弘;郭丽伟;王晶;汪洋;邢志刚;周均铭

国际申请:

国际公布:

进入国家日期:

专利代理机构:北京泛华伟业知识产权代理有限公司

代理人:王凤华

088. 申请号:200410058574.0

申请日:2004.08.19

名称:在特定的蓝宝石图形衬底上制备高质量GaN基材料的方法

公开(公告)号:CN1588640

公开(公告)日:2005.03.02

主分类号:H01L21/84 分案原申请号:

分类号:H01L21/84;H01L21/20;H01L21/00;H01L33/00;H01S5/00

颁证日:

优先权:

申请(专利权)人:中国科学院物理研究所

地址:100080 北京市海淀区中关村南三街8号

发明(设计)人:郭丽伟;贾海强;王晶;邢志刚;汪洋;陈弘;周均铭

国际申请:

国际公布:

进入国家日期:

专利代理机构:北京中创阳光知识产权代理有限责任公司

代理人:尹振启

089. Publication number:CN1588622

Title:Substrate processing method for improving gallium nitride base material epitaxial layer quality

Date of Publication:2005-03-02

Inventors:HU ZHENGFEI (CN);LIANG JUNWU (CN);WU JIAN (CN)

Applicant:UNIV TONGJI (CN)

Classification:

international:H01L21/20;H01L21/02;(IPC1-7):H01L21/20

European:

Application number:CN20041066479 20040917

Priority number(s):CN20041066479 20040917

090. Publication number:CN1755954

Title:Method for making GaN-based LED with back hole structure

Date of Publication:2006-04-05

Inventors:MA LONG WANG (CN)

Applicant:INST OF SEMICONDUCTORS CAS (CN)

Classification:

- International:H01L33/00;H01L33/00;

- European:

Application number:CN20041081010 20040930

Priority number(s):CN20041081010 20040930

091. Publicationnumber:US2006270201

Title: Nano-air-bridged lateral overgrowth of GaN semiconductor layer

Date of Publication:2006-11-30

Inventors: CHUA SOO J (SG); WANG YADONG (SG);ZANG KEYAN (SG)

Applicant:

Classification:

International:H01L21/20;H01L21/02;

European:

Application number:US20060434399 20060515

Priority number (s): US20060434399 20060515; US20050680712P 20050513

092. Publication number:US2005260781

Title:Method for manufacturing gallium nitride compound semiconductor

Date of Publication:2005-11-24

Inventor:KOIDE NORIKATSU (JP)

Applicant:TOYODA GOSEI KK (JP)

Classification:

International: H01L21/00; H01L21/20; H01L21/00; H01L21/02;(IPC1-7):H01L21/00

European: C30B25/02; C30B25/18; C30B29/40; H01L21/20C2

Application number:US20050172918 20050705

Priority number (s): US20050172918 20050705; US20030685005 20031015; US20030391648 20030320; US20000633854 20000807

093. Publication number:US2005001245

Tittle:Method for manufacturing gallium nitride group compound semiconductor

Date of Publication:2005-01-06

Inventor:KOIDE NORIKATSU (JP)

Applicant:TOYODA GOSEI KK (JP)

Classification:

International:H01L21/20;H01L21/205;H01L21/02;(IPC1-7):H01L31/0328

European: H01L21/20B6B6; H01L21/20C; H01L21/205C2

Application number:US20040899024 20040727

Priority number (s): US20040899024 20040727; US20030391649 20030320; US20000633854 20000807; US19990361624 19990727

094. Publication number:US2006273341

Title: Vertically-structured gan-based light emitting diode and method of manufacturing the same

Date of Publication:2006-12-07

Inventor:LEE JAE H (KR);CHOI HEE S (KR);OH JEONG T (KR);LEE SU Y (KR)

Applicant:SAMSUNG

Classification:

International:H01L33/00;H01L33/00

European:

Application number:US20060430990 20060510

Priority number(s):KR20050039076 20050510

095. Publication number:US2004253796

Title:Method for manufacturing gallium nitride (GaN) based single crystalline substrate

Date of Publication:2004-12-16

Inventors: NA JEONG SEOK (KR); YOO SEUNG JIN (KR);PARK YOUNG HO (KR)

Applicant:

Classification:

- International: C30B29/38; C23C16/34; C30B25/02; C30B33/00;H01L21/20;C30B29/10;C23C16/34;C30B25/02; C30B33/00; H01L21/02; (IPC1-7): H01L21/00; C30B1/00;H01L21/36

- European:C30B25/02;C30B333/00;H01L21/20B

Application number:US20030622466 20030721

Priority number(s):KR20030037030 20030610

096. Publication number:US2003114017

Title:Structure and method for fabricating GaN substrates from trench patterned GaN layers on sapphire substrates

Date of Publication:2003-06-19

Inventors:WONG WILLIAM S (US); BIEGELSEN DAVID K (US);KNEISSL MICHAEL A (US)

Applicant:XEROX CORP (US)

Classification:

International: C30B25/04; C23C16/34; C30B29/38; H01L21/205; H01L21/31; H01L23/48; H01S5/323; C30B25/04; C23C16/34; C30B29/10; H01L21/02; H01L23/48;H01S5/00;(IPC1-7):H01L21/31

European: H01L21/20B4; H01L21/20C; H01L21/20C2

Application number:US20010017599 20011218

Priority number(s):US20010017599 20011218

097. Publication number:US2005260781

Title:Method for manufacturing gallium nitride compound semiconductor

Date of Publication:2005-11-24

Inventor:KOIDE NORIKATSU (JP)

Applicant:TOYODA GOSEI KK (JP)

Classification:

International: H01L21/00; H01L21/20; H01L21/00; H01L21/02;(IPC1-7):H01L21/00

European: C30B25/02; C30B25/18; C30B29/40; H01L21/20C2

Application number:US20050172918 20050705

Priority number(s): US20050172918 20050705; US20030685005 20031015; US20030391648 20030320; US20000633854 20000807

098. Publication number:JP2005020026

Title: GALLIUM NITRIDE BASED COMPOUND SEMICONDUCTOR AND SEMICONDUCTOR SUBSTRATE

Date of Publication:2005-01-20

Inventor:KOIDE NORIKATSU

Applicant:TOYODA GOSEI KK

Classification:

International: H01L33/00; H01L21/205; H01S5/343; H01L33/00; H01L21/02; H01S5/00; (IPC1-7): H01L21/205; H01L33/00; H01S5/343

European:

Application number:JP20040287064 20040930

Priority number(s):JP20040287064 20040930

COPYRIGHT:(C)2005,JPO&NCIPI

099. Publication number:JP2006196918

Title: SINGLE-CRYSTAL GALLIUM NITRIDE SUBSTRATE, AND CRYSTAL GROWTH METHOD OF THE SINGLE-CRYSTAL GALLIUM NITRIDE

Date of Publication:2006-07-27

Inventors:MOTOKI KENSAKU; HIROTA TATSU; OKAHISA TAKUJI; NAKAHATA SEIJI

Applicant:SUMITOMO ELECTRIC INDUSTRIES

Classification:

International:H01L21/205;H01L21/02

European:

Application number:JP20060063528 20060309

Priority number(s): JP20010311018 20011009; JP20060063528 20060309

COPYRIGHT:(C)2006,JPO&NCIPI

100. Publication number:JP2003224300

Title: METHOD FOR ETCHING GALLIUM NITRIDE COMPOUND SEMICONDUCTOR LAYER

Date of Publication:2003-08-08

Inventors: KOTAKI MASAHIRO; MANABE KATSUHIDE; MORI MASAKI; HASHIMOTO MASAFUMI

Applicant: TOYODA GOSEI KK; TOYOTA CENTRAL RES & DEV; JAPAN SCIENCE & TECH CORP

Classification:

International: H01L21/3065; H01L21/205; H01L33/00; H01L21/02; H01L33/00; (IPC1-7): H01L33/00; H01L21/205; H01L21/3065

European:

Application number:JP20030005211 20030114

Priority number(s):JP20030005211 20030114

COPYRIGHT:(C) 2003, JPO

101. Publication number:JP2002118282

Title: METHOD FOR GROWING GALLIUM NITRIDE COMPOUND SEMICONDUCTOR

Date of Publication:2002-04-19

Inventors:MANABE KATSUHIDE; KATO HISAYOSHI; AKASAKI ISAMU; HIRAMATSU KAZUMASA; AMANO HIROSHI

Applicant: TOYODA GOSEI KK; UNIV NAGOYA; JAPAN SCIENCE & TECH CORP

Classification:

International: C30B29/38; H01L21/205; H01L33/00; C30B29/10; H01L21/02; H01L33/00; (IPC1-7): H01L33/00; C30B29/38; H01L21/205

European:

Application number:JP20010222016 20010723

Priority number(s):JP20010222016 20010723

102. Publication number:JP2001168039

Title: METHOD OF MANUFACTURING SEMICONDUCTOR CRYSTAL GRAIN OR THIN FILM

Date of Publication:2001-06-22

Inventors: ARAI MANABU; ONO SHUICHI; TAMAI HIDEAKI; KIMURA CHIKAO

Applicant:JAPAN RADIO CO LTD

Classification:

International: H01L21/205; H01L21/316; H01L21/02; (IPC1-7): H01L21/205

European:

Application number:JP19990352451 19991210

Priority number(s):JP19990352451 19991210

103. Publication number:JP2005286291

Title: NITRIDE SEMICONDUCTOR LIGHT-EMITTING DEVICE AND METHOD OF MANUFACTURING SAME

Date of Publication:2005-10-13

Inventors: LEE JAE HOON; LEE JEONG WOOK; KIM HYUN KYUNG;KIM YONG CHUN

Applicant:SAMSUNG ELECTRO MECH

Classification:

International: H01L21/00; H01L29/22; H01L33/00; H01L21/00; H01L29/02; H01L33/00; (IPC1-7): H01L 33/00

European:H01L33/00C4D3C;H01L33/00G3B2

Application number:JP20040329867 20041112

Priority number(s):KR20040021801 20040330

COPYRIGHT:(C) 2006, JPO&NCIPI

104. Publication number:TW591808B

Title:Light-emitting diode with sapphire substrate

Date of Publication:2004-06-11

Inventors: WANG WANG-NANG (TW); LI SEN-TIAN (TW)

Applicant: ARIMA OPTOELECTRONICS CORP (TW)

Classification:

International: H01L33/00; H01L33/00; (IPC1-7): H01L33/00

European:

Application number:TW20000114878 20000726

Priority number(s):US19990453981 19991202

105. Publication number:KR20040061703

Title: METHOD FOR FABRICATING SINGLE CRYSTALLINE GALLIUM-NITRIDE SUBSTRATE BY USING GALLIUM-NITRIDE NANO ROD

Date of Publication:2004-07-07

Inventors:KANG TAE WON;KIM HWA MOK

Applicant:KANG TAE WON;KIM HWA MOK

Classification:

International: H01L21/84; H01L21/70; (IPC1-7): H01L21/84

European:

Application number:KR20020087990 20021231

Priority number(s):KR20020087990 20021231

106. Publication number:EP1227175

Title:Method of manufacturing nitride semiconductor substrate

Date of Publication:2002-07-31

Inventor:ISHIDA MASAHIRO (JP)

Applicant:MATSUSHITA ELECTRIC IND CO LTD (JP)

Classification:

International: C30B25/18; H01L21/20; C30B25/18; H01L21/02;(IPC1-7):C30B29/38;C30B25/18

European:(30B25/18;H01L21/20B)

Application number:EP20020001813 20020125

Priority number(s):JP20010019549 20010129

107. Publication number:DE20122196U

Title:Imprint lithography template for producing microelectronic devices, has multiple recesses of specified size and alignment marks and is transparent to activating light

Date of Publication:2004-09-16

Inventor:

Applicant:UNIV TEXAS (US)

Classification:

International: G03F7/00; G03F9/00; G03F7/00; G03F9/00;(IPC1-7):H01L21/312;B81C1/00;B82B3/00; G03F1/00

European:G03F7/00A;G03F9/00;Y01N4/00

Application number:DE20012022196U 20011012

Priority number (s): EP20010273791 20011012; US20000239808P 20001012

108. Publication number:WO0033365

Title: FABRICATION OF GALLIUM NITRIDE LAYERS BY LATERAL GROWTH

Date of Publication:2000-06-08

Inventors:LINTHICUM KEVIN J (US);GEHRKE THOMAS (US);THOMSON DARREN B (US);CARLSON ERIC P (US);RAJAGOPAL PRADEEP (US);DAVIS ROBERT F (US)

Applicant:UNIV NORTH CAROLINA (US); LINTHICUM KEVIN J (US); GEHRKE THOMAS (US); THOMSON DARREN B (US);CARLSON ERIC P (US); RAJAGOPAL PRADEEP (US);DAVIS ROBERT F (US)

Classification:

International: C30B29/38; C30B25/02; H01L21/20; H01L21/205; H01L33/00; H01S5/323; C30B29/10; C30B25/02;H01L21/02;H01L33/00;H01S5/00;(IPC1—7):H01L21/20

European:C30B25/02;H01L21/20B6B2;H01L21/20C

Application number:WO1999US28056 19991123

Priority number(s):US19980198784 19981124

三、蓝宝石基LED的相关外延和器件技术

001. 申请号:200510000296.8

名称:新型垂直结构的氮化镓基半导体发光二极管及其生产工艺

申请日:2005.01.10
公开(公告)号:CN1632958
公开(公告)日:2005.06.29
主分类号:H01L33/00
分案原申请号:
分类号:H01L33/00
申请(专利权)人:金芃
地址:100871 北京市海淀区北京大学燕东园 33 楼 112 号
发明(设计)人:彭晖
国际申请:
国际公布:
进入国家日期:
专利代理机构:
代理人:

002. 申请号:200610089338.4
申请日:2006.06.21
名称:新型垂直结构的氮化镓基半导体发光二极管
公开(公告)号:CN1870311
公开(公告)日:2006.11.29
主分类号:H01L33/00(2006.01)I
分案原申请号:
分类号:H01L33/00(2006.01)I
颁证日:
优先权:
申请(专利权)人:金芃;彭晖
地址:100871 北京市海淀区北京大学燕东园 33 楼 112 号
发明(设计)人:彭晖;彭一芳
国际申请:
国际公布:
进入国家日期:
专利代理机构:
代理人:

003. 申请号:03150106.0
发明名称:选择性成长的发光二极管结构
申请日:2003.07.16
公告日:2005.01.26
申请人:璨圆光电股份有限公司
通讯地址:台湾省桃园县
发明人:陈隆建;蓝文厚;简奉任

004. 申请号:03150107.9
发明名称:发光二极管结构及其制造方法
申请日:2003.07.16
公告日:2005.01.26
申请人:璨圆光电股份有限公司
通讯地址:台湾省桃园县
发明人:陈隆建;蓝文厚;简奉任

005. 申请号:200310117006.9
发明名称:氮化物发光二极管制造方法
申请日:2003.11.27
公告日:2005.06.01
申请人:璨圆光电股份有限公司
通讯地址:台湾省桃园县
发明人:蓝文厚;杨光能;陈建隆;简奉任

006. 申请号:200410073931.0
发明名称:具有低温成长低电阻值 P 型接触层的氮化镓系发光二极管
申请日:2004.09.06
公告日:2006.03.15
申请人:璨圆光电股份有限公司
通讯地址:台湾省桃园县
发明人:武良文;涂如钦;游正璋;温子稷;简奉任

007. 申请号:200410073927.4
发明名称:发光二极管的结构
申请日:2004.09.06
公告日:2006.03.15
申请人:璨圆光电股份有限公司
通讯地址:台湾省桃园县
发明人:涂如钦;武良文;游正璋;温子稷;简奉任

008. 申请号:200410073928.9
发明名称:氮化镓系发光二极管结构
申请日:2004.09.06
公告日:2006.03.15
申请人:璨圆光电股份有限公司
通讯地址:台湾省桃园县
发明人:涂如钦;武良文;游正璋;温子稷;简奉任

009. 申请号:200410078345.5
发明名称:氮化镓多重量子阱发光二极管的 n 型接触层结构
申请日:2004.09.23
公告日:2006.03.29
申请人:璨圆光电股份有限公司
通讯地址:台湾省桃园县
发明人:涂如钦;武良文;游正璋;温子稷;简奉任

010. 申请号:200410078343.6
发明名称:具有增强发光亮度的氮化镓发光二极管结构
申请日:2004.09.23

公告日:2006.03.29
申请人:璨圆光电股份有限公司
通讯地址:台湾省桃园县
发明人:涂如钦;武良文;游正璋;温子稷;简奉任

011. 申请号:200410078347.4
发明名称:氮化镓发光二极管结构
申请日:2004.09.23
公告日:2006.03.29
申请人:璨圆光电股份有限公司
通讯地址:台湾省桃园县
发明人:涂如钦;武良文;游正璋;温子稷;简奉任

012. 申请号:200410078348.9
发明名称:氮化镓二极管装置的缓冲层结构
申请日:2004.09.23
公告日:2006.03.29
申请人:璨圆光电股份有限公司
通讯地址:台湾省桃园县
发明人:涂如钦;武良文;游正璋;温子稷;简奉任

013. 申请号:200410080143.4
发明名称:氮化镓系发光二极管
申请日:2004.09.23
公告日:2006.03.29
申请人:璨圆光电股份有限公司
通讯地址:台湾省桃园县
发明人:涂如钦;武良文;游正璋;温子稷;简奉任

014. 申请号:200410098518.X
发明名称:高亮度氮化镓类发光二极体结构
申请日:2004.12.09
公告日:2006.06.14
申请人:璨圆光电股份有限公司
通讯地址:台湾省桃园县
发明人:涂如钦;武良文;游正璋;温子稷;简奉任

015. 申请号:200510073285.2
发明名称:高亮度 GaN 基发光管芯片及其制备方法
申请日:2005.06.03
公告日:2006.12.06
申请人:北京大学
通讯地址:100871 北京市海淀区颐和园路 5 号
发明人:康香宁;章蓓;陈勇;包魁;徐科;张国义;陈志忠;胡晓东

016. 申请号:200510011135.9
发明名称:分立晶粒垂直结构的 LED 芯片制备方法
申请日:2005.01.07
公告日:2006.07.12
申请人:北京大学
通讯地址:100871 北京市海淀区颐和园路 5 号
发明人:于彤军;秦志新;杨志坚;胡晓东;陈志忠;祁山;陆羽;康香宁;商淑萍;童玉珍;丁晓民;张国义

017. 申请号:200410101833.3
发明名称:带有二维自然散射出光面的 LED 芯片的制备方法
申请日:2004.12.27
公告日:2006.07.05
申请人:北京大学
通讯地址:100871 北京市海淀区颐和园路 5 号
发明人:于彤军;秦志新;胡晓东;陈志忠;杨志坚;童玉珍;康香宁;陆羽;张国义

018. 申请号:200410009841.5
发明名称:在金属热沉上的激光剥离功率型 LED 芯片及其制备方法
申请日:2004.11.23
公告日:2006.05.31
申请人:北京大学
通讯地址: 100871 北京市海淀区颐和园路 5 号
发明人:陈志忠;康香宁;秦志新;于彤军;胡晓东;章蓓;杨志坚;张国义

019. 申请号:200410098902.X
发明名称:一种倒装 LED 芯片的封装方法
申请日:2004.12.10
公告日:2006.06.14
申请人:北京大学
通讯地址:100871 北京市海淀区颐和园路 5 号
发明人:陈志忠;康香宁;秦志新;张国义

020. 申请号:200510011901.1
发明名称:光子晶体结构 GaN 基蓝光发光二极管结构及制作方法
申请日:2005.06.09
公告日:2006.12.13
申请人:中国科学院半导体研究所
通讯地址:100083 北京市海淀区清华东路甲 35 号
发明人:许兴胜;陈弘达;马勇

021. 申请号:200510076327.8
发明名称:光子微结构 GaN 基蓝光发光二极管的制作方法
申请日:2005.06.14
公告日:2006.12.20
申请人:中国科学院半导体研究所

通讯地址:100083 北京市海淀区清华东路甲 35 号
发明人:许兴胜;陈弘达

022. 申请号:200510125516. X
发明名称:改进的侧向外延法
申请日:2005. 11. 17
公告日:2006. 06. 28
申请人:金芃;彭晖
通讯地址:100871 北京市海淀区北京大学燕东园 33 楼 112 号
发明人:彭晖

023. 申请号:200510066898. 3
发明名称:全角度反射镜结构 GaN 基发光二极管及制作方法
申请日:2005. 04. 30
公告日:2006. 11. 08
申请人:中国科学院半导体研究所
通讯地址:100083 北京市海淀区清华东路甲 35 号
发明人:许兴胜;杜伟;陈弘达

024. 申请号:200410057150. 2
发明名称:蓝光、黄光量子阱堆叠结构白光发光二极管及制作方法
申请日:2004. 08. 27
公告日:2006. 03. 01
申请人:中国科学院半导体研究所
通讯地址:100083 北京市海淀区清华东路甲 35 号
发明人:郭伦春;王晓亮;王军喜;肖红领;曾一平;李晋闽

025. 申请号:200510026992. 6
发明名称:以 ITO 为 P 电极的两次光刻 GaN 基 LED 电极制作方法
申请日:2005. 06. 22
公告日:2006. 12. 27
申请人:杭州士兰明芯科技有限公司
通讯地址:310018 浙江省杭州经济技术开发区东区 10 号路
发明人:田洪涛;陈长清;刘伟;张栋;刘榕

026. 申请号:200510072427. 3
发明名称:氮化镓基蓝光发光二极管
申请日:2005. 05. 11
公告日:2006. 11. 15
申请人:厦门大学
通讯地址:361005 福建省厦门市思明南路 422 号
发明人:刘宝林;翁斌斌;秦丽菲;黄瑾;尹以安

027. 申请号:200410087995. 6
发明名称:GaN 基 III-V 主族化合物半导体器件和 p 型电极
申请日:2004. 10. 26
公告日:2005. 05. 04
申请人:三星电子株式会社;光州科学技术院
通讯地址:韩国京畿道
发明人:郭准燮;成泰连;南玉铉;宋俊午;林东皙

028. 申请号:200510108052. 1
发明名称:电极形成方法
申请日:2005. 09. 29
公告日:2006. 04. 05
申请人:丰田合成株式会社
通讯地址:本爱知县
发明人:吉田和广;长谷川恭孝;加贺广持

029. Publication number:CN1632958
Title: Novel vertical structure gallium nitride base semiconductor LED and manufacturing technique thereof
Date of Publication:2005-06-29
Inventor:PENG HUI (CN)
Applicant:JIN PENG (CN)
Classification:
International: H01L33/00; H01L33/00; (IPC1-7): H01L33/00
European:
Application number:CN20051000296 20050110
Priority number(s):CN20051000296 20050110

030. Publication number:US2005042845
Title:Methods of processing of gallium nitride
Date of Publication:2005-02-24
Inventor:URBANEK WOLFRAM (US)
Applicant:
Classification:
International: (IPC1-7): C30B1/00; H01L21/20; H01L21/36
European:
Application number:US20040892525 20040714
Priority number (s): US20040892525 20040714; US20030492720P 20030804; US20030489350P 20030722; US20030487896P 20030714; US20030492713P 20030804; US20030487417P 20030714

031. Publication number:US2005186783
Title: Gallium nitride vertical light emitting diode structure and method of separating a substrate and a thin film in the structure

Date of Publication:2005-08-25

Inventors: HON SCHANG-JING (TW); LAI MU-JEN (TW)

Applicant:

Classification:

International: H01L21/301; H01L21/02; (IPC1-7): H01L21/301

European:

Application number:US20040781769 20040220

Priority number(s):US20040781769 20040220

032. Publication number:US2006273341

Title: Vertically-structured gan-based light emitting diode and method of manufacturing the same

Date of Publication:2006-12-07

Inventors:LEE JAE H (KR);CHOI HEE S (KR); OH JEONG T (KR);LEE SU Y (KR)

Applicant:SAMSUNG

Classification:

International:H01L33/00;H01L33/00;

European:

Application number:US20060430990 20060510

Priority number(s):KR20050039076 20050510

033. Publication number:US2005186783

Title: Gallium nitride vertical light emitting diode structure and method of separating a substrate and a thin film in the structure

Date of Publication:2005-08-25

Inventors: HON SCHANG-JING (TW); LAI MU-JEN (TW)

Applicant:

Classification:

International: H01L21/301; H01L21/02; (IPC1-7): H01L21/301

European:

Application number:US20040781769 20040220

Priority number(s):US20040781769 20040220

034. Publication number:US2006273341

Title: Vertically-structured gan-based light emitting diode and method of manufacturing the same

Date of Publication:2006-12-07

Inventors:LEE JAE H (KR);CHOI HEE S (KR); OH JEONG T (KR);LEE SU Y (KR)

Applicant:SAMSUNG

Classification:

International:H01L33/00;H01L33/00;

European:

Application number:US20060430990 20060510

Priority number(s):KR20050039076 20050510

035. US20050214965

Title: Vertically-structured gan-based light emitting diode and method of manufacturing the same

Lee;Jae Hoon;Choi;Hee Seok;SAMSUNG

036. US20050242365

Title: Vertical GaN light emitting diode and method for manufacturing the same

Park, Young Ho; Samsung Electro-Mechanics Co., Ltd.

037. US20060097277

Title:Vertical structure semiconductor devices

Yoo, Myung Cheol;Supergate Technology USA, Inc.

038. US20060094207

Title:Method of fabricating vertical devices using a metal support film

Yoo;Myung Cheol;Supergate Technology USA, Inc.

039. US20060091420

Title:Method of fabricating vertical devices using a metal support film

Yoo;Myung Cheol;Supergate Technology USA, Inc.

040. US20060071230

Title:Diode having vertical structure and method of manufacturing the same

Yoo;Myung Cheol;Supergate Technology USA, Inc.

041. US20060154391

Title:Method of fabricating vertical structure LEDs

Lee;Jong-Lam;LG Electronics Inc.

042. US20060124939

Title:Method of fabricating vertical structure compound semiconductor devices

Yoo;Myung Cheol;Supergate Technology USA, Inc.

043. US20060121702

Title:Method for manufacturing GaN-based light emitting diode using laser lift-off technique and light emitting diode manufactured thereby

Lee;Jae Seung ;Shin;Bu Gon;Choi;Min Ho ;Kang;Jong Hoon;

044. Publication number: TW231055B

Title: Method of fabricating gallium nitride-based light emitting diode and structure thereof

Date of Publication: 2005-04-11

Inventors: CHU CHEN-FU (TW); CHENG CHAO-CHEN (TW); CHU JIUNN-YI (TW); TRAN CHUONG ANH (CA); SUN CHIEN-JEN (TW)

Applicant: HIGHLINK THECNHOLOGY CORP (TW)

Classification:

International: H01L33/00; H01L33/00; (IPC1-7): H01L33/00

European:

Application number: TW20040111922 20040428

Priority number(s): TW20040111922 20040428

045. Publication number: TW232016B

Title: Gallium nitride vertical light emitting diode structure and method of separating a substrate and a thin film in the structure

Date of Publication: 2005-05-01

Inventors: HON SCHANG-JING (TW); LAI MU-JEN (TW)

Applicant: SUPER NOVA OPTOELECTRONICS COR (TW)

Classification:

International: H01S5/42; H01S5/00; (IPC1-7): H01S5/42

European:

Application number: TW20040101293 20040116

Priority number(s): TW20040101293 20040116

046. Publication number: TW255518Y

Title: Vertical electrode structure of Gallium Nitride based LED

Date of Publication: 2005-01-11

Inventors: LAI MU-JEN (TW); HON SCHANG-JING (TW)

Applicant: SUPER NOVA OPTOELECTRONICS COR (TW)

Classification:

International: H01L29/22; H01L33/00; H01L29/02; H01L33/00; (IPC1-7): H01L33/00

European: H01L33/00B6B; H01L33/00C4D3C; H01L33/00G3D

Application number: TW20040206329U 20040423

Priority number(s): TW20040206329U 20040423

047. TW20040124816

Title: GaN LED structure with enhanced light emitting luminance

FORMOSA EPITAXY INC (TW)

048. Publication number: JP2005268635

Title: METHOD FOR ISOLATING SAPPHIRE BASE MATERIAL AND CRYSTAL MATERIAL THIN FILM IN GALLIUM NITRIDE SYSTEM VERTICAL LIGHT EMITTING DIODE ELEMENT, AND STRUCTURE OF GALLIUM NITRIDE SYSTEM VERTICAL LIGHT EMITTING ELEMENT

Date of Publication: 2005-09-29

Inventors: KO SHOSHUN; RAI BOKUJIN

Applicant: KYOSHIN KAGI KOFUN YUGENKOSHI

Classification:

International: H01L33/00; H01L33/00; (IPC1-7): H01L33/00

European:

Application number: JP20040081062 20040319

Priority number(s): JP20040081062 20040319

COPYRIGHT: (C) 2005, JPO&NCIPI

049. Publication number: JP2005108863

Title: VERTICAL GALLIUM NITRIDE LIGHT EMITTING DIODE AND ITS MANUFACTURING METHOD

Date of Publication: 2005-04-21

Inventors: PARK YOUNG-HO; KAN KENCHU; RA SEISHAKU; RYU SHOCHIN

Applicant: SAMSUNG ELECTRO MECH

Classification:

International: H01L21/00; H01L29/06; H01L33/00; H01L21/00; H01L29/02; H01L33/00; (IPC1-7): H01L33/00

European: H01L33/00G3D

Application number: JP20030182502 20030626

Priority number(s): KR20020084703 20021227

050. JP2005322945

Title: SEMICONDUCTOR LIGHT-EMITTING DEVICE

ROHM CO LTD

051. JP2005136415

Title: III-V GaN BASED COMPOUND SEMICONDUCTOR AND p-TYPE ELECTRODE APPLIED THERETO

SAMSUNG ELECTRONICS CO LTD; KWANGJU INST OF SCIENCE & TECH

052. JP2005123501

Title: SEMICONDUCTOR LIGHT EMITTING ELEMENT

TOYODA GOSEI KK

053. KR20050001604

Title: GaN SEMICONDUCTOR LIGHT EMITTING DEVICE WITH MESH-TYPE BARRIER METAL FOR INTENSIFYING ADHESION AND ENHANCING ELECTRICAL AND OPTICAL PROPERTIES AND MANUFACTURING METHOD THEREOF

SAMSUNG ELECTRO MECH

054. Publication number: WO2005008740

Title: METHODS OF PROCESSING OF GALLIUM NITRIDE

Date of Publication: 2005-01-27

Inventor: URBANEK WOLFRAM

Applicant: ALLEGIS TECHNOLOGIES INC (US)

Classification:

International: C30B1/00; H01L21/20; H01L21/36; C30B1/00; H01L; H01L21/02; (IPC1-7): H01L

European:

Application number: WO2004US22848 20040714

Priority number (s): US20030487896P 20030714; US20030487417P 20030714; US20030489350P 20030722; US20030492713P 20030804; US20030492720P 20030804

055. Publication number: WO2006093174

Title: VERTICAL GALLIUM NITRIDE SEMICONDUCTOR DEVICE AND EPITAXIAL SUBSTRATE

Date of Publication: 2006-09-08

Inventors: HASHIMOTO SHIN; KIYAMA MAKOTO; TANABE TATSUYA; MIURA KOUHEI; SAKURADA TAKASHI

Applicant: SUMITOMO ELECTRIC INDUSTRIES (JP); HASHIMOTO SHIN; KIYAMA MAKOTO; TANABE TATSUYA; MIURA KOUHEI; SAKURADA TAKASHI

Classification:

International: H01L29/12; H01L21/205; H01L21/336; H01L29/47; H01L29/78; H01L29/872; H01L29/02; H01L21/02; H01L29/40; H01L29/66;

European:

Application number: WO2006JP303828 20060301

Priority number(s): JP20050061174 20050304

Abstract not available for WO2006093174

056. Publication number: WO2006043796

Title: GAN COMPOUND SEMICONDUCTOR LIGHT EMITTING ELEMENT AND METHOD OF MANUFACTURING THE SAME

Date of Publication: 2006-04-27

Inventor: LEE JONG LAM (KR)

Applicant: SEOUL OPTO DEVICE CO LTD (KR); POSTECH FOUNDATION (KR); LEE JONG LAM (KR)

Classification:

International: H01L33/00; H01L33/00;

European:

Application number: WO2005KR03527 20051021

Priority number (s): KR20040084917 20041022; KR20040098467 20041129; KR20050055348 20050625

四、LED 封装

001. CN 200510109771.50

发明名称:表面粘着装置型的发光二极管封装组件与制造方法

公开日:2006.12.27

公开号:CN1885577

申请日:2005.09.20

发明人:江家雯

申请人:财团法人工业技术研究院

002. CN 200610092282.80

发明名称:具有金属反射层的发光二极管封装及其制造方法

公开日:2006.12.27

公开号:CN1885580

申请日:2006.06.16

发明人:朴正圭;李善九;韩庚泽;韩盛渊

申请人:三星电机株式会社

003. CN 200520110456.X

发明名称:高功率发光二极管封装结构

公开日:2006.12.27

公开号:CN2852396

申请日:2005.06.24

发明人:林立宸

申请人:丰鼎光电股份有限公司

004. CN 200510035274.50

发明名称:LED的封装结构及封装方法

公开日:2006.12.27

公开号:CN1885571
申请日:2005.06.20
发明人:王文峰
申请人:王文峰

005. CN 200510035273.00
发明名称:发光二极管
公开日:2006.12.27
公开号:CN1885570
申请日:2005.06.20
发明人:王文峰
申请人:王文峰

006. CN 200520132576.X
发明名称:可均匀发光的发光二极管结构
公开日:2006.12.27
公开号:CN2852399
申请日:2005.11.10
发明人:李世辉;高湘凯;符永蒨
申请人:联欣光电股份有限公司

007. CN 200510026739.00
发明名称:一种具有大散射角的发光二极管
公开日:2006.12.20
公开号:CN1881623
申请日:2005.06.14
发明人:宣华牛
申请人:宣华牛

008. CN 200520058578.90
发明名称:发光二极管
公开日:2006.12.20
公开号:CN2849975
申请日:2005.05.16
发明人:刘镇;裴小明
申请人:深圳市量子光电子有限公司

009. CN 200520045442.40
发明名称:大功率 LED 器件
公开日:2006.12.20
公开号:CN2849969
申请日:2005.09.29
发明人:王国定;徐江;谢雪茹;唐国庆;俞振中
申请人:上海金桥大晨光电科技有限公司

010. CN 200520130001.40
发明名称:LED 封装复层结构
公开日:2006.12.20
公开号:CN2849977
申请日:2005.10.31
发明人:孙维国
申请人:光硕光电股份有限公司

011. CN 200610060860.X
发明名称:发光二极管及其封装方法
公开日:2006.12.13
公开号:CN1877876
申请日:2006.05.25
发明人:吴质朴;马学进
申请人:吴质朴

012. CN 200510076706.70
发明名称:复合发光二极管封装结构
公开日:2006.12.13
公开号:CN1877831
申请日:2005.06.10
发明人:宋柏霖
申请人:宋柏霖

013. CN 200510026441.X
发明名称:一种低热阻的发光二极管封装装置
公开日:2006.12.06
公开号:CN1874010
申请日:2005.06.03
发明人:邢陈震仑;曾旭铿;洪荣豪;李凤銮
申请人:邢陈震仑

014. CN 200510074250.00
发明名称:发光二极管的制法及其结构
公开日:2006.12.06
公开号:CN1874013
申请日:2005.06.02
发明人:邓及人;黄国瑞;陈柏洲
申请人:鼎元光电科技股份有限公司

015. CN 200610083301.00
发明名称:具有静电放电损坏防护功能的高亮度发光二极管
公开日:2006.12.06
公开号:CN1873975
申请日:2006.05.31
发明人:白种焕;朴济明;柳根昌;金昶煜;徐晙豪;宋怜宰
申请人:三星电机株式会社

016. CN 200610014157.50
发明名称:以纳米银焊膏低温烧结封装连接大功率LED的方法

公开日:2006.11.29
公开号:CN1870310
申请日:2006.06.08
发明人:陈旭;陆国权;宋洁
申请人:天津大学

017. CN 200520066215.X
发明名称:发光二极管封装结构
公开日:2006.11.29
公开号:CN2842745
申请日:2005.10.20
发明人:胡祯祥;谢逸中;谭理光
申请人:富准精密工业(深圳)有限公司;鸿准精密工业股份有限公司

018. CN 200610052081.50
发明名称:一种多色有机发光二极管
公开日:2006.11.22
公开号:CN1866571
申请日:2006.06.22
发明人:钟国伦;吴俊
申请人:浙江大学宁波理工学院

019. CN 200510073953.10
发明名称:发光二极管封装体及其封装方法
公开日:2006.11.22
公开号:CN1866553
申请日:2005.05.19
发明人:沈育浓
申请人:沈育浓

020. CN 200520019744.40
发明名称:发光二极管封装结构
公开日:2006.11.22
公开号:CN2840330
申请日:2005.05.30
发明人:张正宜;徐志宏;谢忠全
申请人:亿光电子工业股份有限公司

021. CN 200520116036.20
发明名称:聚光型大功率发光二极管
公开日:2006.11.22
公开号:CN2840332
申请日:2005.10.18
发明人:陈建华
申请人:陈建华

022. CN 2818622.20
发明名称:多层表面安装发光二极管
公开日:2006.11.15
公开号:CN1864276
申请日:2002.08.16
发明人:亚雷特·L·里纳尔迪;帕特里克·博约;艾伦·拉瓦列
申请人:英特尔公司

023. CN 200520088197.50
发明名称:双色发光二极管
公开日:2006.10.25
公开号:CN2831440
申请日:2005.10.18
发明人:李世煌
申请人:李世煌

024. CN 200510034361.90
发明名称:发光二极管
公开日:2006.10.25
公开号:CN1851940
申请日:2005.04.22
发明人:余泰成
申请人:鸿富锦精密工业(深圳)有限公司;鸿海精密工业股份有限公司

025. CN 200510025130.10
发明名称:LED的制造方法及其结构
公开日:2006.10.18
公开号:CN1848462
申请日:2005.04.15
发明人:杨秋忠
申请人:杨秋忠

026. CN 200520003008.X
发明名称:具粗糙化平面的发光二极管
公开日:2006.10.18
公开号:CN2829097
申请日:2005.01.25
发明人:汪秉龙;庄峰辉;李恒彦
申请人:宏齐科技股份有限公司

027. CN 200520059945.70
发明名称:发光二极管
公开日:2006.10.18
公开号:CN2829099
申请日:2005.06.20
发明人:王文峰
申请人:王文峰

028. CN 200520035705.30

发明名称:发光二极管
公开日:2006.10.11
公开号:CN2826705
申请日:2005.10.10
发明人:陈泽
申请人:陈泽

029. CN 200520025935.10
发明名称:功率性 LED 封装装置
公开日:2006.10.11
公开号:CN2826704
申请日:2005.05.20
发明人:牛萍娟;刘宏伟;胡海蓉
申请人:天津工业大学

030. CN 200520004594.X
发明名称:发光二极管封装结构
公开日:2006.10.11
公开号:CN2826702
申请日:2005.04.05
发明人:张正宜;蔡志嘉;陈崇福
申请人:亿光电子工业股份有限公司

031. CN 200520019743.X
发明名称:发光二极管封装结构
公开日:2006.10.11
公开号:CN2826703
申请日:2005.05.30
发明人:谢忠全;庄世任
申请人:亿光电子工业股份有限公司

032. CN 200520060541.X
发明名称:具有散热增强型管脚的发光二极管
公开日:2006.10.11
公开号:CN2826707
申请日:2005.06.22
发明人:张东方
申请人:张东方

033. CN 200610057079.70
发明名称:具有散射区的侧向发射 LED 封装和背光设备
公开日:2006.10.04
公开号:CN1841798
申请日:2006.03.17
发明人:金范珍;金炯锡;安皓植;郑宁俊;梁诚珉
申请人:三星电机株式会社

034. CN 200520062637.X
发明名称:低热阻大功率 LED 散热封装结构
公开日:2006.10.04
公开号:CN2824295
申请日:2005.08.05
发明人:梁柏高
申请人:广州市先力光电科技有限公司

035. CN 200610034012.10
发明名称:一种白光 LED 及其封装方法
公开日:2006.09.27
公开号:CN1838440
申请日:2006.03.03
发明人:王钢;范冰丰;祁山
申请人:中山大学

036. CN 200520013014.30
发明名称:大功率发光二极管封装结构
公开日:2006.09.27
公开号:CN2821873
申请日:2005.07.05
发明人:郭邦俊;王铁南
申请人:杭州创元光电科技有限公司

037. CN 200520085084.X
发明名称:一种多芯片功率发光二极管的封装结构
公开日:2006.09.20
公开号:CN2819478
申请日:2005.07.06
发明人:王新华;安建春
申请人:潍坊华光新能电器有限公司

038. CN 200610033794.70
发明名称:多芯片大功率发光二极管器件
公开日:2006.09.13
公开号:CN1832168
申请日:2006.02.23
发明人:孙慧卿;范广涵;郭志友
申请人:华南师范大学

039. CN 200510037903.80
发明名称:蓝光发光二极管用黄色荧光粉的制备方法
公开日:2006.09.06
公开号:CN1827734
申请日:2005.02.28
发明人:黄锦斐;吴俊洋
申请人:宜兴新威集团有限公司

040. CN 200610033793.20
发明名称:功率型发光二极管器件及其制造方法

公开日:2006.09.06
公开号:CN1828856
申请日:2006.02.23
发明人:郭志友;范广涵;孙慧卿
申请人:华南师范大学

041. CN 200520083960.50
发明名称:带凹槽式基板的发光二极管封装结构
公开日:2006.09.06
公开号:CN2814676
申请日:2005.06.03
发明人:童胜男
申请人:明达光电(厦门)有限公司

042. CN 200520106696.20
发明名称:发光二极管结构
公开日:2006.09.06
公开号:CN2814678
申请日:2005.08.31
发明人:沈亚光
申请人:沈亚光

043. CN 200610034501.70
发明名称:一种大功率 LED 的散热封装
公开日:2006.09.06
公开号:CN1828956
申请日:2006.03.16
发明人:胡志国
申请人:胡志国

044. CN 200510008805.10
发明名称:用于封装发光二极管的模具、及发光二极管的封装方法
公开日:2006.08.30
公开号:CN1825638
申请日:2005.02.23
发明人:汪秉龙;庄峰辉;李恒彦
申请人:宏齐科技股份有限公司

045. CN 200520103468.X
发明名称:可侧视超亮 LED 灯
公开日:2006.08.30
公开号:CN2812307
申请日:2005.08.09
发明人:苏丰进
申请人:苏丰进

046. CN 200510133986.00
发明名称:LED 封装框架和具有该 LED 封装框架的 LED 封装
公开日:2006.08.23
公开号:CN1822401
申请日:2005.12.30
发明人:朴英衫;李承益;咸宪柱;金炯锡;金范珍;郑宁俊;安皓植;朴正圭
申请人:三星电机株式会社

047. CN 200610001487.00
发明名称:在处理过的引线框上具有过压成型透镜的 LED 装置及其方法
公开日:2006.08.23
公开号:CN1822405
申请日:2006.01.19
发明人:爱德华·M·弗雷哈迪
申请人:班斯集团公司

048. CN 200610001062.X
发明名称:表面为隧道结结构的单芯片白光发光二极管
公开日:2006.08.23
公开号:CN1822404
申请日:2006.01.18
发明人:郭霞;郭晶;沈光地;董立闵;刘莹;邓军
申请人:北京工业大学

049. CN 200520011673.30
发明名称:中功率发光二极管
公开日:2006.08.23
公开号:CN2809880
申请日:2005.04.07
发明人:廖海
申请人:廖海

050. CN 200520107614.60
发明名称:具有白色光源的双色发光二极管
公开日:2006.08.23
公开号:CN2809882
申请日:2005.05.20
发明人:王姵淇
申请人:丰鼎光电股份有限公司

051. CN 200510133995.X
发明名称:具有设计成改善树脂流动的引线框结构的侧光 LED 封装
公开日:2006.08.23
公开号:CN1822402
申请日:2005.12.30
发明人:金昶煜;宋怜宰

申请人:三星电机株式会社

052. CN 200510009405.20
发明名称:发光二极管数组封装结构及其方法
公开日:2006.08.09
公开号:CN1815734
申请日:2005.02.03
发明人:杜顺利;庄智宏;钟怀谷;杨佳峰;杨呈尉;韩祖安;王虹东;洪建成
申请人:光磊科技股份有限公司

053. CN 200510102388.70
发明名称:一种YAG晶片式白光发光二极管及其封装方法
公开日:2006.08.09
公开号:CN1815765
申请日:2005.12.19
发明人:苏锵;谢鸿波;方福波;王静;钟玖平;李绪锋;吴昊;武南平;潘利兵;李军政
申请人:中山大学;广州半导体材料研究所;佛山市国星光电科技有限公司

054. CN 200520042457.50
发明名称:一种具有大散射角的发光二极管
公开日:2006.08.09
公开号:CN2805097
申请日:2005.06.14
发明人:宣华牛
申请人:宣华牛

055. CN 200510038245.40
发明名称:LED发光二极管
公开日:2006.08.02
公开号:CN1812143
申请日:2005.01.24
发明人:史杰
申请人:史杰

056. CN 200510002583.20
发明名称:发光二极管引线架的制造方法及其构造
公开日:2006.07.26
公开号:CN1808729
申请日:2005.01.21
发明人:蔡文政
申请人:大铎精密工业股份有限公司

057. CN 200520070473.50
发明名称:大功率发光二极管封装结构
公开日:2006.07.19
公开号:CN2798315
申请日:2005.04.04
发明人:彭国明;吉爱华;李明;黄振春
申请人:江苏奥雷光电有限公司

058. CN 200410103942.90
发明名称:发光二极管封装结构及其制作方法
公开日:2006.07.12
公开号:CN1801497
申请日:2004.12.31
发明人:陈明鸿;温士逸;郭武政;陈炳儒;翁瑞坪;李孝文
申请人:财团法人工业技术研究所

059. CN 200520016084.40
发明名称:高亮度发光二极管的封装结构
公开日:2006.07.12
公开号:CN2796104
申请日:2005.04.19
发明人:王文峰
申请人:王文峰

060. CN 200410073526.90
发明名称:粉红色发光二极管和加工方法
公开日:2006.07.05
公开号:CN1797794
申请日:2004.12.21
发明人:沈仁辉;张文明
申请人:沈仁辉

061. CN 200480007580.10
发明名称:提供磷光体量控制的发光二极管封装
公开日:2006.07.05
公开号:CN1799148
申请日:2004.02.11
发明人:亚历山大·希绍夫;德米特里·阿加福诺夫;尼古拉·舍尔巴科夫;弗拉基米尔·阿布拉莫夫;瓦连京·舍尔巴科夫
申请人:ACOL技术公司

062. CN 200510022149.00
发明名称:发光二极管
公开日:2006.06.14
公开号:CN1787244
申请日:2005.11.28
发明人:陈泽
申请人:陈泽

063. CN 200410097110.00

发明名称：发光二极管封装结构
公开日：2006.06.14
公开号：CN1787240
申请日：2004.12.09
发明人：潘锡明；林宗杰；简奉任
申请人：璨圆光电股份有限公司

064. CN 200410098902.X
发明名称：一种倒装 LED 芯片的封装方法
公开日：2006.06.14
公开号：CN1787242
申请日：2004.12.10
发明人：陈志忠；康香宁；秦志新；张国义
申请人：北京大学

065. CN 200510021051.30
发明名称：LED 器件及其封装方法
公开日：2006.06.14
公开号：CN1787243
申请日：2005.06.07
发明人：吕大明
申请人：吕大明

066. CN 200410098250.X
发明名称：表面安装型发光二极管的封装结构
公开日：2006.06.07
公开号：CN1783522
申请日：2004.11.30
发明人：苏文龙；毛泽民
申请人：凯鼎科技股份有限公司

067. CN 200410084729.80
发明名称：发光二极管封装结构
公开日：2006.05.31
公开号：CN1780000
申请日：2004.11.24
发明人：郭邦俊；刘江云；范雅俊；楼满娥
申请人：杭州创元光电科技有限公司

068. CN 200420081343.70
发明名称：一种发光二极管的金属座
公开日：2006.05.31
公开号：CN2785143
申请日：2004.07.22
发明人：楼满娥；王铨海；刘江云
申请人：杭州富阳新颖电子有限公司

069. CN 200420090000.70
发明名称：白光发光二极管
公开日：2006.05.31
申请号：CN2785144
申请日：2004.09.30
发明人：杨显铭
申请人：李文清

070. CN 200510112670.30
发明名称：高散热绝缘之发光二极管封装材料
公开日：2006.05.17
申请号：CN1773697
申请日：2005.10.14
发明人：陈鸿文
申请人：陈鸿文

071. CN 200520004728.80
发明名称：简易封装型半导体发光二极管
公开日：2006.05.17
申请号：CN2781574
申请日：2005.02.07
发明人：柯永清
申请人：柯永清

072. CN 200520070474.X
发明名称：功率型发光二极管封装透镜
公开日：2006.05.10
申请号：CN2779425
申请日：2005.04.04
发明人：李明；彭国明；吉爱华
申请人：江苏奥雷光电有限公司

073. CN 200510021787.00
发明名称：发光二极管
公开日：2006.05.10
申请号：CN1770482
申请日：2005.09.30
发明人：陈泽
申请人：陈泽

074. CN 200510100253.70
发明名称：白光 LED 封装导散热结构
公开日：2006.05.10
申请号：CN1770487
申请日：2005.10.12
发明人：李学霖
申请人：李学霖

075. CN 200480008552.10
发明名称：发光二极管功率封装
公开日：2006.05.03

申请号:CN1768434
申请日:2004.03.23
发明人:陈伦星;小斯坦特恩·韦弗;伊万·埃利亚舍维奇;塞巴斯蒂安·利博恩;穆罕默德·阿勒克;戴维·沙德多克
申请人:吉尔科有限公司

076. CN 200510103400.60
发明名称:具有防静电放电冲击保护功能的高亮度发光二极管
公开日:2006.05.03
申请号:CN1767189
申请日:2005.09.20
发明人:朴钟浩
申请人:帝希欧有限公司

077. CN 200410080215.50
发明名称:三原色叠置成型的全彩发光二极管
公开日:2006.04.05
申请号:CN1755953
申请日:2004.09.28
发明人:汪培值;张盼梓;黄文傑
申请人:华上光电股份有限公司

078. CN 200410080215.50
发明名称:三原色叠置成型的全彩发光二极管
公开日:2006.04.05
申请号:CN1755953
申请日:2004.09.28
发明人:汪培值;张盼梓;黄文傑
申请人:华上光电股份有限公司

079. CN 200420116283.80
发明名称:大功率发光二极管
公开日:2006.03.15
申请号:CN2765332
申请日:2004.12.29
发明人:杨一江
申请人:浙江蓝普光电科技有限公司

080. CN 200420114536.80
发明名称:白光 LED 之改良构造
公开日:2006.03.08
申请号:CN2763981
申请日:2004.12.21
发明人:李长署
申请人:李长署

081. CN 200410064442.90
发明名称:具温度感测的发光二极管封装技术
公开日:2006.03.01
申请号:CN1741292
申请日:2004.08.25
发明人:吴政男;索灵劳伦提尼各鲁
申请人:雅捷科技股份有限公司

082. CN 200510040764.40
发明名称:高散热效率的大功率半导体发光二极管封装基座及生产工艺
公开日:2006.02.01
申请号:CN1728411
申请日:2005.06.24
发明人:彭晖;张涛;梁秉文
申请人:南京汉德森半导体照明有限公司

083. CN 200510040763.X
发明名称:新型大功率半导体发光二极管封装基座
公开日:2006.01.25
申请号:CN1725518
申请日:2005.06.24
发明人:彭晖;张涛;梁秉文
申请人:南京汉德森半导体照明有限公司

084. CN 200420110573.10
发明名称:发光二极管封装结构
公开日:2006.01.18
申请号:CN2752964
申请日:2004.11.24
发明人:郭邦俊;刘江云;范雅俊;楼满娥
申请人:杭州创元光电科技有限公司

085. CN 200380104936.90
发明名称:复合引线框 LED 封装及其制造方法
公开日:2006.01.11
申请号:CN1720608
申请日:2003.12.03
发明人:班·P·罗
申请人:克立公司

086. CN 200410027821.00
发明名称:功率型 LED 照明光源的封装结构
公开日:2006.01.04
申请号:CN1716646
申请日:2004.06.30
发明人:李明远;陈迎春;肖俊
申请人:深圳市森浩高新科技开发有限公司

087. CN 200610004153.9

发明名称:具有用于控制配光特性透镜的发光装置
公开日:2006.08.23
公开号:CN1822365
申请日:2006.02.20
发明人:三木伦英;泷根研二;山下良平
申请人:日亚化学工业株式会社

088. CN 200480005111.6
发明名称:固化性组合物及其调制方法、遮光糊、遮光用树脂及其形成方法、发光二极管用管壳以及半导体装置
公开日:2006.03.29
公开号:CN1753966
申请日:2004.02.25
发明人:津村学;井手正仁;大内克哉;藏本雅史;三木伦英
申请人:株式会社钟化;日亚化学工业株式会社
国际申请:2004-02-25 PCT/JP2004/002199
国际公布:2004-09-10 WO2004/076585 日

089. CN 200510099025.2
发明名称:发光装置
公开日:2006.03.08
公开号:CN1744316
申请日:2005.08.31
发明人:内藤隆宏
申请人:日亚化学工业株式会社

090. CN 200610065708.0
发明名称:发光器件
公开日:2006.09.20
公开号:CN1835257
申请日:2006.03.10
发明人:上野一彦;小谷泰司
申请人:斯坦雷电气株式会社

091. CN 200510003522.80
发明名称:表面安装型发光二极管
公开日:2006.08.16
公开号:CN1819175
申请日:2005.12.30
发明人:渡边晴志
申请人:日商斯坦雷电器股份有限公司

092. CN 200610000545.80
发明名称:表面安装型半导体元件
公开日:2006.08.02
公开号:CN1812085
申请日:2006.01.09
发明人:上川俊美;大场勇人;宫村真一
申请人:斯坦雷电气株式会社

093. CN 200410091696.X
发明名称:表面安装型半导体电子部件及制造方法
公开日:2006.06.07
公开号:CN1783445
申请日:2004.11.30
发明人:田中弘三;中岛宏
申请人:斯坦雷电气株式会社

094. CN 200510117231.1
发明名称:LED的制造方法
公开日:2006.05.17
公开号:CN1773738
申请日:2005.10.31
发明人:田中稔;田中智久
申请人:斯坦雷电气株式会社

095. CN 200510105871.0
发明名称:半导体发光器件的制造方法
公开日:2006.05.10
公开号:CN1770488
申请日:2005.09.29
发明人:原田光范
申请人:斯坦雷电气株式会社

096. CN 200510105357.7
发明名称:LED器件
公开日:2006.03.29
公开号:CN1753200
申请日:2005.09.23
发明人:半古明彦
申请人:斯坦雷电气株式会社

097. CN 200510098629.5
发明名称:半导体元件及其制造方法和电子部件单元
公开日:2006.03.22
公开号:CN1750284
申请日:2005.09.05
发明人:园田纯一;小林静一郎;吉水和之
申请人:斯坦雷电气株式会社

098. CN 200510093536.30
发明名称:表面安装型LED
公开日:2006.03.08
公开号:CN1744335
申请日:2005.08.26
发明人:东海林廉
申请人:斯坦雷电气株式会社

099. CN 200480032466.40
发明名称:发光器件
公开日:2006.12.06
公开号:CN1875494
申请日:2004.10.28
发明人:末广好伸;和田聪;太田昭人
申请人:丰田合成株式会社
国际申请:2004-10-28 PCT/JP2004/016364
国际公布:2005-05-12 WO2005/043637 日

100. CN 200510102512.X
发明名称:发光装置
公开日:2006.03.15
公开号:CN1747192
申请日:2005.09.08
发明人:末广好伸
申请人:丰田合成株式会社

101. CN 200610083301.0
发明名称:具有静电放电损坏防护功能的高亮度发光二极管
公开日:2006.12.06
公开号:CN1873975
申请日:2006.05.31
发明人:白种焕;朴济明;柳根昌;金昶煜;徐晙豪;宋怜宰
申请人:三星电机株式会社

102. CN 200610003006.X
发明名称:大功率 LED 外壳及其制造方法
公开日:2006.08.30
公开号:CN1825644
申请日:2006.01.24
发明人:金昶煜;李善九
申请人:三星电机株式会社

103. CN 200610003007.4
发明名称:LED 外壳及其制造方法
公开日:2006.08.30
公开号:CN1825645
申请日:2006.01.24
发明人:李善九;阵范俊;韩庚泽;金昶煜
申请人:三星电机株式会社

104. CN 200510133986.0
发明名称:LED 封装框架和具有该 LED 封装框架的 LED 封装
公开日:2006.08.23
公开号:CN1822401
申请日:2005.12.30
发明人:朴英衫;李承益;咸宪柱;金炯锡;金范珍;郑宁俊;安皓植;朴正圭
申请人:三星电机株式会社

105. CN 200510133995.X
发明名称:具有设计成改善树脂流动的引线框结构的侧光 LED 封装
公开日:2006.08.23
公开号:CN1822402
申请日:2005.12.30
发明人:金昶煜;宋怜宰
申请人:三星电机株式会社

106. CN 200510078066.3
发明名称:发光二极管和采用它的透镜
公开日:2006.04.26
公开号:CN1763603
申请日:2005.06.14
发明人:尹胄永;姜硕桓;李相吉;朴世起;宋春镐;李钟瑞;金基哲
申请人:三星电子株式会社

107. CN 200510127642.9
发明名称:具有增强热耗散的小型发光器件封装和制造该封装的方法
公开日:2006.10.18
公开号:CN1848469
申请日:2005.12.06
发明人:莫泽林;朴举青;庞斯译
申请人:安捷伦科技有限公司

108. CN 200510115071.7
发明名称:具有增强热耗散的 LED 安装
公开日:2006.09.13
公开号:CN1832212
申请日:2005.11.25
发明人:莫瑟林;谭思可;恩释文
申请人:安捷伦科技有限公司

109. CN 200510115051.X
发明名称:半导体发光器件及制造方法
公开日:2006.08.30
公开号:CN1825641
申请日:2005.11.23
发明人:周东发
申请人:安捷伦科技有限公司

110. CN 200510117033.5
发明名称:半导体封装件和制作方法
公开日:2006.05.31
公开号:CN1779932
申请日:2005.10.28
发明人:弗兰克·S·格费;理查德·C·鲁比
申请人:安捷伦科技有限公司

111. CN 200510124302.0
发明名称:发光器件及其制造方法
公开日:2006.05.31
公开号:CN1780006
申请日:2005.11.28
发明人:下西纯雄;武熊显;山冈庆文
申请人:安捷伦科技有限公司

112. CN 200510085380.4
发明名称:具有波长转化材料的光源
公开日:2006.04.05
公开号:CN1755958
申请日:2005.07.26
发明人:恩可彦;谭悬朗;巴罗克·塔尤尔·阿罗施;楚·詹纳特·彼·尹;潘阔秦
申请人:安捷伦科技有限公司

113. CN 200510098239.8
发明名称:发光二极管以及应用其的发光控制系统
公开日:2006.03.08
公开号:CN1743889
申请日:2005.09.01
发明人:武熊显
申请人:安捷伦科技有限公司

114. CN 200510090208.8
发明名称:发光二极管及其制造方法
公开日:2006.02.15
公开号:CN1734804
申请日:2005.08.10
发明人:武熊显
申请人:安捷伦科技有限公司

115. CN 200520019744.4
发明名称:发光二极管封装结构
公开日:2006.11.22
公开号:CN2840330
申请日:2005.05.30
发明人:张正宜;徐志宏;谢忠全
申请人:亿光电子工业股份有限公司

116. CN 200520004594.X
发明名称:发光二极管封装结构
公开日:2006.10.11
公开号:CN2826702
申请日:2005.04.05
发明人:张正宜;蔡志嘉;陈崇福
申请人:亿光电子工业股份有限公司

117. CN 200520019743.X
发明名称:发光二极管封装结构
公开日:2006.10.11
公开号:CN2826703
申请日:2005.05.30
发明人:谢忠全;庄世任
申请人:亿光电子工业股份有限公司

118. CN 200510059453.2
发明名称:发光二极管反射盖制造方法
公开日:2006.09.27
公开号:CN1838438
申请日:2005.03.21
发明人:吴旭隆;陈中裕
申请人:亿光电子工业股份有限公司

119. CN 200510071029.X
发明名称:多波长白光发光二极管
公开日:2006.11.22
公开号:CN1866550
申请日:2005.05.18
发明人:汪秉龙;庄峰辉;林川发
申请人:宏齐科技股份有限公司

120. CN 200520003008.X
发明名称:具粗糙化平面的发光二极管
公开日:2006.10.18
公开号:CN2829097
申请日:2005.01.25
发明人:汪秉龙;庄峰辉;李恒彦
申请人:宏齐科技股份有限公司

121. CN 200610006190.3
发明名称:晶圆级光电半导体组装构造的制造方法
公开日:2006.09.06
公开号:CN1828854
申请日:2006.01.25
发明人:汪秉龙;庄峰辉;林川发;洪基纹
申请人:宏齐科技股份有限公司

122. CN 200510008805.1

发明名称:用于封装发光二极管的模具、及发光二极管的封装方法
公开日:2006.08.30
公开号:CN1825638
申请日:2005.02.23
发明人:汪秉龙;庄峰辉;李恒彦
申请人:宏齐科技股份有限公司

123. CN 200520005404.6
发明名称:用于封装发光二极管的模具
公开日:2006.06.14
公开号:CN2788361
申请日:2005.02.23
发明人:汪秉龙;庄峰辉;李恒彦
申请人:宏齐科技股份有限公司

124. CN 200410084056.6
发明名称:晶圆级光电半导体组装构造及其制造方法
公开日:2006.04.26
公开号:CN1763937
申请日:2004.10.19
发明人:汪秉龙;庄峰辉;林川发;洪基纹
申请人:宏齐科技股份有限公司

125. CN 200410083912.6
发明名称:一种半导体的封装结构
公开日:2006.04.19
公开号:CN1761053
申请日:2004.10.12
发明人:汪秉龙;庄峰辉;洪基纹;林川发
申请人:宏齐科技股份有限公司

126. CN 200410079760.2
发明名称:光电半导体的封装结构
公开日:2006.03.22
公开号:CN1750281
申请日:2004.09.17
发明人:汪秉龙;庄峰辉;巫世裕;柯庆鸿;翁骏程
申请人:宏齐科技股份有限公司

127. CN 200420088193.2
发明名称:光电半导体的封装结构
公开日:2006.02.22
公开号:CN2760763
申请日:2004.09.17
发明人:汪秉龙;庄峰辉;巫世裕;柯庆鸿;翁骏程
申请人:宏齐科技股份有限公司

128. CN 200510070474.4
发明名称:发光二极管元件
公开日:2006.11.15
公开号:CN1862842
申请日:2005.05.13
发明人:吴永富;李志锋
申请人:光宝科技股份有限公司

129. CN 200520112175.8
发明名称:一种半导体封装结构
公开日:2006.10.25
公开号:CN2831425
申请日:2005.07.01
发明人:黄道恒;洪世豪;应宗康
申请人:光宝科技股份有限公司

130. CN 200410071332.5
发明名称:白光发光装置
公开日:2006.01.25
公开号:CN1725517
申请日:2004.07.20
发明人:林益山;刘如熹;苏宏元
申请人:光宝科技股份有限公司

131. 200410063367.4
发明名称:可调整色温的白光发光方法及装置
公开日:2006.01.11
公开号:CN1719630
申请日:2004.07.08
发明人:苏宏元
申请人:光宝科技股份有限公司

132. CN 200510056796.3
发明名称:多波长发光二极体构造及其制程
公开日:2006.09.27
公开号:CN1838437
申请日:2005.03.25
发明人:李明顺;何昌纬
申请人:李洲科技股份有限公司

133. CN 200510058812.2
发明名称:发光二极管组件及其制造方法
公开日:2006.10.04
公开号:CN1841794
申请日:2005.03.28
发明人:詹世雄;曾坚信
申请人:先进开发光电股份有限公司

134. CN 200510002875.6
发明名称:白光发光二极管组件及其制造方法

公开日:2006.08.02
公开号:CN1812141
申请日:2005.01.27
发明人:詹世雄;曾坚信
申请人:先进开发光电股份有限公司

135. CN 200420117610.1
发明名称:具高散热性的高功率表面黏着型发光二极管
公开日:2006.05.03
公开号:CN2777759
申请日:2004.10.14
发明人:陈炎成;曾庆霖;佘庆威;张铭利
申请人:佰鸿工业股份有限公司

136. CN 200510102388.7
发明名称:一种YAG晶片式白光发光二极管及其封装方法
公开日:2006.08.09
公开号:CN1815765
申请日:2005.12.19
发明人:苏锵;谢鸿波;方福波;王静;钟玖平;李绪锋;吴昊;武南平;潘利兵;李军政
申请人:佛山市国星光电科技有限公司

137. CN 200520058578.90
发明名称:发光二极管
公开日:2006.12.20
公开号:CN2849975
申请日:2005.05.16
发明人:刘镇;裴小明
申请人:深圳市量子光电子有限公司

138. CN 200520012724.4
发明名称:一种灯泡
公开日:2006.08.23
公开号:CN2809411
申请日:2005.06.24
发明人:楼正旺;邹国科
申请人:宁波升谱光电半导体有限公司

139. CN 200520012725.9
发明名称:一种灯泡
公开日:2006.08.23
公开号:CN2809879
申请日:2005.06.24
发明人:楼正旺;邹国科
申请人:宁波升谱光电半导体有限公司

140. CN 200610040795.4
发明名称:一种白光LED灯的封装方法
公开日:2006.11.08
公开号:CN1858920
申请日:2006.06.05
发明人:洪从胜;黄振春
申请人:江苏奥雷光电有限公司

141. CN 200520070473.5
发明名称:大功率发光二极管封装结构
公开日:2006.07.19
公开号:CN2798315
申请日:2005.04.04
发明人:彭国明;吉爱华;李明;黄振春
申请人:江苏奥雷光电有限公司

142. CN 200520070474.X
发明名称:功率型发光二极管封装透镜
公开日:2006.05.10
公开号:CN2779425
申请日:2005.04.04
发明人:李明;彭国明;吉爱华
申请人:江苏奥雷光电有限公司

143. CN 200520062275.4
发明名称:功率型LED光源装置
公开日:2006.08.30
公开号:CN2812301
申请日:2005.08.03
发明人:林建明;陈秀莲
申请人:珠海市力丰光电实业有限公司

144. US 7,105,863
Title:Light source with improved life
Date of Publication:September 12, 2006
Inventors:Ng;Kee Yean (Penang, MY), Tan;Kheng Leng (Penang, MY)
Assignee:Avago Technologies ECBU IP (Singapore) Pte. Ltd. (Singapore, SG)
Filed:June 3, 2005 Appl. No.:11/145,140

145. US7,115,428
Title:Method for fabricating light-emitting devices utilizing a photo-curable epoxy
Date of Publication:October 3, 2006
Inventors:Peh;Thomas Kheng Guan (Penang, MY), Lye;Chien Chai (Penang, MY)
Assignee:Avago Technologies ECBU IP (Singapore)

Pte. Ltd. (Singapore, SG)

Filed:March 7, 2005 Appl. No. :11/075,242

146. US7,049,740

Title:Light emitting diode

Date of Publication:May 23, 2006

Inventors:Takekuma;Akira (Tokyo, JP)

Assignee:Avago Technologies, Ltd. (Singapore, SG)

Filed:August 2, 2004 Appl. No. :10/909,683

147. US7,095,052

Title:Method and structure for improved LED light output

Date of Publication:August 22, 2006

Inventors:Lester;Steven D. (Palo Alto, CA)

Assignee:Avago Technologies ECBU IP (Singapore) Pte. Ltd. (Singapore, SG)

Appl. No. :10/971,380 Filed:October 22, 2004

148. US 7,102,177

Title:Light-emitting diode incorporating gradient index element

Date of Publication:September 5, 2006

Inventors:Goh;Kee Siang (Penang, MY), Chin;Yee Loong (Parak, MY), Lee;Boon Kheng (Simpang Empat, MY), Tan;Cheng Why (Penang, MY)

Assignee:Avago Technologies ECBU IP (Singapore) Pte. Ltd. (Singapore, SG)

Filed:August 26, 2003 Appl. No. :10/649,094

149. US 7,081,645

Title:SMD(surface mount device)-type light emitting diode with high heat dissipation efficiency and high power

Date of Publication:July 25, 2006

Inventors:Chen;Yen Cheng (Pan Chiao, TW), Tseng;Ching Lin (Pan Chiao, TW), Wei;Sher Chain (Pan Chiao, TW), Chang;Ming Li (Pan Chiao, TW)

Assignee:Bright Led Electronics Corp. (Taipei, TW)

Filed:March 14, 2005 Appl. No. :11/078,344

150. US7,049,639

Title:LED packaging structure

Date of Publication:May 23, 2006

Inventors:Wang;Bily (Hsin Chu, TW), Chuang;Jonnie (Pan Chiao, TW), Lin;Chuanfa (Shu Lin, TW), Lee;Heng-Yen (Hsin Chu Hsien, TW)

Assignee:Harvatek Corporation (Hsin Chu, TW)

Filed:May 28, 2004 Appl. No. :10/855,417

151. US 7,119,376

Title:Light emitting diode component capable of emitting white lights

Date of Publication:October 10, 2006

Inventors:Liu;Ru-Shi (Hsin-Chu Hsien, TW), Kang;Chia-Cheng (Taipei, TW), Su;Hung-Yuan (Taipei Hsien, TW)

Assignee:Lite-On Technology Corp. (Taipei, TW)

Filed:October 3, 2005 Appl. No. :11/163,053

152. US7,153,002

Title:Lens for LED light sources

Date of Publication:December 26, 2006

Inventors:Kim;Jin Jong (Kyunggi-do, KR), Jeong;Ho Seop (Kyunggi-do, KR), Lee;Sang Hyuck (Kyunggi-do, KR), Jun;Joo Hee (Seoul, KR)

Assignee:Samsung Electro-Mechanics Co., Ltd. (Kyunggi-Do, JP)

Filed:June 17, 2005 Appl. No. :11/155,242

153. US 7,153,000

Title:Multi-lens light emitting diode

Date of Publication:December 26, 2006

Inventors:Park;Jung Kyu (Kyungki-do, KR), Park;Young Sam (Seoul, KR), Hahm;Hun Joo (Kyungki-do, KR), Jeong;Young June (Kyungki-do, KR), Kim;Hyung Suk (Kyungki-do, KR)

Assignee:Samsung Electro-Mechanics Co., Ltd. (Kyungki-Do, KR)

Filed:October 5, 2004 Appl. No. :10/957,650

154. US 7,119,375

Title:Light emitting diode and method for manufacturing the same

Date of Publication:October 10, 2006

Inventors:Baik;Doo Go (Seoul, KR), Oh;Bang Won (Kyungki-do, KR), Kim;Hak Kyu (Kyungki-do, KR)

Assignee:Samsung Electro-Mechanics Co., Ltd. (Kyungki-Do, KR)

Filed:December 16, 2004 Appl. No. :11/012,331

155. US 7,102,283

Title:Full-color light emitting device with four leads

Date of Publication:September 5, 2006

Inventors:Choi;Yong Chil (Kyungki-do, KR), Park;Seung Mo (Seoul, KR), Han;Kyung Taeg (Kyungki-do, KR)

Assignee:Samsung Electro-Mechanics Co., Ltd. (Kyungki-Do, KR)

Filed: November 4, 2003 Appl. No.: 10/699,844

156. US7,098,482

Title: Monolithic white light emitting device

Date of Publication: August 29, 2006

Inventors: Cho; Jae-hee (Gyeonggi do, KR), Yoon; Suk-ho (Seoul, KR), Lee; Jeong-wook (Gyeonggi-do, KR)

Assignee: Samsung Electro-mechanics Co., Ltd. (Suwon-si, KR)

Filed: March 4, 2005 Appl. No.: 11/071,223

157. US 7,115,979

Title: Light emitting diode package

Date of Publication: October 3, 2006

Inventors: Park; Jung Kyu (Kyungki-do, KR), Park; Young Sam (Seoul, KR)

Assignee: Samsung Electro-Mechanics Co., Ltd. (Kyungki-do, KR)

Filed: September 30, 2004 Appl. No.: 10/954,144

158. US 7,112,456

Title: Vertical GaN light emitting diode and method for manufacturing the same

Date of Publication: September 26, 2006

Inventors: Park; Young Ho (Kyungki-do, KR), Hahm; Hun Joo (Kyungki-do, KR), Na; Jeong Seok (Seoul, KR), Yoo; Seung Jin (Kyungki-do, KR)

Assignee: Samsung Electro-Mechanics Co., Ltd. (Kyungki-Do, KR)

Filed: April 27, 2005 Appl. No.: 11/115,237

159. US 7,095,041

Title: High-efficiency light emitting diode

Date of Publication: August 22, 2006

Inventors: Cho; Jae-hee (Kyungki-do, KR), Oh; Hye-jeong (Seoul, KR)

Assignee: Samsung Electronics Co., Ltd. (KR)

Filed: April 23, 2003 Appl. No.: 10/420,827

160. US 7,091,055

Title: White light emitting diode and method for manufacturing the same

Date of Publication: August 15, 2006

Inventors: Hahm; Hun Joo (Sungnam, KR), Kim; In Eung (Sungnam, KR), Na; Jeong Seok (Seoul, KR), Yoo; Seung Jin (Pyungtaek, KR), Park; Young Ho (Suwon, KR), Lee; Soo Min (Seoul, KR)

Assignee: Samsung Electro-Mechanics Co., Ltd. (Kyungki-Do, KR)

Filed: March 24, 2005 Appl. No.: 11/087,680

161. US 7,025,651

Title: Light emitting diode, light emitting device using the same, and fabrication processes therefor

Date of Publication: April 11, 2006

Inventors: Song; Kyung-Sub (Seoul, KR), Park; Young-Ho (Suwon, KR), Lee; Chang-Yong (Sungnam, KR)

Assignee: Samsung Electro-Mechanics Co., Ltd. (Kyungki-Do, KR)

Filed: August 7, 2003 Appl. No.: 10/635,496

162. US 7,015,512

Title: High power flip chip LED

Date of Publication: March 21, 2006

Inventors: Park; Young Ho (Kyungki-do, KR), Hahm; Hun Joo (Kyungki-do, KR), Yoo; Seung Jin (Kyungki-do, KR)

Assignee: Samsung Electro-Mechanics Co., Ltd. (Kyungki-Do, KR)

Filed: May 25, 2004 Appl. No.: 10/852,437

163. US 7,053,417

Title: Semiconductor led device and producing method

Date of Publication: May 30, 2006

Inventors: Kim; Chang-Tae (Sungnam-Si, KR)

Assignee: Epivalley Co., Ltd. (Gyounggi-do, KR) Samsung Electro-Mechanics Co., Ltd. (Kyungki-do, KR)

Filed: September 4, 2001 Appl. No.: 10/363,432

164. US 7,042,022

Title: Chip light emitting diode and fabrication method thereof

Date of Publication: May 9, 2006

Inventors: Han; Kwan-Young (Seoul, KR), Kim; Do-Hyung (Suwon, KR), Yang; Seung-Man (Seoul, KR), Lee; Chung-Hoon (Seoul, KR), Kim; Hong-San (Seongnam, KR), Park; Kwang-Il (Seoul, KR)

Assignee: Seoul Semiconductor Co., Ltd. (KR)

Application number: 10/754,389

Filing Date: January 9, 2004

165. US 7,075,114

Title: Light-emitting diode for large current driving

Date of Publication: July 11, 2006

Inventors: Abe; Tomoaki (Tokyo, JP), Namioka; Kaori (Tokyo, JP)

Assignee:Osram GmbH (DE)

Application number:10/659,062

Filing Date:September 10, 2003

166. US 6,995,510

Title: Light-emitting unit and method for producing same as well as lead frame used for producing light-emitting unit

Date of Publication:February 7, 2006

Inventors:Murakami; Gen (Tokyo, JP), Saito; Tetsuya (Tokyo, JP), Otaka;Atsushi (Tokyo, JP), Morikawa;Toshiaki (Tokyo, JP), Abe;Tomoaki (Tokyo, JP), Aoki;Dai (Tokyo, JP)

Assignee:Hitachi Cable, Ltd. (Tokyo, JP)Stanley Electric Co., Ltd. (Tokyo, JP)

Application number:10/179,608

Filing Date:June 25, 2002

167. US 7,138,660

Title:Light emitting device

Date of Publication:November 21, 2006

Inventors:Ota;Koichi (Aichi-ken, JP), Hirano;Atsuo (Aichi-ken, JP), Ota; Akihito (Aichi-ken, JP), Tasch; Stefan (Jennersdorf, AT), Pachler; Peter (Graz, AT), Roth;Gundula (Levenhagen, DE), Tews; Walter (Greifswald, DE), Kempfert;Wolfgang (Bad Liebenstein, DE), Starick;Detlef (Bad Liebenstein, DE)

Assignee:Toyoda Gosei Co., Ltd. (Aichi, JP) Tridonic Optoelectronics GmbH (Jennersdorf, AT)

Application number:11/087,579

Filing Date:March 24, 2005

Litec GBR (Greifswald, DE) Leuchstoffwerk Breitungen GmbH (Breitunge, DE)

168. US 7,111,964

Title:LED package

Date of Publication:September 26, 2006

Inventors:Suehiro;Yoshinobu (Aichi-ken, JP), Kato; Hideaki (Aichi-ken, JP), Inoue; Mitsuhiro (Aichi-ken, JP)

Assignee: Toyoda Gosei Co., Ltd. (Nishikasugai-gun, JP)

Application number:10/798,885

Filing Date:March 12, 2004

169. US 7,038,246

Title:Light emitting apparatus

Date of Publication:May 2, 2006

Inventors:Uemura;Toshiya (Aichi-ken, JP)

Assignee:Toyoda Gosei Co., Ltd. (Aichi-ken, JP)

Application number:10/625,895

Filing Date:July 24, 2003

170. US 7,126,274

Title:Light emitting device with blue light LED and phosphor components

Date of Publication:October 24, 2006

Inventors:Shimizu; Yoshinori (Tokushima, JP), Sakano;Kensho (Anan, JP), Noguchi; Yasunobu (Tokushima, JP), Moriguchi;Toshio (Anan, JP)

Assignee:Nichia Corporation (Anan, JP)

Application number:10/864,544

Filing Date:June 10, 2004

171. US 7,091,656

Title:Light emitting device

Date of Publication:August 15, 2006

Inventors:Murazaki;Yoshinori (Anan, JP), Ichihara; Takashi (Anan, JP)

Assignee:Nichia Corporation (Anan, JP)

Application number:10/475,314

Filing Date:April 19, 2002

172. US 7,075,115

Title:Light-emitting diode

Date of Publication:July 11, 2006

Inventors:Sakamoto;Takahiko (Anan, JP), Kususe; Takeshi (Anan, JP)

Assignee:Nichia Corporation (Anan, JP)

Application number:10/674,539

Filing Date:October 1, 2003

173. US 7,071,616

Title: Light emitting device with blue light led and phosphor components

Date of Publication:July 4, 2006

Inventors: Shimizu; Yoshinori (Anan, JP), Sakano; Kensho (Anan, JP), Noguchi; Yasunobu (Anan, JP), Moriguchi; Toshio (Anan, JP), Nakanishi; Eiji (Anan, JP)

Assignee: Nichia Kagaku Kogyo Kabushiki Kaisha (Anan, JP)

Application number:10/609,503

Filing Date:July 1, 2003

174. US 7,026,756

Title:Light emitting device with blue light LED and phosphor components

Date of Publication: April 11, 2006

Inventors: Shimizu; Yoshinori (Tokushima, JP), Sakano; Kensho (Anan, JP), Noguchi; Yasunobu (Tokushima, JP), Moriguchi; Toshio (Anan, JP)

Assignee: Nichia Kagaku Kogyo Kabushiki Kaisha (Tokushima, JP)

Application number: 10/677,382

Filing Date: October 3, 2003

175. US 7,019,335

Title: Light-emitting apparatus

Date of Publication: March 28, 2006

Inventors: Suenaga; Ryoma (Anan, JP)

Assignee: Nichia Corporation (Tokushima, JP)

Application number: 10/475,001

Filing Date: April 16, 2002

176. US 7,087,465

Title: Method of packaging a semiconductor light emitting device

Date of Publication: August 8, 2006

Inventors: Collins, III; William D. (San Jose, CA)

Assignee: Philips Lumileds Lighting Company, LLC (San Jose, CA)

Application number: 10/737,433

Filing Date: December 15, 2003

177. US 7,064,355

Title: Light emitting diodes with improved light extraction efficiency

Date of Publication: June 20, 2006

Inventors: Camras; Michael D. (Sunnyvale, CA), Krames; Michael R. (Mountain View, CA), Snyder; Wayne L. (Palo Alto, CA), Steranka; Frank M. (San Jose, CA), Taber; Robert C. (Palo Alto, CA), Uebbing; John J. (Palo Alto, CA), Pocius; Douglas W. (Sunnyvale, CA), Trottier; Troy A. (San Jose, CA), Lowery; Christopher H. (Fremont, CA), Mueller; Gerd O. (San Jose, CA), Mueller-Mach; Regina B. (San Jose, CA), Hofler; Gloria E. (Sunnyvale, CA)

Assignee: Lumileds Lighting U. S., LLC (San Jose, CA)

Application number: 09/880,204

Filing Date: June 12, 2001

178. US 7,053,419

Title: Light emitting diodes with improved light extraction efficiency

Date of Publication: May 30, 2006

Application number: 09/660,317

Filing Date: September 12, 2000

Inventors: Camras; Michael D. (Sunnyvale, CA), Krames; Michael R. (Mountain View, CA), Snyder; Wayne L. (Palo Alto, CA), Steranka; Frank M. (San Jose, CA), Taber; Robert C. (Palo Alto, CA), Uebbing; John J. (Palo Alto, CA), Pocius; Douglas W. (Sunnyvale, CA), Trottier; Troy A. (San Jose, CA), Lowery; Christopher H. (Fremont, CA), Mueller; Gerd O. (San Jose, CA), Mueller-Mach; Regina B. (San Jose, CA)

Assignee: LumiLeds Lighting U. S., LLC (San Jose, CA)

179. US 7,049,159

Title: Stenciling phosphor layers on light emitting diodes

Date of Publication: May 23, 2006

Inventors: Lowery; Christopher H. (Fremont, CA)

Assignee: Lumileds Lighting U. S., LLC (San Jose, CA)

Application number: 10/703,040

Filing Date: November 5, 2003

180. US 7,070,300

Title: Remote wavelength conversion in an illumination device

Date of Publication: July 4, 2006

Inventors: Harbers; Gerard (Sunnyvale, CA), Keuper; Matthijs H. (San Jose, CA)

Assignee: Philips Lumileds Lighting Company, LLC (San Jose, CA)

Application number: 10/861,769

Filing Date: June 4, 2004

181. US 6,995,402

Title: Integrated reflector cup for a light emitting device mount

Date of Publication: February 7, 2006

Inventors: Ludowise; Michael J. (San Jose, CA), Bhat; Jerome C. (San Francisco, CA)

Assignee: Lumileds Lighting, U. S., LLC (San Jose, CA)

Application number: 10/678,279

Filing Date: October 3, 2003

182. US 6,987,613

Title: Forming an optical element on the surface of a light emitting device for improved light extraction

Date of Publication: January 17, 2006

Inventors: Pocius; Douglas W. (Sunnyvale, CA), Camras; Michael D. (Sunnyvale, CA), Hofler; Gloria E. (Sunnyvale, CA)

Assignee: Lumileds Lighting U. S., LLC (San Jose, CA)

Application number: 09/823,841

Filing Date: March 30, 2001

183. US 7,083,490

Title: Light-emitting devices utilizing nanoparticles

Date of Publication: August 1, 2006

Inventors: Mueller; Gerd O. (San Jose, CA), Mueller-Mach; Regina B. (San Jose, CA), Bertram; Dietrich (Aachen, DE), Juestel; Thomas (Aachen, DE), Schmidt; Peter J. (Aachen, DE), Opitz; Joachim (Aachen, DE)

Assignee: Philips Lumileds Lighting Company, LLC (San Jose, CA)

Application number: 11/033,594

Filing Date: January 11, 2005

184. US 7,151,283

Title: Light-radiating semiconductor component with a luminescence conversion element

Date of Publication: December 19, 2006

Inventors: Reeh; Ulrike (Munchen, DE), Hohn; Klaus (Forchheim, DE), Stath; Norbert (Regensburg, DE), Waitl; Gu (Regensburg, DE), Schlotter; Peter (Freiburg, DE), Schneider; Ju (Freiburg, DE), Schmidt; Ralf (Vorstetten, DE)

Assignee: Osram GmbH (DE)

Application number: 10/979,778

Filing Date: November 2, 2004

185. US 7,145,181

Title: Semiconductor chip for optoelectronics

Date of Publication: December 5, 2006

Inventors: Wirth; Ralph (Pettendorf-Adlersberg, DE)

Assignee: Osram Opto Semiconductors GmbH (Regensburg, DE)

Application number: 10/476,121

Filing Date: April 26, 2002

186. US 7,138,301

Title: Diode housing

Date of Publication: November 21, 2006

Inventors: Waitl; Gunther (Regensburg, DE), Brunner; Herbert (Regensburg, DE)

Assignee: Osram GmbH (DE)

Application number: 11/345,756

Filing Date: February 2, 2006

187. US 7,102,215

Title: Surface-mountable light-emitting diode structural element

Date of Publication: September 5, 2006

Inventors: Arndt; Karlheinz (Regensburg, DE)

Application number: 10/882,518

Filing Date: July 1, 2004

188. US 7,098,588

Title: Surface-mountable light-emitting diode light source and method of producing a light-emitting diode light source

Date of Publication: August 29, 2006

Inventors: Jager; Harald (Pfreimd, DE), Hohn; Klaus (Taufkirchen, DE), Brunner; Reinhold (Zell, DE)

Application number: 10/186,661

Filing Date: July 1, 2002

189. US 7,015,514

Title: Light-emitting diode and method for the production thereof

Date of Publication: March 21, 2006

Inventors: Baur; Johannes (Deuerling, DE), Eisert; Dominik (Regensburg, DE), Fehrer; Michael (Bad Abbach, DE), Hahn; Berthold (Hermau, DE), Harle; Volker (Waldetzenberg, DE), Jacob; Ulrich (Regensburg, DE), Plass; Werner (Regensburg, DE), Strauss; Uwe (Bad Abbach, DE), Volkl; Johannes (Erlangen, DE), Zehnder; Ulrich (Regensburg, DE)

Application number: 10/451,836

Filing Date: January 15, 2002

190. US 7,009,008

Title: Transparent liquid resin material for SMT-enabled led-applications at higher temperatures and higher luminosities

Date of Publication: March 7, 2006

Inventors: Hohn; Klaus (Taufkirchen, DE), Waitl; Gu (Regensburg, DE), Arndt; Karlheinz (Regensberg, DE)

Application number: 10/048,667

Filing Date: August 4, 2000

191. JP 2006-245443

Title: LIGHT EMITTING DEVICE AND ILLUMINATION DEVICE

Date of publication of application: 14. 09. 2006

Inventor: AIHARA KENJI

Applicant:CITIZEN ELECTRONICS CO LTD
Application number:2005-061706
Date of filing:07. 03. 2005

192. JP 2006-005290
Title:LIGHT EMITTING DIODE
Date of publication of application:05. 01. 2006
Inventors:IMAI SADATO ;KIKUCHI SATORU
Applicant:CITIZEN ELECTRONICS CO LTD
Application number:2004-182403
Date of filing:21. 06. 2004

193. JP 2006-245032
Title: LIGHT EMITTING DEVICE AND LED LAMP
Date of publication of application:14. 09. 2006
Inventor: KAWAGUCHI HIROAKI ; WADA SATOSHI
Applicant:TOYODA GOSEI CO LTD
Application number:2005-054406
Date of filing:28. 02. 2005

194. JP 2006-237500
Title:LIGHT EMITTING DEVICE
Date of publication of application:07. 09. 2006
Inventors:KOKUBU HIDEKI ;SANO YOSHIO
Applicant:TOYODA GOSEI CO LTD
Application number:2005-053518
Date of filing:28. 02. 2005

195. JP 2006-237071
Title: LIGHT-EMITTING DEVICE AND DISPLAY APPARATUS EMPLOYING THE SAME
Date of publication of application:07. 09. 2006
Inventors:KATO HIDEAKI
Applicant:TOYODA GOSEI CO LTD
Application number:2005-045704
Date of filing:22. 02. 2005

196. JP 2006-216753
Title:LIGHT-EMITTING DEVICE AND ITS MANUFACTURING METHOD
Date of publication of application:17. 08. 2006
Inventors: SUEHIRO YOSHINOBU; YAMAGUCHI SEIJI
Applicant:TOYODA GOSEI CO LTD
Application number:2005-027484
Date of filing:03. 02. 2005

197. JP 2006-147851
Title:LIGHT EMITTING DEVICE
Date of publication of application:08. 06. 2006
Inventors:KATO HIDEAKI; INOUE MITSUHIRO; SUEHIRO YOSHINOBU
Applicant:TOYODA GOSEI CO LTD
Application number:2004-335916
Date of filing:19. 11. 2004

198. JP 2006-128456
Title:LIGHT-EMITTING DEVICE
Date of publication of application:18. 05. 2006
Inventor:NAESHIRO MITSUHIRO ;INAGAKI SATOSHI;YAMANAKA OSAMU
Applicant:TOYODA GOSEI CO LTD
Application number:2004-316003
Date of filing:29. 10. 2004

199. JP 2006-108640
Title:LIGHT EMITTING DEVICE
Date of publication of application:20. 04. 2006
Inventor:SUEHIRO YOSHINOBU
Applicant:TOYODA GOSEI CO LTD
Application number: 2005-228837 Date of filing: 05. 08. 2005

200. JP 2006-086139
Title:LIGHT EMITTING DEVICE
Date of publication of application:30. 03. 2006
Inventors:INOUE MITSUHIRO; KATO HIDEAKI; SUEHIRO YOSHINOBU
Applicant:TOYODA GOSEI CO LTD
Application number:2003-193182
Date of filing:07. 07. 2003

201. JP 2006-080312
Title:LIGHT EMITTING DEVICE AND ITS MANUFACTURING METHOD
Date of publication of application:23. 03. 2006
Inventors: JINME KUNIHIRO; SUEHIRO YOSHINOBU
Applicant:TOYODA GOSEI CO LTD
Application number:2004-262906
Date of filing:09. 09. 2004

202. JP 2006-049385
Title:LIGHT-EMITTING DEVICE
Date of publication of application:16. 02. 2006
Inventors: TAKAHASHI TOSHINORI; MISAWA

AKIHIRO;TANAKA YOSHIHARU

Applicant:TOYODA GOSEI CO LTD

Application number:2004-224809

Date of filing:30. 07. 2004

203. JP 2006-024965

Title:LIGHT-EMITTING DEVICE

Date of publication of application:26. 01. 2006

Inventor:KAMIMURA TOSHIYA

Applicant:TOYODA GOSEI CO LTD

Application number:2005-285103

Date of filing:29. 09. 2005

204. JP 2006-245033

Title:LIGHT EMITTING DEVICE

Date of publication of application:14. 09. 2006

Inventors:ITO TOSHIYASU;TANIGUCHI HIRAMITSU;ARAO KOZO;YAJIMA TAKAYOSHI

Applicant:TOYODA GOSEI CO LTD

Application number:2005-054407

Date of filing:28. 02. 2005

205. JP 2006-124422

Title: IMPROVED SILICATE-BASED PHOSPHOR AND LED LAMP USING THE SAME

Date of publication of application:18. 05. 2006

Inventors: YAJIMA TAKAYOSHI; TSUZUKI ATSUSHI; YAMAGUCHI TOSHIO; ISHIDA MAKOTO; TEWS WALTER;ROTH GUNDULA;TEWS STEFAN;

Applicant: TOYODA GOSEI CO LTD; LITEC-LLL GMBH

Application number:2004-310954

Date of filing:26. 10. 2004

206. JP 2006-108621

Title:SOLID-STATE ELEMENT DEVICE

Date of publication of application:20. 04. 2006

Inventors: SUEHIRO YOSHINOBU; YAMAGUCHI SEIJI;SAWANOBORI SHIGETO;OTSUKA MASAAKI;AIDA KAZUYA;WATABE HIROMI

Applicant:TOYODA GOSEI CO LTD;SUMITA OPTICAL GLASS INC

Application number:2005-140284

Date of filing:12. 05. 2005

207. JP 2006-080165

Title:LIGHT EMITTING DEVICE

Date of publication of application:23. 03. 2006

Inventors: SUEHIRO YOSHINOBU; YAMAGUCHI SEIJI

Applicant:TOYODA GOSEI CO LTD

Application number:2004-260163

Date of filing:07. 09. 2004

208. JP 2006-054211

Title:LIGHT EMITTING DEVICE

Date of publication of application:23. 02. 2006

Inventors:SUEHIRO YOSHINOBU;KATO HIDEAKI;JINME KUNIHIRO

Applicant:TOYODA GOSEI CO LTD

Application number:2004-010385

Date of filing:19. 01. 2004

209. JP 2006-044330

Title:LIGHT EMISSION DEVICE

Date of publication of application:16. 02. 2006

Inventors:TANAKA YOSHIHARU;MISAWA AKIHIRO

Applicant:TOYODA GOSEI CO LTD

Application number:2004-224816

Date of filing:30. 07. 2004

210. JP 2006-044329

Title:LIGHT EMISSION DEVICE

Date of publication of application:16. 02. 2006

Inventors: TAKAHASHI TOSHINORI; MISAWA AKIHIRO;TANAKA YOSHIHARU

Applicant:TOYODA GOSEI CO LTD

Application number:2004-224813

Date of filing:30. 07. 2004

211. JP 2006-013324

Title:LIGHT EMITTING DEVICE

Date of publication of application:12. 01. 2006

Inventors:KATO HIDEAKI

Applicant:TOYODA GOSEI CO LTD

Application number:2004-191422

Date of filing:29. 06. 2004

212. JP 2006-237567

Title: LIGHT-EMITTING DIODE PACKAGE AND METHOD OF MANUFACTURING THE SAME

Date of publication of application :07. 09. 2006

inventors: PARK HO JOON; HWANG WOONG LIN;CHOI SEOG MOON;LEE SUNG JUN;CHOI SANG HYUN;LIM CHANG HYUN

Applicant :SAMSUNG ELECTRO MECH CO LTD

Application number :2005-369625

Date of filing :22. 12. 2005

213. JP 2006-165542

Title:LIGHT EMITTING DEVICE PACKAGE

Date of publication of application :22. 06. 2006 inventor :KIN KYOKON

Applicant :SAMSUNG ELECTRO MECH CO LTD

Application number :2005-339493

Date of filing:24. 11. 2005

214. JP 2006-148132

Title: SIDE LIGHT-EMITTING DEVICE, BACKLIGHT UNIT USING THE SAME AS LIGHT SOURCE, AND LIQUID CRYSTAL DISPLAY APPARATUS EMPLOYING THE SAME

Date of publication of application :08. 06. 2006

Applicant :SAMSUNG ELECTRONICS CO LTD

Application number :2005-337664

Date of filing :22. 11. 2005

215. JP 2006-120590

Title:LIGHT-EMITTING DEVICE, METHOD FOR FORMING LIGHT EMITTER, BACKLIGHT ASSEMBLY HAVING LIGHT-EMITTING DEVICE, AND DISPLAY DEVICE HAVING THE BACKLIGHT ASSEMBLY

Date of publication of application:11. 05. 2006

Inventors:CHO DON-CHAN;KIM HYUN-JIN;NAN SHAKUGEN

Applicant:SAMSUNG ELECTRONICS CO LTD

Application number:2005-013240

Date of filing:20. 01. 2005

216. JP 2006-237649

Title: METHOD FOR FORMING LIGHT-EMITTING DIODE EMITTING COLOR MIXTURE LIGHT OF WHITE COLOR SYSTEM

Date of publication of application:07. 09. 2006

Inventor:TAMEMOTO HIROAKI

Applicant:NICHIA CHEM IND LTD

Application number:2006-159227

Date of filing:08. 06. 2006

217. JP 2006-229249

Title: LIGHT-EMITTING DIODE AND LED DISPLAY DEVICE USING SAME

Date of publication of application:31. 08. 2006

Inventor:SAKANO AKIMASA

Applicant:NICHIA CHEM IND LTD

Application number:2006-135502

Date of filing:15. 05. 2006

218. JP 2006-229055

Title:LIGHT-EMITTING DEVICE

Date of publication of application:31. 08. 2006

Inventor: MIKI MICHIHIDE; TAKINE KENJI; YAMASHITA RYOHEI

Applicant:NICHIA CHEM IND LTD

Application number:2005-042543

Date of filing:18. 02. 2005

219. JP 2006-229054

Title:LIGHT-EMITTING DEVICE

Date of publication of application:31. 08. 2006

Inventors:MIKI MICHIHIDE;TAKINE KENJI;YAMASHITA RYOHEI

Applicant:NICHIA CHEM IND LTD

Application number:2005-042533

Date of filing:18. 02. 2005

220. JP 2006-222463

Title:LIGHT-EMITTING DIODE

Date of publication of application:24. 08. 2006

Inventors: TADATSU YOSHIAKI; NAKAMURA SHUJI

Applicant:NICHIA CHEM IND LTD

Application number:2006-141977

Date of filing :22. 05. 2006

221. JP 2006-073202

Title:LIGHT EMITTING DEVICE

Date of publication of application:16. 03. 2006

Inventors:MAEKAWA KEISUKE

Applicant:NICHIA CHEM IND LTD

Application number:2004-251211

Date of filing:31. 08. 2004

222. JP 2006-237652

Title:TRANSLUCENT ADHESIVE

Date of publication of application:07. 09. 2006

Inventors:YAMADA MOTOKAZU

Applicant:NICHIA CHEM IND LTD

Application number:2006-161363

Date of filing:09. 06. 2006

223. JP 2006-229007

Title: SIDE VIEW TYPE LIGHT EMITTING DEVICE

Date of publication of application:31. 08. 2006
Inventors:TAKINE KENJI;YAMASHITA RYOHEI
Applicant:NICHIA CHEM IND LTD
Application number:2005-041636
Date of filing:18. 02. 2005

224. JP 2006-202894
Title:LIGHT EMITTING DEVICE
Date of publication of application:03. 08. 2006
Inventors:KAMATA KAZUHIRO
Applicant:NICHIA CHEM IND LTD
Application number:2005-011517
Date of filing:19. 01. 2005

225. JP 2006-196529
Title:LIGHT EMITTING DEVICE
Date of publication of application:27. 07. 2006
Inventors:TAMURA YUKI;KAWANO YOSHITAKA;YAMAMOTO FUMIHIRO
Applicant:NICHIA CHEM IND LTD
Application number:2005-004068
Date of filing:11. 01. 2005

226. JP 2006-173498
Title:LIGHT EMITTING DEVICE
Date of publication of application:29. 06. 2006
Inventors:HAMA ATSUTOMO;TAKECHI JUNJI
Applicant:NICHIA CHEM IND LTD
Application number:2004-36664
Date of filing:17. 12. 2004

227. JP 2006-173359
Title:LIGHT EMITTING DEVICE
Date of publication of application:29. 06. 2006
Inventor :SUMIYA NAOFUMI
Applicant:NICHIA CHEM IND LTD
Application number:2004-363808
Date of filing:16. 12. 2004

228. JP 2006-173324
Title:LIGHT EMITTING DEVICE
Date of publication of application:29. 06. 2006
Inventors: HAMA ATSUTOMO; NAGAHAMA SHINICHI
Applicant:NICHIA CHEM IND LTD
Application number:2004-363103
Date of filing:15. 12. 2004

229. JP 2006-167305
Title:LIGHT EMITTING DEVICE
Date of publication of application:29. 06. 2006
Inventors: HAMA ATSUTOMO; HAYASHI YUKIHIRO
Applicant:NICHIA CHEM IND LTD
Application number:2004-366646
Date of filing:17. 12. 2004

230. JP 2006-156704
Title:RESIN MOLDING AND SURFACE-MOUNTED LIGHT EMITTING DEVICE, AND MANUFACTURING METHOD THEREOF
Date of publication of application:15. 06. 2006
Inventors:KURAMOTO MASAFUMI;KISHIMOTO TOMOHISA
Applicant:NICHIA CHEM IND LTD
Application number:2004-345195
Date of filing:30. 11. 2004

231. JP 2006-156668
Title:LIGHT EMITTING DEVICE AND ITS MANUFACTURING METHOD
Date of publication of application:15. 06. 2006
Inventor :OGAWA SATORU
Applicant:NICHIA CHEM IND LTD
Application number:2004-344484
Date of filing:29. 11. 2004

232. JP 2006-156627
Title:SEMICONDUCTOR LASER EQUIPMENT
Date of publication of application:15. 06. 2006
Inventor :OMORI MASAKI
Applicant:NICHIA CHEM IND LTD
Application number:2004-343593
Date of filing:29. 11. 2004

233. JP 2006-152296
Title: NITRIDE FLUORESCENT SUBSTANCE AND LIGHT-EMITTING DEVICE
Date of publication of application:15. 06. 2006
Inventors:TAMAOKI HIROTO;KAMESHIMA MASATOSHI;TAKASHIMA MASARU
Applicant:NICHIA CHEM IND LTD
Application number:2005-338502
Date of filing:24. 11. 2005

234. JP 2006-140532
Title: WHITE LUMINOUS DEVICE, LUMINOUS DEVICE AND FLUORESCENT MATERIAL

Date of publication of application:01. 06. 2006

Inventors: MURAZAKI YOSHINORI; ICHIHARA TAKASHI

Applicant:NICHIA CHEM IND LTD

Application number:2006-018875

Date of filing:27. 01. 2006

235. JP 2006-116508

Title:LIGHT IRRADIATION DEVICE

Date of publication of application:11. 05. 2006

Inventors:YAHIRO HIROTA;ABE MASATOSHI

Applicant:NICHIA CHEM IND LTD

Application number:2004-309944

Date of filing:25. 10. 2004

236. JP 2006-114671

Title:RESIN SEALED LIGHT EMITTING DEVICE

Date of publication of application:27. 04. 2006

Inventor :MATSUUCHI HIROAKI

Applicant:NICHIA CHEM IND LTD

Application number:2004-300059

Date of filing:14. 10. 2004

237. JP 2006-097034

Title: OXYNITRIDE PHOSPHOR AND LIGHT-EMITTING DEVICE USING THE SAME

Date of publication of application:13. 04. 2006

Inventor : TAKASHIMA MASARU; KAMESHIMA MASATOSHI; TAMAOKI HIROTO; NAITO TAKAHIRO

Applicant:NICHIA CHEM IND LTD

Application number:2005-372364

Date of filing:26. 12. 2005

238. JP 2006-093738

Title:SEMICONDUCTOR DEVICE AND METHOD OF MANUFACTURING THE SAME

Date of publication of application:06. 04. 2006

Inventor :KAMATA KAZUHIRO

Applicant:NICHIA CHEM IND LTD

Application number:2005-350274

Date of filing:05. 12. 2005

239. JP 2006-086191

Title:LIGHT-EMITTING DEVICE

Date of publication of application:30. 03. 2006

Inventors:ONO MASATO; SONOBE SHINYA; ISHIDA HIROYUKI; TOKITA TSUKASA

Applicant:NICHIA CHEM IND LTD; KOITO MFG CO LTD

Application number:2004-266841

Date of filing:14. 09. 2004

240. JP 2006-080251

Title: LIGHT-EMITTING DEVICE AND MANUFACTURING METHOD THEREFOR

Date of publication of application:23. 03. 2006

Inventor :AMO TAKAHIRO

Applicant:NICHIA CHEM IND LTD

Application number:2004-261838

Date of filing:09. 09. 2004

241. JP 2006-077259

Title: NITRIDE FLUORESCENT SUBSTANCE AND LIGHT-EMITTING DEVICE USING THE SAME

Date of publication of application:23. 03. 2006

Inventors:TAMAOKI HIROTO;KAMESHIMA MASATOSHI

Applicant:NICHIA CHEM IND LTD

Application number:2005-338506

Date of filing:24. 11. 2005

242. JP 2006-073656

Title:LIGHT EMITTING DEVICE

Date of publication of application:16. 03. 2006

Inventor :NAITO TAKAHIRO

Applicant:NICHIA CHEM IND LTD

Application number:2004-253142

Date of filing:31. 08. 2004

243. JP 2006-073202

Title:LIGHT EMITTING DEVICE

Date of publication of application:16. 03. 2006

Inventor :MAEKAWA KEISUKE

Applicant:NICHIA CHEM IND LTD

Application number:2004-251211

Date of filing:31. 08. 2004

244. JP 2006-070077

Title: RARE EARTH BOROALUMINATE FLUOROPHOR AND LIGHT-EMITTING DEVICE USING THE SAME

Date of publication of application:16. 03. 2006

Inventor :MURAZAKI YOSHINORI

Applicant:NICHIA CHEM IND LTD

Application number:2004-251998

Date of filing:31. 08. 2004

245. JP 2006-070076

Title: RARE EARTH BOROALUMINATE FLUOROPHOR AND LIGHT-EMITTING DEVICE USING THE SAME

Date of publication of application:16. 03. 2006

Inventor :MURAZAKI YOSHINORI

Applicant:NICHIA CHEM IND LTD

Application number:2004-251990

Date of filing:31. 08. 2004

246. JP 2006-049553

Title:LIGHT EMITTING DEVICE

Date of publication of application:16. 02. 2006

Inventors:KAMESHIMA MASATOSHI;TAMAOKI HIROTO;TAKASHIMA MASARU

Applicant:NICHIA CHEM IND LTD

Application number:2004-228075

Date of filing:04. 08. 2004

247. JP 2006-049524

Title: LIGHT EMITTING DEVICE AND MANUFACTURING METHOD THEREOF

Date of publication of application:16. 02. 2006

Inventor :KAMATA KAZUHIRO

Applicant:NICHIA CHEM IND LTD

Application number:2004-227305

Date of filing:03. 08. 2004

248. JP 2006-041096

Title: LIGHT EMISSION DEVICE AND PHOSPHOR

Date of publication of application:09. 02. 2006

Inventor:KINOSHITA SHINPEI

Applicant:NICHIA CHEM IND LTD

Application number:2004-217245

Date of filing:26. 07. 2004

249. JP 2006-019676

Title: HEAT SINK AND SEMICONDUCTOR DEVICE EQUIPPED WITH THE SAME

Date of publication of application:19. 01. 2006

Inventor:MURAYAMA TAKASHIO

Applicant:NICHIA CHEM IND LTD

Application number:2004-301763

Date of filing:15. 10. 2004

250. JP 2006-013311

Title: LIGHT EMITTING DEVICE AND MANUFACTURING METHOD THEREOF

Date of publication of application:12. 01. 2006

Inventor: SOFUE SHINSUKE; MIYANISHI KUNIHARU;FUJII TOSHIYUKI

Applicant:NICHIA CHEM IND LTD

Application number:2004-191295

Date of filing:29. 06. 2004

251. JP 2006-013087

Title: SEMICONDUCTOR LIGHT-EMITTING DEVICE

Date of publication of application:12. 01. 2006

Inventor:ABE EIJI

Applicant:NICHIA CHEM IND LTD

Application number:2004-187135

Date of filing:25. 06. 2004

252. JP 2006-169526

Title: PHOSPHORESCENCE CONVERTING LIGHT EMITTING DEVICE

Date of publication of application:29. 06. 2006

Inventor: MUELLER GERD O; MUELLER-MACH REGINA B;MEYER JOERG;SCHMIDT PETER J;WIECHERT DETLEF U

Applicant: LUMILEDS LIGHTING US LLC; KONINKL PHILIPS ELECTRONICS NV

Application number:2005-357694

Date of filing:12. 12. 2005

253. JP 2006-037097

Title:SEMICONDUCTOR LIGHT EMITTING DEVICE WITH PRE-FABRICATED WAVE LENGTH CONVERTING ELEMENT

Date of publication of application:09. 02. 2006

Inventors:MARTIN PAUL S;MUELLER GERD O; MUELLER-MACH REGINA B; TICHA HELENA; TICHY LADISLAV

Applicant:LUMILEDS LIGHTING US LLC

Application number:2005-198053

Date of filing:09. 06. 2005

254. JP 2006-005367

Title: LUMINESCENT CERAMIC FOR LIGHT EMITTING DEVICE

Date of publication of application:05. 01. 2006

Inventors: MUELLER GERD O; MUELLER-MACH REGINA B;KRAMES MICHAEL R;SCHMIDT PETER J; BECHTEL HANS-HELMUT; MEYER JOERG; DE GRAAF JAN;KOP THEO ARNOLD

Applicant: LUMILEDS LIGHTING US LLC;

KONINKL PHILIPS ELECTRONICS NV

Application number:2005-192799

Date of filing:03. 06. 2005

255. JP 2006-100836

Title: LIGHT-EMITTING DIODE DEVICE AND HEADLIGHT FOR AUTOMOBILE

Date of publication of application:13. 04. 2006

Inventors: HUBER RAINER; REILL JOACHIM; LANG KURT-JURGEN; ENGL MORITZ; HOFFMANN MARKUS; WANNINGER MARIO; SAILER MICHAEL; GROETSCH STEFAN

Applicant: OSRAM OPTO SEMICONDUCTORS GMBH

Application number:2005-284868

Date of filing:29. 09. 2005

256. JP 2006-261540

Title:LIGHT EMITTING DEVICE

Date of publication of application:28. 09. 2006

Inventors:UENO KAZUHIKO;KOTANI TAIJI

Applicant:STANLEY ELECTRIC CO LTD

Application number:2005-079499

Date of filing:18. 03. 2005

257. JP 2006-186197

Title:LIGHT EMITTING DEVICE

Date of publication of application:13. 07. 2006

Inventors:MOGI TAKASHI; WATANABE TOSHIFUMI; TANI NAOAKI; GOUDO YAMATO

Applicant:STANLEY ELECTRIC CO LTD; OLYMPUS CORP

Application number:2004-379895

Date of filing:28. 12. 2004

258. JP 2006-186196

Title:LIGHT EMITTING DEVICE

Date of publication of application:13. 07. 2006

Inventors:MOGI TAKASHI; WATANABE TOSHIFUMI; TANI NAOAKI; GOUDO YAMATO

Applicant:STANLEY ELECTRIC CO LTD; OLYMPUS CORP

Application number:2004-379894

Date of filing:28. 12. 2004

259. JP 2006-135300

Title: MANUFACTURING METHOD OF SEMICONDUCTOR LIGHT EMITTING DEVICE

Date of publication of application:25. 05. 2006

Application number:2005-245038

Date of filing:25. 08. 2005

Applicant:STANLEY ELECTRIC CO LTD

Inventor: HARADA MITSUNORI

260. JP 2006-100543

Title: METHOD FOR MANUFACTURING SEMICONDUCTOR LIGHT-EMITTING DEVICE

Date of publication of application:13. 04. 2006

Inventor:HARADA MITSUNORI

Applicant:STANLEY ELECTRIC CO LTD

Application number:2004-284416

Date of filing :29. 09. 2004

261. JP 2006-086193

Title:LED DEVICE

Date of publication of application:30. 03. 2006

Inventor:KURIYAMA MAKI

Applicant:STANLEY ELECTRIC CO LTD

Application number:2004-266917

Date of filing:14. 09. 2004

262. JP 2006-080141

Title: LUMINESCENT DEVICE, LEADFRAME USED THEREFOR AND MANUFACTURING METHOD OF LEADFRAME

Date of publication of application:23. 03. 2006

Inrentors: TOSHIKATSU; MORIKAWA TOSHIAKI; OTAKA ATSUSHI

Applicant: STANLEY ELECTRIC CO LTD; HITACHI CABLE PRECISION CO LTD

Application number:2004-259716

Date of filing:07. 09. 2004

Inventor: AOKI MASARU; SUMI KAZUNOBU; HIROE

263. JP 2006-237609.

Title: SEMICONDUCTOR LIGHT EMITTING DEVICE AND METHOD FOR MANUFACTURING SAME

Date of publication of application:07. 09. 2006

Inventor:CHEW TONG FATT

Applicant:AGILENT TECHNOL INC

Application number:2006-045137

Date of filing:22. 02. 2006

264. JP 2006-135328

Title: LATERAL SURFACE LIGHT-EMISSION LED DEVICE AND MANUFACTURING METHOD THEREOF

Date of publication of application:25. 05. 2006

Inventor:CHEW TONG FATT

Applicant:AGILENT TECHNOL INC

Application number:2005-319322

Date of filing:02. 11. 2005

265. JP 2006-114900

Title: DEVICE AND METHOD OF EMITTING OUTPUT LIGHT USING QUANTUM DOT AND NON-QUANTUM FLUORESCENCE MATERIAL

Date of publication of application:27. 04. 2006

Inventors: CHUA JANET BEE YIN; PAN KOK CHIN; NG KEE YEAN; TAN KHENG LENG; TAJUL AROSH BAROKY

Applicant:AGILENT TECHNOL INC

Application number:2005-296064

Date of filing:11. 10. 2005

266. JP 2006-093671

Title:METHOD AND DEVICE FOR MIXING MULTIPLE LIGHT SOURCES

Date of publication of application:06. 04. 2006

Inventors:FOONG KAR PHOOI; GOH MEI YEN; LIM KOK PENG

Applicant:AGILENT TECHNOL INC

Application number:2005-239870

Date of filing:22. 08. 2005

267. JP 2006-060238

Title:DEVICE AND METHOD FOR GENERATING OUTPUT LIGHT HAVING WAVELENGTH SPECTRUM IN VISIBLE AND INFRARED WAVELENGTH RANGES BY USING FLUORESCENT MATERIAL

Date of publication of application:02. 03. 2006

Inventors: CHUA JANET BEE YIN; PAN KOK CHIN;NG KEE YEAN;TAN KHENG LENG;BAROKY TAJUL A

Applicant:AGILENT TECHNOL INC

Application number:2005-241439

Date of filing:23. 08. 2005

268. JP 2006-060204

Title:SELF-MONITORING LIGHT EMITTING DEVICE

Date of publication of application:02. 03. 2006

Inventor:COLEMAN CHRISTOPHER L

Applicant:AGILENT TECHNOL INC

Application number:2005-217071

Date of filing:27. 07. 2005

269. JP 2006-032949

Title: LIGHT EMITTING DEVICE USING DEEP ULTRAVIOLET RADIATION

Date of publication of application:02. 02. 2006

Inventors: BAROKY TAJUL AROSH; CHUA JANET BEE YIN; TAN KHENG LENG; PAN KOK CHIN;NG KEE YEAN

Applicant:AGILENT TECHNOL INC

Application number:2005-198114

Date of filing:06. 07. 2005

270. JP 2006-024935

Title: DEVICE AND METHOD OF EMITTING OUTPUT LIGHT USING IIA/IIB GROUP SELENIDE SULFUR BASED PHOSPHOR MATERIAL

Date of publication of application:26. 01. 2006

Inventors: CHUA JANET BEE YIN; NG KEE YEAN;AHMAD AZLIDA

Applicant:AGILENT TECHNOL INC

Application number:2005-196200

Date of filing:05. 07. 2005

271. JP 2006-022331

Title:PHOSPHOR-CONVERTED WHITE LED

Date of publication of application:26. 01. 2006

Inventors: CHUA JANET BEE YIN; MENKARA HISHAM; SUMMERS CHRISTOPHER J; WAGNER BRENT K

Applicant:AGILENT TECHNOL INC

Application number:2005-196194

Date of filing:05. 07. 2005

272. JP 2006-032491

Title: METHOD AND DEVICE FOR EMITTING WHITE LIGHT CAPABLE OF BEING ADJUSTED IN COLOR AND TEMPERATURE

Date of publication of application:02. 02. 2006

Inventor:SU HUNG-YUAN

Applicant:LITE-ON TECHNOLOGY CORP

Application number:2004-206227

Date of filing:13. 07. 2004

273. JP 2006-120833

Title:PACKAGE STRUCTURE OF ELECTRO-OPTICAL SEMICONDUCTOR

Date of publication of application:11. 05. 2006

Inventors: OHEIRYU; ZHUANG FENGHUI; WU SHIH-YU;KO CHING-HUNG;WENG CHUN-CHENG

Applicant: HARVATEK CORP

Application number: 2004-306730

Date of filing: 21. 10. 2004

274. JP 2006-173561

Title: LEAD FRAME HAVING HEAT SINK SUPPORTING RING, MANUFACTURING METHOD FOR LIGHT EMITTING DIODE PACKAGE USING IT, AND LIGHT EMITTING DIODE PACKAGE MANUFACTURED BY USING IT

Date of publication of application: 29. 06. 2006

Inventors: KIN DOKYO; LEE CHUNG HOON; LEE KEON YOUNG

Applicant: SEOUL SEMICONDUCTOR CO LTD

Application number: 2005-175721

Date of filing: 15. 06. 2005

275. JP 2006-229205

Title: HIGH-POWER LED HOUSING AND METHOD OF MANUFACTURING THE SAME

Date of publication of application: 31. 08. 2006

Inventors: KIM CHANG WOOK; LEE SEON GOO

Applicant: SAMSUNG ELECTRO-MECHANICS CO LTD

Application number: 2006-003625

Date of filing: 11. 01. 2006

276. JP 2006-216953

Title: LIGHT EMITTING DIODE DEVICE

Date of publication of application: 17. 08. 2006

Inventors: CHO JAE-HEE; KIM JONG-KYU; SON TETSUSHU; SCHUBERT E FRED

Applicant: SAMSUNG ELECTRONICS CO LTD; RENSSELAER POLYTECHNIC INST

Application number: 2006-023877

Date of filing: 31. 01. 2006

277. JP 2006-216939

Title: SIDE REFLECTING LIGHT EMITTING DIODE PACKAGE

Date of publication of application: 17. 08. 2006

Inventors: PARK YOUNG SAM; KIM HYUNG SUK; PARK JUNG KYU; AHN HO SIK; JEONG YOUNG JUNE; HAHM HUN JOO; KIM BUM JIN

Applicant: SAMSUNG ELECTRO-MECHANICS CO LTD

Application number: 2005-377172

Date of filing: 28. 12. 2005

278. JP 2006-210909

Title: SIDE VIEW LED PACKAGE HAVING LEAD FRAME STRUCTURE ADAPTED TO IMPROVE RESIN FLOW

Date of publication of application: 10. 08. 2006

Inventors: KIM CHANG WOOK; SONG YOUNG JAE

Applicant: SAMSUNG ELECTRO-MECHANICS CO LTD

Application number: 2005-378369

Date of filing: 28. 12. 2005

279. JP 2006-210904

Title: LED PACKAGE FRAME AND LED PACKAGE USING THE SAME

Date of publication of application: 10. 08. 2006

Inventors: PARK YOUNG SAM; LEE SEUNG ICK; HAHM HUN JOO; KIM HYUNG SUK; KIM BUM JIN; JEONG YOUNG JUNE; AHN HO SIK; PARK JUNG KYU

Applicant: SAMSUNG ELECTRO-MECHANICS CO LTD

Application number: 2005-376056

Date of filing: 27. 12. 2005

280. JP 2006-209076

Title: LIGHT GUIDE BODY AND SURFACE LIGHT-EMITTING DEVICE USING THE SAME

Date of publication of application: 10. 08. 2006

Inventors: TAMURA YUKI; OMURA JUN; ICHIMORI TAKU

Applicant: NICHIA CHEM IND LTD

Application number: 2005-256534

Date of filing: 05. 09. 2005

281. JP 2006-032370

Title: LIGHT EMITTING DEVICE

Date of publication of application: 02. 02. 2006

Inventor: ABE EIJI

Applicant: NICHIA CHEM IND LTD

Application number: 2004-204111

Date of filing: 12. 07. 2004

282. JP 2006-189825

Title: LED PACKAGE, ILLUMINATION SYSTEM AND PROJECTION SYSTEM EMPLOYING THE SAME

Date of publication of application: 20. 07. 2006

Inventor: LEE GYE HUN

Applicant:SAMSUNG ELECTRONICS CO LTD
Application number:2005-358217
Date of filing:12. 12. 2005

283. JP 2006-261663
Title :SIDE-EMITTING LIGHT EMITTING DIODE PACKAGE HAVING SCATTERING REGION AND BACKLIGHT EQUIPMENT COMPRISING THIS
Date of Pulication :28. 09. 2006
Inventors :KIM BUM JIN;KIM HYUNG SUK;AHN HO SIK;YOUNG JUNE JEONG;YANG SUNG MIA
Applicant: SAMSUNG ELECTRO-MECHANICS CO LTD
Application number :2006-021894
Filing Date :07. 03. 2006

284. JP 2006-261366
Title: METHOD FOR PACKAGING LED TO PRINTED-WIRING BOARD, AND LED PACKAGING PRINTED-WIRING BOARD
Date of Publication :28. 09. 2006
Inventor:TANAKA NOBORU
Applicant:REIMEI GIKEN KOGYO KK
Application number :2005-076410
Filing Date :17. 03. 2005

285. JP 2006-253689
Title: PACKAGING OF LED WITH HIGH PERFORMANCE FOR HEAT DISSIPATION
Date of Publication :21. 09. 2006
Inventors :MOK THYE LINN;TAN SIEW KIM;NG SHIN WEN
Applicant:AVAGO TECHNOLOGIES GENERAL IP (SINGAPORE) PRIVATE LTD
Application number :2006-062043
Filing Date :08. 03. 2006

286. JP 2006-253421
Title:LIGHT EMITTING DIODE
Date of Publication :21. 09. 2006
Inventors :IMAI SADATO;NISHIDA ATSUSHI
Applicant:CITIZEN ELECTRONICS CO LTD
Application number :2005-068185
Filing Date :10. 03. 2005

287. JP 2006-251149
Title: ILLUMINATION DEVICE AND PROJECTION TYPE PICTURE DISPLAY DEVICE
Date of Publication :21. 09. 2006
Inventor:INAMOTO MASAYUKI
Applicant:FUJINON CORP
Application number :2005-065370
Filing Date :09. 03. 2005

288. JP 2006-245058
Title:GaN SERIES LIGHT EMITTING DIODE AND LIGHT EMITTING DEVICE
Date of Publication :14. 09. 2006
Inventors : HIRAOKA SUSUMU; OKAGAWA HIROAKI;SHIROICHI TAKAHIDE
Applicant:MITSUBISHI CABLE IND LTD
Application number :2005-054870
Filing Date:28. 02. 2005

289. JP 2006-245020
Title:LIGHT EMITTING DIODE ELEMENT AND MANUFACTURING METHOD THEREOF
Date of Publication :14. 09. 2006
Inventor:KAMOSHITA SHOICHI
Applicant:SHARP CORP
Application number :2005-054141
Filing Date :28. 02. 2005

290. JP 2006-236646
Title:LIGHTING FIXTURE
Date of Publication :07. 09. 2006
Inventors:KOBAYASHI MASAKI;OKAMOTO FUTOSHI; MAEHARA MINORU; WATANABE; KATSUMI;SAKAI KAZUHIKO
Applicant:MATSUSHITA ELECTRIC WORKS LTD
Application number :2005-046612
Filing Date :23. 02. 2005

291. JP 2006-236636
Title: LIGHTING DEVICE AND LIGHTING FIXTURE USING THE SAME
Date of Publication :07. 09. 2006
Inventors :KOBAYASHI MASAKI;OKAMOTO FUTOSHI; MAEHARA MINORU; WATANABE KATSUMI;SAKAI KAZUHIKO
Applicant:MATSUSHITA ELECTRIC WORKS LTD
Application number :2005-046402
Filing Date :23. 02. 2005

292. JP 2006-229043
Title:BEAM SHUTTER IN LED PACKAGE
Date of Publication :31. 08. 2006
Inventor:WATANABE EIJI

Applicant: FUJI FILM MICRODEVICES CO LTD、FUJI PHOTO FILM CO LTD

Application number :2005-042280

Filing Date :18. 02. 2005

293. 2006-222430

Title: BEAM SHUTTER IN LED PACKAGE

Date of Publication :24. 08. 2006

Inventors :WALL FRANKLIN J JR

Applicant: PHILIPS LUMILEDS LIGHTNG CO LLC

Application number :2006-030175

Filing Date :07. 02. 2006

294. JP 2006-221931

Title: THIN ELECTROCHEMICAL CELL AND ELECTRONIC APPARATUS

Date of Publication :24. 08. 2006

Inventors : KOSEKI HIROYUKI、TAWARA KENSUKE、WATANABE、SHUNJI

Applicant: SII MICRO PARTS LTD

Application number :2005-033412

Filing Date :09. 02. 2005

295. JP 2006-220625

Title: INFRARED GAS DETECTOR

Date of Publication :24. 08. 2006

Inventors : YOSHIDA TAKAHIKO; MAKINO YASUAKI

Applicant: DENSO CORP

Application number :2005-036711

Filing Date :14. 02. 2005

296. JP 2006-216609

Title: STRUCTURE AND ILLUMINATION MEMBER OF ILLUMINATION SECTION OF ELECTRONIC EQUIPMENT

Date of Publication :17. 08. 2006

Inventor: HARUYAMA SHUNJI

Applicant: TOSHIBA CORP

Application number :2005-025416

Filing Date :01. 02. 2005

297. JP 2006-210672

Title: CONNECTING TERMINAL, PACKAGE FOR HOUSING ELECTRONIC PART USING IT AND ELECTRONIC DEVICE

Date of Publication :10. 08. 2006

Inventor: OGASAWARA ATSUSHI

Application number :2005-021181

Filing Date :28. 01. 2005

298. JP 2006-202977

Title: SUBSTRATE AND MANUFACTURING METHOD THEREOF, AND SEMICONDUCTOR PACKAGE AND MANUFACTURING METHOD THEREOF

Date of Publication :03. 08. 2006

Inventors :MAKIMOTO SHINSAKU、SAKAEMORI AKIHISA

Applicant :SONY CORP

Application number :2005-012973

Filing Date :20. 01. 2005

299. JP 2006-196672

Title: PACKAGE FOR STORING ELECTRONIC COMPONENTS AND ELECTRONIC DEVICE

Date of Publication :27. 07. 2006

Inventors :HIRASAWA UMI; KIZU SHOJIRO

Applicant :KYOCERA CORP

Application number :2005-006548

Filing Date :13. 01. 2005

300. JP 2006-190961

Title: LIGHT EMITTING DIODE PACKAGE AND MANUFACTURING PROCESS THEREFOR

Date of Publication :20. 07. 2006

Inventors : LIN MING-DE; HUANG SHENG-PAN; KUO CHIA-TAI; CHEN CHIU-LING; CHIANG YA-HUI; LIN MING-YAO

Application :IND TECHNOL RES INST

Application number :20. 07. 2006

Filing Date :05. 08. 2005

301. JP 2006-190951

Title: LIGHT EMITTING DIODE PACKAGE AND ITS MANUFACTURING PROCESS

Date of Publication :20. 07. 2006

Inventors : CHEN MING-HUNG; WEN SHIH-YI; KUO WU-CHENG; CHEN BING-RU; WENG JUI-PING; LEE

Applicant: IND TECHNOL RES INST

Application number :2005-195643

Filing Date :05. 07. 2005

302. JP 2006-185710

Title : SECONDARY BATTERY AND BATTERY PACK

Date of Publication: 13. 07. 2006

InventorsTANJO YUJI
Applicant:NISSAN MOTOR CO LTD
Application number :2004-376969
Filing Date :27. 12. 2004

303. JP 2006-181722
Title :LIQUID VESSEL AND RECORDING APPARATUS
Date of Publication :13. 07. 2006
Inventors: KITAHATA KENJI; HAYASHIZAKI KIMIYUKI;HATASA NOBUYUKI;OCHIAI TAKAYUKI;WATANABE SHINJI
Applicant:CANON INC
Application number :2004-374490
Filing Date :24. 12. 2004

304. JP 2006-179862
Title :LIGHT EMITTING DIODE ARRAY PACKAGE STRUCTURE AND METHOD THEREOF
Date of Publication :06. 07. 2006
Inventors: TU SHUN-LIH; CHUANG CHIH-HUNG; CHUNG HUAI-KU; YANG CHIA-FENG; YANG CHENG-WEI; HAN TSU-AN; WANG HUNG-TUNG;HUNG CHIEN-CHEN
Applicant:OPTO TECH CORP
Application number :2005-271476
Filing Date :20. 09. 2005

305. JP 2006-174011
Title : HIGH-FREQUENCY INTEGRATED CIRCUIT
Date of Publication :29. 06. 2006
Inventors: KANEKO TETSUYA; AKAIHARA KUNIHIKO;KITAMURA YORIHIRO
Applicant:MATSUSHITA ELECTRIC IND CO LTD
Application number :2004-362750
Filing Date :15. 12. 2004

306. JP 2006-173605
Title : PACKAGED ELECTRONIC DEVICE AND ITS MANUFACTURING METHOD
Date of Publication :29. 06. 2006
Inventors: NG KEE YEAN; KOAY HUI PENG; KUAN YEW CHEO
Applicant:AGILENT TECHNOL INC
Application number :2005-353136
Filing Date :07. 12. 2005

307. JP 2006-173321
Title :SEMICONDUCTOR DEVICE AND ITS MANUFACTURING METHOD
Date of Publication :29. 06. 2006
Inventor:MURATSU HIROYUKI
Applicant:TOSHIBA CORP
Application number :2004-362985
Filing Date :15. 12. 2004

308. JP 2006-157025
Title :CHIP FOR HIGHLY EFFICIENT HEAT DISSIPATION AND LIGHT INTENSITY
Inventor:YANG CHIU-CHUNG
Date of Publication :15. 06. 2006
Applicant:YANG CHIU-CHUNG
Application number :2005-346314
Filing Date :30. 11. 2005

309. JP 2006-148758
Title :QUARTZ OSCILLATOR PACKAGE
Date of Publication :08. 06. 2006
Inventors:MINAMI KAZUAKI、IHIDE、TO AKIRA、OBAYASHI HIROKAZU
Applicant:KYOCERA KINSEKI CORP
Application number :2004-338810
Filing Date :24. 11. 2004

310. JP 2006-147972
Title : PACKAGE FOR HOUSING ELECTRONIC PART ELEMENT, ELECTRONIC DEVICE AND PACKAGING STRUCTURE THEREOF
Date of Publication :08. 06. 2006
Inventors:MITSUTAKE MASATAKA
Applicant:KYOCERA CORP
Application number :2004-338504
Filing Date :24. 11. 2004

311. JP 2006-147744
Title :LIGHT SOURCE DEVICE AND PROJECTOR USING THE DEVICE
Date of Publication :08. 06. 2006
Inventor:NAKAMURA NORIO
Applicant:SEIKO EPSON CORP
Application number :2004-334054
Filing Date :18. 11. 2004

312. JP 2006-140143
Title :BASE FOR ANNULAR LAMP, ANNULAR FLUORESCENT LAMP, AND LIGHTING FIXTURE
Date of Publication :01. 06. 2006

Inventors: YAMADA ICHIRO; OSHIDA MASAHIKO; IRAMA TAKASHI; AITO NOBUHIRO

Applicant: TOSHIBA LIGHTING & TECHNOLOGY CORP、TOSHIBA SHOMEI PRECISION KK

Application number :2005-300116

Filing Date :14. 10. 2005

313. JP 2006-135317

Title : LED ILLUMINATION SYSTEM HAVING INTENSITY MONITORING SYSTEM

Date of Publication :25. 05. 2006

Inventors: NG FOOK CHUIN; G KEE YEAN; HENG HENG YOW

Applicant: AGILENT TECHNOL INC

Application number :2005-308202

Filing Date :24. 10. 2005

314. JP 2006-133434

Title :LED DISPLAY DEVICE

Date of Publication :25. 05. 2006

Inventors: MIYATA MASATOMO; YAKE MANABU; AMAMOTO HAJIME

Applicant: FUJITSU GENERAL LTD

Application number :2004-321400

Filing Date :05. 11. 2004

315. JP 2006-128710

Title :PACKAGE-INTEGRATED THIN-FILM LED

Date of Publication :18. 05. 2006

Inventors: EPLER JOHN; ARTIN PAUL S; RAMES MICHAEL R

Applicant: LUMILEDS LIGHTING US LLC

Application number :2005-342796

Filing Date :28. 10. 2005

316. JP 2006-128701

Title : UNIVERSAL CONNECTION PAD AND HIGH-OUTPUT LED PACKAGE HAVING CONNECTION STRUCTURE

Date of Publication :

Inventor: YAN XIANTAO

Applicant: LEDENGIN INC

Application number :2005-315150

Filing Date :28. 10. 2005

317. JP 2006-128700

Title :LIGHT-EMITTING DEVICE HAVING MATERIAL ADAPTIVE TO HEAT INSULATION AND REFRACTIVE INDEX

Date of Publication :18. 05. 2006

Inventor: YAN XIANTAO

Applicant: LEDENGIN INC

Application number :2005-315149

Filing Date :28. 10. 2005

318. JP 2006-128264

Title :WIRING BOARD AND METHOD FOR MANUFACTURING ELECTRONIC DEVICE

Date of Publication :

Inventors: HIRAYAMA KOICHI; MUTA KAZUHITO

Applicant: KYOCERA CORP

Application number :2004-312158

Filing Date :27. 10. 2004

319. JP 2006-128183

Title :PACKAGE FOR STORING SEMICONDUCTOR ELEMENT AND SEMICONDUCTOR DEVICE

Date of Publication :18. 05. 2006

Inventor: HASEGAWA TAKESHI

Application number :2004-310857

Filing Date :26. 10. 2004

320. JP 2006-128182

Title :PACKAGE FOR STORING OPTICAL SEMICONDUCTOR ELEMENT, AND OPTICAL SEMICONDUCTOR DEVICE

Date of Publication :18. 05. 2006

Inventors: HASEGAWA TAKESHI; UTAKE MASATAKA

Applicant: KYOCERA CORP

Application number :2004-310854

Filing Date :26. 10. 2004

321. JP 2006-128161

Title :LIGHT EMITTING ELEMENT MOUNTING STRUCTURE AND METHOD OF MANUFACTURING THE SAME

Date of Publication :18. 05. 2006

Applicant: MATSUSHITA ELECTRIC IND CO LTD

Inventors: ISHIKAWA TAKATOSHI; RITA KIYOSHI; AJI HIROSHI

Application number :2004-310515

Filing Date :26. 10. 2004

322. JP 2006-119635

Title :PLASMA DISPLAY APPARATUS

Date of Publication :11. 05. 2006

Applicant:SAMSUNG SDI CO LTD
Inventors:KIN KISEI;KANG TAE-KYOUNG
Application :SAMSUNG SDI CO LTD
Application number :2005-290834
Filing Date :04. 10. 2005

323. JP 2006-100658
Title :CHIP TYPE CAPACITOR
Date of Publication :13. 04. 2006
Inventors: NAKAMURA TOSHIO; TAKEDA MICHIO
Application :NIPPON CHEMICON CORP
Application number :2004-286257
Filing Date :30. 09. 2004

324. JP 2006-093435
Title :LED DEVICE
Date of Publication :06. 04. 2006
Inventor:HANYA AKIHIKO
Application :STANLEY ELECTRIC CO LTD
Application number :2004-277764
Filing Date :24. 09. 2004

325. JP 2006-093359
Title :LIGHT EMITTING DEVICE
Date of Publication :06. 04. 2006
Inventors: TEJIMA MASATAKA; OURA MUTSUYUKI
Application : KOHA CO LTD OKUMURA YU-KI CO LTD
Application number :2004-276172
Filing Date :22. 09. 2004

326. JP 2006-093253
Title : HEAT DISSIPATION STRUCTURE OF HEATING ELEMENT
Date of Publication :06. 04. 2006
Inventor:AJIMINE BENSEI
Application :ALPINE ELECTRONICS INC
Application number :2004-274375
Filing Date :22. 09. 2004

327. JP 2006-089150
Title :YARN CONNECTING METHOD IN YARN-WINDING MACHINE, AND YARN-WINDING MACHINE
Date of Publication :06. 04. 2006
Inventor:UMEHARA YOSHITO
Application :MURATA MACH LTD
Application number :2004-272716
Filing Date :21. 09. 2004

328. JP 2006-086985
Title : SEMICONDUCTOR DEVICE, IMAGE READING UNIT, AND IMAGE FORMING APPARATUS
Date of Publication :30. 03. 2006
Inventors: NAKAJIMA MITSURU; KANETANI SHISEI; KOBAYASHI SHIGEO; FUJITA SHIGERU; KODAMA AKINARI
Application :RICOH CO LTD
Application number :2004-271797
Filing Date :17. 09. 2004

329. JP 2006-086413
Title :LIGHTING CONTROL CIRCUIT OF VEHICULAR LIGHTING FIXTURE
Date of Publication :30. 03. 2006
Inventors:TAKEDA HITOSHI;ITO MASAYASU
Application :KOITO MFG CO LTD
Application number :2004-271201
Filing Date :17. 09. 2004

330. JP 2006-086391
Title :LED PACKAGE
Date of Publication :30. 03. 2006
Inventor:FUKUSHIMA DAISUKE
Application :NEC SCHOTT COMPONENTS CORP
Application number :2004-270783
Filing Date :17. 09. 2004

331. JP 2006-080525
Title : MONOLITHIC MULTICOLORED MULTIPLE QUANTUM WELL SEMICONDUCTOR LIGHT EMITTING DIODE
Date of Publication :23. 03. 2006
Inventor: MONOLITHIC MULTICOLORED MULTIPLE QUANTUM WELL SEMICONDUCTOR LIGHT EMITTING DIODE
Application :BLUE PHOTONICS INC
Application number :2005-260522
Filing Date :08. 09. 2005

332. JP 2006-079859
Title : MONOLITHIC MULTICOLORED MULTIPLE QUANTUM WELL SEMICONDUCTOR LIGHT EMITTING DIODE
Date of Publication :23. 03. 2006

Inventors: ANODE PLATE FOR SECONDARY BATTERY, SECONDARY BATTERY USING THE ANODE, AND MANUFACTURING METHOD OF THE ANODE PLATE FOR SECONDARY BATTERY

Application :NISSAN MOTOR CO LTD

Application number :2004-260108

Filing Date :07.09.2004

333. JP 2006-079858

Title :SECONDARY BATTERY

Date of Publication :23.03.2006

Inventor:TANJO YUJI

Application :NISSAN MOTOR CO LTD

Application number :2004-260102

Filing Date :07.09.2004

334. JP 2006-054329

Title : LIGHT SOURCE DEVICE, AND PROJECTOR

Date of Publication :23.02.2006

Inventor:SEKI HIDEYA

Application :SEIKO EPSON CORP

Application number :2004-235137

Filing Date :12.08.2004

335. JP 2006-054321

Title : PACKAGE FOR ELECTRONIC COMPONENT AND PIEZOELECTRIC OSCILLATOR EMPLOYING THE PACKAGE

Date of Publication :23.02.2006

Inventor:HANAKI TETSUYA

Application :DAISHINKU CORP

Application number :2004-234893

Filing Date :11.08.2004

336. JP 2006-049735

Title :LED AND ITS MANUFACTURING METHOD

Date of Publication :16.02.2006

Inventor:UENO KAZUHIKO

Application :STANLEY ELECTRIC CO LTD

Application number :2004-231828

Filing Date :09.08.2004

337. JP 2006-047326

Title : PACKAGE FOR PRESSURE DETECTOR, AND PRESSURE DETECTOR

Date of Publication :16.02.2006

Inventors:FURUMOTO YUICHI;TOKI HIROSHI

Application :KYOCERA CORP

Application number :2005-308906

Filing Date :24.10.2005

338. JP 2006-044733

Title :PACKAGING BAG AND POUCH CONTAINER WITH SPOUT

Date of Publication :16.02.2006

Inventors:TERADA TAKAYUKI;IITAKA MISATO

Application :FUJI SEAL INTERNATIONAL INC

Application number :2004-227874

Filing Date :04.08.2004

339. JP 2006-044480

Title :AIR BAG DEVICE

Date of Publication :16.02.2006

Inventor:SHIBATA TOMOHIKO

Application :HINO MOTORS LTD

Application number :2004-229002

Filing Date :05.08.2004

340. JP 2006-041932

Title :DIFFERENTIAL OUTPUT PIEZOELECTRIC OSCILLATOR AND ELECTRONIC EQUIPMENT

Date of Publication :09.02.2006

Inventors: SHINDO TAKEHIKO; TAKEBAYASHI YUICHI

Application :SEIKO EPSON CORP

Application number :2004-218961

Filing Date :27.07.2004

341. JP 2006-041456

Title : PACKAGE FOR CONTAINING OPTICAL SEMICONDUCTOR ELEMENT AND OPTICAL SEMICONDUCTOR DEVICE

Date of Publication :09.02.2006

Inventor:HASEGAWA TAKESHI

Application :KYOCERA CORP

Application number :2004-280133

Filing Date :27.09.2004

342. JP 2006-041288

Title :PACKAGE FOR CONTAINING ELECTRONIC COMPONENT AND ELECTRONIC DEVICE

Date of Publication :09.02.2006

Inventors:UEDA YOSHIAKI;TANAKA NOBUYUKI

Application :KYOCERA CORP

Application number :2004-220836

Filing Date :28. 07. 2004

343. JP 2006-041270

Title : PACKAGE FOR CONTAINING OPTICAL SEMICONDUCTOR ELEMENT AND OPTICAL SEMICONDUCTOR DEVICE

Date of Publication :09. 02. 2006

Inventor: HASEGAWA TAKESHI

Application :KYOCERA CORP

Application number :2004-220545

Filing Date :28. 07. 2004

344. JP 2006-041179

Title :CERAMIC PACKAGE FOR LED AND ITS MANUFACTURING METHOD

Date of Publication :09. 02. 2006

Inventor: WAKAKO HISASHI

Application :NGK SPARK PLUG CO LTD

Application number :2004-218851

Filing Date :27. 07. 2004

345. JP 2006-034681

Title : BIOMEDICAL ELECTRODE UNIT PACKAGE AND METHOD FOR JUDGING AND TESTING QUALITY THEREOF

Date of Publication :09. 02. 2006

Inventors: KOIKE YASUAKI; HARADA HAJIME

Application :NIPPON KODEN CORP

Application number :2004-219957

Filing Date :28. 07. 2004

346. JP 2006-032804

Title :LIGHT EMITTING DEVICE AND ITS MANUFACTURING METHOD

Date of Publication :02. 02. 2006

Inventors: MATSUDA MASASHI; OTSUKA SHUNSUKE

Application :KOHA CO LTD

Application number :2004-212270

Filing Date :20. 07. 2004

347. JP 2006-032474

Title :SEMICONDUCTOR DEVICE AND ITS MANUFACTURING METHOD

Date of Publication :02. 02. 2006

Inventors: OTAKE TAKUMI

Application : MATSUSHITA ELECTRIC IND CO LTD

Application number :2004-205968

Filing Date :13. 07. 2004

348. JP 2006-024794

Title : FULL-COLOR LIGHT-EMITTING DIODE DEVICE

Date of Publication :26. 01. 2006

Inventors: WATANABE TAKAFUMI; MATSUMOTO AKIHISA

Application :SANYO ELECTRIC CO LTD TOTTORI SANYO ELECTRIC CO LTD

Application number :2004-202297

Filing Date :08. 07. 2004

349. JP 2006-024595

Title :PACKAGE FOR HOUSING LIGHT EMITTING DEVICE

Date of Publication :26. 01. 2006

Inventors: GOTO KUNIHIRO; TANAKA SHIGEAKI; UMETSU NAOYUKI

Application :TOKUYAMA CORP

Application number :2004-198861

Filing Date :06. 07. 2004

350. JP 2006-019598

Title :LIGHT EMITTING DIODE

Date of Publication :19. 01. 2006

Inventors: OKUWAKI DAISAKU; SHIMURA TAKASHI

Application :CITIZEN ELECTRONICS CO LTD

Application number :2004-197480

Filing Date :05. 07. 2004

351. JP 2006-013264

Title :PACKAGE FOR ACCOMMODATING OPTICAL SEMICONDUCTOR DEVICE, AND OPTICAL SEMICONDUCTOR APPARATUS

Date of Publication :12. 01. 2006

Inventors: HASEGAWA TAKESHI; IMUTA KAZUHITO

Application :KYOCERA CORP

Application number :2004-190563

Filing Date :28. 06. 2004

352. JP 2006-013260

Title : ELECTRONIC COMPONENT HOUSING PACKAGE AND ELECTRONIC APPARATUS

Date of Publication :12. 01. 2006

Inventor: KIMURA TAKASHI

Application :KYOCERA CORP

Application number :2004-190466

Filing Date :28. 06. 2004

353. JP 2006-012622

Title : PACKAGE FOR LIGHT EMITTING ELEMENT

Date of Publication :12. 01. 2006

Inventors: IMAI TAKAHARU; NOMURA YOSHITOSHI; NAKAJIMA CHIZUO; HANAI KUNIHISA; YADA SETSUO; WAKAKO HISASHI

Application : MATSUSHITA ELECTRIC WORKS LTD

Application number :2004-188746

Filing Date :25. 06. 2004

354. JP 2006-005091

Title : PACKAGE FOR LIGHT EMITTING ELEMENT

Date of Publication :05. 01. 2006

Inventors: IMAI TAKAHARU; NOMURA YOSHITOSHI; NAKAJIMA CHIZUO; HANAI KUNIHISA; YADA SETSUO; WAKAKO HISASHI

Application :NGK SPARK PLUG CO LTD

Application number :2004-178611

Filing Date :16. 06. 2004

355. JP 2006-004632

Title :LIGHTING DEVICE

Date of Publication :05. 01. 2006

Inventors:UENAKA YUKIO;SEO SHUZO

Application :PENTAX CORP

Application number :2004-176366

Filing Date :15. 06. 2004

356. JP 2006-237570

Title:LIGHT-EMITTING DIODE PACKAGE WITH INTEGRATED PHOTODIODE FOR MONITOR

Date of publication of application :07. 09. 2006

Inventors:LEE SUNG JUN; HWANG WOONG LIN; CHOI SEOG MOON; PARK HO JOON; CHOI SANG HYUN; LIM CHANG HYUN

Applicant :SAMSUNG ELECTRO MECH CO LTD

Application number :2005-375514

Date of filing:27. 12. 2005

357. JP 2006-222412

Title:LIGHT EMITTING APPARATUS

Date of publication of application :24. 08. 2006

Inventors: ISHIZAKA MITSUSATO; ISHII HIROHIKO

Applicant :CITIZEN ELECTRONICS CO LTD

Application number :2005-346598

Date of filing :30. 11. 2005

358. JP 2006-216623

Title:LIGHT-EMITTING DIODE

Date of publication of application :17. 08. 2006

Inventor :KIKUCHI SATORU

Applicant :CITIZEN ELECTRONICS CO LTD

Application number :2005-025682

Date of filing :01. 02. 2005

359. JP 2006-210724

Title: INJECTION MOLDED CIRCUIT COMPONENT, WINDOW FRAME AND PACKAGE FOR LIGHT EMITTING DIODE USING SAME, AND MANUFACTURING METHOD THE COMPONENT

Date of publication of application :10. 08. 2006

Inventor : HOSOE AKIHISA; NISHIKAWA SHINYA; KARIYA TAMIO; MIKAGE MASANARI; MUTO KOJI

Applicant :SUMITOMO ELECTRIC IND LTD

Application number :2005-022095

Date of filing :28. 01. 2005

360. JP 2006-178863

Title:ILLUMINATOR AND DISPLAY DEVICE

Date of publication of application :06. 07. 2006

Inventor :HARA SHINICHI

Applicant :DAINIPPON PRINTING CO LTD

Application number :2004-373497

Date of filing:24. 12. 2004

361. JP 2006-135288

Title:WHITE EMITTING DIODE PACKAGE AND ITS MANUFACTURING METHOD

Date of publication of application :25. 05. 2006

Inventors: PARK IL WOO; CHUNG YUN SEUP; YOON CHUL SOO

Applicant :SAMSUNG ELECTRO MECH CO LTD

Application number :2005-174196

Date of filing :14. 06. 2005

362. JP 2006-108180

Title: REFLECTOR, LIGHT-EMITTING DIODE AND PACKAGE THEREFOR

Date of publication of application :20. 04. 2006

Inventors:YAMAMOTO NARIMIYA; KUDO KOJI;

MITSUYAMA KAZUMA; FUKAE HIROYUKI; MAEDA RYOJI; NISHIYAMA KENGO

Applicant :KYORITSU ELEX CO LTD

Application number :2004-289258

Date of filing:30. 09. 2004

363. JP 2006-100687

Title: PACKAGING STRUCTURE OF LIGHT-EMITTING DIODE

Date of publication of application :13. 04. 2006

Inventors: HIROKAWA TAKUO; NUMAYA HIROYASU

Applicant :NIPPON SEIKI CO LTD

Application number :2004-286957

Date of filing:30. 09. 2004

364. JP 2006-100196

Title:LIGHTING DEVICE

Date of publication of application :13. 04. 2006

Inventor :HIROKAWA TAKUO

Applicant :NIPPON SEIKI CO LTD

Application number :2004-286956

Date of filing :30. 09. 2004

365. JP 2006-093470

Title: LEAD FRAME, LIGHT-EMITTING DEVICE, AND MANUFACTURING METHOD THEREOF

Date of publication of application :06. 04. 2006

Inventor : KOMATSU TETSUO; MATSUMOTO IWAOTONEDACHI TATSUROU

Applicant :TOSHIBA CORP

Application number :2004-278364

Date of filing :24. 09. 2004

366. JP 2006-060070

Title: LIGHT-EMITTING DIODE, PACKAGE THEREFOR, AND METHOD FOR MANUFACTURING THE PACKAGE

Date of publication of application :02. 03. 2006

Inventor : MITSUYAMA KAZUMA; NISHIYAMA KENGO; YAMAMOTO NARIMIYA; KUDO KOJI; FUKAE HIROYUKI

Applicant :KYORITSU ELEX CO LTD

Application number :2004-241241

Date of filing :20. 08. 2004

367. JP 2006-024936

Title:SUBMOUNT SUBSTRATE FOR MOUNTING LIGHT EMITTING DEVICE AND ITS MANUFACTURING METHOD

Date of publication of application :26. 01. 2006

Inventor :KIM GEUN HO;PARK CHIL KEUN

Applicant :LG ELECTRON INC

Application number :2005-196337

Date of filing:05. 07. 2005

368. JP 2006-024861

Title: LIGHT EMITTING MODULE AND APPARATUS THEREOF

Date of publication of application :26. 01. 2006

Inventors: HASHIMOTO SUMIO; SHIMIZU KEIICHI; NISHIIE MICHIHIKO; EGAWA KAZUO; TODA MASAHIRO

Applicant : TOSHIBA LIGHTING & TECHNOLOGY CORP

Application number :2004-203733

Date of filing:09. 07. 2004

369. JP 2006-019677

Title: RGB LIGHT EMITTING DIODE PACKAGE HAVING IMPROVED COLOR MIXING PROPERTY

Date of publication of application :19. 01. 2006

Inventors:PARK YOUNG SAM; HAHM HUN JOO; KIM HYON SOKU; PARK JUNG KYU; JEONG YOUNG JUNE

Applicant :SAMSUNG ELECTRO-MECHANICS CO LTD

Application number :2004-302286

Date of filing:15. 10. 2004

五、LED 应用

001. CN 200520136851. 50

发明名称:灯座上装有电池盒的 LED 台灯

授权日:2006. 12. 06

公开号:CN2844667

申请日:2005. 12. 05

发明人:吴述强

申请人:吴述强

002. CN 200610060440. 10

发明名称:LED 节能灯

授权日:2006. 12. 06

公开号:CN1873296

申请日:2006. 04. 25

发明人:赖振爱;周小江;杨开均

申请人:深圳市海湾中学

003. CN 200520065380.30
发明名称:应急式可充电 LED 台灯
授权日:2006.11.29
公开号:CN2842179
申请日:2005.09.29
发明人:张恺龙
申请人:张恺龙

004. CN 200520099922.90
发明名称:LED 照明灯
授权日:2006.11.22
公开号:CN2839815
申请日:2005.11.07
发明人:张 贵
申请人:昆明硅光光电应用技术研究所

005. CN 200520079574.90
发明名称:LED 多性能预警头灯
公开日:2006.11.22
公开号:CN2839805
申请日:2005.10.25
发明人:罗春元;张建民
申请人:罗春元

006. CN 200520006347.30
发明名称:仪器透射灯用 LED 照明装置
公开日:2006.11.01
公开号:CN2833322
申请日:2005.10.18
发明人:吴桂丹;吴志凌;胡 清
申请人:贵阳新天光电科技有限公司

007. CN 200520006348.80
发明名称:万能工具显微镜用 LED 照明装置
授权日:2006.11.01
公开号:CN2833635
申请日:2005.10.18
发明人:吴桂丹;胡 清;吴志凌
申请人:贵阳新天光电科技有限公司

008. CN 200520006351.X
发明名称:测角目镜用 LED 照明装置
公开日:2006.11.01
公开号:CN2833638
申请日:2005.10.18
发明人:吴桂丹;胡 清;吴志凌
申请人:贵阳新天光电科技有限公司

009. CN 200520006352.40
发明名称:大型工具显微镜用 LED 照明装置
公开日:2006.11.01
公开号:CN2833639
申请日:2005.10.18
发明人:吴桂丹;吴志凌;胡 清
申请人:贵阳新天光电科技有限公司

010. CN 200520006349.20
发明名称:测量显微镜用 LED 照明装置
公开日:2006.11.01
申请号:CN2833636
申请日:2005.10.18
发明人:吴桂丹;胡 清;吴志凌
申请人:贵阳新天光电科技有限公司

011. CN 200520006347.30
发明名称:仪器透射灯用 LED 照明装置
公开日:2006.11.01
申请号:CN2833322
申请日:2005.10.18
发明人:吴桂丹;吴志凌;胡 清
申请人:贵阳新天光电科技有限公司

012. CN 200520006350.50
发明名称:显微镜 LED 反射照明装置
公开日:2006.11.01
申请号:CN2833637
申请日:2005.10.18
发明人:吴志凌;李章宝;吴桂丹
申请人:贵阳新天光电科技有限公司

013. CN 200520118296.30
发明名称:LED 照明灯
公开日:2006.10.25
公开号:CN2830882
申请日:2005.09.02
发明人:范世明
申请人:范世明

014. CN 200520071883.10
发明名称:LED 应急照明灯
公开日:2006.10.25
公开号:CN2831580
申请日:2005.05.25
发明人:谢晓培
申请人:谢晓培

015. CN 200520118295.90
发明名称:LED 照明灯泡

公开日:2006.10.25
申请号:CN2830881
申请日:2005.09.02
发明人:范世明
申请人:范世明

016. CN 200520017071.90
发明名称:LED灯照明放大镜
公开日:2006.10.11
公开号:CN2826465
申请日:2005.04.25
发明人:郭文有
申请人:郭文有

017. CN 200520054073.50
发明名称:汽车车厢内发光二极管LED平板照明
公开日:2006.10.11
公开号:CN2826166
申请日:2005.01.08
发明人:张杨敬;丁慧贤;白 杨;杨忠涛
申请人:张杨敬

018. CN 200520062714.10
发明名称:一种LED照明灯具
公开日:2006.09.27
公开号:CN2821378
申请日:2005.08.10
发明人:邓国就
申请人:邓国就

019. CN 200520031706.00
发明名称:一种LED照明灯
公开日:2006.09.20
公开号:CN2819032
申请日:2005.08.31
发明人:王向东
申请人:王向东

020. CN 200520057053.30
发明名称:LED太阳能照明系统
公开日:2006.09.20
公开号:CN2819595
申请日:2005.04.11
发明人:杨青山
申请人:杨青山

021. CN 200520107055.90
发明名称:LED灯串
公开日:2006.09.20
公开号:CN2819702
申请日:2005.09.01
发明人:郑汉国
申请人:郑汉国

022. CN 200520102608.10
发明名称:LED照明灯
公开日:2006.09.06
公开号:CN2814109
申请日:2005.05.31
发明人:陈谦铭;赵世昌
申请人:海宁和光照明电器有限公司

023. CN 200520059935.30
发明名称:LED幕墙照明系统
公开日:2006.09.06
公开号:CN2814105
申请日:2005.06.10
发明人:熊建明;王胜国;杨晓斌;刘燕涛;蒋林海;谢海燕
申请人:深圳沃科半导体照明有限公司

024. CN 200610037687.10
发明名称:LED棒状节能灯泡
公开日:2006.09.06
公开号:CN1828127
申请日:2006.01.10
发明人:孙文明
申请人:孙文明

025. CN 200520055204.10
发明名称:LED平板照明灯
公开日:2006.08.02
公开号:CN2802269
申请日:2005.03.04
发明人:杨帅兵;张杨敬;杨忠义;杨帅利
申请人:杨帅兵

026. CN 200610032873.60
发明名称:一种LED照明眼镜
公开日:2006.08.30
公开号:CN1825166
申请日:2006.01.16
发明人:宋红国
申请人:宋红国

027. CN 200510022328.40
发明名称:LED照明灯具及其散热方法
公开日:2006.08.02

公开号:CN1811263
申请日:2005.12.13
发明人:吕大明;连 伟;李旭明
申请人:深圳市明连兴光电科技有限公司

028.CN 200520122788.X
发明名称:一种LED发光笔
公开日:2006.08.02
公开号:CN2801500
申请日:2005.09.30
发明人:陆军明;胡积献
申请人:陆军明;胡积献

029.CN 200610038143.70
发明名称:大功率LED高亮度照明灯
公开日:2006.07.26
公开号:CN1807971
申请日:2006.01.27
发明人:罗正良;张再平;苏克强
申请人:江苏江旭电子有限公司

030.CN 200520102119.60
发明名称:一种带有LED照明装置的吸油烟机
公开日:2006.07.26
公开号:CN2800125
申请日:2005.05.11
发明人:杜仁尧;金国强
申请人:浙江普田电器有限公司

031.CN 200510120516.00
发明名称:全彩LED台灯
公开日:2006.06.21
公开号:CN1789788
申请日:2005.12.23
发明人:吕 川
申请人:吕 川

032.CN 200420093915.30
发明名称:一种数码照明的LED灯管装置
公开日:2006.06.07
公开号:CN2786742
申请日:2004.10.03
发明人:张家炎
申请人:张家炎

033.CN 200520080746.40
发明名称:一种可延迟使用的LED照明灯具
公开日:2006.05.24
公开号:CN2783694
申请日:2005.02.25
发明人:吴燕生
申请人:厦门万能达电子发展有限公司

034.CN 200520009249.50
发明名称:一种LED消防应急照明灯
公开日:2006.05.17
公开号:CN2781180
申请日:2005.04.30
发明人:鲁永忠
申请人:鲁永忠

035.CN 200420103377.10
发明名称:一种LED照明应急两用灯
公开日:2006.05.17
公开号:CN2781171
申请日:2004.12.31
发明人:彭洲龙
申请人:彭洲龙

036.CN 200520033152.8
发明名称:LED多芯片功率杯节能灯
公开日:2006.05.17
公开号:CN2781168
申请日:2005.02.02
发明人:舒 斌
申请人:重庆万道光电科技有限公司

037.CN 200520100355.40
发明名称:LED风铃灯
公开日:2006.05.10
公开号:CN2779240
申请日:2005.01.26
发明人:俞永丰
申请人:浙江五洲圣诞灯饰有限公司

038.CN 200520081632.10
发明名称:LED多抛物面平行光灯具
公开日:2006.05.03
公开号:CN2777363
申请日:2005.03.22
发明人:苏润泽
申请人:苏润泽

039.CN 200510048609.70
发明名称:LED照明灯
公开日:2006.04.26
公开号:CN1763421
申请日:2005.11.07

发明人:张 贵
申请人:昆明硅光光电应用技术研究所

040. CN 200510036245.00
发明名称:LED应急灯及指示光源模块消防应急(照明)指示灯
公开日:2006.03.29
公开号:CN1753056
申请日:2005.07.29
发明人:杨帅兵;张杨敬;杨忠义;杨帅利
申请人:杨忠义

041. CN 200510036086.40
发明名称:LED个性化公园、庭院、绿化带照明景观灯
公开日:2006.03.29
公开号:CN1753055
申请日:2005.07.17
发明人:杨帅兵;张杨敬;杨忠义;杨帅利
申请人:杨帅兵

042. CN 200510060801.80
发明名称:自动扶梯或自动人行道LED扶手护壁板照明装置
公开日:2006.03.22
公开号:CN1749146
申请日:2005.09.16
发明人:郑永康;阮永刚;陈 凯;李 俊
申请人:西子奥的斯电梯有限公司

043. CN 200520002000.10
发明名称:LED照明灯管
公开日:2006.03.22
公开号:CN2766345
申请日:2005.02.21
发明人:陈仕群
申请人:陈仕群

044. CN 200520038977.90
发明名称:LED车厢灯
公开日:2006.03.15
公开号:CN2765052
申请日:2005.01.14
发明人:张荣良;张 俊
申请人:上海贝智实业有限公司

045. CN 200420102574.10
发明名称:一种带LED照明装置的晾衣杆
公开日:2006.02.22
公开号:CN2760084
申请日:2004.12.10
发明人:陈晓锋
申请人:陈晓锋

046. CN 200510035947.70
发明名称:LED消防电子指示牌(灯)兼照明、应急照明灯
公开日:2006.02.01
公开号:CN1728200
申请日:2005.07.11
发明人:杨帅兵;张杨敬;杨忠义;杨帅利
申请人:杨忠义

047. CN 200510035946.20
发明名称:个性化LED地下停车场照明指示灯(牌)
公开日:2006.02.01
公开号:CN1728203
申请日:2005.07.11
发明人:杨帅兵;张杨敬;杨忠义;杨帅利
申请人:杨忠义

048. CN 200420092105.60
发明名称:LED电子蜡烛灯
公开日:2006.02.01
公开号:CN2755416
申请日:2004.08.24
发明人:侯 昊
申请人:侯 昊

049. CN 200510021050.90
发明名称:LED照明灯具及其制作方法
公开日:2006.01.25
公开号:CN1724923
申请日:2005.06.07
发明人:连 伟;吕大明
申请人:连 伟;吕大明

050. CN 200510035945.80
发明名称:LED球形照明灯
公开日:2006.01.11
公开号:CN1719095
申请日:2005.07.11
发明人:杨帅兵;张杨敬;杨忠义;杨帅利
申请人:杨忠义

051. CN 200510034140.10
发明名称:个性化火车、轮船卧铺车(船)厢(仓)内LED柔光平板照明
公开日:2006.01.11

公开号:CN1719495
申请日:2005.04.11
发明人:杨帅兵;张杨敬;杨忠义;杨帅利
申请人:张杨敬

052. CN 200510036242.70
发明名称:LED 长明佛灯
公开日:2006.01.11
公开号:CN1718138
申请日:2005.07.29
发明人:杨帅兵;张杨敬;杨忠义;杨帅利
申请人:杨忠义

053. CN 200410091805.80
发明名称:节能、长寿 LED 照明灯及其制造方法
公开日:2006.01.11
公开号:CN1719958
申请日:2004.12.31
发明人:彭洲龙
申请人:彭洲龙;广州市万京光电科技有限公司

054. CN 200510034296.X
发明名称:超高亮度单管多芯片、超高亮度单管单芯片普通 LED 组合柔光照明灯
公开日:2006.01.04
公开号:CN1716600
申请日:2005.04.16
发明人:杨帅兵;张杨敬;杨忠义;杨帅利
申请人:张杨敬

055. CN 200410027822.50
发明名称:LED 多功能笔
公开日:2006.01.04
公开号:CN1715078
申请日:2004.06.30
发明人:陈皓明;陈锦来;李明远;肖 俊
申请人:深圳市森浩高新科技开发有限公司

056. CN 200510036084.50
发明名称:LED 大型客(货)车个性化车外前后顶灯(显示)
授权日:2006.08.16
公开号:CN1817687
申请日:2005.07.17
发明人:杨帅兵;张杨敬;杨忠义;杨帅利
申请人:杨帅兵

057. CN 200510036817.50
发明名称:太阳能电池供电 LED 柔光平板显示告示牌
公开日:2006.02.08
公开号:CN1731485
申请日:2005.08.23
发明人:杨帅兵;张杨敬;杨忠义;杨帅利
申请人:杨忠义

058. CN 200320119515.00
发明名称:束集 LED 面发光显示标(志)识装置
公开日:2005.11.16
公开号:CN2741138
申请日:2003.12.22
发明人:陈凯旋
申请人:陈凯旋

059. CN 200320100426.10
发明名称:LED 发光显示板
公开日:2005.03.09
公开号:CN2684312
申请日:2003.10.16
发明人:王晓伏
申请人:河北格林光电技术有限公司

060. CN 200520127454.10
发明名称:LED 街灯
公开日:2006.12.06
公开号:CN2844652
申请日:2005.10.14
发明人:刘耀汉
申请人:刘耀汉

061. CN 200520054074.X
发明名称:发光二极管 LED 平板型汽车尾灯
公开日:2006.11.22
公开号:CN2839819
申请日:2005.01.28
发明人:张杨敬;丁慧贤;白 杨;杨忠涛
申请人:张杨敬

062. CN 200520064894.70
发明名称:LED 锂电池矿用安全帽灯
公开日:2006.10.18
公开号:CN2828536
申请日:2005.09.23
发明人:皮世民;苗 剑
申请人:皮世民

063. CN 200520071583.30
发明名称:LED 锂电池矿灯
公开日:2006.10.04

申请号:CN2823772
申请日:2005.05.10
发明人:姚良永;吴化功;金基优
申请人:淮南市新光源特种照明器材有限公司

064.CN 200520061847.70
发明名称:LED 庭院路灯
公开日:2006.09.13
公开号:CN2816578
申请日:2005.07.19
发明人:唐克力;罗志刚
申请人:深圳市大盛投资有限公司

065.CN 200520018060.20
发明名称:自动调节式太阳能 LED 路灯
公开日:2006.08.30
申请号:CN2811745
申请日:2005.05.09
发明人:陈仕群
申请人:陈仕群

066.CN 200610049888.30
发明名称:大功率 LED 路灯
公开日:2006.08.23
申请号:CN1821651
申请日:2006.03.17
发明人:吴佰军
申请人:吴佰军

067.CN 200420019661.00
发明名称:用大功率 LED 作光源的矿灯
公开日:2006.08.16
申请号:CN2807483
申请日:2005.06.02
发明人:刘润昌
申请人:刘润昌

068.CN 200520078854.80
发明名称:矿灯专用双光源 LED 灯
公开日:2006.08.16
申请号:CN2807483
申请日:2005.06.02
发明人:刘润昌
申请人:刘润昌

069.CN 200520009805.90
发明名称:大功率 LED 机动车灯具
公开日:2006.12.20
申请号:CN2849459
申请日:2005.08.19
申请人:刘立芬

070.CN 200610051069.20
发明名称:矩阵集群式 LED 车灯探照灯芯
公开日:2006.12.06
申请号:CN1873300
申请日:2006.05.23
申请人:黎昌兴

071.CN 200520111340.80
发明名称:反射式 LED 车灯
公开日:2006.12.06
申请号:CN2844665
申请日:2005.07.12
申请人:财团法人车辆研究测试中心

072.CN 200520111338.00
发明名称:投射式 LED 车灯
公开日:2006.11.29
申请号:CN2842187
申请日:2005.07.12
申请人:财团法人车辆研究测试中心

073.CN 200610073202.40
发明名称:三色发光二极管泡体
公开日:2006.11.15
申请号:CN1862085
申请日:2006.04.05
申请人:奥斯兰姆施尔凡尼亚公司

074.CN 200520102106.90
发明名称:高效率发光二极管
公开日:2006.10.18
申请号:CN2829103
申请日:2005.05.09
申请人:葛世潮

075.CN 200520088182.90
发明名称:新型组合式 LED 汽车尾灯
公开日:2006.10.11
申请号:CN2826163
申请日:2005.10.18
申请人:田仁德

076.CN 200510003262.40
发明名称:LED 照明元件与光学的配合方式
公开日:2006.04.12
申请号:CN1758454

申请日:2005.11.04
申请人:黎昌兴

077. CN 200410056819.60
发明名称:大照射角发光二极管
公开日:2006.03.01
申请号:CN1741289
申请日:2004.08.23
申请人:刘志国

078. CN 200510092704.70
发明名称:带支架的白炽灯转换为发光二极管灯
公开日:2006.02.22
申请号:CN1737420
申请日:2005.08.17
发明人:刘润昌
申请人:格罗特工业公司

079. CN 200420089050.30
发明名称:大照射角发光二极管
公开日:2006.02.01
申请号:CN2755784
申请日:2004.09.01
申请人:刘志国

080. CN 200610081001.90
发明名称:LED 灯及 LED 灯装置
公开日:2006.11.22
公开号:CN1866516
申请日:2006.05.19
发明人:野田和司;神谷孝行;佐野良男
申请人:丰田合成株式会社

081. CN 200610077122.6
发明名称:用于液晶显示器的采用发光二极管的背光单元
公开日:2006.11.01
公开号:CN1854863
申请日:2006.04.27
发明人:赵济熙;金亨根;孙哲守
申请人:三星电机株式会社

082. CN 200610056880.X
发明名称:发光面板和背光系统以及液晶显示装置
公开日:2006.09.13
公开号:CN1831612
申请日:2006.03.09
发明人:卢知焕;郑一龙
申请人:三星电子株式会社

083. CN 200610057733.4
发明名称:线性侧向发射器、背光系统和使用它们的液晶显示器
公开日:2006.08.30
公开号:CN1825186
申请日:2006.02.23
发明人:卢知焕;金东河
申请人:三星电子株式会社

084. CN 200610002186.X
发明名称:多芯片发光二极管单元和背光单元以及液晶显示装置
公开日:2006.08.23
公开号:CN1821845
申请日:2006.01.18
发明人:郑一龙;朴峻赞;王种敏;成基范
申请人:三星电子株式会社

085. CN 200510091627.3
发明名称:二维光源和使用该二维光源的液晶显示装置
公开日:2006.08.02
公开号:CN1811558
申请日:2005.08.11
发明人:金基哲;朴世起;尹胄永;杨秉春;南锡铉;李相裕
申请人:三星电子株式会社

086. CN 200510132825.X
发明名称:LED 组件以及采用 LED 组件的照明系统和投影系统
公开日:2006.07.12
公开号:CN1800965
申请日:2005.12.22
发明人:李启薰
申请人:三星电子株式会社

087. CN 200510108165.1
发明名称:光照单元和具有其的液晶显示装置
公开日:2006.04.19
公开号:CN1760731
申请日:2005.10.09
发明人:车载禄;李庚燉
申请人:三星电子株式会社

088. CN 200510106790.2
发明名称:线光源和使用其的背光单元
公开日:2006.04.19

公开号:CN1760735
申请日:2005.10.12
发明人:韩丙雄;李钟南;朴泳熹;李相熙;金奎锡;周荣备
申请人:三星电子株式会社

089. CN 200510108451.8
发明名称:白光产生单元、背光组件及液晶显示装置
公开日:2006.04.12
公开号:CN1758116
申请日:2005.10.08
发明人:韩丙雄;金奎锡;周荣备;李相熙;朴泳熹;李钟南
申请人:三星电子株式会社

090. CN 200510089912.1
发明名称:具有发光二极管的照明单元和采用其的图像投影设备
公开日:2006.04.05
公开号:CN1755421
申请日:2005.08.04
发明人:金洙君;金大式;成基范;李启薰
申请人:三星电子株式会社

091. CN 200510088989.7
发明名称:用于显示装置的背光源
公开日:2006.02.08
公开号:CN1731254
申请日:2005.08.04
发明人:金基哲;姜硕桓;李相裕;尹胄永;宋春镐
申请人:三星电子株式会社

092. CN 200510081362.9
发明名称:用于显示装置的背光和光源以及发光二极管
公开日:2006.01.04
公开号:CN1716347
申请日:2005.06.28
发明人:金基哲;宋春镐;尹胄永;李相吉;姜硕桓;金镇夏;李钟瑞;李相裕
申请人:三星电子株式会社

093. CN 200610003230.9
发明名称:具有嵌入光学元件的图像传感器
公开日:2006.08.09
公开号:CN1816117
申请日:2006.01.27
发明人:克里斯托弗·D·斯莱斯百;霍马育恩·哈达得;王剑宏;威廉·G·戈则雷
申请人:安捷伦科技有限公司

094. CN 200510130215.6
发明名称:具有隔室的发光二极管显示器
公开日:2006.07.26
公开号:CN1808714
申请日:2005.12.09
发明人:王立业;黄伊峰;伊丽莎白·陈令丰
申请人:安捷伦科技有限公司

095. CN 200510109504.8
发明名称:具有增强光谱发射的发光二极管闪光模块
公开日:2006.06.21
公开号:CN1790708
申请日:2005.10.19
发明人:伍启元;郑馨曜;宽叶崇
申请人:安捷伦科技有限公司

096. CN 200510102865.X
发明名称:具有强度监控系统的发光二极管照明系统
公开日:2006.05.10
公开号:CN1770942
申请日:2005.09.13
发明人:傅淳宁;柯彦宁;贺耀成
申请人:安捷伦科技有限公司

097. CN 200510105866.X
发明名称:发光二极管背光
公开日:2006.04.26
公开号:CN1763604
申请日:2005.09.29
发明人:伍启元;宽叶崇;陈同法
申请人:安捷伦科技有限公司

098. CN 200520071213.X
发明名称:电子蜡烛灯
公开日:2006.05.17
公开号:CN2781708
申请日:2005.04.28
发明人:杨玉涌
申请人:亿光电子工业股份有限公司

099. CN 200410070329.1
发明名称:薄片型发光二极管显示装置及其制造方法
公开日:2006.02.01
公开号:CN1728198
申请日:2004.07.29
发明人:汪秉龙;庄峰辉;林川发;黄照元
申请人:宏齐科技股份有限公司

100. US 7,141,779

Title: System and method for emitting and detecting light using light emitting diode

Date of Publication: November 28, 2006

Inventors: Chew; Tong Fatt (Penang, MY), Chew; Gim Eng (Penang, MY), Peh; Kheng Guan (Kedah, MY), Kuan; Yew Cheong (Penang, MY), Theseira; Kevin John (Singapore, SG), Teh; Yih Sien (Penang, MY), Yap; Eit Thian (Penang, MY), Lim; Kevin Len Li (Perak, MY), Lee; Joon Chok (Sarawak, MY)

Assignee: Avago Technologies ECBU IP (Singapore) Pte. Ltd. (Singapore, SG)

Filed: September 19, 2005 Appl. No.: 11/230,708

101. US 7,142,181

Title: Circuit board for large screen LED matrix array display

Date of Publication: November 28, 2006

Inventors: Wang; Bily (Hsin-Chu, TW), Chuang; Jonnie (Taipei, TW), Lin; John (Chia-E, TW)

Assignee: Harvatek Corporation (Hsinchu, TW)

Appl. No.: 10/685,892 Filed: October 16, 2003

102. US 7,138,995

Title: Circuit for driving LED display

Date of Publication: November 21, 2006

Inventors: Wang; Bily (Hsin Chu, TW), Lin; John (Chia I Hsien, TW)

Assignee: Harvatek Corporation (Hsin Chu, TW)

Filed: March 9, 2004 Appl. No.: 10/795,310

103. US 7,080,924

Title: LED light source with reflecting side wall

Date of Publication: July 25, 2006

Inventors: Tseng; Tzyy Jang (Hsinchu, TW), Wang; Bily (Hsin-Chu, TW), Ke; Alen (Tainan, TW)

Assignee: Harvatek Corporation (Hsin-Chu, TW)

Filed: December 2, 2002 Appl. No.: 10/307,546

104. US 7,147,357

Title: Backlight assembly

Date of Publication: December 12, 2006

Inventors: Kim; Kyu-seok (Yongin, KR), Jung; Jae-ho (Yongin, KR), Lee; Sang-duk (Yongin, KR)

Assignee: Samsung Electronics Co., Ltd. (KR)

Filed: December 3, 2003 Appl. No.: 10/726,722

105. US 7,139,048

Title: Backlight assembly and liquid crystal display apparatus comprising a light guide plate having light source receiving recess and light guiding recess

Date of Publication: November 21, 2006

Inventors: Han; Byung-Woong (Incheon, KR), Kim; Kyu-Seok (Yongin-si, KR), Chu; Young-Bee (Suwon-si, KR)

Assignee: Samsung Electronics Co., Ltd. (KR)

Filed: May 12, 2004 Appl. No.: 10/843,726

106. US 7,128,454

Title: Light emitting diode module for automobile headlights and automobile headlight having the same

Date of Publication: October 31, 2006

Inventors: Kim; Hyung Suk (Suwon, KR), Jeong; Young June (Suwon, KR)

Assignee: Samsung Electro-Mechanics Co., Ltd. (Kyungki-do, KR)

Filed: August 25, 2004 Appl. No.: 10/924,866

107. US 7,118,236

Title: Light emitting diode lens and backlight apparatus having the same

Date of Publication: October 10, 2006

Inventors: Hahm; Hun Joo (Kyungki-do, KR), Park; Jung Kyu (Seoul, KR), Jeong; Young June (Kyungki-do, KR), Park; Young Sam (Seoul, KR), Kim; Hyung Suk (Kyungki-do, KR), Ahn; Ho Sik (Kyungki-do, KR)

Assignee: Samsung Electro-Mechanics Co., Ltd. (Kyungki-Do, KR)

Filed: September 30, 2004 Appl. No.: 10/953,816

108. US 7,112,862

Title: Light emitting and/or detecting device and method of manufacturing the same

Date of Publication: September 26, 2006

Inventors: Lee; Eun-kyung (Gyeonggi-do, KR), Choi; Byoung-lyong (Seoul, KR), Kim; Jun-young (Gyeonggi-do, KR)

Assignee: Samsung Electronics Co., Ltd. (Suwon-Si, KR)

Filed: October 15, 2004 Appl. No.: 10/965,203

109. US 7,109,654

Title: Electroluminescence device

Date of Publication: September 19, 2006

Inventors: Song; Seung-Yong (Kyungki-do, KR), Park; Jin-Woo (Yongin, KR)

Assignee: Samsung SDI Co., Ltd. (Suwon, KR)

Filed:December 3, 2003 Appl. No. :10/725,600

110. US 7,097,337

Title:Vertical light emitting type backlight module

Date of Publication:August 29, 2006

Inventors: Kim; Hyung Suk (Kyungki-do, KR), Park;Young Sam (Seoul, KR), Hahm;Hun Joo (Kyungki-do, KR), Park;Jung Kyu (Kyungki-do, KR), Jeong; Young June (Kyungki-do, KR)

Assignee: Samsung Electro-Mechanics Co., Ltd. (Kyungki-Do, KR)

Filed:August 13, 2004 Appl. No. :10/917,383

111. US 7,094,122

Title:Light emitting device and manufacturing method thereof and display used this light emitting device

Date of Publication:August 22, 2006

Inventors:Toguchi; Satoru (Tokyo, JP), Ishikawa; Hitoshi (Tokyo, JP), Oda;Atsushi (Tokyo, JP)

Assignee:Samsung SDI Co., Ltd. (Suwon, KR)

Filed:August 30, 2004 Appl. No. :10/928,211

112. US 7,091,669

Title:Light emitting panel and light emitting apparatus having the same

Date of Publication:August 15, 2006

Inventors: Choi; Beohm-Rock (Seoul, KR), Choi; Joon-Hoo (Seoul, KR), Chung;Jin-Koo (Seoul, KR)

Assignee:Samsung Electronics Co., Ltd. (KR)

Filed:April 25, 2005 Appl. No. :11/113,126

113. US 7,066,601

Title:Projection display having an illumination module and an optical modulator

Date of Publication:June 27, 2006

Inventors:Lee;Young-chol (Suwon-si, KR), Kuratomi;Yasunori (Seongnam-si, KR)

Assignee:Samsung Electronics Co., Ltd. (Kyungki-do, KR)

Filed:October 31, 2003 Appl. No. :10/697,803

114. US 7,059,731

Title:Compact LED module and projection display adopting the same

Date of Publication:June 13, 2006

Inventors:Lee; Young-chol (Gyeonggi-do, KR), Kuratomi; Yasunori (Gyeonggi-do, KR), Kim; Dong-ha (Gyeonggi-do, KR), Moon;Il-kweon (Gyeonggi-do, KR)

Assignee:Samsung Electronics Co., Ltd. (Gyeonggi-do, KR)

Filed:April 30, 2004 Appl. No. :10/835,599

115. US 7,038,236

Title:Flat panel display device and method of fabricating the same

Date of Publication:May 2, 2006

Inventors:Park;Jin-Woo (Yongin, KR), Chung;Ho-Kyoon (Yongin, KR)

Assignee:Samsung SDI Co., Ltd. (Suwon-si, KR)

Filed:March 11, 2004 Appl. No. :10/796,980

116. US 7,009,207

Title:Flat panel display with thin film transistor

Date of Publication:March 7, 2006

Inventors:Koo;Jae-Bon (Yongin, KR), Park;Ji-Yong (Suwon, KR), Lee;Ul-Ho (Yongin, KR), Kim;Jin-Soo (Yongin, KR), Jung;Jin-Woung (Suwon, KR), Lee; Chang-Gyu (Seoul, KR)

Assignee:Samsung SDI Co., Ltd. (Suwon, KR)

Filed:November 17, 2004 Appl. No. :10/989,643

117. US 7,002,302

Title:Flat panel display

Date of Publication:February 21, 2006

Inventors:Park; Sang-Il (Seoul, KR), Koo; Jae Bon (Yongin, KR)

Assignee:Samsung SDI Co., Ltd. (Suwon, KR)

Filed:September 30, 2003 Appl. No. :10/673,152

118. US 7,002,186

Title:Flat panel display and protection device therefor

Date of Publication:February 21, 2006

Inventors:Kang; Tae-Wook (Suwon-si, KR), Kim; Chang-Soo (Suwon-si, KR), Jeong;Chang-Yong (Suwon-si, KR)

Assignee:Samsung SDI Co., Ltd. (Suwon-si, KR)

Filed:June 29, 2005 Appl. No. :11/171,310

119. US 7,001,022

Title:Illumination system and projection system adopting the same

Date of Publication:February 21, 2006

Inventors: Kim; Sung-ha (Gyeonggi-do, KR), Sokolov;Kirill Sergeevich (Gyeonggi-do, KR)

Assignee:Samsung Electronics Co., Ltd. (Suwon-Si, KR)

Filed:November 6, 2002 Appl. No. :10/288,594

120. US 7,026,658

Title: Electrical conductors in an electroluminescent display device

Date of Publication: April 11, 2006

Inventors: Park; Jin-Woo (Yongin, KR), Koo; Jae-Bon (Yongin, KR), Lee; Kwan-Hee (Seoul, KR)

Assignee: Samsung SDI, Co., Ltd. (Suwon-si, KR)

Filed: January 30, 2004 Appl. No.: 10/766,913

121. US 7,042,426

Title: Image display apparatus and drive method

Date of Publication: May 9, 2006

Inventors: Shin; Dong-Yong (Seoul, KR)

Assignee: Samsung SDI Co., Ltd. (Suwon, KR)

Filed: June 17, 2003 Appl. No.: 10/463,254

122. US 7,134,768

Title: LED lamp with light guide

Date of Publication: November 14, 2006

Inventors: Suzuki; Nobuyuki (Tokyo, JP)

Assignee: Stanley Electric Co., Ltd. (Tokyo, JP)

Filed: January 12, 2005 Appl. No.: 11/033,555

123. US 7,019,334

Title: LED lamp for light source of a headlamp

Date of Publication: March 28, 2006

Inventors: Yatsuda; Yasushi (Tokyo, JP), Ebisutani; Takashi (Tokyo, JP), Koike; Teruo (Tokyo, JP), Kushimoto; Takuya (Tokyo, JP), Owada; Ryotaro (Tokyo, JP), Ohno; Masafumi (Tokyo, JP), Futami; Takashi (Tokyo, JP)

Assignee: Stanley Electric Co., Ltd. (Tokyo, JP)

Filing Date: September 16, 2003 Application number: 10/662,374

124. US 7,135,825

Title: LED power supply device

Date of Publication: November 14, 2006

Inventors: Tanabe; Tetsuo (Aichi-ken, JP)

Assignee: Toyoda Gosei Co., Ltd. (Aichi-ken, JP)

Filing Date: August 26, 2004 Application number: 10/926,084

125. US 7,029,156

Title: Light emitting apparatus and display

Date of Publication: April 18, 2006

Inventors: Suehiro; Yoshinobu (Aichi-ken, JP), Misawa; Akihiro (Aichi-ken, JP), Yamanaka; Osamu (Aichi-ken, JP), Takahashi; Toshinori (Aichi-ken, JP), Ota; Hisatoshi

Assignee: Toyoda Gosei Co., Ltd. (Aichi-ken, JP)

Filing Date: December 4, 2002 Application number: 10/309,330

126. US 7,029,147

Title: Light emitting apparatus

Date of Publication: April 18, 2006

Inventors: Nawashiro; Mitsuhiro (Aichi-ken, JP)

Assignee: Toyoda Gosei Co., Ltd. (Aichi-ken, JP)

Filing Date: February 9, 2004 Application number: 10/773,273

127. US 7,001,046

Title: Led lamp

Date of Publication: February 21, 2006

Inventors: Kaga; Koichi (Aichi-ken, JP), Tahata; Satoru (Kanagawa-ken, JP)

Assignee: Toyoda Gosei Co., Ltd. (Aichi-ken, JP) E-Tech Co., Ltd. (Yokohama, JP)

Filing Date: November 28, 2003 Application number: 10/722,562

128. US 6,998,777

Title: Light emitting diode and light emitting diode array

Date of Publication: February 14, 2006

Inventors: Suehiro; Yoshinobu (Aichi-ken, JP), Inoue; Mitsuhiro (Aichi-ken, JP), Kato; Hideaki (Aichi-ken, JP), Takashima; Tatsuya (Aichi-ken, JP)

Assignee: Toyoda Gosei Co., Ltd. (Aichi-ken, JP)

Filing Date: December 10, 2003 Application number: 10/731,104

129. US 7,093,952

Title: Lighting apparatus

Date of Publication: August 22, 2006

Inventors: Ono; Masato (Anan, JP), Watanabe; Kazunori (Anan, JP), Kato; Masaru (Anan, JP)

Assignee: Nichia Corporation (Anan, JP)

Filing Date: October 28, 2005 Application number: 11/260,142

130. US 7,073,922

Title: Lighting fixture

Date of Publication: July 11, 2006

Inventors: Monjo; Yoshio (Myozai-gun, JP), Inuzuka; Tomoaki (Anan, JP)

Assignee: Daisho Denki Inc. (Tokushima, JP) Nichia

Corporation (Tokushima, JP)

Filing Date: February 10, 2003 Application number: 10/503,987

131. US 7,063,450

Title: Surface light emitting device

Date of Publication: June 20, 2006

Inventors: Ehara; Munetsugu (Anan, JP), Nojiri; Hitoshi (Anan, JP), Nakanishi; Eiji (Anan, JP), Kunikata; Koichi (Anan, JP)

Assignee: Nichia Corporation (Tokushima, JP)

Filing Date: July 30, 2003 Application number: 10/426,881

132. US 7,053,416

Title: LED display apparatus

Date of Publication: May 30, 2006

Inventors: Yasuoka; Tsuyoshi (Naka-gun, JP), Yoshida; Hirokazu (Tokushima, JP)

Assignee: Nichia Corporation (Anan, JP)

Filing Date: June 1, 2004 Application number: 10/857,025

133. US 7,011,431

Title: Lighting apparatus

Date of Publication: March 14, 2006

Inventors: Ono; Masato (Anan, JP), Watanabe; Kazunori (Anan, JP), Kato; Masaru (Anan, JP)

Assignee: Nichia Corporation (Tokushima, JP)

Filing Date: April 22, 2003 Application number: 10/419,936

134. US 7,144,135

Title: LED lamp hear sink

Date of Publication: December 5, 2006

Inventors: Martin; Paul S. (Pleasanton, CA), Wall, Jr.; Franklin J. (Vacaville, CA)

Assignee: Philips Lumileds Lighting Company, LLC (San Jose, CA)

Filing Date: November 26, 2003 Application number: 10/723,711

135. US 7,080,932

Title: LED with an optical system to increase luminance by recycling emitted light

Date of Publication: July 25, 2006

Inventors: Keuper; Matthijs H. (San Jose, CA)

Assignee: Philips Lumileds Lighting Company, LLC (San Jose, CA)

Filing Date: January 26, 2004 Application number: 10/765,312

136. US 7,048,412

Title: Axial LED source

Date of Publication: May 23, 2006

Inventors: Martin; Paul S. (Pleasanton, CA), West; R. Scott (Wixom, MI), Steigerwald; Daniel A. (Cupertino, CA)

Assignee: Lumileds Lighting U. S., LLC (San Jose, CA)

Filing Date: June 10, 2002 Application number: 10/166,853

137. US 7,150,553

Title: Replaceable LED lamp capsule

Date of Publication: December 19, 2006

Inventors: English; George J. (Reading, MA), Huang; Kun (Manchester, NH), Garrison; Robert L. (Bradford, NH)

Assignee: Osram Sylvania Inc. (Danvers, MA)

Filing Date: August 22, 2003 Application number: 10/646,916

138. US 7,126,287

Title: Lamp with integral voltage converter having phase-controlled dimming circuit with fuse-resistor network for reducing RMS load voltage

Date of Publication: October 24, 2006

Inventors: Ballenger; Matthew B. (Lexington, KY), Kendrick; George B. (Lexington, KY)

Assignee: Osram Sylvania Inc. (Danvers, MA)

Filing Date: October 16, 2004 Application number: 10/967,745

139. US 7,126,273

Title: LED light source with lens

Date of Publication: October 24, 2006

Inventors: Sorg; Jo (Pentling, DE)

Assignee: Osram GmbH (DE)

Filing Date: May 25, 2004 Application number: 10/854,098

140. US 7,126,162

Title: Light-radiating semiconductor component with a luminescence conversion element

Date of Publication: October 24, 2006

Inventors: Reeh; Ulrike (Munchen, DE), Hohn; Klaus (Taufkirchen, DE), Stath; Norbert (Regensburg, DE),

Waitl;Gu (Regensburg, DE), Schlotter;Peter (Freiburg, DE), Schneider; Ju (Kirchzarten, DE), Schmidt; Ralf (Vorstetten, DE)

Assignee:Osram GmbH (DE)

Filing Date:March 15, 2005 Application number:11/080,786

141. US 7,125,143

Title:LED module

Date of Publication:October 24, 2006

Inventors:Hacker;Christian (Regensburg, DE)

Assignee: Osram Opto Semiconductors GmbH (Regensburg, DE)

Filing Date:July 29, 2004 Application number10/901,770

142. US 7,121,691

Title: Lamp assembly with interchangeable light distributing cap

Date of Publication:October 17, 2006

Inventors:Coushaine;Charles M (Rindge, NH), Sidwell;Steve (Hopkington, NH), Ernest;Brad (Hooksett, NH), Tessnow;Thomas (Weare, NH)

Assignee:Osram Sylvania Inc. (Danvers, MA)

Filing Date:September 22, 2004 Application number:10/946,113

143. US 7,121,687

Title:Automotive LED bulb

Date of Publication:October 17, 2006

Inventors: Sidwell; Steven (Hopkinton, NH), Albright; Kim (Warner, NH), Coushaine; Charles M. (Rindge, NH), Ernest;Brad (Hookset, NH)

Assignee:Osram Sylvania Inc. (Danvers, MA)

Filing Date:January 25, 2005 Application number:11/042,405

144. US 7,111,972

Title:LED lamp with central optical light guide

Date of Publication:September 26, 2006

Inventors:Coushaine;Charles (Rindge, NH), Tucker;Michael (Henniker, NH), Tessnow;Thomas (Weare, NH)

Assignee:Osram Sylvania Inc. (Danvers, MA)

Filing Date: June 23, 2004 Application number: 10/874,599

145. US 7,111,971

Title: LED lamp with insertable axial wireways and method of making the lamp

Date of Publication:September 26, 2006

Inventors: Coushaine; Charles M. (Rindge, NH), Tucker;Michael (Henniker, NH), Lyman;Paul R. (Guilford, VT)

Assignee:Osram Sylvania Inc. (Danvers, MA)

Filing Date: December 2, 2005 Application number: 11/292,206

146. US 7,110,656

Title:LED bulb

Date of Publication:September 19, 2006

Inventors: Coushaine; Charles M. (Rindge, NH), Tessnow;Thomas (Weare, NH)

Assignee:Osram Sylvania Inc. (Danvers, MA)

Filing Date: February 16, 2005 Application number: 11/058,304

147. US 7,105,862

Title:Diode housing

Date of Publication:September 12, 2006

Inventors: Waitl; Gunther (Regensburg, DE), Brunner;Herbert (Regensburg, DE)

Assignee:Osram GmbH (DE)

Filing Date:October 4, 2004 Application number:10/957,927

148. US 7,101,059

Title:LED signaling device for road traffic signals

Date of Publication:September 5, 2006

Inventors:Blumel;Simon (Schierling, DE)

Assignee:Osram GmbH (Regensburg, DE)

Filing Date: June 23, 2003 Application number: 10/601,532

149. US 7,093,958

Title:LED light source assembly

Date of Publication:August 22, 2006

Inventors:Coushaine;Charles M. (Rindge, NH)

Assignee:Osram Sylvania Inc. (Danvers, MA)

Filing Date: March 17, 2004 Application number: 10/802,517

150. US 7,092,612

Title:LED bulb

Date of Publication:August 15, 2006

Inventors:Coushaine;Charles M. (Rindge, NH)

Assignee:Osram Sylvania Inc. (Danvers, MA)

Filing Date: April 20, 2005 Application number: 11/

109,917

151. US 7,092,092
Title: Hand-carried LED polariscope
Date of Publication: August 15, 2006
Inventors: Johnston; David W. (Kensington, NH)
Assignee: Osram Sylvania Inc. (Danvers, MA)
Filing Date: May 20, 2005 Application number: 10/908,647

152. US 7,090,386
Title: High density LED array
Date of Publication: August 15, 2006
Inventors: I Coushaine; Charles M. (Rindge, NH), Tucker; Michael (Henniker, NH), Tessnow; Thomas (Weare, NH), Johnson; Ralph J. (Bedford, NH), Sidwell; Steven C. (Hopkington, NH)
Assignee: Osram Sylvania Inc. (Danvers, MA)
Filing Date: November 9, 2004 Application number: 10/984,457

153. US 7,086,767
Title: Thermally efficient LED bulb
Date of Publication: August 8, 2006
Inventors: Sidwell; Steven C. (Hopkinton, NH), Coushaine; Charles M. (Rindge, NH), Lyman; Paul (Guilford, VT)
Assignee: OSRAM Sylvania Inc. (Danvers, MA)
Filing Date: May 12, 2004 Application number: 10/843,811

154. US 7,078,732
Title: Light-radiating semiconductor component with a luminescence conversion element
Date of Publication: July 18, 2006
Inventors: Reeh; Ulrike (Munchen, DE), Hohn; Klaus (Taufkirchen, DE), Stath; Norbert (Regensburg, DE), Waitl; Gu (Regensburg, DE), Schlotter; Peter (Freiburg, DE), Schneider; Ju (Kirchzarten, DE), Schmidt; Ralf (Vorstetten, DE)
Assignee: Osram GmbH (DE)
Filing Date: December 28, 1998 Application number: 09/221,789

155. US 7,075,224
Title: Light emitting diode bulb connector including tension reliever
Date of Publication: July 11, 2006
Inventors: Coushaine; Charles M. (Rindge, NH)
Assignee: OSRAM Sylvania Inc. (Danvers, MA)
Filing Date: April 22, 2004 Application number: 10/830,261

156. US 7,064,480
Title: Illumination device with at least one led as the light source
Date of Publication: June 20, 2006
Inventors: Bokor; Dieter (Taufkirchen, DE), Ellens; Andries (The Hague, NL), Huber; Gu (Schrobenhausen, DE), Jermann; Frank (Munchen, DE), Kobusch; Manfred (Munich, DE), Ostertag; Michael (Munich, DE), Rossner; Wolfgang (Holzkirchen, DE), Zwaschka; Franz (Ismaning, DE)
Assignee: Patent-Treuhand-Gesellschaft fur Elektrische Gluhlampen mbH (Munchen, DE); Osram Opto Semiconductors GmbH (Regensburg, DE)
Filing Date: July 27, 2001 Application number: 10/311,722

157. US 7,061,612
Title: LED Polarimeter
Date of Publication: June 13, 2006
Inventors: Johnston; David W. (Kensington, NH)
Assignee: Osram Sylvania Inc. (Danvers, MA)
Filing Date: September 28, 2004 Application number: 10/711,605

158. US 7,059,748
Title: LED bulb
Date of Publication: June 13, 2006
Inventors: Coushaine; Charles M. (Rindge, NH), Albright; Kim (Warner, NH), Tessnow; Thomas (Weare, NH), Madhani; Vipin (Burlington, MA)
Assignee: OSRAM Sylvania Inc. (Danvers, MA)
Filing Date: May 3, 2004 Application number: 10/838,090

159. US 7,052,166
Title: Light emitting diode optics
Date of Publication: May 30, 2006
Inventors: Osram Sylvania Inc. (Danvers, MA)
Assignee: Tessnow; Thomas (Weare, NH)
Filing Date: May 14, 2004 Application number: 10/846,074

160. US 7,049,758
Title: Method of soft-starting a switching power supply having time-based pulse triggering control

Date of Publication: May 23, 2006

Inventors: Weyhrauch; Ernest C. (Cookeville, TN), Kendrick; George B. (Lexington, KY), Ballenger; Matthew B. (Lexington, KY)

Assignee: Osram Sylvania Inc. (Danvers, MA)

Filing Date: April 1, 2005 Application number: 11/096,640

161. US 7,049,750

Title: Lamp having integral voltage controller

Date of Publication: May 23, 2006

Inventors: Weyhrauch; Ernest C. (Cookeville, TN), Kendrick; George B. (Lexington, KY), Ballenger; Matthew B. (Lexington, KY)

Assignee: Osram Sylvania Inc. (Danvers, MA)

Filing Date: June 15, 2005 Application number: 11/153,271

162. US 7,045,956

Title: Light emitting diode with wavelength conversion

Date of Publication: May 16, 2006

Inventors: Braune; Bert (Wenzenbach, DE), Ruhnau; Marcus (Teublitz, DE)

Assignee: Osram Opto Semiconductors GmbH (DE)

Filing Date: May 5, 2003 Application number: 10/429, 916

163. US 7,042,165

Title: Driver circuit for LED vehicle lamp

Date of Publication: May 9, 2006

Inventors: Madhani; Vipin (Burlington, MA), Johnsen; Andrew O. (Danvers, MA)

Assignee: Osram Sylvania Inc. (Danvers, MA)

Filing Date: August 26, 2004 Application number: 10/926,674

164. US 7,008,096

Title: Colored headlamp

Date of Publication: March 7, 2006

Inventors: Coushaine; Charles M. (Rindge, NH), Tessnow; Thomas (Weare, NH), Ernest; Bradlay (Hooksett, NH), Devir; Daniel D. (Sutton, NH)

Assignee: Osram Sylvania Inc. (Danvers, MA)

Filing Date: February 23, 2005 Application number: 11/064,239

165. US 7,008,095

Title: LED lamp with insertable axial wireways and method of making the lamp

Date of Publication: March 7, 2006

Inventors: Coushaine; Charles M. (Rindge, NH), Tucker; Michael (Henniker, NH), Lyman; Paul R. (Guilford, VT)

Assignee: Osram Sylvania Inc. (Danvers, MA)

Filing Date: August 25, 2003 Application number: 10/647,831

166. US 7,008,080

Title: Passive radiation optical system module especially for use with light-emitting diodes

Date of Publication: March 7, 2006

Inventors: Bachl; Bernhard (Regensburg, DE), Blumel; Simon (Schierling, DE), Kirchberger; Gu (Sinzing, DE), Stoyan; Harald (Regensburg, DE)

Assignee: Osram Opto Semiconductors GmbH (Regensburg, DE)

Filing Date: June 13, 2001 Application number: 10/333,635

167. US 7,002,291

Title: LED-based white-emitting illumination unit

Date of Publication: February 21, 2006

Inventors: Ellens; Andries (SL Den Haag, NL), Jermann; Frank (Munich, DE), Ostertag; Michael (Munich, DE)

Assignee: Patent-Treuhand-Gesellschaft fur Elektrische Gluhlampen mbH (Munich, DE); Osram OPTO Semiconductors GmbH (Regensburg, DE)

Filing Date: December 22, 2004 Application number: 11/022,439

168. US 6,991,355

Title: light emitting diode lamp with light pipes

Date of Publication: January 31, 2006

Inventors: Coushaine; Charles M. (Rindge, NH), Tucker; Michael (Henniker, NH), Tessnow; Thomas (Weare, NH)

Assignee: OSRAM Sylvania Inc. (Danvers, MA)

Filing Date: July 27, 2004 Application number: 10/899,546

169. US 7097321

Title: Earpiece light

Date of Publication: 29-Aug-06

Inventors: Mehler; Brian (Long Beach, CA), Palmer; Andrew (Palm Desert, CA)

Filing Date: 28-Oct-04 Application number: 10/976, 464

170. US 7094111

Title: Lamp including a replaceable light emitting diode (LED)

Date of Publication: 22-Aug-06

Inventors: Qingbiao; Wu (Fujian, CN)

Filing Date: 14-Oct-05 Application number: 11/251, 556

171. US 7066626

Title: LED lamp

Date of Publication: 27-Jun-06

Inventors: Omata; Kazuki (Yamanashi, JP)

Filing Date: 8-Apr-04 Application number: 10/820, 109

172. US 7040790

Title: Two circuit LED light bulb

Date of Publication: 9-May-06

Inventors: Lodhie; Pervaiz (Rolling Hills, CA), Becerra; Steven R. (San Pedro, CA)

Filing Date: 25-May-04 Application number: 10/854, 570

173. US 7040779

Title: LED lamp assembly

Date of Publication: 9-May-06

Inventors: Lamke; Isidore I. (Washington, MO), Plummer; Robert D. (St. Clair, MO), Dinan; Michael E. (Leslie, MO), Reinhold; Eugene P. (Kirkwood, MO), Figura; John (Defiance, MO), Narzinski; Matt (St. Louis, MO)

Filing Date: 25-Feb-04 Application number: 10/787, 493

174. US 7030565

Title: Lamp control circuit with selectable color signals

Date of Publication: 18-Apr-06

Inventors: Hollaway; Jerrell Penn (Melbourne, FL)

Filing Date: 27-Jul-04 Application number: 10/899,722

175. US 7001046

Title: Led lamp

Date of Publication: 21-Feb-06

Inventors: Kaga; Koichi (Aichi-ken, JP), Tahata; Satoru (Kanagawa-ken, JP)

Filing Date: 28-Nov-03 Application number: 10/722, 562

176. US 6994455

Title: LED illuminator

Date of Publication: 7-Feb-06

Inventors: Okabe; Toshiaki (Shizuoka, JP), Matsushita; Haruyuki (Shizuoka, JP)

Filing Date: 18-Jun-04 Application number: 10/870, 184

177. US 7126488

Title: Method and apparatus used in combination for installing a blown fuse indicator light within a pre-existing fuse housing

Date of Publication: 24-Oct-06

Inventors: May; Galen J. (Reno, NV)

Filing Date: April 2, 2005 Application number: 11/090,853

178. US 7125737

Title: Robust Group III light emitting diode for high reliability in standard packaging applications

Date of Publication: 24-Oct-06

Inventors: Edmond; John Adam (Cary, NC), Thibeault; Brian (Santa Barbara, CA), Slater, Jr.; David Beardsley (Raleigh, NC), Negley; Gerald H. (Hillsborough, NC), Mieczkowski; Van Allen (Apex, NC)

Filing Date: November 8, 2004 Application number: 10/983,983

179. US 7123699

Title: Voice mail in a voice over IP telephone system

Date of Publication: 17-Oct-06

Inventors: Suder; Eric G. (Plano, TX), Hansen, II; Harold E. A. (Plano, TX)

Filing Date: August 2, 2002 Application number: 10/210,902

180. US 7093964

Title: Compact, low-level vehicle interior lamp assembly

Date of Publication: 22-Aug-06

Inventors: Bynum; Stephen A. (Cookeville, TN)

Filing Date: November 1, 2004 Application number: 10/978,642

181. US 7048405

Title: Innovated flashing decorative article

Date of Publication: 23-May-06

Inventors: Lee; Ching-Hui (Taichung, TW)

Filing Date: May 23, 2003 Application number: 10/

443,907

182. US 7045974

Title: LED optical energy detection and feedback system

Date of Publication: 16-May-06

Inventors: Lin; Yi-Fang (Kaohsiung Hsien, TW), Yu; Ming-Hsiang (Tainan, TW), Lin; Jyh-Chang (Fengshan, TW), Wang; Yun Yun (Taipei, TW), Chu; Yen Chuan (Kaohsiung, TW), Wang; Ying-Fu (Taipei, TW)

Filing Date: August 19, 2004 Application number: 10/921,120

183. US 7044620

Title: LED assembly with reverse circuit board

Date of Publication: 16-May-06

Inventors: Van Duyn; Paul D. (Anderson, IN)

Filing Date: April 30, 2004 Application number: 10/836,479

184. US 7011430

Title: LED illumination device

Date of Publication: 14-Mar-06

Inventors: Chen; Kai Po (Taipei, TW,

Filing Date: March 24, 2004 Application number: 10/807,125

185. US 7121687

Title: Automotive LED bulb

Date of Publication: 17-Oct-06

Inventors: Sidwell; Steven (Hopkinton, NH), Albright; Kim (Warner, NH), Coushaine; Charles M. (Rindge, NH), Ernest; Brad (Hookset, NH)

Filing Date: 25-Jan-05 Application number: 11/042,405

186. US 7093953

Title: Warning light

Date of Publication: 22-Aug-06

Inventors: Dicke; Grant Donald (Downers Grove, IL), Wareing; Ian (Leyland, GB)

Filing Date: 3-Jun-05 Application number: 11/144,557

187. US 7086765

Title: LED lamp with light pipe for automotive vehicles

Date of Publication: 8-Aug-06

Inventors: Wehner; Kathryn M. (Carmel, IN)

Filing Date: 13-Sep-01 Application number: 09/950,592

188. US 7059755

Title: Vehicle lamp

Date of Publication: 13-Jun-06

Inventors: Yatsuda; Yasushi (Tokyo, JP), Koike; Teruo (Tokyo, JP), Kushimoto; Takuya (Tokyo, JP), Futami; Takashi (Tokyo, JP), Owada; Ryotaro (Tokyo, JP)

Filing Date: 17-Feb-04 Application number: 10/778,601

189. US 7019334

Title: LED lamp for light source of a headlamp

Date of Publication: 28-Mar-06

Inventors: Yatsuda; Yasushi (Tokyo, JP), Ebisutani; Takashi (Tokyo, JP), Koike; Teruo (Tokyo, JP), Kushimoto; Takuya (Tokyo, JP), Owada; Ryotaro (Tokyo, JP), Ohno; Masafumi (Tokyo, JP), Futami; Takashi (Tokyo, JP)

Filing Date: 16-Sep-03 Application number: 10/662,374

190. US 6994461

Title: LED lamp for vehicle signal light

Date of Publication: 7-Feb-06

Inventors: Lodhie; Pervaiz (Torrance, CA)

Filing Date: 21-Jul-03 Application number: 10/624,131

191. JP 2006-251396

Title: ILLUMINATING DEVICE FOR PHOTOGRAPHING IMAGE

Date of publication of application: 21. 09. 2006

Inventor: FUKAZAWA KOICHI

Applicant: CITIZEN ELECTRONICS CO LTD

Date of filing: 10. 03. 2005 Application number: 2005-068183

192. JP 2006-245272

Title: LIGHT-EMITTING DIODE DEVICE, PLANAR LIGHT SOURCE UNIT, AND METER

Date of publication of application: 14. 09. 2006

Inventor: KUWABARA YASUKI

Applicant: CITIZEN ELECTRONICS CO LTD

Date of filing: 03. 03. 2005 Application number: 2005-058726

193. JP 2006-237409

Title: LIGHT EMITTING DIODE AND ITS MANU-

FACTURING METHOD

Date of publication of application: 07.09.2006

Inventor: MIYASHITA JUNJI

Applicant: CITIZEN ELECTRONICS CO LTD

Date of filing: 28.02.2005 Application number: 2005-052167

194. JP 2006-190721

Title: LCD BACK LIGHT USING LIGHT EMITTING DIODE

Date of publication of application: 20.07.2006

Inventors: FUKAZAWA KOICHI; MIYASHITA JUNJI

Applicant: CITIZEN ELECTRONICS CO LTD

Date of filing: 28.12.2004 Application number: 2004-382176

195. JP 2006-156130

Title: LIGHT SOURCE DEVICE, ILLUMINATION DEVICE, AND DISPLAY DEVICE USING IT

Date of publication of application: 15.06.2006

Inventor: IMOTO SATOSHI; ANDO TOMOHIRO

Applicant: CITIZEN WATCH CO LTD

Date of filing: 30.11.2004 Application number: 2004-345058

196. JP 2006-147944

Title: PHOTO INTERRUPTER

Date of publication of application: 08.06.2006

Inventors: ISHII HIROHIKO; MIURA TAKESHI; TANDA YUICHIRO

Applicant: CITIZEN ELECTRONICS CO LTD

Date of filing: 22.11.2004 Application number: 2004-337843

197. JP 2006-108517

Title: SUBSTRATE FOR LED CONNECTION, ILLUMINATOR USING THEREOF, AND DISPLAY DEVICE USING THEREOF

Date of publication of application: 20.04.2006

Inventors: IMOTO SATOSHI; ANDO TOMOHIRO

Applicant: CITIZEN WATCH CO LTD

Date of filing: 08.10.2004 Application number: 2004-295557

198. JP 2006-108450

Title: OPTICAL COMMUNICATION MODULE

Date of publication of application: 20.04.2006

Inventor: MIURA TAKESHI

Applicant: CITIZEN ELECTRONICS CO LTD

Date of filing: 06.10.2004 Application number: 2004-294168

199. JP 2006-049443

Title: LIGHT EMITTING DEVICE AND ITS MOUNTING STRUCTURE

Date of publication of application: 16.02.2006

Inventors: HANEDA KOICHI; WATANABE RYOICHI

Applicant: CITIZEN ELECTRONICS CO LTD

Date of filing: 02.08.2004 Application number: 2004-225960

200. JP 2006-030813

Title: OPTICAL FIBER MODULE

Date of publication of application: 02.02.2006

Inventor: ISHIZAKA MITSUSATO

Applicant: CITIZEN ELECTRONICS CO LTD

Date of filing: 21.07.2004 Application number: 2004-212360

201. JP 2006-255701

Title: PHOTOCATALYST DEVICE

Date of publication of application: 28.09.2006

Inventors: SAKAI KAZUHIRO; IWASA TADANOBU; YAMANAKA OSAMU

Applicant: TOYODA GOSEI CO LTD;

Date of filing: 28.03.2006 Application number: 2006-087297

202. JP 2006-079946

Title: LIGHT-EMITTING DEVICE

Date of publication of application: 23.03.2006

Inventors: MUKOGAWA TAKAO; TAKAHASHI TOSHIO; TAKAGI MORIYOSHI; ADACHI TAKAO

Applicant: TOYODA GOSEI CO LTD

Date of filing: 09.09.2004 Application number: 2004-262942

203. JP 2006-078799

Title: LIGHT EMITTING DEVICE

Date of publication of application: 23.03.2006

Inventors: MUKOGAWA TAKAO; TAKAHASHI TOSHIO; TAKAGI MORIYOSHI; ADACHI TAKAO

Applicant: TOYODA GOSEI CO LTD

Date of filing: 09.09.2004 Application number: 2004-262941

204. JP 2006-261375

Title:LED LIGHT SOURCE DEVICE

Date of publication of application:28. 09. 2006

Inventors:TATEWAKI YOSHIMASA;HATTORI NORIFUMI

Applicant:TOYODA GOSEI CO LTD

Date of filing:17. 03. 2005 Application number:2005-076546

205. JP 2006-237500

Title:LIGHT EMITTING DEVICE

Date of publication of application:07. 09. 2006

Inventors:KOKUBU HIDEKI;SANO YOSHIO

Applicant:TOYODA GOSEI CO LTD

Date of filing:28. 02. 2005:Application number:2005-053518

206. JP 2006-232185

Title:INDIRECT LIGHTING SYSTEM FOR VEHICLE CABIN

Date of publication of application:07. 09. 2006

Inventor:NAESHIRO MITSUHIRO

Applicant:TOYODA GOSEI CO LTD

Date of filing:28. 02. 2005 Application number:2005-052219

207. JP 2006-208938

Title:DISPLAY DEVICE

Date of publication of application:10. 08. 2006

Inventor:SUGIHARA HIROSHI

Applicant:TOYODA GOSEI CO LTD

Date of filing:31. 01. 2005 Application number:2005-023053

208. JP 2006-202962

Title:LIGHT EMITTING APPARATUS

Date of publication of application:03. 08. 2006

Inventors:SUEHIRO YOSHINOBU;YAMAGUCHI SEIJI

Applicant:TOYODA GOSEI CO LTD

Date of filing:20. 01. 2005 Application number:2005-012810

209. JP 2006-147333

Title:LED-MOUNTING PRINTED CIRCUIT BOARD

Date of publication of application:08. 06. 2006

Inventors: SANO YOSHIO; TAKAHASHI TOSHINORI; NAESHIRO ITSUHIRO; INAGAKI SATOSHI; KINO TOKUHITO

Applicant:TOYODA GOSEI CO LTD

Date of filing:19. 11. 2004 Application number:2004-335496

210. JP 2006-147332.

Title:LIGHTING DEVICE

Date of publication of application:08. 06. 2006

Inventor:MUKOGAWA TAKAO

Applicant:TOYODA GOSEI CO LTD

Date of filing:19. 11. 2004 Application number:2004-335493

211. JP 2006-137331

Title:UNDER-FLOOR ILLUMINATION DEVICE

Date of publication of application:01. 06. 2006

Inventor:MUKOGAWA TAKAO

Applicant:TOYODA GOSEI CO LTD

Date of filing:12. 11. 2004 Application number:2004-329153

212. JP 2006-100633

Title:LED LIGHTING DEVICE

Date of publication of application:13. 04. 2006

Inventors: INAGAKI SATOSHI; NAESHIRO MITSUHIRO

Applicant:TOYODA GOSEI CO LTD

Date of filing:30. 09. 2004 Application number:2004-285806

213. JP 2006-100088

Title: LUMINANCE CONTROL METHOD FOR LIGHT EMITTING DEVICE AND CONTROL DATA GENERATION DEVICE

Date of publication of application:13. 04. 2006

Inventor:TANABE TETSUO

Applicant:TOYODA GOSEI CO LTD

Date of filing:29. 09. 2004 Application number:2004-284020

214. JP 2006-036091

Title:VEHICULAR HOUSING BOX

Date of publication of application:09. 02. 2006

Inventor:NAKAGAWA KATSUYA

Applicant: TOYODA GOSEI CO LTD; TOYOTA MOTOR CORP

Date of filing:28. 07. 2004 Application number:2004-220881

215. JP 2006-259667

Title:DISPLAY DEVICE EMITTING INDIRECT ILLUMINATION LIGHT AROUND ITS PERIPHERY

Date of publication of application :28. 09. 2006

Application number :2005-218785

inventor :SHIN DONG-HYOK

Date of filing :28. 07. 2005 Applicant :SAMSUNG SDI CO LTD

216. JP 2006-253141

Title: BACKLIGHT ASSEMBLY WITH EXCELLENT LIGHT EFFICIENCY AND DISPLAY DEVICE INCLUDING THE SAME

Date of publication of application :21. 09. 2006

Inventors :KYO SEITAI; CHANG WOONG-JAE; KWON YOON-SOO

Applicant :SAMSUNG ELECTRONICS CO LTD

Date of filing :09. 03. 2006 Application number :2006-063948

217. JP 2006-236963

Title: DISPLAY DEVICE AND FABRICATING METHOD THEREOF

Date of publication of application :07. 09. 2006

Inventors :CHOI BEOM-RAK; KIM HOON; UN-CHEOL SUNG

Applicant :SAMSUNG ELECTRONICS CO LTD

Date of filing :06. 07. 2005 Application number :2005-197002

218. JP 2006-229228

Title:MULTI-CHIP LIGHT EMITTING DIODE UNIT, BACKLIGHT UNIT AND LIQUID CRYSTAL DISPLAY DEVICE EMPLOYING THE SAME

Date of publication of application :31. 08. 2006

Inventors :JUNG IL-YONG; BOKU JUNSAN; WANG JONG-MIN;SEONG KI-BUM

Applicant :SAMSUNG ELECTRONICS CO LTD

Date of filing :14. 02. 2006 Application number :2006-036962

219. JP 2006-227623

Title: COLOR DISPLAY DEVICE MAKING USE OF ONE PANEL DIFFRACTION TYPE OPTICAL MODULATOR

Date of publication of application :31. 08. 2006

Inventor :YUN SANGKYEONG

Applicant :SAMSUNG ELECTRO MECH CO LTD

Date of filing :16. 02. 2006 Application number :2006-039537

220. JP 2006-221178

Title:DISPLAY DEVICE

Date of publication of application :24. 08. 2006

Inventor :LIM JONG-SUN

Applicant :SAMSUNG ELECTRONICS CO LTD

Date of filing :07. 02. 2006 Application number :2006-029941

221. JP 2006-190679

Title:BACKLIGHT ASSEMBLY REMOVING DARK PART AND DISPLAY DEVICE INCLUDING IT

Date of publication of application :20. 07. 2006

Inventor :LEE IK-SOO

Applicant :SAMSUNG ELECTRONICS CO LTD

Date of filing :28. 12. 2005 Application number :2005-380117

222. JP 2006-179494

Title:BACKLIGHT SYSTEM AND LIQUID CRYSTAL DISPLAY DEVICE USING IT

Date of publication of application :06. 07. 2006

Inventors :NOH JI-WHAN;JEONG JIN-GIL;JUNG IL-YONG

Applicant :SAMSUNG ELECTRONICS CO LTD

Date of filing :22. 12. 2005 Application number :2005-370585

223. JP 2006-178451

Title:BACKLIGHT SYSTEM AND LIQUID CRYSTAL DISPLAY DEVICE EMPLOYING SAME

Date of publication of application :06. 07. 2006

Inventors :NOH JI-WHAN;JEONG JIN-GIL

Applicant :SAMSUNG ELECTRONICS CO LTD

Date of filing :12. 12. 2005 Application number :2005-358216

224. JP 2006-163384

Title: LUMINESCENT DISPLAY DEVICE AND MANUFACTURING METHOD THEREOF

Date of publication of application :22. 06. 2006

Inventor :KWAK WON-KYU

Applicant :SAMSUNG SDI CO LTD

Date of filing :21. 11. 2005 Application number :2005-336081

225. JP 2006-148132

Title: SIDE LIGHT-EMITTING DEVICE, BACKLIGHT UNIT USING THE SAME AS LIGHT

SOURCE, AND LIQUID CRYSTAL DISPLAY APPARATUS EMPLOYING THE SAME

Date of publication of application :08. 06. 2006

Inventors :NOH JI-WHAN;KIN TOKA

Applicant :SAMSUNG ELECTRONICS CO LTD

Date of filing :22. 11. 2005 Application number :2005-337664

226. JP 2006-134881

Title:BACKLIGHT UNIT AND LIQUID CRYSTAL DISPLAY DEVICE EMPLOYING THE SAME

Date of publication of application:25. 05. 2006

Inventors: NOH JI-WHAN; BOKU JUNSAN; JUNG IL-YONG; HA HO JIN

Applicant:SAMSUNG ELECTRONICS CO LTD

Date of filing:02. 11. 2005 Application number:2005-320024

227. JP 2006-120644

Title:BACKLIGHT UNIT AND LIQUID CRYSTAL DISPLAY APPARATUS EMPLOYING THE SAME

Date of publication of application:11. 05. 2006

Inventors: JUNG IL-YONG; HA HO JIN; BOKU JUNSAN; NOH JI-WHAN

Applicant:SAMSUNG ELECTRONICS CO LTD

Date of filing:21. 10. 2005 Application number:2005-307403

228. JP 2006-120594

Title:BACKLIGHT DEVICE REDUCED IN THICKNESS

Date of publication of application:11. 05. 2006

Inventors:HAHM HUN JOO; KIM HYON SOKU; PARK JUNG KYU; AHN HO SIK; PARK YOUNG SAM; KIM BUM JIN; JEONG YOUNG JUNE

Applicant: SAMSUNG ELECTRO-MECHANICS CO LTD

Date of filing:02. 02. 2005 Application number:2005-026546

229. JP 2006-019736

Title: BACKLIGHT EQUIPMENT FOR DISPLAY DEVICE, LIGHT SOURCE FOR DISPLAY DEVICE, AND LIGHT-EMITTING DIODE FOR LIGHT SOURCE

Date of publication of application:19. 01. 2006

Inventors: KIM GI-CHERL; LEE SANG-YU; LEE JONG-SEO; KIM JIN HA; KANG SEOCK-HWAN; RI SOKICHI; YOON JU-YOUNG; SO SHUNKO

Applicant:SAMSUNG ELECTRONICS CO LTD

Date of filing:28. 06. 2005 Application number:2005-188965

230. JP 2006-221196

Title:LED DISPLAY DEVICE ANDSIGNAL LIGHT

Date of publication of application:24. 08. 2006

Inventor:SHINOHARA TAKESHI

Applicant:NICHIA CHEM IND LTD

Date of filing:08. 05. 2006 Application number:2006-128875

231. JP 2006-243418

Title:DISPLAY DEVICE

Date of publication of application:14. 09. 2006

Inventor :TAKAHASHI TSUZUKU

Applicant:NICHIA CHEM IND LTD

Date of filing:04. 03. 2005 Application number:2005-059839

232. JP 2006-172785

Title:SURFACE LIGHT EMITTING DEVICE AND LIGHT GUIDE PLATE FOR SURFACE LIGHT EMITTING DEVICE

Date of publication of application:29. 06. 2006

Inventors:KOTANI MASAKAZU; ACHI YUSAKU; YANAGIMOTO TATSUYA

Applicant:NICHIA CHEM IND LTD

Date of filing:14. 12. 2004 Application number:2004-360829

233. JP 2006-154032

Title:IMAGE DISPLAY DEVICE

Date of publication of application:15. 06. 2006

Inventors:NAGAHAMA SHINICHI; TAMAOKI HIROTO; MURAZAKI YOSHINORI ; YANAGIMOTO TOMOYA

Applicant:NICHIA CHEM IND LTD

Date of filing:26. 11. 2004 Application number:2004-341741

234. JP 2006-221848

Title:VEHICULAR LIGHTING DEVICE

Date of publication of application:24. 08. 2006

Inventors: HIROSE YOSHIHISA; WITHUN RUUKUSUIRIWAN; ODA NOBUTAKA

Applicant:HONDA MOTOR CO LTD; STANLEY ELECTRIC CO LTD

Date of filing:08. 02. 2005 Application number:2005-031654

235. JP 2006-210170

Title:DECORATIVE LIGHTING DEVICE

Date of publication of application:10. 08. 2006

Inventors:KONDO TOSHIYUKI; YATABE MANABU;TSUKAMOTO SHIGERU

Applicant:STANLEY ELECTRIC CO LTD

Date of filing:28. 01. 2005 Application number:2005-021140

236. JP 2006-121555

Title: ILLUMINATING DEVICE, IMAGE READING DEVICE AND IMAGE FORMATION APPARATUS

Date of publication of application:11. 05. 2006

Inventors:SAKURAI YASUO;KANEKO IKUO; AIDA NOBUMICHI

Applicant:RICOH CO LTD; STANLEY ELECTRIC CO LTD

Date of filing:25. 10. 2004 Application number:2004-309287

237. JP 2006-173622

Title:LIGHT-EMITTING DIODE FLASH MODULE HAVING IMPROVED LIGHT-EMITTING SPECTRUM

Date of publication of application:2006-173622

Inventors:NG KEE YEAN;CHENG HENG YOW; KUAN YEW CHEONG

Applicant:AGILENT TECHNOL INC

Date of filing:14. 12. 2005 Application number:2005-360644

238. JP 2006-235565

Title:BACKLIGHT DRIVER CIRCUIT AND LIQUID CRYSTAL DISPLAY DEVICE HAVING THE SAME

Date of publication of application:07. 09. 2006

Inventor:KIM TAE-SOO

Applicant:SAMSUNG SDI CO LTD

Date of filing:12. 08. 2005 Application number:2005-234809

239. JP 2006-229209

Title:LED DRIVING DEVICE

Date of publication of application:31. 08. 2006

Inventors: KIM NAM-IN; KANG JEONG-IL; RYO-JUNGEN

Applicant:SAMSUNG ELECTRONICS CO LTD

Date of filing:19. 01. 2006 Application number:2006-010931

240. JP 2006-228698

Title: DOWNRIGHT BACKLIGHT HAVING LIGHT GUIDE FUNCTION

Date of publication of application:31. 08. 2006

Inventors: KIM HYON SOKU; PARK JUNG KYU; AHN HO SIK; JEONG YOUNG JUNE; PARK YOUNG SAM; HAHM HUN JOO; KIM BUM JIN

Applicant: SAMSUNG ELECTRO-MECHANICS CO LTD

Date of filing:10. 06. 2005 Application number:2005-171694

241. JP 2006-216535

Title: ARRAY DRIVING DEVICE AND BACK LIGHT-DRIVE DEVICE USING THE SAME

Date of publication of application:17. 08. 2006

Inventors:LEE SANG-YUN;GONG JU YOUNG

Applicant:SAMSUNG ELECTRO MECH CO LTD

Date of filing:21. 12. 2005 Application number:2005-368434

242. JP 2006-203182

Title:LED ARRAY CIRCUIT

Date of publication of application:03. 08. 2006

Inventors: JEONG YOUNG JUNE; HAHM HUN JOO; KIM HYUNG SUK; PARK JUNG KYU; PARK YOUNG SAM; AHN HO SIK; KIM BUM JIN;

Applicant:SAMSUNG ELECTRO MECH CO LTD

Date of filing:19. 12. 2005 Application number:2005-365085

243. JP 2006-190636

Title:BACK LIGHT DEVICE UTILIZING LIGHT EMITTING DIODE

Date of publication of application:20. 07. 2006

Inventors:PARK JUNG KYU; HAHM HUN JOO; AHN HO SIK; KIM BUM JIN; PARK YOUNG SAM; KIM HYON SOKU; JEONG YOUNG JUNE

Applicant: SAMSUNG ELECTRO-MECHANICS CO LTD

Date of filing:27. 05. 2005 Application number:2005-155132

244. JP 2006-135280

Title:LATERAL LIGHT EMITTING DIODE AND BACKLIGHT PROVIDED THEREWITH

Date of publication of application:25. 05. 2006

Inventors:KIM CHANG WOOK;SOUNG YOUNG

JAE

ApplicantSAMSUNGELECTRO-MECHANICS CO LTD

Date of filing: 22. 02. 2005 Application number: 2005-045314

245. JP 2006-114863

Title: LIGHT EMITTING DIODE AND LENS THEREFOR

Date of publication of application: 27. 04. 2006

Inventors: YOON JU-YOUNG; KIM GI-CHERL; LEE JONG-SEO; SO SHUNKO; PARK SE-KI; RI SOKICHI; KANG SEOCK-HWAN

Applicant: SAMSUNG ELECTRONICS CO LTD

Date of filing: 14. 02. 2005 Application number: 2005-036554

246. JP 2006-113556

Title: LENS FOR LED LIGHT SOURCE

Date of publication of application: 27. 04. 2006

Inventors: KIM JIN JONG; HO SEOP JEONG; LEE SANG HYUCK; JOO HEE JUN

Applicant: SAMSUNG ELECTRO MECH CO LTD

Date of filing: 07. 09. 2005 Application number: 2005-259625

247. JP 2006-108088

Title: ILLUMINATION UNIT ADOPTING LIGHT EMITTING DIODE AND IMAGE PROJECTION DEVICE ADOPTING THE SAME

Date of publication of application: 20. 04. 2006

Inventors: KIM SU-GUN; KIM DAE-SIK; SEONG KI-BUM; LEE GYE HUN

Applicant: SAMSUNG ELECTRONICS CO LTD

Date of filing: 27. 09. 2005 Application number: 2005-280394

248. JP 2006-049324

Title: BACKLIGHT FOR DISPLAY DEVICE

Date of publication of application: 16. 02. 2006

Inventors: KIM GI-CHERL; KANG SEOCK-HWAN; LEE SANG-YU; YOON JU-YOUNG; SO SHUNKO

Applicant: SAMSUNG ELECTRONICS CO LTD

Date of filing: 04. 08. 2005 Application number: 2005-227244

249. JP 2006-122693

Title: LIGHT SOURCE WITH ADJUSTABLE WAVELENGTH FOR OXIMETER

Date of publication of application: 18. 05. 2006

Inventors: DIAB MOHAMED K; KIANI-AZARBAYJANY ESMAIEL; RAGSDALE CHARLES ROBERT; LEPPER JAMES M JR

Applicant: MASIMO CORP

Date of filing: 07. 12. 2005 Application number: 2005-353967

250. JP 2006-004935

Title: LIGHT-EMITTING DIODE LAMP EQUIPPED WITH LIGHT GUIDE FOCUSING CONICALLY

Date of publication of application: 05. 01. 2006

Inventors: OUSHAINE CHARLES M; TUCKER MICHAEL; TESSNOW THOMAS; JOHNSON RALPH; SIDWELL STEVEN

Applicant: OSRAM SYLVANIA INC

Date of filing: 15. 06. 2005 Application number: 2005-175079

251. JP 2006-190847

Title: LCD BACKLIGHT EMPLOYING LIGHT EMITTING DIODE

Date of publication of application: 20. 07. 2006

Inventor: MIYASHITA JUNJI

Applicant: CITIZEN ELECTRONICS CO LTD

Date of filing: 06. 01. 2005 Application number: 2005-001959

252. JP 2006-190722

Title: LCD BACKLIGHT EMPLOYING LIGHT EMITTING DIODE

Date of publication of application: 20. 07. 2006

Inventor: MIYASHITA JUNJI

Applicant: CITIZEN ELECTRONICS CO LTD

Date of filing: 28. 12. 2004 Application number: 2004-382177

253. JP 2006-189665

Title: LCD BACKLIGHT USING LIGHT EMITTING DIODE

Date of publication of application: 20. 07. 2006

Inventors: MIYASHITA JUNJI; OISHI KAZU

Applicant: CITIZEN ELECTRONICS CO LTD

Date of filing: 06. 01. 2005 Application number: 2005-001958

254. JP 2006-189519

Title: LCD BACKLIGHT USING LIGHT EMITTING DIODE

Date of publication of application :20.07.2006
Inventor :ISHIHARA KAZUYA MIYASHITA JUNJI
Applicant :CITIZEN ELECTRONICS CO LTD
Date of filing :28.12.2004 Application number :2004-382175

255. JP 2006-260912
Title: RADIATOR DEVICE FOR LUMINESCENT UNIT, BACKLIGHT DEVICE AND IMAGE DISPLAY DEVICE
Date of publication of application :28.09.2006
Inventors :OIDE TATSUYA;SHIBATA HIROICHI
Applicant :SONY CORP
Date of filing :16.03.2005 Application number :2005-075870

256. JP 2006-253641
Title:LIGHT EMITTING DIODE ILLUMINATION SOURCE
Date of publication of application :21.09.2006
Inventors:SHINOZAKI KENJI;HANAWA KENZO;KATO TAKESHI;TAKAHASHI YOSHIAKI
Applicant :SHOWA DENKO KK
Date of filing :25.11.2005 Application number :2005-339656

257. JP 2006-154292
Title:LIQUID CRYSTAL DISPLAY DEVICE
Date of publication of application :15.06.2006
Inventors:SAITO TAKESHI;SHIMANO SHIGEO;NAKAMOTO HIROSHI;YOSHIDA
Applicant:HITACHI DISPLAYS LTD;HITACHI DISPLAY DEVICES LTD;HIROYUKI;YABE HIROKAZU;MIYAWAKI TOSHITSUGU;TOBE AKIRA
Date of filing :29.11.2004 Application number :2004-344695

258. JP 2006-120632
Title:LED BACKLIGHT
Date of publication of application :11.05.2006
Inventors :NG KEE YEAN;KUAN YEW CHEONG;CHEW TONG FATT
Applicant :AGILENT TECHNOL INC
Date of filing :17.10.2005 Application number :2005-301816

259. JP 2006-098500
Title:LIQUID CRYSTAL DISPLAY DEVICE
Date of publication of application :13.04.2006
Inventors :KONDO HISAO;TSUCHIDA KATSUMI
Applicant :KYOCERA CORP
Date of filing :28.09.2004 Application number :2004-281696

260. JP 2006-064733
Title:LIQUID CRYSTAL DISPLAY
Date of publication of application :09.03.2006
Inventors :KONDO HISAO;TSUCHIDA KATSUMI
Applicant :KYOCERA CORP
Date of filing :24.08.2004 Application number :2004-243630

261. JP 2006-039349
Title:LIQUID CRYSTAL DISPLAY DEVICE
Date of publication of application :09.02.2006
Inventors :KONDO HISAO;TSUCHIDA KATSUMI
Applicant :KYOCERA CORP
Date of filing :29.07.2004 Application number :2004-221387

262. JP 2006-039341
Title:LIQUID CRYSTAL DISPLAY DEVICE
Date of publication of application :09.02.2006
Inventors :KONDO HISAO;TSUCHIDA KATSUMI
Applicant :KYOCERA CORP
Date of filing :29.07.2004 Application number :2004-221289

263. JP 2006-023654
Title:LIQUID CRYSTAL DISPLAY DEVICE
Date of publication of application :26.01.2006
Inventors :KONDO HISAO;TSUCHIDA KATSUMI
Applicant :KYOCERA CORP
Date of filing :09.07.2004 Application number :2004-203498

264. JP 2006-236875
Title:ILLUMINATION DEVICE
Date of publication of application:07.09.2006
Inventor:IRISAWA KENJI
Applicant:TOKI CORPORATION KK
Date of filing:28.02.2005 Application number:2005-052503

265. JP 2006-209325
Title:VEHICLE ALARM DEVICE AND METHOD FOR PRODUCING ALARM FROM VEHICLE

Date of publication of application: 10. 08. 2006

Inventors: TAUCHI NOBUTAKA; ASADA HIROSHIGE; FUJIOKA HIROMI; MORITA MAKOTO; KANEKO JUNYA

Applicant: DENSO CORP TOYOTA MOTOR CORP

Date of filing: 26. 01. 2005 Application number: 2005-018317

266. JP 2006-196777

Title: ILLUMINATOR, IMAGING DEVICE, AND PORTABLE TERMINAL

Date of publication of application: 27. 07. 2006

Inventors: IWANAGA HIRONORI; AMANO MASARO; HARADA KOICHI; KAMAKURA TAKANOBU; SHIMOMURA KENJI

Applicant: TOSHIBA CORP

Date of filing: 14. 01. 2005 Application number: 2005-008223

267. JP 2006-177943

Title: INTEGRAL TYPE OPTOELECTRONICS SYSTEM FOR MEASURING ATTENUATION OF FLUORESCENCE OR LUMINESCENCE EMISSION

Date of publication of application: 06. 07. 2006

Inventors: FOUQUET JULIE; HARDCASTLE IAN; HELBING RENE; ANNET C GROTT; PETRILLA JOHN

Applicant: AGILENT TECHNOL INC

Date of filing: 15. 12. 2005 Application number: 2005-361313

268. JP 2006-162717

Title: CAMERA EQUIPPED WITH ILLUMINATOR

Date of publication of application: 22. 06. 2006

Inventor: BABA AKIHIRO

Applicant: KONICA MINOLTA PHOTO IMAGING INC

Date of filing: 03. 12. 2004 Application number: 2004-350634

269. JP 2006-139473

Title: FLASHER FOR SECURITY

Date of publication of application: 01. 06. 2006

Inventor: MARUYAMA HITOSHI

Applicant: NIPPON KOKI KOGYO KK

Date of filing: 11. 11. 2004 Application number: 2004-327740

270. JP 2006-134345

Title: TRAFFIC LIGHT STICK

Date of publication of application: 25. 05. 2006

Inventor: LEE HEISEN

Applicant: LEE HEISEN

Date of filing: 27. 10. 2005 Application number: 2005-339413

271. JP 2006-106202

Title: FLASH DEVICE

Date of publication of application: 20. 04. 2006

Inventor: KUDO YASUNORI

Applicant: OLYMPUS CORP

Date of filing: 01. 10. 2004 Application number: 2004-290469

272. JP 2006-084445

Title: IMAGE ACQUISITION DEVICE

Date of publication of application: 30. 03. 2006

Inventors: SHIGENO YUKIE; CHATANI HIROMI; HAYASHI NAOHISA; KONDO NORIYUKI

Applicant: DAINIPPON SCREEN MFG CO LTD

Date of filing: 17. 09. 2004 Application number: 2004-272372

273. JP 2006-084444

Title: IMAGE ACQUISITION DEVICE

Date of publication of application: 30. 03. 2006

Inventors: SHIGENO YUKIE; CHATANI HIROMI; HAYASHI NAOHISA; KONDO NORIYUKI

Applicant: DAINIPPON SCREEN MFG CO LTD

Date of filing: 17. 09. 2004 Application number: 2004-272371

274. JP 2006-070416

Title: FLASHING-TYPE NOCTILUCENT VEST

Date of publication of application: 16. 03. 2006

Inventor: SUNAGA TERUSHIGE

Applicant: SUNAGA TERUSHIGE

Date of filing: 03. 09. 2004 Application number: 2004-291964

275. JP 2006-059663

Title: LIGHTING LAMP

Date of publication of application: 02. 03. 2006

Inventors: TSUME MITSUO; OISHI TOMOAKI; OKAJIMA YOSHINORI

Applicant: SHINKO ELECTRIC CO LTD

Date of filing: 20. 08. 2004 Application number: 2004-240218

276. JP 2006-054484

Title:IMAGE PICKUP METHOD OF ELECTRONIC COMPONENT AND ELECTRONIC COMPONENT MOUNTING DEVICE

Date of publication of application:23. 02. 2006

Inventor:OKAZAKI SHINICHI

Applicant:YAMAHA MOTOR CO LTD

Date of filing:26. 09. 2005 Application number:2005-278360

277. JP 2006-197211

Title:VIDEO CAMERA

Date of publication of application:27. 07. 2006

Inventors:IGARI HIDEO;SHIMADA KOICHI

Applicant:CANON INC

Date of filing:13. 01. 2005 Application number:2005-006371

278. JP 2006-191559

Title:CAMERA LENS ASSEMBLY FOR MOBILE PHONE

Date of publication of application:20. 07. 2006

Inventor:KIN DAIKAN

Applicant:SAMSUNG ELECTRONICS CO LTD

Date of filing:14. 12. 2005 Application number:2005-361091

279. JP 2006-171494

Title:ACCESSARY FOR CAMERA

Date of publication of application:29. 06. 2006

Inventor:CHIJIIWA TOMOKI

Applicant:NIKON CORP

Date of filing:17. 12. 2004 Application number:2004-365447

280. JP 2006-155209

Title:TRAFFIC IMAGING DEVICE AND TRAFFIC MONITORING SYSTEM

Date of publication of application:15. 06. 2006

Inventor:YAMAMOTO HIDENORI

Applicant:SUMITOMO ELECTRIC IND LTD

Date of filing:29. 11. 2004 Application number:2004-344454

281. JP 2006-141589

Title: PERSONAL AUTHENTICATION DEVICE AND METHOD

Date of publication of application:08. 06. 2006

Inventors:MORI KAZUHIRO;TAMAI FUMIYOSHI

Applicant:SHIGEMATSU:KK

Date of filing:18. 11. 2004 Application number:2004-334004

282. JP 2006-050454

Title:IMAGE DEVICE

Date of publication of application:16. 02. 2006

Inventors:SAKAMOTO KENJI;YAMAMOTO SHINTARO

Applicant:MATSUSHITA ELECTRIC WORKS LTD

Date of filing:06. 08. 2004 Application number:2004-231483

283. JP 2006-038550

Title:PAINTED SURFACE INSPECTION DEVICE

Date of publication of application:09. 02. 2006

Inventors:YAMAGISHI YASUNORI;NAKANO HIDEHIKO

Applicant:KANTO AUTO WORKS LTD

Date of filing:26. 07. 2004 Application number:2004-217003

284. JP 2006-010815

Title:CAMERA CAPABLE OF SUPERIMPOSING DISPLAY

Date of publication of application:12. 01. 2006

Inventors: IWAMOTO SHIGERU; OKURA TADAHISA;NAKADA MASAHIRO

Applicant:PENTAX CORP

Date of filing:23. 06. 2004 Application number:2004-184789

285. JP 2006-261944

Title:MOBILE PHONE

Date of publication of application:28. 09. 2006

Inventors:BABA HIROTO;IIDA SUSUMU

Applicant:SANYO ELECTRIC CO LTD; TOTTORI SANYO ELECTRIC CO LTD

Date of filing:16. 03. 2005 Application number:2005-075257

286. JP 2006-018181

Title: PORTABLE ELECTRONIC PHOTOGRAPHING SYSTEM, AUXILIARY PHOTOGRAPHING LIGHT GENERATING APPARATUS, PORTABLE ELECTRONIC APPARATUS AND POWER SUPPLYAPPARATUS

Date of publication of application:19. 01. 2006

Inventors: WATANABE HIDEKAZU; NISHIHARA MAKOTO; SAWADA TAKESHI

Applicant: SONY ERICSSON MOBILECOMMUNICATIONS JAPAN INC

Date of filing: 05. 07. 2004 Application number: 2004-198321

287. JP 2006-201205

Title: VIDEO DISPLAY DEVICE

Date of publication of application: 03. 08. 2006

Inventor: UEDA HIROAKI

Applicant: KONICA MINOLTA HOLDINGS INC

Date of filing: 18. 01. 2005 Application number: 2005-009773

288. JP 2006-178340

Title: IMAGE DISPLAY DEVICE, PROJECTOR AND SCREEN

Date of publication of application: 06. 07. 2006

Inventor: UEDA HIROAKI

Applicant: KONICA MINOLTA HOLDINGS INC

Date of filing: 24. 12. 2004 Application number: 2004-373871

289. JP 2006-058486

Title: HEATSINK AND DISPLAY DEVICE

Date of publication of application: 02. 03. 2006

Inventors: HABUKA TAKATO; TAKEUCHI JUICHI

Applicant: SONY CORP

Date of filing: 18. 08. 2004 Application number: 2004-238796

290. JP 2006-260969

Title: INDICATOR LAMP FOR VEHICLE

Date of publication of application: 28. 09. 2006

Inventors: SUGIE HIROFUMI; SHIHO HIDEKI

Applicant: LECIP CORP

Date of filing: 17. 03. 2005 Application number: 2005-077444

291. JP 2006-236586

Title: VEHICLE LAMP

Date of publication of application: 07. 09. 2006

Inventor: OHARI TAKASHI

Applicant: OHARI TAKASHI; IMAIZUMI YUTA

Date of filing: 22. 02. 2005 Application number: 2005-044981

292. JP 2006-213322

Title: CONTAINER HANDLING VEHICLE

Date of publication of application: 17. 08. 2006

Inventors: ITO MITSUO; NISHIOKA TOMOYUKI; OSADA YOSHIHIKO

Applicant: SHIN MEIWA IND CO LTD

Date of filing: 24. 04. 2006 Application number: 2006-119079

293. JP 2006-213310

Title: VEHICULAR REAR IMAGE PICKUP SYSTEM

Date of publication of application: 17. 08. 2006

Inventors: CHIN KUNIE; LEE CHUN-CHUNG; HUANG CHENG-HUNG

Applicant: SIN ETKE TECHNOLOGY CO LTD

Date of filing: 01. 06. 2005 Application number: 2005-161043

294. JP 2006-210835

Title: LIGHT-EMITTING DIODE DRIVE, LUMINAIRE USING THE SAME, ILLUMINATOR FOR COMPARTMENT, AND ILLUMINATOR FOR VEHICLE

Date of publication of application: 10. 08. 2006

Inventor: NAGASE HARUO

Applicant: MATSUSHITA ELECTRIC WORKS LTD

Date of filing: 31. 01. 2005 Application number: 2005-024027

295. JP 2006-151368

Title: VEHICLE DOOR MIRROR

Date of publication of application: 15. 06. 2006

Inventor: MITSUI KOICHIRO

Applicant: MITSUI KOICHIRO

Date of filing: 12. 10. 2005 Application number: 2005-297068

296. JP 2006-140084

Title: VEHICLE LAMP

Date of publication of application: 01. 06. 2006

Inventors: OSHIO HIROHIKO; MOCHIZUKI MITSUYUKI

Applicant: KOITO MFG CO LTD

Date of filing: 15. 11. 2004 Application number: 2004-330332

297. JP 2006-137367

Title: INFRARED PROJECTOR FOR VEHICLE

Date of publication of application: 01. 06. 2006
Inventor: TATSUKAWA MASASHI
Applicant: KOITO MFG CO LTD
Date of filing: 15. 11. 2004 Application number: 2004-330333

298. JP 2006-114249
Title: VEHICULAR TAIL LAMP STRUCTURE
Date of publication of application: 27. 04. 2006
Inventors: YAMAGUCHI YASUJI; TAKANASHI YOSHIHIRO; NAKAMURA KENTA; NAKAYAMA MASARU
Applicant: HONDA MOTOR CO LTD
Date of filing: 12. 10. 2004 Application number: 2004-297933

299. JP 2006-104693
Title: SAFETY MARKING EQUIPMENT
Date of publication of application: 20. 04. 2006
Inventor: TATEISHI MASATOSHI
Applicant: TATEISHI AKIRA
Date of filing: 01. 10. 2004 Application number: 2004-289612

300. JP 2006-085993
Title: LIGHT EMITTING DIODE LIGHTING DEVICE
Date of publication of application: 30. 03. 2006
Inventor: WATANABE AKIHIRO
Applicant: DENSO CORP
Date of filing: 15. 09. 2004 Application number: 2004-268761

301. JP 2006-0 49011
Title: TEMPERATURE REGULATING APPARATUS FOR VEHICLE
Date of publication of application: 16. 02. 2006
Inventor: MIZUKOSHI TATEO
Applicant: HONDA MOTOR CO LTD
Date of filing: 02. 08. 2004 Application number: 2004-226003

302. JP 2006-038686
Title: LAMP APPARATUS WITH DISTANCE MEASURING FUNCTION
Date of publication of application: 09. 02. 2006
Inventors: OKI TAKAHIKO; YAMAMOTO YASUHIDE; FUJIMOTO KAZUMI
Applicant: NISSAN MOTOR CO LTD
Date of filing: 28. 07. 2004 Application number: 2004-220230

303. JP 2006-260835
Title: VEHICLE LIGHTING TOOL
Date of publication of application: 28. 09. 2006
Inventors: NIWA TAKASHI; KITADE TAKASHI; OKAMOTO MASAKI
Applicant: SUMITOMO WIRING SYST LTD
Date of filing: 15. 03. 2005 Application number: 2005-073616

304. JP 2006-248297
Title: LIGHTING DEVICE FOR VEHICLE AND ROOF TRIM ASSEMBLY
Date of publication of application: 21. 09. 2006
Inventor: IDE TAKEHISA
Applicant: FUJIKURA LTD
Date of filing: 09. 03. 2005 Application number: 2005-064917

305. JP 2006-241833
Title: LUMINESCENT GUIDE SIGN
Date of publication of application: 14. 09. 2006
Inventor: KANEKO TAKESHI
Applicant: YUNIMATEKKU KK
Date of filing: 03. 03. 2005 Application number: 2005-058878

306. JP 2006-234537
Title: METER PANEL FOR VEHICLE
Date of publication of application: 07. 09. 2006
Inventor: KUWABARA YASUKI
Applicant: CITIZEN ELECTRONICS CO LTD
Date of filing: 24. 02. 2005 Application number: 2005-048464

307. JP 2006-232009
Title: VEHICLE RECOGNITION DEVICE
Date of publication of application: 07. 09. 2006
Inventors: KATAYAMA MUTSUMI; KUSHIDA KAZUMITSU
Applicant: HONDA MOTOR CO LTD
Date of filing: 23. 02. 2005

308. JP 2006-220601
Title: ILLUMINATION STRUCTURE OF ON-VEHICLE DISPLAY PANEL
Date of publication of application: 24. 08. 2006

Inventors: NAKAMURA SHINOBU; KUWABARA YASUKI

Applicant:CITIZEN ELECTRONICS CO LTD

Date of filing: 14. 02. 2005 Application number: 2005-036040

309. JP 2006-213109

Title: TURNING-ON CONTROL DEVICE OF LIGHTING FIXTURE FOR VEHICLE

Date of publication of application: 17. 08. 2006

Inventors: ITO MASAYASU; TAKEDA HITOSHI

Applicant: KOITO MFG CO LTD

Date of filing: 02. 02. 2005 Application number: 2005-025944

310. JP 2006-205750

Title: LIGHTING SYSTEM FOR VEHICLE

Date of publication of application: 10. 08. 2006

Inventor: SUGIYAMA KOJI

Applicant: NIPPON PLAST CO LTD

Date of filing: 25. 01. 2005 Application number: 2005-016263

311. JP 2006-201059

Title: METER PANEL FOR VEHICLE

Date of publication of application: 03. 08. 2006

Inventor: KUWABARA YASUKI

Applicant: CITIZEN ELECTRONICS CO LTD

Date of filing: 21. 01. 2005 Application number: 2005-013808

312. JP 2006-193121

Title: GARNISH OF BACK PANEL FOR VEHICLES

Date of publication of application: 27. 07. 2006

Inventors: KAMATA ICHIRO; SUWADA MUTSUMI; UCHIDA TOMOHIRO; IKEDA KOJI; HASEGAWA KATSUHISA; TAKEDA HIRONOBU

Applicant: FUJIKURA LTD; TOYOTA MOTOR CORP

Date of filing: 17. 01. 2005 Application number: 2005-009461

313. JP 2006-171363

Title: DISPLAY UNIT FOR VEHICLE

Date of publication of application: 29. 06. 2006

Inventor: TAMURA KINYA

Applicant: CALSONIC KANSEI CORP

Date of filing: 16. 12. 2004 Application number: 2004-363780

314. JP 2006-170896

Title: COMBINATION METER FOR VEHICLE

Date of publication of application: 29. 06. 2006

Inventor: MATSUDA MASASHI

Applicant: MITSUBISHI MOTORS CORP

Date of filing: 17. 12. 2004 Application number: 2004-366086

315. JP 2006-170881

Title: METER PANEL FOR VEHICLE

Date of publication of application: 29. 06. 2006

Inventor: AIHARA KENJI

Applicant: CITIZEN ELECTRONICS CO LTD

Date of filing: 17. 12. 2004 Application number: 2004-365762

316. JP 2006-168704

Title: STEERING WHEEL PROVIDED WITH AIR BAG DEVICE

Date of publication of application: 29. 06. 2006

Inventors: NAKAMURA KENGO; NISHIKAJI SATOSHI

Applicant: MAZDA MOTOR CORP

Date of filing: 03. 08. 2005 Application number: 2005-225600

317. JP 2006-164967

Title: VEHICULAR LIGHTING FIXTURE AND LAMP-LIGHTING DEVICE

Date of publication of application: 22. 06. 2006

Inventors: WAKABAYASHI NOBUHIRO; YAMAUCHI SHINOBU

Applicant: SHOWA DENKO KK

Date of filing: 11. 11. 2005 Application number: 2005-326866

318. JP 2006-164908

Title: VEHICULAR LIGHTING FIXTURE

Date of publication of application: 22. 06. 2006

Inventor: INABA TETSUAKI

Applicant: KOITO MFG CO LTD

Date of filing: 10. 12. 2004 Application number: 2004-358514

319. JP 2006-164796

Title: HEADLAMP

Date of publication of application: 22. 06. 2006

Inventors:NAGAI YOICHI;NAKAMURA TAKAO;KATAYAMA KOJI

Applicant:SUMITOMO ELECTRIC IND LTD

Date of filing:08. 12. 2004 Application number:2004-355735

320. JP 2006-164743

Title:LAMP FOR VEHICLE AND HEAD LAMP DEVICE FOR VEHICLE

Date of publication of application:22. 06. 2006

Inventor:SUZUKI YASUSHI;OKUBO YASUHIRO

Applicant:ICHIKOH IND LTD

Date of filing:07. 12. 2004 Application number:2004-354367

321. JP 2006-157577

Title:ON-VEHICLE ANTENNA

Date of publication of application:15. 06. 2006

Inventor:TODA SAKUMI

Applicant:DENSO CORP

Date of filing:30. 11. 2004 Application number:2004-346223

322. JP 2006-156440

Title:LIGHT EMITTING DEVICE AND VEHICLE LIGHTING FIXTURE

Date of publication of application:15. 06. 2006

Inventors:TAKEDA HITOSHI;TOKITATSUKASA

Applicant:KOITO MFG CO LTD

Date of filing:25. 11. 2004 Application number:2004-340131

323. JP 2006-151287

Title:ILLUMINATION DEVICE FOR VEHICLE

Date of publication of application:15. 06. 2006

Inventor:SUDA GOJI

Applicant:NISSAN MOTOR CO LTD

Date of filing:30. 11. 2004 Application number:2004-347383

324. JP 2006-147347

Title:VEHICULAR ROOM LAMP

Date of publication of application:08. 06. 2006

Inventor:ITO YOSHIKAZU

Applicant:KOJIMA PRESS CO LTD

Date of filing:19. 11. 2004 Application number:2004-335879

325. JP 2006-146845

Title:ON-VEHICLE UNIT

Date of publication of application:08. 06. 2006

Inventor:YAMAMOTO KENJI

Applicant:DENSO CORP

Date of filing:30. 11. 2004 Application number:2004-347103

326. JP 2006-138104

Title:SWITCH FOR VEHICLE

Date of publication of application:01. 06. 2006

Inventors: NOMURA HIDETAKA; HIRANO YOSHIHISA; HAYAKAWA HIDEAKI; KATO TADAYOSHI;TAKAHASHI SHIGEHIRO

Applicant:TOKAI RIKA CO LTD

Date of filing:11. 11. 2004 Application number:2004-328113

327. JP 2006-134810

Title:VEHICLE LAMP

Date of publication of application:25. 05. 2006

Inventor:SUZUKI YASUSHI

Applicant:ICHIKOH IND LTD

Date of filing:09. 11. 2004 Application number:2004-325186

328. JP 2006-131020

Title:CORNER POLE

Date of publication of application:25. 05. 2006

Inventors: HAKAMATA YASUHIRO; AOKI SUSUMU;WATANABE HIDEJI;TAKAHASHI MASAMITSU

Applicant: HAMANI KASEI KK; AOKI SEISAKUSHO:KK;DAIHATSU MOTOR CO LTD

Date of filing:04. 11. 2004 Application number:2004-320461

329. JP 2006-123794

Title: LIGHTING SYSTEM FOR VEHICLE AND ILLUMINATION MODULE

Date of publication of application:18. 05. 2006

Applicant:HAYASHI TELEMPU CO LTD;KANTO AUTO WORKS LTD

Inventors:HAYASHI HIRONORI;ARAYA YUTAKA

Date of filing:29. 10. 2004 Application number:2004-316048

330. JP 2006-117164

Title:VEHICLE HEADLIGHT

Date of publication of application:11. 05. 2006

Inventor:OKUDA HARUO

Applicant:ICHIKOH IND LTD

ate of filing: 22. 10. 2004 Application number: 2004-308683

331. JP 2006-114309

Title:SIDE TURN SIGNAL LAMP

Date of publication of application:27. 04. 2006

Inventors:KAZAOKA SHIGEHIKO;SAKUMA TO-RANOSUKE

Applicant:KOITO MFG CO LTD

Date of filing: 14. 10. 2004 Application number: 2004-299849

332. JP 2006-111128

Title:OUTSIDE MIRROR DEVICE FOR VEHICLE

Date of publication of application:27. 04. 2006

Inventor:NAGASHIMA YASUO

Applicant:ICHIKOH IND LTD

Date of filing: 14. 10. 2004 Application number: 2004-300373

333. JP 2006-103631

Title: ILLUMINATION DEVICE FOR SPACE UNDER SHELF OF VEHICLE

Date of publication of application:20. 04. 2006

Inventors:INOGUCHI KAZUHIKO;SHINOHARA KOICHI

Applicant:SHARP CORP;SHINOHARA ELECTRIC CO LTD

Date of filing: 08. 10. 2004 Application number: 2004-296566

334. JP 2006-103477

Title:LIGHTING CONTROL CIRCUIT OF LIGHTING FIXTURE FOR VEHICLE

Date of publication of application:20. 04. 2006

Inventor:ITO MASAYASU;TAKEDA HITOSHI

Applicant:KOITO MFG CO LTD

Date of filing: 05. 10. 2004 Application number: 2004-292161

335. JP 2006-103404

Title: LIGHTING CONTROL CIRCUIT OF VEHICLE LAMP

Date of publication of application:20. 04. 2006

Inventors:SASAKI MASARU;ITO MASAYASU

Applicant:KOITO MFG CO LTD

Date of filing: 01. 10. 2004 Application number: 2004-289841

336. JP 2006-066132

Title: MARKER LAMP FOR VEHICLE

Date of publication of application:09. 03. 2006

Inventors: KOIZUMI HIROYA; NATSUME KAZUNORI

Applicant:KOITO MFG CO LTD

Date of filing: 25. 08. 2004 Application number: 2004-245396

337. JP 2006-066130

Title:MARKER LAMP FOR VEHICLE

Date of publication of application:09. 03. 2006

Inventors: KOIZUMI HIROYA; NATSUME KAZUNORI;MOCHIZUKI MIKI

Applicant:KOITO MFG CO LTD

Date of filing: 25. 08. 2004 Application number: 2004-245392

338. JP 2006-062545

Title: COLLISION ACCIDENT PREVENTION DEVICE WHEN OPENING DOOR OF AUTOMOBILE

Date of publication of application:09. 03. 2006

Inventor:KOBAYASHI SOUJI

Applicant:KOBAYASHI SOUJI

Date of filing: 27. 08. 2004 Application number: 2004-248272

339. JP 2006-059541

Title: LIGHT GUIDE AND LED LIGHT SOURCE UNIT EQUIPPED WITH IT

Date of publication of application:02. 03. 2006

Inventor:AKIYAMA KIYOHIRO

Applicant:ICHIKOH IND LTD

Date of filing: 17. 08. 2004 Application number: 2004-237059

340. JP 2006-048955

Title:BRAKING WARNING DEVICE OF VEHICLE

Date of publication of application:16. 02. 2006

Inventors:KAMIJO HIDEAKI;MATSUMOTO KUNIO

Applicant:NIDEC COPAL CORP

Date of filing: 30. 07. 2004 Application number: 2004-224548

341. JP 2006-048934

Title: LED LAMP FOR LIGHTING FIXTURE LIGHT SOURCE

Date of publication of application: 16. 02. 2006

Inventors: TANIDA YASUSHI; KOIKE TERUO; OWADA RYUTARO

Applicant: STANLEY ELECTRIC CO LTD

Date of filing: 30. 07. 2004 Application number: 2004-223707

342. JP 2006-047128

Title: ILLUMINATION STRUCTURE FOR MEASURING INSTRUMENT SYSTEM

Date of publication of application: 16. 02. 2006

Inventor: SUZUKI MASAYUKI

Applicant: YAZAKI CORP

Date of filing: 05. 08. 2004 Application number: 2004-229135

343. JP 2006-040655

Title: OPERATION BODY OF ELECTRONIC EQUIPMENT

Date of publication of application: 09. 02. 2006

Inventors: SUGIURA IORI; YAMAGUCHI YOSHIHIRO

Applicant: KOJIMA PRESS CO LTD

Date of filing: 26. 07. 2004 Application number: 2004-216799

344. JP 2006-012837

Title: LIGHTING SYSTEM OR SIGNALLING DEVICE WITH LIGHT GUIDE

Date of publication of application: 12. 01. 2006

Inventors: GASQUET JEAN CLAUDE; ANDRIEU MICHEL

Applicant: VALEO VISION

Date of filing: 24. 06. 2005 Application number: 2005-184182

345. JP 2006-004947

Title: LED AUTOMOTIVE HEADLAMP

Date of publication of application: 05. 01. 2006

Inventors: COUSHAINE CHARLES; JOHNSON RALPH; SIDWELL STEVEN; TESSNOW THOMAS; TUCKER MICHAEL

Applicant: OSRAM SYLVANIA INC

Date of filing: 17. 06. 2005 Application number: 2005-177315

346. JP 2006-260523

Title: INFORMATION DISPLAY LAMP DEVICE

Date of publication of application: 28. 09. 2006

Inventors: YAMASHITA MASAHIRO; FUKUHARA TOSHIHIKO; FUJITA MOTOHIRO

Applicant: MIYABI SYSTEM: KK; SUNWAY BUREKKUSU: KK; NAGOYA INSTITUTE OF TECHNOLOGY

Date of filing: 13. 10. 2005 Application number: 2005-299233

347. JP 2006-258973

Title: BACK-LIGHT DEVICE AND LIQUID CRYSTAL DISPLAY DEVICE

Date of publication of application: 28. 09. 2006

Inventors: KIMURA KAZUTO; HAYASHI MASAYASU; MASUDA SHOZO; TOMIOKA SATOSHI

Applicant: SONY CORP

Date of filing: 15. 03. 2005 Application number: 2005-073773

348. JP 2006-258972

Title: BACK-LIGHT DEVICE AND LIQUID CRYSTAL DISPLAY DEVICE

Date of publication of application: 28. 09. 2006

Inventor: KIMURA KAZUTO

Applicant: SONY CORP

Date of filing: 15. 03. 2005 Application number: 2005-073772

349. JP 2006-253693

Title: LIGHT EMITTING DIODE, LENS THEREFOR, AND BACKLIGHT ASSEMBLY AND LIQUID CRYSTAL DISPLAY UNIT INCLUDING THEM

Date of publication of application: 21. 09. 2006

Inventors: PARK SE-KI; LEE SANG-YU; KIM GICHERL; NAM SEOK-HYUN; YOON JU-YOUNG

Applicant: SAMSUNG ELECTRONICS CO LTD

Date of filing: 08. 03. 2006 Application number: 2006-062283

350. JP 2006-251814

Title: IMAGE DISPLAY DEVICE

Date of publication of application: 21. 09. 2006

Inventors: AVERBECK ROBERT; TEWS HELMUT

Applicant: SIEMENS AG

Date of filing: 22. 03. 2006 Application number: 2006-078919

351. JP 2006-251623

Title: OPTICAL DIFFUSION PLATE AND DISPLAY APPARATUS USING THE SAME

Date of publication of application: 21. 09. 2006

Inventor : TAKAO KOICHI

Applicant : MATSUSHITA ELECTRIC IND CO LTD

Date of filing : 14. 03. 2005 Application number : 2005-070697

352. JP 2006-251484

Title: LED DISPLAY APPARATUS

Date of publication of application: 21. 09. 2006

Inventor : TAKAO KOICHI

Applicant : MATSUSHITA ELECTRIC IND CO LTD

Date of filing : 11. 03. 2005 Application number : 2005-069110

353. JP 2006-251075

Title : BACK LIGHT APPARATUS AND LIQUID CRYSTAL DISPLAY

Date of publication of application: 21. 09. 2006

Inventor : AOKI TOMIO

Applicant : SONY CORP

Date of filing : 08. 03. 2005 Application number : 2005-064344

354. JP 2006-244730

Title : LIGHT UNIT AND LIQUID CRYSTAL DISPLAY DEVICE

Date of publication of application: 14. 09. 2006

Inventor : YAMAGUCHI YASUO

Applicant : OPTREX CORP

Date of filing : 28. 02. 2005 Application number : 2005-054816

355. JP 2006-243532

Title: BACK LIGHT DEVICE AND LIQUID CRYSTAL DISPLAY DEVICE

Date of publication of application: 14. 09. 2006

Inventors: KOTAKE RYOTA; KAWASHIMA TOSHITAKA; HA YASHI MASAYASU; MASUDA SHOZO

Applicant : SONY CORP

Date of filing : 04. 03. 2005 Application number : 2005-061160

356. JP 2006-237565

Title: BACKLIGHT UNIT AND LIQUID CRYSTAL DISPLAY DEVICE USING THE SAME

Date of publication of application: 07. 09. 2006

Inventors : PARK HEE JEONG; CHU HAANG RHYM

Applicant : LG PHILLIPS LCD CO LTD

Date of filing : 13. 12. 2005 Application number : 2005-358438

357. JP 2006-237282

Title : LIGHT EMITTING DIODE LIGHT SOURCE

Date of publication of application: 07. 09. 2006

Inventor : BIZEN MITSUHIRO

Applicant : SANYO ELECTRIC CO LTD; TOTTORI SANYO ELECTRIC CO LTD

Date of filing : 25. 02. 2005 Application number : 2005-049926

358. JP 2006-236771

Title: BACKLIGHT DEVICE AND LIQUID CRYSTAL DISPLAY DEVICE

Date of publication of application: 07. 09. 2006

Inventors: OSHIMA YOSHIHIRO; KAWASHIMA TOSHITAKA; TOMIOKA SATOSHI ; MINAMI MASARU

Applicant : SONY CORP

Date of filing : 24. 02. 2005 Application number : 2005-049316

359. JP 2006-236770

Title : BACKLIGHT DEVICE AND LIQUID CRYSTAL DISPLAY

Date of publication of application: 07. 09. 2006

Inventor : MINAMI MASARU

Applicant : SONY CORP

Date of filing : 24. 02. 2005 Application number : 2005-049315

360. JP 2006-236749

Title : LIGHT SOURCE DEVICE AND DISPLAY DEVICE

Date of publication of application: 07. 09. 2006

Inventors : INUKAI KANEO; YAMADA TATSUYA; MATSUMOTO KAZUO

Applicant : PURARUTO: KK

Date of filing : 24. 02. 2005 Application number : 2005-048702

361. JP 2006-236701

Title: BACKLIGHT DEVICE AND LIQUID CRYSTAL DISPLAY

Date of publication of application:07. 09. 2006

Inventors :MINAMI MASARU;AOKI TOMIO

Applicant :SONY CORP

Date of filing :23. 02. 2005 Application number :2005-047801

362. JP 2006-235759

Title :PARKING LOT GUIDE SYSTEM

Date of publication of application :07. 09. 2006

Inventors : SUZUKI KANJI; NISHINAGA MASAYUKI

Applicant :SATO SHUICHI;SUZUKI KANJI;NISSHIN KASEI KOGYO KK

Date of filing :22. 02. 2005 Application number :2005-046242

363. JP 2006-228576

Title :BACKLIGHT DEVICE AND LIQUID CRYSTAL DISPLAY DEVICE

Date of publication of application:31. 08. 2006

Inventors: MORO SHUJI; AOKI TOMIO; KIMURA KAZUTO; TOMIOKA SATOSHI; MASUDA SHOZO; UEDA MITSUNORI;

Applicant :SONY CORP

Date of filing :17. 02. 2005 Application number :2005-041166

364. JP 2006-228575

Title : LIGHT EMITTING DIODE, BACKLIGHT DEVICE, AND LIQUID CRYSTAL DISPLAY DEVICE

Date of publication of application:31. 08. 2006

Inventors : MORO SHUJI; KAWASHIMA TOSHITAKA; OSHIMA YOSHIHIRO; OKITA HIROYUKI; KOTAKE RYOTA;KIRITA SHINA;HAYASHI MASAYASU

Applicant :SONY CORP

Date of filing :17. 02. 2005 Application number :2005-041162

365. JP 2006-227423

Title : BACKLIGHT APPARATUS AND LIQUID CRYSTAL DISPLAY

Date of publication of application:31. 08. 2006

Inventors :AOKI TOMIO; MINAMI MASARU; OSHIMA YOSHIHIRO

Applicant :SONY CORP

Date of filing :18. 02. 2005 Application number :2005-042912

366. JP 2006-222015

Title : LIGHT-EMITTING DISPLAY PANEL AND INSPECTION METHOD OF THE SAME

Date of publication of application:24. 08. 2006

Inventors :OIKAWA YUTA;YAMAGUCHI AKIHIKO

Applicant :TOHOKU PIONEER CORP

Date of filing :14. 02. 2005 Application number :2005-035988

367. JP 2006-216821

Title :LIGHT EMITTING DIODE

Date of publication of application:17. 08. 2006

Inventors:SHO KATSUHIRO;TAKAHASHI SHIYOUGO

Applicant :CITIZEN ELECTRONICS CO LTD

Date of filing :04. 02. 2005 Application number :2005-028802

368. JP 2006-210880

Title: TWO-DIMENSIONAL OPTICAL SOURCE USING LIGHT EMITTING DIODE AND LIQUID CRYSTAL DISPLAY DEVICE

Date of publication of application:10. 08. 2006

Inventors:KIM GI-CHERL;PARK SE-KI;YOON JU-YOUNG; YANG BYUNG-CHOON; NAN SHAKUGEN; LEE SANG-YU

Applicant :SAMSUNG ELECTRONICS CO LTD

Date of filing :26. 10. 2005 Application number :2005-311822

369. JP 2006-210435

Title: POWER SUPPLY DEVICE, LIGHT EMITTING DEVICE AND DISPLAY DEVICE

Date of publication of application:10. 08. 2006

Inventor :MIGUCHI MITSUAKI

Applicant :ROHM CO LTD

Date of filing :25. 01. 2005 Application number :2005-017448

370. JP 2006-203213

Title : LENS COMPOSITION OF LIGHT-EMITTING DIODE DEVICE FOR LIQUID CRYSTAL DISPLAY, LIGHT-EMITTING DIODE DEVICE COMPRISING THE SAME, BACKLIGHT UNIT AND LIQUID CRYSTAL DISPLAY

Date of publication of application:03. 08. 2006

Inventors : CHOI JIN-SUNG; BOKU SHINKAKU; LEE SANG HOON; SONG SI-JOON; KANG EUN-

JEONG

Applicant :SAMSUNG ELECTRONICS CO LTD

Date of filing :19. 01. 2006 Application number :2006-011738

371. JP 2006-195250

Title :METHOD OF DRIVING PROGRAMMABLE LIGHT EMITTING DIODE

Date of publication of application:27. 07. 2006

Inventors : WANG MIN KUN; CHANG SHIH TING;YANG DE-SHIN

Applicant :SEIGUN HANDOTAI KOFUN YUGEN-KOSHI

Date of filing :14. 01. 2005 Application number :2005-007768

372. JP 2006-191991

Title :GAME MACHINE

Date of publication of application :27. 07. 2006

Inventor :OGAWA SHIYOUGO

Applicant :NEWGIN CORP

Date of filing :11. 01. 2005 Application number :2005-004591

373. JP 2006-190851

Title :INTEGRATED LIGHT EMITTING DIODE, METHOD FOR MANUFACTURING INTEGRATED LIGHT EMITTING DIODE, MICRO LIGHT EMITTING DIODE, LIGHT EMITTING DIODE DISPLAY, AND LIGHT EMITTING DIODE LIGHTING DEVICE

Date of publication of application:20. 07. 2006

Inventors :OKUYAMA HIROYUKI;BIWA TSUYOSHI;KOJIMA SHIGERU;OHATA TOYOJI

Applicant :SONY CORP

Date of filing :07. 01. 2005 Application number :2005-002057

374. JP 2006-186537

Title :IMAGING APPARATUS AND IMAGING METHOD

Date of publication of application:13. 07. 2006

Inventors :YAMAUCHI IPPEI;OTSUKA KOICHI;KANDA KAZUHIKO

Applicant :CASIO COMPUT CO LTD

Date of filing :27. 12. 2004 Application number :2004-376342

375. JP 2006-186158

Title : LIGHT EMITTING DIODE LAMP AND LIGHT EMITTING DIODE DISPLAY

Date of publication of application:13. 07. 2006

Inventor :JO KATSUAKI

Applicant :SHARP CORP

Date of filing :28. 12. 2004 Application number :2004-379260

376. JP 2006-179672

Title :ILLUMINATOR AND IMAGE DISPLAY DEVICE

Date of publication of application:06. 07. 2006

Inventor :FURUKAWA TOKUMASA

Applicant :SONY CORP

Date of filing :22. 12. 2004 Application number :2004-371234

377. JP 2006-179572

Title : LIGHT EMITTING DIODE, BACKLIGHT DEVICE AND METHOD OF MANUFACTURING THE LIGHT EMITTING DIODE

Date of publication of application:06. 07. 2006

Inventor :FUJITA YUSUKE

Applicant :SHARP CORP

Date of filing :21. 12. 2004 Application number :2004-369273

378. JP 2006-178350

Title : ILLUMINATING DEVICE AND PROJECTION VIDEO DISPLAY DEVICE

Date of publication of application:06. 07. 2006

Inventors : IKEDA TAKASHI; KANAYAMA HIDEYUKI

Applicant :SANYO ELECTRIC CO LTD

Date of filing :24. 12. 2004 Application number :2004-373987

379. JP 2006-173604

Title: LIGHT EMITTING DIODE WITH COMPARTMENT, AND DISPLAY

Date of publication of application:29. 06. 2006

Inventors :WONG LYE YEE; HWANG YI FENG; FUNG ELIZABETH CHING LING

Applicant :AGILENT TECHNOL INC

Date of filing :07. 12. 2005 Application number :2005-353130

380. JP 2006-171662

Title : SURFACE LIGHT SOURCE DEVICE OF PROJECTION DISPLAY DEVICE

Date of publication of application:29. 06. 2006

Inventors :SAITO SHOTARO; UEDA NOBUAKI; ISHIGAMI TAKESHI; OZAWA KATSUTO; USAMI JOJI; TAKANO SANAE; SHOJI YUICHI; UMATANI SATOSHI

Applicant :VIDEOMAIL JAPAN KK; KOHNO OPTICAL LENS CO LTD

Date of filing :14. 12. 2004 Application number :2004-382567

381. JP 2006-171256

Title :LIGHT GUIDE PLATE TYPE DISPLAY DEVICE, SIGN, AND ROAD SIGN

Date of publication of application:29. 06. 2006

Inventor :AKAGI TATSUYA

Applicant :SEKISUI JUSHI CO LTD

Date of filing :15. 12. 2004 Application number :2004-362265

382. JP 2006-171253

Title :LIGHT GUIDE PLATE OF BACKLIGHT ASSEMBLY

Date of publication of application:29. 06. 2006

Inventors :UCHIYAMA MITSURU; BITO KUICHI

Applicant :KURODA TECHNO CO LTD

Date of filing :15. 12. 2004 Application number :2004-362199

383. JP 2006-164935

Title :LIGHT GENERATOR AND DISPLAY HAVING SAME

Date of publication of application:22. 06. 2006

Inventors :LEE SANG-YU; KIM GI-CHERL; LEE JONG-SEO; SO SHUNKORI SOKICHI; PARK SE-KI; KANG SEOCK-HWAN; YOON JU-YOUNG

Applicant :SAMSUNG ELECTRONICS CO LTD

Date of filing :11. 03. 2005 Application number :2005-068815

384. JP 2006-162889

Title :DISPLAY APPARATUS

Date of publication of application:22. 06. 2006

Inventors :TSUBOI MITSUGI; ITO HIROSHI; KAWASE SHIGERU

Applicant :NAGOYA ELECTRIC WORKS CO LTD

Date of filing :06. 12. 2004 Application number :2004-353215

385. JP 2006-154338

Title :DISPLAY DEVICE, MOBILE TELEPHONE, AND ASSEMBLING METHOD FOR DISPLAY DEVICE

Date of publication of application:15. 06. 2006

Inventor :OOHASHI MAKIO

Applicant :SANYO ELECTRIC CO LTD

Date of filing :30. 11. 2004 Application number :2004-345263

386. JP 2006-147679

Title :INTEGRATED LIGHT EMITTING DIODE, MANUFACTURING METHOD THEREOF, DISPLAY AND LIGHTING APPARATUS FOR LIGHT EMITTING DIODE

Date of publication of application:08. 06. 2006

Inventors :OKUYAMA HIROYUKI; BIWA TSUYOSHI; KOJIMA SHIGERU; OHATA TOYOJI

Applicant :SONY CORP

Date of filing :17. 11. 2004 Application number :2004-332754

387. JP 2006-145607

Title :LIGHT EMITTING DISPLAY DEVICE

Date of publication of application:08. 06. 2006

Inventor :TERANO FUMINARI

Applicant :DENSO:KK

Date of filing :16. 11. 2004 Application number :2004-331805

388. JP 2006-134996

Title :ILLUMINATOR, ITS MANUFACTURING METHOD AND DISPLAY DEVICE USING ILLUMINATOR

Date of publication of application:25. 05. 2006

Inventors :KANEKO HIRONORI; HIYAMA IKUO; TANAKA TOSHIAKI; ADACHI MASAYA; YAMAMOTO TSUNENORI; AKABOSHI HARUO

Applicant :HITACHI DISPLAYS LTD

Date of filing :04. 11. 2004 Application number :2004-320409

389. JP 2006-134992

Title: LIGHT SOURCE UNIT, LIGHTING SYSTEM USING IT AND DISPLAY DEVICE USING LIGHTING SYSTEM

Date of publication of application:25. 05. 2006

Inventors :HIYAMA IKUO; KANEKO HIRONORI; TANAKA TOSHIAKI; YAMAMOTO TSUNENORI; KONNO TETSUTOYO; KONDO KATSUMI; AKABOSHI HARUO

Applicant :HITACHI DISPLAYS LTD

Date of filing :04. 11. 2004 Application number :2004-320383

390. JP 2006-134975

Title :LIGHTING DEVICE AND INDICATING DEVICE USING THE SAME

Date of publication of application:25. 05. 2006

Inventors :TANAKA TOSHIAKI;KANEKO HIRONORI;HIYAMA IKUO

Applicant :HITACHI DISPLAYS LTD

Date of filing :04. 11. 2004 Application number :2004-320136

391. JP 2006-133627

Title :PROJECTION-TYPE IMAGE DISPLAY SYSTEM, IMAGE PROJECTOR AND SCREEN

Date of publication of application :25. 05. 2006

Inventor :UMEYA SHINJIRO

Applicant :SONY CORP

Date of filing :09. 11. 2004 Application number :2004-324519

392. JP 2006-126617

Title :SEPARABLE DISPLAY DEVICE HAVING MANY LIGHT-EMITTING DIODES

Date of publication of application:18. 05. 2006

Inventor :TSUJI HIDEYUKI

Applicant :TSUJI DENKI JUTAKU SETSUBI:KK

Date of filing :29. 10. 2004 Application number :2004-316520

393. JP 2006-125975

Title:LIGHTING SYSTEM

Date of publication of application:18. 05. 2006

Inventor:TOYAMA KOJI

Applicant:NIPPON SEIKI CO LTD

Date of filing:28. 10. 2004 Application number:2004-313861

394. JP 2006-125019

Title:LIGHT EMITTING DISPLAY DEVICE

Date of publication of application:18. 05. 2006

Inventor:MUTA KEISUKE

Applicant:SEKISUI JUSHI CO LTD

Date of filing:28. 10. 2004 Application number:2004-313630

395. JP 2006-108606

Title:WHITE LIGHT GENERATION UNIT, BACK LIGHT ASSEMBLY HAVING SAME, AND LIQUID CRYSTAL DISPLAY HAVING ASSEMBLY

Date of publication of application:20. 04. 2006

Inventors: KIM KYU-SEOK; PARK YOUNG-HEE; LEE SANG-HEE; LEE JONG-NAM; CHU YOUNG-BEE; HAN BYUNG-WOONG

Applicant:SAMSUNG ELECTRONICS CO LTD

Date of filing:24. 12. 2004 Application number:2004-372459

396. JP 2006-106437

Title:COLOR LIQUID CRYSTAL DISPLAY

Date of publication of application:20. 04. 2006

Inventors:HAGA SHUICHI;KAKINUMA KOICHIRO;NAKATSUE TAKEHIRO;MATSUMOTO TATSUHIKO

Applicant:SONY CORP

Date of filing:06. 10. 2004 Application number:2004-294242

397. JP 2006-101333

Title: FOLDING TYPE PORTABLE INFORMATION TERMINAL

Date of publication of application:13. 04. 2006

Inventors: HAMANO MASAHIRO; MURAKAMI KOICHI;HASEGAWA KANAKO

Applicant:SANYO ELECTRIC CO LTD; TOTTORI SANYO ELECTRIC CO LTD

Date of filing:30. 09. 2004 Application number:2004-286714

398. JP 2006-099118

Title:HEAT SPREADER FOR DISPLAY DEVICE

Date of publication of application:13. 04. 2006

Inventors: CLOVESKO TIMOTHY; NORLEY JULIAN;SMALC MARTIN DAVIDCAPP JOSEPH PAUL

Applicant:ADVANCED ENERGY TECHNOLOGY INC

Date of filing:27. 09. 2005 Application number:2005-280238

399. JP 2006-093490

Title: LIGHT EMITTING DIODE BACK PANEL AND ITS MANUFACTURING METHOD, LIGHT EMITTING DIODE DISPLAY AND ITS MANUFACTURING METHOD, LIGHT EMITTING DIODE LIGHTING DEVICE AND ITS MANUFACTURING METHOD, AND LIGHT EMITTING DIODE ARRAY

DEVICE AND ITS MANUFACTURING METHOD

Date of publication of application:06. 04. 2006

Inventor:OKUYAMA HIROYUKI

Applicant:SONY CORP

Date of filing:27. 09. 2004 Application number:2004-278684

400. JP 2006-084753

Title: COLOR DISPLAY DEVICE, PROJECTOR, AND EYEPIECE-TYPE DISPLAY

Date of publication of application:30. 03. 2006

Inventor:TATSUNO HIBIKI

Applicant:RICOH CO LTD

Date of filing:16. 09. 2004 Application number:2004-269204

401. JP 2006-078748

Title:PORTABLE APPARATUS AND DISPLAY DEVICE

Date of publication of application:23. 03. 2006

Inventors: YOKODATE SHINYA; TOYAMA NAOKI

Applicant:MITSUBISHI ELECTRIC CORP

Date of filing:09. 09. 2004 Application number:2004-262368

402. JP 2006-066214

Title: DISPLAY PANEL AND LIGHT-EMITTING UNIT USED FOR DISPLAY PANEL

Date of publication of application:09. 03. 2006

Inventor:HABA HOKI

Applicant:DIALIGHT JAPAN CO LTD

Date of filing:26. 08. 2004 Application number:2004-247209

403. JP 2006-065160

Title: INTERNALLY ILLUMINATED DISPLAY DEVICE, AND CLOCK APPARATUS

Date of publication of application:09. 03. 2006

Inventor:ISHIZUKA SATORU

Applicant:SEIKO PRECISION INC

Date of filing:30. 08. 2004 Application number:2004-249717

404. JP 2006-064916

Title:LIQUID CRYSTAL DISPLAY DEVICE

Date of publication of application:09. 03. 2006

Inventor:TAKANO HITOSHI

Applicant:NIPPON SEIKI CO LTD

Date of filing:26. 08. 2004 Application number:2004-246403

405. JP 2006-064726

Title:DISPLAY DEVICE

Date of publication of application:09. 03. 2006

Inventors: YAMANE TETSUYA; YOSHIDA KIYOHARU

Applicant:SANYO ELECTRIC CO LTD; TOTTORI SANYO ELECTRIC CO LTD

Date of filing:24. 08. 2004 Application number:2004-243583

406. JP 2006-059607

Title:HEAT RADIATION DEVICE AND DISPLAY DEVICE

Date of publication of application:02. 03. 2006

Inventors: TAKAGISHI TOSHIYA; SHIBATA HIROICHI; HORI KAZUHITO; MAKINO TAKUYA

Applicant:SONY CORP

Date of filing:18. 08. 2004 Application number:2004-238795

407. JP 2006-059606

Title:BACKLIGHT DEVICE

Date of publication of application:02. 03. 2006

Inventors:ARAI TAKEO;OKU TAKASHI

Applicant:SONY CORP

Date of filing:18. 08. 2004 Application number:2004-238792

408. JP 2006-058483

Title: BACKLIGHT DEVICE FOR LIQUID CRYSTAL DISPLAY AND TRANSMISSIVE LIQUID CRYSTAL DISPLAY DEVICE

Date of publication of application:02. 03. 2006

Inventors:ARAI TAKEO; HATANAKA MASATO; OKU TAKASHI

Applicant:SONY CORP

Date of filing:18. 08. 2004 Application number:2004-238791

409. JP 2006-053340

Title:LIQUID CRYSTAL DISPLAY

Date of publication of application:23. 02. 2006

Inventors:SHIBATA HIROICHI;OIDE TATSUYA

Applicant:SONY CORP

Date of filing:11. 08. 2004 Application number:2004-234748

410. JP 2006-049098

Title: BACKLIGHT DEVICE AND LIQUID CRYSTAL DISPLAY PROVIDED WITH THE BACKLIGHT DEVICE

Date of publication of application: 16. 02. 2006

Inventors: HABUKA TAKATO; TAKEUCHI JUICHI; OIDE TATSUYA

Applicant: SONY CORP

Date of filing: 04. 08. 2004 Application number: 2004-228625

411. JP 2006-047883

Title: ILLUMINATION DEVICE

Date of publication of application: 16. 02. 2006

Inventor: ARAI KUNIO

Applicant: ARAI KUNIO

Date of filing: 06. 08. 2004 Application number: 2004-231744

412. JP 2006-047830

Title: LIGHTING DEVICE AND PROJECTION DISPLAY DEVICE

Date of publication of application: 16. 02. 2006

Inventor: KATO ATSUSHI

Applicant: NEC VIEWTECHNOLOGY LTD

Date of filing: 06. 08. 2004 Application number: 2004-230886

413. JP 2006-041113

Title: LIGHT-EMITTING DIODE ASSEMBLY SUBSTRATE AND DISPLAY DEVICE USING THE SAME

Date of publication of application: 09. 02. 2006

Inventor: MATSUSHITA MASAHISA

Applicant: C I KASEI CO LTD

Date of filing: 26. 07. 2004 Application number: 2004-217438

414. JP 2006-039338

Title: LIGHTING SYSTEM AND PROJECTION TYPE VIDEO DISPLAY DEVICE

Date of publication of application: 09. 02. 2006

Inventor: YOSHII SHOICHI

Applicant: SANYO ELECTRIC CO LTD

Date of filing: 29. 07. 2004 Application number: 2004-221227

415. JP 2006-039330

Title: LIGHTING DEVICE AND PROJECTION TYPE VIDEO DISPLAY DEVICE

Date of publication of application: 09. 02. 2006

Inventors: MIWA KOJI; IKEDA TAKASHI

Applicant: SANYO ELECTRIC CO LTD

Date of filing: 29. 07. 2004 Application number: 2004-221055

416. JP 2006-039277

Title: ILLUMINATING DEVICE AND PROJECTION TYPE IMAGE DISPLAY APPARATUS

Date of publication of application: 09. 02. 2006

Inventors: IKEDA TAKASHI; YOSHII SHOICHI; YOKOTE YOSHIHIRO

Applicant: SANYO ELECTRIC CO LTD

Date of filing: 28. 07. 2004 Application number: 2004-220077

417. JP 2006-039169

Title: LIGHT EMITTING DIODE DISPLAY DEVICE

Date of publication of application: 09. 02. 2006

Inventor: NAKANO TATSUO

Applicant: NAKANO TATSUO

Date of filing: 27. 07. 2004 Application number: 2004-218325

418. JP 2006-039167

Title: PROJECTOR DEVICE

Date of publication of application: 09. 02. 2006

Inventor: SUZUKI TAKAO

Applicant: IMAGIN CRAFT: KK

Date of filing: 27. 07. 2004 Application number: 2004-218310

419. JP 2006-039122

Title: BACKLIGHT FOR LIQUID CRYSTAL DISPLAY PANEL

Date of publication of application: 09. 02. 2006

Inventor: MATSUSHITA MASAHISA

Applicant: C I KASEI CO LTD

Date of filing: 26. 07. 2004 Application number: 2004-217439

420. JP 2006-032902

Title: LIGHT EMITTING DIODE, AND BACKLIGHT MODULE HAVING LIGHT EMITTING DIODE

Date of publication of application: 02. 02. 2006

Inventor: LEE I-CHANG

Applicant: CHI LIN TECHNOLOGY CO LTD

Date of filing:31. 01. 2005 Application number:2005-023090

421. JP 2006-031977

Title: DISPLAY DEVICE AND BACKLIGHT DEVICE

Date of publication of application:02. 02. 2006

Inventors: FURUKAWA TOKUMASA; KIKUCHI KENICHI;ICHIKAWA HIROAKI

Applicant:SONY CORP

Date of filing:12. 07. 2004 Application number:2004-205144

422. JP 2006-030910

Title:BACK LIGHT DEVICE

Date of publication of application:02. 02. 2006

Inventor:OIDE TATSUYA

Applicant:SONY CORP

Date of filing:21. 07. 2004 Application number:2004-213554

423. JP 2006-018196

Title: ILLUMINATOR AND PROJECTION VIDEO DISPLAY DEVICE

Date of publication of application:19. 01. 2006

Inventors: YOSHII SHOICHI; YOKOTE YOSHIHIRO;IKEDA TAKASHI

Applicant:SANYO ELECTRIC CO LTD

Date of filing:05. 07. 2004 Application number:2004-198495

424. JP 2006-018175

Title:DISPLAY DEVICE

Date of publication of application:19. 01. 2006

Inventors:SUGITANI CHOEI;MIKAMI KAZUAKI

Applicant:NEC LCD TECHNOLOGIES LTD

Date of filing:05. 07. 2004 Application number:2004-198115

425. JP 2006-013127

Title:LIGHT SOURCE AND DISPLAY

Date of publication of application:12. 01. 2006

Inventor:IZAWA HISATAKA

Applicant:SONY CORP

Date of filing:25. 06. 2004 Application number:2004-188030

426. JP 2006-012819

Title: BACKLIGHT UNIT OF LIQUID CRYSTAL DISPLAY DEVICE UTILIZING LIGHT-EMITTING DIODE, AND ITS DRIVE METHOD

Date of publication of application:12. 01. 2006

Inventors:GU SEUNG-MAN;LEE KANG-JU

Applicant:LG PHILLIPS LCD CO LTD

Date of filing:21. 06. 2005 Application number:2005-180187

427. JP 2006-261080

Title:LIGHT EMITTING DIODE PROJECTOR

Date of publication of application :28. 09. 2006

Inventor :IWAMURA SHOZO

Applicant :IWAMURA SHOZO

Date of filing :18. 03. 2005 Application number :2005-118892

428. JP 2006-259171

Title: IMAGING APPARATUS, DIGITAL STILL CAMERA, AND IMAGING METHOD

Date of publication of application :28. 09. 2006

Inventor :NAKAHIRA TOSHIAKI

Applicant :RICOH CO LTD

Date of filing :16. 03. 2005 Application number :2005-075999

429. JP 2006-250801

Title:SURFACE INSPECTING DEVICE

Date of publication of application :21. 09. 2006

Inventor :TAKEUCHI NORISHIGE

Applicant :NIKON CORP

Date of filing :11. 03. 2005 Application number :2005-069553

430. JP 2006-249903

Title: LOCK DEVICE WITH KEYHOLE ILLUMINATION

Date of publication of application :21. 09. 2006

Inventor :KAWAMURA TETSUHIKO

Applicant :YUNIROKKUSU SHOJI KK

Date of filing :10. 03. 2005 Application number :2005-112735

431. JP 2006-244848

Title: ILLUMINATION-PURPOSE LIGHT-EMITTING DIODE DRIVING CIRCUIT

Date of publication of application :14. 09. 2006

Inventors :MIZUKAMI MINEO ;FUKUMIZU MASAHITO

Applicant :JAMCO CORP

Date of filing :03. 03. 2005 Application number :2005-058638

432. JP 2006-227215

Title:DISPLAY CHANGING APPARATUS

Date of publication of application :31. 08. 2006

Inventor :IWAMOTO SHUJI

Applicant :FUJIKURA LTD

Date of filing :16. 02. 2005 Application number :2005-039718

433. JP 2006-226153

Title:WIND POWER GENERATION LIGHT EMISSION DEVICE

Date of publication of application :31. 08. 2006

Inventors :AIZAWA TAKEMI ;ISHIMORI MASAKI

Applicant :TAIHEIYO CEMENT CORP

Date of filing :15. 02. 2005 Application number :2005-038383

434. JP 2006-218206

Title:MICROSCOPE FOR OPERATION

Date of publication of application :24. 08. 2006

Inventors : OTSUKA SOJI; ICHIKI YOSHIHISA; NAMII YASUSHI

Applicant :OLYMPUS CORP

Date of filing :14. 02. 2005 Application number :2005-036479

435. JP 2006-210322

Title: LIGHT EMISSION DEVICE AND FLASHLIGHT USING IT

Date of publication of application :10. 08. 2006

Inventors :AIZAWA TAKEMI;ISHIMORI MASAKI

Applicant :TAIHEIYO CEMENT CORP

Date of filing :10. 11. 2005 Application number :2005-326596

436. JP 2006-210192

Title:FLASHLIGHT

Date of publication of application :10. 08. 2006

Inventors :AIZAWA TAKEMI;ISHIMORI MASAKI

Applicant :TAIHEIYO CEMENT CORP

Date of filing :28. 01. 2005 Application number :2005-022024

437. JP 2006-210020

Title:ILLUMINATION UNIT FOR FUNERAL SERVICE

Date of publication of application :10. 08. 2006

Inventor :OTANI HIROSHI

Applicant :OTANI HIROSHI

Date of filing :25. 01. 2005 Application number :2005-017320

438. JP 2006-209035

Title: BIOLOGICAL MICROSCOPE AND DARK-FIELD LIGHTING SYSTEM

Date of publication of application :10. 08. 2006

Inventor :KAIZU TAKAMICHI

Applicant :TOKYOTO IGAKU KENKYU KIKO

Date of filing :31. 01. 2005 Application number :2005-024624

439. JP 2006-202855

Title: SEMICONDUCTOR APPARATUS FOR DRIVING LIGHT EMITTING DIODE AND LIGHT EMITTING DIODE DRIVE DEVICE

Date of publication of application :03. 08. 2006

Inventor :KUNIMATSU TAKASHI

Applicant :MATSUSHITA ELECTRIC IND CO LTD

Date of filing :18. 01. 2005 Application number :2005-010786

440. JP 2006-202494

Title: ILLUMINATOR ASSEMBLY CONTAINING LIGHT EMITTING DIODE

Date of publication of application :03. 08. 2006

Inventors :TURNBULL ROBERT R;KNAPP ROBERT C;ROBERTS JOHN K

Applicant :GENTEX CORP

Date of filing :13. 02. 2004 Application number :2004-037523

441. JP 2006-188936

Title:HEAT INSULATING CONSTITUTION FOR PIPE HOUSE BOARDED WITH CORRUGATED PLATE

Date of publication of application :20. 07. 2006

Inventor :IGARASHI GORO

Applicant :IGARASHI GORO

Date of filing :04. 01. 2005 Application number :2005-025671

442. JP 2006-187400

Title:PICTURE FRAME

Date of publication of application :20. 07. 2006

Inventor :SATO NORIO

Applicant :RYONAN SEIKO:KK

Date of filing :05. 01. 2005 Application number :2005-000459

443. JP 2006-184349

Title: DISPLAY MODULE AND MANUFACTURING METHOD FOR THE SAME

Date of publication of application :13. 07. 2006

Inventor :OGURI TAKASHI

Applicant :CASIO COMPUT CO LTD

Date of filing :27. 12. 2004 Application number :2004-375222

444. JP 2006-178238

Title: HORIGUCHI YASUYUKI

IMAGE SCANNER

Date of publication of application :06. 07. 2006

Inventor :TAGAWA HIROTOSHI

Applicant :KYOCERA MITA CORP

Date of filing :22. 12. 2004 Application number :2004-372340

445. JP 2006-178237

Title: IMAGE SCANNER

Date of publication of application :06. 07. 2006

Inventor: TAGAWA HIROTOSHI; HORIGUCHI Y-ASUYUKI

Applicant :KYOCERA MITA CORP

Date of filing :22. 12. 2004 Application number :2004-372339

446. JP 2006-174984

Title: LIGHTING SYSTEM AND OPHTHALMOGRAPHIC APPARATUS USING LIGHTING SYSTEM

Date of publication of application :06. 07. 2006

Inventor :MIZUNO TAKASHI

Applicant :KOWA CO

Date of filing :22. 12. 2004 Application number :2004-370460

447. JP 2006-172830

Title: ILLUMINATION DEVICE AND CONSTANT CURRENT CIRCUIT

Date of publication of application :29. 06. 2006

Inventor :YAMADA SUSUMU

Applicant :KENTEKKU:KK

Date of filing :14. 12. 2004 Application number :2004-361682

448. JP 2006-167037

Title: MAH-JONGG STAND PROVIDED WITH ILLUMINATION DEVICE

Date of publication of application :29. 06. 2006

Inventor :YUKIOKA SHONOSUKE

Applicant :YUKIOKA SHONOSUKE

Date of filing :14. 12. 2004 Application number :2004-361709

449. JP 2006-164928

Title: IRRADIATION ANGLE VARIABLE ILLUMINATION DEVICE USING LIGHT-EMITTING DIODE

Date of publication of application :22. 06. 2006

Inventor :NAGAKURA NOBORU

Applicant :NAGAKURA NOBORU

Date of filing :07. 12. 2004 Application number :2004-382365

450. JP 2006-156192

Title: LIGHTING UNIT AND LIGHTING SYSTEM EQUIPPED WITH IT

Date of publication of application :15. 06. 2006

Inventor :HIRATSUKA TOSHIO

Applicant :MIRAI:KK

Date of filing :30. 11. 2004 Application number :2004-346543

451. JP 2006-153898

Title: ABSORBANCE METER

Date of publication of application :15. 06. 2006

Inventor :MIZOHATA YASUHIRO

Applicant :DAINIPPON SCREEN MFG CO LTD

Date of filing :16. 03. 2006 Application number :2006-072583

452. JP 2006-147933

Title: LIGHT EMITTING DIODE ILLUMINATING DEVICE

Date of publication of application :08. 06. 2006

Inventor :SAKO HIROYUKI

Applicant :MATSUSHITA ELECTRIC WORKS LTD

Date of filing :22. 11. 2004 Application number :2004-337613

453. JP 2006-146624

Title: KEY BUTTON ILLUMINATION STRUCTURE OF ELECTRONIC APPLIANCE

Date of publication of application :08.06.2006
Inventor :OSAWA TAKESHI
Applicant :NEC SAITAMA LTD
Date of filing :19.11.2004 Application number :2004-336782

454. JP 2006-133295
Title:DISPLAY DEVICE AND IMAGING APPARATUS
Date of publication of application :25.05.2006
Inventors :MURAKAWA KIICHI;MAEDA KOJI
Applicant :SHARP CORP
Date of filing :02.11.2004 Application number :2004-319251

455. JP 2006-132156
Title:SIGN DEVICE
Date of publication of application :25.05.2006
Inventor :MARUYAMA HITOSHI
Applicant :NIPPON KOKI KOGYO KK
Date of filing :04.11.2004 Application number :2004-321208

456. JP 2006-127897
Title: LIGHT-EMITTING DIODE LIGHTING SYSTEM
Date of publication of application :18.05.2006
Inventor :MEMITA YUICHI
Applicant :SHARP CORP
Date of filing :28.10.2004 Application number :2004-314216

457. JP 2006-121522
Title: VIDEO IMAGE PICKUP DEVICE
Date of publication of application :11.05.2006
Inventor :FUJII HIROYUKI
Applicant :MATSUSHITA ELECTRIC WORKS LTD
Date of filing :22.10.2004 Application number :2004-308622

458. JP 2006-120778
Title: LIGHTING OPTICAL SOURCE APPARATUS
Date of publication of application :11.05.2006
Inventor :GOTO TEI
Applicant :NSK LTD
Date of filing :20.10.2004 Application number :2004-305628

459. JP 2006-120463
Title: LIGHT EMITTING DIODE IGNITER AND LUMINAIRE USING IT
Date of publication of application :11.05.2006
Inventor :KANAI NORIO
Applicant :MATSUSHITA ELECTRIC WORKS LTD
Date of filing :21.10.2004 Application number :2004-307246

460. JP 2006-118892
Title:POINTER INSTRUMENT
Date of publication of application :11.05.2006
Inventor :KADOYA MINORU
Applicant :DENSO CORP
Date of filing :19.10.2004 Application number :2004-304836

461. JP 2006-114467
Title:ILLUMINATION UNIT AND LIQUID CRYSTAL DISPLAY DEVICE EQUIPPED WITH THE SAME
Date of publication of application :27.04.2006
Inventors :LEE KYOUNG-DON;CHA JAE-LOK
Applicant :SAMSUNG ELECTRONICS CO LTD
Date of filing :10.12.2004 Application number :2004-357782

462. JP 2006-112939
Title:FLAW INSPECTION DEVICE
Date of publication of application :27.04.2006
Inventor :SAKAGUCHI TADASHI
Applicant :NIKON CORP
Date of filing :15.10.2004 Application number :2004-301181

463. JP 2006-107861
Title: SOLAR BATTERY MODULE WITH ILLUMINATION MEANS
Date of publication of application :20.04.2006
Inventor :ITO TAKASHI
Applicant :MSK CORP
Date of filing :04.10.2004 Application number :2004-291116

464. JP 2006-092915
Title:LIGHT-EMITTING DIODE LIGHTING TOOL
Date of publication of application :06.04.2006

Inventors :OKAMOTO HIDEFUMI;KONDO TOSHIYUKI;ADACHI NAOTAKA

Applicant :STANLEY ELECTRIC CO LTD

Date of filing :24.09.2004 Application number :2004-277186

465. JP 2006-091489

Title:DISPLAY DEVICE

Date of publication of application :06.04.2006

Inventors :YOKOO TERUKO;YAMAZOE TAKASHI;KUMAKI TAKAYA

Applicant :NIPPON SEIKI CO LTD

Date of filing :24.09.2004 Application number :2004-277476

466. JP 2006-091433

Title:DISPLAY PANEL DEVICE

Date of publication of application :06.04.2006

Inventor :YAMAUCHI KATSUJI

Applicant :DENSO CORP

Date of filing :24.09.2004 Application number :2004-276896

467. JP 2006-075395

Title:WASHING MACHINE

Date of publication of application :23.03.2006

Inventors : MATSUSHIMA HARUO; KOMATSU TAKASHI;MATSUO SHIGERU

Applicant :MATSUSHITA ELECTRIC IND CO LTD

Date of filing :10.09.2004 Application number :2004-263600

468. JP 2006-074834

Title:CELLULAR PHONE

Date of publication of application :16.03.2006

Inventors : SUZUKI TADAO; WAKAMATSU KIICHIRO

Applicant :DENSO CORP

Date of filing :14.11.2005 Application number :2005-329134

469. JP 2006-074833

Title:CELLULAR PHONE

Date of publication of application :16.03.2006

Inventors : SUZUKI TADAO; WAKAMATSU KIICHIRO

Applicant :DENSO CORP

Date of filing :14.11.2005 Application number :2005-329133

470. JP 2006-071817

Title: IMAGE DISPLAY DEVICE, PROJECTOR, AND IMAGE OBSERVING DEVICE

Date of publication of application :16.03.2006

Inventor :TATSUNO HIBIKI

Applicant :RICOH CO LTD

Date of filing :31.08.2004 Application number :2004-253052

471. JP 2006-071786

Title:LIGHTING SYSTEM FOR PHOTOGRAPHY

Date of publication of application :16.03.2006

Inventors : KOMORI SHINICHI; KOZUKA TOMOO;HIRAYAMA MASAHIRO

Applicant : SHOWA ELECTRIC WIRE & CABLE CO LTD;ERUTERU:KK

Date of filing :31.08.2004 Application number :2004-252683

472. JP 2006-061126

Title:TEMPERATURE-CONTROLLED DEVICE

Date of publication of application :09.03.2006

Applicant :NIPPON IKA KIKAI SEISAKUSHO:KK

Inventor :KIJIHANA AKIRA

Date of filing :30.08.2004 Application number :2004-250681

473. JP 2006-056105

Title:ILLUMINATION TREE STRUCTURE

Date of publication of application :02.03.2006

Inventor :KATSUMATA YOSHIYUKI

Applicant :RYOKO:KK

Date of filing :19.08.2004 Application number :2004-239476

474. JP 2006-055323

Title:ENDOSCOPE

Date of publication of application :02.03.2006

Inventor :IKEDA YOSHIHIRO

Applicant :OLYMPUS CORP

Date of filing :19.08.2004 Application number :2004-239387

475. JP 2006-054381

Title:SEMICONDUCTOR LIGHT EMITTING ELEMENT, MANUFACTURING METHOD THEREOF, INTEGRATED SEMICONDUCTOR LIGHT EMITTING

DEVICE, MANUFACTURING METHOD THEREOF, IMAGE DISPLAY DEVICE, MANUFACTURING METHOD THEREOF, ILLUMINATION DEVICE, AND MANUFACTURING METHOD THEREOF

Date of publication of application :23. 02. 2006

Inventors :OKUYAMA HIROYUKI;BIWA TSUYOSHI

Applicant :SONY CORP

Date of filing :16. 08. 2004 Application number :2004-236301

476. JP 2006-053464

Title: ILLUMINATION DEVICE AND PROJECTION TYPE DISPLAY APPARATUS

Date of publication of application :23. 02. 2006

Inventor :KATO ATSUSHI

Applicant :NEC VIEWTECHNOLOGY LTD

Date of filing :16. 08. 2004 Application number :2004-236453

477. JP 2006-050731

Title:PANEL APPARATUS

Date of publication of application :16. 02. 2006

Inventors :MASUDA MASAHIKO;TAKAHASHI KIYOSHI

Applicant :FUJI ELECTRIC SYSTEMS CO LTD

Date of filing :03. 08. 2004 Application number :2004-226311

478. JP 2006-049445

Title:BUTTON ILLUMINATION LIGHT CIRCUIT AND CONTROL METHOD THEREOF

Date of publication of application :16. 02. 2006

Inventor :TAKAYA KEI

Applicant :NEC ACCESS TECHNICA LTD

Date of filing :02. 08. 2004 Application number :2004-226102

479. JP 2006-042016

Title: ORIGINAL ILLUMINATION DEVICE AND IMAGE READER HAVING THE SAME

Date of publication of application :09. 02. 2006

Inventor :FUKUZAWA NOBUTADA

Applicant :CANON INC

Date of filing :28. 07. 2004 Application number :2004-220143

480. JP 2006-040861

Title: LIGHTING DEVICE, LIGHTING APPARATUS AND IMAGE PROJECTION APPARATUS

Date of publication of application :09. 02. 2006

Inventor :HANANO KAZUNARI

Applicant :OLYMPUS CORP

Date of filing :21. 12. 2004 Application number :2004-369516

481. JP 2006-040727

Title: LIGHT-EMITTING DIODE LIGHTING DEVICE AND ILLUMINATION DEVICE

Date of publication of application :09. 02. 2006

Inventor :TAKASHIMA ATSUSHI

Applicant :MATSUSHITA ELECTRIC WORKS LTD

Date of filing :27. 07. 2004 Application number :2004-219308

482. JP 2006-034837

Title: OBSERVATION DEVICE WITH LIGHTING FOR OTOLARYNGOLOGY

Date of publication of application :09. 02. 2006

Inventor :SHOJI KAZUHIKO

Applicant :KANSAI TLO KK

Date of filing :30. 07. 2004 Application number :2004-222677

483. JP 2006-032020

Title:LIQUID CRYSTAL DISPLAY

Date of publication of application :02. 02. 2006

Inventors : ISAWA MASARU; HAMADA TETSUYA

Applicant :SHARP CORP

Date of filing :13. 07. 2004 Application number :2004-206332

484. JP 2006-031623

Title: INFORMATION READING DEVICE AND LIGHT SOURCE WITH LENS USED FOR INFORMATION READING DEVICE

Date of publication of application :02. 02. 2006

Inventors : YOSHIHIRO MASASHI; ISOGAI MASATO

Applicant :HITACHI MAXELL LTD

Date of filing :21. 07. 2004 Application number :2004-213239

485. JP 2006-029896

Title: LIGHTING SYSTEM, AND DRIVING CIRCUIT FOR LIGHT EMITTING ELEMENT

Date of publication of application :02. 02. 2006
Inventor :ONO HARUO
Applicant :CASIO COMPUT CO LTD
Date of filing :14. 07. 2004 Application number :2004-206967

486. JP 2006-019097
Title: LUMINAIRE
Date of publication of application :19. 01. 2006
Inventor :MAEDA TAKASHI
Applicant :MATSUSHITA ELECTRIC WORKS LTD
Date of filing :30. 06. 2004 Application number :2004-194491

487. JP 2006-019027
Title: LIGHTING SYSTEM
Date of publication of application :19. 01. 2006
Inventor :YAMAZOE TAKASHI
Applicant :NIPPON SEIKI CO LTD
Date of filing :30. 06. 2004 Application number :2004-192564

488. JP 2006-017587
Title: POINTER INSTRUMENT
Date of publication of application :19. 01. 2006
Inventor :NAKAMURA YUSAKU
Applicant :DENSO CORP
Date of filing :01. 07. 2004 Application number :2004-195897

489. JP 2006-012511
Title: LIGHTING SYSTEM AND STORAGE HOUSE
Date of publication of application :12. 01. 2006
Inventor :OSAWA SHIGERU
Applicant :TOSHIBA LIGHTING & TECHNOLOGY CORP
Date of filing :24. 06. 2004 Application number :2004-185812

490. JP 2006-010389
Title: ILLUMINATION STRUCTURE FOR CAR INSTRUMENT
Date of publication of application :12. 01. 2006
Inventors :TERAO MASANOBU; MATSUMURA KENJI
Applicant :YAZAKI CORP
Date of filing :23. 06. 2004 Application number :2004-184872

491. JP 2006-010386
Title: ILLUMINATION STRUCTURE FOR CAR INSTRUMENT
Date of publication of application :12. 01. 2006
Inventors : TERAO MASANOBU; MATSUMURA KENJI; NARAMA SHINJI
Applicant :YAZAKI CORP
Date of filing :23. 06. 2004 Application number :2004-184864

492. JP 2006-004848
Title: LIGHT-EMITTING DEVICE AND DISPLAY DEVICE
Date of publication of application :05. 01. 2006
Inventors : TOKUI KEI; IWAUCHI KENICHI; WAKABAYASHI YASUTAKA
Applicant :SHARP CORP
Date of filing :21. 06. 2004 Application number :2004-182019

493. JP 2006-000269
Title: DECORATIVE DEVICE OF GAME MACHINE
Date of publication of application :05. 01. 2006
Inventor :TANAKA NOBUHIRO
Applicant :HEIWA CORP
Date of filing :16. 06. 2004 Application number :2004-178009

六、LED 荧光粉

(一) 铝酸盐系列荧光材料

001. ZL03152709. 4
发明名称:高亮度波长可调的白光发光二极管荧光粉的制备方法
授权日:2005. 11. 09
申请号:CN1480510A
申请日:2003. 07. 10
发明人:王晶;郑荣儿;苗洪利;杨爱玲
申请人:中国海洋大学

002. CN1761835
发明名称:包括辐射源和荧光材料的照明系统
公开日:2006. 04. 19
申请号:200480007350. 5
申请日:2004. 03. 05

国际申请:2004—03—05 PCT/IB2004/000733

国际公布:2004—09—30 WO2004/084261

发明人:T·于斯特尔;W·布泽尔特;P·施密德特;W·迈尔

申请人:皇家飞利浦电子股份有限公司;拉米尔德斯照明设备美国有限公司

003. CN1715366A

发明名称:一种用立式电炉制备的稀土荧光材料及其制备方法

公开日:2006.01.04

申请号:200410024394.0

申请日:2004.06.29

发明人:熊兆贤;熊宏鑫

申请人:厦门量子星科技有限公司

004. CN1597841A

发明名称:蓝光激发的白光荧光粉及其用途、制造工艺和制造装置

公开日:2005.03.23

申请号:200410041784.9

申请日:2004.08.25

发明人:王海波;戚发鑫;朱宪忠;崔燕;王苏;黄如喜

申请人:南京工业大学

005. CN1827734

发明名称:蓝光发光二极管用黄色荧光粉的制备方法

公开日:2006.09.06

申请号:200510037903.8

申请日:2005.02.28

发明人:黄锦斐;吴俊洋

申请人:宜兴新威集团有限公司

006. CN1664063A

发明名称:石榴石型铝酸钆基荧光粉体及其制备方法

公开日:2005.09.07

申请号:200510056140.1

申请日:2005.03.21

发明人:罗岚;谭敦强;周浪

申请人:南昌大学

007. ZL200510071958.0

发明名称:一种半导体照明白光发光二极管荧光粉及其制备方法

授权日:2006.10.04

公开号:CN1687307A

申请日:2005.05.27

发明人:王锦高

申请人:王锦高

008. CN1879229

发明名称:白色发光二极管器件

公开日:2006.12.13

申请号:200580001246.X

申请日:2005.06.16

国际申请:2005—06—16 PCT/JP2005/011480

国际公布:2006—01—05 WO2006/001316

发明人:坂田信一;三谷敦志;藤井一宏

申请人:宇部兴产株式会社

009. CN1718669A

发明名称:共沉淀制备铈激活钇铝石榴石超细荧光粉的方法

公开日:2006.01.11

申请号:200510027728.4

申请日:2005.07.14

发明人:刘河洲;常耀辉;张 凯;胡文彬;孙 康

申请人:上海交通大学

010. CN1730607

发明名称:一种铈、钆激活的钇铝石榴石荧光粉及制取方法

公开日:2006.02.08

申请号:200510012788.9

申请日:2005.09.01

发明人:许并社;郝海涛;周禾丰;卢英兰;梁 建;翟雷应;李春华

申请人:太原理工大学;山西至诚科技有限公司

011. CN1733865

发明名称:石榴石型黄光荧光材料 $Y_3Al_5O_{12}$:Ce,Li 的制备方法

公开日:2006.02.15

申请号:200510029377.0

申请日:2005.09.02

发明人:周圣明;夏国栋;徐 军;张俊计

申请人:中国科学院上海光学精密机械研究所

012. CN1815765A

发明名称:一种 YAG 晶片式白光发光二极管及其封装方法

公开日:2006.08.09

申请号:200510102388.7

申请日:2005.12.19

发明人:苏 锵;谢鸿波;方福波;王 静;钟玖平;李绪锋;吴 昊;武南平;潘利兵;李军政

申请人:中山大学;广州半导体材料研究所;佛山市国星光电科技有限公司

013. CN1807547A
发明名称:用于固体光源的荧光无机物
公开日:2006. 07. 26
申请号:200610002348. X
申请日:2006. 01. 27
发明人:王 培
申请人:索辛那姆

014. CN1861745
发明名称:蓝光二极管光源的荧光粉
公开日:2006. 11. 15
申请号:200610090088. 6
申请日:2006. 06. 27
发明人:任 慰
申请人:索辛那姆

015. CN1876756
发明名称:白光二极管、增效转光粉、荧光粉及荧光粉的制备方法
公开日:2006. 12. 13
申请号:200610090089. 0
申请日:2006. 06. 27
发明人:任 慰
申请人:索辛那姆

016. US7071616 B2 (Also published as:US2004004437, US6608332 (B2), US2004000868 (A1), US2001001207 (A1))
Title: Light emitting device with blue light led and phosphor components
Date of patent:2006. 07. 04
Inventors: Shimizu Yoshinori (JP); Sakano Kensho (JP); Noguchi Yasunobu (JP); Moriguchi Toshio (JP)
Applicant: Nichia Kagaku Kogyo Kabushiki (JP)
Application number:10/609503
Filing Date:2003. 07. 01

017. US7026756B2 (Also published as US7126274 (B2), US2004090180, US2005280357 (A1), US2004222435 (A1))
Title: Light emitting device with blue light LED and phosphor components
Date of patent:2006. 04. 11
Inventors: Shimizu Yoshinori (JP); Sakano Kensho (JP); Noguchi Yasunobu (JP); Moriguchi Toshio (JP)
Applicant: Nichia Kagaku Kogyo Kabushiki (JP)
Application number:10/677382
Filing Date:2003. 08. 03

018. US2005/0269582A1 (Also published as: WO2005119797 (A1), JP2006005367 (A))
Title: Luminescent ceramic for a light emitting device
Date of Publication:2005. 12. 08
Inventors: MUELLER GERD O (US); MUELLER-MACH REGINA B (US); KRAMES MICHAEL R (US); SCHMIDT PETER J (DE); BECHTEL HANS-HELMUT (DE); MEYER JOERG (DE); DE GRAAF JAN (NL); KOP THEO A (NL)
Applicant: LUMILEDS LIGHTING LLC
Application number:10/861172
Filing Date:2004. 06. 03

019. US2006/0006366A1 (Also published as: WO2006006002 (A1))
Title: Wave length shifting compositions for white emitting diode systems
Date of Publication:2006. 01. 12
Inventors: ABRAMOV VLADIMIR (RU); SOSHCHIN NAUM (RU); SUSHKOV VALERY (RU); SCHERBAKOV NIKOLAI (RU); SCHERBAKOV VALENTIN (RU); SHISHOV ALEXANDER (RU)
Application number:10/885557
Filing Date:2004. 07. 06

020. WO2006041249 (Also published as: KR100485673B (B1))
Title: White light emitting device
Date of Publication:2006. 04. 20
Inventors: KIM SHI-SURK (KR); JEON DUK-YOUNG (KR); JANG HO-SEONG (KR)
Applicant: CMS TECHNOLOGY INC (KR); KIM SHI-SURK (KR); JEON DUK-YOUNG (KR); JANG HO-SEONG (KR)
Application number: PCT/KR2005/001046
Filing Date:2005. 04. 12

(二)硅酸盐系列荧光材料

021. ZL03137335. 6
发明名称:一种白光 LED 用荧光粉及其制造方法和所制成的电光源
授权日:2006. 06. 12
公开号:CN1539919
申请日:2003. 06. 18
发明人:庄卫东;黄小卫;方英;何华强;赵春雷;张书生
申请人:北京有色金属研究总院;有研稀土新材料股份有限公司

022. CN1806027
发明名称:紫外线激发发光元件
公开日:2006.07.19
申请号:200480016136.6
申请日:2004.06.03
国际申请:2004-06-03 PCT/JP2004/008082
国际公布:2004-12-23 WO2004/111155
发明人:矶部敏典;国本崇;宫崎进
申请人:住友化学株式会社

023. CN1853283
发明名称:白色发光照明系统
公开日:2006.10.25
申请号:200480026470.X
申请日:2004.08.27
国际申请:2004-08-27 PCT/IB2004/051582
国际公布:2005—03—24 WO2005/027231
发明人:V·D·希尔敦布兰德
申请人:皇家飞利浦电子股份有限公司

024. CN1800301
发明名称:荧光材料
公开日:2006.07.12
申请号:200410103137.6
申请日:2004.12.31
发明人:吕宗昕
申请人:吕宗昕

025. CN1810923A
发明名称:荧光材料及其制备方法
公开日:2006.08.02
申请号:200510005148.5
申请日:2005.01.28
发明人:吕宗昕
申请人:吕宗昕

026. CN1850940A
发明名称:一种适于紫外光激发的单一相白光荧光粉及制备方法
公开日:2006.10.25
申请号:200510016743.9
申请日:2005.04.22
发明人:张家骅;孙晓园;王笑军;张 霞
申请人:中国科学院长春光学精密机械与物理研究所

027. CN1730606
发明名称:球形纳米硅酸钇铕荧光粉的自燃烧制备法
公开日:2006.02.08
申请号:200510060257.7
申请日:2005.08.02
发明人:黄莉蕾;俞仙妙;张伦国
申请人:中国计量学院

028. CN1730605A
发明名称:荧光粉,聚合光转换涂层,蓝绿发光二极管,和基于蓝绿发光二极管的信号装置
公开日:2006.02.08
申请号:200510090914.2
申请日:2005.08.22
发明人:任 慰
申请人:索辛纳姆

029. CN1775905
发明名称:白光二极管硅酸盐单基质荧光体及制备法
公开日:2006.05.24
申请号:200510122255.6
申请日:2005.12.09
发明人:王达健;李 岚;王继磊;蒙延双
申请人:天津理工大学

030. CN1786108
发明名称:蓝光转换合成白光的硅酸盐荧光体制备法
公开日:2006.06.14
申请号:200510122253.7
申请日:2005.12.09
发明人:王达健;李 岚;王继磊
申请人:天津理工大学

031. CN1827735A
发明名称:一种碱土金属硅酸盐荧光粉及其制备方法和应用
公开日:2006.09.06
申请号:200610025698.8
申请日:2006.04.13
发明人:闫世润;胡建国;马 林;徐永刚;王建隆
申请人:复旦大学;上海虹耀化工科技有限公司

032. CN1844303A
发明名称:一种白光 LED 用橙黄色荧光粉及其制备方法
公开日:2006.10.11
申请号:200610035455.2
申请日:2006.05.12
发明人:苏 锵;丁唯嘉;王 静;张 梅
申请人:中山大学

033. CN1851918

发明名称：白光二极管光源及其荧光粉的制法
公开日：2006.10.25
申请号：200610083852.7
申请日：2006.06.06
发明人：任 慰
申请人：索辛那姆

034. US6982045 B2 (Also published as: WO2004111156 (A1), US2004227465)
Title: Light emitting device having silicate fluorescent phosphor
Date of patent: 2006.01.03
Inventors: Hisham Menkara, Christopher Summers (US)
Applicant: Phosphortech Corporation (US)
Application number: 10/628115
Filing Date: 2003.06.28

035. US2006/012284 (Also published as: WO2004067677 (A1), EP1590420 (A1), EP1590420 (A0), CN1723259 (A))
Title: Strontium silicate—based phosphor and method thereof
Date of Publication: 2006.01.19
Inventors: KIM CHANG H (KR); PARK JOUNG K (KR); PARK HEE D (KR); LIM MI A (KR)
Applicants: Korean Research Institute of Chemical Technology (KR)
Application number: 10/532095
Filing Date: 2004.01.29

036. US7045826 B2 (Also published as WO2004085570 (A1), EP1611220 (A1), US2006022208, EP1611220 (A0), CN1745159 (A))
Title: Strontium silicate—based phosphor, fabrication method thereof, and LED using the phosphor
Date of patent: 2006.05.16
Inventors: KIM CHANG H (KR); PARK JOUNG K (KR); PARK HEE D (KR)
Applicant: Korean Research Institute of Chemical Technology (KR)
Application number: 10/532094
Filing Date: 2004.03.26

037. JP2006124422A (Also published as: DE102005051063 (A1))
Title: Improved silicate—based phosphor and led lamp using the same
Date of Publication: 2006.05.18
Inventors: YAJIMA TAKAYOSHI; TSUZUKI ATSUSHI; YAMAGUCHI TOSHIO; ISHIDA
Applicant: TOYODA GOSEI KK; LITEC LLL GMBH
Application number: JP20040310954
Filing Date: 2004.10.26
MAKOTO; TEWS WALTER; ROTH GUNDULA; TEWS STEFAN

038. WO2006/022792 A2 (Also Published as WO2006/022792(A3), US2006028122(A1))
Title: Novel silicate—based yellow—green phosphors
Date of publication: 2006.03.02
Inventors: Wang Ning, Dong Yi, Cheng Shifan, Li Yi—qun (US)
Applicant: Intematix Corproration (US)
Application number: PCT/US2004/039638
Filing Date: 2004.11.24

039. WO2006/043745 A1 (Also published as KR2004085039, JP2003336048, JP2003132803, JP5334999, US6762548)
Title: Phosphor and light emitting device using the same
Date of publication: 2006.04.27
Inventors: Kim Chang Hae, Park Joung Kyu, Kim Sang Kee, et al. (KR)
Applicant: LG Innotek Co., Ltd (KR)
Application number: PCT/KR2005/002369
Filing Date: 2005.07.21

040. JP2006080565
Title: Method of manufacturing semiconductor light emitting device
Date of Publication: 2006.03.23
Inventors: MAEDA TOSHIHIDE; OSHIO SHOZO; IWAMA KATSUAKI; KITAHARA HIROMI;
Applicant: MATSUSHITA ELECTRIC IND CO LTD
Application number: JP20050337096
Filing Date: 2005.11.22

041. US2006/0261309A1
Title: Two—phase silicate—based yellow phosphor
Date of Publication: 2006.11.23
Inventors: LI YI—QUN; DONG YI; CHENG SHIFAN; TAO DEJIE; WANG NING (US)
Applicants: Intematix Corporation (US)
Application number: 11/417690
Filing Date: 2006.05.03

（三）氮化物/氮氧化物系列荧光材料

042. CN1818012A
发明名称：氮化物荧光体，其制造方法及发光装置
公开日：2006.08.16
申请号：200610005476.X
申请日：2003.03.20
发明人：玉置宽人；龟岛正敏；高岛优；山田元量；内藤隆宏；阪井一彦；村崎嘉典
申请人：日亚化学工业株式会社

043. CN1839193
发明名称：氧氮化物荧光体和发光器具
公开日：2006.09.27
申请号：200480024060.1
申请日：2004.08.18
国际申请：2004-08-18 PCT/JP2004/012135
国际公布：2005－03－03 WO2005/019376
发明人：广崎尚登
申请人：独立行政法人物质·材料研究机构

044. CN1839192
发明名称：氧氮化物荧光体和发光器具
公开日：2006.09.27
申请号：200480024059.9
申请日：2004.09.30
国际申请：2004-09-30 PCT/JP2004/014765
国际公布：2005-04-14 WO2005/033247
发明人：广崎尚登
申请人：独立行政法人物质·材料研究机构

045. CN1839191
发明名称：荧光体及其制造方法、照明器具以及图像显示装置
公开日：2006.09.27
申请号：200580000742.3
申请日：2005.03.09
国际申请：2005-03-09 PCT/JP2005/004596
国际公布：2005-09-22 WO2005/087896
发明人：广崎尚登
申请人：独立行政法人物质·材料研究机构

046. CN1721500A
发明名称：含氮荧光物质、其制造方法以及发光器件
公开日：2006.01.18
申请号：200510081970.X
申请日：2005.07.14
发明人：平松亮介；大塚一昭；信田直美；玉谷正昭；植竹久代；筒井善仁
申请人：株式会社东芝

047. CN1872948
发明名称：荧光物质及发光装置
公开日：2006.12.06
申请号：200610085092.3
申请日：2006.05.31
发明人：福田由美；玉谷正昭；浅井博纪；松田直寿；平松亮介；阿尔贝萨·惠子；多多见纯一；米屋胜利；胁原彻
申请人：株式会社东芝；国立大学法人横滨国立大学

048. CN1876755
发明名称：轻稀土离子稳定的氮氧化物陶瓷荧光粉及其燃烧合成方法和用途
公开日：2006.12.13
申请号：200610089671.5
申请日：2006.07.11
发明人：李江涛；崔 猛；杨 筠；林志明
申请人：中国科学院理化技术研究所

049. JP2006028295A
Title: Nitride phosphor, method for producing the same and light source and led using the nitride phosphor
Date of Publication:2006.02.02
Inventors: GOTO MASAHIRO; NAGATOMI AKIRA; SAKANE KATAYUKI; YAMASHITA SHUJI
Applicant:DOWA MINING CO
Application number:JP20040207271
Filing Date:2004.07.14

050. US7144524B2 (Also published as: EP1498466 (A1), US2005012075, JP2005036038 (A), EP1498466 (B1))
Title:Sialon－based Phosphor and its Production Method
Date of patent:2006.12.05
Inventors: SAKATA SHIN－ICHI (JP); YAMADA TETSUO (JP)
Applicant:Ube Industries, LTD. (JP)
Application number:10/892735
Filing Date:2004.07.16

051. JP2006045271A (Also published as: WO2006011317 (A1))
Title:Alpha－sialon powder and its manufacturing 8ethod
Date of Publication:2006.02.16
Inventors: MITOMO MAMORU; HIROSAKI NAO-

TO;EMOTO HIDEYUKI;IBUKIYAMA MASAHIRO

Applicant:NAT INST FOR MATERIALS SCIENCE; DENKI KAGAKU KOGYO KK

Application number:JP20040224812

Filing Date:2004.07.30

052. US2006017365A1 (Also published as:EP1609-839 (A2), JP2006008862 (A))

Title: Phosphor and production method of the same, method of shifting emission wavelength of phosphor, and light source and LED

Date of Publication:2006.01.26

Inventors: NAGATOMI AKIRA (JP); GOTOH MASAHIRO (JP);SAKANE KENJI (JP);YAMASHITA SHUJI (JP)

Applicant:DOWA MINING CO (JP)

Application number:10/922085

Filing Date:2004.08.20

053. US2006/0197443A1 (Also published as: WO2006094139 (A2))

Title:Oxynitride phosphors for use in lighting applications having improved color quality

Date of Publication:2006.09.07

Inventors:SETLUR ANANT A (US);BACHNIAK ELENA A (US)

Applicants:GELCORE LLC

Application number:11/068713

Filing Date:2005.03.01

054. JP2006176546A

Title:Phosphor and light source using phosphor

Date of Publication:2006.07.06

Inventors: GOTO MASAHIRO; NAGATOMI AKIRA;SAKANE KATAYUKI;YAMASHITA SHUJI (JP)

Applicant:DOWA MINING CO. (JP)

Application number:JP20040368153

Filing Date:2005.12.20

(四) 含硫荧光材料

055. ZL200310111931.0

发明名称:一种 GaN 基发光二极管用荧光粉及其制备方法

授权日:2006.03.22

公开号:CN1539918A

申请日:2003.10.29

发明人:苏锵;张新民;徐剑;张剑辉

申请人:中山大学

056. CN1688031A

发明名称:一种发光装置及其制造方法

公开日:2005.10.26

申请号:200510076649.2

申请日:2005.06.13

发明人:鱼志坚;庄卫东;胡运生;龙 震;张书生;黄小卫

申请人:北京有色金属研究总院;有研稀土新材料股份有限公司

057. CN1803977A

发明名称:一种白光 LED 器件及其荧光转换用单组分双波长稀土荧光粉与其制备方法

公开日:2006.07.19

申请号:200510120618.2

申请日:2005.12.19

发明人:苏 锵;王 静;张新民;张剑辉

申请人:中山大学

058. US7005086B2 (Also published as EP1418218 (A1), US2004089846, JP2004161789 (A))

Title: Fluorescent substance, light — emitting diode and method for producing fluorescent substance

Date of patent:2006.02.28

Inventors:Kenji Matsuno (JP)

Applicant:Seiwa Electric Mfg. Co., Ltd. (JP)

Application number:10/701567

Filing Date:2003.11.03

059. WO2005017062 A2 (Also published as WO2005017062 (A3), US7112921 (B2), US7109648 (B2), US6987353 (B2), US2005023963 (A1), US2005023962 (A1), US2005023546 (A1))

Title:Light emitting devices having sulfoselenide fluorescent phosphors

Date of publication:2005.02.24

Inventors: Menkara Hisham, Summers Christopher (US)

Applicant:Phosphortech Corpropration (US)

Application number:PCT/US2004/022670

Filing Date:2004.07.21

060. US2006/0006397A1 (Also published as: JP2006024935 (A), DE102005014459 (A1))

Title:Device and method for emitting output light using group IIA/IIB selenide sulfur—based phosphor material

Date of Publication:2006.01.12

Inventors:CHUA JANET B Y (MY); NG KEE Y (MY);AHMAD AZLIDA (MY)

Applicants: Agilent Technologies INC (US)

Application number: 10/920497

Filing Date: 2004. 08. 17

061. US2005/0167685 (Also published as: US2005167684 (A1), CN1716652 (A))

Title: Device and method for emitting output light using Group IIB element Selenide-based phosphor material

Date of Publication: 2005. 08. 04

Inventors: YIN CHUA JANET B (MY); NG KEE Y (MY); AHMAD AZLIDA (MY)

Applicants: Agilent Technologies, INC. (US)

Application number: 10/920791

Filing Date: 2004. 08. 17

062. US2005/0046334 A1 (Also published as: EP1511089 (A2), JP2005072479 (A), CN1591919 (A), CA2475289 (A1))

Title: White-light Emitting Device, and Phosphor and Method of its Manufactory

Date of Publication: 2005. 03. 03

Inventors: FUJIWARA SHINSUKE (JP)

Applicant: SUMITOMO ELECTRIC INDUSTRIES (JP)

Application number: US2005046334

Filing Date: 2004. 08. 20

063. JP2006063225A

Title: Phosphor, method for producing the same and light emitting diode

Date of Publication: 2006. 03. 09

Inventors: YOKOO TOSHINOBU; TAKAHASHI MASAHIDE; MATSUNO KENJI

Applicant: YOKOO TOSHINOBU; TAKAHASHI MASAHIDE; SEIWA ELECTRIC MFG

Application number: JP20040248852

Filing Date: 2004. 08. 27

064. JP2006066730A

Title: Phosphor, light-emitting diode, and manufacturing method of the phosphor

Date of Publication: 2006. 03. 09

Inventors: MATSUNO KENJI

Applicant: SEIWA ELECTRIC MFG

Application number: JP20040249065

Filing Date: 2004. 08. 27

065. JP2006104413A

Title: Phosphor and white light emitting device using the same

Date of Publication: 2006. 04. 20

Inventors: YOSHIMATSU MAKOTO; MINAMOTO MAKI; TAIKAN MITSUNORI

Applicant: NEC LIGHTING LTD

Application number: JP20040296522

Filing Date: 2004. 10. 08

066. US2006082296A1

Title: Mixture of alkaline earth metal thiogallate green phosphor and sulfide red phosphor for phosphor-converted LED

Date of Publication: 2006. 04. 20

Inventors: CHUA JANET BEE Y (MY); MENKARA HISHAM (US); SUMMERS CHRISTOPHER J (US); AHMAD AZLIDA (MY); CHOO HWAI P (MY)

Applicants: Agilent Technologies, INC. (US)

Application number: 10/966238

Filing Date: 2004. 10. 14

067. JP2006041547A

Title: Display device

Date of Publication: 2006. 02. 09

Inventors: SUDO NOBUYUKI; TERAJIMA KENJI

Applicant: TOKYO SHIBAURA ELECTRIC CO; TOSHIBA ELECTRONIC ENG

Application number: JP20050254714

Filing Date: 2005. 09. 02

068. US2006/0243995A1

Title: White light emitting diode device

Date of Publication: 2006. 11. 02

Inventors: HONG CHI-SHAIN (TW); CHEN CHANG-HO (TW)

Application number: 11/162694

Filing Date: 2005. 09. 20

069. US7119376B1

Title: Light emitting diode component capable of emitting white lights

Date of Patent: 2006. 10. 10

Inventors: LIU RU-SHI (TW); KANG CHIA-CHENG (TW); SU HUNG-YUAN (TW)

Applicant: LITE ON TECHNOLOGY CORP (TW)

Application number: 11/163053

Filing Date: 2005. 10. 03

070. JP2006183043A

Title: Phosphor and method for preparation of the

same

Date of Publication:2006.07.13

Inventor:MIYASHITA SHIGENORI (JP)

Applicant:SHOWA DENKO KK (JP)

Application number:JP20050345232

Filing Date:2005.11.30

(五)其他荧光材料

071.ZL01140515.5

发明名称:用紫光二极管将发光材料变换成白色发光的方法

授权日:2005.01.19

公开号:CN1364848A

申请日:2001.09.19

发明人:赵成久;蒋大鹏;申德振

申请人:中国科学院长春光学精密机械与物理研究所

072.ZL03149751.9

发明名称:紫光激发的三组分白光荧光粉及其制备方法

授权日:2006.04.26

公开号:CN1480511A

申请日:2003.08.05

发明人:杨萍;姚光庆;段洁菲;林建华

申请人:北京大学

073.ZL03149752.7

发明名称:紫光激发的二组分三基色荧光粉及制备方法

授权日:2005.11.16

公开号:CN1478855A

申请日:2003.08.05

发明人:杨萍;姚光庆;段洁菲;林建华

申请人:北京大学

074.ZL200310100030.1

发明名称:一种蓝色荧光粉及其应用

授权日:2006.05.03

公开号:CN1605612A

申请日:2003.10.08

发明人:王稼国;荆西平;严纯华;林建华

申请人:北京大学;温州师范学院

075.ZL200310101629.7

发明名称:一种LED用红色荧光粉及其制备方法和所制成的电光源

授权日:2006.02.01

公开号:CN1539914 A

申请日:2003.10.23

发明人:庄卫东;黄小卫;胡运生;张书生;王东辉;何华强

申请人:北京有色金属研究总院;有研稀土新材料股份有限公司

076.ZL200310113506.5

发明名称:含硼的白光LED用荧光粉及其制造方法和所制成的电光源

授权日:2006.05.10

公开号:CN1544575A

申请日:2003.11.03

发明人:鱼志坚;庄卫东;张书生;黄小卫;赵春雷;何华强

申请人:北京有色金属研究总院;有研稀土新材料股份有限公司

077.ZL200310115889.X

发明名称:用紫光二极管转换成发白光的稀土发光材料

授权日:2006.05.31

公开号:CN1546604A

申请日:2003.12.05

发明人:赵成久;蒋大鹏;申德振

申请人:中国科学院长春光学精密机械与物理研究所

078.CN1729268

发明名称:发光体以及使用其的光学设备

公开日:2006.02.01

申请号:200380106935.8

申请日:2003.12.19

国际申请:PCT/JP2003/016379

国际公布:2004-07-08 WO2004/056939

发明人:贡杜拉·罗特;瓦尔特·特夫斯

申请人:丰田合成株式会社;贡杜拉·罗特;瓦尔特·特夫斯

079.CN1719630A

发明名称:可调整色温的白光发光方法及装置

公开日:2006.01.11

申请号:200410063367.4

申请日:2004.07.08

发明人:苏宏元

申请人:光宝科技股份有限公司

080.CN1725517A

发明名称:白光发光装置

公开日:2006.01.25

申请号:200410071332.5

申请日:2004.07.20

发明人:林益山;刘如熹;苏宏元
申请人:光宝科技股份有限公司

081. CN1730608A
发明名称:将紫光二极管的紫光转换成白光的稀土三基色发光材料
公开日:2006.02.08
申请号:200410011133.5
申请日:2004.07.24
发明人:赵成久;蒋大鹏;侯凤勤;刘学彦
申请人:中国科学院长春光学精密机械与物理研究所

082. CN1760326A
发明名称:白光 LED 用复合氧化物荧光粉及其所制成的电光源
公开日:2006.04.19
申请号:200410080483.7
申请日:2004.11.10
发明人:庄卫东;胡运生;黄小卫;王东辉;张书生;李玉海
申请人:北京有色金属研究总院;有研稀土新材料股份有限公司

083. CN1841794
发明名称:发光二极管组件及其制造方法
公开日:2006.10.04
申请号:200510058812.2
申请日:2005.03.28
发明人:詹世雄;曾坚信
申请人:先进开发光电股份有限公司

084. CN1855558
发明名称:白光发光二极管元件及相关荧光粉与制备方法
公开日:2006.11.01
申请号:200510065615.3
申请日:2005.04.18
发明人:康佳正;刘如熹;苏宏元
申请人:光宝科技股份有限公司

085. CN1702144A
发明名称:半导体照明稀土锌酸盐红色荧光材料及其制备方法
公开日:2005.11.30
申请号:200510026705.1
申请日:2005.06.13
发明人:余锡宾,周春蕾
申请人:上海师范大学

086. CN1760325
发明名称:宽带激发光色可控纳米荧光体及其低温制备方法
公开日:2006.04.19
申请号:200510031099.2
申请日:2005.10.25
发明人:余锡宾;周平乐;费晓燕
申请人:上海师范大学

087. CN1821344A
发明名称:一种镝激活的无汞荧光灯用稀土白光发光材料及其制备方法
公开日:2006.08.23
申请号:200610033015.3
申请日:2006.01.17
发明人:梁宏斌;曾 取;林惠红;田梓峰;苏 锵
申请人:中山大学

088. CN1807549A
发明名称:白光发光二极管用荧光粉及其制造方法和使用方法
公开日:2006.07.26
申请号:200610038501.4
申请日:2006.02.27
发明人:缪昌文;何锦华;蒋建清;梁 超;董 岩;张 超;吴直森;钟海涛;吴 竞;潘 晨
申请人:江苏博特新材料有限公司;东南大学

089. CN1844306A
发明名称:一种含有碱土硼磷酸盐荧光粉的 LED 器件
公开日:2006.10.11
申请号:200610035456.7
申请日:2006.05.12
发明人:王 静;张 梅;吴 昊;丁唯嘉;苏 锵
申请人:中山大学

090. CN1876754
发明名称:一种发 400nm 蓝紫光 InGaN 芯片用稀土红色发光荧光粉及其制备方法
公开日:2006.12.13
申请号:200610036399.4
申请日:2006.07.07
发明人:梁宏斌;汪正良;龚孟濂;王 静;苏 锵
申请人:中山大学

091. US7077978B2 (Also published as: US2005253-114)
Title: Phosphors containing oxides of alkaline-earth and group-IIIB metals and white-light sources incorporating

same

Date of patent:2006.07.18

Inventors: SETLUR ANANT A (US); SRIVASTAVA ALOK M (US);COMANZO HOLLY A (US)

Applicant:General Electric Company (US)

Application number:10/644103

Filing Date:2003.05.14

092. US7077979B2 (Also published as:US2005077499, US2006192219 (A1))

Title:Novel red phosphors for solid state lighting

Date of patent:2006.07.18

Inventors: CHEETHAM ANTHONY K (US); SHARMA NEERAJ (US)

Applicant:The Regents of the University of California (US)

Application number:10/683899

Filing Date:2003.10.10

093. EP1528095 (also published as US2005093816 (A1), KR20050042357, JP2005139449 (A), CN1654593 (A))

Title: Red phosphor and method of preparing the same, and red light emitting diode, white light emitting diode, and active dynamic liquid crystal device using the red phosphor

Date of publication:2005.05.04

Inventors:Kang Yun Chan, Cho Jae-hee, Sone Cheol-soo (KR)

Applicants: Samsung Electro-mechanics Co., Ltd, Korean Research Institute of Chemical Technology (KR)

Application number:04256679.4

Filing Date:2004.10.28

094. US2006/0164004A1 (Also published as WO2004082032 (A3), WO2004082032 (A2), EP1602134 (A3), EP1602134 (A2), EP1602134 (A0), CN1762060 (A))

Title:Luminescence conversion of LED with phosphorescence effect, and use thereof and operational method associated therewith

Date of Publication:2006.07.27

Inventors:ROSSNER WOLFGANG (DE)

Applicant: OSRAM OPTO SEMICONDUCTORS GMBH (DE)

Application number:10/546051

Filing Date:2005.08.17

095. US2006231849A1

Title: White light emitting diode component having two phosphors and related phosphor and formation method

Date of Publication:2006.10.19

Inventors:KANG CHIA-CHENG (TW);LIU RU-SHI (TW);SU HUNG-YUAN (TW)

Application number:11/162908

Filing Date:2005.09.28

096. US2006/0244358A1

Title:White light emitting device

Date of Publication:2006.11.02

Inventors:KIM BYUNG-KI (KR);CHO KYUNG-SANG (KR);JANG EUN-JOO (KR)

Applicants:SAMSUNG ELECTRO MECH (KR)

Application number:11/355005

Filing Date:2006.02.16

097. US2006/0169998A1 (Also published as:US2006169986 (A1))

Title:Red line emitting phosphor materials for use in LED applications

Date of Publication:2006.08.03

Inventors: RADKOV EMIL V (US); GRIGOROV LJUDMIL S (BG);SETLUR ANANT A (US);SRIVASTAVA ALOK M (US)

Applicants:GELCORE LLC

Application number:11/364611

Filing Date:2006.02.28

098. WO2006113656 A1 (Also published as US2006231851 (A1))

Title:Red phosphor for led based lighting

Date of publication:2006.10.26

Inventors:Setlur Anant Achyut, Srivastava Alok Mani, Comanzo Holly Ann(US)

Applicant:Gelcore LLC(US)

Application number:PCT/US2006/014460

Filing Date:2006.04.18

标准索引 5

已制定的标准

（一）半导体器件类标准

1.标准中文名称：半导体器件 分立器件和集成电路 第5部分：光电子器件

标准英文名称：Semiconductor devices Discrete devices and integrated circuits Part 5：Optoelectronic devices

标准编号：GB/T15651-1995/IEC60747-5-1992

标准类别：国家标准

提出单位：中华人民共和国电子工业部

归口单位：电子工业部标准化所

起草单位：电子工业部第四十四所

主要起草人：王雨苏　李春芳

发布单位：国家技术监督局

发布日期：1995.07.24

实施日期：1996.04.01

适用范围：本标准给出了半导体光发射器件（包括：发光二极管、红外发射二极管、激光二极管及组件）、半导体光电探测器件（包括：光电二极管、光电晶体管）、半导体光敏器件（包括：光敏电阻、光敏闸流管）、内部进行光辐射工作的半导体器件（包括：光电耦合器）等光电子器件（用于光纤系统或子系统的除外）的术语和定义、基本额定值和特性及测试方法。

2.标准中文名称：半导体器件 分立器件及集成电路 第5-1部分：光电子器件 总则

标准英文名称：Semiconductor devices-Discrete devices and integrated circuits-Part 5-1：Optoelectronic devices-General

标准编号：IEC 60747-5-1

标准类别：国际电工委员会（IEC）标准

发布日期：2002.05

实施日期：2002.05

适用范围：该部分规定了与半导体光电子器件有关的术语。

3.标准中文名称：半导体分立器件和集成电路 第5-2部分：光电子器件 基本额定值和特性

标准英文名称：Discrete semiconductor devices and integrated circuits Part 5-2：Optoelectronic devices Essential ratings and characteristics

标准编号：GB/T15651.2-2003/IEC60747-5-2：1997

标准类别：国家标准

提出单位：中华人民共和国信息产业部

归口单位：中国电子技术标准化研究所（CESI）

起草单位：华禹光谷股份有限公司半导体厂

主要起草人：陈兰 那仁 王守华

发布单位：中华人民共和国国家质量监督检验检疫总局

发布日期：2003.11.24

实施日期：2004.08.01

适用范围：本部分给出了半导体光发射器件（包括：发光二极管、红外发射二极管、激光二极管）、半导体光电探测器件（包括：光电二极管、光电晶体管）、半导体光敏器件、内部进行光辐射工作的半导体器件（包括：光电耦合器）等光电子器件（用于光纤系统或子系统的除外）的基本额定值和特性。

4.标准中文名称：半导体分立器件和集成电路 第5-3部分：光电子器件 测试方法

标准英文名称：Discrete semiconductor devices and integrated circuits Part 5-3：Optoelectronic devices Measuring methods

标准编号：GB/T15651.3-2003/IEC60747-5-3：1997

标准类别：国家标准

提出单位：中华人民共和国信息产业部

归口单位：中国电子技术标准化研究所（CESI）

起草单位：华禹光谷股份有限公司半导体厂

主要起草人：陈兰 那仁 王守华

发布单位：中华人民共和国国家质量监督检验检疫总局

发布日期：2003.11.24

实施日期：2004.08.01

适用范围：本部分给出了半导体光发射器件、半导体光敏器件、光电耦合器等光电子器件（用于光纤系统或子系统的除外）的测试方法。

5. 标准中文名称:LED 测试方法(1997)

标准英文名称:Measurement of LEDs

标准编号:CIE 127-1997

标准类别:国际照明委员会(CIE)技术报告

发布日期:1997

实施日期:1997

6. 标准中文名称:发光二极管空白详细规范

标准英文名称:Blank detail specification for light emitting diodes

标准编号:GB/T 12561-90

标准类别:国家标准

提出单位:机械电子工业部

归口单位:机械电子工业部

起草单位:机械电子工业部电子标准化研究所

主要起草人:张彦秋

发布单位:国家技术监督局

发布日期:1990.12.06

实施日期:1991.10.01

适用范围:适用于发光二极管企业标准编制。

7. 标准中文名称:PIN 二极管空白详细规范

标准英文名称:Blank detail specification for PIN diodes

标准编号:GB/T 12562-90

标准类别:国家标准

提出单位:机械电子工业部

起草单位:机械电子工业部电子标准化研究所

主要起草人:金贵永

发布单位:国家技术监督局

发布日期:1990.12.06

实施日期:1991.10.01

适用范围:适用于 PIN 二极管详细规范编制。

8. 标准中文名称:半导体器件 第 12~3 部分:光电子器件 显示用发光二极管空白详细规范

标准英文名称:Semiconductor devices-Part 12-3:Optoelectronic devices-Blank detail specification for light-emitting diodes-Display application

标准编号:GB/T 18904.3-2002/IEC 60747-12-3:1998 代替 GB/T 12561-1990

标准类别:国家标准

提出单位:中华人民共和国信息产业部

归口单位:中国电子技术标准化研究所

起草单位:华禹光谷股份有限公司半导体厂

主要起草人:陈兰

发布单位:中华人民共和国国家质量监督检验检疫总局

发布日期:2002.12.04

实施日期:2003.05.01

适用范围:显示用发光二极管。

9. 标准中文名称:电工术语 半导体器件和集成电路

标准英文名称:Electrotechnical Terminology-Semiconductor devices and integrated circuits

标准编号:GB/T2900.66-2004/IEC60050-521:2002

标准类别:国家标准

提出单位:全国电工术语标准化技术委员会

归口单位:全国电工术语标准化技术委员会

起草单位:中国电子技术标准化研究所、机械科学研究所

主要起草人:赵英 顾振球 杨芙 罗发明 刘春勋 陈裕焜

发布单位:中华人民共和国国家质量监督检验检疫总局、中国国家标准化管理委员会

发布日期:2004.5.10

实施日期:2004.12.01

适用范围:界定了半导体技术、半导体设计和半导体类型的通用术语。

10. 标准中文名称:半导体分立器件接收和可靠性

标准英文名称:Acceptance and reliability for discrete semiconductor devices

标准编号:GB4938-85 IEC 147-4-1976

标准类别:国家标准

提出单位:电子工业部

归口单位:电子工业部

起草单位:电子工业部第十三研究所

主要起草人:董組 刘世华 周立 汪亚光

发布单位:国家标准局

发布日期:1985.02.06

实施日期:1985.11.01

适用范围:半导体器件耐久性试验,以及判定失效特性及失效判据。

11. 标准中文名称:半导体分立器件文字符号

标准英文名称:Letter symbols discrete semiconductor devices

标准编号:GB11499-2001

标准类别:国家标准

提出单位:中华人民共和国信息产业部

归口单位:全国半导体分立器件标准化分技术委员会

起草单位:河北半导体研究所

主要起草人:崔波 顾振球 陈海蓉

发布单位:中华人民共和国国家质量监督检验检疫总局

发布日期:2001.11.05

实施日期:2002.06.01

适用范围：规定了半导体分立器件主要的文字符号。

12. 标准中文名称：半导体器件机械和气候试验方法
标准英文名称：Mechanical and climatic test methods for semiconductor devices
标准编号：GB/T 4937-1995 idt IEC 749:1995
标准类别：国家标准
提出单位：中华人民共和国电子工业部
归口单位：全国半导体器件标准化技术委员会
起草单位：上海市电子仪表标准计量测试所、中国电子技术标准化研究所
主要起草人：倪月琴 王长福
发布单位：国家技术监督局
发布日期：1995.12.22
实施日期：1996.08.01
适用范围：适用于半导体器件试验方法。

13. 标准中文名称：半导体器件 分立器件和集成电路总规范
标准英文名称：semiconductor devices generic specification for discrete Sectional devices and integrated circuits
标准编号：GB4589.1-89 IEC747-10 IECQ QC 700000
标准类别：国家标准
提出单位：全国半导体器件标准化技术委员会
归口单位：机械电子工业部
起草单位：机械电子工业部第五十五研究所、电子标准化研究所
主要起草人：金毓铨 高俊华 吴逵 童本敏 秦贤满
发布单位：国家技术监督局
发布日期：1989.03.31
实施日期：1990.01.01
适用范围：适用于半导体分立器件和集成电路质量评定。

14. 标准中文名称：半导体器件 分立器件分规范
标准英文名称：semiconductor devices sectional specification for discrete devices
标准编号：GB/T 12560-1999
标准类别：国家标准
提出单位：中华人民共和国信息产业部
归口单位：全国半导体分立器件标准化技术委员会
起草单位：南京电子器件研究所
主要起草人：黄玉英 金毓铨 赵英
发布单位：国家质量技术监督局
发布日期：1999.08.02
实施日期：2000.03.01
适用范围：适用于半导体分立器件质量评定。

15. 标准中文名称：半导体器件基准测试方法
标准英文名称：Reference methods of measurement for semiconductor devices
标准编号：GB 6801-86
标准类别：国家标准
提出单位：中华人民共和国电子工业部
起草单位：电子工业部13研究所
发布单位：国家标准局
发布日期：1986.08.28
实施日期：1987.07.01
适用范围：适用于半导体器件参数的基准测试。

16. 标准中文名称：电子元器件详细规范 FG341052、FG343053、FG313052、FG314053、FG313054 和 FG314055 型 半导体绿色、红色发光二极管
标准英文名称：Detail specification for electronic component semiconductor green and red light emiting diodes for types FG341052、FG343053、FG313052、FG314053、FG313054 and FG314055
标准编号：GB 9492～9493-88
标准类别：国家标准
起草单位：长春半导体厂
发布单位：国家标准局
发布日期：1988.06.25
实施日期：1988.12.01
适用范围：适用于指定型号发光二极管。

17. 标准中文名称：半导体分立器件试验方法
标准英文名称：
标准编号：GB 128-86
标准类别：国家标准
提出单位：电子工业部
起草单位：电子工业部第十三研究所、电子工业部电子标准化研究所
发布单位：国防科学技术工业委员会
发布日期：1986.08.05
实施日期：1986.11.01
适用范围：适用于半导体分立器件的试验。

18. 标准中文名称：半导体分立器件详细规范
标准英文名称：
标准编号：GJB 33/1～33/5-87
标准类别：国家军用标准
提出单位：电子工业部
起草单位：电子工业部卫光电工厂、电子工业部电子标准化研究所
发布单位：国防科学技术工业委员会
发布日期：1987.08.07
实施日期：1988.03.01
适用范围：适用于军用半导体分立器件。

19.标准中文名称:半导体光电子器件外形尺寸
标准编号:SJ 2247 -82
标准类别:行业标准
发布单位:中华人民共和国电子工业部
发布日期:1982.12.24
实施日期:1983.07.01
适用范围:适用于半导体光敏、发光器件外形尺寸。

20.标准中文名称:半导体镓铝砷、磷砷化镓发光二极管
标准编号:SJ 2249~2250-82
标准类别:行业标准
发布单位:中华人民共和国电子工业部
发布日期:1982.12.24
实施日期:1983.07.01
适用范围:适用于半导体镓铝砷、磷砷化镓发光二极管。

21.标准中文名称:半导体器件参数符号
标准编号:SJ 1400-78
标准类别:行业标准
发布单位:中华人民共和国第四机械工业部
实施日期:1979.06.01
适用范围:规定了半导体器件参数符号。

22.标准中文名称:PIN、雪崩光电二极管测试方法
标准编号:SJ 2354.1~2354.14-83
标准类别:行业标准
发布单位:中华人民共和国电子工业部
发布日期:1983.08.15
实施日期:1984.07.01
适用范围:适用于PIN、雪崩光电二极管的测试。

23.标准中文名称:磷化镓发光二极管
标准编号:SJ 2451~2452-84
标准类别:行业标准
发布单位:中华人民共和国电子工业部
发布日期:1984.01.24
实施日期:1984.10.01
适用范围:适用于磷化镓发光二极管。

24.标准中文名称:半导体器件红外发光二极管测试方法
标准英文名称:(原出版标准上无)
标准编号:SJ2658-1986
标准类别:(原)中华人民共和国电子工业部部标准
(现)电子行业标准
提出单位:电子工业部标准化研究所
归口单位:原出版标准上无
起草单位:(原)电子工业部第44研究所
(现)中国电子科技集团公司第44研究所
主要起草人:原出版标准上无
发布单位:中华人民共和国电子工业部
发布日期:1986.01.21
实施日期:1986.10.01
适用范围:半导体红外发光二极管的参数测试。

25.标准中文名称:半导体发光(可见光)器件 外形尺寸
标准英文名称:Physical Demensions For Light Emitting Device Of Semiconductor
标准编号:SJ2684-86
标准类别:行业标准
发布单位:中华人民共和国电子工业部
发布日期:1986.02.18
实施日期:1986.10.01
适用范围:适用于发光器件外形尺寸。

26.标准中文名称:圆型橙红色半导体发光二极管
标准编号:SJ 2685-86
标准类别:行业标准
发布单位:中华人民共和国电子工业部
发布日期:1986.02.18
实施日期:1986.10.01
适用范围:适用于圆型橙红色半导体发光二极管。

27.标准中文名称:圆型黄色半导体发光二极管
标准编号:SJ2686-86
标准类别:行业标准
发布单位:中华人民共和国电子工业部
发布日期:1986.02.18
实施日期:1986.10.01
适用范围:适用于圆型黄色半导体发光二极管。

28.标准中文名称:彩色电视机用FG314050~51、FG114050~51、FG344050~51型半导体发光二极管
标准编号:SJ2761-87
标准类别:行业标准
提出单位:电子工业部
起草单位:长春半导体厂
发布单位:中华人民共和国电子工业部
发布日期:1987.02.10
实施日期:1987.10.01
适用范围:适用于彩电用半导体发光二极管。

(二)LED应用类标准

29.标准中文名称:LED显示屏测试方法

标准英文名称:Test methods of LED panels

标准编号:SJ/T 11281-2003

标准类别:行业标准

提出单位:中华人民共和国信息产业部

归口单位:中国电子技术标准化研究所

起草单位:LED标准化工作组(南京洛普股份有限公司、西安青松科技公司等)

主要起草人:王化锋 程德诗 陆荣庆 向健勇 洪震 平立等

发布单位:中华人民共和国信息产业部

发布日期:2003.06.04

实施日期:2003.10.01

适用范围:适用于各类显示屏的测试。

30. 标准中文名称:道路交通信号灯

标准英文名称:Road traffic signals

标准编号:GB 14887-2003

标准类别:国家标准

提出单位:中华人民共和国公安部

归口单位:公安部道路交通管理标准化技术委员会

起草单位:公安部交通管理科学研究所

主要起草人:邱红桐 包勇强 金同明 马庆 王军华

发布单位:国家质量监督检验检疫总局

发布日期:2003.5.23

实施日期:2003.9.1

适用范围:本标准适用于在道路上使用的信号灯。该标准中对信号灯进行了分类,包括白炽灯、卤钨灯和LED灯。规定了作为道路交通信号灯的光学性能、电气安全和环境试验要求。

31. 标准中文名称:LED道路交通诱导可变标志

标准英文名称:LED variable sign of road traffic guide

标准编号:GA/T484-2004

标准类别:公共安全行业标准

提出单位:公安部交通管理局

归口单位:公安部道路交通管理标准化技术委员会

起草单位:公安部交通管理科学研究所、上海三思科技发展有限公司、深圳市京东方智能显示技术有限公司

主要起草人:邱红桐 袁建华 苑雷 缪建新 陆振益 卢利强 王鹰华 严达林

发布单位:中华人民共和国公安部

发布日期:2004.4.12

实施日期:2004.10.1

适用范围:本标准适用于道路交通诱导可变标志的设计、制造和验收。

32. CJ/T 229-2006 城市客车发光二极管显示屏

33. 标准中文名称:高速公路LED可变限速标志技术条件

标准英文名称:Specification for light-emitting diode changeable speed limit signs of expressway

标准编号:JT 432—2000

标准类别:交通行业标准

提出单位:交通部公路司

归口单位:全国交通工程设施(公路)标准化技术委员会

起草单位:交通部公路科学研究所、上海邦达电子系统工程有限公司

主要起草人:韩文元 安玉宏 颜静仪 徐鸿平 龚兆岗 卢毅

发布单位:中华人民共和国交通部

发布日期:2000.10.27

实施日期:2001.2.1

适用范围:本标准适用于高速公路以LED为发光单元的可变限速标志。

34. 标准中文名称:道路交通信号倒计时显示器

标准英文名称:Road traffic counting down display unit

标准编号:GA/T 508-2004

标准类别:公共安全行业标准

提出单位:公安部交通管理局

归口单位:公安部道路交通管理标准化技术委员会

起草单位:南京市公安局科技处、南京市公安局交巡警支队、南京多伦精密系统有限公司、公安部交通管理科学研究所

主要起草人:陈冰 王军华 陆海峰 张亚忠 魏浩华

发布单位:中华人民共和国公安部

发布日期:2004.8.9

实施日期:2004.10.1

适用范围:本标准适用于道路上使用的交通信号倒计时显示器。

35. 标准中文名称:道路交通危险警示灯

标准英文名称:Road danger lamps

标准编号:GA/T 414-2003

标准类别:公共安全行业标准

提出单位:公安部交通管理局

归口单位:公安部道路交通管理标准化技术委员会

起草单位:公安部交通管理科学研究所

主要起草人:王军华 陆海峰 包勇强

发布单位:中华人民共和国公安部

发布日期:2003.2.28

实施日期:2003.10.1

适用范围:本标准适用于道口、危险路段、事故多发路段、涵洞口、隧道出入口、桥梁、道路作业现场以及其他需要的场合设置的可移动的道路交通危险警示灯。

36. JT/T 597-2004 LED 车道控制标志

37. 标准中文名称:太阳能道路交通标志
标准英文名称:Solar road traffic signs
标准编号:GA/T 580—2005
标准类别:公共安全行业标准
提出单位:公安部交通管理局
归口单位:公安部道路交通管理标准化技术委员会
起草单位:南京市公安局科技处、南京市公安局交巡警支队、南京多伦精密系统有限公司、公安部交通管理科学研究所
主要起草人:吴同起 徐忠玉 王军华 董志卿 皮静懿
发布单位:中华人民共和国公安部
发布日期:2005.12.13
实施日期:2006.5.1
适用范围:本标准适用于高速公路、公路、城市道路以及矿区、港区、林区、场(厂)区等道路上设置的全天有效的太阳能交通标志。本标准不适用于有文字说明的交通标志。

38. TB/T 3085.2-2003 铁道客车车厢用灯 第2部分:卧铺车厢用LED床头阅读灯

39. 标准中文名称:汽车和挂车转向信号灯配光性能
标准英文名称:Photometric characteristics of direction indicators for motor vehicles and their trailers
标准编号:GB17509-1998
标准类别:国家标准
提出单位:国家机械工业局
归口单位:全国汽车标准化技术委员会
起草单位:上海汽车灯具研究所
主要起草人:陈蔼明
发布单位:国家质量技术监督局
发布日期:1998.10.19
实施日期:1999.10.01
适用范围:本标准适用于汽车和挂车使用的转向信号灯。

40. 标准中文名称:汽车前和后位(侧)灯、示廓灯和制动灯配光性能
标准英文名称:Photometric characteristics of front and rear position(side) lamps, end-outline marker lamps and stop lamps for motor vehicles and their trailers
标准编号:GB5920-94
标准类别:国家标准
提出单位:中国汽车工业总公司
归口单位:全国汽车标准化技术委员会
起草单位:上海汽车灯具研究所
主要起草人:周国坪
发布单位:国家技术监督局
发布日期:1994.09.28
实施日期:1995.05.01
适用范围:本标准适用于M、N和O类汽车使用的各种类型的前和后位(侧)灯、示廓灯和制动灯。

41. 标准中文名称:特种车辆标志灯具
标准英文名称:Emergency vehicle warning lamps
标准编号:GB 13954-2004
标准类别:国家标准
提出单位:中华人民共和国公安部
归口单位:公安部道路交通管理标准化技术委员会
起草单位:公安部交通管理科学研究所、公安部沈阳消防科学研究所、浙江星际实业股份有限公司
主要起草人:包勇强 王军华 陈时升 陆海峰
发布单位:国家质量监督检验检疫总局
发布日期:2004.3.4
实施日期:2004.10.1
适用范围:本标准适用于在特种车辆上安装使用的标志灯具。

42. 标准中文名称:船用指示灯通用技术条件
标准英文名称:General specification for indicator light in ships
标准编号:GB11155-89
标准类别:国家标准
提出单位:中国船舶工业总公司603所
起草单位:中国船舶工业总公司第七研究院第七一九研究所
主要起草人:潘崇品 梁玉麟 王汉香
发布单位:中国船舶工业总公司
发布日期:1988.11.25
实施日期:1990.04.01
适用范围:本标准适用于交流50Hz或60Hz、额定电压440V及以下,直流额定电压220V及以下的船舶电工电子设备中作各种灯光指示信号与灯光执行信号之用的指示灯。

(三)照明灯具及控制装置类标准

43. 标准中文名称:杂类灯座 第2-2部分:LED模块连接器的特殊要求
标准英文名称:Miscellaneous lampholders-Part 2-2: Particula requirements - Connects for LED-models
标准编号:IEC 60838-2-2
标准类别:国际电工委员会(IEC)标准
发布日期:2006.05
实施日期:2006.05

44. 标准中文名称：灯的控制装置 第 2-13 部分：直流或交流供电的 LED 模块控制装置的特殊要求

标准英文名称：Lamp controlgear-Part 2-13-Particular requirements for d. c or a. c. supplied electronic controlgear for LED-models

标准编号：IEC 61347-2-13

标准类别：国际电工委员会(IEC)标准

发布日期：2006. 05

实施日期：2006. 05

45. 标准中文名称：直流或交流供电的 LED 模块控制装置：性能要求

标准英文名称：DC or AC supplied electronic control gear for LED modules -Performance requirements

标准编号：CIE/IEC 62384

标准类别：国际电工委员会(IEC)标准

发布日期：2006. 08

实施日期：2006. 08

46. 标准中文名称：灯和灯系统的光生物安全性

标准英文名称：Photobiological safety for lamp and lamp systems

标准编号：CIE/IEC 62471

标准类别：国际电工委员会(IEC)标准

发布日期：2006. 07

实施日期：2006. 07

47. 标准中文名称：灯具一般安全要求与试验

标准英文名称：General safety requirements and tests for luminaries

标准编号：GB7000. 1-1996

标准类别：国家标准

提出单位：中国轻工总会

归口单位：全国灯具标准化中心

起草单位：上海市照明灯具研究所

主要起草人：姚志尚 王柏松

发布单位：国家技术监督局

发布日期：1996. 06. 17

实施日期：1997. 07. 01

适用范围：本标准适用于使用电源电压不超过 1000V 的钨丝灯、管形荧光灯和其他气体放电灯的灯具。

48. 标准中文名称：庭院用的可移式灯具安全要求

标准英文名称：Safety requirements of portable luminaries for garden use

标准编号：GB7000. 3-1996

标准类别：国家标准

提出单位：中华人民共和国轻工总会

归口单位：全国灯具标准化中心

起草单位：上海市照明灯具研究所

主要起草人：姚志尚 杨士钊

发布单位：国家技术监督局

发布日期：1996. 06. 17

实施日期：1997. 07. 01

适用范围：本标准规定了用于庭院场所以及花坛里的可移式灯具的安全要求，这些灯具使用电源电压不超过 250V 的钨丝灯，管状荧光灯和其他气体放电灯，本标准连同 GB7000. 1-1996(idt IEC 598-1)的有关章一起使用。

49. 标准中文名称：道路与街路照明灯具的安全要求

标准英文名称：Safety requirements of luminaries for road and street lighting

标准编号：GB7000. 5-1996

标准类别：国家标准

提出单位：中华人民共和国轻工总会

归口单位：全国灯具标准化中心

起草单位：上海市照明灯具研究所

主要起草人：姚志尚 杨士钊

发布单位：国家技术监督局

发布日期：1996. 06. 17

实施日期：1997. 07. 01

适用范围：本标准规定了道路与街路照明灯具的安全要求，这些灯具使用电源电压不超过 1000V 的钨丝灯，管形荧光灯和其他气体放电灯。本标准连同 GB7000. 1-1996(idt IEC 598-1：1992)的有关章一起阅读。

50. 标准中文名称：室内灯具光度测试

标准英文名称：Photometry of indoor type luminaries

标准编号：GB9467-88

标准类别：国家标准

提出单位：中华人民共和国轻工业部

归口单位：上海市灯具研究所

起草单位：上海市灯具研究所

主要起草人：姚志尚 张蓓玮

发布单位：中华人民共和国轻工业部

发布日期：1988. 06. 24

实施日期：1989. 01. 01

适用范围：本标准规定了作一般照明的室内灯具光度特性的测试方法和测试报告的内容。灯具的光源为白炽灯、卤钨灯、管形荧光灯和其他气体放电灯。并指导工业性实验室的测试设备和仪器的选择、试验操作、光度性能数据处理和表述。

51. 标准中文名称：道路照明灯具光度测试

标准英文名称：Photometry of luminaries for street lighting

标准编号：GB9468-88

标准类别：国家标准

提出单位:中华人民共和国轻工业部五金电器局

归口单位:上海市灯具研究所

起草单位:上海市灯具研究所

主要起草人:郑非 姚志尚

发布单位:中华人民共和国轻工业部

发布日期:1988.06.24

实施日期:1989.01.01

适用范围:本标准适用于由交流电源供电的道路照明灯具的光度测试。

52.标准中文名称:民用台灯通用技术条件

标准英文名称:General technical requirements of table lamp for civil use

标准编号:GB9473-88

标准类别:国家标准

提出单位:中华人民共和国轻工业部

归口单位:上海市灯具研究所

主要起草人:倪乐民 朱梅英

发布单位:中华人民共和国轻工业部

发布日期:1988.06.26

实施日期:1989.01.01

适用范围:本标准适用于额定电压不大于250V,以白炽灯泡及管形荧光灯作为光源,采用金属、塑料、玻璃、大理石、陶瓷等材料制成的台灯,用于周围无易燃腐蚀气体及剧烈震动的场所,作为室内局部照明。

53.标准中文名称:手提灯

标准编号:QB3592-1999

标准类别:行业标准

归口单位:上海市灯具研究所

起草单位:上海市灯具研究所

主要起草人:杨其和

发布单位:国家轻工业局

发布日期:1999.04.21

实施日期:1999.04.21

适用范围:本标准适用于电源电压不大于250V、以普通照明灯泡、管形荧光灯为光源的手提灯。也适用于诸如采用翼行螺钉、夹子或磁铁装置固定在支承的手提灯以及诸如用于检查圆桶内部的灯具。

正在制定/修订的标准

（一）半导体器件类标准

54.标准中文名称：氮化镓基发光二极管用蓝宝石衬底片

标准英文名称：Specification for sapphire GaN radicel of light-emitting diodes

标准编号：SJ/T ××××-2×××

标准类别：电子行业标准

提出单位：信息产业部半导体照明技术标准工作组

归口单位：信息产业部电子工业标准化研究所

起草单位：深圳森浩高新科技有限公司、中国科学院上海光学精密机械研究所

主要起草人：李明远 王静雅

发布单位：中华人民共和国信息产业部

发布日期：现为征求意见稿

适用范围：氮化镓基发光二极管用蓝宝石衬底片的参数指标、测试方法、几何尺寸、试验方法、质量保证规定。

55.标准中文名称：半导体发光二极管芯片测试方法

标准英文名称：Measure methods of Semiconductor light-emitting chip

标准编号：SJ/T ××××-2×××

标准类别：电子行业标准

提出单位：信息产业部半导体照明技术标准工作组

归口单位：信息产业部电子工业标准化研究所

起草单位：中国光学光电子行业协会光电器件分会

主要起草人：鲍超

发布单位：中华人民共和国信息产业部

发布日期：现为征求意见稿

适用范围：探针瞬态测试半导体发光二极管芯片的光电参数、光参数、电参数。

56.标准中文名称：功率半导体发光二极管芯片技术规范

标准英文名称：Specification for power light-emitting diodes chip

标准编号：SJ/T ××××-2×××

标准类别：电子行业标准

提出单位：信息产业部半导体照明技术标准工作组

归口单位：信息产业部电子工业标准化研究所

起草单位：中国电子科技集团第十三研究所

主要起草人：崔波

发布单位：中华人民共和国信息产业部

发布日期：现为征求意见稿

适用范围：功率在W级以上的发光二极管芯片的质量保证程序、试验/检验项目及方法。

57.标准中文名称：半导体发光二极管测试方法

标准英文名称：Measure methods of Semiconductor light-emitting diodes

标准编号：SJ/T2355-2×××

标准类别：电子行业标准

提出单位：信息产业部半导体照明技术标准工作组

归口单位：信息产业部电子工业标准化研究所

起草单位：中国光学光电子行业协会光电器件分会

主要起草人：鲍超

发布单位：中华人民共和国信息产业部

发布日期：现为报批稿

适用范围：本标准规定了半导体发光二极管的辐射度学、光度学和色度学、电学和热学参数测试方法。本标准适用于紫外、可见光、白光、红外发光二极管，组件和芯片的测试可参考执行。

58.标准中文名称：半导体光电子器件 功率发光二极管空白详细规范

标准英文名称：Semiconductor optoelectronic devices-Blank detail specification for power light-emitting diodes

标准编号：SJ/T××××-2×××

标准类别：电子行业标准

提出单位：信息产业部半导体照明技术标准工作组

归口单位：信息产业部电子工业标准化研究所

起草单位：信息产业部电子工业标准化研究所、北京新材料科技促进中心

主要起草人：赵英 阮军

发布单位：中华人民共和国信息产业部

发布日期：现为报批稿

适用范围：本空白详细规范是半导体光电子器件的一系列空白详细规范之一，本规范对功率半导体发光二极管的质量评定程序进行了详细的规定。主要内容包括试验分组、抽样要求、测试参数、测试方法、试验方法等。

59.标准中文名称：半导体光电子器件 小功率发光二极管空白详细规范

标准英文名称：Optoelectronic devices-Blank detail specification for small power light-emitting diodes

标准编号：SJ/T ××××-2×××

标准类别:电子行业标准

提出单位:信息产业部半导体照明技术标准工作组

归口单位:信息产业部电子工业标准化研究所

起草单位:中国电子科技集团第十三研究所

主要起草人:崔波

发布单位:中华人民共和国信息产业部

发布日期:现为征求意见稿

适用范围:本空白详细规范是半导体光电子器件的一系列空白详细规范之一,本规范对小功率半导体发光二极管的质量评定程序进行了详细的规定。主要内容包括试验分组、抽样要求、测试参数、测试方法、试验方法等。

60. 标准中文名称:半导体照明术语和定义

标准英文名称:Terminology and definition of semiconductor illumination

标准编号:SJ/T ××××-2×××

标准类别:电子行业标准

提出单位:信息产业部半导体照明技术标准工作组

归口单位:信息产业部电子工业标准化研究所

起草单位:中国光学光电子行业协会光电器件分会、上海半导体照明工程技术研究中心、信息产业部电子工业标准化研究所

主要起草人:胡爱华 杨卫桥 赵英

发布单位:中华人民共和国信息产业部

发布日期:现为征求意见稿

适用范围:半导体照明技术领域涉及的材料、芯片、器件、模块、封装的有关术语和定义。

61. 标准中文名称:半导体发光二极管用荧光粉

标准英文名称:Specification for fluorescence powder of light-emitting diodes

标准编号:SJ/T ××××-2×××

标准类别:电子行业标准

提出单位:信息产业部半导体照明技术标准工作组

归口单位:信息产业部电子工业标准化研究所

起草单位:有研稀土新材料股份有限公司、浙江大学三色仪器有限公司

主要起草人:庄卫东、牟同升

发布单位:中华人民共和国信息产业部

发布日期:现为征求意见稿

适用范围:半导体发光二极管用荧光粉的性能指标、测试方法、试验方法。

62. 标准中文名称:半导体发光二极管产品系列型谱

标准英文名称:Type table for light-emitting diodes

标准编号:SJ/T ××××-2×××

标准类别:电子行业标准

提出单位:信息产业部半导体照明技术标准工作组

归口单位:信息产业部电子工业标准化研究所

起草单位:鑫谷光电股份有限公司

主要起草人:杨树人

发布单位:中华人民共和国信息产业部

发布日期:现为征求意见稿

适用范围:半导体发光二极管的标准系列和品种的型号、形状、尺寸、生产及研制状况,以及选择和应用导则。

63. 标准中文名称:半导体器件 光电子器件分规范(可供认证用) (修订中,修订后等同采用 IEC 60747-12:1991)

标准英文名称:Semiconductor devices Sectional specification for optoelectronic devices

标准编号:GB/T 12565-1990

标准类别:国家标准

提出单位:中华人民共和国机械电子工业部

归口单位:(原)机械电子工业部标准化研究所(现)中国电子技术标准化研究所

起草单位:(原)机械电子工业部标准化研究所(现)中国电子技术标准化研究所

主要起草人:张彦秋

发布单位:(原)国家技术监督局(现)中华人民共和国国家质量监督检验检疫总局

发布日期:1990-12-12

实施日期:1991-10-01

适用范围:半导体光发射器件:光电子显示器件;发光二极管(LED);红外发射二极管(IRED);激光二极管。半导体光敏器件:光敏二极管、光敏三极管、光控闸流晶体管。半导体图像器件、光耦合器。

64. 标准中文名称:半导体发光器件测试方法

标准英文名称:Measure methods of Semiconductor optoelectronic devices

标准编号:SJ/T 2355—2×××代替 SJ 2355.1~2355.7—83

标准类别:电子行业标准

提出单位:中华人民共和国信息产业部

归口单位:中国电子技术标准化研究所

起草单位:浙江大学

主要起草人:鲍超

发布单位:送审稿

适用范围:本标准规定了半导体发光器件的辐射度学、光度学和色度学、电学和热学参数测试方法。本标准适用于紫外、可见光、白光、红外发光二极管,组件和芯片的测试可参考执行。

(二) LED应用类标准

65. 标准中文名称:LED 显示屏通用规范

标准编号:SJ/T11141-2003

标准类别:电子行业标准

发布单位:中华人民共和国信息产业部

66.标准中文名称:车载式道路交通信息显示屏

标准英文名称:

标准编号:GA/T XXX—200X

标准类别:公共安全行业标准

提出单位:公安部交通管理局

归口单位:公安部道路交通管理标准化技术委员会

起草单位:公安部交通管理科学研究所

发布单位:中华人民共和国公安部

发布日期:征求意见稿

适用范围:本标准适用于车载交通信息屏的设计、制造和检验。

67.标准中文名称:太阳能黄闪信号灯

标准编号:GA XXX—200X

标准类别:公共安全行业标准

提出单位:公安部交通管理局

归口单位:公安部道路交通管理标准化技术委员会

起草单位:公安部交通管理科学研究所

发布单位:中华人民共和国公安部

发布日期:征求意见稿

适用范围:本标准适用于道路交通用太阳能黄闪信号灯的生产和检验。

(三)照明灯具及控制装置类标准

68.标准中文名称:杂类灯座 第3部分:LED模块用连接器 特殊要求

标准英文名称:Miscellaneous Lampholders Part 3: Connectors for LED Modules - Particular requirements

标准类别:国家标准

提出单位:中国轻工业联合会

归口单位:全国照明电器标准化技术委员会

起草单位:北京电光源研究所等

发布单位:中华人民共和国国家质量监督检验检疫总局、中国国家标准化管理委员会。

发布日期:现为征求意见稿

适用范围:本部分适用于杂类内置式连接件(包括LED模块内部连接用连接件),该连接件和基于LED模块的PCB(印刷电路板)一起使用。

69.标准中文名称:LED模块用直流或交流电子控制装置的性能要求

标准英文名称:D.C. or A.C. supplied electronic controlgears for LED modules - Performance requirements

标准类别:国家标准

提出单位:中国轻工业联合会

归口单位:全国照明电器标准化技术委员会

起草单位:北京电光源研究所等

发布单位:中华人民共和国国家质量监督检验检疫总局、中国国家标准化管理委员会

发布日期:现为征求意见稿

适用范围:本标准规定了使用250 V以下直流电源和50 Hz或60 Hz,1 000 V以下交流电源,其工作频率不同于电源频率的电子控制装置的性能要求,此种控制装置应与LED模块一起使用。本标准规定的LED模块用控制装置设计用来提供恒压或恒流。

70.标准中文名称:灯的控制装置 第14部分:LED模块用直流或交流电子控制装置的特殊要求

标准英文名称:Lamp controlgear Part 14: Particular requirements for d. c. or a. c. supplied electronic controlgear for LED modules

标准类别:国家标准

提出单位:中国轻工业联合会

归口单位:全国照明电器标准化技术委员会

起草单位:北京电光源研究所等

发布单位:中华人民共和国国家质量监督检验检疫总局、中国国家标准化管理委员会

发布日期:现为征求意见稿

适用范围:本部分规定了使用250 V以下直流电源和1 000 V以下、50 Hz或60 Hz交流电源的LED模块用电子控制装置的特殊安全要求,该电子控制装置的输出频率可以和电源频率不同。

71.标准中文名称:照明用LED测试方法

标准英文名称:Measurement of LEDs for general lighting

标准类别:国家标准

提出单位:中国轻工业联合会

归口单位:全国照明电器标准化技术委员会

起草单位:北京电光源研究所等

发布单位:中华人民共和国国家质量监督检验检疫总局、中国国家标准化管理委员会

发布日期:现为征求意见稿

适用范围:本标准适用于 照明用LED光电参数的测试方法。主要技术内容包括:试验条件、电性能的测试方法、光学性能的测试方法、颜色性能的测试方法、热性能的测量方法、寿命的试验方法等。

72.标准中文名称:照明用LED性能要求

标准英文名称:LEDs for general lighting - Performance requirements

标准类别:行业标准

提出单位:中国轻工业联合会

归口单位:全国照明电器标准化技术委员会

起草单位:北京电光源研究所等

发布单位:中华人民共和国国家发展与改革委员会

发布日期:现为征求意见稿

适用范围:本标准适用于在恒定电压、电流和功率下工作的,采用螺口式灯头或卡口式灯头的,带有整体式控制装置的照明用LED。规定了照明用LED的性能要求、检验规则及标志、包装、运输、贮存等。

73.标准中文名称:照明用LED模块 安全要求

标准英文名称:LED modules for general lighting - safety requirements

标准类别:国家标准

提出单位:中国轻工业联合会

归口单位:全国照明电器标准化技术委员会

起草单位:北京电光源研究所等

发布单位:中华人民共和国国家质量监督检验检疫总局、中国国家标准化管理委员会

发布日期:现为征求意见稿

适用范围:本标准适用于在恒定电压、电流和功率下工作的、不带整体式控制装置的LED模块;和采用250V以下直流和50Hz或60Hz、1000V以下交流电源的自镇流LED模块。

74.标准中文名称:照明用LED模块 性能要求

标准英文名称:LED modules for general lighting - Performance requirements

标准类别:国家标准

提出单位:中国轻工业联合会

归口单位:全国照明电器标准化技术委员会

起草单位:北京电光源研究所等

发布单位:中华人民共和国国家质量监督检验检疫总局、中国国家标准化管理委员会

发布日期:现为征求意见稿

适用范围:本标准适用于在恒定电压、电流和功率下工作的、不带整体式控制装置的LED模块;及采用250 V以下直流和50 Hz或60 Hz、1 000 V以下交流电源的自镇流LED模块。规定了照明用LED模块的分类、技术要求、试验方式、检验规则、标志、包装、运输、贮存等。

创新大赛作品索引 6

首届国家半导体照明工程创新大赛(2006)项目名录

作品序号	作品名称	单位名称
研发创新奖		
102	GaN基激光剥离、垂直结构LED的制备	北京大学
162	硅衬底氮化镓发光二极管材料与芯片	南昌大学
163	硅sub-mount背孔铜填充型低热阻倒装结构大功率LED	中国科学院半导体研究所
产品创新奖		
114	LED101 LED标准校准源	杭州远方光电信息有限公司
115	全自动LED分光分色测试设备	深圳市国冶星光电子有限公司
116	超高功率全彩多功能LED莲花灯	新光照明(集团)有限公司
121	LED庭院灯—二维光源	南京汉德森科技股份有限公司
140	主动式动态LED背光模块在大尺寸液晶电视的应用	香港应用科技研究院
工程应用奖		
136	盾牌LED景观照明灯	上海蓝宝光电材料有限公司
138	新春送福LED灯光雕塑	河北立德电子有限公司
145	厦门海峡明珠	北京光泉科技有限公司
148	大连广播电视塔亮化工程	大连路明光电科技有限公司
149	上海市花旗集团大厦LED彩显幕墙系统工程	深圳沃科半导体照明有限公司
入围奖		
101	YAG:Ce^{3+}白光荧光粉的合成	厦门科明达科技有限公司
104	新型LED驱动模块	重庆卓为电子技术有限公司
107	金属外壳封装LED光源系列产品	佛山市国星光电科技有限公司
108	1W高亮度功率型白光LED	深圳市量子光电子有限公司
110	调节植物生长用半导体照射光源装置	重庆大学化学化工学院
111	沐浴光雨	河北立德电子有限公司
122	新型太阳能无眩光LED面光源草坪灯	杭州中宙光电有限公司
126	LED运动多媒体眼镜	璨圆光电股份有限公司
128	LED警示发光雨伞	江苏奥雷光电有限公司
129	多功能LED充电特种灯	环维(厦门)照明有限公司
130	消防逃生半导体指示灯	慈溪市英奇集成电器有限公司
133	超高亮度LED白光射灯和路灯	珠海博瑞莱光电科技有限公司
134	LED高效固体光源铁路道口信号灯	上海南北机械电气工程有限公司
137	北洋明珠LED射灯系列产品	天津市天大建学科技开发有限公司
141	大尺寸液晶显示器半导体发光背光源	深圳帝光电子有限公司
142	光之精灵(Light Spirit)	袁宗南照明设计事务所
143	LED全彩智能泛光灯在岩洞中的应用	重庆大雁半导体有限责任公司
144	“生命之光”LED室内照明系统	北京见阁灯光设计有限公司 北京索莱特电子有限公司
151	三角梅	厦门华联电子有限公司
152	LED隧道照明灯	广州中龙交通科技有限公司
154	智能LED路灯	深圳市世峰科技有限公司
159	路况提示LED光电地图	重庆大学
160	MIST多媒体资讯系统	元创间有限公司

续表

作品序号	作品名称	单位名称
入围奖		
161	非晶硅光伏电池幕墙与LED照明	深圳市拓日电子科技有限公司
167	氮化镓基倒装大功率发光二极管	中国科学院半导体研究所
纪念奖		
103	LED射灯模块	深圳市明连兴光电科技有限公司
105	EnLux LED 1K光模组	航能美(上海)光电有限公司
106	大功率三基色集成LED光源	河北立德电子有限公司
109	光子晶体发光二极体	香港应用科技研究院
112	LED户外幕墙灯	上海隆光蜃景光电科技有限公司
113	户外图文幕墙灯	上海隆光蜃景光电科技有限公司
117	LED投射灯	宁波富泰电器有限公司
118	LED多芯片集成光源斗胆杯灯说明书	重庆万道光电科技有限公司
119	LED多芯片集成光源星光顶灯	重庆万道光电科技有限公司
120	LED多芯片功率杯灯	重庆万道光电科技有限公司
123	LED面光源广告字	杭州中宙光电有限公司
124	LED日光灯	深圳市明连兴光电科技有限公司
125	光苗(Light Seed)	伟志电子有限公司
127	目光(Light of Eyes)	璨圆光电股份有限公司
131	环保节能手摇户外灯	慈溪市英奇集成电器有限公司
132	手摇LED照明灯	深圳市明连兴光电科技有限公司
135	LED造型装饰灯具	重庆经纬灯饰有限公司
139	LED灯光控制系统配套软件	河北立德电子有限公司
146	厦门金雁酒店	泉州晶莹高科光电技术有限公司
147	福州江滨假日大酒店	泉州晶莹高科光电技术有限公司
150	厦门中闽大厦LED艺术夜景照明方案	厦门华联电子有限公司
153	LED投光灯	深圳市世峰科技有限公司
155	韩国首尔清溪川太阳能LED照明景观工程	深圳先行电子有限公司
156	太阳能LED路灯	深圳市拓日电子科技有限公司
157	UFO大功率LED灯具	杭州富阳新颖电子有限公司
158	LED交通预警牌	重庆大学
164	蓝宝石微透镜阵列倒装结构大功率LED	中国科学院半导体研究所
165	倒装小芯片阵列集成功率型LED	中国科学院半导体研究所
166	新型微盘倒装功率型LED的制作	中国科学院半导体研究所

首届国家半导体照明工程创新大赛(2006)作品简介

研发创新奖

102 号作品　GaN 基激光剥离、垂直结构 LED 的制备——北京大学

激光剥离技术(LLO)是利用激光能量分解 GaN/蓝宝石界面处的 GaN 缓冲层,从而实现 LED 外延片从蓝宝石衬底分离。激光剥离、垂直结构 LED 是清除上述照明应用障碍的最有潜力的技术。

国内关于 LLO 技术的研究开始于九十年代末,目前只有南京大学开展 GaN 外延层的 LLO 研究,目的是用于厚膜 GaN 的 HVPE 生长,对激光剥离在制备 LED 器件方面的应用没有报道。我们在 LLO 研究方面做了大量的工作,我们实现了对极薄(3-5μm)的 GaN 基外延层的大面积剥离,对剥离造成的损伤和外延层应力方面的影响做了许多研究,同时我们还积极开展 LED 上下电极技术的研究,得到了上下电极的电致发光,并积极开展上下电极 LED 芯片结构以及 GaN 与热沉的键合的研究,从而具备了一定的研究基础。

创新性:(1)大面积无损激光剥离蓝宝石衬底技术。通过外延生长芯片结构单元,结合逐片剥离工艺,得到较高成品率和 LED 性能的大面积衬底剥离转移。

(2)通过 LED 的电流扩展层和接触层的生长,消除传统 n 面高阻的影响。

(3)在 LED 上进行纳米图形转印技术,实现微纳加工的低成本化,提高发光效率。

(4)通过金属化体系和合金条件的优化,得到高反、低接触电阻的 p 型欧姆接触。

(5)电镀 Cu 热沉,绕开晶片高温、高压键合可能带来的电极或半导体损伤,提高可靠性,降低工艺难度。

162 号作品　硅衬底氮化镓发光二极管材料与芯片——南昌大学

本单位在国际上率先突破了硅衬底氮化镓发光二极管外延材料生长与芯片制造技术,研制成功的硅衬底蓝光二极管光功率达到 9mW(20mA),工作电压小于 3.5V,反压大于 50V,ESD 大于 1000V,寿命超过 5 万小时。

163 号作品　硅 sub-mount 背孔铜填充型低热阻倒装结构大功率 LED——中国科学院半导体研究所

散热问题是制约功率型发光二极管发展的一个重要因素。传统正装结构中,散热路径上包括氮化镓层、蓝宝石衬底等介质,蓝宝石热导率低,是散热路径上的一个瓶颈;采用倒装结构,则散热路径上包括氮化镓层、硅支撑体等介质,硅热导率约为蓝宝石的 4 倍,相对于传统正装结构,倒装结构散热能力有所提高。为进一步减小热流路径上的热阻,提出了具有原始创新性的背孔结构,采用热导率更高的材料(如铜)部分取代硅支撑体。背孔结构 LED 研制过程中主要面临深硅刻蚀、金属填充等技术难题。目前,已经解决了金属填充致密性不够导致压焊时塌陷的问题,克服了填充金属工艺环节周期长,不利于产业化生产的难题,打破常规的电镀方法,采用新的填充工艺,初步实现具有自主知识产权的新型结构 LED,已申请国际专利(11/167242)。测试结果表明:相对一般结构,该结构热阻降低 38%。

产品创新奖

114号作品　LED101 LED标准校准源——杭州远方光电信息有限公司

LED标准校准源用于校准LED光度、色度和辐射度测试仪器，是解决LED光学特性精确测量这一世界性难题的基础。LED101 LED标准校准源采用独创专利技术，主要技术指标及关键技术均达到了国际领先水平，并已通过由著名院士为主任的专家组鉴定。它既可用于实验室测试仪器的校准，也可用于工业生产中在线测试仪器的校准。

本产品不仅攻克了LED测试用标准校准源的技术难题，而且为LED标准校准源替代传统标准光源，从而为人类光辐射测量事业在标准校准源方面带来一场深刻的技术变革奠定了基础。

115号作品　全自动LED分光分色测试设备——深圳市国冶星光电子有限公司

全自动LED分光分色测试设备填补了国内空白；打破了国外公司对此类产品的垄断。2005年6月，产品通过深圳电子产品质量检测中心检验；2005年8月，产品通过了高新技术产业协会组织的国内外专家鉴定；产品具有全部自主知识产权；产品中有2项关键技术申报了国家专利。

产品性能指标优异，解决了LED生产中后测试检验分类的瓶颈，开辟了国产化此类产品的先河。产品具有广阔的市场前景和可观的经济效益。

116号作品　超高功率全彩多功能LED莲花灯——新光照明(集团)有限公司

超高功率全彩多功能LED莲花灯(NeoBulb™ Combo系列)Lotus Pro系一款融合现代光电科技和传统中国文化内涵的高新科技固态照明(Solid State Lighting)产品，在其独特兼顾功能与美观设计及高雅的造型下，内置了9只(3×3)三基色(RGB)超高功率点光源发光引擎(NeoPac® Light Engine)。以RGB混成白光作为一般照明时，每只功率可达6瓦(LED的结点温度控制在55℃以下)，总功率达到54W，光通量超过1250 lm，从而使莲花灯全色系发光特性适用于照明、景观及多种特定功能的运用。RGB三基色点光源发光引擎，采用专利的LED封装技术，搭配专利的热导管高效散热模组，不仅能将热阻(Rja)降至4.38℃/W，同时更将结点温度控制在55℃以下(环境温度25℃)，确保了LED的使用寿限及各项发光特性。

超高功率单色光多功能莲花灯(NeoBulb™ Combo系列)Lotus采用与全彩多功能莲花灯完全相同的造型及9只内置的超高功率点光源发光引擎，以白光作为一般照明时(每只功率达8瓦(LED的结点温度控制在60℃)，使总功率达到72W，光通量超过2400lm。当结点温度被有效的控制在60℃以下(环境温度25℃)时，LED的使用寿限及各项发光特性将因此具体且有效的得到保证。

121号作品　LED庭院灯-二维光源——南京汉德森科技股份有限公司

草，是自然界最普通的存在，可以说有生命的地方就会有绿色的小草，平凡而具有顽强的生命力。我们的设计灵感就来源于草的形态，结合节能环保的LED绿色照明技术，采用简洁优雅的仿生结构造型，融汇观赏性与功能性照明于一体，同时加以智能的动态感应照明技术，使灯具能随人位置的移动而产生相应的亮度和色彩变化。

仿生的造型，节能环保的LED技术，加上智能的照明控制，这就是我们在设计中所一直倡导的自然生态的照明概念。

我们设计的主题就是自然生态，强调灯具与环境的协调融合，倡导灯具在满足功能性照明的同时，能够融入环境，融入自然。我们力求跳开传统灯具的造型模式，在设计中采用全新的照明概念和光源技术，充分利用LED二维光源体积轻薄精巧的特点，使光源巧妙地隐藏在结构中，完全摆脱传统灯具大而笨重的概念。

同时我们在设计中也重点突出融入自然的理念，在造型结构上采用仿生的自然形态，精致高挑的灯杆与修长舒展的叶片形成了完美的搭配，优雅舒展的造型与环境中的草木形成了有趣的对比，灯具从此不再是突兀的孤立，而是彻底的融入了自然。

在达到常规照明的同时，我们利用LED便于程控的优点，结合完善的照明控制系统，通过全方位的感应探头，让灯具随着人的位置变化产生色彩和明暗的变换，灯具不再是静止的存在，而是有感知的生命的存在。

140号作品　主动式动态LED背光模块在大尺寸液晶电视的应用——香港应用科技研究院

LED背光模块的开发是一项高度整合性的项目，不仅需要高质量、高效率LED外延、芯片及封装技术配合，同时也需要整合控制芯片、液晶平板显示(TFT-LCD)及液晶电视相关技术。香港应用科技研究院与TCL，华刚国际有限公司共同合作开发主动式动态LED背光模块在大尺吋液晶电视的应用。本产品设计具有下列几点特色：

(A). 低LED成本及符合中国LED产业现况

(B). 超薄型化 LED 背光模块

(C). LED 背光模块优化光学设计

(D). 主动式动态 LED 背光模块驱动模式，提高影像质量

本产品设计整合转换 LCD TV 影像讯号及彩电电路设计，开发主动动态 LED 光源模块最优化驱动，一方面达到功耗最小化的目标(可有效降低 30～50%以上操作功耗)，降低 LED 热源的产生，展现最佳的节能效果，使的整体 LED 背光模块操作功耗小于传统 CCFL 背光模块的操作功耗，符合环保节能潮流。由于有效降低 LED 操作功耗使得 LED 背光模组本身的热量降至最低，因此本产品设计不需要额外的风扇及特殊散热结构(如散热鳍片)；同时借由动态范围及脉冲式驱动电路设计，可进一步提升影像画面质量，消除普通液晶显示在显示快速移动物体时出现的拖尾现象，同时更重要的将可提生影像画面对比度(contrast)达 10000：1 以上，充分展现高质量 LCD 彩电的优势。

本产品设计已经有多项技术创新特点申请专利中，相信对中国 LED 背光模块产业，液晶面板产业及液晶彩电产业有正面积极作用，摆脱国外专利权困扰，达到知识产权自主的初步目标，并以高质量产品竞逐于全球市场。

工程应用奖

136号作品　盾牌LED景观照明灯——上海蓝宝光电材料有限公司

本产品为配合上海市府重点工程——临港新城东及东海大桥的建设而设计制作，主要应用于东海大桥桥身两侧的景观照明。在设计上根据临港新城景观的整体布局，与东海大桥一侧的滴水湖相呼应，LED灯具外形采用盾牌形，酷似滴水状，使得景区更为和谐；根据防撞警示需要，由上海蓝宝光电专门设计制备了低电流工作、散热佳、寿命长的LED蓝光管芯，进行专业集成、配光设计，确保人眼在2公里以外可视；针对海域特殊环境要求，在防潮、防盐雾等方面精心设计，耐受各种恶劣环境的影响。本产品现已应用于东海大桥景观照明，把大桥装点得更加雄伟壮观，夜间的东海大桥宛如一条海面上腾空的蓝色蛟龙，起到了良好的示范应用效果。本产品是一种实用型LED景观照明灯具，优点是亮度高、寿命长、散热快、节能环保、安装方便、成本较低、适用性强，可广泛用于城市亮化(如绿地、广场、工厂、学校等等)和特殊环境(如临海公路、海滩、海上桥梁、岛屿)。

138号作品　新春送福LED灯光雕塑——河北立德电子有限公司

“福”为人类追求之目标，也是春节人们传统的祝愿，灯光雕塑采用中国传统的喜庆灯笼作为主要建筑元素，以恢弘大气的手法和简洁明快、主题突出的图案，展示了一个红红火火、蓬勃发展的城市应用主题。

灯光雕塑采用了9999个灯笼组成了长74米高12米的阵列，并以红底黄字的手法凸显雕塑的主题和祝福语。整个构图浓烈的烘托了吉祥喜庆的节日气氛，以一个传统的大数，体现设计者建设者对全市人民生活美满、富足的祝愿。

雕塑底座采用彩色喷绘形成了“福”、“禄”、“寿”、“禧”、“财”的表现区，有效的衬托“新春送福”的主题。并且通过各表现区的灯光控制，使游客可以逐次地通过五个门。增加了观众参与的乐趣，也希望所有观众把五福带给新的一年。

雕塑主体灯光，全部采用LED光源，并通过计算机软件控制产生丰富的图案和色彩变化，达到热烈、喜庆的效果。

“新春送福”灯光雕塑整体以高科技的手段表现传统的主题，充分体现了城市人民坚持中华民族优秀传统，坚持技术的创新，让新技术成果为社会经济的发展，为全市人民更加美好的未来而服务。

145号作品　厦门海峡明珠——北京光泉科技有限公司

海峡明珠位于厦门人民大会堂广场左侧，全部采用大功率LED光源制作。整座雕塑高度为8米；明珠直径2米，通过智能数码控制，产生缓慢七彩渐变.底部安装大功率LED射灯(含水池灯)，与明珠同步变色，上下呼应；四十八只腾飞的多色彩抽象型白鹭寓意万众一心；水池直径8米，外贴墨绿色花岗石板，分三级流水，设25根弧型水柱射向白鹭；创意主题：厦门是海峡西岸经济区的一颗晶莹璀璨的明珠，白鹭象征海峡两岸万众一心共腾飞、光芒四射。

148号作品　大连广播电视塔亮化工程——大连路明光电科技有限公司

大连电视塔位于西岗区繁华地带——劳动公园的旁边，它是世界上首次采用空间桁架结构的钢塔。它屹立在大连的最高点，也是观赏大连全景的最佳去处，每年到电视塔观光的游客络绎不绝，它独特的造型与劳动公园融为一体，形成一道别致的风景线。大连电视塔亮化系统是在此基础上诞生的。

我公司经过对大连电视观光塔的外景观察及实地测量，根据目前我公司的LED半导体照明及亮化产品实际功能，并结合国际最好的泛光照明产品，精心地设计出亮化工程后的塔体景观效果图及整套实施方案。

大连电视塔亮化显示系统，采用国内最先进亮化技术，以及获得国家专利的高新技术，可以实现环绕塔身显示文字信息、图形、动画的公众信息显示系统。它由泛光照明产品及数控LED半导体照明产品组成。

电视塔体亮化的组成部分——LED条型灯，可以显示单一的颜色及多种颜色之间变化。如：红、黄、绿、蓝、白、由下往上显示、显示图形的堆叠等；显示条型灯之间的连接节点，设有球型灯，可以组成一个灿烂绚丽多彩星空。整体效果必将成为大连市最为瞩目的一大景观。

此亮化显示系统建成后，可创国内电视塔之最。也是耸立在大连一面亮化之精品的旗帜。

149号作品　上海市花旗集团大厦LED彩显幕墙系统工程—深圳沃科半导体照明有限公司

上海市花旗集团大厦LED彩显幕墙系统工程总面积为6030平方米，是世界上最大的LED全彩显示系统，适用于各类宣传、广告、信息的显示，并可与网络联结，实时显示各种信息。

入围奖

101 号作品　$YAG:Ce^{3+}$ 白光荧光粉的合成——厦门科明达科技有限公司

我公司从解剖 Nichia、Osram、Philips、GE、Toyata Gosei、Lumileds 等外国专利和北大、中大、中国海事学院、中科院、北京有色金属总院等中国专利入手，根据自己 22 年从事稀土、荧光粉开发的实践，改变日亚的化学组成、配方，掺入高效发光中心的成分，从组成上规避专利，又用从工艺上改变传统的固相化学法用均相共沉淀和液相溶胶凝胶法，合成免球磨似球形的荧光粉晶体，从晶体结构. 化学组成上区别于日亚化学的无定形粉末，实现了发光亮度高，晶体粒度一致性好，光衰减小，稳定性好的高光转换效率的新型荧光粉的三大创新。

在芯片发光强度高的蓝光激发下，该荧光粉发光效率达到 60 lm/W。$YAG:Ce^{3+}$ 荧光粉的一次特性，经国家荧光粉协作网网长单位、国家荧光粉检测中心、复旦大学化学系检测，以日本根本化学荧光粉为 100%，本公司荧光粉相对发光亮度为 131%。$YAG:Ce^{3+}$ 荧光粉的二次特性，经惠州华刚光电生产使用达到 $33000mcd/m^2$，比英国、日本荧光粉好 20% 以上。经山东潍坊电器生产使用达到 60 lm/W。经深圳量子光电测定 3000 小时光衰减为 10%。经上海大晨光电使用，发光亮度比进口弘大荧光粉好 20%。经杭州中宙光电使用比进口荧光粉好 20%以上。

104 号作品　新型 LED 驱动模块——重庆卓为电子技术有限公司

依据发明专利：LED 驱动电路与控制方法，自主设计生产了一种新型的、高转换效率的控制 IC 芯片，并用此芯片开发了可以在市电条件下直接使用的 LED 专用系列驱动模块，其技术特色是：

(1)电路结构简单，制造成本低廉；可以直接适用于 70Vac～300Vac 的交流电；

(2)可提供恒定的脉冲电流，其电流脉冲的频率及占空比可以调整；驱动能力最高可以达到 50W；

(3)体积小，功率因素高，转换效率高。采用获得发明专利的全新工作模式，具有超过 0. 90 的功率因素，在 70Vac～300Vac 全工作范围转换效率大于 90%，大规模使用时不会对电网产生干扰；

(4)本发明专利提供的恒定电流充分可控，可以根据 LED 的性能调节最大的电流使 LED 的发光量增加；采用脉冲供电，LED 处于间歇工作的状态，在保证 LED 最高发光效率的同时达到 LED 的最长使用寿命；

(5)具有明显的价格优势：在模块外围元器件相当的情况下，自己设计制造的核心控制芯片其价格只有国外进口芯片的七分之一。

107 号作品　金属外壳封装 LED 光源系列产品——佛山市国星光电科技有限公司

基于实用新型专利《一种广告招牌用 LED 光源模块》，采用金属外壳保证 LED 散热可靠，采用环氧灌封保证光源整体的防水性能，两者结合能有效解决 LED 光源在户外长期使用的可靠性问题。依据使用场合的不同，设计成不同的规格，使之系列化，便形成了金属外壳封装 LED 光源系列产品，目前有 ZLS-PMBC、ZLS-PMB、ZLS-PCBC、ZLS-PCB、LS-PCBC、PL1-PMBC、PL-PMBC、LS-1000、LS-2000、LS-3000 等 10 个系列，上百个品种。

108 号作品　1W 高亮度功率型白光 LED——深圳市量子光电子有限公司

高亮度功率型白光 LED，型号：QT-SLW863XB，额定输入电流 350mA(Pd=1W)。

(1) 选用具有优异导热和出光性能的上下电极、半导体/金属结构芯片；

(2)铜材散热基座，采用共晶技术固晶，热阻小，很好地解决了功率型 LED 的散热问题；

(3) 外加齐纳二极管，LED 抗静电能力高；

(4)图形化荧光粉涂敷技术，具有良好的光斑、色温的空间分布；

(5) 采用高透光率、高折射率的柔性硅胶灌封；

(6)正向压降 VF 低，典型值在 3. 2V，350mA 的输入功耗比一般 LED 低，发光效率更高；

(7)平均光通量 65lm，最高光通量可达 75lm，平均光功率 60mW(CCT：6000～7000W)；

(8)采用专业的透镜设计，具有良好的、适用性强的配光曲线，对照明的二次光学设计具有更强的通用性；

(9)可耐高温达 260℃回流焊；

(10)广泛应用于矿光、路灯、射灯、台灯、信号灯等照明产品。

110 号作品　调节植物生长用半导体照射光源装置——重庆大学化学化工学院

本创新作品是一种调节植物生长用半导体照射光源装置。它由灯罩、电路板、散热板、光源控制器、封装高功率 LED 灯以及升降器连接头组成。它的使用寿命长，可达 10 万小时左右；其体积小，能耗低，发光效率较高；而且它的防潮性好,能克服植物培育大棚内的高湿度所带来的安全隐患;通过对光源的控制,可以针对不同植物的需要施以不同波长的光;升降器用于调节照射装置与植物间的距离,使其更有效地对植物进行光照调节作业。实验证明,它可广泛应用于长日性植物、短日性植物、中日性植物或长日照及短日照植物的大棚室内光照调节。在未来的反季节蔬菜、花卉大棚种植中,本照射装置都是替代传统照射光源的理想产品,具有现实和潜在的市场前景。

111号作品　沐浴光雨——河北立德电子有限公司

将高亮度LED集成于淋浴花洒及按摩浴缸的出水口处作为光源,在水流方向上放置微型水流发电机作为供电系统。当水柱流过发电机时产生脉动直流电,通过电线传送至LED,LED发光,经过光学设计,使水流出时呈现光柱的效果。

LED的颜色选用蓝色或绿色,使沐浴者仿佛置身于大海中,达到"湛湛玉泉色,悠悠浮云身,闲心对定水,清静两无尘"的美妙境界。

122号作品　新型太阳能无眩光LED面光源草坪灯——杭州中宙光电有限公司

本公司经过大量的实验,按照LED的特点及基本的光学原理,并在最大限度的利用其发光强度的基础上,研发制成了一种实施方便、高照度LED面光源发光体,解决了LED作为发光体所产生的直接眩光与间接眩光,并成功的将其应用在照明应用产品中。

产品特点:

(1)均匀柔和的光照,无眩光等光污染。

(2)将取之不尽,用之不竭,无任何污染的太阳能由太阳电池转换为电能,一次充电可连续照明8小时。与一般的户外灯相比,免去了外接导线和安装的麻烦,无需花销电费。

(3)该产品采用全天候防护材料制作,易于安装。

(4)采用高效率,寿命长的LED发光器,即使连续点亮10000小时光衰也很小。

(5)自动光控制:天黑时灯自动启亮,天亮时则自动关闭。

(6)优良的控制系统,具有光控、和防止蓄电池过放的功能,延长使用寿命。

(7)装有充电插座,以备急需。

(8)外形新颖,适用于花园、草坪、庭院、阳台等照明。

126号作品　LED运动多媒体眼镜——璨圆光电股份有限公司

随著戶外休闲风气的方兴未艾,许多高科技电子产品被重新定位,诞生许多既耐用又精致的产品,本设计以未来感的大胆假设,创造新的可能性;除了应用无線通讯技术,镜框上的LED灯更如同镶嵌的宝石一般的耀眼,结合音乐、时尚与机能的多媒体运动眼镜,为喜好戶外冒险的现代人,无论日与夜、在各种的环境之下都能尽情享受活动的乐趣。

128号作品　LED警示发光雨伞——江苏奥雷光电有限公司

作品在传统雨伞使用功能的基础上,增加了对外界警示及辅助照明的功能。本产品在伞的结构中设置了安全低压的电路系统,并在伞的顶端、伞骨架末端都安装了可以频闪的LED发光二极管颗粒,伞的手柄同时安装了起辅助照明功能的大功率LED二极管。伞柄同时装有多功能的控制器。

129号作品　多功能LED充电特种灯——环维(厦门)照明有限公司

多功能LED充电特种灯集射灯、主灯和警示闪烁三种功能合为一体,发光体采用高效节能白光LED阵列布局,发光均匀光效高;独特LED警示闪烁效果,具有户外遇险警示、求救功能。各功能独立控制,内置小体积、大容量、高性能可充电电池组,外置宽压智能充电器。

符合人体工程学人性化的设计,灯具采用黑色流线型外观设计,圆弧形长手柄防滑设计,手感好。高性能优质PC管,具有高透光性、坚固耐冲击、耐腐蚀,全向可旋转挂钩设计,可满足不同使用场合的不同移动照明要求。防爆结构设计可在易燃、易爆和安全等级要求高以及恶劣环境下可靠工作。

优化发光驱动电路,有效减少电路对电能无功损耗,提高灯具持续工作时间,一次充电可使手灯连续工作大于7小时。

具有使用寿命长、经济节能绿色环保、安全等特点,良好的实用性。可广泛应用在移动照明和应急照明救护,也可应用在专业维修场所。是汽车、轮船、飞机、商场、医疗、野外宿营探险的最佳伴侣。

130号作品　消防逃生半导体指示灯——慈溪市英奇集成电器有限公司

消防逃生半导体指示灯应用于宾馆、商场、餐厅、影剧院等人员密集的公共场所。当火灾发生时,空气中烟雾达到一定浓度后,电路主动切断充电回路电源,报警器自动开启,提醒室内的人员及早注意逃生,同时LED灯与镭射逃生指示标记自动点亮,起照明和逃生引路作用。尤其是在烟雾弥漫的环境中,会有一条明晰的射线指向安全门框上沿方向,同时有明显的逃生出口标记,从而保障人员安全快速地疏散。照明使用LED,亮度高,照亮时间比目前市场上用的其他灯泡的应急灯长3倍。

133号作品　超高亮度LED白光射灯和路灯——珠海博瑞莱光电科技有限公司

高亮度LED白光射灯(可替代250W高压钠灯),或路灯,具有节能、环保、抗震性高、显色性高、寿命长、维修方便等特点。应用情况证明该产品实际功率为 36W，相当于传统 250W 高压钠灯的照度；在环境温度 28℃，连续点亮 12 小时，产品温度稳定在 43℃。

134 号作品 LED 高效固体光源铁路道口信号灯——上海南北机械电气工程有限公司

LED 高效固体光源铁路道口信号灯是我司运用自主研发的专利技术对美国 RAILROAD SIGNAL INTL. 公司的原产品的光源部分(也是 LED 光源)重新设计而成。原灯光源由 255 个 Φ5 高亮度红光 LED 组阵而成，新灯只使用了相同的 92 个 LED，不仅达到了原灯的技术要求，而且由于减少使用 74%的 LED 单元，一、降低了生产成本，二、降低了使用能耗，经济效益与社会效益明显突出。

137 号作品 北洋明珠 LED 射灯系列产品——天津市天大建学科技开发有限公司

本系列产品主要用于景观照明，其特点：(1)体积小，条形的断面尺寸 12mm×23mm 点状的尺寸 30mm×40mm 因此便于隐蔽，不影响白天观瞻；(2)重量轻，条形的每米 200g，点状的每个 20g，因此便于固定可以就近照射减少光的损失；(3)功率低，所用的 LED 都是小功率的条型灯每米 4.5W 左右，点状的可做到一百个才几瓦，在设计应用时对电耗不但可以斤斤计较而且可以做到两两计较；(4)配光合理，根据灯具的应用情况选择 LED 的配光，有窄光束、宽光束、椭圆光斑及蝙蝠翼式，使光能合理的铺洒在被照物上而不产生光污染同时节能效果非常明显，有实例在类似的效果下耗电量是 T5 日光灯的 1/6。(5)耐水耐震，LED 及其线路全部用树脂封装，可延长使用寿命；(6)使用灵活艺术效果好，一方面可以将被照物照亮，把被照物的立体感、层次感表现出来，也可以照射物体的背景得出物体的剪影效果；可以在住区楼牌边上以微量的能耗照亮楼牌，也可以与建筑或道牙结合照射不太宽的路面，这可以加强路边的识别，对林荫道来说还可以避开树木对光的遮挡；也可以将灯用弹性材料(如防水胶布)绑在树上照射树，长条型灯放入半透明管就成为亮管，短条型灯放入灯笼内可作灯笼的光源。点式小射灯可前后发光，放在古建瓦钉的位置上照射屋面不但使屋面及小兽照亮而且使屋顶的边沿都有亮点，根据亮度的要求射灯内可放置不同数量的 LED；(7)电源适应性强根据需要可做成直接接 220V 或 36V、24V、12V 交流或直流，当用量多时电路为阻性，不干绕电网，所有电路都在小体积的灯内；(8)施工方便灯具轻巧，施工时又无需安装镇流器等设备，直接与相应电源相接即可。

141 号作品 大尺寸液晶显示器半导体发光背光源——深圳帝光电子有限公司

大尺寸液晶显示器半导体发光背光源是指 17”以上用于液晶电视的背光源，帝光公司自主研发的这种 LED 背光源较之 CCFL 背光源色保护度提高 30%-40%，达到 125%透过 TFT-LCD 后为 105%，寿命增加一倍以上，达到 10 万小时，而且它是环保产品，该产品的性价比被业内同行称为世界之首，以 32”为例，它的售价仅为 200 美元/台，动态功耗低，60-120W，而其他国家，如国外同规格产品目前单价为 500 美元/台以上，功耗为 180W 以上(在亮度相同的情况下)。帝光的参赛作品为 32”、42”的 LED 背光源，外形美观、性能优良。

帝光自主研发大尺寸(17”—46”)LED 背光源从 Q3 开始小批量生产，再逐步扩大生产能力，至今年底，总产量可达到 30 万片以上，产值达到 5 亿元以上，利税达 1 亿元以上，出口创汇达 4000 万美元以上。

142 号作品 光之精灵——袁宗南照明设计事务所

每一个空间都有其独一无二的场所精神，但放眼观察，许多不同性质的空间，配置卻是相同的灯具；因为设计师的创意被有限的灯具形式所制约，这是相当可惜的现象，本产品的设计概念即著眼于此，应用 LED 多彩的特性，以透明压克力柱作为光的增幅器，加以应用压克力之 3D 内雕刻技术，使灯具内部能有各种不同的三维图形，设计从此跳脱放诸四海皆准的窠臼，创意得以恣意驰骋，体现每个空间的场所精神。甚者，将透明压克力替換成琉璃、水晶玻璃等都能有完全不同的效果，达成 LED 与创意的完美结合。

143 号作品 LED 全彩智能泛光灯在岩洞中的应用——重庆大雁半导体有限责任公司

一直以来芦笛岩所使用的都是传统光源，大体上所采用的是日光灯等光源为主。我们提供了一个全新的灯具设计方向——RAINBOW 系统。

RAINBOW 是以 LED 为发光源，采用微芯片(嵌入式单片机)或微机系统控制的数字化串联型发光显示、照明系统。

在岩洞和景观等应用中用 LED—绿色照明的主角来实现对宝贵自然遗产的保护。

144 号作品 “生命之光”LED 室内照明系统—— 北京见阁灯光设计有限公司、北京索莱特电子有限公司

“生命之光”LED 室内照明系统是通过受同步控制多种 LED 室内照明设备的光度与色度，来模拟自然光环境下色温变化，来满足人体生物钟的需要，消除“生物黑暗”现象的存在。“生命之光”LED 室内照明系统，不但能创造一个满足人们对于生理心理健康需求，同进又有利于提高人们工作、学习效率和提高生活质量和一个安全、舒适的光环境。

151 号作品 三角梅——厦门华联电子有限公司

目前国内外在 RGB LED 的使用上，主要还是使用分立式 R、G、B LED 或小功率 Lamp 或 SMD RGB LED，而对于将 W 级以上 R、G、B 芯片封装于一体的 RGB LED 产品，目前国内外比较少见。我们公司通过对市场的调研，结合自己照明工程上的应用，开发研制了 3W RGB LED

产品，它在艺术照明应用上可更好的将光源与景观融于一体，更好地表现LED本身的特点。

3W RGB LED具有LED本身高效率、长寿命、驱动简单和绿色环保的特点，同时，它体积小，结构紧凑，更易于实现自然环境和照明光源的一体性。更重要的是，它可通过驱动电路的控制，在色彩上实现可见光范围内的各个波段，可构成动态景观和静态景观的变化，具有较强的艺术效果，体现景观照明风格，可为观赏者提供舒适的视觉条件，满足观赏者的视觉要求、审美要求和心理需求。

152号作品　LED隧道照明灯——广州中龙交通科技有限公司

本产品采用模块化设计思想，着重解决了LED照明应用所需解决了散热问题、驱动电源以及光效利用三个主要问题。经过一年多时间的产品研发与实验检测，取得了大量阶段性成果，并作为高新技术项目在贵州省经贸委成功立项。目前，该产品已经投入产品试产并即将进入到高速公路隧道实体实验阶段。

154号作品　智能LED路灯——深圳市世峰科技有限公司

我公司研发生产的智能型SFL系列路灯采用第四代光源(LED)作为发光主体，具有发光效率高、耗电量少、使用寿命长、安全可靠，光源出光率强，有利于环保等特性。应用于城市主干道(Main road)城市次干道(Street)工业园区道路、城乡道路等领域。

智能型SFL路灯充分考虑了城市道路照明的实际状况，采用单片机控制技术对路灯照度进行动态智能化管理，实现路灯人性化。由于LED路灯具有其他路灯所没有的瞬态响应极快的特性，电路上极易实现使用KHZ级的脉宽调制(PWM)方式对LED路灯的亮灭进行占空比调节，(例如1ms内，0.5ms亮0.5ms灭此时其亮度为全，时的50%)即调节了整体灯具亮度。工作于如此高的频率下不会存在频闪现象。通过对灯具设定，可在繁忙的时段使路灯保持较强的照度，在后半夜车稀人少时开始自动调光，使路灯保持较低照度的照明。还可通过内在编程器根据不同城市繁华度、照明实况、车流量情况人为强制性设定照度等级、设定强弱照度时间长度比控制，以后路灯便可按照新设定周期性地执行的程序。即实现了地方道路照明个性化。

以上智能控制的主要优点是大幅降低了耗电，节约耗电达40%以上，避免了隔盏关灯的隐患。对于推广高效、节能智能照明器具，配合照明实际情况有效进行光能利用，节约照明用电具有极其深远的意义。

159号作品　路况提示LED光电地图——重庆大学

随着城市化规模的进一步扩大及汽车数量的飙升，各大城市的交通拥堵状况越来越严重。因此设计了一种能够充分利用城市交通资源、便于城市交通统一调度，能在很大程度上缓解目前各大城市巨大交通压力的路况提示LED光电地图。

该光电地图是一种通告交通路况的户外全景LED光电地图系统，该系统包括交通控制中心、控制及发射电路、控制信号接收及译码电路及与控制电路相连的光电地图。将LED点光源铺设在城市地图的主干道上，利用LED光源颜色的变化，表示光源所在处的交通状况信息。光源的实时变色通过交通控制中心。控制及发射电路、控制信号接收及译码电路等功能模块统一协调实现。

本地图安装在城市的各主要路口，交通指挥中心通过移动网络，将交通智能监测系统检测到的城市主干道路况信息发送给LED光电地图，系统内的GSM/GPRS接收模块接收到信息后，通过控制电路使相应的LED灯带颜色发生变化，从而向过往司机提供实时前方主要路段的路况信息，以便司机选择最佳路径到达目的地。LED灯带显绿色表示道路畅通，显黄色表示道路拥挤，显红色表示道路堵塞。

该LED光电地图功能强大、造价低廉，充分利用了LED光源节能、绿色环保、使用寿命长、结构牢固、色彩艳丽、低压安全易维护等优点，具有广阔的应用前景和极大的应用价值，尤其适合于2008年北京奥运会期间缓解北京交通压力使用。

该产品已申请国家专利，并在重庆市首届LED产品创新大赛中获得一等奖。目前正处于产品化阶段。

160号作品　MIST多媒体资讯系统-元创间有限公司

MIST™多媒体资讯系统是设计师特意使用先进科技和高亮度LED为优化交通灯功能而设计的。

MIST™多媒体资讯系统是结集美学与多项实际用途于一身的先进传讯系统。此系统能按各地需要而设定不同的交通讯号；当中的全彩显示屏幕亦能同时播放其他实时或预设的影音资讯，为道路使用者带来莫大的裨益。不论是直立于一般马路旁、横置于高速公路上、装设于生活园区或各式展馆中，它简约的设计線条使之跟所在环境更易配合，加上本身全彩显示屏幕的讯息传播功能，突显其美学与实用结合的优势。设于MIST™多媒体资讯系统的全彩资讯显示屏幕，亦可作为音视频广告版面，透过各项广告功能，增加地方商务交易及税赋收入。

参赛的MIST™多媒体资讯系统为方柱体(另可做成三角或圆柱状)，按需要直立或横置使用。主要的交通灯号位置及全彩资讯显示屏幕使用高亮度LED(合乎EN12368:2000标准)，透过特别设计的推动程式控制；交通灯号及屏幕位置亦可按不同需要作改变。

作为交通灯的LED部分分别利用LED色点排列倒数及色块闪烁的方式提示驾驶者和过路人士实时的交通情况，同时，亦可发出音响效果对失明人士提出过路指示。此外，全彩资讯显示屏幕亦可为相关的政府部门发放实时交通资讯及其他重要讯息，对于突发事件的处理尤为重要。

161号作品　非晶硅光伏电池幕墙与LED照明-深圳

市拓日电子科技有限公司

在全国大力推广应用可再生能源的大背景下，我国人大也通过了“中华人民共和国可再生能源法”，提出“国家将可再生能源的开发利用列为能源发展的优先领域”。其中，开发利用太阳能发电是其重要的内容。太阳能电池与LED照明相结合，是世界潮流，而非晶硅光伏电池幕墙则是玻璃幕墙的发展趋势，因此，将非晶硅光伏电池幕墙与LED照明结合起来，可以达到节能与发电并行的目的。

167号作品　氮化镓基倒装大功率发光二极管——中国科学院半导体研究所

传统正装结构LED中，光线通过半透明电极从出射，随着功率、工作电流以及芯片尺寸的增大，该结构存在以下几个主要问题：

薄透明电极不易于电流扩展，降低器件的出光效率和可靠性；

GaN折射率($n=2.4$)与封装材料折射率(硅胶1.46)相差较大，全反射临界角较小，提取效率较低；

透明电极、压焊点及焊线对光线的吸收和阻挡，降低出光效率；

蓝宝石衬底热导率较低，仅为35W/(mK)，不易于散热。

采用倒装结构(Flip-Chip)设计功率型LED中，光线从透明蓝宝石衬底出射，LED芯片通过硅支撑体与热沉相连，很大程度上解决了传统正装结构LED面临的上述问题，有效的改善了功率型LED的电学、光学及热学性能。倒装结构LED研制包括芯片设计和硅支撑体设计两部分：LED芯片设计中考虑电流扩展、串联电阻、提取效率及有效发光面积等因素提出改进的四单胞并联叉指结构；硅支撑体设计中要求减少表面吸收、减小连线电阻、保证无漏电、提高散热能力。倒装结构LED研制过程中，通过优化ICP干法刻蚀、P/N电极体系、硅支撑体制备、减薄、划片及倒装焊技术等关键工艺环节，实现光电性能优良、高可靠性器件。

研制的蓝光大功率LED，在350mA工作电流下，工作电压小于3.5V，最低达到3.0V；发光功率最高达到189mW。封装成白光LED，350mA工作电流下，输出光通量最高达到54lm，发光效率达到47lm/W。连续12批次(每批6片)流片，平均良品率大于80%。

纪念奖

103号作品　LED射灯模块——深圳市明连兴光电科技有限公司

我公司设计的LED射灯模块，亮度高、寿命长、具有组装自如、方便适用的特点。目前单个模块的功耗约为10W，光通量可以超过1200lm(依据计算，未经严格检测)。该系列模块外形标准化，组装方便，更换容易；模块光源有各种颜色、各种射角，既有被动式，也有嵌入程控式，既有单色光，也有彩幻式多色光，需要时还可以增加无线/有线通讯接口便于实现遥控和数据传输，为大规模景观照明工程应用奠定基础。

基于LED射灯模块的路灯、广场灯、广告灯是最主要的应用场合。特别是路灯应用，公司的U型LED路灯发明专利，提供了一条最有效利用LED指向性的实用道路，将来不但照明节电，而且对于道路使用者提供视觉亲善的特性：既明亮又不刺眼。

道路照明用电是个天文数字，大城市照明用电在数亿人民币/年的规模。如不解决光源高功耗低照度问题，如找不到更好的光源产品及相配套解决方案和技术支持，道路照明节电将只能停留在计划里难以实现。采用LED射灯模块+太阳能/风能发电装置，将从根本上解决道路/广场照明的用电、架设等问题。由于无需市电网供电，也就从根本上改变路灯建设方案：无需地上地下电缆铺设，节省大量电缆材料和铺设施工费用，更无需定期更换线缆费用，只需对长寿命LED模块光源、蓄电池等设备进行常规维护，费用将成若干数量级的下降，利国利民。

105号作品　enLux LED 1K光模组——航能美(上海)光电有限公司

enLux 1K光模组 Enertron/enLux Lighting研发的世界上第一个白光总出光量达到1000流明以上的LED光模组，enLux 1K光模组是那些有意愿进入LED照明领域，但缺乏对LED技术、设计、和生产资源能有效掌握的灯具制造商的最理想的选择。enLux 1K光模组可为各灯具制造商量身订制，灯具制造商可将该模组设计到该公司的灯具中，在外壳贴上该公司的品牌及"Lighted by Enertron"的标签，既可上市销售。

enLux 1K光模组是一种崭新、节能、耐久的光源，使LED提升到照明应用。该光模组除了具有优良的光学设计，其热传设计也是超人一等，同时还结合了高效率的电源供应器，使enLux 1K光模组能提供长时间稳定的照明(使用寿命为5万小时)。enLux 1K光模组实为灯具制造商进入LED照明的最快捷的方式。

106号作品　大功率三基色集成LED光源——河北立德电子有限公司

利用全金属管壳，采用Al_2O_3和AlN作为芯片载体，将三种颜色多芯片集成在一个光源内(10mm×10mm内可集成30颗以上芯片)，同色芯片采用串并联的方式，工作电压可根据具体要求为12V或24V，单只光源功率1W-12W，有效地解决了LED多色光混合问题及低压大电流不易实现单点单控等问题。通过良好的热设计，使热有效的传导至散热器上。同时，有效地匹配了热膨胀系数，使其在$-40\sim+100$℃十个温循零失效。

109号作品　光子晶体发光二极体——香港应用科技研究院

结构：在氮化镓蓝光发光二极体的蓝宝石上附加一组光子晶体介电层；亮度 ：轴向光强度可增加90% 以上。

光子晶体发光二极体在裸晶阶段(即封装前)可以大幅增加轴向光强度，也就是高指向性光学特性增益．这种技术，可以将封装阶，针对此功能增益，要投注的加工，转移至发光二极体在裸晶制造阶段，而裸晶制造阶段所增加的成本小于3%．基于此优越的光学特性，以及节约耗能，制造成本 ，应用于交通号志，汽车头灯，汽车第三煞车灯，投射灯等 ，是很适当的选择。

112号作品　LED户外幕墙灯——上海隆光蜃景光电科技有限公司

蜃景牌－LED户外幕墙灯屏由显示单元(幕墙灯)和智能控制系统两大部分组成。

1.本产品采用高亮度三基色LED为光源，压铸铝合金底座，配备进口(拜耳)pc外罩和硅胶密封圈，防潮防水、耐高温、抗冲击、抗紫外线辐射－不易老化、无污染；2.本产品色彩有单色：红、黄、兰、绿、白，七彩渐跳变、扫描、追逐、拉幕、叠方块等多种变化效果；3.由于本产品采用独特的单像素直接驱动(自主知识产权)方式，无需外接分控器，直接将像素灯串接，配合我司自行研发的数码智能控制器(自主知识产权)，通过控制器读取预存在CF卡中的图文信息，并将信息数据转换格式后自动分配到每个显示单元(幕墙灯)，实现异步脱机图文显示，可播放文字、动画(flash)、视频图像等各种节目；4.色彩丰富，可实现256×256×256级灰度调节(真彩效果)的全彩影像；5.失真度小，可针对各种非矩阵异形屏实现不变形显示，也可针对大厦外墙的实际结构情况，实现隔行、隔列、异形等的图文信息显示；6.内置CF存储卡，节目更换方便，可以随时改变节目内容。

由于布线简洁方便，不影响大厦外墙景观，绿色环保、节能省电、使用寿命长，广泛应用于大厦外墙、建筑物轮廓、围墙等城市景观照明。

113号作品 户外图文幕墙灯——上海隆光蜃景光电科技有限公司

蜃景牌一舞台影像屏由显示屏体(由发光模块、电源和各种信号连线构成)、控制卡和总控制器组成。

(1)本产品采用自主开发的led三基色发光模块灯(规格有:圆ϕ35、ϕ42、ϕ52、方32×32、40×40)作为像素点(灯),将LED模块灯按一定的矩阵排列成显示屏,通过控制卡和数码图文控制系统将电信号转换成视频信号,经显示屏将节目播出,可以实现PC同步控制和脱机异步控制。

(2)脱机异步控制,配合我司自行研发的数码智能控制器——CF卡图文数码智能控制器,通过读取CF卡中的图文数据,并将数据转换格式后自动分配到分控器,再有分控器分配到LED影像屏的每个显示单元(发光模块),实现图文显示,可播放文字、动画(flash)、视频图像等各种节目,此技术就可以实现异步脱机控制。内置存储卡,节目更换方便,可以随时改变节目内容。

(3)影像屏还可以外接直接PC机,实现图文的实时同步控制。工作原理主要是:主控制PC机一方面负责显示内容的信息收集,并将待显示的内容按LED屏要求的特定格式和一定的播出顺序在电脑显示器上显示;另一方面交电脑显示器上显示的画面通过采集卡,向控制卡上发送,采集卡是电脑显示器用于显示卡到LED屏之间的接口卡,通过该卡,电脑显示屏上的数据,以大于60帧/秒的速率实时向大屏传送,控制卡接受到来自采集卡的信号,将接收到的信息自动分配到LED显示屏的每个显示单元(发光模块),并向显示屏提供完成显示所需要的各种信号。屏体是LED最终显示单元,它由发光模块、电源和各种信号连线而构成。

(4)本舞台影像屏色彩丰富,可实现256×256×256级灰度调节(真彩效果)的全彩影像;

(5)失真度小,可针对各种非矩阵异形屏实现不变形显示,也可针对实际情况,实现隔行、隔列、异形等的各种图文信息显示。

由于她能根据节目的节奏、旋律快慢而产生明暗及各种色彩的变化,并能演播各种动画及视频图像;专业应用于舞厅、高档DISCO酒吧、大型娱乐总会,可烘托出华丽斑斓、梦幻迷离、眩目神秘等蜃景般的背景灯光效果。

117号作品 LED投射灯——宁波富泰电器有限公司

LED投射灯设计采用8(或9)个大功率LED作为主光源,结合高效的AC/DC降压恒流控制电路,辅以二次光学元件,使光源得到更好的利用,产品设计寿命50000小时,产品外壳采用铝合金制造。

输入电压为AC110V、50/60Hz(或AC85-265V、50/60Hz)。

118号作品 LED多芯片集成光源斗胆杯灯说明书——重庆万道光电科技有限公司

产品特点:

用LED多芯片集成光源制作的一种新型、实用型斗胆杯灯。可替代当前国际、国内灯饰市场广泛使用的斗胆灯,可解决现斗胆杯存在的光效低、高温、高热、易爆、寿命不长、颜色单一问题。

外形、结构尺寸一样,直接替换使用。

采用专利技术自制的LED多芯片集成光源可实现大功率、高效率,并可解决用普通发光二极管无法解决的光源集中问题和大功率化问题。

金属斗胆杯既作光反射腔,又作散热器。由于斗胆杯表面积较大,散热条件较好,LED光源的功率可以做得较大,可满足市场对LED光源高光通量需求。

采用目前市场上流通量最大的斗胆杯灯的结构尺寸,除生产新型灯具外,还可对老的斗胆杯灯具进行更新。

LED多芯片集成光源斗胆杯灯可实现一灯多色,连续变色等多种程控功能。

采用先进的微型集成开关电源模作为LED光源的驱动器,因其具体积小、效率高、功率因数高、适应电压范围宽、恒流等优点。为产品的一体化和规模生产创造了条件,并为产品的安全、可靠、长寿命、高效、节能、宽电压范围使用提供了保障。

主要光电参数指标:

(1)光通量:280lm 7W

(2)电源效率:97% AC220V 50Hz

(3)功率因数:0.9 AC220V 50Hz

(4)电源电压:AC180V~250V

极限工作电压 AC110V~300V

(5)色温:3500K~11000K

119号作品 LED多芯片集成光源星光顶灯——重庆万道光电科技有限公司

产品特点:冷光源、高效、节能、安全、环保、高可靠、长寿命。

利用LED多芯片集成光源的平板特性,制作成一种普通光源无法实现的超薄型吸顶灯,为房屋的室内装修节约空间创造了条件。

顶灯造型多样,用多个LED多芯片集成光源组成,布局方便灵活。直观效果如多颗晶莹星星挂在上空,集照明和装饰为一体。

采用先进的微型集成开关电源模块为LED光源的驱动器,具有体积小、效率高、功率因数高,适应电压范围宽,恒流等特点,直接市电使用。

主要光电参数指标:

(1)功率:2~20W

(2)光通量:80~800lm

(3)效率:90%

(4)功率因数:0.9

(5)工作电压:AC180~250V

(6)极限工作电压:AC110~300V

(7)色温:3500K~11000K

120号作品　LED多芯片功率杯灯——重庆万道光电科技有限公司

产品特点:用LED作为光源的一种实用型、高效节能杯灯,可替代当前国际、国内灯饰市场广泛使用的2″石英玻璃杯灯,并解决石英玻璃杯灯存在的光效低,高温、高热、易爆、寿命不长、颜色单一等诸多问题,丰富了灯饰产品。

光、机、电一体化,直接替换使用。

采用专利技术自制的LED多芯片集成光源为杯灯的光源,以解决当前国际市场LED单芯片功率模块价格高所带来的灯产品价格昂贵的问题;解决用常规发光二极管组装灯产品所带来的光源面积大分散,无法集中的问题;散热不畅所带的光衰和寿命问题。

采用金属材料制成反光杯,一举多得。杯内壁表面经处理后用作光反射腔;同时又作为LED光源的散热器和光、电、控一体化的载体。光反射腔提高了产品的局部照明效果,金属的散热性能提高了产品的可靠性和寿命。

采用先进的微型集成开关电源模块为LED光源的驱动器,因其体积小、效率高、功率因数高,适应电压范围宽、恒流等优特点,为产品的小型化、一体化和批量生产创造了条件,为产品的安全、可靠、长寿命、高效节能、宽电压使用提供了保障。

采用凸透镜技术,可调节产品视角,既满足了不同需求又美化了产品。

主要光电参数的指标:

(1)光通量:100 lm　2.5W

(2)功率因数:0.9

(3)适应电压范围:AC180V~250V　50Hz

(4)色温:3500K~11000K

123号作品　LED面光源广告字——杭州中宙光电有限公司

本公司经过大量的实验,按照LED的特点及基本的光学原理,并在最大限度的利用其发光强度的基础上,研发制成了一种实施方便、高照度LED面光源发光体,解决了LED作为发光体所产生的直接眩光与间接眩光,并成功的将其应用在照明应用产品中。

产品特点:

(1)柔和的光照,无眩光等光污染。

(2)该产品采用全天候防护材料制作,易于安装。

(3)采用高效率,寿命长的LED灯,即使连续点亮10000小时也不会出现光衰。

(4)外形新颖、时尚,适用于大型展会、户外广告照明等。

124号作品　LED日光灯——深圳市明连兴光电科技有限公司

基于严格的电子产品可靠性预测理论,明连兴公司设计的LED日光灯,具有突出的高可靠性、经久耐用、节约用电的特点。该LED日光灯和其他相关灯具样灯已实际使用超过3年,2004年和2005年经国家级权威检测机构测试,整灯效率分别达到37.88 lm/W和47.32 lm/W,达到当时国内外领先水平。2005年公司在部分生产线和办公室开始实际使用了这种LED日光灯,其中有3只样灯自2005年10月11日开始24小时不间断点亮直至今仍正常运行,连续照明5200多小时。按照电应力超过标准1.5倍计算,等效使用时间达11600小时。

明连兴LED日光灯主要解决了几项重要技术问题,对国家LED绿色照明重大决策具有参考意义:①照明电路设计,采用电光转换效率最高的电路形式,同时实现原材料成本最低的技术方案(多项发明专利);②采用独创的散热技术,散热效果好、原材料成本极低、制造工艺简单容易推广(多项发明专利);③与目前常规日光灯结构尺寸兼容的设计理念,为大面积应用确立坚实基础;④特殊结构工艺具有完全自主知识产权,为今后大规模半自动化、全自动化生产奠定基础;⑤立足于国内各种生产要素资源的大规模LED普通照明推展规划方案,无需国家大规模投资,为今后在我国大范围大规模实现普通照明绿色节能奠定坚实基础。

125号作品　光苗——传志电子有限公司

结合传统光源与LED的优点,衍生出一具复合机能的照明灯具:用作照明的PL灯管无论做为壁灯或是地底灯节能在人潮较多的时段提供足够的照度;而LED灯不只可以发挥警示的功能,更可在人潮减少的时候取代传统光源,以色彩或闪烁取代照度,成为空间的道引元素,或是以渐变的色彩塑造空间气氛,暨省能又能减少光害,为一兼具多重目的的灯具期望能以LED的应用为照明设计带来新的思考方向。

127号作品　目光——璨圆光电股份有限公司

现代人的生活,总少不了眼镜。而一旦到了夜晚,即便有再好的视力,缺少了光,还是无用武之地,本LED产品即为此而生,运用了LED省能、高亮度、光束集中的特性,加以产品外壳采用质轻坚固的钛合金,让使用者目光所及之处能被照亮又不需以手拿持灯具。

131号作品　环保节能手摇户外灯——慈溪市英奇集成电器有限公司

环保节能手摇户外灯用LED作为光源,用汽车充电或手摇发电,照亮时间长,适合于旅行、汽车、救灾等场合。当汽车抛锚时,既可照明,也可用红LED闪烁,起警示作用,避免交通事故的发生。特别是在台风、地震情况下,在无法提供电源状态时,可通过手摇来进行发电,为抢险救灾提供宝贵的照明。

产品设计灵巧，式样高雅，携带方便，用强磁体，使用便利。

132 号作品 手摇 LED 照明灯——深圳市明连兴光电科技有限公司

手摇 LED 照明灯集超高亮度 LED 阵列光源、微型烧结钕铁硼无刷发电机、绿色环保高性能蓄电池技术于一身，运用现代 CAD 模具设计、精工制造。该产品具有功能多而实用、环保理念突出、能源运用合理、适用范围广阔，更兼有多项专利保护，是具有完全自主知识产权的全新产品，一经推出便广受欢迎，市场反应热烈。目前该产品逐步实现系列化，以适应不同消费群体的特殊需求；同时，增加和完善相应的选配件设计和生产，使该系列产品更加完善、适用，更好地拓展国内外广阔市场。

手摇 LED 照明灯更具有方便实用的诸多扩展功能：可扩展多个 LED 灯头，照亮 40 人教室持续超过 3 小时；可扩展主动式红色报警灯，5 公里外可观察到报警信号闪烁，车船都很适用；万用充电器给手机电池充电，野外不再担忧手机断电；USB 供电端口提供数码设备用电，MP3、数码相机、笔记本电脑等随时随地方便用电；还有市电充电适配器、车载充电适配器，以及太阳能充电装置，所有这些选购件方便实用，物美价廉，物超所值。

135 号作品 LED 造型装饰灯具——重庆经伟灯饰有限公司

本产品是用各种颜色的高亮度半导体发光二极管(LED)作光源，将其固定在基座上，构成各种所需形状的装饰照明图形、文字或数字，加上驱动电路而形成。由于 LED 较之现有的白炽灯、霓虹灯管等具有全固态、长寿命、小体积、低工作电压、短的启动时间等特点，因而，以 LED 为光源的本产品用于灯饰工程、景观照明、宣传广告、交通标志等领域，具有使用寿命长、省电节能、色彩丰富、结构牢固、耐振动冲击、无污染、造型灵活方便、易于安装拆卸、维护方便等特点，是 21 世纪理想的灯饰工程和景观照明灯具。本产品已用于重庆市保险公司盛堡花园、龙珠花园、市军代局大楼、港城花园等灯饰照明系统，深得用户的喜爱和好评。本产品推广应用于闻名全国的重庆山城夜景的景观照明及 2008 年北京奥运会和 2010 年上海世博会的灯饰工程，必将产生显著的社会效益和经济效益。

139 号作品 LED 灯光控制系统配套软件——河北立德电子有限公司

本软件是 LED 灯光控制系统的专用配套软件，主要功能有：

编辑各个模块的变换花样，并实现了保存和读取到数据库的功能，同时还能对花样进行预览和修改。

与 LED 灯光控制模块通信，设定模块变化样式和现场控制机的变化序列。

调试灯光控制系统。能够测试灯光控制模块的电流，温度等运行状态，能够测试现场控制机的运行状态，同时还能手动指定个模块的状态，进行灯光控制模块的实时控制。

146 号作品 厦门金雁酒店——泉州晶莹高科光电技术有限公司

厦门金雁酒店 LED 看板，位于厦门市主干道湖滨南路，毗邻风光旖旎的员当湖，拥有得天独厚的地理位置。其夜景照明工程全部采用高亮度 LED 光源制作，做到高效、节能、长寿、绿色、环保、易维护。大厦顶楼天台，采用高亮度 LED 像素管在立面顶部安装了一座 256 平方米的 LED 看板，利用先进的 256 级灰度控制，可任意改变光与色的变幻模式，并可进行电视广告片的播放。大厦外框采用高亮度 LED 数码管勾勒轮廓，通过智能渐变数码电子控制器进行光与色的演变。大厦主体立面设计了 2940 平方米的 LED 显示阵，采用高亮度美国进口 LED 像素管竖向安装，通过 256 级灰度显色，进行色泽与图案变化，能产生精彩的、近乎神奇的动感演变；即是生动多姿多彩的夜景工程，又是现代商业广告的表演平台，展现勃勃生机。

147 号作品 福州江滨假日大酒店——泉州晶莹高科光电技术有限公司

福州江滨假日大酒店 LED 显示阵地处福州台江区，是福州市中心城区. 为进一步提升城市形象，台江区政府投巨资推广高效、节能、长寿、绿色、环保的 LED 半导体夜景照明工程，利用高科技手段重塑其夜间形象。酒店造型四平八稳坐落于闽江边，建筑线条明朗、层次突出，用大功率 LED 数码管勾勒轮廓表现层次凹凸立面，再用智能数码控制器控制，使其产生七彩渐变效果，使整座建筑犹如一座水晶宫，晶莹剔透。在临江主立面设计一幅 756 平方米的 LED 显示阵，显示阵由最新型 LED 像素管(长度 2 米，内置 32 像素点，96 组 ϕ5R、G、B 管芯)及 256 级灰度控制组成，可接入视频进行影像播放，图像清晰、色彩丰富艳丽，既是夜景照明，又是广告宣传的大屏幕。

150 号作品 厦门中闽大厦 LED 艺术夜景照明方案——厦门华联电子有限公司

中闽大厦总建筑面积 70000 平方米，高 168.1 米，楼体以表现坚强性格的硬线条为主，整体简洁明快又显得大气磅礴，富含现代气息；同时是建设部的第一幢智能示范大厦，集办公、金融、休闲等多种商务功能于一身，完全满足现代商界精英的全方位需求。

为显示出中闽大厦在夜间的雄姿，展现其独特风格和王者风范，我们采用代表现代科技、绿色环保节能的 LED 光源为主，少量传统光源为辅的表现手法。

设计方案仅采用蓝色、金黄色两种颜色，通过冷暖色调的强烈反差，形成对比美、形态美，具体描述如下：

(1)中闽大厦为超高层，高近 170 米，LED 光源目前难以达到亮度要求，故大厦顶部以大功率投光灯洗亮，突出顶部构件，营造辉煌大气的氛围；

(2)建筑形体庞大，利用冷色系的蓝色数码管勾勒外形轮廓，简洁明快大方，又体现出现代办公环境的庄重、沉着，同时也显示出大厦的气势磅礴；

(3)立面顶部和底部竖向安装金黄色像素管构成造型，中部安装金黄色像素灯，充分表现出建筑体态的美感和特色。

153号作品 LED投光灯——深圳市世峰科技有限公司

我公司研发生产的LED大功率投光灯采用多颗1W大功率LED作为光源，外接多功能全彩控制器。控制器功能强大，性能优越，人性化液晶操作显示，设置各种运行参数更为直观，且能记忆保存参数。多达20多种跳变、渐变控制程式效果。每种效果可独立调节变化速度。既可单个投光灯独立运行，也可以通过控制器级连2个至500个投光灯作为整体运行。本产品光色稳定、混色均匀、长寿高效。可用于桥梁、宾馆、酒吧、市政景观树、广场、楼体的亮化照明、公园绿化带、住宅小区、城市雕塑、私人别墅、大楼台阶、人行道、门廊、娱乐场、古城建筑、主题公园和俱乐部等墙面或图画文字装饰、亮化。

155号作品 韩国首尔清溪川太阳能LED照明景观工程——深圳先行电子有限公司

全长8.14公里的清溪川河道，正常水位在40公分到50公分间，河水清澈水草依依。但作为城市排洪的重要渠道之一的清溪川也要考虑到在雨季时的正常使用。为贯彻景观工程设计方案的绿色环保节能的要求，我们考虑使用了太阳能LED照明技术在工程中实际应用，通过调研，如使用太阳能LED照明产品将会很好的解决工程设计方案中的要求。

该类型太阳能LED照明产品具有绿色环保、节能长效、使用安全方便以及最高等级的防水性能(IP68)和高抗压的特点，适合安装在广场、街道、桥梁、码头、花园等公众场所安装和使用方便、安全，无需埋线，自动工作，内含高效率太阳电池和高温镍氢电池，环保无污染，可在－25℃到＋80℃ 正常工作，耐压2吨，部分系列产品外壳可做钢化处理，处理后最高耐压可到10吨，防水等级为IP68，特殊驱动和保护电路，无需维护，可提供使用寿命长达10年的选择，各种颜色可供选择，并可提供变光功能。

156号作品 太阳能LED路灯——深圳市拓日电子科技有限公司

本产品把太阳能光伏电池和LED巧妙地结合起来，以太阳能作为电源，以LED作为光源。本产品环保节能，太阳能是一种绿色可再生能源，无污染，LED是一种十分节能的发光元件；使用寿命长，LED的使用寿命大于50000小时，比现路灯用的高压钠灯和金卤灯长5倍；便于安装和维护，不用拉电缆，走地线，安装时不会对交通造成阻碍，所有电缆在灯柱里便于检测。将深受使用者的欢迎，具有广阔的发展前景。

157号作品 UFO大功率LED灯具——杭州富阳新颖电子有限公司

UFO是一种路灯照明灯具，具体是一种替换传统路灯灯罩及灯泡的光源与灯罩整体化的大功率LED灯罩。本作品提供一种整体式LED灯罩，以达到散热性能好、工作稳定、光源(大功率LED)使用寿命长的效果。

为此，本作品采用如下技术方案：整体式LED灯罩，包括LED灯头和罩板，其特征在于：LED灯头连接在罩板上，罩板的上侧设有散热体。LED灯头直接连接罩板上散热灯罩既起到传统灯罩防尘、聚光、保护灯头的作用，又能在LED工作时有效地散发一部分热量并将其余热量传递给散热体散发出去，保证了LED的散热性能，工作稳定，减小光衰，延长了使用寿命。使用时，将灯罩装于普通的灯具壳体内，并连接相关控制电路即可。

散热体与罩板为一体式结构。一体式结构进一步改善了灯罩的散热性能，结构牢固。散热体上设有定位槽，罩板插设于散热体的定位槽内。罩板也可螺接于散热体下侧。可拆卸连接方式便于在散热体不变的情况下根据需要更换罩板和LED灯头，维修方便，适应性强。LED灯头与散热体之间设有超导热管。超导热管能将LED灯头产生的热量及时快速地传递给散热体，更好地改善路灯的散热性能。罩板上设有复数个LED灯头，灯头沿纵向或环形或呈阵列状均匀分布于罩板下侧。根据实际情况和需要，多个灯头采用不同的排列方式，有助于达到更好的照明效果。散热体外侧设有若干鳞状散热片。鳞状散热片增大了散热表面积，散热效果更佳。

本作品的有益效果是：通过设置灯罩罩板与LED光源的整体式结构改善了灯具的散热性能和照度效果，装卸、维修方便，工作稳定，无辐射，节能，延长了使用寿命。

158号作品 LED交通预警牌——重庆大学

随着城市化规模的进一步扩大及汽车数量的飙升，各大城市的交通拥堵状况越来越严重.因此设计了一种能够充分利用城市交通资源、便于城市交通统一调度，能在很大程度上缓解目前各大城市巨大交通压力的交通预警牌。

该预警牌是一种通告交通路况的户外全景LED光电地图系统，该系统包括交通控制中心、控制及发射电路、控制信号接收及译码电路及与控制电路相连的光电地图。将LED点光源铺设在城市地图的主干道上，利用LED光源颜色的变化，表示光源所在处的交通状况信息。光源的实时变色通过交通控制中心。控制及发射电路、控制信号接收及译码电路等功能模块统一协调实现。

本预警牌安装在城市的各主要路口，交通指挥中心通过移动网络,将交通智能监测系统检测到的城市主干道路况信息发送给 LED 交通预警牌(即 LED 光电地图),预警牌内的 GSM/GPRS 接收模块接收到信息后,通过控制电路使相应的 LED 灯带颜色发生变化,从而向过往司机提供实时前方主要路段的路况信息,以便司机选择最佳路径到达目的地。LED 灯带显绿色表示道路畅通,显黄色表示道路拥挤,显红色表示道路堵塞。

该预警牌功能强大、造价低廉,充分利用了 LED 光源节能、绿色环保、使用寿命长、结构牢固、色彩艳丽、低压安全易维护等优点,具有广阔的应用前景和极大的应用价值,尤其适合于 2008 年北京奥运会期间缓解北京交通压力使用。

该产品已申请国家专利,并在重庆市首届 LED 产品创新大赛中获得一等奖。目前正处于产品化阶段。

164 号作品 蓝宝石微透镜阵列倒装结构大功率 LED——中国科学院半导体研究所

提取效率低是制约功率型 LED 应用与发展的一个重要因素。为减少界面全反射对器件提取效率的影响,在倒装结构 LED 出光面,即蓝宝石衬底上制作微透镜阵列。该结构可以提高出光界面光线出射几率,提高器件提取效率。模拟结果表明,采用微透镜阵列蓝宝石表面粗化技术可以明显提高倒装结构 GaN 基 LED 提取效率。相比一般结构,该结构封装前提取效率提高了 75%,封装后提高了 19%。微透镜阵列 LED 制作包括功率型 LED 芯片制作技术、外延片减薄后的光刻技术、透镜式掩模成形技术、蓝宝石干法刻蚀等主要环节。初步测试结果表明,封装前,输出光功率提高约 50%。

165 号作品 倒装小芯片阵列集成功率型 LED——中国科学院半导体研究所

多管芯阵列结构是实现功率型 LED 的一种方案。通常采用传统正装结构小芯片通过印刷电路板集成。该作品采用倒装芯片阵列结构实现单片功率型 LED,芯片间电极互联通过硅支撑体实现,设计更灵活。

针对市场需求,设计了 3＊3 阵列和 4＊4 阵列两种产品,分别实现 0.5 瓦和 1 瓦产品。

为了避免阵列结构中芯片间光线横向吸收,提出了独特的微反射镜阵列 LED 结构。

采用倒装结构实现 LED 芯片阵列结构,优势主要体现在以下几个方面:

小功率 LED 芯片制作工艺与倒装大芯片工艺兼容,可快速转化为产品;

单个 LED 芯片工作电流 20mA,有利于提高器件效率及可靠性;

倒装结构设计,通过硅支撑体实现 LED 芯片间互联,提高设计灵活性,实现多种工作条件(电压、电流等)的芯片阵列,拓展应用领域;

倒装结构 P 电极采用加厚电极,并合理设计芯片版图,相对传统正装结构,可实现更为均匀的电流扩展;

多管芯阵列结构使得散热路径更为分散,有利于改善器件的散热能力;

微反射镜阵列结构,避免光线横向吸收,有利于提高提取效率。

制作出 3＊3 阵列和 4＊4 阵列两种产品,功率效率相比大尺寸功率型 LED($1mm^2$)提高 25%,散热性能得到很大程度改善。

166 号作品 新型微盘倒装功率型 LED 的制作——中国科学院半导体研究所

针对功率型大面积 LED 存在的光横向传播吸收问题,设计和制作了 $1\times1mm^2$ 的倒装功率型微盘 LED,减少光在器件中的横向传播吸收,同时增加光线出射面积,提高 GaN 基 LED 的发光效率;采用倒装结构和网状 n 电极解决电极互连和电流扩展问题,并通过制作 p 加厚电极改善了散热。利用普通外延片制作的倒装功率型微盘 LED 在 350mA 下的工作电压为 3.3V,输出光功率为 83mW。

论文索引 7

论文索引收录了国家半导体照明工程研发及产业联盟近年来主办、承办的相关会议论文信息，按综述、技术、市场、应用、产业、装备与材料及标准测试分类进行整合编排。

由于受到本部《中国半导体照明产业发展年鉴》整体篇幅限制，论文具体内容请登陆中国半导体照明网(www.china-led.net)浏览，由此给读者带来的不便深表歉意。

综述篇	
1. 国家半导体照明工程进展情况	国家半导体照明工程协调领导小组办公室　吴玲
2. 半导体照明工程应用与产业发展现状	国家半导体照明工程攻关计划重大项目管理办公室　吴玲
3. 国家高技术计划的战略布署—固态半导体照明项目	中国高技术计划新材料领域光电子材料和器件专家组　陈皓明等
4. 固态照明：机遇与挑战	美国能源部 Sandia 国家实验室　Jeff Y Tsao
5. 铸造持久的光产业	欧洲光学工业协会 Bernd Schulte
6. 韩国 LED 和半导体照明动态	韩国光子技术所 Young Moon YU
7. LED 和半导体照明在韩国的战略概况	韩国光电研究院 Young Moon YU
8. 台湾半导体照明计划之现况及未来发展	工业技术研究院光电工业研究所　刘容生等 工业技术研究院能源与资源研究所　李丽玲
9. 高功率 LED：现状、应用及动态	美国 Lumileds Lighting 公司　M. George Craford
10. 固态照明的解决方案	加拿大 Future Electronics 公司　Jacques Blais
11. 发展中国家的 SSL—初步的技术评价	LUTW，卡尔加里大学　Rodolfo Peon 等
12. 共创照明新世代	华刚光电(集团)有限公司　施毓璨
13. 中国半导体照明产业技术途径与优势	深圳市方大国科光电技术有限公司　李刚
14. HKSAR 创新科技署光电子计划：香港应科院(ASTRI)技术研发现况	香港应用科技研究院　蔡振荣
15. 半导体照明领域的企业专利战略	国家知识产权战略制定工作领导小组办公室　武晓明
技术篇	
1. 应用于固态照明的新型氮化镓材料和器件	美国加州圣巴巴拉大学　Steven DenBaars, Nakamura 等
2. LED 固态照明：技术、应用和现在的挑战	Lumileds Lighting M. George Craford
3. 照明和显示用超高亮 LED 的现状和未来的发展方向	CREE 公司 Shuji Nakamura
4. 用于普通照明的固态光源的发展	美国佐治亚理工学院电子与计算机工程学院　Ian Ferguson
5. 氮化物器件的发展与前景	名城大学　Hiroshi Amano
6. 全固态光源及产业发展前景	长春中新光电子有限责任公司/中国科学院激发态物理重点实验室/中国科学院长春光学机密机械与物理研究所蒋大鹏等
7. HVPE 自支撑 GaN 衬底的制备与研究	中科院半导体研究所材料中心　魏同波、曾一平、李晋闽等
8. HVPE 生长用于同质外延用自支撑衬底的 GaN 厚膜	北京大学物理学院，北京大学宽禁带半导体研究中心
9. 氮化物衬底的研究与发展	中国科学院上海光学精密机械研究所　徐军等
10. 氮化铝晶体生长技术的研究	深圳大学光电子研究所　武红磊、郑瑞生、孙秀明
11. 低成本 n 型 SiC 单晶的生长及衬底加工技术	山东大学晶体材料国家重点实验室　徐现刚
12. MOCVD 生长 GaN 的有机金属和氨气反应控制以实现高质量 GaN 及其合金	三洋公司 Koh Matsumoto
13. GaN 外延材料的研发现状及趋势	中国科学院半导体研究所　杨辉
14. Si 衬底的 GaN 生长及其在高功率 LED 上的应用	Nagoya 技术研究所　Takashi Egawa
15. 用 MOCVD 生长在 Si 衬底上的高性能的 InGaN LED	日本名古屋工业大学　江川孝志
16. 硅基 GaN 蓝光 LED 的研发	南昌大学　江风益等
17. 硅基镓氮 LED 研发进展	晶能光电有限公司　江风益
18. ZnO 半导体发光材料研究	南昌大学教育部发光材料与器件工程研究中心　江风益等

续表

技术篇	
19. 微结构对高亮度 GaN/InGaN LED 内量子效率的影响	美国亚力桑那大学　Fernando A. Ponce
20. 残余应变和应力对 InGaN/GaN 多量子阱 LEDs 性能的影响	深圳方大国科光电技术有限公司　戚运东/香港科技大学　刘纪美
21. 非极性 a-面 GaN 中的晶体缺陷及光学性质	杭州士兰明芯科技有限公司　刘榕等
22. 如何控制 InGaN/GaN 量子阱的性质	日本名古屋工业大学　郝茂盛
23. InGaN/GaN 量子阱结构中界面薄层对二极管发旋光性质的影响	深圳市方大国科光电技术有限公司　李刚/台湾大学电机系　杨自忠　冯哲川
24. 高效高亮度发光技术	北京工业大学 北京光电子技术实验室，北京长电智源光电子有限公司　沈光地等
25. 纳米技术到光装置的发展和商业化	华东师范大学纳米中心　孙卓等
26. GaN 材料 p 型掺杂计算的理论初探	厦门大学物理系　黄生荣等
27. 超高亮度 LED 研发因果及现对的挑战与机会	余建国
28. 蓝宝石基横向外延制备 GaN 薄膜	深圳大学光电子研究所　彭冬生、冯玉春、牛憨笨
29. GaN 基紫光 LED 的稳定性研究	北京大学物理学院 北京大学宽禁带半导体研究中心　于彤军、张国义等
30. 半导体照明 LED 芯片的研发现状及趋势	北京大学物理学院，北京大学宽禁带半导体研究中心　张国义
31. 高功率 LED 芯片技术	(United Epitaxy 公司) Tzer Perng Chen, C. S. Chang 等
32. 面向半导体照明的氮化镓发光二极管制备的产业化技术的研究	清华大学电子工程系 集成光电子学国家重点实验室　罗毅等
33. GaN 基蓝光 LED 芯片光电性能之可靠性研究	深圳市方大国科光电技术有限公司　李刚等
34. 以氧化铟锡做为透明接触层之高效率氮化铟镓蓝光及绿光功率晶粒	晶元光电股份有限公司　刘文煌等
35. 用激光剥离蓝宝石衬底方法制备 GaN 基发光二极管	北京大学　张国义
36. 脉冲激光剥离蓝宝石衬底 GaN 材料温度分布的分析	厦门大学物理系　黄生荣　刘宝林
37. 照明用功率芯片的产业化	华东师范大学　靳彩霞/上海蓝光科技有限公司　董志江
38. 大功率倒装结构 GaN 基 LED 提取效率及热场的模拟分析	中国科学院半导体研究所　刘志强
39. 倒装结构大功率蓝光 LED 研制	中国科学院半导体研究所　伊晓燕
40. InGaN 芯片外延过程中几个关键点研讨	余建国
41. ICP 技术在 LED 领域的应用	Oxford 公司　李荣光
42. 氮化镓晶圆研磨抛光工艺研究	大连路美芯片科技有限公司　吴雪花、郭建华、陈向东
43. 大功率 LED 的特殊问题	余建国
44. 激光剥离 GaN 基垂直结构 LED 的制备	北京大学物理学院　张国义
45. 垂直结构的氮化镓基 LED	美国普瑞光电股份有限公司　彭晖/南京汉德森科技股份有限公司　梁秉文
46. 用于固态照明的金属基板上的高功率垂直结构 InGaN LED	美国 SemiLEDs 公司　C. F. Chu, C. C. Chen 等
47. 金属平板上垂直结构的高亮度 LED	韩国 LG Innotek 公司 LED 研究所　郑钟槽
48. 用微纳光子结构改进 GaN-基 LED 的出光效率	北京大学物理学院 北京大学宽禁带半导体研究中心
49. 倒装光子晶体 LED	上海蓝宝光电材料有限公司　叶国光
50. 高亮度光子晶体 LED	香港应用科技研究院
51. 使用硅基倒装技术的矩阵寻址Ⅲ族氮化物 LED 阵列	香港科技大学　刘纪美
52. 如何应固态照明的要求来改进芯片结构	台湾晶元光电公司　陈泽澎
53. 大功率蓝白光 LED 芯片生产	新加坡霆激技术公司　袁述、康学军等
54. 氮化镓基功率型发光二极管研究	中科院半导体研究所　伊晓燕
55. 大功率 LED 芯片生产的关键技术	深圳市奥拓电子有限公司　赵立刚
56. 电极与芯片稳定性	大连路美芯片科技有限公司　柯志杰
57. 高功率 LED 制作技术	璨圆光电股份有限公司 简奉任
58. 大功率照明级 LED 之封装	深圳市量子光电子有限公司 刘镇
59. 功率型 LED 封装技术	厦门华联电子有限公司　李小红等
60. 一种低成本、大功率、高亮度白光 LED 封装技术研究	重庆邮电学院光电学院　唐政维等
61. 大功率 GaN 基 LED 在不同驱动电流下的光谱及相关特性研究	中国科学院半导体研究所　郭金霞等
62. 半导体照明 LED 封装技术与可靠性	深圳市量子光电子有限公司　裴小明
63. PN 结温度对白色 LED 寿命的影响	厦门华联电子有限公司　柴储芬等
64. 三维 LED 光源	美国 CAO Group 公司　Leo Geng

续表

技术篇	
65. 高亮度发光二极管(HB-LED)封装	武汉光电国家实验室,华中科技大学微系统中心　刘胜、马泽涛
66. 半导体照明封装及应用中若干关键问题的研究	清华电子系　罗毅、钱可元
67. 大功率白光 LED 封装技术研究	武汉光电国家实验室,华中科技大学微系统中心　刘胜、陈明祥
68. 基于微喷射流散热的大功率 LED 封装实验研究	武汉国家光电实验室　刘胜、江小平、陈明祥/华中科技大学能源与动力工程学院　罗小兵
69. 对于照明用 LED 成本的思考	南京奥源光电　梁秉文
70. LED 用于背光及一般照明:问题及解决方案	香港应用科技研究院　吴恩柏
71. 白光 LED 的发光效率及显色性	深圳大学光电子研究所　郑瑞生
72. 大功率 LED 光电特性及温度影响研究	南京汉德森科技股份有限公司　王劲、梁秉文
73. 大功率 LED 热模拟	中山大学　范冰丰、招瑜、冼钰伦、王钢
74. LED 的热量管理	深圳市量子光电子有限公司　裴小明
75. 热能模拟在 LED 领域所扮演的角色	新加坡 Light 10 实验中心　Adrain Serban
76. 正向工作电压 VF 对 GaN 基蓝光 LED 的发光效率的影响	厦门大学物理系　陈朝等
77. GaN LED 正向电压对其性能的影响	大连路美芯片科技有限公司　张可成、谢尧、陈向东
78. LEDs and LEDs 照明	南京奥源光电 梁秉文
79. 有机发光器件(OLED)照明光源	清华大学　邱勇/北京维信诺科技有限公司　高裕弟
80. 椭偏术对聚合物电致发光器件旋涂膜厚的影响因素研究	重庆大学化学化工学院　黎学明等
81. 驱动 LED 的功率集成电路—挑战和可靠的解决方案	Supertex Inc　Dr. Henry Pao
82. 白光发光二极管技术专利概况	(深圳市方大国科光电技术有限公司)姚云峰
市场篇	
1. 高亮度 LED 全球市场动态	美国 Strategies Unlimited 公司　Robert V. Steele
2. 高亮度发光二极管市场分析	美国 Strategies Unlimited 公司　Robert V. Steele
3. 高亮度 LED 市场回顾与展望	美国 Strategies Unlimited 公司　Robert V. Steele
4. 亚洲(未含日本)的高亮度 LED 产业	雅碧顾问公司 Dr. Robert C. Walker
5. 中国半导体照明市场分析	深圳市量子光电子有限公司　刘镇
6. 中国 LED 芯片的机遇和挑战	大连路美芯片公司　刘晓
应用篇	
1. 从光源光效分析 LED 用于普通照明的前景	复旦大学光源与照明工程系　刘木清等
2. 半导体照明在"长三角"地区的推广及应用	上海市光电子行业协会 唐国庆
3. 上海半导体照明产业发展与应用前景	上海市科学技术委员会高新处　郭延生
4. 对应用热化的冷思考	华刚光电集团有限公司　施毓灿
5. 半导体照明热潮下的冷思考	深圳市量子光电子有限公司　裴小明
6. LED 在城市景观照明中的应用	上海市市容环境卫生管理局 郭骅/复旦大学 周太明
7. 从概念到现实,LED 新照明光源的发展	LumiLEDs lighting(SINGAPORE)PTE LTD 关文辉
8. 品能光电超高亮度 LED 照明产品在古建筑照明中的应用	品能光电技术(上海)有限公司
9. 高效固体光源汽车信号灯的应用与开发	上海南北机械电气工程有限公司 张潞鑫
10. 大功率发光二极管(LED)在信号灯方面的应用和前景	佛山市三水京安通讯交通设施有限公司 宁楚文 张声灿 黄琼等
11. 节能—绿色照明工程的现状分析与对策建议	武汉龙飞光电有限公司　熊以龙
12. 积极开发新产品 迎接半导体照明应用高潮	上海复旦大学　方志烈
13. 大功率超高亮度 10W LED 光源及应用	杭州创元光电科技有限公司 郭邦俊
14. 基于氮化镓芯片的智能照明及其发展趋势	台湾璨圆光电股份有限公司　李允立
15. 高亮度绿光 LED 照明与智慧照明应用	璨圆光电股份有限公司　简奉任
16. 使照明革新成为可能	美国伊光光电公司 eLite Optoelectronics Inc.　柴燕
17. LED 多芯片集成功率光源及发展趋势	重庆万道光电科技有限公司　郭林
18. 多芯片混合集成瓦级 LED 封装几种新结构	福建福日科光电子有限公司　郑东
19. 开启 LED 照明之门—新世代固态照明通用平台-NeoBulb™ Universal Platform	新强光电股份有限公司　陈振贤
20. 金属外壳封装 LED 光源模块及应用	佛山市国星光电科技有限公司　闫兴
21. 大功率 LED 应用于特种照明的关键技术探讨	深圳市海洋王投资发展有限公司　郑代顺
22. 高功率密度之 LED 光电模组	工业技术研究院能源与资源研究所　李丽玲等
23. LED 灯具的热传导计算模型	深圳市海洋王投资发展有限公司　刘必成
24. 如何使 LED 发光角度达到最佳使用效果	广州番禺立联电子有限公司　肖从清
25. 白光 LED 器件快速衰减的主要原因	西安交通大学　杜敬东/佛山市国星光电科技有限公司　李绪锋
26. 自由光学曲面-提高 LED 器件光利用效果	清华大学精密仪器系 金国藩
27. LED 产品应用中的光学和热学问题	清华大学电子系 罗毅

续表

应用篇	
28. 只向前发光的 LED	河北省承德市下二道河子热电厂 徐建国
29. 智能超高亮度多瓦高功率 LED	英国 Enfis Ltd 黄向鹏
30. LED 显示屏之发展:总结与展望	北京四通智能交通系统集成有限公司 关积珍
31. LED 全彩显示屏颜色补偿原理及应用	杨曦
32. DMX 在 LED 全彩变色照明控制系统上的实例应用	品能光电技术(上海)有限公司 林建杭
33. 大面积 LED 彩色显示幕墙	深圳沃科半导体照明有限公司 张双益等
34. LED 显示技术在城市景观亮化中的应用	深圳沃科半导体照明有限公司 杨晓斌
35. 北京世贸天阶-亚洲首座大型高清析度 LED 天幕工程	台湾光磊集团-光普电子(苏州)北京办事处 李建兴
36. LED 在交通信息显示领域的应用	北京四通智能交通系统集成有限公司 关积珍等
37. 新型 LED 光源在显示领域的应用	欧司朗(中国)照明有限公司上海分公司 周长胤
38. 投影显示用 LED 光源述评	四川瑞诚科技实业公司 范朝勋
39. 微型投影系统的 LED 照明设计	中国计量学院 李晓艳、金尚忠
40. 主动式动态 LED 背光模块在液晶电视的应用	香港应用科技研究院 彭华军、黄丹丁、陈守龙、蔡振荣
41. OLED 在照明技术中的应用前景	深圳市海洋王投资发展有限公司 郑代顺
42. LED 汽车灯具的开发研究	上海小糸车灯有限公司 朱明华等、上海汽车电子工程中心 夏冠群/清华大学 顾毓沁、上海金桥大晨光电科技有限公司 顾海军
43. LED 汽车灯具的开发研究	上海小糸车灯有限公司 沈励
44. 太阳能半导体照明关键技术与发展前景	中山大学太阳能系统研究所 沈辉
45. LED 太阳能灯具在市政建设中的实际应用	深圳先行电子有限公司 李青松
46. 大功率太阳能半导体照明集成技术及其产业化	中山大学半导体照明系统研究中心 王钢
47. 太阳能 LED 路灯、庭院灯、草坪灯照明	江苏鸿联集团 张明
48. 新型 LED 路灯光源设计	天津工业大学,索恩照明有限公司 郭一翔、牛萍娟、刘宏伟等
49. 大功率白光 LED 在特种工作灯具中的应用	深圳市海洋王投资发展有限公司 陈忠
50. 大功率 LED 在矿灯行业的应用	深圳市量子光电子有限公司 刘镇、王飞
51. 半导体矿灯光源研究	清华大学深圳研究生院 钱可元
52. LED 照明模组设计	台湾工业技术研究院能源与环境研究所 吴文隆、姚宇桐、李丽玲等
53. LED 阵列在照明系统中的应用	中国计量学院 李晓艳、金尚忠
54. LED 与照明设计	清华大学建筑学院 詹庆旋
55. 照明技术之于建筑设计	台湾中原大学设计学院 袁宗南
56. LED 在奥林匹克工程中的应用问题分析	复旦大学光源与照明工程系 林燕丹、袁樵
57. 半导体景观照明与奥运工程	同济大学建筑与城市规划学院 郝洛西
58. 半导体照明与奥运场馆的节能	清华大学环境系 张瑞武
59. 2005 年日本爱知国际博览会会场及屋外照明设计	2005 日本爱知世博会灯光主设计师 山田晃嗣
60. 世博园区景观光环境规划与新技术应用	同济大学建筑与城市规划学院视觉与照明艺术中心 郝洛西
61. 营造一流艺术灯光景观之路	上海广茂达灯光景观工程有限公司 恽为民
62. LED 灯光让城市更美好、更温馨——鸿联 LED 灯具产品及应用	江苏鸿联集团有限公司 蔡明诚
63. 南京地铁、公路混合桥梁—饮马桥的 LED 照明	江苏鸿联集团鸿联灯饰有限公司 蔡明诚、马涛华、陈九德
64. 从"装饰"到"照明"-杭州 LED 照明应用探索与思考	杭州市亮灯办 韩明清
65. 在城市夜景照明中应用 LED 的思考	重庆大学建筑城规学院 杨春宇
66. LED 照明产品的设计运用	品能光电技术(上海)有限公司 张辉
67. 半导体室内装饰照明系统应用	广州尚利莱光电科技有限公司 周应东
68. LED 进入通用照明应用的现况分析	美国航能美光电(上海)有限公司 周德九
69. LED 发光体—未来的灯具	河北省承德市下二道河子热电厂 徐建国
70. LED 二维光源与气氛照明	南京汉德森半导体照明有限公司 梁秉文
71. LED 二维光源与数字化智能照明	南京汉德森半导体照明有限公司 梁秉文等
72. 性价比优良的 AC 220V LED 电源产品	北京航天鳞象科技发展有限公司 梁群
73. LED 控制系统	上海欧切斯光电科技有限公司 付德才
74. 高亮度 LED 电源解决方案	O_2 Micro Inc. 洪仕振
75. LED 驱动	Supertex Inc. 李强
76. 大功率、高亮度 LED 驱动电源	重庆大学电气工程学院 罗全明、周雒维
77. 单级高功因、定电流输出之 LED 电源供应器设计	台湾工业技术研究院 能源与环境研究所 姚宇桐、吴文隆、李丽玲
78. AUGUX 散热组件—专供大功率 LED 照明散热需求	台湾奥古斯丁科技股份有限公司 王勤彰
79. Enplas Technology Focus	日本 Enplas Corporation 有田学

续表

产业篇	
1. 以科学发展观推进 LED 照明工程健康发展	厦门华联电子有限公司　范玉钵
2. 我国半导体照明产业的现状、机遇与发展对策	佛山市国星光电科技有限公司　王垚浩
3. 并购,LED 照明产业增强竞争力的选项?	新磊微制造股份有限公司　石修
4. 香港科技园如何为香港及内地半导体照明的发展提供便利	香港科技园　Ir Sw Cheung
5. 思明光电产业发展的机遇与优势	厦门市思明区人民政府　郑云峰
6. LED 行业亟需通过兼并造就龙头企业	明达光电(厦门)有限公司　杨旭迎
7. 京东方大尺寸 LED B/L 开发现状和产业规划	京东方科技集团股份有限公司
装备与材料篇	
1. MOCVD Suppliers and LED Manufacturers Collaboration required to achieve LED Cost and Performance Goals	VEECO 化合物半导体　Michael Chase
2. 企业型 MOCVD 设备-大规模生产的创新解决方案	美国维易科(Veeco)精密仪器有限公司 李学敏
3. MOCVD 工艺温度的测量与控制	美国维易科(Veeco)精密仪器有限公司 李学敏
4. 使用原子力显微镜优化外延材料生长质量	美国维易科(Veeco)精密仪器有限公司 李学敏
5. 国产 MOCVD 设备的特点、性能和发展趋势	中国科学院半导体研究所 刘祥林
6. SIMS(二次离子质谱)在化合物半导体材料分析中的应用	美国 Evans Analytical Group　田春生
7. Bede 高分辨 X 射线衍射解决方案及在半导体材料领域的应用	Bede 公司 邵荣荣
8. 用于 GaN 衬底制备的 HVPE 设备研制	中国科学院半导体研究所　刘喆等
9. 超纯氨的生产技术及现场制气	武汉市鼎立化工有限责任公司　谢国清
10. 高效 $Eu2^{+}$ 掺杂的氮化物和氮氧化物光转换荧光体白光 LED	中科院长春光机与物理研究所　刘行仁
11. 半导体照明用稀土荧光粉	有研稀土新材料股份有限公司　庄卫东等、中南大学化学化工学院 胡运生
12. 不同温度下白光 LED 荧光粉的发光特性	有研稀土新材料股份有限公司　庄卫东等
13. 白光 LED 用红色荧光粉	有研稀土新材料股份有限公司　庄卫东等
14. 适用于白光 LED 的红色荧光粉的研究进展	南京工业大学　井艳军、朱宪忠、王海波
15. 控制反应沉淀法制备球形 YAG 荧光粉及其性能研究	大连路明科技集团有限公司　肖志国、夏威、郑永生、刘丽芳
16. 高亮度白光 LED 用 YAG:Ce^{3+} 荧光粉的研制	厦门通士达照明有限公司　魏岚等
17. 喷雾热解法制备 YAG:Ce^{3+} 荧光粉研究	南京工业大学　戚发鑫等
18. 荧光体对白光 LED 性能的影响	中山大学　范冰丰等、深圳蓝科电子有限公司　祁山
19. 大功率 LED 底座连接材料-低温烧结的纳米银	天津大学化工学院　陈旭、美国弗吉尼亚理工大学材料科学与工程系　陆国权
标准测试篇	
1. 加快制定半导体照明技术标准体系的建议	厦门华联电子有限公司　彭万华
2. 对于加快我国 LED 制标工作的看法-LED 光学特性的检测	浙江大学信息学院光电系　叶关荣
3. 照明半导体标准体系研究	北京电光源研究所　屈素辉
4. 半导体照明技术领域标准现状和发展	信息产业部电子工业标准化研究所　赵英
5. CIE 和 IEC 有关 LED 标准最新进展	杭州远方光电信息有限公司、浙江大学现代光学仪器国家重点实验室;潘建根、沈海平、冯华君
6. LED 于一般照明应用及相应规范之评论	香港应用科技研究院　卢明、吴恩柏
7. Ni/Au 与 P-GaN 的比接触电阻率测量	深圳大学光电子研究所　卫静婷
8. 用环形传输线模型(CTLM)方法测量 P-GaN 的比接触电阻	厦门大学物理系　田洪涛 陈 朝
9. 薄膜与表面分析技术在高效大功率 LED 生长和工艺控制中的应用	应用微分析公司 高玉民
10. 量产中 LED 及 LED 芯片的量测	德国 Instrument Systems GmbH
11. 一种新的发光二极管芯片的快速检测方法及其应用研究	北京师范大学低能核物理研究所　任红茹、韩德俊等
12. 功率发光二极管芯片技术规范	中国电子科技集团公司十三研究所　崔波
13.《半导体发光器件测试方法》(报批稿)	浙江大学　鲍超
14. 关于大功率 LED 封装技术标准的一些看法和建议	武汉光电国家实验室、华中科技大学微系统研究中心　刘胜、甘志银等
15. LED 照明产品测试标准讨论	深圳市海洋王投资发展有限公司　马文波、郑代顺
16. LED 热学参数测试研究	浙江大学光电系　鲍超
17. LED 应用产品的关键检测技术和相关仪器的分析	浙大三色仪器有限公司　牟同升
18. LED 性能参数测量的现状与建议	中国计量科学研究院　吕正

续表

标准测试篇	
19. LED 发光强度测量标准设定两种距离的质疑	中国计量科学研究院　吕正
20. LED 光辐射参数的计量与标准的制订	中国计量科学研究院　刘慧
21. 大功率 LED 品质测试	杭州中为光电技术有限公司　张九六
22. LED 光源测试方法	广州市光机电工程研究开发中心　任豪
23. 关于 LED 光学参数测量	中国科学院广州电子技术研究所　王天及
24. LED 的光辐射安全测试与评价	浙江大学三色仪器有限公司　虞建栋、牟同升
25. LED 光源标准的测试项目-与传统光源比较	复旦大学电光源研究所　刘木清
26. 照明 LED 的特性和物理测量	杭州远方光电信息有限公司　潘建根
27. CIE 标准 LED 光度探测器及其测量不确定度分析	浙江大学现代光学仪器国家重点实验室　沈海平；杭州远方光电信息有限公司　潘建根、冯华君
28. LED 测量基本光度色度学原理和最新国际动态	杭州远方光电信息有限公司　潘建根
29. 用图像数字化技术测试 LED	天津大学建筑学院 沈天行
30. LED 的检测与测量	德国 Instrument Systems 公司　Richard Distl 等
31. LED 的 EMC 量化测试	杭州远方光电信息有限公司　郭志军等
32. LED 光谱模型和白光 LED 的优化设计	浙江大学　沈海平等；杭州远方光电信息有限公司　潘建根
33. LED 照明的散热问题及设立相关标准的建议	清华大学航天航空学院工程热物理研究所　顾毓沁、于新刚等
34. 普通照明 LED 标准中的产品分类问题	浙江大学现代光学仪器国家重点实验室　沈海平；杭州远方光电信息有限公司　潘建根、冯华君
35. LED 显示屏行业标准及贯标情况简述	中国光协发光二极管显示屏分会　陆荣庆
36. LED 道路交通信号灯的应用及标准化	公安部交通安全产品质量监督检测中心　王军华
37. 探讨 LED 交通号志灯面性能验证	工业技术研究院能源与环境研究所 郭玉萍、李丽玲
38. 台湾 LED 交通号志灯产品标准	台湾工业技术研究院 能源与资源研究所 郭玉萍 李丽玲 陈展鹊
39. LED 汽车灯具标准问题	上海汽车电子工程中心　夏冠群
40. 大功率 LED 路灯照明的关键指标	杭州富阳新颖电子有限公司、杭州创元光电科技有限公司　郭邦俊
41. 太阳能半导体照明的标准化探讨	中山大学太阳能系统研究所　王东海、沈辉
42. 半导体照明工程的评价问题	厦门市 LED 促进中心　何开钧
43. 半导体照明工程应用效果评价与分析	同济大学建筑与城市规划学院　郝洛西
44. 关于半导体照明评价体系建设的实施方案	国家半导体器件质量监督检验中心、中国电科集团第十三研究所 黄杰
45. 半导体照明公共检测与评估平台建设	上海市科学技术委员会、上海半导体照明工程技术研究中心　杨卫桥

第五部分

纪事篇

中国半导体照明产业发展年鉴(2006)

中国半导体照明产业发展年鉴(2006)

年度纪事(2003—2006年)

[2003年6月]

● 国家半导体照明工程协调领导小组成立,国家半导体照明工程正式启动

2003年6月17日,科技部高新司在京召开了国家半导体照明工程协调领导小组第一次电视电话会议,教育部、建设部、信息产业部、中科院、中国轻工业联合会、中国照明学会、中国照明电器协会以及北京、上海、浙江、广东、江苏、江西、长春等相关政府部门和地方科技部门负责人参加了会议。科技部高新司邵立勤巡视员宣布国家半导体照明工程协调领导小组正式成立,高新司李健司长在会上重点介绍了发展中国半导体照明工程的重要性和紧迫性,提出了发展中国半导体照明产业的总体思路,明确了协调领导小组协调、决策和服务的职能,并对下一步工作安排提出了建议。与会代表一致表示,要积极参与并配合好这项工作,充分发挥所在部门、行业和地方政府的优势,共同组织实施好国家半导体照明工程。

[2003年8月]

● 科技部向国务院提交《关于加快发展半导体照明产业的报告》

2003年8月7日,科技部徐冠华部长亲自签发了《关于加快发展半导体照明产业的报告》(国科发高字[2003]245号),并正式提交给国务院。

[2003年9月]

● 国家半导体照明工程专家组第一次会议在京召开

2003年9月10日,国家半导体照明工程协调领导小组办公室组织召开"国家半导体照明工程专家组第一次会议",协调领导小组办公室主任、科技部高新司邵立勤巡视员出席会议并做了重要讲话。

[2003年10月]

● "十五"科技攻关计划"半导体照明产业化技术开发"重大项目启动

2003年10月15日,由国家新材料行业生产力促进中心组织编制的国家"十五"科技攻关计划"半导体照明产业化技术开发"重大项目可行性研究报告,通过了科技部组织的专家论证。国家"十五"科技攻关计划"半导体照明产业化技术开发"重大项目设置三个子课题——"功率型高亮度发光二极管芯片及封装产业化关键技术"、"半导体照明系统技术、重大应用产品开发及示范"、"半导体照明评价与标准体系、发展战略研究及知识产权战略研究"。10月18日,三个子课题在北京通过了专家论证。至此国家"十五"科技攻关计划"半导体照明产业化技术开发"重大项目正式启动。

[2003年11月]

● "十五"科技攻关计划"半导体照明产业化技术开发"项目课题申报工作开始

2003年11月25日,攻关计划重大项目管理办公室开始组织实施"半导体照明产业化技术开发"项目课题申报及答辩工作。共有12个省市66家单位申请82个子课题。

[2004年3月]

● 国家半导体照明工程协调领导小组第二次工作会议成功召开

2004年3月22日,国家半导体照明工程协调领导小组第二次工作会议在上海召开,22家协调领导小组成员单位的43位代表参加会议,协调领导小组组长、科技部马颂德副部长,协调领导小组常务副组长、科技部李健副秘书长等领导出席会议。会议听取了各部门与地方的工作及建议,明确了协调领导小

组的任务,批准了上海、厦门、大连、南昌为首批四个国家半导体照明工程产业化基地。

● 第一届中国国际半导体照明论坛在上海成功召开

由国家半导体照明工程协调领导小组办公室、中国照明学会和中国照明电器协会联合主办,国家新材料行业生产力促进中心等单位承办的"第一届中国国际半导体照明论坛"于 2004 年 3 月 23 日至 25 日在上海顺利召开,科技部马颂德副部长、上海市姜斯宪副市长、科技部李健副秘书长,以及参加协调领导小组第二次会议的小组成员参加了论坛的开幕式。来自美、英、韩、日、新加坡等国家,以及台湾地区和大陆业界共 300 多位海内外代表汇聚一堂,共谋半导体照明产业发展大计。

● 第一届国家半导体照明工程产业化基地圆桌会议在上海成功举办

2005 年 3 月 24 日晚,在上海张江会展中心成功举办了"第一届国家半导体照明工程产业化基地圆桌会议"。会议由国家半导体照明工程攻关计划重大项目管理办公室吴玲主任主持,科技部高新司材料处刘兵副处长、信息产业部电子元件管理处关白玉处长、上海张江集团、厦门市科技局、大连光产业园、深圳半导体照明产业促进会的负责人作为嘉宾,与参会代表共同交流半导体照明产业化基地建设的事宜。

[2004 年 4 月]

● 厦门国家半导体照明工程产业化基地挂牌

2005 年 4 月 13 日,"厦门国家半导体照明工程产业化基地"授牌仪式在厦门国际会展中心隆重举行,厦门成为第一个经科技部授牌的国家半导体照明工程产业化基地,这标志着厦门市半导体照明产业进入了一个新的发展阶段。

● 海峡两岸 LED 照明企业圆桌会议在厦门召开

2004 年 4 月 13 日,国家半导体照明工程攻关计划重大项目管理办公室吴玲主任、厦门市 LED 促进中心何开钧主任在第八届台交会期间,共同主持"海峡两岸 LED 照明企业圆桌会",台湾地区有 80 多家企业代表、专家参会。

[2004 年 5 月]

● "半导体照明标准体系建设"第二次专题研讨会在北京顺利召开

2004 年 5 月 17 日,"十五"国家科技攻关计划"半导体照明标准体系建设"第二次专题研讨会在北京召开,科技部、信息产业部、中国照明学会、中国照明电器协会、中国半导体器件标准化技术委员会、SEMI中国标准化委员会、中国照明电器标准化委员会、中国光学光电子行业协会、国家半导体照明工程攻关计划重大项目管理办公室等 13 家单位的 21 名代表出席会议。会议由国家半导体照明工程协调领导小组办公室副主任、科技部高新司材料处刘兵副处长主持。会上成立了国家半导体照明工程标准体系建设指导委员会,协调领导小组办公室吴玲副主任担任工作组组长。

● 信息产业部在北京举办《半导体照明产业标准体系》研讨会

根据"十五"国家科技攻关计划"半导体照明标准体系建设"的总体部署,信息产业部《半导体照明产业标准体系》研讨会于 5 月 24 日在北京召开,会议由信息产业部电子工业标准化研究所张宏图主任主持,与会代表还有中科院、信息产业部多家研究所和多家高科技公司及生产厂家的负责同志参加。信息产业部产品司关白玉处长、科技司常利民处长到会并讲话。

[2004 年 6 月]

● 让绿色照明照亮北京奥运,奥科委、奥指办举办 LED 专题技术介绍会

2004 年 6 月 14 日,奥科委办公室和北京市奥运场馆建设指挥部办公室联合举办"LED 及半导体照明在奥运中应用"专题技术介绍会,向场馆建设业主单位介绍 LED 技术和国内 LED 领域技术与产品领先单位。

● 南昌国家半导体照明工程产业化基地正式挂牌

2004 年 5 月 28 日,作为我国发展半导体照明产业首批 4 个国家级"方阵"之一,南昌市"国家半导体

照明工程产业化基地”正式挂牌。

●“中国半导体照明产业发展战略研究和知识产权战略研究”开题论证会在北京召开

2004年6月16日，国家半导体照明工程攻关计划重大项目管理办公室组织有关专家就“中国半导体照明产业发展战略研究和知识产权战略研究”课题进行了论证，会议由项目管理办公室吴玲主任主持，国家知识产权局田力普副局长，国家半导体照明工程协调领导小组常务副组长、科技部李健副秘书长等领导及有关专家参加会议。

[2004年7月]

● 光电子器件标准化研讨会在北京召开

2004年7月23日，为了紧密配合“国家半导体照明产业工程”的标准工作，进一步推动光电子器件在光存储、光纤技术领域的应用、支撑光电子器件的产业发展，做好光电子器件的标准化工作，光电子器件标准化研讨会在北京召开。国家半导体照明工程攻关计划重大项目管理办公室吴玲主任和信息产业部科学技术司技术基础处常利民处长等来自全国28个单位的41名代表出席了会议。

[2004年8月]

● 第13届全国化合物半导体、微波器件和光电器件学术会议在大连召开

2004年8月2日，第十三届全国化合物半导体、微波器件和光电器件学术会议暨第九届全国固体薄膜学术会议在大连召开。来自全国光电子和固体薄膜领域的250多名与会代表、专家及6名院士会聚一堂。大连市夏德仁市长、项目管理办公室吴玲主任等到会。

● 大连国家半导体照明工程产业化基地授牌

2004年8月5日，科技部马颂德副部长将“国家半导体照明工程产业化基地”的牌匾交到了大连市夏德仁市长手里。至此，大连市与上海、厦门、南昌等四个城市成为首批国家半导体照明工程产业基地。大连将全力使这一产业成为与软件产业并列的又一高新技术产业亮点。

[2004年9月]

●“高效大功率LED外延及芯片技术研讨会”在南昌召开

2004年9月15日，由国家半导体照明工程攻关计划重大项目管理办公室主办，国家新材料行业生产力促进中心承办的“高效大功率LED外延及芯片技术研讨会”在江西南昌召开，会议邀请了一些国内外知名专家到会做专题培训。

●“第九届全国LED产业研讨与学术会议”在南昌召开

2004年9月17日，由中国光电协会光电器件分会举办的“第九届全国LED产业研讨与学术会议”在江西南昌召开，科技部、信息产业部、江西省、南昌市的有关领导出席了会议。

[2004年10月]

●“中国半导体照明网”开通试运行

为了更好地配合国家半导体照明工程的实施，促进中国半导体照明产业的健康发展，半导体照明工程攻关项目管理办公室支持建设了“中国半导体照明网”(www.china-led.net)，并于2004年10月开通试运行。网站将为企业、科研院所、投资机构、政府机构，提供信息查询与发布、商务交易与推广、专项调查与咨询等服务。

●“国家半导体照明工程研发及产业联盟”宣布成立

2004年10月12日，“国家半导体照明工程研发及产业联盟”成立预备会在深圳召开，科技部李健副秘书长、高新司材料处刘兵副处长到会，攻关项目管理办公室负责人，以及首批联盟发起单位代表共30余人，围绕着“国家半导体照明工程研发及产业联盟”章程、倡议书、机构设置等议题进行了热烈的讨论。会议宣布联盟正式成立，并决定联盟秘书处设在“中国半导体照明网”。

● 重庆市成立“LED照明研发与产业联盟”

2004年10月25日，为进一步推动重庆市LED产业的发展与繁荣，由重庆市科委主办的“重庆市LED照明研发与产业联盟成立大会暨首届重庆市LED照明论坛”隆重举行。重庆市政协副主席窦瑞华及国家科技部副秘书长、国家半导体照明工程协调领导小组常务副组长李健专程莅会祝贺，并就重庆LED产业的发展作了重要讲话。重庆市各有关政府部门、LED产学研及应用单位的代表和新闻界人士近200人出席会议。

● 中国长三角照明科技论坛在上海举行

2004年10月31日，中国长三角照明科技论坛在上海科学会堂隆重召开。上海市科协领导、中国照明学会负责人和上海、江苏、浙江三省市照明学会的主要负责人出席开幕式。中国长三角照明科技论坛是由上海、江苏和浙江三省市照明学会共同发起，旨在促进三地照明科技界的交流与合作。

● 南昌大学成功开发出硅衬底蓝色LED材料及器件

2004年10月，南昌大学教育部发光材料与器件工程研究中心在863纳米专项、电子发展基金、教育振兴行动计划、211工程和江西省科技厅重大专项等资助下，在Si衬底上获得了高质量的GaN基多量子阱LED外延材料，并研制成功硅衬底GaN蓝色LED，用该外延材料制备的芯片合格率达87%，输出光强高达18－30mcd，获得了可以实用的性能优良的Si衬底GaN蓝色LED器件，主要性能指标好于国外文献报道水平。教育部组织了专家对该项目进行了验收。

［2004年11月］

● 我国实施2008城市绿色照明新规定

建设部开始实施《节约能源——城市绿色照明示范工程》，该工程致力于把科学发展观落实到城市照明工作的细节中，将缓解城市照明的快速发展与电力供应紧张之间的矛盾。开展《节约能源——城市绿色照明示范工程》活动，主要目标是：纠正当前城市照明工作中片面追求高亮度、多色彩、大规模的倾向；推进照明节电，到2008年实现城市照明节电15%的目标；通过推进城市绿色照明减少温室气体的排放；制定城市照明节能的规范和标准，促进我国城市照明工作科学、健康、可持续发展。

● 广州市LED工业研究开发基地正式成立

2004年11月2日，经多方论证，由香港健隆投资有限公司和华南师范大学合作建立的“广州市LED工业研究开发基地”项目通过了广州市科技局组织的专家组评审。基地建成后将成为集LED芯片研发、芯片生产、LED封装、LED应用为一体的完备的研发和生产基地，并具有完善的销售体系。科技局预计投入2000万元人民币，支持该基地的建设。

● “2004城市夜景照明及体育场馆照明技术研讨会”在京召开

2004年11月24日，由中国照明学会等单位共同主办的“2004城市夜景照明及体育场馆照明技术研讨会”在京召开。会议汇集学术报告48篇，飞利浦、欧司朗、岩崎电气、松下电工等国际知名大公司的代表作学术报告，19名国内外专家学者做了夜景照明与体育场馆照明技术有关光源应用、照明设计等电器照明控制方面的报告，来自全国各地的160多名代表出席了研讨会。

［2004年12月］

● 城市绿色照明示范工程评选揭晓

国家建设部首批“城市绿色照明示范工程”于2004年12月在北京评选揭晓。这次由建设部举办的“城市绿色照明示范工程”评比，全国有50多个城市参加角逐。经过专家的严格评选，天津大都市人居环境照明、重庆市城市照明总体规划、惠州市“东江明珠”城市照明、南京市朝天宫景区照明、无锡市环太湖公路照明、红河自治州行政中心照明、衢州市江滨路中段照明、合肥市环城公园景观照明、北京市月坛桥景观照明和自贡市的景观艺术灯饰照明成为全国首批“城市绿色照明示范工程”。

[2005 年 1 月]

● 震旦 LED 大屏幕创吉尼斯世界纪录

在北京召开的"第三届吉尼斯世界纪录(中国)颁奖典礼"上,上海浦东震旦国际大楼外墙的大屏幕被评为"世界上面积最大的 LED 电子屏幕墙"。这幅用中国独特的 LED 视角成像技术制造的电子荧屏,高 64 米,宽 57 米,共计 3648 平方米。

[2005 年 2 月]

● 上海半导体照明工程技术研究中心揭牌

由上海市科委组建的上海半导体照明工程技术研究中心于 2005 年 2 月 22 日在浦东张江高科技园区挂牌成立,该中心由上海张江(集团)有限公司、上海科学院等 12 个单位发起成立。

[2005 年 3 月]

● 国家半导体照明工程联盟知识产权培训顺利举办

为了加强对知识产权的学习,由国家半导体照明工程研发及产业联盟组织的"国家半导体照明工程知识产权培训"在中国科学院半导体所举行。知识产权培训邀请了国家知识产权局电学发明审查部崔伯雄部长、国家知识产权局电学发明审查部半导体处沈丽副处长,分别就知识产权保护和半导体领域专利申请作了专题报告。

[2005 年 4 月]

● 国家半导体照明工程协调领导小组第三次工作会议在厦门成功召开

2005 年 4 月 14 日上午,国家半导体照明工程协调领导小组第三次工作会议在厦门召开,参加会议的协调领导小组成员单位 22 家,出席会议代表 42 人,协调领导小组组长、科技部马颂德副部长等领导出席会议,并做重要指示。

● 第二届中国国际半导体照明论坛在厦门成功召开

在科技部、信息产业部、建设部、教育部、中科院等相关部门和厦门市人民政府的大力支持下,由国家半导体照明工程协调领导小组办公室及相关协会主办、由国家半导体照明工程研发及产业联盟和国家新材料行业生产力促进中心承办的"第二届中国国际半导体照明论坛"于 2005 年 4 月 12～15 日在厦门成功召开。参加本次论坛代表超过 400 人,其中美国、日本、韩国、德国、荷兰、新加坡等国家以及我国台湾、香港地区的代表,包括外国驻华机构派员在内达 100 多人,约占代表总数的 25%,成为国内半导体照明领域水平最高的盛会。国家半导体照明工程协调领导小组成员出席了会议,科技部马颂德副部长在开幕式上做大会发言。

● 第二届中国国际半导体照明展览会在厦门成功落幕

由国家半导体照明工程协调领导小组办公室和厦门市人民政府共同主办,国家半导体照明工程研发及产业联盟和国家新材料行业生产力促进中心联合有关单位承办的第二届中国国际半导体照明展览会,于 2005 年 4 月 12 日～15 日在厦门与第二届"中国国际半导体照明论坛"同期召开。参加展览的国内企业共有 110 余家,布展 250 多个标准展位。

● 两岸三地半导体照明产业联盟(论坛)筹备会成立

2005 年 4 月 12 日,两岸三地半导体照明产业联盟(论坛)筹备会在厦门召开,来自国家半导体照明工程研发及产业联盟、台湾区电机电子工业同业公会、香港光电协会的代表 22 人参加了会议。会议就大陆、台湾、香港在半导体照明领域的合作设想、合作领域等进行了深入交流。

● 国家半导体照明工程研发及产业联盟第二次理事会召开

2005 年 4 月 14 日,国家半导体照明工程研发及产业联盟第二次理事会在厦门召开,30 家联盟理事单位代表参加了会议,重庆 LED 联盟代表等列席会议。

● 中国科学院技术科学论坛以"固态照明"为主题的第十五次学术报告会在杭州召开

由中国科学院和杭州市政府共同主办的以“固态照明”为主题的技术科学论坛第十五次学术报告会于2005年4月18日在杭州大华饭店开幕。杭州市沈坚副市长出席开幕式,国家半导体照明工程攻关项目管理办公室主任吴玲做了特邀报告。与会专家学者计50余人,其中有22位院士和11位专家,就半导体照明技术发展的前沿、热点和重要问题,进行深入的交流和探讨。

[2005年6月]

● 深圳国家半导体照明工程产业化基地挂牌

2005年6月14日,深圳“国家半导体照明工程产业化基地”在宝安区光明高新技术园区奠基挂牌。该基地是继科技部批准建立上海、大连、厦门及南昌半导体照明产业化基地之后,建立的第五个半导体照明工程产业化基地。该基地首期计划投资30亿元人民币。

[2005年7月]

● “用于奥运工程的半导体照明技术研讨会”在京召开

2005年7月7日,由国家半导体照明工程协调领导小组办公室主办、国家半导体照明工程研发及产业联盟承办的“用于奥运工程的半导体照明技术研讨会”在北京中国国际科技会展中心召开,来自清华、中山、同济、复旦等院校和企业的8位专家分别作了半导体照明与工程应用专题报告。近30余家企业参加展示,150余位代表参加会议。

● “2008工程半导体照明技术与产品交流会”在京召开

2005年7月8日,国家半导体照明工程协调领导小组办公室和北京市“2008”工程建设指挥部办公室联合举办的“2008奥运工程半导体照明技术与产品交流会”在京召开,会议由国家半导体照明工程研发及产业联盟承办。为推进半导体照明在“2008”工程建设中的使用,北京市“2008”工程建设指挥部办公室共组织近40家奥运工程业主单位及设计单位参加此次会议。

● 重庆举办LED照明技术产品创新创意大赛

2005年“重庆市LED照明技术产品及景观照明设计创新创意大赛”颁奖大会在重庆召开。此次LED创新创意大赛经过两轮评选,最终评出创新产品和景观照明设计奖各6名,评选产品创意奖3名,评选优秀作品奖45名;评选优秀组织奖1名,组织奖3名。科技部高新司冯记春司长出席大赛颁奖大会。

● 2005年全球最大半导体照明全彩显示系统在上海花旗银行大厦调试成功

2005年7月,由深圳市方大装饰工程有限公司与深圳市沃科半导体照明有限公司合作的全球最大半导体照明全彩色显示系统,在上海的花旗银行大厦调试成功。该超大屏幕半导体照明显示系统将半导体照明芯片显示技术与现代建筑幕墙技术相结合,LED彩显幕墙显示系统占据了上海花旗银行大厦整面墙壁,高139.6m,宽43.2m,面积6030m^2。

[2005年8月]

● 上海确定今年世博科技专项重点领域 半导体照明位列其中

上海在2004年启动实施了第一批“世博科技专项”9项的基础上,今年该专项将重点聚焦“信息服务与半导体照明”、“场馆设计与景观设计”、“环境保护与资源循环利用”、“城市安全与医疗保障”等4大领域共20个研究方向。

● “半导体照明产业专用设备国产化方案研讨会”在京召开

2005年8月19日,在北京燕郊开发区福城宾馆召开了“半导体照明产业专用设备国产化方案研讨会”。参加会议的代表共计24人。国家半导体照明工程攻关项目管理办公室以及中国电子科技集团公司等单位的代表参加了研讨会。

● 国家半导体照明工程公共研发平台建设研讨会在京召开

2005年8月20日,在联盟倡议和支持下,由中科院半导体所组织召开了国家半导体照明工程公共研发平台建设研讨会，会议邀请了科技部、中科院、国家半导体照明工程攻关项目管理办公室、研发机构、产业界等有关领导和专家20余人，就有关半导体照明工程公共研发平台建设的意义、必要性、建设内容、研究方向、体制机制等进行了广泛深入的讨论。

[2005年9月]

● 国务委员陈至立、科技部部长徐冠华等领导参观"十五"半导体照明成果展示

2005年9月18日，"十五"重大科技成就展在北京海淀展览馆隆重开幕，此次展览展出了我国科技新世纪5年来取得的416项重大科技成果，半导体照明作为新材料领域的重大专项也参加了专题展示，承担国家"十五"863和攻关项目的部分半导体照明企业参加了展示。国务委员陈至立及相关部委领导参加了开幕式并进行了参观。在半导体照明展台前，陈至立委员详细询问了目前我国半导体照明产业的基本情况，主要技术问题，应用方面的价格问题，指出照明节能是建设节约型社会的重要组成部分，是未来的光源，发展半导体照明产业一定要加大技术研发力度，加强自主创新，要发展有国际竞争力的半导体照明产业，造福社会。

[2005年10月]

● 国家半导体照明工程研发及产业联盟第三次理事会在深圳召开

国家半导体照明工程研发及产业联盟第三次理事会于2005年10月11日下午在深圳市国际市长交流中心召开，30余家联盟理事单位代表参加了会议，重庆LED联盟、京东方有限公司、江苏铜陵光电等代表列席会议。会上代表们肯定了联盟成立一年来各项工作取得的成绩，同时也针对联盟工作方向和存在问题等发表了各自的意见和建议。秘书处针对"十一五"半导体照明项目技术发展路线、组织和管理工作等问题向联盟成员单位征求了意见，共计收到40余份意见征求稿，为"十一五"半导体照明产业国家战略的制定和重大科研、产业支持方向的确定提供了有力的支撑，同时通过对国家研发平台的讨论，也加强了联盟内部的沟通，为实现行业技术专利共享、有效整合行业资源的可能实现献计献策。

● 两岸三地半导体照明产业联盟第一次工作会议聚首香港

2005年10月13～14日，两岸三地半导体照明产业联盟第一次工作会议在香港科技园召开，来自国家半导体照明工程研发及产业联盟、台湾区电电公会、香港光电协会的近30位代表参加会议。本次会议围绕着各地半导体照明产业发展情况，今后三方合作的内容和沟通方式，以及下一步工作计划建议开展了热烈的讨论和交流。会议确定了今后各方的工作分工，分别从几个方面开展工作。成立三个专业工作组：A合作的整体发展战略与政策、B知识产权(IP)、标准与检测、C产业环境建设、产业技术发展与市场推动，同时积极推动半导体照明上中游器件标准的交流与合作。三地联系人可组织专利发布与对策会，发布专利信息，公布专利，逐步建立不公开的专利联盟组织。会议还就三地联合举办有品牌效应的国际性半导体照明论坛、在三地的专业会议和展览会期间组团互访，组织召开专题会议共同制定一个跨年度的里程性技术目标、为2008北京奥运会服务等工作形成积极意见。会议期间，与会代表应邀参观了香港科技园光电子中心、应用科技研究院、华刚光电、城市大学、科技大学、理工大学和秋季电子产品展。

[2005年11月]

●半导体照明技术标准工作组成立大会及第一次工作组成员大会在京召开

半导体照明技术标准工作组成立大会及第一次工作组成员大会于2005年11月16日在北京召开。信息产业部电子信息产品管理司丁文武副司长、科技司韩俊副司长、产品司集成电路处关白玉处长，国家半导体照明工程协调领导小组办公室吴玲副主任参加会议。会议由信息产业部科技司基础处常利民处长主持。半导体照明技术标准工作组目前有45家成员单位，由丁文武副司长担任组长，关白玉处长担任工作组联络员，工作组秘书处设在中国电子技术标准化研究所。会上代表们讨论了《信息产业部半导体照明技术标准工作组章程》，并对有关标准研究和制定的内容进行了讨论，对工作组下一步工作进行了初步分工。

[2005 年 12 月]

● 台湾地区成立“白光 LED 研发联盟”

2005 年 12 月,为促进照明产业的技术升级,台湾地区十家相关厂商组成了“白光 LED 研发联盟”,该白光 LED 联盟是联合台湾地区 LED 上、中、下游厂商,并与台湾地区工研院光电所展开技术合作,共同进行照明 LED 制造技术的开发。台湾地区业界希望借助成立白光 LED 联盟,进一步推动台湾地区光电半导体产业发展。

联盟成员包括璨圆光电、华兴电子、光鼎电子、鼎元光电科技、晶元光电、亿光电子、今台电子、光磊科技、东贝光电科技、佰鸿工业、台湾地区工研院光电所等单位。将以 UV LED、高效率 LED、高功率 LED、荧光粉等白光 LED 相关组件的应用技术为开发重点,并将制定产品标准和建立相关的测试实验室。

●“大功率 LED 及其特种照明应用研讨会”在广州成功召开

2005 年 12 月 16—17 日,由国家半导体照明工程研发及产业联盟主办的“大功率 LED 及其特种照明应用研讨会”在广州成功召开。来自全国各地的近 300 名代表出席了会议。国家半导体照明攻关项目管理办公室、广东省经贸委、广东省科技厅、广州市科技局的有关负责人出席了会议。与会代表就国内外大功率 LED 的发展现状及趋势、大功率 LED 的封装以及在特种照明领域的应用展开了热烈的讨论。根据有关专家预测,未来大功率白光 LED 的主要应用是笔记本电脑及液晶电视背光源、汽车照明及其他特种照明。会议期间的另一个专题是对 LED 应用热潮下的冷静思考。呼吁政府部门在宣传上要恰如其分,不要误导,企业进入半导体照明领域要慎重。同时,呼吁市场要进一步规范,防止劣质产品扰乱 LED 应用市场。此外会上还发布了“2006 中国半导体照明产品及应用设计创新大赛”实施办法。

[2006 年 1 月]

● 科技创新重大成就展在北京展览馆胜利召开

2006 年 1 月 10 日,由科技部、财政部、发展改革委、教育部、国防科工委、总装备部、中国科学院、中国工程院、自然科学基金委、中国科协和北京市政府联合举办的科技创新重大成就展在北京展览馆胜利召开。中共中央政治局常委、国务院副总理黄菊,中共中央政治局常委李长春,国务院各机关部委与各地方党、政、军各级领导陆续参观本次展览。半导体照明作为该展览的重要组成部分,由国家半导体照明工程协调领导小组办公室组织本领域的成果展出,累计 5 万人次参观半导体照明展台。

● 厦门投资亿元的 LED 夜景第一期工程正式亮灯

2006 年 1 月 24 日,由厦门市政府投资 1 亿元建设的厦门 LED 夜景第一期工程正式亮灯。LED 夜景工程首期建设项目遍布厦门市思明、湖里、海沧、集美四区,共涉及 11 条主要路段,7 个片区和 100 多座高楼大厦,使用光源产品品种超过 300 种。

[2006 年 2 月]

● 半导体照明被列入《国家中长期科学和技术发展规划纲要》(2006~2020 年)

2006 年 2 月 9 日,国务院发布《国家中长期科学和技术发展规划纲要》(2006~2020 年)发布,其中发展“高效节能、长寿命的半导体照明产品”被列入重点领域“一、能源、1 工业节能”内容中,该纲要的发布为全中国指明了未来 15 年国家重点优先发展的领域和产品。

●“十一五”半导体照明重大项目发展战略院士专家座谈会在京召开

2006 年 2 月 15 日,由国家新材料行业生产力促进中心、国家半导体照明工程攻关项目管理办公室组织的国家“十一五”半导体照明专项发展战略专家座谈会在中科院半导体所召开,来自光电子、材料、能源等领域的十几位院士及专家参加了此次座谈会。座谈会是在国家“十五”半导体照明攻关项目顺利完成的基础上,围绕“十一五”国家半导体照明专项的定位、目标、方向等战略问题所进行的讨论,同时对国家研发平台建设以及相关组织与管理工作等进行了充分的沟通和交流。与会专家踊跃发言,纷纷献计献策,在充分肯定“十五”期间科技专项的实施对半导体照明尤其是产业化关键技术极大推动的基础上,就“十一五”国家半导体照明专项的战略定位、研发方向、平台建设、机制创新等方面的问题,从不同角度提出了各自的宝贵意见和建议：1、半导体照明产业关系重大，其发展成败不仅关系到照明领域未来的节能降耗问题，而且是本世纪半导体技术发展的关键，将带动整个第三代宽禁带半导体技术的发展。2、抓住机遇，尽快决策，进一步加大政府投入，发挥政府在产业初期的主导性作用。3、在创新机制、明确定位的基础上，尽快启动国家研发平台建设。4、"十一五"半导体照明科技专项设置合理，项目管理与组织强调了创新。5、进一步加强产业技术联盟，培育大企业。此外，"十一五"专项要针对研究的不同侧重点和方向，做好与国家自然科学基金委、发改委、军工等部门的科研结合，作好上中下游的战略部署。

● 江苏省半导体照明产业联盟成立

2006 年 2 月 22 日，由江苏省科技厅协调组织，江苏奥雷光电公司牵头的共 17 家公司和科研院所发起江苏省半导体照明产业联盟成立。

[2006 年 3 月]

● "十五"国家科技攻关计划"半导体照明产业化技术开发"重大项目顺利通过验收

2006 年 3 月 16 日，"十五"国家科技攻关计划"半导体照明产业化技术开发"重大项目通过了科技部组织的专家验收。科技部高新司材料处张新民副处长主持会议，科技部高新司，攻关项目组织管理单位国家新材料行业生产力促进中心和课题承担单位等 30 余位代表参加了会议。

以甘子钊院士为主任委员的项目验收专家委员会认为："半导体照明产业化技术开发"项目目标明确，课题设置科学、合理。3 个课题完成了计划任务书规定的任务目标和相关技术经济指标。形成了一批具有我国自主知识产权的产业化关键技术，开发出市场急需的一系列特殊照明应用产品，申请了多项国际国内专利，制定和送审了国家、行业和企业标准，建立了五个特色产业化基地，形成了相对合理的产业格局。通过采用协作竞争机制，以企业为主体，产、学、研联合，课题实行全过程现场节点考核，进行第三方测评。坚持"择优委托、滚动支持、严格评估、末位淘汰"，效果显著，对攻关型项目管理方式进行了有益探索。推动了半导体照明产业及相关行业的发展。该项目全面完成了攻关计划立项批复规定的目标、任务和考核指标，同意通过验收。建议国家"十一五"期间对半导体照明的研究及应用开发给予重点支持。

● 国家半导体照明工程协调领导小组在京成员工作会议召开

2006 年 3 月 16 日，国家半导体照明工程协调领导小组在京成员召开工作会议，科技部、信息产业部、教育部、中科院、北京市科委、轻工业联合会、中国照明学会、中国照明电器协会等在京成员单位和有关专家参加了会议。会议由"十五"半导体照明攻关项目牵头单位—国家新材料行业生产力促进中心吴玲主任汇报了"十五"国家科技攻关计划"半导体照明产业化技术开发"项目，863 计划光电子材料主题专家组副组长任晓敏教授汇报了半导体照明专题实施情况。同时会议讨论研究了"十一五"半导体照明工程实施方案。科技部马颂德副部长做了重要的发言。强调面对激烈的国际竞争，我们的时间不多，要认清形势，要加快工作。

● LED 奥运重大工程示范项目召开首次协调会，建立了联席工作制度

2006 年 3 月，LED 奥运重大工程示范项目进入紧张准备阶段。在国家半导体照明工程协调领导小组办公室和北京市"2008"工程建设指挥部办公室的组织协调下，"08 指挥办"工程部和技术部、北京市奥科委办公室、国家半导体照明工程研发及产业联盟、奥运中心建设管理公司——新奥集团等相关部门举行多次协调会，就 LED 奥运重大工程示范项目的工作程序、组织分工及进程安排等已达成共识。

● 国内第一条太阳能大功率 LED 路灯系统投入商业运行

2006 年 3 月，国内第一条太阳能大功率 LED 路灯系统在浙江临安景溪北路投入商业运行。

● 2006 年德国世界杯足球赛采用中国 LED 显示屏

2006 年 3 月，由大连路明公司制造的 300 平方米的户外全彩 LED（半导体发光二极管）显示屏中标 2006 年德国世界杯足球赛赛场。

● 世博工程半导体照明技术研讨会暨产品发布会在上海圆满结束

2006 年 3 月 29 日，由国家半导体照明工程协调领导小组办公室、上海市科委、上海市信息委、上海

世博会事务协调局、上海世博(集团)有限公司等相关机构共同举办的世博工程半导体照明技术研讨会暨产品发布会在上海圆满结束。来自海内外的企业、研究机构、设计单位、政府部门的代表200余人参加会议,其中包括日本2005年爱知世博会灯光总设计师等来自日本、韩国、美国、德国和我国台湾地区的代表20余人。“城市,让生活更美好;灯光,让城市更温馨”成为此次世博与半导体照明会议的主题。

[2006年4月]

● 国家发改革委启动十大重点节能工程

2006年4月,国家发改革委启动十大重点节能工程,其中绿色照明工程将重点定位在发展高效照明器具研发及生产线改造;采用大宗采购、需求管理和合同能源管理等机制推广高效照明产品;选择试点城市照明节电改造示范;城市高效节能夜景照明系统改造示范;推广使用LED交通信号灯等。计划“十一五”期间,形成节电能力290亿千瓦时。

● 山东省召开半导体照明发展战略研讨会

2006年4月28日,山东省科技厅、信息产业厅在山东大学组织召开了山东省“半导体照明”发展战略研讨会。国家半导体照明工程协调领导小组办公室吴玲副主任做特邀报告。王军民副省长出席会议并做了重要讲话。省科技厅、省信息产业厅、山东大学、人民银行济南分行、开发银行济南分行、省高新技术投资有限公司的负责同志,有关高新区、市科技管理部门和信息产业管理部门、从事半导体照明领域研究与生产的科研单位和企业代表70多人参加了会议。会议期间,山东大学、华光光电子等研究单位和企业的代表结合自己的工作交流了有关情况,省直有关部门和金融机构围绕如何支持半导体照明产业发展谈了自己的工作设想。

●“硅基镓氮固态光源关键技术研究”通过验收

2006年4月,由南昌大学承担的863计划新材料领域“硅基镓氮固态光源关键技术研究”课题通过了验收。该课题在第一代半导体材料硅衬底上研制成功第三代半导体材料氮化镓基蓝色发光二极管,处于国际领先地位,并在全球率先实现了小批量生产。此产品的研制成功,改变了日美等发达国家垄断LED核心技术的局面,走出了一条有我国特色的LED发展之路。

● 飞利浦照明(Philips)创新科技园落户上海

2006年4月,荷兰飞利浦照明(Philips)创新科技园落户上海,飞利浦继去年成功收购Lumileds这家世界LED巨头后,又于近日在法国正式开放了面向全球的展示LED美化城市形象的户外照明应用中心。

[2006年5月]

● 2008奥运场馆业主代表团赴厦门参观LED夜景照明工程

2006年5月13日,为了更好的推广半导体照明产品在奥运中的应用,配合北京2008奥运会“科技、人文、绿色”的三大理念实施,2006年5月13日,北京奥运2008工程指挥部、国家半导体照明工程协调领导小组办公室、中国照明电器协会的相关领导和2008奥运场馆业主代表一行10余人赴厦门,考察和借鉴厦门LED夜景照明工程实施的经验,并和厦门科技局、思明区政府的领导交流座谈。来自2008工程指挥部、国家体育场(鸟巢)、国家游泳中心(水立方)、国家体育馆、国家篮球馆、国家奥运森林公园的代表们先后参观了观了厦门三安电子、华联电子和利胜电光源、通士达照明等企业,考察了鼓浪屿、思明区和海沧区的夜景工程,并在厦门通士达照明有限公司与厦门市科技局、厦门市光电行业协会的人员举行座谈。

[2006年6月]

●“十一五”国家半导体照明工程基地工作交流会在京召开

2006年6月8日,“十一五”国家半导体照明工程基地工作交流会在京召开,国家半导体照明工程协调领导小组常务副组长、科技部高新司戴国强副司长,协调领导小组办公室主任、高新司材料处王琦安处长,办公室副主任、高新司材料处张新民副处长,以及上海、厦门、深圳、大连、南昌5个国家半导体照明工程产业化基地的代表，北京、天津、重庆、江西、广东、浙江等11个省(市)科技部门，宁波、扬州等8个地市科技部门，共35位代表举行座谈会议。代表先后介绍了各基地的建设情况和"十一五"的工作计划。地方代表也先后介绍了本地方"十五"工作进展和"十一五"的工作计划。戴司长对会议进行了总结，并对下一步工作给予了明确指示。戴司长在肯定了各个基地的发展成效的同时也对提出了基地进一步发展的问题和建议，如何避免基地发展的趋同，突出特色和优势；如何做好基地发展规划和技术开发的关系。针对各区域的发展要先进行整体规划或对已有规划方案进一步优化等问题作出重要指示。

戴司长强调，基地是政府推动半导体照明产业的平台，是工程实施的组织保证，要有专门的班子考虑规划，规划要可操作，进行整体布局，并有实施任务的载体，充分考虑规模化、配套性强的现有基础。要发挥基地的特色、榜样作用和示范价值，实现相关产业带动。尊重市场规律，政府定位要准确，一些地方政府买单式的支持很突出，要通过少量投入，充分引导。在大家的共同努力下，将"十一五"国家半导体照明工程在深度和广度上进一步推进。

● 宁波半导体产业战略联盟正式成立

2006年6月13日，宁波电子行业协会半导体照明分会暨半导体产业战略联盟正式成立。国家半导体照明工程攻关项目管理办公室，宁波市经贸委、宁波市科技局、民政局民间组织管理局、宁波电子行业协会等有关领导和专家以及50余家企业代表参加会议。

[2006年7月]

● 国家半导体照明工程协调领导小组第四次工作会议在深圳召开

2006年7月12日，国家半导体照明工程协调领导小组第四次工作会议在深圳召开，来自22个协调领导小组成员单位的50余位代表参加会议，天津、山东、四川等地方10余位代表和有关专家列席会议，协调领导小组组长、科技部马颂德副部长出席会议。科技部高新司冯记春司长代表协调领导小组做工作报告。

● "首届国家半导体照明工程创新大赛"颁奖仪式在深圳隆重举行

2006年7月13日，"首届国家半导体照明工程创新大赛"颁奖仪式于在2006中国国际半导体照明论坛的开幕式上隆重举行，科技部高新司戴国强副司长主持。在国家半导体照明工程研发及产业联盟、中国照明学会、中国照明电器协会、各地方半导体照明联盟的协力组织下，国内企业和科研机构积极响应，组委会共收到44家单位67件参赛作品，并有1家美国公司、3家台湾公司、2家香港公司联合国内企业参赛。大赛内容分为"LED研发创新"、"LED产品设计"、"LED工程应用设计"三类。参赛作品涵盖了原材料、芯片、封装各工艺过程的研发创新，多种新型LED产品及其工程应用实例。组委会邀请产业链上下游、照明设计等方面9名专家评审全部参赛作品，坚持"公平、公正、公开"的原则，充分利用中国半导体照明网开展网上展示与评比，参赛作品的图文资料编号在网上公布，广泛征求各方意见。各位专家根据"创新性、科学性、实用性、可行性、艺术性相结合"的评审标准，并参考网上的评论意见独立进行评分。根据专家评审结果，大赛评出创新奖13个(研发创新3个、产品创新5个、工程应用创新5个)、入围奖25个。大赛作品同期安排在中国半导体照明网和展览现场集中展示。获奖的优秀作品除在大会期间参加重点展示外，还将被推荐给相关部门和地方政府，作为科研立项的备选项目，并向北京2008奥运工程和上海2010世博工程管理部门和建设单位推荐使用。

● "2006中国(深圳)国际半导体照明展览会"召开

"2006中国(深圳)国际半导体照明展览会"于7月12日至14日在深圳会展中心6展馆成功举办。国家半导体照明工程协调领导小组组长、科技部马颂德副部长，科技部高新司冯记春司长，国务院参事、深圳市高级科技顾问石定寰，深圳市刘应力常务副市长等领导出席开幕式。本次盛会突破前两届的参会规模，展厅面积7500平方米，中外156家企业踊跃参展。展览有来自7个国家和地区的22家海外展商参展，海外参展面积占总展览面积的6.4%；来自国内其他地区的展商有94家，展览面积占总面积的44.8%，海外展商数及国内展商数较前都有所增长，体现出展览的影响力不断增强。

● "2006中国(深圳)国际半导体照明论坛"在深圳顺利闭幕

2006年7月13日上午,由国家半导体照明工程协调领导小组办公室、中国照明学会和中国照明电器协会联合主办,国家新材料行业生产力促进中心等单位承办的“2006中国(深圳)国际半导体照明论坛”在深圳顺利召开,科技部马颂德副部长出席会议并做主题报告,科技部高新司戴国强副司长主持开幕式,科技部高新司冯记春司长和深圳市刘应力常务副市长致辞。参加协调领导小组第四次工作会议的小组成员参加了论坛的开幕式。来自美、英、韩、日、新加坡等国家,以及台湾地区和大陆业界共500多位海内外代表汇聚一堂,围绕半导体照明技术、市场、应用与投资等方面的最新进展情况,进行充分交流与沟通,共谋半导体照明这一新兴战略性产业的发展大计。

[2006年8月]

● “十一五”863计划新材料领域“半导体照明工程”重大项目实施方案论证会在京召开

2006年8月17日,科技部高新司在北京组织召开了国家“十一五”863计划新材料领域“半导体照明工程”重大项目实施方案论证会。由甘子钊、王占国等6位院士和来自中国科学院、中国照明学会、中国照明电器协会、国务院发展研究中心、上海市科委、深圳市科信局、厦门市科技局、清华大学、华联电子等部门、行业、地方、研究机构、企业的共21位专家组成的论证专家组对该重大项目的实施方案进行了论证。

科技部高新司戴国强副司长主持会议,在回顾总结“十五”工作的基础上,强调了“十一五”半导体照明产业发展原则要贯彻落实中长期规划纲要的和“十一五”科技规划的方针原则。同时详细描述了项目实施方案编制的过程和形成的背景。过去一年多来,围绕着实施方案的制定开展的各项调研、走访、研讨会、征求意见等前期工作,协调领导小组办公室和编制专家组在项目实施方案编制过程中,多次向领域办汇报,经过不断地修改与完善,形成“十一五”国家863计划新材料领域“半导体照明工程”重大项目实施方案(草案)。

甘子钊院士主持项目实施方案论证会。专家组认为,半导体白光发光二极管是国际公认的具有巨大应用前景的新型固体光源,是半导体技术发展的重要方向之一。《国家中长期科学和技术发展规划纲要(2006—2020年)》将研究开发高效节能、长寿命的半导体照明产品作为工业节能优先主题的重要内容。因此,在“十一五”国家863计划新材料领域中设立“半导体照明工程”重大项目是非常必要的。

“半导体照明工程”重大项目着眼于提升我国半导体照明产业的国际竞争力,在引领未来的半导体白光照明技术、支撑半导体照明产业发展的共性关键技术与装备、推动半导体照明技术重大应用,以及半导体照明技术标准、测试评价和专利战略研究等方面重点部署,项目总体思路清晰、任务和目标明确、技术路线可行、组织管理措施可以保证项目的顺利实施。项目实施方案体现了以企业为主体,市场为导向、产学研结合的模式,专题设置、组织结构和经费安排基本合理。

专家组同意通过“半导体照明工程”重大项目实施方案。建议根据半导体照明技术发展的特点,突出核心技术,在鼓励探索研究的同时,重视产业化共性技术,进一步做好项目管理机制设计,加强节点考核、第三方评测、分段实施等管理制度建设,及时规避技术和专利风险,提高投入产出效益。

[2006年9月]

● 第十届全国LED产业研讨与学术会议在大连召开

2006年9月27日,由中国光学光电子行业协会光电器件分会、中国物理学会发光分会主办,中国电子科技集团公司第13研究所和大连路明科技集团有限公司承办的第十届全国LED产业研讨与学术会议日前在大连召开。本次会议共有行业代表100余人参会。该会议继续继承学术讨论的特点。围绕着近期各领域的技术攻关方向、行业标准的制定、知识产权的保护、景观及示范工程的建设等行业热点问题展开了深入的交流和讨论。

● 晶元光电、元砷光电、连勇光电宣布合并

2006年9月28日,晶元光电、元砷光电以及联电和友达转投资的连勇光电宣布“三合一”,晶电为存续公司,新晶电将成为全球最大的红光LED厂,以及第四大的蓝光LED厂,快速成为世界级的LED制

造中心。晶元、元砷和连勇合并后资本额为50.8亿元新台币，新晶电的最大股东仍是万海集团，持股逾10%；联电和亿光持股各约8%。这次合并最大的意义是台湾出现一家国际级的LED上游外延公司，未来在与国际大厂进行策略联盟和交叉授权将更居有利的地位。

● “十一五”863计划新材料领域“半导体照明工程”重大项目指南发布

为贯彻落实《国家中长期科学和技术发展规划纲要（2006－2020年）》，在广泛征求各有关部门、地方、单位需求及项目建议的基础上，科技部在“十一五”国家高技术研究发展计划（863计划）新材料技术领域设置“半导体照明工程”重大项目。旨在通过自主创新，突破白光照明部分核心专利，解决半导体照明市场急需的产业化关键技术，建立完善的技术创新体系与特色产业集群，完善半导体照明产业链，形成我国具有国际竞争力的半导体照明新兴产业。国家“十一五”863计划新材料领域“半导体照明工程”重大项目指南于9月30日公开发布，申报工作同时展开。

［2006年10月］

● “ICOIA－中国论坛2006”首次在香港举行

2006年10月13日，由香港光电协会主办、香港生产力促进局（生产力局）承办的ICOIA国际光电联会在香港隆重举行。同期“ICOIA－中国论坛2006”也首次在香港举行。论坛是“国际光电联会（ICOIA）周年会议2006”的一个组成部分。100多位制造业及商界代表出席会议，共同探讨内地光电子行业的商机。

● 香港地铁公司车厢内试用半导体照明系统

香港地铁公司与香港科技大学合作，在地铁车厢内试用半导体照明系统，新系统可以节省车厢照明系统耗电量近10%。

● 半导体照明标准成为“第三届海峡两岸信息产业技术标准论坛”焦点

10月15日～16日，在南京举行的“第三届海峡两岸信息产业技术标准论坛”上，在半导体照明、平板显示、数字音视频编解码（AVS）、移动存储和绿色能源等5个技术领域达成多项共识。论坛就半导体照明、IPTV、绿色能源、移动存储、平板显示、TD-SCDMA、AVS等7个专题进行探讨。两岸企业希望就建立半导体照明技术标准体系加强交流和沟通，制定两岸半导体照明术语名词的比对表并提出明确的意见。

［2006年11月］

● “十一五”863计划重大项目“半导体照明工程”课题评审会在北京召开

2006年11月2～7日，受科技部高新司及领域办委托，由北京新材料科技促进中心组织的“十一五”863计划重大项目“半导体照明工程”课题评审会在北京召开，经过前期指南发布及项目网上申报的准备工作，截止到课题评审前，课题网上书面资料成功提交的单位有215家，经过网上形式审查、自动放弃、会议评审，最终有180家课题申请参加专家评审答辩。根据“863”项目立项及评审程序规范办法，由材料领域专家、863计划领域专家库专家、部分较强专业背景的同行专家、海外专家等45人组成的专家组参加评审工作。

● 863计划重大项目“半导体照明工程”总体专家组成立大会在京召开

2006年11月12日，863计划重大项目“半导体照明工程”总体专家组成立大会在北京召开。科技部高新司材料处张新民副处长主持会议。高新司戴国强副司长、材料处王琦安处长、北京新材料科技促进中心吴玲主任和11名专家出席会议。参加会议的11名专家经过前期教育部、科学院、全国各科技主管部门、大学和科研机构的推荐并参加科技部组织的专家遴选会，经过答辩在25人中遴选出11人，这些人分别来自国内的顶尖科研院所、大学、龙头企业、行业协会等，是国内半导体照明行业的重要科研骨干、学科带头人和企业家，会议通过投票选举出组长、副组长，同时明确了今后5年总体专家组的工作任务和工作方法。戴司长强调未来五年是半导体照明发展非常重要的关键时期，希望总体组每一位专家、办公室工作人员、材料处一起努力，共同使半导体照明有一个完美的结果，对产业调整、升级，参与全球竞争提供强有力的支撑。

● “LED及其产品应用评价问题研讨会”于杭州胜利召开

2006年11月9日—10日，由国家半导体照明工程协调领导小组办公室主办，国家半导体照明工程研发及产业联盟组织承办的“LED及其产品应用评价问题研讨会”于杭州胜利召开。杭州市政府许保金副秘书长、国家半导体照明工程协调领导小组办公室吴玲副主任分别致辞。本次会议受到业界的极大关注，共有近300位国内外代表参与。在两天的会议中，有来自中国大陆、香港、台湾的32位专家进行了大会报告。报告内容丰富，从LED的产品特性，产品标准，测试方法，LED照明的评价等方面进行了探讨和现场互动。与会专家介绍了国际上关于照明LED光电性能参数测试的最新进展，以及“十五”期间国家半导体照明工程在标准方面开展的工作和研究成果，并对LED产业链，包括芯片、封装产品、终端LED产品的标准及相关检测方法，以及LED在照明工程中应用评价等做了客观地、多角度地讨论。会议的召开进一步加深了政府主管部门、标准化组织、检测机构、企业和科研机构等对半导体照明标准及测试方法的了解与认识，为规范我国的半导体照明产业的健康快速发展提供了非常有益的思路，将对加速标准的制订，构建测试平台，促进半导体照明产品技术创新，产品质量提升，规范市场起到积极的推动作用，并将对“十一五”863计划“半导体照明工程”重大项目的顺利实施提供有力的支撑和保障。

● 信息产业部半导体照明技术标准工作组在厦门召开

信息产业部半导体照明技术标准工作组于11月15日在厦门召开了工作组会议，工作组成员单位30余位代表参加会议。会议召开的目的一是审定已制定的两项标准，二是规范标准工作组启动的项目名称、确定研究技术内容、制订实施方案及工作节点，以保证标准研究和制定工作的顺利实施。标准工作组中科研、测试、标准研究等相关领域的13位专家组成评审专家组，对“十五”科技攻关项目支持制定的《半导体光电子器件功率发光二极管空白详细规范》(主要起草单位为信息产业部电子工业标准化研究所、北京新材料科技促进中心)、《半导体发光器件测试方法》(主要起草单位为中国光学光电子行业协会光电器件分会)二项标准进行了认真细致地审定。工作组会议还对新的标准研究制定项目进行了讨论和分工。半导体照明标准工作组在2006年7月中旬召开的工作成员大会时，提出了标准研究与制定项目共8项，此次会议根据产业需求又提出了3个标准研究与制定项目。经成员单位提出申请及大会讨论，确定了这11个工作项目的主要承担单位和参加单位。

[2006年12月]

● 福建省全面启动LED夜景工程建设

2006年12月25日下午，为推广LED产品在海峡西岸城市群夜景工程中的应用，由福建省省政府办公厅组织的“海峡两岸城市群夜景工程中推广应用LED现场会”在厦门召开，福建省苏增添副省长、庄稼汉副秘书长参加会议并做出重要指示，福建省将全面启动LED夜景工程建设，计划于2007年春节前完成首次夜景工程。

后 记

承蒙各位领导、专家和两岸三地的朋友们的鼎力支持,《中国半导体照明产业发展年鉴(2006)》(以下简称《年鉴》)作为新春的特别礼物就要面世了。我作为《年鉴》的编纂和组织单位的负责人,被邀请在后记中写几句话,心中很是激动和不安,随着笔尖流淌出来的这些感受,希望能够是《年鉴》编辑出版背景与过程的一些说明。

《年鉴》是在国家启动了“十一五”规划的大背景下酝酿、策划的。是时,半导体照明产业加速发展的大环境已经形成,国务院组织的国家中长期科技发展规划明确提出了研究开发“高效节能、长寿命的半导体照明产品”,中国的半导体照明产业发展得到了国际社会的高度关注。我们中心与联盟荣幸地承接了该《年鉴》的组织和编纂工作,该《年鉴》的核心部分记载了半导体照明产业技术创新的历程,客观反映了我国半导体照明产业的发展现状。

抚今追昔,我们心存感激。我们感谢过去所有对半导体照明工程做出重要贡献的领导,他们对我国科技事业的使命感、拳拳之心和殷殷期望令我们在编书之余仍久久不能忘怀。他们是:原科技部副部长、国家半导体照明工程协调领导小组组长马颂德同志,原科技部副秘书长、国家半导体照明工程协调领导小组常务副组长李健同志,还有邵立勤、廖小罕、刘久贵、刘兵、郑敏政等同志。

我们要感谢对国家半导体照明工程艰苦拼搏、无私奉献的院士专家们,他们以科学的态度和赶超世界水平的勇气与精神,默默地工作。他们是这本《年鉴》的引航员、舵手,是他们使我们能够踏实而坚定地工作。他们在百忙之中提供给我们的谏言献策使我们获益匪浅。他们是:师昌绪、甘子钊、周炳琨、徐建中、陈良惠、王占国、蒋民华、沈家聪、郑厚植、郑有炓、许祖彦、吴以成、牛憨笨、金国藩、秦国刚、张泽、夏建白、卢强等院士,陈皓明教授,石力开教授,王锦燧理事长,陈燕生理事长,李晋闽研究员,张荣教授,张国义教授,范玉钵理事长,还有王康龙、王中林、梁秉文、王涛等海外知名学者。

我们对活跃在半导体照明产业坚韧不拔、前赴后继的企业家们表示由衷的敬意。他们在激烈的国际竞争面前,没有低下头。在高技术产业发展环境还不够完善、仍要顽强维持生存的情况下,坚持技术创新,这种狭路相逢的“亮剑”精神可歌可泣!他们是民族产业之魂,是这本《年鉴》的基石。是他们让我们没有理由懈怠,使我们能够充满激情而努力地工作。

最后,我想对两岸三地的组织机构和国际友人以及参加编纂工作的全体编委致谢。在短短三个多月的时间里,他们付出了大量的心血和劳动,他们的积极性与工作热情是《年鉴》得以完成的重要保证。

尽管如此,我对本书的质量仍感到有很多不足,如各章的独立性很强,为了尊重作者的意见而不加改动,不免会造成一些风格各异与重复性的建议。读者可以分别参考、判断。专家简介与企业索引由于时间所限,调查难免疏漏,其名录与大事记一定难以概全。凡此种种,均将给《年鉴》留下若干难以弥补的遗憾。请诸位谅解这第一本《年鉴》面世之羞涩,并应该相信,在以后连续的年鉴编纂过程中会愈来愈完善。

谢谢各位!

国家新材料行业生产力促进中心 主 任
国家半导体照明工程研发及产业联盟 秘书长 吴玲

2007年2月26日

(F-0897·0101)

ISBN 978-7-03-018727-7

9 787030 187277 >